中華古籍保護計劃

ZHONG HUA GU JI BAO HU JI HUA CHENG GUO

·成 果·

浙江大學圖書館古籍碑帖研究與保護中心成果

浙江大學圖書館古籍普查登記目錄

全國古籍普查登記目錄·浙江

國家圖書館出版社
National Library of China Publishing House

圖書在版編目(CIP)數據

浙江大學圖書館古籍普查登記目錄/《浙江大學圖書館古籍普查登記目錄》編委會編. --北京:國家圖書館出版社,2019.2
（全國古籍普查登記目錄）
ISBN 978 - 7 - 5013 - 6652 - 1

Ⅰ.①浙…　Ⅱ.①浙…　Ⅲ.①院校圖書館—古籍—圖書館目録—浙江　Ⅳ.①Z838

中國版本圖書館 CIP 數據核字(2018)第 302653 號

書　　名	浙江大學圖書館古籍普查登記目録
著　　者	《浙江大學圖書館古籍普查登記目録》編委會　編
責任編輯	張珂卿

出　　版	國家圖書館出版社(100034　北京市西城區文津街 7 號)
	（原書目文獻出版社　北京圖書館出版社）
發　　行	010 - 66114536　66126153　66151313　66175620
	66121706(傳真)　66126156(門市部)
E-mail	nlcpress@ nlc. cn(郵購)
Website	www. nlcpress. com→投稿中心
經　　銷	新華書店
印　　裝	河北三河弘翰印務有限公司
版　　次	2019 年 2 月第 1 版　2019 年 2 月第 1 次印刷

開　　本	787 × 1092(毫米)　1/16
印　　張	46.5
字　　數	970 千字

| 書　　號 | ISBN 978 - 7 - 5013 - 6652 - 1 |
| 定　　價 | 470.00 圓 |

《全國古籍普查登記目錄》

工作委員會

主　　任：周和平

副主任：張永新　詹福瑞　劉小琴　李致忠　張志清

委　　員（按姓氏筆畫排序）：

于立仁　王水喬　王　沛　王紅蕾　王筱雯

方自今　尹壽松　包菊香　任　競　全　勤

李西寧　李　彤　李忠昊　李春來　李　培

李曉秋　吳建中　宋志英　努　木　林世田

易向軍　周建文　洪　琰　倪曉建　徐欣禄

徐　蜀　高文華　郭向東　陳荔京　陳紅彦

張　勇　湯旭岩　楊　揚　賈貴榮　趙　嫄

鄭智明　劉洪輝　歷　力　鮑盛華　韓　彬

魏存慶　鍾海珍　謝冬榮　謝　林　應長興

《全國古籍普查登記目録》

序　言

　　全國古籍普查登記工作是"中華古籍保護計劃"的首要任務,是全面開展古籍搶救、保護和利用工作的基礎,也是有史以來第一次由政府組織、参加收藏單位最多的全國性古籍普查登記工作。

　　2007年國務院辦公廳發布《關於進一步加强古籍保護工作的意見》(國辦發[2007]6號),明確了古籍保護工作的首要任務是對全國公共圖書館、博物館和教育、宗教、民族、文物等系統的古籍收藏和保護狀況進行全面普查,建立中華古籍聯合目録和古籍數字資源庫。2011年12月,文化部下發《文化部辦公廳關於加快推進全國古籍普查登記工作的通知》(文辦發[2011]518號),進一步落實了全國古籍普查登記工作。根據文化部2011年518號文件精神,國家古籍保護中心擬訂了《全國古籍普查登記工作方案》,進一步規範了古籍普查工作的範圍、内容、原則、步驟、辦法、成果和經費。目前進行的全國古籍普查登記工作的中心任務是通過每部古籍的身份證——"古籍普查登記編號"和相關信息,建立古籍總臺賬,全面瞭解全國古籍存藏情況,開展全國古籍保護的基礎性工作,加强各級政府對古籍的管理、保護和利用。

　　《全國古籍普查登記工作方案》規定了全國古籍普查登記工作的三個主要步驟:一、開展古籍普查登記工作;二、在古籍普查登記基礎上,編纂出版館藏古籍普查登記目録,形成《全國古籍普查登記目録》;三、在古籍普查登記工作基本完成的前提下,由省級古籍保護中心負責編纂出版本省古籍分類聯合目録《中華古籍總目》分省卷,由國家古籍保護中心負責編纂出版《中華古籍總目》統編卷。

　　在黨和政府領導下,在各地區、各有關部門和全社會共同努力下,古籍普查登記工作得以扎實推進。古籍普查已在除臺、港、澳之外的全國各省級行政區域開展,普查内容除漢文古籍外,還包括各少數民族文字古籍,特別是於2010年分别啓動了新疆古籍保護和西藏古籍保護專項,因地制宜,開展古籍普查登記工作;國家古籍保護中心研製的"全國古籍普查登記平臺"已覆蓋到全國各省級古籍保護中心,并進一步研發了"中華古籍索引庫",爲及時展現古籍普查成果提供有力支持;截至目前,已有11375部古籍進入《國家珍貴古籍名録》,浙江、江蘇、山東、河北等省公布了省級《珍貴古籍名録》，古籍分級保護機制初步形成。

《全國古籍普查登記目録》是古籍普查工作的階段性成果，旨在摸清家底，揭示館藏，反映古籍的基本信息。原則上每申報單位獨立成册，館藏量少不能獨立成册者，則在本省範圍内幾個館目合并成册。無論獨立成册還是合并成册，均編製獨立的書名筆畫索引附於書後。著録的必填基本項目有：古籍普查登記編號、索書號、題名卷數、著者（含著作方式）、版本、册數及存缺卷數。其他擴展項目有：分類、批校題跋、版式、裝幀形式、叢書子目、書影、破損狀況等。有條件的收藏單位多著録的一些擴展項目，也反映在《全國古籍普查登記目録》上。目録編排按古籍普查登記編號排序，内在順序給予各古籍收藏單位較大自由度，可按分類排列古籍普查登記編號，也可按排架號、按同書名等排列古籍普查登記編號，以反映各館特色。

此次全國古籍普查登記工作，克服了古籍數量多、普查人員少、普查難度大等各種困難，也得到了全國古籍保護工作者的極大支持。在古籍普查登記過程中，國家古籍保護中心、各省古籍保護中心爲此舉辦了多期古籍普查、古籍鑒定、古籍普查目録審校等培訓班，全國共1600餘家單位參加了培訓，爲古籍普查登記工作培養了大量人才。同時在古籍普查登記工作中，也鍛煉了普查員的實踐能力，爲將來古籍保護事業發展奠定了良好的基礎。

《全國古籍普查登記目録》的出版，將摸清我國古籍家底，爲古籍保護和利用工作提供依據，也將是古籍保護長期工作的一個里程碑。

國家古籍保護中心

2013 年 10 月

《全國古籍普查登記目錄》

編纂凡例

一、收録範圍爲我國境内各收藏機構或個人所藏,産生於 1912 年以前,具有文物價值、學術價值和藝術價值的文獻典籍,包括漢文古籍和少數民族文字古籍以及甲骨、簡帛、敦煌遺書、碑帖拓本、古地圖等文獻。其中,部分文獻的收録年限適當延伸。

二、以各收藏機構爲分册依據,篇幅較小者,適當合并出版。

三、一部古籍一條款目,複本亦單獨著録。

四、著録基本要求爲客觀登記、規範描述。

五、著録款目包括古籍普查登記編號、索書號、題名卷數、著者、版本、册數、存缺卷等。古籍普查登記編號的組成方式是:省級行政區劃代碼—單位代碼—古籍普查登記順序號。

六、以古籍普查登記編號順序排序。

《浙江省古籍普查登記目錄》
工作委員會

主　任：金興盛

副主任：葉　菁

委　員：倪　巍　徐曉軍　賈曉東　雷祥雄　劉曉清

　　　　徐　潔　李儉英　孫雍容　張愛琴　張純芳

　　　　樓　婷　金琴龍　陳泉標　鍾世杰　應　雄

　　　　陸深海　呂振興　徐兼明

1

《浙江省古籍普查登记目录》

工作委员会

主　任：金兴盛

副主任：鲍贤

委　员：

《浙江省古籍普查登記目録》
編纂委員會

主　編：徐曉軍

副主編：童聖江　曹海花　褚樹青　莊立臻　徐益波

　　　　胡海榮　劉　偉　沈紅梅　王以儉　孫旭霞

　　　　占　劍　孫國茂　毛　旭　季肜曦

統校和編纂工作小組組長：曹海花（浙江圖書館）

統校和編纂工作小組成員：秦華英（浙江圖書館）

　　　　　　　　　　　　呂　芳（浙江圖書館）

　　　　　　　　　　　　干亦鈴（寧波市圖書館）

　　　　　　　　　　　　劉　雲（寧波市天一閣博物館）

　　　　　　　　　　　　周慧惠（寧波市天一閣博物館）

　　　　　　　　　　　　馬曉紅（餘姚市文物保護管理所）

　　　　　　　　　　　　陳瑾淵（溫州市圖書館）

　　　　　　　　　　　　王　昉（溫州市圖書館）

　　　　　　　　　　　　沈秋燕（嘉興市圖書館）

　　　　　　　　　　　　丁嫻明（嘉興市圖書館）

　　　　　　　　　　　　唐　微（紹興圖書館）

　　　　　　　　　　　　丁　瑛（紹興圖書館）

　　　　　　　　　　　　毛　慧（衢州市博物館）

《浙江省古籍普查登記目録》

序　言

浙江文化底藴深厚，書籍刻印歷史悠久，前賢留下的著述浩如烟海，藏書雅閣及私人藏書爲數衆多，古籍資源十分豐富，幾乎縣縣有古籍，是全國古籍藏量較多的省份之一，是中華文化中具有獨特地域特色的重要一脉。保護好這些珍貴的古籍，對促進文化傳承、弘揚民族精神、維護國家統一及社會穩定具有重要作用。同時，加强古籍保護工作，也是加快建設文化大省、文化强省，努力推動文化浙江建設和社會主義文化大發展大繁榮的必然要求。

（一）

爲搶救、保護我國的珍貴古籍，繼承和弘揚優秀傳統文化，國務院辦公廳印發了《關於進一步加强古籍保護工作的意見》（國辦發［2007］6 號），全國古籍普查登記工作是瞭解全國古籍存藏情況、建立古籍總臺賬、開展全國古籍保護的基礎性工作。爲認真貫徹落實"國辦發［2007］6 號"文件精神，切實加强全省古籍的搶救、保護，浙江省人民政府辦公廳印發《關於進一步加强古籍保護工作的意見》（浙政辦發［2009］54 號），提出 2009 年起要在全省範圍内開展古籍普查登記工作。2012 年，浙江省古籍保護工作聯席會議下發《關於印發〈浙江省"中華古籍保護計劃"實施方案〉的通知》（浙文社［2012］30 號），提出在"十二五"末基本完成全省古籍普查工作的目標。

試點先行、摸底調查、制定方案，建立制度、統籌指揮，引進人員、有效培訓、壯大隊伍，配置設備、補助經費、保障到位，編製手册、明確款目、統一規則，著録完整、審核到位、保證質量，設立項目、表揚先進，在省委省政府的高度重視及其各部門的大力支持下，在國家古籍保護中心的積極指導和省文化廳的正確領導下，通過以上種種措施，"秉持浙江精神，幹在實處、走在前列、勇立潮頭"，全省公共圖書館、文物、教育、檔案、衛生五大系統共計 95 家公藏單位通力合作，到 2017 年 4 月底基本完成了全省的古籍普查登記工作。

通過普查，摸清了全省古籍文化遺産家底，揭示了全省各地區文化脉絡，形成了統一的古籍信息數據庫，建立了一支遍布全省的古籍保護隊伍，爲下一步有針對性地開展古籍保護工作奠定堅實的基礎。鑒於全省在古籍普查和其他古籍保護工作中的突出表現，2014 年，浙江圖書館、嘉興市圖書館、雲和縣圖書館獲得"全國古籍保護工作先進單位"稱號，浙江圖書館徐曉軍和曹海花、温州市圖書館王妍、紹興圖書館唐微、平湖市圖書館馬慧、衢州市博物館程勤等 6 人獲得"全國古籍保護工作先進個人"稱號。

（二）

全國古籍普查登記範圍爲 1912 年以前產生的文獻典籍。由於近代以來浙江私人藏書相當發達，民國期間也刻印了大量典籍，民國文獻在各藏書單位（尤其是基層單位）所藏歷史文獻中占據了相當大的比重。這些文獻形成了浙江文獻典藏的重要特色，是浙江傳統文化的重要組成部分。爲更加全面地掌握本省歷史文獻文化遺產現狀，浙江省將民國時期傳統裝幀書籍也納入普查範圍。

按照《全國古籍普查登記手册》要求，登記每部古籍的基本項目，必登項目有索書號、題名卷數、著者、版本、册數、存缺卷數，選登項目有分類、批校題跋、版式、裝幀形式、叢書子目、書影、破損狀況等內容。浙江省的古籍普查工作一直高標準、嚴要求，自始至終堅持全國古籍普查登記平臺（以下簡稱"古籍普查平臺"）項目全著錄，堅持文字信息和書影信息雙著錄，登記每部書的索書號、分類、題名卷數、著者、卷數統計、版本、版式、裝幀、裝具、序跋、刻工、批校題跋、鈐印、叢書子目、定級及書影、定損及書影等 16 大項 74 小項的信息。

普查統計顯示，截至 2017 年 4 月 30 日，全省 95 家單位共藏有傳統裝幀書籍 337405 部 2506633 册，其中不分卷者計 31737 部 96822 册，分卷者計 305668 部 2409811 册 11433371 卷（實存 8223803 卷）：古籍（含域外本）219862 部 1754943 册，不分卷者 15777 部 54901 册，分卷者 204085 部 1700042 册 7934703 卷；民國時期傳統裝幀書籍 117543 部 751690 册，不分卷者 15960 部 41921 册，分卷者 101583 部 709769 册 3498668 卷。

從版本定級來看，全省四級文獻最多，部數、册數數量占比分別爲 84.75%、78.69%。三級次之，部數、册數數量占比 13.12%、15.96%。一級、二級文獻共計 5689 部 111722 册，量雖不多，極爲珍貴，其破損程度較輕，基本都配置了裝具且裝具狀況良好，這是古籍分級保護體系的有力體現。

從文獻類型來看，古籍普查平臺采用六部分類，在傳統的經、史、子、集四部外加上類叢部、新學。從册數來看，全省文獻類叢部數量最多，占比 29.40%，這其中很大一部分原因在於民國時期刊印了不少大型叢書。史部、集部、子部、經部分居第二至五位，數量占比分別爲 28.98%、18.00%、13.49%、9.24%。新學數量最少，還不到 1%。

從版本類型來看，全省古籍版本類型豐富，數量最多的是刻本，部數占比 51.01%、册數占比 55.03%。部數排在第二至四位的是鉛印本、石印本、抄本，分別占比 17.71%、16.58%、5.19%。册數排在第二至四位的是鉛印本、石印本、影印本，分別占比 14.27%、12.40%、11.38%，這與將民國時期傳統裝幀書籍納入古籍普查範圍有極大關係。稿、抄本部數占比 6.9%、册數占比 4.04%，總體占比不是很高，但在一、二級文獻中稿、抄本的比例比較高，一級中部數占比 20.49%、册數占比

2

70.25%，二級中部數占比 13.16%、冊數占比 6.57%。

從版本年代來看，全省藏書從南北朝以迄民國，并有部分日本、朝鮮、越南本。其中，元及元以前共計 244 部 3357 冊。明、清、民國共計 2486788 冊，數量占比 99.21%：明代占比 5.95%、清代占比 63.27%、民國占比 29.99%。日本、朝鮮、越南三國本共計 1877 部 14522 冊，部數、冊數占比分别爲 0.56%、0.58%。

從批校題跋來看，337405 部文獻中有姓名可考的批校題跋共計 15374 部，其中集部批校題跋最多，占全部批校題跋的 38.73%、占集部文獻的 6.16%。稿本的批校題跋在相對應的版本類型中比例最高，爲 16.18%。且稿本中有多人批校題跋的量最多，多者一部稿本中的批校題跋者達 25 人，如浙江圖書館藏沈蕉青稿本《燈青茶嫩草》三卷中有孫麟趾等 25 人的批校題跋。從各館藏書的批校題跋者來看，有鮮明的館域特色，從一個側面體現了各館的文獻來源。

從鈐印來看，337405 部文獻中有 51509 部有收藏鈐印，各級文獻鈐印比例隨級别的增高而加大，一至四級文獻的鈐印占比分别爲 50.67%、49.38%、26.00%、12.90%。收藏鈐印從一個方面體現了某書的遞藏源流，鈐印多於 1 方者有 24840 部，鈐印多者達 54 方，如寧波市天一閣博物館藏清初毛氏汲古閣影宋抄本《集韻》十卷上鈐毛晋、毛扆、段玉裁、朱鼎煦四人共計 54 方印。

在普查的過程中，我們還利用普查成果積極申報《國家珍貴古籍名録》、評選《浙江省珍貴古籍名録》，建立珍貴古籍分級保護體系。截至目前，全省共有 871 部珍貴古籍入選第一至五批《國家珍貴古籍名録》，有 609 部古籍入選第一至三批《浙江省珍貴古籍名録》。

（三）

普查登記著録工作結束後，省古籍保護中心於 2016 年 6 月成立由浙江圖書館、寧波市圖書館、寧波市天一閣博物館、餘姚市文物保護管理所、温州市圖書館、嘉興市圖書館、紹興圖書館、衢州市博物館 8 家單位的 14 名普查業務骨幹組成的浙江省古籍普查登記目録統校和編纂工作小組，開始全省普查數據的統校和古籍普查登記目録的編纂工作。

浙江省的普查登記目録是將古籍和民國書籍分開的，全省統一規劃，分别出版《浙江省古籍普查登記目録》和《浙江省民國時期傳統裝幀書籍普查登記目録》。根據《全國古籍普查登記目録審校要求》《古籍普查登記表格整理規範》的要求，省古籍保護中心制定《浙江省古籍普查登記目録編纂工作方案》《浙江省古籍普查數據統校細則》，用於指導全省的數據統校和登記目録的編纂。統校和編纂工作程序如下：導出古籍普查平臺上的數據，切分爲古籍、民國兩張表，按照設定的普查編號、索書號、分類、題名卷數、著者、版本、批校題跋、冊數、存缺卷這幾項登記目録的出版款目對表格進行整理，整理後按照題名進行排列分給各統校員進行統校，統校結束後的數據按行政區域進行彙總交由分區負責人進行覆核,覆核結束後由省古籍保護中心一一寄給各館進行修改確認,經各館確認後由分區負責人進行最後審定。

在統校的過程中,爲了保證全省數據著錄的一致,我們積極利用我國古籍整理研究的重大成果《中國古籍總目》(以下簡稱《總目》),每條書目一一對核《總目》,《總目》收者即標注《總目》頁碼,《總目》未收某版本者標注"無此版本",《總目》未收者標注"無",《總目》所收即浙江某館所藏者特殊標注,《總目》著錄與普查信息有差異或一時無法判斷者標注"存疑"。拿浙江圖書館的近7萬條古籍數據來看,據不完全統計,除去複本,《總目》所收即浙江圖書館所藏者有1100多種,《總目》未收某一明確版本者有3200多種,《總目》未收者有8300多種。

全省95家單位中有93家單位有古籍數據,總條數計22萬條左右。根據分區域出版和達到一定條數可以單獨成書的原則,全省的古籍普查登記目錄大致分爲以下26種:浙江圖書館,浙江大學圖書館,浙江省博物館,浙江省中醫藥研究院等四家收藏單位,杭州圖書館,西泠印社社務委員會等十家收藏單位、浙江省瑞安中學等八家收藏單位,寧波市圖書館,寧波市天一閣博物館,寧波市奉化區文物保護管理所等六家收藏單位、舟山市圖書館等二家收藏單位,溫州市圖書館,瑞安市博物館(玉海樓),嘉興市圖書館,平湖市圖書館,嘉善縣圖書館,海寧市圖書館等六家收藏單位,湖州市圖書館等七家收藏單位、常山縣圖書館等二家收藏單位,紹興圖書館,嵊州市圖書館,紹興市上虞區圖書館等八家收藏單位,東陽市博物館,金華市博物館等九家收藏單位,衢州市博物館,台州市黃岩區圖書館,臨海市圖書館,臨海市博物館等六家收藏單位,麗水市圖書館等八家收藏單位。目前全省的古籍普查登記目錄有多種已進入出版流程(爲保障普查編號的唯一性、終身有效性,各館數據以原普查編號從低到高的順序進行排列,由於浙江省古籍普查範圍包括古籍、民國時期傳統裝幀書籍、域外漢文古籍,著錄時幾種文獻交替進行,而出版時是分開的,加之古籍普查平臺系統出現的跳號情況,所以會出現普查編號不連貫的情況,特此説明),民國時期傳統裝幀書籍普查登記目錄的編纂亦接近尾聲。普查登記工作和普查登記目錄的編纂爲接下來《中華古籍總目·浙江卷》的編纂打下了良好的基礎。

浙江省古籍普查工作得到了各方的關心和支持。感謝各兄弟省份古籍同行的熱情幫助,感謝李致忠、張志清、吳格、陳先行、陳紅彥、陳荔京、羅琳、王清原、唱春蓮、李德生、石洪運、賈秀麗、范邦瑾等專家學者的悉心指導,藉力於此,普查工作纔得以順利完成。

條數多,分布廣,又出於衆手,儘管工作中我們一直爭取做到最好,但無論是已經著錄的古籍普查平臺數據還是即將付梓的登記目錄,都難免存在紕漏,希望業界同仁不吝賜教,俾臻完善。

浙江省古籍保護中心

2018 年 4 月

《浙江大學圖書館古籍普查登記目錄》

編委會

《浙江大學圖書館古籍普查登記目録》

前　言

浙江大學古籍收藏歷史最早可以追溯至 1897 年建立的求是書院藏書室。作爲浙江大學的前身，求是書院自創建時，就根據《求是書院章程》設有藏書室，專門庋藏圖書儀器，後因停辦，藏書分送杭州各校和浙江圖書館。

1927 年，於求是書院舊址成立國立浙江大學，初名"國立第三中山大學"。建校之初，藏書分置文理、工、農三學院，圖籍弗精弗備，除廣開門徑搜求書籍外，又獲邵裴子先生贈書 4951 册，內有不少古籍綫裝書。1933 年低價購得劉大白先生藏書萬餘册，藏書規模漸宏。

1937 年抗日戰争爆發，浙江大學被迫西遷，初遷浙江西天目、建德，繼遷江西吉安、泰和，三遷廣西宜山，四遷貴州遵義、湄潭，在遵義、湄潭、永興等地堅持辦學 7年。遵湄時期，數學系教授章用、史地系教授張蔭麟不幸病逝，章氏藏書按照本人遺囑捐贈本校，其中有天文曆算類稀見抄本數種；張氏全部藏書近萬册，多爲近代史文獻，亦有不少古籍，後由其夫人倫慧珠女士全部捐給本校史地系。

西遷時，大部分圖書隨校遷移，全校師生水陸并用，歷盡艱辛，但因時間緊迫，仍有大量中文書籍被遺留在杭州，損失 30000 餘册。1946 年復員回杭時，部分圖書留贈當地學校，隨校遷回的圖書儀器在返杭途中，因火車脱軌被毀 87 箱，包括圖書館、各院系及師生私人藏書，損失慘重。

抗戰期間，屢經播遷，古籍圖書益多散失。回杭後，努力充實藏書，先後獲得南潯劉氏嘉業堂和瑞安孫氏玉海樓藏書，奠定了館藏古籍善本書的基礎。1947 年以巨款從張叔平處購入劉氏嘉業堂部分藏書，并張氏自藏書籍共 24000 餘册，其中明刻本 500 餘種（包括明刻《嘉興藏》）。同年冬天蒙瑞安孫延釗先生慨贈玉海樓藏書近 3000 册，其中孫詒讓手稿本以及孫衣言、孫詒讓父子批校題跋本百餘種，皆爲海內外孤本。

1949 年國立英士大學并入本校，所藏古籍也隨之入藏本館，其珍貴者有"澤存書庫"舊藏，如元刻《玉海附刻》十三種、明鮑松刻《李杜全集》等。在此前後，接受馬叙倫先生贈書 200 餘種，有批校本、稿抄本及明刻本等數十種善本書；又接受琦君所贈其父潘國綱先生遺書約 4000 册、任銘善先生贈書百餘種、陳漢第先生贈書 2300 餘册。

1952 年院系調整，國立浙江大學被拆分爲工、文理、農、醫四所單科性大學，即浙江大學、浙江師範學院（後爲杭州大學）、浙江農學院（後爲浙江農業大學）、浙江醫學院（後爲浙江醫科大學）。在機構變遷中，館藏古籍也經歷了一番聚散離合，有得有失。損失的部分主要有：1. 隨院系調整部分古籍調往其他高校。2. "文革" 期間，老浙江大學的二三百部善本古籍及 30000 多册普通古籍移送浙江圖書館。增長的部分主要有：1. 并入浙江師範學院的之江大學藏書、并入浙江醫學院的浙江省立醫學院藏書。2. 浙江師範學院時期陸續購入古籍數萬册，大宗者有孫世偉藏書八九千册、屈彊藏書數千册、薛聲震藏書 200 餘種以及高時顯藏書約 80 種。3. 杭州大學時期從江浙滬等地的古舊書店購得古籍數萬册，接受胡士瑩先生所藏小説戲曲類贈書 1000 餘册、方令孺先生贈書 702 册。4. 1986 年底，老浙江大學接受袁氏後人所贈袁滌庵先生舊藏約 300 册，内有宋刻本《資治通鑑綱目》殘本一卷、元中統刻本《史記》32 册，乃屬稀世之珍。

1998 年，四校重新合并爲新浙江大學，除少量系科古籍并入本館，館藏古籍總量并無大的增長。由於歷史原因，四校原有古籍仍分藏於四校區之圖書館。待 2019 年紫金港校區古籍館建成之後，這些分散的古籍將搬遷至古籍新館集中保存。

本館現藏綫裝書約 70% 來源於原杭州大學圖書館。杭州大學老一輩圖書館人如王焕鑣、周采泉、洪湛侯、楊渭生等以及人文學院雪克教授在古籍的尋訪采購、整理編目中傾注大量心血，在卡片目録基礎上，於 1964—1965 年先後出版了《杭州大學圖書館綫裝書總目》《杭州大學圖書館善本書目》《杭州大學圖書館善本書目附編之一：玉海樓專目》《杭州大學圖書館善本書目附編之二：嘉業堂專目》。

四校合并以後，秉承老杭大圖書館重視編目、以編目培養專業人才的優良傳統，本館於 2005 年起參與 CALIS 古籍編目，據《杭州大學圖書館善本書目》爲館藏善本書建立機讀數據，一一核對原書，對原書目進行修訂，同時將普通綫裝庫中清代康乾時期出版的古籍提爲善本。在此基礎上，於 2016 年出版《浙江大學圖書館古籍善本書目》，較《杭州大學圖書館善本書目》增補 400 餘種。綜合新老幾代人的編目成果，建立館藏目録電子檢索系統，基本實現館藏大部分古籍的網絡檢索功能。

2014 年，本館開始全面啓動全國古籍普查工作，首次對四個校區所藏全部古籍進行逐册清點，先後投入 20 餘人，并利用周末及寒暑假加班加點，歷時近 3 年，終於完成西溪校區圖書館、紫金港校區農醫分館、華家池校區圖書館以及玉泉校區袁氏工程圖書館所藏共計 17.4 萬餘冊綫裝古籍（版本截止於 1949 年）的普查，徹底摸清館藏古籍的收藏情況。

本館現藏 17.4 萬餘冊古籍中，善本 20000 餘冊 1800 餘種，其中宋元刻本（含遞修）16 部，明代刻印本 800 餘部，清代刻印本 7000 餘部，明清以來稿抄本 400 餘部，名家批校題跋本近 300 部。據《中國古籍善本書目》統計，本館共有 830 部善本收入《中國古籍善本書目》，包括原杭州大學 819 部，原浙江醫科大學 11 部，入選數量位居全國高校第九，有近百種善本書爲全國獨家收藏。在國務院公布的第一至四批《國家珍貴古籍名録》中，本館有 173 部古籍入選，入選數量在全國高校中位居第二。

館藏古籍的精華主要來源於嘉業堂和玉海樓兩大著名藏書樓以及專業學者、社會名流的個人收藏，較有特色的部分如下：

一、孫詒讓稿本 21 種及孫氏父子批校題跋本百餘種，既是孫氏父子治學的成果，也是研究孫氏父子學術思想的第一手資料，彌足珍貴。

二、稀見珍本收藏甚富，除年代較早的宋元刻本外，所藏寫本如清乾隆間文瀾閣寫本《欽定四庫全書》殘本，稿本如清李象坤撰《雁山志稿》，抄本如清鮑氏知不足齋抄本《龍洲道人集》、清內府五色抄本《勸善金科》，活字本如明銅活字印本《唐人集》，刻本如明成化十九年（1483）刻《畏菴集》以及清人何焯、顧嗣立、何紹基等名家批校題跋本，皆屬不可多得之珍品，或存世極罕，或爲海內外孤本。

三、明末清初所刻《嘉興藏》存 1000 餘種 2000 餘冊，此原係劉氏嘉業堂藏書，其中有少量明刻單經混雜其中。

四、胡士瑩先生所藏小說戲曲古籍百餘種，內容多爲清末民初時期的小說、戲曲、彈詞、寶卷等，其中有不少珍本甚至孤本。

五、中醫古籍有 600 餘種，經典齊備，多浙江地方醫家學派著作。

六、日本和朝鮮版古籍有 200 餘種，是國內收藏此類古籍較爲豐富的單位之一。

如此豐富的珍本佳槧，凝聚了幾代人的心血，更需加大保護力度。自"中華古籍保護計劃"實施以來，本館分兩次對古籍保護環境進行改造：2008 年對古籍書庫進行改造工作，增加了恒溫恒濕和防盜設施，對窗戶防水進行隔溫處理，大大改善了古籍的保存狀況；2012 年，對古籍善本書庫及古籍閱覽室進行改建，新購置 72 隻仿古榆木書櫃，100 隻書匣，將古籍閱覽室改造爲藏展閱一體的開放式空間，完成了善本書櫃的更新換代和古籍閱覽室的布局調整。

2010 年,本館啓動古籍保護性開發體系建設項目,通過古籍修復與古籍影印對古籍進行原生性保護與再生性保護,先後修復古籍 508 冊,影印出版了宋本《資治通鑑綱目》、精抄本《周此山先生詩集》。

如今根據已經完成的古籍普查數據,編成出版《浙江大學圖書館古籍普查登記目録》,是本館古籍保護工作的又一項重要成果。該目囊括本館全部漢文古籍(不含民國古籍),共 8834 部 10.5 萬餘冊。本書得以出版,乃集眾人之力,既離不開前人奠定的目録基礎,也離不開學校和館領導的大力支持以及本館古籍編目工作人員的辛勤付出。由於時間、能力有限,書中錯訛之處在所難免,祈請方家不吝指正。

浙江大學圖書館
2019 年 1 月

目　　録

1

330000 – 1741 – 0000001　善 4/312　集部/別集類/明別集

畏菴集十卷附錄一卷　(明)周旋撰　明成化十九年(1483)劉遜永嘉刻本　二冊

330000 – 1741 – 0000002　善 4/172　集部/別集類/宋別集

劉左史集四卷　(宋)劉安節撰　清抄本　清孫衣言批校並跋　清孫詒讓批校　一冊

330000 – 1741 – 0000003　善 4/171　集部/別集類/宋別集

劉給諫文集五卷　(宋)劉安上撰　清抄本　清孫詒讓批校　二冊

330000 – 1741 – 0000004　善 4/046　集部/總集類/彙編之屬

盛唐四名家集　(明)凌濛初輯　明吳興凌濛初刻朱墨套印本　三冊　存一種

330000 – 1741 – 0000005　善 4/084　集部/別集類/唐五代別集

柳文七卷　(唐)柳宗元撰　(明)茅坤評　明刻朱墨套印本　四冊　存四卷(一至四)

330000 – 1741 – 0000006　善 4/658　集部/詞類/總集之屬

花間集四卷　(五代)趙崇祚輯　(明)湯顯祖評　明萬曆刻朱墨套印本　四冊

330000 – 1741 – 0000007　善 4/129　集部/別集類/宋別集

文潞公文集四十卷　(宋)文彥博撰　明嘉靖五年(1526)王溱刻本　四冊

330000 – 1741 – 0000008　善 4/607A　集部/總集類/選集之屬/通代

六朝文絜四卷　(清)許槤輯並評　清道光五年(1825)海昌許氏享金寶石齋刻朱墨套印本　二冊

330000 – 1741 – 0000009　綫 094.32577/7534　經部/叢編

十三經讀本　(清)□□編　清同治金陵書局刻本　十冊　存一種

330000 – 1741 – 0000011　綫 094.3274/4074　經部/禮記類/傳說之屬

續禮記集說一百卷　(清)杭世駿撰　清光緒二十一年至三十年(1895－1904)浙江書局刻本　四十冊

330000 – 1741 – 0000012　綫 2094.3274/4047　經部/禮記類/傳說之屬

續禮記集說一百卷　(清)杭世駿撰　清光緒二十一年至三十年(1895－1904)浙江書局刻本　四十冊

330000 – 1741 – 0000015　綫 071.75/2328　子部/雜著類/雜考之屬

談徵不分卷　(清)外方山人撰　清道光三年(1823)上苑堂刻本　六冊

330000 – 1741 – 0000016　綫 847.4/4713.1　集部/別集類/清別集

石笥山房集二十四卷　(清)胡天游撰　清宣統二年(1910)上海國學扶輪社石印本　十冊

330000 – 1741 – 0000017　綫 847.4/4713.77　集部/別集類/清別集

石笥山房集二十四卷　(清)胡天游撰　清咸豐二年(1852)山陰胡氏刻本　七冊　缺五卷(詩集補遺一至二、續補遺一至二、先考穉威府君年譜紀略)

330000 – 1741 – 0000020　綫 847.4/5374　集部/別集類/清別集

鶴泉文鈔續選九卷　(清)戚學標撰　清嘉慶十八年(1813)刻本　四冊

330000 – 1741 – 0000022　綫 847.4/6040　集部/別集類/清別集

尊聞居士集八卷　(清)羅有高撰　(清)彭紹升編　清光緒八年(1882)長洲彭祖賢刻本　四冊

330000 – 1741 – 0000023　綫 847.4/7167　集部/別集類/清別集

樊榭山房全集四十二卷　(清)厲鶚撰　**振綺堂詩存一卷**　(清)汪憲撰　**松聲池館詩存四卷**　(清)汪璐撰　清光緒十年至十五年

(1884－1889)汪氏振綺堂刻本　十二冊

330000－1741－0000024　綫874.4/7269　集部/別集類/清別集

思補齋文集四卷　(清)劉星煒撰　清光緒二十年(1894)刻本　四冊

330000－1741－0000026　綫847.4/7270　集部/別集類/清別集

存悔齋集二十八卷外集四卷　(清)劉鳳誥撰　清道光十年至十七年(1830－1837)刻本　八冊

330000－1741－0000027　綫847.4/7710　集部/別集類/清別集

十誦齋集六卷　(清)周天度撰　清光緒十年(1884)周福昌刻本　三冊

330000－1741－0000028　847.4/7714　類叢部/叢書類/自著之屬

經韻樓叢書九種　(清)段玉裁撰　清乾隆至道光金壇段氏刻本　六冊　存二種

330000－1741－0000029　綫835.35/0845　集部/總集類/選集之屬/通代

六朝文絜四卷　(清)許槤輯並評　清光緒刻朱墨套印本　一冊

330000－1741－0000030　綫835.35/0845.1　集部/總集類/選集之屬/通代

六朝文絜四卷　(清)許槤輯並評　清光緒三年(1877)馮氏讀有用書齋刻朱墨套印本　二冊

330000－1741－0000034　綫094.32577/7534.1　經部/禮記類/傳說之屬

禮記增訂旁訓六卷　(清)徐立綱撰　清末李光明莊刻本　六冊

330000－1741－0000035　綫094.3274/2675　類叢部/叢書類/自著之屬

程際盛全集八種　(清)程際盛撰　清嘉慶刻本　一冊　存一種

330000－1741－0000036　綫094.3274/4742　類叢部/叢書類/自著之屬

郝氏遺書三十三種　(清)郝懿行撰　清嘉慶至光緒刻彙印本　十冊　存一種

330000－1741－0000037　綫094.3274/3503　經部/叢編

御纂七經五種　(清)李光地等纂　清同治六年至九年(1867－1870)浙江書局刻本　三十二冊　存一種

330000－1741－0000038　綫847.4/8030　集部/別集類/清別集

鮚埼亭集三十八卷經史問答十卷鮚埼亭集外編五十卷　(清)全祖望撰　**全氏世譜一卷年譜一卷**　(清)董秉純撰　清嘉慶九年(1804)餘姚史夢蛟借樹山房刻同治十一年(1872)印本(經史問答十卷爲清乾隆三十年董秉純刻本)　二十四冊

330000－1741－0000039　綫847.4/8030.2　集部/別集類/清別集

鮚埼亭集三十八卷經史問答十卷鮚埼亭集外編五十卷　(清)全祖望撰　**全氏世譜一卷年譜一卷**　(清)董秉純撰　清嘉慶九年(1804)餘姚史夢蛟借樹山房刻同治十一年(1872)印本(經史問答十卷爲清乾隆三十年董秉純刻本)　二十三冊　缺十卷(經史問答一至十)

330000－1741－0000040　綫847.4/8033k　集部/別集類/清別集

鮚埼亭集三十八卷經史問答十卷鮚埼亭集外編五十卷　(清)全祖望撰　**全氏世譜一卷年譜一卷**　(清)董秉純撰　清嘉慶九年(1804)餘姚史夢蛟借樹山房刻同治十一年(1872)印本(經史問答十卷爲清乾隆三十年董秉純刻本)　四冊　存十卷(經史問答一至十)

330000－1741－0000041　綫847.4/8030a　集部/別集類/清別集

全謝山文鈔十六卷　(清)全祖望撰　清宣統二年(1910)上海國學扶輪社鉛印本　八冊

330000－1741－0000042　綫847.4/8328　類叢部/叢書類/彙編之屬

清風室叢刊二十種　(清)錢保塘編　清同治十年至民國二十五年(1871－1936)海寧錢氏

清風室刻本　一冊　存一種

330000－1741－0000044　善 4/518G　集部/別集類/清別集

蘀石齋詩集五十卷　（清）錢載撰　清乾隆刻本　六冊

330000－1741－0000045　善 4/518g　集部/別集類/清別集

蘀石齋文集二十六卷　（清）錢載撰　清乾隆刻本　二冊

330000－1741－0000046　綫 847.5/0070.78　集部/別集類/清別集

章實齋先生遺書六卷附錄一卷　（清）章學誠撰　清宣統二年（1910）霍邱王潛剛鉛印本　四冊

330000－1741－0000047　綫 847.5/0163　類叢部/叢書類/自著之屬

澹靜齋全集六種　（清）龔景瀚撰　清同治八年（1869）濟南郡署刻本　八冊　存一種

330000－1741－0000048　綫 847.5/1041　類叢部/叢書類/自著之屬

獨學廬全稿七種　（清）石韞玉撰　清乾隆至嘉慶刻本　十五冊　缺八卷（二稿花間樂府、微波詞四,五稿燕居集四至五、文一至三、補遺）

330000－1741－0000049　綫 847.5/0163：2　類叢部/叢書類/自著之屬

澹靜齋全集六種　（清）龔景瀚撰　清道光二十年（1840）恩錫堂刻本　八冊　存一種

330000－1741－0000050　綫 847.5/0803.1　集/別集類/清別集

鑑止水齋集二十卷　（清）許宗彥撰　清咸豐八年（1858）許延毅刻本　六冊

330000－1741－0000051　綫 847.5/0830　集部/別集類/清別集

鑑止水齋集二十卷　（清）許宗彥撰　清咸豐八年（1858）許延毅刻本　六冊

330000－1741－0000052　綫 847.5/1060　集

部/別集類/清別集

煙霞萬古樓文集六卷　（清）王曇撰　清道光二十年（1840）刻本　二冊

330000－1741－0000054　綫 847.5/1060.1　集部/別集類/清別集

煙霞萬古樓文集六卷　（清）王曇撰　清道光二十年（1840）刻本　二冊

330000－1741－0000055　綫 847.5/1097　集部/別集類/清別集

悔生詩鈔六卷文集八卷　（清）王灼撰　**悔生詩鈔評跋一卷**　清嘉慶十三年（1808）刻本　四冊

330000－1741－0000056　綫 847.5/1123　類叢部/叢書類/自著之屬

白雲山房集四種　（清）張象津撰　清道光十六年（1836）張繩武等拜經堂刻本　五冊

330000－1741－0000057　綫 847.5/1150　集部/別集類/清別集

茗柯文初編一卷二編二卷三編一卷四編一卷　（清）張惠言撰　清光緒七年（1881）刻本　二冊

330000－1741－0000058　綫 847.5/1262　集部/別集類/清別集

孫淵如先生全集二十二卷　（清）孫星衍撰　（清）王先豫編　清光緒二十年（1894）湖南思賢書局刻本　十冊

330000－1741－0000059　綫 847.5/1262a　集部/別集類/清別集

問字堂集六卷　（清）孫星衍撰　清光緒十年（1884）四明是亦軒刻本　二冊

330000－1741－0000062　綫 847.5/1713　集部/別集類/清別集

南江文鈔十二卷詩鈔四卷南江札記四卷　（清）邵晉涵撰　（清）胡敬輯　清嘉慶八年（1803）邵氏面水層軒刻道光十二年（1832）胡敬印本　十二冊

330000－1741－0000063　綫 847.5/2022　類叢部/叢書類/彙編之屬

文選樓叢書三十三種　（清）萩林山房編　清嘉慶至道光阮元刻道光二十二年（1842）阮亨彙印本　十二冊　存二種

330000－1741－0000064　綫847.5/2022：2　類叢部/叢書類/彙編之屬

文選樓叢書三十三種　（清）萩林山房編　清嘉慶至道光阮元刻道光二十二年（1842）阮亨彙印本　八冊　存二種

330000－1741－0000066　綫847.5/2210　類叢部/叢書類/自著之屬

有竹居集三種　（清）任兆麟撰　清嘉慶二十四年（1819）兩廣節署刻本　十冊

330000－1741－0000068　綫847.5/2545　集部/別集類/清別集

遊道堂集四卷　（清）朱彬撰　清同治七年（1868）袁浦刻本　二冊

330000－1741－0000069　綫847.5/2680.1　集部/別集類/清別集

有正味齋詩集十六卷續集八卷駢體文二十四卷續集八卷詞集八卷續集二卷外集五卷續集二卷　（清）吳錫麒撰　清刻本　十六冊

330000－1741－0000070　綫847.5/2680.7：1　集部/別集類/清別集

有正味齋駢體文二十四卷　（清）吳錫麒撰　（清）王廣業箋　清咸豐九年（1859）青箱塾刻本　八冊

330000－1741－0000071　綫847.5/2630　集部/別集類/清別集

紫石泉山房文集十二卷詩鈔三卷　（清）吳定撰　清光緒十三年（1887）黟縣李宗煜刻本　五冊

330000－1741－0000072　綫847.5/2680.7　集部/別集類/清別集

有正味齋駢體文二十四卷　（清）吳錫麒撰　（清）王廣業箋　清咸豐九年（1859）青箱塾刻本　六冊

330000－1741－0000073　綫847.5/3133　集部/別集類/清別集

東里生爐餘集三卷　（清）汪家禧撰　（清）許乃穀輯　清光緒二年（1876）許庚身刻本　一冊

330000－1741－0000074　綫847.5/2767　集部/別集類/清別集

紀文達公遺集三十二卷　（清）紀昀撰　（清）紀樹馨編　清嘉慶十七年（1812）紀樹馥刻本　十八冊

330000－1741－0000075　綫847.5/4412　集部/別集類/清別集

留村文集四卷　（清）黃瑞撰　清光緒十一年（1885）虞山黃氏刻民國四年（1915）海隅沈養孫重修本　四冊

330000－1741－0000076　綫847.5/4428　類叢部/叢書類/彙編之屬

式訓堂叢書四十一種　（清）章壽康編　清光緒會稽章氏刻本　二冊　存一種

330000－1741－0000077　綫847.5/4440　集部/別集類/清別集

平園雜著內編十四卷　（清）林有席撰　（清）林大佐編　清道光六年（1826）刻本　六冊

330000－1741－0000078　綫847.5/2698　集部/別集類/清別集

白華前稿六十卷後稿四十卷年譜一卷　（清）吳省欽撰　（清）吳敬樞撰　清乾隆四十八年（1783）刻嘉慶十五年（1810）石經堂增刻本　十六冊

330000－1741－0000079　綫847.5/4031　集部/別集類/清別集

校經庼文稾十八卷　（清）李富孫撰　清道光元年（1821）讀書臺刻本　六冊

330000－1741－0000080　綫847.5/4048　集部/別集類/清別集

袁文箋正十六卷補注一卷　（清）袁枚撰　（清）石韞玉箋　清嘉慶十七年（1812）鶴壽山堂刻本　六冊

330000－1741－0000082　綫847.5/4048.7　集部/別集類/清別集

袁文箋正十六卷補注一卷　（清）袁枚撰
（清）石韞玉箋　增訂袁文箋正四卷　（清）袁
枚撰　（清）魏大緒輯　清光緒十四年（1888）
上海蜚英館石印本　三冊

330000－1741－0000083　綫847.5/4048　集
部/別集類/清別集

隨園駢體文註十六卷　（清）袁枚撰　清光緒
五年（1879）長沙刻本　八冊

330000－1741－0000084　綫847.5/4048.76
集部/別集類/清別集

袁文補註二卷續刻二卷三刻二卷　（清）袁枚
撰　（清）石韞玉注　（清）余崗補注　清道光
二十一年（1841）刻本　二冊

330000－1741－0000086　綫847.5/4152　集
部/別集類/清別集

蘭雪集八卷　（清）柯振嶽撰　清嘉慶二十三
年（1818）藏修齋刻本　六冊

330000－1741－0000087　綫847.5/2680a
集部/別集類/清別集

有正味齋詩集十六卷續集八卷駢體文二十四
卷續集八卷詞集八卷續集二卷外集五卷續集
二卷　（清）吳錫麒撰　清嘉慶十三年（1808）
刻本　十六冊

330000－1741－0000089　綫847.5/4222.6
類叢部/叢書類/家集之屬

長洲彭氏家集九種　（清）彭祖賢編　清同治
至光緒刻本　六冊　存一種

330000－1741－0000090　綫847.5/4222:2
類叢部/叢書類/彙編之屬

正覺樓叢刻（正覺樓叢書）二十九種　（清）崇
文書局編　清光緒崇文書局刻本　四冊　存
一種

330000－1741－0000091　綫847.5/4217.77
類叢部/叢書類/自著之屬

惜抱軒全集十種　（清）姚鼐撰　清同治五年
（1866）李瀚章省心閣刻本　二十冊

330000－1741－0000092　綫847.5/7520　類
叢部/叢書類/郡邑之屬

海昌叢載三十二種　（清）羊復禮編　清光緒
海昌羊氏傳卷樓粵東刻本　二冊　存一種

330000－1741－0000093　綫847.5/6673　集
部/別集類/清別集

海雲堂詩鈔十四卷補遺一卷金粟香龕詞鈔二
卷文鈔一卷　（清）嚴學淦撰　清光緒十八年
（1892）濠州王之藩刻本　六冊

330000－1741－0000094　綫847.5/6119　集
部/別集類/清別集

味餘書室全集定本四十卷目錄四卷隨筆二卷
　（清）仁宗顒琰撰　（清）慶桂等編　清嘉慶
五年（1800）內府刻本　三十二冊

330000－1741－0000095　綫847.5/8002.75
集部/別集類/清別集

復初齋文集三十五卷　（清）翁方綱撰　清道
光十六年（1836）刻本　屈爔校並題記　十
二冊

330000－1741－0000097　綫847.5/8848　集
部/別集類/清別集

韞山堂文集八卷　（清）管世銘撰　清光緒十
七年（1891）周光濂存厚堂刻本　四冊

330000－1741－0000098　綫847.5/8848a
集部/別集類/清別集

韞山堂詩集十六卷文集八卷　（清）管世銘撰
　祇可軒刪餘稿二卷　（清）管學洛撰　清嘉
慶六年（1801）讀雪山房刻道光七年（1827）增
刻本　七冊

330000－1741－0000099　綫847.5/9748.1
集部/別集類/清別集

大雲山房文薹初集四卷二集四卷　（清）惲敬
撰　清光緒十四年（1888）官書處刻本　八冊

330000－1741－0000100　綫847.5/9748　集
部/別集類/清別集

大雲山房文薹初集四卷二集四卷言事二卷
（清）惲敬撰　清同治二年（1863）惲世臨刻本
十冊

330000－1741－0000101　綫847.6/0071　類
叢部/叢書類/自著之屬

漱琴室存槀四種　（清）高驤雲撰　清道光刻彙印本　二冊

330000－1741－0000102　綫847.6/0073　集部/別集類/清別集

希齋詩存四卷文鈔二卷　（清）高學濂撰　清道光二十二年(1842)思誠齋刻本　六冊

330000－1741－0000103　綫847.6/0121.1　集部/別集類/清別集

定盦文集補編四卷　（清）龔自珍撰　（清）朱之榛輯　清光緒十二年(1886)平湖朱氏刻本　一冊

330000－1741－0000104　綫847.6/0121　集部/別集類/清別集

定盦文集三卷續集四卷續錄一卷古今體詩二卷己亥雜詩一卷詞選四卷詞錄一卷　（清）龔自珍撰　清同治七年(1868)吳煦刻本　四冊

330000－1741－0000105　綫847.5/8002.78　集部/別集類/清別集

復初齋文集三十五卷　（清）翁方綱撰　清道光十六年(1836)刻光緒三年(1877)修版印本　八冊

330000－1741－0000106　綫847.6/0121a　集部/別集類/清別集

定盦文集三卷續集四卷文集補編四卷文拾遺一卷文集補續錄一卷古今體詩二卷己亥雜詩一卷詞選一卷詞錄一卷附錄定盦時文兩篇一卷龔孝琪手抄詞一卷　（清）龔自珍撰　定盦先生[龔自珍]年譜一卷　吳昌綬編　清宣統元年(1909)上海國學扶輪社鉛印本　七冊

330000－1741－0000107　綫847.6/0700　類叢部/叢書類/自著之屬

靈芬館集十種　（清）郭麐撰　清嘉慶至道光刻本　四冊　存二種

330000－1741－0000111　綫847.6/1039　集部/別集類/清別集

晚聞居士遺集九卷首一卷　（清）王宗炎撰　清道光十年至十一年(1830－1831)杭州陸貞一愛日軒刻本　十冊

330000－1741－0000112　綫847.6/1041　類叢部/叢書類/彙編之屬

王寬甫全集九種附刊六種　（清）王敬之撰　清道光二十一年(1841)至咸豐王氏家刻本　六冊　存七種

330000－1741－0000113　綫847.6/1097　集部/別集類/清別集

夏仲子集六卷　（清）夏炯撰　清咸豐五年(1855)夏燮鄱陽官廨刻本　三冊

330000－1741－0000116　綫847.6/1114　集部/別集類/清別集

宛鄰文二卷詩二卷　（清）張琦撰　蓬室偶吟一卷　（清）湯瑤卿撰　清光緒十七年(1891)鉛印本　一冊　存二卷(宛鄰文一至二)

330000－1741－0000117　綫847.6/1114＊2　類叢部/叢書類/自著之屬

宛鄰書屋叢書十三種　（清）張琦撰　清道光陽湖張氏宛鄰書屋刻本　一冊　存三種

330000－1741－0000118　綫847.6/1024　集部/別集類/清別集

綠雪堂遺集二十卷　（清）王衍梅撰　（清）汪雲任輯　清道光二十年(1840)盱眙汪雲任刻二十九年(1849)增刻本　八冊

330000－1741－0000119　綫847.6/1126　集部/別集類/清別集

月齋文集八卷詩集四卷　（清）張穆撰　（清）吳履敬　（清）吳式訓編　清咸豐八年(1858)壽陽祁寯藻北京刻本　四冊

330000－1741－0000120　綫847.6/1126:2　集部/別集類/清別集

月齋文集八卷詩集四卷　（清）張穆撰　（清）吳履敬　（清）吳式訓編　清咸豐八年(1858)壽陽祁寯藻北京刻本　四冊

330000－1741－0000121　綫847.6/1126:3　集部/別集類/清別集

月齋文集八卷詩集四卷　（清）張穆撰　（清）吳履敬　（清）吳式訓編　清咸豐八年(1858)壽陽祁寯藻北京刻本　四冊

330000－1741－0000122　綫 847.6/1134　集部/別集類/清別集

養素堂文集三十五卷首一卷 （清）張澍撰
清道光十五年(1835)棗華書屋刻本　十六冊

330000－1741－0000123　綫 847.6/1134.1
集部/別集類/清別集

養素堂文集三十五卷首一卷 （清）張澍撰
清道光十五年(1835)棗華書屋刻本　十二冊

330000－1741－0000124　綫 847.6/1141　集部/別集類/清別集

嘉樹山房集二十卷外集二卷續集二卷 （清）張士元撰　清嘉慶二十四年(1819)震澤張氏刻道光六年(1826)續刻同治十一年(1872)補修光緒四年(1878)印本　六冊

330000－1741－0000126　綫 847.6/1269　集部/別集類/清別集

利于不息齋初集五卷 （清）孔昭焜撰　清道光刻本　二冊

330000－1741－0000127　綫 847.6/1213　集部/別集類/清別集

泰雲堂集二十五卷 （清）孫爾準撰　清道光十三年(1833)刻本　五冊　缺三卷(詞集一至三)

330000－1741－0000130　綫 847.6/2347　集部/別集類/清別集

梧生文鈔十卷詩鈔九卷詞鈔一卷 （清）傅桐撰　清同治三年至光緒七年(1864－1881)刻本　六冊

330000－1741－0000132　綫 847.5/2542.2/C1　集部/別集類/清別集

遊道堂集四卷 （清）朱彬撰　清同治七年(1868)袁浦刻本　二冊

330000－1741－0000133　綫 847.6/2622　集部/別集類/清別集

滄成居文鈔四卷喪禮經傳約一卷 （清）吳卓信撰　清光緒十年(1884)常熟鮑氏後知不足齋刻本　一冊

330000－1741－0000134　綫 847.6/2640　集部/別集類/清別集

吳學士文集四卷詩集五卷 （清）吳鼐撰（清）薛春黎輯　（清）薛時雨　（清）譚廷獻編訂　清光緒八年(1882)番禺梁肇煌江寧藩署刻本　六冊

330000－1741－0000135　綫 847.6/2663　集部/別集類/清別集

程侍郎遺集初編十卷 （清）程恩澤撰　（清）何紹基編　清道光二十五年(1845)張穆登喜齋刻本　四冊

330000－1741－0000136　綫 847.6/3104　集部/別集類/清別集

思適齋集十八卷 （清）顧廣圻撰　清道光二十九年(1849)上海徐渭仁刻本　四冊

330000－1741－0000137　綫 847.6/3202　集部/別集類/清別集

三松堂詩集二十卷詩續集六卷文集四卷水雲笛譜一卷三松[潘奕雋]自訂年譜一卷 （清）潘奕雋撰　清同治九年至十一年(1870－1872)潘遵祁刻本　八冊　缺二卷(水雲笛譜、三松自訂年譜)

330000－1741－0000138　綫 847.6/3434　類叢部/叢書類/自著之屬

沈西雍先生遺著五種 （清）沈濤撰　清道光刻本　一冊　存一種

330000－1741－0000141　綫 847.5/4031/C1　集部/別集類/清別集

校經廎文稾十八卷 （清）李富孫撰　清道光元年(1821)讀書臺刻本　十冊

330000－1741－0000142　綫 847.6/4032　集部/別集類/清別集

寄鴻堂文集四卷 （清）李宗傳撰　清同治三年至四年(1864－1865)宗稷辰等山東刻本　二冊

330000－1741－0000143　善 4/518G/C1　集部/別集類/清別集

蘀石齋詩集五十卷 （清）錢載撰　清乾隆刻本　六冊

330000－1741－0000144　綫 847.6/4033　集部/別集類/清別集

養一齋文集二十卷李養一先生詩集四卷賦一卷詩餘一卷 （清）李兆洛撰　清光緒四年至八年(1878－1882)江陰曹佳校刻本　十冊

330000－1741－0000145　綫 874.6/4033/C1 集部/別集類/清別集

養一齋文集二十卷李養一先生詩集四卷賦一卷詩餘一卷 （清）李兆洛撰　清光緒四年至八年(1878－1882)江陰曹佳校刻本　十冊

330000－1741－0000146　綫 847.6/4033/C2 集部/別集類/清別集

養一齋文集二十卷李養一先生詩集四卷賦一卷詩餘一卷 （清）李兆洛撰　清光緒四年至八年(1878－1882)江陰曹佳校刻本　八冊 存二十卷(一至二十)

330000－1741－0000147　綫 847.6/4035　集部/別集類/清別集

菽原堂初集十卷 （清）查初揆撰　清嘉慶八年(1803)刻本　四冊

330000－1741－0000148　綫 847.6/4036　集部/別集類/清別集

聞妙香室詩十二卷文十九卷經進集五卷五言長排詩一卷試帖詩三卷詞一卷 （清）李宗昉撰　（清）梅曾亮編　清道光十五年(1835)刻本　一冊　存五卷(經進集一至五)

330000－1741－0000149　綫 847.6/4035：1 集部/別集類/清別集

菽原堂初集十卷 （清）查初揆撰　清嘉慶八年(1803)刻本　二冊

330000－1741－0000150　綫 847.6/4211　集部/別集類/清別集

恩餘堂經進初藁十二卷續藁二十二卷三藁十一卷策問存課二卷知聖道齋讀書跋尾二卷 （清）彭元瑞撰　清嘉慶刻本　二十冊

330000－1741－0000151　綫 847.6/4245　集部/別集類/清別集

樗寮先生全集七種四十三卷 （清）姚椿撰

清道光至咸豐刻本　十二冊

330000－1741－0000153　綫 847.6/4472　類叢部/叢書類/家集之屬

影山草堂六種 （清）莫友芝撰　清咸豐至光緒刻本　一冊　存一種

330000－1741－0000154　綫 847.6/4211.1 集部/別集類/清別集

恩餘堂輯稿四卷 （清）彭元瑞撰　（清）彭邦疇編　清道光七年(1827)刻本　一冊　存一卷(一)

330000－1741－0000156　綫 847.6/4037　集部/別集類/清別集

邁堂文畧四卷 （清）李祖陶撰　清同治七年(1868)敖陽李氏尚友樓刻本　四冊

330000－1741－0000158　綫 847.6/5540　類叢部/叢書類/彙編之屬

春暉堂叢書十二種 （清）徐渭仁編　清道光至咸豐上海徐渭仁刻同治九年至十年(1870－1871)徐允臨補刻彙印本　一冊　存二種

330000－1741－0000159　綫 847.6/5030＊1 集部/別集類/清別集

小峴山人詩集二十八卷文集六卷續文集二卷補編一卷 （清）秦瀛撰　清嘉慶二十二年(1817)城西草堂刻道光初增刻本　六冊　存三卷(續文集一至二、補編)

330000－1741－0000160　綫 847.6/6000　類叢部/叢書類/彙編之屬

海源閣叢書六種續刊一種 （清）楊以增編　清咸豐二年至五年(1852－1855)聊城楊氏海源閣刻本　二冊　存一種

330000－1741－0000161　綫 847.6/7230　集部/別集類/清別集

雲中集六卷 （清）劉淳撰　清光緒七年(1881)岳口李綽裕堂刻本　一冊　存一卷(利上)

330000－1741－0000162　綫 847.6/7233　集部/別集類/清別集

劉禮部集十一卷 （清）劉逢祿撰　**麟石文鈔**

一卷　（清）劉承寵撰　清光緒十八年(1892)延暉承慶堂刻本　六冊

330000－1741－0000163　綫847.6/6614.76
類叢部/叢書類/自著之屬
四錄堂類集五種　（清）嚴可均撰　清嘉慶至道光刻本　三冊　存一種

330000－1741－0000164　綫847.6/7233∶2
集部/別集類/清別集
劉禮部集十一卷　（清）劉逢祿撰　麟石文鈔一卷　（清）劉承寵撰　清光緒十八年(1892)延暉承慶堂刻本　六冊

330000－1741－0000165　綫847.6/6614.78
類叢部/叢書類/彙編之屬
心矩齋叢書十一種　（清）蔣鳳藻編　清光緒長洲蔣氏刻本　四冊　存一種

330000－1741－0000166　綫847.6/7233∶3
集部/別集類/清別集
劉禮部集十一卷　（清）劉逢祿撰　麟石文鈔一卷　（清）劉承寵撰　清光緒十八年(1892)延暉承慶堂刻本　六冊

330000－1741－0000168　綫847.6/7579∶2
集部/別集類/清別集
太乙舟文集八卷　（清）陳用光撰　清道光二十三年(1843)陳大煥孝友堂武昌刻本　六冊

330000－1741－0000169　綫847.6/7277　集部/別集類/清別集
劉孟塗集四十四卷　（清）劉開撰　清道光六年(1826)姚氏檗山草堂刻本　八冊　缺一卷(孟塗後集八)

330000－1741－0000170　綫847.6/4472∶1
類叢部/叢書類/家集之屬
影山草堂六種　（清）莫友芝撰　清咸豐至光緒刻本　一冊　存一種

330000－1741－0000171　綫847.6/4762　集部/別集類/清別集
耐菴文存六卷　（清）賀長齡撰　清咸豐十一年(1861)刻本　三冊

330000－1741－0000172　綫847.6/4748　類叢部/叢書類/彙編之屬
刻鵠齋叢書十六種　（清）胡念修編　清光緒二十三年至二十七年(1897－1901)刻鵠齋刻本　二冊　存一種

330000－1741－0000173　綫847.6/7744∶1
集部/別集類/清別集
壯學齋文集十二卷　（清）周樹槐撰　清咸豐刻周玉麒補修本　四冊

330000－1741－0000174　綫847.6/8877　集部/別集類/清別集
因寄軒文初集十卷二集六卷補遺一卷　（清）管同撰　坿刻小異遺文一卷　（清）管嗣復撰　清光緒五年(1879)顧雲等刻本　四冊

330000－1741－0000175　綫847.6/7579　集部/別集類/清別集
太乙舟文集八卷　（清）陳用光撰　清道光二十三年(1843)陳大煥孝友堂武昌刻本　六冊

330000－1741－0000176　綫847.6/7579∶3
集部/別集類/清別集
太乙舟文集八卷　（清）陳用光撰　觀象居詩鈔二卷　（清）陳蘭瑞撰　清道光二十三年(1843)陳大煥孝友堂武昌刻本　八冊

330000－1741－0000177　綫847.6/7744　集部/別集類/清別集
壯學齋文集十二卷　（清）周樹槐撰　清咸豐刻周玉麒補修本　四冊

330000－1741－0000178　綫847.7/0131　類叢部/叢書類/自著之屬
經德堂集六種　（清）龍啟瑞撰　清光緒四年至七年(1878－1881)龍繼棟京師刻本　十冊

330000－1741－0000179　綫847.7/0000　集部/別集類/清別集
唐中丞遺集二十七卷　（清）唐訓方撰　清光緒十七年(1891)歸吾廬刻本　二十冊

330000－1741－0000180　綫847.7/0002　集部/別集類/清別集
樂道堂集十種　（清）奕訢撰　清咸豐至光緒

刻本 二冊 存一種

330000－1741－0000181 綫 847.7/0199 集
部/別集類/清別集

樂志堂文集十八卷文續集二卷詩集十二卷
（清）譚瑩撰 清咸豐十年至十一年（1860－
1861）吏隱園刻本 十二冊

330000－1741－0000182 綫 847.7/0404 類
叢部/叢書類/自著之屬

會稽山齋全集二十七卷 （清）謝應芝撰 清
光緒十四年（1888）刻本 六冊

330000－1741－0000184 綫 847.7/2124 集
部/別集類/清別集

東洲艸堂詩鈔三十卷詩餘一卷文鈔二十卷
（清）何紹基撰 **眠琴閣遺文一卷遺詩二卷**
（清）何慶涵撰 **浣月樓遺詩二卷** （清）李楣
撰 **附刻一卷** （清）何維棣撰 清同治六年
（1867）長沙無園刻光緒增刻本 十二冊

330000－1741－0000185 綫 847.7/2124h
集部/別集類/清別集

東洲艸堂詩鈔三十卷詩餘一卷文鈔二十卷
（清）何紹基撰 **眠琴閣遺文一卷遺詩二卷**
（清）何慶涵撰 **浣月樓遺詩二卷** （清）李楣
撰 **附刻一卷** （清）何維棣撰 清同治六年
（1867）長沙無園刻光緒增刻本 五冊 存二
十卷（文鈔一至二十）

330000－1741－0000186 綫 847.7/1158 集
部/別集類/清別集

介軒詩鈔十卷文鈔八卷外集二卷 （清）張振
夔撰 清同治九年（1870）刻本 八冊

330000－1741－0000187 綫 847.7/1747 集
部/別集類/清別集

半巖廬遺集二卷 （清）邵懿辰撰 清光緒三
十四年（1908）邵章等刻本 二冊

330000－1741－0000188 綫 847.7/1747.1
類叢部/叢書類/自著之屬

半巖廬所箸書九種 （清）邵懿辰撰 清宣統
至民國仁和邵氏家祠刻本 二冊 存二種

330000－1741－0000190 綫 847.7/2221 類

叢部/叢書類/彙編之屬

洪氏唐石經館叢書十九種 （清）洪汝奎編
清光緒涇縣洪氏公善堂刻並彙印六安涂氏求
我齋等刻本 六冊 存一種

330000－1741－0000191 綫 847.7/1080 集
部/別集類/清別集

王壯武公遺集二十四卷首一卷 （清）王鑫撰
清光緒十八年（1892）湘鄉王氏江寧刻本
十二冊

330000－1741－0000192 綫 847.7/2614 集
部/別集類/清別集

也居山房文集八卷詩集十卷補錄一卷 （清）
魏承枳撰 清同治九年（1870）慶餘堂刻本
五冊

330000－1741－0000193 綫 847.7/2631.79
集部/別集類/清別集

古微堂內集二卷外集八卷 （清）魏源撰
（清）黃象離輯 清宣統元年（1909）上海國學
扶輪社鉛印本 五冊 缺一卷（外集八）

330000－1741－0000194 綫 847.7/2631 集
部/別集類/清別集

古微堂內集三卷外集七卷 （清）魏源撰 清
光緒四年（1878）揚州淮南書局刻本 四冊

330000－1741－0000195 綫 847.7/2643 集
部/別集類/清別集

求自得之室文鈔十二卷 （清）吳嘉賓撰 清
同治五年（1866）吳嘉善廣州刻本 五冊

330000－1741－0000197 綫 847.7/2648 集
部/別集類/清別集

**榴實山莊文稿一卷詩鈔六卷詞鈔一卷試律二
卷** （清）吳存義撰 清同治至光緒刻本 二
冊 存一卷（榴實山莊文稿）

330000－1741－0000198 綫 847.7/2648：2
集部/別集類/清別集

**榴實山莊文稿一卷詩鈔六卷詞鈔一卷試律二
卷** （清）吳存義撰 清同治至光緒刻本 四
冊 缺二卷（試律一至二）

330000－1741－0000199 綫 847.7/2684 類

叢部/叢書類/彙編之屬

思賢書局刊書十九種 （清）思賢書局編　清光緒至宣統思賢書局刻本　四冊　存一種

330000－1741－0000200　綫847.7/2740　集部/別集類/清別集

繆武烈公遺集六卷首一卷 （清）繆梓撰　清光緒七年(1881)溧陽繆氏刻本　四冊

330000－1741－0000201　綫847.7/2741　集部/別集類/清別集

古杼秋館遺棄文二卷詩一卷 （清）侯楨撰　清光緒二十三年(1897)無錫吳氏禮讓堂刻本　二冊

330000－1741－0000203　綫847.7/2814　類叢部/叢書類/彙編之屬

集虛草堂叢書甲集九種 李國松編　清光緒三十年至三十二年(1904－1906)合肥李氏刻本　六冊　存一種

330000－1741－0000205　綫847.6/7110　類叢部/叢書類/彙編之屬

文選樓叢書三十三種 （清）萩林山房編　清嘉慶至道光阮元刻道光二十二年(1842)阮亨彙印本　二十四冊　存一種

330000－1741－0000208　綫847.7/2840　類叢部/叢書類/自著之屬

敝帚齋遺書四種 （清）徐鼒撰　清光緒三年(1877)六合徐氏刻本　五冊　存二種

330000－1741－0000210　綫847.7/3107　類叢部/叢書類/自著之屬

平湖顧氏遺書五種 （清）顧廣譽撰　清光緒三年(1877)顧鴻昇刻本　四冊　存三種

330000－1741－0000211　綫847.7/3144　集部/別集類/清別集

孟晉齋文集五卷周列士傳一卷 （清）顧壽楨撰　**孟晉齋[顧壽楨]年譜一卷** （清）顧家相撰　清同治五年(1866)見素抱樸齋刻本　三冊　存五卷(一至五)

330000－1741－0000212　綫847.7/3144b　集部/別集類/清別集

顯志堂稿十二卷夢奈詩稿一卷 （清）馮桂芬撰　清光緒二年(1876)吳縣馮氏校邠廬刻本　八冊

330000－1741－0000213　綫847.7/3207　集部/別集類/清別集

潘少白先生文集八卷詩集五卷常語二卷 （清）潘諮撰　清道光二十四年(1844)陳繼昌瞻園刻本　六冊

330000－1741－0000215　綫847.7/4015　集部/別集類/清別集

桐閣先生文鈔十二卷首一卷 （清）李元春撰　（清）賀瑞麟輯　清光緒十年(1884)朝邑同義文會刻本　十二冊

330000－1741－0000217　綫847.7/3431　集部/別集類/清別集

沈文忠公集十卷自訂年譜一卷 （清）沈兆霖撰　（清）錢保塘編　清同治八年(1869)刻本　五冊

330000－1741－0000218　綫847.7/4017　集部/別集類/清別集

邃懷堂全集三十八卷 （清）袁翼撰　清光緒十三年至十四年(1887－1888)袁鎮嵩刻本　二十冊　缺四卷(哀忠集二編、三編,小清容山館詞抄一至二)

330000－1741－0000219　綫847.7/4204　集部/別集類/清別集

景詹閣遺文一卷附遺詩一卷 （清）姚諶撰　清宣統三年(1911)歸安陸氏刻本　一冊

330000－1741－0000220　綫847.7/4063　類叢部/叢書類/自著之屬

李文恭公遺集三種 （清）李星沅撰　清同治四年(1865)芋香山館刻本　八冊　存一種

330000－1741－0000221　綫847.7/4017.7　集部/別集類/清別集

邃懷堂全集三十八卷 （清）袁翼撰　清光緒十三年至十四年(1887－1888)袁鎮嵩刻本　八冊　存十七卷(邃懷堂駢文箋註一至十六、補箋)

330000－1741－0000222　綫847.7/4245　集部/別集類/清別集

樗寮先生全集七種四十三卷　（清）姚椿撰　清道光至咸豐刻本　四冊　存一種

330000－1741－0000223　綫847.7/4307　類叢部/叢書類/彙編之屬

風雨樓叢書二十三種　鄧實編　清宣統順德鄧氏鉛印本　一冊　存一種

330000－1741－0000224　綫847.7/4240　類叢部/叢書類/自著之屬

彭文敬公集五種　（清）彭蘊章撰　清道光至同治刻同治彙印本　十五冊

330000－1741－0000225　綫847.7/4422　類叢部/叢書類/自著之屬

通齋全集十種　（清）蔣超伯撰　清同治三年（1864）高涼郡齋刻本　一冊　存一種

330000－1741－0000226　綫847.7/4440　集部/別集類/清別集

學詁齋文集二卷　（清）薛壽撰　清光緒六年（1880）冶城山館刻本　一冊

330000－1741－0000227　綫847.7/4440：1　集部/別集類/清別集

學詁齋文集二卷　（清）薛壽撰　清光緒六年（1880）冶城山館刻本　一冊

330000－1741－0000228　綫847.7/4441　類叢部/叢書類/自著之屬

儆居遺書十一種　（清）黃式三撰　清同治至光緒刻本　八冊　存一種

330000－1741－0000229　綫847.7/4741.1　集部/別集類/清別集

胡文忠公遺集八十六卷首一卷　（清）胡林翼撰　（清）鄭敦謹　（清）曾國荃輯　（清）胡鳳丹重編　清光緒元年（1875）湖北崇文書局刻本　二十一冊　缺二十四卷（六十三至八十六）

330000－1741－0000230　綫847.7/4741　集部/別集類/清別集

胡文忠公遺集八十六卷首一卷　（清）胡林翼撰　（清）鄭敦謹　（清）曾國荃輯　清同治六年（1867）黃鶴樓刻本　三十二冊

330000－1741－0000231　綫847.7/5588　類叢部/叢書類/自著之屬

石屋書四種　（清）曹金籀撰　清同治仁和曹氏刻本　四冊　存一種

330000－1741－0000232　綫847.7/4880　集部/別集類/清別集

柏梘山房文集十六卷文續集一卷詩集十卷詩續集二卷駢體文二卷　（清）梅曾亮撰　清咸豐六年（1856）聊城楊氏刻同治三年（1864）補刻本　六冊

330000－1741－0000234　綫847.7/8354　集部/別集類/清別集

甘泉鄉人稿二十四卷餘稿二卷　（清）錢泰吉撰　**皇清敕授修職郎誥封朝議大夫顯考警石府君[錢泰吉]年譜一卷**　（清）錢應溥編　**四水子遺著一卷**　（清）錢友泗撰　**邠農偶吟稿一卷**　（清）錢炳森撰　清同治十一年（1872）錢應溥刻光緒十一年（1885）錢志澄增刻本　七冊

330000－1741－0000235　綫847.7/4880：1　集部/別集類/清別集

柏梘山房文集十六卷文續集一卷詩集十卷詩續集二卷駢體文二卷　（清）梅曾亮撰　清咸豐六年（1856）聊城楊氏刻同治三年（1864）補刻本　六冊

330000－1741－0000236　綫847.7/8354a　集部/別集類/清別集

甘泉鄉人稿二十四卷餘稿二卷　（清）錢泰吉撰　**皇清敕授修職郎誥封朝議大夫顯考警石府君[錢泰吉]年譜一卷**　（清）錢應溥編　**四水子遺著一卷**　（清）錢友泗撰　**邠農偶吟稿一卷**　（清）錢炳森撰　清同治十一年（1872）錢應溥刻光緒十一年（1885）錢志澄增刻本　五冊　缺二卷（四水子遺著、邠農偶吟稿）

330000－1741－0000237　綫847.7/8064、綫847.7/8064a　集部/別集類/清別集

曾文正公文集四卷雜著四卷　（清）曾國藩撰

（清）李瀚章輯　清同治十三年（1874）傳忠書局刻本　六冊

330000－1741－0000239　綫847.7/8718.1
集部/別集類/清別集

巢經巢遺文五卷　（清）鄭珍撰　清光緒十九年（1893）貴築高培穀資州官署刻本　二冊

330000－1741－0000240　綫847.7/8331　類叢部/叢書類/自著之屬

錢頤壽中丞全集正編三種續編二種　（清）錢寶琛撰　清同治七年至光緒六年（1868－1880）錢鼎銘刻本　一冊　存一種

330000－1741－0000242　綫847.7/7110　集部/別集類/清別集

日損益齋古文八卷附一卷　（清）馬疏撰　清咸豐七年（1857）安定馬氏刻本　四冊

330000－1741－0000243　綫847.7/7203　集部/別集類/清別集

青溪舊屋文集十卷詩集一卷　（清）劉文淇撰　清光緒九年（1883）刻本　四冊

330000－1741－0000245　綫847.7/7535　集部/別集類/清別集

東塾集六卷申范一卷　（清）陳澧撰　清光緒十八年（1892）廣東菊坡精舍刻本　三冊

330000－1741－0000246　綫847.7/7535：2　集部/別集類/清別集

東塾集六卷申范一卷　（清）陳澧撰　清光緒十八年（1892）廣東菊坡精舍刻本　四冊

330000－1741－0000247　綫847.7/7535：3　集部/別集類/清別集

東塾集六卷申范一卷　（清）陳澧撰　清光緒十八年（1892）廣東菊坡精舍刻本　三冊　缺一卷（申范）

330000－1741－0000248　綫847.7/8000　集部/別集類/清別集

豸華堂文鈔二十卷首一卷　（清）金應麟撰　清光緒元年（1875）刻本　四冊

330000－1741－0000249　綫847.8/0834　集部/別集類/清別集

澤雅堂文集十卷　（清）施補華撰　清光緒十九年（1893）榮成孫葆田刻本　二冊

330000－1741－0000250　綫847.8/0471　集部/別集類/清別集

四為堂焚餘草二卷附卷一卷　（清）謝鵬飛撰　清光緒十九年（1893）石印本　四冊

330000－1741－0000251　綫847.8/0032　集部/別集類/清別集

退一步齋詩集十六卷文集四卷蕉軒續錄二卷　（清）方濬師撰　（清）呂景端編校　清光緒十八年（1892）鉛印本　十冊　缺二卷（蕉軒續錄一至二）

330000－1741－0000252　綫847.8/0123　類叢部/叢書類/彙編之屬

半厂叢書初編十種　（清）譚獻編　清同治至光緒仁和譚氏刻本　四冊　存一種

330000－1741－0000253　綫847.8/1001　集部/別集類/清別集

函雅堂集四十卷　（清）王詠霓撰　清光緒二十二年（1896）刻本　王葆楨題記　十冊

330000－1741－0000254　綫847.8/0123 ＊1　類叢部/叢書類/彙編之屬

刻鵠齋叢書十六種　（清）胡念修編　清光緒二十三年至二十七年（1897－1901）刻鵠齋刻本　四冊　存一種

330000－1741－0000255　綫847.8/1015　集部/別集類/清別集

靈峯存稿不分卷　夏震武撰　清宣統二年（1910）鉛印本　一冊

330000－1741－0000256　綫847.8/1034　集部/別集類/清別集

才茲文不分卷　（清）王兆芳撰　清光緒二十四年（1898）刻本　二冊

330000－1741－0000257　綫847.8/1042　集部/別集類/清別集

弢園文錄八卷文錄外編十二卷　（清）王韜撰　清光緒九年（1883）長洲王氏香海鉛印本

六冊　存十二卷(外編一至十二)

330000－1741－0000258　綫847.8/1042D
集部/別集類/清別集

哀生閣初稿四卷續稿三卷　(清)王大經撰
清光緒十一年(1885)平湖王氏刻本　六冊

330000－1741－0000263　綫847.8/1080　類
叢部/叢書類/自著之屬

田園雜著八種　(清)丁午撰　清光緒錢塘丁
氏刻本　二冊

330000－1741－0000269　綫847.8/1138　集
部/別集類/清別集

濂亭文集八卷　(清)張裕釗撰　(清)查燕緒
編　**濂亭遺詩二卷遺文五卷**　(清)張裕釗撰
清光緒八年(1882)查氏木漸齋蘇州刻本、
清宣統二年(1910)鄂城刻本　四冊

330000－1741－0000270　綫847.8/1161　類
叢部/叢書類/自著之屬

寒松閣集五種　(清)張鳴珂撰　清光緒十年
至二十四年(1884－1898)嘉興張氏刻本　五
冊　缺一種

330000－1741－0000272　綫847.8/1135　集
部/別集類/清別集

濂亭文集八卷　(清)張裕釗撰　(清)查燕緒
編　清光緒八年(1882)查氏木漸齋蘇州刻本
二冊

330000－1741－0000273　綫847.8/1161：2
類叢部/叢書類/自著之屬

寒松閣集五種　(清)張鳴珂撰　清光緒十年
至二十四年(1884－1898)嘉興張氏刻本
六冊

330000－1741－0000274　綫847.8/1168　集
部/別集類/清別集

仰蕭樓文集一卷　(清)張星鑑撰　清光緒六
年(1880)刻本　二冊

330000－1741－0000275　綫847.8/1161：3
類叢部/叢書類/自著之屬

寒松閣集五種　(清)張鳴珂撰　清光緒十年
至二十四年(1884－1898)嘉興張氏刻本　四

冊　缺二種

330000－1741－0000278　綫847.8/1200　集
部/別集類/清別集

**遜學齋文鈔十二卷首一卷末一卷續鈔五卷詩
鈔十卷續鈔五卷**　(清)孫衣言撰　清同治三
年(1864)、十二年(1873)刻光緒增刻本　十
二冊

330000－1741－0000280　綫847.8/1200：1
集部/別集類/清別集

**遜學齋文鈔十二卷首一卷末一卷續鈔五卷詩
鈔十卷續鈔五卷**　(清)孫衣言撰　清同治三
年(1864)、十二年(1873)刻光緒增刻本
十冊

330000－1741－0000281　綫847.8/1270　集
部/別集類

師鄭堂集六卷　孫雄撰　清光緒十七年
(1891)無錫文苑閣木活字印本　四冊

330000－1741－0000283　綫847.8/2124　集
部/別集類/清別集

潛穎詩十卷文四卷　(清)何維棣撰　清光緒
二十七年(1901)刻本　四冊

330000－1741－0000284　綫847.8/2103　集
部/別集類/清別集

東洲艸堂詩鈔三十卷詩餘一卷文鈔二十卷
(清)何紹基撰　**眠琴閣遺文一卷遺詩二卷**
(清)何慶涵撰　**浣月樓遺詩二卷**　(清)李楣
撰　**附刻一卷**　(清)何維棣撰　清同治六年
(1867)長沙無園刻光緒增刻本　一冊　存五
卷(眠琴閣遺文、遺詩一至二,浣月樓遺詩一
至二)

330000－1741－0000285　綫847.8/2131　類
叢部/叢書類/郡邑之屬

三怡堂叢書二十種　張鳳臺輯　清光緒三十
二年至民國十二年(1906－1923)河南官書局
刻本　六冊　存一種

330000－1741－0000286　綫847.8/2531　集
部/別集類/清別集

朱九江先生集十卷首四卷　(清)朱次琦撰

簡朝亮編　清光緒二十年至二十三年(1894－1897)簡氏讀書草堂刻本　四冊

330000－1741－0000287　綫847.8/2341：2　集部/別集類/清別集

潛莊文鈔六卷　(清)卜起元撰　清光緒五年(1879)武進卜氏甬江刻本　四冊

330000－1741－0000288　綫847.8/2572　集部/別集類/清別集

虛白山房詩集四卷駢體文二卷　(清)朱鳳毛撰　清光緒十五年(1889)廣州刻本　二冊

330000－1741－0000291　綫847.8/2632　類叢部/叢書類/自著之屬

桐城吳先生全書六種附二種　(清)吳汝綸撰　清光緒三十年(1904)王恩紱等刻本　四冊　存二種

330000－1741－0000292　綫847.8/2632a　集部/別集類/清別集

吳摯甫文集四卷附鈔深州風土記四篇一卷　(清)吳汝綸撰　清宣統二年(1910)上海國學扶輪社石印本　五冊

330000－1741－0000294　綫847.8/2688　類叢部/叢書類/自著之屬

魏稼孫先生全集三種　(清)魏錫曾撰　清光緒九年(1883)羊城刻本　一冊　存一種

330000－1741－0000295　綫847.8/2706　集部/別集類/清別集

拙尊園叢稿六卷　(清)黎庶昌撰　清光緒南京李光明莊刻本　四冊

330000－1741－0000296　綫847.8/2706：2　集部/別集類/清別集

拙尊園叢稿六卷　(清)黎庶昌撰　清光緒南京李光明莊刻本　四冊

330000－1741－0000299　綫847.8/2841　集部/別集類/清別集

小不其山房集十二卷　(清)徐有珂撰　清光緒六年至七年(1880－1881)刻本　六冊　存五卷(經一至二、賦三至五)

330000－1741－0000300　綫847.8/3040　集部/別集類/清別集

莘齋文鈔四卷詩鈔七卷詩餘一卷　(清)宦懋庸撰　**先子行狀一卷**　宦應清撰　清光緒二十年(1894)遵義宦應清川東道署刻本　三冊

330000－1741－0000301　綫847.8/3110　集部/別集類/清別集

盦山文錄八卷詩錄二卷　(清)顧雲撰　清光緒十五年(1889)南京刻本　四冊

330000－1741－0000303　綫847.8/3214　集部/別集類/清別集

說劍堂集十四種　潘飛聲撰　清光緒刻本　六冊

330000－1741－0000304　綫847.8/3281　集部/別集類/清別集

自鏡齋文鈔一卷詩鈔一卷補遺一卷試帖一卷牧閒雜錄一卷詠花詞一卷　(清)潘曾瑋撰　清光緒十三年(1887)刻本　二冊　存三卷(補遺、試帖、詠花詞)

330000－1741－0000306　綫847.8/3424　集部/別集類/清別集

夜識齋賸稿一卷　(清)沈葆楨撰　清光緒刻本　一冊

330000－1741－0000307　綫847.8/4010　集部/別集類/清別集

天岳山館文鈔四十卷　(清)李元度撰　清光緒六年(1880)爽溪精舍刻本　十六冊

330000－1741－0000308　綫847.8/3629　集部/別集類/清別集

槃薖紀事初稾四卷　(清)湯紀尚撰　清光緒十一年(1885)蘇州刻本　一冊

330000－1741－0000309　綫847.8/4081C　類叢部/叢書類/自著之屬

師伏堂叢書十五種　(清)皮錫瑞撰　清光緒十九年至三十三年(1893－1907)善化皮氏刻本　三冊　存一種

330000－1741－0000310　綫847.8/4081　類叢部/叢書類/自著之屬

師伏堂叢書十五種 （清）皮錫瑞撰 清光緒
十九年至三十三年（1893－1907）善化皮氏刻
本 六冊 存一種

330000－1741－0000311 綫847.8/4011 集
部/別集類/清別集

好雲樓初集二十八卷首一卷 （清）李聯琇撰
清咸豐十一年（1861）恩養堂刻本 八冊

330000－1741－0000312 綫847.8/4043 集
部/別集類/清別集

十三峯書屋全集十卷 （清）李榕撰 清光緒
二十五年（1899）袖海山房石印本 一冊 存
六卷（三至八）

330000－1741－0000313 綫847.8/4011：1
集部/別集類/清別集

好雲樓初集二十八卷首一卷二集十六卷首一
卷臨川答問一卷 （清）李聯琇撰 清咸豐十
一年（1861）恩養堂、光緒八年（1882）黎兆棠
刻本 十二冊 缺一卷（臨川答問）

330000－1741－0000314 綫847.8/4034 集
部/別集類/清別集

慎盦文鈔二卷詩鈔二卷 （清）左宗植撰 清
光緒元年（1875）刻本 四冊

330000－1741－0000315 綫847.8/4088.7
集部/別集類/清別集

越縵堂駢體文四卷散體文一卷 （清）李慈銘
撰 清光緒二十三年（1897）常熟曾氏刻虛霩
居叢書本 四冊

330000－1741－0000317 綫847.8/4088.7：1
集部/別集類/清別集

越縵堂駢體文四卷散體文一卷 （清）李慈銘
撰 清光緒二十三年（1897）常熟曾氏刻虛霩
居叢書本 四冊

330000－1741－0000319 綫847.8/4270 類
叢部/叢書類/自著之屬

仙心閣集四種 （清）彭慰高撰 清光緒刻本
一冊 存一種

330000－1741－0000320 綫847.8/4423 集
部/別集類/清別集

蠡園文抄二卷 （清）范啟璋撰 清光緒三十
三年（1907）金陵刻本 一冊 存一卷（一）

330000－1741－0000321 綫847.8/4426 集
部/別集類/清別集

敬孚類稿十六卷 （清）蕭穆撰 清光緒三十
二年至三十三年（1906－1907）刻本 四冊

330000－1741－0000323 綫847.8/4430 類
叢部/叢書類/自著之屬

正誼堂全集八種 （清）董沛撰 清同治至光
緒刻本 六冊 存一種

330000－1741－0000325 綫847.8/4450 集
部/別集類/清別集

莫宦文草一卷詩草一卷 黃壽袞撰 清光緒
三十四年（1908）黃璟石印本 二冊

330000－1741－0000327 綫847.8/4623 集
部/別集類/清別集

汲庵文存六卷 （清）楊象濟撰 清光緒七年
（1881）杭州刻本 四冊

330000－1741－0000328 綫847.8/4763 集
部/別集類/清別集

鵬南文鈔十七卷首一卷補遺十二卷 （清）胡
嗣運撰 達齋存稿七卷 （清）胡榮珂撰 錐
股齋存稿四卷秋漁雜唱一卷 （清）胡昌佑撰
清光緒二十三年至三十三年（1897－1907）
刻本 十冊

330000－1741－0000329 綫847.8/4724 集
部/別集類/清別集

食古齋詩錄四卷詩餘一卷文錄一卷 （清）柳
以蕃撰 清光緒十九年（1893）謝家福等刻本
四冊

330000－1741－0000330 綫847.8/4649 集
部/別集類/清別集

蘇盦文錄二卷駢文錄五卷詩錄八卷詞錄一卷
（清）楊葆光撰 清光緒九年（1883）杭州刻
本 五冊

330000－1741－0000331 綫847.8/4634 集
部/別集類/清別集

晦明軒稿不分卷壬癸金石跋一卷己庚金石跋

一卷丁戊金石跋一卷　楊守敬撰　清光緒二十七年至三十三年(1901－1907)楊氏鄰蘇園刻本　二冊

330000－1741－0000332　綫847.8/5590　集部/別集類/清別集

補石山房文集四卷　(清)曹光詔撰　清光緒二十一年(1895)吳俊等長沙刻本　四冊

330000－1741－0000333　綫847.8/5360　集部/別集類/清別集

鬱華閣遺集四卷　(清)盛昱撰　清光緒二十八年(1902)楊鍾羲武昌刻朱印本　一冊

330000－1741－0000334　綫847.8/5044　集部/別集類/清別集

乖庵文錄二卷　秦樹聲撰　清光緒三十四年(1908)河南刻本　一冊

330000－1741－0000337　綫847.8/5023　集部/別集類/清別集

虹橋老屋遺稿文四卷詩五卷補遺文一卷詩一卷詞賸一卷　(清)秦緗業撰　虎侯詩存一卷　(清)秦光祖撰　清光緒十五年(1889)秦光簡等刻二十一年(1895)增刻本　四冊

330000－1741－0000338　綫847.8/5023a　集部/別集類/清別集

虹橋老屋遺集六卷病榻吟一卷　(清)秦緗業撰　清光緒刻本　六冊

330000－1741－0000339　綫847.8/6039　集部/別集類/清別集

綠漪艸堂文集三十卷首一卷別集二卷外集二卷詩集二十卷首一卷研華館詞三卷　(清)羅汝懷撰　(清)羅式常輯　清光緒九年(1883)湘潭羅式常長沙刻本　十六冊

330000－1741－0000340　綫847.8/7103　集部/別集類/清別集

鷗堂遺稿三卷詩三卷　(清)馬賡良撰　清光緒五年(1879)、十五年(1889)刻本　二冊

330000－1741－0000341　綫847.8/7207　集部/別集類/清別集

劉葆真太史遺槀二卷　(清)劉可毅撰　清宣統二年(1910)刻本　光又題記　一冊

330000－1741－0000342　綫847.8/7282　集部/別集類/清別集

通義堂集二卷　(清)劉毓崧撰　清光緒十六年(1890)思賢講舍刻本　一冊

330000－1741－0000344　綫847.8/7433　集部/別集類/清別集

儀顧堂集二十卷　(清)陸心源撰　清光緒二十四年(1898)刻本　六冊

330000－1741－0000349　綫847.8/7583　類叢部/叢書類/自著之屬

趣園初集五種　(清)陳鍾祥撰　清咸豐十年(1860)刻本　一冊　存一種

330000－1741－0000350　綫847.8/7588　集部/別集類/清別集

袌碧齋詩五卷詞一卷褋文一卷　陳銳撰　清光緒二十一年至三十一年(1895－1905)揚州刻本　二冊

330000－1741－0000351　綫847.8/7730.7　集部/別集類/清別集

結一宧駢體文二卷詩略三卷　屠寄撰　清光緒十六年(1890)廣州刻本　一冊

330000－1741－0000352　綫847.8/7746　集部/別集類/清別集

思益堂詩鈔六卷詞鈔一卷古文二卷日札十卷　(清)周壽昌撰　清光緒十四年(1888)王先謙等刻本　六冊

330000－1741－0000353　綫847.8/7746：2　集部/別集類/清別集

思益堂詩鈔六卷古文二卷詞鈔一卷日札十卷　(清)周壽昌撰　清光緒十四年(1888)王先謙等刻本　六冊

330000－1741－0000354　綫847.8/8023　類叢部/叢書類/自著之屬

曾惠敏公全集四種　(清)曾紀澤撰　清光緒二十年(1894)上海石印本　四冊

330000－1741－0000355　綫847.8/8725　集

部/別集類/清別集

續刊補學軒詩集十二卷文集外編四卷 （清）鄭獻甫撰　清光緒五年至八年(1879－1882)林肇元黔南節署刻本　四冊

330000－1741－0000357　綫847.9/2161　集部/別集類/清別集

澹園文集二卷首一卷詩集二卷 （清）虞景璜撰　清宣統三年(1911)、民國四年(1915)鎮海虞氏刻本　二冊

330000－1741－0000359　綫847.9/1000　集部/別集類/清別集

平養堂文編十卷 王龍文撰　清宣統三年(1911)湖南思賢書局刻本　六冊

330000－1741－0000362　綫847.9/1073　集部/別集類/清別集

湘綺樓全集三十卷 王闓運撰　清宣統二年(1910)上海國學扶輪社石印本　十二冊

330000－1741－0000365　綫847.9/2684　集部/別集類/清別集

漪香山館文集不分卷 吳曾祺撰　清宣統三年(1911)鉛印本　一冊

330000－1741－0000374　綫847.9/4688a　類叢部/叢書類/彙編之屬

留垞叢刻八種 楊鍾羲編　清光緒十六年至宣統二年(1890－1910)刻本　一冊　存一種

330000－1741－0000375　綫847.9/6871　集部/別集類/清別集

惺諟齋初稿十卷 喻長霖撰　清宣統三年(1911)鉛印本　六冊

330000－1741－0000376　綫847.9/7730　集部/別集類/清別集

小迦陵館文集一卷 （清）陳寶撰　清宣統二年(1910)浙江官報兼印刷局鉛印本　一冊

330000－1741－0000379　綫847.9/8000　集部/別集類/清別集

瓟葊集十八卷首一卷 曾廉撰　清宣統三年(1911)曾氏會輔堂刻本　十二冊

330000－1741－0000398　綫848/2626＊3　類叢部/叢書類/自著之屬

千一齋全書 程先甲撰　清光緒至民國江寧程氏千一齋刻本　一冊　存一種

330000－1741－0000415　綫848/4443　集部/別集類/清別集

樊山集二十八卷續集二十八卷公牘三卷批判十五卷時文一卷 樊增祥撰　**二家詠古詩一卷二家試帖二卷二家詞鈔五卷** 樊增祥編　清光緒十九年至三十二年(1893－1906)刻本　二十四冊

330000－1741－0000425　綫848/7521　類叢部/叢書類/自著之屬

石遺室叢書十九種 陳衍撰　清光緒至民國刻本　二冊　存二種

330000－1741－0000426　綫848/7530　集部/別集類/清別集

綴學堂初稾四卷 陳漢章撰　清光緒十九年(1893)象山陳氏刻本　四冊

330000－1741－0000432　綫848.1/1090　集部/別集類/清別集

容膝軒文稿八卷 王榮商撰　清光緒二十一年至三十四年(1895－1908)刻本　二冊

330000－1741－0000434　綫848.1/2741a　集部/別集類/清別集

藝風堂文集七卷外篇一卷續集八卷外集一卷 繆荃孫撰　清光緒二十六年至二十七年(1900－1901)、宣統二年(1910)刻民國二年(1913)印本　八冊

330000－1741－0000439　綫848/8324　類叢部/叢書類/彙編之屬

清風室叢刊二十種 （清）錢保塘編　清同治十年至民國二十五年(1871－1936)海寧錢氏清風室刻本　四冊　存一種

330000－1741－0000442　綫848.1/4469：1　類叢部/叢書類/自著之屬

緣督廬遺書六種 葉昌熾撰　清末至民國初遞刻蘇州文學山房印本　二冊　存一種

330000－1741－0000454　綫 854.31354/
2874.78a　類叢部/叢書類/郡邑之屬

畿輔叢書　(清)王灝輯　清光緒五年至十八
年(1879－1892)定州王氏謙德堂刻三十二年
(1906)彙印本(元和郡縣圖志卷十九至二十、
二十三至二十四、三十五至三十六原缺)　二
冊　存一種

330000－1741－0000469　綫 851.31354/
2874.78　集部/總集類/選集之屬/通代

玉臺新詠十卷　(南朝陳)徐陵輯　(清)吳兆
宜注　(清)程琰刪補　清光緒五年(1879)宏
達堂刻本　六冊

330000－1741－0000471　綫 851.3172/1043i
　集部/總集類/選集之屬/通代

漁洋山人古詩選三十二卷　(清)王士禎選
惜抱軒今體詩選十八卷　(清)姚鼐選　清同
治五年(1866)金陵書局刻本　十冊

330000－1741－0000472　綫 851.3172/1043n
　集部/總集類/選集之屬/通代

漁洋山人古詩選三十二卷　(清)王士禎選
惜抱軒今體詩選十八卷　(清)姚鼐選　清同
治五年(1866)金陵書局刻本　十冊

330000－1741－0000473　綫 851.3172/1043：3
　集部/總集類/選集之屬/通代

漁洋山人古詩選三十二卷　(清)王士禎選
清同治五年(1866)金陵書局刻本　八冊

330000－1741－0000475　綫 851.31354/
2874.78：2　集部/總集類/選集之屬/通代

玉臺新詠十卷　(南朝陳)徐陵輯　(清)吳兆
宜注　(清)程琰刪補　清光緒五年(1879)宏
達堂刻本　六冊

330000－1741－0000478　綫 851.3174/3423.2
　集部/總集類/選集之屬/通代

評選古詩源四卷　(清)沈德潛評選　清光緒
二十年(1894)上海圖書集成印書局鉛印本
一冊

330000－1741－0000480　綫 851.3174/3423
　集部/總集類/選集之屬/通代

古詩源十四卷　(清)沈德潛輯　清藜照山館
刻本　六冊

330000－1741－0000481　綫 851.3174/7244
　集部/總集類/選集之屬/通代

歷朝詩約選九十二卷　(清)劉大櫆輯　清光
緒二十一年至二十三年(1895－1897)文徵閣
刻本　二十二冊

330000－1741－0000482　綫 851.3174/7244：1
　集部/總集類/選集之屬/通代

歷朝詩約選九十二卷　(清)劉大櫆輯　清光
緒二十一年至二十三年(1895－1897)文徵閣
刻本　二十二冊

330000－1741－0000483　綫 851.3176/7530
　集部/總集類/選集之屬/通代

詩比興箋四卷　(清)陳沆輯　清光緒九年
(1883)長洲彭祖賢武昌刻本　二冊

330000－1741－0000484　綫 851.3176/7530：2
　集部/總集類/選集之屬/通代

詩比興箋四卷　(清)陳沆輯　清光緒九年
(1883)長洲彭祖賢武昌刻本　二冊

330000－1741－0000485　綫 851.3178/0824
　集部/總集類/選集之屬/通代

遙集集前編六卷後編十卷　許貞幹輯　清光
緒二十八年至三十四年(1902－1908)侯官許
氏味青齋刻本　十六冊

330000－1741－0000486　綫 851.3178/1043
　集部/總集類/選集之屬/通代

八代詩選二十卷　王闓運輯　清光緒七年
(1881)四川尊經書局刻民國三十一年(1942)
補刻本　六冊

330000－1741－0000491　綫 851.3279/1020
　集部/總集類/選集之屬/斷代

漢鐃歌釋文箋正一卷　王先謙撰　清同治十
一年(1872)王氏虛受堂刻本　一冊

330000－1741－0000492　綫 851.3279/1020：2
　集部/總集類/選集之屬/斷代

漢鐃歌釋文箋正一卷　王先謙撰　清同治十
一年(1872)王氏虛受堂刻本　一冊

330000－1741－0000493　綫 851.3278/8064
集部/總集類/選集之屬/通代

三十家詩鈔六卷首一卷末一卷 （清）曾國藩
輯 （清）王定安增輯 清同治十三年（1874）
傳忠書局刻本　六冊

330000－1741－0000494　綫 851.3178/1114
集部/總集類/選集之屬/通代

古詩賞析二十二卷 （清）張玉穀輯 清光緒
刻本　六冊

330000－1741－0000495　綫 851.3457/0060
集部/總集類/選集之屬/通代

瀛奎律髓刊誤四十九卷 （元）方回輯 （清）
紀昀刊誤 清嘉慶五年（1800）侯官李氏雙桂
堂刻本　六冊

330000－1741－0000496　綫 851.3457/0060：2
集部/總集類/選集之屬/通代

瀛奎律髓刊誤四十九卷 （元）方回輯 （清）
紀昀刊誤 清嘉慶五年（1800）侯官李氏雙桂
堂刻本　二十四冊

330000－1741－0000497　綫 851.3457/0060：3
集部/總集類/選集之屬/通代

瀛奎律髓刊誤四十九卷 （元）方回輯 （清）
紀昀刊誤 清嘉慶五年（1800）侯官李氏雙桂
堂刻本　六冊

330000－1741－0000501　綫 851.344/4847
集部/總集類/選集之屬/斷代

翰林學士集一卷 （唐）□□輯 清光緒十九
年（1893）貴陽陳氏影刻唐卷子本　一冊

330000－1741－0000502　綫 851.34/0099.1
集部/總集類/選集之屬/斷代

唐詩三百首註釋六卷 （清）蘅塘退士（孫洙）
編 （清）章燮注 **唐詩三百首續選一卷姓氏
小傳一卷** （清）于慶元編 清光緒十一年
（1885）長沙文昌書局刻本　八冊

330000－1741－0000503　綫 851.341/3022
集部/別集類/唐五代別集

御選妙覺普度和聖寒山大士詩一卷 （唐）釋
寒山子撰 **御選圓覺慈度合聖拾得大士詩一**

卷 （唐）釋拾得撰 **豐干詩附一卷** （唐）釋
豐干撰 **中峰淨土詩一卷** （元）釋明本撰
清光緒二年（1876）揚州藏經院刻本　一冊

330000－1741－0000508　綫 851.3472/5530a
集部/總集類/選集之屬/斷代

全唐詩三十二卷 （清）曹寅 （清）彭定求等
輯 清光緒十三年（1887）上海同文書局石印
本　三十二冊

330000－1741－0000511　綫 851.3474/3503
集部/總集類/選集之屬/通代

御選唐宋詩醇四十七卷目錄二卷 （清）高宗
弘曆輯 清光緒七年（1881）浙江書局刻本
二十冊

330000－1741－0000514　綫 851.347/1042
集部/總集類/選集之屬/通代

古唐詩合解十二卷古詩四卷 （清）王堯衢注
清光緒十九年（1893）文運書局刻本　六冊

330000－1741－0000515　綫 851.3472/5530
集部/總集類/選集之屬/斷代

全唐詩九百卷目錄十二卷 （清）曹寅 （清）
彭定求等輯 清光緒元年（1875）撫州饒玉成
雙峰書屋刻本　一百二十二冊

330000－1741－0000516　綫 851.3479/1073
類叢部/叢書類/自著之屬

湘綺樓全書十八種 王闓運撰 清光緒至宣
統刻本　十冊　存一種

330000－1741－0000517　綫 851.3474/4242
集部/總集類/選集之屬/斷代

**姚姬傳先生唐人五言絕句詩鈔一卷七言絕句
詩鈔一卷** （清）姚鼐輯 清光緒十七年
（1891）朱寬石印本　一冊

330000－1741－0000522　綫 851.3477/4217
集部/總集類/選集之屬/通代

五七言今體詩鈔十八卷 （清）姚鼐輯 清同
治五年（1866）金陵書局刻本　二冊

330000－1741－0000523　綫 851.3476/3498
集部/總集類/選集之屬/斷代

全唐近體詩鈔五卷 （清）沈裳錦輯 清道光

二年(1822)姚文田刻本　二冊

330000－1741－0000526　綫 851.3475/8848
集部/總集類/選集之屬/斷代

讀雪山房唐詩三十四卷　（清）管世銘選　清
嘉慶十二年(1807)武進管學洛刻本　十二冊

330000－1741－0000529　綫 851.35772/3160
集部/總集類/選集之屬/斷代

**元詩選初集一百十四卷二集一百三卷三集一
百三卷首一卷**　（清）顧嗣立輯　清康熙長洲
顧嗣立秀野草堂刻本　十六冊　存一百十三
卷(首,一至一百一、一百三、一百五至一百十
四)

330000－1741－0000530　綫 851.365/1111
集部/總集類/彙編之屬

弘正四傑詩集　（清）張祖同編　清光緒二十
一年(1895)長沙張氏湘雨樓刻本　十六冊

330000－1741－0000531　綫 851.3672/2528
集部/總集類/選集之屬/斷代

明詩綜一百卷　（清）朱彝尊輯　（清）汪森等
評　清康熙四十四年(1705)朱氏刻乾隆重修
本　三十二冊

330000－1741－0000532　綫 851.3672/8308.1
集部/總集類/選集之屬/斷代

**列朝詩集乾集二卷甲集前編十一卷甲集二十
二卷乙集八卷丙集十六卷丁集十六卷閏集六
卷**　（清）錢謙益輯　清宣統二年(1910)上海
神州國光社鉛印本　五十六冊

330000－1741－0000533　綫 851.3677/3102a
集部/總集類/選集之屬/斷代

明三十家詩選初集八卷二集八卷　（清）汪端
輯　清抄本　一冊　存二卷(初集一至二)

330000－1741－0000534　綫 851.3677/3102
集部/總集類/選集之屬/斷代

明三十家詩選初集八卷二集八卷　（清）汪端
輯　清同治十二年(1873)蕰蘭吟館刻本
八冊

330000－1741－0000547　綫 851.4411/3022
集部/別集類/唐五代別集

寒山子詩集一卷　（唐）釋寒山撰　清宣統二
年(1910)程德全蘇州刻本　一冊

330000－1741－0000548　綫 851.374/0014
集部/總集類/酬唱之屬

齊太史移居倡詶集四卷首一卷尾一卷　（清）
齊召南等撰　（清）齊毓川輯　清宣統二年
(1910)上海國學扶輪社石印本　一冊

330000－1741－0000549　綫 851.374/1048
集部/總集類/郡邑之屬

西泠五布衣遺箸五種　（清）丁丙輯　清同治
至光緒錢塘丁氏當歸草堂刻本　六冊

330000－1741－0000553　綫 851.376/3131
集部/總集類/酬唱之屬

清尊集十六卷　（清）汪遠孫撰輯　清道光十
九年(1839)錢塘汪氏振綺堂刻本　四冊

330000－1741－0000556　綫 851.377/4098
類叢部/叢書類/彙編之屬

漸西村舍彙刊(漸西村舍叢刻)四十四種
（清）袁昶編　清光緒十六年至二十四年
(1890－1898)桐廬袁氏刻本(黃帝内經太素
卷一、四、七、十六、十八、二十至二十一原缺)
一冊　存一種

330000－1741－0000559　綫 851.4414/4022/1
類叢部/叢書類/彙編之屬

佚存叢書十七種　（日本）林衡編　清光緒八
年(1882)上海黃氏木活字印本　一冊　存
一種

330000－1741－0000562　綫 851.4414/4002
集部/別集類/唐五代別集

韋蘇州集十卷　（唐）韋應物撰　清宣統三年
(1911)冰雪山房石印本　六冊

330000－1741－0000563　綫 851.376/5344
集部/總集類/氏族之屬

闕里孔氏詩鈔十四卷　（清）孔憲彝輯　清道
光二十三年(1843)曲阜孔氏刻本　四冊

330000－1741－0000565　綫 851.376/4480
集部/總集類/選集之屬/斷代

蔗根集十七卷　（清）黃錫麒輯　清道光十五

年至十六年(1835－1836)黃氏清美堂刻本
四冊

330000－1741－0000566　綫851.376/1240
集部/總集類/選集之屬/斷代
道咸同光四朝詩史甲集八卷首一卷　孫雄輯
　清宣統三年(1911)刻本　十冊

330000－1741－0000569　綫851.373/8019
集部/總集類/選集之屬/通代
咏物詩選八卷　(清)俞琰輯　清刻本　四冊

330000－1741－0000570　綫851.4415/4453.
72　集部/別集類/唐五代別集
**杜工部集二十卷附錄一卷唱酬題詠附錄一卷
諸家詩話一卷**　(唐)杜甫撰　(清)錢謙益箋
註　清宣統二年(1910)上海集成圖書公司鉛
印本　四冊

330000－1741－0000573　綫851.4415/4453.
52　集部/別集類/唐五代別集
**杜工部草堂詩箋四十卷外集一卷傳序碑銘一
卷目錄二卷**　(唐)杜甫撰　(宋)魯訔編次
(宋)蔡夢弼會箋　**杜工部草堂詩話二卷**
(宋)蔡夢弼輯　**黃氏集千家註杜工部詩史補
遺十卷**　(宋)黃鶴集注　**杜工部[甫]草堂詩
年譜二卷**　(宋)趙子櫟　(宋)魯訔撰　清光
緒十年(1884)黎庶昌日本東京使署刻古逸叢
書本　屈爔批校並題記　八冊

330000－1741－0000574　綫851.4415/4453.
52b　類叢部/叢書類/彙編之屬
古逸叢書二十六種　(清)黎庶昌編　清光緒
八年至十年(1882－1884)黎庶昌日本東京使
署影刻本(玉燭寶典卷九原缺)　八冊　存
一種

330000－1741－0000575　綫851.4415/4453.
52c　類叢部/叢書類/彙編之屬
古逸叢書二十六種　(清)黎庶昌編　清光緒
八年至十年(1882－1884)黎庶昌日本東京使
署影刻本(玉燭寶典卷九原缺)　五冊　存
一種

330000－1741－0000577　綫851.4415/4453.

72c　集部/別集類/唐五代別集
**杜工部集二十卷附錄一卷年譜一卷唱酬題詠
附錄一卷諸家詩話一卷**　(唐)杜甫撰　(清)
錢謙益箋註　清宣統三年(1911)時中書局石
印本　八冊

330000－1741－0000578　綫851.4415/4453.
73　集部/別集類/唐五代別集
讀杜心解六卷首二卷　(清)浦起龍撰　清雍
正二年至三年(1724－1725)前磵浦氏寧我齋
刻靜寄東軒印本　八冊

330000－1741－0000579　綫851.4415/4453.
75b　集部/別集類/唐五代別集
杜詩集評十五卷　(唐)杜甫撰　(清)劉濬輯
　清嘉慶九年(1804)海寧劉氏藜照堂刻本
八冊

330000－1741－0000581　綫851.4415/4453.
76　集部/別集類/唐五代別集
歲寒堂讀杜二十卷　(清)范犖雲撰　清道光
二十四年(1844)嘉興范玉琨刻本　十冊

330000－1741－0000582　綫851.4415/4453.
77　類叢部/叢書類/自著之屬
張師筠著述三種　(清)張燮承撰　清咸豐九
年至同治十年(1859－1871)刻本　二冊　存
一種

330000－1741－0000583　綫851.4415/4453.
78　集部/別集類/唐五代別集
杜工部集二十卷首一卷　(唐)杜甫撰　(明)
王世貞等評　(清)盧坤輯評　清光緒二年
(1876)粵東翰墨園刻六色套印本　十冊

330000－1741－0000585　綫851.4416/1707.
79　集部/別集類/唐五代別集
孟東野集十卷附一卷　(唐)孟郊撰　**追昔遊
集三卷**　(唐)李紳撰　清宣統二年(1910)上
海著易堂書局石印本　四冊

330000－1741－0000589　綫851.4417/4046.1
集部/別集類/唐五代別集
李長吉歌詩四卷外集一卷首一卷　(唐)李賀
撰　(清)王琦彙解　清宣統元年(1909)掃葉

山房石印本　四冊

330000－1741－0000592　綫851.4417/4480.
72　集部/別集類/唐五代別集

昌黎先生詩集注十一卷年譜一卷　（唐）韓愈
撰　（清）顧嗣立刪補　清光緒九年（1883）廣
州翰墨園刻三色套印本　四冊

330000－1741－0000593　綫851.4417/4480.
72/C1　集部/別集類/唐五代別集

昌黎先生詩集注十一卷年譜一卷　（唐）韓愈
撰　（清）顧嗣立刪補　清光緒九年（1883）廣
州翰墨園刻三色套印本　八冊

330000－1741－0000594　綫851.4417/4480.
74：2　集部/別集類/唐五代別集

韓昌黎詩集編年箋注十二卷　（唐）韓愈撰
（清）方世舉考訂　（清）盧見曾刪定　清刻本
六冊

330000－1741－0000595　綫851.4417/4480.
集部/別集類/唐五代別集

昌黎先生詩集注十一卷年譜一卷　（唐）韓愈
撰　（清）顧嗣立刪補　清道光十六年（1836）
膺德堂刻朱墨套印本　四冊

330000－1741－0000596　綫851.4417/4480/
C1　集部/別集類/唐五代別集

昌黎先生詩集注十一卷年譜一卷　（唐）韓愈
撰　（清）顧嗣立刪補　清道光十六年（1836）
膺德堂刻朱墨套印本　清鐵漢題簽　八冊

330000－1741－0000598　綫851.4418/4007.
74　集部/別集類/唐五代別集

**玉谿生詩詳註三卷首一卷樊南文集詳註八卷
首一卷**　（唐）李商隱撰　（清）馮浩編訂　清
乾隆四十五年（1780）德聚堂刻嘉慶元年
（1796）增刻本　四冊　存四卷（首、玉谿生詩
詳註一至三）

330000－1741－0000599　綫851.4418/4007.
74/C1　集部/別集類/唐五代別集

**玉谿生詩詳註三卷首一卷樊南文集詳註八卷
首一卷**　（唐）李商隱撰　（清）馮浩編訂　清
乾隆四十五年（1780）德聚堂刻嘉慶元年

（1796）增刻本　四冊　存四卷（首、玉谿生詩
詳註一至三）

330000－1741－0000600　綫851.4418/4007.
74/C2、綫844.18/4007.75　集部/別集類/唐
五代別集

**玉谿生詩箋註三卷首一卷樊南文集箋註八卷
首一卷**　（唐）李商隱撰　（清）馮浩編訂　清
乾隆四十五年（1780）德聚堂刻嘉慶元年
（1796）增刻同治七年（1868）馮寶圻補刻本
八冊

330000－1741－0000601　綫851.4418/4007
集部/別集類/唐五代別集

李商隱詩集三卷　（唐）李商隱撰　清宣統元
年（1909）神州國光社據錢謙益手寫校本影印
本　二冊

330000－1741－0000602　綫851.4418/4007/
C1　集部/別集類/唐五代別集

李商隱詩集三卷　（唐）李商隱撰　清宣統元
年（1909）神州國光社據錢謙益手寫校本影印
本　二冊

330000－1741－0000603　綫851.4418/3608
集部/別集類/唐五代別集

溫飛卿詩集七卷別集一卷集外詩一卷　（唐）
溫庭筠撰　（明）曾益注　（清）顧予咸補注
（清）顧嗣立續注　清光緒八年（1882）錢唐汪
氏刻本　四冊

330000－1741－0000607　綫851.4418/3608.
1：2　集部/別集類/唐五代別集

溫飛卿詩集七卷別集一卷集外詩一卷　（唐）
溫庭筠撰　（明）曾益注　（清）顧予咸補注
（清）顧嗣立續注　清宣統二年（1910）廣益書
局石印本　四冊

330000－1741－0000612　綫851.4418/4007.
74/C4　集部/別集類/唐五代別集

**玉谿生詩詳註三卷首一卷樊南文集詳註八卷
首一卷**　（唐）李商隱撰　（清）馮浩編訂　清
乾隆四十五年（1780）德聚堂刻嘉慶元年
（1796）增刻本　八冊

330000－1741－0000613　綫851.4418/4007.74/C3　集部/別集類/唐五代別集

玉谿生詩詳註三卷首一卷樊南文集詳註八卷首一卷　（唐）李商隱撰　（清）馮浩編訂　清乾隆四十五年（1780）德聚堂刻嘉慶元年（1796）增刻本　四冊　存四卷（首、玉谿生詩詳註一至三）

330000－1741－0000614　綫851.4418/4007.74:7　集部/別集類/唐五代別集

玉谿生詩箋註三卷首一卷樊南文集箋註八卷首一卷　（唐）李商隱撰　（清）馮浩編訂　清乾隆四十五年（1780）德聚堂刻嘉慶元年（1796）增刻本　四冊　存四卷（首、玉谿生詩箋註一至三）

330000－1741－0000615　綫844.18/4007.74　集部/別集類/唐五代別集

玉谿生詩箋註三卷首一卷樊南文集箋註八卷首一卷　（唐）李商隱撰　（清）馮浩編訂　清乾隆四十五年（1780）德聚堂刻嘉慶元年（1796）增刻本　四冊　存九卷（首、樊南文集箋註一至八）

330000－1741－0000621　綫851.4418/4007.77　集部/別集類/唐五代別集

李義山詩集三卷　（唐）李商隱撰　（清）朱鶴齡箋注　（清）沈厚塽輯評　**李義山詩譜一卷附錄諸家詩評一卷**　清同治九年（1870）廣州倅署刻三色套印本　四冊

330000－1741－0000625　綫851.4514/4433.1　集部/別集類/宋別集

林和靖詩集四卷拾遺一卷　（宋）林逋撰　清同治十二年（1873）長洲朱氏刻本　二冊

330000－1741－0000626　綫851.4514/4847a　集部/別集類/宋別集

宛陵先生文集六十卷　（宋）梅堯臣撰　清宣統二年（1910）上海據清康熙徐惇復白華書屋刻本影印本　十冊

330000－1741－0000627　綫851.4514/4847　集部/別集類/宋別集

宛陵先生文集六十卷拾遺一卷附錄一卷附錄

補遺二卷續金針詩格一卷　（宋）梅堯臣撰　**宛陵先生[梅堯臣]年譜一卷**　（元）張師曾編　清道光十年（1830）山右梁中孚夜吟樓刻本　十四冊

330000－1741－0000628　綫851.4516/4453.75　集部/別集類/宋別集

蘇文忠公詩編註集成四十六卷集成總案四十五卷諸家雜綴酌存一卷蘇海識餘四卷戕詩圖一卷　（宋）蘇軾撰　（清）王文誥輯注　清嘉慶二十四年（1819）武林王氏韻山堂刻道光補刻本　二十四冊

330000－1741－0000629　綫851.4514/4847.1　集部/別集類/宋別集

宛陵先生文集六十卷拾遺一卷附錄一卷附錄補遺二卷續金針詩格一卷　（宋）梅堯臣撰　**宛陵先生[梅堯臣]年譜一卷**　（元）張師曾編　清道光十年（1830）山右梁中孚夜吟樓刻本　十冊

330000－1741－0000630　綫851.4516/4407.52　集部/別集類/宋別集

山谷內集詩註二十卷外集詩註十七卷別集詩註二卷　（宋）黃庭堅撰　（宋）任淵等注　清光緒二十一年至二十六年（1895－1900）義寧陳三立刻本　二十冊

330000－1741－0000631　綫851.451/4437.52　集部/別集類/宋別集

山谷內集詩註二十卷外集詩註十七卷別集詩註二卷　（宋）黃庭堅撰　（宋）任淵等注　清光緒二十一年至二十六年（1895－1900）義寧陳三立刻宣統二年（1910）印本　二十冊

330000－1741－0000632　綫851.4516/4453　集部/別集類/宋別集

蘇文忠公詩合註五十卷首一卷　（宋）蘇軾撰　（清）馮應榴輯　清乾隆五十八年（1793）桐鄉馮氏踵息齋刻同治九年（1870）補修本　十六冊

330000－1741－0000633　綫851.4516/4437.52:2　集部/別集類/宋別集

山谷內集詩註二十卷外集詩註十七卷別集詩

註二卷 (宋)黃庭堅撰 (宋)任淵等注 清光緒二十一年至二十六年(1895－1900)義寧陳三立刻宣統二年(1910)印本 二十冊

330000－1741－0000634 綫851.4516/4453.77 集部/別集類/宋別集

角山樓蘇詩評註彙鈔二十卷附錄三卷目錄二卷 (宋)蘇軾撰 (清)趙克宜輯訂 清咸豐二年(1852)丹徒趙氏刻本 十二冊

330000－1741－0000635 綫851.4516/4453g 集部/別集類/宋別集

蘇文忠公詩集五十卷目錄二卷 (宋)蘇軾撰 (清)紀昀評點 清同治八年(1869)韞玉山房刻粵東省城翰墨園朱墨套印本 十二冊

330000－1741－0000636 綫851.4516/4453.75.1 集部/別集類/宋別集

蘇文忠公詩編註集成四十六卷集成總案四十五卷諸家雜酌存一卷蘇海識餘四卷賤詩圖一卷 (宋)蘇軾撰 (清)王文誥輯注 清光緒十四年(1888)浙江書局刻本 二十四冊

330000－1741－0000637 綫851.4516/4453.75.1:2 集部/別集類/宋別集

蘇文忠公詩編註集成四十六卷集成總案四十五卷諸家雜綴酌存一卷蘇海識餘四卷賤詩圖一卷 (宋)蘇軾撰 (清)王文誥輯注 清光緒十四年(1888)浙江書局刻本 二十四冊

330000－1741－0000638 綫851.4516/7523.1 類叢部/叢書類/彙編之屬

武英殿聚珍版書五十三種 清同治十三年(1874)江西書局刻本 四冊 存一種

330000－1741－0000639 綫851.4516/7523 集部/別集類/宋別集

後山先生集二十四卷首一卷 (宋)陳師道撰 清光緒十一年(1885)番禺陶福祥愛廬刻本 四冊

330000－1741－0000641 綫851.452/2534.1 類叢部/叢書類/郡邑之屬

武林往哲遺箸五十二種後編十種 (清)丁丙編 清光緒二十年至二十六年(1894－1900)

錢塘丁氏嘉惠堂刻本(錢塘韋先生文集卷一至二原缺) 一冊 存一種

330000－1741－0000642 綫851.452/4646 集部/別集類/宋別集

誠齋詩集十六卷 (宋)楊萬里撰 清嘉慶七年(1802)吳江徐達源刻本 清鄭襄跋 屈燨批校並跋 六冊

330000－1741－0000643 綫851.452/7578 類叢部/叢書類/彙編之屬

武英殿聚珍版書五十三種 清同治十三年(1874)江西書局刻本 二冊 存一種

330000－1741－0000644 綫851.452/7701 集部/別集類/宋別集

方泉先生詩集三卷 (宋)周文璞撰 清宣統元年(1909)上海國光社石印本 一冊

330000－1741－0000646 綫851.4526/0013 類叢部/叢書類/自著之屬

文山別集四種 (宋)文天祥撰 清宣統二年(1910)東雅社鉛印本 四冊

330000－1741－0000647 綫851.4521/8022 類叢部/叢書類/彙編之屬

武英殿聚珍版書三十九種 清乾隆浙江刻本 二冊 存一種

330000－1741－0000651 綫851.457/1047.7 集部/別集類/金別集

元遺山詩集箋注十四卷 (金)元好問撰 (元)張德輝類次 (清)施國祁箋注 元遺山[好問]全集年譜一卷 (清)施國祁撰 元遺山全集附錄一卷 (明)儲瓘輯 (清)華希閔增 元遺山全集補載一卷 (清)施國祁輯 清道光二年(1822)南潯蔣氏瑞松堂刻本 屈燨批 七冊

330000－1741－0000652 綫851.4572/1047.77:3 集部/別集類/金別集

元遺山詩集箋注十四卷 (金)元好問撰 (元)張德輝類次 (清)施國祁箋注 元遺山[好問]全集年譜一卷 (清)施國祁撰 元遺山全集附錄一卷 (明)儲瓘輯 (清)華希閔

增　**元遺山全集補載一卷**　（清）施國祁輯
清道光二年（1822）南潯蔣氏瑞松堂刻本　清
香圃題記　六冊

330000－1741－0000653　綫851.4572/1047.
77　集部/別集類/金別集

元遺山詩集箋注十四卷　（金）元好問撰
（元）張德輝類次　（清）施國祁箋注　**元遺山
[好問]全集年譜一卷**　（清）施國祁撰　**元遺
山全集附錄一卷**　（明）儲瓘輯　（清）華希閔
增　**元遺山全集補載一卷**　（清）施國祁輯
清道光二年（1822）南潯蔣氏瑞松堂刻本　十
六冊

330000－1741－0000654　綫851.461/4027
集部/別集類/明別集

海叟詩集四卷集外詩一卷　（明）袁凱撰
（清）曹炳曾輯　**海叟詩集附錄一卷**　（清）曹
炳曾輯　清宣統三年（1911）江西印刷局石印
本　二冊

330000－1741－0000655　綫851.466/4047.
78　集部/總集類/彙編之屬

明四子詩集　嚴嶽蓮編　清光緒三十三年
（1907）渭南嚴氏刻本　六冊　存一種

330000－1741－0000656　綫851.467/0445
類叢書/叢書類/彙編之屬

問影樓叢刻初編九種　胡思敬編　清光緒三
十四年至民國二年（1908－1913）新昌胡氏南
昌刻本暨鉛印本　三冊　存一種

330000－1741－0000657　綫851.468/1003
集部/別集類/明別集

疑雨集四卷　（明）王彥泓撰　清宣統二年
（1910）上海掃葉山房石印本　二冊

330000－1741－0000661　綫851.471/1760.2
集部/別集類/明別集

石臼前集九卷後集七卷　（明）邢昉撰　清光
緒四年（1878）薛城邢氏木活字印本　六冊

330000－1741－0000663　綫851.471/4411
集部/別集類/明別集

黃攝六詩選一卷　（明）黃翼聖撰　（清）錢謙

益輯　清清瘦閣刻本　一冊

330000－1741－0000665　綫851.471/1760
集部/別集類/明別集

石臼前集九卷後集七卷　（明）邢昉撰　清光
緒十八年（1892）會稽陶在銘刻本　二冊　存
四卷（前集一至二、後集一至二）

330000－1741－0000668　綫851.472/1003
集部/別集類/清別集

蘭雪堂詩薆七卷　（清）王廣心撰　清道光二
十七年（1847）雲間王承准刻本　四冊

330000－1741－0000669　綫851.472/1010
集部/別集類/清別集

千山詩集二十卷補遺一卷首一卷　（清）釋函
可撰　清刻本　四冊　缺一卷（補遺）

330000－1741－0000672　綫851.472/1134
集部/總集類/氏族之屬

海鹽張氏涉園叢刻七種　張元濟輯　清宣統
三年（1911）海鹽張氏鉛印本　二冊　存一種

330000－1741－0000674　綫851.472/2623
集部/別集類/清別集

梅村詩集箋注十八卷　（清）吳偉業撰　（清）
吳翌鳳箋注　清嘉慶十九年（1814）嚴榮滄浪
吟榭刻本　十冊

330000－1741－0000675　綫851.472/1060
集部/別集類/清別集

瞎堂詩集二十卷首一卷　（清）釋函昰撰　清
刻本　四冊

330000－1741－0000676　綫851.472/2623.2
集部/別集類/清別集

梅村詩集箋注十八卷　（清）吳偉業撰　（清）
吳翌鳳箋注　**吳梅村詞一卷**　（清）吳偉業撰
清光緒十年（1884）、十六年（1890）湖北官
書處刻本　八冊

330000－1741－0000677　綫851.472/2623.2：1
集部/別集類/清別集

梅村詩集箋注十八卷　（清）吳偉業撰　（清）
吳翌鳳箋注　清光緒十年（1884）湖北官書處
刻本　十二冊

330000－1741－0000678　綫851.472/2623.1
集部/別集類/清別集

梅村詩集箋注十八卷 （清）吳偉業撰　（清）吳翌鳳箋注　清刻本　十二冊

330000－1741－0000679　綫851.472/1043：3
集部/別集類/清別集

漁洋山人精華錄訓纂十卷目錄二卷自撰年譜二卷 （清）王士禎撰　（清）惠棟注補　**金氏精華錄箋註辯訛一卷**（清）惠棟撰　清乾隆惠氏紅豆齋刻本　清守彝　齊兆昌題記　十一冊　存十二卷(一至十、目錄一至二)

330000－1741－0000680　綫851.472/2623C
集部/別集類/清別集

吳詩集覽二十卷序目一卷 （清）吳偉業撰　（清）靳榮藩注並輯　清乾隆四十年(1775)凌雲亭刻道光七年(1827)重修本　十六冊

330000－1741－0000682　綫851.472/2623b
集部/別集類/清別集

梅村詩鈔不分卷 （清）吳偉業撰　清光緒二年至四年(1876－1878)張猗抄本　清張猗批校並題記　五冊

330000－1741－0000683　綫851.472/2642.2
集部/別集類/清別集

陋軒詩十二卷 （清）吳嘉紀撰　**陋軒詩續二卷** （清）吳嘉紀撰　（清）夏荃輯　清嘉慶繆中刻道光二十年(1840)夏氏補刻本　十四冊

330000－1741－0000685　綫851.474/1023
集部/別集類/清別集

寶日軒詩集四卷附存詩四卷 （清）王德溥撰　清嘉慶四年(1799)王嗣中刻本　四冊

330000－1741－0000686　綫851.474/1040
集部/別集類/清別集

雙佩齋詩集八卷 （清）王友亮撰　清嘉慶十年(1805)刻本　二冊

330000－1741－0000688　綫851.474/1048
集部/別集類/清別集

龍泓館詩集三卷 （清）丁敬撰　清同治八年(1869)劬學齋刻本　一冊

330000－1741－0000690　綫851.472/8034
集部/別集類/清別集

葦間詩集五卷 （清）姜宸英撰　清道光四年(1824)葉元墭睿吾樓刻本　四冊

330000－1741－0000692　綫851.474/2542
集部/別集類/清別集

抱山堂集十五卷 （清）朱彭撰　清嘉慶六年(1801)刻本　四冊

330000－1741－0000693　綫851.472/3126
類叢部/叢書類/彙編之屬

鐵琴銅劍樓叢書十三種 瞿啟甲編　清光緒至民國刻本暨影印本　二冊　存一種

330000－1741－0000695　綫851.472/3191
集部/別集類/清別集

亭林詩集五卷 （清）顧炎武撰　清光緒二年(1876)湖南書局刻本　二冊

330000－1741－0000698　綫851.474/3121
類叢部/叢書類/自著之屬

汪子遺書二種 （清）汪縉撰　清光緒八年(1882)刻民國十五年(1926)彭清鵬補刻本　一冊　存一種

330000－1741－0000699　綫851.474/3124
類叢部/叢書類/自著之屬

汪雙池先生叢書二十種附浙刻雙池遺書十二種 （清）汪紱撰　清道光至光緒刻光緒二十三年(1897)長安趙舒翹等彙印本　一冊　存一種

330000－1741－0000700　綫851.474/3150
類叢部/叢書類/彙編之屬

刻鵠齋叢書十六種 （清）胡念修編　清光緒二十三年至二十七年(1897－1901)刻鵠齋刻本　一冊　存一種

330000－1741－0000704　綫851.474/4432.1
集部/別集類/清別集

香屑集十八卷首一卷末一卷 （清）黃之雋撰　（清）陳邦直注　清宣統二年(1910)掃葉山房石印本　四冊

330000－1741－0000705　綫851.474/1062

類叢部/叢書類/彙編之屬

天壤閣叢書二十種增刊六種 （清）王祖源
（清）王懿榮編　清同治至光緒福山王氏刻民
國十六年(1927)姚氏一雲精舍彙印本　一冊
　存一種

330000－1741－0000706　綫851.472/5581
類叢部/叢書類/彙編之屬

古棠書屋叢書十八種 （清）孫澍　（清）孫鏶
編　清道光鵝溪孫氏刻本　一冊　存一種

330000－1741－0000708　綫851.472/6073
類叢部/叢書類/彙編之屬

風雨樓叢書二十三種　鄧實編　清宣統順德
鄧氏鉛印本　一冊　存一種

330000－1741－0000710　綫851.472/7744
集部/別集類/清別集

道援堂詩集十三卷 （清）屈大均撰　清刻本
　八冊

330000－1741－0000713　綫851.474/8033
集部/別集類/清別集

鮚埼亭詩集十卷 （清）全祖望撰　清光緒十
六年(1890)慈谿童氏大鄞山館刻本　孫峻批
並跋　四冊

330000－1741－0000716　綫851.474/4462.2
集部/別集類/清別集

兩當軒集二十卷補遺二卷 （清）黃景仁撰
兩當軒集攷異二卷附錄四卷 （清）黃志述撰
並輯　清宣統二年(1910)掃葉山房石印本
六冊

330000－1741－0000717　綫851.474/4462.1
集部/別集類/清別集

兩當軒詩鈔十四卷悔存詞鈔二卷 （清）黃景
仁撰　清道光二十六年(1846)留丹書屋刻本
　四冊

330000－1741－0000718　綫851.474/4448
集部/別集類/清別集

**忠雅堂詩集二十七卷補遺二卷銅絃詞二卷附
南北曲一卷** （清）蔣士銓撰　清嘉慶三年
(1798)揚州刻本　十冊

330000－1741－0000719　綫851.474/4462
集部/別集類/清別集

兩當軒集二十卷補遺二卷 （清）黃景仁撰
兩當軒集攷異二卷附錄四卷 （清）黃志述撰
並輯　清光緒二年(1876)武進黃氏家塾刻本
　清耕原跋　六冊

330000－1741－0000721　綫851.475/2644
集部/別集類/清別集

硯壽堂詩鈔八卷詩續鈔二卷詩餘一卷 （清）
吳存楷撰　清光緒十二年(1886)錢塘吳同坿
鄂垣刻本　二冊

330000－1741－0000722　綫851.475/2680
集部/總集類/氏族之屬

吳氏一家稿十種 （清）吳清鵬輯　清咸豐五
年(1855)錢塘吳氏刻本　二冊　存一種

330000－1741－0000723　綫851.475/2742
集部/別集類/清別集

吟秋樓詩鈔四卷 （清）鄔鶴徵撰　清道光二
十九年(1849)刻本　一冊

330000－1741－0000724　綫851.475/2767
子部/小說家類/雜事之屬

我法集二卷 （清）紀昀撰　清嘉慶三年
(1798)閱微草堂刻本　二冊

330000－1741－0000725　綫851.475/1000
集部/別集類/清別集

韻山堂詩集七卷補遺一卷 （清）王文誥撰
清光緒十四年(1888)浙江書局刻本　一冊

330000－1741－0000726　綫851.475/1060＊2
集部/別集類/清別集

煙霞萬古樓詩殘藁一卷 （清）王曇撰　清光
緒二十六年(1900)嘉興張氏寒松閣刻本
一冊

330000－1741－0000727　綫851.475/1060
類叢部/叢書類/彙編之屬

春暉堂叢書十二種 （清）徐渭仁編　清道光
至咸豐上海徐渭仁刻同治九年至十年(1870－
1871)徐允臨補刻彙印本　一冊　存一種

330000－1741－0000728　綫851.475/1113

類叢部/叢書類/自著之屬

桂馨堂集八種 （清）張廷濟撰　清道光至咸豐刻本　清徐士燕題簽　屈燨跋　一冊　存五種

330000－1741－0000729　綫851.475/1113a
類叢部/叢書類/自著之屬

桂馨堂集八種 （清）張廷濟撰　清道光至咸豐刻本　四冊　存六種

330000－1741－0000730　綫851.475/1177
集部/別集類/清別集

船山詩草二十卷 （清）張問陶撰　清嘉慶二十年(1815)石韞玉吳中刻本　八冊

330000－1741－0000732　綫851.475/4460
集部/別集類/清別集

秋盦詩草一卷詞草一卷題跋一卷 （清）黃易撰　清宣統二年(1910)李汝謙石印本　一冊

330000－1741－0000733　綫851.475/4483
集部/別集類/清別集

壹齋集二十五卷 （清）黃鉞撰　清嘉慶二十年(1815)刻本　六冊

330000－1741－0000734　綫851.475/6031
集部/別集類/清別集

靈巖山人詩集四十卷 （清）畢沅撰　**弇山畢公[沅]年譜一卷** （清）史善長撰　清嘉慶四年(1799)畢氏經訓堂刻本　十二冊

330000－1741－0000735　綫851.475/2788
集部/別集類/清別集

五百四峯堂詩鈔二十五卷 （清）黎簡撰　清同治十三年(1874)南海陳氏刻光緒儒雅堂重修本　八冊

330000－1741－0000736　綫851.475/7520
類叢部/叢書類/郡邑之屬

海昌叢載三十二種 （清）羊復禮編　清光緒海昌羊氏傳卷樓粵東刻本　一冊　存一種

330000－1741－0000737　綫851.475/2788：2
集部/別集類/清別集

五百四峯堂詩鈔二十五卷 （清）黎簡撰　清同治十三年(1874)南海陳氏刻本(卷一配清

刻本)　六冊　缺四卷(二十二至二十五)

330000－1741－0000738　綫851.475/8720
集部/別集類/清別集

缾水齋詩集十七卷別集二卷詩話一卷附錄一卷 （清）舒位撰　清光緒十二年(1886)邊保樞刻十七年(1891)續刻本　八冊

330000－1741－0000739　綫851.475/7436
集部/別集類/清別集

讀秋水齋詩十六卷 （清）陸黻恩撰　清同治七年(1868)刻本　趙重題記　四冊

330000－1741－0000740　綫851.476/0046
類叢部/叢書類/自著之屬

今白華堂集六種附一種 （清）童槐撰　清同治刻本　六冊　存三種

330000－1741－0000741　綫851.475/7530＊1
集部/別集類/清別集

籐花軒詩鈔初集一卷續集一卷 （清）陳汝庚撰　清道光十八年(1838)綠野堂刻本　一冊　存一卷(續集)

330000－1741－0000742　綫851.476/0246
集部/別集類/清別集

太鶴山人集十三卷 （清）端木國瑚撰　清道光二十年(1840)瑞安洪坤刻本　六冊

330000－1741－0000743　綫851.476/1014
集部/別集類/清別集

寫韻樓詩鈔一卷 （清）王瑤芬撰　清同治十年(1871)京江榷署刻本　一冊

330000－1741－0000744　綫851.476/0246.1
集部/別集類/清別集

太鶴山人集十三卷 （清）端木國瑚撰　清道光二十年(1840)瑞安洪坤刻本　六冊

330000－1741－0000745　綫851.476/2189
類叢部/叢書類/彙編之屬

古棠書屋叢書十八種 （清）孫澍　（清）孫鏶編　清道光鵝溪孫氏刻本　一冊　存一種

330000－1741－0000746　綫851.476/2530
集部/別集類/清別集

眠綠山房詩鈔五卷首一卷末一卷　（清）朱寯
撰　清道光二十六年(1846)刻本　二冊

330000－1741－0000747　綫851.476/2618
集部/別集類/清別集

笛倚樓詩一卷　（清）吳元鏡撰　清光緒十二
年(1886)豫章刻本　一冊

330000－1741－0000749　綫851.476/2623
集部/別集類/清別集

香蘇山館古體詩鈔十七卷今體詩鈔十九卷
（清）吳嵩梁撰　清光緒二十三年(1897)三益
文社刻本　八冊

330000－1741－0000750　綫851.476/2746
集部/別集類/清別集

狷齋遺稿五卷　（清）鄒志路撰　清同治八年
(1869)刻本　三冊

330000－1741－0000751　綫851.476/3143
集部/別集類/清別集

然松閣存稿三卷　（清）顧槤三撰　清光緒二
十二年(1896)王泌我舫鉛印本　一冊

330000－1741－0000752　綫851.476/3322
集部/別集類/清別集

古春軒詩鈔二卷詞鈔一卷文鈔一卷　（清）梁
德繩撰　清咸豐二年(1852)鳳城刻本　一冊

330000－1741－0000753　綫851.476/3322/
C1　集部/別集類/清別集

古春軒詩鈔二卷詞鈔一卷文鈔一卷　（清）梁
德繩撰　清咸豐二年(1852)鳳城刻本　一冊

330000－1741－0000754　綫851.476/3412
集部/別集類/清別集

栖霞室詩薆□□卷　（清）沈瑤撰　清光緒二
十五年(1899)刻本　一冊　存四卷(十三至
十六)

330000－1741－0000756　綫851.478/0008
類叢部/叢書類/自著之屬

賭棋山莊所著書八種　（清）謝章鋌撰　清光
緒十年至三十年(1884－1904)刻彙印本　二
冊　存一種

330000－1741－0000757　綫851.477/8064
類叢部/叢書類/自著之屬

曾文正公全集十六種　（清）曾國藩撰　清同
治至光緒傳忠書局刻本　二冊　存一種

330000－1741－0000761　綫851.476/4033
集部/別集類/清別集

李養一先生詩集四卷賦一卷詩餘一卷　（清）
李兆洛撰　清光緒八年(1882)曹佳江陰刻本
二冊

330000－1741－0000762　綫851.476/4035
集部/別集類/清別集

天遊閣詩集二卷　（清）西林春(顧春)撰　清
宣統元年(1909)南陵徐氏刻本　一冊

330000－1741－0000763　綫851.476/4040
集部/別集類/清別集

春園吟稿十四卷　（清）查有新撰　清嘉慶刻
道光增刻本　四冊

330000－1741－0000764　綫851.476/4074
集部/別集類/清別集

西園詩鈔五卷　（清）李卿穀撰　清道光二十
二年(1842)刻本　一冊

330000－1741－0000765　綫851.476/4408
集部/別集類/清別集

太霞山館詩稿二卷文集四卷　（清）董斿撰
清同治刻本　一冊　存二卷(詩稿一至二)

330000－1741－0000766　綫851.476/4414
集部/別集類/清別集

綠杉野屋詩集四卷　（清）蕭元吉撰　清光緒
十八年(1892)石印本　一冊

330000－1741－0000767　綫851.476/4433
集部/別集類/清別集

詩娛室詩集二十四卷　（清）黃安濤撰　清道
光十四年(1834)黃安濤刻本　六冊

330000－1741－0000768　綫851.476/4462
集部/別集類/清別集

讀白華草堂詩初集九卷二集十二卷首蒨集八
卷　（清）黃釗撰　清道光刻本　八冊

330000－1741－0000769　綫851.476/4644
史部/傳記類/日記之屬

奉使朝鮮驛程日記(清道光二十三年十二月二十日至二十四年四月初二日)一卷薛蒜吟館鈔存一卷附朝鮮竹枝詞一卷　(清)柏葰撰　清道光二十四年(1844)刻本　李祝萱題簽　一冊

330000－1741－0000770　綫851.477/5524
類叢部/叢書類/自著之屬

費氏全集五種　(清)費伯行撰　清同治至光緒刻彙印本　一冊　存一種

330000－1741－0000771　綫851.476/4788
集部/別集類/清別集

心逸軒詩存一卷　(清)鶴算撰　清咸豐元年(1851)江陰酉山堂刻本　二冊

330000－1741－0000772　綫851.476/6724
集部/別集類/清別集

檉華館全集四種　(清)路德撰　(清)閻敬銘輯　清光緒七年(1881)解梁刻本　二冊　存一種

330000－1741－0000773　綫851.476/7110
類叢部/叢書類/彙編之屬

文選樓叢書三十三種　(清)萩林山房編　清嘉慶至道光阮元刻道光二十二年(1842)阮亨彙印本　二冊　存一種

330000－1741－0000774　綫851.476/7172
集部/別集類/清別集

重訂厲廉州先生詩全集八卷　(清)厲同勳撰　清同治三年(1864)刻本　六冊

330000－1741－0000775　綫851.476/7503.78　集部/別集類/清別集

秣陵集六卷金陵歷代紀年事表一卷圖考一卷　(清)陳文述撰　清光緒十年(1884)淮南書局刻本　三冊

330000－1741－0000776　綫851.476/7720
集部/別集類/清別集

盟山堂詩初集四卷　(清)屠秉撰　清道光六年(1826)刻本　四冊

330000－1741－0000777　綫851.476/7721
集部/別集類/清別集

是程堂集十四卷二集四卷耶溪漁隱詞二卷　(清)屠倬撰　清嘉慶十九年至二十五年(1814－1820)真州官舍、道光元年(1821)屠氏潛園刻本　三冊

330000－1741－0000778　綫851.476/7730
集部/別集類/清別集

懶雲樓詩草四卷　(清)釋與宏撰　清道光七年(1827)小雲樓刻本　一冊

330000－1741－0000779　綫851.476/8023
集部/別集類/清別集

思貽堂詩集六卷　(清)金衍宗撰　清光緒至宣統鉛印本　二冊

330000－1741－0000781　綫851.476/9083
集部/別集類/清別集

持雅堂詩鈔三卷續集三卷　(清)尚鎔撰　清道光刻本　一冊

330000－1741－0000782　綫851.477/2631
集部/別集類/清別集

古微堂詩集十卷　(清)魏源撰　清同治九年(1870)長沙寶慶郡館刻本　四冊

330000－1741－0000783　綫851.476/7451
集部/別集類/清別集

真息齋詩鈔四卷續鈔一卷　(清)陸費瑔撰　清同治九年(1870)陸費氏履厚堂刻光緒二十七年(1901)重修本　二冊

330000－1741－0000784　綫851.477/2633
集部/別集類/清別集

妙香軒集唐詩五卷　(清)程祖潤撰　清末鉛印本　四冊

330000－1741－0000786　綫851.476/7513
集部/別集類/清別集

頤道堂詩選十四卷　(清)陳文述撰　清嘉慶二十二年(1817)刻本　六冊

330000－1741－0000787　綫851.477/2684
集部/別集類/清別集

梣湖文錄八卷詩錄六卷首一卷釣者風一卷

（清）吳敏樹著　清同治八年（1869）刻本　四
冊　存八卷（一至八）

330000－1741－0000788　綫851.477/1039
集部/別集類/清別集

願學堂詩鈔二十八卷　（清）王宗燿撰　清咸
豐十年（1860）鄞縣王氏刻本　十二冊

330000－1741－0000789　綫851.477/1140
集部/別集類/清別集

墨花軒詩詞刪存不分卷　（清）張葆謙撰　清
同治四年（1865）張氏墨花軒刻本　一冊

330000－1741－0000790　綫851.477/1232＊2
集部/別集類/清別集

對嶽樓詩續錄四卷　（清）孔憲彝撰　清咸豐
六年（1856）刻七年（1857）印本　二冊

330000－1741－0000791　綫851.477/1148
集部/總集類/選集之屬/斷代

柳堂師友詩錄初編　（清）李長榮輯　清同治
至光緒刻本　一冊　存一種

330000－1741－0000792　綫851.477/2641
集部/別集類/清別集

小酉腴山館詩集八卷文集十二卷小酉腴山館
主人［吳大廷］自著年譜二卷　（清）吳大廷撰
　清光緒五年（1879）刻本　二冊　存八卷
（詩集一至八）

330000－1741－0000793　綫851.477/2103
集部/別集類/清別集

守默齋雜著三卷詩稿一卷　（清）何應祺撰
清同治五年（1866）刻十年（1871）增修本　一
冊　存一卷（詩稿）

330000－1741－0000794　綫851.477/0008
集部/別集類/清別集

茶夢盦劫後詩稿十二卷燼餘詞一卷劫後藁一
卷　（清）高望曾撰　寫蔍樓遺詞一卷　（清）
陳嘉撰　清同治九年（1870）福州刻光緒十六
年（1890）杭州增修本　四冊　存十二卷（茶
夢盦劫後詩稿一至十二）

330000－1741－0000795　綫851.477/3136
集部/別集類/清別集

伏敔堂詩錄十五卷續錄四卷首一卷附錄一卷
　（清）江湜撰　清同治元年至五年（1862－
1866）長洲江氏刻本　四冊

330000－1741－0000796　綫851.477/3040
集部/別集類/清別集

阜湖山人詩鈔六卷　（清）宋杰撰　清同治八
年（1869）刻本　一冊

330000－1741－0000797　綫851.477/3136：3
集部/別集類/清別集

伏敔堂詩錄十五卷續錄四卷首一卷附錄一卷
　（清）江湜撰　清同治元年至五年（1862－
1866）長洲江氏刻本　四冊

330000－1741－0000798　綫851.477/2654
集部/別集類/清別集

花宜館詩鈔十六卷續存一卷無腔村笛二卷文
略一卷　（清）吳振棫撰　清同治四年
（1865）、光緒二十六年（1900）刻本　七冊

330000－1741－0000799　綫851.477/2822
集部/別集類/清別集

寄青齋詩稿一卷詞稿一卷　（清）徐虔復撰
綠雲館吟草一卷賦鈔一卷　（清）程芙亭撰
清光緒十三年（1887）徐煥章留餘堂、道光二
十六年（1846）瀟湘吟館刻本　二冊

330000－1741－0000800　綫851.477/7238
集部/別集類/清別集

三十二蘭亭室詩存八卷　（清）劉澐年撰　清
同治十二年（1873）刻本　二冊

330000－1741－0000801　綫851.477/7244
類叢部/叢書類/自著之屬

養晦堂集五種　（清）劉蓉撰　清光緒三年
（1877）、十一年（1885）思賢講舍刻本　一冊
　存一種

330000－1741－0000802　綫851.477/3027
集部/別集類/清別集

躬恥齋文鈔二十卷首一卷文後編六卷詩鈔十
四卷首一卷詩後編七卷四書體味錄殘藁論語
一卷　（清）宗稷辰撰　誥授中議大夫晉贈資
政大夫累贈榮祿大夫鹽運使銜山東全省運河

兵備道兼管河庫事務崇祀鄉賢顯考滁甫府君
[宗稷辰]行述一卷 （清）宗能徵等編 清咸
豐越峴山館刻光緒增刻本 二十四冊

330000－1741－0000803 綫851.477/4042
集部/別集類/清別集

實夫詩存六卷 （清）李若虛撰 清咸豐十一
年(1861)刻本 三冊

330000－1741－0000804 綫851.477/4442
類叢部/叢書類/自著之屬

通齋全集十種 （清）蔣超伯撰 清同治三年
(1864)高涼郡齋刻本 二冊 存二種

330000－1741－0000805 綫851.477/4444
類叢部/叢書類/家集之屬

影山草堂六種 （清）莫與儔 （清）莫友芝撰
清咸豐至光緒刻本 一冊 存一種

330000－1741－0000806 綫851.477/4695
集部/別集類/清別集

扶雅堂詩集十四卷 （清）楊炳春撰 清光緒
至宣統刻本 四冊

330000－1741－0000807 綫851.477/3454
集部/別集類/清別集

玉笙樓集古詩鈔一卷 （清）沈壽榕撰 清光
緒十九年(1893)潘祖同刻本 一冊

330000－1741－0000808 綫851.477/3283
類叢部/叢書類/家集之屬

潘氏叢刻六種 （清）潘世恩 （清）潘曾沂撰
清道光至同治刻本 二冊 存一種

330000－1741－0000809 綫851.477/5548
集部/別集類/清別集

曼志堂遺稿二卷 （清）曹壽銘撰 清同治九
年(1870)甬上鐵耕齋刻本 二冊

330000－1741－0000810 綫851.477/3615
集部/別集類/清別集

筠綠山房詩草四卷首一卷詞草一卷 （清）湯
建中撰 清光緒十九年(1893)湯沅宜刻本
二冊

330000－1741－0000811 綫851.477/3664

集部/別集類/清別集

琴隱園詩集三十六卷詞集四卷 （清）湯貽汾
撰 清同治十三年(1874)曹士虎刻本 八冊

330000－1741－0000812 綫851.477/4029
集部/別集類/清別集

詩禪室詩集二十八卷 （清）查冬榮撰 清同
治三年至四年(1864－1865)海昌查氏刻本
四冊 存十九卷(一至十、十六至二十四)

330000－1741－0000813 綫851.478/1027
集部/別集類/清別集

可園詩鈔四卷 三多撰 清光緒石印本
一冊

330000－1741－0000814 綫851.478/0037
集部/詞類/別集之屬

古香凹詩餘二卷 （清）方濬頤撰 清光緒十
年(1884)定遠方氏維揚刻本 二冊

330000－1741－0000815 綫851.477/7772
集部/別集類/清別集

磬苅華館詩集八卷蕉心詞一卷 （清）周騰虎
撰 清光緒十九年(1893)木活字印本 二冊

330000－1741－0000816 綫851.477/4777
集部/別集類/清別集

退補齋詩存十六卷首一卷 （清）胡鳳丹撰
清同治十二年(1873)永康胡氏退補齋鄂州刻
本 四冊

330000－1741－0000818 綫851.478/0112
集部/別集類/清別集

春華集二卷 （清）龍元任撰 五山艸堂初編
二卷 （清）龍令憲撰 蕉雨軒稾一卷 （清）
龍啗薌撰 清光緒十九年(1893)、三十四年
(1908)刻本 三冊

330000－1741－0000820 綫851.477/8036
集部/別集類/清別集

璜谿遺詩一卷 （清）姜渭撰 清末合肥蒯光
典刻本 一冊

330000－1741－0000822 綫851.476/3110
集部/別集類/清別集

桐香館詩存二卷 （清）汪震撰 清光緒五

（1879）刻本　一冊

330000－1741－0000824　綫851.477/8718
集部/別集類/清別集

巢經巢詩鈔九卷　（清）鄭珍撰　清咸豐二年
（1852）鄭知同刻民國二十九年（1940）貴州省
立遵義民眾教育館重印本　李仲明題記
二冊

330000－1741－0000825　綫851.477/7545
類叢部/叢書類/彙編之屬

如不及齋叢書(如不及齋彙鈔)十三種　　（清）
陳坤編　清同治至光緒錢塘陳氏粵東刻本
一冊　存一種

330000－1741－0000826　綫851.477/8718/
C1　集部/別集類/清別集

巢經巢詩鈔九卷　（清）鄭珍撰　清咸豐二年
（1852）鄭知同刻民國二十九年（1940）貴州省
立遵義民眾教育館重印本　　二冊

330000－1741－0000827　綫851.477/7704
史部/地理類/雜志之屬

越詠二卷　（清）周調梅撰　清咸豐四年
（1854）刻本　　二冊

330000－1741－0000828　綫851.477/8718/
C2　集部/別集類/清別集

巢經巢詩鈔九卷　（清）鄭珍撰　清咸豐二年
（1852）鄭知同刻民國二十九年（1940）貴州省
立遵義民眾教育館重印本　蜀青題記　二冊

330000－1741－0000829　綫851.477/7743
集部/別集類/清別集

紅豆樹館詩稿十四卷詞八卷補遺一卷逸稿一
卷　（清）陶樑撰　清道光二十三年（1843）、
咸豐七年（1857）、光緒六年（1880）刻本
四冊

330000－1741－0000830　綫851.477/8718.1
集部/別集類/清別集

巢經巢詩鈔九卷後集四卷　（清）鄭珍撰　清
末北京松筠閣刻本　　四冊

330000－1741－0000831　綫851.477/5044：2
集部/別集類/清別集

梅隱詩鈔三卷詠史詩鈔二卷　（清）車林撰
清咸豐元年(1851)宋氏湖東山房刻本　一冊

330000－1741－0000832　綫851.477/7743g
集部/別集類/清別集

淡永山窗詩集十一卷　（清）周世滋撰　清同
治元年（1862）西安周氏木活字印本　三冊

330000－1741－0000833　綫851.477/5044
集部/別集類/清別集

梅隱詩鈔三卷詠史詩鈔二卷　　（清）車林撰
清咸豐元年(1851)宋氏湖東山房刻本　一冊

330000－1741－0000835　綫851.477/6051
集部/別集類/清別集

半行庵詩存稿八卷　（清）貝青喬撰　清同治
五年（1866）葉廷琯等刻本　　二冊

330000－1741－0000837　綫851.478/0002
集部/別集類/清別集

萃錦唫八卷　（清）奕訢撰　清光緒十六年
(1890)江蘇書局刻本　四冊

330000－1741－0000838　綫851.478/0413
集部/別集類/清別集

璞齋集五卷　（清）諸可寶撰　清光緒十四年
(1888)長洲黃氏流芳閣木活字印本　四冊

330000－1741－0000839　綫851.478/0814
集部/別集類/清別集

疑盦詩一卷附一卷　許承堯撰　清末京師京
華書局鉛印本　一冊

330000－1741－0000840　綫851.478/0413.2
集部/別集類/清別集

璞齋集八卷　（清）諸可寶撰　清光緒二十二
年(1896)玉峰官舍刻本　四冊

330000－1741－0000841　綫851.478/0802
集部/別集類/清別集

壯學堂詩稿六卷　（清）許亦崧撰　（清）許葉
芬輯　清光緒二十一年(1895)許氏壯學堂京
師刻本　二冊

330000－1741－0000842　綫851.478/0842
集部/別集類/清別集

天風佩韻軒草二卷詩餘一卷　（清）許嘉儀撰
清光緒十三年（1887）湯世熙木活字印本
一冊

330000－1741－0000843　綫851.478/1024
集部/別集類/清別集

雪蕉齋詩鈔四卷補編一卷附錄一卷　（清）王
德馨撰　鍼餘集殘稿一卷　（清）邵匹蘭撰
留硯山房遺草一卷附錄斷句一卷　（清）王朝
清撰　清光緒二十六年至三十（1900－
1904）王朝瑞刻宣統元年（1909）增刻本
二冊

330000－1741－0000844　綫851.478/1038
集部/別集類/清別集

味諫果齋詩集六卷文集二卷別集二卷外集一
卷詩餘一卷　（清）王汝金撰　（清）戴元謙編
清光緒八年（1882）錢江刻本　六冊　存七
卷（詩集一至六、詩餘）

330000－1741－0000845　綫851.478/1024g
集部/別集類/清別集

聽桐廬殘草一卷附錄一卷　（清）王繼穀撰
清光緒七年（1881）宗源瀚刻本　一冊

330000－1741－0000847　綫851.478/2643
集部/別集類/清別集

圭盦詩錄一卷　（清）吳觀禮撰　清光緒五年
（1879）張佩綸刻本　一冊

330000－1741－0000849　綫851.478/1043
集部/別集類/清別集

聊園詩存十卷續六卷詞存一卷　（清）王增祺
撰　清光緒十七年（1891）韓城刻增修本
四冊

330000－1741－0000850　綫851.478/1110
集部/別集類/清別集

南湖詩集十一卷　（清）張雲驤撰　清光緒十
四年（1888）刻本　二冊

330000－1741－0000851　綫851.477/3136：2
集部/別集類/清別集

伏敔堂詩錄十五卷續錄四卷首一卷附錄一卷
（清）江湜撰　清同治元年至五年（1862－

1866）長洲江氏刻本　四冊

330000－1741－0000852　綫851.478/1120
集部/別集類/清別集

小琅環園詩錄七卷集顧亭林先生詩一卷詞錄
一卷　（清）張修府撰　清光緒七年（1881）長
沙刻本　二冊

330000－1741－0000853　綫851.478/1117
集部/別集類/清別集

退思軒詩集六卷補遺一卷　（清）張百熙撰
清宣統三年（1911）王式通京師鉛印本　一冊

330000－1741－0000854　綫851.478/1133
集部/別集類/清別集

張文襄公詩集四卷　（清）張之洞撰　清宣統
二年（1910）鉛印本　二冊

330000－1741－0000856　綫851.478/2664
集部/別集類/清別集

拙盦詩草一卷　程恩培撰　清光緒三十三年
（1907）時新書館鉛印本　一冊

330000－1741－0000857　綫851.478/1728
集部/別集類/清別集

大小雅堂詩集四卷詩餘（冰蠶詞）一卷　（清）
承齡撰　清光緒十八年（1892）恩溥等刻本
二冊

330000－1741－0000858　綫851.478/1224
集部/別集類/清別集

映雪軒詩草一卷附詩餘一卷雜著一卷　（清）
孫鼎吉撰　先考小山府君暨先妣陳太孺人行
述一卷附繼妣徐太孺人事略一卷　（清）孫宗
達撰　清光緒三十二年（1906）孫宗達刻本
一冊

330000－1741－0000860　綫851.478/2510
集部/總集類/題詠之屬

題江南曾文正公祠百詠一卷　朱孔彰撰　清
光緒十三年（1887）金陵刻本　一冊

330000－1741－0000861　綫851.478/2510L
集部/別集類/清別集

曠觀樓詩存八卷　（清）朱霖撰　清光緒六年
（1880）如皋朱氏刻十六年（1890）補刻本

四冊

330000－1741－0000862　綫 851.478/2572
集部/別集類/清別集

虛白山房詩集四卷　（清）朱鳳毛撰　清光緒
十五年（1889）廣州刻本　一冊

330000－1741－0000864　綫 851.478/2619
集部/別集類/清別集

訥菴詩錄一卷　（清）程璟光撰　清光緒二十
八年（1902）長沙刻本　一冊

330000－1741－0000867　綫 851.478/2733
集部/別集類/清別集

息影山房詩鈔二卷　（清）黎兆祺撰　清光緒
九年（1883）日本刻本　一冊

330000－1741－0000868　綫 851.478/2797
類叢部/叢書類/家集之屬

黎氏家集十二種附四種　（清）黎庶昌編　清
光緒十四年至十五年（1888－1889）黎庶昌日
本使署刻本暨鉛印本　一冊　存一種

330000－1741－0000869　綫 851.478/2814
集部/別集類/清別集

**授經石歌一卷鳶山從祀詩一卷韓雲晶瑞歌一
卷韓江雜詩一卷梅州廿一律一卷金翠蜻蜓歌
一卷**　（清）徐琪撰　清光緒十八年至二十年
（1892－1894）刻本　一冊

330000－1741－0000870　綫 851.478/2704
類叢部/叢書類/家集之屬

黎氏家集十二種附四種　（清）黎庶昌編　清
光緒十四年至十五年（1888－1889）黎庶昌日
本使署刻本暨鉛印本　一冊　存二種

330000－1741－0000871　綫 851.478/2864
類叢部/叢書類/自著之屬

煙嶼樓集四種　（清）徐時棟撰　清同治至光
緒刻彙印本　四冊　存二種

330000－1741－0000873　綫 851.478/3228
類叢部/叢書類/彙編之屬

懺花盦叢書三十種　（清）宋澤元編　清光緒
山陰宋氏刻十三年（1887）彙印本　一冊　存
一種

330000－1741－0000874　綫 851.478/3446
集部/別集類/清別集

千字文詩品五律一卷　（清）沈蓮墅撰　清刻
本　一冊

330000－1741－0000875　綫 851.478/4088
集部/別集類/清別集

白華絳跗閣詩初集（越縵堂詩初集）十卷
（清）李慈銘撰　清光緒十六年（1890）王繼香
刻本　四冊

330000－1741－0000877　綫 851.478/4084
集部/總集類/彙編之屬

曾太僕左夫人詩稿合刻二種十二卷　（清）曾
詠　（清）左錫嘉撰　清光緒十七年（1891）定
襄官署刻本　六冊　存十一卷（冷吟仙館詩
稿一至八、詩餘、文存、附錄）

330000－1741－0000884　綫 851.478/4482
集部/別集類/清別集

鶴碉詩龕集八卷附蕡波詞一卷　（清）萬釗撰
　清光緒十九年（1893）刻本　一冊　缺一卷
（蕡波詞）

330000－1741－0000885　綫 851.478/4650
集部/別集類/清別集

飲雪軒詩集四卷　（清）楊泰亨撰　清宣統二
年（1910）經畬家塾刻本　一冊

330000－1741－0000886　綫 851.478/4210、
綫 652.781/4210　類叢部/叢書類/自著之屬

彭剛直公全集二種　（清）彭玉麟撰　清光緒
十七年（1891）德清俞樾吳下刻本　七冊

330000－1741－0000889　綫 851.478/4433
集部/別集類/清別集

人境廬詩草十一卷　（清）黃遵憲撰　清宣統
三年（1911）嘉應黃氏鉛印本　四冊

330000－1741－0000892　綫 851.478/5031
集部/別集類/清別集

霜傑齋詩二卷補遺一卷　（清）秦賓璣撰　清
光緒十二年（1886）馮光勗刻本　一冊

330000－1741－0000893　綫 851.478/5877
集部/別集類/清別集

椿蔭軒古近體詩鈔一卷 (清)敖冊賢撰 清末刻本 一冊

330000－1741－0000894 綫851.478/6639
集部/別集類/清別集

綠猗艸堂文集三十卷首一卷別集二卷外集二卷詩集二十卷首一卷研華館詞三卷 (清)羅汝懷撰 (清)羅式常輯 清光緒九年(1883)湘潭羅式常長沙刻本 五冊 存二十一卷(首、詩集一至二十)

330000－1741－0000898 綫851.478/7701
集部/別集類/清別集

湘麋閣遺詩四卷蘭當詞二卷 (清)陶方琦撰 清光緒十六年(1890)鄂局刻本 栗長題記 一冊

330000－1741－0000900 綫851.478/7710
集部/別集類/清別集

水流雲在館詩詞二卷 (清)周天麟撰 清光緒至宣統石印本 一冊

330000－1741－0000904 綫851.478/7545
類叢部/叢書類/彙編之屬

如不及齋叢書(如不及齋彙鈔)十三種 (清)陳坤編 清同治至光緒錢塘陳氏粵東刻本 六冊 存一種

330000－1741－0000905 綫851.478/7781
集部/別集類/清別集

北嶽山房文集十四卷詩集四卷 (清)閻鎮珩撰 清光緒三十一年(1905)刻本 一冊 存四卷(詩集一至四)

330000－1741－0000907 綫851.479/4924
集部/別集類/清別集

小脈望館詩草一卷壓綫偶存一卷 (清)趙嵩芝撰 清宣統元年(1909)石印本 二冊

330000－1741－0000922 852.2976/5343：2
類叢部/叢書類/彙編之屬

嘯園叢書五十七種 (清)葛元煦編 清光緒二年至七年(1876－1881)仁和葛氏刻本 二冊 存一種

330000－1741－0000927 綫851.48/1073

集部/別集類/清別集

湘綺樓詩八卷夜雪集一卷後集一卷 王闓運撰 清光緒十七年(1891)多文堂、二十六年(1900)東州講舍刻本 四冊

330000－1741－0000929 綫851.48/2627
集部/別集類/清別集

缶廬詩四卷別存三卷 吳俊卿撰 清光緒十九年(1893)刻本 一冊

330000－1741－0000931 綫852.2976/5343
集部/詞類/詞韻之屬

詞林正韻三卷發凡一卷 (清)戈載撰 清道光元年(1821)翠薇花館刻本 二冊

330000－1741－0000935 綫851.48/2626
類叢部/叢書類/自著之屬

千一齋全書 程先甲撰 清光緒至民國江寧程氏千一齋刻本 一冊 存一種

330000－1741－0000936 綫851.48/3238
集部/別集類/清別集

萃堂詩錄一卷詞錄一卷 (清)潘鴻撰 清光緒三十三年(1907)刻本 一冊

330000－1741－0000937 綫851.48/3238：2
集部/別集類/清別集

萃堂詩錄一卷詞錄一卷 (清)潘鴻撰 清光緒三十三年(1907)刻本 一冊

330000－1741－0000949 綫851.48/4485：2
集部/別集類/清別集

居東集二卷 蔣智由撰 清宣統二年(1910)上海文明書局鉛印本 一冊

330000－1741－0000951 綫851.48/4485
集部/別集類/清別集

居東集二卷 蔣智由撰 清宣統二年(1910)上海文明書局鉛印本 一冊

330000－1741－0000953 綫851.48/4830
集部/別集類/清別集

八指頭陀詩集十卷補遺一卷述一卷詞一卷雜文一卷 (清)釋敬安撰 清光緒義寧陳三立刻二十四年(1898)葉德輝續刻本 二冊

330000－1741－0000956　綫851.48/6022
類叢部/叢書類/自著之屬

琴志樓叢書　易順鼎撰　清光緒鉛印本　一
冊　存一種

330000－1741－0000969　綫851.48/7521
集部/別集類/清別集

石遺室詩集三卷補遺一卷　陳衍撰　清光緒
三十一年(1905)武昌刻本　一冊

330000－1741－0000970　綫851.48/7504
集部/別集類/清別集

尊瓠室詩一卷　陳詩撰　清光緒三十四年
(1908)鉛印本　一冊

330000－1741－0000976　綫851.48/8741
集部/別集類/清別集

海藏樓詩不分卷　鄭孝胥撰　清光緒三十二
年(1906)鉛印本　一冊

330000－1741－0000984　綫851.481/6022a
集部/別集類/清別集

**廬餘集不分卷仿擊鉢吟一卷集韓一卷呈稿一
卷**　易順鼎撰　清光緒三十四年(1908)廣州
鉛印本　一冊　存廬餘集

330000－1741－0000991　綫851.482/2604
集部/別集類/清別集

補松廬詩錄六卷　吳慶坻撰　清宣統三年
(1911)湖南學務公所鉛印本　二冊

330000－1741－0000992　綫851.482/2604/
C1　集部/別集類/清別集

補松廬詩錄六卷　吳慶坻撰　清宣統三年
(1911)湖南學務公所鉛印本　二冊

330000－1741－0000998　綫851.482/4429a
類叢部/叢書類/彙編之屬

郎園先生全書一百二十九種　葉啟倬編　清
光緒至民國刻民國二十四年(1935)長沙中國
古書刻印社彙印本　六冊　存四種

330000－1741－0001061　綫852.081/1073
集部/詞類/類編之屬

四印齋所刻詞三十一種　(清)王鵬運編　清
光緒臨桂王氏家塾刻本　三十六冊　存十

九種

330000－1741－0001064　綫852.1/1190　集
部/詞類/詞話之屬

詞源二卷　(宋)張炎撰　**詞旨一卷**　(元)陸
輔之撰　**樂府指迷一卷**　(宋)沈義父撰　清
光緒湖南思賢書局刻本　一冊

330000－1741－0001069　綫852.081/2816
集部/詞類/類編之屬

小檀欒室彙刻閨秀詞十集一百種　徐乃昌編
清光緒二十一年至二十二年(1895－1896)
南陵徐乃昌刻本　二十冊

330000－1741－0001071　綫852.081/1073：3
集部/詞類/類編之屬

四印齋所刻詞三十一種　(清)王鵬運編　清
光緒臨桂王氏家塾刻本　馬敘倫跋　六冊

330000－1741－0001073　綫852.29/5062
集部/詞類/類編之屬

詞學叢書六種　(清)秦恩復編　清嘉慶至道
光江都秦恩復享帚精舍刻本　一冊　存一種

330000－1741－0001076　綫852.081/2662
集部/詞類/類編之屬

仁和吳氏雙照樓景刊宋元本詞十七種　吳昌
綬編　清宣統三年至民國六年(1911－1917)
仁和吳氏雙照樓刻本　二十冊

330000－1741－0001077　綫852.081/1073：3
集部/詞類/別集之屬

樵歌三卷補遺一卷　(宋)朱敦儒撰　清光緒
二十六年(1900)臨桂王鵬運四印齋刻本
一冊

330000－1741－0001080　綫852.172/4444.1
集部/詞類/詞譜之屬

詞律二十卷　(清)萬樹撰　**詞律拾遺八卷**
(清)徐本立撰　**詞律補遺一卷**　(清)杜文瀾
撰　清同治十二年(1873)、光緒二年(1876)
吳下刻本　十六冊

330000－1741－0001082　綫852.172/4444
集部/詞類/詞譜之屬

詞律二十卷　(清)萬樹撰　**詞律拾遺八卷**

（清）徐本立撰　**詞律補遺一卷**　（清）杜文瀾
撰　清同治十二年（1873）、光緒二年（1876）
吳下刻本　十六冊

330000－1741－0001085　綫852.172/4444x
集部/詞類/詞譜之屬

詞律拾遺八卷　（清）徐本立撰　清同治十二
年（1873）吳下刻本　二冊

330000－1741－0001086　綫852.172/4444a
類叢部/叢書類/彙編之屬

曼陀羅華閣叢書十六種　（清）杜文瀾編　清
咸豐至光緒秀水杜氏刻光緒十八年（1892）上
海掃葉山房修補印本　二冊　存一種

330000－1741－0001087　綫852.2976/5343.3
集部/詞類/詞韻之屬

詞林正韻三卷發凡一卷　（清）戈載撰　清同
治十二年（1873）刻本　二冊

330000－1741－0001088　綫852.3521/8094
類叢部/叢書類/彙編之屬

粵雅堂叢書一百八十五種　（清）伍崇曜編
清道光二十九年至光緒十一年（1849－1885）
南海伍氏刻彙印本　三冊　存一種

330000－1741－0001090　綫852.081/7336
集部/詞類/類編之屬

景刊宋金元明本詞四十種　吳昌綏編　陶湘續
編　清宣統三年至民國六年（1911－1917）仁和
吳氏雙照樓刻民國六年至十三年（1917－1924）
武進陶氏涉園續刻本　八冊　存九種

330000－1741－0001091　綫852.379/2816a
集部/詞類/類編之屬

小檀欒室彙刻閨秀詞十集一百種　徐乃昌編
清光緒二十一年至二十二年（1895－1896）
南陵徐乃昌刻本　八冊　存一種

330000－1741－0001093　綫852.3472/1022
集部/詞類/總集之屬

清綺軒詞選十三卷　（清）夏秉衡輯　清乾隆
十六年（1751）華亭夏秉衡清綺軒刻本　六冊

330000－1741－0001094　綫852.3478/5330
集部/詞類/總集之屬

唐五代詞選三卷　（清）成肇麐輯　清光緒湖
南思賢書局刻本　一冊

330000－1741－0001095　綫852.3576/5343
集部/詞類/總集之屬

宋七家詞選七卷　（清）戈載編　清光緒十一
年（1885）曼陀羅華閣刻本　四冊

330000－1741－0001096　綫852.3478/5330/
C1　集部/詞類/總集之屬

唐五代詞選三卷　（清）成肇麐輯　清光緒湖
南思賢書局刻本　一冊

330000－1741－0001097　綫852.3525/7730
集部/詞類/總集之屬

絕妙好詞箋七卷　（宋）周密輯　（清）查爲仁
（清）厲鶚箋　**絕妙好詞續鈔一卷**　（清）余
集輯　**絕妙好詞又續鈔一卷**　（清）徐楙補錄
清刻本　四冊

330000－1741－0001098　綫852.3478/5530：3
集部/詞類/類編之屬

蒙香室叢書四種　馮煦輯　清光緒刻本　一
冊　存一種

330000－1741－0001105　綫852.3526/1373.1
類叢部/叢書類/彙編之屬

粵雅堂叢書一百八十五種　（清）伍崇曜編
清道光二十九年至光緒十一年（1849－1885）
南海伍氏刻彙印本　一冊　存一種

330000－1741－0001109　綫852.37/1206
集部/詞類/總集之屬

國朝七家詞選一卷　（清）孫麟趾輯　清光緒
二十四年（1898）刻民國三年（1914）印本
一冊

330000－1741－0001111　綫852.3476/7730
集部/詞類/總集之屬

宋四家詞選一卷　（清）周濟輯　清光緒湖南
思賢書局刻本　一冊

330000－1741－0001112　綫補852.3578/
3141：2　集部/詞類/類編之屬

宋元名家詞十五種　（清）江標編　清光緒二
十一年（1895）湖南思賢書局刻本　一冊　存

五種

330000－1741－0001113　綫852.3576/7730：1
集部/詞類/總集之屬

宋四家詞選一卷　（清）周濟輯　清光緒湖南思賢書局刻本　一冊

330000－1741－0001115　綫852.3578/3167
集部/詞類/總集之屬

宋六十一家詞選十二卷　馮煦輯　清宣統二年(1910)上海掃葉山房石印本　四冊

330000－1741－0001123　綫852.372/2528
集部/詞類/總集之屬

詞綜三十八卷　（清）朱彝尊輯　（清）汪森（清）王昶增輯　**明詞綜十二卷國朝詞綜四十八卷國朝詞綜二集八卷**　（清）王昶輯　清嘉慶七年(1802)青浦王氏三泖漁莊刻光緒二十八年(1902)金匱浦氏重修本　二十四冊

330000－1741－0001124　綫852.375/1036a
集部/詞類/總集之屬

國朝詞綜續編二十四卷　（清）黃燮清輯　清同治十二年(1873)武昌刻本　八冊

330000－1741－0001125　852.375/1036a：3
集部/詞類/總集之屬

國朝詞綜續編二十四卷　（清）黃燮清輯　清同治十二年(1873)武昌刻本　八冊

330000－1741－0001126　綫852.375/1150.2
集部/詞類/總集之屬

詞選二卷　（清）張惠言輯　**附錄一卷**　（清）鄭善長輯　**續詞選二卷**　（清）董毅輯　清同治十一年(1872)會稽章氏刻本　二冊

330000－1741－0001128　綫852.375/1150
集部/詞類/總集之屬

詞選二卷　（清）張惠言輯　**附錄一卷**　（清）鄭善長輯　**續詞選二卷**　（清）董毅輯　清光緒湖南思賢書局刻本　一冊

330000－1741－0001129　綫852.375/1150.3
集部/詞類/總集之屬

詞選二卷　（清）張惠言輯　**附錄一卷**　（清）鄭善長輯　**續詞選二卷**　（清）董毅輯　**詞源**

二卷　（宋）張炎撰　**詞旨一卷**　（元）陸輔之撰　**樂府指迷一卷**　（宋）沈義父撰　**唐五代詞選三卷**　（清）成肇麐輯　**宋四家詞選一卷**　（清）周濟輯　清光緒湖南思賢書局刻本　四冊

330000－1741－0001130　綫852.375/1150/C1　集部/詞類/總集之屬

詞選二卷　（清）張惠言輯　**附錄一卷**　（清）鄭善長輯　**續詞選二卷**　（清）董毅輯　清光緒湖南思賢書局刻本　一冊

330000－1741－0001131　綫852.376/0700
類叢部/叢書類/彙編之屬

榆園叢刻十五種附一種　（清）許增編　清同治至光緒刻本　四冊　存二種

330000－1741－0001132　綫852.376/7731
集部/詞類/總集之屬

心日齋十六家詞錄二卷　（清）周之琦輯　清道光二十四年(1844)刻本　二冊

330000－1741－0001133　綫852.377/3144
集部/詞類/總集之屬

沅蘭詞一卷　（清）任道鎔　（清）吳蘭畹撰　清光緒十三年(1887)刻本　一冊

330000－1741－0001134　綫852.378/0123
類叢部/叢書類/彙編之屬

半厂叢書初編十種　（清）譚獻編　清同治至光緒仁和譚氏刻本　五冊　存一種

330000－1741－0001136　綫852.378/3672
類叢部/叢書類/自著之屬

蕙風叢書七種附一種　況周頤撰　清光緒刻民國十四年(1925)上海中國書店彙印本　四冊　存一種

330000－1741－0001137　綫852.378/2604
集部/詞類/類編之屬

侯鯖詞五種　（清）吳唐林編　清光緒十一年(1885)杭州吳氏刻本　四冊

330000－1741－0001139　綫852.378/4443
集部/別集類/清別集

樊山集二十八卷續集二十八卷公牘三卷批判

十五卷時文一卷 樊增祥撰 **二家詠古詩一卷二家試帖二卷二家詞鈔五卷** 樊增祥編 清光緒十九年至三十二年(1893-1906)刻本 一冊 存二卷(二家詞鈔一至二)

330000-1741-0001145 綫 852.4514/6015 集部/詞類/別集之屬

珠玉詞鈔一卷補鈔一卷 (宋)晏殊撰 清光緒十一年(1885)揚州晏方琦刻本 一冊

330000-1741-0001146 綫 852.4515/6023 集部/詞類/別集之屬

小山詞鈔一卷補鈔一卷 (宋)晏幾道撰 清光緒十一年(1885)揚州刻本 一冊

330000-1741-0001148 綫 852.4516/4453.1 集部/詞類/類編之屬

彊邨所刻詞甲編七種 朱祖謀編 清宣統至民國歸安朱氏刻本 二冊 存一種

330000-1741-0001149 綫 852.4514/7750 集部/詞類/別集之屬

清真集二卷補遺一卷 (宋)周邦彥撰 **清真詞校後錄要一卷** 鄭文焯撰 清光緒二十六年(1900)北海鄭文焯刻本 胡士瑩校並過錄王鵬運、朱孝臧、鄭文焯等批跋 一冊

330000-1741-0001155 綫 852.481/2530 集部/詞類/別集之屬

彊邨詞四卷前集一卷別集一卷 朱祖謀撰 清光緒三十一年(1905)刻本 二冊

330000-1741-0001157 綫 852.4523/0000.1 集部/詞類/類編之屬

四印齋所刻詞三十一種 (清)王鵬運編 清光緒臨桂王氏家塾刻本 四冊 存一種

330000-1741-0001159 綫 852.4525/1190 類叢部/叢書類/彙編之屬

榆園叢刻十五種附一種 (清)許增編 清同治至光緒刻本 二冊 存二種

330000-1741-0001161 綫 852.4523/7237 類叢部/叢書類/彙編之屬

蟫隱廬叢書十八種 羅振常編 清宣統二年至民國二十五年(1910-1936)上虞羅氏謄寫暨鉛印本民國三十三年(1944)吳興周延年彙印本 二冊 存一種

330000-1741-0001162 綫 852.4526/7244 集部/詞類/類編之屬

彊邨所刻詞甲編七種 朱祖謀編 清宣統至民國歸安朱氏刻本 一冊 存一種

330000-1741-0001163 綫 852.4526/1190.1 集部/詞類/別集之屬

山中白雲詞八卷附錄一卷 (宋)張炎撰 清康熙六十一年(1722)上海曹炳曾城書室刻光緒九年(1883)後知不足齋印本 二冊

330000-1741-0001166 綫 852.4523/7237/C1 類叢部/叢書類/彙編之屬

蟫隱廬叢書十八種 羅振常編 清宣統二年至民國二十五年(1910-1936)上虞羅氏謄寫暨鉛印本民國三十三年(1944)吳興周延年彙印本 二冊 存一種

330000-1741-0001168 綫 852.472/2528b:2 集部/詞類/別集之屬

曝書亭集詞註七卷 (清)朱彝尊撰 (清)李富孫注 清嘉慶十九年(1814)嘉興李氏校經廎刻道光九年(1829)補刻本 三冊

330000-1741-0001169 綫 852.472/2623.1 集部/詞類/別集之屬

吳梅村詞一卷 (清)吳偉業撰 清宣統二年(1910)掃葉山房石印本 邵長光觀款 一冊

330000-1741-0001170 綫 852.472/2528b:3 集部/詞類/別集之屬

曝書亭集詞註七卷 (清)朱彝尊撰 (清)李富孫注 清嘉慶十九年(1814)嘉興李氏校經廎刻道光九年(1829)補刻本 三冊

330000-1741-0001171 綫 852.472/2623 集部/詞類/別集之屬

吳梅村詞一卷 (清)吳偉業撰 清光緒十六年(1890)湖北官書處刻本 一冊

330000-1741-0001172 綫 852.472/4327 綫 852.469/3624 類叢部/叢書類/自著之屬

西堂全集二種附一種 (清)尤侗撰 清文富

堂刻本　六冊　存二種

330000－1741－0001174　綫852.472/4442
集部/詞類/別集之屬

聊齋詞一卷　（清）蒲松齡撰　清宣統二年
(1910)上海國學扶輪社鉛印本　一冊

330000－1741－0001176　綫852.474/1134
集部/總集類/氏族之屬

海鹽張氏涉園叢刻七種　張元濟輯　清宣統
三年(1911)海鹽張氏鉛印本　一冊　存一種

330000－1741－0001177　綫852.475/0700：2
類叢部/叢書類/彙編之屬

榆園叢刻十五種附一種　（清）許增編　清同
治至光緒刻本　一冊　存一種

330000－1741－0001178　綫852.469/3624
類叢部/叢書類/自著之屬

西堂全集二種附一種　（清）尤侗撰　清文富
堂刻本　三冊　存一種

330000－1741－0001179　綫852.475/0070
類叢部/叢書類/彙編之屬

榆園叢刻十五種附一種　（清）許增編　清同
治至光緒刻本　二冊　存一種

330000－1741－0001180　綫852.475/1037
集部/詞類/別集之屬

銅梁山人詞四卷　（清）王汝璧撰　清光緒二
十年(1894)京師刻本　一冊

330000－1741－0001181　綫852.475/2522
集部/詞類/別集之屬

知止堂詞錄三卷　（清）朱綬撰　清光緒二十
年(1894)湖南思賢書局刻本　王木齋題記
一冊

330000－1741－0001182　綫852.475/3137
集部/詞類/別集之屬

滄江虹月詞三卷　（清）汪初撰　清嘉慶九年
(1804)汪氏振綺堂刻光緒十五年(1889)汪曾
唯增刻本　一冊

330000－1741－0001183　綫852.475/5343
集部/詞類/別集之屬

翠薇花館詞二十七卷　（清）戈載撰　清嘉慶
二十三年至二十四年(1818－1819)刻道光續
刻本　六冊

330000－1741－0001184　綫852.472/2528b
集部/詞類/別集之屬

曝書亭集詞註七卷　（清）朱彝尊撰　（清）李
富孫注　清嘉慶十九年(1814)嘉興李氏校經
廎刻道光九年(1829)補刻本　四冊

330000－1741－0001185　綫852.475/6672
集部/詞類/別集之屬

餐花吟館詞鈔六卷　（清）嚴駿生撰　清嘉慶
二十四年(1819)江寧顧晴崖刻道光四年
(1824)續刻本　四冊

330000－1741－0001186　綫852.478/4712
集部/詞類/別集之屬

步姜詞二卷　（清）胡元儀撰　清光緒二十年
(1894)胡元儀始誦經室刻本　一冊

330000－1741－0001192　綫852.478/7296
集部/詞類/別集之屬

留雲借月盦詞五卷　劉炳照撰　清光緒十九
年(1893)江陰金武祥刻本　一冊　存二卷
(一至二)

330000－1741－0001193　綫852.48/1044
集部/詞類/別集之屬

映盦詞三卷　夏敬觀撰　清光緒三十三年
(1907)刻本　一冊

330000－1741－0001196　綫852.475/4037
類叢部/叢書類/自著之屬

隨園三十種　（清）袁枚撰　清乾隆至嘉慶刻
本　一冊　存二種

330000－1741－0001197　綫852.476/4642
集部/詞類/別集之屬

真松閣詞六卷　（清）楊夑生撰　清道光十四
年(1834)刻本　一冊

330000－1741－0001198　綫852.478/4408
集部/詞類/別集之屬

太素齋詞鈔二卷　（清）勒方錡撰　清光緒十
年(1884)陳仲泉刻本　一冊

330000 - 1741 - 0001199　綫852.475/4674
類叢部/叢書類/郡邑之屬

武林掌故叢編一百八十七種　（清）丁丙編
清光緒三年至二十六年（1877 - 1900）錢塘丁
氏嘉惠堂刻本（乾道臨安志卷四至十五、南宋
館閣錄卷一原缺）　一冊　存二種

330000 - 1741 - 0001200　綫852.48/4640
集部/詞類/別集之屬

玉龍詞一卷　楊朝慶撰　清光緒二十五年
（1899）刻本　一冊

330000 - 1741 - 0001201　綫852.478/4403
類叢部/叢書類/彙編之屬

曼陀羅華閣叢書十六種　（清）杜文瀾編　清
咸豐至光緒秀水杜氏刻光緒十八年（1892）上
海掃葉山房修補印本　一冊　存一種

330000 - 1741 - 0001202　綫852.477/4299
類叢部/叢書類/自著之屬

大梅山館集四種　（清）姚燮撰　清道光十三
年至咸豐六年（1833 - 1856）大梅山館刻本
二冊　存一種

330000 - 1741 - 0001205　綫852.478/4461
集部/總集類/氏族之屬

薛氏五種　（清）薛時雨輯　清同治五年至十
年（1866 - 1871）刻本　二冊　存一種

330000 - 1741 - 0001206　綫852.477/4483
集部/詞類/別集之屬

棲雲山館詞存一卷　（清）黃錫禧撰　清同治
六年（1867）揚州刻本　一冊

330000 - 1741 - 0001207　綫852.478/0014
類叢部/叢書類/彙編之屬

懷豳雜俎十二種　徐乃昌編　清光緒至宣統
南陵徐氏刻本　一冊　存一種

330000 - 1741 - 0001208　綫852.476/4909
集部/詞類/別集之屬

香銷酒醒詞一卷附曲一卷　（清）趙慶熺撰
清道光二十八年（1848）仁和趙子循刻本　朱
子馨批點　一冊

330000 - 1741 - 0001209　綫852.481/2530：2

集部/詞類/別集之屬

彊邨詞三卷　朱祖謀撰　清光緒三十一年
（1905）刻本　松蓴氏題記　一冊

330000 - 1741 - 0001214　綫852.478/1129
集部/詞類/別集之屬

瞻園詞二卷　張仲炘撰　清光緒三十一年
（1905）刻鶴南蜚館雜著本　一冊

330000 - 1741 - 0001217　綫852.476/4909.2
　集部/戲劇類/傳奇之屬

碧聲吟館叢書六種附五種　（清）許善長撰
清光緒仁和許善長碧聲吟館刻本　一冊　存
二種

330000 - 1741 - 0001220　綫852.478/1073
集部/詞類/別集之屬

半塘定稾二卷賸稾一卷　（清）王鵬運撰　清
光緒三十一年至三十二年（1905 - 1906）朱祖
謀小放下庵刻本　一冊

330000 - 1741 - 0001223　綫852.478/1073：2
　集部/詞類/別集之屬

半塘定稾二卷賸稾一卷　（清）王鵬運撰　清
光緒三十一年至三十二年（1905 - 1906）朱祖
謀小放下庵刻本　一冊

330000 - 1741 - 0001225　綫852.482/3677a
　類叢部/叢書類/自著之屬

蕙風叢書七種附一種　況周頤撰　清光緒刻
民國十四年（1925）上海中國書店彙印本　一
冊　存一種

330000 - 1741 - 0001226　綫852.578/7519
集部/詞類/詞話之屬

白雨齋詞話八卷詞存一卷詩鈔一卷　（清）陳
廷焯撰　清光緒二十年（1894）刻本　四冊

330000 - 1741 - 0001227　綫852.476/4991
集部/別集類/清別集

亦有生齋集樂府二卷　（清）趙懷玉撰　清光
緒十三年（1887）木活字印本　一冊

330000 - 1741 - 0001228　綫852.478/2610
集部/詞類/別集之屬

匏笙詞甲稿一卷乙稿一卷　（清）程霈撰　清

光緒三十四年(1908)京華印書局鉛印本　馬敍倫題記　一冊

330000－1741－0001230　綫852.478/3104
集部/詞類/別集之屬

眉綠樓詞八卷　(清)顧文彬撰　清光緒十年(1884)吳下刻本　二冊　存三卷(跨鶴吹笙譜、蟪巢碎語、百衲琴言)

330000－1741－0001232　綫852.478/3120
集部/詞類/別集之屬

願爲明鏡室詞稿二卷　(清)江順詒撰　清同治十二年(1873)刻本　一冊

330000－1741－0001234　綫852.476/7721
集部/詞類/別集之屬

耶溪漁隱詞二卷　(清)屠倬撰　清嘉慶二十二年(1817)錢塘屠氏刻本　二冊

330000－1741－0001235　綫852.478/3188
集部/詞類/別集之屬

雙橋小築詞存六卷集餘二卷　(清)江人鏡撰　清光緒二十三年(1897)婺源江氏家刻本　六冊

330000－1741－0001238　綫852.476/1124
類叢部/叢書類/自著之屬

悔廬全集六種附一種　(清)張崇蘭撰　清光緒二十三年(1897)刻本　一冊　存一種

330000－1741－0001239　綫852.476/1153
集部/詞類/別集之屬

橫經堂詩餘二卷　(清)張泰初撰　清光緒二年(1876)刻本　二冊

330000－1741－0001240　綫852.476/7731
集部/詞類/別集之屬

心日齋詞集六卷　(清)周之琦撰　清刻本　二冊

330000－1741－0001244　綫852.476/2630
集部/詞類/別集之屬

小書舟樂府三卷　(清)程定謨撰　清道光十八年(1838)昭文程瑞楷刻本　一冊

330000－1741－0001245　綫852.476/2640

集部/詞類/別集之屬

百萼紅詞二卷　(清)吳燾撰　清光緒五年(1879)合肥張開敏刻本　一冊

330000－1741－0001255　綫852.5/7730.1
集部/詞類/詞話之屬

周氏止庵詞辨二卷　(清)周濟撰　(清)譚獻評　周氏止荇介存齋論詞雜箸一卷　(清)周濟撰　清光緒三多、徐珂、趙逢年刻本　一冊

330000－1741－0001260　綫852.575/3182
集部/詞類/詞話之屬

詞苑萃編二十四卷　(清)馮金伯輯　清嘉慶刻本　八冊　存二十三卷(一至二十三)

330000－1741－0001271　綫853.088/7593.1
集部/戲劇類/傳奇之屬

玉獅堂傳奇五種　(清)陳烺撰　清光緒十一年(1885)武林刻本　五冊

330000－1741－0001275　綫853.088/2867
集部/戲劇類/傳奇之屬

誦荻齋曲二種　(清)徐鄂撰　清光緒二十一年(1895)上海書局石印本　三冊

330000－1741－0001280　綫853.5174/1140
集部/曲類/曲選之屬

重訂綴白裘新集合編十二集四十八卷　(清)玩花主人輯　(清)錢德蒼增輯　清乾隆四十六年(1781)集古堂刻本　四十八冊

330000－1741－0001281　綫853.5374/4448s
集部/戲劇類/總集之屬/選集

清容外集九種　(清)蔣士銓撰　清乾隆紅雪樓刻本　一冊　存一種

330000－1741－0001283　綫853.088/4448a
集部/戲劇類/總集之屬/選集

清容外集九種　(清)蔣士銓撰　清紅雪樓刻本　十冊

330000－1741－0001285　綫853.354/4644
類叢部/叢書類/彙編之屬

隨盦徐氏叢書十種續編十種　徐乃昌輯　清光緒至民國南陵徐氏刻本　一冊　存一種

330000 - 1741 - 0001286　綫 853.088/4448
集部/戲劇類/總集之屬/選集

清容外集九種　(清)蔣士銓撰　清紅雪樓刻本　十冊

330000 - 1741 - 0001287　綫 853.354/4644：1
類叢部/叢書類/彙編之屬

隨盫徐氏叢書十種續編十種　徐乃昌輯　清光緒至民國南陵徐氏刻本　一冊　存一種

330000 - 1741 - 0001290　綫 853.088/4448：2
集部/戲劇類/總集之屬/選集

紅雪樓九種曲　(清)蔣士銓撰　清刻本　十二冊

330000 - 1741 - 0001299　綫 853.5357/1035D
集部/戲劇類/傳奇之屬

繪像第六才子書八卷　(元)王實甫撰　(清)金聖歎評　**才子西廂醉心篇一卷**　(清)陳維崧訂　清光緒十年(1884)廣州刻朱墨套印本　六冊

330000 - 1741 - 0001308　綫 853.3978/1131
集部/戲劇類/總集之屬/傳奇

玉燕堂四種曲　(清)張堅撰　清乾隆刻本　四冊　存一種

330000 - 1741 - 0001309　綫 853.5376/2610
集部/戲劇類/雜劇之屬

桃谿雪二卷　(清)黃燮清撰　(清)李光溥評文　清光緒元年(1875)雲鶴僊館刻本　二冊

330000 - 1741 - 0001310　綫 853.5374/4448
集部/戲劇類/總集之屬/選集

紅雪樓九種曲　(清)蔣士銓撰　清刻本　二冊　存一種

330000 - 1741 - 0001315　綫 853.61/4493
集部/別集類/清別集

倚晴樓集　(清)黃燮清撰　清咸豐至光緒刻本　三冊　存一種

330000 - 1741 - 0001317　綫 853.63/4003
集部/戲劇類/傳奇之屬

味塵軒曲四種　(清)李文瀚撰　清道光刻本　二冊　存一種

330000 - 1741 - 0001318　綫 853.63/3663
集部/戲劇類/傳奇之屬

牡丹亭還魂記二卷　(明)湯顯祖撰　清光緒三十四年(1908)上海同文詠記石印本　冷樵題記　一冊

330000 - 1741 - 0001319　綫 853.61/8033
集部/曲類

庶幾堂今樂二十八種　(清)余治撰　清光緒六年(1880)刻本　五冊

330000 - 1741 - 0001321　綫 853.63/1148
集部/別集類/清別集

陶園文集八卷詩集二十四卷詩餘二卷六如亭傳奇二卷　(清)張九鉞撰　清道光二十三年(1843)張氏賜錦樓刻本　二冊　存二卷(六如亭傳奇一至二)

330000 - 1741 - 0001324　綫 853.63/9591
集部/戲劇類/傳奇之屬

補天石傳奇八種八卷　(清)周樂清撰　(清)譚光祐訂譜　清咸豐五年(1855)靜遠草堂刻本　四冊

330000 - 1741 - 0001325　綫 853.6372/3460.1
集部/戲劇類/傳奇之屬

長生殿傳奇二卷五十折　(清)洪昇撰　清光緒十三年(1887)上海蜚英館石印本　二冊

330000 - 1741 - 0001326　綫 853.6378/2671.1
集部/戲劇類/傳奇之屬

儒酸福傳奇二卷　(清)魏熙元撰　(清)汪繩武正譜　(清)倪星垣評文　清光緒十年(1884)杭州魏氏玉玲瓏館刻本　一冊

330000 - 1741 - 0001327　綫 853.63/7820
集部/戲劇類/傳奇之屬

雙鴛祠傳奇八齣　(清)仲振履撰　清末木活字印本　一冊

330000 - 1741 - 0001328　綫 853.5357/1035C
集部/戲劇類/雜劇之屬

增像第六才子書五卷首一卷　(元)王德信(元)關漢卿撰　(清)金人瑞評　清光緒三十二年(1906)善成堂刻本　四冊

330000－1741－0001331　綫 853.6374/2315
集部/戲劇類/傳奇之屬

鴛鴦鏡傳奇二十齣　（清）傅玉書撰　清光緒二十一年(1895)甕安傅達源刻本　二冊

330000－1741－0001332　綫 853.6374/4487
集部/戲劇類/傳奇之屬

漁邨記二卷十三折附南山法曲一卷　（清）韓錫胙撰　清乾隆妙有山房刻光緒二年(1876)括郡照水堂印本　二冊

330000－1741－0001337　綫 853.6378/1020
集部/戲劇類/傳奇之屬

滄桑艷二卷二十齣　丁傳靖撰　清光緒三十四年(1908)丹徒丁傳靖豹隱廬刻本　一冊

330000－1741－0001339　綫 853.6378/2671
集部/戲劇類/傳奇之屬

儒酸福傳奇二卷　（清）魏熙元撰　（清）汪繩武正譜　（清）倪星垣評文　清光緒十年(1884)杭州魏氏玉玲瓏館刻本　二冊

330000－1741－0001340　綫 853.63/4037
子部/藝術類/書畫之屬/畫譜

點石齋畫報初集十卷二集十二卷三集八卷四集六卷五集四卷六集四卷後附淞隱漫錄十二卷續錄五卷漫遊隨錄三卷風箏誤一卷閨媛叢錄一卷點石齋叢鈔一卷乘龍佳話一卷蔣園謎膡一卷　（清）尊聞閣主人輯　清光緒二十三年(1897)石印本　一冊　存一卷(風箏誤)

330000－1741－0001342　綫 856.272/8308
集部/別集類/清別集

錢牧齋尺牘三卷補遺一卷　（清）錢謙益撰　清宣統二年(1910)順德鄧氏風雨樓鉛印本　三冊

330000－1741－0001343　綫 856.274/7530
集部/別集類/清別集

培遠堂手札節存三卷　（清）陳弘謀撰　清光緒二十五年(1899)浙江官書局刻朱墨套印本　三冊

330000－1741－0001344　綫 853.6378/1117
集部/戲劇類/傳奇之屬

芙蓉碣傳奇二卷十四齣　（清）張雲驤撰（清）王以懋評點　（清）吳孝緒按拍　清光緒九年(1883)刻本　一冊

330000－1741－0001345　綫 853.637/6641
集部/戲劇類/傳奇之屬

鶴歸來傳奇二卷　（清）瞿頡撰　（清）周昂評點　清光緒湖北官書處刻本　二冊

330000－1741－0001346　綫 856.17/6042
集部/總集類/尺牘之屬

國朝名人書札三卷　吳曾祺輯　清宣統三年(1911)上海文明書局鉛印本　三冊

330000－1741－0001349　綫 856.1/2660　集部/總集類/尺牘之屬

昭代名人尺牘二十四卷小傳二十四卷　（清）吳修輯　清光緒三十四年(1908)上海西泠印社影印本　二十六冊

330000－1741－0001350　綫 853.6378/4433
集部/別集類/清別集

倚晴樓集　（清）黃燮清撰　清咸豐至光緒刻本　一冊　存二種

330000－1741－0001351　綫 856.275/4217：2
集部/別集類/清別集

惜抱先生尺牘八卷　（清）姚鼐撰　清宣統元年(1909)廉氏小萬柳堂刻本　四冊

330000－1741－0001352　綫 853.6372/1292
集部/戲劇類/傳奇之屬

桃花扇傳奇四卷首一卷　（清）孔尚任撰　清光緒二十一年(1895)合肥李氏蘭雪堂刻三十三年(1907)校改本　五冊

330000－1741－0001353　綫 856.1/3162　集部/總集類/尺牘之屬

昭代名人尺牘續集二十四卷小傳二十四卷　陶湘輯　清宣統三年(1911)天寶石印局石印本　二十四冊

330000－1741－0001354　綫 856.275/4217
集部/別集類/清別集

惜抱先生尺牘八卷　（清）姚鼐撰　清宣統元年(1909)廉氏小萬柳堂刻本　四冊

330000 – 1741 – 0001356　綫 856.17/2683
集部/總集類/尺牘之屬

歷代名人小簡二卷　吳曾祺輯　清宣統元年
(1909)上海商務印書館鉛印本　二冊

330000 – 1741 – 0001359　綫 852.17/2683a
集部/總集類/尺牘之屬

國朝名人小簡二卷　吳曾祺輯　清宣統元年
(1909)上海商務印書館鉛印本　二冊

330000 – 1741 – 0001362　綫 856.278/4030a
　史部/政書類/公牘檔冊之屬

李傅相手諭旅順諸將書一卷　(清)李鴻章撰
　清末石印本　一冊

330000 – 1741 – 0001363　綫 857.48/4646
集部/小說類/長篇之屬

女舉人十七回　(清)如如女史撰　清末上海
石印本　一冊

330000 – 1741 – 0001365　綫 856.178/1024
集部/總集類/尺牘之屬

分類尺牘備覽三十卷　(清)王虎榜輯　清光
緒十六年(1890)上洋珍藝書局鉛印本　六冊

330000 – 1741 – 0001371　綫 856.28/1073
集部/別集類/清別集

湘綺樓全集三十卷　王闓運撰　清光緒三十
三年(1907)墨莊劉氏長沙刻本　四冊　存八
卷(湘綺樓箋啟一至八)

330000 – 1741 – 0001379　綫 856.6/4712　子
部/藝術類/遊藝之屬/聯語

楹聯集錦八卷　(清)胡鳳丹輯　清光緒五年
(1879)刻本　二冊

330000 – 1741 – 0001380　綫 856.678/4210
史部/傳記類/別傳之屬/事狀

彭剛直公[玉麟]榮哀錄一卷　(清)□□撰
清光緒十六年(1890)衡州茹古齋刻本　何寒
威批並題記　一冊

330000 – 1741 – 0001381　綫 856.6/3308　子
部/藝術類/遊藝之屬/聯語

楹聯叢話十二卷續話四卷巧對錄八卷　(清)
梁章鉅輯　清道光二十年至二十三年(1840 –

1843)環碧軒刻本　六冊

330000 – 1741 – 0001382　綫 856.86/0853
集部/總集類/課藝之屬

明文才調集不分卷國朝文才調集不分卷
(清)許振禕輯　清光緒十九年(1893)刻本
十四冊

330000 – 1741 – 0001385　綫 856.6/8734　子
部/藝術類/遊藝之屬/聯語

制藝工對八卷　(清)鄭達輯　清抄本　一冊

330000 – 1741 – 0001388　綫 856.9/1022s
類叢部/叢書類/家集之屬

合肥王氏家集四種　(清)王尚辰編　清光緒
木活字印本　一冊　存一種

330000 – 1741 – 0001398　856.9/7500.1　集
部/別集類/清別集

句溪襍著四卷　(清)陳立撰　清光緒十六年
(1890)思賢講舍刻本　一冊

330000 – 1741 – 0001407　綫 857.081/7547
子部/叢編

唐人說薈(唐代叢書)一百六十四種　(清)陳
世熙編　清乾隆五十八年(1793)刻本　叔玉
批跋　三十二冊

330000 – 1741 – 0001409　綫 857.081/7547.1
　子部/叢編

唐代叢書(唐人說薈)一百六十四種　(清)陳
世熙編　清宣統三年(1911)上海天寶書局石
印本　十二冊

330000 – 1741 – 0001413　綫 857.1522/7438a
　類叢部/叢書類/彙編之屬

崇文書局彙刻書三十一種　(清)崇文書局編
　清光緒元年至三年(1875 – 1877)湖北崇文
書局刻本　二冊　存一種

330000 – 1741 – 0001414　綫 857.15/3236
子部/雜著類/雜纂之屬

宋稗類鈔三十六卷　(清)潘永因輯　清宣統
三年(1911)上海藜光社石印本　十二冊

330000 – 1741 – 0001416　綫 857.08178/2375

集部/小說類/長篇之屬

繡像蘭花夢奇傳八卷六十八回 （清）吟梅山人撰 清光緒三十一年（1905）上海文元閣書局石印本 二冊

330000－1741－0001417 綫857.1/1022 子部/小說家類/雜事之屬

豔史叢鈔十二種 （清）王韜編 清光緒四年（1878）弢園鉛印本 二冊 存一種

330000－1741－0001419 綫857.125/2193、綫857.1513/8360、綫857.152/1063 類叢部/叢書類/彙編之屬

學津討原一百七十三種 （清）張海鵬編 清嘉慶十年（1805）虞山張氏照曠閣刻本 四冊 存三種

330000－1741－0001420 綫857.1351/7280 子部/小說家類/雜事之屬

世說新語三卷釋名一卷佚文一卷攷證一卷 （南朝宋）劉義慶撰 （南朝梁）劉孝標注 引用書目一卷 葉德輝輯 校勘小識二卷 王先謙撰 清光緒十七年（1891）思賢講舍刻本 四冊

330000－1741－0001422 綫857.157/4411 類叢部/叢書類/彙編之屬

藕香零拾三十九種 繆荃孫編 清光緒至宣統刻本 一冊 存一種

330000－1741－0001423 綫857.1351/7280/C1 子部/小說家類/雜事之屬

世說新語三卷釋名一卷佚文一卷攷證一卷 （南朝宋）劉義慶撰 （南朝梁）劉孝標注 引用書目一卷 葉德輝輯 校勘小識二卷 王先謙撰 清光緒十七年（1891）思賢講舍刻本 四冊

330000－1741－0001426 綫857.1351/7280：3 類叢部/叢書類/彙編之屬

崇文書局彙刻書三十一種 （清）崇文書局編 清光緒元年至三年（1875－1877）湖北崇文書局刻本 四冊 存一種

330000－1741－0001429 綫857.166/3626

史部/雜史類/斷代之屬

九朝野記四卷 （明）祝允明撰 清宣統三年（1911）時中書局鉛印本 二冊

330000－1741－0001431 綫857.166/3626.1 史部/雜史類/斷代之屬

野記四卷 （明）祝允明撰 清同治十三年（1874）元和祝氏刻本 二冊

330000－1741－0001432 綫857.167/7716 類叢部/叢書類/彙編之屬

功順堂叢書十八種 （清）潘祖蔭編 清光緒吳縣潘氏刻本（周人經說卷五至八原缺） 一冊 存一種

330000－1741－0001434 綫857.167/4823 子部/小說家類/瑣語之屬

青泥蓮花記十三卷 （明）梅鼎祚撰 清宣統二年（1910）北平古槐書屋石印本 四冊

330000－1741－0001436 綫857.172/1137.1 子部/小說家類/雜事之屬

虞初新志二十卷 （清）張潮輯 清咸豐元年（1851）小嬛嬛山館刻本 五冊 存十一卷（一至十一）

330000－1741－0001439 綫857.172/4092 類叢部/叢書類/彙編之屬

正覺樓叢刻（正覺樓叢書）二十九種 （清）崇文書局編 清光緒崇文書局刻本 四冊 存一種

330000－1741－0001441 綫857.175/2767 子部/小說家類/異聞之屬

閱微草堂筆記二十四卷 （清）紀昀撰 清道光十五年（1835）紀樹馥刻廣州財政司印本 十二冊

330000－1741－0001443 綫857.175/4317 史部/地理類/雜志之屬

藤陰雜記十二卷 （清）戴璐撰 清光緒三年（1877）浙江吳興會館刻本 二冊

330000－1741－0001444 綫857.175/4426 子部/雜著類/雜說之屬

恩福堂筆記二卷 （清）英和撰 清道光十七

年(1837)刻本　二冊

330000－1741－0001446　綫857.175/4917
類叢部/叢書類/自著之屬
甌北全集八種　（清）趙翼撰　清乾隆至嘉慶
湛貽堂刻本　二冊　存一種

330000－1741－0001447　綫857.175/7110
子部/雜著類/雜說之屬
小滄浪筆談四卷　（清）阮元撰　清光緒二十
六年(1900)江蘇書局刻本　二冊

330000－1741－0001448　綫857.175/7418
子部/雜著類/雜纂之屬
芝菴雜記四卷　（清）陸雲錦撰　清嘉慶八年
(1803)刻本　二冊

330000－1741－0001449　綫857.176/2654
史部/雜史類/斷代之屬
養吉齋叢錄二十六卷餘錄十卷　（清）吳振棫
撰　清光緒二十二年(1896)刻本　八冊

330000－1741－0001450　綫857.177/4423
類叢部/叢書類/彙編之屬
張氏適園叢書　張鈞衡編　清宣統三年
(1911)上海國學扶輪社鉛印本　一冊　存
一種

330000－1741－0001451　綫857.176/4432
類叢部/類書類/專類之屬
坊表錄十六卷　（清）蘇宗經輯　清光緒十六
年(1890)鬱林蘇氏家刻本　四冊

330000－1741－0001452　綫857.177/7773
子部/雜著類/雜說之屬
楣柵談屑一卷　（清）歐陽兆熊撰　清光緒二
十一年(1895)歐陽述刻本　一冊

330000－1741－0001453　綫857.176/2654＊2
史部/雜史類/斷代之屬
養吉齋叢錄二十六卷餘錄十卷　（清）吳振棫
撰　清光緒二十二年(1896)刻本　二冊　存
十卷(餘錄一至十)

330000－1741－0001454　綫857.176/8333
子部/雜著類/雜說之屬

履園叢話二十四卷　（清）錢泳撰　清道光十
八年(1838)述德堂刻本　八冊

330000－1741－0001455　綫857.178/0071
類叢部/叢書類/自著之屬
漱琴室存彙四種　（清）高驤雲撰　清刻本
清朱甘霖題簽並批跋　一冊　存二種

330000－1741－0001457　綫857.178/2244
子部/雜著類/雜纂之屬
聞見叢抄三十四卷　（清）種蕉藝蘭生輯　清
光緒二十四年(1898)吳雲記書局鉛印本
六冊

330000－1741－0001459　綫857.178/3677
類叢部/叢書類/自著之屬
蕙風叢書七種附一種　況周頤撰　清光緒刻
民國十四年(1925)上海中國書店彙印本　三
冊　存二種

330000－1741－0001460　綫857.178/7503
類叢部/叢書類/自著之屬
舊雨艸堂叢書　（清）陳康祺撰　清光緒刻本
　二冊　存一種

330000－1741－0001462　綫857.178/8043
類叢部/叢書類/自著之屬
春在堂全書(德清俞蔭甫所著書)三十六種
(清)俞樾撰　清同治至光緒刻光緒末彙印本
　二十六冊　存一種

330000－1741－0001465　綫857.2523/3434
　類叢部/叢書類/彙編之屬
十萬卷樓叢書五十一種　（清）陸心源編　清
光緒歸安陸氏刻本　十二冊　存一種

330000－1741－0001469　綫857.21/0712
子部/小說家類/異聞之屬
竹書穆天子傳六卷　（晉）郭璞注　清嘉慶九
年(1804)鄂不館刻本　一冊

330000－1741－0001470　綫857.21/0712.1
類叢部/叢書類/彙編之屬
平津館叢書六集三十五種　（清）孫星衍編
清嘉慶蘭陵孫氏刻本　一冊　存一種

330000－1741－0001472　綫857.21/0712.2
類叢部/叢書類/家集之屬

江都陳氏叢書七種　(清)陳本禮　(清)陳逢
衡撰　清嘉慶至道光刻本　五冊　存一種

330000－1741－0001478　綫857.252/8074
類叢部/叢書類/彙編之屬

十萬卷樓叢書五十一種　(清)陸心源編　清
光緒歸安陸氏刻本　十冊　存一種

330000－1741－0001480　綫857.27/4034
子部/小說家類/異聞之屬

陰晉異函三卷　(清)李汝榛輯　清咸豐二年
(1852)刻本　三冊

330000－1741－0001481　綫857.27/8037
子部/小說家類/異聞之屬

艷異新編五卷　(清)俞宗駿輯　清光緒九年
(1883)上海王氏刻本　二冊

330000－1741－0001483　綫857.272/4442a
集部/小說類/短篇之屬

聊齋志異新評十六卷　(清)蒲松齡撰　(清)
王士禎評　(清)呂湛恩注　(清)但明倫批
清道光二十二年(1842)廣順但氏刻朱墨套印
本　十六冊

330000－1741－0001484　綫857.274/7725
子部/小說家類/瑣語之屬

六合內外瑣言二十卷　(清)屠紳撰　清宣統
三年(1911)上海國學扶輪社石印本　六冊

330000－1741－0001486　綫857.275/7100
子部/雜著類/雜說之屬

瀛舟筆談十二卷首一卷　(清)阮亨撰　清嘉
慶二十五年(1820)刻本　八冊

330000－1741－0001488　綫857.277/0858
子部/小說家類/雜事之屬

里乘(蘭苕館外史)十卷　(清)許奉恩撰　清
光緒五年(1879)常熟抱芳閣刻本　十冊

330000－1741－0001489　綫857.277/4442
子部/雜著類/雜纂之屬

榕堂續錄四卷　(清)蔣超伯撰　清同治六年
(1867)羊城聚珍堂刻本　二冊

330000－1741－0001490　綫857.276/1038
子部/小說家類/雜事之屬

癡人說夢四卷　(清)王寶畬撰　清同治十年
(1871)快樂軒刻本　二冊

330000－1741－0001491　綫857.277/4477
史部/地理類/雜志之屬

白下瑣言十卷　(清)甘熙撰　清光緒十六年
(1890)築野堂刻民國十五年(1926)江寧甘氏
修補印本　四冊

330000－1741－0001494　綫857.281/4947
子部/雜著類/雜纂之屬

平等閣筆記四卷　狄葆賢撰　清末上海有正
書局鉛印本　四冊

330000－1741－0001496　綫857.278/2696
子部/小說家類/瑣語之屬

客窗閒話八卷續八卷　(清)吳熾昌撰　清光
緒元年(1875)、二年(1876)學庫山房刻本
八冊

330000－1741－0001497　綫857.36/3140
子部/小說家類/異聞之屬

情史類畧二十四卷　(明)馮夢龍輯　清刻本
十二冊

330000－1741－0001499　綫857.278/3430
史部/雜史類/斷代之屬

張文襄幕府紀聞二卷　辜鴻銘撰　清宣統二
年(1910)鉛印本　二冊

330000－1741－0001501　綫857.363/6624.1
集部/小說類/短篇之屬

剪燈新話四卷　(明)瞿祐撰　**剪燈餘話三卷**
(明)李禎(李昌祺)撰　**覓燈因話二卷**
(明)邵景詹撰　清二酉山房刻本　六冊

330000－1741－0001503　綫857.374/3447
子部/小說家類/異聞之屬

諧鐸十二卷　(清)沈起鳳撰　清光緒二十一
年(1895)上海廣百宋齋鉛印本　四冊　缺三
卷(七至九)

330000－1741－0001505　綫857.377/1012
史部/地理類/雜志之屬

瀛壖雜志六卷　（清）王韜撰　清光緒元年（1875）刻本　二冊

330000－1741－0001506　綫857.377/1703
類叢部/叢書類/彙編之屬

申報館叢書正集五十七種附錄三種續集一百四十二種　（清）尊聞閣主編　蔡爾康編續集　清同治至光緒申報館鉛印本　六冊　存一種

330000－1741－0001509　綫857.377/2503
子部/小說家類/異聞之屬

埋憂集十卷續集二卷　（清）朱翔清撰　清同治十三年（1874）杭州文元堂刻本　十冊

330000－1741－0001511　綫857.377/4483
子部/小說家類/雜事之屬

金壺七墨六種　（清）黃鈞宰撰　清同治十二年（1873）刻本　八冊

330000－1741－0001512　綫857.42/1025
類叢部/叢書類/彙編之屬

誦芬室叢刊二十二種　董康輯　清光緒三十四年至民國十四年（1908－1925）武進董氏刻本　二冊　存一種

330000－1741－0001513　綫857.447/2733
集部/曲類/彈詞之屬

繡像十五貫十六卷　（清）馬永清撰　清同治六年（1867）蓮溪書屋刻本　四冊

330000－1741－0001515　綫857.47/1044a
集部/小說類/長篇之屬

精繡通俗全像梁武帝西來演義十卷四十回（清）天花藏主人編　清咸豐元年（1851）裕國堂刻本　十二冊

330000－1741－0001517　綫857.4/1017　集部/小說類/長篇之屬

品花寶鑑六十回　（清）陳森撰　清刻本　二十三冊　缺二回（五十七至五十八）

330000－1741－0001521　綫857.457/6075
集部/小說類/長篇之屬

第一才子書（增像全圖三國演義）六十卷一百二十回首一卷　（明）羅本撰　（清）毛宗崗評

清光緒十四年（1888）上海鴻文書局石印本十二冊

330000－1741－0001522　綫857.46/0814b
集部/小說類/長篇之屬

第五才子書（水滸傳）十二卷一百二十四回（元）施耐庵撰　清刻本　十二冊

330000－1741－0001523　綫857.457/6075.1
集部/小說類/長篇之屬

第一才子書（增像全圖三國演義）六十卷一百二十回首一卷　（明）羅本撰　（清）毛宗崗評　清光緒十一年（1885）上海同文書局石印本十二冊

330000－1741－0001524　綫857.46/0814A
類叢部/叢書類/彙編之屬

申報館叢書正集五十七種附錄三種續集一百四十二種　（清）尊聞閣主編　蔡爾康編續集　清同治至光緒上海申報館鉛印本　十冊存一種

330000－1741－0001526　綫857.46/1042
集部/小說類/長篇之屬

平妖傳八卷四十回　（明）羅本撰　（明）馮夢龍增補　清刻本　八冊

330000－1741－0001527　綫857.46/1046
類叢部/叢書類/彙編之屬

申報館叢書正集五十七種附錄三種續集一百四十二種　（清）尊聞閣主編　蔡爾康編續集　清同治至光緒上海申報館鉛印本　十冊存一種

330000－1741－0001529　綫857.46/2616
集部/小說類/長篇之屬

繪圖增像西遊記一百回　（明）吳承恩撰（清）陳士斌詮解　（清）煥文書局增批　清光緒十九年（1893）上海煥文書局石印本　八冊缺三回（八十六至八十八）

330000－1741－0001530　綫857.46/2366＊2
集部/小說類/長篇之屬

增像玉茗堂批點按鑑參補出像南宋志傳十卷五十回北宋志傳十卷五十回　（明）研石山樵

訂正　清光緒十八年（1892）上海文選書局石印本　白燕居主人題記　八冊

330000－1741－0001531　綫 857.46/2647
集部/小說類/短篇之屬

新刻京臺公餘勝覽國色天香十卷　（明）吳敬所輯　清刻本　十冊

330000－1741－0001533　綫 857.46/3676
集部/小說類/長篇之屬

前七國孫龐演義四卷二十回　清京都文和堂刻本　四冊

330000－1741－0001534　綫 857.46/2836
集部/小說類/長篇之屬

繡像京本雲合奇踪玉茗英烈全傳十卷八十回　（明）徐渭編　清道光十七年（1837）刻本　六冊

330000－1741－0001535　綫 857.46/3533.1
集部/小說類/長篇之屬

新鐫批評出像通俗奇俠禪真逸史八集四十回　（明）方汝浩撰　清刻本　十冊

330000－1741－0001536　綫 857.46/3533a
集部/小說類/長篇之屬

新鐫批評出像通俗演義禪真後史八卷五十三回　（明）方汝浩撰　清刻本　四冊

330000－1741－0001537　綫 857.46/4014
集部/小說類/短篇之屬

龍圖公案十卷　□□撰　清嘉慶刻本　六冊

330000－1741－0001538　綫 857.457/6075A
集部/小說類/長篇之屬

繡像三國演義續編十二卷　（明）陳氏尺蠖齋評釋　清光緒十九年（1893）上海廣百宋齋鉛印本　四冊　存八卷（東晉一至八）

330000－1741－0001540　綫 857.46/4138
子部/藝術類/書畫之屬/畫譜

水滸畫譜二卷　（清）嵩齡（顛道人）繪　清光緒十四年（1888）寶貞堂石印本　一冊

330000－1741－0001541　綫 857.46/6075
集部/小說類/長篇之屬

殘唐五代史演義傳六卷六十回　（明）羅本撰　（明）湯顯祖評　清光緒十七年（1891）上海書局石印本　二冊

330000－1741－0001542　綫 857.46/5036
集部/小說類/長篇之屬

新鐫楊家府世代忠通演義志傳八卷　清同治元年（1862）刻光緒八年（1882）重修本　四冊

330000－1741－0001543　綫 857.46/7727
集部/小說類/長篇之屬

新鍥重訂出像註釋通俗演義西晉志傳題評四卷東晉志傳題評八卷紀元傳一卷　（明）陳氏尺蠖齋評釋　清敦仁堂刻本　六冊

330000－1741－0001544　綫 857.46/7738
集部/小說類/長篇之屬

新刻按鑑編纂開闢衍繹通俗志傳六卷八十回　（明）周游撰　（明）王黌釋　清道光十年（1830）刻本　六冊

330000－1741－0001545　綫 857.46/3618
集部/小說類/長篇之屬

混元盒五毒全傳二十回　清錦霞閣刻本　四冊

330000－1741－0001546　綫 857.46/8348
集部/小說類/長篇之屬

新鐫批評出相韓湘子三十回　（明）楊爾曾撰　清刻本　六冊

330000－1741－0001547　綫 857.46/8033
集部/小說類/長篇之屬

俠義傳二十四卷一百二十回　（清）石玉崑撰　清光緒刻本　二十四冊

330000－1741－0001548　綫 857.47/0000.2
集部/小說類/長篇之屬

兒女英雄傳評話四十回首一回　（清）文康撰　（清）董恂評　清光緒十九年（1893）上海寶文閣石印本　七冊　缺六回（十三至十八）

330000－1741－0001549　綫 857.467/2616
集部/小說類/長篇之屬

西遊真詮一百回　（清）陳士斌詮解　清翠筠山房刻本　二十一冊

330000－1741－0001551　綫 857.47/0022
集部/小說類/長篇之屬

繡像金台全傳十二卷六十回　清光緒二十一年(1895)上海中西書局石印本　六冊

330000－1741－0001552　綫 857.467/2616A
集部/小說類/長篇之屬

新鐫批評繡像後西遊記四十回　(清)天花才子評點　清刻本　十二冊

330000－1741－0001553　綫 857.47/0029
集部/小說類/長篇之屬

蜃樓志二十四卷二十四回　(清)庾嶺老人撰　清咸豐八年(1858)聚賢堂刻本　六冊

330000－1741－0001554　綫 857.47/0701
集部/小說類/長篇之屬

繡像永慶昇平二十四卷九十七回　(清)郭廣瑞撰　清光緒鉛印本　六冊

330000－1741－0001555　綫 857.47/0384
集部/小說類/長篇之屬

施案奇聞八卷九十七回　清同治五年(1866)務本堂刻本　四冊

330000－1741－0001556　綫 857.47/1014
集部/小說類/長篇之屬

金鐘傳八卷六十四回　(清)正一子　(清)克明子撰　(清)天香居士注解　清光緒二十二年(1896)樂善堂刻本　八冊

330000－1741－0001557　綫 857.47/1021
集部/小說類/長篇之屬

新鐫後續繡像五虎平南狄青演傳六卷四十二回　清三讓協刻本　六冊

330000－1741－0001558　綫 857.47/1021a
集部/小說類/長篇之屬

新鐫異說五虎平西珍珠旗演義狄青前傳十四卷一百二十回　清道光十六年(1836)刻本　十四冊

330000－1741－0001560　綫 857.47/1034
集部/小說類/長篇之屬

英雲夢傳八卷　(清)九容樓主人松雲氏撰　(清)掃花頭陀剩齋氏評　清嘉慶十年(1805)

書業堂刻本　八冊

330000－1741－0001561　綫 857.47/1040
集部/小說類/長篇之屬

雙鳳奇緣傳八卷八十回　(清)雪樵主人撰　清咸豐十年(1860)連元閣刻本　八冊

330000－1741－0001562　綫 857.47/1040.1
集部/小說類/長篇之屬

雙鳳奇緣傳二十卷八十回　(清)雪樵主人撰　清道光二年(1822)本荔堂刻本　八冊　缺四卷(九至十、十五至十六)

330000－1741－0001563　綫 857.47/1040t
集部/小說類/長篇之屬

新刻增刪二度梅奇說六卷　(清)惜陰堂主人撰　(清)繡虎堂主人評　清光緒十四年(1888)大文堂刻本　六冊

330000－1741－0001566　綫 857.47/1044b
集部/小說類/長篇之屬

人間樂四卷十八回　(清)天花藏主人撰　清光緒十九年(1893)上海石印書局石印本　二冊

330000－1741－0001567　綫 857.47/1044
集部/小說類/長篇之屬

繡像批評麟兒報四卷十六回　清咸豐二年(1852)經國堂刻本　四冊

330000－1741－0001568　綫 857.47/1049
集部/小說類/長篇之屬

新編雷峰塔奇傳五卷　(清)玉花堂主人撰　清立盛堂刻本　五冊

330000－1741－0001569　綫 857.47/1124
集部/小說類/長篇之屬

繪圖大明奇俠傳十四卷五十四回　清光緒二十二年(1896)上海理文軒石印本　六冊

330000－1741－0001571　綫 857.47/1072
集部/小說類/長篇之屬

狐狸緣全傳六卷二十二回　(清)醉月山人撰　清光緒十四年(1888)敦厚堂刻本　六冊

330000－1741－0001572　綫 857.47/1049a

集部/小說類/長篇之屬

繪圖白蛇奇傳五卷十回 （清）玉花堂主人校
訂 清光緒十九年（1893）水竹居士石印本
二冊

330000－1741－0001573　綫857.47/2144
集部/小說類/長篇之屬

大明正德皇遊江南傳四卷二十四回大明遊江
南梁太師訪主傳四卷二十四回 （清）何夢梅
撰 清連元閣刻本 四冊 缺三回（大明正
德皇遊江南傳二十二至二十四）

330000－1741－0001574　綫857.47/2187
集部/小說類/長篇之屬

西湖雅史四卷十六回首一卷 （清）上谷氏蓉
江撰 清光緒二十四年（1898）上海六先書局
石印本 二冊

330000－1741－0001575　綫857.47/2222a
集部/小說類/長篇之屬

第八才子書白圭志四卷十六回首一卷 （清）
崔象川撰 清經國堂刻本 四冊

330000－1741－0001576　綫857.47/1087
集部/小說類/長篇之屬

雲鍾雁三鬧太平莊全傳五十四回 清同治三
年（1864）一笑軒刻本 十二冊

330000－1741－0001577　綫857.47/2222
集部/小說類/長篇之屬

新編玉蟾記六卷五十三回 （清）通元子黃石
撰 清光緒元年（1875）刻本 六冊

330000－1741－0001578　綫857.47/2442
集部/小說類/長篇之屬

繡像綺樓重夢六卷四十八回 （清）蘭皋主人
撰 清光緒二十四年（1898）上海書局石印本
六冊

330000－1741－0001579　綫857.47/2626
集部/小說類/長篇之屬

第十才子書（駐春園）六卷二十四回 （清）吳
航野客撰 （清）水箬散人評 清務本堂刻本
三冊

330000－1741－0001580　綫857.47/2827

集部/小說類/長篇之屬

繪圖增像後列國志十卷六十回 清光緒十九
年（1893）上海實文書局石印本 八冊

330000－1741－0001581　綫857.47/3027
集部/小說類/長篇之屬

爭春園全傳四十八回 清道光二十九年
（1849）一也軒刻本 八冊

330000－1741－0001582　綫857.47/2707
集部/小說類/長篇之屬

忠孝勇烈奇女傳四卷三十二回 清光緒四年
（1878）刻本 四冊

330000－1741－0001583　綫857.47/3022
集部/小說類/長篇之屬

警富新書四十回 （清）安和先生撰 清道光
二十三年（1843）本立堂刻本 四冊

330000－1741－0001584　綫857.47/2712
集部/小說類/長篇之屬

海上塵天影六十章 （清）鄒弢撰 清光緒三
十年（1904）石印本 金石壽批跋、題簽並題
記 三冊 存三十二章（一至三十二）

330000－1741－0001585　綫857.47/2644.1
集部/小說類/長篇之屬

增補齊省堂儒林外史六十回 （清）吳敬梓撰
清光緒十四年（1888）鴻寶齋石印本 四冊

330000－1741－0001586　綫857.47/3130
集部/小說類/長篇之屬

希夷夢四十卷 （清）汪寄撰 清光緒四年
（1878）翠筠山房刻本 四冊

330000－1741－0001587　綫857.47/3826
集部/小說類/長篇之屬

繪圖三公奇案二十卷 清光緒十七年（1891）
上洋正誼書局鉛印本 六冊

330000－1741－0001588　綫857.47/3130a
集部/小說類/長篇之屬

海國春秋四十卷 （清）汪寄撰 清光緒三十
年（1904）上海書局石印本 十冊

330000－1741－0001589　綫857.47/4012

集部/小說類/長篇之屬

綠野仙踪八十回　（清）李百川撰　清道光十年(1830)刻本　二十冊

330000－1741－0001590　綫 857.47/3154
集部/曲類/彈詞之屬

新增全圖珍珠塔前傳十二卷二十四回　（清）周珠士撰　新增全圖珍珠塔後傳麒麟豹三十卷六十回　（清）馬永清撰　清光緒鉛印本　六冊

330000－1741－0001591　綫 857.47/4423
集部/小說類/長篇之屬

金粉錄四卷三十回　（清）燕山逸叟撰　清光緒二十五年(1899)石印本　四冊

330000－1741－0001592　綫 857.47/2626a
集部/小說類/長篇之屬

第十才子書(駐春園)六卷二十四回　（清）吳航野客撰　（清）水箸散人評　清刻本　六冊

330000－1741－0001593　綫 857.47/4031
集部/小說類/長篇之屬

圖像鏡花緣二十卷一百回首一卷　（清）李汝珍撰　清光緒十六年(1890)上海廣百宋齋鉛印本　六冊

330000－1741－0001594　綫 857.47/4080
集部/小說類/長篇之屬

繡像南唐演義薛家將傳六卷一百回　清光緒三十年(1904)上海書局石印本　六冊

330000－1741－0001595　綫 857.47/3154A
集部/小說類/長篇之屬

臺灣外記十卷　（清）江日昇撰　清刻本一冊

330000－1741－0001596　綫 857.47/4059
集部/小說類/長篇之屬

水石緣六卷三十段　（清）李春榮撰　清刻本　六冊

330000－1741－0001597　綫 857.47/4073
集部/小說類/長篇之屬

蝴蝶媒四卷十六回　（清）南岳道人撰　（清）青谿醉客評　清四友堂刻本　四冊

330000－1741－0001598　綫 857.47/4019
集部/小說類/長篇之屬

後續大宋楊家將文武曲星包公狄青初傳(萬花樓演義全傳)十四卷六十八回　（清）李雨堂撰　清經元堂刻本　十四冊

330000－1741－0001599　綫 857.47/4023
集部/小說類/長篇之屬

繡像繪圖奇緣賽桃源四卷三十回　（清）李春榮撰　清光緒二十一年(1895)上海書局石印本　四冊

330000－1741－0001600　綫 857.47/4423A
集部/小說類/長篇之屬

富翁傳四卷十六回　（清）落魄道人撰　清光緒十九年(1893)上海文宜書局石印本　一冊

330000－1741－0001601　綫 857.47/4421
類叢部/叢書類/自著之屬

鹿洲全集七種　（清）藍鼎元撰　清刻本　二冊　存一種

330000－1741－0001602　綫 857.47/2860
集部/小說類/短篇之屬

真正後聊齋志異八卷　（清）徐昆撰　清光緒二十年(1894)石印本　八冊

330000－1741－0001603　綫 857.47/4441
集部/小說類/長篇之屬

新史奇觀演義全傳四卷二十二回　（清）蓬蒿子撰　清同治三年(1864)刻本　四冊

330000－1741－0001604　綫 857.47/2727
集部/小說類/長篇之屬

繡像綠牡丹全傳六卷六十四回　清光緒十八年(1892)上海書局石印本　四冊

330000－1741－0001605　綫 857.47/4444.c
集部/小說類/長篇之屬

新刻異說反唐演傳十卷一百回　（清）如蓮居士編　清刻本　十冊

330000－1741－0001606　綫 857.47/4447
集部/小說類/長篇之屬

檮杌閒評五十卷五十回首一卷　清京都坊刻本　十二冊

330000 – 1741 – 0001608　綫 857.47/5073
集部/小說類/長篇之屬

飛龍傳六十回　（清）吳璿撰　清文德堂刻本
　十六冊

330000 – 1741 – 0001609　綫 857.47/4852
集部/小說類/長篇之屬

鐵冠圖八卷五十回　（清）松排山人編　清刻
本　一冊

330000 – 1741 – 0001610　綫 857.47/4444a
集部/小說類/長篇之屬

說唐前傳十卷六十八回　（清）如蓮居士撰
清大文堂刻本　五冊

330000 – 1741 – 0001611　綫 857.47/4444b
集部/小說類/長篇之屬

說唐後傳二種八卷五十八回　（清）如蓮居士
撰　清京口文成堂刻本　四冊

330000 – 1741 – 0001612　綫 857.47/4424
集部/小說類/長篇之屬

**異說後唐傳三集薛丁山征西樊梨花全傳十卷
八十八回**　（清）中都逸叟編次　清大文堂刻
本　五冊

330000 – 1741 – 0001613　綫 857.47/8034
類叢部/叢書類/彙編之屬

**申報館叢書正集五十七種附錄三種續集一百
四十二種**　（清）尊聞閣主編　蔡爾康編續集
　清同治至光緒上海申報館鉛印本　十冊
　存一種

330000 – 1741 – 0001616　綫 857.47/6058
集部/小說類/長篇之屬

**精訂綱鑑廿四史通俗衍義二十六卷四十四回
首一卷**　（清）呂撫撰　清光緒上海廣百宋齋
鉛印本　六冊

330000 – 1741 – 0001618　綫 857.47/7644
集部/小說類/短篇之屬

第九才子書平鬼傳四卷十回　（清）劉璋撰
清刻本　四冊

330000 – 1741 – 0001620　綫 857.47/8043.1
　集部/小說類/長篇之屬

繪圖彭公案六卷一百回　（清）貪夢道人撰
清光緒十九年(1893)上海書局石印本　六冊

330000 – 1741 – 0001621　857.47/8301　集
部/小說類/長篇之屬

遼天鶴唳記四卷十六回　（日本）田太郎撰
（清）氣凌霄漢者評話　清光緒三十年(1904)
石印本　四冊

330000 – 1741 – 0001622　綫 857.47/7534
集部/曲類/彈詞之屬

繡像義妖傳四卷五十三回　（清）陳遇乾撰
（清）陳士奇　（清）俞秀山評　清光緒二十四
年(1898)上海琅嬛書莊石印本　四冊

330000 – 1741 – 0001623　綫 857.47/7725
集部/小說類/短篇之屬

蟫史二十卷繡像二卷　（清）屠紳撰　清嘉慶
刻本　十二冊

330000 – 1741 – 0001624　綫 857.47/8342
集部/小說類/長篇之屬

廻文傳十六卷　題（清）李漁撰　（清）鐵華山
人重輯　清道光六年(1826)大文堂刻本
八冊

330000 – 1741 – 0001625　綫 857.47/8045.1
　集部/小說類/長篇之屬

結水滸全傳七十卷七十回末一卷　（清）俞萬
春撰　（清）范辛來　（清）邵祖恩評　清光緒
二十二年(1896)慎記書莊石印本　八冊

330000 – 1741 – 0001626　綫 857.47/8884
集部/小說類/長篇之屬

轟天雷一卷十四回　孫景賢撰　清光緒鉛印
本　一冊

330000 – 1741 – 0001627　綫 857.47/8832
集部/小說類/長篇之屬

新刻粉粧樓傳記十卷八十回　（清）竹溪山人
撰　清翠筠山房刻本　六冊

330000 – 1741 – 0001628　綫 857.47/8784
集部/小說類/長篇之屬

繪圖銀瓶梅四卷二十三回　清末石印本
一冊

330000－1741－0001629　綫 857.47/9440
集部/小說類/長篇之屬

新鐫才美巧相逢宛如約四卷十六回　（清）惜
花主人批評　清醉月山居刻本　四冊

330000－1741－0001630　綫 857.472/1043
集部/小說類/長篇之屬

野叟曝言二十卷一百五十四回　（清）夏敬渠
撰　清光緒八年(1882)石印本　二十冊

330000－1741－0001631　綫 857.47/6062
集部/小說類/長篇之屬

異蹟仙蹤七卷四十回　清末字林滬報館鉛印
本　二冊

330000－1741－0001632　綫 857.47/9479.1
集部/小說類/長篇之屬

新刻增刪二度梅奇說六卷　（清）惜陰堂主人
撰　（清）繡虎堂主人評　清同治九年(1870)
姑蘇綠慎堂刻本　六冊

330000－1741－0001633　綫 857.474/0213
類叢部/叢書類/彙編之屬

**申報館叢書正集五十七種附錄三種續集一百
四十二種**　（清）尊聞閣主編　蔡爾康編續集
清同治至光緒上海申報館鉛印本　二冊
存一種

330000－1741－0001634　綫 857.474/5514h
集部/小說類/長篇之屬

紅樓夢一百二十卷一百二十回　（清）曹霑
（清）高鶚撰　（清）王希廉評　清道光十二年
(1832)吳縣王氏刻本　二十四冊

330000－1741－0001635　綫 857.474/5514A
集部/小說類/長篇之屬

續紅樓夢三十卷　（清）秦子忱撰　清嘉慶四
年(1799)抱甕軒刻本　十二冊

330000－1741－0001636　綫 857.47/6740
集部/小說類/長篇之屬

花月痕全書十六卷五十二回　（清）魏秀仁撰
（清）棲霞居士評　清光緒十八年(1892)上
海圖書集成印書局鉛印本　一冊　存四卷
(一至四)

330000－1741－0001637　綫 857.47/9000
集部/小說類/長篇之屬

金石緣全傳八卷二十四回首一卷　（清）省齋
主人編　清咸豐三年(1853)刻本　四冊

330000－1741－0001638　綫 857.47/9427
集部/小說類/長篇之屬

李公案奇聞初集三十四回　（清）惜紅居士撰
清光緒二十八年(1902)刻本　四冊

330000－1741－0001639　綫 857.474/5514
集部/小說類/長篇之屬

增評補像全圖金玉緣一百二十回首一卷
（清）曹霑　（清）高鶚撰　（清）王希廉
（清）張新之　（清）姚燮評　清光緒三十四年
(1908)求不負齋石印本　十六冊

330000－1741－0001640　綫 857.474/0448
集部/小說類/長篇之屬

紅樓夢論贊一卷　（清）涂瀛撰　清道光二十
二年(1842)養餘精舍刻本　二冊

330000－1741－0001641　綫 857.474/1012
集部/小說類/長篇之屬

石頭記評贊不分卷　（清）王希廉撰　清同治
十三年(1874)金陵刻本　四冊

330000－1741－0001642　綫 857.474/4460
集部/小說類/長篇之屬

東周列國志二十七卷一百八回首一卷　（清）
蔡昇評點　清光緒十四年(1888)上海點石齋
石印本　八冊

330000－1741－0001644　綫 857.474/5514C
集部/小說類/長篇之屬

繡像紅樓夢補四卷四十八回　（清）歸鋤子撰
清光緒二十五年(1899)上海鏕經閣鉛印本
四冊

330000－1741－0001645　綫 857.474/2115
集部/戲劇類/傳奇之屬

紅樓夢傳奇二卷五十六齣　（清）仲振奎填詞
（清）邢亭居士按拍　清光緒三年(1877)上
海印書局鉛印本　五冊

330000－1741－0001646　綫 857.478/0790

集部/小説類/長篇之屬

新刊綉像評演濟公傳四十種 清末至民國上
海校經山房石印本 一百六十二冊

330000－1741－0001647　綫857.474/5514.5
集部/小説類/長篇之屬

**增評補圖石頭記一百二十卷一百二十回首一
卷** （清）曹霑 （清）高鶚撰 （清）王希廉
（清）姚燮評 清末鉛印本 十六冊

330000－1741－0001648　綫857.474/2127
集部/小説類/長篇之屬

紅樓夢竹枝詞一卷 （清）盧先駱撰 **讀紅樓
夢雜記一卷** （清）江順怡撰 清同治七年至
八年(1868－1869)願爲明鏡室杭州刻本 清
恨恨生 清桑寄生 清拙拙子 清蘋香舊主
瘦石小癡生 清塔影軒主人公蒨氏 清泉唐
青蘿宅主人 清泉唐月廬主人觀款 一冊

330000－1741－0001650　綫857.474/4212
集部/戲劇類/雜劇之屬

紅樓夢散套十六折 （清）吳鎬撰 （清）黃兆
魁訂譜 清蟾波閣刻本 四冊

330000－1741－0001651　綫857.474/3536
集部/小説類/長篇之屬

紅樓夢偶評四卷 （清）諸聯撰 清道光元年
(1821)明齋刻本 二冊

330000－1741－0001652　綫857.474/1034
集部/小説類/長篇之屬

紅樓夢影二十四回 （清）西湖散人撰 清光
緒三年(1877)京都聚珍堂書坊木活字印本
四冊

330000－1741－0001654　綫857.478/1057
集部/小説類/長篇之屬

海天鴻雪記二十回 （清）二春居士撰 （清）
李伯元評 清末世界繁華報館鉛印本 四冊

330000－1741－0001659　綫857.474/4460A
集部/別集類/清別集

紅樓二百詠二卷 （清）黃昌麟撰 （清）丁日
昌 （清）黃釗評 清道光二十一年(1841)刻
本 二冊

330000－1741－0001662　綫857.474/5022
集部/小説類/長篇之屬

紅樓夢紀署一卷紅樓夢廣義二卷 （清）青山
山農撰 清石印本 一冊

330000－1741－0001664　綫857.478/8034
類叢部/叢書類/彙編之屬

**申報館叢書正集五十七種附錄三種續集一百
四十二種** （清）尊聞閣主編 蔡爾康編續集
清同治至光緒上海申報館鉛印本 十冊
存一種

330000－1741－0001669　綫857.51/4246
集部/曲類/彈詞之屬

新編意中情後集想當然全傳二十卷 （清）姚
袁昭撰 清嘉慶元年(1796)浙杭大順堂刻本
四冊

330000－1741－0001670　綫857.51/4694
史部/史評類/詠史之屬

廿一史彈詞註十卷 （明）楊慎撰 （清）張三
異增定 （清）張仲璜註 **明史彈詞註一卷**
（清）張三異撰 （清）張仲璜註 清光緒十四
年(1888)小積書巖鉛印本 八冊

330000－1741－0001671　綫857.51/4042
集部/曲類/彈詞之屬

明末彈詞第一集十二卷十二回 （清）古木山
人撰 清光緒十年(1884)玉壺堂刻本 四冊

330000－1741－0001672　綫858.419/1023
集部/曲類/寶卷之屬

浙江杭州府錢塘縣雷峰寶卷二卷 清末瑪瑙
經房刻本 二冊

330000－1741－0001674　綫858.419/1029
集部/曲類/寶卷之屬

白氏寶卷二卷十二回 清宣統元年(1909)杭
州文寶齋刻本 二冊

330000－1741－0001676　綫858.419/1814
集部/曲類/寶卷之屬

珠塔寶卷全集(珍珠塔寶卷全集)不分卷 清
瑪瑙經房刻本 二冊

330000－1741－0001677　綫858.419/4443

集部/曲類/寶卷之屬

荷花寶卷三卷 （清）□□撰　清光緒二十四年(1898)蘇城瑪瑙經房刻本　三冊

330000－1741－0001679　綫858.419/4977
集部/曲類/寶卷之屬

趙氏賢孝寶卷二卷　清宣統二年(1910)杭州聚元堂書局刻本　二冊

330000－1741－0001680　綫858.419/9138
集部/曲類/寶卷之屬

韓湘寶卷二卷十八回　（清）煙波釣徒風月主人撰　清光緒二十年(1894)上海翼化堂刻本　二冊

330000－1741－0001681　綫858.419/6033
集部/曲類/寶卷之屬

目連寶卷全集一卷　清西湖瑪瑙寺明臺經房刻本　一冊

330000－1741－0001682　綫858.51/6048
集部/曲類/彈詞之屬

果報錄(倭袍傳)十二卷一百回　（清）海蘭濤撰　清木活字印本　十二冊

330000－1741－0001683　綫858.51/6048.1
集部/曲類/彈詞之屬

果報錄(倭袍傳)十二卷一百回　（清）海蘭濤撰　清木活字印本　十二冊

330000－1741－0001684　綫858.419/6723
集部/曲類/寶卷之屬

鸚兒寶卷不分卷　清刻本　一冊

330000－1741－0001685　綫858.51/4822
集部/曲類/彈詞之屬

繡像十美圖傳四十卷四十回　（清）松筠氏撰　清光緒四年(1878)樹德堂刻本　四冊

330000－1741－0001686　綫858.8/0063　集部/曲類/曲藝之屬

最新醒世歌謠不分卷　（清）痛國遺民編　清光緒三十年(1904)上海新學會社鉛印本　一冊

330000－1741－0001688　綫858.51/1025

集部/曲類/彈詞之屬

新增全圖文武香毬六卷七十二回　（清）二樂軒主人撰　清光緒上海書局石印本　四冊缺二卷(一、四)

330000－1741－0001689　綫858.516/7502
集部/曲類/彈詞之屬

再生緣全傳二十卷　（清）陳端生撰　清刻本(卷一及目次配抄本)　二十冊

330000－1741－0001690　綫858.516/7502.1
集部/小說類/長篇之屬

新刊再生緣全傳十卷　清道光九年(1829)廈門文德堂刻本　六冊

330000－1741－0001691　綫858.5171/7729
集部/曲類/彈詞之屬

天雨花三十回　（清）陶貞懷撰　清道光二十一年(1841)刻本　三十冊

330000－1741－0001692　綫859.6/1046　子部/小說家類/雜事之屬

增訂廣日記故事詳註二卷　（清）王相撰　清光緒二十七年(1901)揚州文富堂書莊刻本　二冊

330000－1741－0001693　綫859.7/8033　子部/雜著類/雜纂之屬

江南鐵淚圖新編一卷附編一卷　（清）寄雲山人編　清同治九年(1870)蘇城元妙觀得見齋刻本　一冊　缺一卷(附編)

330000－1741－0001694　綫859.7/8033：2
子部/雜著類/雜纂之屬

江南鐵淚圖新編一卷附編一卷　（清）寄雲山人編　清同治九年(1870)蘇城元妙觀得見齋刻本　二冊

330000－1741－0001701　綫861.471/7170
集部/別集類/清別集

南清游草一卷　（日本）長岡護美撰　清光緒二十七年(1901)花月社鉛印本　一冊

330000－1741－0001704　綫861.57/8060
集部/小說類/長篇之屬

經國美談前編二十回後編二十五回　（日本）

矢野文雄纂　(清)雨塵子譯　清光緒二十八年(1902)上海商務印書館鉛印本　二冊

330000 – 1741 – 0001713　綫 902.5/6010　子部/工藝類/日用器物之屬/器具

宣德鼎彝譜八卷　(明)吳中　(明)呂震撰
宣鑪博論一卷　(明)項子京撰　清光緒九年(1883)鉛印本　二冊

330000 – 1741 – 0001716　綫 876.57/9027　新學/雜著/小說

巴黎茶花女遺事一卷　(法國)小仲馬撰　(清)曉齋主人口述　林紓筆授　清光緒二十七年(1901)玉情瑤怨館刻本　一冊

330000 – 1741 – 0001721　綫 913/2134　集部/總集類/謠諺之屬

最新婦孺唱歌書十章　(清)上海越社編　清光緒三十一年(1905)上海越社鉛印本　一冊

330000 – 1741 – 0001728　綫 930.41/2010　集部/總集類/彙編之屬

三家宮詞三卷二家宮詞二卷　(明)毛晉編
十國宮詞一卷　(清)吳省蘭撰　清同治十二年(1873)淮南書局刻本　一冊

330000 – 1741 – 0001730　綫 931.7/2644　史部/金石類/璽印之屬/通考

封泥攷略十卷　(清)吳式芬　(清)陳介祺藏　並輯　清光緒三十年(1904)石印本　十冊

330000 – 1741 – 0001741　綫 941.2/7433　類叢部/叢書類/自著之屬

潛園總集十七種　(清)陸心源撰　清同治至光緒刻本　十六冊　存一種

330000 – 1741 – 0001745　綫 943.2/2600　子部/藝術類/書畫之屬/書法書品

南邨帖攷不分卷　(清)程文榮撰　清道光刻本　二冊

330000 – 1741 – 0001747　綫 941.2/7743　子部/藝術類/書畫之屬/總論

紅豆樹館書畫記八卷　(清)陶樑輯　清光緒八年(1882)吳趨潘霨韡園刻本　六冊

330000 – 1741 – 0001758　綫 943.3/7211　類叢部/叢書類/彙編之屬

武英殿聚珍版書一百四十八種　清乾隆四十二年(1777)福建刻道光至同治遞修光緒二十一年(1895)增刻本　十六冊　存一種

330000 – 1741 – 0001765　綫 943.7/4634：2　經部/小學類/文字之屬/字書/字體

楷法溯源十四卷帖目一卷古碑目一卷　(清)潘存輯　楊守敬編　清光緒三年至四年(1877 – 1878)刻本　十五冊

330000 – 1741 – 0001766　綫 943.7/4634　經部/小學類/文字之屬/字書/字體

楷法溯源十四卷帖目一卷古碑目一卷　(清)潘存輯　楊守敬編　清光緒三年至四年(1877 – 1878)刻本　十五冊

330000 – 1741 – 0001767　綫 944.1/2714　子部/藝術類/書畫之屬/畫譜

小山畫譜二卷　(清)鄒一桂撰　清道光二十九年(1849)吳門三松堂潘氏木活字印本　二冊

330000 – 1741 – 0001768　綫 944.1/4329　子部/藝術類/書畫之屬/畫法畫品

醉蘇齋畫訣一卷　(清)戴以恒撰　清光緒十七年(1891)葉銘刻本　一冊

330000 – 1741 – 0001769　綫 944.9/4744　子部/藝術類/書畫之屬/總論

胡氏書畫攷三種　(清)胡敬撰　清道光二十三年(1843)崇雅堂刻本　一冊　存一種

330000 – 1741 – 0001775　綫 944.9/7167　類叢部/叢書類/郡邑之屬

武林掌故叢編一百八十七種　(清)丁丙編　清光緒三年至二十六年(1877 – 1900)錢塘丁氏嘉惠堂刻本(乾道臨安志卷四至十五、南宋館閣錄卷一原缺)　二冊　存一種

330000 – 1741 – 0001777　綫 945.31/0704　集部/總集類/題詠之屬

讀書秋樹根圖題詠不分卷　(清)郭慶藩輯　清光緒八年(1882)湘陰郭氏刻本暨木活字印

本　二冊

330000－1741－0001779　綫945.31/5557
子部/藝術類/書畫之屬

松風堂讀書圖題辭不分卷　（清）曹咸熙輯
清光緒八年(1882)松風堂刻本　一冊

330000－1741－0001780　綫945.8/8027　子部/藝術類/書畫之屬/畫譜

太平歡樂圖一卷　（清）方薰繪　清光緒十四年(1888)積山書局石印本　一冊

330000－1741－0001785　綫945.8/4434　子部/藝術類/書畫之屬/畫譜

梦迹圖一卷　（清）寶琳繪　清光緒元年(1875)上海點石齋石印本　一冊

330000－1741－0001786　綫992.32/1062
類叢部/叢書類/彙編之屬

國學叢刊　國學叢刊社編　清宣統三年(1911)石印本　一冊　存一種

330000－1741－0001789　綫610.11/1773.77
史部/紀傳類/正史之屬

史記一百三十卷　（漢）司馬遷撰　（南朝宋）裴駰集解　（唐）司馬貞索隱　（唐）張守節正義　清同治五年至九年(1866－1870)金陵書局刻本　二十冊

330000－1741－0001791　綫609.2/8402　史部/地理類/輿圖之屬/全國

歷代輿地沿革險要圖一卷　楊守敬　饒敦秩撰　清光緒五年(1879)東湖饒氏刻朱墨套印本　一冊

330000－1741－0001792　綫669.1/4634:2
史部/地理類/輿圖之屬/全國

歷代輿地沿革險要圖一卷　楊守敬　饒敦秩撰　清光緒五年(1879)東湖饒氏刻朱墨套印本　一冊

330000－1741－0001793　綫610.11/1773
史部/紀傳類/正史之屬

四史　清同治十一年(1872)成都書局刻本二十六冊　存一種

330000－1741－0001797　綫682.8127/3161
史部/地理類/輿圖之屬/水圖

峽江圖攷不分卷　（清）國璋撰　清光緒二十年(1894)上洋袖海山房書局石印本　二冊

330000－1741－0001799　綫682.81024/7120
史部/地理類/山川之屬/水志

長江圖說十二卷首一卷　（清）馬徵麟等撰　清同治十年(1871)湖北崇文書局刻本（卷一至二原缺）　二冊

330000－1741－0001824　特3/001　類叢部/叢書類/彙編之屬

玉海堂景宋元本叢書　劉世珩編　清光緒至民國貴池劉氏玉海堂影刻本　四冊　存一種

330000－1741－0001830　綫802.42/1291
經部/小學類/音韻之屬/韻書

唐寫本唐韻殘卷二卷　（唐）孫愐撰　清光緒三十四年(1908)上海國粹學報館影印本　一冊

330000－1741－0001833　綫802.42/0680
類叢部/叢書類/彙編之屬

古逸叢書二十六種　（清）黎庶昌編　清光緒八年至十年(1882－1884)黎庶昌日本東京使署影刻本（玉燭寶典卷九原缺）　一冊　存一種

330000－1741－0001837　綫802.44/3130
經部/小學類/音韻之屬/等韻

音學辨微一卷　（清）江永撰　清宣統元年(1909)國學保存會影印本　一冊

330000－1741－0001838　097.1224/2160
類叢部/叢書類/彙編之屬

古逸叢書二十六種　（清）黎庶昌編　清光緒八年至十年(1882－1884)黎庶昌日本東京使署影刻本（玉燭寶典卷九原缺）　二冊　存一種

330000－1741－0001839　綫851.4415/4026.525　集部/別集類/唐五代別集

李翰林集三十卷　（唐）李白撰　清光緒三十二年(1906)吳隱影宋刻本　六冊

330000－1741－0001841　綫821.1178/1772
類叢部/叢書類/彙編之屬

天壤閣叢書二十種　（清）王祖源　（清）王懿
榮編　清同治至光緒福山王氏刻彙印本　一
冊　存一種

330000－1741－0001843　綫851.479/0043
集部/別集類/清別集

南海先生詩集十三卷　康有爲撰　清宣統三
年(1911)上海廣智書局影印本　胡適題記
一冊　存四卷(一至四)

330000－1741－0001856　綫610.29/3186
史部/編年類/通代之屬

綱鑑正史約三十六卷附記一卷　（明）顧錫疇
撰　（清）陳弘謀增訂　**甲子紀元一卷**　（清）
陳弘謀撰　清光緒九年(1883)湖南官書局刻
本　二十冊

330000－1741－0001859　綫610.29/3186a
史部/編年類/通代之屬

綱鑑正史約三十六卷附記一卷　（明）顧錫疇
撰　（清）陳弘謀增訂　**甲子紀元一卷**　（清）
陳弘謀撰　清同治八年(1869)浙江書局刻本
二十冊

330000－1741－0001860　綫610.3/2543　史
部/紀事本末類

歷朝紀事本末九種　（清）陳如升　（清）朱記
榮輯　（清）慎記主人增輯　清光緒二十五年
(1899)上海慎記書莊石印本　五十三冊　缺
八卷(明史紀事本末七十三至八十)

330000－1741－0001861　綫610.3/7177　史
部/紀事本末類/通代之屬

繹史一百六十卷世系圖一卷年表一卷　（清）
馬驌撰　清光緒二十三年(1897)武林尚友齋
石印本　二十四冊

330000－1741－0001862　綫610.3/7175.2
史部/紀事本末類/通代之屬

繹史一百六十卷世系圖一卷年表一卷　（清）
馬驌撰　清光緒三十年(1904)浙江書局刻本
五十冊

330000－1741－0001863　綫802.44/3130/C1
經部/小學類/音韻之屬/等韻

音學辨微一卷　（清）江永撰　清宣統元年
(1909)國學保存會影印本　一冊

330000－1741－0001864　綫610.3/7542　史
部/紀事本末類

歷朝紀事本末七種　（清）陳如升　（清）朱記
榮輯　清光緒十四年(1888)上海書業公所鉛
印本　四十八冊

330000－1741－0001865　綫610.307/3441
史部/史抄類

通鑑總類二十卷　（宋）沈樞輯　清末刻本
二十冊

330000－1741－0001866　綫610.31/6033
史部/雜史類/通代之屬

重訂路史全本四十七卷　（宋）羅泌撰　（宋）
羅苹注　（明）吳弘基等重編　清嘉慶六年
(1801)酉山堂刻本　二十四冊

330000－1741－0001869　綫610.3081/7542.1
史部/紀事本末類

歷朝紀事本末七種　（清）陳如升　（清）朱記
榮輯　清光緒十四年(1888)上海書業公所鉛
印本　四十八冊

330000－1741－0001870　097.1224/2160a
類叢部/叢書類/彙編之屬

餐喜廬叢書五種　（清）傅雲龍編　清光緒十
五年(1889)德清傅氏日本東京刻本　二冊
存一種

330000－1741－0001871　綫610.5/3491　類
叢部/叢書類/彙編之屬

廣雅書局叢書一百五十九種　徐紹棨編　清
光緒廣雅書局刻民國九年(1920)番禺徐紹棨
彙編重印本　十六冊　存一種

330000－1741－0001872　綫610.35/3114
史部/紀事本末類

紀事本末五種　（清）□□輯　清光緒二十四
年(1898)湖南思賢書局刻本　十九冊　存
一種

330000－1741－0001879　綫 095.2378/1132
經部/春秋公羊傳類/傳說之屬

張氏公羊二種　（清）張憲和撰　清光緒刻本
四冊

330000－1741－0001882　綫 610.3/4041　史
部/紀事本末類

紀事本末五種　（清）□□輯　清同治十二年
至十三年(1873－1874)江西書局刻本　八十
冊　存一種

330000－1741－0001885　綫 610.5/3481　類
叢部/叢書類/自著之屬

洪北江全集二十一種　（清）洪亮吉撰　清光
緒三年至五年(1877－1879)洪用懃授經堂刻
本　一冊　存一種

330000－1741－0001886　善 2/168A　史部/
紀傳類/別史之屬

弘簡錄二百五十四卷　（明）邵經邦撰　**續弘
簡錄元史類編四十二卷**　（清）邵遠平撰　清
康熙刻雍正、乾隆遞修本　九十九冊

330000－1741－0001888　綫 610.5/4447　史
部/史表類/通代之屬

歷代史表五十九卷　（清）萬斯同撰　清嘉慶
元年(1796)留香閣刻本　十冊

330000－1741－0001891　綫 610.7/7123　史
部/史評類/史論之屬

歷代史略六卷　柳詒徵撰　清光緒二十八年
(1902)江楚書局刻本　八冊

330000－1741－0001893　綫 610.7/2500　史
部/史抄類

史畧八十七卷　（清）朱塈輯　清同治五年
(1866)皖南朱氏衰蘢山房刻本　二十冊

330000－1741－0001895　綫 610.7/7231　史
部/編年類/通代之屬

史存三十卷　（清）劉沅撰　清咸豐十年
(1860)虛受齋刻本　二十冊

330000－1741－0001896　綫 610.8/0021　類
叢部/叢書類/彙編之屬

後知不足齋叢書四十七種　（清）鮑廷爵編

清同治至光緒常熟鮑氏刻本　二冊　存一種

330000－1741－0001897　綫 610.5/3491.1
史部/史表類/通代之屬

廿一史四譜五十四卷　（清）沈炳震撰　清同
治十年(1871)武林吳氏清來堂刻本　十六冊

330000－1741－0001898　綫 610.71/0020a
史部/史抄類

前漢書菁華錄四卷後漢書菁華錄二卷　（清）
高嵣輯　清光緒二十五年(1899)慎記書莊石
印本　六冊

330000－1741－0001900　綫 610.71/6084
史部/史抄類

峋嶁鑑撮四卷　（清）曠敏本撰　**歷代紀年便
覽一卷附歷朝割據諸國一卷**　（清）陳鍾珂輯
讀史論略一卷　（清）杜詔撰　清同治八年
(1869)刻本　六冊

330000－1741－0001901　綫 610.72/7748
史部/史抄類

南北史捃華八卷　（清）周嘉猷輯　清同治十
一年(1872)南園寄社木活字印本　四冊

330000－1741－0001902　綫 610.72/4741
子部/兵家類/兵法之屬

讀史兵略四十六卷　（清）胡林翼撰　清咸豐
十一年(1861)武昌節署刻本　十六冊

330000－1741－0001903　綫 610.72351/4742
類叢部/叢書類/自著之屬

郝氏遺書三十三種　（清）郝懿行撰　清嘉慶
至光緒刻彙印本　三冊　存一種

330000－1741－0001904　綫 610.74/2191
史部/地理類/總志之屬/通代

帝輿合覽二卷　（清）何炳撰　清道光十三年
(1833)嘉興王店何敬慎堂刻本　十冊

330000－1741－0001906　綫 610.73/8346
類叢部/叢書類/彙編之屬

廣雅書局叢書一百五十九種　徐紹棨編　清
光緒廣雅書局刻民國九年(1920)番禺徐紹棨
彙編重印本　一冊　存一種

330000－1741－0001907　綫610.8/7282　史部/史評類/史論之屬

史通削繁四卷　（清）紀昀撰　清道光十三年（1833）涿州盧坤兩廣節署刻朱墨套印本　四冊

330000－1741－0001908　綫610.8/1192　史部/史評類/史論之屬

讀史漫錄十四卷　（明）于慎行撰　明萬曆三十七年（1609）于緯刻清光緒二十一年（1895）東阿縣穀城書院補刻本　六冊

330000－1741－0001909　綫610.74/3100　史部/史抄類

史學綱領四卷　（清）顧充輯　（清）蕭承煊音注　清光緒十五年（1889）刻本　四冊

330000－1741－0001910　綫610.8/7282.2　史部/史評類/史論之屬

史通削繁四卷　（清）紀昀撰　清翰墨園刻朱墨套印本　四冊

330000－1741－0001911　綫610.8/3503、綫補4/284　史部/史評類/史論之屬

欽定古今儲貳金鑑六卷首一卷　（清）高宗弘曆等撰　清光緒二十一年（1895）浙江官書局刻本　四冊

330000－1741－0001912　綫610.8/7282.1　史部/史評類/史論之屬

史通通釋二十卷附錄一卷　（清）浦起龍撰　清光緒二十五年（1899）上海通時書局石印本　八冊

330000－1741－0001913　綫610.8/7282.1：2　史部/史評類/史論之屬

史通通釋二十卷附錄一卷　（清）浦起龍撰　清光緒二十五年（1899）上海通時書局石印本　八冊

330000－1741－0001914　綫610.81/1133：2　史部/史評類/史論之屬

歷代史論十二卷宋史論三卷元史論一卷　（明）張溥撰　**明史論四卷**　（清）谷應泰撰　**左傳史論二卷**　（清）高士奇撰　清光緒五年

（1879）西江裴氏刻本　八冊

330000－1741－0001916　綫610.81/1133a　史部/史評類/史論之屬

歷代史論十二卷宋史論三卷元史論一卷歷代史論一編四卷　（明）張溥撰　**明史論四卷**　（清）谷應泰撰　**左傳史論二卷**　（清）高士奇撰　清光緒二十四年（1898）滬江寄廬艸堂石印本　六冊

330000－1741－0001917　綫610.81/2632　史部/史評類/史論之屬

史案二十卷首一卷　（清）吳裕垂撰　（清）吳世宣纂　清光緒六年（1880）大成堂刻本　六冊

330000－1741－0001918　綫610.8/7282.1　史部/史評類/史論之屬

史通削繁四卷　（清）紀昀撰　清光緒二十一年（1895）寶慶澹雅書局刻本　一冊

330000－1741－0001919　綫610.81/2632：2　史部/史評類/史論之屬

史案二十卷首一卷　（清）吳裕垂撰　（清）吳世宣纂　清光緒六年（1880）大成堂刻本　六冊

330000－1741－0001920　綫610.81/0442　史部/史評類/史論之屬

史林測義三十八卷　（清）計大受撰　清嘉慶十九年（1814）楓溪別墅刻本　六冊

330000－1741－0001921　綫610.81/2610　史部/史評類/史論之屬

歷朝正議四卷論一卷　（清）吳雲撰　（清）王璋編　清同治十年（1871）安成雅源學士坊刻本　二冊

330000－1741－0001922　綫610.81/1133　史部/史評類/史論之屬

歷代史論十二卷宋史論三卷元史論一卷　（明）張溥撰　**左傳史論二卷**　（清）高士奇撰　**明史論四卷**　（清）谷應泰撰　清光緒五年（1879）西江裴氏刻本　十冊

330000－1741－0001923　綫610.81/4622

類叢部/叢書類/彙編之屬

暢園叢書甲函六種 (清)張邁編 清光緒二十年(1894)始豐張氏四明刻本 二冊 存三種

330000－1741－0001925 綫610.81/4044
史部/史評類/史論之屬

歷代史事政治論三百八卷 (清)席裕福撰 (清)金詠榴等編 清光緒三十年(1904)上海點石齋石印本 二十四冊

330000－1741－0001928 綫610.83/4917a
類叢部/叢書類/自著之屬

甌北全集八種 (清)趙翼撰 清乾隆至嘉慶湛貽堂刻本 十冊 存一種

330000－1741－0001929 綫610.8/7282.2/C1 史部/史評類/史論之屬

史通削繁四卷 (清)紀昀撰 清翰墨園刻朱墨套印本 四冊

330000－1741－0001930 綫610.8/7282.1：4 史部/史評類/史論之屬

史通削繁四卷 (清)紀昀撰 清翰墨園刻朱墨套印本 四冊

330000－1741－0001931 綫610.83/4917
史部/史評類/考訂之屬

廿二史劄記三十六卷補遺一卷 (清)趙翼撰 廿二史劄記識語二卷 (清)鄒永修撰 清光緒二十六年(1900)新化西畬山館刻本 十六冊

330000－1741－0001933 綫610.83/1065
史部/史評類/考訂之屬

十七史商榷一百卷 (清)王鳴盛撰 清光緒二十六年(1900)上海點石齋石印本 四冊

330000－1741－0001934 綫610.84/5044
類叢部/叢書類/自著之屬

止園叢書二十三種 (清)史夢蘭撰 清道光至光緒刻本 八冊 存一種

330000－1741－0001937 綫610.83/8346
類叢部/叢書類/自著之屬

嘉定錢氏潛研堂全書二十一種 (清)錢大昕撰 清光緒十年(1884)長沙龍氏家塾刻本 二十四冊 存一種

330000－1741－0001938 綫610.84/3445
史部/史評類/詠史之屬

南宋雜事詩七卷 (清)沈嘉轍等撰 清同治十一年(1872)淮南書局刻本 四冊

330000－1741－0001939 綫610.84/6092
集部/別集類/清別集

集義軒詠史詩鈔六十卷 (清)羅惇衍撰 清光緒元年(1875)刻本 四冊

330000－1741－0001940 綫610.846/4783
史部/史評類/詠史之屬

茨村咏史新樂府二卷附錄一卷 (清)胡介祉撰 (清)郭雲參訂 清諸暨郭氏刻本 二冊

330000－1741－0001943 綫610.83/8346.1
類叢部/叢書類/自著之屬

潛研堂全書十六種 (清)錢大昕撰 清乾隆至嘉慶刻本 五冊 存二種

330000－1741－0001946 綫621.1/6033a
史部/史抄類

路史節讀十卷 (宋)羅泌撰 (清)廖文錦節訂 清光緒二十七年(1901)刻本 四冊

330000－1741－0001947 綫621.1/6033a/C1 史部/史抄類

路史節讀十卷 (宋)羅泌撰 (清)廖文錦節訂 清光緒二十七年(1901)刻本 四冊

330000－1741－0001950 綫621.51/1260
史部/雜史類/斷代之屬

逸周書十卷附錄一卷 (晉)孔晁注 逸周書校正補遺一卷 (清)盧文弨撰 清刻本 二冊

330000－1741－0001951 綫621.51083/1200 史部/雜史類/斷代之屬

周書斠補四卷 (清)孫詒讓撰 清光緒二十六年(1900)刻本 一冊

330000－1741－0001952 綫621.51083/1200/C1 史部/雜史類/斷代之屬

周書斠補四卷　(清)孫詒讓撰　清光緒二十六年(1900)刻本　一冊

330000 – 1741 – 0001953　綫 621.1/6033　史部/雜史類/通代之屬

重訂路史全本四十七卷　(宋)羅泌撰　(宋)羅苹注　(明)吳弘基等重編　清嘉慶六年(1801)酉山堂刻本　十六冊

330000 – 1741 – 0001956　綫 621.2/3000　類叢部/叢書類/彙編之屬

槐廬叢書四十六種　(清)朱記榮編　清光緒三年至十五年(1877 – 1889)吳縣朱氏槐廬家塾刻本　一冊　存一種

330000 – 1741 – 0001957　綫 621.77/2632　史部/雜史類/斷代之屬

桐城吳先生點勘國語二十一卷　(清)吳汝綸評點　清宣統二年(1910)鉛印本　二冊

330000 – 1741 – 0001958　綫 621.7726/4767.1　類叢部/叢書類/彙編之屬

士禮居黃氏叢書十九種附四種　(清)黃丕烈編　清光緒十三年(1887)上海蜚英館據黃氏刻本影印本　三冊　存一種

330000 – 1741 – 0001960　綫 621.7726/4767.3　史部/雜史類/斷代之屬

國語二十一卷　(三國吳)韋昭注　校刊明道本韋氏解國語札記一卷　(清)黃丕烈撰　國語明道本攷異四卷　(清)汪遠孫撰　清光緒三年(1877)永康胡氏退補齋刻本　五冊　缺四卷(國語明道本攷異一至四)

330000 – 1741 – 0001961　綫 621.7726/4767　史部/雜史類/斷代之屬

國語二十一卷　(三國吳)韋昭注　校刊明道本韋氏解國語札記一卷　(清)黃丕烈撰　國語明道本攷異四卷　(清)汪遠孫撰　清同治八年(1869)湖北崇文書局刻本　五冊

330000 – 1741 – 0001963　綫 621.776513/3000　史部/雜史類/斷代之屬

國語補音三卷　(宋)宋庠撰　札記一卷　(清)錢保塘撰　清光緒二年(1876)成都尊經

書院刻本　一冊

330000 – 1741 – 0001964　綫 621.7776/3131　類叢部/叢書類/自著之屬

振綺堂遺書五種　(清)汪遠孫撰　清道光刻民國十一年(1922)錢塘汪氏彙印本　八冊　存一種

330000 – 1741 – 0001965　綫 621.81222/0002.2　史部/雜史類/斷代之屬

戰國策三十三卷　(漢)高誘注　重刻剡川姚氏本戰國策札記三卷　(清)黃丕烈撰　清光緒三年(1877)永康胡氏退補齋刻本　八冊

330000 – 1741 – 0001967　綫 621.81375/1114　類叢部/叢書類/自著之屬

宛鄰書屋叢書十三種　(清)張琦撰　清道光陽湖張氏宛鄰書屋刻本　二冊　存一種

330000 – 1741 – 0001968　綫 621.81778/2632　史部/雜史類/斷代之屬

桐城吳先生點勘戰國策三十三卷　(清)吳汝綸評點　清宣統二年(1910)鉛印本　二冊

330000 – 1741 – 0001973　綫 622.101/1160.78、綫 622.201/4464.78、綫 622.301/7540.78　史部/紀傳類/正史之屬

二十四史附考證　清光緒十四年(1888)上海圖書集成印書局鉛印本　四十四冊　存三種

330000 – 1741 – 0001974　綫 621.811572/7474　史部/雜史類/斷代之屬

戰國策去毒二卷　(清)陸隴其評定　清同治九年(1870)六安涂氏求我齋刻本　二冊

330000 – 1741 – 0001975　綫 622.1/1160a　史部/紀傳類/正史之屬

四史　清光緒金陵書局、江南書局刻本　十六冊　存一種

330000 – 1741 – 0001976　綫 622.101/1160、綫 622.201/4464.76c　史部/紀傳類/正史之屬

漢書疏證三十六卷後漢書疏證三十卷　(清)沈欽韓撰　清光緒二十六年(1900)浙江官書局刻本　丕卓校並題記　三十九冊

330000－1741－0001977　綫 622.10183/2622
史部/紀傳類/正史之屬

兩漢刊誤補遺十卷附錄一卷 （宋）吳仁傑撰
清同治七年（1868）金陵書局木活字印本
二冊

330000－1741－0001978　綫 622.101/1160.1
史部/紀傳類/正史之屬

漢書補注一百卷首一卷 王先謙撰　清光緒
二十六年（1900）長沙王氏虛受堂刻本　三十
二冊

330000－1741－0001979　綫 622.1015/1099
史部/紀傳類/正史之屬

校漢書八表八卷 （清）夏燮撰　清光緒十六
年（1890）夏誠楨江城公所刻本　六冊

330000－1741－0001980　綫 622.10183/2848
類叢部/叢書類/彙編之屬

廣雅書局叢書一百五十九種 徐紹棨編　清
光緒廣雅書局刻民國九年（1920）番禺徐紹棨
彙編重印本　二冊　存一種

330000－1741－0001982　綫 621.81222/
0002.1　類叢部/叢書類/彙編之屬

士禮居黃氏叢書十九種附四種 （清）黃丕烈
編　清光緒十三年（1887）上海蜚英館據黃氏
刻本影印本　四冊　存一種

330000－1741－0001984　綫 622.10183/
8346e　類叢部/叢書類/彙編之屬

廣雅書局叢書一百五十九種 徐紹棨編　清
光緒廣雅書局刻民國九年（1920）番禺徐紹棨
彙編重印本　一冊　存一種

330000－1741－0001986　綫 622.201/4464
史部/紀傳類/正史之屬

四史 清同治十一年（1872）成都書局刻民國
三十一年（1942）補刻本　二十六冊　存一種

330000－1741－0001987　綫 622.10193/1090
史部/紀傳類/正史之屬

漢書補注七卷 王榮商撰　清光緒十七年
（1891）刻本　二冊

330000－1741－0001988　綫 622.30183/3277

類叢部/叢書類/彙編之屬

廣雅書局叢書一百五十九種 徐紹棨編　清
光緒廣雅書局刻民國九年（1920）番禺徐紹棨
彙編重印本　二冊　存一種

330000－1741－0001991　綫 622.201/4464.
76　史部/紀傳類/正史之屬

後漢書注又補一卷 （清）沈銘彝撰　清道光
十七年（1837）刻同治八年（1869）補刻本
一冊

330000－1741－0001993　善 1/091　經部/大
戴禮記類/傳說之屬

大戴禮記斠補三卷 （清）孫詒讓撰　稿本
二冊

330000－1741－0001995　綫 622.201/4464.
76/C1　史部/紀傳類/正史之屬

後漢書注又補一卷 （清）沈銘彝撰　清道光
十七年（1837）刻同治八年（1869）補刻本
一冊

330000－1741－0001996　綫 621.81222/0002
史部/雜史類/斷代之屬

戰國策三十三卷 （漢）高誘注　重刻剡川姚
氏本戰國策札記三卷　（清）黃丕烈撰　清同
治八年（1869）湖北崇文書局刻本　五冊

330000－1741－0001998　綫 622.201/4464.
78/C1　史部/紀傳類/正史之屬

二十四史附考證 清光緒十四年（1888）上海
圖書集成印書局鉛印本　十六冊　存一種

330000－1741－0001999　綫 622.10183/7756
類叢部/叢書類/彙編之屬

廣雅書局叢書一百五十九種 徐紹棨編　清
光緒廣雅書局刻民國九年（1920）番禺徐紹棨
彙編重印本　十冊　存一種

330000－1741－0002000　綫 621.81222/
0002/C1　史部/雜史類/斷代之屬

戰國策三十三卷 （漢）高誘注　重刻剡川姚
氏本戰國策札記三卷　（清）黃丕烈撰　清同
治八年（1869）湖北崇文書局刻本　五冊

330000－1741－0002002　綫 622.2015/8346/

C1　類叢部/叢書類/彙編之屬

汗筠齋叢書第一集(蘭芬齋叢書初集)四種
(清)秦鑑編　清嘉慶三年至四年(1798－1799)嘉定秦氏刻本　二冊　存一種

330000－1741－0002003　綫 622.2015/8346
類叢部/叢書類/彙編之屬

汗筠齋叢書第一集(蘭芬齋叢書初集)四種
(清)秦鑑編　清嘉慶三年至四年(1798－1799)嘉定秦氏刻本　三冊　存一種

330000－1741－0002004　綫 622.20183/4490
類叢部/叢書類/彙編之屬

宜稼堂叢書七種　(清)郁松年編　清道光二十年至二十二年(1840－1842)上海郁氏刻本　六冊　存一種

330000－1741－0002005　綫 622.20183/4748
類叢部/叢書類/彙編之屬

宜稼堂叢書七種　(清)郁松年編　清道光二十年至二十二年(1840－1842)上海郁氏刻本　四冊　存一種

330000－1741－0002006　綫 622.201/4464.1
史部/紀傳類/正史之屬

四史　清光緒金陵書局、江南書局刻本　十六冊　存一種

330000－1741－0002007　綫 622.2083/8346
類叢部/叢書類/彙編之屬

正覺樓叢刻(正覺樓叢書)二十九種　(清)崇文書局編　清光緒崇文書局刻本　二冊　存一種

330000－1741－0002008　綫 622.301/0077
史部/紀傳類/別史之屬

季漢書九十卷　(清)章陶撰　**季漢書辨異一卷**　(清)張廉評註　清道光九年(1829)章氏青山環漪軒刻本　十六冊

330000－1741－0002009　綫 622.20183/7746
類叢部/叢書類/彙編之屬

廣雅書局叢書一百五十九種　徐紹棨編　清光緒廣雅書局刻民國九年(1920)番禺徐紹棨彙編重印本　四冊　存三種

330000－1741－0002011　綫 622.20183/8346
類叢部/叢書類/彙編之屬

廣雅書局叢書一百五十九種　徐紹棨編　清光緒廣雅書局刻民國九年(1920)番禺徐紹棨彙編重印本　二冊　存一種

330000－1741－0002013　綫 622.20183/1728
史部/紀傳類/正史之屬

續後漢書補十七卷首一卷　(清)尹繼美撰　清光緒十二年(1886)鼎吉堂刻本　三冊

330000－1741－0002014　綫 626.9/2840　史部/雜史類/斷代之屬

小腆紀年坿攷二十卷　(清)徐鼒撰　清光緒四年(1878)刻本　二十冊

330000－1741－0002015　綫 626.901/3410
史部/紀傳類/別史之屬

南天痕二十六卷附錄一卷　(清)凌雪撰　清宣統二年(1910)復古社鉛印本　六冊

330000－1741－0002016　綫 622.30183/8324
史部/紀傳類/正史之屬

三國志證聞三卷　(清)錢儀吉撰　清光緒十一年(1885)江蘇書局刻本　一冊

330000－1741－0002017　綫 622.30183/3308
類叢部/叢書類/彙編之屬

廣雅書局叢書一百五十九種　徐紹棨編　清光緒廣雅書局刻民國九年(1920)番禺徐紹棨彙編重印本　十二冊　存一種

330000－1741－0002018　綫 622.30183/8324/C1　史部/紀傳類/正史之屬

三國志證聞三卷　(清)錢儀吉撰　清光緒十一年(1885)江蘇書局刻本　二冊

330000－1741－0002019　綫 622.30183/8324/C2　史部/紀傳類/正史之屬

三國志證聞三卷　(清)錢儀吉撰　清光緒十一年(1885)江蘇書局刻本　一冊

330000－1741－0002020　綫 622.30183/8324/C3　史部/紀傳類/正史之屬

三國志證聞三卷　(清)錢儀吉撰　清光緒十一年(1885)江蘇書局刻本　二冊

330000－1741－0002022　綫 622.305/3404/＊2
史部/紀傳類/正史之屬

三國畺域志補注十九卷首一卷　（清）謝鍾英撰　清光緒二十四年（1898）刻本　八冊

330000－1741－0002023　綫 623.101/7730
史部/雜史類/斷代之屬

晉畧六十五卷序目一卷　（清）周濟撰　清光緒二年（1876）味雋齋刻本　十冊

330000－1741－0002024　綫 622.30783/0013
類叢部/叢書類/自著之屬

伯山全集四種　（清）康發祥撰　清道光至同治泰州康氏刻本　四冊　存一種

330000－1741－0002025　綫 623.10183/1068
史部/叢編

常熟丁氏叢書二種　丁國鈞撰　清光緒木活字印本　二冊　存一種

330000－1741－0002026　綫 623.304/2237
史部/雜史類

十六國春秋一百卷　（北魏）崔鴻撰　清光緒十二年（1886）湖北官書處刻本　十二冊

330000－1741－0002027　綫 622.301/7550
史部/紀傳類/正史之屬

二十四史　清同治至光緒五省官書局據汲古閣本等合刻光緒五年（1879）湖北書局彙印本　十四冊　存一種

330000－1741－0002029　綫 625.70183/3503
史部/紀傳類/正史之屬

遼金元三史語解四十六卷　（清）高宗弘曆敕撰　清光緒四年（1878）江蘇書局刻本　六冊　存二十四卷（欽定元史語解一至二十四）

330000－1741－0002030　綫 622.301/7550.1
史部/紀傳類/正史之屬

三國志六十五卷　（晉）陳壽撰　（南朝宋）裴松之注　清同治六年（1867）金陵書局木活字印本　二十冊

330000－1741－0002031　綫 623.50183/6051
史部/叢編

五史斠議　羅振玉撰　清光緒二十九年

（1903）刻本　一冊

330000－1741－0002033　綫 623.507/3424
史部/史抄類

南史識小錄十四卷北史識小錄十四卷　（清）沈名蓀　（清）朱昆田輯　（清）張應昌補正　清同治十年（1871）武林吳氏清來堂刻本　十二冊

330000－1741－0002037　綫 624.101/7267
史部/紀傳類/正史之屬

二十四史　清同治至光緒五省官書局據汲古閣本等合刻光緒五年（1879）湖北書局彙印本　四十冊　存一種

330000－1741－0002038　綫 623.5101/3427、綫 623.5201/4416、綫 623.5301/4260、綫 623.5401/4260、綫 623.6101/2628、綫 623.6401/4014、綫 623.6501/8042　史部/紀傳類/正史之屬

二十四史附考證　清光緒十八年（1892）武林竹簡齋石印本　五十五冊　存十一種

330000－1741－0002041　綫 624.101/7772.52　史部/紀傳類/正史之屬

唐書釋音二卷　（宋）董衝撰　清同治十二年（1873）浙江書局刻本　一冊

330000－1741－0002042　綫 624.101/7772.52/C1　史部/紀傳類/正史之屬

唐書釋音二卷　（宋）董衝撰　清同治十二年（1873）浙江書局刻本　一冊

330000－1741－0002044　綫 624.1017/4923
類叢部/叢書類/自著之屬

古墨齋集十二種　（清）趙紹祖撰　清嘉慶元年至道光十四年（1796－1834）涇縣趙氏古墨齋刻本　四冊　存一種

330000－1741－0002045　綫 624.10183/3497
史部/紀傳類/正史之屬

唐書西域傳注一卷　（清）沈惟賢撰　清光緒二十四年（1898）刻本　一冊

330000－1741－0002047　綫 624.1104/2644
史部/雜史類/斷代之屬

貞觀政要十卷　（唐）吳兢撰　（元）戈直集論　清嘉慶三年（1798）南沙席氏掃葉山房刻本　四冊

330000－1741－0002048　綫 624.104/1032　類叢部/叢書類/彙編之屬

嘯園叢書五十七種　（清）葛元煦編　清光緒二年至九年（1876－1883）仁和葛氏刻本　四冊　存一種

330000－1741－0002049　綫 624.101/7267.1　史部/紀傳類/正史之屬

舊唐書二百卷　（五代）劉昫撰　舊唐書逸文十二卷　（清）岑建功輯　舊唐書校勘記六十六卷　（清）羅士琳等校勘　清道光二十三年至二十六年（1843－1846）懼盈齋刻同治十一年（1872）定遠方氏補刻本　六十冊

330000－1741－0002050　綫 624.2/7772　類叢部/叢書類/彙編之屬

玉海堂景宋元本叢書　劉世珩編　清光緒至民國貴池劉氏玉海堂影刻本　十二冊　存一種

330000－1741－0002051　綫 624.201/7772　史部/紀傳類/正史之屬

二十四史附考證　清光緒二十九年（1903）五洲同文局影印本　十冊　存一種

330000－1741－0002052　綫 624.101/7772/C1　史部/紀傳類/正史之屬

二十四史　清同治至光緒五省官書局據汲古閣本等合刻光緒五年（1879）湖北書局彙印本　四十冊　存一種

330000－1741－0002053　綫 624.101/7772　史部/紀傳類/正史之屬

二十四史　清同治至光緒五省官書局據汲古閣本等合刻光緒五年（1879）湖北書局彙印本　四十冊　存一種

330000－1741－0002054　綫 625.101/7878　史部/紀傳類/正史之屬

二十四史　清同治至光緒五省官書局據汲古閣本等合刻光緒五年（1879）湖北書局彙印本

一百冊　存一種

330000－1741－0002055　綫 624.201/4471　史部/紀傳類/正史之屬

武英殿本二十四史附考證　清同治八年（1869）嶺南葄古堂刻本　二十五冊　存一種

330000－1741－0002057　綫 624.201/7772.76　史部/紀傳類/正史之屬

五代史記七十四卷　（宋）歐陽脩撰　（宋）徐無黨注　（清）彭元瑞增注　（清）劉鳳誥排次　清道光八年（1828）萍鄉劉氏雲牲書屋刻同治十三年（1874）重修本　四十冊

330000－1741－0002058　綫 624.20183/7294　史部/紀傳類/正史之屬

五代史校勘札記七十四卷　（清）劉光蕢撰　清光緒十七年（1891）陝甘味經刊書處刻本　四冊

330000－1741－0002059　綫 624.204/6751　類叢部/叢書類/彙編之屬

守山閣叢書一百十二種　（清）錢熙祚編　清光緒十五年（1889）上海鴻文書局據道光二十四年（1844）金山錢氏重編增刻墨海金壺本影印本　一冊　存一種

330000－1741－0002060　綫 624.201/7772.76/C1　史部/紀傳類/正史之屬

五代史記七十四卷　（宋）歐陽脩撰　（宋）徐無黨注　（清）彭元瑞增注　（清）劉鳳誥排次　清道光八年（1828）萍鄉劉氏雲牲書屋刻同治十三年（1874）重修本　四十冊

330000－1741－0002061　綫 625.204/0000　類叢部/叢書類/彙編之屬

岱南閣叢書二十一種　（清）孫星衍編　清光緒六年至七年（1880－1881）刻本　四冊　存一種

330000－1741－0002062　綫 625.204/8342　史部/雜史類

宋遼金元別史（四朝別史）五種　（清）席世臣輯　清乾隆至嘉慶南沙席氏掃葉山房刻本　十冊　存一種

330000－1741－0002064　綫624.20483/4436

史部/編年類/斷代之屬

五代春秋志疑一卷　(清)華湛恩撰　清末鉛印本　一冊

330000－1741－0002066　綫625.33/1185

類叢部/叢書類/彙編之屬

半厂叢書初編十種　(清)譚獻編　清同治至光緒仁和譚氏刻本　三冊　存一種

330000－1741－0002068　綫624.286/2642

史部/雜史類/斷代之屬

南漢紀五卷地理志一卷金石志二卷　(清)吳蘭修撰　清道光十四年(1834)鄭氏淳一堂刻本　二冊

330000－1741－0002069　綫625.403/2123

類叢部/叢書類/彙編之屬

漸西村舍彙刊(漸西村舍叢刻)四十四種　(清)袁昶編　清光緒十六年至二十四年(1890－1898)桐廬袁氏刻本(黃帝內經太素卷一、四、七、十六、十八、二十至二十一原缺)　一冊　存一種

330000－1741－0002070　綫625.404/1714

類叢部/叢書類/自著之屬

箋經室叢書四種　曹元忠撰輯　清光緒十九年至二十七年(1893－1901)曹氏箋經室刻本　一冊　存一種

330000－1741－0002074　綫624.861/3314

類叢部/叢書類/自著之屬

藤花亭合刻十種　(清)梁廷枏撰　清光緒二十一年(1895)梁用弧刻本　八冊　存四種

330000－1741－0002078　綫626.02/4748/C1

史部/編年類/斷代之屬

欽定明鑑二十四卷首一卷　(清)胡敬等輯　清嘉慶兩淮鹽運使司刻本　十二冊

330000－1741－0002079　綫624.861/3314/C1　類叢部/叢書類/自著之屬

藤花亭合刻十種　(清)梁廷枏撰　清光緒二十一年(1895)梁用弧刻本　八冊　存四種

330000－1741－0002080　綫625.101/7433

類叢部/叢書類/自著之屬

潛園總集十七種　(清)陸心源撰　清同治至光緒刻朱印本　八冊　存一種

330000－1741－0002081　綫626.03/8005

史部/紀事本末類

紀事本末五種　(清)□□輯　清光緒二十四年(1898)湖南思賢書局刻本　二十一冊　存一種

330000－1741－0002082　綫625.7015/8346

史部/紀傳類/正史之屬

二十四史　清同治至光緒五省官書局據汲古閣本等合刻光緒五年(1879)湖北書局彙印本　二冊　存一種

330000－1741－0002083　綫625.7015/8346.1

類叢部/叢書類/彙編之屬

廣雅書局叢書一百五十九種　徐紹棨編　清光緒廣雅書局刻民國九年(1920)番禺徐紹棨彙編重印本　二冊　存一種

330000－1741－0002086　綫626.04/3428

子部/雜著類/雜說之屬

野獲編三十卷補遺四卷　(明)沈德符撰　(清)錢枋輯　清道光七年(1827)錢塘姚氏羊城扶荔山房刻同治八年(1869)補刻本　二十冊

330000－1741－0002088　綫626.04/7246

史部/政書類/儀制之屬/典禮

明宮史八卷　(明)劉若愚編　清宣統三年(1911)上海國學扶輪社鉛印本　二冊

330000－1741－0002090　綫624.201/7772.75　史部/紀傳類/正史之屬

五代史記七十四卷　(宋)歐陽脩撰　(宋)徐無黨注　(清)彭元瑞增注　(清)劉鳳誥排次　清道光八年(1828)萍鄉劉氏雲姓書屋刻本　四十冊

330000－1741－0002091　綫625.704/4006

史部/雜史類/斷代之屬

元祕史李注補正十五卷　(清)高寶銓撰　清光緒二十八年(1902)刻本　二冊

330000－1741－0002092　綫625.704/9038
類叢部/叢書類/彙編之屬

漸西村舍彙刊(漸西村舍叢刻)四十四種
(清)袁昶編　清光緒十六年至二十四年
(1890－1898)桐廬袁氏刻本(黃帝內經太素
卷一、四、七、十六、十八、二十至二十一原缺)
　四冊　存一種

330000－1741－0002093　綫625.70483　類
叢部/叢書類/彙編之屬

廣雅書局叢書一百五十九種　徐紹棨編　清
光緒廣雅書局刻民國九年(1920)番禺徐紹棨
彙編重印本　四冊　存一種

330000－1741－0002096　綫625.709/1042
史部/雜史類

元明清史略五卷　(日本)石村貞一編次　清
光緒二十九年(1903)躬恥堂石印本　五冊

330000－1741－0002102　綫626.704/7533
史部/雜史類

荊駝逸史五十種　(清)陳湖逸士輯　清刻本
(三朝野紀卷五至六原缺)　二十四冊

330000－1741－0002103　綫626.704/0020
史部/雜史類/斷代之屬

先撥志始二卷　(明)文秉撰　清同治二年
(1863)當塗夏燮江西省寓刻本　二冊

330000－1741－0002108　綫626.904/2217
史部/叢編

痛史二十一種附九種　樂天居士輯　清宣統
三年(1911)上海商務印書館鉛印本　四十
二冊

330000－1741－0002109　綫626.904/6722
史部/雜史類/斷代之屬

明季稗史彙編十六種　(清)留雲居士輯　清
光緒二十二年(1896)上海圖書集成印書局鉛
印本　六冊

330000－1741－0002110　綫626.904/6722/
C1　史部/雜史類/斷代之屬

明季稗史彙編十六種　(清)留雲居士輯　清
光緒二十二年(1896)上海圖書集成印書局鉛

印本　六冊

330000－1741－0002111　綫626.904/2840
史部/雜史類/斷代之屬

小腆紀傳六十五卷　(清)徐鼒撰　**小腆紀傳
補遺六卷**　(清)徐承禮撰　清光緒十三年至
十四年(1887－1888)六合徐氏金陵刻本　十
二冊

330000－1741－0002112　綫626.904/8333
史部/雜史類/通代之屬

所知錄六卷　(清)錢澄之撰　清宣統三年
(1911)上海新學會社鉛印本　二冊

330000－1741－0002113　綫626.904/8333/
C1　史部/雜史類/通代之屬

所知錄六卷　(清)錢澄之撰　清宣統三年
(1911)上海新學會社鉛印本　二冊

330000－1741－0002114　綫626.904/4012
史部/雜史類/斷代之屬

南疆繹史勘本三十卷首二卷　(清)溫睿臨撰
　(清)李瑤勘定　**繹史摭遺十八卷卹諡考八
卷**　(清)李瑤撰　清刻本　六冊　存十八卷
(繹史摭遺一至十八)

330000－1741－0002118　綫626.072/1237
史部/雜史類/斷代之屬

二申野錄八卷　(清)孫之騄撰　清道光二十
一年(1841)吟香館刻同治六年(1867)印本
四冊

330000－1741－0002119　綫626.083/0863
史部/紀傳類/別史之屬

**金源劄記二卷又劄一卷史論五答一卷吉貝居
暇唱一卷**　(清)施國祁撰　清嘉慶十七年
(1812)、二十一年(1816)潯溪施國祁吉貝居
刻本　二冊

330000－1741－0002124　綫627/1020　史
部/編年類/斷代之屬

**十朝東華錄五百二十五卷同治朝東華續錄一
百卷**　王先謙　潘頤福撰　清光緒二十年
(1894)上海積山書局石印本　六十四冊

330000－1741－0002129　綫627.02/4861

史部/雜史類/斷代之屬

皇朝政典摯要八卷 （日本）增田貢撰 （清）毛淦補編 清光緒二十八年(1902)上海書局石印本 一冊

330000 – 1741 – 0002132 綫 627.504/1072
史部/雜史類/斷代之屬

平匪紀畧摘鈔六卷 （清）盛大士撰 清刻本 二冊

330000 – 1741 – 0002133 綫 627.504/1072/C1 史部/雜史類/斷代之屬

平匪紀畧摘鈔六卷 （清）盛大士撰 清刻本 一冊

330000 – 1741 – 0002135 綫 627.604/5344
史部/雜史類/斷代之屬

靖逆記六卷 （清）盛大士撰 清嘉慶二十五年(1820)文盛堂刻本 一冊

330000 – 1741 – 0002136 綫 627.206/0047
史部/政書類/通制之屬

康熙政要二十四卷 章梫撰 清宣統二年(1910)鉛印本 十二冊

330000 – 1741 – 0002137 綫 627.404/0010
史部/政書類/儀制之屬/典禮

南巡盛典一百二十卷 （清）高晉等纂修 清光緒八年(1882)上海點石齋石印本 八冊

330000 – 1741 – 0002140 綫 627.504/7100
子部/雜著類/雜說之屬

瀛舟筆談十二卷首一卷 （清）阮亨撰 清嘉慶二十五年(1820)刻本 六冊

330000 – 1741 – 0002143 綫 627.7/1033 史部/雜史類/斷代之屬

湘軍記二十卷 （清）王定安撰 清光緒十五年(1889)江南書局刻本 八冊

330000 – 1741 – 0002144 綫 627.07/4861
史部/編年類/斷代之屬

清史攬要六卷 （日本）增田貢撰 清光緒二十八年(1902)日本和知氏鉛印本 四冊

330000 – 1741 – 0002147 綫 627.7/1073 史

部/雜史類/斷代之屬

湘軍志十六卷 王闓運撰 清光緒十二年(1886)成都墨香書屋刻本 四冊

330000 – 1741 – 0002150 綫 627.74/1034
史部/雜史類/斷代之屬

張公襄理軍務紀略六卷 （清）張錦文撰 （清）陳世勳等編 清宣統元年至二年(1909 – 1910)石印本 六冊

330000 – 1741 – 0002154 綫 627.74/4233
史部/雜史類/斷代之屬

粵匪南北滋擾紀畧一卷 （清）姚憲之撰 清刻本 二冊

330000 – 1741 – 0002155 綫 627.75/2663
史部/雜史類/斷代之屬

嘯雲軒避寇記略一卷 （清）程畹撰 清光緒十二年(1886)刻本 一冊

330000 – 1741 – 0002156 綫 627.104/7225
類叢部/叢書類/彙編之屬

申報館叢書正集五十七種附錄三種續集一百四十二種 （清）尊聞閣主編 蔡爾康編續集 清同治至光緒上海申報館鉛印本 一冊 存一種

330000 – 1741 – 0002157 綫 627.75/4663
史部/雜史類/斷代之屬

平浙紀略十六卷 （清）秦緗業 （清）陳鍾英撰 清同治十二年(1873)浙江書局刻本 四冊

330000 – 1741 – 0002158 綫 627.78/7743
史部/雜史類/斷代之屬

淮軍平捻記十二卷 （清）周世澄撰 清光緒三年(1877)上海機器印書局鉛印本 二冊

330000 – 1741 – 0002163 綫 627.78/7743a
類叢部/叢書類/彙編之屬

申報館叢書正集五十七種附錄三種續集一百四十二種 （清）尊聞閣主編 蔡爾康編續集 清同治至光緒上海申報館鉛印本 四冊 存一種

330000 – 1741 – 0002164 綫 627.88/4063

史部/雜史類/斷代之屬

西巡大事本末記六卷　（日本）吉田良太郎譯　（清）八詠樓主人錄　清光緒二十七年（1901）上海書局石印本　六冊

330000－1741－0002166　綫 627.88/6033
史部/雜史類/斷代之屬

庚子海外紀事四卷　呂海寰撰　清光緒二十七年（1901）上海辦理商約行轅鉛印本　四冊

330000－1741－0002170　綫 629.23101/1146
史部/政書類/軍政之屬/兵制

杭州八旗駐防營志略二十五卷　（清）張大昌輯　清光緒十九年（1893）浙江書局刻本　六冊

330000－1741－0002171　綫 629.27/1134
史部/地理類/雜志之屬

[道光]蜀典十二卷　（清）張澍撰　清道光十四年（1834）安懷堂刻本　十二冊

330000－1741－0002172　綫 627.8/1180　史部/詔令奏議類/奏議之屬

變法奏議叢鈔不分卷　（清）欣賞齋主人編　清光緒二十七年（1901）上海書局石印本　四冊

330000－1741－0002173　綫 627.8/3408　史部/雜史類/斷代之屬

中東戰紀一卷　洪棄父纂　清光緒三十二年（1906）鉛印本　一冊

330000－1741－0002174　綫 627.8/3408a
史部/雜史類/斷代之屬

臺灣戰紀二卷　（清）洪棄父纂　清光緒三十二年（1906）鉛印本　二冊

330000－1741－0002175　綫 627.804/4022
史部/傳記類/別傳之屬/事狀

海城李公[秉衡]勤王紀略一卷　朱祖懋撰　清光緒二十九年（1903）鉛印本　一冊

330000－1741－0002177　綫 627.88/8037
史部/雜史類/斷代之屬

榆關記略四卷　（清）鄒渭三　（清）凌登岳撰　清光緒二十九年（1903）鉛印本　二冊

330000－1741－0002178　綫 629.27/9011
史部/雜史類/通代之屬

華陽國志十二卷　（晉）常璩撰　補華陽國志三州郡縣目錄一卷　（清）廖寅撰　清嘉慶十九年（1814）廖寅題襟館刻本　四冊

330000－1741－0002179　綫 627.8604/0839
史部/地理類/外紀之屬

客韓筆記一卷　（清）許寅輝撰　清光緒三十二年（1906）長沙刻本　一冊

330000－1741－0002180　綫 627.88/9913
史部/雜史類/斷代之屬

義和拳教門源流考一卷　勞乃宣撰　清光緒二十五年（1899）刻本　一冊

330000－1741－0002181　綫 627.89/1030
史部/雜史類/斷代之屬

兩宮大行記一卷　清末石印本　一冊

330000－1741－0002185　綫 629.32/3154
類叢部/叢書類/彙編之屬

國學叢書　國學叢書社編　清光緒三十三年（1907）上海均益圖書公司鉛印本　二冊　存一種

330000－1741－0002187　綫 629.35/4421
類叢部/叢書類/彙編之屬

漸西村舍彙刊（漸西村舍叢刻）四十四種　（清）袁昶編　清光緒十六年至二十四年（1890－1898）桐廬袁氏刻本（黃帝内經太素卷一、四、七、十六、十八、二十至二十一原缺）　一冊　存一種

330000－1741－0002190　綫 629.61/4888
史部/叢編

伊犂三種　（清）松筠撰　清嘉慶程振甲也園刻本　八冊

330000－1741－0002198　綫 641.3/1035　史部/政書類/邦計之屬/貿易

國朝柔遠記十八卷附編二卷　（清）王之春輯　清光緒二十二年（1896）湖北書局刻本　六冊

330000－1741－0002204　綫 641.5/1099　類

叢部/叢書類/彙編之屬

申報館叢書正集五十七種附錄三種續集一百四十二種 （清）尊聞閣主編　蔡爾康編續集　清同治至光緒上海申報館鉛印本　八冊　存一種

330000－1741－0002206　綫629.1501/4033
類叢部/叢書類/彙編之屬

正覺樓叢刻（正覺樓叢書）二十九種 （清）崇文書局編　清光緒崇文書局刻本　一冊　存一種

330000－1741－0002207　綫629.21/3150
史部/地理類/雜志之屬

廣陵通典十卷 （清）汪中撰　清同治八年（1869）揚州書局刻本　二冊

330000－1741－0002210　綫641.5/1099：1
史部/雜史類/斷代之屬

中西紀事二十四卷首一卷 （清）夏燮撰　清同治七年（1868）刻本　八冊

330000－1741－0002213　綫629.21/7402
史部/地理類/方志之屬/郡縣志

吳地記一卷 （唐）陸廣微撰　**吳地記後集一卷** （宋）□□輯　清同治十二年（1873）江蘇書局刻本　一冊

330000－1741－0002214　綫629.21/7402/C1
史部/地理類/方志之屬/郡縣志

吳地記一卷 （唐）陸廣微撰　**吳地記後集一卷** （宋）□□輯　清同治十二年（1873）江蘇書局刻本　一冊

330000－1741－0002215　綫644.42/4036
史部/政書類/邦交之屬

中法傳略不分卷聖朝盛事一卷 （清）有心時事人編　清末刻本　一冊

330000－1741－0002217　綫629.23/0819
史部/雜史類/斷代之屬

談浙四卷 （清）許瑤光撰　清光緒十四年（1888）刻本　二冊

330000－1741－0002218　綫652.07/1174
史部/詔令奏議類/奏議之屬

皇清奏議六十八卷首一卷 （清）琴川居士編　清光緒二十八年（1902）雲間麗澤學會石印本　八冊

330000－1741－0002231　綫651.178/0024
史部/詔令奏議類/詔令之屬

諭旨□□卷 清光緒鉛印本　七冊　存七卷（清光緒十一年至十六年、二十五年）

330000－1741－0002232　綫651.220/7722
集部/總集類/選集之屬/斷代

兩漢策要十二卷 （宋）陶叔獻輯　清光緒十三年（1887）上海同文書局石印本（卷三原缺）　八冊

330000－1741－0002233　綫651.731/2337
史部/詔令奏議類/詔令之屬

世宗憲皇帝上諭內閣一百五十九卷 （清）允祿等輯　（清）弘晝等續輯　清光緒二十一年（1895）浙江書局刻本　三十二冊

330000－1741－0002237　綫652.178/1034、綫補2/177　史部/詔令奏議類/奏議之屬

丁文誠公奏稿二十六卷首一卷 （清）丁寶楨撰　清光緒二十二年（1896）南海羅氏成都刻本　二十七冊

330000－1741－0002238　綫652.178/4030
集部/別集類/清別集

李文忠公全集一百六十五卷首一卷 （清）李鴻章撰　（清）吳汝綸編錄　清光緒三十一年至三十四年（1905－1908）金陵刻本　一百冊

330000－1741－0002239　綫652.177/0724
集部/別集類/清別集

養知書屋遺集五十五卷 （清）郭嵩燾撰　王先謙編　清光緒十八年（1892）養知書屋刻本　十二冊　存十二卷（郭侍郎奏疏一至十二）

330000－1741－0002241　綫652.178/3144
史部/政書類

校邠廬抗議二卷 （清）馮桂芬撰　清光緒十年（1884）馮芳植刻二十四年（1898）印本　一冊

330000－1741－0002243　綫652.761/4462

類叢部/叢書類/自著之屬

林文忠公遺集四種 （清）林則徐撰　清光緒
三山林氏刻本　十六冊

330000－1741－0002244　綫652.4111/2628
類叢部/叢書類/彙編之屬

王益吾所刻書十種　王先謙編　清光緒九年
至十年(1883－1884)長沙王氏刻本　一冊
存一種

330000－1741－0002245　綫652.73/3543
史部/詔令奏議類/詔令之屬

硃批諭旨不分卷 （清）鄂爾泰等輯　清光緒
十三年(1887)上海點石齋石印本　五十八冊
缺二冊(二十九至三十)

330000－1741－0002246　綫652.4161/7444.1
類叢部/叢書類/彙編之屬

十萬卷樓叢書五十一種 （清）陸心源編　清
光緒歸安陸氏刻本　四冊　存一種

330000－1741－0002247　綫652.761/7734
史部/詔令奏議類/奏議之屬

陶雲汀先生奏疏八卷 （清）陶澍撰　清道光
刻本　八冊

330000－1741－0002248　綫652.771/2412
史部/政書類/公牘檔冊之屬

前守寶錄五卷後守寶錄二十卷 （清）王治模
撰　清同治十三年(1874)廣州刻本　十冊

330000－1741－0002249　綫652.771/2412
史部/政書類/公牘檔冊之屬

續守寶錄四卷 （清）邵綏名撰　（清）莊予楨
編　清光緒二十三年(1897)莊予楨湖南寶慶
府署刻本　二冊

330000－1741－0002250　綫652.4161/7444.1
史部/詔令奏議類/奏議之屬

**註陸宣公奏議十五卷制誥十卷別集一卷表一
卷** （唐）陸贄撰　（宋）郎曄注　陸宣公
[贄]年譜輯略一卷附一卷 （清）江榕撰　**註
陸宣公奏議校記二十五卷** （清）郭麞等撰
清光緒十一年(1885)淮南書局刻十二年
(1886)增刻本　四冊

330000－1741－0002251　綫652.771/4023
類叢部/叢書類/自著之屬

李忠武公遺書五卷 （清）李續賓撰　清光緒
十七年(1891)李光久甌江巡署刻本　四冊

330000－1741－0002252　綫652.4161/
7444w.2　史部/詔令奏議類/奏議之屬

唐陸宣公奏議讀本四卷首一卷 （唐）陸贄撰
（清）汪銘謙輯　（清）馬傳庚評點　清光緒
二十六年(1900)會稽馬氏石印本　二冊

330000－1741－0002253　綫652.771/7720
史部/詔令奏議類/奏議之屬

**駱文忠公奏議湘中稿十六卷續刻四川奏議十
一卷附錄三卷** （清）駱秉章撰　清同治花縣
駱氏刻光緒增刻本　二十四冊

330000－1741－0002255　綫652.771/1080
集部/別集類/清別集

王壯武公遺集二十四卷首一卷 （清）王鑫撰
清光緒十八年(1892)湘鄉王氏江寧刻本
十二冊

330000－1741－0002256　綫652.771/1104
類叢部/叢書類/自著之屬

左文襄公全集七種附二種首一卷 （清）左宗
棠撰　清光緒刻本　四冊　存一種

330000－1741－0002259　綫652.781/2651
類叢部/叢書類/自著之屬

程中丞全集六種　程德全撰　清宣統鉛印本
十冊　存一種

330000－1741－0002260　綫652.781/3454
史部/詔令奏議類/奏議之屬

堅正堂摺稿二卷坿錄一卷 （清）褚成博撰
清光緒三十一年(1905)刻本　二冊

330000－1741－0002261　綫652.781/1144
史部/詔令奏議類/奏議之屬

張靖達公奏議八卷首一卷 （清）張樹聲撰
（清）何嗣焜編　清光緒二十五年(1899)刻本
四冊

330000－1741－0002262　綫652.781/1133
史部/詔令奏議類/奏議之屬

奏議初編十二卷 （清）張之洞撰 （清）仰止
廬主輯 清光緒二十七年（1901）上海圖書集
成印書局鉛印本 六冊

330000－1741－0002263 綫 652.781/4030
史部/政書類/公牘檔冊之屬

合肥李勤恪公政書十卷首一卷 （清）李瀚章
撰 李經畬等編 清光緒合肥李氏石印本
十冊

330000－1741－0002264 綫 652.781/4030/
C1 史部/政書類/公牘檔冊之屬

合肥李勤恪公政書十卷首一卷 （清）李瀚章
撰 李經畬等編 清光緒合肥李氏石印本
十冊

330000－1741－0002267 綫 652.781/7282
史部/詔令奏議類/奏議之屬

劉壯肅公奏議十卷首一卷 （清）劉銘傳撰
清光緒三十二年（1906）鉛印本 十冊 缺一
卷（首）

330000－1741－0002269 綫 652.785/0043
史部/詔令奏議類/奏議之屬

南海先生戊戌奏稿不分卷 康有爲撰 清宣
統三年（1911）鉛印本 一冊

330000－1741－0002270 綫 652.785/2138
新學/議論/論政

中國宜改革新政論議二卷 何啟 胡禮垣撰
清光緒二十一年（1895）石印本 二冊

330000－1741－0002271 綫 653.761/3808
史部/政書類/公牘檔冊之屬

勉益齋偶存稿八卷續存稿十六卷 （清）裕謙
撰 清光緒二年（1876）勉益齋刻本 二十
四冊

330000－1741－0002273 綫 653.765/7714
史部/政書類/軍政之屬 邊政

籌海初集四卷 （清）關天培輯 清道光十六
年（1836）刻本 四冊

330000－1741－0002274 綫 653.771/0038
史部/政書類/公牘檔冊之屬

卞制軍政書四卷 （清）卞寶第撰 清光緒刻

本 四冊

330000－1741－0002276 綫 652.661/4743
史部/詔令奏議類/奏議之屬

明胡端敏公奏議十卷 （明）胡世寧撰 胡端
敏公奏議校勘記十卷 （清）孫樹禮 孫峻撰
清光緒十九年（1893）浙江書局刻本 四冊

330000－1741－0002279 綫 652.671/3146
史部/詔令奏議類/奏議之屬

掖垣題稿二卷 （明）顧九思撰 清同治六年
（1867）顧氏刻本 一冊 存一卷（一）

330000－1741－0002280 綫 652.671/4071
史部/詔令奏議類/奏議之屬

李及泉先生奏議二卷首一卷末一卷 （明）李
頤撰 清咸豐六年（1856）李熙載等刻本
二冊

330000－1741－0002281 綫 653.179/8048
類叢部/叢書類/自著之屬

潛廬全集五種附一種 金蓉鏡撰 清光緒三
十四年（1908）、宣統二年（1910）刻本 一冊
存一種

330000－1741－0002285 綫 653.780/2628
類叢部/叢書類/自著之屬

程中丞全集六種 程德全撰 清宣統鉛印本
四冊 存一種

330000－1741－0002286 綫 653.780/2628/
C1 類叢部/叢書類/自著之屬

程中丞全集六種 程德全撰 清宣統鉛印本
四冊 存一種

330000－1741－0002289 綫 653.771/4412
史部/政書類/公牘檔冊之屬

兵部公牘二卷 （清）黃雲鵠撰 清光緒十二
年（1886）刻本 二冊

330000－1741－0002290 綫 653.775/4327
史部/政書類/邦計之屬

兩浙宦游紀畧四種 （清）戴槃撰 清同治七
年（1868）刻本 一冊 存一種

330000－1741－0002291 綫 653.781/3434

類叢部/叢書類/家集之屬

沈氏三代家言五種 （清）沈申祐編　清光緒
十二年(1886)會稽沈氏刻本　八冊　存一種

330000－1741－0002297　綫653.785/2643
集部/別集類/清別集

李文忠公朋僚函稿二十四卷 （清）李鴻章撰
　（清）吳汝編輯　清光緒二十八年(1902)蓮
池書社鉛印本　十二冊

330000－1741－0002301　綫661.8/3149　類
叢部/叢書類/自著之屬

顧氏弎種 （清）顧觀光撰　清光緒五年
(1879)刻二十八年(1902)印本　四冊

330000－1741－0002302　綫660.81/4033：1
　史部/地理類

李氏五種合刊 （清）李兆洛撰　清光緒十四
年(1888)掃葉山房刻本　十二冊

330000－1741－0002304　綫661.99/7203
史部/地理類/總志之屬/斷代

楚漢諸侯疆域志三卷 （清）劉文淇撰　清光
緒二年(1876)金陵刻本　一冊

330000－1741－0002305　綫662.1/1024　史
部/紀傳類/正史之屬

漢書地理志校注二卷識語一卷 （清）王紹蘭
撰　清光緒二十二年(1896)蕭山陳氏遺經樓
刻本　二冊

330000－1741－0002308　綫662.1/3131　類
叢部/叢書類/自著之屬

振綺堂遺書五種 （清）汪遠孫撰　清道光刻
民國十一年(1922)錢塘汪氏彙印本　二冊
存一種

330000－1741－0002309　綫662.1/3131.1
史部/紀傳類/正史之屬

漢書地理志校本二卷 （清）汪遠孫撰　清同
治十年(1871)永康胡氏退補齋刻本　一冊

330000－1741－0002311　綫664.16/4045
類叢部/叢書類/彙編之屬

岱南閣叢書二十種 （清）孫星衍編　清乾隆
五十年至嘉慶十四年(1785－1809)蘭陵孫氏

刻本　六冊　存一種

330000－1741－0002312　綫665.2/1023　史
部/地理類/總志之屬/斷代

輿地紀勝二百卷 （宋）王象之撰　**輿地紀勝
補闕十卷** （清）岑建功輯　**輿地紀勝校勘記
五十二卷** （清）劉文淇（清）劉毓崧撰　清
道光二十九年(1849)甘泉岑氏懼盈齋刻李韻
亭重修民國四年(1915)印本（卷十三至十六、
五十一至五十四、一百三十五至一百四十四、
一百六十八至一百七十三、一百九十三至二
百原缺）　五十冊

330000－1741－0002313　綫664.16/4045.1
　史部/地理類/總志之屬/斷代

元和郡縣圖志四十卷 （唐）李吉甫撰　**元和
郡縣圖志闕卷逸文一卷** （清）孫星衍輯　**元
和郡縣補志九卷** （清）嚴觀輯　清光緒六年
(1880)、八年(1882)金陵書局刻本（卷十九至
二十、二十三至二十四、三十五至三十六原
缺）　八冊

330000－1741－0002314　綫665.2/1023.1
史部/地理類/總志之屬/斷代

輿地紀勝二百卷 （宋）王象之撰　**輿地紀勝
補闕十卷** （清）岑建功輯　**輿地紀勝校勘記
五十二卷** （清）劉文淇（清）劉毓崧撰　清
道光二十九年(1849)甘泉岑氏懼盈齋刻李韻
亭重修本（卷十三至十六、五十一至五十四、
一百三十五至一百四十四、一百六十八至一
百七十三、一百九十三至二百原缺）　六十
四冊

330000－1741－0002315　綫667.08/3300：3
史部/地理類

皇朝藩屬輿地叢書六集二十八種 （清）浦□
編　清光緒二十九年(1903)金匱浦氏靜寄東
軒石印本（元史譯文證補卷七至八、十三、十
六至十七、十九至二十一、二十五、二十八原
缺）　十二冊　存四種

330000－1741－0002316　綫667.2/1244　類
叢部/叢書類/彙編之屬

蟄園叢刻五種 （清）吳丙湘編　清光緒十一

年(1885)儀徵吳氏刻本　一冊　存二種

330000－1741－0002319　綫669.1/2063　新學/地學/地志學

中國歷代疆域沿革考不分卷 （日本）重野安繹　（日本）河田羆撰　（清）滌盒居士譯　清光緒二十八年(1902)上海商務印書館鉛印本　一冊

330000－1741－0002320　綫666/3191　史部/地理類/總志之屬/通代

天下郡國利病書一百二十卷 （清）顧炎武撰　清光緒二十六年(1900)廣雅書局刻本　五十二冊

330000－1741－0002323　綫669.1/3132.2　史部/地理類/總志之屬/通代

讀史方輿紀要一百三十卷輿圖要覽四卷 (清)顧祖禹撰　清嘉慶十七年(1812)成都龍氏敷文閣刻本　七十八冊

330000－1741－0002325　綫660.81/4033　史部/地理類

李氏五種合栞 （清）李兆洛撰　清光緒二十四年(1898)掃葉山房石印本　五冊

330000－1741－0002326　綫664.16/4045　史部/地理類/總志之屬/斷代

元和郡縣補志九卷 （清）嚴觀輯　清乾隆四十年(1775)蒲盧學舍刻本　二冊

330000－1741－0002327　綫669.1/3132.4　史部/地理類/總志之屬/通代

讀史方輿紀要一百三十卷輿圖要覽四卷 (清)顧祖禹撰　清光緒二十六年(1900)廣雅書局刻本　七十四冊

330000－1741－0002328　綫660.4/4033　史部/地理類

李氏五種合栞 （清）李兆洛撰　清光緒二十四年(1898)掃葉山房石印本　八冊

330000－1741－0002329　綫667/4741　史部/地理類/輿圖之屬/全國

大清中外壹統輿圖(皇朝中外壹統輿圖)三十一卷首一卷 （清）鄒世詒　（清）晏啓鎮編

（清）李廷簫　（清）汪士鐸增訂　清同治二年(1863)湖北撫署刻本　三十二冊

330000－1741－0002330　綫669.1/3132.1　史部/地理類/總志之屬/通代

讀史方輿紀要十卷 （清）顧祖禹撰　**附統論歷朝形勢一卷** （清）朱棠撰　清嘉慶十年(1805)友蘭堂刻道光增刻道光三十年(1850)續增刻本　十冊

330000－1741－0002331　綫669.1/3132/C1　史部/地理類/總志之屬/通代

讀史方輿紀要十卷 （清）顧祖禹撰　**附統論歷朝形勢一卷** （清）朱棠撰　清嘉慶十年(1805)友蘭堂刻道光增刻道光三十年(1850)續增刻本　九冊

330000－1741－0002332　綫667/6644　史部/地理類/輿圖之屬/全國

大清中外壹統輿圖(皇朝中外壹統輿圖)三十一卷首一卷 （清）鄒世詒　（清）晏啓鎮編　（清）李廷簫　（清）汪士鐸增訂　清刻本　三十二冊

330000－1741－0002333　綫660.4/4033.1　史部/地理類/總志之屬/通代

歷代地理志韻編今釋二十卷皇朝輿地韻編二卷 （清）李兆洛撰　**皇朝輿地韻編增補一卷**　（清）饒鼎達撰　清光緒十八年(1892)長沙竹素書局刻本　八冊　缺二卷(皇朝輿地韻編一至二)

330000－1741－0002334　綫660.4/4033.2　史部/地理類/總志之屬/通代

歷代地理志韻編今釋二十卷皇朝輿地圖一卷皇朝輿地韻編二卷 （清）李兆洛撰　清光緒上海蜚英館石印本　四冊

330000－1741－0002336　綫669.1/4033　史部/地理類/總志之屬/通代

李氏歷代輿地沿革圖校勘記一卷 （清）惲毓嘉等撰　清光緒十四年(1888)毘陵惲氏家塾刻本　二冊

330000－1741－0002338　綫669.274/3404

類叢部/叢書類/自著之屬

洪北江全集二十一種 （清）洪亮吉撰　清光緒三年至五年（1877－1879）洪用懃授經堂刻本　十二冊　存一種

330000－1741－0002339　綫669.257/0844
史部/地理類

鄳鄭學廬地理叢刊四種 （清）施世杰輯　清光緒二十三年（1897）會稽施氏鄳鄭學廬刻本　一冊　存一種

330000－1741－0002340　綫669.1/8341　史部/地理類/總志之屬/斷代

新斠注地理志十六卷 （清）錢坫撰　（清）徐松集釋　清同治十三年（1874）會稽章氏刻本　六冊

330000－1741－0002341　綫669.278/2619
史部/地理類/總志之屬/斷代

光緒增改郡縣表一卷續輯一卷 （清）吳廷燮輯　清光緒三十二年（1906）涇陽刻本　一冊　存一卷（光緒增改郡縣表）

330000－1741－0002343　綫669.8/0716.3
子部/小說家類/異聞之屬

山海經箋疏十八卷圖讚一卷訂譌一卷敘錄一卷 （清）郝懿行撰　清光緒二十一年（1895）上海書局石印本（圖讚一卷、訂譌一卷、敘錄一卷配清光緒十七年上海仿古齋石印本）　六冊

330000－1741－0002345　綫669.8/0713.1
子部/叢編

二十二子（二十二子彙函） （清）浙江書局編　清光緒元年至三年（1875－1877）浙江書局刻本　三冊　存一種

330000－1741－0002346　綫669.8/0713.1/C1　子部/叢編

二十二子（二十二子彙函） （清）浙江書局編　清光緒元年至三年（1875－1877）浙江書局刻本　三冊　存一種

330000－1741－0002347　綫669.8/0713.7
子部/小說家類/異聞之屬

山海經箋疏十八卷圖讚一卷訂譌一卷敘錄一

卷 （清）郝懿行撰　清嘉慶十四年（1809）阮氏琅嬛僊館刻本　二冊

330000－1741－0002348　綫669.23/6031
類叢部/叢書類/彙編之屬

廣雅書局叢書一百五十九種 徐紹棨編　清光緒廣雅書局刻民國九年（1920）番禺徐紹棨彙編重印本　一冊　存二種

330000－1741－0002352　綫653.79/4443
史部/政書類/公牘檔冊之屬

樊山政書二十卷 樊增祥撰　清宣統二年（1910）金陵湯明林聚珍書局鉛印本　十冊

330000－1741－0002353　綫671.1/100.78
史部/地理類/方志之屬/通志

[同治]畿輔通志三百卷首一卷 （清）李鴻章修　（清）張樹聲修　（清）黃彭年等纂　清光緒十年（1884）刻本　二百四十冊

330000－1741－0002355　綫669.8/3123　類叢部/叢書類/自著之屬

汪雙池先生叢書二十種附浙刻雙池遺書十二種 （清）汪紱撰　清道光至光緒刻光緒二十三年（1897）長安趙舒翹等彙印本　四冊　存一種

330000－1741－0002356　綫669.8/3123/C1
類叢部/叢書類/自著之屬

汪雙池先生叢書二十種附浙刻雙池遺書十二種 （清）汪紱撰　清道光至光緒刻光緒二十三年（1897）長安趙舒翹等彙印本　四冊　存一種

330000－1741－0002357　綫667.08/3300
史部/地理類

皇朝藩屬輿地叢書六集二十八種 （清）浦□編　清光緒二十九年（1903）金匱浦氏靜寄東軒石印本（元史譯文證補卷七至八、十三、十六至十七、十九至二十一、二十五、二十八原缺）　四十八冊

330000－1741－0002358　綫669.8/4006　史部/地理類

鄳鄭學廬地理叢刊四種 （清）施世杰輯　清

光緒二十三年(1897)會稽施氏鄮鄭學廬刻本
　　一冊　　存一種

330000 – 1741 – 0002359　　綫 669.8/9982　　史
部/地理類/山川之屬/合志
**禹貢九江三江攷一卷史漢五嶺脈絡攷一卷尚
書南嶽形勝攷一卷**　(清)榮錫勳撰　清光緒
三十四年(1908)刻本　　一冊

330000 – 1741 – 0002360　　綫 689.21101/7521
　　史部/地理類
金陵瑣志五種　陳作霖撰　清光緒江寧陳氏
可園刻本(南朝梵刹志二卷原缺)　　一冊

330000 – 1741 – 0002362　　綫 671.1/373.78
史部/地理類/方志之屬/郡縣志
**[同治]深州風土記二十二卷附國朝貞節表五
卷**　(清)吳汝綸纂　清光緒二十六年(1900)
文瑞書院刻本　十六冊　缺五卷(國朝貞節
表一至五)

330000 – 1741 – 0002368　　綫 671.14/100.78
　　史部/地理類/方志之屬/郡縣志
光緒順天府志一百三十卷附錄一卷　(清)萬
青藜　(清)周家楣修　(清)張之洞　繆荃孫
纂　清光緒十二年(1886)刻十五年(1889)海
昌查光泰重修本　　六十四冊

330000 – 1741 – 0002370　　綫 671.15/203.77
　　史部/地理類/方志之屬/郡縣志
[同治]續天津縣志二十卷首一卷　(清)吳惠
元修　(清)蔣玉虹　(清)俞樾纂　清同治九
年(1870)刻本　　八冊

330000 – 1741 – 0002373　　綫 671.14/300.78
　　史部/地理類/方志之屬/郡縣志
[光緒]保定府志七十九卷首一卷　(清)李培
祐　(清)朱靖旬修　(清)張豫墇等纂　清光
緒十二年(1886)刻本　　三十二冊

330000 – 1741 – 0002375　　綫 671.15/233.78
　　史部/地理類/方志之屬/郡縣志
[光緒]吳橋縣志十二卷　　(清)倪昌燮修
(清)馮慶楊纂　清光緒元年(1875)瀾陽書院
刻本　　八冊

330000 – 1741 – 0002378　　綫 671.15/211.77
　　史部/地理類/方志之屬/郡縣志
[咸豐]慶雲縣志三卷首一卷末一卷　(清)戴
絅孫　(清)崔光笏纂修　清咸豐五年(1855)
刻民國二十三年(1934)重印本　　三冊

330000 – 1741 – 0002379　　綫 671.15/219.74
　　史部/地理類/方志之屬/郡縣志
[乾隆]獻縣志二十卷圖一卷表一卷　(清)萬
廷蘭修　(清)戈濤纂　清乾隆二十六年
(1761)刻本　　十二冊

330000 – 1741 – 0002381　　綫 671.15/219.77
　　史部/地理類/方志之屬/郡縣志
[咸豐]初續獻縣志四卷　(清)李昌祺纂修
清咸豐七年(1857)刻本　　二冊

330000 – 1741 – 0002383　　綫 671.15/251.78
　　史部/地理類/方志之屬/郡縣志
[光緒]灤州志十八卷首一卷　(清)楊文鼎修
　(清)王大本　(清)吳寶善纂　清光緒二十
四年(1898)刻本　　十四冊

330000 – 1741 – 0002384　　綫 671.15/253.78
　　史部/地理類/方志之屬/郡縣志
[光緒]樂亭縣志十五卷首一卷末一卷　(清)
蔡志修等修　(清)史夢蘭纂　清光緒三年
(1877)刻本　　六冊

330000 – 1741 – 0002385　　綫 671.15/311.78
　　史部/地理類/方志之屬/郡縣志
[光緒]唐縣志十二卷首一卷　(清)陳詠修
(清)張惇德纂　　清光緒四年(1878)刻本
八冊

330000 – 1741 – 0002386　　綫 667.08/3300:2
　　史部/地理類
皇朝藩屬輿地叢書六集二十八種　(清)浦口
編　清光緒二十九年(1903)金匱浦氏靜寄東
軒石印本(元史譯文證補卷七至八、十三、十
六至十七、十九至二十一、二十五、二十八原
缺)　　四十八冊

330000 – 1741 – 0002387　　綫 671.15/325.74
　　史部/地理類/方志之屬/郡縣志

[乾隆]祁州志八卷 （清）羅以桂 （清）王楷修 （清）張萬銓 （清）刁錦纂 清乾隆二十一年(1756)刻同治至光緒補刻本 四冊

330000－1741－0002388 綫 671.15/341.77
史部/地理類/方志之屬/郡縣志

[同治]欒城縣志十四卷首一卷末一卷 （清）陳詠修 （清）張惇德纂 清同治十一年至十二年(1872－1873)刻本 六冊

330000－1741－0002392 綫 671.15/425.78
史部/地理類/方志之屬/郡縣志

[光緒]唐山縣志十二卷首一卷末一卷 （清）蘇玉修 （清）杜翯 （清）李飛鳴纂 清光緒七年(1881)刻本 三冊

330000－1741－0002396 綫 671.15/459.78
史部/地理類/方志之屬/郡縣志

[同治]棗强縣志補正五卷 （清）方宗誠纂修 清光緒二年(1876)刻六年(1880)補刻本 二冊

330000－1741－0002397 綫 671.15/463.78
史部/地理類/方志之屬/郡縣志

[光緒]趙州屬邑志八卷 （清）孫傳栻纂修 清光緒二十三年(1897)刻本 四冊

330000－1741－0002399 綫 671.2/73.72
史部/地理類/方志之屬/通志

[雍正]山東通志三十六卷首一卷 （清）岳濬 （清）法敏修 （清）杜詔 （清）顧瀛纂 清乾隆元年(1736)刻道光十七年(1837)補刻本 二十四冊

330000－1741－0002400 綫 671.25/103.74
史部/地理類/方志之屬/郡縣志

[乾隆]歷城縣志五十卷首一卷 （清）胡德琳修 （清）李文藻 （清）周永年纂 清乾隆三十八年(1773)刻本 十二冊 缺一卷(四十七)

330000－1741－0002403 綫 671.25/121.76
史部/地理類/方志之屬/郡縣志

[道光]長清縣志十六卷首四卷末二卷 （清）舒化民等修 （清）徐德城等纂 清道光十五年(1835)刻本 六冊

330000－1741－0002404 綫 671.25/137.77
史部/地理類/方志之屬/郡縣志

[咸豐]濱州志十二卷首一卷 （清）李熙齡纂修 清咸豐十年(1860)刻本 四冊 缺一卷(五)

330000－1741－0002405 綫 671.25/123.74
史部/地理類/方志之屬/郡縣志

[乾隆]泰安縣志十二卷首一卷末一卷 （清）黃鈐修 （清）蕭儒林 （清）宋圻纂 清乾隆四十七年(1782)刻本 十冊

330000－1741－0002406 綫 671.25/201.76
史部/地理類/方志之屬/郡縣志

[道光]濟寧直隸州志十卷首一卷末一卷圖一卷 （清）徐宗幹修 （清）盧朝安續修 （清）許瀚纂 清咸豐七年至九年(1857－1859)盧朝安刻本 二十冊

330000－1741－0002407 綫 671.25/203.78
史部/地理類/方志之屬/郡縣志

[光緒]滋陽縣志十四卷 （清）莫燨修 （清）黃恩彤纂 （清）李兆霖等續修 （清）黃師閭等續纂 清光緒十四年(1888)刻本 十冊

330000－1741－0002408 綫 671.25/201.77
史部/地理類/方志之屬/郡縣志

[咸豐]濟寧直隸州續志四卷 （清）盧朝安纂修 清咸豐九年(1859)刻本 四冊

330000－1741－0002410 綫 671.25/209.78
史部/地理類/方志之屬/郡縣志

[光緒]鄒縣鄉土志一卷 （清）胡煒纂 清光緒三十三年(1907)山東國文報館石印本 一冊

330000－1741－0002412 綫 671.25/219.77
史部/地理類/方志之屬/郡縣志

[咸豐]金鄉縣志略十二卷首一卷 （清）李壘纂修 清同治元年(1862)刻本 四冊

330000－1741－0002413 綫 671.25/237.76
史部/地理類/方志之屬/郡縣志

[道光]沂水縣志十卷　(清)張爕修　(清)
劉承謙等纂　清道光七年(1827)刻本　四冊

330000－1741－0002414　綫 671.25/239.78
史部/地理類/方志之屬/郡縣志

[光緒]新修菏澤縣志十八卷首一卷　(清)凌
壽柏修　(清)葉道源纂　清光緒十一年
(1885)刻本　六冊

330000－1741－0002415　綫 671.25/247.74
史部/地理類/方志之屬/郡縣志

[乾隆]定陶縣志十卷首一卷　(清)雷宏宇修
(清)劉珠等纂　清乾隆十八年(1753)刻光
緒二年(1876)周忠修補刻本　四冊

330000－1741－0002418　綫 671.25/403.76
史部/地理類/方志之屬/郡縣志

[道光]重修蓬萊縣志十四卷　(清)王文燾修
(清)張本等纂　清道光十九年(1839)刻本
八冊

330000－1741－0002419　綫 671.25/331.75
史部/地理類/方志之屬/郡縣志

[嘉慶]德平縣志十卷首一卷　(清)鍾大受纂
修　清嘉慶元年(1796)刻本　四冊

330000－1741－0002420　綫 671.25/403.78
史部/地理類/方志之屬/郡縣志

[光緒]蓬萊縣續志十四卷　(清)鄭錫鴻
(清)江瑞采修　(清)王爾植等纂　清光緒八
年(1882)刻本　四冊

330000－1741－0002421　綫 671.25/405.77
史部/地理類/方志之屬/郡縣志

[同治]黃縣志十四卷首一卷末一卷　(清)尹
繼美修　(清)王棠等纂　清同治十年(1871)
刻光緒增刻本　四冊

330000－1741－0002422　綫 671.25/331.78
史部/地理類/方志之屬/郡縣志

[光緒]德平縣志十二卷首一卷　(清)凌錫祺
修　(清)李敬熙纂　清光緒十九年(1893)刻
本　六冊

330000－1741－0002424　綫 671.3/73.60
史部/地理類/方志之屬/通志

[雍正]河南通志八十卷　(清)田文鏡等修
(清)孫灝等纂　[乾隆]續河南通志八十卷首
四卷　(清)阿思哈　(清)嵩貴纂修　清雍正
十三年(1735)刻道光六年(1826)補刻同治八
年(1869)再補刻光緒二十八年(1902)續補刻
民國三年(1914)河南教育司印本　六十四冊

330000－1741－0002427　綫 671.3/74　史
部/地理類/方志之屬/通志

[乾隆]續河南通志八十卷首四卷　(清)阿思
哈　(清)嵩貴纂修　清乾隆三十二年(1767)
刻道光六年(1826)補刻同治八年(1869)再補
刻本　二十四冊

330000－1741－0002436　綫 671.25/435.78
史部/地理類/方志之屬/郡縣志

[光緒]高密縣志十卷首一卷末一卷　(清)羅
邦彦　(清)傅賚予修　(清)李勳運等纂　清
光緒二十二年(1896)刻本　八冊

330000－1741－0002437　綫 671.3/73　史
部/地理類/方志之屬/通志

[雍正]河南通志八十卷　(清)田文鏡等修
(清)孫灝等纂　清雍正十三年(1735)刻道光
六年(1826)補刻同治八年(1869)再補刻本
四十八冊

330000－1741－0002441　綫 671.25/447.75
史部/地理類/方志之屬/郡縣志

[嘉慶]昌樂縣志三十二卷首一卷　(清)魏禮
焯　(清)時銘修　(清)閻學夏　(清)黃方
遠纂　清嘉慶十四年(1809)刻本　五冊

330000－1741－0002442　綫 671.25/447.75
史部/政書類/邦計之屬/賦稅

青州府昌樂縣現行簡明賦役全書一卷　清光
緒昌樂縣刻本　一冊

330000－1741－0002443　綫 671.25/449.78
史部/地理類/方志之屬/郡縣志

光緒臨朐縣志十六卷首一卷　(清)姚延福修
(清)鄧嘉緝　(清)蔣師轍纂　清光緒十年
(1884)刻民國十六年(1927)補刻重印本
六冊

330000 - 1741 - 0002444　綫 671.25/453.74
史部/地理類/方志之屬/郡縣志

[乾隆]諸城縣志四十六卷　（清）宮懋讓修
（清）李文藻等纂　清乾隆二十九年（1764）刻
本　八冊

330000 - 1741 - 0002445　綫 671.34/100.72
史部/地理類/方志之屬/郡縣志

[康熙]開封府志四十卷　（清）管竭忠修
（清）張沐等纂　清康熙三十四年（1695）刻同
治二年（1863）補刻本　九冊　缺三卷（三十
三至三十五）

330000 - 1741 - 0002446　綫 671.34/204.74
史部/地理類/方志之屬/郡縣志

[乾隆]彰德府志三十二卷首一卷　（清）盧崧
修　（清）江大鍵　（清）程煥纂　清乾隆五十
二年（1787）刻本　二十冊

330000 - 1741 - 0002447　綫 671.35/129.78
史部/地理類/方志之屬/郡縣志

光緒鹿邑縣志十六卷首一卷　（清）于滄瀾
（清）馬家彥修　（清）蔣師轍纂　鹿邑縣全圖
十卷首一卷末一卷　（清）王壽仁繪　重訂河
渠紀畧不分卷　（清）王世仕纂修　（清）梁宗
瑋增訂　清光緒二十二年（1896）刻本　八冊

330000 - 1741 - 0002448　綫 671.35/129.784
史部/地理類/方志之屬/郡縣志

光緒鹿邑縣志十六卷首一卷　（清）于滄瀾
（清）馬家彥修　（清）蔣師轍纂　鹿邑縣全圖
十卷首一卷末一卷　（清）王壽仁繪　清光緒
二十二年（1896）刻本　一冊　存十二卷（首、
鹿邑縣全圖一至十、末）

330000 - 1741 - 0002449　綫 671.35/109.76
史部/地理類/方志之屬/郡縣志

[道光]尉氏縣志二十卷首一卷　（清）劉厚滋
　（清）沈淮修　（清）王觀潮纂　清道光十一
年（1831）刻本　八冊

330000 - 1741 - 0002450　綫 671.35/129.78/
C1　史部/地理類/方志之屬/郡縣志

光緒鹿邑縣志十六卷首一卷　（清）于滄瀾
（清）馬家彥修　（清）蔣師轍纂　清光緒二十

二年（1896）刻本　六冊

330000 - 1741 - 0002451　綫 671.35/133.78
史部/地理類/方志之屬/郡縣志

光緒永城縣志三十八卷首一卷　（清）岳廷楷
修　（清）胡贊采　（清）呂永輝纂　清光緒二
十七年至二十九年（1901 - 1903）刻本　八冊

330000 - 1741 - 0002452　671.35/201.74
史部/地理類/方志之屬/郡縣志

[乾隆]汲縣志十四卷首一卷末一卷　（清）徐
汝瓚修　（清）杜崐纂　清乾隆二十年（1755）
刻本　六冊

330000 - 1741 - 0002453　綫 671.35/129.78/
C2　史部/地理類/方志之屬/郡縣志

光緒鹿邑縣志十六卷首一卷　（清）于滄瀾
（清）馬家彥修　（清）蔣師轍纂　鹿邑縣全圖
十卷首一卷末一卷　（清）王壽仁繪　清光緒
二十二年（1896）刻本　七冊

330000 - 1741 - 0002454　綫 671.35/203.76
史部/地理類/方志之屬/郡縣志

[道光]武陟縣志三十六卷　（清）王榮陛修
（清）方履籛纂　清道光九年（1829）刻本
八冊

330000 - 1741 - 0002455　671.35/153.74
史部/地理類/方志之屬/郡縣志

[乾隆]沈邱縣志十二卷　（清）何源洙修
（清）魯之璠纂　清乾隆十一年（1746）刻同治
十年（1871）增修本　四冊

330000 - 1741 - 0002457　綫 671.35/153.74/
C1　史部/地理類/方志之屬/郡縣志

[乾隆]沈邱縣志十二卷　（清）何源洙修
（清）魯之璠纂　清乾隆十一年（1746）刻同治
十年（1871）增修本　八冊

330000 - 1741 - 0002458　671.35/211.74
史部/地理類/方志之屬/郡縣志

[乾隆]林縣志十卷首一卷末一卷　（清）楊潮
觀纂修　清乾隆十七年（1752）黃華書院刻本
八冊

330000 - 1741 - 0002459　671.35/235.76

[道光]河內縣志三十六卷　（清）袁通修
（清）方履籛　（清）吳育纂　清道光五年
(1825)刻本　十冊

330000－1741－0002460　綫671.35/225.76

[道光]輝縣志二十卷首一卷末一卷　（清）周
際華修　（清）戴銘纂　清道光十五年(1835)
百泉書院刻二十一年(1841)補刻光緒十四年
(1888)廬陵郭藻續補刻本　十六冊

330000－1741－0002461　綫671.35/219.74

[乾隆]新鄉縣志三十四卷首一卷　（清）趙開
元修　（清）暢俊纂　清乾隆十二年(1747)刻
本　六冊

330000－1741－0002462　綫671.35/229.75

[嘉慶]濬縣志二十二卷補遺一卷金石錄二卷
　（清）熊象階修　（清）武穆淳纂　清嘉慶七
年(1802)刻本　十五冊

330000－1741－0002463　綫671.35/305.74

[乾隆]偃師縣志三十卷首一卷　（清）湯毓倬
修　（清）孫星衍　（清）武億纂　清乾隆五十
四年(1789)刻本　十六冊

330000－1741－0002464　綫671.35/229.78

[光緒]續濬縣志八卷　（清）黃璟修　（清）
李作霖　（清）喬景濂纂　清光緒十二年
(1886)刻本　五冊

330000－1741－0002465　綫671.35/323.78

[光緒]重修靈寶縣志八卷　（清）周淦
（清）方胙勳修　（清）高錦榮　（清）李鏡江
纂　清光緒二年(1876)刻本　八冊

330000－1741－0002466　綫671.35/205.75

[嘉慶]安陽縣志二十八卷首一卷　（清）貴泰

修　（清）武穆淳纂　金石錄十二卷　（清）武
億撰　清嘉慶二十四年(1819)刻本　十冊
缺十二卷(金石錄一至十二)

330000－1741－0002467　綫671.35/425.77

[同治]葉縣志十卷首一卷　（清）歐陽霖
（清）張佩訓修　（清）倉景恬　（清）胡廷楨
纂　清同治十一年(1872)刻光緒二十二年
(1896)印本　八冊

330000－1741－0002468　671.35/411.75

[嘉慶]長垣縣志十六卷　（清）李于垣修
（清）楊元錫纂　清嘉慶十五年(1810)刻本
八冊

330000－1741－0002469　綫671.35/429.75

[嘉慶]正陽縣志十卷　（清）彭良弼修
（清）呂元灝等纂　（清）楊德容補修　（清）
賀祥補纂　清嘉慶元年(1796)刻本　四冊

330000－1741－0002470　綫671.45/103.76

[道光]太原縣志十八卷圖一卷　（清）員佩蘭
修　（清）楊國泰纂　清道光六年(1826)刻本
六冊

330000－1741－0002471　綫671.44/323.74

[乾隆]蒲州府志二十四卷圖一卷　（清）周景
柱等纂修　清乾隆十九年(1754)刻本　十冊

330000－1741－0002472　綫671.34/234.74

[乾隆]新修懷慶府志三十二卷首二卷圖經一
卷　（清）唐侍陛　（清）杜琮纂修　清乾隆五
十四年(1789)刻本　十六冊

330000－1741－0002473　綫671.34/234.74/
C1　

[乾隆]新修懷慶府志三十二卷首二卷圖經一
卷　（清）唐侍陛　（清）杜琮纂修　清乾隆五
十四年(1789)刻本　十六冊

330000－1741－0002474　綫 671.34/300.74
史部/地理類/方志之屬/郡縣志

[乾隆]河南府志一百十六卷首四卷　（清）施誠修　（清）童鈺　（清）裴希純纂　清乾隆四十四年(1779)刻同治六年(1867)陳肇鏞補刻本　三十二冊

330000－1741－0002475　綫 671.34/402.75
史部/地理類/方志之屬/郡縣志

[嘉慶]南陽府志六卷圖一卷　（清）孔傳金纂修　清嘉慶十二年(1807)刻　十二冊

330000－1741－0002476　綫 671.45/101.76
史部/地理類/方志之屬/郡縣志

[道光]陽曲縣志十六卷　（清）李培謙（清）華典修　（清）閻士驤　（清）鄭起昌纂　清道光二十三年(1843)刻本　十冊

330000－1741－0002477　綫 671.45/105.77/
C1　史部/地理類/方志之屬/郡縣志

[同治]榆次縣志十六卷首一卷末一卷　（清）俞世銓　（清）陶良駿修　（清）王平格（清）王序賓纂　清同治二年(1863)鳳鳴書院刻本　八冊

330000－1741－0002478　綫 671.45/105.78
史部/地理類/方志之屬/郡縣志

[光緒]榆次縣續志四卷　（清）吳師祁（清）張承熊修　（清）黃汝梅　（清）王儆纂　清光緒十一年(1885)刻本　二冊

330000－1741－0002479　綫 671.45/105.77
史部/地理類/方志之屬/郡縣志

[同治]榆次縣志十六卷首一卷末一卷　（清）俞世銓　（清）陶良駿修　（清）王平格(清)王序賓纂　清同治二年(1863)鳳鳴書院刻本　八冊

330000－1741－0002480　綫 671.45/161.74
史部/地理類/方志之屬/郡縣志

[乾隆]高平縣志二十二卷末一卷　（清）傅德宜修　（清）戴純纂　清乾隆三十九年(1774)刻本　八冊

330000－1741－0002481　綫 671.45/159.78

史部/地理類/方志之屬/郡縣志

[光緒]鳳臺縣續志四卷首一卷　（清）張貽琯修　（清）郭維垣等纂　清光緒八年(1882)刻本　四冊

330000－1741－0002482　綫 671.45/187.78
史部/地理類/方志之屬/郡縣志

[光緒]壽陽縣志十三卷首一卷　（清）馬家鼎等修　（清）張嘉言等纂　清光緒八年(1882)刻本　六冊

330000－1741－0002483　綫 671.45/301.74
史部/地理類/方志之屬/郡縣志

[乾隆]解州安邑縣運城志十六卷首一卷（清）言如泗修　（清）呂瀶等纂　清乾隆二十九年(1764)刻本　四冊

330000－1741－0002484　綫 671.45/313.78
史部/地理類/方志之屬/郡縣志

[光緒]續修曲沃縣志三十二卷　（清）張鴻逵（清）茅丕熙修　（清）韓子泰纂　清光緒六年(1880)刻本　六冊

330000－1741－0002485　綫 671.45/325.74
史部/地理類/方志之屬/郡縣志

[乾隆]臨晉縣志八卷　（清）王正茂纂修

[光緒]續修臨晉縣志二卷　（清）艾紹濂修（清）姚東濟纂　清乾隆三十八年(1773)、光緒六年(1880)刻本　六冊

330000－1741－0002486　綫 671.45/313.78
C1　史部/地理類/方志之屬/郡縣志

[光緒]續修曲沃縣志三十二卷　（清）張鴻逵（清）茅丕熙修　（清）韓子泰纂　清光緒六年(1880)刻本　六冊

330000－1741－0002487　綫 671.45/317.76
史部/地理類/方志之屬/郡縣志

[道光]太平縣志十六卷首一卷　（清）李炳彥修　（清）梁棲鸞纂　清道光五年(1825)刻本　八冊

330000－1741－0002489　綫 671.45/335.74
史部/地理類/方志之屬/郡縣志

[乾隆]解州全志十八卷首一卷　（清）言如泗

修　(清)呂瀜等纂　清乾隆二十九年(1764)
刻嘉慶增修本　四冊

330000－1741－0002490　綫671.45/317.76/
C1　史部/地理類/方志之屬/郡縣志

[道光]太平縣志十六卷首一卷　(清)李炳彥
修　(清)梁棲鸞纂　清道光五年(1825)刻本
　八冊

330000－1741－0002491　綫671.45/337.74
　史部/地理類/方志之屬/郡縣志

[乾隆]解州夏縣志十六卷首一卷　(清)言如
泗修　(清)李遵唐纂　清乾隆二十九年
(1764)刻本　四冊

330000－1741－0002492　綫671.45/337.74/
C1　史部/地理類/方志之屬/郡縣志

[乾隆]解州夏縣志十六卷首一卷　(清)言如
泗修　(清)李遵唐纂　清乾隆二十九年
(1764)刻本　清□樵居士批　四冊

330000－1741－0002493　綫671.45/359.75
　史部/地理類/方志之屬/郡縣志

[嘉慶]靈石縣志十二卷圖考一卷　(清)王志
瀜修　(清)黃憲臣纂　清嘉慶二十二年
(1817)刻本　六冊

330000－1741－0002494　綫671.45/343.74
　史部/地理類/方志之屬/郡縣志

[乾隆]直隸絳州志二十卷圖考一卷　(清)張
成德修　(清)李友洙　(清)張我觀纂　清乾
隆三十年(1765)刻本　八冊

330000－1741－0002495　綫671.5/1043　史
部/地理類/方志之屬/郡縣志

[道光]陝西志輯要六卷首一卷　(清)王志沂
纂　關中漢唐存碑跋不分卷　(清)王志沂輯
　秦疆治畧不分卷　(清)盧坤輯　清道光七
年(1827)朝坂謝氏賜書堂刻本　八冊

330000－1741－0002497　綫671.45/109.78
　史部/地理類/方志之屬/郡縣志

[光緒]祁縣志十六卷　(清)陳時纂修
(清)劉發岍等續修　(清)李芬續纂　清乾隆
四十六年(1781)刻光緒八年(1882)續刻本

八冊

330000－1741－0002499　綫671.45/131.75
　史部/地理類/方志之屬/郡縣志

[嘉慶]介休縣志十四卷　(清)徐品山
(清)陸元鏸修　(清)熊兆占等纂　清嘉慶二
十四年(1819)刻本　八冊

330000－1741－0002500　綫671.45/165.74
　史部/地理類/方志之屬/郡縣志

[乾隆]陵川縣志三十卷首一卷　(清)程德炯
纂修　清乾隆四十四年(1779)刻本　二十
八冊

330000－1741－0002501　綫671.45/125.74
　史部/地理類/方志之屬/郡縣志

[乾隆]汾陽縣志十四卷首一卷　(清)李文起
修　(清)戴震纂　清乾隆三十七年(1772)刻
本　四冊

330000－1741－0002504　綫671.45/203.78
　史部/地理類/方志之屬/郡縣志

[光緒]代州志十二卷首一卷　(清)俞廉三修
　(清)楊篤纂　清光緒八年(1882)代山書院
刻本　六冊

330000－1741－0002506　綫671.45/217.78
　史部/地理類/方志之屬/郡縣志

[乾隆]渾源州志十卷　(清)桂敬順纂修

[光緒]渾源州續志十卷　(清)賀澍恩修
(清)程績等纂　清乾隆二十八年(1763)刻同
治九年(1870)孔廣培增刻本、清光緒七年
(1881)刻本　十二冊

330000－1741－0002508　綫671.55/119.78
　史部/地理類/方志之屬/郡縣志

[光緒]三原縣新志八卷　(清)焦雲龍修
(清)賀瑞麟纂　清光緒六年(1880)刻本
四冊

330000－1741－0002510　綫671.55/119.78/
C1　史部/地理類/方志之屬/郡縣志

[光緒]三原縣新志八卷　(清)焦雲龍修
(清)賀瑞麟纂　清光緒六年(1880)刻本
八冊

330000－1741－0002512　緣671.55/131.66、緣671.55/131.74　史部/地理類/方志之屬/郡縣志

[嘉靖]喬三石耀州志十一卷　（明）李廷寶修（明）喬世寧纂　五臺山志一卷　（明）喬世寧輯　[乾隆]續耀州志十一卷　（清）汪灝修（清）鍾麟書纂　清乾隆二十七年(1762)汪灝刻三十年(1765)增刻本　八冊

330000－1741－0002513　緣671.55/115.76　史部/地理類/山川之屬/水志

重修輞川志六卷　（清）胡元煐纂　清道光十八年(1838)刻本　三冊

330000－1741－0002514　緣671.55/139.74　史部/地理類/方志之屬/郡縣志

[乾隆]郃陽縣全志四卷　（清）席奉乾修（清）孫景烈纂　清乾隆三十四年(1769)刻本　八冊

330000－1741－0002515　緣672.11/0413　史部/地理類/輿圖之屬/郡縣

江蘇全省輿圖不分卷　（清）諸可寶編　清光緒二十一年(1895)江蘇書局刻本　三冊

330000－1741－0002516　緣671.55/151.66　史部/地理類/方志之屬

合刻華州志四種　（清）吳炳南輯　清光緒八年(1882)華州州署刻本　四冊　存一種

330000－1741－0002517　緣671.55/171.78　史部/地理類/方志之屬/郡縣志

[光緒]麟遊縣新志草十卷首一卷　（清）彭洵纂修　清光緒九年(1883)刻本　四冊

330000－1741－0002518　緣671.55/183.79　史部/地理類/方志之屬/郡縣志

[宣統]長武縣志十二卷　沈錫榮修　王錫璋等纂　清宣統二年(1910)鉛印本　四冊

330000－1741－0002519　緣671.55/169.74　史部/地理類/方志之屬/郡縣志

[宣統]郿縣志十八卷首一卷　沈錫榮纂修清宣統二年(1910)陝西圖書館鉛印本　四冊

330000－1741－0002520　緣671.55/187.78

史部/地理類/方志之屬/郡縣志

[正德]重刊武功縣志四卷首一卷　（明）康海纂　（清）孫景烈評註　清光緒二十年(1894)海昌許頌鼎刻本　一冊

330000－1741－0002521　緣671.55/211.78　史部/地理類/方志之屬/郡縣志

[光緒]甯羌州志五卷　（清）馬毓華修（清）鄭書香　（清）曹良模纂　清光緒十四年(1888)刻本　五冊

330000－1741－0002523　緣671.55/219.78　史部/地理類/方志之屬/郡縣志

[光緒]定遠廳志二十六卷首一卷　（清）余修鳳纂修　清光緒五年(1879)刻本　六冊

330000－1741－0002524　671.55/219.78/C1　史部/地理類/方志之屬/郡縣志

[光緒]定遠廳志二十六卷首一卷　（清）余修鳳纂修　清光緒五年(1879)刻本　十四冊

330000－1741－0002527　緣671.65/201.78　史部/地理類/方志之屬/郡縣志

[光緒]重纂秦州直隸州新志二十四卷首一卷　（清）余澤春修　（清）王權　（清）任其昌纂　清光緒十五年(1889)隴南書院刻本　十六冊

330000－1741－0002528　緣672.11/0413：2　史部/地理類/輿圖之屬/郡縣

江蘇全省輿圖不分卷　（清）諸可寶編　清光緒二十一年(1895)江蘇書局刻本　三冊

330000－1741－0002529　緣672.14/100.75　史部/地理類/方志之屬/郡縣志

[嘉慶]重刊江甯府志五十六卷附校勘記一卷　（清）呂燕昭修　（清）姚鼐纂　清光緒六年(1880)刻本　十二冊

330000－1741－0002530　緣672.14/102.78　史部/地理類/方志之屬/郡縣志

[光緒]續纂江甯府志十五卷首一卷勘誤一卷　（清）蔣啟勛　（清）趙佑宸修　（清）汪士鐸等纂　清光緒六年(1880)刻本　十二冊

330000－1741－0002531　緣672.14/102.78/C1

史部/地理類/方志之屬/郡縣志

[光緒]續纂江甯府志十五卷首一卷勘誤一卷
（清）蔣啟勛　（清）趙佑宸修　（清）汪士
鐸等纂　清光緒六年(1880)刻十年(1884)重
印本　十二冊

330000－1741－0002532　綫 672.14/402.78
史部/地理類/方志之屬/郡縣志

[光緒]淮安府志四十卷首一卷　（清）孫雲錦
修　（清）吳昆田　（清）高延第纂　清光緒十
年(1884)刻本　十六冊

330000－1741－0002533　綫 672.14/402.78/
C1　史部/地理類/方志之屬/郡縣志

[光緒]淮安府志四十卷首一卷　（清）孫雲錦
修　（清）吳昆田　（清）高延第纂　清光緒十
年(1884)刻本　十六冊

330000－1741－0002534　綫 672.14/412.75
史部/地理類/方志之屬/郡縣志

[嘉慶]重修揚州府志七十二卷首一卷　（清）
阿克當阿修　（清）姚文田　（清）江藩等纂
清嘉慶十五年(1810)刻本　四十八冊

330000－1741－0002535　綫 672.14/204.75
史部/地理類/方志之屬/郡縣志

[嘉慶]松江府志八十四卷首二卷圖一卷
(清)宋如林修　（清)孫星衍等纂　清嘉慶二
十二年(1817)松江府學明倫堂刻本　十八冊

330000－1741－0002536　綫 672.14/204.75/
C1　史部/地理類/方志之屬/郡縣志

[嘉慶]松江府志八十四卷首二卷圖一卷
(清)宋如林修　（清)孫星衍等纂　清嘉慶二
十二年(1817)松江府學明倫堂刻本　四十冊

330000－1741－0002537　綫 672.14/412.77
史部/地理類/方志之屬/郡縣志

[同治]續纂揚州府志二十四卷　（清)方濬頤
修　（清)晏端書　（清)錢振倫等纂　清同治
十三年(1874)刻本　八冊

330000－1741－0002538　綫 672.14/412.77/
C1　史部/地理類/方志之屬/郡縣志

[同治]續纂揚州府志二十四卷　（清)方濬頤

修　（清)晏端書　（清)錢振倫等纂　清同治
十三年(1874)刻本　八冊

330000－1741－0002539　綫 672.14/204.78/ * 2
史部/地理類/方志之屬/郡縣志

[光緒]松江府續志四十卷首一卷圖一卷
(清)博潤修　（清)姚光發等纂　清光緒十年
(1884)刻本　二十四冊

330000－1741－0002540　綫 672.14/204.78/ *
2/C1　史部/地理類/方志之屬/郡縣志

[光緒]松江府續志四十卷首一卷圖一卷
(清)博潤修　（清)姚光發等纂　清光緒十年
(1884)刻本　二十四冊

330000－1741－0002541　綫 672.14/300.51/
C1　史部/地理類/方志之屬/郡縣志

[元豐]吳郡圖經續記三卷校勘記一卷　（宋)
朱長文纂修　清同治十二年(1873)江蘇書局
刻本　一冊

330000－1741－0002542　綫 672.14/300.51
史部/地理類/方志之屬/郡縣志

[元豐]吳郡圖經續記三卷校勘記一卷　（宋)
朱長文纂修　清同治十二年(1873)江蘇書局
刻本　一冊

330000－1741－0002543　綫 672.14/402.74
史部/地理類/方志之屬/郡縣志

[乾隆]淮安府志三十二卷　（清)衛哲治等修
（清)葉長揚　（清)顧棟高等纂　清咸豐二
年(1852)刻本　十六冊

330000－1741－0002545　綫 672.15/113.78
史部/地理類/方志之屬/郡縣志

[光緒]六合縣志八卷圖說一卷附錄一卷
(清)謝延庚等修　（清)賀廷壽等纂　清光緒
十年(1884)刻本　十冊

330000－1741－0002546　綫 672.14/300.77/
C1　史部/地理類/方志之屬/郡縣志

[同治]蘇州府志一百五十卷首三卷圖一卷
(清)李銘皖　（清)譚鈞培等修　（清)馮桂
芬纂　清光緒八年(1882)江蘇書局刻本　八
十冊

330000－1741－0002547　綫 672.14/300.77
　　史部/地理類/方志之屬/郡縣志

[同治]蘇州府志一百五十卷首三卷圖一卷
（清）李銘皖　（清）譚鈞培等修　（清）馮桂
芬纂　清光緒八年(1882)江蘇書局刻本　八
十冊

330000－1741－0002549　綫 672.14/500.77
　　史部/地理類/方志之屬/郡縣志

[同治]徐州府志二十五卷　（清）吳世熊
（清）朱忻修　（清）劉庠　（清）方駿謨纂
清同治十三年(1874)刻本　十二冊

330000－1741－0002550　綫 672.15/117.78
　　史部/地理類/方志之屬/郡縣志

[光緒]丹徒縣志六十卷首四卷　（清）何紹章
　　（清）馮壽鏡修　（清）呂耀斗等纂　京口八
旗志二卷　（清）鍾瑞修　（清）春元纂　清光
緒五年(1879)刻本　二十九冊　缺七卷(四
十二至四十六、京口八旗志一至二)

330000－1741－0002551　綫 672.15/113.78/
C1　史部/地理類/方志之屬/郡縣志

[光緒]六合縣志八卷圖說一卷附錄一卷
（清）謝延庚等修　（清）賀廷壽等纂　清光緒
十年(1884)刻本　十冊

330000－1741－0002552　綫 672.15/103.77
　　史部/地理類/方志之屬/郡縣志

[同治]上江兩縣志二十九卷首一卷　（清）莫
祥芝　（清）甘紹盤修　（清）汪士鐸等纂　清
同治十三年(1874)刻本　十二冊

330000－1741－0002553　綫 672.15/117.52
　　類叢部/叢書類/郡邑之屬

橫山草堂叢書二十二種附三種　陳慶年編
清宣統二年至民國八年(1910－1919)丹徒陳
氏刻本　八冊　存一種

330000－1741－0002554　綫 672.15/103.77/
C1　史部/地理類/方志之屬/郡縣志

[同治]上江兩縣志二十九卷首一卷　（清）莫
祥芝　（清）甘紹盤修　（清）汪士鐸等纂　清
同治十三年(1874)刻本　十二冊

330000－1741－0002556　綫 672.15/103.79
　　史部/地理類/方志之屬/郡縣志

[宣統]上元江甯鄉土合志六卷　（清）陳作霖
編　清宣統二年(1910)江楚編譯書局刻本
一冊

330000－1741－0002558　綫 672.15/117.78/
C1　史部/地理類/方志之屬/郡縣志

[光緒]丹徒縣志六十卷首四卷　（清）何紹章
　　（清）馮壽鏡修　（清）呂耀斗等纂　京口八
旗志二卷　（清）鍾瑞修　（清）春元纂　清光
緒五年(1879)刻本　三十一冊　缺五卷(十
三至十五、京口八旗志一至二)

330000－1741－0002559　綫 672.15/121.78
　　史部/地理類/方志之屬/郡縣志

[光緒]金壇縣志十六卷首一卷　（清）夏宗彝
修　（清）汪國鳳等纂　清光緒十一年(1885)
木活字印本　十二冊

330000－1741－0002561　綫 672.15/123.75
　　史部/地理類/方志之屬/郡縣志

[嘉慶]溧陽縣志十六卷　（清）李景嶧
（清）陳鴻壽修　（清）史炳等纂　清光緒二十
二年(1896)木活字印本　十冊

330000－1741－0002562　綫 672.15/119.78
　　史部/地理類/方志之屬/郡縣志

[光緒]丹陽縣志三十六卷首一卷　（清）凌焯
　　（清）劉誥等修　（清）徐錫麟　（清）姜璘
纂　清光緒十一年(1885)鳴鳳書院刻本　十
六冊

330000－1741－0002563　綫 672.15/123.78
　　史部/地理類/方志之屬/郡縣志

[光緒]溧陽縣續志十六卷末一卷　（清）朱畯
等修　（清）馮煦等纂　清光緒二十五年
(1899)木活字印本　八冊

330000－1741－0002564　綫 672.15/123.78/
C1　史部/地理類/方志之屬/郡縣志

[光緒]溧陽縣續志十六卷末一卷　（清）朱畯
等修　（清）馮煦等纂　清光緒二十五年
(1899)木活字印本　八冊

330000－1741－0002565　綫 672.15/217.75
　史部/地理類/方志之屬/郡縣志

[嘉慶]直隸太倉州志六十五卷　（清）王昶等
纂修　清嘉慶七年(1802)刻本　三十冊

330000－1741－0002569　綫 672.15/203.77
　史部/地理類/方志之屬/郡縣志

同治上海縣志三十二卷首一卷末一卷　（清）
應寶時等修　（清）俞樾　（清）方宗誠纂　清
同治十年(1871)吳門皋署刻本　十六冊

330000－1741－0002571　綫 672.15/203.77：1
　史部/地理類/方志之屬/郡縣志

同治上海縣志三十二卷首一卷末一卷　（清）
應寶時等修　（清）俞樾　（清）方宗誠纂　清
同治十年(1871)吳門皋署刻十一年(1872)南
園志局重校光緒八年(1882)補版印本　十
六冊

330000－1741－0002578　綫 672.15/205.522
　史部/地理類/方志之屬/郡縣志

[紹熙]雲間志三卷續一卷　（宋）楊潛修
（宋）朱端常等纂　（清）顧廣圻續纂　清嘉慶
十九年(1814)華亭沈氏金陵刻本　二冊

330000－1741－0002579　綫 672.15/205.74
　史部/地理類/方志之屬/郡縣志

[乾隆]婁縣志三十卷首二卷　（清）謝庭薰修
　（清）陸錫熊纂　清乾隆五十三年(1788)刻
本　六冊

330000－1741－0002580　綫 672.15/205.78y
　史部/地理類/方志之屬/郡縣志

[光緒]重修華亭縣志二十四卷首一卷末一卷
　（清）楊開第修　（清）姚光發等纂　清光緒
四年至五年(1878－1879)刻本　十冊

330000－1741－0002582　綫 672.15/207.78
　史部/地理類/方志之屬/郡縣志

光緒南滙縣志二十二卷首一卷末一卷　（清）
金福曾等修　（清）張文虎纂　清光緒五年
(1879)刻本　十二冊

330000－1741－0002583　綫 672.15/205.74
　史部/地理類/方志之屬/郡縣志

[光緒]婁縣續志二十卷　（清）汪坤厚
（清）程其珏修　（清）張雲望纂　清光緒五年
(1879)刻本　六冊

330000－1741－0002584　綫 672.15/205.78
　史部/地理類/方志之屬/郡縣志

[光緒]婁縣續志二十卷　（清）汪坤厚
（清）程其珏修　（清）張雲望纂　清光緒五年
(1879)刻本　六冊

330000－1741－0002585　綫 679.15/209.78
　史部/地理類/方志之屬/郡縣志

[光緒]青浦縣志三十卷首二卷末一卷　（清）
汪祖綬等修　（清）熊其英　（清）邱式金纂
清光緒五年(1879)尊經閣刻本　十二冊

330000－1741－0002586　綫 672.15/209.78/
C1　史部/地理類/方志之屬/郡縣志

[光緒]青浦縣志三十卷首二卷末一卷　（清）
汪祖綬等修　（清）熊其英　（清）邱式金纂
清光緒五年(1879)尊經閣刻本　十二冊

330000－1741－0002587　綫 672.15/211.78
　史部/地理類/方志之屬/郡縣志

[光緒]重修奉賢縣志二十卷首一卷末一卷
（清）韓佩金修　（清）張文虎等纂　清光緒四
年(1878)志書局刻本　六冊

330000－1741－0002590　綫 672.15/213.78
　史部/地理類/方志之屬/郡縣志

[光緒]金山縣志三十卷首一卷　（清）龔寶琦
　（清）崔廷鏞修　（清）黃厚本等纂　清光緒
四年(1878)刻本　八冊

330000－1741－0002593　綫 672.15/213.78/
C1　史部/地理類/方志之屬/郡縣志

[光緒]金山縣志三十卷首一卷　（清）龔寶琦
　（清）崔廷鏞修　（清）黃厚本等纂　清光緒
四年(1878)刻本　八冊

330000－1741－0002594　綫 672.15/2131.75
　史部/地理類/方志之屬/郡縣志

[嘉慶]干巷志六卷首一卷　（清）朱棟纂　清
嘉慶六年(1801)柘湖丁氏種松山房刻民國二
十二年(1933)印本　二冊

330000－1741－0002596　綫672.15/215.78
　　史部/地理類/方志之屬/郡縣志

[光緒]川沙廳志十四卷首一卷末一卷　（清）
陳方瀛修　（清）俞樾等纂　清光緒五年
(1879)刻本　六冊

330000－1741－0002597　綫672.15/217.52
　　史部/地理類/方志之屬

彙刻太倉舊志五種　繆朝荃等輯　清宣統元
年(1909)太倉繆氏刻本　八冊

330000－1741－0002598　綫672.15/215.78/
C1　史部/地理類/方志之屬/郡縣志

[光緒]川沙廳志十四卷首一卷末一卷　（清）
陳方瀛修　（清）俞樾等纂　清光緒五年
(1879)刻本　六冊

330000－1741－0002603　綫672.15/221.78
　　史部/地理類/方志之屬/郡縣志

[光緒]寶山縣志十四卷首一卷　（清）梁蒲貴
（清）吳康壽修　（清）朱延射　（清）潘履
祥纂　清光緒八年(1882)學海書院刻本
八冊

330000－1741－0002610　綫672.15/223.78
　　史部/地理類/方志之屬/郡縣志

[光緒]崇明縣志十八卷　（清）林達泉
（清）譚泰來修　（清）李聯琇　（清）黃清憲
等纂　清光緒七年(1881)刻本　十二冊

330000－1741－0002611　綫672.15/233.78/
C1　史部/地理類/方志之屬/郡縣志

[光緒]崇明縣志十八卷　（清）林達泉
（清）譚泰來修　（清）李聯琇　（清）黃清憲
等纂　清光緒七年(1881)刻本　十二冊

330000－1741－0002612　綫672.15/223.78/
C2　史部/地理類/方志之屬/郡縣志

[光緒]崇明縣志十八卷　（清）林達泉
（清）譚泰來修　（清）李聯琇　（清）黃清憲
等纂　清光緒七年(1881)刻本　十二冊

330000－1741－0002613　綫672.15/226.78
　　史部/地理類/方志之屬/郡縣志

[光緒]海門廳圖志二十卷首一卷　（清）俞麟

年等修　（清）孫壽祺　（清）王汝騏纂　清光
緒二十六年(1900)刻本　四冊

330000－1741－0002614　綫672.15/219.78
　　史部/地理類/方志之屬/郡縣志

[光緒]嘉定縣志三十二卷首一卷附一卷
（清）程其玨修　（清）楊震福等纂　清光緒八
年(1882)刻本　十六冊　缺一卷(附)

330000－1741－0002616　綫672.15/219.78/
C1　史部/地理類/方志之屬/郡縣志

[光緒]嘉定縣志三十二卷首一卷附一卷
（清）程其玨修　（清）楊震福等纂　清光緒八
年(1882)刻本　十六冊

330000－1741－0002620　綫672.15/303.74
　　史部/地理類/方志之屬/郡縣志

[乾隆]常昭合志十二卷首一卷　（清）王錦
（清）楊繼熊修　（清）言如泗等纂　重印常昭
合志校勘記一卷　丁祖蔭撰　清光緒二十四
年(1898)丁祖蔭木活字印本　十四冊

330000－1741－0002624　綫672.15/303.78
　　史部/地理類/方志之屬/郡縣志

[光緒]常昭合志稿四十八卷首一卷末一卷
（清）鄭鍾祥　（清）張瀛修　（清）龐鴻文等
纂　常昭合志稿校勘記一卷　（清）張守誠
（清）龐鴻文撰　清光緒三十年(1904)木活字
印本、清光緒三十四年(1908)鉛印本　十
七冊

330000－1741－0002626　綫672.15/3013.78
　　史部/地理類/方志之屬/郡縣志

[光緒]周莊鎮志六卷首一卷附貞豐里庚申見
聞錄二卷　（清）陶煦纂　清光緒八年(1882)
元和陶氏儀一堂刻本　六冊

330000－1741－0002627　綫672.15/303.78：2
　　史部/地理類/方志之屬/郡縣志

[光緒]常昭合志稿四十八卷首一卷末一卷
（清）鄭鍾祥　（清）張瀛修　（清）龐鴻文等
纂　清光緒三十年(1904)木活字印本　十
六冊

330000－1741－0002629　綫672.15/303.78：4

史部/地理類/方志之屬/郡縣志

[光緒]常昭合志稿四十八卷首一卷末一卷
(清)鄭鍾祥 (清)張瀛修 (清)龐鴻文等
纂 清光緒三十年(1904)木活字印本 十
六冊

330000－1741－0002631 綫 672.15/303.78:3
史部/地理類/方志之屬/郡縣志

[光緒]常昭合志稿四十八卷首一卷末一卷
(清)鄭鍾祥 (清)張瀛修 (清)龐鴻文等
纂 清光緒三十年(1904)木活字印本 十
六冊

330000－1741－0002633 綫 672.15/307.741
史部/地理類/方志之屬/郡縣志

[乾隆]震澤縣志三十八卷首一卷 (清)陳和
志修 (清)倪師孟 (清)沈彤纂 清光緒十
九年(1893)吳仁傑刻本 八冊

330000－1741－0002634 綫 672.15/305.78
史部/地理類/方志之屬/郡縣志

[光緒]崑新兩縣續修合志五十二卷首一卷末
一卷 (清)金吳瀾 (清)李福沂修 (清)
汪堃 (清)朱成熙纂 清光緒六年(1880)刻
本 二十四冊

330000－1741－0002635 綫 672.15/307.
741/C1 史部/地理類/方志之屬/郡縣志

[乾隆]震澤縣志三十八卷首一卷 (清)陳和
志修 (清)倪師孟 (清)沈彤纂 清光緒十
九年(1893)吳仁傑刻本 八冊

330000－1741－0002636 綫 672.15/307.
741/C2 史部/地理類/方志之屬/郡縣志

[乾隆]震澤縣志三十八卷首一卷 (清)陳和
志修 (清)倪師孟 (清)沈彤纂 清光緒十
九年(1893)吳仁傑刻本 八冊

330000－1741－0002641 綫 672.15/307.76
史部/地理類/方志之屬/郡縣志

[道光]平望志十八卷首一卷 (清)翁廣平纂
[光緒]平望續志十二卷首一卷 (清)黃兆
楎纂 清光緒十三年(1887)吳江黃兆楎刻本
十冊

330000－1741－0002643 綫 672.15/307.78
史部/地理類/方志之屬/郡縣志

[光緒]吳江縣續志四十卷首一卷 (清)金福
曾等修 (清)熊其英等纂 清光緒五年
(1879)刻本 八冊

330000－1741－0002644 綫 672.15/3071.75
史部/地理類/方志之屬/郡縣志

[嘉慶]黎里志十六卷首一卷 (清)徐達源纂
清嘉慶十年(1805)吳江徐氏孚遠堂刻本
四冊

330000－1741－0002646 綫 672.15/3071.78
史部/地理類/方志之屬/郡縣志

[光緒]黎里續志十六卷首一卷 (清)蔡丙圻
纂 清光緒二十五年(1899)禊湖書院刻本
六冊

330000－1741－0002647 綫 672.15/309.76
史部/地理類/方志之屬/郡縣志

[道光]武進陽湖縣合志三十六卷首一卷
(清)孫琬 (清)王德茂修 (清)李兆洛
(清)周儀暐纂 [光緒]武陽志餘十二卷首一
卷 (清)莊毓鋐 (清)陸鼎翰纂修 武陽團
練紀實二卷 (清)莊毓鋐輯 (清)薛紹元纂
清光緒十二年(1886)、十四年(1888)木活
字印本 四十三冊

330000－1741－0002648 綫 672.15/309.78
史部/地理類/方志之屬/郡縣志

光緒武進陽湖縣志三十卷首一卷 (清)王其
淦 (清)吳康壽修 (清)湯成烈纂 清光緒
五年(1879)刻本 二十冊

330000－1741－0002649 綫 672.15/311.76
史部/地理類/雜志之屬

金匱縣輿地全圖不分卷 (清)華湛恩撰 金
匱縣斗則簡明冊二卷 (清)華鴻模 (清)華
步照纂 清光緒三十四年(1908)鵝湖華存裕
堂義莊石印本 六冊

330000－1741－0002651 綫 672.15/311.78:3
史部/地理類/方志之屬/郡縣志

[光緒]無錫金匱縣志四十卷首一卷附編六卷
(清)裴大中 (清)倪咸生修 (清)秦緗

業等纂　清光緒七年(1881)刻本　二十冊

330000－1741－0002652　綫672.15/311.78
史部/地理類/方志之屬/郡縣志

[光緒]無錫金匱縣志四十卷首一卷附編六卷
（清)裴大中　(清)倪咸生修　(清)秦緗
業等纂　清光緒七年(1881)刻本　十八冊

330000－1741－0002653　綫672.15/311.78a
史部/地理類/方志之屬/郡縣志

[乾隆]錫金識小錄十二卷　(清)黃卬纂　清
光緒二十二年(1896)王念祖木活字印本
六冊

330000－1741－0002654　綫672.15/313.75、
綫672.15/313.75a、綫672.15/313.76　史
部/地理類/方志之屬

宜興荊溪舊志五種　(清)□□輯　清光緒八
年(1882)刻本　八冊　存三種

330000－1741－0002655　綫672.15/315.81
史部/地理類/方志之屬/郡縣志

[光緒]江陰縣志三十卷首一卷　(清)盧思誠
（清)馮壽鏡修　(清)季念詒　(清)夏煒
如纂　清光緒四年(1878)刻本　二十冊

330000－1741－0002656　綫672.15/313.75b
史部/地理類/方志之屬

宜興荊溪舊志五種　(清)□□輯　清光緒八
年(1882)刻本　十冊　存一種

330000－1741－0002657　綫672.15/313.78
史部/地理類/方志之屬

宜興荊溪舊志五種　(清)□□輯　清光緒八
年(1882)刻本　七冊　存一種

330000－1741－0002658　綫672.15/313.78/
C1　史部/地理類/方志之屬

宜興荊溪舊志五種　(清)□□輯　清光緒八
年(1882)刻本　八冊　存一種

330000－1741－0002661　綫672.15/311.78：2
史部/地理類/方志之屬/郡縣志

[光緒]無錫金匱縣志四十卷首一卷附編六卷
（清)裴大中　(清)倪咸生修　(清)秦緗
業等纂　清光緒七年(1881)刻本　二十冊

330000－1741－0002662　綫672.15/321.76
史部/地理類/方志之屬/郡縣志

[道光]如皋縣續志十二卷　(清)范仕義修
（清)吳鎧纂　清道光十七年(1837)刻本
二冊

330000－1741－0002663　綫672.15/321.77
史部/地理類/方志之屬/郡縣志

[同治]如皋縣續志十六卷　(清)周際霖
（清)胡維藩修　(清)周頊　(清)吳開陽纂
清同治十二年(1873)刻本　六冊

330000－1741－0002664　綫672.15/323.78
史部/地理類/方志之屬/郡縣志

[光緒]泰興縣志二十六卷首一卷末一卷
（清)楊激雲修　(清)顧曾烜纂　清光緒十二
年(1886)刻本　十冊

330000－1741－0002665　綫672.15/323.78/
C1　史部/地理類/方志之屬/郡縣志

[光緒]泰興縣志二十六卷首一卷末一卷
（清)楊激雲修　(清)顧曾烜纂　清光緒十二
年(1886)刻本　十冊

330000－1741－0002666　綫672.15/333.78
史部/地理類/方志之屬/郡縣志

[光緒]盱眙縣志稿十七卷首一卷續補遺一卷
（清)王錫元修　(清)高延第等纂　清光緒
十七年(1891)刻二十九年(1903)盱眙縣志局
增刻本　八冊

330000－1741－0002667　綫672.15/401.77
史部/地理類/方志之屬/郡縣志

[咸豐]清河縣志二十四卷首一卷附編二卷
（清)吳棠修　(清)魯一同纂　清咸豐四年
(1854)刻同治元年(1862)補刻四年(1865)續
刻民國八年(1919)再補刻本　八冊

330000－1741－0002668　綫672.15/321.75
史部/地理類/方志之屬/郡縣志

[嘉慶]如皋縣志二十四卷　(清)楊受廷
（清)左元鎮修　(清)馬汝舟　(清)江大鍵
纂　清嘉慶十三年(1808)刻本　十冊

330000－1741－0002669　綫672.15/401.77/

[咸豐]清河縣志二十四卷首一卷附編二卷
(清)吳棠修　(清)魯一同纂　清咸豐四年
(1854)刻同治元年(1862)補刻四年(1865)續
刻民國八年(1919)再補刻本　八冊

330000－1741－0002670　綫672.15/401.78
　　史部/地理類/方志之屬/郡縣志

光緒丙子清河縣志二十六卷　(清)胡裕燕
(清)萬清選修　(清)吳昆田　(清)魯貢纂
清光緒五年(1879)刻本　六冊

330000－1741－0002671　綫672.15/323.78/
C2　史部/地理類/方志之屬/郡縣志

[光緒]泰興縣志二十六卷首一卷末一卷
(清)楊激雲修　(清)顧曾烜纂　清光緒十二
年(1886)刻本　十冊

330000－1741－0002672　綫672.15/403.77
　　史部/地理類/方志之屬/郡縣志

[同治]山陽縣志二十一卷圖一卷　(清)張兆
棟　(清)孫雲修　(清)何紹基　(清)丁晏
等纂　清同治十二年(1873)刻本　八冊

330000－1741－0002674　綫672.15/411.78
　　史部/地理類/方志之屬/郡縣志

[光緒]鹽城縣志十七卷首一卷　(清)劉崇照
修　(清)龍繼棟　(清)陳玉樹纂　清光緒二
十一年(1895)刻本　八冊

330000－1741－0002675　綫672.15/409.78
　　史部/地理類/方志之屬/郡縣志

[光緒]阜甯縣志二十四卷首一卷　(清)阮本
焱修　(清)陳肇礽　(清)殷自芳纂　清光緒
十二年(1886)刻本　十冊

330000－1741－0002676　綫672.15/413.75
　　史部/地理類/方志之屬/郡縣志

[嘉慶]江都縣續志十二卷首一卷　(清)王逢
源修　(清)李保泰纂　清光緒七年(1881)刻
本　四冊

330000－1741－0002677　綫672.15/411.78/
C1　史部/地理類/方志之屬/郡縣志

[光緒]鹽城縣志十七卷首一卷　(清)劉崇照

修　(清)龍繼棟　(清)陳玉樹纂　清光緒二
十一年(1895)刻本　八冊

330000－1741－0002678　綫672.15/411.78/
C2　史部/地理類/方志之屬/郡縣志

[光緒]鹽城縣志十七卷首一卷　(清)劉崇照
修　(清)龍繼棟　(清)陳玉樹纂　清光緒二
十一年(1895)刻本　八冊

330000－1741－0002679　綫672.15/413.75a
　　史部/地理類/方志之屬/郡縣志

[光緒]增修甘泉縣志二十四卷首一卷圖一卷
　(清)徐成敫等修　(清)陳浩恩等纂
(清)范用賓重纂　清光緒十一年(1885)刻三
十三年(1907)陳元鑄補刻本　二十冊

330000－1741－0002681　綫672.15/413.78
　　史部/地理類/方志之屬/郡縣志

光緒江都縣續志三十卷首一卷　(清)謝延庚
修　(清)劉壽曾纂　清光緒十年(1884)刻本
　八冊

330000－1741－0002682　綫672.15/4131.75
　　類叢部/叢書類/自著之屬

焦氏遺書十種附一種　(清)焦循撰　清嘉慶
至道光江都焦氏雕菰樓刻光緒二年(1876)衡
陽魏氏補刻本　二冊　存二種

330000－1741－0002684　672.15/4131.75/
C1　類叢部/叢書類/自著之屬

焦氏遺書十種附一種　(清)焦循撰　清嘉慶
至道光江都焦氏雕菰樓刻光緒二年(1876)衡
陽魏氏補刻本　四冊　存一種

330000－1741－0002685　綫672.15/4131.77
　　史部/地理類/方志之屬/郡縣志

[咸豐]甘棠小志四卷首一卷末一卷　(清)董
醇纂　清咸豐五年(1855)甘棠董氏刻本
四冊

330000－1741－0002686　綫672.15/4131.
77/C1　史部/地理類/方志之屬/郡縣志

[咸豐]甘棠小志四卷首一卷末一卷　(清)董
醇纂　清咸豐五年(1855)甘棠董氏刻本
四冊

330000 - 1741 - 0002687　綫 672.15/4131.77/C2　史部/地理類/方志之屬/郡縣志

[咸豐]甘棠小志四卷首一卷末一卷　(清)董醇纂　清咸豐五年(1855)甘棠董氏刻本　四冊

330000 - 1741 - 0002688　綫 672.15/417.75　史部/地理類/方志之屬/郡縣志

[嘉慶]東臺縣志四十卷　(清)周右修　(清)蔡復午等纂　清嘉慶二十二年(1817)刻道光十年(1830)增刻本　十冊

330000 - 1741 - 0002689　綫 672.15/415.76　史部/地理類/方志之屬/郡縣志

[道光]重修儀徵縣志五十卷首一卷　(清)王檢心修　(清)劉文淇　(清)張安保纂　清光緒十六年(1890)刻本　二十四冊

330000 - 1741 - 0002690　綫 672.15/419.77　史部/地理類/方志之屬/郡縣志

[咸豐]重修興化縣志十卷　(清)梁園棣修　(清)鄭之僑　(清)趙彥俞纂　清咸豐二年(1852)刻本　八冊

330000 - 1741 - 0002691　綫 672.15/419.77：2　史部/地理類/方志之屬/郡縣志

[咸豐]重修興化縣志十卷　(清)梁園棣修　(清)鄭之僑　(清)趙彥俞纂　清咸豐二年(1852)刻本　八冊

330000 - 1741 - 0002692　綫 672.15/421.76　史部/地理類/方志之屬/郡縣志

[道光]泰州志三十六卷首一卷　(清)王有慶等修　(清)陳世鎔等纂　清道光七年(1827)刻光緒三十四年(1908)補刻本　十二冊

330000 - 1741 - 0002693　綫 672.15/423.74　史部/地理類/方志之屬/郡縣志

[嘉慶]高郵州志十二卷首一卷　(清)楊宜崙修　(清)夏之蓉　(清)沈之本纂　(清)馮馨增修　(清)王念孫等增纂　清道光二十五年(1845)刻本　十六冊

330000 - 1741 - 0002694　綫 672.15/423.76　史部/地理類/方志之屬/郡縣志

[道光]續增高郵州志不分卷　(清)左輝春等纂修　清道光二十三年(1843)刻本　六冊

330000 - 1741 - 0002695　綫 672.15/423.78　史部/地理類/方志之屬/郡縣志

[光緒]再續高郵州志八卷首一卷　(清)金元烺　(清)龔定瀛修　(清)夏子鍚纂　清光緒九年(1883)刻本　八冊

330000 - 1741 - 0002696　綫 672.15/425.76　史部/地理類/方志之屬/郡縣志

[道光]重修寶應縣志二十八卷首一卷　(清)孟毓蘭修　(清)喬載繇等纂　清道光二十年(1840)湯氏沐華堂刻本　十冊

330000 - 1741 - 0002699　綫 672.15/425.76a　史部/地理類/方志之屬/郡縣志

[道光]寶應圖經六卷首二卷　(清)劉寶楠纂　清光緒九年(1883)淮南書局刻本　四冊

330000 - 1741 - 0002700　綫 672.15/513.77　史部/地理類/方志之屬/郡縣志

[同治]宿遷縣志十九卷　(清)李德溥修　(清)方駿謨纂　清同治十三年(1874)刻本　八冊

330000 - 1741 - 0002702　綫 672.15/511.77　史部/地理類/方志之屬/郡縣志

[咸豐]邳州志二十卷首一卷　(清)董用威　(清)馬軼羣修　(清)魯一同纂　清咸豐元年(1851)刻本　四冊

330000 - 1741 - 0002703　綫 672.15/513.77/C1　史部/地理類/方志之屬/郡縣志

[同治]宿遷縣志十九卷　(清)李德溥修　(清)方駿謨纂　清同治十三年(1874)刻本　六冊

330000 - 1741 - 0002704　綫 672.15/511.77/C1　史部/地理類/方志之屬/郡縣志

[咸豐]邳州志二十卷首一卷　(清)董用威　(清)馬軼羣修　(清)魯一同纂　清咸豐元年(1851)刻光緒二十一年(1895)印本　四冊

330000 - 1741 - 0002706　綫 672.15/513.77/C2　史部/地理類/方志之屬/郡縣志

[同治]宿遷縣志十九卷 （清)李德溥修
(清)方駿謨纂 清同治十三年(1874)刻本
六冊

330000－1741－0002707 綫 672.15/511.77/
C2 史部/地理類/方志之屬/郡縣志

[咸豐]邳州志二十卷首一卷 （清)董用威
(清)馬軼羣修 （清)魯一同纂 清咸豐元年
(1851)刻光緒二十一年(1895)印本 四冊

330000－1741－0002708 綫 672.15/515.78
史部/地理類/方志之屬/郡縣志

光緒睢寧縣志彙十八卷 （清)侯紹瀛修
(清)丁顯纂 清光緒十二年至十三年(1886－
1887)刻本 八冊

330000－1741－0002709 綫 672.15/517.75
史部/地理類/方志之屬/郡縣志

嘉慶海州直隸州志三十二卷首一卷 （清)唐
仲冕修 （清)汪梅鼎等纂 清嘉慶十年
(1805)刻十六年(1811)補修本 十冊

330000－1741－0002710 綫 672.2/78.34
史部/地理類/方志之屬/通志

[光緒]重修安徽通志三百五十卷補遺十卷
(清)吳坤修等修 （清)何紹基等纂 清光緒
四年(1878)刻本 一百二十冊

330000－1741－0002711 綫 672.15/523.78
史部/地理類/方志之屬/郡縣志

光緒贛榆縣志十八卷 （清)王豫熙修 張謇
纂 清光緒十四年(1888)刻本 八冊

330000－1741－0002712 綫 672.15/523.78/
C1 史部/地理類/方志之屬/郡縣志

光緒贛榆縣志十八卷 （清)王豫熙修 張謇
纂 清光緒十四年(1888)刻本 四冊

330000－1741－0002713 綫 672.2/78.40
史部/地理類/方志之屬/通志

[光緒]皖志便覽六卷 （清)李應珏撰 清光
緒二十四年(1898)鉛印本 二冊

330000－1741－0002714 綫 672.21/78 史
部/地理類/雜志之屬

安徽輿圖表說十卷 清光緒二十二年(1896)

石印本 二冊

330000－1741－0002715 綫 672.24/112.78
史部/地理類/方志之屬/郡縣志

[光緒]續修廬州府志一百卷首一卷末一卷
(清)黃雲修 （清)林之望等纂 清光緒十一
年(1885)刻本 四十八冊

330000－1741－0002716 綫 672.24/112.75
史部/地理類/方志之屬/郡縣志

[嘉慶]廬州府志五十四卷圖一卷 （清)張祥
雲修 （清)孫星衍纂 清嘉慶八年(1803)刻
本(卷一至七、圖一卷配抄本) 十六冊

330000－1741－0002717 綫 672.24/206.78
史部/地理類/方志之屬/郡縣志

[光緒]廣德州志六十卷首一卷末一卷 （清)
胡有誠修 （清)丁寶書纂 清光緒七年
(1881)刻本 二十冊

330000－1741－0002722 綫 672.25/101.76
史部/地理類/方志之屬/郡縣志

[道光]懷寧縣志二十八卷首一卷末一卷
(清)王毓芳 （清)趙梅修 （清)江爾維等
纂 清道光五年(1825)刻本 十冊

330000－1741－0002726 綫 672.25/210.522
史部/地理類/方志之屬/郡縣志

[淳熙]新安志十卷 （宋)羅願纂 清光緒十
四年(1888)黟邑李宗煝刻本 四冊

330000－1741－0002727 綫 672.25/210.
522/C1 史部/地理類/方志之屬/郡縣志

[淳熙]新安志十卷 （宋)羅願纂 清光緒十
四年(1888)黟邑李宗煝刻本 四冊

330000－1741－0002729 綫 672.65/301.78
史部/地理類/山川之屬/山志

德山志補四卷 （清)唐待徵纂 （清)程雋超
補 清光緒二十二年(1896)刻本 二冊

330000－1741－0002730 綫 672.25/117.78
史部/地理類/方志之屬/郡縣志

[光緒]續修舒城縣志五十卷首一卷末一卷
(清)呂林鍾等修 （清)趙鳳詔等纂 清光緒
三十三年(1907)木活字印本 十六冊

330000－1741－0002731　綫 672.3200/2864
史部/地理類/方志之屬/郡縣志

宋元四明六志　（清）徐時棟輯　清咸豐四年(1854)甬上徐氏煙嶼樓刻本([大德]昌國州圖志首一卷末一卷、[延祐]四明志卷九至十一原缺)　二十冊

330000－1741－0002732　綫 672.25/117.78/C1　史部/地理類/方志之屬/郡縣志

[光緒]續修舒城縣志五十卷首一卷末一卷　（清）呂林鍾等修　（清）趙鳳詔等纂　清光緒三十三年(1907)木活字印本　十五冊　缺一卷(首)

330000－1741－0002733　綫 672.25/223.78
史部/地理類/方志之屬/郡縣志

[光緒]宣城縣志四十卷首一卷　（清）李應泰等修　（清）章綬纂　清光緒十四年(1888)木活字印本　二十四冊

330000－1741－0002742　綫 672.34/117.78
史部/地理類/方志之屬/郡縣志

[光緒]嘉興府志八十八卷首二卷　（清）許瑤光修　（清）吳仰賢等纂　清光緒三年至四年(1877－1878)嘉興鴛湖書院刻五年(1879)重印本　四十八冊

330000－1741－0002744　綫 672.34/130.77
史部/地理類/方志之屬/郡縣志

[同治]湖州府志九十六卷首一卷　（清）宗源瀚等修　（清）周學濬等纂　清同治十一年至十三年(1872－1874)愛山書院刻光緒九年(1883)印本　四十冊

330000－1741－0002747　綫 672.25/305.78
史部/地理類/方志之屬/郡縣志

[光緒]鳳臺縣志二十五卷首一卷　（清）李師沆　（清）石成之修　（清）葛蔭南　（清）周爾儀纂　清光緒十八年(1892)木活字印本振升題記　十冊

330000－1741－0002749　綫 672.25/313.78
史部/地理類/方志之屬/郡縣志

[光緒]宿州志三十六卷　（清）何慶釗修　（清）丁遜之　（清）吳振聲纂　清光緒十五年(1889)刻本　十六冊

330000－1741－0002750　綫 672.25/327.78
史部/地理類/方志之屬/郡縣志

[光緒]亳州志二十卷首一卷　（清）鍾泰（清）宗能徵纂修　清光緒二十一年(1895)木活字印本　十四冊

330000－1741－0002751　綫 672.25/329.78
史部/地理類/方志之屬/郡縣志

[光緒]泗虹合志十九卷　（清）方瑞蘭修（清）江殿颺　（清）許湘甲纂　清光緒十四年(1888)刻本　八冊

330000－1741－0002752　綫 672.25/331.78
史部/地理類/方志之屬/郡縣志

[光緒]重修五河縣志二十卷首一卷末一卷（清）賴同晏　（清）孫玉銘修　（清）俞宗誠等纂　清光緒二十年(1894)刻本　十二冊

330000－1741－0002753　綫 672.3/78　史部/地理類/方志之屬/通志

浙志便覽十卷　（清）李應珏撰　清光緒十七年(1891)杭城吏隱齋刻二十二年(1896)增刻本　四冊

330000－1741－0002754　綫 672.3/78.40
史部/地理類/方志之屬/通志

浙志便覽七卷　（清）李應珏撰　清光緒十七年(1891)杭城吏隱齋刻本　四冊

330000－1741－0002755　綫 672.3/78.40/C1
史部/地理類/方志之屬/通志

浙志便覽七卷　（清）李應珏撰　清光緒十七年(1891)杭城吏隱齋刻本　八冊

330000－1741－0002756　綫 672.3/78.77
史部/地理類/水利之屬

浙江通志水利海防十四卷　（清）李衛　（清）嵇曾筠等修　（清）沈翼機　（清）傅王露等纂　清光緒五年(1879)墨潤堂刻本　六冊

330000－1741－0002757　綫 672.34/200.52
史部/地理類/方志之屬/郡縣志

宋元四明六志　（清）徐時棟輯　清咸豐四年(1854)甬上徐氏煙嶼樓刻本([大德]昌國州

圖志首一卷末一卷、[延祐]四明志卷九至十一原缺） 四冊

330000－1741－0002759　綫 672.34/200.73
史部/地理類/方志之屬/郡縣志

[雍正]寧波府志三十六卷首一卷 （清）曹秉仁等修 （清）萬經等纂 清道光二十六年（1846）刻本 十六冊

330000－1741－0002760　綫 672.34/310.72
史部/地理類/方志之屬/郡縣志

[康熙]金華府志三十卷 （清）張薈修（清）沈麟趾等纂 清宣統元年（1909）嵩連石印本 十二冊

330000－1741－0002761　綫 672.34/326.52
類叢部/叢書類/彙編之屬

漸西村舍彙刊（漸西村舍叢刻）四十四種 （清）袁昶編 清光緒十六年至二十四年（1890－1898）桐廬袁氏刻本（黃帝內經太素卷一、四、七、十六、十八、二十至二十一原缺） 二冊 存一種

330000－1741－0002762　綫 672.34/326.522
類叢部/叢書類/彙編之屬

漸西村舍彙刊（漸西村舍叢刻）四十四種 （清）袁昶編 清光緒十六年至二十四年（1890－1898）桐廬袁氏刻本（黃帝內經太素卷一、四、七、十六、十八、二十至二十一原缺） 二冊 存一種

330000－1741－0002763　綫 672.34/326.522.1 類叢部/叢書類/彙編之屬

刻鵠齋叢書十六種 （清）胡念修編 清光緒二十三年至二十七年（1897－1901）刻鵠齋刻本 二冊 存一種

330000－1741－0002765　綫 672.34/228.52
類叢部/叢書類/郡邑之屬

台州叢書（名山堂叢書）九種 （清）宋世犖編 清嘉慶至道光臨海宋氏刻本 六冊 存一種

330000－1741－0002767　綫 672.34/326.78
史部/地理類/方志之屬/郡縣志

[光緒]嚴州府志三十八卷首一卷 （清）吳士進原本 （清）吳世榮續修 （清）鄒柏森（清）馬斯臧等續纂 清光緒八年至九年（1882－1883）刻十六年（1890）鶴山增刻二十三年（1897）賀良樾再增刻民國二十六年（1937）重印本 四冊 存九卷（一至二、五至八、十九至二十一）

330000－1741－0002768　綫 672.35/1032.78
史部/地理類/方志之屬/郡縣志

[光緒]唐棲志二十卷 （清）王同纂 清光緒十五年至十六年（1889－1890）刻本 八冊

330000－1741－0002771　綫 672.35/101.67、綫 672.35/103.66　類叢部/叢書類/郡邑之屬

武林掌故叢編一百八十七種 （清）丁丙編 清光緒三年至二十六年（1877－1900）錢塘丁氏嘉惠堂刻本（乾道臨安志卷四至十五、南宋館閣錄卷一原缺） 十二冊 存二種

330000－1741－0002772　綫 672.35/103.66/C1　類叢部/叢書類/郡邑之屬

武林掌故叢編一百八十七種 （清）丁丙編 清光緒三年至二十六年（1877－1900）錢塘丁氏嘉惠堂刻本（乾道臨安志卷四至十五、南宋館閣錄卷一原缺） 十冊 存一種

330000－1741－0002773　綫 672.35/1033.78
史部/地理類/雜志之屬

湖墅小志四卷 （清）高鵬年撰 清光緒二十二年（1896）石印本 二冊

330000－1741－0002774　綫 672.35/105.76
史部/地理類/方志之屬/郡縣志

[道光]海昌備志五十二卷圖一卷附錄二卷（清）錢泰吉等纂修 清道光二十六年至二十七年（1846－1847）刻本 三十冊

330000－1741－0002775　綫 672.35/105.66
史部/地理類/方志之屬/郡縣志

嘉靖海寧縣志九卷首一卷附錄一卷 （明）蔡完修 （明）董穀纂 清光緒二十四年（1898）許仁沐刻本 二冊

330000 – 1741 –0002778　綫 672.35/107.78a
史部/地理類/方志之屬/郡縣志

[光緒]富陽縣輿地小志一卷　（清）陳承澍修
（清）徐澹仙纂　清光緒三十年（1904）石印
本　一冊

330000 – 1741 – 0002779　綫 672.35/107.78
史部/地理類/方志之屬/郡縣志

[光緒]富陽縣志二十四卷首一卷　（清）汪文
炳等修　（清）蔣敬時等纂　清光緒三十二年
（1906）刻本　十六冊

330000 – 1741 – 0002780　綫 672.35/107.78：2
史部/地理類/方志之屬/郡縣志

[光緒]富陽縣志二十四卷首一卷　（清）汪文
炳等修　（清）蔣敬時等纂　清光緒三十二年
（1906）刻本　十六冊

330000 – 1741 – 0002781　綫 672.35/111.522
史部/地理類/方志之屬/郡縣志

乾道臨安志十五卷　（宋）周淙纂　清光緒二
十年（1894）孫氏壽松堂刻本（卷四至十五原
缺）　一冊

330000 – 1741 – 0002782　綫 672.35/111.79
史部/地理類/方志之屬/郡縣志

[宣統]臨安縣志八卷首一卷末一卷　（清）彭
循堯修　（清）董運昌　（清）周鼎纂　清宣統
二年（1910）木活字印本　六冊

330000 – 1741 – 0002783　綫 672.35/111.
522a　類叢部/叢書類/郡邑之屬

武林掌故叢編一百八十七種　（清）丁丙編
清光緒三年至二十六年（1877 – 1900）錢塘丁
氏嘉惠堂刻本（乾道臨安志卷四至十五、南宋
館閣錄卷一原缺）　一冊　存一種

330000 – 1741 –0002784　綫 672.35/111.79/C1
史部/地理類/方志之屬/郡縣志

[宣統]臨安縣志八卷首一卷末一卷　（清）彭
循堯修　（清）董運昌　（清）周鼎纂　清宣統
二年（1910）木活字印本　六冊

330000 – 1741 – 0002790　綫 672.35/131.78
史部/地理類/方志之屬/郡縣志

[光緒]歸安縣志五十二卷首一卷　（清）李昱
修　（清）陸心源纂　清光緒八年（1882）刻本
十六冊

330000 – 1741 – 0002793　綫 672.35/131.78a
史部/地理類/方志之屬/郡縣志

[光緒]烏程縣志三十六卷　（清）郭式昌等修
（清）周學濬　（清）汪曰楨纂　清光緒六年
至七年（1880 – 1881）刻本　十六冊

330000 – 1741 – 0002794　綫 672.35/1311.78
史部/地理類/方志之屬/郡縣志

[光緒]菱湖鎮志四十四卷首一卷　（清）孫志
熊纂　清光緒十九年（1893）歸安孫氏刻本
六冊

330000 – 1741 – 0002795　綫 672.35/1314.
77/C1　史部/地理類/方志之屬/郡縣志

[咸豐]南潯鎮志四十卷首一卷　（清）汪曰楨
纂　清咸豐九年至同治二年（1859 – 1863）刻
本　十冊

330000 – 1741 – 0002797　綫 672.35/1314.77
史部/地理類/方志之屬/郡縣志

[咸豐]南潯鎮志四十卷首一卷蓮漪文鈔八卷
（清）汪曰楨纂　清咸豐九年至同治二年
（1859 – 1863）刻本　十二冊

330000 – 1741 – 0002805　綫 672.35/141.78
史部/地理類/方志之屬/郡縣志

[同治]孝豐縣志十卷首一卷　（清）劉濬修
（清）潘宅仁等纂　清光緒三年至五年（1877 –
1879）刻二十九年（1903）補刻本　十冊

330000 – 1741 – 0002807　綫 672.35/203.73
史部/地理類/方志之屬/郡縣志

[雍正]慈谿縣志十六卷　（清）楊正筍修
（清）馮鴻模等纂　清雍正九年（1731）刻乾隆
三年（1738）增刻本　八冊

330000 – 1741 – 0002812　綫 672.35/125.78
史部/地理類/方志之屬/郡縣志

[光緒]石門縣志十一卷首一卷　（清）余麗元
等纂修　清光緒四年至五年（1878 – 1879）刻
本　十一冊　缺一卷（首）

330000－1741－0002813　綫 672.35/203.73/
C1　史部/地理類/方志之屬/郡縣志

[雍正]慈谿縣志十六卷　（清）楊正筍修
（清）馮鴻模等纂　清雍正九年(1731)刻乾隆
三年(1738)增刻本　八冊

330000－1741－0002814　綫 672.35/215.75
　史部/地理類/方志之屬/郡縣志

[嘉慶]山陰縣志三十卷首一卷　（清）徐元梅
修　（清）朱文翰等纂　清嘉慶八年(1803)刻
本　八冊

330000－1741－0002815　綫 672.35/208.78
　史部/地理類/方志之屬/郡縣志

光緒甯海縣志二十四卷首一卷　（清）王瑞成
（清）程雲驥修　（清）張濬等纂　清光緒二
十八年(1902)刻民國四年(1915)重印本　十
二冊

330000－1741－0002816　綫 672.35/121.78
　史部/地理類/方志之屬/郡縣志

[光緒]重修嘉善縣志三十六卷首一卷　（清）
江峯青修　（清）顧福仁纂　清光緒二十年
(1894)刻本　十六冊

330000－1741－0002817　綫 672.35/121.78：2
　史部/地理類/方志之屬/郡縣志

[光緒]重修嘉善縣志三十六卷首一卷　（清）
江峯青修　（清）顧福仁纂　[民國]校勘光緒
嘉善縣志劄記一卷　孫傳樞　唐步雲等纂
清光緒二十年(1894)刻民國七年(1918)印
本、民國八年(1919)鉛印本　十六冊　存三
十五卷(三至三十六、校勘光緒嘉善縣志劄
記)

330000－1741－0002818　綫 672.35/127.78
　史部/地理類/方志之屬/郡縣志

[光緒]平湖縣志二十五卷首一卷末一卷
（清）彭潤章等修　（清）葉廉鍔等纂　平湖殉
難錄一卷　（清）彭潤章輯　清光緒十二年
(1886)刻本　十三冊

330000－1741－0002819　綫 672.35/127.78/
C1　史部/地理類/方志之屬/郡縣志

[光緒]平湖縣志二十五卷首一卷末一卷

（清）彭潤章等修　（清）葉廉鍔等纂　平湖殉
難錄一卷　（清）彭潤章輯　清光緒十二年
(1886)刻本　十三冊

330000－1741－0002820　綫 672.35/129.78
　史部/地理類/方志之屬/郡縣志

光緒桐鄉縣志二十四卷首四卷　（清）嚴辰纂
楊園淵源錄四卷　（清）沈曰富輯　清光緒
十三年(1887)蘇州陶潄藝齋刻本　二十四冊

330000－1741－0002821　綫 672.35/127.78/
C2　史部/地理類/方志之屬/郡縣志

[光緒]平湖縣志二十五卷首一卷末一卷
（清）彭潤章等修　（清）葉廉鍔等纂　平湖殉
難錄一卷　（清）彭潤章輯　清光緒十二年
(1886)刻本　十三冊

330000－1741－0002824　綫 672.35/129.78/
C1　史部/地理類/方志之屬/郡縣志

光緒桐鄉縣志二十四卷首四卷　（清）嚴辰纂
楊園淵源錄四卷　（清）沈曰富輯　清光緒
十三年(1887)蘇州陶潄藝齋刻本　二十四冊

330000－1741－0002825　綫 672.35/205.78
　史部/地理類/方志之屬/郡縣志

[光緒]奉化縣志四十卷首一卷　（清）李前泮
修　張美翊等纂　清光緒三十四年(1908)刻
本　十二冊

330000－1741－0002827　綫 672.35/205.78/
C1　史部/地理類/方志之屬/郡縣志

[光緒]奉化縣志四十卷首一卷　（清）李前泮
修　張美翊等纂　清光緒三十四年(1908)刻
本　十二冊

330000－1741－0002829　綫 672.35/213.78
　史部/地理類/方志之屬/郡縣志

[光緒]定海廳志三十卷首一卷　（清）史致馴
修　（清）黃以周等纂　清光緒十一年(1885)
黃樹藩刻本　十冊

330000－1741－0002830　綫 672.35/207.78
　史部/地理類/方志之屬/郡縣志

[光緒]鎮海縣志四十卷　（清）于萬川修
（清）俞樾等纂　清光緒五年(1879)鯤池書院

刻本　十六冊

330000－1741－0002832　綫672.35/225.52：3
　史部/地理類/方志之屬/郡縣志

[嘉定]剡錄十卷　（宋）史安之修　（宋）高
似孫纂　清同治九年（1870）刻本　二冊

330000－1741－0002833　綫672.35/225.52：2
　類叢部/叢書類/彙編之屬

邵武徐氏叢書二集八種　（清）徐榦編　清光
緒邵武徐氏刻本　二冊　存一種

330000－1741－0002834　綫672.35/225.76
　史部/地理類/方志之屬/郡縣志

[道光]嵊縣志十四卷首一卷末一卷　（清）李
式圃修　（清）朱淥等纂　清道光八年（1828）
刻本　八冊

330000－1741－0002835　綫672.35/225.77
　史部/地理類/方志之屬/郡縣志

[同治]嵊縣志二十六卷首一卷末一卷　（清）
嚴思忠　（清）陳仲麟修　（清）蔡以瑺等纂
清同治九年（1870）刻本　十二冊

330000－1741－0002836　綫672.35/225.52
　類叢部/叢書類/彙編之屬

邵武徐氏叢書二集八種　（清）徐榦編　清光
緒邵武徐氏刻本　二冊　存一種

330000－1741－0002837　綫672.35/225.77/
C1　史部/地理類/方志之屬/郡縣志

[同治]嵊縣志二十六卷首一卷末一卷　（清）
嚴思忠　（清）陳仲麟修　（清）蔡以瑺等纂
清同治九年（1870）刻本　十二冊

330000－1741－0002841　綫672.35/201.78
　史部/地理類/方志之屬/郡縣志

[同治]鄞縣志七十五卷圖一卷　（清）戴枚修
　（清）張恕　（清）董沛等纂　清光緒三年
（1877）刻四年（1878）增刻本　三十四冊

330000－1741－0002842　綫672.35/133.77
　史部/地理類/方志之屬/郡縣志

[同治]長興縣志三十二卷　（清）趙定邦等修
　（清）周學濬　（清）丁寶書纂　清同治十三
年至光緒元年（1874－1875）刻十八年（1892）

邵同珩、孫德祖增補重校刻本　十六冊

330000－1741－0002843　綫672.35/223.78＊2
　史部/地理類/方志之屬/郡縣志

[光緒]上虞縣志校續五十卷首一卷末一卷
（清）儲家藻修　（清）徐致靖纂　清光緒二十
四年至二十五年（1898－1899）刻本　二十冊

330000－1741－0002844　綫672.35/223.78：2
　史部/地理類/方志之屬/郡縣志

[光緒]上虞縣志四十八卷首一卷末一卷附錄
一卷　（清）唐煦春修　（清）朱士黻纂　清光
緒十七年（1891）刻本　二十冊

330000－1741－0002845　綫672.35/133.78
　史部/地理類/方志之屬/郡縣志

[同治]長興縣志三十二卷　（清）趙定邦等修
　（清）周學濬　（清）丁寶書纂　[光緒]長
興志拾遺二卷首一卷　（清）朱鎮纂　清同治
十三年至光緒元年（1874－1875）刻十八年
（1892）邵同珩、孫德祖增補重校刻本、清光緒
二十三年（1897）刻本　十六冊

330000－1741－0002846　綫672.35/223.78
　史部/地理類/方志之屬/郡縣志

[光緒]上虞縣志四十八卷首一卷末一卷附錄
一卷　（清）唐煦春修　（清）朱士黻纂　清光
緒十七年（1891）刻本　二十冊

330000－1741－0002847　綫672.35/223.78＊
2/C1　史部/地理類/方志之屬/郡縣志

[光緒]上虞縣志校續五十卷首一卷末一卷
（清）儲家藻修　（清）徐致靖纂　清光緒二十
四年至二十五年（1898－1899）刻本　二十冊

330000－1741－0002848　綫672.35/203.78
　史部/地理類/方志之屬/郡縣志

[光緒]慈谿縣志五十六卷列傳附編一卷
（清）楊泰亨　（清）馮可鏞纂　（清）劉一桂
校補　清光緒二十五年（1899）德潤書院刻本
　二十四冊

330000－1741－0002849　綫672.35/203.78/
C1　史部/地理類/方志之屬/郡縣志

[光緒]慈谿縣志五十六卷列傳附編一卷

(清)楊泰亨　(清)馮可鏞纂　(清)劉一桂校補　清光緒二十五年(1899)德潤書院刻本　二十四冊

330000－1741－0002862　綫 672.35/219.79
　史部/地理類/方志之屬/郡縣志
[光緒]諸暨縣志六十一卷　陳遹聲修　(清)蔣鴻藻纂　清宣統二年(1910)刻本　十八冊

330000－1741－0002863　綫 672.35/223.78/C1　史部/地理類/方志之屬/郡縣志
[光緒]上虞縣志四十八卷首一卷末一卷附錄一卷　(清)唐煦春修　(清)朱士黻纂　清光緒十七年(1891)刻本　二十冊

330000－1741－0002864　綫 672.35/219.79：2
　史部/地理類/方志之屬/郡縣志
[光緒]諸暨縣志六十一卷　陳遹聲修　(清)蔣鴻藻纂　清宣統二年(1910)刻本　十八冊

330000－1741－0002869　綫 672.35/229.72
　史部/地理類/方志之屬/郡縣志
[康熙]臨海縣志十五卷首一卷　(清)洪若皋纂　清康熙二十二年(1683)刻同治至光緒重印本　八冊

330000－1741－0002870　綫 672.35/231.78
　史部/地理類/方志之屬/郡縣志
[光緒]黃巖縣志四十卷首一卷附黃巖集三十二卷首一卷　(清)陳寶善　(清)孫憙修　(清)王棻纂　(清)陳鍾英　(清)鄭錫淳續修　(清)王詠霓續纂　黃巖志校議二卷　(清)王棻撰　清光緒三年(1877)刻六年(1880)校補刻本　十六冊　缺三十四卷(首、黃巖集一至三十二,黃巖志校議二)

330000－1741－0002873　綫 672.35/239.77
　史部/地理類/方志之屬/郡縣志
光緒太平續志十八卷首一卷　(清)陳汝霖修　(清)王棻等纂　清光緒二十二年(1896)刻朱印本　十冊

330000－1741－0002874　綫 672.35/305.77/C1　史部/地理類/方志之屬/郡縣志
[同治]江山縣志十二卷首一卷末一卷　(清)

王彬　(清)孫晉梓修　(清)朱寶慈等纂　清同治十二年(1873)文溪書院刻本　八冊

330000－1741－0002875　綫 672.35/235.78
　史部/地理類/方志之屬/郡縣志
光緒僊居志二十四卷首一卷附僊居集二十四卷　(清)王壽頤　(清)潘紀恩修　(清)王棻　(清)李仲昭纂　清光緒二十年(1894)木活字印本　十八冊

330000－1741－0002876　綫 672.35/239.78
　史部/地理類/方志之屬/郡縣志
光緒太平續志十八卷首一卷　(清)陳汝霖修　(清)王棻等纂　清光緒二十二年(1896)刻本　八冊

330000－1741－0002877　綫 672.35/239.75
　史部/地理類/方志之屬/郡縣志
嘉慶太平縣志十八卷首一卷　(清)慶霖修　(清)戚學標等纂　清光緒二十二年(1896)古閩陳其昌刻本　十冊

330000－1741－0002878　綫 672.35/301.75 * 1
　史部/地理類/方志之屬/郡縣志
[嘉慶]西安縣志四十八卷首一卷　(清)姚寶煃修　(清)范崇楷等纂　清嘉慶十六年(1811)刻民國六年(1917)蘄春桂鑄西重修本　十二冊

330000－1741－0002879　綫 672.35/301.75
　史部/地理類/方志之屬/郡縣志
[嘉慶]西安縣志四十八卷首一卷　(清)姚寶煃修　(清)范崇楷等纂　清嘉慶十六年(1811)刻本　十二冊

330000－1741－0002880　綫 672.35/305.77
　史部/地理類/方志之屬/郡縣志
[同治]江山縣志十二卷首一卷末一卷　(清)王彬　(清)孫晉梓修　(清)朱寶慈等纂　清同治十二年(1873)文溪書院刻本　八冊

330000－1741－0002881　綫 672.35/305.77/C2　史部/地理類/方志之屬/郡縣志
[同治]江山縣志十二卷首一卷末一卷　(清)王彬　(清)孫晉梓修　(清)朱寶慈等纂　清

同治十二年(1873)文溪書院刻本　八冊

330000 – 1741 – 0002882　綫 672.35/307.78
　史部/地理類/方志之屬/郡縣志

[光緒]常山縣志六十八卷首一卷末一卷
(清)李瑞鍾修　(清)朱昌泰等纂　清光緒十
二年(1886)刻本　十六冊

330000 – 1741 – 0002884　綫 672.35/221.78
　史部/地理類/方志之屬/郡縣志

[光緒]餘姚縣志二十七卷首一卷末一卷
(清)周炳麟修　(清)邵友濂　(清)孫德祖
纂　清光緒二十五年(1899)刻本　十六冊

330000 – 1741 – 0002885　綫 672.35/221.78/
C1　史部/地理類/方志之屬/郡縣志

[光緒]餘姚縣志二十七卷首一卷末一卷
(清)周炳麟修　(清)邵友濂　(清)孫德祖
纂　清光緒二十五年(1899)刻本　十六冊

330000 – 1741 – 0002886　綫 672.35/221.78/
C2　史部/地理類/方志之屬/郡縣志

[光緒]餘姚縣志二十七卷首一卷末一卷
(清)周炳麟修　(清)邵友濂　(清)孫德祖
纂　清光緒二十五年(1899)刻本　十六冊

330000 – 1741 – 0002887　綫 672.35/221.78/
C3　史部/地理類/方志之屬/郡縣志

[光緒]餘姚縣志二十七卷首一卷末一卷
(清)周炳麟修　(清)邵友濂　(清)孫德祖
纂　清光緒二十五年(1899)刻本　十六冊

330000 – 1741 – 0002890　綫 672.35/313.78
　史部/地理類/方志之屬/郡縣志

光緒蘭谿縣志八卷首一卷附補遺一卷　(清)
秦簧　(清)邵秉經修　(清)唐壬森纂　清光
緒十三年至十五年(1887 – 1889)刻十七年
(1891)增刻本　十冊

330000 – 1741 – 0002891　綫 672.35/313.78：2
　史部/地理類/方志之屬/郡縣志

光緒蘭谿縣志八卷首一卷　(清)秦簧　(清)
邵秉經修　(清)唐壬森纂　清光緒十三年至
十五年(1887 – 1889)刻本　十冊

330000 – 1741 – 0002893　綫 672.35/317.75

史部/地理類/方志之屬/郡縣志

[嘉慶]義烏縣志二十二卷首一卷　(清)諸自
穀修　(清)程瑜　(清)李錫齡纂　清嘉慶七
年(1802)刻本　十冊

330000 – 1741 – 0002894　綫 672.35/321.75
　史部/地理類/方志之屬/郡縣志

[嘉慶]武義縣志十二卷首一卷　(清)張營堠
修　(清)周家駒等纂　清宣統二年(1910)石
印本　五冊　缺一卷(九)

330000 – 1741 – 0002895　綫 672.35/317.75/
C1　史部/地理類/方志之屬/郡縣志

[嘉慶]義烏縣志二十二卷首一卷　(清)諸自
穀修　(清)程瑜　(清)李錫齡纂　清嘉慶七
年(1802)刻本　二十冊

330000 – 1741 – 0002896　綫 672.35/323.78
　史部/地理類/方志之屬/郡縣志

[光緒]浦江縣志十五卷首一卷附殉難錄二卷
　(清)善廣修　(清)張景青纂　清光緒二十
三年(1897)刻三十一年(1905)金國錫木活字
增補本　十四冊

330000 – 1741 – 0002897　綫 672.35/323.78：2
　史部/地理類/方志之屬/郡縣志

[光緒]浦江縣志十五卷首一卷附殉難錄二卷
　(清)善廣修　(清)張景青纂　清光緒二十
三年(1897)刻三十一年(1905)金國錫木活字
增補本　十四冊

330000 – 1741 – 0002898　綫 672.35/323.78：3
　史部/地理類/方志之屬/郡縣志

[光緒]浦江縣志十五卷首一卷附殉難錄二卷
　(清)善廣修　(清)張景青纂　清光緒二十
三年(1897)刻三十一年(1905)金國錫木活字
增補本　十四冊

330000 – 1741 – 0002901　綫 672.35/327.78
　史部/地理類/方志之屬/郡縣志

[光緒]建德縣志二十一卷首一卷　(清)謝仁
澍　(清)吳俊修　(清)俞觀旭　(清)孫詒
謀纂　清光緒十八年(1892)刻本　十冊

330000 – 1741 – 0002904　綫 672.35/329.78

史部/地理類/方志之屬/郡縣志

[光緒]淳安縣志十六卷首一卷 （清）劉世寧
原本 （清）李詩續修 （清）陳中元 （清）
竺士彥續纂 清光緒十年(1884)刻本 八冊

330000 – 1741 – 0002905 綫 672.35/333.74
史部/地理類/方志之屬/郡縣志

[乾隆]遂安縣志十卷首一卷 （清）鄒錫疇等
修 （清）方引彥等纂 清光緒十六年(1890)
桂林唐濟木活字印本 八冊

330000 – 1741 – 0002909 綫 672.35/401.78
史部/地理類/方志之屬/郡縣志

[光緒]永嘉縣志三十八卷首一卷 （清）張寶
琳修 （清）王棻 （清）孫詒讓纂 清光緒八
年(1882)溫州維新書局刻本 二十八冊

330000 – 1741 – 0002911 綫 672.35/401.78：2
史部/地理類/方志之屬/郡縣志

[光緒]永嘉縣志三十八卷首一卷 （清）張寶
琳修 （清）王棻 （清）孫詒讓纂 清光緒八
年(1882)溫州維新書局刻民國二十四年
(1935)劉景晨補刻本 二十九冊 缺二卷
(十七至十八)

330000 – 1741 – 0002913 綫 672.35/337.78
史部/地理類/方志之屬/郡縣志

光緒分水縣志十卷首一卷末一卷 （清）陳常
鏵 （清）馮圻修 （清）臧承宣纂 清光緒三
十二年(1906)刻民國三十年(1941)印本
六冊

330000 – 1741 – 0002917 綫 672.35/407.78
史部/地理類/方志之屬/郡縣志

[光緒]縉雲縣志十六卷首一卷末一卷 （清）
何乃容 （清）葛華修 （清）潘樹棠纂 清光
緒二年至七年(1876 – 1881)刻本 十二冊

330000 – 1741 – 0002918 綫 672.35/337.78：2
史部/地理類/方志之屬/郡縣志

光緒分水縣志十卷首一卷末一卷 （清）陳常
鏵 （清）馮圻修 （清）臧承宣纂 清光緒三
十二年(1906)刻本 六冊

330000 – 1741 – 0002919 綫 672.35/407.78/

C1 史部/地理類/方志之屬/郡縣志

[光緒]縉雲縣志十六卷首一卷末一卷 （清）
何乃容 （清）葛華修 （清）潘樹棠纂 清光
緒二年至七年(1876 – 1881)刻本 十二冊

330000 – 1741 – 0002920 綫 672.35/409.78
史部/地理類/方志之屬/郡縣志

[光緒]松陽縣志十二卷首一卷 （清）支恒椿
修 （清）丁鳳章等纂 清光緒元年(1875)刻
本 六冊

330000 – 1741 – 0002921 綫 672.35/411.78
史部/地理類/方志之屬/郡縣志

[光緒]遂昌縣志十二卷首一卷外編四卷
（清）胡壽海 （清）史恩緯修 （清）褚成允
纂 清光緒二十二年(1896)尊經閣刻本 十
冊 缺一卷(外編一)

330000 – 1741 – 0002923 綫 672.35/413.78
史部/地理類/方志之屬/郡縣志

[光緒]龍泉縣志十二卷首一卷 （清）顧國詔
修 （清）張世堉纂 清光緒四年(1878)刻本
六冊

330000 – 1741 – 0002924 綫 672.35/411.78/
C1 史部/地理類/方志之屬/郡縣志

[光緒]遂昌縣志十二卷首一卷外編四卷
（清）胡壽海 （清）史恩緯修 （清）褚成允
纂 清光緒二十二年(1896)尊經閣刻本 十
二冊

330000 – 1741 – 0002925 綫 672.35/415.78
史部/地理類/方志之屬/郡縣志

[光緒]慶元縣志十二卷首一卷 （清）林步瀛
（清）史恩緯修 （清）史恩緒等纂 清光緒
三年(1877)刻本 十冊

330000 – 1741 – 0002926 綫 672.35/417.77
史部/地理類/方志之屬/郡縣志

[同治]雲和縣志十六卷首一卷 （清）伍承吉
修 （清）涂冠續修 （清）王士鈖纂 清咸豐
七年至同治三年(1857 – 1864)刻本 八冊

330000 – 1741 – 0002927 綫 672.35/419.78
史部/地理類/方志之屬/郡縣志

[光緒]宣平縣志二十卷首一卷　（清）皮樹棠修　（清）祝鳳梧纂　清光緒四年（1878）刻本　八冊

330000－1741－0002928　綫672.35/419.78：3　史部/地理類/方志之屬/郡縣志

[光緒]宣平縣志二十卷首一卷　（清）皮樹棠修　（清）祝鳳梧纂　清光緒四年（1878）刻本　八冊

330000－1741－0002929　綫672.35/419.78/C1　史部/地理類/方志之屬/郡縣志

[光緒]宣平縣志二十卷首一卷　（清）皮樹棠修　（清）祝鳳梧纂　清光緒四年（1878）刻本　八冊

330000－1741－0002930　綫672.35/421.77　史部/地理類/方志之屬/郡縣志

[同治]景甯縣志十四卷首一卷末一卷　（清）周杰修　（清）嚴用光　（清）葉篤貞纂　清同治十一年至十二年（1872－1873）刻本　十六冊

330000－1741－0002932　綫672.35/421.77：2　史部/地理類/方志之屬/郡縣志

[同治]景甯縣志十四卷首一卷末一卷　（清）周杰修　（清）嚴用光　（清）葉篤貞纂　[民國]景甯縣續志十七卷首一卷　吳呂熙修　柳景元纂　清同治十一年至十二年（1872－1873）刻本、民國二十二年（1933）刻本　十四冊

330000－1741－0002933　綫672.35/431.78　史部/地理類/方志之屬/郡縣志

[光緒]玉環廳志十四卷首一卷　（清）杜冠英（清）胥壽榮修　（清）呂鴻燾纂　續增二卷（清）胡鍾駿纂　清光緒六年（1880）刻十四年（1888）增刻本　八冊

330000－1741－0002934　綫672.35/423.78　史部/地理類/方志之屬/郡縣志

[光緒]玉環廳志十四卷首一卷　（清）杜冠英（清）胥壽榮修　（清）呂鴻燾纂　清光緒六年（1880）刻本　八冊

330000－1741－0002935　綫672.35/423.75　史部/地理類/方志之屬/郡縣志

[嘉慶]瑞安縣志十卷首一卷　（清）張德標修（清）王殿金　（清）黃徵乂纂　清嘉慶十三年至十四年（1808－1809）刻本　八冊

330000－1741－0002937　綫672.4/78　史部/地理類/方志之屬/通志

[光緒]江西通志一百八十卷首五卷　（清）劉坤一等修　（清）劉繹等纂　清光緒六年至七年（1880－1881）刻本　一百二十冊

330000－1741－0002938　綫672.35/423.75/C1　史部/地理類/方志之屬/郡縣志

[嘉慶]瑞安縣志十卷首一卷　（清）張德標修（清）王殿金　（清）黃徵乂纂　清嘉慶十三年至十四年（1808－1809）刻本　八冊

330000－1741－0002939　綫672.35/425.78　史部/地理類/方志之屬/郡縣志

[光緒]樂清縣志十六卷首一卷　（清）李登雲（清）錢寶鎔修　（清）陳珅等纂　清光緒二十七年（1901）東甌郭博古齋刻民國元年（1912）高誼校印本　十五冊

330000－1741－0002940　綫672.44/108.77　史部/地理類/方志之屬/郡縣志

[同治]建昌府志十卷首一卷　（清）邵子彝修（清）魯琪光纂　清同治十一年（1872）刻光緒五年（1879）印本　二十八冊

330000－1741－0002941　綫672.44/118.78　史部/地理類/方志之屬/郡縣志

[光緒]撫州府志八十六卷首一卷　（清）許應鑅　（清）朱澄瀾修　（清）謝煌等纂　清光緒二年（1876）刻本　四十冊

330000－1741－0002942　綫672.44/132.77　史部/地理類/方志之屬/郡縣志

[同治]廣信府志十二卷首一卷　（清）蔣繼洙修　（清）李樹藩等纂　清同治十二年（1873）刻本　三十冊

330000－1741－0002943　綫672.44/224.77　史部/地理類/方志之屬/郡縣志

[同治]臨江府志三十二卷首一卷 （清）德馨
（清）鮑孝光修 （清）朱孫詒 （清）陳錫
麟纂 清同治十年(1871)刻本 六冊

330000－1741－0002944 綫 672.44/224.77/
C1 史部/地理類/方志之屬/郡縣志

[同治]臨江府志三十二卷首一卷 （清）德馨
（清）鮑孝光修 （清）朱孫詒 （清）陳錫
麟纂 清同治十年(1871)刻本 六冊

330000－1741－0002945 綫 672.44/202.74
史部/地理類/方志之屬/郡縣志

[乾隆]袁州府志三十八卷首一卷 （清）陳廷
枚修 （清）熊曰華 （清）魯鴻纂 清乾隆二
十五年(1760)刻嘉慶八年(1803)補刻本
十冊

330000－1741－0002946 綫 672.44/200.78
史部/地理類/方志之屬/郡縣志

[光緒]吉安府志五十三卷首一卷 （清）定祥
（清）特克紳布修 （清）劉繹 （清）周立
瀛纂 清光緒二年(1876)刻本 三十九冊
缺一卷(四十二)

330000－1741－0002947 綫 672.44/132.77：2
史部/地理類/方志之屬/郡縣志

[同治]廣信府志十二卷首一卷 （清）蔣繼洙
修 （清）李樹藩等纂 清同治十二年(1873)
刻本 三十冊

330000－1741－0002948 綫 672.44/300.77
史部/地理類/方志之屬/郡縣志

[同治]贛州府志七十八卷首一卷 （清）魏瀛
（清）魯琪光修 （清）鍾音鴻等纂 清同治
十二年(1873)刻本 二十四冊

330000－1741－0002951 綫 672.45/135.77
史部/地理類/方志之屬/郡縣志

[同治]玉山縣志十卷首一卷續補遺一卷廣補
遺一卷 （清）黃壽祺修 （清）吳華辰
（清）任廷槐纂 清同治十二年(1873)刻本
十冊

330000－1741－0002952 672.45/135.77/C1
史部/地理類/方志之屬/郡縣志

[同治]玉山縣志十卷首一卷續補遺一卷廣補
遺一卷 （清）黃壽祺修 （清）吳華辰
（清）任廷槐纂 清同治十二年(1873)刻本
十冊

330000－1741－0002953 綫 672.45/119.77
史部/地理類/方志之屬/郡縣志

[同治]臨川縣志五十四卷首一卷末一卷
（清）童範儼修 （清）陳慶齡等纂 清同治九
年(1870)刻本 二十四冊

330000－1741－0002954 綫 672.45/139.77
史部/地理類/方志之屬/郡縣志

[同治]貴溪縣志十卷首一卷 （清）楊長杰等
修 （清）黃聯珏等纂 清同治十年(1871)刻
本 十四冊

330000－1741－0002955 綫 672.45/141.77
史部/地理類/方志之屬/郡縣志

[同治]鉛山縣志三十卷 （清）張廷珩修
（清）華祝三纂 清同治十二年(1873)刻本
十六冊

330000－1741－0002956 綫 672.45/125.76
史部/地理類/方志之屬/郡縣志

[同治]宜黃縣志五十卷首一卷 （清）張興言
等修 （清）謝煌等纂 清同治十年(1871)刻
本 二十四冊

330000－1741－0002957 綫 672.45/143.77
史部/地理類/方志之屬/郡縣志

[同治]廣豐縣志十卷首一卷 （清）雙全
（清）王麟書修 （清）顧蘭生等纂 清同治十
一年至十三年(1872－1874)刻本 十冊

330000－1741－0002958 綫 672.45/203.77
史部/地理類/方志之屬/郡縣志

[同治]宜春縣志十卷首一卷 （清）路青雲修
（清）李佩琳 （清）陳瑜纂 清同治十年
(1871)刻本 十冊 缺一卷(二)

330000－1741－0002960 綫 672.45/217.78
史部/地理類/方志之屬/郡縣志

[光緒]婺源縣志六十四卷首一卷 （清）吳鶚
修 （清）汪正元纂 清光緒八年(1882)刻

107

二十四冊

330000 - 1741 - 0002961　綫 672.45/225.77：2
史部/地理類/方志之屬/郡縣志

[同治]清江縣志十卷首一卷　(清)潘懿
(清)胡湛修　(清)朱孫詒纂　清同治九年
(1870)刻本　十冊

330000 - 1741 - 0002962　綫 672.45/225.77
史部/地理類/方志之屬/郡縣志

[同治]清江縣志十卷首一卷　(清)潘懿
(清)胡湛修　(清)朱孫詒纂　清同治九年
(1870)刻本　十冊

330000 - 1741 - 0002963　綫 672.45/233.77
史部/地理類/方志之屬/郡縣志

[同治]分宜縣志十卷首一卷　(清)李寅清
(清)夏琼鼎修　(清)嚴升偉等纂　清同治十
年(1871)刻本　十四冊

330000 - 1741 - 0002964　綫 672.45/235.77
史部/地理類/方志之屬/郡縣志

[同治]萍鄉縣志十卷首一卷　(清)錫榮
(清)王明璠纂修　清同治十一年(1872)尊經
堂刻本　八冊

330000 - 1741 - 0002965　綫 672.45/235.77/
C1　史部/地理類/方志之屬/郡縣志

[同治]萍鄉縣志十卷首一卷　(清)錫榮
(清)王明璠纂修　清同治十一年(1872)尊經
堂刻本　八冊

330000 - 1741 - 0002967　綫 672.45/305.78
史部/地理類/方志之屬/郡縣志

[同治]泰和縣志三十卷首一卷　(清)宋瑛等
修　(清)彭啓瑞等纂　(清)周之鏞續纂修
清光緒四年至五年(1878 - 1879)刻本　十
六冊

330000 - 1741 - 0002968　綫 672.45/305.78/
C1　史部/地理類/方志之屬/郡縣志

[同治]泰和縣志三十卷首一卷　(清)宋瑛等
修　(清)彭啓瑞等纂　(清)周之鏞續纂修
清光緒四年至五年(1878 - 1879)刻本　十
六冊

330000 - 1741 - 0002969　綫 672.45/315.78
史部/地理類/方志之屬/郡縣志

[光緒]龍南縣志八卷首一卷　(清)孫瑞徵
(清)胡鴻澤修　(清)鍾益馭纂　清光緒二年
(1876)刻本　八冊

330000 - 1741 - 0002970　綫 672.45/311.77
史部/地理類/方志之屬/郡縣志

[同治]安遠縣志十卷首一卷　(清)黃瑞圖等
修　(清)歐陽鐸纂　清同治十一年(1872)刻
本　八冊

330000 - 1741 - 0002971　綫 672.45/427.77
史部/地理類/方志之屬/郡縣志

[同治]德興縣志十卷首一卷末一卷　(清)孟
慶雲修　(清)楊重雅等纂　清同治十一年
(1872)興賢書院刻光緒二十二年(1896)補刻
本　十二冊

330000 - 1741 - 0002972　綫 672.45/323.77
史部/地理類/方志之屬/郡縣志

[同治]南康縣志十四卷首一卷　(清)沈恩華
修　(清)盧鼎峋纂　清同治十一年(1872)刻
本　十二冊

330000 - 1741 - 0002973　綫 672.54/200.78
史部/地理類/方志之屬/郡縣志

[光緒]襄陽府志二十六卷志餘一卷國朝襄郡
忠義錄一卷　(清)恩聯等修　(清)王萬芳等
纂　清光緒十一年(1885)刻十四(1888)增
刻本　十六冊

330000 - 1741 - 0002974　綫 672.54/200.78/
C1　史部/地理類/方志之屬/郡縣志

[光緒]襄陽府志二十六卷志餘一卷國朝襄郡
忠義錄一卷　(清)恩聯等修　(清)王萬芳等
纂　清光緒十一年(1885)刻十四(1888)增
刻本　十六冊

330000 - 1741 - 0002975　綫 672.54/134.78
史部/地理類/方志之屬/郡縣志

[光緒]黃州府志四十卷首一卷　(清)英啓修
(清)鄧琛等纂　清光緒十年(1884)刻本
四十冊

330000－1741－0002976　綫672.54/328.77
史部/地理類/方志之屬/郡縣志

[同治]增修施南府志三十卷首一卷　（清）松
林　（清）周慶榕修　（清）何遠鑒等纂　清同
治十年(1871)刻本　十四冊

330000－1741－0002977　綫672.54/328.78
史部/地理類/方志之屬/郡縣志

[光緒]施南府志續編十卷　（清）王庭楨
（清）李謙修　（清）雷春沼　（清）尹壽衡纂
清光緒十一年(1885)刻本　四冊

330000－1741－0002978　綫672.54/328.78/
C1　史部/地理類/方志之屬/郡縣志

[光緒]施南府志續編十卷　（清）王庭楨
（清）李謙修　（清）雷春沼　（清）尹壽衡纂
清光緒十一年(1885)刻本　四冊

330000－1741－0002979　綫672.54/78　史
部/地理類

襄陽四略　（清）吳慶燾撰　清光緒刻本
九冊

330000－1741－0002981　綫672.54/300.77
史部/地理類/方志之屬/郡縣志

[同治]宜昌府志十六卷首一卷　（清）聶光鑾
修　（清）王柏心　（清）雷春沼纂　清同治四
年(1865)刻本　十六冊

330000－1741－0002982　綫672.55/101.77
史部/地理類/方志之屬/郡縣志

[同治]江夏縣志八卷首一卷附文徵二卷
（清）王庭楨修　（清）彭崧毓纂　清同治八年
(1869)刻本　十冊

330000－1741－0002983　綫672.54/302.78
史部/地理類/方志之屬/郡縣志

[光緒]荊州府志八十卷首一卷　（清）倪文蔚
（清）蔣銘勳修　（清）顧嘉蘅　（清）李廷
鈺纂　清光緒六年(1880)刻本　三十二冊

330000－1741－0002984　綫672.55/223.77
史部/地理類/方志之屬/郡縣志

[同治]穀城縣志八卷　（清）承印修　（清）
蔣海澄　（清）黃定鋪纂　清同治六年(1867)

刻本　八冊

330000－1741－0002986　綫672.54/302.78/
C1　史部/地理類/方志之屬/郡縣志

[光緒]荊州府志八十卷首一卷　（清）倪文蔚
（清）蔣銘勳修　（清）顧嘉蘅　（清）李廷
鈺纂　清光緒六年(1880)刻本　三十二冊

330000－1741－0002987　綫672.55/135.78
史部/地理類/方志之屬/郡縣志

[光緒]黃岡縣志二十四卷首一卷　（清）戴昌
言修　（清）劉恭冕纂　清光緒八年(1882)刻
本　二十四冊

330000－1741－0002988　綫672.55/229.77
史部/地理類/方志之屬/郡縣志

[同治]郿縣志十卷首一卷　（清）周瑞
（清）定熙修　（清）余濰廷　（清）崔誥纂
清同治五年(1866)刻本　八冊

330000－1741－0002989　綫672.55/135.78/
C1　史部/地理類/方志之屬/郡縣志

[光緒]黃岡縣志二十四卷首一卷　（清）戴昌
言修　（清）劉恭冕纂　清光緒八年(1882)刻
本　二十四冊

330000－1741－0002990　綫672.55/139.78
史部/地理類/方志之屬/郡縣志

[光緒]黃梅縣志四十卷首一卷　（清）覃瀚元
（清）袁瓚修　（清）宛名昌等纂　清光緒二
年(1876)刻本　十二冊

330000－1741－0002991　綫672.55/143.78
史部/地理類/方志之屬/郡縣志

[光緒]蘄水縣志二十二卷首一卷末一卷
（清）多祺纂修　清光緒六年(1880)刻本　二
十冊

330000－1741－0002993　綫672.55/201.77
史部/地理類/方志之屬/郡縣志

[同治]襄陽縣志七卷首一卷　（清）楊宗時修
（清）崔淦纂　（清）吳耀斗續修　（清）李
士彬續纂　清同治十三年(1874)刻民國三年
(1914)印本　八冊

330000－1741－0002994　綫672.55/201.77/

C1 史部/地理類/方志之屬/郡縣志

[同治]襄陽縣志七卷首一卷 （清）楊宗時修 （清）崔淦纂 （清）吳耀斗續修 （清）李士彬續纂 清同治十三年(1874)刻民國三年(1914)印本 八冊

330000－1741－0002996 綫 672.55/147.78
史部/地理類/方志之屬/郡縣志

[光緒]羅田縣志八卷首一卷 （清）管貽葵修 （清）陳錦纂 清光緒二年(1876)刻本 十五冊

330000－1741－0002997 綫 672.55/159.78
史部/地理類/方志之屬/郡縣志

光緒應城志十四卷首一卷 （清）羅緗 （清）陳豪修 （清）王承禧纂 清光緒八年(1882)蒲陽書院刻本 八冊

330000－1741－0002999 綫 672.55/207.72
史部/地理類/方志之屬/郡縣志

[康熙]潛江縣志二十卷首一卷 （清）劉煥修 （清）朱載震纂 清光緒五年(1879)傳經書院刻本 八冊

330000－1741－0003000 綫 672.55/207.78
史部/地理類/方志之屬/郡縣志

[光緒]潛江縣志續二十卷首一卷 （清）史致謨修 （清）劉恭冕 （清）郭士元纂 清光緒五年(1879)傳經書院刻本 八冊

330000－1741－0003001 綫 672.55/203.77：2
史部/地理類/方志之屬/郡縣志

[同治]鍾祥縣志二十卷補編二卷 （清）孫福海等纂修 清同治六年(1867)刻本 十四冊

330000－1741－0003002 綫 672.55/203.77
史部/地理類/方志之屬/郡縣志

[同治]鍾祥縣志二十卷補編二卷 （清）孫福海等纂修 清同治六年(1867)刻本 十二冊 缺二卷(補編一至二)

330000－1741－0003003 綫 672.55/221.77
史部/地理類/方志之屬/郡縣志

[同治]棗陽縣志三十卷首一卷末一卷 （清）張聲正修 （清）史策先纂 清同治四年

(1865)刻本 八冊

330000－1741－0003004 綫 672.55/221.77/
C1 史部/地理類/方志之屬/郡縣志

[同治]棗陽縣志三十卷首一卷末一卷 （清）張聲正修 （清）史策先纂 清同治四年(1865)刻本 八冊

330000－1741－0003005 綫 672.55/301.77
史部/地理類/方志之屬/郡縣志

[同治]續修東湖縣志三十卷首一卷續補藝文一卷 （清）金大鏞修 （清）王柏心纂 清同治三年(1864)刻本 十冊

330000－1741－0003006 綫 672.55/327.77
史部/地理類/方志之屬/郡縣志

[同治]恩施縣志十二卷首一卷 （清）多壽修 （清）羅凌漢纂 清同治七年(1868)朱三恪校訂刻本 八冊

330000－1741－0003007 綫 672.55/315.77
史部/地理類/方志之屬/郡縣志

[同治]公安縣志八卷首一卷 （清）周承弼 （清）袁鳴珂修 （清）王慰纂 清同治十三年(1874)刻本 十冊

330000－1741－0003008 綫 672.55/319.78
史部/地理類/方志之屬/郡縣志

[光緒]興山縣志二十二卷 （清）黃世崇纂修 清光緒十年(1884)經心書院刻本 四冊

330000－1741－0003009 綫 672.55/325.78
史部/地理類/方志之屬/郡縣志

[光緒]歸州志十卷首一卷 （清）沈雲駿修 （清）劉玉森纂 清光緒八年(1882)刻本 五冊 缺三卷(三至五)

330000－1741－0003010 綫 672.55/329.77
史部/地理類/方志之屬/郡縣志

[同治]宣恩縣志二十卷首一卷 （清）張金瀾修 （清）蔡景星 （清）張金圻纂 清同治二年(1863)刻本 六冊

330000－1741－0003011 綫 672.65/103.78
史部/地理類/方志之屬/郡縣志

[光緒]善化縣志三十四卷首一卷 （清）吳兆

熙 （清）冒沅修 （清）張先掄 （清）韓炳
章纂 清光緒三年(1877)刻本 二十冊

330000－1741－0003012 綫 672.65/103.77
史部/地理類/方志之屬/郡縣志

[同治]長沙縣志三十六卷首一卷 （清）劉采
邦等修 （清）張延珂 （清）袁繼翰纂 清同
治十年(1871)刻本 十六冊

330000－1741－0003013 綫 672.34/402.78
史部/地理類/方志之屬/郡縣志

[光緒]處州府志三十卷首一卷末一卷 （清）
潘紹詒修 （清）周榮椿纂 清光緒三年
(1877)刻本 二十八冊

330000－1741－0003015 綫 672.64/301.75
史部/地理類/方志之屬/郡縣志

[嘉慶]常德府志四十八卷首一卷附文徵九卷
首一卷叢談三卷 （清）應先烈修 （清）陳楷
禮纂 清嘉慶十八年(1813)刻本 二十二冊

330000－1741－0003016 綫 672.65/111.75
史部/地理類/方志之屬/郡縣志

[嘉慶]湘潭縣志四十卷 （清）張雲璈等修
（清）周系英纂 清嘉慶二十三年(1818)刻本
十八冊

330000－1741－0003017 綫 672.65/111.75/
C1 史部/地理類/方志之屬/郡縣志

[嘉慶]湘潭縣志四十卷 （清）張雲璈等修
（清）周系英纂 清嘉慶二十三年(1818)刻本
十八冊

330000－1741－0003018 綫 672.65/201.77
史部/地理類/方志之屬/郡縣志

[同治]衡陽縣志十二卷 （清）羅慶薌修
（清）彭玉麟等纂 清同治十三年(1874)刻本
七冊

330000－1741－0003019 綫 672.65/115.77
史部/地理類/方志之屬/郡縣志

[同治]益陽縣志二十五卷首一卷 （清）姚念
楊 （清）呂懋恒修 （清）趙裴哲纂 清同治
十三年(1874)刻本 十六冊

330000－1741－0003020 綫 671.45/347.

78＊1、綫 671.45/347.78＊2、綫 671.45/347.
78＊3 史部/地理類/方志之屬/郡縣志

[光緒]聞喜縣志斠三卷首一卷補四卷續四卷
（清）陳作哲修 （清）楊深秀纂 清光緒六
年(1880)刻本 四冊

330000－1741－0003021 綫 672.65/202.74
史部/地理類/方志之屬/郡縣志

[乾隆]清泉縣志三十六卷首一卷 （清）江恂
修 （清）江昱纂 清乾隆二十八年(1763)刻
嘉慶增刻本 十冊

330000－1741－0003022 綫 652.781/3444
史部/詔令奏議類/奏議之屬

沈文肅公政書七卷首一卷 （清）沈葆楨撰
清光緒六年(1880)吳門節署刻本 十二冊

330000－1741－0003023 綫 672.35/325.74
史部/地理類/方志之屬/郡縣志

[乾隆]湯溪縣志十卷首一卷 （清）陳鍾琭修
（清）馮宗城等纂 清乾隆四十八年(1783)
刻本 六冊

330000－1741－0003024 綫 671.25/423.78
史部/地理類/方志之屬/郡縣志

[光緒]三續掖縣志四卷首一卷 （清）魏起鵬
修 （清）王續藩纂 清光緒十九年(1893)刻
本 四冊

330000－1741－0003025 綫 672.15/107.78
史部/地理類/方志之屬/郡縣志

[光緒]溧水縣志二十二卷首一卷 （清）傅觀
光 （清）施春膏修 （清）丁維誠纂 清光緒
九年(1883)刻十五年(1889)印本 六冊

330000－1741－0003026 綫 653.771/1066
史部/政書類/公牘檔冊之屬

撫吳公牘五十卷 （清）丁日昌撰 曾胡批牘
二卷 （清）曾國藩 （清）胡林翼撰 清宣統
元年(1909)南洋官書局石印本 十一冊 缺
十一卷(撫吳公牘四十至五十)

330000－1741－0003027 綫 672.25/213.75、
綫 672.25/213.76、綫 672.25/213.77 史部/
地理類/方志之屬/郡縣志

[嘉慶]黟縣志八卷首一卷[道光]黟縣續志八卷　（清）吳甸華修　（清）程汝翼　（清）俞正燮纂　（清）呂子珏續修　（清）詹錫齡續纂

[同治]黟縣三志十六卷首一卷末一卷（清）謝永泰修　（清）程鴻詔等纂　清同治十年(1871)刻本　三十二冊

330000－1741－0003030　綫 622.24/0417
史部/紀傳類/別史之屬

後漢書六卷　（三國吳）謝承撰　清嘉慶金谿王氏刻本　二冊

330000－1741－0003031　綫 672.65/207.78
史部/地理類/方志之屬/郡縣志

[光緒]耒陽縣志八卷首一卷　（清）於學琴（清）周至德修　（清）宋世煦纂　清光緒十一年(1885)刻本　十冊

330000－1741－0003033　綫 672.65/305.77
史部/地理類/方志之屬/郡縣志

[同治]平江縣志五十五卷首二卷末一卷（清）張培仁等修　（清）李元度等纂　清光緒元年(1875)刻本　十六冊

330000－1741－0003034　綫 672.65/411.77
史部/地理類/方志之屬/郡縣志

[同治]漵浦縣志二十四卷首一卷　（清）齊德五修　（清）舒其錦纂　清同治十二年(1873)刻本　八冊

330000－1741－0003036　綫 672.74/200.76
史部/地理類/方志之屬/郡縣志

[道光]重慶府志九卷　（清）王夢庚修（清）寇宗纂　清道光二十三年(1843)刻本十二冊

330000－1741－0003037　綫 672.74/334.78
史部/地理類/方志之屬/郡縣志

[光緒]新修潼川府志三十卷　（清）阿麟修（清）王龍勳等纂　清光緒二十三年(1897)刻本　十六冊

330000－1741－0003038　綫 672.75/105.75
史部/地理類/方志之屬/郡縣志

[嘉慶]華陽縣志四十四卷首一卷　（清）吳鞏

（清）董淳修　（清）潘時彤等纂　清嘉慶二十一年(1816)刻光緒十八年(1892)補刻本十六冊

330000－1741－0003041　綫 672.75/117.76
史部/地理類/方志之屬/郡縣志

[道光]新都縣志十八卷首一卷　（清）張奉書等修　（清）張懷洵等纂　清道光二十四年(1844)刻本　十二冊

330000－1741－0003043　綫 672.75/121.77
史部/地理類/方志之屬/郡縣志

[同治]新繁縣志十六卷首一卷　（清）張文珍（清）李應觀修　（清）楊益豫等纂　清同治十二年(1873)刻本　八冊

330000－1741－0003044　綫 672.75/115.78
史部/地理類/方志之屬/郡縣志

[光緒]雙流縣志二卷　（清）彭琬等纂修（清）吳特仁增訂　清光緒二十年(1894)刻民國二十一年(1932)吳琦補刻養正堂遺書本四冊

330000－1741－0003045　綫 672.75/121.78
史部/地理類/方志之屬/郡縣志

[光緒]新繁縣鄉土志十卷首一卷　余慎修陳彥升纂　清光緒三十三年(1907)鉛印本二冊

330000－1741－0003046　綫 672.75/129.75
史部/地理類/方志之屬/郡縣志

[光緒]重修彭縣志十三卷首一卷末一卷補遺一卷　（清）張龍甲修　（清）呂調陽等纂　清光緒四年(1878)刻民國六年(1917)重印本八冊　缺一卷(二)

330000－1741－0003047　綫 672.75/137.76
史部/地理類/方志之屬/郡縣志

[道光]石泉縣志十卷　（清）趙德林等修（清）張沆等纂　清道光十四年(1834)刻本二冊

330000－1741－0003048　綫 672.75/157.75
史部/地理類/方志之屬/郡縣志

[嘉慶]綿竹縣志四十四卷　（清）沈壤等纂修

清嘉慶十八年(1813)刻本　十二冊

330000－1741－0003050　綫672.75/157.76　史部/地理類/方志之屬/郡縣志

[嘉慶]羅江縣志三十六卷　(清)李桂林修　(清)鄧林等纂　[同治]續修羅江縣志二十四卷　(清)馬傳業修　(清)劉正慧等纂　清嘉慶二十年(1815)刻同治四年(1865)續刻本　六冊

330000－1741－0003055　綫672.75/267.78　史部/地理類/方志之屬/郡縣志

[光緒]秀山縣志十四卷首一卷　(清)王壽松修　(清)李稽勳等纂　清光緒十七年(1891)刻本　四冊

330000－1741－0003056　綫672.75/157.75　史部/地理類/方志之屬/郡縣志

[嘉慶]羅江縣志十卷　(清)李調元纂修　清嘉慶七年(1802)刻本　二冊

330000－1741－0003058　綫672.75/331.78　史部/地理類/方志之屬/郡縣志

[光緒]越巂廳全志十二卷　(清)馬忠良修　(清)馬湘等纂　(清)孫鏞等續修　清光緒三十二年(1906)鉛印本　六冊

330000－1741－0003062　綫672.75/353.75　史部/地理類/方志之屬/郡縣志

[嘉慶]彭山縣志六卷　(清)史欽義等纂修　清嘉慶十九年(1814)刻本　六冊

330000－1741－0003063　綫672.75/357.75　史部/地理類/方志之屬/郡縣志

[嘉慶]邛州直隸州志四十六卷首一卷　(清)吳鞏修　(清)王來遜纂　清嘉慶二十三年(1818)刻本　十二冊

330000－1741－0003064　綫672.75/531.78　史部/地理類/方志之屬/郡縣志

[光緒]蓬州志十五卷　(清)方旭修　(清)張禮杰等纂　清光緒二十三年(1897)刻本　三冊

330000－1741－0003065　綫672.75/341.78　史部/地理類/方志之屬/郡縣志

[嘉慶]夾江縣志十二卷首一卷　(清)王佐修　(清)涂崧纂　清嘉慶十八年(1813)刻光緒十四年(1888)增修本　二冊

330000－1741－0003066　綫672.75/407.74　史部/地理類/方志之屬/郡縣志

[乾隆]富順縣志五卷首一卷　(清)段玉裁等修　(清)李芝纂　清光緒八年(1882)刻本　五冊

330000－1741－0003070　綫673.14/100.67　史部/地理類/方志之屬/郡縣志

[萬曆]閩都記三十三卷　(明)王應山纂　清道光十一年(1831)求放心齋刻本　六冊

330000－1741－0003071　綫673.14/303.74　史部/地理類/方志之屬/郡縣志

[乾隆]汀州府志四十五卷首一卷　(清)曾曰瑛等修　(清)李紱等纂　清同治六年(1867)延楷刻本　二十冊

330000－1741－0003072　綫673.14/120.74　史部/地理類/方志之屬/郡縣志

[乾隆]福寧府志四十四卷首一卷　(清)李拔等纂修　清光緒六年(1880)張其曜刻本　二十冊

330000－1741－0003074　綫673.14/31.67：2　史部/地理類/方志之屬/郡縣志

[萬曆]閩都記三十三卷　(明)王應山纂　清道光十一年(1831)求放心齋刻本　六冊

330000－1741－0003075　綫673.15/203.76　史部/地理類/方志之屬/郡縣志

[道光]厦門志十六卷　(清)周凱等纂修　清道光十九年(1839)玉屏書院刻民國二十年(1931)印本　十二冊

330000－1741－0003076　綫673.15/203.76/C1　史部/地理類/方志之屬/郡縣志

[道光]厦門志十六卷　(清)周凱等纂修　清道光十九年(1839)玉屏書院刻民國二十年(1931)印本　十二冊

330000－1741－0003077　綫672.6/75　史部/地理類/方志之屬/通志

113

[嘉慶]湖南通志二百十九卷首三卷末六卷
(清)巴哈布等修　(清)王煦等纂　清道光刻
本　八十册

330000 - 1741 - 0003078　綫 672.75/503.75
　史部/地理類/方志之屬/郡縣志

[嘉慶]南充縣志八卷首一卷　(清)袁鳳孫修
　(清)陳榕等纂　清嘉慶十八年(1813)刻咸
豐七年(1857)洪璋增刻本　六册

330000 - 1741 - 0003079　綫 672.65/241.77
　史部/地理類/方志之屬/郡縣志

[同治]桂陽直隸州志二十七卷首一卷　(清)
汪敦灝修　王闓運纂　清同治七年(1868)刻
本　十三册

330000 - 1741 - 0003080　綫 673.15/209.74
　史部/地理類/方志之屬/郡縣志

[乾隆]僊遊縣志五十三卷首一卷　(清)胡啟
植　(清)王椿修　(清)葉和侃等纂　清同治
十二年(1873)吳森刻本　十六册

330000 - 1741 - 0003082　綫 673.15/221.74
　史部/地理類/方志之屬/郡縣志

[乾隆]永春州志十六卷首一卷　(清)鄭一崧
修　(清)顏璹　(清)林爲楫纂　清乾隆五十
二年(1787)刻本　二十六册

330000 - 1741 - 0003083　綫 847.7/4429　集
部/總集類/氏族之屬

黃氏家集三編五種　(清)黃家鼎編　清光緒
四明黃氏補不足齋刻本　一册　存一種

330000 - 1741 - 0003084　綫 851.34/0099
集部/總集類/選集之屬/斷代

唐詩三百首註疏六卷　(清)蘅塘退士(孫洙)
編　(清)章燮注　唐詩三百首續選一卷姓氏
小傳一卷　(清)于慶元編　清松盛堂刻本
六册

330000 - 1741 - 0003085　綫 629.35/3115
類叢部/叢書類/郡邑之屬

台州叢書(名山堂叢書)九種　(清)宋世犖編
　清嘉慶至道光臨海宋氏刻本　二册　存
一種

330000 - 1741 - 0003086　綫 847.8/4024　集
部/別集類/清別集

李舍人遺集文一卷詩一卷　(清)李結撰　清
光緒二十年(1894)刻本　一册

330000 - 1741 - 0003087　綫 851.3516/4453
集部/總集類/酬唱之屬

蘇文忠公生日設祀詩一卷　(清)畢沅輯　清
乾隆四十九年(1784)畢氏經訓堂刻本　一册

330000 - 1741 - 0003088　綫 674.15/317.18
　史部/地理類/方志之屬/郡縣志

[光緒]奉化縣志十四卷末一卷　(清)錢開震
修　(清)陳文焯纂　清光緒十一年(1885)刻
本　四册

330000 - 1741 - 0003089　綫 847.6/7110＊2
類叢部/叢書類/彙編之屬

文選樓叢書三十三種　(清)荻林山房編　清
嘉慶至道光阮元刻道光二十二年(1842)阮亨
彙印本　四册　存一種

330000 - 1741 - 0003090　綫 626.02/4748
史部/編年類/斷代之屬

欽定明鑑二十四卷首一卷　(清)胡敬等輯
清嘉慶兩淮鹽運使司刻本　六册

330000 - 1741 - 0003091　綫 671.35/239.74
　史部/地理類/方志之屬/郡縣志

[乾隆]濟源縣志十六卷首一卷末一卷　(清)
蕭應植修　(清)沈樗莊纂　清乾隆二十六年
(1761)刻本　六册

330000 - 1741 - 0003092　綫 626.02/7547.1
　史部/編年類/斷代之屬

明紀六十卷　(清)陳鶴輯　(清)陳克家補
清同治十年(1871)江蘇書局刻本　二十册

330000 - 1741 - 0003094　綫 671.15/255.74
　史部/地理類/方志之屬/郡縣志

[乾隆]臨榆縣志十四卷首一卷　(清)鍾和梅
纂修　清乾隆二十一年(1756)刻本　六册

330000 - 1741 - 0003096　綫 847.8/0030　類
叢部/叢書類/自著之屬

柏堂遺書(方柏堂全集)八種附一種　(清)方

宗誠撰　清光緒元年至十二年(1875 - 1886)
桐城方氏刻本　二冊　存一種

330000 - 1741 - 0003097　綫 127.43/4310
子部/儒家類/儒學之屬/性理
原善三卷緒言三卷　（清）戴震撰　清刻本
二冊

330000 - 1741 - 0003098　綫 847.6/4741　集
部/別集類/清別集
研六室文鈔十卷補遺一卷　（清）胡培翬撰
戶部主事胡先生[培翬]墓誌銘一卷　（清）汪
士鐸撰　**族兄竹邨先生[培翬]事狀一卷**
（清）胡培系撰　清光緒四年(1878)胡培系世
澤樓刻本　五冊

330000 - 1741 - 0003099　綫 673.15/305.72
　史部/地理類/方志之屬/郡縣志
[康熙]甯化縣志七卷　（清）祝文郁修
（清）李世熊纂　清同治八年(1869)湘南蔣澤
沄刻本　八冊

330000 - 1741 - 0003100　綫 847.8/1742　集
部/別集類/清別集
扁善齋文存三卷詩存二卷　（清）鄧嘉緝撰
清光緒二十七年(1901)江寧鄧氏刻本　四冊

330000 - 1741 - 0003102　綫 673.15/305.72/
C1　史部/地理類/方志之屬/郡縣志
[康熙]甯化縣志七卷　（清）祝文郁修
（清）李世熊纂　清同治八年(1869)湘南蔣澤
沄刻本　八冊

330000 - 1741 - 0003103　綫 673.15/305.72/
C2　史部/地理類/方志之屬/郡縣志
[康熙]甯化縣志七卷　（清）祝文郁修
（清）李世熊纂　清同治八年(1869)湘南蔣澤
沄刻本　七冊　缺一卷(六)

330000 - 1741 - 0003105　綫 672.14/500.77/
C1　史部/地理類/方志之屬/郡縣志
[同治]徐州府志二十五卷　（清）吳世熊
（清）朱忻修　（清）劉庠　（清）方駿謨纂
清同治十三年(1874)刻本　十六冊

330000 - 1741 - 0003106　綫 673.15/321.78

史部/地理類/方志之屬/郡縣志
[光緒]龍溪縣志二十四卷　（清）吳宜燮修
（清）黃惠　（清）李疇纂　**增編二卷**　（清）
吳聯薰等增補　清光緒五年(1879)刻本　二
十冊

330000 - 1741 - 0003114　綫 673.2/1022　史
部/地理類/雜志之屬
臺灣輿圖不分卷　（清）夏獻綸等纂　清光緒
五年至六年(1879 - 1880)福建臺灣道刻本
二冊

330000 - 1741 - 0003115　綫 674.2/78.1　史
部/地理類/方志之屬/通志
[光緒]吉林通志一百二十二卷圖一卷　（清）
長順　（清）訥欽修　（清）李桂林　（清）顧
雲纂　清光緒二十六年(1900)刻民國十九年
(1930)印本　四十八冊

330000 - 1741 - 0003116　綫 673.3/76.71
史部/地理類/方志之屬/通志
[道光]廣東通志三百三十四卷首一卷　（清）
阮元修　（清）陳昌齊等纂　清同治三年
(1864)刻本　一百二十冊

330000 - 1741 - 0003117　綫 673.25/391.77
　史部/地理類/方志之屬/郡縣志
[同治]淡水廳志十六卷　（清）陳培桂纂修
清同治十年(1871)刻本　六冊

330000 - 1741 - 0003118　綫 673.34/134.76
　史部/地理類/方志之屬/郡縣志
[道光]肇慶府志二十二卷首一卷　（清）屠英
等修　（清）江藩等纂　清光緒二年(1876)刻
本　二十二冊

330000 - 1741 - 0003119　綫 673.34/324.74
　史部/地理類/方志之屬/郡縣志
[乾隆]潮州府志四十二卷首一卷　（清）周碩
勳纂修　**抄存潮州府舊志一卷**　（清）康基田
輯　清光緒十九年(1893)潮郡保安總局刻本
　二十五冊

330000 - 1741 - 0003120　綫 673.34/500.76
　史部/地理類/方志之屬/郡縣志

[道光]瓊州府志四十四卷首一卷 （清）明誼修 （清）張岳崧纂 清道光二十一年(1841)刻光緒十六年(1890)補刻本 四十册

330000－1741－0003121 綫 673.34/500 史部/地理類/雜志之屬

瓊管山海圖說二卷 （明）顧可久撰 清光緒十六年(1890)刻本 四册

330000－1741－0003122 綫 673.35/105.76 史部/地理類/方志之屬/郡縣志

[道光]南海縣志四十四卷首一卷 （清）潘尚楫等修 （清）鄧士憲等纂 清道光十五年(1835)刻本 二十册

330000－1741－0003123 綫 673.35/103.77 史部/地理類/方志之屬/郡縣志

[同治]番禺縣志五十四卷首一卷附錄一卷 （清）李福泰修 （清）史澄 （清）何若瑤纂 清同治十年(1871)光霽堂刻光緒增刻本 十六册

330000－1741－0003124 綫 673.35/107.77 史部/地理類/方志之屬/郡縣志

[咸豐]順德縣志三十二卷 （清）郭汝誠修 （清）馮奉初等纂 清咸豐三年(1853)刻六年(1856)補刻本 十六册

330000－1741－0003125 綫 673.35/123.75 史部/地理類/方志之屬/郡縣志

[嘉慶]三水縣志十六卷首一卷 （清）李友榕等修 （清）鄧雲龍等纂 清嘉慶二十四年(1819)刻本 十册

330000－1741－0003130 綫 673.35/119.78 史部/地理類/方志之屬/郡縣志

[光緒]香山縣志二十二卷 （清）田明曜修 （清）陳澧纂 清光緒五年(1879)刻本 十二册

330000－1741－0003131 綫 673.35/303.75 史部/地理類/方志之屬/郡縣志

[嘉慶]澄海縣志二十六卷首一卷 （清）李書吉等纂修 清嘉慶二十年(1815)刻本 八册

330000－1741－0003132 綫 673.35/203.76

史部/地理類/方志之屬/郡縣志

[道光]直隸南雄州志三十四卷首一卷 （清）余保純等修 （清）黃其勤纂 （清）戴錫綸續纂修 清道光四年(1824)刻本 十六册

330000－1741－0003135 綫 673.4/78 史部/地理類/方志之屬/通志

[光緒]廣西通志輯要十七卷首一卷 （清）蘇宗經輯 （清）羊復禮 （清）夏敬頤增輯 廣西昭忠錄八卷首一卷平桂紀畧四卷股匪總錄三卷堂匪總錄十二卷附廣西道里表一卷 （清）蘇鳳文撰 清光緒十五年至十六年(1889－1890)刻本 二十一册

330000－1741－0003141 綫 673.51/78 史部/地理類/方志之屬/郡縣志

[光緒]全滇紀要不分卷 （清）雲南課吏館纂修 清光緒三十二年(1906)鉛印本 十册

330000－1741－0003146 綫 673.6/74.67 史部/地理類/方志之屬/通志

[乾隆]貴州通志四十六卷首一卷 （清）鄂爾泰等修 （清）靖道謨等纂 清乾隆六年(1741)刻嘉慶補刻本 二十四册

330000－1741－0003147 綫 673.64/224.78 史部/地理類/方志之屬/郡縣志

[光緒]銅仁府志二十卷 （清）余上華修 （清）喻勳 （清）胡長松纂 清光緒十八年(1892)刻本 十九册

330000－1741－0003148 綫 673.6/74 史部/地理類/方志之屬/通志

[乾隆]貴州通志四十六卷首一卷 （清）鄂爾泰等修 （清）靖道謨等纂 清乾隆六年(1741)刻嘉慶補刻本 二十四册

330000－1741－0003149 綫 673.64/303.77 史部/地理類/方志之屬/郡縣志

[咸豐]安順府志五十四卷首一卷 （清）常恩修 （清）鄒漢勳 （清）吳寅邦纂 清咸豐元年(1851)刻本 十四册 缺十卷(十二至十七、五十一至五十四)

330000－1741－0003151 綫 674.1/74 史

部/地理類/方志之屬/郡縣志

[乾隆]盛京通志四十八卷首一卷　（清）宋筠
等修　（清）魏樞等纂　清乾隆元年(1736)刻
咸豐二年(1852)雷以誠校補印本　二十冊

330000－1741－0003152　綫674.1/7144　史
部/地理類/雜志之屬

欽定滿洲源流考二十卷　（清）阿桂等撰　清
刻本　八冊

330000－1741－0003153　綫674.1/74∶3　史
部/地理類/方志之屬/郡縣志

[乾隆]盛京通志四十八卷首一卷　（清）宋筠
等修　（清）魏樞等纂　清乾隆元年(1736)刻
咸豐二年(1852)雷以誠校補印本　二十冊

330000－1741－0003154　綫674.1/74/C1
史部/地理類/方志之屬/郡縣志

[乾隆]盛京通志四十八卷首一卷　（清）宋筠
等修　（清）魏樞等纂　清乾隆元年(1736)刻
咸豐二年(1852)雷以誠校補印本　二十冊

330000－1741－0003155　674.14/217.79∶2
史部/地理類/方志之屬/郡縣志

[宣統]長白彙徵錄八卷首一卷　（清）張鳳臺
等修　（清）劉龍光　（清）王大經纂　清宣統
二年(1910)鉛印本　四冊

330000－1741－0003157　綫673.4/75　史
部/地理類/方志之屬/通志

[嘉慶]廣西通志二百七十九卷首一卷　（清）
謝啟昆修　（清）胡虔纂　清嘉慶七年(1802)
刻同治四年(1865)補刻本　八十冊

330000－1741－0003158　綫674.15/113.79
史部/地理類/方志之屬/郡縣志

[宣統]西安縣志畧十三卷　（清）雷飛鵬等修
（清）段盛梓等纂　清宣統三年(1911)石印
本　二冊

330000－1741－0003165　674.14/217.79
史部/地理類/方志之屬/郡縣志

[宣統]長白彙徵錄八卷首一卷　（清）張鳳臺
等修　（清）劉龍光　（清）王大經纂　清宣統
二年(1910)鉛印本　四冊

330000－1741－0003166　綫674.2/78.44
類叢部/叢書類/彙編之屬

漸西村舍彙刊（漸西村舍叢刻）四十四種
（清）袁昶編　清光緒十六年至二十四年
(1890－1898)桐廬袁氏刻本（黃帝內經太素
卷一、四、七、十六、十八、二十至二十一原缺）
四冊　存一種

330000－1741－0003167　類
叢部/叢書類/彙編之屬

廣雅書局叢書一百五十九種　徐紹棨編　清
光緒廣雅書局刻民國九年(1920)番禺徐紹棨
彙編重印本　二冊　存一種

330000－1741－0003169　674.21/78A　史
部/地理類/雜志之屬

吉林輿地圖說一卷　（清）秦世銓輯　清光緒
二十四年(1898)石印本　一冊

330000－1741－0003172　綫674.3/75　類叢
部/叢書類/彙編之屬

廣雅書局叢書一百五十九種　徐紹棨編　清
光緒廣雅書局刻民國九年(1920)番禺徐紹棨
彙編重印本　二冊　存一種

330000－1741－0003173　綫681.515/2232
類叢部/叢書類/彙編之屬

半畝園叢書三十種　（清）吳坤修編　清同治
新建吳氏皖城刻本　二冊　存一種

330000－1741－0003174　綫674.31/2830
類叢部/叢書類/彙編之屬

觀自得齋叢書二十三種別集六種　（清）徐士
愷編　清光緒十三年至二十年(1887－1894)
石埭徐氏刻本　二冊　存一種

330000－1741－0003175　綫673.64/132.76
史部/地理類/方志之屬/郡縣志

[道光]遵義府志四十八卷首一卷　（清）平翰
等修　（清）鄭珍　（清）莫友芝纂　清道光
二十一年(1841)刻光緒十八年(1892)補刻民國
二十六年(1937)劉千俊續補刻本　二十冊

330000－1741－0003177　綫673.64/132.76∶2
史部/地理類/方志之屬/郡縣志

[道光]遵義府志四十八卷首一卷　（清）平翰等修　（清）鄭珍　（清）莫友芝纂　清道光二十一年（1841）刻本　十八冊　缺四卷（首、一至三）

330000－1741－0003178　綫675.11/1126
史部/地理類/雜志之屬

蒙古游牧記十六卷　（清）張穆撰　（清）何秋濤補　清同治六年（1867）壽陽祁氏刻本
四冊

330000－1741－0003179　綫675.11/1126:2
　史部/地理類/雜志之屬

蒙古游牧記十六卷　（清）張穆撰　（清）何秋濤補　清同治六年（1867）壽陽祁氏刻本
四冊

330000－1741－0003180　綫675.55/213.78
　史部/地理類/方志之屬/郡縣志

[光緒]蔚州志二十卷首一卷　（清）慶之金修　（清）楊篤纂　清光緒三年（1877）刻本
八冊

330000－1741－0003182　綫675.6/78.63
史部/地理類/方志之屬/郡縣志

[光緒]綏遠志十卷首一卷　（清）貽穀修（清）高賡恩纂　清光緒三十四年（1908）刻本
六冊

330000－1741－0003183　綫675.6/78　史部/地理類/方志之屬/郡縣志

[光緒]綏遠志十卷首一卷　（清）貽穀修（清）高賡恩纂　清光緒三十四年（1908）刻本
五冊　缺二卷（一至二）

330000－1741－0003184　綫675.55/101.76
　史部/地理類/方志之屬/郡縣志

[道光]萬全縣志十卷首一卷　（清）左承業原本　（清）施彥士續纂修　清乾隆十年（1745）刻道光十四年（1834）增刻本　四冊

330000－1741－0003185　綫675.54/200.74
　史部/地理類/方志之屬/郡縣志

[乾隆]宣化府志四十二卷首一卷　（清）王者輔原本　（清）張志奇續修　（清）黃可潤續纂

清乾隆八年（1743）刻二十二年（1757）增刻本　十六冊

330000－1741－0003187　綫675.44/100.76
　史部/地理類/方志之屬/郡縣志

[道光]承德府志六十卷首二十六卷　（清）海忠纂修　（清）廷杰　（清）李世寅重訂　清光緒十三年（1887）刻本　二十四冊

330000－1741－0003190　綫676/4091　史部/地理類/外紀之屬

漢西域圖考七卷首一卷　（清）李光廷撰　清同治九年（1870）刻本　四冊

330000－1741－0003191　綫676/74　史部/地理類/方志之屬/通志

[乾隆]欽定皇輿西域圖志四十八卷首四卷（清）傅恒等修　（清）褚廷璋等纂　（清）英廉等增纂　清光緒十九年（1893）杭州便益書局石印本　十二冊

330000－1741－0003192　綫676/76　史部/地理類/方志之屬/通志

[乾隆]西域紀要八卷　（清）七十一原纂　題（清）研農　（清）貢三合編　清道光六年（1826）刻本　四冊

330000－1741－0003193　綫676.1/75　史部/地理類/方志之屬/通志

[嘉慶]西陲要略四卷　（清）祁韻士纂　清道光十七年（1837）筠淥山房刻本　一冊

330000－1741－0003194　綫676.1/76　史部/地理類/方志之屬/通志

[道光]欽定新疆識畧十二卷首一卷　（清）松筠修　（清）黎松等纂　清道光元年（1821）武英殿修書處刻本　九冊　缺一卷（一）

330000－1741－0003197　綫676.23101/4026.1　集部/小說類/短篇之屬

西湖佳話古今遺蹟十六卷　（清）墨浪子撰清光緒十八年（1892）上海雲記書局鉛印本
四冊

330000－1741－0003198　綫676.27101/4026　集部/小說類/短篇之屬

西湖佳話古今遺蹟十六卷 （清）墨浪子撰
清大文堂刻本　四冊

330000－1741－0003200　綫676.6/4434　史部/地理類/方志之屬/郡縣志

[光緒]西藏圖考八卷首一卷 （清）黃沛翹纂
清光緒十二年(1886)滇南李培榮刻本
四冊

330000－1741－0003206　綫681.23101/2002
類叢部/叢書類/郡邑之屬

武林掌故叢編一百八十七種 （清）丁丙編
清光緒三年至二十六年(1877－1900)錢塘丁
氏嘉惠堂刻本(乾道臨安志卷四至十五、南宋
館閣錄卷一原缺)　一冊　存一種

330000－1741－0003211　綫681.535/4204
類叢部/叢書類/自著之屬

滇南四種　姚文棟撰　清光緒刻本　一冊
存一卷(雲南勘界籌邊記一)

330000－1741－0003212　綫681.553/3704
史部/雜史類/外紀之屬

皇朝藩部要略十八卷 （清）祁韻士纂　（清）
毛嶽生編　**皇朝藩部世系表四卷**　（清）祁韻
士纂　（清）宋景昌增輯　清道光二十六年
(1846)筠淥山房刻本　八冊

330000－1741－0003213　綫681.561/2820
史部/地理類

西域輿地三種彙刻 （清）徐崇立輯　清光緒
三十二年(1906)長沙徐崇立盍簪行館刻本
一冊

330000－1741－0003214　綫681.566/4888
史部/地理類/雜志之屬

**西招圖畧一卷圖說一卷附錄前藏至西寧路程
一卷自成都府至後藏路程一卷** （清）松筠撰
清道光二十七年(1847)刻本　二冊

330000－1741－0003215　綫681.57/7544
史部/地理類/山川之屬/水志

**新譯中國江海險要圖誌二十二卷首一卷補編
五卷圖五卷** （英國）海軍海圖官局撰　陳壽
彭譯並增輯圖　清光緒二十七年(1901)經世

文社石印本　十五冊

330000－1741－0003216　綫682/1731.74a
史部/地理類/山川之屬/水志

水經注四十卷補遺一卷附錄二卷 （北魏）酈
道元撰　（清）全祖望校　清光緒十四年
(1888)薛福成寧波崇實書院刻本　十二冊

330000－1741－0003217　綫682/1731.74
史部/地理類/山川之屬/水志

水經注四十卷首一卷 （北魏）酈道元撰　王
先謙校　**水經注附錄二卷** （清）趙一清輯
清光緒二十年(1894)寶善書局石印本　二
十冊

330000－1741－0003218　綫682/1731.781
史部/地理類/山川之屬/水志

水經注匯校四十卷首一卷 （清）楊希閔撰
水經注釋附錄二卷 （清）趙一清輯　清光緒
七年(1881)福州刻本　十二冊

330000－1741－0003220　綫682/1731.78
史部/地理類/山川之屬/水志

水經注四十卷首一卷 （北魏）酈道元撰　王
先謙校　**水經注附錄二卷** （清）趙一清輯
清光緒二十三年(1897)新化三昧書室刻本
十六冊

330000－1741－0003223　綫682/1751　類叢
部/叢書類/彙編之屬

崇文書局彙刻書三十一種 （清）崇文書局編
清光緒元年至三年(1875－1877)湖北崇文
書局刻本　十二冊　存一種

330000－1741－0003226　綫682/4634　史
部/地理類/山川之屬/水志

水經注疏要刪四十卷補遺一卷　楊守敬撰
清光緒三十一年(1905)宜都楊守敬觀海堂刻
本　六冊

330000－1741－0003227　綫682/4438　類叢
部/叢書類/彙編之屬

崇文書局彙刻書三十一種 （清）崇文書局編
清光緒元年至三年(1875－1877)湖北崇文
書局刻本　一冊　存一種

330000－1741－0003228　綫682/7535　類叢部/叢書類/自著之屬

陳氏所著書三種　（清）陳澧撰　清道光至咸豐刻彙印本　一冊

330000－1741－0003229　綫682/7535/C1　類叢部/叢書類/自著之屬

陳氏所著書三種　（清）陳澧撰　清道光至咸豐刻彙印本　一冊

330000－1741－0003230　綫682.02/0014　史部/地理類/山川之屬/水志

水道提綱二十八卷　（清）齊召南撰　清光緒四年(1878)津門徐士鑾霞城精舍刻本　□□光批跋並記　八冊

330000－1741－0003231　綫682.02/0014/C1　史部/地理類/山川之屬/水志

水道提綱二十八卷　（清）齊召南撰　清光緒四年(1878)津門徐士鑾霞城精舍刻本　八冊

330000－1741－0003232　綫682.02/0014/C2　史部/地理類/山川之屬/水志

水道提綱二十八卷　（清）齊召南撰　清光緒四年(1878)津門徐士鑾霞城精舍刻本　八冊

330000－1741－0003233　綫682.02/0014.2　史部/地理類/山川之屬/水志

水道提綱二十八卷天度刊誤一卷　（清）齊召南撰　清光緒二十四年(1898)新化三味書室刻本　八冊

330000－1741－0003234　綫682.02/0014.3　史部/地理類/山川之屬/水志

水道提綱二十八卷　（清）齊召南撰　清光緒二十三年(1897)上海古香閣書局石印本　四冊

330000－1741－0003236　綫682.2110/4423　史部/地理類/山川之屬/水志

莫愁湖志六卷首一卷　（清）馬士圖撰　**莫愁湖楹聯便覽一卷**　（清）釋壽安輯　清光緒八年(1882)、十七年(1891)刻本、清光緒五年(1879)刻本　三冊

330000－1741－0003237　綫682.23/1072：1

史部/地理類/水利之屬

浙西水利備考不分卷　（清）王鳳生撰　清光緒四年(1878)浙江書局刻本　四冊

330000－1741－0003238　綫682.21413/2022　類叢部/叢書類/自著之屬

焦氏遺書十種附一種　（清）焦循撰　清嘉慶至道光江都焦氏雕菰樓刻光緒二年(1876)衡陽魏氏補刻本　二冊　存二種

330000－1741－0003239　綫682.23/1072　史部/地理類/水利之屬

浙西水利備考不分卷　（清）王鳳生撰　清道光四年(1824)江聲帆影閣刻本　三冊

330000－1741－0003240　綫682.2110/4423/C1　史部/地理類/山川之屬/水志

莫愁湖志六卷首一卷　（清）馬士圖撰　清光緒八年(1882)、十七年(1891)刻本　二冊

330000－1741－0003241　綫682.21101/4423.78　史部/地理類/山川之屬/水志

莫愁湖志六卷首一卷　（清）馬士圖撰　**莫愁湖楹聯便覽一卷**　（清）釋壽安輯　清光緒八年(1882)、十七年(1891)刻本、清光緒五年(1879)刻本　一冊

330000－1741－0003242　綫682.23101/1037.73　史部/地理類/山川之屬/水志

西湖志四十八卷　（清）李衛　（清）程元章修　（清）傅王露纂　清光緒四年(1878)浙江書局刻本　二十冊

330000－1741－0003243　綫682.23101/1037.73/特:5　史部/地理類/山川之屬/水志

西湖志四十八卷　（清）李衛　（清）程元章修　（清）傅王露纂　清乾隆吳家龍刻本　二十四冊

330000－1741－0003244　綫682.23101/1037.73:1　史部/地理類/山川之屬/水志

西湖志四十八卷　（清）李衛　（清）程元章修　（清）傅王露纂　清光緒四年(1878)浙江書局刻本　二十冊

330000－1741－0003245　綫682.23101/

1037.78　史部/地理類/山川之屬/水志

西湖遊覽志二十四卷志餘二十六卷　（明）田汝成撰　清光緒二十二年(1896)錢塘丁氏嘉惠堂刻武林掌故叢編本　陶鏞跋　八冊

330000－1741－0003247　綫682.23101/1037.73：2　史部/地理類/山川之屬/水志

西湖志四十八卷　（清）李衛　（清）程元章修　（清）傅王露纂　清光緒四年(1878)浙江書局刻本　二十冊

330000－1741－0003248　綫682.23101/1037.73：3　史部/地理類/山川之屬/水志

西湖志四十八卷　（清）李衛　（清）程元章修　（清）傅王露纂　清光緒四年(1878)浙江書局刻本　二十冊

330000－1741－0003250　綫682.23101/1731　史部/地理類/山川之屬/水志

湖山便覽十二卷　（清）翟灝等撰　清光緒元年(1875)杭州王維翰槐蔭堂刻本　六冊

330000－1741－0003251　綫682.23101/1037.73：4　史部/地理類/山川之屬/水志

西湖志四十八卷　（清）李衛　（清）程元章修　（清）傅王露纂　清光緒四年(1878)浙江書局刻本　二十冊

330000－1741－0003252　綫682.23101/1037.78：2　類叢部/叢書類/郡邑之屬

武林掌故叢編一百八十七種　（清）丁丙編　清光緒三年至二十六年(1877－1900)錢塘丁氏嘉惠堂刻本（乾道臨安志卷四至十五、南宋館閣錄卷一原缺）　十二冊　存一種

330000－1741－0003254　綫682.23109/4037　史部/地理類/山川之屬/水志

南湖考一卷　（明）陳幼學撰　節錄餘杭縣南湖事略一卷南湖誌考一卷　（清）陳善撰　清光緒五年(1879)浙江官書局刻本　一冊

330000－1741－0003257　綫682.23223/8022　史部/地理類/水利之屬

上虞五鄉水利紀實一卷　金鼎撰　清光緒三十四年(1908)柯莊謙守齋刻本　一冊

330000－1741－0003258　綫682.26/7510　史部/地理類/山川之屬/水志

蜀水考四卷　（清）陳登龍撰　（清）朱錫穀補注　（清）陳一津分疏　清光緒五年(1879)楊氏清泉精舍刻本　二冊

330000－1741－0003261　綫682.731/2511　史部/地理類/雜志之屬

江浙閩沿海圖說三卷附海島表三卷　（清）朱正元撰　清光緒二十五年至二十八年(1899－1902)鉛印本　一冊　存二卷(福建沿海圖說、海島表)

330000－1741－0003262　綫682.81/4488　新學/議論/通論

揚子江流域現勢論四編　（日本）林繁撰　(清)汪國屏譯　清光緒二十八年(1902)上海廣智書局鉛印本(第三編原缺)　一冊

330000－1741－0003264　綫682.6/4444　史部/地理類/水利之屬

西徼水道一卷　（清）黃棪裁撰　清刻本　一冊

330000－1741－0003266　綫682.923223/3526　史部/地理類/水利之屬

上虞塘工紀畧二卷續一卷三續一卷　（清）連仲愚撰　清光緒四年(1878)古虞連氏敬睦堂刻本　一冊

330000－1741－0003268　綫682.6/2848　史部/叢編

大興徐氏三種　（清）徐松撰　清道光刻本　五冊　存一種

330000－1741－0003271　綫683.12123/5022.75　史部/地理類/山川之屬/山志

泰山志二十卷　（清）金棨撰　清嘉慶六年(1801)刻十五年(1810)印本　十冊

330000－1741－0003274　綫683.12123/5022.75/C1　史部/地理類/山川之屬/山志

泰山志二十卷　（清）金棨撰　清嘉慶六年(1801)刻十五年(1810)印本　十冊

330000－1741－0003275　綫683.13313/2222

史部/地理類/山川之屬/山志

說嵩三十二卷 （清）景日昣撰　清康熙六十年(1721)嶽生堂刻本　十冊

330000－1741－0003276　綫 683.21117/2022.77/C1、綫 683.21117/2022＊2　史部/地理類/山川之屬/山志

京口三山志　（清）□□輯　清同治至光緒刻本　十冊　存二種

330000－1741－0003277　綫 683.14243/3530.74　史部/地理類/山川之屬/山志

清涼山志十卷　（明）釋秋崖原纂　（明）釋鎮澄編　（清）釋阿王老藏修正　清乾隆二十年(1755)釋聚用刻光緒十三年(1887)重修本　四冊

330000－1741－0003280　綫 683.15147/4043　史部/地理類/山川之屬/山志

華嶽志八卷首一卷　（清）李榕撰　清道光十一年(1831)華麓楊翼武清白別墅刻光緒三十年(1904)補刻本　四冊

330000－1741－0003282　綫 683.15147/4043：2　史部/地理類/山川之屬/山志

華嶽志八卷首一卷　（清）李榕撰　清道光十一年(1831)華麓楊翼武清白別墅刻光緒九年(1883)湘鄉楊昌濬重修本　四冊

330000－1741－0003283　綫 683.21/8022.78　史部/地理類/山川之屬/山志

京口三山志　（清）□□輯　清同治至光緒刻本　十冊　存一種

330000－1741－0003284　綫 683.21/8022.78/C1、綫 683.21117/1162　史部/地理類/山川之屬/山志

京口三山志　（清）□□輯　清同治至光緒刻本　十六冊　存二種

330000－1741－0003286　綫 683.21301/7622.76　類叢部/叢書類/彙編之屬

峭帆樓叢書十八種　趙詒琛編　清宣統三年至民國八年(1911－1919)新陽趙氏峭帆樓刻本　一冊　存一種

330000－1741－0003287　綫 683.21117/1162/C1、綫 683.21117/2022.77　史部/地理類/山川之屬/山志

京口三山志　（清）□□輯　清同治至光緒刻本　十四冊　存二種

330000－1741－0003288　綫 683.21117/8022/＊2　史部/地理類/山川之屬/山志

金山志十卷　（清）盧見曾撰　**續金山志二卷**　（清）釋秋崖撰　清光緒二十七年(1901)刻本　二冊　存二卷(續金山志一至二)

330000－1741－0003289　綫 683.21117/2022：3　史部/地理類/山川之屬/山志

京口三山志　（清）□□輯　清同治至光緒刻本　十冊　存二種

330000－1741－0003292　綫 683.21309/7162　史部/地理類/山川之屬/山志

重修馬蹟山志八卷首一卷　（清）許棫撰　清同治至光緒刻本　十冊

330000－1741－0003294　綫 683.21311/5522.65　史部/地理類/山川之屬/山志

慧山記四卷　（明）邵寶撰　（明）釋圓顯輯　**慧山記續編三卷首一卷**　（清）邵涵初輯　清同治七年(1868)無錫邵文燾刻本　六冊

330000－1741－0003295　綫 683.23213/8072.76　史部/地理類/山川之屬/山志

重修南海普陀山志二十卷首一卷　（清）秦耀曾輯　清道光十二年(1832)刻民國四年(1915)趙希伊補刻六年(1917)定海監獄工場印本　四冊

330000－1741－0003296　綫 683.23231/2012　史部/地理類/山川之屬/山志

委羽山志六卷　（明）胡昌賢撰　**委羽山志續志六卷首一卷**　（清）王維翰撰　清同治九年(1870)委羽石室刻本　三冊

330000－1741－0003297　綫 683.23101/1082　史部/地理類/山川之屬/山志

天竺山志十二卷首一卷　（清）管庭芬撰　（清）曹籀刪訂　清光緒元年(1875)上天竺法

喜寺刻本　六冊

330000－1741－0003298　綫683.23213/
8072.76/C1　史部/地理類/山川之屬/山志

重修南海普陀山志二十卷首一卷　（清）秦耀
曾輯　清道光十二年（1832）刻民國四年
（1915）趙希伊補刻六年（1917）佛經流通處印
本　四冊

330000－1741－0003299　綫683.21311/
5522.77　史部/地理類/山川之屬/山志

慧山記四卷　（明）邵寶撰　（明）釋圓顯輯
慧山記續編三卷首一卷　（清）邵涵初輯　清
同治七年（1868）無錫邵文燾刻本　四冊　存
四卷（首、慧山記續編一至三）

330000－1741－0003300　綫683.23131/
8042.78　史部/地理類/山川之屬/山志

金蓋山志四卷首一卷　（清）李宗蓮輯　**金蓋
山志略一卷**　（清）閔苕敷撰　清光緒二十二
年（1896）烏程潘錫春古書隱樓刻上天竺法喜
寺白雲堂印本　二冊

330000－1741－0003304　綫683.23401/
1227.75　史部/地理類/山川之屬/山志

孤嶼志八卷首一卷　（清）陳舜咨輯　清嘉慶
十四年（1809）介和堂刻本　四冊　缺二卷
（四至五）

330000－1741－0003312　綫683.23/1016
史部/地理類/山川之屬/山志

西天目祖山志八卷首一卷末一卷補遺一卷
（明）釋廣賓撰　（清）釋際界增訂　清光緒二
年（1876）刻本　四冊

330000－1741－0003318　綫683.24411/
0022.72　史部/地理類/山川之屬/山志

盧山志十五卷首一卷　（清）毛德琦撰　清康
熙五十九年（1720）順德堂刻乾隆至宣統遞修
本　十六冊

330000－1741－0003320　綫683.23301/
9742.78　史部/地理類/山川之屬/山志

爛柯山志十三卷補錄一卷　（清）鄭永禧輯
清光緒三十三年（1907）不其山館刻本　四冊

330000－1741－0003321　綫683.24109/0042
史部/地理類/山川之屬/山志

重刊麻姑山志十二卷　（清）黃家駒輯　清同
治五年（1866）黃家駒洞天書屋刻本　六冊

330000－1741－0003324　綫683.25101/4422
史部/地理類/山川之屬/山志

黃鵠山志十二卷首一卷　（清）胡鳳丹撰　清
同治十三年（1874）胡氏退補齋刻本　六冊

330000－1741－0003325　綫683.24411/
0022.72：2　史部/地理類/山川之屬/山志

盧山志十五卷首一卷　（清）毛德琦撰　清康
熙五十九年（1720）順德堂刻乾隆至民國遞修
本　十六冊

330000－1741－0003326　綫683.25121/4062
史部/地理類/山川之屬/山志

大別山志十卷首一卷　（清）胡鳳丹編纂　清
同治十三年（1874）退補齋刻本　四冊

330000－1741－0003327　綫683.23301/
9742.78/C1　史部/地理類/山川之屬/山志

爛柯山志十三卷補錄一卷　（清）鄭永禧輯
清光緒三十三年（1907）不其山館刻本　四冊

330000－1741－0003330　綫683.31417/
1352.76　史部/地理類/山川之屬/山志

武夷山志二十四卷首一卷　（清）董天工撰
清道光二十七年（1847）五夫尺木軒刻同治十
一年（1872）校補本　八冊

330000－1741－0003331　綫683.31417/
1352.76.1　史部/地理類/山川之屬/山志

武夷山志二十四卷首一卷　（清）董天工撰
清道光二十七年（1847）五夫尺木軒刻同治十
一年（1872）校補本　十冊

330000－1741－0003332　綫683.26203/4022
類叢部/叢書類/彙編之屬

麗廔叢書九種　葉德輝編　清光緒三十二年
至宣統元年（1906－1909）長沙葉氏刻本　三
冊　存一種

330000－1741－0003335　綫683.26203/
4022.74　史部/地理類/山川之屬/山志

南嶽志八卷 （清）高自位編 （清）曠敏本纂 清乾隆十八年（1753）開雲樓刻本 六冊

330000 - 1741 - 0003341 綫 683.31103/4422 史/地理類/山川之屬/山志

鼓山志十四卷首一卷 （清）黃任纂 清乾隆刻光緒二年（1876）重修本 六冊

330000 - 1741 - 0003342 綫 683.7/4003 史部/地理類/山川之屬/山志

萬山綱目二十一卷 （清）李誠撰 清光緒二十六年（1900）長沙刻本 十冊

330000 - 1741 - 0003346 綫 683.31417/1352.76/C1 史部/地理類/山川之屬/山志

武夷山志二十四卷首一卷 （清）董天工撰 清道光二十七年（1847）五夫尺木軒刻同治十一年（1872）校補本 八冊

330000 - 1741 - 0003347 綫 684.823101/1074、綫684.823101/1044.74、綫684.823101/1044.76 類叢部/叢書類/郡邑之屬

武林掌故叢編一百八十七種 （清）丁丙編 清光緒三年至二十六年（1877－1900）錢塘丁氏嘉惠堂刻本（乾道臨安志卷四至十五、南宋館閣錄卷一原缺） 八冊 存三種

330000 - 1741 - 0003349 綫 684.823/4440 史部/地理類/專志之屬/祠墓

曹江孝女廟誌八卷首一卷末一卷補遺一卷 （清）金廷棟輯 （清）唐煦春增輯 清光緒八年（1882）五社公所刻本 一冊 存三卷（首、一至二）

330000 - 1741 - 0003350 綫 684.015/1054 類叢部/叢書類/彙編之屬

平津館叢書六集三十五種 （清）孫星衍編 清嘉慶蘭陵孫氏刻本 一冊 存一種

330000 - 1741 - 0003351 綫 684.015/1054.1 史部/地理類/專志之屬/宮殿

三輔黃圖六卷補遺一卷 （漢）□□撰 （清）畢沅校 清光緒十七年（1891）思賢講舍刻本 一冊

330000 - 1741 - 0003352 綫 684.823101/

0027.74 史部/地理類/專志之屬/寺觀

辯利院志三卷 （清）翟灝撰 （清）吳樹虛增訂 清乾隆刻道光十年（1830）印本 一冊

330000 - 1741 - 0003354 綫 684.823101/1024.78 類叢部/叢書類/郡邑之屬

武林掌故叢編一百八十七種 （清）丁丙編 清光緒三年至二十六年（1877－1900）錢塘丁氏嘉惠堂刻本（乾道臨安志卷四至十五、南宋館閣錄卷一原缺） 二冊 存一種

330000 - 1741 - 0003355 綫 684.823101/1024.78:2 類叢部/叢書類/郡邑之屬

武林掌故叢編一百八十七種 （清）丁丙編 清光緒三年至二十六年（1877－1900）錢塘丁氏嘉惠堂刻本（乾道臨安志卷四至十五、南宋館閣錄卷一原缺） 二冊 存一種

330000 - 1741 - 0003356 綫 684.823101/5564 類叢部/叢書類/郡邑之屬

武林掌故叢編一百八十七種 （清）丁丙編 清光緒三年至二十六年（1877－1900）錢塘丁氏嘉惠堂刻本（乾道臨安志卷四至十五、南宋館閣錄卷一原缺） 二冊 存一種

330000 - 1741 - 0003357 綫 684.823101/2180 史部/地理類/專志之屬/祠墓

吳山伍公廟志六卷首一卷附一卷 （清）金文淳等纂輯 清光緒二年（1876）刻本 四冊

330000 - 1741 - 0003359 綫 684.823101/1634、綫684.823101/6704 類叢部/叢書類/郡邑之屬

武林掌故叢編一百八十七種 （清）丁丙編 清光緒三年至二十六年（1877－1900）錢塘丁氏嘉惠堂刻本（乾道臨安志卷四至十五、南宋館閣錄卷一原缺） 五冊 存二種

330000 - 1741 - 0003360 綫 684.823101/3244 類叢部/叢書類/郡邑之屬

武林掌故叢編一百八十七種 （清）丁丙編 清光緒三年至二十六年（1877－1900）錢塘丁氏嘉惠堂刻本（乾道臨安志卷四至十五、南宋館閣錄卷一原缺） 十二冊 存一種

330000－1741－0003361　綫685.023118/
1094　史部/地理類/雜志之屬

嘉府典故纂要續編八卷　(清)王惟梅輯　清
嘉慶四年(1799)環翠書屋刻本　四冊

330000－1741－0003364　綫689.201/2624
史部/地理類/雜志之屬

新輯上海彝場景緻四卷　(清)藜牀舊主編
清光緒二十年(1894)上海管可壽齋石印本
一冊

330000－1741－0003365　綫685.066/4434
史部/地理類/方志之屬/郡縣志

[光緒]西藏圖考八卷首一卷　(清)黃沛翹纂
清光緒二十三年(1897)刻本　四冊

330000－1741－0003366　綫684.823201/
1004　史部/地理類/專志之屬/寺觀

天童寺志十卷首一卷　(清)德介　(清)聞性
道撰　清康熙刻嘉慶增補咸豐元年(1851)重
修光緒十三年(1887)印本　四冊

330000－1741－0003367　綫689.201/3333
子部/小說家類/雜事之屬

海上花天酒地傳二種　(清)鄒弢撰　清光緒
十年(1884)二石軒刻本　二冊

330000－1741－0003368　綫685.71023/3643
史部/雜史類/斷代之屬

山陰中天樂鄉沈冤紀略一卷　湯壽潛輯　清
宣統三年(1911)鉛印本　一冊

330000－1741－0003369　綫689.21/1060
類叢部/叢書類/自著之屬

頤志齋叢書二十二種　(清)丁晏撰　清道光
至同治山陽丁氏六藝堂刻同治元年(1862)彙
印本　一冊　存一種

330000－1741－0003372　綫689/1049　類叢
部/叢書類/郡邑之屬

台州叢書(名山堂叢書)九種　(清)宋世犖編
清嘉慶至道光臨海宋氏刻本　二冊　存
一種

330000－1741－0003375　綫684.823201/
1001：1　史部/地理類/專志之屬/寺觀

天童寺志十卷首一卷　(清)德介　(清)聞性
道撰　清康熙刻嘉慶增補後印本　四冊

330000－1741－0003376　綫689.21101/
7521a　史部/地理類/雜志之屬

**金陵通紀十卷國朝金陵通紀四卷金陵通紀補
一卷**　陳作霖撰　清光緒三十三年(1907)江
寧陳氏瑞華館刻民國元年(1912)補刻本　一
冊　存二卷(金陵通紀一至二)

330000－1741－0003378　綫689.23130/7503
史部/地理類/雜志之屬

吳興合璧四卷首一卷　(清)陳文煜撰　清光
緒四年(1878)聚珍齋木活字印本　二冊

330000－1741－0003381　綫689.23214/1047
史部/地理類/雜志之屬

會稽三賦四卷　(宋)王十朋撰　(明)南逢吉
注　(明)尹壇補注　清同治十二年(1873)會
稽章氏刻本　一冊

330000－1741－0003382　綫689.23214/1047：2
史部/地理類/雜志之屬

王梅溪先生會稽三賦四卷　(宋)王十朋撰
(明)南逢吉注　(清)周炳曾增注　清咸豐尺
木堂刻本　一冊

330000－1741－0003383　綫689.23401/
1271a　史部/地理類/雜志之屬

永嘉聞見錄二卷　(清)孫同元撰　清光緒十
四年(1888)瑞安孫氏刻本　二冊

330000－1741－0003384　綫684.823423/
4777　史部/地理類/專志之屬/祠墓

露筋祠志五卷首一卷　(清)胡鳳丹輯　清光
緒三年(1877)永康胡鳳丹退補齋刻本　一冊

330000－1741－0003385　綫689.23401/
1271a：3　史部/地理類/雜志之屬

永嘉聞見錄二卷　(清)孫同元撰　清光緒十
四年(1888)瑞安孫氏刻本　二冊

330000－1741－0003387　綫689.21201/1042
史部/地理類/雜志之屬

瀛壖雜志六卷　(清)王韜撰　清光緒元年
(1875)刻本　二冊

330000 – 1741 – 0003388　綫 689.26/7533
史部/地理類/方志之屬/郡縣志

[光緒]湘城訪古錄十七卷首一卷　（清）陳運
溶纂　清光緒二十年（1894）刻本　六冊

330000 – 1741 – 0003391　綫 689.25103/4062
　史部/地理類/方志之屬/郡縣志

[寶祐]壽昌乘不分卷　（宋）□□纂　（清）
文廷式輯　清光緒三十三年（1907）武昌柯氏
息園刻本　一冊

330000 – 1741 – 0003392　綫 689.21217/2153
　史部/地理類/雜志之屬

婁東小志七卷　（清）傅振海撰　清宣統二年
（1910）鉛印本　一冊

330000 – 1741 – 0003393　綫 689.21313/7287
　史部/地理類/雜志之屬

桑梓見聞錄三卷　（清）劉鏗撰　清光緒二十
七年（1901）正誼山房木活字印本　三冊

330000 – 1741 – 0003394　綫 689.26/1043
史部/地理類/雜志之屬

湖南陽秋十六卷　（清）王萬澍撰　清同治至
光緒刻本　五冊

330000 – 1741 – 0003395　綫 689.23101/4433
　史部/地理類/雜志之屬

杭俗遺風一卷　（清）范祖述撰　清同治六年
（1867）刻本　一冊

330000 – 1741 – 0003396　綫 689.23102/1428
　類叢部/叢書類/郡邑之屬

武林掌故叢編一百八十七種　（清）丁丙編
清光緒三年至二十六年（1877 – 1900）錢塘丁
氏嘉惠堂刻本（乾道臨安志卷四至十五、南宋
館閣錄卷一原缺）　一冊　存四種

330000 – 1741 – 0003405　綫 689.33/1135
史部/地理類/雜志之屬

粵遊小識七卷　（清）張心泰撰　清光緒二十
六年（1900）刻本　一冊

330000 – 1741 – 0003407　綫 689.33/7444
史部/地理類/雜志之屬

廣東新語二十八卷　（清）屈大均撰　清康熙

木天閣刻本　十冊

330000 – 1741 – 0003412　綫 689.28/4288
類叢部/叢書類/自著之屬

中復堂全集九種附一種　（清）姚瑩撰　清同
治六年（1867）姚濬昌安福縣署刻本　八冊
存一種

330000 – 1741 – 0003415　綫 690/7120　史
部/地理類/遊記之屬/紀行

凝香室鴻雪因緣圖記三集不分卷　（清）麟慶
撰　清光緒十二年（1886）上海同文書局石印
本　三冊

330000 – 1741 – 0003416　綫 689.36/4436
史部/地理類/雜志之屬

黔記四卷　（清）李宗昉撰　清道光十四年
（1834）刻本　一冊

330000 – 1741 – 0003419　綫 711/4062　新
學/史志/諸國史

萬國通史前編十卷　（英國）李思倫白輯譯
蔡爾康編　清光緒二十九年（1903）上海廣學
會鉛印本　十冊

330000 – 1741 – 0003422　綫 711/7757　新
學/史志/諸國史

萬國史記二十卷　（日本）岡本監輔撰　清光
緒二十七年（1901）上海兩宜齋石印本　六冊

330000 – 1741 – 0003423　綫 711/3111　新
學/史志/諸國史

萬國歷史彙編一百卷　（清）江子雲等輯　清
光緒二十九年（1903）上海官書局石印本　十
六冊

330000 – 1741 – 0003424　綫 714.7/1062　史
部/政書類/邦交之屬

十九世紀外交史不分卷　（日本）平田久撰
張相譯　清光緒二十八年（1902）杭州史學齋
刻本　四冊

330000 – 1741 – 0003426　綫 716.034/0121
史部/地理類/雜志之屬

五洲圖考不分卷　（清）龔柴　（清）許彬撰
清光緒二十八年（1902）上海徐家滙印書館鉛

印本　四冊

330000－1741－0003428　綫711/4062＊2
新學/史志/諸國史
萬國通史續編十卷　（英國）李思倫白輯譯
（清）曹曾涵編　清光緒三十年(1904)上海廣
學會鉛印本　十冊

330000－1741－0003429　綫719/1122　史
部/地理類/外紀之屬
四述奇十六卷　（清）張德彝撰　清光緒著易
堂鉛印本　八冊

330000－1741－0003430　綫716.034/0121：2
　史部/地理類/雜志之屬
五洲圖考不分卷　（清）龔柴　（清）許彬撰
清光緒二十八年(1902)上海徐家滙印書館鉛
印本　一冊

330000－1741－0003432　綫716.04/4431
史部/地理類/外紀之屬
瀛寰譯音異名記十二卷　（清）杜宗預撰　清
光緒三十年(1904)鄂城刻本　六冊

330000－1741－0003433　綫719/2228　史
部/地理類/遊記之屬/紀行
**出使美日祕國日記（出使美日秘崔日記）十六
卷（清光緒十五年九月初一日至十九年八月
初二日）**　（清）崔國因撰　清光緒二十年
(1894)鉛印本　十二冊

330000－1741－0003434　綫711/4062＊3
新學/史志/諸國史
萬國通史三編十卷　（英國）李思倫白譯
（清）曹曾涵編　清光緒三十一年(1905)上海
廣學會鉛印本　十冊

330000－1741－0003436　綫719/4040　史
部/地理類/外紀之屬
環遊地球新錄四卷　（清）李圭撰　清光緒四
年(1878)鉛印本　四冊

330000－1741－0003437　綫716/6035　新
學/地學/地志學
地理全志五卷首一卷　（英國）慕維廉撰　清
咸豐三年(1853)上海墨海書館鉛印本　一冊

330000－1741－0003438　綫696.1/1163　史
部/地理類/遊記之屬/紀行
河海崑崙錄四卷　裴景福撰　清宣統元年
(1909)上海文明書局鉛印本　四冊

330000－1741－0003439　綫719.385/6014
新學/游記
柬埔寨以北探路記十五卷　（法國）晃西士加
尼撰　清光緒十年(1884)鉛印本　十五冊

330000－1741－0003440　綫692.7/7734　史
部/地理類/遊記之屬/紀行
蜀輶日記四卷　（清）陶澍撰　清道光刻本
四冊

330000－1741－0003441　綫730.11/0085
新學/史志/別國史
日本全史二十二卷　（日本）中村正直撰　清
光緒二十八年(1902)通文局石印本　八冊

330000－1741－0003442　綫710.9/2631　史
部/地理類/外紀之屬
海國圖志一百卷首一卷　（清）魏源撰　清光
緒二年(1876)平慶涇固道署刻本　三十二冊

330000－1741－0003443　綫684.021/1107
史部/地理類/雜志之屬
六朝事迹編類十四卷　（宋）張敦頤撰　清光
緒十三年(1887)李濱寶章閣刻本　四冊

330000－1741－0003447　綫730.11/1042
新學/史志/別國史
日本新史攬要七卷　（日本）石村貞一編輯
（清）游瀛主人譯　清光緒二十五年(1899)石
印本　七冊

330000－1741－0003449　綫730.12/1041
新學/史志/政記
日本維新慷慨史（近古慷慨家列傳）二卷
（日本）西村三郎輯　趙必振譯　清光緒二十
八年(1902)上海廣智書局鉛印本　二冊

330000－1741－0003450　綫730.11/1042：2
　新學/史志/別國史
日本新史攬要七卷　（日本）石村貞一編輯
（清）游瀛主人譯　清光緒二十七年(1901)時

學廬石印本　七冊

330000－1741－0003451　綫719/4694　史部/地理類

域外叢書九種　（清）王藴香輯　清道光刻本　一冊　存一種

330000－1741－0003459　綫684.026301/4243　史部/地理類/專志之屬/古跡

桃花源志略十三卷首一卷　（清）唐開韶輯（清）胡焞重編　清道光二十六年(1846)刻光緒十七年(1891)胡氏研經堂補刻本　四冊

330000－1741－0003463　綫684.027/5572　史部/地理類/專志之屬/古跡

蜀中名勝記三十卷　（明）曹學佺撰　清宣統二年(1910)四川官印刷局刻本　八冊

330000－1741－0003467　綫732.16/2698　史部/地理類/外紀之屬

朝鮮志二卷　（清）吳省蘭輯　清嘉慶南匯吳氏聽彝堂刻藝海珠塵本　清沈□□跋　一冊

330000－1741－0003468　綫730.171/4308　新學/史志/別國史

日本維新三十年史十二編附錄一卷　（日本）博文館輯　（清）上海廣智書局譯　清光緒二十八年(1902)上海廣智書局鉛印本　六冊

330000－1741－0003469　綫739.85/4448　史部/地理類/外紀之屬

東南海島圖經十卷　（清）世增譯　張美翊述　清光緒二十六年(1900)上海石印本(卷七至十原缺)　三冊

330000－1741－0003471　綫738.31/1262　新學/史志/別國史

安南史四卷　（日本）引田利章撰　毛乃庸譯　清光緒二十九年(1903)教育世界社石印本　四冊

330000－1741－0003473　綫781/1042　類叢部/叢書類/彙編之屬

申報館叢書正集五十七種附錄三種續集一百四十二種　（清）尊聞閣主編　蔡爾康編續集

清同治至光緒申報館鉛印本　二冊　存一種

330000－1741－0003474　綫782.1/2250　史部/傳記類/總傳之屬

廣卓異記二十卷　（宋）樂史撰　清道光二十七年(1847)宜黃北山黃氏僊屏書屋木活字印本　二冊

330000－1741－0003475　綫740.1/4050　新學/史志/諸國史

節本泰西新史攬要八卷　（英國）李提摩太譯　周慶雲節錄　清光緒二十七年(1901)周慶雲夢坡室刻本　二冊

330000－1741－0003476　綫782.1/2553　史部/傳記類/總傳之屬/仕宦

高安三傳合編三種　（清）朱軾　（清）蔡世遠輯　清光緒二十一年(1895)江蘇書局刻本二十四冊

330000－1741－0003477　綫684.3/3503　史部/地理類/專志之屬/宮殿

御製避暑山莊圓明園圖詠二卷　（清）聖祖玄燁撰　（清）高宗弘曆和　清末大同書局石印本　二冊

330000－1741－0003478　綫781/4436　史部/傳記類/總傳之屬/通代

中西人物通攷一百卷　（清）葉逢時輯　清光緒二十九年(1903)杭州史學齋石印本　二十冊

330000－1741－0003480　綫730.266/0026　史部/地理類/外紀之屬

續琉球國志畧五卷首一卷　（清）齊鯤　（清）費錫章輯　清嘉慶武英殿木活字印本　四冊

330000－1741－0003481　綫730.9/1724　史部/地理類

鄧鄭學廬地理叢刊四種　（清）施世杰輯　清光緒二十三年(1897)會稽施氏鄧鄭學廬刻本　一冊　存二種

330000－1741－0003482　綫740.1/4050　新學/史志/戰記

普法戰紀二十卷 （清）張宗良口譯 （清）王韜撰輯 清光緒十二年（1886）弢園王氏木活字印本 十冊

330000－1741－0003486 綫782.102/1202 史部/傳記類/別傳之屬

先聖生卒年月日考二卷 （清）孔廣牧撰 清光緒十九年（1893）浙江書局刻本 一冊

330000－1741－0003487 綫782.102/8346、綫782.102/8346＊4 類叢部/叢書類/自著之屬

潛園總集十七種 （清）陸心源撰 清同治至光緒刻本 五冊 存二種

330000－1741－0003489 綫740.30/4442 新學/游記

中亞洲俄屬遊記二卷 （英國）蘭士德撰 （清）莫鎮藩 （清）楊樞譯 清光緒二十年（1894）上海時務報館石印本 二冊

330000－1741－0003490 綫782.102/1202/C1 史部/傳記類/別傳之屬

先聖生卒年月日考二卷 （清）孔廣牧撰 清光緒十九年（1893）浙江書局刻本 一冊

330000－1741－0003492 綫782.104/0077 史部/傳記類/總傳之屬/通代

尚友錄二十二卷補遺一卷 （明）廖用賢輯 （清）張伯琮補輯 清康熙浙蘭林天祿齋刻本 二十二冊

330000－1741－0003494 綫684.421301/3833 史部/地理類/專志之屬/園林

滄浪小志二卷 （清）宋犖輯 清光緒十年（1884）江蘇書局刻本 一冊

330000－1741－0003495 綫782.102/8346＊1、綫782.102/8346＊2 類叢部/叢書類/彙編之屬

小石山房叢書三十八種 （清）顧湘編 清道光刻同治十三年（1874）虞山顧氏補刻本 二冊 存二種

330000－1741－0003496 綫782.204/0077.1 史部/傳記類/總傳之屬/通代

尚友錄二十二卷補遺一卷 （明）廖用賢輯 （清）張伯琮補輯 清康熙刻古婺正業堂修補印本 十冊

330000－1741－0003497 綫745.9/8397 子部/雜著類/雜說之屬

歸潛記乙編一卷附一卷丙編一卷丁編三卷戊編一卷辛編之三一卷癸編之二一卷附一卷 錢恂撰 清宣統元年（1909）刻本 一冊

330000－1741－0003498 綫782.102/2622 史部/傳記類/總傳之屬/通代

人壽金鑑二十二卷 （清）程得齡輯 清嘉慶二十四年至二十五年（1819－1820）安東程氏柳衣園刻本 六冊

330000－1741－0003499 綫782.104/1134 史部/傳記類/總傳之屬/姓名

姓氏尋源四十五卷姓氏辯誤三十卷 （清）張澍撰 清道光十八年（1838）棗華書屋刻本 八冊 存三十卷（姓氏辯誤一至三十）

330000－1741－0003500 綫782.102/2622/C1 史部/傳記類/總傳之屬/通代

人壽金鑑二十二卷 （清）程得齡輯 清嘉慶二十四年至二十五年（1819－1820）安東程氏柳衣園刻本 六冊

330000－1741－0003501 綫782.104/1134/C1 史部/傳記類/總傳之屬/姓名

姓氏尋源四十五卷姓氏辯誤三十卷 （清）張澍撰 清道光十八年（1838）棗華書屋刻本 八冊 存三十卷（姓氏辯誤一至三十）

330000－1741－0003502 綫782.104/3193 史部/傳記類/總傳之屬/姓名

史姓韻編二十四卷 （清）汪輝祖撰 清光緒二十九年（1903）上海文瀾書局石印本 八冊

330000－1741－0003503 綫782.104/4430 史部/傳記類/總傳之屬/姓名

元和姓纂十卷 （唐）林寶撰 （清）孫星衍 （清）洪瑩補 清光緒六年（1880）金陵書局刻本 四冊

330000－1741－0003504 綫782.104/1134a

史部/傳記類/總傳之屬/姓名

姓氏尋源四十五卷姓氏辯誤三十卷 （清）張
澍撰 清道光十八年(1838)棗華書屋刻本
（卷十九補配抄本） 八冊 存四十五卷（一
至四十五）

330000－1741－0003505 綫 782.104/3193.1
史部/傳記類/總傳之屬/姓名

史姓韻編六十四卷 （清）汪輝祖撰 清光緒
十年(1884)慈谿馮氏耕餘樓鉛印本 十六冊

330000－1741－0003506 綫 782.102/8346＊5
類叢部/叢書類/自著之屬

寒松閣集五種 （清）張鳴珂撰 清光緒十年
至二十四年(1884－1898)嘉興張氏刻本 一
冊 存一種

330000－1741－0003508 綫 782.104/4437
經部/小學類/音韻之屬/韻書

廣韻注姓氏纂五卷 （清）黃富民輯 清道光
四年(1824)刻本 一冊

330000－1741－0003512 綫 782.17/4010.1
史部/傳記類/總傳之屬/斷代

國朝先正事略六十卷 （清）李元度撰 清同
治五年至八年(1866－1869)循陔草堂刻本
三十二冊

330000－1741－0003513 綫 782.17/4010：2
史部/傳記類/總傳之屬/斷代

國朝先正事略六十卷 （清）李元度撰 清同
治五年至八年(1866－1869)循陔草堂刻本
二十四冊

330000－1741－0003514 綫 782.104/2843
史部/傳記類/總傳之屬/姓名

百家姓考略一卷 （清）王相箋注 清末南京
李光明莊刻本 一冊

330000－1741－0003516 綫 782.104/4904
史部/傳記類/總傳之屬/姓名

青樓小名錄八卷 （清）趙慶楨輯 清宣統二
年(1910)上海國學扶輪社鉛印本 四冊

330000－1741－0003517 綫 782.17/8324＊1
史部/傳記類/總傳之屬/斷代

碑傳集一百六十卷首二卷末二卷 （清）錢儀
吉輯 清光緒十九年(1893)江蘇書局刻本
六十冊

330000－1741－0003519 綫 684.67/0063
史部/地理類/專志之屬/寺觀

聖廟志輯要三十卷首一卷 （清）鹿嗣宗等輯
清嘉慶十九年(1814)刻本 二十冊

330000－1741－0003520 綫 782.15/3154
史部/傳記類/總傳之屬/斷代

周列士傳一卷 （清）顧壽楨撰 清同治五年
(1866)見素抱樸齋刻本 二冊

330000－1741－0003521 綫 782.104/5040
史部/雜史類/斷代之屬

世本十卷 （清）秦嘉謨輯補 清嘉慶二十三
年(1818)琳琅仙館刻本 二冊

330000－1741－0003522 綫 782.1515/7433
類叢部/叢書類/自著之屬

潛園總集十七種 （清）陸心源撰 清同治至
光緒刻本 四冊 存一種

330000－1741－0003523 綫 684.67/2544
史部/政書類/儀制之屬/典禮

文廟通考六卷首一卷 （清）牛樹梅撰 清同
治十一年(1872)浙江書局刻本 一冊

330000－1741－0003524 綫 684.67/2544/C1
史部/政書類/儀制之屬/典禮

文廟通考六卷首一卷 （清）牛樹梅撰 清同
治十一年(1872)浙江書局刻本 二冊

330000－1741－0003526 綫 782.17/8324＊2
史部/傳記類/總傳之屬/斷代

續碑傳集八十六卷首二卷 繆荃孫纂 清宣
統二年(1910)江楚編譯書局刻本 二十四冊

330000－1741－0003528 綫 684.67/3463
史部/政書類/儀制之屬/典禮

澤宮序次舉要二卷附錄一卷 （清）洪恩波撰
清光緒二十三年(1897)刻本 二冊

330000－1741－0003529 綫 782.104/7507
史部/紀傳類/正史之屬

魏書官氏志疏證一卷　陳毅撰　清光緒二十三年(1897)刻本　一冊

330000－1741－0003531　綫782.17/4010　史部/傳記類/總傳之屬/斷代

國朝先正事略六十卷　(清)李元度撰　清刻本　二十四冊

330000－1741－0003533　綫782.17/9989、綫782.17/9989d　史部/傳記類/職官錄之屬/總錄

[清光緒二十三年]大清搢紳全書四卷大清中樞備覽二卷　清光緒二十三年(1897)榮錄堂刻本　六冊

330000－1741－0003534　綫782.2/3172　史部/傳記類/總傳之屬/列女

列女傳二卷　(漢)劉向撰　(明)汪道昆輯　(明)仇英繪圖　清光緒十二年(1886)上海同文書局石印本　二冊

330000－1741－0003535　綫782.21/2625　史部/傳記類/總傳之屬/通代

安危注四卷　(清)吳甡輯　清康熙吳氏刻本　六冊

330000－1741－0003538　綫782.215/2540　史部/傳記類/總傳之屬/仕宦

宋名臣言行錄前集十卷後集十四卷續集八卷別集二十六卷外集十七卷　(宋)□□輯　清道光元年(1821)歙縣洪氏續學堂刻本　三十冊

330000－1741－0003540　綫782.17/9989d:1　史部/傳記類/職官錄之屬/總錄

[清光緒三十年]大清搢紳全書四卷　清光緒三十年(1904)榮錄堂刻本　四冊

330000－1741－0003542　綫782.215/7211　史部/傳記類/別傳之屬/事狀

鄂國金佗稡編二十八卷續編三十卷　(宋)岳珂編　清光緒九年(1883)浙江書局刻本　十二冊

330000－1741－0003543　綫782.17/9989d:2　史部/傳記類/職官錄之屬/總錄

[清光緒十五年]大清搢紳全書四卷　清光緒十五年(1889)榮錄堂刻本　四冊

330000－1741－0003547　綫782.216/3503　史部/傳記類/總傳之屬/忠孝

欽定勝朝殉節諸臣錄十二卷首一卷　(清)高宗弘曆敕撰　清嘉慶二年(1797)謝啟昆刻本　五冊

330000－1741－0003548　綫782.21/2553　史部/傳記類/總傳之屬/仕宦

歷代名臣傳三十五卷首一卷續編五卷　(清)朱軾　(清)蔡世遠輯　清光緒二十三年(1897)刻本　十七冊

330000－1741－0003549　綫782.21/8324＊2　史部/傳記類/總傳之屬/仕宦

續良吏述一卷　(清)錢儀吉撰　清光緒三年(1877)嘉興錢彝甫羊城刻本　一冊

330000－1741－0003550　綫684.6925133/4023　史部/地理類/專志之屬/祠墓

忠武祠墓志七卷首一卷末一卷　(清)李復心編　清道光刻木　四冊

330000－1741－0003552　綫782.217/2510　史部/傳記類/總傳之屬/仕宦

中興名臣事略八卷　朱孔彰撰　清光緒二十七年(1901)上海書局石印本　四冊

330000－1741－0003555　綫684.7/2517　類叢部/叢書類/彙編之屬

申報館叢書正集五十七種附錄三種續集一百四十二種　(清)尊聞閣主編　蔡爾康編續集　清同治至光緒上海申報館鉛印本　十六冊　存二種

330000－1741－0003558　綫684.715107/7122　史部/地理類/專志之屬/古跡

馬嵬志十六卷首一卷　(清)胡鳳丹輯　清光緒三年(1877)永康胡氏退補齋刻本　六冊

330000－1741－0003560　綫782.22/7227　史部/傳記類/總傳之屬/列女

列女傳八卷　(漢)劉向撰　(清)梁端校注

清道光十七年(1837)錢塘汪氏振綺堂刻同治十三年(1874)汪曾唯補刻光緒元年(1875)印本　二冊

330000－1741－0003561　綫782.23/277　史部/傳記類/別傳之屬

孔子世家考二卷弟子列傳考一卷歷代典禮考一卷　(清)鄭環撰　清嘉慶八年(1803)刻本　六冊　缺一卷(歷代典禮考)

330000－1741－0003563　綫782.2275/0143　集部/別集類/清別集

百美新詠一卷集詠一卷圖傳一卷　(清)顏希源撰　清乾隆五十二年(1787)刻本(集詠一卷、圖傳一卷配清刻本)　四冊

330000－1741－0003566　綫782.2223/1243　史部/傳記類/總傳之屬/列女

杭女表微錄十六卷首一卷　(清)孫樹禮輯　清光緒三十二年(1906)刻本　八冊

330000－1741－0003567　綫782.2223/3193　史部/傳記類/總傳之屬/列女

越女表微錄五卷　(清)汪輝祖撰　清光緒十八年(1892)杭州浙江學院刻本　一冊

330000－1741－0003569　綫782.23/4438.1　史部/傳記類/總傳之屬/儒林

明儒學案六十二卷師說一卷附案一卷　(清)黃宗羲撰　清康熙三十年(1691)萬氏刻雍正十三年至乾隆四年(1735－1739)鄭性續刻光緒八年(1882)馮全垓重修本　二十二冊　缺三卷(九至十、五十八)

330000－1741－0003571　綫782.23/4447：1　史部/傳記類/總傳之屬/儒林

儒林宗派十六卷　(清)萬斯同撰　清宣統三年(1911)浙江圖書館刻民國十七年(1928)印本　二冊

330000－1741－0003572　綫782.23/4438＊2　史部/傳記類/總傳之屬/儒林

明儒學案六十二卷師說一卷　(清)黃宗羲撰　清光緒十四年(1888)南昌縣學刻本　二十四冊

330000－1741－0003573　綫782.23/4447　史部/傳記類/總傳之屬/儒林

儒林宗派十六卷　(清)萬斯同撰　清宣統三年(1911)浙江圖書館刻本　二冊

330000－1741－0003574　綫782.217/4041　史部/傳記類/總傳之屬/斷代

國朝耆獻類徵初編七百二十卷賢媛類徵初編十二卷　(清)李桓輯　清光緒十年至十六年(1884－1890)湘陰李氏刻十七年(1891)增刻本(首之二十九至三十、一百十三至一百十七、一百二十至一百二十一、一百二十三、一百三十至一百三十二原缺)　三百冊

330000－1741－0003575　綫782.23/4465　史部/傳記類/總傳之屬/儒林

道學淵源錄一百卷首一卷　(清)黃嗣東輯　清光緒三十四年(1908)鳳山學舍刻本　三十冊

330000－1741－0003576　綫782.23/4438　史部/傳記類/總傳之屬/儒林

宋元學案一百卷首一卷攷畧一卷　(清)黃宗羲撰　(清)全祖望修定　(清)王梓材(清)馮雲濠校並考　清光緒五年(1879)長沙寄廬刻本　四十八冊

330000－1741－0003577　綫782.23/8344　史部/傳記類/總傳之屬/斷代

文獻徵存錄十卷　(清)錢林撰　(清)王藻編　清咸豐八年(1858)有嘉樹軒刻本　十冊

330000－1741－0003578　綫782.237/7110　史部/傳記類/總傳之屬/儒林

國史儒林傳二卷　(清)阮元撰　清刻本　一冊

330000－1741－0003580　綫782.23/8344：2　史部/傳記類/總傳之屬/斷代

文獻徵存錄十卷　(清)錢林撰　(清)王藻編　清咸豐八年(1858)有嘉樹軒刻本　十冊

330000－1741－0003582　綫782.24/2627　史部/傳記類/總傳之屬/斷代

昭代名人尺牘小傳二十四卷　(清)吳修撰

清光緒七年(1881)刻本　二冊

330000 – 1741 – 0003583　綫 782.217/4041
史部/目録類/總録之屬/彙刻
國朝耆獻類徵初編總目十九卷　(清)李桓編
清光緒七年(1881)刻本　一冊

330000 – 1741 – 0003584　綫 782.24/2627/C1
史部/傳記類/總傳之屬/斷代
昭代名人尺牘小傳二十四卷　(清)吳修撰
清光緒七年(1881)刻本　二冊

330000 – 1741 – 0003587　綫 684.723101/
7251.78　史部/地理類/專志之屬/祠墓
岳廟志略十卷首一卷　(清)馮培輯　清光緒
五年(1879)浙江書局刻本　四冊

330000 – 1741 – 0003589　綫 782.247/1087
史部/傳記類/總傳之屬/技藝
國朝書人輯略十一卷首一卷　震鈞輯　清光
緒三十四年(1908)金陵刻本　八冊

330000 – 1741 – 0003592　綫 782.299/4034
史部/傳記類/總傳之屬/仕宦
歷代奸庸殿鑒録三十二卷首一卷　(清)董悟
輯　清光緒三十年(1904)上海開智書局石印
本　十冊

330000 – 1741 – 0003595　綫 782.299/6058a、
綫 782.299/60581　史部/傳記類/總傳之屬/
仕宦
貳臣傳十二卷逆臣傳四卷　(清)國史館撰
清都城琉璃廠半松居士刻本　八冊

330000 – 1741 – 0003596　綫 782.299/6058c、
綫 782.299/60581/C1　史部/傳記類/總傳之
屬/仕宦
貳臣傳十二卷逆臣傳四卷　(清)國史館撰
清都城琉璃廠半松居士刻本　十二冊

330000 – 1741 – 0003597　綫 684.813301/
4623　史部/地理類/專志之屬/寺觀
洛陽伽藍記五卷　(北魏)楊衒之撰　**洛陽伽
藍記集證一卷**　(清)吳若準撰　清道光十四
年(1834)吳若準刻本　一冊

330000 – 1741 – 0003598　綫 782.23/8344/C1
史部/傳記類/總傳之屬/斷代
文獻徵存録十卷　(清)錢林撰　(清)王藻編
清咸豐八年(1858)有嘉樹軒刻本　十冊

330000 – 1741 – 0003601　綫 782.299/6058
史部/傳記類/總傳之屬/仕宦
貳臣傳二十卷逆臣傳八卷　(清)國史館撰
清木活字印本　八冊

330000 – 1741 – 0003602　綫 782.27/2300
類叢部/叢書類/彙編之屬
怡蘭堂叢書八種　唐鴻學編　清光緒二十七
年至民國十一年(1901–1922)大關唐氏成都
刻本　一冊　存一種

330000 – 1741 – 0003605　綫 782.237/1127
史部/傳記類/總傳之屬/文苑
國朝詩人徵略二編六十四卷　(清)張維屏輯
清道光二十二年(1842)刻本(卷十四、十
六、二十四、二十六、三十二、四十二原缺)
八冊

330000 – 1741 – 0003607　綫 782.623200/
7282　史部/傳記類/總傳之屬/郡邑
四明人鑑不分卷　(清)劉慈孚輯　(清)虞琴
繪圖　清光緒石印本　一冊

330000 – 1741 – 0003608　綫 782.623/3232
史部/傳記類/總傳之屬/郡邑
**浙江忠義録十卷表八卷又一卷續編二卷續表
九卷**　(清)浙江采訪忠義總局編　清同治六
年(1867)浙江采訪忠義總局刻光緒元年
(1875)續刻　三十二冊

330000 – 1741 – 0003611　綫 782.623215/
4048　史部/地理類/專志之屬/祠墓
越中先賢祠目一卷　(清)李慈銘撰　清光緒
十一年(1885)都門越祠刻本　一冊

330000 – 1741 – 0003612　綫 782.623215/
4048/C1　史部/地理類/專志之屬/祠墓
越中先賢祠目一卷　(清)李慈銘撰　清光緒
十一年(1885)都門越祠刻本　一冊

330000 – 1741 – 0003614　綫 782.631/7580

史部/地理類/方志之屬/通志

福建通志稿列傳三卷補編一卷 （清）陳善纂
清刻本 四冊

330000 - 1741 - 0003617 綫 782.712205/
8764 類叢部/叢書類/自著之屬

鄭氏四種 （清）鄭曉如撰 清同治八年
(1869)廣州華文堂刻本 四冊 存一種

330000 - 1741 - 0003618 綫 782.636/1080
史部/傳記類/總傳之屬/通代

歷代都江堰功小傳二卷 王人文等輯 清宣
統三年(1911)成都刻本 一冊

330000 - 1741 - 0003619 綫 782.817/6066s
子部/叢編

二十二子(二十二子彙函) （清）浙江書局編
清光緒元年至三年(1875 - 1877)浙江書局
刻本 四冊 存一種

330000 - 1741 - 0003620 綫 782.8/8018 史
部/傳記類/別傳之屬

鄭學錄四卷 （清）鄭珍撰 清光緒五年
(1879)張祥齡受經堂刻本 四冊

330000 - 1741 - 0003622 綫 782.818/1751
類叢部/叢書類/彙編之屬

孫氏山淵閣叢刊十種 （清）孫葆田編 清光
緒榮成孫氏問經精舍刻本 一冊 存一種

330000 - 1741 - 0003623 綫 782.817/6066
類叢部/叢書類/彙編之屬

思賢書局刊書十九種 （清）思賢書局編 清
光緒至宣統思賢書局刻本 二冊 存一種

330000 - 1741 - 0003627 綫 782.825/0440
史部/傳記類/別傳之屬/事狀

忠武誌十卷 （清）張鵬翮輯 （清）周畹蘭增
清嘉慶十九年(1814)麻城周畹蘭刻本
六冊

330000 - 1741 - 0003628 綫 782.8516/4453
史部/傳記類/別傳之屬

東坡事類二十二卷 （清）梁廷柟撰 清光緒
五年(1879)順德馮兆年刻本 十二冊

330000 - 1741 - 0003629 綫 782.621/3131
史部/傳記類/總傳之屬/郡邑

吳郡名賢圖傳贊二十卷 （清）顧沅輯 （清）
孔繼垚繪 清道光九年(1829)長洲顧氏刻本
八冊

330000 - 1741 - 0003630 綫 782.877/4025a
史部/雜史類/斷代之屬

李秀成供一卷 （清）李秀成撰 （清）曾國藩
刪訂 清同治刻本 一冊

330000 - 1741 - 0003632 綫 782.8516/4453z
集部/詩文評類/詩評之屬

眉山詩案廣證六卷 （清）張鑑撰 清光緒十
年(1884)江蘇書局刻本 二冊

330000 - 1741 - 0003635 綫 782.621/3131/
C1 史部/傳記類/總傳之屬/郡邑

吳郡名賢圖傳贊二十卷 （清）顧沅輯 （清）
孔繼垚繪 清道光九年(1829)長洲顧氏刻本
八冊

330000 - 1741 - 0003636 綫 782.877/4244
史部/傳記類/別傳之屬/年譜

追省錄一卷 （清）彭吉士自撰 清同治十一
年(1872)養園刻本 一冊

330000 - 1741 - 0003637 綫 782.852/0024 * 2
類叢部/叢書類/自著之屬

金華唐氏遺書五種附一種 （宋）唐仲友撰
（清）張作楠編 清道光十一年(1831)翠薇山
房刻本 一冊 存一種

330000 - 1741 - 0003638 綫 782.8351/4464
集部/別集類/清別集

申范一卷 （清）陳澧撰 清同治六年(1867)
刻本 一冊

330000 - 1741 - 0003639 綫 782.877/8064
史部/傳記類/日記之屬

**曾文正公手書日記不分卷(清道光二十一年
正月初一日至同治十一年二月初三日)**
（清）曾國藩撰 清宣統元年(1909)上海中國
圖書公司石印本 四十冊

330000 - 1741 - 0003641 綫 782.621/7244

史部/傳記類/總傳之屬/郡邑

桑梓潛德錄五卷 （清）劉芳等纂修　**桑梓潛德續錄四卷** （清）畢應箕等纂修　**桑梓潛德錄三集六卷** （清）湯成烈等纂修　清光緒六年(1880)木活字印本　三冊　缺六卷(三集一至六)

330000－1741－0003642　綫782.8461/4378
類叢部/叢書類/彙編之屬

張氏適園叢書初集七種　張鈞衡編　清宣統三年(1911)上海國學扶輪社鉛印本　二冊　存一種

330000－1741－0003643　綫782.866/1124
史部/傳記類/別傳之屬/事狀

明太師張文忠公[孚敬]世家四卷　（明）李思誠　（明）姜應麟輯　清道光二十四年(1844)刻本　二冊

330000－1741－0003648　綫782.877/8064a
集部/總集類/題詠之屬

曾文正公手書日記題跋不分卷　王闓運等撰　清宣統二年(1910)上海中國圖書公司石印本　一冊

330000－1741－0003649　綫782.877/8064w
史部/傳記類/別傳之屬

求闕齋弟子記三十二卷　（清）王定安撰　清光緒二年(1876)都門刻本　十六冊

330000－1741－0003652　綫782.872/7474
史部/傳記類/日記之屬

陸清獻公日記十卷(清順治十四年至十五年，康熙五年至六年、八年至九年、十一年、十四年、十六年至十七年、十九年至三十一年)　（清）陸隴其撰　清道光二十一年(1841)吳江柳樹芳勝溪草堂刻二十四年(1844)補刻本　四冊

330000－1741－0003653　綫782.878/0802
史部/傳記類/別傳之屬/事狀

誥授光祿大夫太子太保軍機大臣兵部尚書予諡恭慎許公[庚身]行狀一卷　（清）馮煦撰　清光緒石印本　一冊

330000－1741－0003659　綫782.623/2824
史部/傳記類/總傳之屬/郡邑

兩浙名賢錄六十二卷　（明）徐象梅撰　清光緒二十六年(1900)浙江書局刻本　五十八冊　存五十八卷(一至五十八)

330000－1741－0003660　綫782.878/1001
史部/傳記類/日記之屬

道西齋日記二卷(清光緒十三年)　王詠霓撰　清光緒十三年(1887)青陽曹獻之、甯修刻本　一冊　存一卷(一)

330000－1741－0003661　綫782.966/1032
史部/傳記類/別傳之屬/年譜

四朝先賢六家年譜　（清）楊希閔撰　清光緒四年(1878)福州刻本　二冊　存一種

330000－1741－0003662　綫782.872/7474a
史部/傳記類/日記之屬

三魚堂日記十卷(清康熙五年至六年、八年至九年、十一年、十四年、十六年至十七年、十九年至三十一年)　（清）陸隴其撰　清同治九年(1870)浙江書局刻本　四冊

330000－1741－0003663　綫782.878/1010
史部/傳記類/別傳之屬

宜堂類編二十五卷　丁中立編　清光緒二十六年(1900)錢塘丁氏嘉惠堂刻本　八冊

330000－1741－0003664　綫782.878/1133
史部/傳記類/別傳之屬

張文襄公大事記一卷　清宣統元年(1909)石印本　一冊

330000－1741－0003668　綫782.878/1010/C1　史部/傳記類/別傳之屬

宜堂類編二十五卷　丁中立編　清光緒二十六年(1900)錢塘丁氏嘉惠堂刻本　八冊　缺一卷(二十五)

330000－1741－0003669　綫782.878/7270
史部/傳記類/日記之屬

游歷日本考查商務日記二卷(清光緒二十五年六月初一日至八月初二日)　（清）劉學詢撰　清光緒二十五年(1899)香山劉氏上海石

印本 二冊

330000－1741－0003673　綫782.878/6007
史部/傳記類/日記之屬

日記不分卷(清光緒三十二年八月十五日至十月三十日)　稿本　一冊

330000－1741－0003684　綫782.917/1791.75　史部/傳記類/別傳之屬/年譜

孟子[軻]年譜二卷　(清)曹之升撰　清嘉慶十八年(1813)遂初堂刻本　二冊

330000－1741－0003688　綫782.9081/2741
類叢部/叢書/自著之屬

藝風所著書　繆荃孫撰　清光緒至民國刻本　一冊　存四種

330000－1741－0003689　綫782.951/2671
史部/傳記類/別傳之屬/年譜

程子年譜十二卷首一卷終一卷　(清)池生春(清)諸星杓編　清咸豐五年(1855)味經室刻本　五冊

330000－1741－0003690　綫782.917/1277.52　史部/傳記類/別傳之屬/年譜

孔子編年五卷　(宋)胡仔編　清同治九年(1870)胡湛刻本　二冊

330000－1741－0003691　綫782.922/8700
類叢部/叢書類/輯佚之屬

漢學堂叢書二百十一種　(清)黃奭輯　清道光甘泉黃氏刻光緒印本　一冊　存一種

330000－1741－0003693　綫782.917/1277.74/C1　史部/傳記類/別傳之屬/年譜

孔孟編年三種　(清)狄子奇輯　清道光安雅堂刻本　一冊　存一種

330000－1741－0003694　782.917/1277.74
史部/傳記類/別傳之屬/年譜

孔孟編年三種　(清)狄子奇輯　清道光安雅堂刻本　一冊　存一種

330000－1741－0003695　綫782.951/2671a
史部/傳記類/別傳之屬/年譜

程子年譜十二卷首一卷終一卷　(清)池生春

(清)諸星杓編　清咸豐五年(1855)味經室刻本　四冊　存七卷(伊川先生年譜一至七)

330000－1741－0003698　綫782.917/1277.77、綫782.917/1751　史部/傳記類/別傳之屬/年譜

孔孟編年三種　(清)狄子奇輯　清光緒十三年(1887)浙江書局刻本　二冊　存二種

330000－1741－0003699　綫782.917/1277.77/C1、綫782.917/1751　史部/傳記類/別傳之屬/年譜

孔孟編年三種　(清)狄子奇輯　清光緒十三年(1887)浙江書局刻本　二冊　存二種

330000－1741－0003701　綫782.951/4424
集部/別集類/宋別集

黃詩全集五十八卷　(宋)黃庭堅撰　清光緒刻本　二冊　存十四卷(重刻山谷先生年譜一至十四)

330000－1741－0003702　綫782.932/1083
類叢部/叢書類/自著之屬

魯氏遺著四種附二種　(清)魯一同撰　清咸豐山陽魯氏刻本　一冊　存一種

330000－1741－0003705　綫782.932/7736
類叢部/叢書類/彙編之屬

靈峯草堂叢書十一種　陳矩編　清光緒貴陽陳氏刻本　一冊　存一種

330000－1741－0003706　綫782.972/1053
史部/傳記類/別傳之屬/年譜

先船山公[王夫之]年譜前編一卷後編一卷
(清)王之春編　清光緒十九年(1893)刻本　二冊

330000－1741－0003707　綫782.961/3030
集部/別集類/明別集

宋文憲公全集八十卷　(明)宋濂撰　**年譜二卷附錄一卷**　(清)朱興悌　(清)戴殿江纂孫鏘增輯　**潛溪錄六卷首一卷**　丁立中編輯孫鏘增補　清宣統三年至民國五年(1911－1916)四明孫氏刻本　一冊　存三卷(年譜一至二、附錄)

330000－1741－0003708　綫782.952/2540
史部/傳記類/別傳之屬/年譜

朱子[熹]年譜四卷考異四卷 （清）王懋竑撰
朱子論學切要語二卷 （清）王懋竑輯　清
乾隆十七年(1752)寶應王氏白田草堂刻清末
浙江書局補刻本　四冊

330000－1741－0003709　綫782.972/1053/
C1　史部/傳記類/別傳之屬/年譜

先船山公[王夫之]年譜前編一卷後編一卷
（清）王之春編　清光緒十九年(1893)刻本
二冊

330000－1741－0003711　綫782.972/1053c
史部/傳記類/別傳之屬/年譜

王船山先生[夫之]年譜二卷　（清）劉毓崧編
清光緒十二年(1886)江南書局刻本　二冊

330000－1741－0003713　綫782.965/4057
集部/別集類/明別集

**懷麓堂詩稿二十卷文稿三十卷詩後稿十卷文
後稿三十卷雜記十卷**　（明）李東陽撰　**年譜
一卷**　（清）朱景英編　**明李文正公[東陽]年
譜七卷**　（清）法式善輯　（清）唐仲冕增補
清嘉慶八年(1803)茶陵李氏刻龍下學易堂印
本　一冊　存四卷(明李文正公年譜一至四)

330000－1741－0003714　綫782.9521/3464
類叢部/叢書類/家集之屬

洪氏晦木齋叢書二十種　（清）洪汝奎編　清
同治八年至宣統元年(1869－1909)刻本　四
冊　存一種

330000－1741－0003715　綫782.967/5329
史部/傳記類/別傳之屬/年譜

戚少保[繼光]年譜耆編十二卷首一卷　（明）
戚祚國彙纂　（明）戚昌國集錄　清道光二十
七年(1847)刻本　六冊

330000－1741－0003716　綫782.967/5329a
史部/傳記類/別傳之屬/年譜

戚少保[繼光]年譜耆編十二卷首一卷　（明）
戚祚國彙纂　（明）戚昌國集錄　清道光二十
七年(1847)刻光緒四年(1878)仙遊戚氏崇勳
祠補刻本　十二冊

330000－1741－0003719　綫782.972/1115
集部/別集類/清別集

文貞公集十二卷首一卷　（清）張玉書撰　張
文貞公[玉書]年譜一卷　（清）丁傳靖編　清
光緒二十七年(1901)木活字印本　一冊　存
一卷(年譜)

330000－1741－0003720　綫782.956/1047
史部/傳記類/別傳之屬/年譜

廣元遺山[好問]年譜二卷　（清）李光廷編
清同治五年(1866)番禺李氏刻本　二冊

330000－1741－0003721　綫782.972/1173
類叢部/叢書類/彙編之屬

當歸草堂叢書八種　（清）丁丙編　清同治二
年至五年(1863－1866)錢塘丁氏刻本　一冊
存一種

330000－1741－0003722　綫782.968/2611
類叢部/叢書類/彙編之屬

粵雅堂叢書一百八十五種　（清）伍崇曜編
清道光二十九年至光緒十一年(1849－1885)
南海伍氏刻彙印本　一冊　存二種

330000－1741－0003725　綫782.968/2126
史部/詔令奏議類/奏議之屬

**明大司馬盧公奏議十卷文集一卷詩集一卷首
一卷**　（明）盧象昇撰　清光緒元年(1875)會
稽施惠刻本　九冊

330000－1741－0003727　綫782.966/8344
史部/傳記類/別傳之屬/年譜

太常公[錢薇]年譜一卷　（清）錢泰吉編　清
光緒三十年(1904)錢志澄刻本　一冊

330000－1741－0003729　綫782.976/40331
史部/傳記類/別傳之屬/年譜

**武進李申耆[兆洛]先生年譜三卷先師小德錄
一卷**　（清）蔣彤編　清光緒十三年(1887)嘉
興金氏木活字印本　二冊

330000－1741－0003730　綫782.977/2608
史部/傳記類/別傳之屬/年譜

**皇清誥授光祿大夫太子少保兵部尚書都察院
右都御史湖廣總督顯考文節府君[吳文鎔]年**

137

譜一卷　(清)吳養原編　清咸豐至同治刻本
　一冊

330000－1741－0003731　綫782.976/4411
類叢部/叢書類/彙編之屬

靈鶼閣叢書五十六種　(清)江標編　清光緒
元和江氏湖南使院刻本　二冊　存一種

330000－1741－0003732　綫782.977/2614
史部/傳記類/別傳之屬/年譜

吳竹如先生[廷棟]年譜一卷　(清)方宗誠編
　清光緒四年(1878)畿輔志局刻本　一冊

330000－1741－0003733　綫782.968/4485
史部/傳記類/別傳之屬/年譜

黃忠端公[尊素]年譜二卷　(清)黃炳垕編
清光緒元年(1875)餘姚黃氏留書種閣刻留書
種閣集本　華際芳題記　一冊

330000－1741－0003734　綫782.977/2802
史部/傳記類/別傳之屬/年譜

仲升自訂年譜一卷　(清)徐廣縉撰　清光緒
十八年(1892)鹿邑徐氏刻本　一冊

330000－1741－0003738　綫782.978/2747
史部/傳記類/別傳之屬/年譜

鮑公[超]年譜一卷　(清)李叔璠編　清同治
十二年(1873)刻本　一冊

330000－1741－0003742　綫782.991/4424
史部/政書類/儀制之屬/專志/科舉校規

**貢舉考畧五卷(明貢舉考畧二卷國朝貢舉考
畧三卷)**　(清)黃崇蘭輯　清道光十四年
(1834)刻本　二冊

330000－1741－0003743　綫782.977/7720
史部/傳記類/別傳之屬/年譜

**前任四川總督籲門宮保駱公[秉章]年譜不分
卷**　(清)駱秉章撰　清末刻本　二冊

330000－1741－0003744　綫782.977/3246
史部/傳記類/別傳之屬/年譜

思補老人自訂年譜一卷　(清)潘世恩撰　清
咸豐五年(1855)吳縣潘氏刻本　一冊

330000－1741－0003746　綫782.977/3246/

C1　史部/傳記類/別傳之屬/年譜

思補老人自訂年譜一卷　(清)潘世恩撰　清
咸豐五年(1855)吳縣潘氏刻本　一冊

330000－1741－0003748　綫782.991/6731
史部/傳記類/科舉錄之屬/歷科登科錄

**國朝歷科題名碑錄初集不分卷附明洪武至崇
禎各科題名錄不分卷**　(清)李周望等輯　清
康熙五十九年(1720)刻雍正、乾隆、嘉慶、道
光、同治、光緒遞增刻本　十三冊

330000－1741－0003749　綫782.977/8354
集部/別集類/清別集

甘泉鄉人稿二十四卷　(清)錢泰吉撰　**皇清
敕授修職郎誥封朝議大夫顯考警石府君[錢
泰吉]年譜一卷**　(清)錢應溥編　**邠農偶吟
稿一卷**　(清)錢炳森撰　清同治七年(1868)
杜文瀾、十一年(1872)錢應溥刻本　一冊
存二卷(年譜、邠農偶吟稿)

330000－1741－0003752　綫782.977/4240
類叢部/叢書類/家集之屬

長洲彭氏家集九種　(清)彭祖賢編　清同治
至光緒刻本　一冊　存一種

330000－1741－0003753　綫782.978/0051
史部/傳記類/別傳之屬/年譜

章午峰先生[邦元]年譜一卷日記一卷　(清)
章家祚撰　清光緒十八年(1892)刻本　一冊

330000－1741－0003754　綫782.972/2623
史部/傳記類/別傳之屬/年譜

吳梅村先生[偉業]年譜四卷世系一卷　(清)
顧師軾編　清光緒三年(1877)吳氏刻二十三
年(1897)重印本　一冊

330000－1741－0003756　綫782.972/3191
史部/傳記類/別傳之屬/年譜

顧亭林先生[炎武]年譜一卷　(清)吳映奎編
　(清)車持謙增補　清道光十九年(1839)上
元車持謙刻本　一冊

330000－1741－0003758　綫782.977/4497
史部/傳記類/別傳之屬/年譜

還讀我書室老人[董恂]手訂年譜二卷　(清)

董恂撰　清光緒十八年(1892)刻本　二冊

330000－1741－0003759　綫782.978/1144
史部/傳記類/別傳之屬/年譜

裴光祿[蔭森]年譜四卷　(清)裴士騏等輯
(清)徐嘉編　清光緒二十五年(1899)刻本
二冊

330000－1741－0003760　綫782.978/6671
史部/傳記類/別傳之屬/年譜

桐溪達叟自編年譜一卷　(清)嚴辰撰　清光
緒十四年(1888)刻本　一冊

330000－1741－0003763　綫782.972/3191a
類叢部/叢書類/自著之屬

顧亭林先生遺書十種補遺十一種　(清)顧炎
武撰　清蓬瀛閣刻吳縣朱記榮增刻光緒三十
二年(1906)彙印本　一冊　存一種

330000－1741－0003765　綫782.976/7110
史部/傳記類/別傳之屬/年譜

雷塘庵主[阮元]弟子記八卷　(清)張鑑撰
(清)阮常生等續　清道光二十一年(1841)甘
泉羅士琳刻咸豐儀徵阮氏琅嬛仙館補刻本
二冊

330000－1741－0003766　綫782.972/3191c
史部/傳記類/別傳之屬/年譜

顧亭林先生[炎武]年譜一卷　(清)張穆編
清道光二十四年(1844)刻本　一冊

330000－1741－0003769　綫782.978/4039
類叢部/叢書類/自著之屬

左文襄公全集七種附二種首一卷　(清)左宗
棠撰　清光緒刻本　十冊　存一種

330000－1741－0003771　綫782.972/4044
史部/傳記類/別傳之屬/年譜

李恕谷先生[塨]年譜五卷　(清)馮辰編
(清)劉調贊續編　清道光十六年(1836)蠡吾
李誥刻本　三冊

330000－1741－0003775　綫782.972/4438
類叢部/叢書類/自著之屬

留書種閣集九種　(清)黃炳垕撰　清同治六
年至光緒二十年(1867－1894)餘姚黃氏留書

種閣刻本　一冊　存一種

330000－1741－0003776　綫782.972/4438/
C1　史部/傳記類/別傳之屬/年譜

黃梨洲先生[宗羲]年譜三卷　(清)黃炳垕編
清同治十二年(1873)餘姚黃氏留書種閣刻
留書種閣集本　清華氏題記　一冊

330000－1741－0003779　綫782.972/7474.1
類叢部/叢書類/彙編之屬

津河廣仁堂叢書八十四種　(清)□□編　清
光緒津河廣仁堂刻本　二冊　存一種

330000－1741－0003781　綫782.972/7517
史部/傳記類/別傳之屬/年譜

安道公[陳瑚]年譜二卷　(清)陳溥編　清光
緒十八年(1892)太倉繆氏刻東倉書庫叢刻初
編本　趙鴻謙題記　一冊

330000－1741－0003783　綫782.972/7741
史部/傳記類/別傳之屬/年譜

閻潛丘先生[若璩]年譜一卷　(清)張穆編
清道光二十七年(1847)祁氏刻本　一冊

330000－1741－0003786　綫782.981/1020
類叢部/叢書類/自著之屬

葵園四種　王先謙撰　清光緒至民國長沙王
氏刻本　三冊　存一種

330000－1741－0003787　綫782.981/1020/
C1　類叢部/叢書類/自著之屬

葵園四種　王先謙撰　清光緒至民國長沙王
氏刻本　三冊　存一種

330000－1741－0003791　綫782.981/9913
類叢部/叢書類/彙編之屬

蟫隱廬叢書十八種　羅振常編　清宣統二年
至民國二十五年(1910－1936)上虞羅氏謄寫
暨鉛印本民國三十三年(1944)吳興周延年彙
印本　一冊　存一種

330000－1741－0003793　綫782.981/9913/
C1　類叢部/叢書類/彙編之屬

蟫隱廬叢書十八種　羅振常編　清宣統二年
至民國二十五年(1910－1936)上虞羅氏謄寫
暨鉛印本民國三十三年(1944)吳興周延年彙

印本　一册　存一種

330000－1741－0003798　綫782.974/6031
史部/傳記類/別傳之屬/年譜

弇山畢公[沅]年譜一卷　（清）史善長編　清
同治十一年（1872）畢長慶等刻本　一册

330000－1741－0003800　綫782.975/8346
子部/雜著類/雜考之屬

十駕齋養新錄二十卷餘錄三卷　（清）錢大昕
撰　**錢辛楣先生[大昕]年譜一卷**　（清）錢大
昕編　（清）錢慶曾校注　**竹汀居士[錢大昕]
年譜續編一卷**　（清）錢慶曾撰　清光緒二年
（1876）浙江書局刻本　一册　存二卷（錢辛
楣先生年譜、竹汀居士年譜續編）

330000－1741－0003803　綫782.976/0121
史部/傳記類/別傳之屬/年譜

定盦先生[龔自珍]年譜一卷後記一卷　吳昌
綬編　清光緒三十四年（1908）仁和吳氏雙照
樓刻朱印本　一册

330000－1741－0003805　綫782.976/0131
史部/傳記類/別傳之屬/年譜

**季思[龔守正]手定年譜（仁和龔文恭公年譜）
一卷**　（清）龔守正撰　清咸豐元年（1851）刻
本　一册

330000－1741－0003807　綫782.99/2699
史部/傳記類/別傳之屬/年譜

**歷代名人年譜十卷附存疑及生卒年月無攷一
卷**　（清）吳榮光撰　清咸豐刻光緒三十年
（1904）京都正文齋印本　十册

330000－1741－0003808　綫782.99/8324
類叢部/叢書類/彙編之屬

清風室叢刊二十種　（清）錢保塘編　清同治
十年至民國二十五年（1871－1936）海寧錢氏
清風室刻本　八册　存一種

330000－1741－0003809　綫782.991/78　史
部/傳記類/科舉錄之屬/歷科鄉試錄

**[光緒二十九年]癸卯恩科鄉試十八省同年全
錄不分卷**　清光緒二十九年（1903）刻本
二册

330000－1741－0003812　綫782.99121/1018
史部/傳記類/科舉錄之屬/總錄

國朝虞陽科名錄四卷首一卷補遺一卷附一卷
（清）王元鍾等輯　清道光三十年（1850）古
虞王元鍾清暉書屋刻咸豐、同治、光緒增修本
四册

330000－1741－0003814　綫782.991217/
0083＊2　史部/傳記類/科舉錄之屬/諸貢錄

錫金游庠續錄一卷　（清）高鑅泉輯　清光緒
三十一年（1905）木活字印本　一册

330000－1741－0003815　綫782.976/2799
史部/傳記類/總傳之屬/忠孝

向張二公傳忠錄二卷　（清）過鑄輯　清光緒
梁溪過氏刻本　一册

330000－1741－0003816　綫782.99121/4448
史部/傳記類/科舉錄之屬/諸貢錄

毘陵鄉貢攷五卷　（清）林梅輯　（清）莊咏箋
續輯　（清）莊毓鋐　（清）莊善孫增輯
（清）陸鼎翰續補　清光緒十年（1884）莊善孫
等刻本　一册

330000－1741－0003819　綫782.991217/
1008　史部/傳記類/科舉錄之屬/歷科鄉試錄

**蘇州府長元吳三邑諸生譜九卷首一卷國朝三
邑鼎甲表一卷**　（清）錢國祥輯　清光緒三十
二年（1906）刻本　二册

330000－1741－0003820　綫782.99121/4973
史部/傳記類/科舉錄之屬/總錄

毗陵科第攷八卷　（清）趙熙鴻編　（清）錢人
麟　（清）莊柱續編　清同治七年（1868）刻十
二年（1873）重修光緒十八年（1892）補刻本
二册

330000－1741－0003821　綫782.976/3428
史部/傳記類/別傳之屬/年譜

**皇清誥授榮祿大夫工部左侍郎兼署錢法堂事
務加一級顯考鼎甫府君[沈維鐈]年譜一卷**
（清）沈宗涵　（清）沈宗濟編　清道光三十年
（1850）刻本　一册

330000－1741－0003822　綫782.99121/8380

史部/傳記類/科舉錄之屬/總錄

毘陵科第攷八卷　(清)趙熙鴻編　(清)錢人麟　(清)莊柱續編　清同治七年(1868)刻十二年(1873)重修本　四冊

330000－1741－0003823　綫 782.991217/2847　史部/傳記類/科舉錄之屬/歷科鄉試錄

芹香錄不分卷　清光緒三十二年(1906)木活字印本　二冊

330000－1741－0003824　綫 782.99123/3232.77　史部/傳記類/科舉錄之屬/歷科鄉試錄

[同治丁卯科並補行甲子科]浙江鄉試同年齒錄不分卷　清同治刻本　八冊

330000－1741－0003826　綫 782.99123/4432　史部/傳記類/科舉錄之屬/總錄

國朝兩浙科名錄不分卷(清順治三年丙戌科至咸豐五年乙卯科)　(清)黃安綬輯　清咸豐七年(1857)京師刻本　四冊

330000－1741－0003827　綫 782.991217/5007　史部/傳記類/科舉錄之屬/諸貢錄

錫山遊庠錄一卷首一卷錫金遊庠錄一卷　(清)邵涵初輯　清咸豐五年(1855)刻民國十九年(1930)鉛印修補本　二冊

330000－1741－0003828　綫 782.991217/7442　史部/傳記類/科舉錄之屬/歷科登科錄

國朝蘇州府長元吳三邑科第譜四卷　(清)陸懋修輯　陸潤庠補　清光緒三十二年(1906)刻本　二冊

330000－1741－0003829　綫 782.99123/4432.1　史部/傳記類/科舉錄之屬/總錄

國朝兩浙科名錄不分卷(清順治三年丙戌科至光緒二年丙子科)　(清)黃安綬輯　清咸豐七年(1857)至光緒遞刻本　二冊

330000－1741－0003830　綫 782.99123/4432.1/C1　史部/傳記類/科舉錄之屬/總錄

國朝兩浙科名錄不分卷(清順治三年丙戌科至光緒十五年己丑科)　(清)黃安綬輯　清咸豐七年(1857)至光緒遞刻本　二冊

330000－1741－0003831　綫 782.99123/2340　史部/傳記類/科舉錄之屬/諸貢錄

[宣統己酉科]浙江選拔貢卷一卷　(清)傅勤文撰　清宣統元年(1909)鉛印本　一冊

330000－1741－0003832　綫 788.941/4241　史部/傳記類/總傳之屬/技藝

歷代畫史彙傳七十二卷首一卷總目三卷附錄二卷　(清)彭蘊璨輯　(清)邱步洲重輯　清同治十三年(1874)三楚邱氏畊餘堂刻本　三十二冊

330000－1741－0003834　綫 788.312/7110　史部/傳記類/總傳之屬/技藝

疇人傳四十六卷　(清)阮元撰　**疇人傳續六卷**　(清)羅士琳撰　清光緒八年(1882)海鹽張氏常惺齋刻本　十二冊

330000－1741－0003835　綫 782.991237/3483　史部/傳記類/科舉錄之屬/總錄

國朝湖州府科第表(吳興科第表)一卷　(清)戴璐輯　(清)沈鋐補輯　清同治十一年(1872)刻本　二冊

330000－1741－0003843　綫 782.9917/4020　史部/傳記類/總傳之屬

鶴徵錄八卷首一卷　(清)李集輯　(清)李富孫　(清)李遇孫續輯　**鶴徵後錄十二卷首一卷**　(清)李富孫輯　清嘉慶漾葭老屋刻同治十一年(1872)補刻本　六冊

330000－1741－0003844　綫 788.8517/8704　史部/傳記類/總傳之屬/文苑

國朝名家詩鈔小傳四卷　(清)鄭方坤撰　清光緒十二年(1886)萬山草堂刻本　一冊

330000－1741－0003845　綫 789.11101/1123　史部/傳記類/總傳之屬/家乘

[上海]利造橋張氏世譜九卷總錄一卷　(清)張鑫修　(清)張聯　(清)張麟纂　清光緒五年(1879)崇本堂刻本　八冊

330000－1741－0003848　綫 788.94/1100　史部/傳記類/總傳之屬/技藝

國朝畫徵錄三卷首一卷續錄二卷明人附錄一

卷　（清）張庚撰　清道光二十年（1840）秀水張氏金石壽世齋刻本　一冊

330000－1741－0003850　綫789.21123/2691
史部/傳記類/總傳之屬/家乘

[江蘇溧陽]溧陽程氏宗譜二十二卷首一卷末一卷　（清）程鍾瑞等纂修　清光緒二十二年（1896）溧陽世忠堂木活字印本　十二冊

330000－1741－0003851　綫788.94/3631
史部/傳記類/總傳之屬/技藝

玉臺畫史五卷別錄一卷　（清）湯漱玉輯　清道光十一年（1831）錢塘汪氏振綺堂刻本　一冊

330000－1741－0003857　綫788.94/3084.1
史部/傳記類/總傳之屬/技藝

國朝書畫家筆錄四卷　竇鎮輯　清宣統三年（1911）木活字印本　四冊

330000－1741－0003861　綫782.9917/4020.1
史部/傳記類/總傳之屬

鶴徵錄八卷首一卷　（清）李集輯　（清）李富孫　（清）李遇孫續輯　鶴徵後錄十二卷首一卷　（清）李富孫輯　清嘉慶漾葭老屋刻同治十一年（1872）補刻本　六冊

330000－1741－0003865　綫789.21309/2221
史部/傳記類/總傳之屬/家乘

[江蘇常州]東洲任氏宗譜十八卷　（清）任慶綬等修　清光緒二十三年（1897）任氏華南堂木活字印本　十八冊

330000－1741－0003866　綫788.941/4241/C1　史部/傳記類/總傳之屬/技藝

歷代畫史彙傳七十二卷首一卷總目三卷附錄二卷　（清）彭蘊璨輯　（清）邱步洲重輯　清同治十三年（1874）三楚邱氏畊餘堂刻本　二十冊

330000－1741－0003869　綫789.23103/3111
史部/傳記類/總傳之屬/家乘

[浙江杭州]平陽汪氏遷杭支譜五卷　（清）汪瑄纂修　清道光九年（1829）刻本　五冊

330000－1741－0003872　綫789.23105/4010

史部/傳記類/總傳之屬/家乘

[浙江海寧]海寧查氏族譜十六卷世次五卷末一卷　（清）查克敏纂修　清光緒六年（1880）刻本　二十四冊

330000－1741－0003874　綫789.23215/0364
史部/傳記類/總傳之屬/家乘

[浙江蕭山]山陰碧山許氏宗譜二十三卷首一卷附譜四卷　（清）許在衡等纂修　清光緒十四年（1888）希范堂木活字印本　十冊

330000－1741－0003878　綫789.23109/3426
史部/傳記類/總傳之屬/家乘

[浙江餘杭]餘杭褚氏家乘八卷首一卷末一卷　（清）褚維培纂修　清光緒十七年（1891）重熙堂木活字印本　四冊

330000－1741－0003879　綫789.23119/4241
史部/傳記類/總傳之屬/家乘

[浙江嘉興]東姚家譜一卷東姚義莊一卷　（清）姚寶侃纂修　清宣統刻本　一冊

330000－1741－0003881　綫789.23215/7722
史部/傳記類/總傳之屬/家乘

[浙江紹興]笋山周氏兆四派宗譜八卷首一卷末一卷　（清）周思栗等纂修　清道光二十八年（1848）愛蓮堂木活字印本　八冊

330000－1741－0003882　綫789.23215/4692
史部/傳記類/總傳之屬/家乘

[浙江紹興]山陰柯橋楊氏宗譜八卷　（清）楊惟椿等纂修　清光緒二十年（1894）敦倫堂木活字印本　八冊

330000－1741－0003884　綫789.23215/4980
史部/傳記類/總傳之屬/家乘

[浙江紹興]山陰華舍趙氏宗譜十八卷　趙壽祺纂修　清光緒十年（1884）萃渙堂木活字印本　十六冊　缺一卷（十二）

330000－1741－0003887　綫789.23215/2071
史部/傳記類/總傳之屬/家乘

[浙江紹興]會稽達郭毛氏宗譜七卷首一卷　（清）毛乙笙等纂修　清宣統二年（1910）木活字印本　十冊

330000 – 1741 – 0003888　綫 789.23217/7726
史部/傳記類/總傳之屬/家乘

[浙江蕭山]蕭邑屠氏宗譜十二卷　屠邦新等
纂修　清宣統三年(1911)存德堂木活字印本
十二冊

330000 – 1741 – 0003892　綫 789.23215/5090
史部/傳記類/總傳之屬/家乘

[浙江紹興]會稽秦氏宗譜不分卷　(清)秦基
纂修　清宣統三年(1911)石印本　二冊

330000 – 1741 – 0003897　綫 789.23217/0821
史部/傳記類/總傳之屬/家乘

[浙江蕭山]蕭山新田施氏宗譜不分卷　(清)
施世堂等纂修　清光緒二十六年(1900)敦睦
堂木活字印本　十六冊

330000 – 1741 – 0003898　綫 789.233221/
1762　史部/傳記類/總傳之屬/家乘

[浙江餘姚]餘姚邵氏宗譜十六卷首一卷貽編
七卷　(清)邵曰濂　(清)邵友濂纂修　清光
緒十四年(1888)木活字印本　二十四冊

330000 – 1741 – 0003900　綫 789.23217/1010
史部/傳記類/總傳之屬/家乘

[廣西柳州]王氏家譜三卷　(清)王贊中
(清)王安中　(清)王會中纂修　清光緒三十
年(1904)鉛印本　一冊

330000 – 1741 – 0003902　綫 791.081/2509
史部/金石類

行素草堂金石叢書(孫谿朱氏金石叢書)十八
種　(清)朱記榮輯　清光緒吳縣朱氏刻十四
年(1888)彙印本　四十冊　缺二卷(寰宇訪
碑錄刊謬、補寰宇訪碑錄刊誤)

330000 – 1741 – 0003908　綫 791/1123　史
部/金石類/總志之屬

二銘草堂金石聚十六卷　(清)張德容輯　清
同治十一年(1872)衢州張氏二銘草堂刻本
十六冊

330000 – 1741 – 0003909　綫 791/1123/C1
史部/金石類/總志之屬

二銘草堂金石聚十六卷　(清)張德容輯　清

同治十一年(1872)衢州張氏二銘草堂刻本
十六冊

330000 – 1741 – 0003912　綫 791.11/1036：2
史部/金石類/總志之屬

金石萃編一百六十卷　(清)王昶撰　清嘉慶
十年(1805)青浦王氏經訓堂刻本　六十四冊

330000 – 1741 – 0003913　綫 791.11/1036
史部/金石類/總志之屬

金石萃編一百六十卷　(清)王昶撰　清嘉慶
十年(1805)青浦王氏經訓堂刻本　六十四冊

330000 – 1741 – 0003914　綫 790.8/4484　史
部/金石類

學古齋金石叢書十種　(清)葛元煦輯　清光
緒崇川葛氏學古齋刻十二年(1886)敦懷書屋
印本　二十冊

330000 – 1741 – 0003915　綫 791.081/2509：1
史部/金石類

行素草堂金石叢書(孫谿朱氏金石叢書)十八
種　(清)朱記榮輯　清光緒吳縣朱氏刻十四
年(1888)彙印本　清孫達批　三十一冊　存
十三種

330000 – 1741 – 0003916　綫 791.088/2760
類叢部/叢書類/彙編之屬

蟫隱廬叢書十八種　羅振常編　清宣統二年
至民國二十五年(1910－1936)上虞羅氏謄寫
暨鉛印本民國三十三年(1944)吳興周延年彙
印本　三冊　存一種

330000 – 1741 – 0003917　綫 791.1/2644　史
部/金石類/石之屬/目錄

金石彙目分編二十卷補遺十九卷　(清)吳式
芬撰　(清)吳重周　吳重憙補　清光緒海豐
吳氏刻文祿堂印本　二十四冊

330000 – 1741 – 0003918　綫 791.1/2744　史
部/金石類/石之屬/目錄

藝風堂金石文字目十八卷　繆荃孫撰　清光
緒三十二年(1906)王先謙湖南刻本　六冊

330000 – 1741 – 0003928　綫 791.7/5067　類
叢部/叢書類/彙編之屬

惜陰軒叢書三十四種續編一種 （清）李錫齡
編 清光緒二十二年(1896)長沙刻本 六冊
存一種

330000－1741－0003929 綫 682/1731B 史
部/地理類/山川之屬/水志

讀水經注小識四卷 酈鴻書撰 清光緒三十
年(1904)石印本 二冊

330000－1741－0003931 綫 681.333/2033
史部/地理類/輿圖之屬/郡縣

廣東圖說九十二卷首一卷 （清）毛鴻賓等修
（清）桂文燦等纂 （清）陳澧等繪圖 清同
治刻本 十八冊

330000－1741－0003932 綫 681.5721/2511、
綫 681.5723/2511 史部/地理類/雜志之屬

江浙閩沿海圖說三卷附海島表三卷 （清）朱
正元撰 清光緒二十五年至二十八年(1899－
1902)鉛印本 二冊 存四卷(江蘇沿海圖說、
海島表,浙江沿海圖說、海島表)

330000－1741－0003933 綫 791.11/3117
史部/金石類/總志之屬

金石索十二卷首一卷 （清）馮雲鵬 （清）馮
雲鵷輯 清光緒三十二年(1906)上海文新局
石印本 二十四冊

330000－1741－0003934 綫 791.11/1036.8
史部/金石類/總志之屬

金石萃編校字記一卷 羅振玉撰 清光緒十
一年(1885)刻本 一冊

330000－1741－0003935 綫 791.11/1036＊2
史部/金石類/總志之屬

金石續編二十一卷首一卷 （清）陸耀遹撰
（清）陸增祥校訂 清同治十三年(1874)毗陵
雙白燕堂刻本 屈爔題記 十冊

330000－1741－0003936 綫 791.11/1036a
史部/金石類/總志之屬

金石萃編補畧二卷 （清）王言撰 清光緒八
年(1882)刻本 二冊

330000－1741－0003938 綫 791.11/2644
史部/金石類/總志之屬/目錄

攈古錄二十卷 （清）吳式芬撰 清光緒海豐
吳氏刻本 二十冊

330000－1741－0003939 綫 782.877/1033
史部/傳記類/別傳之屬/事狀

曾文正公［國藩］事畧四卷 （清）王定安撰
曾文正祠雅集詩一卷圖記一卷 （清）楊彝珍
（清）王定安等撰 清光緒元年(1875)刻本
二冊

330000－1741－0003945 綫 791.11/8002
類叢部/叢書類/自著之屬

蘇齋叢書十八種 （清）翁方綱撰 清乾隆至
嘉慶刻彙印本 八冊 存一種

330000－1741－0003947 綫 791.2/2644 史
部/金石類/金之屬/文字

攈古錄金文三卷 （清）吳式芬撰 清光緒二
十一年(1895)吳重憙刻本 九冊

330000－1741－0003952 綫 791.3/4460 史
部/金石類/總志之屬/圖像

三古圖 （清）黃晟輯 明萬曆二十八年至三
十年(1600－1602)吳萬化刻清乾隆十七年
(1752)天都黃氏亦政堂重修東書堂印本 二
十四冊

330000－1741－0003955 綫 791.7/1113 史
部/金石類/總志之屬/題跋

清儀閣題跋不分卷 （清）張廷濟撰 清光緒
十七年(1891)丁立誠刻本 三冊

330000－1741－0003957 綫 791.7/2648 史
部/金石類/總志之屬

九鐘精舍金石跋尾甲編一卷乙編一卷 吳士
鑑撰 清宣統二年(1910)刻本 一冊 存一
卷(甲編)

330000－1741－0003958 綫 791.7/2648＊2
史部/金石類/總志之屬

九鐘精舍金石跋尾甲編一卷乙編一卷 吳士
鑑撰 清宣統二年(1910)刻本 一冊 存一
卷(乙編)

330000－1741－0003975 綫 792.7/6051 類
叢部/叢書類/彙編之屬

蟫隱廬叢書十八種　羅振常編　清宣統二年至民國二十五年(1910－1936)上虞羅氏謄寫暨鉛印本民國三十三年(1944)吳興周延年彙印本　一冊　存一種

330000－1741－0003978　綫082.8/1149　類叢部/叢書類/彙編之屬

花雨樓叢鈔十四種　（清）張壽榮編　清光緒八年至九年(1882－1883)蛟川張氏花雨樓刻本　十六冊

330000－1741－0003980　綫791.7/2648　史部/金石類/總志之屬

九鐘精舍金石跋尾甲編一卷乙編一卷　吳士鑑撰　清宣統二年(1910)刻本　一冊　存一卷(乙編)

330000－1741－0003981　善2/149　史部/編年類/斷代之屬

兩朝綱目備要十六卷　清南海孔氏嶽雪樓抄本　六冊

330000－1741－0003982　善2/160　史部/紀事本末類/通代之屬

通鑑紀事本末四十二卷　（宋）袁樞撰　宋寶祐五年(1257)趙與𥲅刻元明遞修本　四十二冊

330000－1741－0003983　善2/535　史部/編年類/通代之屬

諸史會編大全一百十二卷　（明）金㻑撰　明嘉靖四年(1525)金壇縣刻本　一百冊

330000－1741－0003984　善2/549　史部/史評類/史論之屬

東萊先生音註唐鑑二十四卷　（宋）范祖禹撰　（宋）呂祖謙注　明弘治十年(1497)呂鎧刻本　十二冊

330000－1741－0003985　善2/552　史部/史評類/史論之屬

學史十三卷　（明）邵寶撰　明正德十六年(1521)陳察刻本　四冊

330000－1741－0003993　善1/035　經部/詩類/傳說之屬

詩說十二卷總說一卷　（宋）劉克撰　清抄本

四冊　缺三卷(二、九至十)

330000－1741－0003999　善1/055　經部/周禮類/傳說之屬

周禮補亡六卷　（元）丘葵撰　明李緝刻本十二冊

330000－1741－0004000　善1/001　經部/易類/傳說之屬

蘇長公易解八卷　（宋）蘇軾撰　（明）吳之鯨（明）馮貴重校　明萬曆二十四年(1596)吳之鯨刻本　八冊

330000－1741－0004001　善1/003　經部/易類/傳說之屬

周易程朱傳義十卷易說綱領一卷　（宋）程頤（宋）朱熹撰　上下篇義一卷　（宋）程頤撰易圖集錄一卷易五贊一卷筮儀一卷　（宋）朱熹撰　明刻本　十冊

330000－1741－0004002　善1/002　經部/易類/傳說之屬

易傳八卷　（宋）蘇軾撰　附王輔嗣論易一卷（三國魏）王弼撰　明末閔齊伋刻朱墨套印本　十二冊

330000－1741－0004003　善1/002A　類叢部/叢書類/彙編之屬

武英殿聚珍版書一百三十八種　清乾隆武英殿木活字印本　四冊　存一種

330000－1741－0004004　善1/087　經部/禮記類/傳說之屬

新刊禮記正蒙講意三十八卷　（明）陳襃撰明嘉靖十六年(1537)左序刻本　八冊

330000－1741－0004005　善1/003A　子部/儒家類/儒家之屬

二程全書六十七卷　（宋）程顥　（宋）程頤撰清康熙呂氏寶誥堂刻本　二冊　存四卷(伊川易傳一至四)

330000－1741－0004006　善1/147　經部/群經總義類/傳說之屬

宋太學石經考一卷附魯齋先生武林金石錄校跋一卷　（清）羅以智撰　稿本　一冊

330000－1741－0004007　善 1/004　經部/
叢編

通志堂經解一百四十種　（清）納蘭成德輯
清康熙十九年(1680)納蘭成德刻本　八冊
存一種

330000－1741－0004008　善 1/092　經部/大
戴禮記類/分篇之屬

夏小正正義不分卷　（清）王筠撰　稿本　楚
東　姜亮夫題記　二冊

330000－1741－0004009　善 1/005　經部/易
類/圖說之屬

易學啓蒙通釋二卷附圖一卷　（宋）胡方平撰
清嘉慶十七年(1812)慶餘堂刻本　清孫衣
言批並跋　二冊

330000－1741－0004010　善 1/115　經部/樂
類/律呂之屬

大樂律呂元聲六卷大樂律呂考註四卷　（明）
李文利撰　（明）李元校補　明嘉靖十四年
(1535)浙江布政司刻本　二冊　存六卷(大
樂律呂元聲一至六)

330000－1741－0004011　善 1/006A　經部/
易類/圖說之屬

圖學辨惑一卷　（清）黃宗炎撰　清南海孔氏
嶽雪樓影抄本　一冊

330000－1741－0004012　善 1/006　經部/易
類/圖說之屬

周易圖說二卷　（元）錢義方撰　清抄本
二冊

330000－1741－0004013　善 1/007　經部/易
類/傳說之屬

**周易傳義大全二十四卷上下篇義一卷周易朱
子圖說一卷易五贊一卷筮儀一卷易說綱領一
卷**　（明）胡廣等纂　明永樂十三年(1415)內
府刻本　十二冊

330000－1741－0004014　善 1/207　經部/小
學類/音韻之屬/韻書

洪武正韻十六卷　（明）樂韶鳳　（明）宋濂等
撰　明嘉靖二十七年(1548)衡藩刻藍印本

五冊

330000－1741－0004015　善 1/009　經部/易
類/傳說之屬

**新刻來瞿唐先生易註十五卷首一卷末一卷圖
一卷**　（明）來知德撰　（明）凌夫惇圈點
（清）高喬映校　清朝爽堂刻本　十六冊

330000－1741－0004017　善 1/010A　經部/
易類/傳說之屬

重鐫蘇紫溪先生易經兒說八卷　（明）蘇濬撰
清乾隆五十五年(1790)陳氏師儉堂木活字
印本　八冊

330000－1741－0004018　善 1/010　經部/易
類/傳說之屬

易說醒四卷　（明）洪守美撰　**易旨醒四卷**
（明）洪守美　（明）鄭林祥撰　明末東吳銘新
齋刻本　四冊

330000－1741－0004019　善 1/201　經部/小
學類/音韻之屬/韻書

集韻十卷　（宋）丁度等撰　清康熙四十五年
(1706)曹寅揚州使院刻嘉慶十九年(1814)重
修本　清方成珪批校　二十冊

330000－1741－0004020　善 1/205　經部/小
學類/音韻之屬/韻書

**大明正德乙亥重刊改併五音類聚四聲篇十五
卷五音集韻十五卷**　（金）韓道昭撰　**新編經
史正音切韻指南一卷**　（元）劉鑑撰　**新編篇
韻貫珠集八卷直指玉鑰匙門法一卷**　（明）釋
真空撰　明正德十年至十一年(1515－1516)
衍法寺釋覺恒刻嘉靖三十八年(1559)釋本讚
修補本　十二冊　缺一卷(新編經史正音切
韻指南)

330000－1741－0004021　善 1/011　經部/易
類/傳說之屬

易漢學八卷　（清）惠棟撰　清刻清來堂印本
屈爔過錄清沈紹勳批及曹源跋　二冊

330000－1741－0004022　善 1/012　經部/易
類/傳說之屬

干常侍易注疏證一卷集證一卷　（清）方成珪

撰　清光緒七年(1881)孫氏玉海樓抄本　清孫詒讓批校並跋　一冊

330000－1741－0004023　善1/013　經部/易類/傳說之屬

讀易管窺四卷　(清)朱金卿撰　稿本　馬一浮　張宗祥跋　八冊

330000－1741－0004025　善1/016　經部/讖緯類/易緯之屬

易緯通義八卷　(清)莊忠棫撰　清光緒五年(1879)瑞安孫氏玉海樓抄本　清孫詒讓批校並題記　二冊

330000－1741－0004026　善1/017　經部/讖緯類/易緯之屬

周易乾鑿度二卷　(漢)鄭玄注　清瑞安孫氏玉海樓抄本　清孫詒讓批校　一冊

330000－1741－0004027　善1/085　經部/禮記類/傳說之屬

禮記集說三十卷　(元)陳澔撰　明嘉靖十一年(1532)建寧府刻本　八冊

330000－1741－0004028　善1/019A　類叢部/叢書類/彙編之屬

岱南閣叢書二十種　(清)孫星衍編　清乾隆五十年至嘉慶十六年(1785－1811)蘭陵孫氏刻本　二冊　存一種

330000－1741－0004029　善1/020　類叢部/叢書類/自著之屬

晴川八識　(清)孫之騄撰　清刻本　一冊　存一種

330000－1741－0004030　善2/100　史部/編年類/通代之屬

司馬溫公經進稽古錄二十卷　(宋)司馬光撰　明弘治十四年(1501)楊璋刻本　二冊

330000－1741－0004031　善1/022　經部/叢編

五經大全　(明)胡廣等輯　明內府刻本　十冊　存一種

330000－1741－0004032　善1/021　經部/書類/傳說之屬

書集傳六卷圖一卷　(宋)蔡沈撰　(元)鄭季友音釋　**朱子說書綱領一卷**　(宋)朱熹撰　明正統十二年(1447)內府刻本　八冊

330000－1741－0004033　善1/023　經部/書類/傳說之屬

尚書大傳考纂三卷附錄一卷備考一卷源委一卷補遺一卷　(清)董豐垣撰　清乾隆九年(1744)董氏槐古齋刻本　一冊

330000－1741－0004034　善2/101　史部/編年類/通代之屬

資治通鑑考異三十卷　(宋)司馬光撰　明嘉靖二十三年至二十四年(1544－1545)孔天胤刻本　七冊　缺三卷(二十四至二十六)

330000－1741－0004035　善1/023A　經部/書類/傳說之屬

尚書舊疏考正一卷　(清)劉毓崧撰　清抄本　一冊

330000－1741－0004036　善1/025　經部/書類/傳說之屬

尚書記七卷校定逸書二卷　(清)莊述祖撰　清玉海樓抄本　清孫詒讓批跋　一冊

330000－1741－0004037　善1/024　經部/書類/傳說之屬

晚書訂疑三卷　(清)程廷祚撰　清三餘書屋刻本　葉德輝跋　一冊

330000－1741－0004038　善1/026　經部/書類/傳說之屬

尚書記七卷校定逸書二卷　(清)莊述祖撰　清末繆荃孫雲輪閣抄本　繆荃孫　□□藻校　一冊

330000－1741－0004040　善1/027　經部/書類/分篇之屬

禹貢錐指二十卷略例一卷圖一卷　(清)胡渭撰　清康熙四十四年(1705)漱六軒刻本　十二冊

330000－1741－0004041　善1/027A　經部/書類/分篇之屬

禹貢錐指二十卷略例一卷圖一卷　（清）胡渭
撰　清康熙四十四年（1705）漱六軒刻本
八冊

330000－1741－0004044　善1/028　經部/書
類/分篇之屬

禹貢地理考不分卷　（清）李兆洛録　清李兆
洛抄本　清李兆洛題記　二冊

330000－1741－0004045　善1/028A　經部/
書類/分篇之屬

禹貢註節讀一卷　（清）馬俊良撰　清乾隆五
十四年（1789）端溪書院刻本　一冊

330000－1741－0004046　善1/029　經部/書
類/分篇之屬

禹貢地名集說二卷　（清）洪符孫撰　清玉海
樓抄本　一冊

330000－1741－0004049　善1/030　經部/書
類/傳說之屬

尚書後案三十卷附後辨一卷　（清）王鳴盛撰
清乾隆四十五年（1780）禮堂刻本　八冊

330000－1741－0004050　善1/030A　經部/
書類/專著之屬

尚書曆譜二卷　（清）成蓉鏡撰　清光緒四年
（1878）瑞安孫氏玉海樓抄本　清孫詒讓題記
並題簽　一冊

330000－1741－0004051　善1/031　經部/
叢編

十三經注疏三百三十四卷　（明）□□輯　明
崇禎元年至十二年（1628－1639）古虞毛氏汲
古閣刻本　二十冊　存一種

330000－1741－0004052　善1/030/C1　經
部/書類/傳說之屬

尚書後案三十卷附後辨一卷　（清）王鳴盛撰
清乾隆四十五年（1780）禮堂刻本　八冊

330000－1741－0004053　善1/032　經部/詩
類/傳說之屬

毛詩鄭箋纂疏補協二十卷　（明）屠本畯撰
詩譜一卷　（漢）鄭玄撰　明萬曆二十二年
（1594）玄鑒室刻本　十六冊

330000－1741－0004054　善1/033　經部/詩
類/傳說之屬

詩集傳二十卷詩序辨說一卷詩傳綱領一卷詩
圖一卷　（宋）朱熹撰　明正統十二年（1447）
司禮監刻本　六冊

330000－1741－0004055　善1/034　經部/詩
類/傳說之屬

呂氏家塾讀詩記三十二卷　（宋）呂祖謙撰
明嘉靖十年（1531）傅鳳翔南昌刻本　二十冊

330000－1741－0004056　善1/033A　經部/
詩類/傳說之屬

詩經集傳八卷　（宋）朱熹撰　清康熙四年
（1665）雲間華氏敬業堂刻本　四冊

330000－1741－0004057　善1/033B　經部/
詩類/傳說之屬

詩經集傳八卷　（宋）朱熹撰　清博古堂刻本
四冊

330000－1741－0004058　善1/035A　經部/
詩類/傳說之屬

詩說三卷附錄一卷　（清）惠周惕撰　清抄本
一冊

330000－1741－0004059　善1/036　經部/詩
類/傳說之屬

詩傳大全二十卷綱領一卷圖一卷　（明）胡廣
等撰　詩序辨說一卷　（宋）朱熹撰　明永樂
十三年（1415）內府刻本　十一冊　缺二卷
（綱領、圖）

330000－1741－0004072　綫793.4/1709　史
部/金石類/錢幣之屬

泉布統誌九卷首一卷附一卷　（清）孟麟輯
清道光十三年（1833）志古堂刻本　三十二冊

330000－1741－0004075　綫793.2/3102　經
部/小學類/文字之屬/字書/字體

鐘鼎字源五卷附錄一卷　（清）汪立名撰　清
光緒二年至五年（1876－1879）洞庭秦氏麟慶
堂刻本　三冊

330000－1741－0004076　綫793.3/0200　史
部/金石類/金之屬/圖像

陶齋吉金錄八卷　（清）端方撰　清光緒三十四年(1908)上海有正書局石印本　八冊

330000－1741－0004078　綫 793.2/3102/C1
經部/小學類/文字之屬/字書/字體
鐘鼎字源五卷附錄一卷　（清）汪立名撰　清光緒二年至五年(1876－1879)洞庭秦氏麟慶堂刻本　二冊

330000－1741－0004079　綫 793.2/7233　史部/金石類/金之屬/文字
奇觚室吉金文述二十卷首一卷　劉心源撰　清光緒二十八年(1902)石印本　十冊

330000－1741－0004081　綫 793.5/3301　史部/金石類/金之屬
西清古鑑四十卷錢錄十六卷　（清）梁詩正（清）蔣溥等纂修　清光緒十四年(1888)上海鴻文書局石印本　二十四冊

330000－1741－0004082　綫 793.4/3792　史部/金石類/錢幣之屬/雜著
吉金所見錄十六卷首一卷末一卷　（清）初尚齡撰　清嘉慶二十四年(1819)萊陽初氏古香書屋刻道光七年(1827)補刻本　四冊

330000－1741－0004083　綫 793.2/7233：2　史部/金石類/金之屬/文字
奇觚室吉金文述二十卷首一卷　劉心源撰　清光緒二十八年(1902)石印本　十冊

330000－1741－0004084　綫 793.5/3301＊1　史部/金石類/金之屬
西清續鑑甲編二十卷附錄一卷　（清）王杰等纂修　清宣統三年(1911)上海商務印書館石印本　二十一冊

330000－1741－0004085　綫 793.4/4027　類叢部/叢書類/自著之屬
石泉書屋全集六種　（清）李佐賢撰　清咸豐至光緒利津李氏刻本　二十冊　存一種

330000－1741－0004086　綫 793.5/2610W　史部/金石類/金之屬
虢季子白盤銘攷一卷　（清）吳雲撰　清同治五年(1866)歸安吳雲二百蘭亭齋刻本　一冊

330000－1741－0004087　綫 793.5/2643　史部/金石類/金之屬/圖像
恒軒所見所藏吉金錄不分卷　（清）吳大澂輯　清光緒十一年(1885)吳大澂刻本　吳本善過錄清王懿榮批並題記　二冊

330000－1741－0004089　綫 793.408/2700　類叢部/叢書類/家集之屬
觀古閣叢刻十五種　（清）鮑康編　清嘉慶十一年至光緒二十一年(1806－1895)歙縣鮑氏刻本　清樊彬題記　清問青跋　十冊　存六種

330000－1741－0004090　綫 793.5/2610　史部/金石類/金之屬/圖像
兩罍軒彝器圖釋十二卷　（清）吳雲撰　清同治十一年(1872)刻本　清夢白題記　四冊

330000－1741－0004091　綫 793.5/3234　史部/金石類/金之屬/圖像
攀古廔彝器款識二卷　（清）潘祖蔭撰　清同治十一年(1872)京師潘氏滂喜齋刻本　二冊

330000－1741－0004092　綫 793.5/2643a　史部/金石類/金之屬
毛公鼎釋文一卷　（清）吳大澂輯　清光緒十三年(1887)上海同文書局石印本　屈爔題記　一冊

330000－1741－0004094　綫 793.5/4491.75　史部/金石類/金之屬/文字
歷代鐘鼎彝器款識法帖二十卷　（宋）薛尚功撰　清嘉慶二年(1797)儀徵阮元小琅嬛僊館刻本　四冊

330000－1741－0004095　綫 793.5/4491.78　史部/金石類/金之屬/文字
歷代鐘鼎彝器款識法帖二十卷　（宋）薛尚功撰　歷代鐘鼎彝器款識法帖札記一卷　劉世珩撰　清光緒二十九年(1903)貴池劉氏玉海堂武昌刻三十三年(1907)增刻本　四冊

330000－1741－0004098　綫 793.5/4491.75：2　史部/金石類/金之屬/文字
歷代鐘鼎彝器款識法帖二十卷　（宋）薛尚功

撰　清嘉慶二年(1797)儀徵阮元小琅嬛僊館刻本　四冊

330000－1741－0004099　綫793.5/4491.78：2
史部/金石類/金之屬/文字

歷代鐘鼎彝器款識法帖二十卷 (宋)薛尚功撰　清光緒八年(1882)上海點石齋影印本四冊

330000－1741－0004102　綫793.5/7110　類叢部/叢書類/彙編之屬

文選樓叢書三十三種 (清)菉林山房編　清嘉慶至道光阮元刻道光二十二年(1842)阮亨彙印本　四冊　存一種

330000－1741－0004103　綫793.5/7110　史部/金石類/金之屬/文字

積古齋鐘鼎彝器款識十卷 (清)阮元　(清)朱爲弼撰　清光緒十年(1884)廣州鑑古書局影印本　四冊

330000－1741－0004105　綫793.5/7110.1類叢部/叢書類/彙編之屬

後知不足齋叢書四十七種 (清)鮑廷爵編清同治至光緒常熟鮑氏刻本　四冊　存一種

330000－1741－0004106　綫793.5/7233　史部/金石類/金之屬/文字

古文審八卷首一卷　劉心源撰　清光緒十七年(1891)嘉魚劉氏龍江樓刻本　四冊

330000－1741－0004111　綫793.7/2874　類叢部/叢書類/彙編之屬

仰視千七百二十九鶴齋叢書四十種 (清)趙之謙編　清光緒會稽趙氏刻本　一冊　存一種

330000－1741－0004112　綫793.5/7508　史部/金石類/金之屬/通考

齊陳氏韶舞樂罍通釋二卷 (清)陳慶鏞撰清道光二十六年(1846)何秋濤一鐙書舍刻本　莫棠跋　一冊

330000－1741－0004119　綫794.2/0200　史部/金石類/石之屬/通考

匋齋藏石記四十四卷首一卷藏甎記二卷

(清)端方輯　清宣統二年(1910)上海商務印書館石印本　十二冊

330000－1741－0004123　綫794.2/0200/C1
史部/金石類/石之屬/通考

匋齋藏石記四十四卷首一卷藏甎記二卷
(清)端方輯　清宣統二年(1910)上海商務印書館石印本　十二冊

330000－1741－0004126　綫794.2/3432、794.2/3432x　類叢部/叢書類/家集之屬

洪氏晦木齋叢書二十種 (清)洪汝奎編　清同治八年至宣統元年(1869－1909)刻本　十二冊　存二種

330000－1741－0004129　綫794.5/1262.2類叢部/叢書類/彙編之屬

平津館叢書六集三十五種 (清)孫星衍編清嘉慶蘭陵孫氏刻本　四冊　存一種

330000－1741－0004130　綫794.2/4923　史部/金石類/總志之屬/文字

金石文鈔八卷續鈔二卷附刻金薤琳瑯原碑目一卷 (清)趙紹祖撰　清光緒二年(1876)涇縣趙氏刻民國海寧陳氏慎初堂印本　九冊

330000－1741－0004136　綫794.5/1262y
史部/金石類/郡邑之屬/目錄

補寰宇訪碑錄五卷失編一卷 (清)趙之謙撰清同治三年(1864)刻二金蜨堂所著書本二冊

330000－1741－0004137　綫794.4/2643　史部/金石類/玉之屬/圖像

古玉圖攷不分卷 (清)吳大澂撰　清光緒十五年(1889)上海同文書局石印本　二冊

330000－1741－0004139　綫794.5/3147　類叢部/叢書類/自著之屬

十二硯齋三種 (清)汪鋆撰　清同治至光緒儀徵汪氏刻本　一冊　存一種

330000－1741－0004140　綫794.66/4457類叢部/叢書類/彙編之屬

三長物齋叢書二十五種 (清)黃本驥編　清道光二十二年至二十八年(1842－1848)湘陰

蔣璟刻本　八冊　存一種

330000－1741－0004153　綫 794.67/3441
史部/金石類/石之屬

石鼓文定本五種　（清）沈梧撰　清光緒十六
年(1890)沈氏古華山館刻本　四冊

330000－1741－0004154　綫 794.7/4469　史
部/金石類/石之屬/通考

語石十卷　葉昌熾撰　清宣統元年(1909)刻
本　四冊

330000－1741－0004156　綫 794.7/4469/C1
史部/金石類/石之屬/通考

語石十卷　葉昌熾撰　清宣統元年(1909)刻
蘇州文學山房印本　四冊

330000－1741－0004158　善 3/042　子部/儒
家類/儒學之屬

二程先生類語八卷　（明）唐伯元輯　明萬曆
十三年(1585)姜召等刻本　六冊

330000－1741－0004159　善 3/046　子部/儒
家類/儒學之屬/經濟

**類編標註文公先生經濟文衡前集二十五卷後
集二十五卷續集二十二卷**　（宋）朱熹撰
（宋）滕珙輯　明正德四年(1509)淮安趙俊刻
本　八冊

330000－1741－0004160　善 3/050　子部/儒
家類/儒學之屬/性理

潛室陳先生木鍾集十一卷　（宋）陳埴撰　明
弘治十四年(1501)鄧淮、高賓刻本　四冊

330000－1741－0004162　綫 794.7/6614　類
叢部/叢書類/彙編之屬

聚學軒叢書六十種　劉世珩編　清光緒貴池
劉氏刻本　一冊　存一種

330000－1741－0004165　綫 794.7/2688　史
部/金石類/石之屬/通考

非見齋碑錄不分卷　（清）魏錫曾撰　清光緒
九年(1883)刻魏稼孫先生全集本　屈爔題記
一冊　存易州龍興觀道德經碑第一至二十
六葉

330000－1741－0004166　綫 794.67/4910
史部/金石類/石之屬/文字

石鼓文纂釋一卷　（清）趙烈文撰　清光緒十
一年(1885)靜圃刻本　一冊

330000－1741－0004171　綫 794.67/7700
史部/金石類/石之屬

校補石鼓文音訓一卷　（清）周庠撰　清光緒
二十三年(1897)刻朱印本　一冊

330000－1741－0004173　綫 794.7/3147　類
叢部/叢書類/自著之屬

十二硯齋三種　（清）汪鋆撰　清同治至光緒
儀徵汪氏刻本　二冊　存一種

330000－1741－0004175　綫 794.67/7700：1
史部/金石類/石之屬

校補石鼓文音訓一卷　（清）周庠撰　清光緒
二十三年(1897)刻本　一冊

330000－1741－0004179　善 1/039　經部/詩
類/文字音義之屬

詩經叶音辨譌八卷首一卷　（清）劉維謙編
（清）張卿雲　（清）張景星校　清乾隆三年
(1738)壽峯書屋刻本　四冊

330000－1741－0004182　善 1/038　類叢部/
叢書類/彙編之屬

津逮祕書十五集一百四十種　（明）毛晉編
明崇禎虞山毛氏汲古閣刻本　二冊　存一種

330000－1741－0004183　善 1/041　經部/詩
類/專著之屬

草木疏校正二卷　（清）趙佑撰　清乾隆五十
六年(1791)白鷺洲書院刻本　一冊

330000－1741－0004184　善 1/251　經部/
叢編

十三經註疏三百三十五卷　（明）□□輯　明
嘉靖李元陽刻本　一百四冊

330000－1741－0004185　善 1/041A　類叢
部/叢書類/自著之屬

清獻堂全編八種　（清）趙佑撰　清乾隆刻本
一冊　存一種

330000 – 1741 – 0004186　善 1/042　經部/詩
類/三家詩之屬

**韓詩内傳并薛君章句考四卷附錄一卷二雨堂
筆談一卷附編一卷**　（清）錢玫撰　（清）錢世
叙輯　清抄本　四册

330000 – 1741 – 0004187　善 1/041B　經部/
詩類/傳說之屬

詩瀋二十卷　（清）范家相撰　清乾隆三十九
年(1774)古趣亭刻本　四册

330000 – 1741 – 0004188　善 1/050　經部/周
禮類/正文之屬

周禮六卷附考工記二卷　清抄本　吳引孫題
記　二册

330000 – 1741 – 0004189　綫 093.1474/1112
經部/詩類/傳說之屬

詩學緒餘不分卷　（清）張廷儀撰　清乾隆四
十年(1775)刻本　四册

330000 – 1741 – 0004191　善 1/052　經部/周
禮類/傳說之屬

禮經會元四卷　（宋）葉時撰　明嘉靖五年
(1526)蕭梅林刻本　八册

330000 – 1741 – 0004192　善 1/053　經部/周
禮類/傳說之屬

周禮集說十一卷綱領一卷　（元）陳友仁輯
復古編一卷　（宋）俞庭椿編　**周禮集說編補
二卷**　（明）劉儲秀輯　明刻本　十二册

330000 – 1741 – 0004194　善 1/054　經部/周
禮類/傳說之屬

周禮集說十一卷綱領一卷　（元）陳友仁輯
復古編一卷　（宋）俞庭椿編　**周禮集說編補
二卷**　（明）劉儲秀輯　清末孔氏嶽雪樓抄本
十二册

330000 – 1741 – 0004195　善 1/056　經部/周
禮類/傳說之屬

周禮疑義四十四卷　（清）吳廷華撰　清光緒
四年(1878)孫氏玉海樓抄本　清孫詒讓批校
並題記　四册　存十八卷(三至六、二十三至
三十、三十三至三十六、四十一至四十二)

330000 – 1741 – 0004196　善 1/057　經部/周
禮類/傳說之屬

周官記六卷　（清）莊存與撰　清玉海樓抄本
清孫詒讓校　一册

330000 – 1741 – 0004197　善 1/059　經部/周
禮類/傳說之屬

周官指掌五卷　（清）莊有可撰　清同治十一
年(1872)瑞安孫氏玉海樓抄本　清孫詒讓題
記　一册

330000 – 1741 – 0004198　善 1/058　經部/周
禮類/傳說之屬

周禮漢讀考六卷　（清）段玉裁撰　清嘉慶三
年(1798)金壇段氏刻經韻樓叢書本　清王琨
批校　清伊桑跋　三册

330000 – 1741 – 0004199　善 1/060　經部/周
禮類/傳說之屬

周官集说十二卷　（清）莊有可撰　清光緒二
年(1876)孫氏玉海樓抄本　清孫詒讓題記
五册

330000 – 1741 – 0004200　善 1/061　經部/周
禮類/傳說之屬

周禮注疏獻疑七卷　（清）許珩撰　清瑞安孫
氏玉海樓抄本　清孫詒讓校並跋　二册

330000 – 1741 – 0004201　綫 094.2372/4444
經部/叢編

萬充宗先生經學五書　（清）萬斯大撰　清乾
隆二十四年至二十六年(1759 – 1761)辨志堂
刻本　一册　存一種

330000 – 1741 – 0004202　善 1/062　經部/周
禮類/傳說之屬

周禮凝粹六卷　（清）宋嘉德撰　清抄本
四册

330000 – 1741 – 0004203　善 1/064　經部/周
禮類/傳說之屬

周官說不分卷　清抄本　清孫詒讓跋
二册

330000 – 1741 – 0004204　善 2/071　史部/紀
傳類/正史之屬

唐書二百卷　（五代）劉昫等撰　明嘉靖十四年至十八年（1535－1539）餘姚聞人詮刻本（卷二百下配抄本）　八十冊

330000－1741－0004205　善 1/063　經部/周禮類/傳說之屬

重雕嘉靖本挍宋周禮札記一卷　（清）黃丕烈撰　清玉海樓抄本　清孫詒讓題記　一冊

330000－1741－0004206　綫 094.1274/3532　經部/周禮類/傳說之屬

周官精義十二卷　（清）連斗山輯　清乾隆四十一年（1776）刻本　六冊

330000－1741－0004207　善 1/065　經部/周禮類/分篇之屬

考工記圖二卷　（清）戴震撰　清聚奎樓刻本　清孫詒讓批校　二冊

330000－1741－0004208　善 1/067　經部/周禮類/分篇之屬

考工記車制圖解二卷　（清）阮元撰　清乾隆七錄書館刻本　清孫詒讓批　一冊

330000－1741－0004209　善 1/066　經部/周禮類/分篇之屬

考工記集說二卷　（清）莊有可撰　清抄本　一冊

330000－1741－0004210　善 1/075　經部/儀禮類/傳說之屬

儀禮十七卷　（漢）鄭玄注　明正德十六年（1521）陳鳳梧刻本　四冊

330000－1741－0004211　善 1/068　經部/周禮類/分篇之屬

考工記考辨八卷　（清）王宗涑撰　清抄本　清孫詒讓批校　二冊

330000－1741－0004212　善 1/078　經部/儀禮類/傳說之屬

儀禮鄭氏注十七卷　（漢）鄭玄撰　嚴本儀禮鄭氏注校錄一卷　（清）黃丕烈撰　清嘉慶二十年（1815）吳門黃氏讀未見書齋刻本　一冊　存一卷（嚴本儀禮鄭氏注校錄）

330000－1741－0004213　善 1/077　經部/儀禮類/傳說之屬

儀禮註疏十七卷　（漢）鄭玄注　（唐）陸德明音義　（唐）賈公彥疏　明萬曆二十一年（1593）北京國子監刻清康熙二十五年（1686）重修十三經注疏本　清彭元瑞跋並過錄明末張爾岐句讀　十冊

330000－1741－0004214　善 1/078A　經部/三禮總義類/通禮雜禮之屬

儀禮經傳通解三十七卷　（宋）朱熹撰　儀禮經傳通解續二十九卷　（宋）黃榦撰　（宋）楊復訂　清康熙呂氏寶誥堂刻本（卷十五原缺）　十八冊

330000－1741－0004215　善 1/076　類叢部/叢書類/彙編之屬

士禮居黃氏叢書十九種附四種　（清）黃丕烈編　清嘉慶至道光吳縣黃氏刻本　八冊　存一種

330000－1741－0004216　善 2/004　史部/紀傳類/正史之屬

史記題評一百三十卷　（明）楊慎　（明）李元陽輯　明嘉靖十六年（1537）胡有恒、胡瑞刻本　六十四冊

330000－1741－0004217　善 1/078A/C1　經部/三禮總義類/通禮雜禮之屬

儀禮經傳通解三十七卷　（宋）朱熹撰　儀禮經傳通解續二十九卷　（宋）黃榦撰　（宋）楊復訂　清康熙呂氏寶誥堂刻本（卷十五原缺）　二十冊

330000－1741－0004218　善 1/078B　經部/三禮總義類/通論之屬

朱子儀禮經傳通解六十九卷　（宋）朱熹撰　（宋）黃榦原本　（清）梁萬方考訂　清乾隆刻聚錦堂印本　四十六冊

330000－1741－0004219　善 1/079　經部/儀禮類/傳說之屬

禮經釋例十三卷首一卷　（清）凌廷堪撰　清嘉慶十四年（1809）阮氏刻文選樓叢書本　清孫詒讓批校　四冊

330000－1741－0004220　善1/086　經部/禮記類/傳說之屬

禮記日錄三十卷圖解一卷　（明）黃乾行撰　明抄本　七冊　缺十六卷（十五至三十）

330000－1741－0004221　善1/088　類叢部/叢書類/彙編之屬

合刻周秦經書十種　（明）盧之頤編　明溪香書屋刻本　一冊　存一種

330000－1741－0004222　綫094.4221/4324　經部/大戴禮記類/傳說之屬

大戴禮記十三卷　（漢）戴德撰　（北周）盧辯注　清刻本　四冊

330000－1741－0004223　綫094.3372/4444　經部/叢編

萬充宗先生經學五書　（清）萬斯大撰　清乾隆二十四年至二十六年（1759－1761）辨志堂刻本　一冊　存一種

330000－1741－0004224　善1/089　經部/禮記類/分篇之屬

深衣釋例三卷　（清）任大椿撰　清乾隆四十八年（1783）刻燕禧堂五種本　清孫詒讓批跋　一冊

330000－1741－0004225　善1/093　經部/大戴禮記類/分篇之屬

夏小正集說四卷　（清）程鴻詔撰　清同治十一年（1872）汪啟蘭等刻有恆心齋集本　清孫詒讓批　二冊

330000－1741－0004226　善1/100　經部/三禮總義類/通論之屬

三禮纂註四十九卷　（明）貢汝成撰　明萬曆刻本　二十七冊　存四十七卷（一至四十七）

330000－1741－0004227　善1/100A　類叢部/叢書類/彙編之屬

經訓堂叢書二十一種　（清）畢沅編　清乾隆至嘉慶鎮洋畢氏刻本　四冊　存二種

330000－1741－0004228　善5/003　類叢部/叢書類/彙編之屬

漢魏叢書三十八種　（明）程榮編　明萬曆二十年（1592）新安程氏刻本　三冊　存三種

330000－1741－0004229　善5/003A　類叢部/叢書類/彙編之屬

漢魏叢書三十八種　（明）程榮編　明萬曆二十年（1592）新安程氏刻本　一冊　存一種

330000－1741－0004230　善1/101　經部/三禮總義類/通論之屬

三禮陳數求義三十卷　（清）林喬蔭撰　清嘉慶八年（1803）誦芬堂刻本　清孫詒讓批　十冊

330000－1741－0004231　善5/012　子部/叢編

四子合輯　（清）□□輯　清抄本　一冊

330000－1741－0004232　善1/102　經部/三禮總義類/通論之屬

周人禮說八卷　（清）王紹蘭撰　稿本　三冊　存三卷（二至四）

330000－1741－0004233　善5/001　類叢部/叢書類/彙編之屬

百川學海一百種　（宋）左圭編　明弘治十四年（1501）無錫華珵刻本（淳熙玉堂雜記三卷、揮塵錄二卷、厚德錄卷二至四、韓忠獻公遺事一卷、善誘文一卷、王公四六話二卷、四六談塵一卷、文房四友除授集一卷、耕餘蓁一卷、子略四卷配抄本）　陸康跋　四十二冊　缺一卷（子略目一）

330000－1741－0004234　善1/103　經部/三禮總義類/通論之屬

禮堂集義四十二卷　（清）王紹蘭撰　稿本　三冊　存三卷（四、七、十七）

330000－1741－0004235　善1/104　經部/三禮總義類/名物制度之屬

禘祫辨誤二卷　（清）程廷祚撰　清道光五年（1825）東山草堂刻本　葉德輝跋　一冊

330000－1741－0004236　善1/105　經部/三禮總義類

明堂之祀一卷吉禮郊祭一卷周禮雜義鈔一卷　清玉海樓抄本　一冊

330000－1741－0004237　善1/106　經部/三禮總義類/通禮雜禮之屬

禮書一百五十卷　（宋）陳祥道撰　明末張溥刻本　清孫詒讓批校　二十冊

330000－1741－0004238　善5/004　類叢部/叢書類/彙編之屬

廣漢魏叢書七十六種　（明）何允中編　明刻本　九十九冊　缺二卷（華陽國志七至八）

330000－1741－0004239　善5/002　類叢部/叢書類/彙編之屬

百川學海一百種　（宋）左圭編　明弘治十四年（1501）無錫華珵刻本　邵章題記　一冊　存四種

330000－1741－0004240　善5/006　類叢部/叢書類/彙編之屬

說鈴前集三十三種後集十九種續集七種（清）吳震方編　清康熙刻本　十八冊　存四十八種

330000－1741－0004241　善5/006A　類叢部/叢書類/彙編之屬

秘書廿一種　（清）汪士漢輯　清乾隆五十二年（1788）菁華書屋刻本　二十冊

330000－1741－0004242　善5/014　類叢部/叢書類/家集之屬

德州田氏叢書十五種　（清）田同之編　清康熙至乾隆田氏刻彙印本　二十七冊　缺一種

330000－1741－0004243　善5/008　類叢部/叢書類/彙編之屬

滂喜齋叢書五十種　（清）潘祖蔭編　清同治至光緒吳縣潘氏京師刻本　清孫詒讓校並題記　一冊　存二種

330000－1741－0004244　善5/021　類叢部/叢書類/自著之屬

歸雲別集十種外集十種　（明）陳士元撰　明萬曆十一年至十七年（1583－1589）陳氏刻本　十一冊　存外集八種

330000－1741－0004245　善4/455A　集部/別集類/明別集

袁中郎十集十六卷　（明）袁宏道撰　（明）周應麔編　明周應麔刻本　十冊

330000－1741－0004246　善5/005　類叢部/叢書類/彙編之屬

廣漢魏叢書七十六種　（明）何允中編　明刻本　六十八冊　存六十九種

330000－1741－0004247　綫797.14/4713　史部/金石類/郡邑之屬/文字

山右石刻叢編四十卷　（清）胡聘之撰　清光緒二十五年至二十七年（1899－1901）刻本　二十四冊

330000－1741－0004250　綫797.14/4713/C1　史部/金石類/郡邑之屬/文字

山右石刻叢編四十卷　（清）胡聘之撰　清光緒二十五年至二十七年（1899－1901）刻本　二十四冊

330000－1741－0004251　善5/023　類叢部/叢書類/自著之屬

楊園張先生全集十種　（清）張履祥撰　清康熙刻本　屈燮跋　十六冊　缺一卷（楊園張先生備忘錄遺）

330000－1741－0004254　善5/024　類叢部/叢書類/自著之屬

西堂全集二種附一種　（清）尤侗撰　清康熙刻文理堂印本　十四冊

330000－1741－0004255　綫796.6/7267　史部/金石類

抱殘守缺齋所藏三代文字　（清）劉鶚輯　清光緒三十年（1904）劉氏抱殘守缺齋石印本　四冊　存一種

330000－1741－0004256　善4/505F　集部/別集類/清別集

橫山詩文鈔二十四卷　（清）裘璉撰　清康熙裘氏絳雲居刻本　四冊

330000－1741－0004257　綫797.11330/3435　史部/金石類/郡邑之屬

常山貞石志二十四卷　（清）沈濤撰　清光緒二十年（1894）靈溪精舍刻本　十冊

330000－1741－0004258　緣797.12205/1264
史部/金石類/總志之屬/目録

至聖林廟碑目六卷　（清）孔昭薰　（清）孔憲
庚編　清光緒二十二年（1896）徐氏積學齋刻
本　二冊

330000－1741－0004261　善1/250　經部/
叢編

九經十卷　（明）□□輯　明刻本　十二冊
存五卷（周易、毛詩、尚書、禮記、春秋左傳）

330000－1741－0004262　善5/025　類叢
部/叢書類/自著之屬

惜抱軒全集十種　（清）姚鼐撰　清嘉慶至道
光刻本　清孫衣言批並跋　十二冊　存八種

330000－1741－0004263　善1/252　經部/
叢編

兩蘇經解六十四卷　（宋）蘇軾　（宋）蘇轍撰
（明）焦竑輯　明萬曆二十五年（1597）金陵
畢氏刻本　十三冊

330000－1741－0004264　緣782.104/7482
類叢部/叢書類/彙編之屬

函海一百五十一種　（清）李調元編　清乾隆
綿州李氏萬卷樓刻嘉慶十四年（1809）李鼎元
重校印本　一冊　存一種

330000－1741－0004265　緣851.3166/4694
類叢部/叢書類/彙編之屬

函海一百五十一種　（清）李調元編　清乾隆
綿州李氏萬卷樓刻嘉慶十四年（1809）李鼎元
重校印本　一冊　存一種

330000－1741－0004266　善1/255　經部/樂
類/律呂之屬

樂律全書三十九卷　（明）朱載堉撰　明萬曆
三十四年（1606）鄭藩刻本　二十冊

330000－1741－0004267　善5/027B　類叢
部/叢書類/彙編之屬

函海一百五十一種　（清）李調元編　清乾隆
綿州李氏萬卷樓刻嘉慶十四年（1809）李鼎元
重校印本　三冊　存二種

330000－1741－0004268　善1/253　經部/

叢編

石齋先生經傳九種　（明）黃道周撰　清康熙
三十二年（1693）晉安鄭開極刻本　三十冊

330000－1741－0004269　善5/027A　類叢
部/叢書類/彙編之屬

函海一百五十一種　（清）李調元編　清乾隆
綿州李氏萬卷樓刻嘉慶十四年（1809）李鼎元
重校印本　清柳泉題記並跋　一冊　存三種

330000－1741－0004270　善1/256　經部/小
學類/訓詁之屬

五雅　（明）畢效欽輯　明刻本　九冊　存
四種

330000－1741－0004271　善1/257　經部/讖
緯類/總義之屬

七緯三十八卷　（清）趙在翰輯　清嘉慶十四
年（1809）侯官趙氏小積石山房刻本　清孫詒
讓批校　十冊

330000－1741－0004272　善1/254　經部/
叢編

萬充宗先生經學五書　（清）萬斯大撰　清乾
隆二十四年至二十六年（1759－1761）辨志堂
刻本　四冊

330000－1741－0004273　善5/042　集部/總
集類/彙編之屬

唐六名家集　（明）毛晉編　明崇禎海虞毛氏
汲古閣刻本　四冊

330000－1741－0004274　善1/254/C1　經
部/叢編

萬充宗先生經學五書　（清）萬斯大撰　清乾
隆二十四年至二十六年（1759－1761）辨志堂
刻本　三冊

330000－1741－0004275　善5/043　集部/總
集類/彙編之屬

唐人八家詩　（明）毛晉編　明崇禎十二年
（1639）海虞毛氏汲古閣刻本　十冊

330000－1741－0004276　善5/049　集部/總
集類/彙編之屬

詩詞雜俎十二種　（明）毛晉輯　明天啓至崇

禎毛氏汲古閣刻本　二冊　存四種

330000－1741－0004277　善5/039　集部/總
集類/彙編之屬

漢魏六朝諸名家集(漢魏六朝二十一名家集)
（明）汪士賢編　明萬曆至天啓新安汪氏刻
本　八冊　存十種

330000－1741－0004278　善5/049Z　集部/
總集類/彙編之屬

詩詞雜俎十二種　（明）毛晉輯　明天啓至崇
禎毛氏汲古閣刻本　四冊　存二種

330000－1741－0004279　善5/41　集部/總
集類/彙編之屬

唐人選唐詩八種　（明）毛晉編　明崇禎元年
(1628)海虞毛氏汲古閣刻本　七冊　存五種

330000－1741－0004280　善5/050　集部/總
集類/彙編之屬

皇明十六名家小品三十二卷　（明）丁允和
（明）陸雲龍編　明崇禎六年(1633)錢塘陸雲
龍崢霄館刻本　八冊　存十卷(曹能始先生
小品一至二、李本寧先生小品一至二、文太青
先生小品一至二、陳明卿先生小品一至二、王
季重先生小品一至二)

330000－1741－0004281　綫851.3572/5504
集部/總集類/彙編之屬

宋百家詩存二十卷　（清）曹廷棟編　清乾隆
六年(1741)嘉善曹氏二六書堂刻本　二十冊

330000－1741－0004282　善5/046　集部/總
集類/彙編之屬

唐三高僧詩集四十七卷　（明）毛晉編　明末
毛氏汲古閣刻本　丁毓琇題記　十二冊

330000－1741－0004283　善5/045　集部/總
集類/彙編之屬

合刻分體李杜全集一百二十卷　（明）劉世教
編　明萬曆四十年(1612)刻本　三十二冊

330000－1741－0004284　善5/047　集部/總
集類/選集之屬/通代

四家宮詞二卷　（明）林志尹輯　（明）楊慎評
　明刻本　一冊

330000－1741－0004286　善5/048　集部/總
集類/彙編之屬

詩詞雜俎十二種　（明）毛晉輯　明天啓至崇
禎海虞毛氏汲古閣刻本　六冊　存十一種

330000－1741－0004287　善5/054　集部/詞
類/類編之屬

詞苑英華八種　（明）毛晉編　明末毛氏汲古
閣刻本　二十四冊

330000－1741－0004288　善5/010　類叢部/
叢書類/彙編之屬

古逸叢書二十六種　（清）黎庶昌編　清光緒
八年至十年(1882－1884)黎庶昌日本東京使
署影刻本(玉燭寶典卷九原缺)　四十八冊

330000－1741－0004289　善5/051　集部/總
集類/彙編之屬

十種唐詩選　（清）王士禛編　清康熙三十一
年(1692)南芝堂刻本　十二冊

330000－1741－0004290　善5/011　類叢部/
叢書類/彙編之屬

古逸叢書二十六種　（清）黎庶昌編　清光緒
八年至十年(1882－1884)黎庶昌日本東京使
署影刻本(玉燭寶典卷九原缺)　四十九冊

330000－1741－0004291　善5/057　集部/詞
類/類編之屬

詞學叢書六種　（清）秦恩復編　清嘉慶至道
光江都秦恩復享帚精舍刻本　清孫衣言批並
題記　十二冊

330000－1741－0004292　善5/053　集部/總
集類/彙編之屬

陳沈兩先生稿　（明）陳仁錫編　明萬曆四十
三年(1615)陳仁錫閱帆堂刻本　四冊

330000－1741－0004293　善5/059　集部/戲
劇類/傳奇之屬

笠翁傳奇十種　（清）李漁撰　清初書聯屋刻
本　二十冊

330000－1741－0004294　善5/056　集部/詞
類/類編之屬

宋名家詞六十一種　（明）毛晉編　明崇禎毛

氏汲古閣刻本（竹坡詞卷一至三配抄本） 三十二冊

330000－1741－0004295　善5/058　集部/戲劇類/傳奇之屬

六十種曲　（明）毛晉編　明末毛氏汲古閣刻本　六十冊

330000－1741－0004296　善5/055　集部/詞類/類編之屬

詞苑英華八種　（明）毛晉編　明末毛氏汲古閣刻本　十八冊　存五種

330000－1741－0004297　類叢部/叢書類/彙編之屬

守山閣叢書校勘記六種　（清）顧觀光　（清）錢熙祚撰　清玉海樓抄本　清孫詒讓批跋二冊

330000－1741－0004298　善5/052　集部/總集類/選集之屬/斷代

王氏彙刻唐人集七種　（清）王遐春輯　清嘉慶十五年至十八年（1810－1813）福鼎王氏麟後山房刻本　清彭年批跋　十四冊

330000－1741－0004299　善5/055　集部/詞類/類編之屬

詞苑英華八種　（明）毛晉編　明末毛氏汲古閣刻本　一冊　存一種

330000－1741－0004300　善3/368　子部/道家類

孫月峯三子評（三子合刊）十三卷　明閔齊伋刻朱墨套印本　八冊

330000－1741－0004301　善1/144　經部/叢編

重栞宋本十三經注疏四百十六卷　**附十三經注疏校勘記四百十六卷**　（清）阮元撰　（清）盧宣旬摘錄　清嘉慶二十年（1815）南昌府學刻道光六年（1826）盱江朱華臨重校印本　清孫詒讓批校並跋　一百八十四冊

330000－1741－0004302　善3/369　子部/兵家類/兵法之屬

武經七書直解　（明）劉寅撰　明刻本　六冊

存五種

330000－1741－0004303　善1/108　經部/三禮總義類/通禮雜禮之屬

儀禮經傳通解續二十九卷　（宋）黃榦撰（宋）楊復訂　明刻本　五冊

330000－1741－0004304　善1/107　經部/三禮總義類/通禮雜禮之屬

禮書一百五十卷　（宋）陳祥道撰　明末張溥刻本　六冊

330000－1741－0004305　善1/109、善1/110　經部/三禮總義類/通禮雜禮之屬

五禮通考二百六十二卷首四卷總目二卷（清）秦蕙田撰　**讀禮通考一百二十卷**　（清）徐乾學撰　清乾隆十八年（1753）金匱秦氏味經窩刻本（卷二百十一至二百十二、二百三十補配抄本，讀禮通考爲清康熙三十五年徐氏刻本）　一百冊

330000－1741－0004306　善1/116　經部/樂類/律呂之屬

律呂新義四卷附錄一卷　（清）江永撰　清同治十一年（1872）瑞安孫氏抄本　清孫詒讓校並跋　一冊

330000－1741－0004307　善1/109A　經部/三禮總義類/通禮雜禮之屬

五禮通考二百六十二卷首四卷總目二卷（清）秦蕙田撰　清乾隆十八年（1753）金匱秦氏味經窩刻本　六十四冊

330000－1741－0004308　善1/117　經部/春秋左傳類/傳說之屬

春秋經傳集解三十卷　（晉）杜預撰　（唐）陸德明釋文　明刻本（卷二十六配清刻本）　三十冊

330000－1741－0004309　善1/118　經部/春秋左傳類/傳說之屬

春秋左氏傳雜論二卷　（宋）晁補之撰　清影宋抄本　一冊

330000－1741－0004311　善1/120　經部/春秋左傳類/傳說之屬

春秋左翼四十三卷首一卷 （明）王震輯 明萬曆三十一年（1603）刻本 十冊

330000－1741－0004312 善1/121 經部/春秋左傳類/傳說之屬

春秋左傳標釋三十卷 （明）戴文光撰 明天啓五年（1625）戴氏必有齋刻本 十冊

330000－1741－0004313 善1/122 經部/春秋左傳類/傳說之屬

春秋左氏傳補注十卷 （清）沈欽韓撰 清抄本 四冊 存六卷（一至六）

330000－1741－0004314 善1/122A 經部/春秋左傳類/傳說之屬

左傳事緯十二卷前書八卷 （清）馬驌撰 清康熙刻本 十六冊

330000－1741－0004315 善1/125 經部/春秋總義類/專著之屬

春秋繁露十七卷附錄一卷 （漢）董仲舒撰 清乾隆五十年（1785）餘姚盧文弨抱經堂刻抱經堂叢書本 清孫詒讓校 四冊

330000－1741－0004316 綫095.1771/7175.75 經部/春秋左傳類/傳說之屬

左傳事緯十二卷前書八卷 （清）馬驌撰 清康熙刻本 四冊 存八卷（前書一至八）

330000－1741－0004317 善1/126 子部/儒家類/儒學之屬

董子定本二十篇 （漢）董仲舒撰 （清）譚獻校 稿本 清鄒祺批 一冊

330000－1741－0004318 善1/122B 經部/春秋左傳類/傳說之屬

左傳事緯十二卷左傳字釋一卷 （清）馬驌撰 清乾隆四十九年（1784）仁和黃暹懷澄堂刻本 十冊

330000－1741－0004319 善1/127 經部/春秋總義類/傳說之屬

春秋集註三十卷首一卷 （宋）胡安國撰 （宋）林堯叟音註 明嘉靖三十年（1551）倪淑刻萬曆二十三年（1595）倪甫英、倪家胤重修本 清呂伯光題記 八冊

330000－1741－0004320 善1/128 經部/春秋總義類/傳說之屬

春秋正宗十二卷 （清）呂文櫊撰 稿本 八冊

330000－1741－0004321 綫839.23131/8724 集部/總集類/郡邑之屬

國朝湖州詩錄三十四卷 （清）陳焯輯 國朝湖州詩錄補編二卷 （清）鄭祖琛輯 國朝湖州詩續錄十六卷 （清）鄭佶輯 清道光十年至十一年（1830－1831）小谷口刻本 六冊 存十六卷（國朝湖州詩續錄一至十六）

330000－1741－0004322 善1/130A 經部/春秋總義類/傳說之屬

三正考二卷 （清）吳鼐撰 清抄本 一冊

330000－1741－0004323 善1/123（A） 經部/春秋總義類/傳說之屬

鍾伯敬評公羊穀梁二傳合刻二十四卷 （明）鍾惺評 明崇禎九年（1636）陶珽刻本 二冊 存十二卷（公羊傳一至十二）

330000－1741－0004324 善1/123（B） 經部/春秋穀梁傳類/正文之屬

穀梁傳十二卷 （明）張榜 （明）孫鑛評 （明）□□輯 明末刻本 一冊

330000－1741－0004325 善1/133A 經部/四書類/總義之屬

此木軒四書說九卷 （清）焦袁熹撰 清乾隆刻本 四冊

330000－1741－0004326 善1/133B 經部/四書類/總義之屬/傳說

增補四書人物聚考十二卷圖考一卷 （明）鍾惺 （清）汪份增定 （清）黃澍參訂 清乾隆四十年（1775）帶月樓刻本 十六冊

330000－1741－0004327 善1/132 經部/四書類/總義之屬/傳說

四書圖史合攷二十四卷 （明）蔡清輯 明金閶擁萬堂刻本 十六冊

330000－1741－0004328 善1/133 經部/四書類/總義之屬/傳說

呂晚邨先生四書講義四十三卷　（清）呂留良
撰　（清）陳鏦編次　清康熙呂氏天蓋樓刻本
　八冊

330000－1741－0004329　善 1/124　經部/春
秋公羊傳類/傳說之屬
春秋公羊傳箋十一卷　王闓運撰　清溫故知
新書屋抄本　十二冊

330000－1741－0004330　善 1/131　經部/四
書類/總義之屬/傳說
四書集註二十九卷　（宋）朱熹撰　明刻本
十四冊

330000－1741－0004331　綫 097.5372/2042
經部/四書類/總義之屬/傳說
四書改錯二十二卷　（清）毛奇齡撰　清嘉慶
十六年(1811)金孝柏學圃刻本　四冊

330000－1741－0004332　善 1/133C　經部/
四書類/總義之屬/傳說
四書近指二十卷　（清）孫奇逢撰　清康熙元
年(1662)刻本　五冊

330000－1741－0004333　善 1/133D　經部/
四書類/總義之屬/傳說
四書釋地一卷續一卷又續一卷三續一卷附孟
子生卒年月考一卷　（清）閻若璩撰　清乾隆
五十二年(1787)東浯王氏刻本　四冊

330000－1741－0004335　善 1/135　經部/四
書類/論語之屬/傳說
論語正義二十四卷　（清）劉寶楠撰　（清）劉
恭冕述　清同治五年(1866)刻本　清孫詒讓
批校　六冊

330000－1741－0004336　善 1/136A　經部/
四書類/論語之屬/專著
鄉黨圖考十卷　（清）江永撰　清乾隆五十二
年(1787)致和堂刻本　四冊

330000－1741－0004339　善 1/140　經部/群
經總義類/傳說之屬
駁五經異義一卷補遺一卷　（漢）鄭玄撰　清
抄本　一冊

330000－1741－0004340　善 1/138　經部/
叢編
十三經註疏三百三十五卷　（明）□□輯　明
嘉靖李元陽刻本　八冊　存一種

330000－1741－0004341　善 1/141　經部/群
經總義類/文字音義之屬
經典釋文三十卷　（唐）陸德明撰　經典釋文
攷證三十卷　（清）盧文弨撰　清乾隆五十六
年(1791)餘姚盧氏刻抱經堂叢書本　清仲琢
生跋　屈犖批校並過錄佚名跋　十二冊

330000－1741－0004342　善 1/142　類叢部/
叢書類/自著之屬
邵文莊公經史全書五種　（明）邵寶撰　（明）
曹荃編　明崇禎九年(1636)曹荃、王永積刻
清康熙十二年(1673)重修本　四冊　存一種

330000－1741－0004343　善 1/142A　經部/
群經總義類/傳說之屬
松源經說四卷　（清）孫之騄撰　清乾隆三十
一年(1766)春草園刻本　四冊

330000－1741－0004344　善 1/143　經部/群
經總義類/傳說之屬
張卾甫經說一卷　（清）張履撰　清光緒十二
年(1886)瑞安孫氏玉海樓抄本　清孫詒讓批
並題記　一冊

330000－1741－0004345　善 1/142B　經部/
群經總義類/傳說之屬
說經二十卷說騷一卷說文一卷　（清）韓泰青
撰　清乾隆三十四年(1769)漪園刻本　八冊
存十四卷(說經一至十四)

330000－1741－0004346　善 1/146　經部/群
經總義類/石經之屬/通考
北宋石經考異一卷　（清）馮登府撰　北宋石
經續考異一卷　（清）丁養元撰　清同治十三
年(1874)長興丁氏刻本　一冊

330000－1741－0004347　善 1/148A　經部/
群經總義類/圖說之屬
六經圖二十四卷　（清）鄭之僑編　清乾隆九
年(1744)潮陽鄭之僑述堂刻本　十二冊

330000－1741－0004348　善1/146　類叢部/
叢書類/自著之屬

達詮就正編四種　（清）王朝榘輯　清嘉慶五
年至八年(1800－1803)寧州學署刻本　葉德
輝題記　二冊　存一種

330000－1741－0004349　善1/148　經部/群
經總義類/圖說之屬

六經圖六卷　（宋）楊甲撰　（宋）毛邦翰補
明萬曆四十三年(1615)吳繼仕熙春樓刻本
六冊

330000－1741－0004350　善1/148A/C1　經
部/群經總義類/圖說之屬

六經圖二十四卷　（清）鄭之僑編　清乾隆九
年(1744)潮陽鄭之僑述堂刻本　十二冊

330000－1741－0004351　善1/149A　經部/
群經總義類/傳說之屬

稽古日鈔八卷　（清）郁文等輯　清乾隆三十
年(1765)秋曉山房刻本　四冊

330000－1741－0004352　善1/150　經部/小
學類/文字之屬/說文

說文解字十五卷標目一卷　（漢）許慎撰
（宋）徐鉉等校定　清初毛氏汲古閣刻本
六冊

330000－1741－0004354　善1/151B　經部/
小學類/文字之屬/說文

說文解字十五卷標目一卷　（漢）許慎撰
（宋）徐鉉等校定　清乾隆三十八年(1773)大
興朱筠椒華吟舫刻本　八冊

330000－1741－0004355　善1/151D　經部/
小學類/文字之屬/傳說

說文解字繫傳四十卷　（宋）徐鍇撰　（五
代）朱翱反切　附錄一卷　（清）朱文藻編
清乾隆四十七年(1782)新安汪啓淑刻本
八冊

330000－1741－0004356　善1/151　經部/小
學類/文字之屬/說文

說文解字十五卷標目一卷　（漢）許慎撰
（宋）徐鉉等校定　清初毛氏汲古閣刻本

六冊

330000－1741－0004357　善1/152　經部/小
學類/文字之屬/說文/專著

重刊許氏說文解字五音韻譜十二卷　（宋）李
燾撰　明刻本　十冊　存七卷(一至七)

330000－1741－0004358　善1/153　經部/小
學類/文字之屬/說文/傳說

**說文長箋一百卷首二卷解題一卷六書長箋漢
義七卷凡例一卷**　（明）趙宧光撰　明崇禎四
年(1631)趙均小宛堂刻本　五十六冊

330000－1741－0004359　善1/154　經部/小
學類/文字之屬/說文

說文解字注十五卷附六書音均表五卷　（清）
段玉裁撰　**說文部目分韵一卷**　（清）陳煥編
清乾隆至嘉慶段氏經韻樓刻同治六年至十
一年(1867－1872)蘇州保息局補刻本　屈犠
批並題記　屈犠過録清楊沂孫批　十六冊

330000－1741－0004360　善1/162　經部/小
學類/文字之屬/說文/傳說

說文古本考十四卷　（清）沈濤撰　清光緒十
年(1884)吳縣潘氏滂喜齋刻本　馬敍倫校補
並跋　十二冊

330000－1741－0004362　善1/156　經部/小
學類/文字之屬/說文/傳說

段氏說文注訂八卷　（清）鈕樹玉撰　清同治
十三年(1874)湖北崇文書局刻本　二冊

330000－1741－0004363　善1/157　經部/小
學類/文字之屬/說文/傳說

說文注補鈔不分卷　（清）嚴可均撰　稿本
清王筠跋　劉峙題記　一冊

330000－1741－0004364　善1/158　經部/小
學類/文字之屬/說文

說文辨疑一卷附條記一卷　（清）顧廣圻撰
清同治十二年(1873)遜學齋抄本　清孫詒讓
題記　一冊

330000－1741－0004365　善1/159　經部/小
學類/文字之屬/說文

說文引經攷證七卷說文引經互異說一卷

(清)陳瑑撰　清同治十三年(1874)湖北崇文書局刻本　清潘鍾瑞批校　清雷浚批校並跋　屈燆跋　二冊

330000－1741－0004366　善 1/160　經部/小學類/文字之屬/說文

說文引經攷二卷補遺一卷　(清)吳玉搢撰　清道光十五年(1835)上元張寶德鐵硯齋抄本　清張寶德題簽並記　姜亮夫題記　四冊

330000－1741－0004367　善 1/161　經部/小學類/文字之屬/說文

諧聲補逸十四卷　(清)宋保撰　清嘉慶八年(1803)志學堂刻本　清戴望批　清孫詒讓題記　二冊

330000－1741－0004368　善 1/163　經部/小學類/文字之屬/說文/專著

說文楬原二卷　(清)張行孚撰　清光緒十一年(1885)維揚識小居刻本　屈燆題簽並記　屈燆校　一冊

330000－1741－0004369　善 1/164A　經部/小學類/文字之屬/說文/專著

說文字原考略六卷　(清)吳照輯　清乾隆五十七年(1792)南城吳照南昌刻本　四冊

330000－1741－0004370　善 1/170　經部/小學類/文字之屬/字書/字典

大廣益會玉篇三十卷　(南朝梁)顧野王撰　(唐)孫強增字　(宋)陳彭年等重修　**玉篇廣韻指南一卷**　明初刻本　六冊

330000－1741－0004371　善 1/172A　經部/小學類/文字之屬/字書/字體

鐘鼎字源五卷附錄一卷　(清)汪立名撰　清康熙五十五年(1716)錢塘汪立名一隅草堂刻本　三冊

330000－1741－0004372　善 1/172　經部/小學類/文字之屬/字書/字體

汗簡七卷　(宋)郭忠恕撰　清康熙四十二年(1703)錢塘汪立名一隅草堂刻本　二冊

330000－1741－0004373　善 1/173　經部/小學類/文字之屬/說文/專著

六書精蘊六卷　(明)魏校撰　**六書精蘊音釋舉要一卷**　(明)徐官撰　明嘉靖十九年(1540)魏希明刻本　十二冊

330000－1741－0004374　善 1/171A　經部/小學類

澤存堂五種　(清)張士俊輯　清康熙吳郡張士俊澤存堂刻本　三冊　存一種

330000－1741－0004375　善 1/171B　經部/小學類/文字之屬/字書/字典

大廣益會玉篇三十卷　(南朝梁)顧野王撰　(唐)孫強增字　(宋)陳彭年等重修　**玉篇廣韻指南一卷**　明刻本　八冊

330000－1741－0004376　善 1/174　經部/小學類/文字之屬/字書/字體

漢隸字源五卷碑目一卷附字一卷　(宋)婁機輯　明末毛氏汲古閣刻本　六冊

330000－1741－0004377　善 1/169A　經部/小學類/文字之屬/字書/字典

正字通十二集三十六卷　(清)張自烈撰　(清)廖文英輯　**字彙舊本首一卷**　(明)梅膺祚音釋　清康熙二十四年(1685)秀水吳源起清畏堂刻本　二十七冊　缺一卷(申集上)

330000－1741－0004378　綫 802.295/3144.1　經部/小學類/文字之屬/字書/字體

隸辨八卷　(清)顧藹吉撰　清康熙五十七年(1718)項氏玉淵堂刻本　八冊

330000－1741－0004379　善 1/175　經部/小學類/文字之屬/字書/字體

隸辨八卷　(清)顧藹吉撰　清康熙五十七年(1718)項氏玉淵堂刻本　八冊

330000－1741－0004380　善 1/196　經部/小學類/文字之屬/字書/訓蒙

千字文集字彙六卷　(清)嵇仰洙撰　清抄本　六冊

330000－1741－0004381　善 1/177　經部/小學類/文字之屬/字書/字體

隸篇十五卷續十五卷再續十五卷　(清)翟云升撰　清道光十七年至十八年(1837－1838)

五經歲徧齋刻本　八冊

330000－1741－0004382　善1/194　類叢部/類書類/專類之屬

正音攟言四卷　（明）王荔撰　（明）王允嘉注　明崇禎元年（1628）古項王氏舍泓堂刻本　四冊

330000－1741－0004383　善1/177A　經部/小學類/文字之屬/字書/字體

隸篇十五卷續十五卷再續十五卷　（清）翟云升撰　清抄本　十冊

330000－1741－0004384　善1/178　經部/小學類/文字之屬/字書

篆字類鈔不分卷　（清）王筠撰　稿本　劉崎題記　二冊

330000－1741－0004385　善2/072　史部/紀傳類/正史之屬

唐書二百二十五卷　（宋）歐陽脩　（宋）宋祁等撰　**釋音二十五卷**　（宋）董衝撰　元大德九年（1305）建康路儒學刻明成化、弘治、嘉靖南京國子監遞修本　五十冊

330000－1741－0004386　善1/179　經部/小學類/文字之屬/說文/專著

印林手稿彙刻不分卷　（清）許瀚撰　清瑞安孫氏玉海樓抄本　一冊

330000－1741－0004387　善1/190　經部/小學類/文字之屬/說文/專著

古籀答問（說文本經答問）二卷　（清）鄭知同撰　稿本　王煥鑣題記　一冊

330000－1741－0004388　善1/195　經部/小學類/文字之屬/字書/訓蒙

三續千字文注一卷　（宋）葛剛正撰　清抄本　一冊

330000－1741－0004389　善2/103　史部/編年類/通代之屬

資治通鑑綱目集說五十九卷前編二卷　（明）扶安輯　（明）晏宏校補　明嘉靖晏宏刻本　七十二冊

330000－1741－0004390　善1/199Z　經部/小學類/音韻之屬/韻書

附釋文互註禮部韻略五卷　清康熙四十五年（1706）曹寅揚州使院刻曹楝亭五種本　清唐仁壽批校並題記　佚名批並過錄清周錫瓚跋　二冊

330000－1741－0004391　善2/106　史部/編年類/通代之屬

資治通鑑綱目發明五十九卷　（宋）尹起莘撰　明內府刻本　三冊　存四十六卷（十四至五十九）

330000－1741－0004392　善2/107　史部/編年類/通代之屬

資治通鑑綱目集覽五十九卷　（元）王幼學撰　（明）陳濟正誤　明內府刻本　四冊　存四十一卷（一至三、九至十四、二十八至五十九）

330000－1741－0004393　善1/200　經部/小學類

澤存堂五種　（清）張士俊輯　清康熙吳郡張士俊澤存堂刻本　五冊　存一種

330000－1741－0004394　善2/175　史部/雜史類/斷代之屬

逸周書十卷附錄一卷　（晉）孔晁注　**逸周書校正補遺一卷**　（清）盧文弨撰　清乾隆五十一年（1786）盧文弨刻抱經堂叢書本　清孫詒讓批　二冊

330000－1741－0004395　善2/176　史部/雜史類/斷代之屬

逸周書集訓校釋十卷逸文一卷　（清）朱右曾撰　清光緒三年（1877）湖北崇文書局刻崇文書局彙刻書本　清孫詒讓批校　二冊

330000－1741－0004396　善1/200A　經部/小學類

澤存堂五種　（清）張士俊輯　清康熙吳郡張士俊澤存堂刻本　五冊　存一種

330000－1741－0004397　善5/040　集部/總集類/選集之屬/斷代

唐人集　（明）□□輯　明銅活字印本　十八

冊　存三十八種

330000－1741－0004398　善1/202　經部/小
學類/音韻之屬/韻書

韻補五卷　（宋）吳棫撰　清抄本　清張穆
姜亮夫題記　五冊

330000－1741－0004399　善1/204　經部/小
學類/音韻之屬/韻書

**大明成化丁亥重刊改併五音類聚四聲篇十五
卷大明成化庚寅重刊改併五音集韻十五卷**
（金）韓道昭撰　明成化三年至七年（1467－
1471）金臺大隆福寺釋文儒刻本　十六冊
缺十五卷（大明成化庚寅重刊改併五音集韻
一至十五）

330000－1741－0004400　善1/203　經部/小
學類/音韻之屬/韻書

增修校正押韻釋疑五卷條例一卷　（宋）歐陽
德隆撰　（宋）郭守正增修　清抄本　五冊

330000－1741－0004401　善1/206　經部/小
學類/音韻之屬/韻書

洪武正韻十六卷　（明）樂韶鳳　（明）宋濂等
撰　明刻本　五冊

330000－1741－0004402　善1/216　經部/小
學類/音韻之屬/古今韻說

歌麻古韻考四卷　（清）吳樹聲撰　清抄本
姜亮夫題記　二冊

330000－1741－0004403　善1/208　經部/小
學類/音韻之屬/韻書

洪武正韻十六卷　（明）樂韶鳳　（明）宋濂等
撰　明萬曆三年（1575）司禮監刻本　五冊

330000－1741－0004404　善1/209　經部/小
學類/音韻之屬/韻書

洪武正韻十卷　（明）樂韶鳳　（明）宋濂等撰
（明）楊時偉補箋　明崇禎刻本　十冊

330000－1741－0004405　善1/216A　經部/
小學類/音韻之屬/古今韻說

古今韻略五卷　（清）邵長蘅撰　清康熙三十
五年（1696）商丘宋犖刻乾隆後印本　二冊

330000－1741－0004406　善1/216B　經部/
小學類/音韻之屬/古今韻說

古今韻略五卷　（清）邵長蘅撰　清康熙三十
五年（1696）商丘宋犖刻乾隆後印本　五冊

330000－1741－0004407　善1/210　經部/小
學類/音韻之屬/韻書

古今韻會舉要小補三十卷　（明）方日升編輯
明萬曆三十四年（1606）周士顯建陽刻本
二十冊

330000－1741－0004408　善1/218　經部/小
學類/音韻之屬/韻書

集韻正誤合鈔十卷　（清）鄭知同輯　稿本
一冊

330000－1741－0004409　善1/217　經部/小
學類/音韻之屬/韻書

集韻考正十卷　（清）方成珪撰　清光緒五年
（1879）瑞安孫氏詒善祠塾刻永嘉叢書本　清
孫詒讓批校　一冊　存一卷（九）

330000－1741－0004410　善1/219　經部/小
學類/音韻之屬/韻書

集韻校勘記十卷　（清）馬釗撰　清同治十二
年（1873）孫氏玉海樓抄本　清孫詒讓批校並
題記　一冊

330000－1741－0004411　善1/211A　經部/
小學類/音韻之屬

音學五書五種　（清）顧炎武撰　清康熙六年
（1667）山陽張氏符山堂刻本　七冊

330000－1741－0004412　善1/215　經部/小
學類/音韻之屬/古今韻說

古韻論三卷　（清）胡秉虔撰　清抄本　清孫
詒讓批校　一冊

330000－1741－0004413　善1/223A　經部/
小學類/音韻之屬/韻書

韻字辨同五卷　（清）彭元瑞撰　（清）翁方綱
參校補正　清乾隆三十年（1765）羊城試署刻
本　四冊

330000－1741－0004414　善1/223C　經部/
小學類/文字之屬

字音正譌正編一卷次編一卷補編一卷 （明）張位撰 （清）丁序賢校補 清乾隆二十年（1755）丁氏刻本 三冊

330000－1741－0004416 善 1/223B 類叢部/叢書類/彙編之屬

微波榭叢書十一種 （清）孔繼涵編 清孔氏刻彙印本 一冊 存一種

330000－1741－0004417 善 1/223D 經部/小學類/音韻之屬/古今韻說

聲韻訂訛一卷 （清）曠敏本撰 清抄本 一冊

330000－1741－0004418 善 1/232 經部/叢編

十三經註疏三百三十五卷 （明）□□輯 明萬曆十四年至二十一年（1586－1593）北京國子監刻本 三冊 存一種

330000－1741－0004419 善 1/230 經部/小學類/訓詁之屬/爾雅

爾雅音圖三卷 （晉）郭璞注 （清）姚之麟摹圖 清嘉慶六年（1801）南城曾燠藝學軒影宋刻本 三冊

330000－1741－0004420 善 1/231 經部/小學類/訓詁之屬/爾雅

爾雅音圖三卷 （晉）郭璞注 （清）姚之麟摹圖 清嘉慶六年（1801）南城曾燠藝學軒刻民國十五年（1926）靜海高潛印本 三冊

330000－1741－0004421 善 1/232A/C2 經部/小學類/訓詁之屬/爾雅

爾雅正義二十卷 （清）邵晉涵撰 爾雅釋文三卷 （唐）陸德明撰 清乾隆五十三年（1788）餘姚邵氏面水層軒刻本 四冊

330000－1741－0004422 善 1/232B 經部/叢編

九經補注八種 （清）姜兆錫撰 清雍正至乾隆寅清樓刻本 一冊 存一種

330000－1741－0004423 善 1/232A 經部/小學類/訓詁之屬/爾雅

爾雅正義二十卷 （清）邵晉涵撰 爾雅釋文

三卷 （唐）陸德明撰 清乾隆五十三年（1788）餘姚邵氏面水層軒刻本 八冊

330000－1741－0004424 善 1/232A/C1 經部/小學類/訓詁之屬/爾雅

爾雅正義二十卷 （清）邵晉涵撰 爾雅釋文三卷 （唐）陸德明撰 清乾隆五十三年（1788）餘姚邵氏面水層軒刻本 六冊 缺六卷（十五至十七、爾雅釋文一至三）

330000－1741－0004425 善 1/234A 類叢部/叢書類/彙編之屬

經訓堂叢書二十一種 （清）畢沅編 清乾隆至嘉慶鎮洋畢氏刻本 一冊 存一種

330000－1741－0004426 善 1/233 經部/小學類/訓詁之屬/方言

輶軒使者絕代語釋別國方言十三卷 （漢）揚雄撰 （晉）郭璞注 方言校正補遺一卷 （清）盧文弨校正並補遺 清乾隆四十九年（1784）抱經堂叢書本 清勞權批校 一冊

330000－1741－0004427 善 1/235A 經部/小學類/訓詁之屬/群雅

新刊埤雅二十卷 （宋）陸佃撰 明刻本 六冊

330000－1741－0004428 善 1/234 經部/小學類/訓詁之屬/群雅

釋名八卷 （漢）劉熙撰 明嘉靖三年（1524）儲良材、程鴻刻本 二冊

330000－1741－0004429 善 1/234B 經部/小學類/訓詁之屬

五雅 （明）畢效欽輯 明萬曆十六年（1588）瑞桃堂刻本 二冊 存一種

330000－1741－0004430 善 1/235B 經部/小學類/訓詁之屬/群雅

埤雅二十卷 （宋）陸佃撰 清康熙顧棫刻本 四冊

330000－1741－0004431 善 1/235 經部/小學類/訓詁之屬

五雅 （明）畢效欽輯 明嘉靖新安畢氏刻本 二冊 存一種

330000 – 1741 – 0004432　善 1/235 B/C1　經部/小學類/訓詁之屬/群雅

埤雅二十卷　（宋）陸佃撰　清康熙顧楝刻本　四冊

330000 – 1741 – 0004433　善 1/236　經部/小學類/文字之屬/字書/字典

字林考逸八卷　（晉）呂忱撰　（清）任大椿輯　清光緒抄本　清復叟題簽並記　清陳倬校並跋　清陳倬過録鈕樹玉、顧廣圻、馮桂芬校　二冊

330000 – 1741 – 0004434　善 4/679　集部/詩文評類/文評之屬

湯霍林先生裒選大方家談文一卷　（明）湯賓尹輯　明抄本　一冊

330000 – 1741 – 0004435　善 1/236A　類叢部/叢書類/自著之屬

燕禧堂五種　（清）任大椿輯撰　清乾隆刻本　二冊　存一種

330000 – 1741 – 0004436　善 1/237　經部/小學類/訓詁之屬/群雅

駢雅七卷　（明）朱謀㙔撰　**音釋一卷**　（明）虞九章輯　明萬曆十七年（1589）朱統鍥玄湛堂刻本　二冊

330000 – 1741 – 0004437　善 1/238A　類叢部/類書類/通類之屬

通俗編三十八卷　（清）翟灝撰　清乾隆十六年（1751）無不宜齋刻本　十冊

330000 – 1741 – 0004438　善 1/238　經部/小學類/訓詁之屬/字詁

字詁一卷　（清）黃生撰　清光緒八年（1882）王廷鼎抄本　清王廷鼎題記　馬敘倫批校　四冊

330000 – 1741 – 0004442　綫 071.74/1731　類叢部/類書類/通類之屬

通俗編三十八卷　（清）翟灝撰　清武林竹簡齋刻本　十二冊

330000 – 1741 – 0004444　善 1/238D　經部/小學類/訓詁之屬/字詁

增訂金壺字考十九卷　（宋）釋適之編　（清）田朝恒增訂　**金壺字考二集二十一卷補録一卷補註一卷**　（清）田朝恒編　清乾隆二十四年至二十七年（1759 – 1762）貽安堂刻本　二冊

330000 – 1741 – 0004445　善 1/239　經部/小學類/訓詁之屬/爾雅

釋穀四卷　（清）劉寶楠撰　清咸豐五年（1855）刻本　清孫詒讓批校　二冊

330000 – 1741 – 0004447　善 1/240　經部/小學類/文字之屬/字書/字體

名原二卷　（清）孫詒讓撰　清光緒三十一年（1905）瑞安孫氏刻本　孫延釗校並題記　一冊

330000 – 1741 – 0004448　綫 797.13/4686　類叢部/叢書類/彙編之屬

鄦齋叢書二十種　徐乃昌編　清光緒二十六年（1900）南陵徐氏刻本　二冊　存一種

330000 – 1741 – 0004450　善 2/003　史部/紀傳類/正史之屬

史記索隱三十卷　（唐）司馬貞撰　明末毛氏汲古閣刻本　一冊

330000 – 1741 – 0004451　善 2/001　史部/紀傳類/正史之屬

史記一百三十卷　（漢）司馬遷撰　（明）鍾惺評　明天啓五年（1625）沈國元大來堂刻本　三十二冊　缺八卷（十二、二十二至二十三、五十九至六十、九十八、一百二十七至一百二十八）

330000 – 1741 – 0004452　綫 797.15/6031.1　史部/金石類/郡邑之屬

關中金石記八卷　（清）畢沅撰　**關中金石記目録一卷**　（清）蔡錫棟編　**關中金石記附記一卷**　（清）蔡汝霖輯　清光緒三十四年（1908）渭南嚴嶽蓮成都刻宣統二年（1910）補刻本　四冊

330000 – 1741 – 0004454　善 2/002　史部/紀傳類/正史之屬

史記一百三十卷　（漢）司馬遷撰　（南朝宋）裴駰集解　（唐）司馬貞索隱　明天順游明刻本　三十二冊　缺五卷（二十六至三十）

330000－1741－0004455　綫797.13/6031　史部/金石類/郡邑之屬

中州金石記五卷　（清）畢沅撰　清光緒八年（1882）蛟川邵氏望三益齋刻本　杜鎮琛題記　二冊

330000－1741－0004456　善2/005　史部/紀傳類/正史之屬

史漢評林二百三十卷　（明）凌稚隆輯　明萬曆烏程凌稚隆刻本　三十冊　存一百三十卷（史記評林一至一百三十）

330000－1741－0004458　善2/013　史部/史抄類

漢書纂不分卷　（明）凌稚隆輯　明萬曆十一年（1583）凌稚隆刻本　十四冊

330000－1741－0004459　綫797.15127/4427　類叢部/叢書類/彙編之屬

觀自得齋叢書二十三種別集六種　（清）徐士愷編　清光緒十三年至二十年（1887－1894）石埭徐氏刻本　一冊　存一種

330000－1741－0004462　善2/006　史部/紀傳類/正史之屬

史漢評林二百三十卷　（明）凌稚隆輯　明萬曆烏程凌稚隆刻本　二十冊　存一百三十卷（史記評林一至一百三十）

330000－1741－0004463　綫797.22/4923　史部/金石類/郡邑之屬

安徽金石略十卷　（清）趙紹祖撰　清光緒二十三年（1897）貴池劉氏刻朱印兩間書屋叢抄本　四冊

330000－1741－0004464　綫797.2110/6646　史部/金石類/郡邑之屬

江寧金石記八卷待訪目二卷　（清）嚴觀撰　清宣統二年（1910）江楚編譯書局刻本　二冊

330000－1741－0004466　善2/012　史部/紀傳類/正史之屬

漢書評林一百卷　（明）凌稚隆輯　明書林余彰德刻本　二十冊

330000－1741－0004471　綫797.23/7110　史部/金石類/郡邑之屬

兩浙金石志十八卷　（清）阮元撰　兩浙金石志補遺一卷　（清）阮福撰　清光緒十六年（1890）浙江書局刻本　十二冊

330000－1741－0004472　綫797.23/7110/C1　史部/金石類/郡邑之屬

兩浙金石志十八卷　（清）阮元撰　兩浙金石志補遺一卷　（清）阮福撰　清光緒十六年（1890）浙江書局刻本　十二冊

330000－1741－0004473　善2/021A　史部/紀傳類/正史之屬

後漢書九十卷　（南朝宋）范曄撰　（唐）李賢注　（明）陳仁錫評　志三十卷　（晉）司馬彪撰　（南朝梁）劉昭注　（明）陳仁錫評　明天啓七年（1627）雲林積秀堂刻本　十九冊　缺六卷（六十三至六十八）

330000－1741－0004474　綫797.27235/3672　史部/金石類/石之屬

萬邑西南山石刻記二卷南浦郡報善寺兩唐碑釋文一卷　況周儀（況周頤）撰　清光緒二十九年（1903）白巖講舍刻蕙風叢書本　玉繻題記　一冊

330000－1741－0004475　綫797.23400/4031、綫797.23400/4031＊2　史部/金石類/郡邑之屬

栝蒼金石志十二卷續志四卷　（清）李遇孫輯　（清）鄒柏森校補　清同治十三年（1874）浙江處州府署刻本　八冊

330000－1741－0004476　類叢部/叢書類/彙編之屬

宋劉須溪先生較書（合刻宋劉須溪點校書）九種附一種　（宋）劉辰翁評　（明）楊人駒編　明天啓四年（1624）楊人駒刻本　十冊　存一種

330000－1741－0004477　善2/024　史部/紀

傳類/正史之屬

三國志六十五卷 （晉）陳壽撰 （南朝宋）裴松之注 元刻明嘉靖至萬曆南京國子監遞修本 十二冊

330000－1741－0004482 綫 797.61/1044
類叢部/叢書類/自著之屬

陶廬叢刻第二集十種 王樹枏撰 清光緒九年至民國十四年（1883－1925）新城王氏刻本暨鉛印本 一冊 存一種

330000－1741－0004483 善 2/102 史部/編年類/通代之屬

資治通鑑綱目五十九卷首一卷 （宋）朱熹撰 （宋）尹起莘發明 （元）劉友益書法（元）汪克寬考異 （元）徐昭文考證 （元）王幼學集覽 （明）陳濟正誤 （明）馮智舒質實 明嘉靖三十九年（1560）書林楊氏歸仁齋刻本（卷首補配明刻本） 清顧嗣立校並跋 六十冊

330000－1741－0004490 綫 802.081/2244
經部/小學類/文字之屬

小學鉤沈十九卷 （清）任大椿撰 （清）王念孫校 清光緒十年（1884）龍氏刻本 四冊

330000－1741－0004491 綫 802.081/2244:2
經部/小學類/文字之屬

小學鉤沈十九卷 （清）任大椿撰 （清）王念孫校 清光緒十年（1884）龍氏刻本 二冊

330000－1741－0004493 綫 802.081/2244:3
經部/小學類/文字之屬

小學鉤沈十九卷 （清）任大椿撰 （清）王念孫校 清光緒十年（1884）龍氏刻本 四冊

330000－1741－0004494 綫 802.081/2244:4
經部/小學類/文字之屬

小學鉤沈十九卷 （清）任大椿撰 （清）王念孫校 清光緒十年（1884）龍氏刻本 四冊

330000－1741－0004495 綫 802.081/4030
經部/小學類

小學類編六種附三種 （清）李祖望編 清咸豐元年至二年（1851－1852）江都李氏半畝園

刻本 四冊

330000－1741－0004496 善 2/105 史部/編年類/通代之屬

通鑑綱目全書 明嘉靖三十九年（1560）書林楊氏歸仁齋刻本（資治通鑑綱目卷九配明刻本，卷十八至十九、三十七、五十九配明嘉靖十三年江西按察司刻十四年張鯤重修本） 五十八冊 存一種

330000－1741－0004498 綫 802.15/75.72
經部/小學類/訓詁之屬/群雅

續廣雅三卷 （清）劉燦輯 （清）王堃訂 清道光二十五年（1845）鄞邑陸鑑刻本 一冊

330000－1741－0004500 綫 802.15/76.10
經部/小學類/訓詁之屬/群雅

廣雅疏證十卷 （清）王念孫撰 **博雅音十卷** （隋）曹憲撰 清嘉慶元年（1796）刻本 八冊

330000－1741－0004502 善 4/413 集部/別集類/明別集

滄溟先生集三十卷附錄一卷 （明）李攀龍撰 明隆慶六年（1572）王世貞刻本 八冊 缺二卷（二十九至三十）

330000－1741－0004503 善 2/381 史部/地理類/雜志之屬

衛藏圖識四卷蠻語一卷 （清）盛繩祖撰 清抄本 張崟批 姜亮夫題記 四冊

330000－1741－0004505 綫 802.15/76.10:2
經部/小學類/訓詁之屬/群雅

廣雅疏證十卷 （清）王念孫撰 **博雅音十卷** （隋）曹憲撰 清光緒五年（1879）淮南書局刻本 八冊

330000－1741－0004506 綫 802.117/0436
史部/目錄類/專錄之屬

小學考五十卷 （清）謝啟昆撰 清光緒十四年（1888）浙江書局刻本 二十冊

330000－1741－0004509 善 4/411 集部/別集類/明別集

白雪樓詩集十二卷 （明）李攀龍撰 明隆慶

四年(1570)新都汪時元刻本　十冊

330000－1741－0004510　善2/400　史部/地理類/山川之屬/山志

岱史十八卷　（明）查志隆撰　（清）張緝彥刪補　明萬曆戴相堯刻清順治十一年(1654)傅應星增修康熙三十八年(1699)再修本　七冊

330000－1741－0004511　綫802.13/4442　類叢部/叢書類/彙編之屬

咫進齋叢書三十七種　（清）姚覲元編　清光緒九年(1883)歸安姚氏刻本　二冊　存一種

330000－1741－0004512　綫802.15/76.10:4　經部/小學類/訓詁之屬/群雅

廣雅疏證十卷　（清）王念孫撰　**博雅音十卷**　（隋）曹憲撰　清嘉慶元年(1796)刻本　八冊

330000－1741－0004514　善4/412　集部/別集類/明別集

滄溟先生集三十卷附錄一卷　（明）李攀龍撰　明萬曆三十四年(1606)睢陽陳陛刻本　十六冊

330000－1741－0004515　綫802.15/76.10 * 2　經部/小學類/訓詁之屬/群雅

廣雅疏證補正一卷　（清）王念孫撰　清光緒二十六年(1900)黃氏借竹宧校刻本　一冊

330000－1741－0004516　綫802.1675/3404　類叢部/叢書類/彙編之屬

文選樓叢書十五種　（清）萩林山房編　清光緒七年(1881)萩林山房刻本　一冊　存一種

330000－1741－0004517　善3/149　子部/雜著類/雜考之屬

十駕齋養新錄二十卷　（清）錢大昕撰　清嘉慶九年(1804)揚州阮元刻本　清吳騫　清周春批校　清孫詒讓批校並題記　四冊

330000－1741－0004519　善4/380　集部/別集類/明別集

雅宜山人集十卷　（明）王寵撰　明刻本　八冊

330000－1741－0004521　綫802.15/78.72w　類叢部/叢書類/彙編之屬

思賢書局刊書十九種　（清）思賢書局編　清光緒至宣統思賢書局刻本　三冊　存一種

330000－1741－0004522　綫802.15/78.72　類叢部/叢書類/彙編之屬

思賢書局刊書十九種　（清）思賢書局編　清光緒至宣統思賢書局刻本　四冊　存一種

330000－1741－0004523　善4/378　集部/別集類/明別集

甫田集三十五卷　（明）文徵明撰　**附錄一卷**　（明）文嘉撰　明嘉靖刻本　六冊

330000－1741－0004524　綫802.1676/1069　經部/小學類/訓詁之屬/群雅

拾雅二十卷　（清）夏味堂撰　（清）夏紀堂注　清嘉慶二十五年(1820)刻本　十冊

330000－1741－0004525　綫802.1674/2615　經部/小學類/訓詁之屬/群雅

別雅五卷　（清）吳玉搢撰　清刻本　五冊

330000－1741－0004526　善2/210A　類叢部/叢書類/自著之屬

鹿洲全集七種　（清）藍鼎元撰　清康熙至雍正刻彙印本　五冊　存二種

330000－1741－0004527　綫802.1676/1069:2　經部/小學類/訓詁之屬/群雅

拾雅二十卷　（清）夏味堂撰　（清）夏紀堂注　清嘉慶二十五年(1820)刻本　十冊

330000－1741－0004528　善3/062　子部/儒家類/儒學之屬

困知記二卷續二卷三續一卷四續一卷續補一卷外編一卷附錄一卷　（明）羅欽順撰　明嘉靖刻本　二冊　存二卷(困知記一至二)

330000－1741－0004529　善3/283　子部/藝術類/書畫之屬/法帖

古詩十九首不分卷　（清）趙執信書　清康熙五十一年(1712)趙執信寫本　一冊

330000－1741－0004530　善3/257　子部/術

數類

祝氏泌鉗六卷 （宋）祝泌撰 清抄本 六冊

330000－1741－0004531 善 3/008A 子部/儒家類/儒家之屬

荀子集解二十卷首一卷 （唐）楊倞注 王先謙集解 清光緒十七年(1891)長沙王氏思賢講舍刻本 馬敘倫批校 六冊

330000－1741－0004532 善 3/146 子部/雜著類/雜考之屬

丹鉛總錄二十七卷 （明）楊慎撰 明嘉靖三十三年(1554)滇南梁佐刻明重修本 十冊

330000－1741－0004533 綫 845.16/4407 集部/別集類/宋別集

宋黃文節公文集三十二卷外集二十四卷別集十九卷首四卷 （宋）黃庭堅撰 **黃青社先生伐檀集二卷** （宋）黃庶撰 清同治七年(1868)江右義寧黃氏雙井堂、冲和堂刻本 五十六冊

330000－1741－0004534 善 4/456 集部/別集類/明別集

錦帆集四卷去吳七牘一卷瓶花齋集十卷敝篋集二卷廣莊一卷解脫集四卷 （明）袁宏道撰 明萬曆三十年(1602)、三十六年至三十八年(1608－1610)勾吳袁叔度書種堂刻本 八冊

330000－1741－0004535 善 4/617 集部/總集類/彙編之屬

中唐十二家詩集 （明）朱之蕃編 明萬曆刻本 十八冊 存九種

330000－1741－0004536 善 4/148 集部/別集類/宋別集

東坡集十六卷 （宋）蘇軾撰 （明）李贄評輯 明萬曆刻本 十冊

330000－1741－0004537 善 4/457 集部/別集類/明別集

瀟碧堂集二十卷 （明）袁宏道撰 明刻本 張叔平題記 八冊

330000－1741－0004538 善 4/628 集部/總

集類/彙編之屬

江湖小集殘本十三種 （宋）陳起編 明抄本 五冊

330000－1741－0004539 善 3/002 子部/儒家類/儒學之屬

孔子家語八卷 （明）何孟春注 明嘉靖三十七年(1558)孔弘鐸刻本 八冊

330000－1741－0004540 善 3/003 子部/儒家類/儒學之屬

新刻註釋孔子家語憲四卷 （明）陳際泰釋 明末潭陽劉舜臣刻本 二冊

330000－1741－0004541 善 3/006 子部/叢編

二十家子書 （明）謝汝韶編 明萬曆六年(1578)吉藩崇德書院刻本 三冊 存一種

330000－1741－0004542 善 3/007 子部/儒家類/儒家之屬

荀子二十卷 （唐）楊倞注 明刻本 八冊

330000－1741－0004543 善 3/008 子部/儒家類/儒家之屬

荀子二十卷 （唐）楊倞注 **校勘補遺一卷** （清）謝墉撰 清嘉慶九年(1804)姑蘇王氏聚文堂刻十子全書本 清孫衣言過錄清姚鼐評點並跋 清孫詒讓過錄清戴望校 五冊

330000－1741－0004544 善 3/012 子部/儒家類/儒學之屬

孔叢子七卷 題(漢)孔鮒撰 （宋）宋咸注 清抄本 五冊

330000－1741－0004545 善 3/009 子部/儒家類/儒家之屬

荀子校勘記不分卷 （清）戴望撰 清瑞安孫氏玉海樓抄本 二冊

330000－1741－0004546 善 3/016 子部/儒家類/儒家之屬

新語二卷 （漢）陸賈撰 清同治十一年(1872)瑞安孫詒讓抄本 清孫詒讓批校並題記 一冊

330000 – 1741 – 0004547　善 3/013　類叢部/叢書類/彙編之屬

漢魏叢書三十八種　（明）程榮編　明萬曆二十年(1592)新安程氏刻本　一冊　存一種

330000 – 1741 – 0004548　善 4/314　集部/別集類/明別集

重刻完菴劉先生詩集二卷　（明）劉珏撰　明萬曆二十二年(1594)孫承榮刻本　二冊

330000 – 1741 – 0004549　善 2/281　史記類/總傳之屬/仕宦

皇明表忠紀十卷　（明）錢士升撰　**附錄一卷**　（明）汪宗伊等撰　明崇禎刻本　一冊

330000 – 1741 – 0004550　善 4/324　集部/別集類/明別集

張東海先生詩集四卷文集五卷　（明）張弼撰　明正德十三年(1518)周文儀刻本　朱文鈞題簽並記　四冊

330000 – 1741 – 0004551　善 2/281A　史部/傳記類/總傳之屬/忠孝

續表忠記八卷　（清）趙吉士纂編　（清）盧宜彙輯　清康熙三十七年(1698)寄園刻本　三冊　缺二卷(七至八)

330000 – 1741 – 0004552　善 2/379　史部/地理類/方志之屬/郡縣志

[康熙]詔安縣志十二卷志餘一卷　（清）秦炯纂修　清同治十三年(1874)刻本　十冊

330000 – 1741 – 0004553　善 3/017　子部/儒家類/儒學之屬/經濟

新書十卷　（漢）賈誼撰　（清）盧文弨校　清乾隆四十九年(1784)餘姚盧氏抱經堂刻抱經堂叢書本　清戴望校並題記　清張文虎校　二冊

330000 – 1741 – 0004554　善 3/017A　類叢部/叢書類/彙編之屬

抱經堂叢書十六種　（清）盧文弨編　清乾隆至嘉慶刻彙印本　二冊　存一種

330000 – 1741 – 0004555　善 3/020　子部/儒家類/儒學之屬/經濟

鹽鐵論十卷　（漢）桓寬撰　明刻本　四冊

330000 – 1741 – 0004556　善 3/021　子部/儒家類/儒學之屬/經濟

劉向說苑二十卷　（漢）劉向撰　明刻本　八冊　存十四卷(二至十、十六至二十)

330000 – 1741 – 0004557　善 4/635b　集部/總集類/選集之屬/斷代

元詩選初集一百十四卷二集一百三卷三集一百三卷首一卷　（清）顧嗣立輯　清康熙長洲顧氏秀野草堂刻本　四十冊　缺二卷(安南集、寒拾里人稾)

330000 – 1741 – 0004558　095.1574/3140/善　經部/春秋左傳類/傳說之屬

春秋大事表五十卷讀春秋偶筆一卷輿圖一卷附錄一卷　（清）顧棟高輯　清乾隆十三年至十四年(1748－1749)錫山顧氏萬卷樓刻本　二十冊　缺一卷(輿圖)

330000 – 1741 – 0004559　095.1574/2140/C1/善　經部/春秋左傳類/傳說之屬

春秋大事表五十卷讀春秋偶筆一卷輿圖一卷附錄一卷　（清)顧棟高輯　清乾隆十三年至十四年(1748－1749)錫山顧氏萬卷樓刻本　十六冊

330000 – 1741 – 0004560　善 2/010　史部/紀傳類/正史之屬

漢書一百卷　（漢）班固撰　（唐）顏師古注　宋刻元明遞修本(卷一至五配抄本)　六十冊

330000 – 1741 – 0004561　善 2/011　史部/紀傳類/正史之屬

史漢評林二百三十卷　（明）凌稚隆輯　明萬曆烏程凌稚隆刻本　四十冊　存一百卷(漢書評林一至一百)

330000 – 1741 – 0004562　善 2/020　史部/紀傳類/正史之屬

後漢書九十卷　（南朝宋）范曄撰　（唐）李賢注　**後漢書志三十卷**　（晉）司馬彪撰　（南朝梁）劉昭注　明正統八年至十一年(1443－1446)刻本　四十冊

330000 – 1741 – 0004563　善2/021　史部/紀傳類/正史之屬

二十一史　明萬曆二十三年至三十四年(1595 – 1606)北京國子監刻本　三十冊　存一種

330000 – 1741 – 0004564　善2/025　史部/紀傳類/正史之屬

三國志六十五卷　(晉)陳壽撰　(南朝宋)裴松之注　(明)陳仁錫評　明天啓刻本　二十冊

330000 – 1741 – 0004565　善2/028　史部/紀傳類/正史之屬

晉書一百三十卷　(唐)房玄齡等撰　(唐)何超音義　(明)鍾人傑輯評　明鍾人傑刻本二十冊

330000 – 1741 – 0004566　善2/030　史部/紀傳類/正史之屬

十七史　(明)毛晉編　明崇禎元年至十七年(1628 – 1644)毛氏汲古閣刻本　二十四冊存一種

330000 – 1741 – 0004567　善2/026　史部/紀傳類/正史之屬

三國志六十五卷　(晉)陳壽撰　(南朝宋)裴松之注　清同治六年(1867)金陵書局木活字印本　屈燨過錄清趙一清補注　二十冊

330000 – 1741 – 0004568　善2/033　史部/紀傳類/正史之屬

二十一史　明刻明清遞修本　二十四冊　存一種

330000 – 1741 – 0004569　善2/029　史部/紀傳類/正史之屬

二十一史　明萬曆二十三年至三十四年(1595 – 1606)北京國子監刻本　十六冊　存一種

330000 – 1741 – 0004570　善2/037　史部/紀傳類/正史之屬

二十一史　明萬曆二十三年至三十四年(1595 – 1606)北京國子監刻本　十冊　存一種

330000 – 1741 – 0004571　善2/038　史部/紀傳類/正史之屬

二十一史　明萬曆二十三年至三十四年(1595 – 1606)北京國子監刻清康熙二十五年(1686)重修本　十冊　存一種

330000 – 1741 – 0004572　善2/040　史部/紀傳類/正史之屬

二十一史　明刻明清遞修本　八冊　存一種

330000 – 1741 – 0004573　善2/041　史部/紀傳類/正史之屬

十七史　(明)毛晉編　明崇禎元年至十七年(1628 – 1644)毛氏汲古閣刻本　六冊　存一種

330000 – 1741 – 0004574　善2/034　史部/紀傳類/正史之屬

二十一史　明刻明清遞修本　二十四冊　存一種

330000 – 1741 – 0004575　善3/053　子部/儒家類/儒學之屬/性理

慈溪黃氏日抄分類八十八卷　(宋)黃震撰　清乾隆木活字印本(卷八十一原缺、卷四十三配抄本)　八十冊　存八十七卷(一至八十、八十二至八十八)

330000 – 1741 – 0004576　善3/030、善3/031　類叢部/叢書類/彙編之屬

漢魏叢書三十八種　(明)程榮編　明萬曆二十年(1592)新安程氏刻本　四冊　存二種

330000 – 1741 – 0004577　善3/022　子部/儒家類/儒學之屬/經濟

劉氏二書三十卷　(漢)劉向撰　明萬曆四年(1576)刻本　六冊　存二十卷(劉向說苑一至二十)

330000 – 1741 – 0004578　善3/041　子部/儒家類/儒學之屬/性理

橫渠經學理窟五卷　(宋)張載撰　明萬曆二十年(1592)李楨刻本　清昭溪居士圈點並題記　二冊

330000 - 1741 - 0004579　善 3/025　子部/
叢編

六子書　（明）顧春編　明嘉靖十二年（1533）
吳郡顧氏世德堂刻本　三冊　存一種

330000 - 1741 - 0004580　善 3/053A　子部/
儒家類/儒學之屬/性理

慈溪黃氏日抄分類九十七卷古今紀要十九卷
　（宋）黃震撰　清乾隆三十二年（1767）新安
汪佩鍔刻芸暉閣印本（卷八十一、八十九、九
十二原缺）　三十二冊

330000 - 1741 - 0004581　善 3/037　子部/儒
家類/儒學之屬/禮教/家訓

家範十卷　（宋）司馬光撰　明天啓六年
（1626）司馬露等刻本　四冊

330000 - 1741 - 0004582　善 3/032A　子部/
儒家類/儒學之屬

申鑒札記一卷中論札記一卷　（清）錢培名撰
　清瑞安孫氏玉海樓抄本　清孫詒讓題記並
題簽　一冊

330000 - 1741 - 0004584　善 3/026　子部/雜
著類/雜說之屬

白虎通德論二卷　（漢）班固撰　明刻本
二冊

330000 - 1741 - 0004585　善 3/026A　類叢
部/叢書類/彙編之屬

漢魏叢書三十八種　（明）程榮編　明萬曆二
十年（1592）新安程氏刻本　一冊　存一種

330000 - 1741 - 0004586　善 3/033　類叢部/
叢書類/彙編之屬

秘書九種　（明）鍾惺編　明萬曆刻本　二冊
　存一種

330000 - 1741 - 0004587　善 3/034　子部/儒
家類/儒學之屬

傅子一卷　（晉）傅玄撰　清瑞安孫氏玉海樓
抄本　清孫詒讓批校並題簽　一冊

330000 - 1741 - 0004588　善 3/055　子部/儒
家類/儒學之屬/性理

性理會通七十卷續編四十二卷　（明）鍾人傑

輯　明崇禎七年（1634）鍾人傑刻本　二十
四冊

330000 - 1741 - 0004589　善 3/049A　子部/
儒家類/儒學之屬/性理

近思錄集解十四卷　（宋）葉采撰　清乾隆刻
本　四冊

330000 - 1741 - 0004590　善 3/040　子部/儒
家類/儒學之屬

合刻周張兩先生全書　（明）徐必達編　明萬
曆三十四年（1606）徐必達刻本　六冊　存
一種

330000 - 1741 - 0004591　善 3/027　子部/雜
著類/雜說之屬

白虎通四卷　（漢）班固等撰　**白虎通義考一
卷**　（清）莊述祖撰　**白虎通闕文一卷**　（清）
莊述祖輯　（清）盧文弨訂　**白虎通校勘補遺
一卷**　（清）盧文弨撰　清乾隆四十九年
（1784）餘姚盧氏抱經堂刻抱經堂叢書本　清
孫詒讓批校並跋　二冊

330000　1741 - 0004592　善 3/056　子部/儒
家類/儒學之屬/性理

薛文清公讀書全錄類編二十卷　（明）薛瑄撰
　（明）侯鶴齡輯　明萬曆四十二年（1614）張
銓刻本　八冊

330000 - 1741 - 0004593　善 3/036　子部/
叢編

六子書　（明）顧春編　明嘉靖十二年（1533）
吳郡顧氏世德堂刻本　二冊　存一種

330000 - 1741 - 0004594　善 3/028　子部/雜
著類/雜說之屬

白虎通四卷　（漢）班固等撰　**白虎通義考一
卷**　（清）莊述祖撰　**白虎通闕文一卷**　（清）
莊述祖輯　（清）盧文弨訂　**白虎通校勘補遺
一卷**　（清）盧文弨撰　清乾隆四十九年
（1784）餘姚盧氏抱經堂刻抱經堂叢書本　清
孫詒讓校並跋　二冊

330000 - 1741 - 0004595　善 3/051A　子部/
儒家類/儒學之屬/性理

北溪先生字義二卷補遺一卷附嚴陵講義一卷
附一卷　(宋)陳淳撰　清乾隆八年(1743)仁
和江氏保陽官舍刻本　二冊

330000－1741－0004596　善3/029　類叢部/
叢書類/彙編之屬

抱經堂叢書十六種　(清)盧文弨編　清乾隆
至嘉慶刻彙印本　三冊　存一種

330000－1741－0004597　善3/065　子部/儒
家類/儒學之屬/性理

性理標題綜要二十二卷　(明)詹淮撰　(明)
陳仁錫訂正　明崇禎刻本　二十四冊

330000－1741－0004598　善3/062A　類叢
部/叢書類/彙編之屬

正誼堂叢書五十五種　(清)張伯行編　清康
熙至雍正正誼堂刻本　二冊　存一種

330000－1741－0004599　善3/064A　子部/
儒家類/儒學之屬

儒宗理要二十九卷　(清)張能麟編　清順治
十五年(1658)刻本　十冊　缺一卷(朱子五)

330000－1741－0004600　善3/051　子部/儒
家類/儒學之屬/性理

潛室陳先生木鍾集十一卷　(宋)陳埴撰　明
弘治十四年(1501)鄧淮、高賓刻本　三冊
缺一卷(一)

330000－1741－0004601　善3/061　子部/儒
家類/儒學之屬

正蒙會稿四卷　(明)劉璣撰　明正德十五年
(1520)祝壽、武雷等刻嘉靖十一年(1532)印
本　四冊

330000－1741－0004602　善3/048　子部/儒
家類/儒學之屬/性理

淵鑒齋御纂朱子全書六十六卷　(宋)朱熹撰
(清)李光地等輯　清康熙五十三年(1714)
武英殿刻本　十冊　存十九卷(七至二十五)

330000－1741－0004603　善3/048A　子部/
儒家類/儒學之屬/性理

淵鑒齋御纂朱子全書六十六卷　(宋)朱熹撰
(清)李光地等輯　清康熙至雍正刻本　三

十冊

330000－1741－0004604　善3/063　子部/儒
家類/儒學之屬/性理

翠娛閣增訂宗方城先生性理抄八卷　(明)宗
臣輯　(明)陸雲龍增補　明崇禎八年(1635)
陸雲龍刻本　八冊

330000－1741－0004605　善3/052　子部/儒
家類/儒學之屬/禮教/鑑戒

東宮備覽六卷　(宋)陳模撰　清嘉慶六年
(1801)瀏陽趙嘉程抄本　二冊

330000－1741－0004606　善3/060　子部/儒
家類/儒學之屬/經濟

大學衍義補一百六十卷首一卷　(明)丘濬撰
明嘉靖三十八年(1559)吉澄刻本　陶在東
跋　六十四冊

330000－1741－0004607　善3/066　子部/儒
家類/儒學之屬/經濟

御製資政要覽三卷　(清)世祖福臨輯　資政
要覽後序一卷　(清)宋之繩撰　清順治十二
年(1655)內府刻本　十冊

330000－1741－0004608　綫127.1/4094　子
部/儒家類/儒學之屬/性理

御纂性理精義十二卷　(清)李光地等纂修
清刻本　六冊

330000－1741－0004609　善3/064　子部/儒
家類/儒家之屬

儒宗約旨十卷　(明)俞廷佐編　明萬曆二十
八年(1600)刻本　六冊

330000－1741－0004610　善3/076　子部/
叢編

六子書　(明)顧春編　明桐蔭書屋刻本　二
冊　存一種

330000－1741－0004611　善3/067A　類叢
部/叢書類/自著之屬

澄懷園全集四種　(清)張廷玉撰　清乾隆刻
彙印本　二冊　存一種

330000－1741－0004612　善3/066A　子部/

儒家類/儒學之屬/俗訓

日知薈說四卷 （清）高宗弘曆撰　清乾隆元年(1736)刻本　四冊

330000－1741－0004613　善3/082　子部/道家類

南華真經副墨八卷讀南華真經雜說一卷
（明）陸西星撰　明萬曆六年(1578)李齊芳刻本　八冊

330000－1741－0004614　善3/075　子部/雜家類

鶡子一卷　題(戰國)鶡熊撰　（唐）逢行珪注　清光緒玉海樓抄本　一冊

330000－1741－0004615　善3/077A　子部/道家類

老子道德經攷異二卷　（清）畢沅撰　清抄本　一冊

330000－1741－0004616　善3/082A　子部/道家類

莊子獨見三十三卷　（清）胡文英撰　清乾隆十七年(1752)文淵堂刻本　六冊

330000－1741－0004617　善3/079　子部/道家類

莊子十卷　（晉）郭象注　（唐）陸德明音義　清光緒二年(1876)浙江書局刻二十二子本　清孫詒讓校　四冊

330000－1741－0004618　善3/082Z　子部/道家類

鍥南華真經三註大全二十一卷　（明）陳懿典輯　明萬曆二十一年(1593)閩書林余氏自新齋刻本　六冊

330000－1741－0004619　善3/081　子部/道家類

鬳齋三子口義三種二十一卷　（宋）林希逸撰　明萬曆二年(1574)施觀民刻本　八冊　存一種

330000－1741－0004620　善3/080　子部/叢編

六子書　（明）顧春編　明桐蔭書屋刻本　六冊　存一種

330000－1741－0004621　善3/082B　子部/道家類

莊子獨見三十三卷　（清）胡文英撰　清乾隆十七年(1752)聚文堂刻本　四冊　存十七卷（一至十七）

330000－1741－0004623　善3/082C　子部/道家類

老莊郭注會解九卷首一卷　（明）潘基慶撰　明萬曆刻本　四冊　存八卷(首、南華經一至七)

330000－1741－0004624　善3/086　子部/叢編

十子全書　（清）王子興編　清嘉慶九年(1804)姑蘇王氏聚文堂刻本　一冊　存一種

330000－1741－0004625　善4/307　集部/別集類/明別集

文清公薛先生文集二十四卷行實錄五卷
（明）薛瑄撰　（明）張鼎編　清雍正十二年(1734)河東薛氏刻本　十六冊

330000－1741－0004626　善3/087　子部/宗教類/道教之屬/雜著

抱朴子内篇二十卷　（晉）葛洪撰　清嘉慶十八年(1813)金陵道署刻平津館叢書本　清陳桂廎批校　二冊

330000－1741－0004627　善3/078　子部/道家類

道德經校勘記一卷　（清）魏錫曾撰　清同治十年(1871)瑞安孫氏玉海樓抄本　清孫詒讓題記　一冊

330000－1741－0004628　善3/088　子部/叢編

合諸名家批點諸子全書三十三種　（明）□□編　明天啓武林刻本　一冊　存一種

330000－1741－0004629　善3/086A　子部/道家類

列子八卷　（晉）張湛注　（唐）殷敬順釋文　清光緒二年(1876)浙江書局刻二十二子本

清孫詒讓批　二冊

330000－1741－0004631　善3/090A　子部/宗教類/道教之屬

養真集二卷　題養真子撰　（清）王士端注
清抄本　二冊

330000－1741－0004632　善3/085　子部/道家類

列子沖虛真經一卷　列子沖虛真經音義一卷
（唐）陸德明撰　明末刻本　二冊

330000－1741－0004633　善2/045　史部/紀傳類/正史之屬

二十一史　明刻明清遞修本　十二冊　存一種

330000－1741－0004634　善2/049　史部/紀傳類/正史之屬

二十一史　明萬曆二十三年至三十四年（1595－1606）北京國子監刻本　二十四冊存一種

330000－1741－0004635　善2/050　史部/紀傳類/正史之屬

二十一史　明刻明清遞修本　二十四冊　存一種

330000－1741－0004636　善2/046　史部/紀傳類/正史之屬

二十一史　明萬曆二十三年至三十四年（1595－1606）北京國子監刻清康熙二十五年（1686）重修本　六冊　存一種

330000－1741－0004637　善2/052　史部/紀傳類/正史之屬

二十一史　明萬曆二十三年至三十四年（1595－1606）北京國子監刻本　八冊　存一種

330000－1741－0004638　善2/053　史部/紀傳類/正史之屬

十七史　（明）毛晉編　明崇禎元年至十七年（1628－1644）毛氏汲古閣刻本　八冊　存一種

330000－1741－0004639　善2/060　史部/紀傳類/正史之屬

二十一史　明刻明清遞修本　三十二冊　存一種

330000－1741－0004640　善2/056　史部/紀傳類/正史之屬

二十一史　明刻明清遞修本　八冊　存一種

330000－1741－0004641　善5/006B　類叢部/叢書類/彙編之屬

莊騷合刻二種　（清）曹同春輯　清康熙二十八年至二十九年（1689－1690）曹同春刻曹家擁重修文粹堂印本　四冊

330000－1741－0004642　善2/065　史部/紀傳類/正史之屬

二十一史　明刻明清遞修本　二十冊　存一種

330000－1741－0004643　善2/061　史部/紀傳類/正史之屬

二十一史　明刻明清遞修本　二十冊　存一種

330000－1741－0004644　善2/057　史部/紀傳類/正史之屬

二十一史　明刻明清遞修本　八冊　存一種

330000－1741－0004645　善2/066　史部/紀傳類/正史之屬

南史八十卷　（唐）李延壽撰　明崇禎十三年（1640）毛氏汲古閣刻十七史本　清張世準識　十六冊

330000－1741－0004646　善2/068　史部/紀傳類/正史之屬

二十一史　明刻明清遞修本　三十冊　存一種

330000－1741－0004647　善2/073　史部/紀傳類/正史之屬

二十一史　明萬曆二十三年至三十四年（1595－1606）北京國子監刻本　五十二冊存一種

330000－1741－0004648　善2/069　史部/紀傳類/正史之屬

二十一史　明刻明清遞修本　三十冊　存一種

330000－1741－0004649　善2/076　史部/紀傳類/正史之屬

二十一史　明刻明清遞修本　十二冊　存一種

330000－1741－0004650　善2/078　史部/紀傳類/正史之屬

宋史四百九十六卷目錄三卷　（元）脫脫等撰　明成化七年至十六年(1471－1480)朱英刻嘉靖南京國子監重修本　二百冊　存四百九十六卷(一至四百九十六)

330000－1741－0004651　善2/080　史部/紀傳類/正史之屬

二十一史　明刻明清遞修本　十四冊　存一種

330000－1741－0004652　善2/082　史部/紀傳類/正史之屬

二十一史　明萬曆二十三年至三十四年(1595－1606)北京國子監刻崇禎重修本　七冊　存一種

330000－1741－0004653　善2/081　史部/紀傳類/正史之屬

二十一史　明刻明清遞修本　八冊　存一種

330000－1741－0004654　善2/062　史部/紀傳類/正史之屬

二十一史　明刻明清遞修本　二十冊　存一種

330000－1741－0004655　善2/085　史部/紀傳類/正史之屬

二十一史　明刻明清遞修本　二十冊　存一種

330000－1741－0004656　善2/087　史部/紀傳類/正史之屬

二十一史　明萬曆二十三年至三十四年(1595－1606)北京國子監刻　十五冊　存一種

330000－1741－0004657　善2/086　史部/紀傳類/正史之屬

二十一史　明刻明清遞修本（金史卷二十四至二十六配明萬曆三十四年北京國子監刻本）　二十四冊　存一種

330000－1741－0004658　善2/090　史部/紀傳類/正史之屬

二十一史　明萬曆二十三年至三十四年(1595－1606)北京國子監刻崇禎重修本　二十六冊　存一種

330000－1741－0004659　善2/096　類叢部/叢書類/自著之屬

西堂全集四種附一種　（清）尤侗撰　清康熙刻本　四冊　存一種

330000－1741－0004660　善2/091　史部/紀傳類/正史之屬

二十一史　明萬曆二十三年至三十四年(1595－1606)北京國子監刻崇禎重修本　二十六冊　存一種

330000－1741－0004663　善2/273　史部/傳記類/總傳之屬/仕宦

歷代相臣傳一百六十八卷　（明）魏顯國撰　明萬曆三十四年(1606)鄧以讚等刻本　二十四冊

330000－1741－0004664　善2/270　史部/傳記類/總傳之屬/斷代

春秋列傳八卷　（明）劉節撰　明萬曆十三年(1585)劉士忠大梁書院刻本　清悟阿題記　八冊

330000－1741－0004665　善2/271　史部/傳記類/總傳之屬/通代

人物概十五卷　（明）陳禹謨輯　明張之厚刻本　二冊　存八卷(一至八)

330000－1741－0004666　善2/274B　類叢部/叢書類/自著之屬

王漁洋遺書三十八種　（清）王士禛撰　清康熙刻本　四冊　存一種

330000－1741－0004667　善 2/277　史部/雜史類/斷代之屬

皇明史概一百二十一卷　（明）朱國楨輯　明崇禎刻本　十二冊　存十三卷（皇明開國臣傳一至十三）

330000－1741－0004668　善 2/275　史部/傳記類/總傳之屬/仕宦

五朝名臣言行錄前集十卷後集十四卷　（宋）朱熹輯　明刻本　清果親王跋　七冊　存十二卷（前集二至四，後集二、五至六、九至十四）

330000－1741－0004669　善 2/276　史部/傳記類/總傳之屬/郡邑

京口耆舊傳九卷　（宋）□□撰　清抄本　二冊

330000－1741－0004670　善 2/278　史部/雜史類/斷代之屬

皇明史概一百二十一卷　（明）朱國楨輯　明崇禎刻本　四冊　存六卷（皇明遜國臣傳首、一至五）

330000－1741－0004671　善 2/280　史部/傳記類/科舉錄之屬/歷科登科錄

增狀元圖考六卷　（明）顧祖訓撰　（明）吳承恩　（明）程一楨補　（清）陳枚增訂　明萬曆三十五年至三十七年（1607－1609）吳承恩、黃文德刻清初武林陳枚文治堂書坊增刻本　六冊

330000－1741－0004672　善 2/095　史部/紀傳類/正史之屬

明史藁三百十卷目錄三卷　（清）王鴻緒撰　清雍正敬慎堂刻本　八十冊

330000－1741－0004673　善 2/282A　史部/傳記類/總傳之屬/斷代

吳耿尚孔四王合傳四卷　（清）錢名世撰　清抄本　一冊

330000－1741－0004674　善 2/282　史部/傳記類/總傳之屬/仕宦

嘉靖以來首輔傳八卷　（明）王世貞撰　明萬

曆四十五年（1617）茅元儀刻本　八冊

330000－1741－0004675　善 2/092　史部/紀傳類/正史之屬

元史譯文證補三十卷　（清）洪鈞撰　清光緒二十三年（1897）陸潤庠刻本（卷七至八、十三、十六至十七、十九至二十一、二十五、二十八原缺）　屈犧跋　四冊

330000－1741－0004676　善 2/127　史部/編年類/通代之屬

通鑑直解二十八卷　（明）張居正撰　（明）鍾惺重訂　明末豹變齋刻本　十二冊

330000－1741－0004677　善 2/104　史部/編年類/通代之屬

通鑑綱目全書　明萬曆二十一年（1593）蜀藩刻本　七十八冊　存一種

330000－1741－0004678　善 2/095/C1　史部/紀傳類/正史之屬

明史藁三百十卷目錄三卷　（清）王鴻緒撰　清雍正敬慎堂刻本　六十四冊

330000－1741－0004679　善 2/108　史部/編年類/通代之屬

資治通鑑釋文三十卷　（宋）史炤撰　清抄本　六冊

330000－1741－0004680　善 2/131　史部/編年類/通代之屬

歷代帝王曆祚考八卷音釋一卷　（明）程揚撰　明崇禎刻本　四冊

330000－1741－0004681　善 2/109　類叢部/類書類/通類之屬

玉海二百卷辭學指南四卷詩攷一卷詩地理攷六卷漢藝文志攷證十卷通鑑地理通釋十四卷周書王會補注一卷漢制攷四卷踐阼篇集解一卷急就篇補注四卷小學紺珠十卷姓氏急就篇二卷六經天文編二卷周易鄭康成注一卷通鑑答問五卷　（宋）王應麟撰　元至元六年（1340）慶元路儒學刻元至正、明正德遞修本（通鑑地理通釋卷六至九配抄本）　四冊　存十四卷（通鑑地理通釋一至十四）

330000 – 1741 – 0004682　善 2/121　史部/編年類/通代之屬

通鑑綱目釋地糾謬六卷 （清）張庚撰 （清）杭世駿參訂　**通鑑綱目釋地補註六卷** （清）張庚撰 （清）徐以坤參訂　清乾隆十八年（1753）秀水張庚強恕齋刻本　二冊

330000 – 1741 – 0004683　善 2/123　史部/編年類/通代之屬

資治歷朝紀政綱目前編八卷正編四十卷續編二十六卷 （明）黃洪憲編纂 （明）許順義注補　明萬曆建陽余彰德刻本　三十一冊

330000 – 1741 – 0004684　善 2/116　史部/編年類/通代之屬

宋元通鑑一百五十七卷 （明）薛應旂撰 （明）陳仁錫評　明天啓六年（1626）長洲陳仁錫刻本　二十二冊

330000 – 1741 – 0004685　善 2/110　史部/編年類/通代之屬

通鑑綱目全書 明嘉靖三十九年（1560）書林楊氏歸仁齋刻本　十五冊　存二種

330000 – 1741 – 0004686　善 2/122　史部/編年類/通代之屬

新刻九我李太史編纂古本歷史大方綱鑑三十九卷首一卷 （明）李廷機輯　明萬曆二十八年（1600）建邑書林余象斗雙峰堂刻本　雪水惜花史題記　二十冊

330000 – 1741 – 0004687　善 2/117　史部/編年類/通代之屬

續資治通鑑綱目二十七卷 （明）商輅等撰　明成化十二年（1476）內府刻本　十四冊

330000 – 1741 – 0004688　善 2/118　史部/編年類/通代之屬

通鑑綱目全書 明萬曆二十一年（1593）蜀藩刻本　二十七冊　存一種

330000 – 1741 – 0004689　善 2/126　史部/編年類/通代之屬

歷代通鑑纂要九十二卷 （明）李東陽 （明）劉機等撰　明正德二年（1507）內府刻本　六十冊

330000 – 1741 – 0004690　善 2/128　史部/編年類/通代之屬

通鑑箋註七十二卷 （明）王世貞輯 （明）汪明際評 （明）鍾人傑箋注　明崇禎二年（1629）刻本（卷四十二至四十五配清抄本）清高擴跋　三十二冊

330000 – 1741 – 0004691　善 2/129　史部/編年類/通代之屬

宋元資治通鑑六十四卷 （明）王宗沐撰　明末刻本　六十四冊

330000 – 1741 – 0004692　善 2/132　史部/編年類/通代之屬

鼎鍥葉太史彙纂玉堂鑑綱七十二卷 （明）葉向高彙纂 （明）李京訂義　明萬曆書林種德堂熊成冶刻本　三十六冊

330000 – 1741 – 0004693　善 2/137、善 2/141　史部/編年類/斷代之屬

兩漢紀六十卷 （宋）王銍輯　**兩漢紀字句異同考一卷** （清）蔣國祚撰　清康熙三十五年（1696）襄平蔣氏刻乾隆重修本　十六冊

330000 – 1741 – 0004694　善 2/133　史部/編年類/通代之屬

統系備覽一卷 清乾隆抄本　一冊

330000 – 1741 – 0004695　善 2/151　史部/編年類/斷代之屬

皇明資治通紀三十卷 （明）陳建撰 （明）岳元聲訂　明刻本　十六冊

330000 – 1741 – 0004696　善 2/148　史部/編年類/斷代之屬

皇朝傳信錄十卷 （宋）鮮于綽撰　清抄本　一冊

330000 – 1741 – 0004697　善 2/155A　史部/編年類/斷代之屬

重鍥朱青巖先生擬編明紀輯畧十六卷 （清）朱璘撰　清康熙刻本　八冊

330000 – 1741 – 0004698　善 2/152　史部/編

年類/斷代之屬

御撰資治通鑑綱目三編不分卷 （清）張廷玉
等撰　清抄本　六冊

330000 – 1741 – 0004699　善2/144　史部/編
年類/斷代之屬

袁宏後漢紀補證三十卷 （清）王紹蘭撰　稿
本　一冊　存一卷(七)

330000 – 1741 – 0004700　善2/150　史部/編
年類/斷代之屬

憲章錄四十六卷 （明）薛應旂撰　明萬曆二
年(1574)陸光宅刻本　二十二冊

330000 – 1741 – 0004701　善2/161　史部/紀
事本末類/斷代之屬

三朝北盟會編二百五十卷 （宋）徐夢莘撰
清抄本　四十二冊

330000 – 1741 – 0004704　善2/166　史部/紀
傳類/別史之屬

東都事略一百三十卷 （宋）王偁撰　清寶華
堂刻本　八冊

330000 – 1741 – 0004706　善2/168　史部/紀
傳類/別史之屬

弘簡錄二百五十四卷 （明）邵經邦撰　**續弘
簡錄元史類編四十二卷** （清）邵遠平撰　清
康熙刻本　七十冊

330000 – 1741 – 0004707　善2/187　史部/史
抄類

戰國策纂四卷 （明）張榜輯　明刻本　四冊

330000 – 1741 – 0004708　善2/170　史部/雜
史類/斷代之屬

皇明史概一百二十一卷 （明）朱國楨輯　明
崇禎刻本　四十冊　存四十七卷(皇明大事
記一至四十二、四十四、四十六至四十七、四
十九至五十)

330000 – 1741 – 0004709　善2/165A　類叢
部/叢書類/自著之屬

樹經堂集三種 （清）謝啟昆撰　清乾隆至嘉
慶刻本　十冊　存一種

330000 – 1741 – 0004710　善2/178　史部/雜
史類/斷代之屬

國語二十一卷 （三國吳）韋昭注　明嘉靖七
年(1528)金李澤遠堂刻本　八冊

330000 – 1741 – 0004711　善2/183　史部/雜
史類/斷代之屬

鮑氏國策十卷 （宋）鮑彪校注　明嘉靖三十
一年(1552)杜詩刻本　八冊

330000 – 1741 – 0004712　善2/184　史部/雜
史類/斷代之屬

鮑氏國策十卷 （宋）鮑彪校注　明嘉靖刻本
八冊

330000 – 1741 – 0004713　善2/179　史部/雜
史類/斷代之屬

國語二十一卷 （明）陳仁錫 （明）鍾惺評
明崇禎刻本　八冊

330000 – 1741 – 0004714　善2/180　類叢部/
叢書類/彙編之屬

士禮居叢書二十種 （清）黃丕烈編　清嘉慶
至道光黃氏士禮居刻本　二冊　存一種

330000 – 1741 – 0004715　善2/203　史部/雜
史類/斷代之屬

弇州史料前集三十卷後集七十卷 （明）王世
貞撰 （明）董復表輯　明萬曆四十二年
(1614)楊鶴等刻本(前集卷十五至十七、二十
二至二十六配抄本)　八冊　存三十卷(前集
一至三十)

330000 – 1741 – 0004716　善2/185　史部/雜
史類/斷代之屬

戰國策十卷 （宋）鮑彪校注 （元）吳師道補
正　明刻本　十六冊

330000 – 1741 – 0004717　善2/186　史部/雜
史類/斷代之屬

戰國策譚棷十卷 （宋）鮑彪校注 （元）吳師
道補正 （明）張文爟集評　附錄一卷 （明）
張文爟輯　明萬曆刻本　七冊

330000 – 1741 – 0004718　善2/202　史部/雜
史類/斷代之屬

弇山堂別集一百卷　（明）王世貞撰　明萬曆十八年（1590）金陵刻本　四十八冊

330000－1741－0004719　善2/188　史部/雜史類/斷代之屬

戰國策釋地二卷　（清）張琦撰　清抄本　二冊　存一卷（一）

330000－1741－0004720　善2/190　史部/史表類/斷代之屬

春秋勝薛杞越莒邾許七國統表六卷　（清）魏翼龍撰　清抄本　二冊

330000－1741－0004721　善2/203A　史部/地理類/山川之屬/山志

黃山志定本七卷首一卷　（清）閔麟嗣撰　清康熙十八年（1679）刻本　六冊　缺一卷（七）

330000－1741－0004722　善2/190A　類叢部/叢書類/彙編之屬

武英殿聚珍版書一百三十八種　清乾隆武英殿木活字印本　一冊　存一種

330000－1741－0004723　善2/193　史部/雜史類/斷代之屬

隆平集二十卷　（宋）曾鞏撰　清康熙四十年（1701）南豐彭氏七業堂刻本　八冊

330000－1741－0004724　善2/191　史部/雜史類/通代之屬

重訂路史全本四十七卷　（宋）羅泌撰　（宋）羅苹注　（明）吳弘基等重編　清嘉慶六年（1801）酉山堂刻本　二十四冊

330000－1741－0004725　善2/204　史部/雜史類/斷代之屬

三朝要典二十四卷原始一卷　（明）顧秉謙（明）徐紹言等纂修　清光緒二十七年（1901）常熟周大輔郙公鍾室抄本　清周大輔過錄清丁丙跋　清周大輔題記並校　十冊

330000－1741－0004726　善2/195　類叢部/叢書類/彙編之屬

古今說海一百三十五種　（明）陸楫等編　明嘉靖二十三年（1544）陸楫儼山書院、雲山書院刻本　一冊　存一種

330000－1741－0004727　善2/196　史部/雜史類/斷代之屬

建炎維揚遺録一卷　（宋）□□撰　清倪模大雷岸經鋤堂抄本　一冊

330000－1741－0004728　善2/194　史部/雜史類/斷代之屬

北狩聞見録一卷　（宋）曹勛撰　北狩行録一卷　（宋）蔡儵撰　清吳氏瓶花齋抄本　一冊

330000－1741－0004730　善2/206　史部/雜史類/斷代之屬

明季北略二十四卷　（清）計六奇撰　清初抄本　十冊

330000－1741－0004731　善2/227　史部/紀傳類/別史之屬

南唐書十八卷　（宋）陸游撰　南唐書音釋一卷　（元）戚光撰　明天啓三年（1623）鮑山刻本　四冊

330000－1741－0004732　善2/211　史部/紀事本末類/斷代之屬

綏寇紀畧十二卷補遺三卷　（清）吳偉業撰　清抄本　八冊

330000－1741－0004733　善2/207　史部/雜史類/斷代之屬

明季南畧十六卷　（清）計六奇撰　清初抄本　八冊

330000－1741－0004734　善2/208　史部/雜史類/斷代之屬

明季實録四卷　（清）顧炎武輯　清抄本　四冊

330000－1741－0004735　善2/220　史部/雜史類/斷代之屬

吳越春秋十卷　（漢）趙曄撰　（宋）徐天祐音注　明萬曆十四年（1586）武林馮念祖臥龍山房刻本　二冊

330000－1741－0004736　善2/210　史部/雜史類/斷代之屬

靖海志四卷　（清）彭孫貽撰　（清）李延昰續補　清抄本　四冊

330000－1741－0004737　善2/209　史部/雜史類/斷代之屬

甲申朝事小紀初編八卷二編八卷三編八卷四編八卷五編八卷　（清）抱陽生輯　清靖樂軒抄本　五冊　存十卷（初編七至八、二編三至八、三編一至二）

330000－1741－0004738　善2/212　史部/紀事本末類/斷代之屬

綏寇紀略補遺不分卷　（清）吳偉業撰　清抄本　一冊

330000－1741－0004739　善2/214　史部/雜史類/斷代之屬

庚癸紀畧二卷續編一卷　（清）倦圃野老輯稿本　一冊

330000－1741－0004740　善2/213　史部/雜史類/斷代之屬

雲龍州白楊廠漢回聚眾械鬭紀實四卷　清抄本　四冊

330000－1741－0004743　善2/222　史部/載記類

江南野史十卷　（宋）龍袞撰　清抄本　二冊

330000－1741－0004744　善2/221A　史部/雜史類

十六國春秋一百卷　（北魏）崔鴻撰　清乾隆三十九年（1774）汪氏欣託山房刻四十六年（1781）印本　二十四冊

330000－1741－0004745　善2/223　史部/載記類

南唐書三十卷　（宋）馬令撰　明末刻本　六冊

330000－1741－0004746　善2/197　史部/雜史類

宋遼金元別史（四朝別史）五種　（清）席世臣輯　清乾隆至嘉慶南沙席氏掃葉山房刻本（卷二十二至三十一配抄本）　九冊　存一種

330000－1741－0004747　善2/198　史部/雜史類/斷代之屬

金國南遷錄一卷　題（金）張師顏撰　清乾隆

三十二年（1767）綠滿山房主人抄本　蕭應椿批校並題記　一冊

330000－1741－0004748　善2/199　史部/地理類/專志之屬/宮殿

故宮遺錄一卷　（明）蕭洵撰　清大雷岸經鋤堂抄本　鐵盒跋　一冊

330000－1741－0004750　善2/201　史部/雜史類/斷代之屬

吾學編六十九卷　（明）鄭曉撰　明隆慶元年（1567）鄭履淳刻本　覺明記　二冊　存二卷（皇明四夷考一至二）

330000－1741－0004751　善2/243　史部/詔令奏議類/奏議之屬

疏稿六卷書牘五卷　（明）熊廷弼撰　明末汪脩能刻本　四冊　存二卷（疏稿一至二）

330000－1741－0004752　善2/224　類叢部/叢書類/彙編之屬

祕冊彙函二十四種　（明）沈士龍　（明）胡震亨輯　明萬曆刻本　四冊　存一種

330000－1741－0004753　善2/244　史部/詔令奏議類/奏議之屬

顧用方奏稿不分卷　（清）顧琮撰　清乾隆抄本　八冊

330000－1741－0004754　善2/245　史部/詔令奏議類/奏議之屬

剿平陝甘回匪彙編四卷　（清）林壽圖等撰　清味經書屋抄本　四冊

330000－1741－0004755　善2/225　類叢部/叢書類/自著之屬

陸放翁全集六種　（宋）陸游撰　明末海虞毛氏汲古閣刻清初毛扆增刻彙印本　三冊　存三種

330000－1741－0004756　善2/226　類叢部/叢書類/自著之屬

陸放翁全集六種　（宋）陸游撰　明末海虞毛氏汲古閣刻清初毛扆增刻彙印本　六冊　存三種

330000－1741－0004757　善2/246　史部/詔令奏議類/奏議之屬

蔣京兆奏議一卷　（清）蔣琦齡撰　清抄本　一冊

330000－1741－0004759　善2/232　集部/別集類/唐五代別集

唐陸宣公集二十二卷　（唐）陸贄撰　明萬曆三十四年(1606)吳繼武光裕堂刻本　三冊

330000－1741－0004762　善2/235　史部/詔令奏議類/奏議之屬

孝肅包公奏議十卷　（宋）包拯撰　清道光十四年(1834)潤州問經堂木活字印本　六冊

330000－1741－0004763　善2/236　史部/詔令奏議類/奏議之屬

蘇東坡先生上神宗皇帝書一卷　（宋）蘇軾撰　（清）蔡焯注　清乾隆十一年(1746)蔡氏東山書屋刻本　一冊

330000－1741－0004764　善2/237　史部/詔令奏議類/奏議之屬

宋丞相李忠定公奏議六十九卷附錄九卷　（宋）李綱撰　明正德十一年(1516)胡文靜、蕭泮刻本　八冊

330000－1741－0004765　善2/239　史部/詔令奏議類/奏議之屬

南宮奏議三十卷歷官表奏十六卷　（明）嚴嵩撰　清木活字印本　六冊　存三十卷(南宮奏議一至三十)

330000－1741－0004766　善2/238　史部/詔令奏議類/奏議之屬

宋丞相李忠定公奏議六十九卷附錄九卷　（宋）李綱撰　明正德十一年(1516)胡文靜、蕭泮刻天啓重修本　六冊

330000－1741－0004768　善2/242　史部/詔令奏議類/奏議之屬

靳文襄公奏疏八卷　（清）靳輔撰　清穆治豫刻本　十六冊

330000－1741－0004769　善2/242B　史部/雜史類/斷代之屬

經略洪承疇奏對筆記二卷　（清）洪承疇撰　清抄本　二冊

330000－1741－0004770　善2/247　史部/詔令奏議類/奏議之屬

退圃主人奏議鈔存一卷壽萱堂奏議一卷津通鐵路奏議鈔存一卷　（清）王文韶撰　清光緒抄本　九冊

330000－1741－0004771　善2/242C　史部/詔令奏議類/奏議之屬

盛宣懷奏稿一卷　盛宣懷撰　清光緒抄本　一冊

330000－1741－0004772　善2/242D　史部/政書類

擬上皇帝書一卷　嚴復撰　清丙午閣抄本　一冊

330000－1741－0004774　善2/249　史部/詔令奏議類/奏議之屬

雜事聞見錄一卷　（清）殷兆鏞　（清）僧格林沁撰　清抄本　一冊

330000－1741－0004775　善2/248　集部/別集類/清別集

滇省十不平論不分卷附往來函牘不分卷　（清）岑毓英等撰　清抄本　一冊

330000－1741－0004776　善2/250　史部/詔令奏議類/奏議之屬

嚴禁鴉片煙奏稿一卷　（清）黃爵滋等撰　清抄本　一冊

330000－1741－0004777　善2/251　史部/詔令奏議類/奏議之屬

岑春煊奏稿不分卷　（清）岑春煊撰　稿本　二冊

330000－1741－0004779　善2/240　史部/詔令奏議類/奏議之屬

朱文懿公奏疏十二卷茶史一卷　（明）朱賡撰　清乾隆至嘉慶朱繼相刻本　十二冊

330000－1741－0004780　善2/283　史部/傳記類/總傳之屬

東嘉先哲録二十卷　（明）王朝佐撰　清影明抄本　清孫詒讓批校　四冊

330000－1741－0004781　善2/284　史部/傳記類/總傳之屬/仕宦

史外八卷　（清）汪有典撰　清同治三年(1864)廬陵尋樂山房刻本　郭象升題記　八冊

330000－1741－0004782　善2/252　史部/詔令奏議類/奏議之屬

歷代名臣奏議三百五十卷　（明）黃淮　（明）楊士奇等輯　明永樂內府刻本　一百五十冊

330000－1741－0004783　善2/285　史部/傳記類/總傳之屬/通代

鏡古録八卷　（明）毛調元撰　明萬曆四十四年(1616)紫陽書院刻本　十二冊

330000－1741－0004784　善2/256　史部/詔令奏議類/奏議之屬

荆川先生右編四十卷　（明）唐順之輯　（明）劉曰寧補　明萬曆三十三年(1605)南京國子監刻本　三十二冊

330000－1741－0004785　善2/253　史部/詔令奏議類/奏議之屬

歷代名臣奏議三百五十卷　（明）黃淮　（明）楊士奇輯　（明）張溥刪正　明崇禎東觀閣刻本　四十八冊

330000－1741－0004786　善2/295　史部/傳記類/別傳之屬

東坡烏臺詩案一卷　（宋）朋九萬撰　清抄本　一冊

330000－1741－0004787　善2/257　史部/詔令奏議類/奏議之屬

皇明奏議選十六卷備選一卷　（明）秦駿生輯　明崇禎馮閣閣刻本　十冊

330000－1741－0004788　善2/290　史部/傳記類/別傳之屬/事狀

東家雜記二卷　（宋）孔傳撰　清抄本　二冊

330000－1741－0004789　善2/291　史部/傳

記類/總傳之屬/隱逸

紹陶錄二卷　（宋）王質撰　清抄本　繆荃孫校　一冊

330000－1741－0004790　善2/292　史部/傳記類/別傳之屬/事狀

安祿山事蹟三卷　（唐）姚汝能撰　清抄本　三冊

330000－1741－0004791　善2/296　史部/傳記類/別傳之屬/事狀

米襄陽志林十三卷　（明）范明泰輯　米襄陽遺集一卷海嶽名言一卷寶章待訪錄一卷研史一卷　（宋）米芾撰　（明）范明泰輯　明萬曆三十二年(1604)范氏清宛堂刻本　四冊

330000－1741－0004792　善2/293　史部/傳記類/別傳之屬/事狀

東坡先生遺事不分卷　明崇禎九年(1636)抄本　清泠然居士跋　二冊

330000－1741－0004793　善2/286　史部/史抄類

古史談菀三十六卷　（明）錢世揚輯　明萬曆四十三年(1615)張夆孟刻本　六冊　存十七卷(一至十七)

330000－1741－0004794　善2/294　史部/傳記類/別傳之屬

蘇長公外紀十二卷　（明）王世貞輯　（明）璩之璞校補　明萬曆二十二年(1594)璩氏燕石齋刻二十三年(1595)重修本　八冊

330000－1741－0004795　善2/288　史部/傳記類/總傳之屬/釋道

高僧傳四集九十三卷　（清）楊文會輯　清光緒十年至十八年(1884－1892)金陵刻經處、江北刻經處刻本　清沈善登批校　屈燨批校並跋　四冊　存十六卷(初集首、一至十五)

330000－1741－0004796　善2/287　史部/傳記類/總傳之屬/儒林

儒林宗派十六卷　（清）萬斯同輯　清乾隆三十八年(1773)萬郐初刻本　清吳騫批　二冊

330000－1741－0004797　善2/287B　史部/

傳記類/總傳之屬/列女

女紅餘覽不分卷 （清）許承基撰　清乾隆竹
間書屋刻本　一冊

330000－1741－0004798　善2/309　史部/傳
記類/別傳之屬/年譜

陸稼書先生年譜定本二卷附錄一卷 （清）吳
光酉編　清雍正三年（1725）清風堂刻乾隆六
年（1741）增刻本　四冊

330000－1741－0004800　善2/299　史部/傳
記類/別傳之屬/事狀

先祖考太保文勤公[王文韶]事略一卷 （清）
王鈺孫撰　清宣統抄本　一冊

330000－1741－0004801　善2/303　史部/傳
記類/別傳之屬/年譜

司馬溫公[光]年譜六卷 （明）馬巒撰　明萬
曆四十六年（1618）司馬露刻本　四冊

330000－1741－0004802　善2/304C　史部/
傳記類/別傳之屬/年譜

朱子[熹]年譜四卷考異四卷 （清）王懋竑撰
　朱子論學切要語二卷 （清）王懋竑輯　清
乾隆十七年（1752）寶應王氏白田草堂刻本
四冊

330000－1741－0004804　善2/316　史部/傳
記類/雜傳之屬

涑水司馬氏源流集略八卷 （明）司馬晰輯
明萬曆十五年（1587）司馬祉刻三十五年
（1607）司馬露增修本　五冊

330000－1741－0004806　善2/304　集部/別
集類/宋別集

東坡集選五十卷集餘一卷 （宋）蘇軾撰
（明）陳夢槐選　（明）陳繼儒定　**蘇文忠公
[軾]年譜一卷** （宋）王宗稷編　**蘇文忠公外
紀二卷** （明）王世貞撰　**外紀逸編一卷**
（明）璩之璞撰　明刻本　一冊　存三卷（蘇
文忠公年譜、蘇文忠公外紀一至二）

330000－1741－0004807　善2/315A　史部/
傳記類/總傳之屬/儒林

闕里文獻考一百卷首一卷末一卷 （清）孔繼

汾撰　清乾隆二十七年（1762）孔昭煥刻本
八冊

330000－1741－0004808　善2/317A　類叢
部/叢書類/自著之屬

心齋十種 （清）任兆麟撰　清乾隆五十年至
五十五年（1785－1790）震澤任氏忠敏家塾刻
本　一冊　存一種

330000－1741－0004809　善2/287A　史部/
傳記類/總傳之屬/儒林

儒林宗派十六卷 （清）萬斯同撰　清宣統三
年（1911）浙江圖書館刻本　馬敘倫校　二冊

330000－1741－0004810　善2/321　史部/傳
記類/總傳之屬/斷代

宋人世系考二卷 （清）勞格撰　清抄本
一冊

330000－1741－0004811　善2/308　類叢部/
叢書類/自著之屬

孫夏峯全集十二種附一種 （清）孫奇逢撰
清康熙刻道光至光緒遞修本　二冊

330000－1741－0004812　善2/324　史部/傳
記類/別傳之屬

江東外紀拾殘一卷 （清）林用霖輯　清咸豐
十一年（1861）林用霖刻本　清孫詒讓批並題
記　一冊

330000－1741－0004813　善2/322　史部/
書類/掌故瑣記之屬

列朝私紀三卷 （清）周天錫撰　清求益齋抄
本　一冊

330000－1741－0004814　善2/319　類叢部/
叢書類/彙編之屬

古今說海一百三十五種 （明）陸楫等編　明
嘉靖二十三年（1544）陸楫儼山書院、雲山書
院刻本　一冊　存一種

330000－1741－0004815　善2/297　史部/傳
記類

宋四家外紀四十九卷 （明）陳之伸輯　明崇
禎刻本　四冊　存十二卷（米襄陽外紀一至
十二）

330000－1741－0004816　善2/320　史部/傳記類/總傳之屬

廬墓考三卷　（明）方以智撰　明末刻本　六冊

330000－1741－0004817　善2/315　史部/傳記類/別傳之屬/事狀

關聖帝君聖蹟圖誌全集五卷　（清）盧湛輯　清康熙三十二年(1693)刻本　八冊

330000－1741－0004818　善2/325　史部/傳記類/日記之屬

山桑宦記不分卷(清光緒五年至六年)　（清）譚獻撰　清光緒五年(1879)稿本　周湜題箋　二冊

330000－1741－0004819　綫802.1676/6047　類叢部/叢書類/彙編之屬

益雅堂叢書二十種　（清）傅世㼧編　清光緒七年至十一年(1881－1885)文選樓刻本　五冊　存一種

330000－1741－0004820　善2/323　史部/傳記類/別傳之屬

江東外紀拾殘一卷　（清）林用霖輯　清咸豐十一年(1861)林用霖刻本　清孫詒讓批並跋　一冊

330000－1741－0004821　綫802.1678/4617　經部/小學類/訓詁之屬/群雅

肆雅釋詞二卷　（清）楊瓊撰　清光緒二十三年(1897)聲龢堂刻本　一冊

330000－1741－0004822　善2/334　史部/地理類/總志之屬/斷代

太平寰宇記二百卷目錄二卷　（宋）樂史撰　補闕八卷　（清）陳蘭森補闕　清乾隆五十八年(1793)萬廷蘭等刻本(原缺卷四、一百十三至一百十九)　三十冊

330000－1741－0004823　善2/339　史部/政書類/軍政之屬/邊政

籌邊纂議八卷　（明）鄭文彬撰　清駕日軒抄本　于友石跋　八冊

330000－1741－0004824　善2/337　史部/地

理類/總志之屬/通代

天下一統志九十卷　（明）李賢等纂修　明壽堂刻本（卷八十九至九十配明楊氏歸仁齋刻本）　四十八冊

330000－1741－0004825　善2/336　史部/地理類/總志之屬/斷代

大明一統志九十卷　（明）李賢等纂修　明嘉靖三十八年(1559)書林楊氏歸仁齋刻萬曆十六年(1588)重修本　二十八冊

330000－1741－0004826　善2/338　史部/地理類/輿圖之屬/斷代

皇明分省地理志圖考不分卷附邊夷考不分卷　（明）王圻　（明）王思義輯　明萬曆刻本　四冊

330000－1741－0004828　善2/340　史部/地理類/方志之屬/郡縣志

[嘉靖]興濟縣志二卷　（明）蕭蕃修　（明）鄭孝纂　補遺一卷　（清）□□補　清抄本　二冊

330000－1741－0004830　善2/341　史部/地理類/方志之屬/郡縣志

[雍正]井陘縣志八卷　（清）鍾文英纂修　清雍正八年(1730)刻本　四冊

330000－1741－0004831　綫089.72/2322　集部/別集類/清別集

霜紅龕集四十卷附錄三卷年譜一卷　（清）傅山撰　（清）劉霱輯　清咸豐四年(1854)壽陽王行恕刻本　趙丕廉題記　八冊　存四十卷(霜紅龕集一至四十)

330000－1741－0004832　綫802.17/4425　經部/小學類

增注字詁義府合按四卷　（清）黃承吉輯　清光緒三年(1877)歙西黃氏刻本　四冊

330000－1741－0004835　綫802.17/5045　經部/叢編

省吾堂四種　（清）蔣光弼輯　清常熟蔣氏省吾堂刻本　三冊　存一種

330000－1741－0004836　善2/341/C1　史

部/地理類/方志之屬/郡縣志

[雍正]井陘縣志八卷 （清）鍾文英纂修 清
雍正八年(1730)刻乾隆、嘉慶重印本 四冊

330000 – 1741 – 0004837 綫 802.17/6080
集部/別集類/清別集

文選古字通補訓四卷拾遺一卷 （清）呂錦文
撰 清光緒二十七年(1901)懷硯齋刻本
四冊

330000 – 1741 – 0004838 綫 802.17/4626
類叢部/叢書類/彙編之屬

後知不足齋叢書四十七種 （清）鮑廷爵編
清同治至光緒常熟鮑氏刻本 一冊 存一種

330000 – 1741 – 0004839 綫 802.17/5544
子部/宗教類/佛教之屬

新譯大廣佛華嚴經音義二卷 （唐）釋慧苑撰
清道光十五年(1835)徐寶善刻本 清沈錫
祚校並題記 二冊

330000 – 1741 – 0004840 善 2/340A 史部/
地理類/方志之屬/郡縣志

[乾隆]延慶州志十卷首一卷 （清）李鍾俌修
（清）穆元肇 （清）方世熙纂 清乾隆七年
(1742)刻本 十冊

330000 – 1741 – 0004841 善 2/342A 史部/
地理類/方志之屬/通志

[乾隆]山西志輯要十卷首一卷 （清）雅德修
（清）汪本直纂 清乾隆四十五年(1780)刻
本 十冊

330000 – 1741 – 0004842 善 2/341A 史部/
地理類/方志之屬/郡縣志

[乾隆]邯鄲縣志十二卷首一卷 （清）王炯纂
修 清乾隆二十一年(1756)刻本 六冊

330000 – 1741 – 0004843 善 2/341A/C1 史
部/地理類/方志之屬/郡縣志

[乾隆]邯鄲縣志十二卷首一卷 （清）王炯纂
修 清乾隆二十一年(1756)刻本 七冊

330000 – 1741 – 0004845 綫 802.17/1000.1
子部/宗教類/佛教之屬

一切經音義二十五卷 （唐）釋玄應撰 補訂

新譯大方廣佛華嚴經音義二卷 （唐）釋慧苑
撰 華嚴經音義敘錄一卷 （清）臧庸輯 刻
華嚴經音義校勘記一卷 （清）曹籀撰 清同
治八年(1869)武林張氏寶晉齋刻本 四冊

330000 – 1741 – 0004846 善 2/342 史部/地
理類/方志之屬/通志

[雍正]山西通志二百三十卷 （清）覺羅石麟
修 （清）儲大文纂 清雍正十二年(1734)刻
本(卷二至八、四十八至五十一、五十四至五
十六、一百六十二至一百六十四、一百七十七
至一百七十八配抄本) 一百冊 缺一卷
(一)

330000 – 1741 – 0004848 綫 802.17/1000
子部/宗教類/佛教之屬

一切經音義二十五卷 （唐）釋玄應撰 清刻
本 步瀛批 屈燨題記 六冊

330000 – 1741 – 0004849 綫 802.17/2314
經部/叢編

拜經堂叢書十種 （清）臧琳 （清）臧庸撰
清乾隆至嘉慶武進臧氏同述觀刻本 十二冊
存一種

330000 – 1741 – 0004850 綫 802.17/4024
類叢部/叢書類/彙編之屬

十萬卷樓叢書五十一種 （清）陸心源編 清
光緒歸安陸氏刻本 二冊 存一種

330000 – 1741 – 0004853 綫 802.17/7110.2
經部/群經總義類/文字音義之屬

經籍籑詁一百六卷附補遺首一卷 （清）阮元
撰 清嘉慶十七年(1812)揚州阮元琅嬛仙館
刻本 六十四冊

330000 – 1741 – 0004854 綫 802.17/7110
經部/群經總義類/文字音義之屬

經籍籑詁一百六卷附補遺首一卷 （清）阮元
撰 新輯經籍籑詁檢韻一卷 清光緒上海漱
六山莊石印本 十二冊

330000 – 1741 – 0004855 綫 802.17/7110.5
經部/群經總義類/文字音義之屬

經籍籑詁五卷首一卷 （清）阮元撰 清光緒

九年(1883)上海點石齋石印本　五冊

330000－1741－0004857　善2/342K　史部/
地理類/方志之屬/郡縣志

[乾隆]聞喜縣志十二卷首一卷　(清)李遵唐
纂修　清乾隆三十一年(1766)刻本　六冊

330000－1741－0004858　綫802.17/7110.7
經部/群經總義類/文字音義之屬

經籍籑詁五卷首一卷　(清)阮元撰　清光緒
九年(1883)上海點石齋石印本　五冊

330000－1741－0004859　善2/342B　史部/
地理類/方志之屬/郡縣志

[乾隆]汾州府志三十四卷首一卷　(清)孫和
相修　(清)戴震纂　清乾隆三十六年(1771)
刻本　十六冊

330000－1741－0004862　綫802.17/7001.3
經部/群經總義類/文字音義之屬

經籍籑詁一百六卷附補遺首一卷　(清)阮元
撰　清嘉慶十七年(1812)揚州阮元琅嬛仙館
刻同治十二年(1873)淮南書局補刻本　六十
四冊

330000－1741－0004863　善2/346　史部/地
理類/方志之屬/郡縣志

[康熙]新城縣志十四卷首一卷　(清)崔懋修
　(清)嚴濂曾纂　新城縣續志二卷　(清)孫
元衡撰　(清)王啟涑編　清康熙三十二年
(1693)刻乾隆後印本　六冊

330000－1741－0004864　善2/347　史部/地
理類/方志之屬/郡縣志

[萬曆]汶上縣志八卷　(明)栗可仕修
(明)王命新纂　清康熙五十六年(1717)刻乾
隆印本　二冊

330000－1741－0004865　善2/349　史部/地
理類/方志之屬/郡縣志

[康熙]沂州志八卷　(清)邵士修　(清)王
壎　(清)尚天成纂　清康熙十三年(1674)刻
乾隆後印本　七冊

330000－1741－0004866　綫802.211/2880.2
經部/小學類/文字之屬/說文

說文解字十五卷標目一卷　(漢)許慎撰
(宋)徐鉉等校定　清同治十三年(1874)東吳
浦氏刻本　三冊

330000－1741－0004867　綫802.211/2880.1
經部/小學類/文字之屬/說文

說文解字十五卷標目一卷　(漢)許慎撰
(宋)徐鉉等校定　說文校字記一卷　(清)陳
昌治撰　說文通檢十四卷首一卷末一卷
(清)黎永椿編　清同治十二年(1873)番禺陳
昌治刻本　十冊

330000－1741－0004869　綫802.44/3631
經部/小學類/音韻之屬/韻書

詩韻合璧五卷　(清)湯祥瑟輯　詩腋不分卷
　詞林典腋不分卷　分韻文選題解擇要不分
卷　三場程式一卷　虛字韻藪一卷　(清)潘
維城輯　清同治十二年(1873)上海埽葉山房
刻本　六冊

330000－1741－0004870　綫802.211/2880.3
經部/小學類/文字之屬/說文

說文解字十五卷標目一卷　(漢)許慎撰
(宋)徐鉉等校定　汲古閣說文解字校記一卷
　(清)張行孚撰　清光緒七年(1881)淮南書
局刻本　五冊

330000－1741－0004871　綫802.211/2880.8
經部/小學類/文字之屬/說文

說文解字十五卷標目一卷　(漢)許慎撰
(宋)徐鉉等校定　清光緒十一年(1885)上海
同文書局石印本　二冊

330000－1741－0004872　綫802.211/2880.1f
經部/小學類/文字之屬/說文

說文解字十五卷標目一卷　(漢)許慎撰
(宋)徐鉉等校定　說文校字記一卷　(清)陳
昌治撰　說文通檢十四卷首一卷末一卷
(清)黎永椿編　清刻容城儒林堂印本　十
二冊

330000－1741－0004873　善2/348　史部/地
理類/方志之屬/郡縣志

[雍正]恩縣續志五卷　(清)陳學海修
(清)韓天篤纂　清雍正元年(1723)刻乾隆、

嘉慶重修後印本　一冊

330000－1741－0004874　綫802.211/2880.5
類叢部/叢書類/彙編之屬

新斠平津館叢書十集三十四種　(清)孫星衍
編　清光緒十年至十一年(1884－1885)吳縣
朱氏槐廬家塾刻十五年至十七年(1889－
1891)補刻本　四冊　存一種

330000－1741－0004875　綫802.2/1262　經
部/小學類/文字之屬/字書/訓蒙

倉頡篇三卷　(清)孫星衍輯　**倉頡篇續本一
卷**　(清)任大椿輯　**倉頡篇補本二卷**　(清)
陶方琦輯　清光緒十六年(1890)江蘇書局刻
本　二冊

330000－1741－0004876　善2/343A　史部/
地理類/方志之屬/郡縣志

[康熙]咸寧縣志八卷　(清)黃家鼎修
(清)陳大經　(清)楊生芝纂　清康熙七年
(1668)刻本　四冊

330000－1741－0004877　善2/343　史部/地
理類/方志之屬/通志

[雍正]陝西通志一百卷首一卷　(清)劉於義
等修　(清)沈青崖纂　清雍正十三年(1735)
刻本　一百冊

330000－1741－0004878　綫802.212/2881
經部/小學類/文字之屬/說文/傳說

說文解字繫傳四十卷　(宋)徐鍇傳釋　(五
代)朱翱反切　**說文解字繫傳校勘記三卷**
(清)苗夔等撰　清道光十九年(1839)祁寯藻
影刻影宋抄本　八冊

330000－1741－0004879　綫802.2108/1198：2
經部/小學類/文字之屬/說文

許學叢書十四種　張炳翔輯　清光緒長洲張
炳翔儀鄐廬刻本　二十四冊

330000－1741－0004880　善2/345　史部/地
理類/方志之屬/郡縣志

齊乘六卷　(元)于欽纂　**釋音一卷**　(元)于
潛述　**考證六卷**　(清)周嘉猷撰　清乾隆四
十六年(1781)桂林胡德琳登州刻本　四冊

330000－1741－0004881　綫802.212/2881：1
經部/小學類/文字之屬/說文/傳說

說文解字繫傳四十卷　(宋)徐鍇傳釋　(五
代)朱翱反切　**說文解字繫傳校勘記三卷**
(清)苗夔等撰　清道光十九年(1839)祁寯藻
影刻影宋抄本　八冊

330000－1741－0004882　綫802.212/2881：2
經部/小學類/文字之屬/說文/傳說

說文解字繫傳四十卷　(宋)徐鍇傳釋　(五
代)朱翱反切　**說文解字繫傳校勘記三卷**
(清)苗夔等撰　清道光十九年(1839)祁寯藻
影刻影宋抄本　楊霖校　八冊

330000－1741－0004883　善2/345A　史部/
地理類/方志之屬/通志

[雍正]山東通志三十六卷首一卷　(清)岳濬
(清)法敏修　(清)杜詔　(清)顧瀛纂
清乾隆元年(1736)刻本　四十六冊

330000－1741－0004884　善2/354A　史部/
地理類/方志之屬/郡縣志

[乾隆]蘇州府志八十卷首一卷　(清)雅爾哈
善　(清)傅椿修　(清)習寯　(清)王峻等
纂　清乾隆十三年(1748)刻本　三十二冊

330000－1741－0004885　綫802.212/2881.
77w　經部/小學類/文字之屬/說文

說文韻譜校五卷　(清)王筠撰　清光緒十六
年(1890)濰縣劉氏素心琴室刻本　二冊

330000－1741－0004886　綫802.222/1053
類叢部/叢書類/自著之屬

船山遺書六十三種　(清)王夫之撰　清同治
四年(1865)湘鄉曾國荃金陵刻光緒十三年
(1887)船山書院補刻本　三冊　存一種

330000－1741－0004887　綫802.221/2634
子部/儒家類/儒學之屬/蒙學

**小學六卷小學題辭一卷小學書題一卷小學總
論一卷**　(宋)朱熹撰　(明)吳訥集解　清同
治八年(1869)江蘇書局刻本　二冊

330000－1741－0004889　善2/349A　史部/
地理類/方志之屬/郡縣志

[乾隆]沂州府志三十六卷首一卷 （清）李希賢修 （清）潘遇莘 （清）丁愷曾纂 清乾隆二十五年（1760）刻本 十二冊

330000－1741－0004890 善 2/349B 史部/地理類/方志之屬/郡縣志

[乾隆]曹州府志二十二卷 （清）周尚質修 （清）李登明 （清）謝冠纂 清乾隆二十一年（1756）刻本 二十冊

330000－1741－0004891 綫 802.212/2881a 經部/小學類/文字之屬/說文

說文解字韻譜十卷 （宋）徐鍇撰 （清）馮桂芬校訂 清同治三年（1864）吳縣馮桂芬縮摹篆文刻六年（1867）補刻本 四冊

330000－1741－0004894 綫 802.212/2881.76w 類叢部/叢書類/自著之屬

王菉友九種 （清）王筠撰 清道光至咸豐刻本 三冊 存一種

330000－1741－0004895 綫 802.212/2881a/C2 經部/小學類/文字之屬/說文

說文解字韻譜十卷 （宋）徐鍇撰 （清）馮桂芬校訂 清同治三年（1864）吳縣馮桂芬縮摹篆文刻同治六年（1867）補刻本 二冊

330000－1741－0004896 善 2/349C 史部/地理類/方志之屬/郡縣志

[乾隆]陽信縣志八卷首一卷 （清）王允深修 （清）沈佐清等纂 清乾隆二十四年（1759）刻本 五冊

330000－1741－0004897 善 2/349D 史部/地理類/方志之屬/郡縣志

[乾隆]曲阜縣志一百卷 （清）潘相等纂修 清乾隆三十九年（1774）刻本 十二冊

330000－1741－0004898 綫 802.223/7714.78 經部/小學類/文字之屬/說文

說文解字注箋十四卷 （清）段玉裁注 （清）徐灝箋 說文檢字篇三卷說文重文檢字篇一卷說文疑難檢字篇一卷今文檢字篇一卷 （清）徐樾編 清光緒二十年（1894）桂林刻民國三年（1914）京師補刻本 三十二冊

330000－1741－0004899 綫 802.212.2881a/C1 經部/小學類/文字之屬/說文

說文解字韻譜十卷 （宋）徐鍇撰 （清）馮桂芬校訂 清同治三年（1864）吳縣馮桂芬縮摹篆文刻六年（1867）補刻本 屈爔題記 四冊

330000－1741－0004900 綫 802.223/7714.1 經部/小學類/文字之屬/說文

說文解字注十五卷附六書音均表五卷 （清）段玉裁撰 說文部目分韻一卷 （清）陳煥編 清乾隆至嘉慶段氏經韻樓刻同治六年至十一年（1867－1872）蘇州保息局補刻本 十六冊

330000－1741－0004901 綫 802.223/7714.6 經部/小學類/文字之屬/說文

說文解字注十五卷附六書音均表五卷 （清）段玉裁撰 說文部目分韵一卷 （清）陳煥編 清光緒三年（1877）成都尊經書院刻本 十六冊

330000－1741－0004903 善 2/350 史部/地理類/方志之屬/郡縣志

[嘉慶]吳門補乘十卷首一卷 （清）錢思元纂 （清）錢士錡補輯 清嘉慶二十五年（1820）吳門錢氏刻本 五冊

330000－1741－0004904 綫 802.212/2881.76w：1 類叢部/叢書類/自著之屬

王菉友九種 （清）王筠撰 清道光至咸豐刻本 二冊 存一種

330000－1741－0004905 綫 801.224/8741：2 經部/小學類/文字之屬/說文/傳說

段氏說文注訂八卷 （清）鈕樹玉撰 清同治十三年（1874）湖北崇文書局刻本 二冊

330000－1741－0004906 綫 802.212/2881a：2 經部/小學類/文字之屬/說文

說文解字韻譜十卷目錄二卷 （宋）徐鍇撰 （清）馮桂芬校訂 清同治三年（1864）吳縣馮桂芬縮摹篆文刻六年（1867）補刻本 二冊

330000－1741－0004907　綫 802.224/8346
類叢部/叢書類/彙編之屬

金峨山館叢書(望三益齋叢書)十一種 （清）
郭傳璞編　清光緒八年至十六年(1882－
1890)鄞縣郭氏刻本　一冊　存二種

330000－1741－0004909　綫 802.224/8741a
經部/小學類/文字之屬/說文

**說文解字校錄十五卷說文刊誤一卷說文玉篇
校錄一卷** （清）鈕樹玉撰　清光緒十一年
(1885)江蘇書局刻本　七冊

330000－1741－0004912　綫 802.224/8741.
76 經部/小學類/文字之屬/說文/傳說

段氏說文注訂八卷 （清）鈕樹玉撰　清道光
三年(1823)吳縣鈕樹玉非石居刻本　二冊
缺三卷(三至五)

330000－1741－0004913　綫 802.224/5374
經部/小學類/文字之屬/說文/專著

**漢學諧聲二十四卷說文補考一卷說文又考一
卷** （清）戚學標撰　清嘉慶九年(1804)涉縣
官署刻本　一冊　缺二十四卷(漢學諧聲一
至二十四)

330000－1741－0004914　善 2/356A　史部/
地理類/方志之屬/郡縣志

[乾隆]婁縣志三十卷首二卷 （清）謝庭薰修
（清）陸錫熊纂　清乾隆五十三年(1788)刻
本　六冊

330000－1741－0004915　綫 802.225/1024
經部/小學類/文字之屬/說文/傳說

說文段注訂補十四卷 （清）王紹蘭撰　清光
緒十四年(1888)胡燏棻刻本　八冊

330000－1741－0004916　綫 802.225/1088：2
經部/小學類/文字之屬/說文

說文釋例二十卷補正二十卷 （清）王筠撰
清道光十七年(1837)刻王氏說文三種本　屈
燨題記　十冊

330000－1741－0004917　綫 802.225/1033
經部/小學類

雷刻四種 （清）雷浚輯　清同治至光緒吳縣

雷氏刻光緒十年(1884)彙印本　六冊

330000－1741－0004918　綫 802.225/0080
經部/小學類/文字之屬/說文/傳說

說文字通十四卷說文經典異字釋一卷 （清）
高翔麟撰　清道光十八年(1838)海昌查元偁
刻本　十冊　缺一卷(說文經典異字釋)

330000－1741－0004922　綫 802.225/1033a
經部/小學類/文字之屬/說文

說文外編十五卷補遺一卷 （清）雷浚撰　劉
氏碎金一卷 （清）劉禧延撰　清光緒二年
(1876)刻本　六冊

330000－1741－0004923　善 2/344D　類叢
部/叢書類/彙編之屬

經訓堂叢書二十一種 （清）畢沅編　清乾隆
至嘉慶鎮洋畢氏刻本　四冊　存一種

330000－1741－0004924　綫 802.220/1088：4
經部/小學類/文字之屬/說文

說文釋例二十卷 （清）王筠撰　清刻本
十冊

330000－1741－0004925　綫 802.225/2734.2
經部/小學類/文字之屬/說文

說文通檢十四卷首一卷末一卷 （清）黎永椿
撰　清光緒二年(1876)湖北崇文書局刻本
二冊

330000－1741－0004928　善 2/356　史部/地
理類/方志之屬/郡縣志

[雍正]分建南滙縣志十六卷首一卷 （清）欽
璉修　（清）顧成天　（清）顧昌纂　清雍正十
三年(1735)刻本　八冊

330000－1741－0004929　綫 802.225/1088：3
經部/小學類/文字之屬/說文

王氏說文三種 （清）王筠撰　清道光至咸豐
刻同治四年(1865)彙印本　十冊　存一種

330000－1741－0004930　綫 802.225/2810
類叢部/叢書類/彙編之屬

咫進齋叢書三十七種 （清）姚覲元編　清光
緒九年(1883)歸安姚氏刻本　八冊　存一種

330000－1741－0004931　綫802.225/1088
經部/小學類/文字之屬/說文

說文釋例二十卷　（清）王筠撰　清刻本
十冊

330000－1741－0004932　綫802.225/2734：4
經部/小學類/文字之屬/說文

說文通檢十四卷首一卷末一卷　（清）黎永椿
撰　清末石印本　一冊

330000－1741－0004934　善2/358　史部/地
理類/方志之屬/郡縣志

[康熙]睢寧縣志十二卷　（清）劉如晏修
（清）李杰纂　清抄本　四冊

330000－1741－0004935　善2/357　史部/地
理類/方志之屬/郡縣志

[雍正]揚州府志四十卷　（清）尹會一修
（清）程夢星等纂　清雍正十一年(1733)刻本
十二冊

330000－1741－0004936　善2/359　史部/地
理類/方志之屬/郡縣志

[淳祐]玉峯志三卷　（宋）凌萬頃　（宋）邊
實纂修　**[咸淳]玉峯續志一卷**　（宋）邊實纂
修　清抄本　三冊

330000－1741－0004938　綫802.225/1033：2
經部/小學類

雷刻四種　（清）雷浚輯　清同治至光緒吳縣
雷氏刻光緒十年(1884)彙印本　六冊

330000－1741－0004939　綫802.225/2810：1
經部/小學類/文字之屬/說文

說文解字注匡謬八卷　（清）徐承慶撰　清光
緒十四年(1888)上海蜚英館石印本　一冊

330000－1741－0004940　善2/355　史部/地
理類/方志之屬/郡縣志

[康熙]常熟縣志二十六卷首一卷末一卷
(清)高士鸃　（清）楊振藻修　（清）錢陸燦
等纂　清康熙二十六年(1687)刻本　十二冊
缺一卷(首)

330000－1741－0004942　善2/361A　史部/
地理類/方志之屬/郡縣志

[乾隆]直隸通州志二十二卷　（清）王繼祖修
（清）夏之蓉等纂　清乾隆二十年(1755)刻
本　八冊

330000－1741－0004944　善2/363A　史部/
地理類/方志之屬/郡縣志

[乾隆]天津縣志二十四卷　（清）張志奇
(清)朱奎揚修　（清）吳廷華等纂　清乾隆四
年(1739)刻本　八冊

330000－1741－0004945　善2/366　史部/地
理類/方志之屬/郡縣志

[康熙]徽州府志十八卷　（清）盧詢等修
(清)趙吉士等纂　清康熙三十八年(1699)萬
青閣刻本　十二冊

330000－1741－0004946　善2/367　史部/地
理類/方志之屬/郡縣志

[雍正]南陵縣志十六卷首一卷　（清）宋廷佐
修　（清）汪越等纂　清雍正四年(1726)刻本
徐乃昌題記　六冊　存十二卷(一至五、八
至十四)

330000－1741－0004947　善2/370　史部/地
理類/方志之屬/郡縣志

[至元]嘉禾志三十二卷　（元）單慶修
(元)徐碩纂　清抄本　佚名過録清馮浩　清
戴慶增　清張廷済　清戴光勇　清管廷芬
清唐仁壽　清李文杏等校跋　繆九疇校並題
記　李睿題記　十二冊

330000－1741－0004948　善2/364A　史部/
地理類/方志之屬/郡縣志

[乾隆]滄州志十六卷　（清）徐時作修
(清)胡淦等纂　清乾隆八年(1743)刻本
六冊

330000－1741－0004950　善2/365　史部/地
理類/方志之屬/郡縣志

[康熙]徽州府志十八卷　（清）盧詢等修
(清)趙吉士等纂　清康熙三十八年(1699)萬
青閣刻朱印本　十冊

330000－1741－0004951　善2/371B　史部/
地理類/方志之屬/郡縣志

[乾隆]餘姚志四十卷 （清）唐若瀛修 （清）邵晉涵纂 清乾隆四十六年(1781)刻本 十冊

330000－1741－0004952 善2/371A 史部/地理類/方志之屬/郡縣志

[乾隆]鄞縣志三十卷首一卷 （清）錢維喬修 （清）錢大昕等纂 清乾隆五十三年(1788)刻本 十六冊

330000－1741－0004953 善2/372 史部/地理類/方志之屬/郡縣志

[康熙]紹興府志五十八卷 （清）李鐸修 （清）王風采纂 清康熙三十年(1691)刻本 二十四冊

330000－1741－0004954 善2/373 史部/地理類/方志之屬/郡縣志

[康熙]新修東陽縣志二十二卷首一卷末一卷 （清）胡啟甲 （清）俞允撰修 （清）趙衍等纂 清康熙二十年(1681)刻本 二十冊

330000－1741－0004955 善2/374 史部/地理類/雜志之屬

永嘉郡記一卷 （南朝宋）鄭緝之撰 （清）孫詒讓輯 清光緒四年(1878)刻本 清孫詒讓批並題記 一冊

330000－1741－0004956 善2/376 史部/地理類/方志之屬/郡縣志

[雍正]特開玉環志四卷 （清）張坦熊纂修 清雍正十年(1732)刻本 四冊

330000－1741－0004957 善2/377 史部/地理類/方志之屬/郡縣志

[順治]平陽縣誌八卷 （清）馬騰霄修 （清）陳文謨等纂 清順治八年(1651)刻本 一冊 存四卷(五至八)

330000－1741－0004958 善2/380 史部/地理類/方志之屬/郡縣志

[順治]淇縣志十卷圖說一卷 （清）王謙吉 （清）王南國修 （清）白龍躍 （清）葛漢忠纂 清順治十七年(1660)刻本 二冊

330000－1741－0004959 善2/375 史部/地理類/方志之屬/郡縣志

[道光]甌乘拾遺二卷 （清）洪守一纂 清道光三十年(1850)愛吾堂刻本 一冊

330000－1741－0004960 善2/380/C1 史部/地理類/方志之屬/郡縣志

[順治]淇縣志十卷圖說一卷 （清）王謙吉 （清）王南國修 （清）白龍躍 （清）葛漢忠纂 清順治十七年(1660)刻本 二冊

330000－1741－0004961 善2/380/C2 史部/地理類/方志之屬/郡縣志

[順治]淇縣志十卷圖說一卷 （清）王謙吉 （清）王南國修 （清）白龍躍 （清）葛漢忠纂 清順治十七年(1660)刻本 六冊

330000－1741－0004962 善2/390 史部/地理類/雜志之屬

東京夢華錄十卷 （宋）孟元老撰 明萬曆胡震亨刻崇禎毛氏汲古閣印津逮祕書本 任銘善校並跋 四冊

330000－1741－0004963 善2/392A 史部/地理類/雜志之屬

廣會稽風俗賦一卷 （清）陶元藻撰 清乾隆五十二年(1787)怡雲閣刻本 一冊

330000－1741－0004964 善2/378 史部/地理類/方志之屬/郡縣志

[崇禎]泰順縣志八卷 （明）涂鼎蕭修 （明）包大方 （明）周家俊纂 明崇禎六年(1633)刻本 二冊 存五卷(一至五)

330000－1741－0004966 善2/391 史部/地理類/山川之屬/水志

林屋民風十二卷見聞錄一卷 （清）王維德撰 清康熙五十二年(1713)王氏鳳梧樓刻本 十二冊 缺一卷(見聞錄)

330000－1741－0004967 善2/392B 史部/地理類/雜志之屬

日下舊聞四十二卷 （清）朱彝尊輯 （清）朱昆田補遺 清康熙二十七年(1688)刻本 十二冊

330000－1741－0004968 類叢

部/叢書類/彙編之屬

武英殿聚珍版書一百三十八種 清乾隆武英殿木活字印本 一冊 存一種

330000－1741－0004969 善 2/392 史部/地理類/雜志之屬

廣東新語二十八卷 （清）屈大均撰 清康熙木天閣刻本 十冊

330000－1741－0004970 善 2/393 史部/地理類/雜志之屬

秋坪偶錄不分卷 （清）王炳虎輯 （清）王良補輯 稿本 清李遇孫 清姚駕鰲 清馮登府 清得盦 清尚安 清王良題記 二冊

330000－1741－0004971 善 2/394 史部/地理類/雜志之屬

台灣雜記一卷 （清）黃逢昶輯 清光緒抄本 一冊

330000－1741－0004973 善 2/399B 史部/地理類/雜志之屬

龍井見聞錄十卷附宋僧元淨外傳二卷 （清）汪孟鋗纂 清乾隆刻本 四冊

330000－1741－0004974 善 2/399A 史部/地理類/山川之屬/山志

明州阿育王山志十卷 （明）郭子章撰 **明州阿育王山續志六卷** （清）釋畹荃撰 明萬曆刻清乾隆續刻本 六冊

330000－1741－0004976 善 2/401 史部/地理類/山川之屬/山志

黃山志定本七卷首一卷 （清）閔麟嗣撰 清康熙十八年(1679)刻二十五年(1686)增刻本 十六冊

330000－1741－0004977 善 2/402 史部/地理類/山川之屬/山志

偶山志二卷續詩一卷 （清）章世法輯 清抄本 一冊

330000－1741－0004978 善 2/403 史部/地理類/專志之屬/寺觀

江心志十卷首一卷末一卷 （清）釋元奇撰 清康熙四十六年(1707)刻本 五冊 缺一卷

（末）

330000－1741－0004979 善 2/406 史部/地理類/山川之屬

仙都志二卷 （元）陳性定撰 清抄本 一冊

330000－1741－0004980 善 2/404 史部/地理類/山川之屬/山志

天台山全志十八卷 （清）張聯元輯 清康熙五十六年(1717)刻本 四冊 缺二卷(十七至十八)

330000－1741－0004981 善 2/410 史部/地理類/山川之屬/水志

西湖志纂十二卷首一卷末一卷 （清）沈德潛 （清）傅王露輯 （清）梁詩正合纂 清乾隆二十年(1755)賜經堂刻本 五冊

330000－1741－0004982 善 2/407 史部/地理類/山川之屬/水志

西湖遊覽志二十四卷志餘二十六卷 （明）田汝成撰 明嘉靖二十六年(1547)嚴寬刻萬曆十二年(1584)范鳴謙重修本 二冊 存八卷(志餘四至十一)

330000－1741－0004983 善 2/406A 史部/地理類/山川之屬/山志

金山志十卷 （清）盧見曾撰 清乾隆二十七年(1762)雅雨堂刻本 四冊

330000－1741－0004984 善 2/405A 史部/地理類/山川之屬/山志

廣雁蕩山誌二十八卷首一卷末一卷 （清）曾唯輯 清乾隆五十五年(1790)曾唯依綠園刻本 十冊

330000－1741－0004985 善 2/411 史部/地理類/山川之屬/水志

西湖志四十八卷 （清）李衛 （清）程元章修 （清）傅王露纂 清雍正十三年(1735)兩浙鹽驛道庫刻乾隆印本 藏拙氏題籤並記 二十冊

330000－1741－0004986 善 2/412 史部/地理類/專志之屬/古跡

石柱記箋釋五卷 （清）鄭元慶撰 清康熙四

十一年(1702)鄭元慶魚計亭刻本　張增熙題記　一冊

330000－1741－0004987　善2/410A　史部/地理類/山川之屬/水志

西湖志纂十五卷首一卷末一卷　(清)沈德潛(清)傅王露輯　(清)梁詩正合纂　清乾隆二十年(1755)賜經堂刻二十七年(1762)增刻本　八冊

330000－1741－0004988　善2/413A　史部/地理類/山川之屬/水志

太湖備考十六卷首一卷　(清)金友理撰　**湖程紀略一卷**　(清)吳曾撰　清乾隆十五年(1750)藝蘭圃刻本　八冊

330000－1741－0004989　善2/414　史部/地理類/山川之屬/水志

水經注四十卷首一卷　(北魏)酈道元撰　王先謙校　**水經注附錄二卷**　(清)趙一清輯清光緒十八年(1892)思賢講舍刻本　邵裴子跋　十六冊

330000－1741－0004990　善2/415　史部/地理類/專志之屬/宮殿

三輔黃圖六卷　(漢)□□撰　清乾隆抄本一冊

330000－1741－0004991　善2/418　史部/地理類/專志之屬/書院

白鹿書院志十九卷　(清)毛德琦原訂　(清)周兆蘭重修　清康熙五十七年(1718)刻乾隆六十年(1795)周兆蘭重修順德堂印本　八冊

330000－1741－0004992　善2/416　史部/地理類/專志之屬/宮殿

禁扁五卷　(元)王士點撰　清抄本　一冊

330000－1741－0004993　善2/430A　史部/政書類

三通　清乾隆十二年至十四年(1747－1749)武英殿刻本　八十八冊　存一種

330000－1741－0004996　綫802.225/6029　經部/小學類/文字之屬/說文/傳說

說文二徐箋異二十八卷　田潛撰　清宣統二

年(1910)石印本　二冊

330000－1741－0004997　綫802.225/4722　經部/小學類/文字之屬/說文

說文管見三卷　(清)胡秉虔撰　清光緒七年(1881)鄞縣林植海望益山房書局刻本　一冊

330000－1741－0004998　綫802.225/3131.77　經部/小學類

小學類編六種附三種　(清)李祖望編　清咸豐至光緒江都李氏半畝園刻本　一冊　存一種

330000－1741－0005000　綫802.225/6029/C1　經部/小學類/文字之屬/說文/傳說

說文二徐箋異二十八卷　田潛撰　清宣統二年(1910)石印本　二冊

330000－1741－0005001　綫802.225/4444　經部/小學類/文字之屬/說文

苗氏說文四種　(清)苗夔撰　清道光至咸豐壽陽祁寯藻漢磚亭刻民國修補本　四冊

330000－1741－0005002　綫802.225/4611　經部/小學類/文字之屬/說文

澂園叢書二種十五卷　(清)楊廷瑞撰　清光緒十七年(1891)善化楊廷瑞澂園刻本　一冊

330000－1741－0005004　善2/428A　史部/政書類/通制之屬

通典二百卷　(唐)杜佑撰　明嘉靖刻本　一冊　存五卷(二十六至三十)

330000－1741－0005005　綫802.225/4611：2　經部/小學類/文字之屬/說文

澂園叢書二種十五卷　(清)楊廷瑞撰　清光緒十七年(1891)善化楊廷瑞澂園刻本　二冊

330000－1741－0005008　綫802.225/4206　類叢部/叢書類/自著之屬

邃雅堂全集九種　(清)姚文田撰　清嘉慶至光緒歸安姚氏刻本　五冊　存一種

330000－1741－0005009　綫802.225/4722：3　類叢部/叢書類/家集之屬

績溪胡氏叢書十種　(清)胡培系編　清同治

十年至光緒二年(1871－1876)世澤樓刻本暨木活字印本　一冊　存一種

330000－1741－0005010　綫802.225/4722：2
類叢部/叢書類/彙編之屬

溈喜齋叢書五十種 (清)潘祖蔭編　清同治至光緒吳縣潘氏京師刻本　一冊　存一種

330000－1741－0005011　善2/417A　史部/地理類/專志之屬/書院

朱陽書院志五卷 (清)竇克勤撰　清康熙刻本　一冊

330000－1741－0005012　綫802.225/3131.77：2　經部/小學類/文字之屬/說文

說文釋例二卷 (清)江沅撰　清咸豐元年(1851)江都李氏半畝園刻小學類編本　任銘善跋　一冊

330000－1741－0005013　綫802.224/4428
經部/小學類/文字之屬/說文

說文解字義證五十卷 (清)桂馥撰　清同治九年(1870)湖北崇文書局刻本　三十二冊

330000－1741－0005014　綫802.223/7714.78：2　經部/小學類/文字之屬/說文

說文解字注箋十四卷 (清)段玉裁注　(清)徐灝箋　**說文檢字篇三卷說文重文檢字篇一卷說文疑難檢字篇一卷今文檢字篇一卷** (清)徐橚編　清光緒二十年(1894)桂林刻民國三年(1914)京師補刻本　三十冊

330000－1741－0005015　綫802.224/4428：3
經部/小學類/文字之屬/說文

說文解字義證五十卷 (清)桂馥撰　清同治九年(1870)湖北崇文書局刻本　三十二冊

330000－1741－0005017　綫802.225/4206.76　類叢部/叢書類/自著之屬

邃雅堂全集九種 (清)姚文田撰　清嘉慶至光緒歸安姚氏刻本　六冊　存一種

330000－1741－0005019　善2/418A　史部/地理類/專志之屬/古跡

平山堂圖志十卷首一卷 (清)趙之壁纂　清光緒九年(1883)歐陽利見刻本　四冊

330000－1741－0005020　綫802.225/1122
經部/小學類/文字之屬/說文/專著

說文發疑六卷續一卷 (清)張行孚撰　清光緒九年(1883)安吉張氏邧上寓廬刻本　三冊

330000－1741－0005022　綫802.224/4428：2
經部/小學類/文字之屬/說文

說文解字義證五十卷 (清)桂馥撰　清同治九年(1870)湖北崇文書局刻本　三十二冊

330000－1741－0005023　綫802.225/1122：2
類叢部/叢書類/彙編之屬

後知不足齋叢書四十七種 (清)鮑廷博編　清同治至光緒常熟鮑氏刻本　三冊　存一種

330000－1741－0005024　綫802.225/7512
經部/小學類/文字之屬/說文

說文提要一卷 (清)陳建侯撰　清同治十一年(1872)識古齋刻本　一冊

330000－1741－0005025　綫802.225/7142
經部/小學類/文字之屬/說文/傳說

說文段注撰要九卷 (清)馬壽齡撰　清光緒九年(1883)金陵胡氏愚園刻本　四冊

330000－1741－0005026　綫802.225/4206.1
經部/小學類

小學類編六種附三種 (清)李祖望編　清咸豐至光緒江都李氏半畝園刻本　四冊　存一種

330000－1741－0005027　綫802.225/4206：3
類叢部/叢書類/彙編之屬

抱經堂叢書七種 朱遂翔編　清刻民國杭州朱氏抱經堂補刻印本　六冊　存一種

330000－1741－0005029　綫802.225/3202
經部/小學類/文字之屬/說文

說文蟲箋十四卷 (清)潘奕雋撰　清同治十三年(1874)吳縣潘氏三松堂刻本　二冊

330000－1741－0005030　善2/355A　史部/地理類/方志之屬/郡縣志

[乾隆]吳江縣志五十八卷首一卷 (清)陳葽纕　(清)丁元正修　(清)倪師孟　(清)沈彤纂　清乾隆十二年(1747)刻本　十六冊

330000 – 1741 – 0005031　綫 802.225/7142.1
　經部/小學類/文字之屬/說文/傳說

說文段注撰要九卷　(清)馬壽齡撰　**汲古閣**
說文訂一卷　(清)段玉裁撰　清光緒十六年
(1890)石印本　一冊

330000 – 1741 – 0005032　綫 802.225/3434
　經部/小學類/文字之屬/說文/傳說

說文古本考十四卷　(清)沈濤撰　清光緒十
年(1884)吳縣潘氏滂喜齋刻本　七冊

330000 – 1741 – 0005033　綫 802.225/4206：5
　類叢部/叢書類/自著之屬

遂雅堂全集九種　(清)姚文田撰　清嘉慶至
光緒歸安姚氏刻本　四冊　存一種

330000 – 1741 – 0005034　綫 802.225/3434：2
　經部/小學類/文字之屬/說文/傳說

說文古本考十四卷　(清)沈濤撰　清光緒十
年(1884)吳縣潘氏滂喜齋刻本　八冊

330000 – 1741 – 0005037　善 2/420　史部/地
理類/雜志之屬

佛國記一卷　(晉)釋法顯撰　清光緒八年
(1882)四明龔玉山房刻本　葉德輝校並跋
一冊

330000 – 1741 – 0005039　綫 802.225/2574.1
　經部/小學類/文字之屬/說文

說文通訓定聲十八卷分部檢韵一卷說雅一卷
古今韵準一卷　(清)朱駿聲撰　(清)朱鏡蓉
參訂　皇清敕授文林郎國子監博士衘揀選知
縣揚州府學教授允倩府君[朱駿聲]行述一卷
　朱孔彰撰　清光緒十三年(1887)上海積山
書局石印本　八冊

330000 – 1741 – 0005041　綫 802.226/0090a
　經部/小學類/文字之屬/字書

小學答問一卷　章炳麟撰　清宣統元年
(1909)刻本　一冊

330000 – 1741 – 0005043　綫 802.225/2574.1：1
　經部/小學類/文字之屬/說文

說文通訓定聲十八卷分部檢韵一卷說雅一卷
古今韵準一卷　(清)朱駿聲撰　(清)朱鏡蓉
參訂　皇清敕授文林郎國子監博士衘揀選知
縣揚州府學教授允倩府君[朱駿聲]行述一卷
　朱孔彰撰　清光緒十三年(1887)上海積山
書局石印本　八冊

330000 – 1741 – 0005044　善 2/422　史部/地
理類/遊記之屬/紀勝

遊志續編一卷　(明)陶宗儀輯　清抄本
二冊

330000 – 1741 – 0005047　善 2/421　史部/地
理類/遊記之屬/紀勝

游志續編一卷　(明)陶宗儀輯　清抄本
二冊

330000 – 1741 – 0005048　綫 802.226/1747
　類叢部/叢書類/彙編之屬

起聖齋叢書　尹桐陽撰　清光緒至民國鉛印
本　馬敘倫批校　一冊　存一種

330000 – 1741 – 0005052　綫 802.23/0010
　類叢部/叢書類/自著之屬

新訂六譯館叢書八十九種　廖平撰　清光緒
至民國刻民國十年(1921)四川存古書局彙印
本　一冊　存一種

330000 – 1741　0005054　綫 802.225/1088c
　經部/小學類/文字之屬/說文

王氏說文三種　(清)王筠撰　清道光至咸豐
刻同治四年(1865)彙印本　十六冊　存一種

330000 – 1741 – 0005061　綫 802.225/1088c.1
　經部/小學類/文字之屬/說文/傳說

說文解字句讀三十卷　(清)王筠撰　清光緒
八年(1882)四川尊經書院刻本　屈燨題記
十四冊

330000 – 1741 – 0005065　綫 802.225/2574：2
　經部/小學類/文字之屬/說文

說文通訓定聲十八卷分部檢韻一卷說雅一卷
古今韻準一卷　(清)朱駿聲撰　(清)朱鏡蓉
參訂　皇清敕授文林郎國子監博士衘揀選知
縣揚州府學教授允倩府君[朱駿聲]行述一卷
　朱孔彰撰　清道光二十九年(1849)刻同治
九年(1870)朱孔彰臨嘯閣補刻本　二十四冊

330000－1741－0005066　綫802.225/2574.2
經部/小學類/文字之屬/說文

說文通訓定聲十八卷分部檢韻一卷說雅一卷
古今韻準一卷　（清）朱駿聲撰　（清）朱鏡蓉
參訂　皇清敕授文林郎國子監博士銜揀選知
縣揚州府學教授允倩府君［朱駿聲］行述一卷
　　朱孔彰撰　清道光二十九年（1849）刻同治
九年（1870）朱孔彰臨嘯閣補刻本　二十四冊

330000－1741－0005067　綫802.225/2574
經部/小學類/文字之屬/說文

說文通訓定聲十八卷分部檢韻一卷說雅一卷
古今韻準一卷　（清）朱駿聲撰　（清）朱鏡蓉
參訂　皇清敕授文林郎國子監博士銜揀選知
縣揚州府學教授允倩府君［朱駿聲］行述一卷
　　朱孔彰撰　清道光二十九年（1849）刻同治
九年（1870）朱孔彰臨嘯閣補刻本　二十八冊
缺一卷（行述）

330000－1741－0005069　綫802.225/2574：7
經部/小學類/文字之屬/說文

說文通訓定聲十八卷分部檢韻一卷說雅一卷
古今韻準一卷　（清）朱駿聲撰　（清）朱鏡蓉
參訂　皇清敕授文林郎國子監博士銜揀選知
縣揚州府學教授允倩府君［朱駿聲］行述一卷
　　朱孔彰撰　清道光二十九年（1849）刻同治
九年（1870）朱孔彰臨嘯閣補刻本　二十四冊

330000－1741－0005092　綫083/6051＊6
類叢部/叢書類/彙編之屬

玉簡齋叢書十種二集八種　羅振玉輯　清宣
統二年（1910）上虞羅氏刻本　二十冊

330000－1741－0005094　善2/424　史部/地
理類/遊記之屬/紀行

東使筆記一卷　（清）鮑存曉撰　清光緒二年
（1876）稿本　一冊

330000－1741－0005096　善2/423　類叢部/
叢書類/自著之屬

孫夏峯全集十二種附一種　（清）孫奇逢撰
清康熙刻道光至光緒遞刻本　一冊　存一種

330000－1741－0005098　綫083/6051＊7
類叢部/叢書類/彙編之屬

玉簡齋叢書十四種二集八種　羅振玉輯　清
宣統二年（1910）上虞羅氏刻本　一冊　存
一種

330000－1741－0005106　綫802.24/4480
經部/小學類/文字之屬/說文

苗氏說文四種　（清）苗夔撰　清道光至咸豐
壽陽祁寯藻漢磚亭刻本　一冊　存一種

330000－1741－0005107　綫802.23/6063
經部/小學類/文字之屬/字書/字體

六書通摭遺十卷　（清）畢星海輯　清嘉慶六
年（1801）海鹽畢星海基聞堂刻本　二冊

330000－1741－0005108　綫802.24/4720
經部/小學類/文字之屬/說文/專著

說文字原韻表二卷　（清）胡重撰　清嘉慶十
六年（1811）金氏月香書屋刻本　一冊

330000－1741－0005113　綫802.24/4720/C1
經部/小學類/文字之屬/說文/專著

說文字原韻表二卷　（清）胡重撰　清嘉慶十
六年（1811）金氏月香書屋刻本　一冊

330000－1741－0005115　綫802.24/8346
經部/小學類/訓詁之屬/字詁

聲類四卷　（清）錢大昕撰　清道光五年
（1825）汪恩刻本　二冊

330000－1741－0005116　綫802.24/3026
經部/小學類/文字之屬/說文

諧聲補逸十四卷　（清）宋保撰　清嘉慶八年
（1803）志學堂刻本　二冊

330000－1741－0005117　綫802.23/4622
經部/小學類/文字之屬/說文/專著

六書原始十五卷　（清）賀崧齡撰　清同治三
年（1864）劍州府署刻本　六冊

330000－1741－0005120　綫802.24/4206
經部/小學類/文字之屬/說文

說文聲系十四卷標目一卷　（清）姚文田撰
清嘉慶九年（1804）粵東督學使者署刻本
二冊

330000－1741－0005123　綫802.251/2574

經部/小學類/文字之屬/說文/專著

六書叚借經徵四卷 （清）朱駿聲撰 清光緒十八年（1892）元和朱氏金陵刻本 一冊

330000－1741－0005126 綫 802.251/1714
經部/小學類/文字之屬/說文/專著

說文解字羣經正字二十八卷 （清）邵瑛撰 清嘉慶二十一年（1816）桂隱書屋刻本 十六冊

330000－1741－0005128 綫 802.251/1741.78a 類叢部/叢書類/彙編之屬

廣雅書局叢書一百五十九種 徐紹棨編 清光緒廣雅書局刻民國九年（1920）番禺徐紹棨彙編重印本 六冊 存一種

330000－1741－0005132 綫 802.251/82 史部/紀傳類/正史之屬

漢書引經異文錄證六卷 （清）繆祐孫撰 清光緒十一年（1885）刻本 二冊

330000－1741－0005134 綫 802.251/1741.78a/C1 類叢部/叢書類/彙編之屬

廣雅書局叢書一百五十九種 徐紹棨編 清光緒廣雅書局刻民國九年（1920）番禺徐紹棨彙編重印本 六冊 存一種

330000－1741－0005135 綫 802.251/2787.78 類叢部/叢書類/彙編之屬

廣雅書局叢書一百五十九種 徐紹棨編 清光緒廣雅書局刻民國九年（1920）番禺徐紹棨彙編重印本 一冊 存一種

330000－1741－0005137 綫 802.251/2787.78/C1 類叢部/叢書類/彙編之屬

廣雅書局叢書一百五十九種 徐紹棨編 清光緒廣雅書局刻民國九年（1920）番禺徐紹棨彙編重印本 一冊 存一種

330000－1741－0005138 綫 802.251/74.26 類叢部/叢書類/彙編之屬

咫進齋叢書三十七種 （清）姚覲元編 清光緒九年（1883）歸安姚氏刻本 一冊 存一種

330000－1741－0005140 綫 802.251/8346c.1 類叢部/叢書類/彙編之屬

金峨山館叢書（望三益齋叢書）十一種 （清）郭傳璞編 清光緒八年至十六年（1882－1890）鄞縣郭氏刻二十年（1894）鎮海邵氏彙印本 一冊 存三種

330000－1741－0005141 綫 802.252/2675善 經部/小學類/文字之屬/說文/專著

說文古語考一卷 （清）程際盛（程琰）輯 **夏小正一卷** （漢）戴德傳 清刻本 一冊

330000－1741－0005143 綫 802.251/2651 經部/群經總義類/文字音義之屬

羣經字攷十卷 （清）吳東發撰 清嘉慶十一年（1806）吳本履刻本 二冊

330000－1741－0005144 綫 802.251/8346C、綫 802.251/8346C.76 類叢部/叢書類/彙編之屬

廣雅書局叢書一百五十九種 徐紹棨編 清光緒廣雅書局刻民國九年（1920）番禺徐紹棨彙編重印本 二冊 存二種

330000－1741－0005145 綫 802.257/0804：2 經部/小學類/文字之屬/說文/專著

說文古籀補十四卷附錄一卷 （清）吳大澂撰 清光緒二十四年（1898）刻本 二冊

330000－1741－0005150 綫 802.251/8346C＊1 類叢部/叢書類/彙編之屬

廣雅書局叢書一百五十九種 徐紹棨編 清光緒廣雅書局刻民國九年（1920）番禺徐紹棨彙編重印本 二冊 存一種

330000－1741－0005152 綫 802.257/0804：3 經部/小學類/文字之屬/說文/專著

說文古籀補十四卷補遺一卷附錄一卷 （清）吳大澂撰 清光緒七年（1881）刻本 二冊

330000－1741－0005153 綫 802.251/8346c.2 類叢部/叢書類/彙編之屬

咫進齋叢書三十七種 （清）姚覲元編 清光緒九年（1883）歸安姚氏刻本 二冊 存一種

330000－1741－0005154 綫 802.257/1200＊1 類叢部/叢書類/自著之屬

經微室著書 （清）孫詒讓撰 清光緒瑞安孫

氏刻本　二冊　存一種

330000－1741－0005159　綫802.257/1200＊
1/C1　類叢部/叢書類/自著之屬

經微室著書　（清）孫詒讓撰　清光緒瑞安孫
氏刻本　二冊　存一種

330000－1741－0005163　綫802.257/4433
經部/小學類/文字之屬/說文/傳說

說文古籀疏證六卷原目一卷　（清）莊述祖撰
　清光緒二十年(1894)武進莊殿華津郡明文
堂刻民國十五年(1926)修補印本　四冊

330000－1741－0005165　綫802.26/1161
類叢部/叢書類/自著之屬

寒松閣集五種　（清）張鳴珂撰　清光緒十年
至二十四年(1884－1898)嘉興張氏刻本　一
冊　存一種

330000－1741－0005167　綫802.257/2643：2
經部/小學類/訓詁之屬/字詁

字說一卷　（清）吳大澂撰　清光緒十九年
(1893)長沙思賢講舍刻本　一冊

330000－1741－0005168　綫802.257/2643
經部/小學類/訓詁之屬/字詁

字說一卷　（清）吳大澂撰　清光緒十九年
(1893)長沙思賢講舍刻本　一冊

330000－1741－0005169　綫802.26/1161/C1
類叢部/叢書類/自著之屬

寒松閣集五種　（清）張鳴珂撰　清光緒十年
至二十四年(1884－1898)嘉興張氏刻本　一
冊　存一種

330000－1741－0005170　綫802.26/8718
經部/小學類/文字之屬/說文

說文新附攷六卷　（清）鄭珍撰　清光緒十四
年(1888)山陰許氏枕碧山館刻本　四冊

330000－1741－0005171　綫802.26/1200：3
經部/小學類/文字之屬/字書/字體

名原二卷　（清）孫詒讓撰　清光緒三十一年
(1905)瑞安孫氏刻本　一冊

330000－1741－0005172　綫802.27/4036

經部/小學類/文字之屬/字書

字學七種二卷　（清）李祕園撰　清光緒十二
年(1886)京師松竹齋刻本　二冊

330000－1741－0005173　綫802.27/1088
經部/小學類/文字之屬/字書/訓蒙

文字蒙求四卷　（清）王筠撰　清光緒十三年
(1887)梁谿浦氏刻本　一冊

330000－1741－0005175　綫802.26/8718/C1
經部/小學類/文字之屬/說文

說文新附攷六卷　（清）鄭珍撰　清光緒十四
年(1888)山陰許氏枕碧山館刻本　四冊

330000－1741－0005176　綫802.27/4447
類叢部/叢書類/彙編之屬

廣雅書局叢書一百五十九種　徐紹榮編　清
光緒廣雅書局刻民國九年(1920)番禺徐紹榮
彙編重印本　一冊　存一種

330000－1741－0005177　綫802.27/4457
經部/小學類/文字之屬/說文/專著

說文部首韻語一卷　（清）黃壽鳳撰　（清）顧
恩來書　清同治十一年(1872)賴氏湖州刻本
　一冊

330000－1741－0005178　綫802.26/4444t：2
經部/小學類/文字之屬/說文/專著

唐寫本說文解字木部箋異一卷　（清）莫友芝
撰　**仿唐寫本說文解字木部一卷**　（漢）許慎
撰　清同治三年(1864)湘鄉曾國藩安慶刻本
　一冊

330000－1741－0005179　綫802.258/1714：1
經部/小學類/文字之屬/說文/專著

許氏說文解字雙聲疊韻譜一卷　（清）鄧廷楨
撰　清知足齋刻本　一冊

330000－1741－0005180　綫802.26/8718a
經部/小學類/文字之屬/說文

說文逸字二卷附錄一卷　（清）鄭珍撰　清光
緒十四年(1888)山陰許氏枕碧山館刻本
三冊

330000－1741－0005181　綫802.27/4480
經部/小學類/文字之屬/說文

苗氏說文四種　（清）苗夔撰　清道光至咸豐
壽陽祁氏漢專亭刻本　一冊　存一種

330000－1741－0005183　綫802.258/1061
經部/小學類/音韻之屬

丁西圍叢書三種　（清）丁顯撰　清光緒刻本
一冊　存一種

330000－1741－0005184　綫802.26/0845
類叢部/叢書類/自著之屬

古均閣遺箸二種　（清）許槤撰　清光緒十四
年(1888)海寧許頌鼎刻本　一冊

330000－1741－0005186　綫802.26/8718a：1
類叢部/叢書類/自著之屬

鄭子尹遺書五種　（清）鄭珍撰　清咸豐至同
治刻本　二冊　存一種

330000－1741－0005187　綫802.27/1122
經部/小學類/文字之屬/說文/專著

說文楬原二卷　（清）張行孚撰　清光緒十一
年(1885)揚州刻本　二冊

330000－1741－0005190　綫802.26/4444t：1
經部/小學類/文字之屬/說文/專著

唐寫本說文解字木部箋異一卷　（清）莫友芝
撰　仿唐寫本說文解字木部一卷　（漢）許慎
撰　清同治三年(1864)湘鄉曾國藩安慶刻本
一冊

330000－1741－0005191　綫802.26/4444t：4
經部/小學類/文字之屬/說文/專著

唐寫本說文解字木部箋異一卷　（清）莫友芝
撰　仿唐寫本說文解字木部一卷　（漢）許慎
撰　清同治三年(1864)湘鄉曾國藩安慶刻本
一冊

330000－1741－0005192　綫802.26/8741
經部/小學類/文字之屬/說文

說文新附攷六卷續攷一卷　（清）鈕樹玉撰
清同治十三年(1874)湖北崇文書局刻本
二冊

330000－1741－0005193　綫802.27/3308
經部/小學類/文字之屬/字書/訓蒙

倉頡篇校證三卷補遺一卷　（清）梁章鉅撰

清光緒五年(1879)梁氏刻民國十年(1921)蘇
州寶華山房印本　二冊

330000－1741－0005194　綫802.26/8741.2
經部/小學類/文字之屬/說文

說文新附攷六卷續攷一卷　（清）鈕樹玉撰
清嘉慶六年(1801)非石居刻本　二冊

330000－1741－0005195　綫802.26/4444t
經部/小學類/文字之屬/說文/專著

唐寫本說文解字木部箋異一卷　（清）莫友芝
撰　仿唐寫本說文解字木部一卷　（漢）許慎
撰　清同治三年(1864)湘鄉曾國藩安慶刻本
二冊

330000－1741－0005197　綫802.27/5038
類叢部/叢書類/自著之屬

陳氏裛露軒叢書四種　（清）陳本禮撰　清嘉
慶陳氏裛露軒刻本　二冊　存一種

330000－1741－0005202　善2/423A　類叢
部/叢書類/自著之屬

潘子全集七種附二種　（清）潘相撰　清乾隆
至嘉慶刻光緒十五年(1889)重刻彙印本　四
冊　存一種

330000－1741－0005203　綫802.29/4206
經部/小學類/文字之屬/字書

偏旁舉略一卷　（清）姚文田輯　清刻本
一冊

330000－1741－0005204　綫802.28/5042
類叢部/叢書類/彙編之屬

後知不足齋叢書四十七種　（清）鮑廷爵編
清同治至光緒常熟鮑氏刻本　二冊　存一種

330000－1741－0005205　綫802.28/0754.3
類叢部/叢書類/彙編之屬

廣雅書局叢書一百五十九種　徐紹榮編　清
光緒廣雅書局刻民國九年(1920)番禺徐紹榮
彙編重印本　四冊　存一種

330000－1741－0005208　綫802.295/1712：2
經部/小學類/文字之屬/字書/字體

隸篇十五卷續十五卷再續十五卷　（清）翟云
升撰　清道光十七年至十八年(1837－1838)

五經歲徧齋刻二十四年(1844)增刻本　一冊
缺十七卷(隸篇一至十五、再續十四至十五)

330000－1741－0005209　綫 802.29/4206：2
經部/小學類/文字之屬/字書

偏旁舉略一卷　(清)姚文田輯　清刻本
一冊

330000－1741－0005210　綫 802.28/0754.4
經部/小學類/文字之屬/字書/字體

汗簡箋正七卷書目箋正一卷　(宋)郭忠恕撰
(清)鄭珍箋正　清光緒十五年(1889)廣雅
書局刻廣雅書局叢書本　屈爔題記　二冊

330000－1741－0005211　善 2/423B　類叢
部/叢書類/自著之屬

亭林遺書十種　(清)顧炎武撰　清康熙潘氏
遂初堂刻本　一冊

330000－1741－0005212　綫 802.28/51.11
經部/小學類/文字之屬/字書/字體

復古編二卷　(宋)張有撰　**復古編校正一卷**
(清)葛鳴陽撰　**復古編附錄一卷**　(清)葛
鳴陽輯　**曾樂軒稿一卷**　(宋)張維撰　**安陸
集一卷**　(宋)張先撰　清光緒八年(1882)淮
南書局刻本　六冊

330000－1741－0005213　綫 802.28/5042：4
經部/小學類/文字之屬/字書

班馬字類五卷　(宋)婁機撰　清揚州馬氏小
玲瓏山館刻本　五冊

330000－1741－0005214　善 1/176A　經部/
小學類/文字之屬/字書/字體

隸辨八卷　(清)顧藹吉撰　清乾隆八年
(1743)天都黃晟刻本　八冊

330000－1741－0005216　綫 802.295/1712
經部/小學類/文字之屬/字書/字體

隸篇十五卷續十五卷再續十五卷　(清)翟云
升撰　清道光十七年至十八年(1837－1838)
五經歲徧齋刻二十四年(1844)增刻本　十冊

330000－1741－0005217　綫 802.28/5042：2
經部/小學類/文字之屬/字書

班馬字類五卷　(宋)婁機撰　清光緒十七年
(1891)思賢書局刻本　二冊

330000－1741－0005218　綫 802.297/0111
類叢部/叢書類/彙編之屬

後知不足齋叢書四十七種　(清)鮑廷爵編
清同治至光緒常熟鮑氏刻本　一冊　存一種

330000－1741－0005220　綫 802.297/0131
經部/小學類/文字之屬/字書

字學舉隅不分卷　(清)黃本驥　(清)龍啓瑞
撰　清光緒八年(1882)京都琉璃廠懿文齋刻
本　一冊

330000－1741－0005221　綫 802.28/2244.1
經部/小學類/文字之屬/字書/字典

字林考逸八卷附錄一卷　(晉)呂忱撰　(清)
任大椿輯　**字林考逸補本一卷**　(清)陶方琦
撰　**補附錄一卷**　(清)諸可寶撰　清光緒十
六年(1890)江蘇書局刻本　四冊

330000－1741－0005222　善 2/429A　史部/
政書類/通制之屬

通志略五十二卷　(宋)鄭樵撰　明嘉靖二十
九年(1550)陳宗夔等刻清乾隆十三年(1748)
金匱山房印本　二十冊

330000－1741－0005223　綫 802.295/4445
經部/小學類/文字之屬/字體

漢隸異同十二卷　(清)甘揚聲輯　清道光十
一年(1831)勤約堂刻本　二冊

330000－1741－0005224　綫 802.28/5042：3
類叢部/叢書類/彙編之屬

玲瓏山館叢刻六種　(清)顧湘編　清嘉慶至
道光刻道光二十九年(1849)虞山顧氏彙刻本
二冊　存一種

330000－1741－0005225　綫 802.297/0111：
C1　類叢部/叢書類/彙編之屬

後知不足齋叢書四十七種　(清)鮑廷爵編
清同治至光緒常熟鮑氏刻本　二冊　存一種

330000－1741－0005226　綫 802.29/5088
類叢部/叢書類/自著之屬

石屋書四種　(清)曹金籥撰　清同治仁和曹

氏刻本　一冊　存一種

330000－1741－0005227　綫802.297/0131.1
　經部/小學類/文字之屬/字書
臨文便覽二種　(清)張啓泰輯　清同治十三
年(1874)松竹齋刻本　二冊

330000－1741－0005229　綫802.297/0754
類叢部/叢書類/彙編之屬
鐵華館叢書六種　(清)蔣鳳藻編　清光緒九
年至十年(1883－1884)長洲蔣氏影刻本　一
冊　存一種

330000－1741－0005232　綫802.295/3144
經部/小學類/文字之屬/字書/字體
隸辨八卷　(清)顧藹吉撰　清同治十二年
(1873)漁古山房刻本　八冊

330000－1741－0005233　綫802.298/1048
經部/小學類/文字之屬/字書
辨字通考四卷首一卷　(清)王在鎬撰　清道
光二十二年(1842)刻本　五冊

330000－1741－0005239　綫802.298/4031
經部/小學類/文字之屬/說文/專著
說文辨字正俗八卷　(清)李富孫撰　清嘉慶
二十三年(1818)嘉興李富孫校經廎刻本
二冊

330000－1741－0005240　綫802.3/0028　類
叢部/叢書類/家集之屬
高郵王氏著書五種　(清)王念孫　(清)王引
之撰　清嘉慶至道光王氏刻本　四冊　存
一種

330000－1741－0005241　綫802.295/3144/
C1　經部/小學類/文字之屬/字書/字體
隸辨八卷　(清)顧藹吉撰　清同治十二年
(1873)漁古山房刻本　八冊

330000－1741－0005242　綫802.298/4031:2
　經部/小學類/文字之屬/說文/專著
說文辨字正俗八卷　(清)李富孫撰　清嘉慶
二十三年(1818)嘉興李富孫校經廎刻本
二冊

330000－1741－0005243　綫802.295/7213
經部/小學類/文字之屬/字書/字體
隸韻十卷碑目一卷　(宋)劉球撰　隸韻攷證
二卷碑目攷證一卷　(清)翁方綱撰　清嘉慶
十五年(1810)秦恩復刻本　六冊

330000－1741－0005244　綫802.3/0077.2:3
經部/小學類/文字之屬/字書/字典
康熙字典十二集三十六卷總目一卷檢字一卷
辨似一卷等韻一卷備考一卷補遺一卷　(清)
張玉書等纂修　清末上海商務印書館銅版印
本　七冊

330000－1741－0005245　綫802.3/0077.2:4
經部/小學類/文字之屬/字書/字典
康熙字典十二集三十六卷總目一卷檢字一卷
辨似一卷等韻一卷備考一卷補遺一卷　(清)
張玉書等纂修　清末上海商務印書館銅版印
本　七冊

330000－1741－0005246　綫802.3/0077.2:5
經部/小學類/文字之屬/字書/字典
康熙字典十二集三十六卷總目一卷檢字一卷
辨似一卷等韻一卷備考一卷補遺一卷　(清)
張玉書等纂修　清末上海商務印書館銅版印
本　六冊

330000－1741－0005248　綫802.3/0077.2:1
經部/小學類/文字之屬/字書/字典
康熙字典十二集三十六卷總目一卷檢字一卷
辨似一卷等韻一卷備考一卷補遺一卷　(清)
張玉書等纂修　清末上海商務印書館銅版印
本　四冊

330000－1741－0005250　綫802.299/1088
類叢部/叢書類/自著之屬
王菉友著述九種　(清)王筠撰　清道光至咸
豐刻本　一冊　存一種

330000－1741－0005251　綫802.3/0077.3
經部/小學類/文字之屬/字書/字典
康熙字典十二集三十六卷總目一卷檢字一卷
辨似一卷等韻一卷補遺一卷備考一卷　(清)
張玉書等纂修　清光緒十三年(1887)上海同
文書局石印本　六冊

330000－1741－0005252　綫802.3/0077.2
經部/小學類/文字之屬/字書/字典

**康熙字典十二集三十六卷總目一卷檢字一卷
辨似一卷等韻一卷補遺一卷備考一卷**　（清）
張玉書等纂修　清末上海商務印書館石印本
六冊

330000－1741－0005255　綫802.3/0077.4
經部/小學類/文字之屬/字書/字典

**康熙字典十二集三十六卷總目一卷檢字一卷
辨似一卷等韻一卷補遺一卷備考一卷**　（清）
張玉書等纂修　清光緒十三年(1887)上海積
山書局石印本　六冊

330000－1741－0005256　綫802.3/4803　經
部/小學類/文字之屬/字書/字典

字彙十二集首一卷末一卷韻法直圖一卷
(明)梅膺祚撰　**韻法橫圖一卷**　（明）李世澤
撰　清同治七年(1868)刻本　十四冊

330000－1741－0005257　綫802.295/5042
經部/小學類/文字之屬/字書/字體

漢隸字源五卷碑目一卷附字一卷　（宋）婁機
撰　明末毛氏汲古閣刻受恒堂印本　六冊

330000－1741－0005258　綫802.39/6075
經部/小學類/文字之屬/字書/字典

文科大詞典十二卷　國學扶輪社編　清宣統
三年(1911)上海國學扶輪社鉛印本　十二冊

330000－1741－0005259　綫802.3/0077.2：2
經部/小學類/文字之屬/字書/字典

**康熙字典十二集三十六卷總目一卷檢字一卷
辨似一卷等韻一卷備考一卷補遺一卷**　（清）
張玉書等纂修　清末上海商務印書館銅版印
本　七冊

330000－1741－0005261　綫802.3/0077.7
經部/小學類/文字之屬/字書/字典

**康熙字典十二集三十六卷總目一卷檢字一卷
辨似一卷等韻一卷補遺一卷備考一卷**　（清）
張玉書等纂修　清光緒十六年(1890)上洋鴻
寶齋石印本　六冊

330000－1741－0005263　綫802.4/1779　經

部/小學類/音韻之屬/等韻

切韻指掌圖一卷　（宋）司馬光撰　清光緒九
年(1883)上海同文書局石印本　一冊

330000－1741－0005266　綫802.4088/3191a
類叢部/叢書類/彙編之屬

思賢書局刊書十九種　（清）思賢書局編　清
光緒至宣統思賢書局刻本　十二冊　存一種

330000－1741－0005267　綫802.295/7213：2
經部/小學類/文字之屬/字書/字體

隸韻十卷碑目一卷　（宋）劉球撰　**隸韻攷證
二卷碑目攷證一卷**　（清）翁方綱撰　清嘉慶
十五年(1810)秦恩復刻本　六冊

330000－1741－0005268　綫802.4/1779：3
類叢部/叢書類/彙編之屬

十萬卷樓叢書五十一種　（清）陸心源編　清
光緒歸安陸氏刻本　一冊　存一種

330000－1741－0005273　綫802.41/0131
經部/小學類/音韻之屬/古今韻說

古韻通說二十卷附通說一卷　（清）龍啟瑞撰
清光緒九年(1883)四川尊經書局刻本
四冊

330000－1741－0005274　綫802.295/7213：3
經部/小學類/文字之屬/字書/字體

隸韻十卷碑目一卷　（宋）劉球撰　**隸韻攷證
二卷碑目攷證一卷**　（清）翁方綱撰　清嘉慶
十五年(1810)秦恩復刻本　六冊

330000－1741－0005275　綫802.4088/3191.2
經部/小學類/音韻之屬

音學五書五種　（清）顧炎武撰　清康熙六年
(1667)山陽張氏符山堂刻本　十冊

330000－1741－0005278　綫802.4/4482　經
部/小學類/音韻之屬/韻書

**古今韻會舉要三十卷禮部韻略七音三十六母
通攷一卷**　（元）黃公紹撰　（元）熊忠舉要
清光緒九年(1883)淮南書局刻本　十冊

330000－1741－0005281　綫802.41/2357
類叢部/叢書類/自著之屬

澹勤室著述六種　（清）傅壽彤撰　清道光至

光緒刻彙印本　二冊　存一種

330000 – 1741 – 0005283　綫 802.41/3083
經部/小學類/音韻之屬/古今韻說
古韻溯原八卷　（清）安念祖　（清）華湛恩輯
　清道光十九年(1839)親仁堂刻本　四冊

330000 – 1741 – 0005284　綫 802.42/1000.1
　經部/小學類
姚刻三韻(姚氏叢刻)三種　（清）姚覲元輯
清光緒二年(1876)歸安姚覲元川東官舍刻本
　十冊　存一種

330000 – 1741 – 0005285　綫 802.42/0051
類叢部/叢書類/郡邑之屬
永嘉叢書十三種　（清）孫衣言編　清同治至
光緒瑞安孫氏詒善祠塾刻本　十冊　存一種

330000 – 1741 – 0005286　綫 802.41/4206
類叢部/叢書類/自著之屬
邃雅堂全集九種　（清）姚文田撰　清嘉慶至
光緒歸安姚氏刻本　四冊　存一種

330000 – 1741 – 0005287　綫 802.42/0051：3
　類叢部/叢書類/郡邑之屬
永嘉叢書十三種　（清）孫衣言編　清同治至
光緒瑞安孫氏詒善祠塾刻本　十冊　存一種

330000 – 1741 – 0005288　綫 802.42/1000
經部/小學類/音韻之屬/韻書
集韻十卷　（宋）丁度等撰　清康熙四十五年
(1706)曹寅揚州使院刻嘉慶十九年(1814)重
修本　十冊

330000 – 1741 – 0005289　綫 802.42/0051：2
　類叢部/叢書類/郡邑之屬
永嘉叢書十三種　（清）孫衣言編　清同治至
光緒瑞安孫氏詒善祠塾刻本　十冊　存一種

330000 – 1741 – 0005291　綫 802.41/5374
經部/小學類/文字之屬/說文/專著
**漢學諧聲二十四卷說文補考一卷說文又考一
卷**　（清）戚學標撰　清嘉慶九年(1804)涉縣
官署刻本　七冊　缺二卷(說文補考、說文又
考)

330000 – 1741 – 0005292　綫 802.41/4722：2
　類叢部/叢書類/家集之屬
績溪胡氏叢書十種　（清）胡培系編　清同治
十年至光緒二年(1871 – 1876)世澤樓刻本暨
木活字印本　一冊　存一種

330000 – 1741 – 0005293　綫 802.42/0051：4
　類叢部/叢書類/郡邑之屬
永嘉叢書十三種　（清）孫衣言編　清同治至
光緒瑞安孫氏詒善祠塾刻本　十冊　存一種

330000 – 1741 – 0005295　綫 802.41/4722
類叢部/叢書類/家集之屬
績溪胡氏叢書十種　（清）胡培系編　清同治
十年至光緒二年(1871 – 1876)世澤樓刻本暨
木活字印本　一冊　存一種

330000 – 1741 – 0005297　綫 802.42/1779
經部/小學類
姚刻三韻(姚氏叢刻)三種　（清）姚覲元輯
清光緒二年(1876)歸安姚覲元川東官舍刻本
　十五冊　存一種

330000 – 1741 – 0005300　綫 802.42/3130
經部/小學類/音韻之屬/等韻
四聲切韻表一卷凡例一卷　（清）江永編　清
光緒二年(1876)李明墀漢皋榷署刻本　唐慎
坊題記　一冊

330000 – 1741 – 0005304　綫 802.41/8397：2
　經部/小學類/音韻之屬/古今韻說
韻目表一卷　錢恂撰　清光緒七年(1881)歸
安錢氏刻朱印本　一冊

330000 – 1741 – 0005305　綫 802.41/8397：2/
C1　經部/小學類/音韻之屬/古今韻說
韻目表一卷　錢恂撰　清光緒七年(1881)歸
安錢氏刻朱印本　一冊

330000 – 1741 – 0005308　綫 802.44/0412
經部/小學類/音韻之屬/韻書
韻辨一隅八卷補遺一卷　（清）諸玉衡撰　清
道光二十二年至二十四年(1842 – 1844)金氏
味經瘦閣刻咸豐五年(1855)古楂谿郁氏宜稼
堂補刻本　四冊

330000 – 1741 – 0005311　綫 802.44/0780
經部/小學類/音韻之屬/韻書

韻府翼五卷　（清）郭鑑庚輯　清光緒元年
（1875）刻本　二冊

330000 – 1741 – 0005315　綫 802.43/7723：3
類叢部/叢書類/彙編之屬

鐵琴銅劍樓叢書十三種　瞿啟甲編　清光緒
至民國刻本暨影印本　二冊　存一種

330000 – 1741 – 0005316　綫 802.42/9913
經部/小學類/音韻之屬

矩齋所學　勞乃宣撰　清光緒至民國刻本
三冊　存一種

330000 – 1741 – 0005319　綫 802.44/0422
經部/小學類/音韻之屬/韻書

彙集雅俗通十五音八卷　（清）謝秀嵐編輯
清嘉慶二十三年（1818）文林堂刻朱墨套印本
八冊

330000 – 1741 – 0005320　綫 802.44/1165
經部/小學類/音韻之屬/古今韻說

古韻發明不分卷附切字肆考不分卷　（清）張
畊撰　清道光六年（1826）滕陽張畊芸心堂刻
本　四冊

330000 – 1741 – 0005321　綫 802.44/2149.2
類叢部/類書類/專類之屬

韻海大全不分卷　（清）仁壽室主人輯　清光
緒十七年（1891）上海石印本　六冊

330000 – 1741 – 0005322　綫 802.44/0822
經部/小學類/音韻之屬/韻書

韻雅五卷雜論一卷識餘一卷　（清）施何牧撰
清康熙刻本　五冊

330000 – 1741 – 0005323　綫 802.44/2149
類叢部/類書類/專類之屬

韻海大全不分卷　（清）仁壽室主人輯　清光
緒十三年（1887）上海積山書局石印本　六冊

330000 – 1741 – 0005324　綫 802.44/4094
經部/小學類/音韻之屬/韻書

音韻闡微十八卷韻譜一卷　（清）李光地等撰
清光緒七年（1881）淮南書局刻本　五冊

330000 – 1741 – 0005325　綫 802.44/4094：3
經部/小學類/音韻之屬/韻書

音韻闡微十八卷韻譜一卷　（清）李光地等撰
清光緒七年（1881）淮南書局刻本　六冊

330000 – 1741 – 0005327　綫 802.44/2149/C1
類叢部/類書類/專類之屬

韻海大全不分卷　（清）仁壽室主人輯　清末
影印本　六冊

330000 – 1741 – 0005328　綫 802.44/3040
經部/小學類/音韻之屬/韻書

韻徵十六卷　（清）安吉撰　（清）安念祖篆錄
清道光十七年（1837）華湛恩刻本　八冊

330000 – 1741 – 0005329　綫 802.44/1712
經部/小學類/音韻之屬

切音捷訣一卷附幼學切音便讀一卷　（清）酈
珩輯　清光緒六年（1880）諸暨摭古堂刻本
一冊

330000 – 1741 – 0005330　綫 802.44/4741
經部/小學類/音韻之屬/古今韻說

古今中外音韻通例不分卷　（清）胡垣撰　清
光緒十四年（1888）刻本　四冊

330000 – 1741 – 0005331　綫 802.44/7734
經部/小學類/音韻之屬/韻書

詩韻釋要五卷　（清）周兆基輯　清道光九年
（1829）刻本　一冊

330000 – 1741 – 0005333　綫 802.44/7238
經部/小學類/音韻之屬/韻書

佩文韻遡原五卷　（清）劉家鎮輯　清道光二
十九年（1849）石芝山館刻本　二冊

330000 – 1741 – 0005334　綫 802.44/8067.3
經部/小學類/音韻之屬/韻書

詩韻集成十卷　（清）余照輯　**詞林典腋一卷**
清刻本　二冊

330000 – 1741 – 0005335　綫 802.44/8770
經部/小學類/文字之屬/字書/字典

四音釋義十二卷　（清）鄭長庚撰　清嘉慶二
十五年（1820）鄭長庚刻道光四年（1824）重修
本　十二冊

206

330000－1741－0005336　綫 802.44/8067
經部/小學類/音韻之屬/韻書

詩韻集成十卷　（清）余照輯　**詞林典腋一卷**
清咸豐五年(1855)務本堂刻本　二冊

330000－1741－0005337　綫 802.44/8067.2
經部/小學類/音韻之屬/韻書

詩韻集成十卷　（清）余照輯　**詞林典腋一卷**
清光緒十八年(1892)文奎堂刻本　二冊

330000－1741－0005338　綫 802.44/8067.4
經部/小學類/音韻之屬/韻書

詩韻集成十卷　（清）余照輯　**詞林典腋一卷**
清刻本　四冊

330000－1741－0005339　綫 802.44/3631.2
經部/小學類/音韻之屬/韻書

詩韻合璧五卷　（清）湯祥瑟輯　**詩腋不分卷**
詞林典腋不分卷　詩腋補編不分卷　賦彙
錄要不分卷　分韻文選題解擇要不分卷　虛
字韻藪一卷　（清）潘維城輯　清光緒十二年
(1886)江左書林錫活字印本　五冊

330000－1741－0005341　綫 802.44/3160
經部/小學類/音韻之屬/韻書

韻歧五卷　（清）江昱撰　清光緒七年(1881)
刻本　二冊

330000－1741－0005345　綫 802.44/8067.5
經部/小學類/音韻之屬/韻書

詩韻集成十卷　（清）余照輯　**詞林典腋一卷**
清光緒二十四年(1898)燕臺文雅堂刻本
四冊

330000－1741－0005348　綫 802.44/3160：2
經部/小學類/音韻之屬/韻書

韻歧五卷　（清）江昱撰　清光緒七年(1881)
刻本　二冊

330000－1741－0005351　綫 802.44/3631.3
經部/小學類/音韻之屬/韻書

詩韻合璧五卷　（清）湯祥瑟輯　**詩腋不分卷**
詞林典腋不分卷　詩腋補編不分卷　賦彙
錄要不分卷　分韻文選題解擇要不分卷　虛
字韻藪一卷　（清）潘維城輯　清光緒六年

(1880)文光敏記書店刻本　五冊

330000－1741－0005357　綫 802.44/3631：4
經部/小學類/音韻之屬/韻書

詩韻合璧五卷　（清）湯祥瑟輯　**詩腋不分卷**
詞林典腋不分卷　詩腋補編不分卷　賦彙
錄要不分卷　分韻文選題解擇要不分卷　虛
字韻藪一卷　（清）潘維城輯　清末鉛印本
五冊

330000－1741－0005360　綫 802.51/21.56
經部/小學類/訓詁之屬/方言

輶軒使者絕代語釋別國方言十三卷首一卷
（漢）揚雄撰　（晉）郭璞注　**續方言二卷**
（清）杭世駿撰　**續方言補一卷**　（清）程際盛
撰　清光緒十七年(1891)長沙思賢講舍刻本
三冊

330000－1741－0005363　綫 802.51/78.34
類叢部/叢書類/彙編之屬

木犀軒叢書二十七種　李盛鐸編　清光緒德
化李氏木犀軒刻本　二冊　存一種

330000－1741－0005364　綫 802.51/74.43
經部/小學類/訓詁之屬/方言

輶軒使者絕代語釋別國方言十三卷　（清）戴
震疏證　**續方言二卷**　（清）杭世駿撰　清光
緒刻本　二冊

330000－1741－0005366　綫 802.51/21.56：2
經部/小學類/訓詁之屬/方言

輶軒使者絕代語釋別國方言十三卷　（漢）揚
雄撰　（晉）郭璞注　清光緒福山王氏天壤閣
刻本　一冊

330000－1741－0005367　善 4/001Z　集部/
總集類/彙編之屬

屈陶合刻三種　（明）毛晉編　明萬曆四十六
年至天啓五年(1618－1625)毛氏綠君亭刻本
二冊　存二種

330000－1741－0005369　綫 802.51/8326
類叢部/叢書類/彙編之屬

廣雅書局叢書一百五十九種　徐紹棨編　清
光緒廣雅書局刻民國九年(1920)番禺徐紹棨

彙編重印本　四冊　存一種

330000－1741－0005371　善 4/002　集部/楚辭類

楚辭章句十七卷　（漢）王逸撰　（宋）洪興祖補注　清初海虞毛氏汲古閣刻本　六冊

330000－1741－0005374　綫 802.56/9913
經部/小學類/音韻之屬

矩齋所學　勞乃宣撰　清光緒至民國刻本
一冊　存一種

330000－1741－0005376　綫 802.51/77.83：2
經部/小學類/訓詁之屬/方言

輶軒使者絕代語釋別國方言箋疏十三卷
（漢）揚雄撰　（清）錢繹箋疏　清光緒十六年（1890）紅蝠山房刻本　六冊

330000－1741－0005377　綫 802.51/77.83：3
經部/小學類/訓詁之屬/方言

輶軒使者絕代語釋別國方言箋疏十三卷
（漢）揚雄撰　（清）錢繹箋疏　清光緒十六年（1890）紅蝠山房刻本　六冊

330000－1741－0005379　綫 802.51/4047
經部/小學類/訓詁之屬/方言

續方言二卷　（清）杭世駿撰　清刻本　一冊

330000－1741－0005380　綫 802.51/77.26
經部/小學類/訓詁之屬/方言

廣續方言四卷　程先甲輯　清光緒二十三年（1897）木活字印本　二冊

330000－1741－0005381　善 4/003　集部/楚辭類

楚辭章句十七卷　（漢）王逸撰　（宋）洪興祖補注　清同治十一年（1872）金陵書局刻本
清孫衣言批並題記　四冊

330000－1741－0005382　綫 802.51/77.26：2
類叢部/叢書類/自著之屬

千一齋全書　程先甲撰　清光緒至民國江寧程氏千一齋刻本　三冊　存二種

330000－1741－0005384　綫 802.52/0090
經部/小學類/訓詁之屬/方言

新方言十一卷嶺外三州語一卷　章炳麟撰
清宣統三年（1911）文學會社三版石印本
一冊

330000－1741－0005386　綫 802.49/8350
經部/小學類/音韻之屬/韻書

入聲便記一卷　（清）王家督撰　清光緒九年（1883）刻二酉齋印本　一冊

330000－1741－0005387　綫 802.56/9913：1
經部/小學類/音韻之屬

矩齋所學　勞乃宣撰　清光緒至民國刻本
一冊　存一種

330000－1741－0005388　善 4/006Z　集部/楚辭類

楚辭集註八卷辯證二卷後語六卷　（宋）朱熹撰　明刻本　二冊　存八卷（楚辭集註一至八）

330000－1741－0005392　綫 802.61/1013：3
經部/群經總義類/文字音義之屬

經傳釋詞十卷　（清）王引之撰　清道光二十七年（1847）錢熙祚刻本　二冊

330000－1741－0005393　綫 802.61/1013.2：2
經部/群經總義類/文字音義之屬

經傳釋詞十卷　（清）王引之撰　清嘉慶二十四年（1819）高郵王氏刻本　四冊

330000－1741－0005395　綫 802.61/1013：5
類叢部/叢書類/家集之屬

王氏四種　（清）王念孫　（清）王引之撰　清光緒二十一年（1895）上海鴻文書局石印本
一冊　存一種

330000－1741－0005396　善 4/007　集部/楚辭類

楚辭集註八卷辯證二卷後語八卷　（宋）朱熹撰　（明）蔣之翹補輯並評校　**楚辭附覽二卷總評一卷**　（明）蔣之翹輯　明天啓六年（1626）檇李蔣之翹刻忠雅堂印本　三冊　缺八卷（後語一至八）

330000－1741－0005400　綫 802.61/1013
經部/群經總義類/文字音義之屬

經傳釋詞十卷 （清）王引之撰 清嘉慶二十四年(1819)高郵王氏刻本 四冊

330000－1741－0005401 善 4/005 集部/楚辭類

楚辭集註八卷辯證二卷後語六卷 （宋）朱熹撰 明萬曆二十五年(1597)吉府刻本 六冊 存八卷(楚辭集註一至八)

330000－1741－0005402 綫 802.81/3357 經部/小學類

三千字文音釋一卷 （清）補拙居士撰 （清）潘純甫注 清光緒二十七年(1901)鎮江善化堂刻本 一冊

330000－1741－0005404 綫 802.81/4038g 類叢部/類書類/專類之屬

李氏蒙求補注六卷 （唐）李瀚撰 （清）金三俊補注 清道光九年(1829)京口敦經堂刻本 二冊

330000－1741－0005407 善 4/008 集部/楚辭類

楚辭集注八卷總評一卷 （宋）朱熹集注 （明）沈雲翔輯評 清康熙聽雨齋刻朱墨套印本 八冊

330000－1741－0005411 綫 802.61/1013S 經部/群經總義類/文字音義之屬

經傳釋詞再補一卷 （清）孫經世撰 清光緒十一年(1885)長洲蔣氏刻本 一冊

330000－1741－0005415 善 4/009 集部/楚辭類

楚辭集註八卷辯證二卷後語六卷 （宋）朱熹撰 明正德十四年(1519)沈圻刻本 清孫詒讓校 一冊 存八卷(辯證一至二、後語一至六)

330000－1741－0005418 綫 802.81/2614 子部/儒家類/儒學之屬/蒙學

寄傲山房塾課新增幼學故事瓊林四卷首一卷 （明）程登吉撰 （清）鄒聖脈增補 清光緒二十年(1894)四明茹古齋刻本 一冊

330000－1741－0005419 綫 802.81/2756

類叢部/叢書類/自著之屬

釀齋訓蒙雜編五種 （清）鮑東里撰 清光緒二十八年(1902)雲南官書局刻本 一冊 存一種

330000－1741－0005420 綫 802.61/1041 史部/金石類/石之屬/義例

碑版文廣例十卷 （清）王芑孫撰 清道光二十一年(1841)長洲王氏刻本 四冊

330000－1741－0005422 綫 802.81/4434.2 子部/儒家類/儒學之屬/蒙學

龍文鞭影四卷 （明）蕭良有纂輯 （明）楊臣靜增訂 （清）李恩綬校補 清光緒十一年(1885)共賞書局刻本 二冊

330000－1741－0005425 善 4/010 集部/楚辭類

楚辭評林八卷總評一卷 （宋）朱熹集註 （明）沈雲翔輯評 明崇禎吳郡寶翰樓刻本 四冊

330000－1741－0005426 綫 802.82/2632 集部/總集類/選集之屬/通代

桐城吳氏古文讀本十三卷 （清）吳汝綸評選 清光緒鉛印本 四冊

330000－1741－0005427 綫 802.61/1041.2 史部/金石類/石之屬/義例

碑版文廣例十卷 （清）王芑孫撰 清道光二十一年(1841)長洲王氏刻本 六冊

330000－1741－0005428 善 4/011 集部/別集類/明別集

黃石齋先生續騷四卷附黃石齋先生文鈔一卷 （明）黃道周撰 清真吾廬主人介石抄本 一冊

330000－1741－0005429 綫 802.82/9022 集部/總集類/選集之屬/通代

古文講授談不分卷 尚秉和輯 清宣統二年(1910)北京官書局鉛印本 一冊

330000－1741－0005430 綫 802.81/4434.3 子部/儒家類/儒學之屬/蒙學

龍文鞭影四卷 （明）蕭良有纂輯 （明）楊臣

靜增訂 （清）李恩綬校補 清光緒二十二年（1896）李光明莊狀元閣刻本 四冊

330000－1741－0005438 綫802.81/4434.1
子部/儒家類/儒學之屬/蒙學

龍文鞭影二卷 （明）蕭良有纂輯 （清）楊臣靜增訂 （清）陳士龍編次 **龍文鞭影二集二卷** （清）李暉吉 （清）徐瀠輯 清道光二十九年（1849）、咸豐二年（1852）刻本 四冊

330000－1741－0005440 善4/012A 集部/楚辭類

山帶閣註楚辭六卷首一卷餘論二卷說韻一卷 （清）蔣驥撰 清雍正五年（1727）武進蔣驥山帶閣刻本 一冊 存二卷（餘論一至二）

330000－1741－0005441 綫802.81/7247
經部/小學類/文字之屬/字書/訓蒙

重校蒙學堂字課圖說四卷檢字一卷類字一卷 （清）劉樹屏撰 （清）吳子城繪圖 清光緒二十七年（1901）石印本 八冊

330000－1741－0005442 綫803.18/4144
經部/小學類/訓詁之屬/譯語

和文漢譯讀本八卷 （日本）坪內雄藏編 （日本）長尾槇太郎譯 清光緒三十二年（1906）上海商務印書館石印本 八冊

330000－1741－0005444 善4/012B 集部/楚辭類

屈騷心印五卷首一卷 （清）夏大霖撰 清乾隆九年（1744）夏景頤刻一本堂印本 四冊

330000－1741－0005446 綫820/2260 類叢部/叢書類/彙編之屬

邵武徐氏叢書初刻十四種 （清）徐榦輯 清光緒邵武徐氏刻本 一冊 存一種

330000－1741－0005447 綫802.821/8003
集部/總集類/選集之屬/通代

重訂古文釋義新編八卷 （清）余誠評註 清光緒二十三年（1897）上海文瑞樓刻本 八冊

330000－1741－0005448 善4/013A 集部/楚辭類

離騷草木史九卷離騷拾細一卷 （清）周拱辰

撰 清初檇李周氏聖雨齋刻本 二冊 存三卷（一至三）

330000－1741－0005454 綫820/7246.3 集部/詩文評類/文評之屬

文心雕龍十卷 （南朝梁）劉勰撰 （清）黃叔琳輯注 清刻本 四冊

330000－1741－0005457 善4/020 集部/別集類/漢魏六朝別集

曹子建集十卷 （三國魏）曹植撰 明刻本 三冊

330000－1741－0005459 善4/022 集部/別集類/漢魏六朝別集

曹子建集考異十卷敘錄一卷 （清）朱緒曾校輯 **年譜一卷** （清）朱緒曾輯 清光緒玉海樓抄本 清孫詒讓校 五冊

330000－1741－0005461 綫820/7246:2 集部/詩文評類/文評之屬

文心雕龍十卷 （南朝梁）劉勰撰 （清）黃叔琳注 （清）紀昀評 清道光十三年（1833）兩廣節署刻朱墨套印本 四冊

330000－1741－0005462 綫820/7246.4 集部/詩文評類/文評之屬

文心雕龍十卷 （南朝梁）劉勰撰 （清）黃叔琳注 （清）紀昀評 清末刻朱墨套印本 四冊

330000－1741－0005463 善4/023 集部/別集類/漢魏六朝別集

嵇中散集十卷 （三國魏）嵇康撰 明萬曆新安程榮刻本 四冊

330000－1741－0005466 綫802/7246:4 集部/詩文評類/文評之屬

文心雕龍十卷 （南朝梁）劉勰撰 （清）黃叔琳注 （清）紀昀評 清末翰墨園刻朱墨套印本 一冊

330000－1741－0005469 綫820/7246.4.12 集部/詩文評類/文評之屬

文心雕龍十卷 （南朝梁）劉勰撰 （清）黃叔琳注 （清）紀昀評 清末翰墨園刻朱墨套印

本　四冊

330000－1741－0005471　綫820/7246.4/C1
集部/詩文評類/文評之屬

文心雕龍十卷　（南朝梁）劉勰撰　（清）黃叔琳注　（清）紀昀評　清末刻朱墨套印本　四冊

330000－1741－0005473　綫820/7246：3　集部/詩文評類/文評之屬

文心雕龍十卷　（南朝梁）劉勰撰　（清）黃叔琳注　（清）紀昀評　清末翰墨園刻朱墨套印本　四冊

330000－1741－0005474　善4/024　集部/總集類/選集之屬/通代

七十二家集三百四十六卷附錄七十二卷
（明）張燮編　明天啓至崇禎刻本　四冊　存一種

330000－1741－0005480　善4/025　集部/總集類/彙編之屬

陶李合刻　（明）王錫袞編　明白鹿齋刻本　一冊　存一種

330000－1741－0005487　綫820.977/7274　類叢部/叢書類/自著之屬

古桐書屋六種　（清）劉熙載撰　清同治至光緒刻本　四冊　存一種

330000－1741－0005488　綫820.977/7274：2　類叢部/叢書類/自著之屬

古桐書屋六種　（清）劉熙載撰　清同治至光緒刻本　四冊　存一種

330000－1741－0005492　綫820.977/7274：3　類叢部/叢書類/自著之屬

古桐書屋六種　（清）劉熙載撰　清同治至光緒刻本　一冊　存一種

330000－1741－0005495　善4/026　集部/別集類/漢魏六朝別集

陶靖節集十卷總論一卷附錄一卷　（晉）陶潛撰　（宋）湯漢箋注　明萬曆十五年（1587）休陽程氏刻本　二冊　缺一卷（附錄）

330000－1741－0005500　善4/027　集部/別集類/漢魏六朝別集

陶靖節集四卷　（晉）陶潛撰　（清）董廢翁選評　清康熙刻本　二冊

330000－1741－0005501　綫821.1175/8230　集部/詩文評類/詩評之屬

詩品詩課鈔一卷　（清）鍾寶撰　**詩品一卷**　（唐）司空圖撰　清嘉慶二十一年（1816）小仙巢刻本　一冊

330000－1741－0005503　善4/028　集部/別集類/漢魏六朝別集

陶詩彙注四卷首一卷末一卷　（晉）陶潛撰　（清）吳瞻泰輯　清抄本　屈爔批校　二冊

330000－1741－0005505　善4/029　集部/別集類/漢魏六朝別集

鮑明遠集十卷　（南朝宋）鮑照撰　明萬曆程榮刻本　二冊

330000－1741－0005506　綫821.1857/3635　集部/別集類/清別集

金源紀事詩八卷　（清）湯運泰撰　（清）湯顯業　（清）湯顯幹注　清同治十二年（1873）淮南書局刻本　四冊

330000－1741－0005507　綫821.1851/7167＊2　類叢部/叢書類/自著之屬

潛園總集十七種　（清）陸心源撰　清同治至光緒刻本　二十四冊　存一種

330000－1741－0005510　綫821.1857/3635：2　集部/別集類/清別集

金源紀事詩八卷　（清）湯運泰撰　（清）湯顯業　（清）湯顯幹注　清同治十二年（1873）淮南書局刻本　四冊

330000－1741－0005511　善4/030　集部/總集類/彙編之屬

漢魏諸名家集二十一種附一種　（明）汪士賢編　明萬曆南城翁少麓刻本　二冊　存一種

330000－1741－0005513　綫821.1857/3635/C1　集部/別集類/清別集

金源紀事詩八卷　（清）湯運泰撰　（清）湯顯

業　（清）湯顯龡注　清同治十二年(1873)淮南書局刻本　四冊

330000－1741－0005515　善4/031　集部/別集類/漢魏六朝別集

陶貞白集二卷　（南朝梁）陶弘景撰　明萬曆至天啓汪氏刻漢魏六朝二十一名家集本　傅增湘校並跋　二冊

330000－1741－0005517　綫821.186/7560　集部/詩文評類/詩評之屬

明詩紀事甲籤三十卷乙籤二十二卷丙籤十二卷丁籤十七卷戊籤二十二卷己籤二十卷庚籤三十卷辛籤三十四卷　陳田撰　清光緒二十五年至宣統三年(1899－1911)貴陽陳從書聽詩齋刻本　三十八冊

330000－1741－0005519　綫821.1852/6617　集部/詩文評類/詩評之屬

滄浪詩話一卷　（宋）嚴羽撰　清光緒二十四年(1898)樵川書院刻本　一冊

330000－1741－0005521　綫821.1852/4727　類叢部/叢書類/彙編之屬

海山仙館叢書五十六種　（清）潘仕成編　清道光二十五年至咸豐元年(1845－1851)番禺潘氏刻光緒十一年(1885)增刻彙印本　十六冊　存一種

330000－1741－0005526　綫821.1867/4700　類叢部/叢書類/彙編之屬

廣雅書局叢書一百五十九種　徐紹棨編　清光緒廣雅書局刻民國九年(1920)番禺徐紹棨彙編重印本　四冊　存一種

330000－1741－0005527　善4/032　集部/總集類/選集之屬/通代

七十二家集三百四十六卷附錄七十二卷　（明）張燮編　明天啓至崇禎刻本　二冊　存一種

330000－1741－0005528　善4/040　集部/總集類/選集之屬/斷代

唐人集　（明）□□輯　明銅活字印本　一冊　存一種

330000－1741－0005532　綫821.1852/4727.1　集部/詩文評類/詩評之屬

漁隱叢話前集六十卷後集四十卷　（宋）胡仔撰　清乾隆五年至六年(1740－1741)海鹽楊佑啓耘經樓刻本　十冊

330000－1741－0005533　善4/041　集部/總集類/彙編之屬

初唐四子集　（明）張燮編　明崇禎十三年(1640)張燮、曹荃刻本　四冊

330000－1741－0005535　綫821.1877/1180　集部/詩文評類/詩評之屬

蘇亭詩話六卷　（清）張道撰　清光緒十九年(1893)錢塘張鴻儀長沙學院刻本　二冊

330000－1741－0005536　綫821.1878/1240/C1　類叢部/叢書類/彙編之屬

晨風閣叢書第一集（國學粹編）五十二種　沈宗畸等編　清光緒三十四年至宣統三年(1908－1911)國學萃編社鉛印本　四冊　存一種

330000－1741－0005538　善4/042A　集部/別集類/唐五代別集

楊盈川集十卷附錄一卷　（唐）楊炯撰　清抄本　二冊

330000－1741－0005540　綫821.1877/0013　類叢部/叢書類/自著之屬

伯山全集四種　（清）康發祥撰　清道光至同治泰州康氏刻本　二冊　存一種

330000－1741－0005541　善4/043、善4/044　集部/總集類/選集之屬/斷代

唐百家詩一百七十一卷　（明）朱警編　**唐詩品一卷**　（明）徐獻忠撰　明嘉靖十九年(1540)刻本　四冊　存五卷(沈雲卿集一至三、宋之問集一至二)

330000－1741－0005543　綫821.1878/1240/　類叢部/叢書類/彙編之屬

晨風閣叢書第一集（國學粹編）五十二種　沈宗畸等編　清光緒三十四年至宣統三年(1908－1911)國學萃編社鉛印本　四冊　存

一種

330000－1741－0005544　綫821.1878/3224
　　集部/詩文評類/詩評之屬

緝雅堂詩話二卷　（清）潘衍桐撰　清光緒十
七年(1891)杭州刻本　一冊

330000－1741－0005545　善4/045　集部/總
集類/選集之屬/斷代

唐百家詩一百七十一卷　（明）朱警編　**唐詩
品一卷**　（明）徐獻忠撰　明嘉靖十九年
(1540)刻本　二冊　存六卷(張九齡集一至
六)

330000－1741－0005546　綫821.1877/8274
　　集部/詩文評類/詩評之屬

養自然齋詩話十卷　（清）鍾駿聲撰　清同治
十三年(1874)仁和鍾氏京師刻本　四冊

330000－1741－0005553　善4/048　集部/別
集類/唐五代別集

分類補註李太白詩二十五卷　（唐）李白撰
（宋）楊齊賢集注　（元）蕭士贇補注　**分類編
次李太白文五卷**　（唐）李白撰　（明）郭雲鵬
編次　明霏玉齋刻本　素村批　震鈞題記
六冊

330000－1741－0005554　綫821.1875/2603
　　集部/詩文評類

南野堂筆記十二卷　（清）吳文溥撰　清嘉慶
元年(1796)刻南野堂全集本　辛禪識　一冊

330000－1741－0005558　綫822.74/1248
　　集部/詩文評類/文評之屬

四六叢話三十三卷選詩叢話一卷　（清）孫梅
撰　清光緒七年(1881)吳下刻本　十二冊

330000－1741－0005559　善4/049　集部/總
集類/彙編之屬

重訂正合刻李杜詩全集　（明）許自昌編　明
萬曆建陽書林余泗泉刻清印本　九冊　存
一種

330000－1741－0005562　綫823.1878/3120
　　集部/詞類/詞話之屬

詞學集成八卷　（清）江順詒撰　清光緒七年

(1881)刻本　一冊

330000－1741－0005564　善4/050　集部/總
集類/彙編之屬

重訂正合刻李杜詩全集　（明）許自昌編　明
萬曆建陽書林余泗泉刻清印本　六冊　存
一種

330000－1741－0005568　善4/051　集部/別
集類/唐五代別集

唐翰林李白詩類編十二卷　（唐）李白撰　明
刻本　六冊

330000－1741－0005570　綫822.75/1240
　　集部/別集類/清別集

春暉園賦苑巵言二卷　（清）孫奎撰　清嘉慶
十五年(1810)刻本　一冊

330000－1741－0005573　綫825/4414　集
部/詩文評類/文評之屬

葉氏睿吾樓文話十六卷　（清）葉元墱撰　清
道光十三年(1833)鶴皐葉氏睿吾樓刻本
四冊

330000　1741－0005574　綫823.1875/2626
　　集部/詞類/詞話之屬

蓮子居詞話四卷　（清）吳衡照輯　清道光十
二年(1832)錢唐汪氏振綺堂刻本　四冊

330000－1741－0005576　綫823.111/4526
　　集部/別集類/清別集

蓑笠軒僅存稿十卷　（清）樓儼撰　清刻本
一冊　存一卷(洗硯齋集一)

330000－1741－0005577　綫823.1175/7730.
75　集部/詞類/詞話之屬

周氏止庵詞辨二卷　（清）周濟撰　（清）譚獻
評　**周氏止葊介存齋論詞雜箸一卷**　（清）周
濟撰　清光緒三多、徐珂、趙逢年刻本　一冊

330000－1741－0005581　綫830/0843　類叢
部/叢書類/彙編之屬

古逸叢書二十六種　（清）黎庶昌編　清光緒
八年至十年(1882－1884)黎庶昌日本東京使
署影刻本(玉燭寶典卷九原缺)　五冊　存
一種

330000－1741－0005583　善4/052　集部/別集類/唐五代別集

李詩選註十三卷　（唐）李白撰　（明）朱諫輯註　**李詩辯疑二卷**　（明）朱諫撰　明隆慶六年(1572)朱守行刻本　九冊　缺二卷(李詩選註一至二)

330000－1741－0005585　綫830/1243、綫830/1243a　類叢部/叢書類/彙編之屬

受經堂叢書□□種　張選青輯　清光緒三年(1877)廣漢張氏刻本　四冊　存二種

330000－1741－0005586　綫825/4429　史部/金石類/石之屬

石例簡鈔四卷首一卷　（清）黃任恆輯　清光緒三十二年(1906)刻本　一冊

330000－1741－0005587　綫825.41/7534　集部/詩文評類/文評之屬

全唐文紀事一百二十二卷首一卷　（清）陳鴻墀撰　清同治十二年(1873)廣州巴陵方功惠刻本　三十二冊

330000－1741－0005589　綫825/7110　子部/雜著類/雜說之屬

定香亭筆談四卷　（清）阮元撰　清光緒二十五年(1899)浙江書局刻本　四冊

330000－1741－0005590　綫825/7110/C1　子部/雜著類/雜說之屬

定香亭筆談四卷　（清）阮元撰　清光緒二十五年(1899)浙江書局刻本　四冊

330000－1741－0005591　善4/053A　集部/別集類/唐五代別集

李太白文集三十六卷　（唐）李白撰　（清）王琦輯注　清乾隆寶笏樓刻二十五年(1760)增刻本　十八冊

330000－1741－0005592　綫830/1094.74a　集部/總集類/選集之屬/通代

重訂文選集評十五卷首一卷末一卷　（清）于光華輯　清同治十一年(1872)江蘇書局刻本　十六冊

330000－1741－0005593　綫830/4420.11

集部/總集類/選集之屬/通代

文選六十卷　（南朝梁）蕭統輯　（唐）李善注　**文選考異十卷**　（清）胡克家撰　清宣統三年(1911)上海會文堂石印本　十六冊

330000－1741－0005594　綫830/3124.1　類叢部/叢書類/彙編之屬

受經堂叢書□□種　張選青輯　清光緒三年(1877)廣漢張氏刻本　四冊　存一種

330000－1741－0005595　善4/056　集部/別集類/唐五代別集

杜詩分類全集五卷　（唐）杜甫撰　（明）傅振商輯　（清）張縉彥等輯定　清順治十六年(1659)還讀齋刻本　五冊　缺一卷(四)

330000－1741－0005596　綫830/3124　集部/總集類

文選理學權輿八卷　（清）汪師韓撰　**文選理學權輿補一卷附考異四卷李注補正四卷**　（清）孫志祖輯　清光緒十五年(1889)番禺陶敦刻本　八冊

330000－1741－0005597　綫830/3124:2　集部/總集類

文選理學權輿八卷　（清）汪師韓撰　**文選理學權輿補一卷附考異四卷李注補正四卷**　（清）孫志祖輯　清光緒十五年(1889)番禺陶敦刻本　八冊

330000－1741－0005598　綫830/4420.41　集部/總集類/選集之屬/通代

文選六十卷　（南朝梁）蕭統輯　（唐）李善注　**文選考異十卷**　（清）胡克家撰　清同治八年(1869)湖北崇文書局刻本　二十四冊

330000－1741－0005600　綫830/4420.3　集部/總集類/選集之屬/通代

文選六十卷　（南朝梁）蕭統輯　（唐）李善注　清同治八年(1869)金陵書局刻本　十冊

330000－1741－0005601　善4/055　集部/別集類/唐五代別集

集千家註杜工部詩集二十卷文集二卷　（唐）杜甫撰　（宋）黃鶴補注　明刻本　十六冊

330000－1741－0005602　綫830/4004　類叢部/叢書類/彙編之屬

守山閣叢書一百十二種　（清）錢熙祚編　清光緒十五年(1889)上海鴻文書局據道光二十四年(1844)金山錢氏重編增刻墨海金壺本影印本　二冊　存一種

330000－1741－0005604　綫830/4420.10　集部/總集類/選集之屬/通代

文選六十卷　（南朝梁）蕭統輯　（唐）李善注　清刻本　十六冊

330000－1741－0005606　綫830/4420.76：3　集部/總集類/選集之屬/通代

文選集釋二十四卷　（清）朱珔撰　清光緒元年(1875)涇川朱氏梅村家塾刻本　十二冊

330000－1741－0005607　善4/057　集部/別集類/唐五代別集

杜工部詩集二十卷集外詩一卷文集二卷杜詩補注一卷　（唐）杜甫撰　（清）朱鶴齡輯註　杜工部[甫]年譜一卷　（清）朱鶴齡撰　清康熙六十一年(1722)葉永茹萬卷樓刻本　清蔣金式批　清宗舜年跋　十二冊

330000－1741－0005608　綫830/0843.1　集部/總集類/選集之屬/通代

文館詞林一千卷　（唐）許敬宗等撰　清光緒十九年(1893)景蘇園刻本　二冊　存五卷（一百五十二、三百四十六、四百十四、六百六十五、六百六十九）

330000－1741－0005609　綫830/4420.12　集部/總集類/選集之屬/通代

文選六十卷　（南朝梁）蕭統輯　（唐）李善注　清同治八年(1869)金陵書局刻本　十冊

330000－1741－0005613　綫830/4434　集部/總集類/選集之屬/通代

東萊集註類編觀瀾文集甲集二十五卷乙集二十五卷丙集二十卷　（宋）林之奇編　（宋）呂祖謙注　東萊集註古文觀瀾文集甲集附攷一卷乙集附攷一卷丙集附攷一卷續攷一卷　（清）方功惠撰　清光緒十年(1884)方氏碧琳瑯館刻本　十二冊

330000－1741－0005614　綫830/4420.78　集部/總集類/選集之屬/通代

文選旁證四十六卷　（清）梁章鉅撰　清光緒八年(1882)吳下刻本　十二冊

330000－1741－0005615　綫830/4420.78：2　集部/總集類/選集之屬/通代

文選旁證四十六卷　（清）梁章鉅撰　清光緒八年(1882)吳下刻本　十二冊

330000－1741－0005616　綫830/4420.5　集部/總集類/選集之屬/通代

文選六十卷　（南朝梁）蕭統輯　（唐）李善注　（清）何焯評　清羊城翰墨園刻朱墨套印本　十二冊

330000－1741－0005617　善4/058　集部/別集類/唐五代別集

杜工部詩集二十卷集外詩一卷文集二卷杜詩補注一卷　（唐）杜甫撰　（清）朱鶴齡輯註　杜工部[甫]年譜一卷　（清）朱鶴齡撰　清康熙六十一年(1722)葉永茹萬卷樓刻本　二十冊　存二十一卷（杜工部詩集一至二十、年譜）

330000－1741－0005618　綫830/7521　集部/總集類/選集之屬/通代

文選補遺四十卷　（元）陳仁子輯　（元）譚紹烈纂類　清道光二十五年(1845)琅嬛館刻本　十二冊

330000－1741－0005621　綫830.2/1133：2、綫補843.2/7731　集部/總集類/彙編之屬

漢魏六朝一百三家集（漢魏六朝百三名家集）　（明）張溥編　清光緒十八年(1892)善化章經濟堂刻本　八十冊

330000－1741－0005622　善4/060　集部/別集類/唐五代別集

讀杜心解六卷首二卷　（清）浦起龍撰　清雍正二年至三年(1724－1725)前碉浦氏寧我齋刻靜寄東軒印本　清吳朗過録清吳士模批　十二冊

330000－1741－0005623　綫820.2/4443　集

部/總集類/選集之屬/通代

古文雅正十四卷 (清)蔡世遠輯　清同治七年(1868)湘鄉曾氏刻本　八冊

330000－1741－0005625　善4/061　集部/別集類/唐五代別集

讀杜心解六卷首二卷 (清)浦起龍撰　清雍正二年至三年(1724－1725)前磵浦氏寧我齋刻本　六冊

330000－1741－0005627　綫830.1/8333　類叢部/叢書類/自著之屬

田間全集五種 (清)錢澄之撰　清康熙斟雉堂刻本　四冊

330000－1741－0005628　綫830.41/3141　集部/總集類/彙編之屬

唐人五十家小集 (清)江標編　清光緒二十一年(1895)元和江氏靈鶼閣刻本　十六冊

330000－1741－0005629　綫830.3/4777　集部/總集類/彙編之屬

六朝四家全集 (清)胡鳳丹輯　清同治九年(1870)永康胡氏退補齋刻本　六冊

330000－1741－0005630　善4/060B　集部/別集類/唐五代別集

杜詩集說二十卷末一卷 (唐)杜甫撰　(清)江浩然輯　**杜工部[甫]年譜一卷** (清)朱鶴齡撰　清乾隆四十三年(1778)本立堂刻本　十六冊

330000－1741－0005631　綫830.41/4280　集部/總集類/選集之屬/斷代

文粹一百卷 (宋)姚鉉輯　**文粹補遺二十六卷** (清)郭麐輯　清光緒十六年(1890)杭州許氏榆園刻本　二十冊

330000－1741－0005633　綫851.4416/4453.75e　集部/別集類/唐五代別集

杜詩集評十五卷 (唐)杜甫撰　(清)劉濬輯　清嘉慶九年(1804)海寧劉氏藜照堂刻本　八冊

330000－1741－0005634　綫830.41/4777　集部/總集類/彙編之屬

唐四家詩集四種附二種 (清)胡鳳丹輯　清同治九年(1870)永康胡氏退補齋刻本　六冊

330000－1741－0005635　綫830.41/4777/C1　集部/總集類/彙編之屬

唐四家詩集四種附二種 (清)胡鳳丹輯　清同治九年(1870)永康胡氏退補齋刻本　六冊

330000－1741－0005636　綫830.41/5062a　集部/總集類/選集之屬/斷代

唐人三家集 (清)秦恩復編　清宣統三年(1911)藏古圖書館影印本　八冊

330000－1741－0005637　綫830/4420.6　集部/總集類/選集之屬/通代

文選六十卷 (南朝梁)蕭統輯　(唐)李善注　(清)何焯評　清羊城翰墨園刻朱墨套印本　十二冊

330000－1741－0005638　綫830.51/0015　集部/總集類/彙編之屬

三宋人集 (清)方功惠編　清光緒七年(1881)巴陵方氏碧琳琅館刻本　六冊

330000－1741－0005640　綫830.41/5062　集部/總集類/選集之屬/斷代

唐人三家集 (清)秦恩復編　清嘉慶至道光秦氏石研齋影宋刻本　四冊

330000－1741－0005642　綫830.52/4477　集部/總集類/彙編之屬

西江詩派韓饒二集 沈曾植編　清宣統二年(1910)姚埭沈氏刻本　二冊　缺一卷(陵陽先生詩校勘記)

330000－1741－0005643　綫830.75/1036　集部/總集類/選集之屬/斷代

湖海詩傳四十六卷 (清)王昶輯　清同治四年(1865)綠蔭堂刻本　十六冊

330000－1741－0005645　綫830.714/4012　集部/別集類/清別集

來紫堂合集三卷 (清)李天秀撰　清咸豐二年(1852)止足園刻本　二冊

330000－1741－0005648　綫830.77/4880

集部/總集類/選集之屬/通代

古文詞略二十四卷 （清）梅曾亮輯　清光緒三十四年(1908)學部圖書局鉛印本　四冊

330000 – 1741 – 0005649　綫 830.52/7545
集部/總集類/選集之屬/斷代

南宋羣賢小集七十四種 （宋）陳起編 （清）顧修重輯　清嘉慶六年(1801)石門顧氏讀畫齋刻本(梅屋吟一卷、北牕詩槀一卷、鷗渚微吟一卷、學吟一卷、雅林小槀一卷、菊潭詩集一卷、庸齋小集一卷、斗野槀支卷一卷、露香拾槀一卷、竹溪十一槀詩選一卷、石屏長短句一卷、梅屋詩餘一卷、安晚堂詩集卷六至十二、棠湖詩藁一卷配邵裴子抄本）　邵裴子題記　四十一冊

330000 – 1741 – 0005651　綫 830.52/7547
集部/總集類/選集之屬/斷代

南宋羣賢小集七十四種 （宋）陳起編 （清）顧修重輯　清嘉慶六年(1801)石門顧氏讀畫齋刻本　三十二冊

330000 – 1741 – 0005652　綫 830.72/1085
集部/別集類/清別集

瑞竹亭合稿二卷補遺一卷 （清）王愈擴 （清）王愈融撰　**瑞竹亭合稿附錄一卷** （清）梁機等撰　**王竹亭先生遺詩一卷** （清）王愈擴撰　清光緒三十一年(1905)蕭氏趣園刻本　蕭天奇題記　四冊

330000 – 1741 – 0005654　綫 830.52/7547.1
集部/總集類/彙編之屬

宋人小集 （清）□□編　清抄本　一冊　存四種

330000 – 1741 – 0005655　綫 832.2/71.44
集部/別集類/明別集

續騷經六卷 （明）黃道周撰　清抄本　一冊

330000 – 1741 – 0005659　綫 830.78/1202
集部/總集類/選集之屬/斷代

普天忠憤全集十四卷首一卷 （清）孔廣德編　清光緒二十一年(1895)石印本　十二冊

330000 – 1741 – 0005660　綫 830.56/2624

集部/別集類/金別集

石蓮盦彙刻九金人集 吳重憙編　清光緒海豐吳重憙石蓮盦刻本　三十二冊　缺三卷(蕭閑老人明秀集註四至六)

330000 – 1741 – 0005664　綫 830.75/1036：2
集部/總集類/選集之屬/斷代

湖海詩傳四十六卷 （清）王昶輯　清同治四年(1865)亦西齋刻本　十六冊

330000 – 1741 – 0005665　綫 830.78/1202：2
集部/總集類/選集之屬/斷代

普天忠憤全集十四卷首一卷 （清）孔廣德編　清光緒二十一年(1895)石印本　十二冊

330000 – 1741 – 0005667　綫 830.75/1036：2
集部/總集類/選集之屬/斷代

湖海文傳七十五卷 （清）王昶輯　清道光十七年(1837)經訓堂刻同治五年(1866)印本　十六冊

330000 – 1741 – 0005668　綫 832.12521/3473：2
集部/楚辭類

楚辭章句十七卷 （漢）王逸撰 （宋）洪興祖補注　清光緒九年(1883)長沙書堂山館刻本　六冊

330000 – 1741 – 0005669　綫 830.75/1036
集部/總集類/選集之屬/斷代

湖海文傳七十五卷 （清）王昶輯　清道光十七年(1837)經訓堂刻同治五年(1866)印本　十六冊

330000 – 1741 – 0005675　綫 832.12521/2540.78　類叢部/叢書類/彙編之屬

古逸叢書二十六種 （清）黎庶昌編　清光緒八年至十年(1882-1884)黎庶昌日本東京使署影刻本(玉燭寶典卷九原缺)　二冊　存一種

330000 – 1741 – 0005676　綫 832.12523/2540.78　集部/楚辭類

楚辭集註八卷辯證二卷後語六卷 （宋）朱熹撰　清光緒八年(1882)江蘇書局刻本　四冊

330000 – 1741 – 0005677　綫 830.79/0090

集部/總集類/選集之屬/斷代

章譚合鈔六卷 （清）國學扶輪社編　清宣統二年(1910)上海國學扶輪社鉛印本　五冊

330000－1741－0005679　綫832.12521/3473：1
集部/楚辭類

楚辭章句十七卷 （漢）王逸撰　（宋）洪興祖補注　清同治十一年(1872)金陵書局刻本　四冊

330000－1741－0005680　綫832.12523/2540.78c　類叢部/叢書類/彙編之屬

崇文書局彙刻書三十一種 （清）崇文書局編　清光緒元年至三年(1875－1877)湖北崇文書局刻本　二冊　存一種

330000－1741－0005681　綫832.1272/1053　類叢部/叢書類/自著之屬

船山遺書六十三種 （清）王夫之撰　清同治四年(1865)湘鄉曾國荃金陵刻光緒十三年(1887)船山書院補刻本　三冊　存一種

330000－1741－0005682　綫832.1272/1052、綫832.1272/1052a　類叢部/叢書類/彙編之屬

廣雅書局叢書一百五十九種　徐紹棨編　清光緒廣雅書局刻民國九年(1920)番禺徐紹棨彙編重印本　四冊　存一種

330000－1741－0005683　綫832.12521/3473：4
集部/楚辭類

楚辭章句十七卷 （漢）王逸撰　（宋）洪興祖補注　清同治十一年(1872)金陵書局刻本　四冊

330000－1741－0005684　綫832.1278/1073
集部/楚辭類

楚辭釋十一卷　王闓運撰　清光緒十二年(1886)成都尊經書院刻民國三十一年(1942)重印本　二冊

330000－1741－0005685　綫832.1278/7143
類叢部/叢書類/彙編之屬

集虛草堂叢書甲集九種　李國松編　清光緒三十年至三十二年(1904－1906)合肥李氏刻

本　一冊　存一種

330000－1741－0005686　綫832.12521/3473
集部/楚辭類

楚辭章句十七卷 （漢）王逸撰　（宋）洪興祖補注　清刻本　四冊

330000－1741－0005687　綫832.16/0025：2
集部/楚辭類

屈子正音三卷 （清）方績撰　清光緒六年(1880)網舊聞齋刻本　劉龍慧題簽並題記蕭退闇題記　一冊

330000－1741－0005690　綫832.2/1021　類叢部/叢書類/彙編之屬

廣雅書局叢書一百五十九種　徐紹棨編　清光緒廣雅書局刻民國九年(1920)番禺徐紹棨彙編重印本　一冊　存一種

330000－1741－0005691　綫832.2/4010　集部/總集類/選集之屬/通代

賦學正鵠集釋四卷 （清）李元度輯　清光緒二十年(1894)上海文瑞樓石印本　四冊

330000－1741－0005692　綫832.16/0025
集部/楚辭類

屈子正音三卷 （清）方績撰　清道光七年(1827)鄧廷楨刻本　三冊

330000－1741－0005696　綫832.2/1150.1
集部/總集類/選集之屬/通代

七十家賦鈔六卷 （清）張惠言輯　**賦鈔札記六卷** （清）朱錦綬等撰　清光緒二十三年(1897)江蘇書局刻本　五冊

330000－1741－0005697　綫832.2/1150　集部/總集類/選集之屬/通代

七十家賦鈔六卷 （清）張惠言輯　清光緒四年(1878)宏達堂刻本　四冊

330000－1741－0005699　綫832.1772/4418
集部/楚辭類

楚辭燈四卷附楚懷襄二王在位事蹟考一卷（清）林雲銘撰　**屈原列傳一卷** （漢）司馬遷撰　清光裕堂刻本　四冊

330000－1741－0005700　綫 832.181/1024
子部/藝術類/書畫之屬

屈原賦二十五篇不分卷　（清）王仁堪等書
清宣統元年(1909)上海商務印書館影印本
一冊

330000－1741－0005701　綫 832.35/7120
集部/總集類/選集之屬/通代

選註六朝唐賦二卷　（清）馬傳庚選註　清光
緒十四年(1888)南陵徐氏餘學齋刻本　二冊

330000－1741－0005703　綫 835/4217.78s＊
2:2　集部/總集類/選集之屬/通代

續古文辭類纂三十四卷　王先謙輯　清光緒
八年(1882)長沙王氏虛受堂刻本　八冊

330000－1741－0005704　綫 832.35/7120:3
集部/總集類/選集之屬/通代

選註六朝唐賦二卷　（清）馬傳庚選註　清光
緒十八年(1892)希樸齋刻本　一冊

330000－1741－0005705　綫 835/4217.78
集部/總集類/選集之屬/通代

古文辭類纂七十五卷附錄一卷　（清）姚鼐輯
　古文辭類纂校勘記一卷　（清）李承淵撰
清光緒二十七年(1901)滁州李氏求要堂刻本
　十二冊

330000－1741－0005706　綫 835/4217b　集
部/總集類/選集之屬/通代

續古文辭類纂二十八卷　（清）黎庶昌輯　清
光緒二十一年(1895)金陵狀元閣刻本　十
二冊

330000－1741－0005708　綫 832.35/7120:2
集部/總集類/選集之屬/通代

六朝唐賦讀本不分卷　（清）馬傳庚選注　清
光緒二年(1876)清華齋刻本　二冊

330000－1741－0005709　綫 835/3144　集
部/總集類/選集之屬/通代

古文啚鳳新編八卷　（清）汪基輯　清善成堂
刻本　八冊

330000－1741－0005710　綫 835/42171　集
部/總集類/選集之屬/通代

續古文辭類纂二十八卷　（清）黎庶昌輯　清
光緒十六年(1890)金陵書局刻本　十二冊

330000－1741－0005711　綫 835/4217.78s:2
集部/總集類/選集之屬/通代

古文辭類纂七十四卷　（清）姚鼐輯　**續古文
辭類纂三十四卷**　王先謙輯　清光緒十九年
(1893)思賢講舍刻本　十二冊　缺三十四卷
（續古文辭類纂一至三十四）

330000－1741－0005712　綫 835/4217.78s
集部/總集類/選集之屬/通代

古文辭類纂七十四卷　（清）姚鼐輯　**續古文
辭類纂三十四卷**　王先謙輯　清光緒十九年
(1893)思賢講舍刻本　十二冊　缺三十五卷
（四、續古文辭類纂一至三十四）

330000－1741－0005713　綫 835/8064　集
部/總集類/選集之屬/通代

經史百家雜鈔二十六卷　（清）曾國藩輯　清
光緒三十二年(1906)上海商務印書館鉛印本
　十二冊

330000－1741－0005715　綫 835.8064:5　集
部/總集類/選集之屬/通代

經史百家雜鈔二十六卷　（清）曾國藩輯　清
光緒三十二年(1906)上海商務印書館鉛印本
　十二冊

330000－1741－0005717　綫 835/8064a　類
叢部/叢書類/自著之屬

曾文正公全集十六種　（清）曾國藩撰　清同
治至光緒傳忠書局刻本　二冊　存一種

330000－1741－0005720　綫 835.05/3435
集部/總集類/氏族之屬

沈氏三先生文集六十二卷　（宋）□□輯　清
光緒二十二年(1896)浙江書局刻本　十冊
缺十九卷（長興集四至十二、三十一、三十三
至四十一）

330000－1741－0005722　綫 835.1/2683　集
部/總集類/選集之屬/通代

涵芬樓古今文鈔一百卷　吳曾祺輯　清宣統
三年(1911)上海商務印書館鉛印本　一百冊

330000－1741－0005723　綫835.4217.78s＊2
集部/總集類/選集之屬/通代

續古文辭類纂三十四卷　王先謙輯　清光緒
八年(1882)長沙王氏虛受堂刻本　八冊

330000－1741－0005724　綫835.1/2847　集
部/總集類/選集之屬/通代

古文淵鑒六十四卷　(清)徐乾學等輯注　清
同治十二年(1873)浙江書局刻本　三十二冊

330000－1741－0005726　綫835.1/6614a
史部/目錄類/專錄之屬

**全上古三代秦漢三國晉南北朝文編目一百三
卷**　(清)嚴可均輯　(清)蔣壑編　清光緒五
年(1879)蔣錫祉刻本　十六冊

330000－1741－0005727　綫835.6/4037　集
部/總集類/彙編之屬

金元明八大家文選　(清)李祖陶編　清道光
二十五年(1845)吉安刻本　六冊　存二種

330000－1741－0005730　綫835.2/8064：1
類叢部/叢書類/自著之屬

曾文正公全集十六種　(清)曾國藩撰　清同
治至光緒傳忠書局刻本　二冊　存一種

330000－1741－0005733　綫835.2/8064　類
叢部/叢書類/自著之屬

曾文正公全集十六種　(清)曾國藩撰　清同
治至光緒傳忠書局刻本　二冊　存一種

330000－1741－0005735　綫835.4/7433＊2
集部/總集類/選集之屬/斷代

潛園總集十七種　(清)陸心源輯　清同治至
光緒刻本　六冊　存一種

330000－1741－0005736　綫835.57/4412
集部/總集類/選集之屬/斷代

元文類七十卷目錄三卷　(元)蘇天爵輯　清
光緒十五年(1889)江蘇書局刻本　十冊

330000－1741－0005737　綫835.7/2647　子
部/儒家類/儒學之屬/經濟

皇朝經世文統編一百二十卷　清光緒二十七
年(1901)上海慎記石印本　四十冊

330000－1741－0005738　綫835.2/8890　集
部/總集類/選集之屬/通代

八代文粹二百二十卷目錄十八卷　(清)簡燊
(清)陳崇哲輯　清光緒十一年(1885)富順
攷雋堂刻本　八十冊

330000－1741－0005740　綫835.51/6030
集部/總集類/選集之屬/斷代

宋文鑑一百五十卷目錄三卷　(宋)呂祖謙輯
清光緒十二年(1886)江蘇書局刻本　二十
三冊　缺三卷(目錄一至三)

330000－1741－0005741　綫835.7/4245　集
部/總集類/選集之屬/斷代

國朝文錄八十二卷　(清)姚椿輯　清咸豐元
年(1851)張祥河絳南山館刻本　二十四冊

330000－1741－0005742　綫835.7/4033　集
部/總集類/選集之屬/斷代

皇朝文典七十四卷　(清)李兆洛編　清嘉慶
二十年(1815)刻本　十三冊

330000－1741－0005744　綫835.7/4688　集
部/總集類/選集之屬/斷代

八旗文經五十六卷作者攷三卷敘錄一卷
(清)盛昱　(清)楊鍾羲輯　清光緒二十七年
(1901)武昌刻本　十二冊

330000－1741－0005746　綫835.72/2624.
78s　集部/總集類/選集之屬/通代

古文觀止十二卷　(清)吳乘權　(清)吳大職
輯　清光緒二十一年(1895)蘇城文瑞樓刻本
六冊

330000－1741－0005748　綫835.7/4037　集
部/總集類/彙編之屬

國朝文錄四十種　(清)李祖陶編　清道光十
九年(1839)瑞州府鳳儀書院刻本　三十二冊

330000－1741－0005749　綫835.4/4404　集
部/總集類/選集之屬/斷代

欽定全唐文一千卷目錄三卷　(清)董誥等輯
清嘉慶十九年(1814)內府刻本　三百冊

330000－1741－0005751　綫835.72/2624.81
集部/總集類/選集之屬/通代

繪圖增批古文觀止十二卷 （清）吳乘權 （清）吳大職輯 清宣統三年（1911）浙紹明達書莊石印本 六冊

330000－1741－0005752 綫 835.72/6000 集部/總集類/選集之屬/斷代

同人集十二卷 （清）冒襄輯 清光緒八年（1882）冒覲光刻本 十二冊

330000－1741－0005755 綫 835.72/2624.78w 集部/總集類/選集之屬/通代

古文觀止十二卷 （清）吳乘權 （清）吳大職輯 清光緒六年（1880）上洋醉六堂刻本 六冊

330000－1741－0005757 綫 835.7/4037/＊2 集部/總集類/彙編之屬

國朝文錄續編四十九種附一種 （清）李祖陶編 清同治七年（1868）敖陽李氏刻本 三十四冊

330000－1741－0005758 綫 835.934/4234 集部/總集類/選集之屬/斷代

南北朝文鈔二卷 （清）彭兆蓀輯 清光緒八年（1882）紫雲室刻本 二冊

330000－1741－0005761 綫 835.95/5558 集部/總集類/選集之屬/斷代

宋四六選二十四卷 （清）彭元瑞 （清）曹振鏞輯 清宣統二年（1910）南通州翰墨林書局鉛印本 十冊

330000－1741－0005763 綫 835.78/4621 集部/總集類/選集之屬/斷代

國朝古文正的不分卷 （清）楊彝珍輯 清光緒五年（1879）刻本 五冊

330000－1741－0005764 綫 835.97/1020 集部/總集類/彙編之屬

國朝十家四六文鈔十一卷 王先謙輯 清光緒十五年（1889）長沙王氏刻本 四冊

330000－1741－0005765 綫 835.97/2640：2 集部/總集類/選集之屬/斷代

八家四六文註八卷首一卷 （清）吳鼐輯 （清）許貞幹注 八家四六文補註一卷 陳衍撰 清光緒十八年（1892）上海圖書集成印書局鉛印本 八冊

330000－1741－0005766 綫 835.9/4448 集部/總集類/選集之屬/通代

忠雅堂評選四六法海八卷 （清）蔣士銓評選 清同治十年（1871）藏園刻朱墨套印本 八冊

330000－1741－0005767 綫 835.941/7547 集部/總集類/選集之屬/斷代

唐駢體文鈔十七卷 （清）陳均纂 清同治十二年（1873）刻本 四冊

330000－1741－0005768 綫 835.9/4033 集部/總集類/選集之屬/通代

駢體文鈔三十一卷 （清）李兆洛輯 清光緒七年（1881）四川尊經書局刻本 清譚獻批並跋 十冊

330000－1741－0005769 綫 835.941/7547：1 集部/總集類/選集之屬/斷代

唐駢體文鈔十七卷 （清）陳均纂 清嘉慶二十五年（1820）海昌陳氏刻本 清陶方琦題簽 四冊

330000－1741－0005770 綫 835.978/1161 集部/總集類/選集之屬/斷代

國朝駢體正宗續編八卷 （清）張鳴珂輯 清光緒十四年（1888）寒松閣刻本 四冊

330000－1741－0005771 綫 835.976/4033 集部/總集類/選集之屬/通代

駢體文鈔三十一卷 （清）李兆洛輯 清道光元年（1821）合河康氏家塾刻同治六年（1867）婁江徐氏補刻本 八冊

330000－1741－0005772 綫 835.976/4033d2 集部/總集類/選集之屬/通代

駢體文鈔三十一卷 （清）李兆洛輯 清道光元年（1821）合河康氏家塾刻同治六年（1867）婁江徐氏補刻本 清譚獻批並跋 十冊

330000－1741－0005774 綫 839.13/4432 集部/總集類/郡邑之屬

國朝中州文徵五十四卷首一卷 （清）蘇源生

編 清道光二十三年至二十五年(1843 -
1845)刻本 二十八冊

330000 - 1741 - 0005775 綫 835.976/4033.1
集部/總集類/選集之屬/通代

駢體文鈔三十一卷 (清)李兆洛輯 清道光
元年(1821)合河康氏家塾刻本 八冊

330000 - 1741 - 0005776 綫 839.2/8324 類
叢部/叢書類/彙編之屬

清風室叢刊二十種 (清)錢保塘編 清同治
十年至民國二十五年(1871 - 1936)海寧錢氏
清風室刻本 一冊 存一種

330000 - 1741 - 0005778 綫 839.21/1748
集部/總集類/郡邑之屬

海虞文徵三十卷目錄二卷 邵松年編輯 清
光緒三十一年(1905)鴻文書局石印本 十
六冊

330000 - 1741 - 0005779 綫 839.21/1012
集部/總集類/郡邑之屬

江蘇詩徵一百八十三卷 (清)王豫輯 清道
光元年(1821)焦山海西庵詩徵閣刻本 四
十冊

330000 - 1741 - 0005781 綫 839.21/1017
集部/總集類/郡邑之屬

江蘇詩徵一百八十三卷 (清)王豫輯 清道
光元年(1821)焦山海西庵詩徵閣刻本 四十
二冊

330000 - 1741 - 0005782 綫 839.21100/5721
集部/詞類/總集之屬

國朝金陵詞鈔八卷附一卷 陳作霖輯 清光
緒二十八年(1902)刻本 四冊

330000 - 1741 - 0005783 綫 839.21301/7540
類叢部/叢書類/彙編之屬

百尺樓叢書 陳去病編 清光緒至民國鉛印
本 二冊 存一種

330000 - 1741 - 0005784 綫 839.21309/7730
集部/總集類/選集之屬/斷代

國朝常州駢體文錄三十一卷 屠寄輯 **結一
宧駢體文一卷** 屠寄撰 清光緒十六年

(1890)刻本 八冊

330000 - 1741 - 0005785 綫 835.976/4033.
78 集部/總集類/選集之屬/通代

駢體文鈔三十一卷 (清)李兆洛輯 清光緒
成文堂刻本 十二冊

330000 - 1741 - 0005786 綫 839.21101/5070
集部/總集類/郡邑之屬

國朝金陵文鈔十六卷首一卷末一卷 (清)陳
作霖等輯 清光緒二十三年(1897)刻本 十
六冊

330000 - 1741 - 0005787 綫 839.21307/3438
集部/總集類/郡邑之屬

松陵文錄二十四卷 (清)凌淦輯 清同治十
三年(1874)刻本 八冊

330000 - 1741 - 0005789 綫 839.21309/7730：2
集部/總集類/選集之屬/斷代

國朝常州駢體文錄三十一卷 屠寄輯 **結一
宧駢體文一卷** 屠寄撰 清光緒十六年
(1890)刻本 八冊

330000 - 1741 - 0005790 綫 839.21412/7110
史部/傳記類/總傳之屬/文苑

廣陵詩事十卷 (清)阮元撰 清光緒十六年
(1890)京師揚州老館刻本 二冊

330000 - 1741 - 0005791 綫 839.21308/2741
集部/詞類/總集之屬

國朝常州詞錄三十一卷 繆荃孫校輯 清光
緒二十二年(1896)江陰繆氏雲自在龕刻本
十冊

330000 - 1741 - 0005792 綫 839.22113/2812
類叢部/叢書類/彙編之屬

半厂叢書初編十種 (清)譚獻編 清同治至
光緒仁和譚氏刻本 一冊 存五種

330000 - 1741 - 0005793 綫 839.21205/7540
類叢部/叢書類/彙編之屬

百尺樓叢書 陳去病編 清光緒至民國鉛印
本 二冊 存一種

330000 - 1741 - 0005794 綫 839.21413/3112

集部/總集類/郡邑之屬

廣陵思古編二十九卷 （清）汪廷儒輯　清道光二十九年(1849)揚州汪氏刻本　十冊

330000－1741－0005796　綫 839.23/7503
類叢部/叢書類/郡邑之屬

武林掌故叢編一百八十七種 （清）丁丙編　清光緒三年至二十六年(1877－1900)錢塘丁氏嘉惠堂刻本(乾道臨安志卷四至十五、南宋館閣錄卷一原缺)　四冊　存一種

330000－1741－0005797　綫 839.21425/2542
集部/總集類/郡邑之屬

白田風雅二十四卷 （清）朱彬輯　清光緒十二年(1886)金陵刻本　四冊

330000－1741－0005798　綫 839.22223/4863
集部/總集類/郡邑之屬

宛雅初編八卷首一卷 （明）梅鼎祚輯　**宛雅二編八卷首一卷** （清）施閏章 （清）蔡蓁春輯　**宛雅三編二十四卷首一卷** （清）施念曾 （清）張汝霖輯　清光緒元年(1875)宛村劉樹本堂刻本　十二冊

330000－1741－0005800　綫 839.23100/2661
集部/總集類/郡邑之屬

國朝杭郡詩輯三十二卷姓氏韻編一卷 （清）吳顥撰 （清）吳振棫重輯　清刻本　十六冊

330000－1741－0005801　綫 839.23/8030
集部/別集類/清別集

句餘土音三卷 （清）全祖望撰 （清）董秉純重編　清嘉慶十九年(1814)刻本　三冊

330000－1741－0005802　綫 839.23/7110
集部/總集類/郡邑之屬

兩浙輶軒錄四十卷補遺十卷姓氏韻編二卷 （清）阮元輯　**兩浙輶軒續錄五十四卷補遺六卷姓氏韻編二卷** （清）潘衍桐輯　清光緒十六年(1890)、十七年(1891)浙江書局刻本　七十二冊

330000－1741－0005803　綫 839.23/7710
集部/總集類/郡邑之屬

兩浙輶軒續錄五十四卷補遺六卷姓氏韻編二卷 （清）潘衍桐輯　清光緒十七年(1891)浙江書局刻本　四十冊

330000－1741－0005804　綫 839.23101/1010
集部/詞類/類編之屬

西泠詞萃 （清）丁丙編　清光緒錢塘丁氏刻本　四冊

330000－1741－0005805　綫 839.23100/2661＊2
集部/總集類/郡邑之屬

國朝杭郡詩輯三十二卷姓氏韻編一卷 （清）吳顥輯 （清）吳振棫重輯　**國朝杭郡詩續輯四十六卷姓氏韻編一卷** （清）吳振棫輯　**國朝杭郡詩三輯一百卷姓氏韻編一卷** （清）丁申 （清）丁丙輯　清同治十三年(1874)、光緒二年(1876)、光緒十九年(1893)錢塘丁氏刻本　八十四冊

330000－1741－0005807　綫 839.23/7710＊2A　集部/總集類/郡邑之屬

兩浙輶軒續錄五十四卷補遺六卷姓氏韻編二卷 （清）潘衍桐輯　清光緒十七年(1891)浙江書局刻本　一冊　存二卷(姓氏韻編一至二)

330000－1741－0005808　綫 839.23/7110/C1
集部/總集類/郡邑之屬

兩浙輶軒錄四十卷補遺十卷姓氏韻編二卷 （清）阮元輯　**兩浙輶軒續錄五十四卷補遺六卷姓氏韻編二卷** （清）潘衍桐輯　清光緒十六年(1890)、十七年(1891)浙江書局刻本六十六冊　缺十一卷(補遺一至十、姓氏韻編二)

330000－1741－0005809　綫 839.23101/2644
類叢部/叢書類/郡邑之屬

武林掌故叢編一百八十七種 （清）丁丙編　清光緒三年至二十六年(1877－1900)錢塘丁氏嘉惠堂刻本(乾道臨安志卷四至十五、南宋館閣錄卷一原缺)　一冊　存一種

330000－1741－0005810　綫 839.23119/4764
集部/總集類/郡邑之屬

續橋李詩繫四十卷 （清）胡昌基輯　清宣統三年(1911)刻本　二十冊

330000－1741－0005811　綫839.23127/3308
集部/詩文評類/郡邑之屬

雁蕩詩話二卷　（清）梁章鉅撰　清咸豐二年
(1852)文華堂刻本　二冊

330000－1741－0005812　綫839.23101/4441/C1　類叢部/叢書類/彙編之屬

振綺堂叢刊八種　（清）□□輯　清嘉慶至光緒汪氏振綺堂刻本　一冊　存一種

330000－1741－0005813　綫839.23102/1030
類叢部/叢書類/郡邑之屬

武林掌故叢編一百八十七種　（清）丁丙編
清光緒三年至二十六年(1877－1900)錢塘丁氏嘉惠堂刻本（乾道臨安志卷四至十五、南宋館閣錄卷一原缺）　一冊　存二種

330000－1741－0005814　善4/004　集部/楚辭類

楚辭章句十七卷附錄一卷　（漢）王逸撰　明刻本　四冊

330000－1741－0005815　綫839.23130/2530
集部/詞類/總集之屬

湖州詞徵二十四卷　朱祖謀輯　清宣統三年(1911)章震福刻本　四冊

330000－1741－0005816　善2/431　史部/政書類/儀制之屬/典禮

明倫大典二十四卷　（明）楊一清　（明）熊浹等纂修　明嘉靖鎮江府刻本　十二冊

330000－1741－0005817　綫839.23101/4441
類叢部/叢書類/彙編之屬

振綺堂叢刊八種　（清）□□輯　清嘉慶至光緒汪氏振綺堂刻本　二冊　存一種

330000－1741－0005819　綫839.23101/4466
類叢部/叢書類/郡邑之屬

名家西湖山水詩十五種　清光緒錢塘丁氏嘉惠堂刻民國二十三年(1934)彙印本　五冊

330000－1741－0005820　綫839.23127/2524
集部/總集類/郡邑之屬

當湖文繫初編二十八卷　（清）朱壬林纂輯
清光緒十五年(1889)刻本　十二冊

330000－1741－0005822　綫839.23130/7591
集部/總集類/郡邑之屬

國朝湖州詩錄三十四卷　（清）陳焯輯　國朝湖州詩錄補編二卷　（清）鄭祖琛輯　國朝湖州詩續錄十六卷　（清）鄭佶輯　清道光十年至十一年(1830－1831)小谷口刻本　二十冊

330000－1741－0005824　善4/021A　集部/別集類/漢魏六朝別集

陳思王集十卷　（三國魏）曹植撰　明萬曆二十四年(1596)鄭雲竹宗文書舍刻本　三冊
存七卷（四至十）

330000－1741－0005827　綫839.23213/1000
史部/地理類/雜志之屬

定海鄉土教科書不分卷　王亨彥編　清光緒三十三年(1907)上海鴻文書局石印本　二冊

330000－1741－0005830　綫839.23223/0415
集部/總集類/郡邑之屬

國朝上虞詩集十二卷　（清）謝聘輯　清道光二十二年(1842)刻本　四冊

330000－1741－0005831　綫839.23310/1029
集部/總集類/郡邑之屬

金華文畧二十卷　（清）王崇炳輯　清康熙四十八年(1709)蘭谿唐𡷈菴刻乾隆七年(1742)金華夏氏補刻咸豐印本　周湜題記　十一冊
缺三卷（五、七、九）

330000－1741－0005835　綫839.23401/7535
集部/總集類/郡邑之屬

東甌先正文錄十二卷栝蒼先正文錄三卷補遺一卷　（清）陳遇春輯　清道光十四年(1834)刻本　一冊　存一卷（補遺）

330000－1741－0005836　綫839.23401/8710
集部/總集類/郡邑之屬

四靈詩集　（宋）趙師秀等撰　清光緒四年(1878)刻本　二冊

330000－1741－0005837　綫839.27/0133
集部/總集類/郡邑之屬

蜀秀集九卷　（清）譚宗浚輯　清光緒五年(1879)成都試院刻本　八冊

330000 – 1741 – 0005839　綫 839.25135/7786
集部/總集類/課藝之屬

黃州課士錄八卷　（清）周錫恩編　清光緒十七年（1891）黃郡刻本　六冊

330000 – 1741 – 0005840　綫 839.23429/4408
集部/總集類/郡邑之屬

羅陽詩始四卷　（清）董斿輯　清同治五年（1866）羅陽書院刻本　二冊

330000 – 1741 – 0005841　綫 839.23327/4444
類叢部/叢書類/彙編之屬

刻鵠齋叢書十六種　（清）胡念修編　清光緒二十三年至二十七年（1897－1901）刻鵠齋刻本　二冊　存一種

330000 – 1741 – 0005842　善 2/432　史部/政書類/通制之屬

憲章類編四十二卷　（明）勞堪撰　明萬曆六年（1578）勞堪刻本　二十冊

330000 – 1741 – 0005845　善 4/059　集部/別集類/唐五代別集

杜詩會稡二十四卷　（唐）杜甫撰　（清）張遠箋　清康熙二十七年（1688）蕉圃刻本　清鎖恒校並過錄清屬鶚批　四冊　存八卷（一至二、五至六、九至十、十三至十四）

330000 – 1741 – 0005847　綫 839.26/6039
集部/總集類/郡邑之屬

湖南文徵一百九十卷首一卷目錄六卷姓氏傳四卷　（清）羅汝懷輯　清同治十年（1871）刻本　沈子斀題記　一百冊

330000 – 1741 – 0005848　綫 839.31425/2848
集部/總集類/郡邑之屬

重訂昭陽扶雅集六卷　（清）徐幹編輯　清光緒八年（1882）邵武徐氏刻本　六冊

330000 – 1741 – 0005850　綫 839.31301/3803
類叢部/叢書類/自著之屬

荔隱山房集九種　（清）涂慶瀾撰　清光緒莆陽涂氏刻本　五冊　存一種

330000 – 1741 – 0005852　善 4/059A　集部/別集類/唐五代別集

杜詩會稡二十四卷　（唐）杜甫撰　（清）張遠箋　清康熙二十七年（1688）蕉圃刻本　一冊　存四卷（十七至二十）

330000 – 1741 – 0005853　綫 839.8/1123　史部/傳記類/別傳之屬

紹先集不分卷　張敬效輯　清光緒二十九年（1903）湘南刻本　二冊

330000 – 1741 – 0005854　綫 839.8/1010　類叢部/叢書類/家集之屬

正定王氏五種　王耕心編　清光緒二十年至民國六年（1894－1917）刻民國彙印本　一冊　存一種

330000 – 1741 – 0005855　善 4/059B　集部/別集類/唐五代別集

杜詩會稡二十四卷　（唐）杜甫撰　（清）張遠箋　清康熙刻本　一冊　存二卷（三至四）

330000 – 1741 – 0005856　善 4/059C　集部/別集類/唐五代別集

杜詩會稡二十四卷　（唐）杜甫撰　（清）張遠箋　清康熙刻本　三冊　存九卷（十三至十六、二十至二十四）

330000 – 1741 – 0005857　綫 839.8/2221　集部/總集類/氏族之屬

宜興任氏傳家集存遺八卷首一卷　（清）任光斗輯　清同治十三年（1874）任氏一本堂刻本　六冊

330000 – 1741 – 0005858　綫 842.2/4422.1
集部/別集類/漢魏六朝別集

蔡中郎集十卷末一卷外紀一卷外集四卷　（漢）蔡邕撰　清光緒十六年（1890）番禺陶氏愛廬刻本　五冊

330000 – 1741 – 0005859　善 2/304D　史部/傳記類/別傳之屬/年譜

宋仁山金先生[履祥]年譜一卷　（明）徐袍撰　清抄本　一冊

330000 – 1741 – 0005861　綫 839.61/4440
集部/別集類/清別集

西疆雜述詩四卷　（清）蕭雄撰　清光緒二十

三年(1897)蒮槃徐氏刻本　四冊

330000－1741－0005862　綫842.2/4422.77
類叢部/叢書類/彙編之屬

海源閣叢書六種續刊一種　(清)楊以增編
清咸豐二年至五年(1852－1855)聊城楊氏海
源閣刻本　六冊　存一種

330000－1741－0005863　綫839.8/2590　集
部/總集類/氏族之屬

新安先集二十卷　(清)朱之榛輯　清同治十
三年(1874)蘇州刻本　八冊

330000－1741－0005865　綫842.2/4422　集
部/別集類/漢魏六朝別集

蔡中郎集十卷末一卷外紀一卷外集四卷
(漢)蔡邕撰　清光緒十六年(1890)番禺陶氏
愛廬刻本　八冊

330000－1741－0005870　綫839.8/3090　集
部/總集類/氏族之屬

古虞宋氏文集一卷詩集一卷詩餘一卷　清賦
梅堂木活字印本　一冊　缺一卷(詩餘)

330000－1741－0005885　綫842.5/0440　集
部/別集類/漢魏六朝別集

諸葛忠武侯文集六卷首一卷　(三國蜀)諸葛
亮撰　清茶陵譚福壽堂刻本　四冊

330000－1741－0005886　善1/124A　經部/
春秋公羊傳類/專著之屬

春秋公羊傳曆譜不分卷　(清)包慎言撰　清
抄本　二冊

330000－1741－0005887　綫842.4/5544　集
部/別集類/漢魏六朝別集

曹集銓評十卷　(三國魏)曹植撰　(清)丁晏
銓評　**曹集逸文一卷**　(清)丁晏輯　**魏陳思
王[曹植]年譜一卷附錄一卷**　(清)丁晏撰
清同治十一年(1872)金陵書局刻本　二冊

330000－1741－0005890　綫843.54/2874
集部/別集類/漢魏六朝別集

徐孝穆全集六卷　(南朝陳)徐陵撰　(清)吳
兆宜箋注　**備考一卷**　(清)徐文炳撰　清善
化經濟書堂刻本　四冊

330000－1741－0005892　善4/075　集部/別
集類/唐五代別集

**朱文公校昌黎先生文集四十卷外集十卷遺文
一卷**　(唐)韓愈撰　(宋)朱熹考異　(宋)
王伯大音釋　**朱文公校昌黎先生集傳一卷**
明刻本　清查聲集評　清郁熙源跋　清署名
"躋"者題記並過錄清金德瑛批　十六冊

330000－1741－0005894　綫842.4/5544：2
集部/別集類/漢魏六朝別集

曹集銓評十卷　(三國魏)曹植撰　(清)丁晏
銓評　**曹集逸文一卷**　(清)丁晏輯　**魏陳思
王[曹植]年譜一卷附錄一卷**　(清)丁晏撰
清同治十一年(1872)金陵書局刻本　二冊

330000－1741－0005895　綫843.65/0020：2
集部/別集類/漢魏六朝別集

庾子山集十六卷總釋一卷　(北周)庾信撰
(清)倪璠注　**庾子山[信]年譜一卷**　(清)
倪璠撰　清康熙二十六年(1687)崇岫堂刻本
十冊

330000－1741－0005896　綫843.2/7731.52
類叢部/叢書類/彙編之屬

玉海堂景宋元本叢書　劉世珩編　清光緒至
民國貴池劉氏玉海堂影刻本　二冊　存一種

330000－1741－0005897　綫843.2/7731.1
集部/別集類/漢魏六朝別集

陶淵明文集十卷　(晉)陶潛撰　清光緒五年
(1879)番禺俞秀山刻本　二冊

330000－1741－0005898　綫843.51/2300
類叢部/叢書類/家集之屬

傅氏家書　(清)傅以禮編　清光緒傅氏演慎
齋刻本　一冊　存一種

330000－1741－0005899　綫844.1/2628　類
叢部/叢書類/郡邑之屬

畿輔叢書　(清)王灝編　清光緒五年至十八
年(1879－1892)定州王氏謙德堂刻三十二年
(1906)彙印本(元和郡縣圖志卷十九至二十、
二十三至二十四、三十五至三十六原缺)　一
冊　存一種

330000－1741－0005900　善2/338A　史部/
地理類/總志之屬/斷代

大清一統志表不分卷　(清)徐午撰　清乾隆
五十八年(1793)刻本　六冊

330000－1741－0005901　綫843.65/0020a
集部/別集類/漢魏六朝別集

庚子山集十六卷總釋一卷　(北周)庚信撰
(清)倪璠注　**庚子山[信]年譜一卷**　(清)
倪璠撰　清光緒十六年(1890)廣州經史閣刻
本　十二冊

330000－1741－0005903　綫846.7/2111　集
部/別集類/明別集

熊襄愍公集四卷首一卷　(明)熊廷弼撰
(清)朱澤楠選輯　清同治二年(1863)孫桐生
刻本　一冊

330000－1741－0005904　綫843.65/0020
集部/別集類/漢魏六朝別集

庚子山集十六卷總釋一卷　(北周)庚信撰
(清)倪璠注　**庚子山[信]年譜一卷**　(清)
倪璠撰　清大文堂刻本　十二冊

330000－1741－0005906　綫843.2/7731　集
部/別集類/漢魏六朝別集

陶淵明文集十卷　(晉)陶潛撰　清光緒十三
年(1887)石印本　四冊

330000－1741－0005908　綫843.65/0020b
集部/別集類/漢魏六朝別集

庚子山集十六卷總釋一卷　(北周)庚信撰
(清)倪璠注　**庚子山[信]年譜一卷**　(清)
倪璠撰　清道光二十五年(1845)聚魁堂刻本
十冊

330000－1741－0005909　綫844.16/4731.79
集部/別集類/唐五代別集

河東先生文集六卷　(唐)柳宗元撰　清宣統
二年(1910)上海會文堂書局石印本　六冊

330000－1741－0005911　綫847.4/1034　類
叢部/叢書類/家集之屬

正定王氏五種　王耕心編　清光緒二十年至
民國六年(1894－1917)刻民國彙印本　二冊

存一種

330000－1741－0005912　綫844.12/1044.7
集部/別集類/唐五代別集

王子安集註二十卷首一卷末一卷　(唐)王勃
撰　(清)蔣清翊注　清光緒九年(1883)吳縣
蔣氏雙唐碑館刻十年(1884)補刻本　六冊

330000－1741－0005913　綫844.16/7444.78
集部/別集類/唐五代別集

唐陸宣公翰苑集二十四卷　(唐)陸贄撰
(清)張佩芳注釋　清乾隆張氏希音堂刻本光
緒九年(1883)印本　八冊

330000－1741－0005915　善2/433　史部/政
書類/通制之屬

歷代封建史蹟攷不分卷　稿本　姜亮夫題記
二冊

330000－1741－0005916　綫844.16/4731a
集部/別集類/唐五代別集

唐柳先生外集一卷　(唐)柳宗元撰　清光緒
十三年(1887)寶章閣影刻宋乾道元年(1165)
零陵郡庠本　一冊

330000－1741－0005918　綫844.13/7731.7
集部/別集類/唐五代別集

駱臨海集十卷首一卷末一卷　(唐)駱賓王撰
(清)陳熙晉箋注　清咸豐三年(1853)松林
宗祠刻本　八冊

330000－1741－0005922　善4/076　集部/別
集類/唐五代別集

**朱文公校昌黎先生文集四十卷外集十卷遺文
一卷**　(唐)韓愈撰　(宋)朱熹考異　(宋)
王伯大音釋　**朱文公校昌黎先生集傳一卷**
明刻萬曆三年(1575)重修本　八冊

330000－1741－0005926　綫844.17/4480.77：2
集部/別集類/唐五代別集

昌黎先生集四十卷外集十卷遺文一卷　(唐)
韓愈撰　(宋)廖瑩中校正　**朱子校昌黎先生
集傳一卷**　(宋)朱熹撰　**韓集點勘四卷**
(清)陳景雲撰　清同治八年至九年(1869－
1870)江蘇書局刻本　清王鵬運跋　十冊

缺四卷(韓集點勘一至四)

330000 – 1741 – 0005927　綫844.17/4480.74
集部/別集類/唐五代別集
昌黎先生集四十卷外集十卷遺文一卷　（唐）
韓愈撰　（宋）廖瑩中校正　**朱子校昌黎先生
集傳一卷**　（宋）朱熹撰　**韓集點勘四卷**
(清)陳景雲撰　清同治八年至九年(1869 –
1870)江蘇書局刻本　一冊　存四卷(韓集點
勘一至四)

330000 – 1741 – 0005929　善4/078　集部/別
集類/唐五代別集
昌黎先生集四十卷外集十卷遺文一卷　（唐）
韓愈撰　（宋）廖瑩中校正　**朱子校昌黎先生
集傳一卷**　（宋）朱熹撰　**韓集點勘四卷**
(清)陳景雲撰　清同治八年至九年(1869 –
1870)江蘇書局刻本　清孫衣言題記　十
一冊

330000 – 1741 – 0005931　綫845.17/4480.77
集部/別集類/唐五代別集
昌黎先生集四十卷外集十卷遺文一卷　（唐）
韓愈撰　（宋）廖瑩中校正　**朱子校昌黎先生
集傳一卷**　（宋）朱熹撰　**韓集點勘四卷**
(清)陳景雲撰　清同治八年至九年(1869 –
1870)江蘇書局刻本　一冊　存四卷(韓集點
勘一至四)

330000 – 1741 – 0005933　綫844.17/4480.77：3
集部/別集類/唐五代別集
昌黎先生集四十卷外集十卷遺文一卷　（唐）
韓愈撰　（宋）廖瑩中校正　**朱子校昌黎先生
集傳一卷**　（宋）朱熹撰　**韓集點勘四卷**
(清)陳景雲撰　清同治八年至九年(1869 –
1870)江蘇書局刻本　十冊　缺四卷(韓集點
勘一至四)

330000 – 1741 – 0005936　綫844.18/4007.77：1
集部/別集類/唐五代別集
樊南文集補編十二卷　（唐）李商隱撰　（清）
錢振倫　（清）錢振常箋注　**玉谿生年譜訂誤
一卷**　（清）錢振倫撰　清同治五年(1866)吳
氏望三益齋刻本　四冊

228

330000 – 1741 – 0005938　綫844.18/4007.77
集部/別集類/唐五代別集
樊南文集補編十二卷　（唐）李商隱撰　（清）
錢振倫　（清）錢振常箋注　**玉谿生年譜訂誤
一卷**　（清）錢振倫撰　清同治五年(1866)吳
氏望三益齋刻本　四冊

330000 – 1741 – 0005939　綫844.19/1240
集部/別集類/唐五代別集
孫可之文集二卷　（唐）孫樵撰　清光緒二十
二年(1896)遂園刻本　永濟題記　一冊

330000 – 1741 – 0005942　綫015.8/3142　史
部/目錄類/總錄之屬/彙刻
江南製造局譯印圖書目錄不分卷　（清）江南
製造局編　清宣統元年(1909)鉛印本　一冊

330000 – 1741 – 0005944　綫844.18/4023
集部/別集類/唐五代別集
**李衛公文集二十卷別集十卷外集四卷補遺一
卷**　（唐）李德裕撰　清光緒十六年(1890)常
慊慊齋刻本　八冊

330000 – 1741 – 0005945　善2/434　史部/政
書類/儀制之屬/典禮
大唐郊祀錄十卷　（唐）王涇撰　清抄本
四冊

330000 – 1741 – 0005949　綫845.15/1031.7
集部/別集類/宋別集
王荆公文集注八卷　（宋）王安石撰　（清）沈
欽韓注　清刻本　八冊

330000 – 1741 – 0005951　善4/061A　集部/
別集類/唐五代別集
杜工部五言詩選直解三卷七言詩選直解二卷
（唐）杜甫撰　（清）范廷謀註釋　**杜工部
[甫]年譜一卷**　（清）范廷謀編　清雍正范氏
稼石堂刻本　六冊

330000 – 1741 – 0005952　綫844.18/4423
集部/別集類/唐五代別集
**李衛公文集二十卷別集十卷外集四卷補遺一
卷**　（唐）李德裕撰　清光緒十六年(1890)常
慊慊齋刻本　八冊

330000－1741－0005955　綫845.21/3036
類叢部/叢書類/彙編之屬

半畝園叢書三十種　(清)吳坤修編　清同治
新建吳氏皖城刻本　二冊　存一種

330000－1741－0005958　善4/062　集部/別
集類/唐五代別集

杜詩偶評四卷　(唐)杜甫撰　(清)沈德潛評
清乾隆十二年(1747)潘承松賦閒草堂刻本
四冊

330000－1741－0005960　善4/063　集部/別
集類/唐五代別集

杜律啟蒙十二卷年譜一卷　(清)邊連寶集註
清乾隆四十二年(1777)刻本　六冊

330000－1741－0005961　綫845.21/0012
集部/別集類/宋別集

高東溪先生遺集三卷　(宋)高登撰　清光緒
二十三年(1897)刻本　二冊

330000－1741－0005962　綫845.15/1700
集部/別集類/宋別集

宋邵康節先生伊川擊壤集十卷三世名賢一卷
　(宋)邵雍撰　(明)吳泰注　清道光二十年
(1840)刻本　六冊

330000－1741－0005963　綫845.21/4422
類叢部/叢書類/郡邑之屬

永嘉叢書十三種　(清)孫衣言編　清同治至
光緒瑞安孫氏詒善祠塾刻本　一冊　存一種

330000－1741－0005965　善4/065　集部/別
集類/唐五代別集

唐元次山文集十二卷　(唐)元結撰　明末刻
本　四冊

330000－1741－0005966　綫845.21/4922
集部/別集類/宋別集

忠正德文集十卷　(宋)趙鼎撰　**附錄一卷**
清光緒二年(1876)浙江山陰謝氏刻本　四冊

330000－1741－0005969　綫845.16/7523
集部/別集類/宋別集

後山先生集二十四卷首一卷　(宋)陳師道撰
清光緒十一年(1885)番禺陶福祥愛廬刻本

六冊

330000－1741－0005971　善4/066　集部/總
集類/選集之屬/斷代

唐人八家詩　(明)毛晉輯　明崇禎十二年
(1639)海虞毛氏汲古閣刻本　一冊　存一種

330000－1741－0005972　綫845.22/1047.78
集部/別集類/宋別集

宋王忠文公文集五十卷目錄四卷　(宋)王十
朋撰　(清)唐傳鉎重編　**梅溪王忠文公[十
朋]年譜一卷**　(清)徐炯文編　清光緒二年
(1876)溫州梅溪書院刻本　十四冊

330000－1741－0005973　善4/067　集部/別
集類/唐五代別集

顏魯公文集十五卷補遺一卷附錄一卷　(唐)
顏真卿撰　**顏魯公[真卿]年譜一卷**　(宋)留
元剛撰　明萬曆十七年(1589)劉思誠刻本
八冊

330000－1741－0005974　綫845.22/1143
類叢部/叢書類/自著之屬

張宣公全集三種　(宋)張栻撰　清道光二十
九年(1849)縣邑洗墨池刻本　十二冊

330000－1741－0005975　綫845.22/4423
集部/別集類/宋別集

艮齋先生薛常州浪語集三十五卷　(宋)薛季
宣撰　清同治十年(1871)金陵書局刻本
六冊

330000－1741－0005977　綫845.21/4664
集部/別集類/宋別集

楊龜山先生集四十二卷首一卷末一卷
(宋)楊時撰　清康熙四十六年(1707)延平
楊氏刻光緒五年(1879)重修本(卷末原缺)
十冊

330000－1741－0005978　善4/070　集部/總
集類/彙編/斷代

王韋合刻二種十六卷　(清)項絪輯　清康熙
項氏玉淵堂刻本　四冊　存十卷(韋蘇州集
一至十)

330000－1741－0005980　善4/071　集部/總

集類/彙編之屬

唐四家詩 （清）汪立名編　清康熙三十四年 (1695)天都汪立名刻本　二冊　存一種

330000－1741－0005981　綫 845.22/1143.1 類叢部/叢書類/自著之屬

張宣公全集三種 （宋）張栻撰　清道光二十九年(1849)縣邑洗墨池刻咸豐四年(1854)縣邑南軒祠補刻光緒十七年(1891)、民國十一年(1922)補刻本　十二冊

330000－1741－0005982　綫 845.23/1206 集部/別集類/宋別集

燭湖集二十卷附編二卷 （宋）孫應時撰 (清)孫景洛等輯　清嘉慶八年(1803)孫氏靜遠軒刻本　八冊

330000－1741－0005983　綫 845.22/4423/C1 集部/別集類/宋別集

艮齋先生薛常州浪語集三十五卷 （宋）薛季宣撰　清同治十年(1871)金陵書局刻本 六冊

330000－1741－0005985　善 4/072　集部/總集類/選集之屬/斷代

唐詩二十六家 （明）黃貫曾編　明嘉靖三十三年(1554)江夏黃氏浮玉山房刻本　一冊存一種

330000－1741－0005986　善 4/073　集部/別集類/唐五代別集

唐陸宣公集二十四卷 （唐）陸贄撰　明刻本 八冊

330000－1741－0005987　綫 845.23/4022 類叢部/叢書類/郡邑之屬

留香室叢刻十種 （清）祝昌泰　（清）梁章鉅編　清嘉慶十六年至十七年(1811－1812)浦城祝氏留香室刻本　四冊　存一種

330000－1741－0005989　綫 845.22/4423：4/C1　類叢部/叢書類/郡邑之屬

永嘉叢書十三種 （清）孫衣言編　清同治至光緒瑞安孫氏詒善祠塾刻本　八冊　存一種

330000－1741－0005991　綫 845.22/4423：4

類叢部/叢書類/郡邑之屬

永嘉叢書十三種 （清）孫衣言編　清同治至光緒瑞安孫氏詒善祠塾刻本　八冊　存一種

330000－1741－0005993　善 4/079　集部/別集類/唐五代別集

昌黎先生詩集注十一卷年譜一卷 （唐）韓愈撰　（清）顧嗣立刪補　清康熙三十八年(1699)長洲顧嗣立秀野艸堂刻本　四冊

330000－1741－0005996　綫 845.23/4646 集部/別集類/宋別集

楊文節公文集四十二卷首一卷末一卷詩集四十二卷誠齋文節先生錦繡策二卷 （宋）楊萬里撰　清同治三年(1864)楊氏刻本　二十六冊　缺二卷(誠齋文節先生錦繡策一至二)

330000－1741－0005997　善 4/080A　集部/別集類/唐五代別集

韓昌黎詩集編年箋注十二卷 （唐）韓愈撰 (清)方世舉考訂　（清）盧見曾刪定　清乾隆二十三年(1758)德州盧見曾雅雨堂刻春及堂印本　六冊

330000－1741－0005998　綫 845.23/4430 類叢部/叢書類/郡邑之屬

永嘉叢書十三種 （清）孫衣言編　清同治至光緒瑞安孫氏詒善祠塾刻本　十冊　存一種

330000－1741－0005999　善 4/080　集部/別集類/唐五代別集

韓昌黎詩集編年箋注十二卷 （唐）韓愈撰 (清)方世舉考訂　（清）盧見曾刪定　清乾隆二十三年(1758)德州盧見曾雅雨堂刻本　清孫衣言批並題記　六冊

330000－1741－0006000　綫 845.24/0072 集部/別集類/宋別集

秋崖先生小藁四十五卷詩集三十八卷 （宋）方岳撰　明嘉靖方謙刻清光緒二十一年(1895)清江黃澍芬重修本　八冊

330000－1741－0006004　綫 845.26/0013 集部/別集類/宋別集

廬陵宋丞相信國公文忠烈先生全集十六卷文

忠烈公從祀原案錄一卷 （宋）文天祥撰
（清）文有煥等編輯 清雍正三年（1725）文氏
五桂堂刻道光二十三年（1843）補刻本 十
二冊

330000－1741－0006006 善4/080B 集部/
別集類/唐五代別集
韓昌黎詩集編年箋注十二卷 （唐）韓愈撰
（清）方世舉考訂 （清）盧見曾刪定 清乾隆
二十三年（1758）德州盧見曾雅雨堂刻本
六冊

330000－1741－0006008 善4/068 集部/總
集類/彙編之屬
陶韋合集 （明）凌濛初編 明吳興凌氏刻朱
墨套印本 六冊 存一種

330000－1741－0006010 綫845.77/3034
集部/別集類/元別集
庸菴集十四卷 （元）宋禧撰 清嘉慶十三年
（1808）餘姚宋氏木活字印本 二冊

330000－1741－0006011 善4/069 集部/總
集類/彙編之屬
陶韋合集 （明）凌濛初編 明吳興凌氏刻朱
墨套印本 四冊 存一種

330000－1741－0006012 綫845.71/1724
類叢部/叢書類/彙編之屬
漸西村舍彙刊（漸西村舍叢刻）四十四種
（清）袁昶編 清光緒十六年至二十四年
（1890－1898）桐廬袁氏刻本（黃帝內經太素
卷一、四、七、十六、十八、二十至二十一原缺）
四冊 存一種

330000－1741－0006019 善4/086 集部/別
集類/唐五代別集
劉賓客文集三十卷補遺一卷 （唐）劉禹錫撰
清抄本 六冊

330000－1741－0006021 善4/087 集部/別
集類/唐五代別集
皇甫持正文集六卷 （唐）皇甫湜撰 清抄本
士言題記 傅增湘題簽 二冊

330000－1741－0006023 綫845.76/4913

集部/別集類/元別集
趙文敏公松雪齋全集十卷外集一卷續集一卷
（元）趙孟頫撰 清康熙五十二年（1713）曹
培廉城書室刻光緒八年（1882）洞庭楊氏重修
本 六冊

330000－1741－0006024 綫846.3/3682 類
叢部/叢書類/彙編之屬
津河廣仁堂叢書八十四種 （清）□□編 清
光緒津河廣仁堂刻本 四冊 存一種

330000－1741－0006025 綫846.1/7244 集
部/別集類/明別集
太師誠意伯劉文成公集二十卷首一卷 （明）
劉基撰 清光緒二十六年（1900）浙江書局刻
本 十冊

330000－1741－0006026 綫846.1/3030 集
部/別集類/明別集
宋文憲公全集五十三卷首四卷 （明）宋濂撰
清嘉慶十五年（1810）金華府學刻本 十
六冊

330000－1741－0006029 善2/435 史部/政
書類/儀制之屬/典禮
大唐開元禮一百五十卷 （唐）蕭嵩等撰 清
抄本 三十冊

330000－1741－0006030 綫846.3/4644 集
部/別集類/明別集
東里文集二十五卷別集三卷 （明）楊士奇撰
太師楊文貞公［士奇］年譜一卷 （明）楊思
堯 （明）楊汝敬編 清光緒三年（1877）泰和
楊覲光刻本 馬一浮題記 九冊

330000－1741－0006033 善2/437 史部/職
官類/官制之屬/專志
宋宰輔編年錄二十卷 （宋）徐自明纂 明萬
曆四十六年（1618）呂邦耀刻本 清孫詒讓批
校 十三冊 缺三卷（八、十、十四）

330000－1741－0006035 善2/436 史部/政
書類/儀制之屬/通禮
中興禮書三百卷 （宋）禮部太常寺纂修
（清）徐松輯 中興禮書續編八十卷 （宋）葉

宗魯纂修 （清）徐松輯 清抄本 二十六冊
缺六十八卷（三、五、十七、二十一、八十六
至八十九、一百十九、一百二十二至一百二十
四、一百三十、一百四十、一百四十三至一百
四十八、一百五十一、一百五十三至一百五十
五、一百六十一至一百六十二、一百六十六至
一百六十八、一百七十一至一百七十二、一百
七十七、一百九十二至一百九十五、二百七至
二百八、二百十二至二百十四、二百十七至二
百二十、二百二十四至二百二十六、二百二十
八至二百二十九、二百三十五,續編四、七至
八、十、十二、十四、二十三至二十九、三十一
至三十四）

330000 – 1741 – 0006038　善 2/438　史部/職
官類

南宋館閣錄十卷 （宋）陳騤撰　館閣續錄十
卷 清抄本 四冊 缺一卷（南宋館閣錄一）

330000 – 1741 – 0006039　綫 846.6/7772　集
部/別集類/明別集

歐陽南野先生文集五卷 （明）歐陽德撰
（明）李春芳選 清道光十五年（1835）蜀江書
室刻民國六年（1917）印本 四冊

330000 – 1741 – 0006042　綫 846.6/4040　集
部/別集類/明別集

滄溟先生集三十卷附錄一卷 （明）李攀龍撰
清道光二十七年（1847）濟南李氏刻景福堂
印本 八冊

330000 – 1741 – 0006047　綫 846.6/7772：2
集部/別集類/明別集

歐陽南野先生文集五卷 （明）歐陽德撰
（明）李春芳選 清道光十五年（1835）蜀江書
室刻民國六年（1917）印本 四冊

330000 – 1741 – 0006048　善 2/436A　史部/
政書類/儀制之屬/典禮

幸魯盛典四十卷 （清）孔毓圻等纂修 清康
熙五十年（1711）刻本 十二冊

330000 – 1741 – 0006049　善 4/081A　集部/
別集類/唐五代別集

白香山詩長慶集二十卷後集十七卷別集一卷

補遺二卷 （唐）白居易撰 （清）汪立名編訂
白香山[居易]年譜舊本一卷 （宋）陳振孫
撰　白香山[居易]年譜一卷 （清）汪立名撰
清康熙四十一年至四十二年（1702 – 1703）
汪立名一隅草堂刻本 十二冊

330000 – 1741 – 0006050　善 2/442　史部/職
官類/官箴之屬

治要錄四卷 （明）潘游龍撰 清抄本 二冊

330000 – 1741 – 0006052　綫 846.7/1171　集
部/別集類/明別集

新刻張太岳先生詩文集四十六卷 （明）張居
正撰　太師張文忠公[居正]行實一卷 清刻
本 十六冊

330000 – 1741 – 0006053　綫 846.7/2836　類
叢部/叢書類/彙編之屬

海山仙館叢書五十六種 （清）潘仕成編 清
道光二十五年至咸豐元年（1845 – 1851）番禺
潘氏刻光緒十一年（1885）增刻彙印本 六冊
存一種

330000 – 1741 – 0006054　綫 846.7/4006　集
部/別集類/明別集

落落齋遺集十卷附錄一卷 （明）李應昇撰
清光緒二十二年（1896）武進盛氏思惠齋刻朱
印本 六冊

330000 – 1741 – 0006057　綫 846.6/7772：3
集部/別集類/明別集

歐陽南野先生文集五卷 （明）歐陽德撰
（明）李春芳選 清道光十五年（1835）蜀江書
室刻民國六年（1917）印本 四冊

330000 – 1741 – 0006059　善 4/083　集部/總
集類/彙編之屬

唐宋八大家文鈔 （明）茅坤編 明刻本 四
冊 存十二卷（唐大家柳柳州文抄一至十二）

330000 – 1741 – 0006061　善 2/443　史部/政
書類/邦計之屬/荒政

康濟譜二十五卷 （明）潘游龍撰 明崇禎十
四年（1641）王期昇刻本 二十四冊

330000 – 1741 – 0006063　綫 846.7/5329　集

部/別集類/明別集

止止堂集五卷 （明）戚繼光撰　清光緒十四年(1888)山東書局刻本　四冊

330000－1741－0006064　綫846.8/0040　集部/別集類/明別集

高子遺書十二卷附錄一卷 （明）高攀龍撰（明）陳龍正輯　**高忠憲公[攀龍]年譜一卷**（明）華允誠編　清光緒二年(1876)周士錦無錫東林書院刻本　八冊

330000－1741－0006066　善4/084Z　集部/別集類/唐五代別集

柳文四十三卷外集二卷別集二卷附錄一卷（唐）柳宗元撰　清同治六年(1867)廷桂刻七年(1868)補刻本　清平步青批跋　一冊　存三卷(一至三)

330000－1741－0006069　綫846.8/4093　集部/別集類/明別集

左忠毅公集三卷 （明）左光斗撰　清宣統三年(1911)文盛書局石印本　三冊

330000－1741－0006071　綫846.7/1171/C1　集部/別集類/明別集

新刻張太岳先生詩文集四十六卷 （明）張居正撰　**太師張文忠公[居正]行實一卷**　清刻本　十六冊

330000－1741－0006075　善4/085　集部/別集類/唐五代別集

唐劉賓客詩集六卷拾遺一卷 （唐）劉禹錫撰　清抄本　張崟批校　四冊

330000－1741－0006076　善2/449A　史部/政書類/通制之屬

欽定學政全書八十卷 （清）素爾訥等纂修　清乾隆刻本　十二冊

330000－1741－0006077　綫846.9/1033　集部/別集類/明別集

夏節愍全集十卷首一卷末一卷補遺一卷續補遺一卷 （明）夏完淳撰　（清）莊師洛輯（清）陳均　（清）何其偉編　清嘉慶十二年(1807)婁縣陳氏刻本　二冊

330000－1741－0006078　善2/456　史部/目錄類/總錄之屬/史志

隋經籍志考證不分卷 （清）章宗源撰　清孫氏玉海樓抄本　清孫詒讓校並題記　三冊

330000－1741－0006079　善4/090　集部/總集類/彙編之屬

中唐十二家詩集 （明）朱之蕃編　明萬曆刻本　三冊　存一種

330000－1741－0006082　綫846.8/7212　集部/別集類/明別集

劉文烈公全集十二卷 （明）劉理順撰　清順治十七年(1660)刻光緒二十四年(1898)杞縣官廨重修本　十二冊

330000－1741－0006083　善2/450A　史部/政書類/公牘檔冊之屬

抄牘告示稿一卷 （清）□岑撰　清抄本　一冊

330000－1741－0006084　綫846.9/2608：2　類叢部/叢書類/自著之屬

樓山堂遺書五種 （明）吳應箕撰　清同治當塗夏氏刻本　六冊　存一種

330000－1741－0006085　綫846.9/1033：1　集部/別集類/明別集

夏節愍全集十卷首一卷末一卷補遺一卷續補遺一卷 （明）夏完淳撰　（清）莊師洛輯（清）陳均　（清）何其偉編　清嘉慶十二年(1807)婁縣陳氏刻本　六冊

330000－1741－0006086　綫846.9/1190　類叢部/叢書類/彙編之屬

國粹叢書四十九種 （清）國學保存會編　清光緒至宣統鉛印本暨石印本　三冊　存一種

330000－1741－0006087　善2/460　史部/目錄類/總錄之屬/史志

國史經籍志六卷 （明）焦竑輯　清抄本　十冊

330000－1741－0006088　善2/462　史部/目錄類/總錄之屬/官修

浙江採集遺書總錄十一卷 （清）沈初等輯

233

清乾隆三十九年(1774)浙江布政使王亶望刻本　八冊

330000－1741－0006090　善2/457　史部/目錄類/總錄之屬/官修

四庫闕書一卷　(清)徐松輯　清抄本　一冊

330000－1741－0006091　善2/463　史部/目錄類/書志之屬/提要

昭德先生郡齋讀書志二十卷首一卷　(宋)晁公武撰　(宋)姚應績編　清抄本　四冊　缺一卷(首)

330000－1741－0006092　綫846.9/4437.1　集部/別集類/明別集

黃漳浦集五十卷首一卷目錄二卷　(明)黃道周撰　(清)陳壽祺重編　**漳浦黃先生[道周]年譜二卷**　(明)莊起儔編　清末鉛印本　十六冊

330000－1741－0006093　綫846.9/4200　集部/別集類/明別集

休那遺稿十二卷外集三卷姚休那先生詩集一卷白白齋貨殖傳評一卷　(明)姚康撰　清光緒十五年(1889)桐城姚氏五桂山房刻本暨木活字印本　十二冊

330000－1741－0006094　善2/459　類叢部/叢書類/彙編之屬

連筠簃叢書十四種　(清)楊尚文編　清道光二十七年至二十九年(1847－1849)靈石楊氏刻本(羣書治要卷四、十三、二十原缺)　十八冊　存一種

330000－1741－0006095　善4/089　集部/總集類/彙編之屬

盛唐四名家集　(明)凌濛初輯　明吳興凌濛初刻朱墨套印本　宋禾天跋　二冊　存一種

330000－1741－0006096　綫846.9/2608　集部/別集類/明別集

樓山堂集二十六卷　(明)吳應箕撰　清光緒六年(1880)刻本　八冊

330000－1741－0006097　善2/461　史部/目錄類/總錄之屬/官修

欽定四庫全書簡明目錄二十卷　(清)紀昀等撰　清同治孫氏玉海樓抄本　清孫詒讓批校並跋　清楊定夫校並跋　十冊

330000－1741－0006098　善2/465　史部/目錄類/總錄之屬/私撰

絳雲樓書目二卷補遺一卷　(清)錢謙益藏並撰　清抄本　清蟫盦居士校並題記　二冊

330000－1741－0006101　綫846.9/4444　集部/別集類/明別集

重刻天傭子集十卷首一卷末一卷　(明)艾南英撰　(清)艾爲珖　(清)艾曰芬輯　(清)張良御等點評　清道光十六年(1836)艾舟刻本　二冊　存六卷(首、一至五)

330000－1741－0006103　綫847.1/0453　集部/別集類/清別集

天愚山人詩集十二卷文集十六卷附錄一卷　(清)謝泰宗撰　清光緒六年(1880)謝氏靈蕤館刻本　八冊

330000－1741－0006104　綫846.9/7510　集部/別集類/明別集

陳忠裕全集三十卷兵垣奏議一卷首一卷末一卷自撰年譜三卷　(明)陳子龍撰　(清)王昶輯　清嘉慶八年(1803)犓山草堂刻同治八年(1869)補修本　十冊　缺一卷(兵垣奏議)

330000－1741－0006105　綫846.9/4437　集部/別集類/明別集

黃漳浦集五十卷詩餘一卷首一卷目錄二卷　(明)黃道周撰　(清)陳壽祺重編　**漳浦黃先生[道周]年譜二卷**　(明)莊起儔編　清道光八年至十年(1828－1830)福州陳氏刻本　二十四冊

330000－1741－0006106　善2/466A　史部/目錄類/總錄之屬/私撰

愛日精廬藏書志四卷　(清)張金吾藏並撰　清抄本　一冊

330000－1741－0006107　善2/465A　史部/目錄類/總錄之屬/私撰

孝慈堂書目六卷　(清)王聞遠撰　清抄本

四冊

330000－1741－0006109　善2/466　史部/目錄類/總錄之屬/私撰

千頃堂書目三十二卷　（清）黃虞稷撰　清好古敏求齋抄本　三十二冊

330000－1741－0006110　綫847.1/2704　集部/別集類/清別集

壯悔堂文集十卷遺稿一卷四憶堂詩集六卷遺稿一卷　（清）侯方域撰　（清）賈開宗等評點　**年譜一卷**　（清）侯洵撰　清宣統元年（1909）上海掃葉山房石印本　六冊

330000－1741－0006111　善2/466B　史部/目錄類/總錄之屬/私撰

開有益齋讀書志六卷金石文字記一卷　（清）朱緒曾撰　清光緒抄本　七冊

330000－1741－0006112　綫846.9/5013　集部/別集類/明別集

史忠正公集四卷　（明）史可法撰　**首一卷末一卷**　（清）史山清輯　清咸豐六年（1856）祥符史兆霖刻本　二冊

330000－1741－0006113　綫846.9/3722　集部/別集類/明別集

祁忠惠公遺集十卷補編一卷　（明）祁彪佳撰　（清）杜煦編　（清）杜春生補編　清道光十五年（1835）刻二十二年（1842）增刻本　二冊

330000－1741－0006114　綫847.1/7532　集部/別集類/清別集

寶綸堂集十卷拾遺一卷　（明）陳洪綬撰　清光緒十四年（1888）董氏取斯堂木活字印本　八冊

330000－1741－0006115　善2/467　史部/目錄類/總錄之屬/彙刻

黎蒓齋星使近刻古逸叢書目不分卷　清光緒陶濬宣稷山讀書樓抄本　清孫詒讓批並題記　陶濬宣題簽並批　一冊

330000－1741－0006117　善2/464　史部/目錄類/總錄之屬/私撰

百川書志二十卷　（明）高儒藏並撰　清抄本

二冊

330000－1741－0006118　綫846.9/6645　集部/別集類/明別集

瞿忠宣公集十卷　（明）瞿式耜撰　清光緒十三年（1887）常熟瞿廷韶刻本　四冊

330000－1741－0006119　綫847.2/0431　集部/別集類/清別集

醉白堂文集一卷續文集一卷　（清）謝良琦撰　清道光謝肇松刻本　十冊　存一卷（文集）

330000－1741－0006121　綫847.1/7727　集部/別集類/清別集

邱邦士文集十八卷首一卷　（清）邱維屏撰　清光緒元年（1875）一房山館刻本　八冊

330000－1741－0006123　善2/469　史部/目錄類/專錄之屬

道藏目錄詳註四卷　（明）李杰撰　清刻本　佚名朱筆過錄顧廣圻校跋　二冊

330000－1741－0006124　綫847.2/0870　類叢部/叢書類/自著之屬

施愚山先生全集五種附一種　（清）施閏章撰　清康熙至乾隆刻彙印本　二十二冊

330000－1741－0006125　綫847.2/0021＊2　集部/別集類/清別集

健松齋續集十卷　（清）方象瑛撰　清木活字印本　二冊

330000－1741－0006127　綫847.2/2623　集部/別集類/清別集

梅村集二十卷　（清）吳偉業撰　清宣統二年（1910）上海國學昌明社石印本　六冊

330000－1741－0006130　綫847.2/2291　集部/別集類/清別集

義門先生集十二卷　（清）何焯撰　（清）翁大年等輯　**何義門家書四卷**　（清）何焯撰　吳蔭培編　**附錄一卷義門弟子姓氏錄一卷**　清宣統元年（1909）平江吳氏廣州刻本　六冊

330000－1741－0006131　綫847.2/2623.1　類叢部/叢書類/彙編之屬

誦芬室叢刊二十二種　董康編　清光緒三十四年至民國十四年(1908－1925)武進董氏刻本　八冊　存二種

330000－1741－0006134　綫847.2/1015　集部/別集類/清別集

砥齋集十二卷　(清)王弘撰撰　清光緒二十年(1894)王凌霄敬義堂刻本　六冊

330000－1741－0006135　綫847.2/3113.1　集部/別集類/清別集

堯峰文鈔四十卷　(清)汪琬撰　(清)林佶編　清宣統二年(1910)集成圖書公司石印本　八冊

330000－1741－0006136　善4/092B　集部/別集類/唐五代別集

李長吉歌詩四卷外集一卷首一卷　(唐)李賀撰　(清)王琦彙解　清乾隆王氏寶笏樓刻本　四冊

330000－1741－0006138　綫847.2/1120　集部/別集類/明別集

西廬文集四卷　(明)張雋撰　清宣統二年(1910)上海國學扶輪社鉛印本　二冊

330000－1741－0006139　綫847.2/2624　集部/別集類/清別集

寒松堂全集十二卷寒松老人［魏象樞］年譜一卷　(清)魏象樞撰　清嘉慶十六年(1811)魏煜刻本　十冊

330000－1741－0006140　綫847.2/3777　集部/別集類/清別集

徧行堂集十六卷　(清)釋今釋撰　清宣統三年(1911)上海國學扶輪社鉛印本　八冊

330000－1741－0006141　善2/479A　史部/金石類/石之屬/文字

隸釋二十七卷隸續二十一卷　(宋)洪适撰　清乾隆四十二年至四十三年(1777－1778)汪日秀樓松書屋刻本(隸續卷九至十原缺)　十二冊

330000－1741－0006142　善4/092C　集部/別集類/唐五代別集

李長吉歌詩四卷外集一卷首一卷　(唐)李賀撰　(清)王琦彙解　清乾隆王氏寶笏樓刻本　清鮑瑞駿批並題記　四冊

330000－1741－0006143　綫847.2/4243　集部/別集類/清別集

恥躬堂文鈔十卷詩鈔十六卷　(清)彭士望撰　清道光四年(1824)、咸豐二年(1852)彭玉雯刻本　八冊

330000－1741－0006145　善4/093　集部/別集類/唐五代別集

李文饒文集二十卷別集十卷外集四卷　(唐)李德裕撰　明刻本　十冊

330000－1741－0006146　綫847.2/4061.78　類叢部/叢書類/自著之屬

二曲先生全集二種　(清)李顒撰　清光緒二十六年(1900)湖南刻本　六冊　缺八卷(四書反身錄一至八)

330000－1741－0006147　綫847.2/2528　集部/別集類/清別集

曝書亭集八十卷附錄一卷　(清)朱彝尊撰　笛漁小稿十卷　(清)朱昆田撰　清光緒十五年(1889)會稽陶氏寒梅館刻本　十五冊　缺十卷(笛漁小稿一至十)

330000－1741－0006149　善4/094　集部/別集類/唐五代別集

李文饒文集二十卷別集十卷外集四卷　(唐)李德裕撰　明刻本　五冊

330000－1741－0006150　綫847.2/4327　類叢部/叢書類/自著之屬

西堂全集二種附一種　(清)尤侗撰　清刻本　六冊　存一種

330000－1741－0006151　綫847.2/4438　類叢部/叢書類/彙編之屬

二老閣叢書四十二種　(清)鄭風編　清康熙至嘉慶刻本　四冊　存一種

330000－1741－0006152　綫847.2/4042　集部/別集類/清別集

寒支初集十卷二集四卷首一卷　(清)李世熊

撰 （清）李向旻編 清同治十三年(1874)刻本 十四冊

330000－1741－0006153 綫847.2/4234 類叢部/叢書類/家集之屬

長洲彭氏家集九種 （清）彭祖賢編 清同治至光緒刻本 十二冊 存一種

330000－1741－0006154 綫847.2/4213 集部/別集類/清別集

松桂堂全集三十七卷南泩集三卷延露詞三卷 （清）彭孫遹撰 清乾隆八年(1743)彭景曾刻本 六冊 存四十卷(松桂堂全集一至三十七、延露詞一至三)

330000－1741－0006155 綫847.2/2572 類叢部/叢書類/彙編之屬

津河廣仁堂叢書八十四種 （清）□□編 清光緒津河廣仁堂刻本 六冊 存二種

330000－1741－0006156 綫847.2/4431 集部/別集類/清別集

變雅堂文集四卷詩集十卷詩集附錄一卷 (清)杜濬撰 **變雅堂遺集附錄一卷** （清）方苞等撰 清同治九年(1870)劉維楨鄂垣刻本 八冊

330000－1741－0006157 綫847.2/4442 集部/別集類/清別集

聊齋先生文集二卷 （清）蒲松齡撰 清宣統二年(1910)上海國學扶輪社鉛印本 一冊

330000－1741－0006158 綫856.9/7500 集部/別集類/清別集

句溪雜箸五卷 （清）陳立撰 清同治三年(1864)陳立刻本 一冊

330000－1741－0006159 綫847.2/7447 集部/別集類/清別集

鐵莊文集八卷疏快軒詩二卷詩餘一卷 （清）陸楣撰 清光緒二十一年(1895)曹氏樂善堂木活字印本 三冊 存八卷(鐵莊文集一至八)

330000－1741－0006160 綫847.2/4940：2 集部/別集類/清別集

讀書堂綵衣全集四十六卷 （清）趙士麟撰 （清）梁永淳等輯 （清）趙宸黼編 清光緒十九年(1893)浙江書局刻本 十二冊

330000－1741－0006161 善4/095 集部/總集類/彙編之屬

元白長慶集一百四十一卷 （明）馬元調編 明萬曆松江馬元調魚樂軒刻本 六冊 存六十七卷(元氏長慶集一至六十、補遺一至六、附錄)

330000－1741－0006162 綫847.2/8308 集部/別集類/清別集

牧齋全集一百六十五卷 （清）錢謙益撰 （清）錢曾箋注 清宣統二年(1910)邃漢齋鉛印本 四十冊

330000－1741－0006163 善2/479B 史部/金石類/石之屬/文字

隸續二十一卷 （宋）洪适撰 清康熙四十五年(1706)曹寅揚州使院刻本(卷九至十原缺) 四冊

330000－1741－0006164 綫847.2/4438b 集部/別集類/清別集

南雷文定前集十一卷後集四卷三集三卷四集四卷附錄一卷 （清）黃宗羲撰 清光緒馮祖憲耕餘樓刻本 八冊

330000－1741－0006165 綫847.2/7522a 類叢部/叢書類/彙編之屬

晨風閣叢書第一集(國學粹編)五十二種 沈宗畸等編 清光緒三十四年至宣統三年(1908－1911)國學萃編社鉛印本暨刻本 一冊 存一種

330000－1741－0006166 綫847.2/5039 集部/別集類/清別集

忠裕堂詩集十卷文集三卷 （清）申涵盼撰 清道光二十七年(1847)申續曾刻本 三冊 缺三卷(文集一至三)

330000－1741－0006169 善2/480 史部/金石類/金之屬

嘯堂集古錄二卷 （宋）王俅撰 清影宋抄本

二冊

330000 - 1741 - 0006171　善4/096　集部/別集類/唐五代別集

樊川文集二十卷外集一卷別集一卷　（唐）杜牧撰　清光緒二十二年（1896）景蘇園影宋刻本　六冊

330000 - 1741 - 0006172　綫847.2/4940　集部/別集類/清別集

讀書堂綵衣全集四十六卷　（清）趙士麟撰　（清）梁永淳等輯　（清）趙宸輔編　清光緒十九年（1893）浙江書局刻本　十二冊

330000 - 1741 - 0006174　綫847.2/7744　集部/別集類/清別集

翁山詩外二十卷文外十六卷　（清）屈大均撰　清宣統二年（1910）上海國學扶輪社鉛印本（卷二十原缺）　十七冊

330000 - 1741 - 0006175　綫847.2/9741　集部/別集類/清別集

甌香館集十二卷補遺詩一卷補遺畫跋一卷附錄一卷　（清）惲格撰　（清）蔣光煦輯　清光緒元年（1875）湖北崇文書局刻民國元年（1912）鄂官書處重印本　四冊

330000 - 1741 - 0006178　綫847.3/1122　集部/別集類/清別集

正誼堂文集四十卷首二卷　（清）張伯行撰　（清）張師栻　（清）張師載編　清光緒二年（1876）吳江費氏刻本　十冊　缺二十一卷（二十至四十）

330000 - 1741 - 0006179　綫847.3/2553　集部/別集類/清別集

朱文端公文集四卷補編四卷　（清）朱軾撰　**朱文端公〔軾〕年譜一卷**　（清）朱瀚編　（清）朱衿補　清同治十年至十二年（1871 - 1873）古唐朱衿古懽齋刻本　六冊　缺一卷（年譜）

330000 - 1741 - 0006181　綫847.2/8333　類叢部/叢書類/自著之屬

田間全集五種　（清）錢澄之撰　清宣統二年（1910）錢氏振風學社木活字印本　十冊　存一種

330000 - 1741 - 0006182　綫847.4/0014　集部/別集類/清別集

寶綸堂文鈔八卷　（清）齊召南撰　清嘉慶二年（1797）刻本　屈燨題記　四冊

330000 - 1741 - 0006183　善4/098A　集部/別集類/唐五代別集

玉谿生詩箋註三卷首一卷樊南文集箋註八卷首一卷　（唐）李商隱撰　（清）馮浩編訂　清乾隆二十八年至三十年（1763 - 1765）德聚堂刻本　八冊

330000 - 1741 - 0006184　綫847.2/7442　類叢部/叢書類/自著之屬

陸桴亭先生遺書二十二種　（清）陸世儀撰　（清）唐受祺編　**尊道先生〔陸世儀〕年譜一卷**　（清）凌錫祺編輯　**桴亭先生〔陸世儀〕行狀行實一卷**　（清）陳瑚　（清）陸允正撰　清光緒二十五年至二十六年（1899 - 1900）太倉唐受祺京師刻本　八冊　存十七種

330000 - 1741 - 0006186　綫847.4/0014：2　集部/別集類/清別集

寶綸堂文鈔八卷　（清）齊召南撰　清嘉慶二年（1797）刻本　四冊

330000 - 1741 - 0006187　綫847.4/0812　集部/別集類/清別集

釋耒集四卷　（清）施元孚撰　清道光十一年（1831）甌城凌峯堂書坊刻本　二冊

330000 - 1741 - 0006188　綫847.4/1036a　集部/總集類/選集之屬/斷代

湖海文傳七十五卷　（清）王昶輯　清道光十七年（1837）經訓堂刻同治五年（1866）印本　十六冊

330000 - 1741 - 0006190　綫847.4/0030　類叢部/叢書類/家集之屬

求可堂兩世遺書五種　（清）廖冀亨　（清）廖鴻章撰　清光緒永定廖氏刻本　一冊　存一種

330000－1741－0006192　綫 847.4/1036　集部/別集類/清別集

王文肅公遺文一卷　（清）王安國撰　（清）王敬之輯　清道光二十一年（1841）高郵王敬之刻咸豐四年（1854）續刻本　一冊

330000－1741－0006193　綫 847.4/1004　集部/別集類/清別集

柳南文鈔六卷詩鈔十卷　（清）王應奎撰　清乾隆十七年（1752）刻本　二冊　存六卷（柳南文鈔一至六）

330000－1741－0006194　善 2/470　史部/金石類/石之屬/目錄

輿地碑記目四卷　（宋）王象之撰　清抄本　陸和九跋　二冊

330000－1741－0006197　綫 847.4/2168　集部/別集類/清別集

雅雨堂詩集二卷文集四卷雅雨山人出塞集一卷　（清）盧見曾撰　（清）金在恒編　清道光二十年（1840）盧樞清雅堂刻本　四冊

330000－1741－0006198　綫 847.4/2588　集部/別集類/清別集

笥河詩集二十卷文集十六卷首一卷　（清）朱筠撰　清嘉慶八年（1803）朱珪、二十年（1815）朱錫庚椒華吟舫刻本　十四冊

330000－1741－0006199　綫 847.4/2834　集部/別集類/清別集

徐明經文鈔二卷詩鈔二卷　（清）徐宏桓撰　清光緒十年（1884）胡鳳丹退補齋刻本　一冊

330000－1741－0006200　綫 847.4/2233　類叢部/叢書類/自著之屬

任氏遺書八種　（清）任啟運撰　清光緒十四年（1888）荊溪任氏家塾刻本　二冊　存一種

330000－1741－0006201　綫 847.4/3150：4　集部/別集類/清別集

述學內篇三卷補遺一卷外篇一卷別錄一卷附錄一卷校勘記一卷　（清）汪中撰　（清）汪喜孫編　清同治八年（1869）揚州書局刻本　二冊

330000－1741－0006202　綫 847.4/3150.1　集部/別集類/清別集

述學內篇三卷補遺一卷外篇一卷別錄一卷附錄一卷校勘記一卷　（清）汪中撰　（清）汪喜孫編　清同治八年（1869）揚州書局刻本　二冊

330000－1741－0006203　綫 847.4/1250　集部/別集類/清別集

一松齋集八卷　（清）孫擴圖撰　清同治十年至十一年（1871－1872）任城孫毓漢刻本　六冊

330000－1741－0006204　綫 847.4/3121　類叢部/叢書類/自著之屬

汪子遺書二種　（清）汪縉撰　清光緒八年（1882）刻本　四冊　存一種

330000－1741－0006205　綫 847.4/3150：3　集部/別集類/清別集

述學內篇三卷補遺一卷外篇一卷別錄一卷附錄一卷校勘記一卷　（清）汪中撰　（清）汪喜孫編　清同治八年（1869）揚州書局刻本　二冊

330000－1741－0006207　綫 847.4/2233：2　集部/別集類/清別集

清芬樓遺稿四卷　（清）任啟運撰　清嘉慶二十二年（1817）京都刻本　二冊

330000－1741－0006208　綫 847.4/3423　類叢部/叢書類/自著之屬

沈歸愚詩文全集十四種　（清）沈德潛撰　清乾隆教忠堂刻本　四十八冊　存十二種

330000－1741－0006209　綫 847.4/1148　集部/別集類/清別集

陶園文集八卷詩集二十四卷詩餘二卷六如亭傳奇二卷　（清）張九鉞撰　清道光二十三年（1843）張氏賜錦樓刻本　二冊　存八卷（陶園文集一至八）

330000－1741－0006210　綫 847.4/4443　集部/別集類/清別集

二希堂文集十一卷首一卷　（清）蔡世遠撰

清道光十七年（1837）文林堂刻本　六冊

330000－1741－0006211　綫847.4/4047.1
集部/別集類/清別集

道古堂文集四十八卷詩集二十六卷集外文一卷集外詩一卷　（清）杭世駿撰　**軼事一卷**（清）汪曾唯輯　清乾隆四十一年（1776）刻光緒十四年（1888）汪曾唯振綺堂增修本　十六冊

330000－1741－0006212　綫847.4/1704　集部/別集類/清別集

玉芝堂文集六卷詩集三卷　（清）邵齊燾撰**昭文邵氏聯珠集五卷**　（清）邵震亨編　清光緒五年（1879）湖南節署刻本　四冊

330000－1741－0006213　綫847.4/4225　類叢部/叢書類/家集之屬

長洲彭氏家集九種　（清）彭祖賢編　清同治至光緒刻本　二冊　存一種

330000－1741－0006215　綫847.4/3150　類叢部/叢書類/家集之屬

江都汪氏叢書七種　（清）汪喜孫編　清道光汪喜孫刻本　二冊　存一種

330000－1741－0006216　綫847.4/4047.1:3集部/別集類/清別集

道古堂文集四十八卷詩集二十六卷集外文一卷集外詩一卷　（清）杭世駿撰　**軼事一卷**（清）汪曾唯輯　清乾隆四十一年（1776）刻光緒十四年（1888）汪曾唯振綺堂增修本　十六冊

330000－1741－0006218　綫847.4/4362　集部/別集類/清別集

裴文達公文集六卷詩集十二卷恭和御製詩六卷奏議一卷補遺一卷　（清）裴曰修撰　清嘉慶八年（1803）裴行簡刻同治十一年（1872）修補本　二冊　存七卷（文集一至六、補遺）

330000－1741－0006220　善4/098B　集部/別集類/唐五代別集

玉谿生詩箋註三卷首一卷樊南文集箋註八卷首一卷　（唐）李商隱撰　（清）馮浩編訂　清

乾隆二十八年至三十年（1763－1765）德聚堂刻本　六冊

330000－1741－0006226　善4/098C　集部/別集類/唐五代別集

李義山文集十卷　（唐）李商隱撰　（清）徐樹穀箋　（清）徐炯注　清康熙四十七年（1708）崑山徐氏花谿草堂刻本　四冊

330000－1741－0006231　善2/471　史部/金石類/石之屬/目録

寶刻類編八卷　（宋）□□撰　清乾隆盧氏抱經樓抄本　八冊

330000－1741－0006232　善4/098　集部/別集類/唐五代別集

玉溪生詩意八卷　（唐）李商隱撰　（清）朱鶴齡箋注　（清）屈復意　清乾隆揚州藝古堂刻本　八冊

330000－1741－0006244　綫011.6/2323　史部/目録類/總録之屬/私撰

華延年室題跋二卷殘明大統曆一卷殘明宰輔年表一卷　（清）傅以禮撰　**藹廬題跋一卷**（清）傅栻撰　清宣統元年（1909）餘杭俞人蔚鉛印本　一冊

330000－1741－0006248　綫011.6/2744、綫011.6/2744＊1　類叢部/叢書類/自著之屬

藝風所著書　繆荃孫撰　清光緒至民國刻本　五冊　存一種

330000－1741－0006249　善4/098D　集部/別集類/唐五代別集

重訂李義山詩集箋注三卷集外詩箋注一卷（唐）李商隱撰　（清）朱鶴齡箋注　（清）程夢星刪補　**重訂李義山[商隱]年譜一卷詩話一卷**　（清）程夢星輯　清乾隆九年（1744）東柯草堂刻本　四冊

330000－1741－0006250　綫011.6/4411　史部/目録類/書志之屬/題跋

士禮居藏書題跋記六卷　（清）黃丕烈撰　清光緒十年（1884）吳縣潘祖蔭滂喜齋刻本　六冊　缺一卷（六）

330000 – 1741 – 0006251　綫011.6/2528　史部/目録類/總錄之屬/私撰

開有益齋讀書志六卷續志一卷金石文字記一卷　（清）朱緒曾撰　清光緒六年（1880）金陵翁氏茹古閣刻本　四冊

330000 – 1741 – 0006253　善4/098Z　集部/別集類/唐五代別集

李義山詩集十六卷　（唐）李商隱撰　（清）姚培謙箋　清乾隆五年（1740）姚氏松桂讀書堂刻本　清平浩過録何焯批　四冊

330000 – 1741 – 0006257　綫011.6/7433　類叢部/叢書類/自著之屬

潛園總集十七種　（清）陸心源撰　清同治至光緒刻本　四冊　存一種

330000 – 1741 – 0006259　善4/099　集部/別集類/唐五代別集

溫飛卿詩集七卷別集一卷集外詩一卷附錄諸家詩評一卷　（唐）溫庭筠撰　（明）曾益注　（清）顧予咸補注　（清）顧嗣立續注　清康熙三十六年（1697）長洲顧氏秀野草堂刻本　四冊

330000 – 1741 – 0006263　綫011.6/2656　類叢部/叢書類/彙編之屬

式訓堂叢書四十一種　（清）章壽康編　清光緒會稽章氏刻本　四冊　存一種

330000 – 1741 – 0006264　善4/100　集部/別集類/唐五代別集

丁卯集二卷　（唐）許渾撰　明崇禎十二年（1639）毛氏汲古閣刻唐人八家詩本　清丁丙校　二冊

330000 – 1741 – 0006269　綫011.67/7551　史部/目錄類/書志之屬/提要

直齋書錄解題二十二卷　（宋）陳振孫撰　清光緒九年（1883）江蘇書局刻本　六冊

330000 – 1741 – 0006271　綫011.6/7433a　類叢部/叢書類/自著之屬

潛園總集十七種　（清）陸心源撰　清同治至光緒刻本　三十二冊　存一種

330000 – 1741 – 0006277　綫011.7/4279　史部/目錄類/通論之屬/考訂

古今偽書考一卷　（清）姚際恒撰　清光緒十五年（1889）善化章恭斌經濟書堂刻本　一冊

330000 – 1741 – 0006278　綫011.67/7551：1　類叢部/叢書類/彙編之屬

武英殿聚珍版書三十九種　清乾隆浙江刻本　十六冊　存一種

330000 – 1741 – 0006280　綫011.7/0043　經部/群經總義類/傳說之屬

新學偽經考十四卷　康有爲撰　清光緒十七年（1891）廣州康氏萬木草堂刻本　六冊

330000 – 1741 – 0006282　綫011.67/7551：3　類叢部/叢書類/彙編之屬

武英殿聚珍版書一百四十八種　清乾隆四十二年（1777）福建刻道光至同治遞修光緒二十一年（1895）增刻本　十二冊　存一種

330000 – 1741 – 0006283　綫011.7/8354　集部/別集類/清別集

甘泉鄉人稿二十四卷　（清）錢泰吉撰　皇清敕授修職郎誥封朝議大夫顯考警石府君［錢泰吉］年譜一卷　（清）錢應溥編　邠農偶吟稿一卷　（清）錢炳森撰　清同治七年（1868）杜文瀾、十一年（1872）錢應溥刻本　一冊　存三卷（七至九）

330000 – 1741 – 0006284　綫011.8/4442　類叢部/叢書類/自著之屬

寫經齋全集八種　（清）葉大莊撰　清光緒刻本　一冊　存一種

330000 – 1741 – 0006285　綫011.7/8354：2　集部/別集類/清別集

甘泉鄉人稿二十四卷　（清）錢泰吉撰　皇清敕授修職郎誥封朝議大夫顯考警石府君［錢泰吉］年譜一卷　（清）錢應溥編　邠農偶吟稿一卷　（清）錢炳森撰　清同治七年（1868）杜文瀾、十一年（1872）錢應溥刻本　一冊　存三卷（七至九）

330000 – 1741 – 0006287　綫011.8/4496　子

部/雜著類/雜考之屬

斠補隅録十四卷 （清）蔣光煦編　清光緒九年(1883)蔣廷黻刻本　二冊

330000－1741－0006288　綫011.8/2504　經部/群經總義類/傳說之屬

十三經札記 （清）朱亦棟撰　清光緒四年(1878)武林竹簡齋刻本　六冊　存一種

330000－1741－0006290　綫012.6/4444s：3　類叢部/叢書類/家集之屬

影山草堂六種 （清）莫與儔（清）莫友芝撰　清咸豐至光緒刻本　一冊　存一種

330000－1741－0006291　綫012.5/2509　類叢部/叢書類/彙編之屬

觀自得齋叢書二十三種別集六種 （清）徐士愷編　清光緒十三年至二十年(1887－1894)石埭徐氏刻本　一冊　存一種

330000－1741－0006293　綫011.67/7551：2　類叢部/叢書類/彙編之屬

武英殿聚珍版書一百三十八種 清乾隆武英殿木活字印本　六冊　存一種

330000－1741－0006295　綫012.5/0141　類叢部/叢書類/彙編之屬

漸西村舍彙刊(漸西村舍叢刻)四十四種 （清）袁昶編　清光緒十六年至二十四年(1890－1898)桐廬袁氏刻本(黃帝内經太素卷一、四、七、十六、十八、二十至二十一原缺)　一冊　存一種

330000－1741－0006296　善4/101　集部/別集類/唐五代別集

唐劉拾遺集一卷 （唐）劉蛻撰　明崇禎十三年(1640)閔齊伋刻本　一冊

330000－1741－0006298　綫012.5/4425　史部/目録類/專録之屬

宋遺民類集序例總目一卷 （清）黃允中撰　清宣統二年(1910)京師京華印書局鉛印本　一冊

330000－1741－0006300　善4/106　集部/別集類/唐五代別集

唐黃御史集八卷附録一卷 （唐）黃滔撰　明刻清修本　八冊

330000－1741－0006301　善4/102　集部/別集類/唐五代別集

唐劉蛻集六卷 （唐）劉蛻撰　清抄本　二冊

330000－1741－0006304　綫011.8/7433　類叢部/叢書類/自著之屬

潛園總集十七種 （清）陸心源撰　清同治至光緒刻本　二十四冊　存一種

330000－1741－0006305　善4/107　集部/別集類/唐五代別集

碧雲集二卷 （五代）李中撰　清抄本　一冊

330000－1741－0006307　綫012.6/1133a　史部/目録類/總録之屬/私撰

書目答問五卷別録一卷國朝著述諸家姓名略一卷 （清）張之洞撰　清光緒粤東翰墨園刻本　二冊

330000－1741－0006309　善4/103　集部/別集類/唐五代別集

唐孫職方集十卷 （唐）孫樵撰　明崇禎十三年(1640)閔齊伋刻本　一冊

330000－1741－0006312　綫012.6/1133g　史部/目録類/總録之屬/私撰

書目答問箋補四卷 （清）江人度撰　清光緒三十年(1904)漢川江氏刻本　四冊

330000－1741－0006313　綫012.6/1133.6　史部/目録類/總録之屬/私撰

書目答問五卷別録一卷國朝著述諸家姓名略一卷 （清）張之洞撰　清光緒二十一年(1895)上海蜚英館石印本　一冊

330000－1741－0006314　善4/104　集部/別集類/唐五代別集

唐皮日休文藪十卷 （唐）皮日休撰　明正德十五年(1520)袁表刻本　四冊

330000－1741－0006315　善4/105　集部/別集類/唐五代別集

唐皮日休文藪十卷 （唐）皮日休撰　明刻本

二冊

330000－1741－0006318　綫012.6/1133.6：1　史部/目録類/總録之屬/私撰

書目答問五卷別録一卷國朝著述諸家姓名略一卷　（清）張之洞撰　清光緒二十一年(1895)上海蜚英館石印本　二冊

330000－1741－0006319　綫012.6/2509　史部/目録類/總録之屬/私撰

行素堂目睹書録十卷　（清）朱記榮編　**汲古閣珍藏秘本書目一卷**　（清）毛扆輯　清光緒十年至十一年(1884－1885)吳縣朱記榮槐廬刻本　十冊

330000－1741－0006320　善4/110　集部/別集類/宋別集

徐公文集三十卷　（宋）徐鉉撰　清抄本　四冊

330000－1741－0006321　綫012.6/3738　史部/目録類/書志之屬/提要

經籍訪古志六卷補遺一卷　（日本）澀江全善　（日本）森立之撰　清光緒十一年(1885)六合徐承祖日本鉛印本　八冊

330000－1741－0006322　善4/111　集部/別集類/宋別集

乖崖先生文集十二卷附録一卷　（宋）張詠撰　清青芝抄本　清青芝跋　二冊

330000－1741－0006323　綫012.6/1133.7　史部/目録類/總録之屬/私撰

書目答問五卷別録一卷國朝著述諸家姓名略一卷　（清）張之洞撰　清光緒二十三年(1897)新化三味堂刻本　二冊

330000－1741－0006324　綫012.6/1133.4　史部/目録類/總録之屬/私撰

書目答問五卷別録一卷國朝著述諸家姓名略一卷　（清）張之洞撰　清光緒刻本　二冊

330000－1741－0006325　善4/112　集部/別集類/宋別集

王黃州小畜外集十三卷　（宋）王禹偁撰　清抄本　一冊　缺五卷(一至五)

330000－1741－0006326　善4/112A　集部/別集類/宋別集

宋王黃州小畜集三十卷　（宋）王禹偁撰　清乾隆二十五年(1760)太平趙熟典愛日堂刻本　六冊

330000－1741－0006327　善4/113　集部/別集類/宋別集

楊大年先生武夷新集二十卷　（宋）楊億撰　清康熙四十四年(1705)陳璋刻本　四冊

330000－1741－0006328　綫012.6/1133.9、綫075.78/1132.2　史部/目録類/總録之屬/私撰

書目答問五卷別録一卷國朝著述諸家姓名略一卷四川省城尊經書院記一卷輶軒語一卷　（清）張之洞撰　清光緒五年(1879)華陽王秉恩貴陽刻本　三冊

330000－1741－0006329　綫012.6/4444s　類叢部/叢書類/家集之屬

影山草堂六種　（清）莫與儔　（清）莫友芝撰　清咸豐至光緒刻本　三冊　存一種

330000－1741－0006330　綫012.6/1133.8　史部/目録類/總録之屬/私撰

書目答問五卷別録一卷國朝著述諸家姓名略一卷　（清）張之洞撰　清光緒八年(1882)安徽鉛印本　二冊

330000－1741－0006331　綫012.6/4444s：1　類叢部/叢書類/家集之屬

影山草堂六種　（清）莫與儔　（清）莫友芝撰　清咸豐至光緒刻本　二冊　存一種

330000－1741－0006334　綫012.6/4444s：2　類叢部/叢書類/家集之屬

影山草堂六種　（清）莫與儔　（清）莫友芝撰　清咸豐至光緒刻本　二冊　存一種

330000－1741－0006341　善4/114　集部/別集類/宋別集

宋林和靖先生詩集四卷詩餘一卷省心録一卷　（宋）林逋撰　**附録一卷**　（明）何養純（明）諸時寶等輯　清抄本　張崟批　四冊

330000－1741－0006348　綫 012.6/1133.5
史部/目録類/總録之屬/私撰

書目答問五卷別録一卷國朝著述諸家姓名略一卷　(清)張之洞撰　清光緒十四年(1888)上海蜚英館石印本　二冊

330000－1741－0006349　綫 012.6/1133.5/C1　史部/目録類/總録之屬/私撰

書目答問五卷別録一卷國朝著述諸家姓名略一卷　(清)張之洞撰　清光緒十四年(1888)上海蜚英館石印本　二冊

330000－1741－0006350　善 4/116　集部/別集類/宋別集

鉅鹿東觀集十卷補遺一卷　(宋)魏野撰　清抄本　姜亮夫題記　四冊

330000－1741－0006351　綫 012.6/1133.5/C2　史部/目録類/總録之屬/私撰

書目答問五卷別録一卷國朝著述諸家姓名略一卷　(清)張之洞撰　清光緒十四年(1888)上海蜚英館石印本　一冊

330000－1741－0006354　善 4/118　集部/總集類/氏族之屬

合刻范文正公忠宣公全集二十九卷　(明)毛一鷺編　明萬曆三十六年(1608)毛一鷺刻本　六冊　存十九卷(范文正公集一至十二、年譜、年譜補遺、言行拾遺事録、義莊規矩、鄱陽遺事録、褒祠録一至二)

330000－1741－0006355　綫 013.223/2700　類叢部/叢書類/彙編之屬

廣雅書局叢書一百五十九種　徐紹棨編　清光緒廣雅書局刻民國九年(1920)番禺徐紹棨彙編重印本　一冊　存一種

330000－1741－0006356　綫 013.221/8346、綫 013.222/2700　類叢部/叢書類/彙編之屬

廣雅書局叢書一百五十九種　徐紹棨編　清光緒廣雅書局刻民國九年(1920)番禺徐紹棨彙編重印本　二冊　存二種

330000－1741－0006359　綫 013.231/1068　類叢部/叢書類/彙編之屬

廣雅書局叢書一百五十九種　徐紹棨編　清光緒廣雅書局刻民國九年(1920)番禺徐紹棨彙編重印本　二冊　存一種

330000－1741－0006362　綫 013.231/1068.1　史部/叢編

常熟丁氏叢書二種　丁國鈞撰　清光緒木活字印本　二冊　存一種

330000－1741－0006365　善 2/472　子部/藝術類/書畫之屬

集帖目三卷　(清)惠兆壬撰　清武進費氏抄本　高時顯校補並跋　六冊

330000－1741－0006369　綫 013.237/1177　史部/紀傳類/正史之屬

隋書經籍志補二卷　(清)張鵬一撰　清光緒三十年(1904)在山草堂鉛印本　一冊

330000－1741－0006370　綫 013.221/1000　史部/紀傳類/正史之屬

漢藝文志攷證十卷　(宋)王應麟撰　清光緒十一年(1885)刻蓺六蓺園叢書本　一冊

330000－1741－0006371　綫 043.72/0077.76、綫 043.72/0077＊2　類叢部/類書類/專類之屬

佩文韻府一百六卷　(清)張玉書　(清)蔡升元等輯　**韻府拾遺一百六卷**　(清)汪灝 (清)何焯等輯　清嶺南潘氏海山僊館刻本　二百二十冊

330000－1741－0006373　善 2/477　類叢部/叢書類/自著之屬

蘇齋叢書十八種　(清)翁方綱撰　清乾隆至嘉慶刻彙印本　八冊　存一種

330000－1741－0006374　綫 013.231/2648　史部/目録類/總録之屬/史志

補晉書經籍志四卷　吳士鑑撰　清光緒二十一年(1895)刻本　一冊

330000－1741－0006375　綫 013.237/0033　類叢部/叢書類/彙編之屬

崇文書局彙刻書三十一種　(清)崇文書局編　清光緒元年至三年(1875－1877)湖北崇文

書局刻本　四冊　存一種

330000 – 1741 – 0006376　綫 013.231/2648：2
史部/目録類/總録之屬/史志

補晉書經籍志四卷　吳士鑑撰　清光緒二十
一年(1895)刻本　一冊

330000 – 1741 – 0006377　綫 013.25/1047
類叢部/叢書類/彙編之屬

粵雅堂叢書一百八十五種　(清)伍崇曜編
清道光二十九年至光緒十一年(1849 – 1885)
南海伍氏刻彙印本　五冊　存一種

330000 – 1741 – 0006378　綫 013.231/2648：3
史部/目録類/總録之屬/史志

補晉書經籍志四卷　吳士鑑撰　清光緒二十
一年(1895)刻本　一冊

330000 – 1741 – 0006379　綫補 040/4086　類
叢部/類書類/通類之屬

**欽定古今圖書集成一萬卷目録四十卷考證二
十四卷**　(清)蔣廷錫　(清)陳夢雷等輯　清
光緒十六年(1890)上海同文書局石印本　一
千八百五十四冊　存三千七百六卷(曆象彙
編乾象典一至十六、十九至一百,曆象彙編歲
功典一至一百十六,曆象彙編曆法典一至一
百四十,曆象彙編庶徵典一至九十六、一百二
十七至一百八十二,方輿彙編坤輿典一至一
百四十,方輿彙編職方典一至二百八、二百十
三至二百八十二、二百八十五至六百九十二、
六百九十五至一千二百六十四、一千二百六
十七至一千四百二十六、一千四百三十一至
一千五百四十四,方輿彙編山川典一至二十、
一百六十五至三百二十,方輿彙編邊裔典一
至一百四十,明倫彙編皇極典一至三百,明倫
彙編宮闈典一至一百四十,明倫彙編官常典
一至七百四十二、七百七十一至七百七十四、
七百七十七至七百七十八,理學彙編經籍典
七十五至八十,博物彙編藝術典二十一至四
十)

330000 – 1741 – 0006380　綫 013.231/2648：4
史部/目録類/總録之屬/史志

補晉書經籍志四卷　吳士鑑撰　清光緒二十

一年(1895)刻本　二冊

330000 – 1741 – 0006382　綫 013.222/8042
史部/目録類/總録之屬/史志

補後漢書藝文志一卷攷十卷　曾樸撰　清光
緒二十一年(1895)錫山文苑閣木活字印本
六冊

330000 – 1741 – 0006383　綫 013.242/3141
類叢部/叢書類/彙編之屬

廣雅書局叢書一百五十九種　徐紹棨編　清
光緒廣雅書局刻民國九年(1920)番禺徐紹棨
彙編重印本　一冊　存一種

330000 – 1741 – 0006384　綫 013.251/2797
類叢部/叢書類/彙編之屬

廣雅書局叢書一百五十九種　徐紹棨編　清
光緒廣雅書局刻民國九年(1920)番禺徐紹棨
彙編重印本　一冊　存一種

330000 – 1741 – 0006385　綫 013.254/2797
類叢部/叢書類/彙編之屬

廣雅書局叢書一百五十九種　徐紹棨編　清
光緒廣雅書局刻民國九年(1920)番禺徐紹棨
彙編重印本　一冊　存一種

330000 – 1741 – 0006386　綫 013.260/0727
類叢部/叢書類/彙編之屬

蟬隱廬叢書十八種　羅振常編　清宣統二年
至民國二十五年(1910 – 1936)上虞羅氏謄寫
暨鉛印民國三十三年(1944)吳興周延年彙印
本　一冊　存一種

330000 – 1741 – 0006387　綫 013.222/8042：2
史部/目録類/總録之屬/史志

補後漢書藝文志一卷攷十卷　曾樸撰　清光
緒二十一年(1895)錫山文苑閣木活字印本
六冊

330000 – 1741 – 0006389　綫 013.254/2797：1
類叢部/叢書類/彙編之屬

廣雅書局叢書一百五十九種　徐紹棨編　清
光緒廣雅書局刻民國九年(1920)番禺徐紹棨
彙編重印本　二冊　存一種

330000 – 1741 – 0006390　綫 013.254/8070、

綫 013.257/8346　類叢部/叢書類/彙編之屬

廣雅書局叢書一百五十九種　徐紹棨編　清光緒廣雅書局刻民國九年(1920)番禺徐紹棨彙編重印本　三冊　存二種

330000－1741－0006397　綫 013.2921403　史部/目錄類/總錄之屬/地方

淮安藝文志十卷　(清)□□輯　清同治十二年(1873)刻本　八冊

330000－1741－0006401　綫 013.2921219/8321　史部/目錄類/總錄之屬/氏族

嘉定錢氏藝文志畧一卷先德述聞一卷誦芬圖題詠一卷　(清)錢師璟撰　清道光二十三年(1843)刻本　清魏繼進題記　一冊

330000－1741－0006406　綫 013.2923100/2604　史部/目錄類/總錄之屬/地方

杭州藝文志十卷　吳慶坻撰　清光緒三十四年(1908)錢塘吳慶坻長沙刻本　四冊

330000－1741－0006414　綫 014.1/3141　史部/目錄類/總錄之屬/彙刻

江刻書目三種　(清)江標輯　清光緒元和江氏師鄦室刻蘇州振新書社印本　四冊

330000－1741－0006416　綫 014.1/4622I　史部/目錄類/總錄之屬/私撰

楹書隅錄五卷續編四卷　(清)楊紹和藏並撰　清光緒二十年(1894)聊城楊氏海源閣刻宣統三年(1911)武進董康補刻本　八冊

330000－1741－0006419　綫 014.1/4622I/C1　史部/目錄類/總錄之屬/私撰

楹書隅錄五卷續編四卷　(清)楊紹和藏並撰　清光緒二十年(1894)聊城楊氏海源閣刻宣統三年(1911)武進董康補刻本　八冊

330000－1741－0006423　綫 014.1/6680:3　類叢部/叢書類/彙編之屬

鐵琴銅劍樓叢書十三種　瞿啟甲編　清光緒至民國刻本暨影印本　十冊　存一種

330000－1741－0006427　綫 014.1/668:2　類叢部/叢書類/彙編之屬

鐵琴銅劍樓叢書十三種　瞿啟甲編　清光緒至民國刻本暨影印本　十冊　存一種

330000－1741－0006431　綫 014.1/6680　類叢部/叢書類/彙編之屬

鐵琴銅劍樓叢書十三種　瞿啟甲編　清光緒至民國刻本暨影印本　十冊　存一種

330000－1741－0006436　綫補 030/T443　類叢部/類書類/通類之屬

欽定古今圖書集成一萬卷目錄三十二卷　(清)蔣廷錫　(清)陳夢雷等輯　清光緒十年(1884)上海圖書集成書局鉛印本　二百十冊　存一千四百五十五卷(方輿彙編職方典五至一百三、一百十至一百六十九、一百七十八至六百三十五、六百四十四至八百七十二、八百八十一至一千二百七十一、一千二百七十三至一千三百九十、一千四百五十三至一千五百十四,理學彙編字學典九十三至一百三十)

330000－1741－0006437　綫 014.4/4400(2):2　類叢部/叢書類/彙編之屬

咫進齋叢書三十七種　(清)姚覲元編　清光緒九年(1883)歸安姚氏刻本　一冊　存一種

330000－1741－0006438　綫 014.4/3547　類叢部/叢書類/彙編之屬

咫進齋叢書三十七種　(清)姚覲元編　清光緒九年(1883)歸安姚氏刻本　四冊　存三種

330000－1741－0006439　善 2/481A　史部/金石類/總志之屬/圖像

三古圖　(清)黃晟輯　明萬曆三十一年(1603)吳萬化寶古堂刻清乾隆十八年(1753)天都黃晟亦政堂重修本　四十冊

330000－1741－0006444　善 2/481　史部/金石類/金之屬/圖像

寶古堂重修宣和博古圖錄三十卷　(宋)王黼等撰　明萬曆三十一年(1603)吳萬化刻本　十六冊

330000－1741－0006445　綫 014.6/3127　史部/目錄類/總錄之屬/彙刻

彙刻書目二十卷　(清)顧修輯　(清)朱學勤

補　清光緒十二年至十五年(1886－1889)上海福瀛書局刻本　二十冊

330000－1741－0006446　綫014.6/3127.1 史部/目録類/總録之屬/彙刻

彙刻書目二十卷　(清)顧修輯　(清)朱學勤補　清光緒十二年至十五年(1886－1889)上海福瀛書局刻本　二十冊

330000－1741－0006448　善2/484　史部/金石類/金之屬

西清古鑑四十卷錢録十六卷　(清)梁詩正(清)蔣溥等纂修　清乾隆十六年(1751)武英殿刻本　二十四冊

330000－1741－0006450　綫014.4/4400：2 類叢部/叢書類/彙編之屬

咫進齋叢書三十七種　(清)姚覲元編　清光緒九年(1883)歸安姚氏刻本　一冊　存一種

330000－1741－0006451　善2/485　史部/金石類/錢幣之屬

西清古鑑錢録十六卷　(清)梁詩正　(清)蔣溥等纂修　**古錢考四卷泉志摘抄一卷**　清抄本　四冊

330000－1741－0006452　善2/482　史部/金石類/金之屬/圖像

博古圖録考正三十卷　(宋)王黼等撰　(明)鄭樸考正　明萬曆二十四年(1596)鄭樸刻本　二十八冊　缺二卷(五至六)

330000－1741－0006454　綫014.4/4400：1 類叢部/叢書類/彙編之屬

咫進齋叢書三十七種　(清)姚覲元編　清光緒九年(1883)歸安姚氏刻本　四冊　存三種

330000－1741－0006456　善2/483　史部/金石類/石之屬/文字

金薤琳琅二十卷　(明)都穆撰　**金薤琳琅補遺一卷**　(清)宋振譽撰　清抄本　四冊

330000－1741－0006457　善2/486　史部/金石類/總志之屬

金石索十二卷首一卷　(清)馮雲鵬　(清)馮雲鵷輯　清道光元年(1821)紫琅馮氏邃古齋

滋陽刻十五年(1835)雙桐書屋印本　十二冊

330000－1741－0006458　綫014.6/3127.2：2 史部/目録類/總録之屬/彙刻

彙刻書目初編十卷補編一卷續編一卷新編一卷　(清)顧修輯　清嘉慶二十五年(1820)璜川吳氏刻本　十冊

330000－1741－0006461　綫014.6/3127.2 史部/目録類/總録之屬/彙刻

彙刻書目初編十卷補編一卷續編一卷新編一卷　(清)顧修輯　清光緒元年(1875)北京琉璃廠刻本　十冊

330000－1741－0006464　綫040/4086.2　類叢部/類書類/通類之屬

欽定古今圖書集成一萬卷目録三十二卷　(清)蔣廷錫　(清)陳夢雷等輯　清光緒十年(1884)上海圖書集成書局鉛印本　一千六百二十八冊

330000－1741－0006465　善2/496　史部/金石類/郡邑之屬

掖乘金石志三卷　(清)侯登岸撰　清抄本　一冊

330000－1741－0006466　善2/497　史部/金石類/郡邑之屬

東甌金石志十二卷　(清)戴咸弼撰　(清)孫詒讓校補　清光緒九年(1883)刻本　清孫詒讓　孫延釗校　四冊

330000－1741－0006467　綫015.3/3334　史部/目録類/專録之屬

西學書目表三卷附一卷讀西學書法一卷　梁啟超撰　清光緒二十三年(1897)刻本　一冊

330000－1741－0006468　善2/499　史部/金石類/金之屬/文字

克鼎集釋一卷　(清)江標等撰　(清)潘祖蔭輯　清光緒抄本　一冊

330000－1741－0006471　善2/502　史部/金石類/金之屬

銅僊傳一卷　(清)徐元潤撰　清刻藍印本　漁溪題簽　一冊

330000 – 1741 – 0006473　善 2/497A　史部/
金石類/郡邑之屬

關中金石記八卷　（清）畢沅撰　清乾隆四十
六年(1781)畢沅刻經訓堂叢書本　清歐陽鳳
熙　杜巂廬題記　二冊

330000 – 1741 – 0006474　善 2/493　史部/金
石類/郡邑之屬

吳下冢墓遺文續集一卷　（明）葉恭煥輯　清
抄本　清孫詒讓校　一冊

330000 – 1741 – 0006475　綫 016.099/0436
史部/目錄類/專錄之屬

小學考五十卷　（清）謝啟昆撰　清嘉慶二十
一年(1816)謝氏樹經堂刻本　十六冊

330000 – 1741 – 0006476　善 2/494　史部/金
石類/石之屬

石墨鐫華八卷　（明）趙崡撰　明萬曆四十六
年(1618)盩屋趙崡刻本　四冊

330000 – 1741 – 0006479　善 2/507　史部/金
石類/甲骨之屬/圖像

鐵雲藏龜不分卷　（清）劉鶚輯　清光緒二十
九年(1903)襄殘守缺齋石印本　清孫詒讓釋
文　六冊

330000 – 1741 – 0006481　善 2/498　史部/金
石類/總志之屬

金石續編二十一卷首一卷　（清）陸耀遹撰
（清）陸增祥校訂　清同治十三年(1874)毗陵
雙白燕堂刻本　清孫詒讓批校　二十一冊
缺一卷(十三)

330000 – 1741 – 0006482　善 2/494A　類叢
部/叢書類/彙編之屬

貸園叢書初集十二種　（清）周永年編　清乾
隆五十四年(1789)歷城周氏竹西書屋重編印
益都李文藻等刻本　一冊　存一種

330000 – 1741 – 0006483　綫 016.081/4487
史部/金石類/總志之屬

葉氏存古叢書四種　葉銘輯　清宣統二年
(1910)西泠印社鉛印本　二冊

330000 – 1741 – 0006484　綫 015.8/2205　史

部/目錄類/總錄之屬/官修

湖北崇文書局書目一卷　清光緒刻本　一冊

330000 – 1741 – 0006485　善 2/518　史部/史
抄類

漢雋十卷　（宋）林鉞輯　明萬曆十二年
(1584)呂元刻本　二冊

330000 – 1741 – 0006487　善 2/522　史部/史
抄類

漢書雋不分卷　（明）陳許廷輯並評　明崇禎
刻本　六冊

330000 – 1741 – 0006488　善 2/519　史部/史
抄類

兩漢雋言十卷　（宋）林鉞輯　**兩漢雋言後集
六卷**　（明）凌迪知輯　明萬曆四年至五年
(1576 – 1577)吳興凌氏桂芝館刻文林綺繡本
周嵩堯跋　十二冊

330000 – 1741 – 0006489　綫 016.09/8002
類叢部/叢書類/自著之屬

蘇齋叢書十八種　（清）翁方綱撰　清乾隆至
嘉慶刻彙印本　二冊　存一種

330000 – 1741 – 0006493　善 2/495　史部/金
石類/總志之屬/文字

觀妙齋藏金石文攷略十六卷　（清）李光暎撰
清雍正七年(1729)嘉興李光暎刻本　四冊

330000 – 1741 – 0006494　綫 015.8/0075　史
部/目錄類/總錄之屬/官修

廣雅書局書目一卷　（清）廣雅書局編　清宣
統元年(1909)廣雅書局刻本　一冊

330000 – 1741 – 0006495　善 2/521　史部/史
抄類

歷代史纂左編一百四十二卷　（明）唐順之撰
明萬曆三十九年(1611)吳用先等刻本(卷
六十一至六十二配明嘉靖四十年胡宗憲刻
本)　七十九冊　缺二卷(五十四至五十五)

330000 – 1741 – 0006496　善 2/500　子部/藝
術類/書畫之屬/法帖

淳化閣帖釋文十卷　（清）朱家標輯　**書法彀
節鈔一卷**　（清）魯之裕撰　**孫過庭書譜一卷**

（唐）孫過庭撰　**解大紳春雨雜述一卷**
（明）解縉撰　**畫筌一卷**　（清）笪重光撰
（清）王翬　（清）惲格評　清抄本　四冊

330000－1741－0006497　善2/490　史部/金
石類/金之屬/文字

攈古錄金文三卷　（清）吳式芬撰　清光緒二
十一年(1895)吳重憙刻本　薛聲震過錄馬敘
倫迻錄之清孫詒讓批　九冊

330000－1741－0006499　善2/523　史部/史
抄類

史漢合編題評八十八卷附錄四卷　（明）茅一
桂輯　明萬曆十四年至十六年(1586－1588)
金陵唐龍泉、周對峯刻本　三十冊　缺一卷
（七十二）

330000－1741－0006500　綫016.099/0436.3
史部/目錄類/專錄之屬

小學考五十卷　（清）謝啟昆撰　清光緒十五
年(1889)上海鴻文書局石印本　六冊

330000－1741－0006501　綫015.8/4045　史
部/目錄類/總錄之屬/官修

直隸運售各省官刻書籍總目一卷　（清）畿輔
通志局編　清光緒七年(1881)畿輔通志局刻
本　一冊

330000－1741－0006503　善2/524　史部/史
抄類

後漢書纂十二卷　（明）凌濛初輯　明稽古齋
刻本　十冊

330000－1741－0006519　綫016.231/4040
史部/目錄類/專錄之屬

道藏目錄詳註四卷　（明）李杰撰　清康熙刻
本　二冊　存二卷（一至二）

330000－1741－0006523　綫041.72/0077
類叢部/類書類/通類之屬

御定駢字類編二百四十卷　（清）吳士玉
（清）沈宗敬等輯　清雍正內府刻本　一百二
十冊

330000－1741－0006524　綫016.098/2528.
78　史部/目錄類/專錄之屬

經義考三百卷　（清）朱彝尊撰　**經義考總目
二卷**　（清）盧見曾編　清光緒二十三年
(1897)浙江書局刻本（卷二百八十六、二百九
十九至三百原缺）　五十冊

330000－1741－0006525　善2/531　史部/史
抄類

南史刪三十一卷　（唐）李延壽撰　（明）茅國
縉刪次　明刻本　六冊

330000－1741－0006527　綫016.099/0436.2
史部/目錄類/專錄之屬

小學考五十卷　（清）謝啟昆撰　清光緒十四
年(1888)浙江書局刻本　二十冊

330000－1741－0006528　綫016.098/2528.
78/C1　史部/目錄類/專錄之屬

經義考三百卷　（清）朱彝尊撰　**經義考總目
二卷**　（清）盧見曾編　清光緒二十三年
(1897)浙江書局刻本（卷二百八十六、二百九
十九至三百原缺）　五十冊

330000－1741－0006529　善2/530　史部/史
抄類

兩晉南北史合纂四十卷　（明）錢岱輯　明萬
曆刻本　四十冊　缺二卷（北魏纂五、北周纂
二）

330000－1741－0006532　綫016.7911/4926
史部/金石類/總志之屬/目錄

竹崦盦金石目錄五卷　（清）趙魏藏並撰　清
宣統元年(1909)錢塘吳士鑑長沙刻本　四冊

330000－1741－0006533　綫082.4/0030　類
叢部/叢書類/彙編之屬

武英殿聚珍版書一百四十八種　清乾隆四十
二年(1777)福建刻道光至同治遞修光緒二十
一年(1895)增刻　六潭山人批校並題記
一千冊

330000－1741－0006536　綫016.7911/4926/
C1　史部/金石類/總志之屬/目錄

竹崦盦金石目錄五卷　（清）趙魏藏並撰　清
宣統元年(1909)錢塘吳士鑑長沙刻本　五冊

330000－1741－0006538　善2/533　史部/

抄類

史畧啟蒙不分卷 （清）李承昌撰　清抄本
一冊

330000－1741－0006539　綫016.795/1044
史部/金石類/石之屬/目錄

話雨樓碑帖目錄四卷 （清）王鯤撰　清道光
十五年（1835）刻本　四冊

330000－1741－0006541　善2/534　史部/史
評類/史論之屬

先聖經綸五卷 （明）柯挺撰　明雲母山房刻
本　四冊　存四卷（一至四）

330000－1741－0006549　綫018.17/2767
史部/目錄類/總錄之屬/官修

欽定四庫全書總目二百卷首一卷 （清）紀昀
等撰　清同治七年（1868）廣東書局刻本　一
百八冊

330000－1741－0006551　綫018.17/2767.78
　史部/目錄類/總錄之屬/官修

**欽定四庫全書總目二百卷首一卷簡明目錄二
十卷** （清）紀昀等撰　**四庫未收書目提要五
卷** （清）阮元撰　清光緒十四年（1888）上海
漱六山莊石印本　二十四冊

330000－1741－0006552　善2/537　史部/史
抄類

二十一史論贊輯要三十六卷 （明）彭以明輯
　明萬曆吳洵美刻本　十冊

330000－1741－0006553　綫018.17/2767a.2
　史部/目錄類/總錄之屬/官修

欽定四庫全書簡明目錄二十卷 （清）紀昀等
撰　清末刻本　十二冊

330000－1741－0006554　綫018.17/2767：2
　史部/目錄類/總錄之屬/官修

欽定四庫全書總目二百卷首一卷 （清）紀昀
等撰　清乾隆刻嘉慶印本　一百十一冊　缺
一卷（首）

330000－1741－0006555　綫018.17/1747
類叢部/叢書類/自著之屬

半巖廬所箸書九種 （清）邵懿辰撰　清宣統

三年至民國二十年（1911－1931）仁和邵氏家
祠刻本　十冊　存一種

330000－1741－0006559　綫018.17/2767a：3
　史部/目錄類/總錄之屬/官修

欽定四庫全書簡明目錄二十卷首一卷 （清）
紀昀等撰　清同治七年（1868）廣東書局刻本
十二冊

330000－1741－0006561　綫018.17/5540.77
　史部/目錄類/總錄之屬/官修

四庫書目略二十卷首一卷附錄一卷 （清）費
莫文良輯　清同治九年（1870）刻本　十二冊

330000－1741－0006573　善2/536　史部/史
抄類

雪廬讀史快編六十卷 （明）趙維寰輯　明天
啓四年（1624）當湖趙氏刻本　二十冊

330000－1741－0006576　善2/525　史部/史
抄類

史書纂略二百二十卷目錄二卷 （明）馬維銘
輯　明萬曆四十三年（1615）刻本　八十冊

330000－1741－0006577　綫018.623303/
7745　史部/目錄類/總錄之屬/官修

龍游鳳梧書院藏書目一卷 （清）張焅編　清
光緒二十五年（1899）刻本　一冊

330000－1741－0006579　綫018.423/4628
史部/目錄類/總錄之屬/官修

浙江藏書樓甲編書目不分卷乙編書目不分卷
　楊復編　清光緒三十三年（1907）鉛印本
三冊

330000－1741－0006585　綫018.16/4808
類叢部/叢書類/彙編之屬

觀古堂彙刻書 葉德輝編　清光緒至民國長
沙葉氏刻本　一冊　存一種

330000－1741－0006587　綫018.611/2357
史部/目錄類/總錄之屬/官修

畿輔學堂藏書目錄不分卷 （清）畿輔學堂編
　清光緒刻本　一冊

330000－1741－0006590　綫018.864/4453、

綫 018.872/8390　類叢部/叢書類/彙編之屬

粵雅堂叢書一百八十五種　（清）伍崇曜編
清道光二十九年至光緒十一年（1849－1885）
南海伍氏刻彙印本　四冊　存三種

330000－1741－0006592　綫 018.87/1181
史部/目錄類/總錄之屬/私撰

愛日精廬藏書志三十六卷續志四卷　（清）張
金吾藏並撰　清光緒十三年（1887）吳縣徐氏
靈芬閣木活字印本　十二冊

330000－1741－0006596　綫 018.87/2611
史部/目錄類/總錄之屬/私撰

揚州吳氏測海樓藏書目錄十二卷　吳引孫藏
並撰　清宣統二年（1910）揚州吳引孫刻本
六冊

330000－1741－0006597　綫 081.3/2699＊3
類叢部/叢書類/彙編之屬

增訂漢魏叢書八十六種　（清）王謨編　清光
緒二年（1876）紅杏山房刻民國四年（1915）蜀
南馬湖盧樹柟修補印本　一百冊

330000－1741－0006598　綫 018.866/4487＊2
史部/目錄類/總錄之屬/私撰

天一閣書目四卷補遺一卷　（清）阮元　（清）
范邦甸等編　**附碑目一卷續增一卷**　（清）錢
大昕編　（清）范懋敏續編　清嘉慶十三年
（1808）揚州阮元文選樓刻本　十冊

330000－1741－0006599　善 2/539A　史部/
編年類/斷代之屬

史漢合鈔十一卷　（清）高嵣集評　清善成堂
刻本　十冊

330000－1741－0006601　綫 018.872/8308
類叢部/叢書類/彙編之屬

粵雅堂叢書一百八十五種　（清）伍崇曜編
清道光二十九年至光緒十一年（1849－1885）
南海伍氏刻本　一冊　存一種

330000－1741－0006603　綫 089.82/4429：2
類叢部/叢書類/自著之屬

觀古堂所著書十七種　葉德輝撰　清光緒長
沙葉氏刻民國八年（1919）重編印本　十二冊

330000－1741－0006604　善 2/540A　史部/
史抄類

廿二史文鈔一百九卷　（清）納蘭常安輯　清
乾隆刻本　四十冊

330000－1741－0006606　綫 018.875/1262
類叢部/叢書類/彙編之屬

岱南閣叢書二十種　（清）孫星衍編　清乾隆
五十年至嘉慶十六年（1785－1811）蘭陵孫氏
刻本（孫氏祠堂書目外編卷一至三配抄本）
三冊　存一種

330000－1741－0006608　綫 098.82/4429：2/
C1　類叢部/叢書類/自著之屬

觀古堂所著書十六種　葉德輝撰　清光緒長
沙葉氏刻三十三年（1907）重編印本　十六冊

330000－1741－0006610　綫 018.875/1262.1
類叢部/叢書類/彙編之屬

木犀軒叢書二十七種　李盛鐸編　清光緒德
化李氏木犀軒刻本　一冊　存一種

330000－1741－0006613　綫 018.877/4622
史部/目錄類/總錄之屬/彙刻

江刻書目三種　（清）江標輯　清光緒元和江
氏師鄦室刻本　一冊　存一種

330000－1741－0006614　綫 082.9/4429　類
叢部/叢書類/彙編之屬

觀古堂彙刻書十九種　葉德輝編　清光緒二
十一年至三十一年（1895－1905）長沙葉氏刻
三十四年（1908）彙印本　十六冊

330000－1741－0006615　善 2/555　史部/史
評類/史論之屬

歷代史論一編四卷二編十卷　（明）張溥撰
明崇禎正雅堂刻本　六冊

330000－1741－0006617　綫 018.878/1066
史部/目錄類/總錄之屬/私撰

持靜齋書目五卷　（清）丁日昌藏並撰　**持靜
齋藏書記要二卷**　（清）丁日昌藏　（清）莫友
芝撰　清同治九年（1870）豐順丁日昌刻本
六冊

330000－1741－0006619　綫 081.3/2699＊3/

C1　類叢部/叢書類/彙編之屬

增訂漢魏叢書八十六種　（清）王謨編　清光緒二年(1876)紅杏山房刻民國四年(1915)蜀南馬湖盧樹柟修補印本　一百冊

330000－1741－0006621　善2/550　史部/史評類/史論之屬

東萊先生音註唐鑑二十四卷　（宋）范祖禹撰　（宋）呂祖謙注　清初刻本　二冊

330000－1741－0006622　綫018.878/1066/C1　史部/目錄類/總錄之屬/私撰

持靜齋書目五卷　（清）丁日昌藏並撰　**持靜齋藏書記要二卷**　（清）丁日昌藏　（清）莫友芝撰　清同治九年(1870)豐順丁日昌刻本　六冊

330000－1741－0006624　善2/551　史部/史評類/史論之屬

史義拾遺二卷　（元）楊維楨撰　**左逸一卷短長一卷**　（明）蔣謹輯　明崇禎五年(1632)蔣世枋刻本　二冊

330000－1741－0006628　綫018.88/7524　類叢部/叢書類/彙編之屬

風雨樓叢書二十三種　鄧實編　清宣統順德鄧氏鉛印本　三冊　存一種

330000－1741－0006636　善2/553　史部/史評類/史論之屬

重刻歷朝捷錄四卷　（明）顧充撰　明刻本　二冊

330000－1741－0006637　善2/547　史部/史評類/史論之屬

史通通釋二十卷附錄一卷　（清）浦起龍撰　清乾隆十七年(1752)浦氏求放心齋刻本　清孫詒讓批校　四冊

330000－1741－0006638　綫043.72/0077.78/C1　類叢部/類書類/專類之屬

佩文韻府一百六卷　（清）張玉書　（清）蔡升元等輯　**韻府拾遺一百六卷**　（清）汪灝（清）何焯等輯　清光緒十二年(1886)上海同文書局石印本　六十冊

330000－1741－0006641　綫043.72/0077.78　類叢部/類書類/專類之屬

佩文韻府一百六卷　（清）張玉書　（清）蔡升元等輯　**韻府拾遺一百六卷**　（清）汪灝（清）何焯等輯　清光緒十二年(1886)上海同文書局石印本　六十冊

330000－1741－0006644　綫041.526/1000　類叢部/類書類/通類之屬

玉海二百卷辭學指南四卷詩攷一卷詩地理攷六卷漢藝文志攷證十卷通鑑地理通釋十四卷周書王會補注一卷漢制攷四卷踐阼篇集解一卷急就篇補注四卷小學紺珠十卷姓氏急就篇二卷六經天文編二卷周易鄭康成注一卷通鑑答問五卷　（宋）王應麟撰　**校補玉海瑣記二卷王深寧先生[應麟]年譜一卷**　（清）張大昌撰　清光緒十年(1884)成都志古堂刻本　六十冊

330000－1741－0006646　善2/554　史部/史評類/史論之屬

新鐫歷朝捷錄增定全編大成四卷　（明）顧充撰　（明）鍾惺等補　明末刻清遺經堂印本　六冊

330000－1741－0006647　綫043.72/0077.78/C2　類叢部/類書類/專類之屬

佩文韻府一百六卷　（清）張玉書　（清）蔡升元等輯　**韻府拾遺一百六卷**　（清）汪灝（清）何焯等輯　清光緒十二年(1886)上海同文書局石印本　六十冊

330000－1741－0006649　綫043.72/0077.78/C3　類叢部/類書類/專類之屬

佩文韻府一百六卷　（清）張玉書　（清）蔡升元等輯　**韻府拾遺一百六卷**　（清）汪灝（清）何焯等輯　清光緒十二年(1886)上海同文書局石印本　六十冊

330000－1741－0006650　善2/556A　史部/史評類/史論之屬

漢史億二卷　（清）孫廷銓撰　清康熙刻雍正印本　二冊

330000－1741－0006651　綫041.72/1144：1

類叢部/類書類/通類之屬

淵鑑類函四百五十卷目錄四卷 （清）張英
（清）王士禎等纂　清光緒十八年（1892）上海
同文書局石印本　六十冊

330000－1741－0006652　善2/556　類叢部/
叢書類/自著之屬

空山堂全集九種附刊二種 （清）牛運震撰
清乾隆至嘉慶刻嘉慶二十三年（1818）空山堂
彙印本　六冊　存一種

330000－1741－0006653　綫029.1/3104　類
叢部/叢書類/彙編之屬

士禮居叢書二十種 （清）黃丕烈輯　清光緒
十三年（1887）上海蜚英館石印本　一冊　存
一種

330000－1741－0006655　善2/546　史部/史
評類/史論之屬

史通二十卷 （唐）劉知幾撰　（明）李維楨評
（明）郭孔延評釋　明刻本　十六冊

330000－1741－0006657　綫043.72/0077.
78e　類叢部/類書類/專類之屬

佩文韻府一百六卷 （清）張玉書　（清）蔡升
元等輯　**韻府拾遺一百六卷**　（清）汪灝
（清）何焯等輯　清光緒十八年（1892）上海鴻
寶齋石印本　二百冊

330000－1741－0006659　綫029.1/1050　類
叢部/叢書類/郡邑之屬

武林掌故叢編一百八十七種 （清）丁丙編
清光緒三年至二十六年（1877－1900）錢塘丁
氏嘉惠堂刻本（乾道臨安志卷四至十五、南宋
館閣錄卷一原缺）　一冊　存一種

330000－1741－0006661　綫029.778/7433
史部/目錄類/通論之屬/掌故瑣記

皕宋樓藏書源流攷一卷 （日本）島田翰撰
清光緒三十三年（1907）武進董康京師刻本
一冊

330000－1741－0006663　綫029.1/4469　類
叢部/叢書類/自著之屬

緣督廬遺書六種 葉昌熾撰　清末至民國初

遞刻蘇州文學山房印本　六冊　存一種

330000－1741－0006666　綫029.1/1050/C1
類叢部/叢書類/郡邑之屬

武林掌故叢編一百八十七種 （清）丁丙編
清光緒三年至二十六年（1877－1900）錢塘丁
氏嘉惠堂刻本（乾道臨安志卷四至十五、南宋
館閣錄卷一原缺）　二冊　存一種

330000－1741－0006671　綫029.1/4469.2
類叢部/叢書類/彙編之屬

靈鶼閣叢書五十六種 （清）江標編　清光緒
元和江氏湖南使院刻蘇州振新書社印本　六
冊　存一種

330000－1741－0006675　綫043.78/2603
史部/史抄類

兩漢韻珠十卷 （清）吳章澧編　清光緒十八
年（1892）吳氏刻本　十冊

330000－1741－0006677　綫029.1/4469.78
類叢部/叢書類/彙編之屬

靈鶼閣叢書五十六種 （清）江標編　清光緒
元和江氏湖南使院刻蘇州振新書社印本　十
二冊　存一種

330000－1741－0006678　綫041.37/4486
類叢部/類書類/通類之屬

編珠二卷　題（隋）杜公瞻輯　**編珠補遺二卷**
續編珠二卷　（清）高士奇輯　清刻本　三冊

330000－1741－0006679　綫029.1/4469.2/
C1　類叢部/叢書類/彙編之屬

靈鶼閣叢書五十六種 （清）江標編　清光緒
元和江氏湖南使院刻本　六冊　存一種

330000－1741－0006684　善2/558A　史部/
史評類/詠史之屬

南宋襍事詩七卷 （清）沈嘉轍等撰　清武林
芹香齋刻本　六冊

330000－1741－0006685　綫040.78/5023
新學/雜著/叢編

新輯各國政治藝學全書五十三種 （清）東山
主人編　清光緒二十八年（1902）上海東山書
局石印本　三十二冊

330000－1741－0006686　綫040.78/6413
新學/雜著/叢編

新輯時務滙通一百八卷　（清）李作棟輯　清
光緒二十九年（1903）上海崇新書局石印本
三十一冊　缺三卷（一百六至一百八）

330000－1741－0006687　善2/557A　史部/
史評類/史論之屬

史記論文一百三十卷　（清）吳見思撰　清康
熙二十六年（1687）尺木堂刻乾隆四十五年
（1780）重修本　二十冊

330000－1741－0006688　善2/576　史部/雜
史類/斷代之屬

明季稗史彙編十六種　（清）留雲居士輯　清
都城琉璃廠刻本　十冊

330000－1741－0006689　善3/097　子部/法
家類

管子二十四卷　（唐）房玄齡注　清光緒五年
（1879）影宋刻本　屈燨校跋並過録諸家批
四冊

330000－1741－0006691　善3/107　子部/法
家類

韓非子集解二十卷首一卷　（清）王先慎撰
清光緒二十二年（1896）刻本　屈燨批校並題
記　六冊

330000－1741－0006693　綫041.411/2144
類叢部/類書類/通類之屬

北堂書鈔一百六十卷首一卷　（唐）虞世南撰
（清）孔廣陶校注　清光緒十四年（1888）南
海孔氏三十有三萬卷堂刻本　二十冊

330000－1741－0006694　善3/103　子部/法
家類

商君書五卷附攷一卷　（清）嚴可均校　清光
緒二年（1876）浙江書局刻二十二子本　清孫
詒讓校並題記　一冊

330000－1741－0006695　善3/097A　子部/
法家類

管子二十四卷　（唐）房玄齡注　（明）劉績補
注　**管子校正二十四卷**　（清）戴望撰　清光

緒二年（1876）浙江書局刻二十二子本、清同
治十一年（1872）刻本　清孫詒讓校　二冊
存十四卷（管子十三至十九、管子校正十三至
十九）

330000－1741－0006696　善3/095　子部/法
家類

管韓合刻四十四卷　（明）趙用賢編　明萬曆
十年（1582）趙用賢刻本　十一冊　存二十四
卷（管子一至二十四）

330000－1741－0006697　善3/104　子部/法
家類

管韓合刻四十四卷　（明）趙用賢編　明萬曆
十年（1582）趙用賢刻本　四冊　存十一卷
（韓非子十至二十）

330000－1741－0006698　綫041.526/1000a
類叢部/類書類/通類之屬

**玉海二百卷辭學指南四卷詩攷一卷詩地理攷
六卷漢藝文志攷證十卷通鑑地理通釋十四卷
周書王會補注一卷漢制攷四卷踐阼篇集解一
卷急就篇補注四卷小學紺珠十卷姓氏急就篇
二卷六經天文編二卷周易鄭康成注一卷通鑑
答問五卷**　（宋）王應麟撰　**校補玉海瑣記二
卷王深寧先生〔應麟〕年譜一卷**　（清）張大昌
撰　清光緒九年至十六年（1883－1890）浙江書
局刻民國十八年（1929）補刻本　二十二冊
缺二百四卷（玉海一至二百、辭學指南一至四）

330000－1741－0006699　綫041.413/2877
類叢部/類書類/通類之屬

古香齋鑒賞袖珍初學記三十卷　（唐）徐堅等
輯　清乾隆刻本　十二冊

330000－1741－0006700　善3/106　子部/法
家類

韓非子二十卷　韓非子識誤三卷　（清）顧廣
圻撰　清光緒元年（1875）浙江書局刻二十二
子本　清孫詒讓批　六冊

330000－1741－0006701　善3/098　子部/法
家類

管子校正二十四卷　（清）戴望撰　清同治十
一年（1872）刻本　屈燨過録清宋翔鳳跋、沈

颱民批 四册

330000－1741－0006702 善3/117 子部/雜著類/雜說之屬

尹文子一卷 （清）汪繼培輯校 **逸文校勘記一卷** （清）孫詒讓撰 清玉海樓抄本 一册

330000－1741－0006703 善3/115 子部/法家類

鄧析子二卷 鄧析子拾遺一卷 （清）孫詒讓撰 清同治十一年（1872）江山劉履芬刻本（拾遺爲稿本） 清孫詒讓校並跋 一册

330000－1741－0006704 善3/105 子部/法家類

管韓合刻四十四卷 （明）趙用賢編 明萬曆十年（1582）趙用賢刻本 八册 存二十卷（韓非子一至二十）

330000－1741－0006705 綫041.411/2144/C1 類叢部/類書類/通類之屬

北堂書鈔一百六十卷首一卷 （唐）虞世南撰（清）孔廣陶校注 清光緒十四年（1888）南海孔氏三十有三萬卷堂刻本 二十

330000－1741－0006706 善3/116 子部/法家類

鄧析子二卷 鄧析子校文一卷 （清）譚儀撰 **鄧析子校文拾遺一卷** （清）孫詒讓撰 **俞氏樾校誤一卷** （清）俞樾撰 清光緒十六年（1890）吳昌綬抄本 吳昌綬校並題記 一册

330000－1741－0006707 綫029.1/4469/C1 史部/目錄類/通論之屬/掌故瑣記

藏書紀事詩七卷 葉昌熾撰 清宣統二年（1910）長洲葉昌熾刻本 六册

330000－1741－0006708 善3/123A 子部/雜家類

鬼谷子三卷 （南朝梁）陶弘景注 **篇目考一卷附錄一卷** （清）秦恩復撰輯 清乾隆五十四年（1789）江都秦氏石研齋刻本 一册

330000－1741－0006709 綫041.512/4060 類叢部/類書類/通類之屬

太平御覽一千卷目錄十五卷 （宋）李昉等輯

清光緒二十年（1894）上海積山書局石印本 三十二册

330000－1741－0006710 善3/122 子部/墨家類

墨子十六卷篇目考一卷 （清）畢沅校注 清光緒二年（1876）浙江書局刻二十二子本 清孫詒讓批校 四册

330000－1741－0006711 善3/118 子部/雜家類

公孫龍子三卷 （宋）謝希深注 **尹文子二卷** 明末刻本 一册

330000－1741－0006712 善3/123 子部/雜家類

鬼谷子三卷 （南朝梁）陶弘景注 **篇目考一卷附錄一卷** （清）秦恩復撰輯 清嘉慶十年（1805）江都秦氏石研齋刻石研齋校刻書七種本 清孫詒讓批校 一册

330000－1741－0006713 綫041.75/4625 經部/四書類/總義之屬/傳說

四書人物左國翬玉八卷首一卷 （清）楊德成輯 清嘉慶二十三年（1818）蕅潭三鱣堂刻本 二册

330000－1741－0006714 綫041.75/7474 類叢部/類書類/通類之屬

小知錄十二卷 （清）陸鳳藻輯 清同治十二年（1873）淮南書局刻本 四册

330000－1741－0006715 綫041.77/4441 類叢部/叢書類/自著之屬

儆居遺書十一種 （清）黃式三撰 清同治至光緒刻本 一册 存一種

330000－1741－0006716 綫082.6/2129 類叢部/叢書類/彙編之屬

粵雅堂叢書一百八十五種 （清）伍崇曜編 清道光二十九年至光緒十一年（1849－1885）南海伍氏刻彙印本 四百二册 缺一卷（雷文定世譜一）

330000－1741－0006717 綫041.75/4444 類叢部/類書類/通類之屬

增補事類統編九十三卷首一卷　（清）黄葆真輯　清光緒十二年（1886）上海同文書局石印本　十二册

330000－1741－0006718　綫041.72/2337：2 類叢部/類書類/專類之屬

子史精華一百六十卷　（清）吳士玉　（清）吳襄等輯　清光緒十三年（1887）上海積山書局石印本　十册

330000－1741－0006719　綫042.72/4047 史部/史抄類

兩漢蒙拾五卷（漢書蒙拾三卷後漢書蒙拾二卷）　（清）杭世駿撰　清光緒十年（1884）上海同文書局石印本　二册

330000－1741－0006720　綫042.6/8040　類叢部/叢書類/彙編之屬

文林綺繡五種　（明）凌迪知編　清光緒六年（1880）鴻寶齋石印本　五册　存四種

330000－1741－0006721　綫041.78/2629 類叢部/叢書類/彙編之屬

經策通纂二種　（清）吳潁炎　（清）陳通聲等纂　清光緒十三年（1887）上海點石齋石印本　四十八册　存一種

330000－1741－0006722　綫041.74/4240 類叢部/類書類/通類之屬

角山樓增補類腋六十七卷　（清）姚培謙輯（清）趙克宜增輯　清咸豐七年（1857）趙克宜角山樓刻九年至十年（1859－1860）遞修本二十册

330000－1741－0006723　綫041.72/2337：1 類叢部/類書類/專類之屬

子史精華一百六十卷　（清）吳士玉　（清）吳襄等輯　清光緒十年（1884）上海同文書局石印本　八册

330000－1741－0006724　善3/127　子部/雜著類/雜說之屬

呂氏春秋二十六卷　（漢）高誘注　呂氏春秋附攷一卷　（清）畢沅輯　清光緒元年（1875）浙江書局刻二十二子本　清孫詒讓批校

六册

330000－1741－0006725　綫042.75/3137 類叢部/叢書類/自著之屬

古愚老人消夏錄十七種　（清）汪汲撰輯　清乾隆至嘉慶古愚山房刻本　九册　存一種

330000－1741－0006726　綫043/0426　集部/總集類/彙編之屬

增廣詩句題解彙編四卷姓氏考一卷　（清）同文書局編　清光緒十三年（1887）上海大同書局石印本　四册

330000－1741－0006727　綫042.77/1703 類叢部/類書類/通類之屬

小嫏嬛山館彙刊類書十二種　（清）小嫏嬛山館編　清咸豐元年（1851）刻本　一册　存一種

330000－1741－0006729　綫043.6/1042　類叢部/類書類/專類之屬

新刻重校增補圓機活法詩學全書二十四卷新刊校正增補圓機詩韻活法全書十四卷　（明）王世貞校正　清刻本　三册　存十四卷（新刊校正增補圓機詩韻活法全書一至十四）

330000－1741－0006730　善3/128　子部/雜著類/雜說之屬

淮南子二十一卷敘目一卷　（漢）劉安撰（漢）高誘注　清嘉慶九年（1804）姑蘇聚文堂刻本　清孫詒讓批校並過錄清陳奐校跋六册

330000－1741－0006733　綫044.72/4444 史部/時令類

古今類傳歲時類四卷　（清）董穀士　（清）董炳文輯　清道光七年（1827）德一堂刻朱墨套印本　八册

330000－1741－0006734　綫046.6/1740　類叢部/類書類/通類之屬

精選黄眉故事十卷　（明）鄧志謨輯　清康熙三十九年（1700）三槐堂刻本　六册

330000－1741－0006737　善3/124A　類叢部/叢書類/自著之屬

心齋十種　（清）任兆麟撰　清乾隆五十年至五十五年(1785－1790)震澤任氏忠敏家塾刻本　一冊　存一種

330000－1741－0006742　緣 071.48/1270
類叢部/類書類/通類之屬

攷古錄十卷　（清）孫璧文撰　清光緒十四年(1888)刻本　四冊

330000－1741－0006743　緣 071.22/1160
子部/雜著類/雜說之屬

白虎通疏證十二卷　（清）陳立撰　清光緒元年(1875)淮南書局刻本　三冊

330000－1741－0006745　緣 071.22/1160：3
子部/雜著類/雜說之屬

白虎通疏證十二卷　（清）陳立撰　清光緒元年(1875)淮南書局刻本　四冊

330000－1741－0006747　緣 071.516/4426
類叢部/叢書類/彙編之屬

邵武徐氏叢書初刻十四種　（清）徐榦編　清光緒邵武徐氏刻本　二冊　存一種

330000－1741－0006748　緣 071.31/2227
類叢部/叢書類/彙編之屬

怡蘭堂叢書八種　唐鴻學編　清光緒二十七年至民國十一年(1901－1922)大關唐氏成都刻本　一冊　存一種

330000－1741－0006749　善 3/129　子部/雜著類/雜說之屬

淮南子二十一卷　（漢）劉安撰　（漢）高誘注　（清）莊逵吉校　清乾隆五十三年(1788)莊逵吉刻本　清龔橙題記　清孫志祖批校　清高晉占題記並過錄清盧文弨識語　周湜題簽　十冊

330000－1741－0006751　緣 071.524/4440.1
類叢部/叢書類/彙編之屬

武英殿聚珍版書　清江蘇刻本　二冊　存一種

330000－1741－0006752　緣 071.526/1000.77　子部/雜著類/雜考之屬

困學紀聞注二十卷首一卷　（清）翁元圻撰

清光緒十三年(1887)上海同文書局石印本六冊

330000－1741－0006753　善 3/126　子部/雜著類/雜說之屬

呂氏春秋二十六卷　（漢）高誘注　呂氏春秋附攷一卷　（清）畢沅輯　清乾隆五十三年(1788)畢氏靈巖山館刻經訓堂叢書本　清孫衣言批校並題記　六冊

330000－1741－0006754　緣 071.521/1136
類叢部/叢書類/彙編之屬

武英殿聚珍版書一百四十八種　清乾隆四十二年(1777)福建刻道光至同治遞修光緒二十一年(1895)增刻本　二冊　存一種

330000－1741－0006755　緣 071.526/1000.75：2　子部/雜著類/雜考之屬

校訂困學紀聞集證二十卷　（宋）王應麟撰　（清）閻若璩等箋　（清）屠繼序較補　（清）萬希槐集證　清嘉慶十八年(1813)南城胡香海山壽齋刻本　端父題簽　十冊

330000－1741－0006756　緣 071.71/4479
經部/群經總義類/傳說之屬

匏瓜錄十卷　（清）芮長恤撰　清光緒十年(1884)毘陵懷永堂惲氏刻本　六冊

330000－1741－0006757　緣 071.521/2646
類叢部/叢書類/彙編之屬

學津討原一百七十三種　（清）張海鵬編　清嘉慶十年(1805)虞山張氏照曠閣刻本　八冊　存一種

330000－1741－0006758　緣 071.71/4479a
經部/群經總義類/傳說之屬

匏瓜錄十卷附校勘記一卷　（清）芮長恤撰　清光緒十三年(1887)刻本　六冊

330000－1741－0006759　緣 071.526/1046
類叢部/叢書類/彙編之屬

湖海樓叢書十二種　（清）陳春編　清嘉慶蕭山陳氏湖海樓刻二十四年(1819)彙印本　五冊　存一種

330000－1741－0006761　緣 071.72/3191＊2

子部/雜著類/雜考之屬

日知錄之餘四卷　（清）顧炎武撰　清宣統二年(1910)元和鄒福保吳中刻本　二冊

330000－1741－0006762　綫071.72/2191：1　子部/雜著類/雜考之屬

義門讀書記五十八卷　（清）何焯撰　（清）蔣維鈞輯　清乾隆三十四年(1769)蔣維鈞刻光緒六年(1880)苕溪吳氏重修本　十二冊

330000－1741－0006763　綫071.67/4700　類叢部/叢書類/彙編之屬

廣雅書局叢書一百五十九種　徐紹棨編　清光緒廣雅書局刻民國九年(1920)番禺徐紹棨彙編重印本　六冊　存一種

330000－1741－0006764　綫071.72/3191　子部/雜著類/雜考之屬

日知錄三十二卷日知錄之餘四卷菰中隨筆一卷　（清）顧炎武撰　清道光十二年(1832)長白鄂山刻本　十二冊

330000－1741－0006766　綫071.72/3191.2　子部/雜著類/雜考之屬

日知錄集釋三十二卷刊誤二卷續刊誤二卷　黃汝成譔　清同治十一年(1872)湖北崇文書局刻本　十六冊

330000－1741－0006767　綫071.526/1000.75　子部/雜著類/雜考之屬

校訂困學紀聞集證二十卷　（宋）王應麟撰　（清）閻若璩等箋　（清）屠繼序較補　（清）萬希槐集證　清嘉慶十八年(1813)掃葉山房刻本　十二冊

330000－1741－0006768　綫071.72/3191.4　子部/雜著類/雜考之屬

日知錄集釋三十二卷刊誤二卷續刊誤二卷　黃汝成譔　清同治八年(1869)廣州述古堂刻本　十六冊

330000－1741－0006771　綫071.72/2449　類叢部/叢書類/彙編之屬

張氏適園叢書　張鈞衡編　清宣統三年(1911)上海國學扶輪社鉛印本　一冊　存

一種

330000－1741－0006772　善3/135　子部/雜著類/雜說之屬

論衡三十卷　（漢）王充撰　（明）劉光斗評　明天啓六年(1626)錢塘閣光表刻本　六冊

330000－1741－0006774　綫071.526/1000.76　子部/雜著類/雜考之屬

困學紀聞注二十卷　（清）翁元圻撰　清道光五年(1825)餘姚翁氏守福堂刻本　十四冊

330000－1741－0006775　綫075.78/3141　類叢部/叢書類/彙編之屬

元和江氏靈鶼閣叢書五十六種　（清）江標編　清光緒元和江氏湖南使院刻本　十冊　存二種

330000－1741－0006776　善3/135A　子部/儒家類/儒學之屬/禮教/家訓

顏氏家訓二卷　（北齊）顏之推撰　清康熙五十八年(1719)刻雍正重印本　一冊

330000－1741－0006777　綫071.74/8346　子部/雜著類/雜考之屬

潛研堂荅問十二卷　（清）錢大昕撰　清光緒七年(1881)謨觴室刻本　四冊

330000－1741－0006778　綫071.72/4447　子部/雜著類/雜考之屬

羣書疑辨十二卷　（清）萬斯同撰　清嘉慶二十一年(1816)供石亭刻本　八冊

330000－1741－0006779　綫071.72/4447.1　子部/雜著類/雜考之屬

羣書疑辨十二卷　（清）萬斯同撰　清嘉慶二十一年(1816)供石亭刻本(卷三、七至八補配民國抄本)　邵裴子題記並補　四冊

330000－1741－0006780　綫071.75/2300　子部/雜家類

雪泥書屋雜志四卷　（清）牟庭相撰　清咸豐五年(1855)棲霞牟氏安吉官署刻本　二冊

330000－1741－0006782　綫071.76/4288　子部/雜著類/雜考之屬

援鶉堂筆記五十卷 （清）姚範撰 **援鶉堂筆記採誤一卷採誤補遺一卷** （清）方東樹撰 清道光十五年(1835)姚氏刻本 十二冊 存五十卷(援鶉堂筆記一至五十)

330000－1741－0006783 綫 071.75/4048 子部/雜著類/雜說之屬

隨園隨筆二十八卷 （清）袁枚撰 清嘉慶十三年(1808)小倉山房刻本 六冊

330000－1741－0006784 綫 071.75/1243/C1 子部/雜著類/雜考之屬

讀書脞錄七卷續編四卷 （清）孫志祖撰 清嘉慶四年(1799)仁和孫志祖刻七年(1802)孫同元續刻本 一冊 存三卷(讀書脞錄一至三)

330000－1741－0006785 綫 071.75/1081 子部/雜著類/雜考之屬

讀書雜志八十一卷餘編二卷 （清）王念孫撰 清嘉慶十七年至道光十二年(1812－1832)刻本 二十四冊

330000－1741－0006787 綫 071.75/8346a 類叢部/叢書類/彙編之屬

文選樓叢書三十三種 （清）萩林山房編 清嘉慶至道光阮元刻道光二十二年(1842)阮亨彙印本 二冊 存一種

330000－1741－0006788 綫 071.74/3191 類叢部/叢書類/自著之屬

汪雙池先生叢書二十種附浙刻雙池遺書十二種 （清）汪紱撰 清道光至光緒刻光緒二十三年(1897)長安趙舒翹等彙印本 二冊 存一種

330000－1741－0006789 善 3/135B 類叢部/叢書類/彙編之屬

雅雨堂叢書十三種 （清）盧見曾編 清乾隆二十一年(1756)德州盧氏雅雨堂刻增修本 一冊 存一種

330000－1741－0006790 綫 071.72/8034 子部/雜著類/雜考之屬

湛園札記四卷 （清）姜宸英撰 清嘉慶辛元

墀鶴麓山房刻本 四冊

330000－1741－0006791 綫 071.75/1081.2 類叢部/叢書類/家集之屬

王氏四種 （清）王念孫 （清）王引之撰 清光緒二十一年(1895)上海鴻文書局石印本 八冊 存一種

330000－1741－0006792 綫 071.75/4317 類叢部/叢書類/自著之屬

惜抱軒集七種 （清）姚鼐撰 清嘉慶至道光刻本 四冊 存一種

330000－1741－0006793 綫 071.75/2795 集部/別集類/清別集

午風堂詩集六卷叢談八卷 （清）鄒炳泰撰 清嘉慶四年(1799)刻本 二冊 存八卷(叢談一至八)

330000－1741－0006794 綫 071.76/4742、綫 071.76/4742a、綫 071.76/4742b、綫 071.76/4742c 類叢部/叢書類/自著之屬

郝氏遺書三十三種 （清）郝懿行撰 清嘉慶至光緒刻彙印本 六冊 存四種

330000－1741－0006795 善 3/135C 類叢部/叢書類/彙編之屬

雅雨堂叢書十三種 （清）盧見曾編 清乾隆二十一年(1756)德州盧氏雅雨堂刻增修本 一冊 存一種

330000－1741－0006796 善 3/126A 類叢部/叢書類/彙編之屬

經訓堂叢書二十一種 （清）畢沅輯 清乾隆至嘉慶鎮洋畢氏刻本 六冊 存一種

330000－1741－0006798 綫 071.75/1243 子部/雜著類/雜考之屬

讀書脞錄七卷續編四卷 （清）孫志祖撰 清嘉慶四年(1799)仁和孫志祖刻七年(1802)孫同元續刻本 四冊 存七卷(讀書脞錄一至七)

330000－1741－0006799 綫 071.75/4063 子部/雜著類/雜考之屬

三餘偶筆八卷 （清）左暄撰 清嘉慶十四年

(1809)趙紹祖刻本　三冊

330000－1741－0006804　綫071.75/6616
類叢部/叢書類/郡邑之屬

湖州叢書十二種　（清）陸心源編　清光緒湖城義塾刻本　六冊　存一種

330000－1741－0006806　綫071.75/4428
子部/雜著類/雜考之屬

札樸十卷　（清）桂馥撰　清嘉慶十八年(1813)山陰李宏信小李山房刻會稽徐氏補刻本　八冊

330000－1741－0006807　綫071.76/8019a/
C1　子部/雜著類/雜考之屬

癸巳存稿十五卷　（清）俞正燮撰　清光緒十年(1884)李宗煝武林刻本　六冊

330000－1741－0006808　綫075.73/1044
子部/雜著類/雜說之屬

葵書十六卷　（清）王桂撰　**葵書濂壁解二卷**（清）劉琦撰　清光緒刻本　五冊　缺二卷(葵書四、葵書濂壁解上)

330000－1741－0006809　綫071.77/5089
類叢部/叢書類/郡邑之屬

湖北叢書三十種　（清）趙尚輔編　清光緒十七年(1891)三餘草堂刻本　三冊　存一種

330000－1741－0006812　綫071.75/8346
類叢部/叢書類/自著之屬

潛研堂全書十六種　（清）錢大昕撰　清乾隆至嘉慶刻本　六冊　存一種

330000－1741－0006814　綫071.76/3482
子部/雜著類/雜說之屬

孟廬札記八卷　（清）沈銘彝撰　清道光八年(1828)刻本　二冊

330000－1741－0006815　綫071.75/4428/C1
　子部/雜著類/雜考之屬

札樸十卷　（清）桂馥撰　清嘉慶十八年(1813)山陰李宏信小李山房刻本　六冊

330000－1741－0006817　綫071.76/4234
類叢部/叢書類/彙編之屬

刻鵠齋叢書十六種　（清）胡念修編　清光緒二十三年至二十七年(1897－1901)刻鵠齋刻本　三冊　存二種

330000－1741－0006818　善3/040A　類叢部/叢書類/彙編之屬

高安朱文端公校輯藏書(朱文端公藏書)十三種　（清）朱軾撰輯　清康熙至乾隆刻彙印本　四冊　存一種

330000－1741－0006819　綫071.76/3144
經部/群經總義類/傳說之屬

隸經文四卷續隸經文一卷樂縣考二卷　（清）江藩撰　清道光元年(1821)、嘉慶十八年(1813)刻本　一冊

330000－1741－0006820　綫071.76/4288/C1
　子部/雜著類/雜考之屬

援鶉堂筆記五十卷　（清）姚範撰　**援鶉堂筆記㮚誤一卷補遺一卷**　（清）方東樹撰　清道光十五年(1835)姚氏刻本　十六冊

330000－1741－0006821　綫071.76/3479a
子部/雜著類/雜考之屬

讀書叢錄二十四卷　（清）洪頤煊撰　清光緒十三年(1887)吳氏醉六堂刻本　六冊

330000－1741－0006822　綫071.75/8346.1
　子部/雜著類/雜考之屬

十駕齋養新錄二十卷餘錄三卷（清）錢大昕撰　**錢辛楣先生[大昕]年譜一卷**　（清）錢大昕編　（清）錢慶曾校注　**竹汀居士[錢大昕]年譜續編一卷**　（清）錢慶曾撰　清光緒二年(1876)浙江書局刻本　八冊

330000－1741－0006823　綫071.76/3479a/
C1　子部/雜著類/雜考之屬

讀書叢錄二十四卷　（清）洪頤煊撰　清光緒十三年(1887)吳氏醉六堂刻本　六冊

330000－1741－0006824　綫071.76/4433
子部/雜著類/雜考之屬

攷辨隨筆二卷　（清）黃定宜撰　清道光二十七年(1847)萍鄉文晟刻本　一冊

330000－1741－0006825　綫071.76/1135

集部/別集類/清別集

魯巖所學集十五卷補遺一卷魯巖交遊記一卷
魯巖餘事彙二卷 （清）張宗泰撰 清道光三十年（1850）刻本 九冊 缺一卷（魯巖交遊記）

330000－1741－0006826 綫071.76/7780
子部/雜著類/雜說之屬

淮南雜識四卷 （清）聞益編 清同治七年（1868）刻本 四冊

330000－1741－0006827 綫071.75/8346.1/C1 子部/雜著類/雜考之屬

十駕齋養新錄二十卷餘錄三卷 （清）錢大昕撰 **錢辛楣先生[大昕]年譜一卷** （清）錢大昕編 （清）錢慶曾校注 **竹汀居士[錢大昕]年譜續編一卷** （清）錢慶曾撰 清光緒二年（1876）浙江書局刻本 八冊

330000－1741－0006828 綫071.75/8346.1/C2 子部/雜著類/雜考之屬

十駕齋養新錄二十卷餘錄三卷 （清）錢大昕撰 **錢辛楣先生[大昕]年譜一卷** （清）錢大昕編 （清）錢慶曾校注 **竹汀居士[錢大昕]年譜續編一卷** （清）錢慶曾撰 清光緒二年（1876）浙江書局刻本 七冊 缺二卷（錢辛楣先生年譜、竹汀居士年譜續編）

330000－1741－0006830 綫071.76/4748
子部/雜著類/雜說之屬

賓存四卷 （清）胡式鈺撰 清道光二十一年（1841）刻本 二冊

330000－1741－0006831 善3/125 子部/雜著類/雜說之屬

呂氏春秋二十六卷 （漢）高誘注 元至正嘉興路儒學刻明修本 十冊

330000－1741－0006832 綫071.76/8019b
子部/雜著類/雜考之屬

癸巳類稿十五卷 （清）俞正燮撰 清光緒五年（1879）會稽章氏刻本 八冊

330000－1741－0006833 綫071.76/8019a
子部/雜著類/雜考之屬

癸巳存稿十五卷 （清）俞正燮撰 清光緒十年（1884）李宗煝武林刻本 八冊

330000－1741－0006835 綫071.76/7772
子部/雜著類/雜考之屬

點勘記二卷省堂筆記一卷 （清）歐陽泉撰 清光緒四年（1878）江蘇書局刻本 二冊

330000－1741－0006836 綫071.76/8019
子部/雜著類/雜考之屬

癸巳類稿十五卷 （清）俞正燮撰 清道光十三年（1833）王藻求日益齋刻本 八冊

330000－1741－0006837 綫071.76/8019/C1
子部/雜著類/雜考之屬

癸巳類稿十五卷 （清）俞正燮撰 清道光十三年（1833）王藻求日益齋刻本 八冊

330000－1741－0006838 綫071.76/9010
類叢部/叢書類/自著之屬

稼墨軒集三種 （清）光聰諧撰 清光緒刻本 二冊 存一種

330000－1741－0006839 綫071.77/2048
子部/雜著類/雜考之屬

蘿藦亭札記八卷 （清）喬松年撰 清同治十二年（1873）刻本 四冊

330000－1741－0006840 綫071.77/2840
類叢部/叢書類/自著之屬

敝帚齋遺書四種 （清）徐鼒撰 清咸豐十一年（1861）刻本 四冊 存一種

330000－1741－0006841 綫071.77/2840/C1
類叢部/叢書類/自著之屬

敝帚齋遺書四種 （清）徐鼒撰 清咸豐十一年（1861）刻本 四冊 存一種

330000－1741－0006842 善3/135D 類叢部/叢書類/彙編之屬

津逮祕書十五集一百四十種 （明）毛晉編 明崇禎虞山毛氏汲古閣刻清印本 四冊 存一種

330000－1741－0006843 綫071.77/1088
類叢部/叢書類/自著之屬

王菉友九種　（清）王筠撰　清道光至咸豐刻本　一冊　存一種

330000－1741－0006844　善 3/138A　子部/雜著類/雜纂之屬

物理小識十二卷首一卷　（清）方以智撰　清康熙三年（1664）于藻刻本　六冊

330000－1741－0006846　綫 071.77/7535a　子部/儒家類/儒學之屬

漢儒通義七卷　（清）陳澧輯　清咸豐八年（1858）刻番禺陳氏東塾叢書初函本　馬貞榆批　二冊

330000－1741－0006847　綫 071.77/4407　子部/雜著類/雜說之屬

讀有用書齋襍著二卷　（清）韓應陛撰　清同治九年（1870）古婁韓氏刻本　一冊

330000－1741－0006850　綫 071.77/4442　子部/雜著類/雜考之屬

南漘楛語八卷　（清）蔣超伯輯　清同治十年（1871）兩鬳山房刻本　二冊

330000－1741－0006851　綫 071.78/1022　子部/雜著類/雜考之屬

格致古微五卷表一卷　（清）王仁俊撰　清光緒二十二年（1896）吳縣王氏籀鄦谼刻本　二冊

330000－1741－0006852　綫 071.77/7535a：2　子部/儒家類/儒學之屬

漢儒通義七卷　（清）陳澧輯　清光緒十五年（1889）怡敬齋刻本　二冊

330000－1741－0006853　綫 071.77/4442a　子部/雜著類/雜說之屬

麗澤蕙錄十四卷爽鳩要錄二卷　（清）蔣超伯撰　清同治五年（1866）刻本　八冊

330000－1741－0006854　綫 071.77/4442a：C1　子部/雜著類/雜說之屬

麗澤蕙錄十四卷爽鳩要錄二卷　（清）蔣超伯撰　清同治五年（1866）刻本　八冊

330000－1741－0006855　綫 071.77/4411

子部/雜著類/雜說之屬

鷗陂漁話六卷吹網錄六卷　（清）葉廷琯撰　清同治八年至九年（1869－1870）刻本　二冊　存六卷（吹網錄一至六）

330000－1741－0006857　善 3/136　子部/雜著類/雜說之屬

存愚錄一卷　（明）張純撰　清同治十年（1871）孫詒讓影明抄本　清孫詒讓校並題記　一冊

330000－1741－0006859　善 3/137　子部/雜著類/雜說之屬

容膝居雜錄六卷　（清）葛芝撰　清康熙刻本　六冊

330000－1741－0006860　綫 071.77/7535　子部/雜著類/雜考之屬

東塾讀書記二十五卷　（清）陳澧撰　清光緒刻本（卷十三至十四、十七至二十、二十二至二十五原缺）　四冊

330000－1741－0006861　綫 071.78/1033　類叢部/叢書類/自著之屬

雷刻八種　（清）雷浚撰　清同治至光緒吳縣雷氏刻彙印本　二冊　存一種

330000－1741－0006864　綫 071.78/12001　經部/周禮類/傳說之屬

九旗古義述一卷　（清）孫詒讓撰　清光緒二十八年（1902）瑞安孫氏刻本　一冊

330000－1741－0006865　綫 071.78/12001/C1　經部/周禮類/傳說之屬

九旗古義述一卷　（清）孫詒讓撰　清光緒二十八年（1902）瑞安孫氏刻本　一冊

330000－1741－0006866　綫 082.4/4001　類叢部/叢書類/彙編之屬

函海一百五十八種　（清）李調元編　清味蘭齋刻本　二百冊

330000－1741－0006869　綫 071.77/7535：2/C1　子部/雜著類/雜考之屬

東塾讀書記二十五卷　（清）陳澧撰　清光緒刻本（卷十三至十四、十七至二十、二十二至

二十五原缺）　爲基題簽　五册

330000－1741－0006870　綫 071.77/7535：2
　子部/雜著類/雜考之屬

東塾讀書記二十五卷　（清）陳澧撰　清光緒
刻本(卷十三至十四、十七至二十、二十二至
二十五原缺）　屈爇題記　沈修圈點　四册

330000－1741－0006872　綫 071.78/0043
子部/雜著類/雜考之屬

孔子改制考二十一卷　康有爲撰　清光緒二
十四年(1898)上海大同譯書局石印本　十册

330000－1741－0006873　善 3/143　類叢部/
叢書類/彙編之屬

格致叢書□□種　（明）胡文煥編　明萬曆虎
林胡氏文會堂刻本　一册　存一種

330000－1741－0006874　善 3/141　子部/雜
著類/雜説之屬

能改齋漫録十八卷　（宋）吳曾撰　清抄本
四册

330000－1741－0006875　綫 071.77/4442/C1
　子部/雜著類/雜考之屬

南漘楛語八卷　（清）蔣超伯輯　清同治十年
(1871)兩罍山房刻本　二册

330000－1741－0006877　綫 071.78/3148
子部/雜著類/雜考之屬

悔翁筆記六卷　（清）汪士鐸撰　清光緒九年
(1883)合肥張氏味古齋刻本　二册

330000－1741－0006878　綫 071.78/3148：1
　子部/雜著類/雜考之屬

悔翁筆記六卷　（清）汪士鐸撰　清光緒上元
吳氏銅鼓軒刻民國二十四年(1935)燕京大學
圖書館補刻本　二册

330000－1741－0006879　綫 071.78/1200a
子部/雜著類/雜考之屬

札迻十二卷　（清）孫詒讓撰　清光緒二十年
(1894)籀廎刻二十一年(1895)重修本　四册

330000－1741－0006882　綫 071.78/3113/＊
1－2　經部/群經總義類/傳説之屬

隸經雜箸甲編二卷乙編二卷　顧震福撰　清
光緒十八年(1892)刻本　二册

330000－1741－0006883　綫 071.77/4411/
C1、綫 071.77/4411a　子部/雜著類/雜説
之屬

鷗陂漁話六卷吹網録六卷　（清）葉廷琯撰
清同治八年至九年(1869-1870)刻本　四册

330000－1741－0006884　綫 071.78/3113/＊
1：2　經部/群經總義類/傳説之屬

隸經雜箸甲編二卷乙編二卷　顧震福撰　清
光緒十八年(1892)刻本　一册　存二卷(甲
編一至二)

330000－1741－0006885　綫 071.78/2510：2
　子部/雜著類/雜考之屬

無邪堂答問五卷　（清）朱一新撰　清光緒二
十二年(1896)上海鴻寶齋石印本　五册

330000－1741－0006887　善 3/144　子部/雜
著類/雜考之屬

困學紀聞二十卷　（宋）王應麟撰　（清）閻若
璩箋　清乾隆三年(1738)馬氏叢書樓刻本
六册

330000－1741－0006888　綫 071.78/1200a/
C1　子部/雜著類/雜考之屬

札迻十二卷　（清）孫詒讓撰　清光緒二十年
(1894)籀廎刻二十一年(1895)重修本　六册

330000－1741－0006890　綫 071.78/2510
子部/雜著類/雜考之屬

無邪堂答問五卷　（清）朱一新撰　清光緒二
十一年(1895)廣東順德龍氏葆真堂刻本
五册

330000－1741－0006891　綫 071.78/8725
類叢部/叢書類/自著之屬

鄭小谷先生全集六種　（清）鄭獻甫撰　清光
緒黔南節署刻本　六册　存一種

330000－1741－0006894　綫 071.78/1200a/
C2　子部/雜著類/雜考之屬

札迻十二卷　（清）孫詒讓撰　清光緒二十年
(1894)籀廎刻二十一年(1895)重修本　四册

330000－1741－0006898　綫 071.78/1200a/C3　子部/雜著類/雜考之屬

札迻十二卷　（清）孫詒讓撰　清光緒二十年(1894)籀廎刻二十一年(1895)重修本　四冊

330000－1741－0006900　綫 071.79/7744　史部/政書類/儀制之屬/典禮

孔子升大祀考不分卷附辨正誕諱辰不分卷　（清）陶士橚　侯學愈纂　清宣統三年(1911)藝文齋楊子岡木活字印本　一冊

330000－1741－0006902　綫 071.78/1200a/C4　子部/雜著類/雜考之屬

札迻十二卷　（清）孫詒讓撰　清光緒二十年(1894)籀廎刻二十一年(1895)重修本　四冊

330000－1741－0006905　綫 071.78/8043/：3　子部/雜著類/雜說之屬

古書疑義舉例七卷　（清）俞樾撰　清同治十年(1871)刻第一樓叢書本　清許克勤批　一冊

330000－1741－0006910　綫 071.78/1200a/C5　子部/雜著類/雜考之屬

札迻十二卷　（清）孫詒讓撰　清光緒二十年(1894)籀廎刻二十一年(1895)重修本　馬敘倫題記　四冊

330000－1741－0006911　善 3/145　子部/雜著類/雜考之屬

古今攷三十八卷　（宋）魏了翁撰　（元）方回續撰　明崇禎九年(1636)謝三賓刻本　二十冊

330000－1741－0006913　綫 072.62/7777　子部/雜著類/雜說之屬

鴻苞節錄十卷　（明）屠隆撰　（清）屠繼烈輯　清咸豐七年(1857)章丘保硯齋刻本　十冊

330000－1741－0006914　綫 071.78/1200a/C6　子部/雜著類/雜考之屬

札迻十二卷　（清）孫詒讓撰　清光緒二十年(1894)籀廎刻二十一年(1895)重修本　四冊

330000－1741－0006918　善 3/142　類叢部/叢書類/彙編之屬

稗海四十六種續稗海二十四種　（明）商濬編　明萬曆商氏半埜堂刻本　四冊　存一種

330000－1741－0006919　綫 072.61/4410　子部/雜著類/雜說之屬

草木子四卷　（明）葉子奇撰　清光緒元年(1875)處州府署刻本　二冊

330000－1741－0006920　善 3/126B　子部/雜著類/雜說之屬

呂氏春秋二十六卷　（漢）高誘注　**呂氏春秋附攷一卷**　（清）畢沅輯　清乾隆五十三年(1788)畢氏靈巖山館刻經訓堂叢書本　屈犧批校　六冊

330000－1741－0006921　綫 072.488/6072　類叢部/叢書類/彙編之屬

重校拜經樓叢書七種　（清）吳騫原編　（清）□□重編　清光緒十一年(1885)會稽章氏鄂渚刻本　一冊　存一種

330000－1741－0006922　善 3/144A　子部/雜著類/雜考之屬

困學紀聞二十卷　（宋）王應麟撰　（清）閻若璩箋　（清）何焯評　清乾隆桐鄉汪垕桐華書塾刻本　八冊

330000－1741－0006924　綫 072.61/4410：2　子部/雜著類/雜說之屬

草木子四卷　（明）葉子奇撰　清光緒四年(1878)刻本　二冊

330000－1741－0006925　綫 072.66/4694　子部/雜著類/雜考之屬

丹鉛總錄二十七卷　（明）楊慎撰　清教忠堂刻本　四冊　存十二卷(一至十二)

330000－1741－0006926　綫 072.69/1043　子部/雜著類/雜纂之屬

物理小識十二卷首一卷　（清）方以智撰　清光緒十年(1884)寧靜堂刻本　六冊

330000－1741－0006927　綫 072.69/0028　子部/雜著類/雜考之屬

通雅五十二卷首三卷　（清）方以智撰　**通雅刊誤補遺一卷**　（清）張裕葇撰　清光緒六年

(1880)桐城方氏刻本　十六冊

330000－1741－0006929　綫072.68/4200
史部/史評類/史論之屬

太白劍二卷　（明）姚康撰　清光緒二十一年
(1895)桐城姚氏五桂堂木活字印本　四冊

330000－1741－0006931　善3/140　子部/雜
著類/雜說之屬

夢溪筆談二十六卷補筆談三卷續筆談一卷
(宋)沈括撰　明崇禎四年(1631)馬元調刻本
六冊　缺四卷(補筆談一至三、續筆談)

330000－1741－0006932　善3/142A　類叢
部/叢書類/彙編之屬

武英殿聚珍版書一百三十八種　清乾隆武英
殿木活字印本　二冊　存一種

330000－1741－0006933　綫072.72/1043
子部/雜著類/雜說之屬

池北偶談二十六卷　（清）王士禎撰　清光緒
二十二年(1896)上海慎記書莊石印本　六冊

330000－1741－0006934　綫072.69/0028：2
子部/雜著類/雜考之屬

通雅五十二卷首三卷　（清）方以智撰　清康
熙五年(1666)浮山此藏軒刻本　十二冊

330000－1741－0006936　綫072.76/1007
子部/雜著類/雜說之屬

重論文齋筆錄十二卷　（清）王端履輯　清道
光二十六年(1846)受宜堂刻本　十二冊

330000－1741－0006937　綫072.72/1637
子部/雜著類/雜考之屬

康熙幾暇格物編二卷　（清）聖祖玄燁撰
（清）盛昱錄　清光緒石印本　清陳炳華題記
二冊

330000－1741－0006938　綫072.75/4313
子部/小說家類/雜事之屬

竹葉亭雜記四卷　（清）姚元之撰　清宣統二
年(1910)上海掃葉山房石印本　二冊

330000－1741－0006939　綫072.75/8057
子部/小說家類/異聞之屬

客牕偶筆四卷二筆一卷　（清）金捧閶撰　清
同治十二年(1873)刻本　三冊

330000－1741－0006942　綫072.76/4426
經部/小學類/文字之屬/字書

釋書名一卷　（清）莊綬甲撰　清光緒十五年
(1889)木活字印拾遺補藝齋遺書本　一冊

330000－1741－0006944　綫072.76/8324
集部/別集類/清別集

衎石齋記事稿十卷續稿十卷續良吏述一卷刻
楮集四卷旅逸小稿二卷　（清）錢儀吉撰　清
光緒六年(1880)錢彝甫廣州刻本(續良吏述
一卷爲清光緒三年刻本)　十二冊

330000－1741－0006945　綫072.78/0031
子部/雜著類/雜說之屬

夢園子一卷　（清）方濬頤撰　清光緒十年
(1884)維揚刻本　一冊

330000－1741－0006946　綫072.77/0054
類叢部/叢書類/彙編之屬

望三益齋叢書十八種　（清）吳棠編　清咸豐
至光緒吳氏望三益齋刻本　一冊　存一種

330000－1741－0006949　綫072.78/0168
子部/雜著類/雜說之屬

亦園胜牘八卷　（清）龔顯曾撰　清光緒四年
(1878)誦芬堂木活字印本　四冊

330000－1741－0006950　綫074.22/0014.75
類叢部/叢書類/自著之屬

嘉定錢氏潛研堂全書二十一種　（清）錢大昕
撰　清光緒十年(1884)長沙龍氏家塾刻本
一冊　存一種

330000－1741－0006952　綫074.78/4054
史部/地理類/雜志之屬

朝市叢載八卷　（清）楊士安原編　（清）李虹
若重編　清光緒十三年(1887)京都榮錄堂刻
本　八冊

330000－1741－0006953　綫075.088/0060
子部/藝術類/遊藝之屬/棋弈

睡巢鏡影十二卷　（清）童叶庚撰　清光緒十
六年(1890)武林任有容齋刻本　二冊

330000－1741－0006955　綫 072.78/2863
子部/雜著類

丹泉海島錄四卷　（清）徐景福撰　清光緒四年(1878)遂昌徐氏家塾刻本　二冊

330000－1741－0006956　綫 072.77/0032
子部/小說家類/雜事之屬

蕉軒隨錄十二卷續錄二卷附退一步齋楹聯一卷　（清）方濬師撰　清同治十一年(1872)、光緒十七年(1891)退一步齋刻本　十四冊

330000－1741－0006957　綫 072.78/0276
子部/雜家類

新學界叢編十四卷　（清）古越愛國學士編　清光緒石印本　八冊

330000－1741－0006960　綫 074.78/2644
子部/藝術類/書畫之屬/畫譜

點石齋畫報初集十卷二集十二卷三集八卷四集六卷五集四卷六集四卷後附淞隱漫錄十二卷續錄五卷漫遊隨錄三卷風箏誤一卷閨媛叢錄一卷點石齋叢鈔一卷乘龍佳話一卷蕒園謎賸一卷豆棚消夏錄一卷虞初新志一卷　（清）尊聞閣主人輯　清光緒石印本　□盒題記　十五冊　缺四十三卷(初集一至十、二集一至十二、三集二至八、四集一至六、五集一至四、六集一至四)

330000－1741－0006961　綫 075.419/3144
類叢部/叢書類/彙編之屬

隨盦徐氏叢書十種續編十種　徐乃昌編　清光緒至民國南陵徐氏刻本　一冊　存一種

330000－1741－0006962　綫 074.75/2744
類叢部/叢書類/彙編之屬

刻鵠齋叢書十六種　（清）胡念修編　清光緒二十三年至二十七年(1897－1901)刻鵠齋刻本　一冊　存一種

330000－1741－0006965　綫 075.57/7242
類叢部/叢書類/彙編之屬

讀畫齋叢書四十六種　（清）顧修編　清嘉慶四年至十六年(1799－1811)桐川顧氏刻本(錦里耆舊傳卷一至四原缺)　十二冊　存一種

330000－1741－0006966　善 3/146A　子部/雜著類/雜考之屬

丹鉛總錄二十七卷　（明）楊慎撰　清乾隆三十年(1765)楊氏教忠堂刻本　十冊

330000－1741－0006967　善 3/148　子部/雜家類

筆叢正集三十二卷續集十六卷　（明）胡應麟撰　明萬曆三十四年(1606)吳勉學刻本　八冊

330000－1741－0006968　綫 075.75/1174
子部/雜著類/雜纂之屬

海南日抄三十卷　（清）張眉大撰　清嘉慶元年(1796)刻本　八冊

330000－1741－0006969　綫 075.57/1021
類叢部/叢書類/彙編之屬

學津討原一百七十三種　（清）張海鵬編　清嘉慶十年(1805)虞山張氏照曠閣刻本　一冊　存二種

330000－1741－0006972　善 3/147　子部/雜著類/雜說之屬

楊子卮言巵集三卷　（明）楊慎撰　清抄本　一冊

330000－1741－0006973　善 3/149B　子部/雜著類/雜考之屬

訂譌雜錄十卷　（清）胡鳴玉撰　清乾隆二十三年(1758)青浦胡鳴玉戩箋書屋刻本　四冊

330000－1741－0006974　綫 075.68/2802
子部/雜著類/雜纂之屬

玉芝堂談薈三十六卷　（明）徐應秋輯　明崇禎刻清康熙四十二年(1703)、乾隆三十八年(1773)、道光二十九年(1849)、光緒元年(1875)、光緒五年(1879)遞修本　三十四冊

330000－1741－0006976　綫 075.71/0931
類叢部/叢書類/彙編之屬

張氏適園叢書初集七種　張鈞衡編　清宣統三年(1911)上海國學扶輪社鉛印本　六冊　存一種

330000－1741－0006978　綫 075.77/4682

子部/雜著類/雜說之屬

匏園掌錄二卷 （清）楊燮生撰　清光緒五年(1879)仁和葛氏刻嘯園叢書本　清悔盦　王正治題記　一冊

330000－1741－0006979　綫075.524/6042a
子部/雜著類/雜說之屬

鶴林玉露十六卷補遺一卷 （宋）羅大經撰　清光緒二十五年(1899)泰和蕭氏刻本　蕭天奇題記　四冊

330000－1741－0006980　善3/148A　類叢部/叢書類/自著之屬

甌北全集八種 （清）趙翼撰　清乾隆至嘉慶湛貽堂刻本　十六冊　存一種

330000－1741－0006981　善3/148B　子部/雜著類/雜考之屬

義門讀書記五十八卷 （清）何焯撰　（清）蔣維鈞輯　清乾隆三十四年(1769)蔣維鈞刻承恩堂印本　十六冊

330000－1741－0006982　綫075.72/4944
子部/雜著類/雜纂之屬

寄園寄所寄十二卷 （清）趙吉士輯　清三益堂刻本　蘭孫題記　十冊

330000－1741－0006983　綫075.76/7110
類叢部/叢書類/彙編之屬

文選樓叢書三十三種 （清）蕅林山房編　清嘉慶至道光阮元刻道光二十二年(1842)阮亨彙印本　八冊　存一種

330000－1741－0006984　善3/148A/C1　類叢部/叢書類/自著之屬

甌北全集八種 （清）趙翼撰　清乾隆至嘉慶湛貽堂刻本　十二冊　存一種

330000－1741－0006985　綫075.77/8718
類叢部/叢書類/彙編之屬

廣雅書局叢書一百五十九種 徐紹棨編　清光緒廣雅書局刻民國九年(1920)番禺徐紹棨彙編重印本　一冊　存一種

330000－1741－0006988　綫075.76/2273
集部/總集類/選集之屬/斷代

咀華錄四卷 （清）凝瑞堂主人輯　清道光二十年(1840)凝瑞堂刻本　八冊

330000－1741－0006989　善3/148D　類叢部/叢書類/自著之屬

徐位山先生六種 （清）徐文靖撰　清雍正至乾隆刻志寧堂彙印本　十冊　存一種

330000－1741－0006990　綫075.76/7110/＊2
集部/總集類/課藝之屬

詁經精舍文續集八卷 （清）羅文俊輯　清道光二十二年(1842)刻本　四冊

330000－1741－0006991　綫075.78/1133
子部/儒家類/儒學之屬/勸學

輶軒語七卷 （清）張之洞撰　清光緒二十三年(1897)新化三昧堂刻本　一冊

330000－1741－0006992　善3/148C　子部/雜著類/雜考之屬

螺江日記八卷續編四卷 （清）張文虎撰　清乾隆十七年(1752)張氏二銘軒刻三十年(1765)張鵬續刻本　四冊

330000－1741－0006993　綫075.78/0031
史部/地理類/外紀之屬

星軺日記類編七十六卷 席裕琨輯　清光緒二十八年(1902)雲間麗澤學會石印本　十六冊

330000－1741－0006994　綫075.78/1133.1
子部/儒家類/儒學之屬/勸學

輶軒語七卷 （清）張之洞撰　清光緒三年(1877)濠上書齋刻本　一冊

330000－1741－0006996　善3/188　子部/雜家類

羣書粹言一卷 清抄本　一冊

330000－1741－0006997　善3/148E　子部/雜著類/雜考之屬

松崖筆記三卷 （清）惠棟撰　清道光二年(1822)文照堂刻本　清孫詒讓校　一冊

330000－1741－0006998　綫075.76/7110/＊3
集部/總集類/課藝之屬

詁經精舍三集經解二卷辭賦三卷戊辰己巳庚午年官師課合刻六卷　（清）俞樾編　清同治六年至九年（1867－1870）刻本　八冊　缺二卷（辭賦三、戊辰年上）

330000－1741－0006999　綫 075.78/2102/＊1、綫 075.78/2102/＊2　經部/群經總義類/傳說之屬

經訓書院課藝第一集八卷第二集七卷　（清）經訓書院輯　清光緒十三年（1887）、十九年（1893）江西書局刻本　八冊

330000－1741－0007001　綫 082.6/1132　類叢部/叢書類/彙編之屬

昭代叢書合刻十集五百六十種附一種　（清）張潮　（清）張漸編　（清）楊復吉　（清）沈楙惠續編　清道光吳江沈氏世楷堂刻本　一百三十六冊

330000－1741－0007002　綫 075.76/7110/＊7　集部/總集類/課藝之屬

詁經精舍課藝七集十二卷　（清）俞樾編　清光緒二十一年（1895）刻本　四冊

330000－1741－0007003　綫 075.78/6488　集部/總集類/課藝之屬

時敏學堂課藝二卷　（清）張百熙編　清光緒二十八年（1902）廣東時敏書局鉛印本　二冊

330000－1741－0007004　綫 075.78/2102　經部/群經總義類/傳說之屬

經訓書院文集十二卷　（清）經訓書院輯　清光緒九年（1883）江西書局刻本　六冊

330000－1741－0007006　善 3/152　子部/雜著類/雜考之屬

讀書證疑六卷　（清）陳詩庭撰　清抄本　一冊

330000－1741－0007008　綫 075.78/3334a　子部/雜著類/雜說之屬

中國腦二卷　寅半生輯　清光緒二十九年（1903）刻本　二冊

330000－1741－0007009　綫 075.78/4044　集部/總集類/課藝之屬

南菁講舍文集六卷書院文集一卷　（清）黃以周輯　清光緒十五年（1889）刻本　四冊

330000－1741－0007011　綫 075.78/7535　集部/總集類/課藝之屬

菊坡精舍集二十卷　（清）陳澧編　清光緒二十三年（1897）刻本　六冊

330000－1741－0007014　綫 075.78/4044b　集部/總集類/課藝之屬

南菁文鈔三集十六卷　（清）丁力鈞編次　清光緒二十七年（1901）刻朱印本　四冊　存八卷（一至八）

330000－1741－0007015　綫 075.78/3334　新學/報章

新民叢報彙編不分卷　（清）新民叢報社編　清光緒三十二年（1906）文會書局石印本　八冊

330000－1741－0007016　綫 075.78/5536　集部/別集類/清別集

校經堂初集四卷　（清）曹鴻勛編　校經堂二集九卷　（清）陸寶忠編　清光緒十一年（1885）、十四年（1888）刻　六冊

330000－1741－0007017　綫 075.78/4423　子部/宗教類/其他宗教之屬/基督教

集說詮真不分卷集說詮真續編不分卷集說詮真提要不分卷　（清）黃伯祿輯　清光緒五年（1879）上海慈母堂刻本　四冊　存集說詮真

330000－1741－0007019　綫 075.78/8059　新學/報章

湘學報類編西政叢鈔五種　（清）養春堂主人編　清光緒二十八年（1902）石印本　六冊

330000－1741－0007023　綫 075.78/2124　史部/政書類/公牘檔冊之屬

尺園佐治摘存一卷　韓靄堂輯　清光緒三十四年（1908）石印本　一冊

330000－1741－0007024　綫 075.78/2880　集部/總集類/課藝之屬

紹興府學堂課藝不分卷　（清）徐錫麟選　清光緒三十一年（1905）紹興府學堂石印本

一冊

330000－1741－0007030　綫 090.876/7110w
經部/叢編

重栞宋本十三經注疏四百十六卷　附十三經
注疏校勘記四百十六卷　（清）阮元撰　（清）
盧宣旬摘録　十三經注疏校勘記識語四卷
(清)汪文臺撰　清嘉慶二十年(1815)南昌府
學刻道光六年(1826)盱江朱華臨重校同治十
二年(1873)江西書局重修本(十三經注疏校
勘記識語爲清光緒三年刻本)　二冊　存四
卷(十三經注疏校勘記識語一至四)

330000－1741－0007031　綫 091.01978/2603
類叢部/叢書類/自著之屬

吳翊寅所著書七種　（清）吳翊寅撰　清光緒
十九年至二十一年(1893－1895)廣州刻本
一冊　存二種

330000－1741－0007032　綫 090.876/7110a
經部/群經總義類/傳說之屬

十三經校刊記不分卷　（清）阮元撰　清光緒
刻本　一冊

330000－1741－0007033　綫 075.78/3033
集部/總集類/課藝之屬

辨志文會課藝初集六卷　（清）葉意深等撰
(清)宗源瀚輯　清光緒六年(1880)刻本　二
冊　缺二卷(算學、輿地之學)

330000－1741－0007036　善 3/189　子部/雜
著類/雜纂之屬

廉書君集六卷後集二卷男子集二十四卷女子
集五卷餘集一卷天集六卷地集二卷別集六卷
外集一卷下集二卷　（清）王雨謙　（清）俞公
穀輯　稿本　十八冊

330000－1741－0007040　綫 091.088/1290
經部/易類

漢魏二十一家易注三十三卷　（清）孫堂輯
清嘉慶四年(1799)平湖孫堂映雪草堂刻本
八冊

330000－1741－0007049　綫 091.252/2540
類叢部/叢書類/彙編之屬

玉海堂景宋元本叢書　劉世珩編　清光緒至
民國貴池劉氏玉海堂影刻本　四冊　存一種

330000－1741－0007050　綫 091.252/4646
經部/易類/傳說之屬

楊氏誠齋先生易傳二十卷首一卷　（宋）楊萬
里撰　清光緒二年(1876)澀塘振撕堂刻本
六冊

330000－1741－0007051　綫 093.12522/6627
經部/詩類/傳說之屬

詩緝三十六卷　（宋）嚴粲撰　清嘉慶十五年
(1810)谿上聽彝堂刻本　十二冊

330000－1741－0007052　綫 091.49276/1712
類叢部/叢書類/自著之屬

五經歲徧齋校書三種　（清）翟云升輯　清道
光東萊翟氏刻本　六冊　存一種

330000－1741－0007053　綫 094.1274/3532/
善　經部/周禮類/傳說之屬

周官精義十二卷　（清）連斗山輯　清同治十
年(1871)孫觀粵東臬署刻本　六冊

330000－1741－0007054　善 3/167A　子部/
雜家類

子華子十卷　（明）金之俊評　明崇禎三年
(1630)雷鳴時刻清康熙至雍正重修本　二冊

330000－1741－0007056　綫 091.272/4012
經部/易類/傳說之屬

易經大全會解不分卷　（清）來爾繩輯　（清）
朱采治　（清）朱之澄編訂　周易本義四卷附
卦歌一卷筮儀一卷易圖一卷　（宋）朱熹撰
清嘉慶八年(1803)武林王餘堂刻本　二冊

330000－1741－0007057　綫 092.775/1228
經部/書類/傳說之屬

尚書古文證疑四卷　（清）孫喬年撰　清嘉慶
十五年(1810)孫全奭、孫全嚴天心閣刻本
二冊

330000－1741－0007059　綫 091.275/4426
經部/易類/傳說之屬

周易通義二十二卷首一卷　（清）蘇秉國撰
清嘉慶二十一年(1816)蘇秉國蘇州刻本

十冊

330000－1741－0007060　綫 091.272/4094
經部/叢編

御纂七經五種　（清）李光地等纂　清同治六
年至九年（1867－1870）浙江書局刻本　十冊
　存一種

330000－1741－0007061　善 3/149A　子部/
雜著類/雜考之屬

識小編二卷　（清）董豐垣撰　清乾隆刻本
一冊

330000－1741－0007062　綫 091.276/2840
經部/易類/傳說之屬

周易舊注十二卷　（清）徐鼐撰　清光緒十二
年（1886）六合徐承祖扶桑使廨刻本　六冊

330000－1741－0007063　綫 091.251/2671
類叢部/叢書類/彙編之屬

古逸叢書二十六種　（清）黎庶昌編　清光緒
八年至十年（1882－1884）黎庶昌日本東京使
署影刻本（玉燭寶典卷九原缺）　二冊　存
一種

330000－1741－0007064　綫 091.272/2638
經部/易類/傳說之屬

易義選參二卷　（清）魏禮等撰　（清）丘維屏
評選　清光緒二年（1876）甯都魏氏刻翠微峰
易堂印本　二冊

330000－1741－0007067　善 3/150　子部/雜
著類/雜考之屬

東湖叢記節鈔一卷　（清）蔣光煦撰　清孫氏
玉海樓抄本　清孫詒讓跋　一冊

330000－1741－0007068　綫 092.1978/2699
經部/書類/傳說之屬

古文尚書正辭三十三卷　（清）吳光耀撰　清
光緒十九年（1893）刻本　十八冊

330000－1741－0007073　綫 091.9/7533　經
部/易類/傳說之屬

周易象義集成三卷　（清）陳洪冠纂輯　清咸
豐八年（1858）湖南羣玉書屋刻本　三冊

330000－1741－0007077　綫 091.49276/
1712/C1　類叢部/叢書類/自著之屬

五經歲徧齋校書三種　（清）翟云升輯　清道
光東萊翟氏刻本　八冊　存一種

330000－1741－0007080　善 3/151　子部/雜
著類/雜考之屬

斠補隅錄不分卷　（清）蔣光煦輯　清同治八
年至九年（1869－1870）孫詒讓抄本　清孫詒
讓題記　二冊

330000－1741－0007081　綫 092.1977/1124
類叢部/叢書類/自著之屬

悔廬全集六種附一種　（清）張崇蘭撰　清光
緒二十三年（1897）刻本　三冊　存一種

330000－1741－0007083　綫 092.241/1223
經部/叢編

十三經注疏附考證　（清）□□輯　清同治十
年（1871）廣東書局刻本　八冊　存一種

330000－1741－0007085　綫 092.22/1236
經部/叢編

十三經古注　（明）葛鼐　（明）金蟠校　明崇
禎永懷堂刻本　三冊　存一種

330000－1741－0007086　綫 092.1977/2864
類叢部/叢書類/自著之屬

煙嶼樓集四種　（清）徐時棟撰　清同治至光
緒刻彙印本　二冊　存一種

330000－1741－0007088　善 3/169A　子部/
雜著類/雜說之屬

七修類藁五十一卷續藁七卷　（明）郎瑛撰
清乾隆四十年（1775）耕烟草堂刻本　十六冊

330000－1741－0007089　綫 092.271/4602
經部/書類/傳說之屬

楊子書繹六卷　（清）楊文彩撰　清光緒二年
（1876）仁和韓懿章甯都刻文起堂印本　十冊

330000－1741－0007090　綫 092.2524/4434
經部/叢編

四書五經九種　（清）鮑氏輯　清同治三年
（1864）浙江撫署刻本　四冊　存一種

330000－1741－0007091　善 3/170　子部/雜
著類/雜說之屬

香祖筆記十二卷　（清）王士禛撰　清康熙刻
本　四冊

330000－1741－0007092　善 3/218B　子部/
小說家類

天花藏七才子書　（清）天花藏主人輯　清乾
隆三十六年(1771)刻本　五冊

330000－1741－0007093　綫 092.272/1053
類叢部/叢書類/自著之屬

船山遺書六十三種　（清）王夫之撰　清同治
四年(1865)湘鄉曾國荃金陵刻光緒十三年
(1887)船山書院補刻本　二冊　存一種

330000－1741－0007094　綫 082.6/3225：1
類叢部/叢書類/彙編之屬

海山仙館叢書五十六種　（清）潘仕成編　清
道光二十五年至咸豐元年(1845－1851)番禺
潘氏刻光緒十一年(1885)增刻彙印本　一百
二十冊　存五十四種

330000－1741－0007096　綫 092.272/1012
經部/叢編

御纂七經五種　（清）李光地等纂　清同治六
年至九年(1867－1870)浙江書局刻本　十二
冊　存一種

330000－1741－0007097　綫 092.275/1262
類叢部/叢書類/彙編之屬

平津館叢書八集三十九種　（清）孫星衍編
清嘉慶蘭陵孫氏刻本　六冊　存一種

330000－1741－0007098　綫 092.278/4081
類叢部/叢書類/自著之屬

師伏堂叢書十五種　（清）皮錫瑞撰　清光緒
十九年至三十三年(1893－1907)善化皮氏刻
本　四冊　存一種

330000－1741－0007099　善 3/171　子部/小
說家類/異聞之屬

岐海瑣譚十六卷　（明）姜準輯　清同治永嘉
孫鏘鳴抄本　清孫鏘鳴校並題記　四冊

330000－1741－0007101　綫 092.278/1020

經部/書類/傳說之屬

**尚書孔傳參正三十六卷序例一卷書序百篇異
同表一卷**　王先謙撰　清光緒三十年(1904)
虛受堂刻本　六冊

330000－1741－0007102　綫 092.278/1020/
C1　經部/書類/傳說之屬

**尚書孔傳參正三十六卷序例一卷書序百篇異
同表一卷**　王先謙撰　清光緒三十年(1904)
虛受堂刻本　六冊

330000－1741－0007103　綫 092.276/4685
經部/書類/傳說之屬

尚書今文二十八篇解不分卷　（清）楊鍾泰撰
清道光十八年(1838)載德堂刻本　四冊

330000－1741－0007104　綫 092.81378/4634
經部/書類/分篇之屬

禹貢本義一卷　楊守敬撰　清光緒三十二年
(1906)楊守敬鄂城菊灣刻本　一冊

330000－1741－0007105　綫 092.278/1020：1
經部/書類/傳說之屬

**尚書孔傳參正三十六卷序例一卷書序百篇異
同表一卷**　王先謙撰　清光緒三十年(1904)
虛受堂刻本　六冊

330000－1741－0007106　綫 092.278/1020：2
經部/書類/傳說之屬

**尚書孔傳參正三十六卷序例一卷書序百篇異
同表一卷**　王先謙撰　清光緒三十年(1904)
虛受堂刻本　六冊

330000－1741－0007107　綫 092.376/7553
經部/書類/傳說之屬

尚書大傳五卷　（漢）伏勝撰　（漢）鄭玄注
(清)陳壽祺輯校　清道光十年(1830)廣州刻
本　二冊

330000－1741－0007112　善 3/189A　子部/
雜著類/雜考之屬

古今釋疑十八卷附錄一卷　（清）方中履撰
清康熙二十一年(1682)汗青閣刻本　十二冊

330000－1741－0007113　綫 092.278/4081a
經部/書類/傳說之屬

尚書古文疏證辨正一卷 （清）皮錫瑞撰 清
光緒二十二年（1896）長沙思賢講舍刻本
一冊

330000－1741－0007114 綫092.778/3436
經部/書類/傳說之屬

龍岡山人古文尚書四種 （清）洪良品撰 清
光緒十四年（1888）鉛印本 六冊

330000－1741－0007115 綫082.6/3225 類
叢部/叢書類/彙編之屬

海山仙館叢書五十六種 （清）潘仕成編 清
道光二十五年至咸豐元年（1845－1851）番禺
潘氏刻光緒十一年（1885）增刻彙印本 一百
二十八冊

330000－1741－0007116 綫092.774/2101
經部/書類/傳說之屬

尚書大傳四卷 （漢）伏勝撰 （漢）鄭玄注
尚書大傳補遺一卷 （清）盧見曾撰 尚書大
傳考異一卷續補遺一卷 （清）盧文弨撰 清
嘉慶五年（1800）山陰沈氏刻愛日艸盧印本
四冊

330000－1741－0007119 善3/172 子部/雜
著類/雜說之屬

權衡一書四十一卷 （清）王植編 清乾隆刻
本 二冊 存一卷（三十一）

330000－1741－0007121 綫092.81/5348
類叢部/叢書類/彙編之屬

廣雅書局叢書一百五十九種 徐紹棨編 清
光緒廣雅書局刻民國九年（1920）番禺徐紹棨
彙編重印本 一冊 存一種

330000－1741－0007122 綫092.81378/4203
經部/書類/分篇之屬

禹貢正詮四卷 （清）姚彥渠輯 清光緒十一
年（1885）姚丙吉刻本 一冊

330000－1741－0007123 綫082.8/7241 類
叢部/叢書類/彙編之屬

聚學軒叢書六十種 劉世珩編 清光緒貴池
劉氏刻本 八十冊

330000－1741－0007124 綫092.81776/0000

經部/書類/分篇之屬

禹貢水道考異南條五卷首一卷北條五卷首一
卷 （清）方堃撰 清道光四年（1824）紫霞仙
館刻本 四冊 缺一卷（北條首）

330000－1741－0007126 綫092.8178/4409
經部/書類/分篇之屬

禹貢川澤考二卷 （清）桂文燦撰 清光緒十
二年（1886）利華印務局石印本 一冊

330000－1741－0007127 綫092.378/1073
類叢部/叢書類/彙編之屬

靈鶼閣叢書五十六種 （清）江標編 清光緒
元和江氏湖南使院刻本 一冊 存一種

330000－1741－0007134 善3/168 子部/雜
著類/雜說之屬

石林燕語十卷 （宋）葉夢得撰 明刻本
四冊

330000－1741－0007135 綫092.8178/4409.1
經部/書類/分篇之屬

禹貢川澤考二卷 （清）桂文燦撰 清光緒十
二年（1886）利華印務局石印本 一冊

330000－1741－0007137 綫093.12522/
6627.1 經部/詩類/傳說之屬

詩緝三十六卷 （宋）嚴粲撰 清嘉慶十五年
（1810）谿上聽彝堂刻本 十冊

330000－1741－0007138 綫093.1251/1223
經部/叢編

重栞宋本十三經注疏四百十六卷 附十三經
注疏校勘記四百十六卷 （清）阮元撰 （清）
盧宣旬摘錄 清嘉慶二十年（1815）略識字齋
刻本 十二冊 存一種

330000－1741－0007139 綫092.81678/1088
類叢部/叢書類/自著之屬

王菉友九種 （清）王筠撰 清道光至咸豐刻
本 一冊 存一種

330000－1741－0007140 綫093.12522/
6030/C1 類叢部/叢書類/郡邑之屬

金華叢書六十八種 （清）胡鳳丹編 清同治
七年至光緒八年（1868－1882）永康胡氏退補

齋刻本 十冊 存一種

330000－1741－0007141 善 3/169 類叢部/
叢書類/彙編之屬

格致叢書□□種 （明）胡文煥編 明萬曆虎
林胡氏文會堂刻本 二冊 存一種

330000－1741－0007143 綫 093.1268/2141
經部/詩類/傳說之屬

詩經世本古義二十八卷首一卷後一卷 （明）
何楷撰 清光緒十九年（1893）上海鴻寶齋石
印本 十六冊

330000－1741－0007146 綫 093.12523/2540
經部/叢編

四書五經九種 （清）鮑氏輯 清同治三年
（1864）浙江撫署刻本 四冊 存一種

330000－1741－0007148 綫 093.1272/1053
類叢部/叢書類/自著之屬

船山遺書六十三種 （清）王夫之撰 清同治
四年（1865）湘鄉曾國荃金陵刻光緒十三年
（1887）船山書院補刻本 三冊 存三種

330000－1741－0007149 綫 093.12523/
2540ch 經部/詩類/傳說之屬

詩經集傳八卷 （宋）朱熹撰 清同治七年
（1868）湖北崇文書局刻本 四冊

330000－1741－0007150 綫 093.1273/1032
經部/叢編

御纂七經五種 （清）李光地等纂 清同治六
年至九年（1867－1870）浙江書局刻本 十六
冊 存一種

330000－1741－0007151 綫 082.4/2477 類
叢部/叢書類/彙編之屬

古文七種附一種 （清）儲欣選評 清乾隆四
十九年（1784）受祉堂刻本 三十二冊

330000－1741－0007152 綫 093.1274/3503
經部/詩類/傳說之屬

御纂詩義折中二十卷 （清）高宗弘曆敕撰
（清）傅恒 （清）陳兆崙等纂 清光緒掃葉山
房刻本 十二冊

330000－1741－0007153 綫 093.12522/6030
類叢部/叢書類/郡邑之屬

金華叢書六十八種 （清）胡鳳丹編 清同治
七年至光緒八年（1868－1882）永康胡氏退補
齋刻民國補刻本 十二冊 存一種

330000－1741－0007154 綫 093.12523/
2540c 經部/詩類/傳說之屬

詩經集註八卷首一卷 （宋）朱熹撰 清末永
言堂刻本 四冊

330000－1741－0007155 善 3/173A 子部/
雜著類/雜說之屬

光廷雜著不分卷 （清）李恢垣撰 清抄本
八冊

330000－1741－0007158 綫 093.1276/2643
經部/詩類/傳說之屬

毛詩復古錄十二卷首一卷 （清）吳懋清撰
清光緒二十年（1894）仁和徐琪廣州學使者署
刻本 六冊

330000－1741－0007159 綫 093.1274/3503.1
經部/詩類/傳說之屬

御纂詩義折中二十卷 （清）高宗弘曆敕撰
（清）傅恒 （清）陳兆崙等纂 清京都文成堂
刻本 六冊

330000－1741－0007161 善 3/174 子部/雜
著類/雜說之屬

訄書不分卷 章炳麟撰 清光緒二十五年
（1899）刻本 清孫詒讓批 一冊

330000－1741－0007163 綫 093.12523/
2540g 經部/詩類/傳說之屬

詩經集傳八卷 （宋）朱熹撰 清末金陵存古
堂刻本 六冊

330000－1741－0007164 綫 082.8/7433 類
叢部/叢書類/彙編之屬

十萬卷樓叢書五十一種 （清）陸心源編 清
光緒歸安陸氏刻本 一百十二冊 缺一卷
（歲時廣記六）

330000－1741－0007165 綫 082.4/2168 類
叢部/叢書類/彙編之屬

雅雨堂叢書十三種　（清）盧見曾編　清乾隆
二十一年（1756）德州盧氏雅雨堂刻增修本
二十四冊

330000－1741－0007166　善 3/180　子部/藝
術類/書畫之屬

鐵網珊瑚二十卷　（明）都穆撰　清初抄本
八冊

330000－1741－0007171　綫 093.1657/0808
經部/詩類/傳說之屬

詩集傳音釋二十卷詩圖一卷詩傳綱領一卷詩序
辨說一卷　（宋）朱熹集傳　（元）許謙音釋
（元）羅復纂輯　校刻詩集傳音釋札記一卷
（清）蔣光煦撰　清咸豐五年至七年（1855－
1857）海昌蔣氏衍芬草堂刻本　六冊

330000－1741－0007172　綫 093.1372/7533.2
經部/詩類/傳說之屬

毛詩稽古編三十卷　（清）陳啟源撰　（清）龐
佑清校　毛詩稽古編附攷一卷　（清）費雲倬
撰　清光緒九年（1883）上海同文書局石印本
八冊

330000－1741－0007176　綫 093.1278/7524
經部/詩類/傳說之屬

讀詩商二十八卷　（清）陳保真撰　清光緒二
十三年（1897）永興捕署刻本　十二冊

330000－1741－0007177　綫 093.1376/4711
類叢部/叢書類/自著之屬

求是堂全集六種　（清）胡承珙撰　清道光歙
縣胡氏刻本　二十四冊　存一種

330000－1741－0007178　綫 093.1376/4711：1
類叢部/叢書類/彙編之屬

廣雅書局叢書一百五十九種　徐紹榮編　清
光緒廣雅書局刻民國九年（1920）番禺徐紹榮
彙編重印本　十二冊　存一種

330000－1741－0007180　綫 093.1377/3107
類叢部/叢書類/自著之屬

平湖顧氏遺書五種　（清）顧廣譽撰　清光緒
三年（1877）顧鴻昇刻本　一冊　存一種

330000－1741－0007181　善 3/181　集部/別

集類/清別集

閩省近事竹枝詞一卷　（清）何則賢撰　清末
抄本　一冊

330000－1741－0007184　綫 093.1372/7533
經部/詩類/傳說之屬

毛詩稽古編三十卷　（清）陳啟源撰　（清）龐
佑清校　毛詩稽古編附攷一卷　（清）費雲倬
撰　清嘉慶十八年（1813）吳江龐佑清刻二十
年（1815）增刻本　六冊

330000－1741－0007187　綫 093.1379/4039
經部/詩類/傳說之屬

學詩堂經解二十卷　李宗棠撰　清宣統三年
（1911）鉛印本　八冊

330000－1741－0007188　綫 093.1377/7107：3
類叢部/叢書類/彙編之屬

廣雅書局叢書一百五十九種　徐紹榮編　清
光緒廣雅書局刻民國九年（1920）番禺徐紹榮
彙編重印本　十二冊　存一種

330000－1741－0007189　善 3/180A　子部/
藝術類/書畫之屬

鐵網珊瑚二十卷　（明）都穆撰　清乾隆刻本
六冊

330000－1741－0007193　綫 093.1476/2749
經部/詩類/傳說之屬

毛詩禮徵十卷　（清）包世榮撰　清道光七年
（1827）包世臣小倦游閣刻八年（1828）印本
六冊

330000－1741－0007197　綫 082.4/6031.1
類叢部/叢書類/彙編之屬

經訓堂叢書二十一種　（清）畢沅編　清光緒
十三年（1887）上海大同書局石印本　十九冊

330000－1741－0007199　綫 093.1676/1088
類叢部/叢書類/自著之屬

王菉友九種　（清）王筠撰　清道光至咸豐刻
本　一冊　存三種

330000－1741－0007200　綫 093.1676/1088/
C1　類叢部/叢書類/自著之屬

王菉友九種　（清）王筠撰　清道光至咸豐刻

本　一冊　存二種

330000－1741－0007203　善 3/186　子部/雜
著類/雜纂之屬

日記故事二卷　(明)歷畎老農編　明嘉靖刻
本　一冊　存一卷(上)

330000－1741－0007207　綫 093.1778/0142
類叢部/叢書類/彙編之屬

半厂叢書初編十種　(清)譚獻編　清同治至
光緒仁和譚氏刻本　一冊　存一種

330000－1741－0007209　綫 082.4/6031.1/
C1　類叢部/叢書類/彙編之屬

經訓堂叢書二十一種　(清)畢沅編　清光緒
十三年(1887)上海大同書局石印本　二十冊

330000－1741－0007210　善 3/182A　子部/
工藝類/文房四寶之屬/墨

諸家墨言不分卷　(元)張仲壽等撰　清嘉慶
三年(1798)梅竹吾廬主人抄本　清梅竹吾廬
主人題記　一冊

330000－1741－0007214　綫 093.1868/4316
經部/詩類/傳說之屬

讀風臆補十五卷　(明)戴君恩原本　(清)陳
繼揆補輯　**讀風臆補總評一卷**　(清)陳繼揆
撰　清光緒六年(1880)寧郡述古堂刻拜經館
印本　二冊

330000－1741－0007216　綫 093.1778/0142.1
類叢部/叢書類/彙編之屬

半厂叢書初編十種　(清)譚獻編　清同治至
光緒仁和譚氏刻本　一冊　存一種

330000－1741－0007218　善 3/193A　子部/
雜著類/雜纂之屬

增訂集錄十二卷　(清)于光華編　清乾隆刻
本　十二冊

330000－1741－0007219　綫 082.4/7738　類
叢部/叢書類/彙編之屬

貸園叢書初集十二種　(清)周永年編　清乾
隆五十四年(1789)歷城周氏竹西書屋重編印
益都李文藻等刻本　十六冊

330000－1741－0007222　綫 093.5274/7713：1
類叢部/叢書類/彙編之屬

望三益齋叢書十八種　(清)吳棠編　清咸豐
至光緒吳氏望三益齋刻本　四冊　存一種

330000－1741－0007223　綫 093.5274/7713：
1/C1　類叢部/叢書類/彙編之屬

望三益齋叢書十八種　(清)吳棠編　清咸豐
至光緒吳氏望三益齋刻本　四冊　存一種

330000－1741－0007224　綫 093.218/4434
經部/詩類/三家詩之屬

三家詩拾遺十卷　(清)范家相撰　清嘉慶十
五年(1810)會稽范式古趣亭刻范氏三種本
寒香館主題記　四冊

330000－1741－0007226　綫 3/185　子部/雜
著類/雜纂之屬

自警編九卷　(宋)趙善璙輯　明刻本　八冊

330000－1741－0007229　綫 093.5778/3113
經部/詩類/三家詩之屬

韓詩遺說續考四卷　顧震福撰　清光緒十九
年(1893)顧氏刻本　一冊

330000－1741－0007230　綫 082.4/7738/C1
類叢部/叢書類/彙編之屬

貸園叢書初集十二種　(清)周永年編　清乾
隆五十四年(1789)歷城周氏竹西書屋重編印
益都李文藻等刻本　十四冊

330000－1741－0007231　綫 093.5274/7713：2
類叢部/叢書類/彙編之屬

增訂漢魏叢書八十六種　(清)王謨編　清刻
本　陸□□題記　一冊　存二種

330000－1741－0007232　綫 093.5778/3113/
C1　經部/詩類/三家詩之屬

韓詩遺說續考四卷　顧震福撰　清光緒十九
年(1893)顧氏刻本　一冊

330000－1741－0007233　綫 093.776/1134
經部/詩類/傳說之屬

讀詩鈔說四卷統論一卷　(清)張澍撰　清光
緒十三年(1887)蓉城刻本　二冊

330000－1741－0007234　綫 094.088/1204
經部/叢編

孔叢伯説經五稿附一種　（清）孔廣林撰　清
光緒十六年(1890)山東書局刻本　六冊

330000－1741－0007237　綫 082.5/1262　類
叢部/叢書類/彙編之屬

平津館叢書八集三十九種　（清）孫星衍編
清嘉慶蘭陵孫氏刻本　五十六冊　缺一卷
（製大黄丸方）

330000－1741－0007238　綫 093.776/7524
類叢部/叢書類/家集之屬

侯官陳氏遺書二十種　（清）陳壽祺　（清）陳
喬樅撰　清嘉慶至同治三山陳氏家刻光緒八
年(1882)彙印本　十一冊　存四種

330000－1741－0007239　綫 094.11575/7504
經部/周禮類/傳説之屬

周禮精華六卷　（清）陳龍標輯　清同治三年
(1864)寶文堂刻本　四冊　缺二卷（五至六）

330000－1741－0007240　綫 094.1222/8700
經部/周禮類/傳説之屬

周禮六卷　（漢）鄭玄注　（唐）陸德明音義
清嘉慶十一年(1806)張青選清芬閣刻本
六冊

330000－1741－0007242　善 3/200　類叢部/
叢書類/彙編之屬

合刻山海經水經五十八卷　（明）吳琯編　明
萬曆十三年(1585)吳琯刻本　四冊　存十八
卷（山海經一至十八）

330000－1741－0007243　綫 094.1278/5511
經部/儀禮類/傳説之屬

禮經校釋二十二卷　曹元弼撰　清光緒十八
年(1892)刻三十四年(1908)補刻本　十二冊

330000－1741－0007244　綫 094.1222/8700：1
經部/叢編

十三經注疏附考證　（清）□□輯　清同治十
年(1871)廣東書局刻本　十六冊　存一種

330000－1741－0007245　善 3/189B　子部/
雜著類/雜纂之屬

寄園寄所寄十二卷　（清）趙吉士輯　清康熙
三十五年(1696)刻本　十六冊

330000－1741－0007246　善 3/191A　子部/
雜著類/雜纂之屬

雜鈔不分卷　清抄本　一冊

330000－1741－0007247　善 3/190　子部/雜
著類

睡餘雜録第一集一卷　（清）郊志潮撰　清抄
本　闞鐸題簽　清王仁俊跋　一冊

330000－1741－0007248　綫 094.1222/8700.1
類叢部/叢書類/彙編之屬

士禮居黄氏叢書十九種附四種　（清）黄丕烈
編　清光緒十三年(1887)上海蜚英館石印黄
氏刻本　四冊　存一種

330000－1741－0007249　綫 094.1279/1200
經部/周禮類/傳説之屬

周禮正義八十六卷　（清）孫詒讓撰　清光緒
三十一年(1905)鉛印本　二十冊

330000－1741－0007250　綫 093.5776/3431
類叢部/叢書類/自著之屬

沈氏羣峯集二種　（清）沈清瑞撰　清刻本
一冊　存一種

330000－1741－0007251　善 3/201/C1　子
部/小説家類/異聞之屬

**山海經廣注十八卷讀山海經語一卷山海經雜
述一卷圖五卷**　（清）吳任臣撰　清乾隆五十
一年(1786)金閶書業堂刻本　六冊

330000－1741－0007252　綫 094.1574/4310
經部/叢編

皇清經解一千四百八卷首一卷　（清）阮元輯
清道光九年(1829)廣東學海堂刻咸豐十年
(1860)補刻本　一冊　存二卷（考工記圖一
至二）

330000－1741－0007253　綫 094.15/1060
經部/群經總義類/圖説之屬

六經圖六卷　（宋）楊甲撰　（宋）毛邦翰補
（清）王皤輯録　清乾隆五年(1740)六安王氏
向山堂刻本　一冊　存一卷（周禮文物大全

圖）

330000－1741－0007257　善 3/191B　子部/
雜著類/雜纂之屬

雜鈔不分卷　清抄本　三冊

330000－1741－0007258　綫 082.5/1262：2
類叢部/叢書類/彙編之屬

新斠平津館叢書十集三十四種　（清）孫星衍
編　清光緒十年至十一年(1884－1885)吳縣
朱氏槐廬家塾刻十五年至十七年（1889－
1891)補刻本　四十九冊　存二十八種

330000－1741－0007259　綫 094.21575/4044
經部/儀禮類/傳說之屬

檀氏儀禮韻言塾課藏本二卷　（清）檀萃纂
清嘉慶十六年(1811)天祿齋刻本　一冊

330000－1741－0007261　善 3/191　子部/雜
著類/雜纂之屬

意林逸子書六十二卷　（清）黃以周輯　清光
緒抄本　四冊　缺七卷(十九至二十五)

330000－1741－0007262　善 3/192B　子部/
雜著類/雜纂之屬

宋稗類鈔八卷　（清）潘永因輯　清乾隆刻本
八冊

330000－1741－0007263　綫 094.2222/8700w
經部/儀禮類/傳說之屬

禮經箋十七卷　王闓運撰　清光緒十一年
(1885)成都尊經書局刻本　六冊

330000－1741－0007265　綫 094.2272/2614
經部/儀禮類/傳說之屬

儀禮章句十七卷　（清）吳廷華撰　清光緒二
十四年(1898)蘇州書局刻本　四冊

330000－1741－0007266　綫 094.2272/1112
經部/叢編

十三經讀本　（清）□□編　清同治金陵書局
刻本　四冊　存一種

330000－1741－0007267　綫 094.2272/1112/
C1　經部/叢編

十三經讀本　（清）□□編　清同治金陵書局

刻本　四冊　存一種

330000－1741－0007268　綫 094.2272/1112/
C2　經部/叢編

十三經讀本　（清）□□編　清同治金陵書局
刻本　四冊　存一種

330000－1741－0007269　綫 094.2222/8700
經部/儀禮類/傳說之屬

儀禮十七卷　（漢）鄭玄注　（唐）陸德明音義
清同治七年(1868)湖北崇文書局刻本
四冊

330000－1741－0007270　善 3/201　子部/小
說家類/異聞之屬

**山海經廣注十八卷讀山海經語一卷山海經雜
述一卷圖五卷**　（清）吳任臣撰　清乾隆五十
一年(1786)金閶書業堂刻本　十冊

330000－1741－0007271　綫 094.2276/5342
經部/儀禮類/傳說之屬

儀禮集編十七卷首一卷附錄一卷　（清）盛世
佐撰　清嘉慶九年(1804)貯雲居刻本　十冊

330000－1741－0007272　善 3/203　類叢部/
叢書類/彙編之屬

津逮祕書十五集一百四十種　（明）毛晉編
明崇禎虞山毛氏汲古閣刻本　六冊　存
二種

330000－1741－0007274　善 3/202　類叢部/
叢書類/彙編之屬

津逮祕書十五集一百四十種　（明）毛晉編　明
崇禎虞山毛氏汲古閣刻本　與 330000－1741－
0007277 合一冊　存一種(漢雜事秘辛一卷)

330000－1741－0007275　綫 094.1274/2337
經部/叢編

御纂七經五種　（清）李光地等纂　清同治六
年至九年(1867－1870)浙江書局刻本　二十
四冊　存一種

330000－1741－0007276　綫 082.5/2712＊2
類叢部/叢書類/彙編之屬

後知不足齋叢書四十七種　（清）鮑廷爵編
清同治至光緒常熟鮑氏刻本　三十二冊　存

十六種

330000－1741－0007277　善3/202　類叢部/叢書類/彙編之屬

漢魏叢書三十八種　（明）程榮編　明萬曆二十年（1592）新安程氏刻本　與330000－1741－0007274合一冊　存一種（趙飛燕外傳一卷）

330000－1741－0007278　綫094.2274/2337　經部/叢編

御纂七經五種　（清）李光地等纂　清同治六年至九年（1867－1870）浙江書局刻本　二十八冊　存一種

330000－1741－0007279　綫094.2274/2337/C1　經部/叢編

御纂七經五種　（清）李光地等纂　清同治六年至九年（1867－1870）浙江書局刻本　二十八冊　存一種

330000－1741－0007280　善3/204　子部/小說家類/雜事之屬

世說新語八卷名字異稱一卷　（南朝宋）劉義慶撰　（南朝梁）劉孝標注　明萬曆刻本　三冊　缺二卷（七至八）

330000－1741－0007281　善3/205　子部/小說家類/雜事之屬

世說新語三卷　（南朝宋）劉義慶撰　（南朝梁）劉孝標注　明萬曆三十七年（1609）周氏博古堂刻本　六冊

330000－1741－0007282　綫094.24/1200a　經部/周禮類/傳說之屬

周禮政要二卷　（清）孫詒讓撰　清光緒二十八年（1902）瑞安普通學堂刻本　二冊

330000－1741－0007283　綫094.24/1200　經部/周禮類/傳說之屬

周禮政要二卷　（清）孫詒讓撰　清光緒刻本　二冊

330000－1741－0007284　善3/206　子部/小說家類/雜事之屬

世說新語補二十卷附釋名一卷　（南朝宋）劉義慶撰　（南朝梁）劉孝標注　（明）何良俊增補　（明）王世貞刪定　（明）王世懋批釋　（明）張文柱校注　明萬曆十三年（1585）張文柱刻本　五冊

330000－1741－0007285　善3/206A　子部/小說家類/雜事之屬

世說新語補二十卷附釋名一卷　（南朝宋）劉義慶撰　（南朝梁）劉孝標注　（明）何良俊增補　（明）王世貞刪定　（明）王世懋批釋　（明）張文柱校注　清乾隆二十七年（1762）黃汝琳茂清書屋刻本　八冊

330000－1741－0007286　綫094.249081/4058　經部/三禮總義類

讀禮叢鈔十六種　（清）李輔燿輯　清光緒十七年（1891）湘西李氏鞠園刻本　六冊

330000－1741－0007287　綫094.2575/1150　經部/儀禮類/圖說之屬

儀禮圖六卷　（清）張惠言撰　清同治九年（1870）楚北崇文書局刻本　三冊

330000－1741－0007288　綫094.2276/4741　經部/儀禮類/傳說之屬

儀禮正義四十卷　（清）胡培翬撰　（清）楊大堉補　清咸豐二年（1852）汈陽陸建瀛刻同治七年（1868）汈陽陸光祖補刻本　二十冊

330000－1741－0007290　綫094.24977/2643　經部/儀禮類/分篇之屬

喪服會通說四卷　（清）吳嘉賓撰　清咸豐元年（1851）刻本　一冊

330000－1741－0007291　綫084.77/7164　類叢部/叢書類/輯佚之屬

玉函山房輯佚書五百九十三種附一種　（清）馬國翰輯　清光緒九年（1883）長沙嫏嬛館刻本　一百二十冊

330000－1741－0007292　綫094.3222/8700.77　經部/禮記類/傳說之屬

禮記二十卷　（漢）鄭玄注　**撫本禮記鄭注考異二卷**　（清）張敦仁撰　清同治九年（1870）湖北崇文書局刻本　八冊

330000－1741－0007296　綫094.2676/4711

類叢部/叢書類/彙編之屬

崇文書局彙刻書三十一種 （清）崇文書局編 清光緒元年至三年(1875－1877)湖北崇文書局刻本 四冊 存一種

330000－1741－0007297 善 3/213 子部/雜著類/雜說之屬

玉堂叢語八卷 （明）焦竑撰 明萬曆四十六年(1618)錢塘徐象橒曼山館刻本 八冊

330000－1741－0007298 善 3/208 子部/小說家類/雜事之屬

酉陽雜俎二十卷續集十卷 （唐）段成式撰 明崇禎虞山毛氏汲古閣刻津逮祕書本 南士先生校訛 荔裳氏跋 二冊 缺七卷(八至十四)

330000－1741－0007299 綫 094.4274/1011 類叢部/叢書類/彙編之屬

廣雅書局叢書一百五十九種 徐紹棨編 清光緒廣雅書局刻民國九年(1920)番禺徐紹棨彙編重印本 四冊 存一種

330000－1741－0007300 綫 094.3276/2542 經部/禮記類/傳說之屬

禮記訓纂四十九卷 （清）朱彬撰 清咸豐元年(1851)寶應朱士達宜祿堂刻六年(1856)朱念祖重修本 十冊

330000－1741－0007303 善 3/215A 子部/小說家類/異聞之屬

耳食錄十二卷 （清）樂鈞撰 清乾隆五十七年(1792)夢花樓刻本 六冊

330000－1741－0007304 善 3/209 類叢部/叢書類/彙編之屬

津逮祕書十五集一百四十種 （明）毛晉編 明崇禎虞山毛氏汲古閣刻本 二冊 存一種

330000－1741－0007306 善 3/210 史部/傳記類/總傳之屬

蘇黃門龍川畧志十卷 （宋）蘇轍撰 清抄本 二冊

330000－1741－0007307 善 3/218A 集部/小說類/短篇之屬

聊齋志異十六卷 （清）蒲松齡撰 （清）王士禛評 清乾隆三十一年(1766)趙起杲清柯亭刻本 十六冊

330000－1741－0007308 善 3/211 類叢部/叢書類/彙編之屬

稗海四十六種續稗海二十四種 （明）商濬編 明萬曆商氏半埜堂刻本 一冊 存一種

330000－1741－0007309 綫 094.3778/0724 經部/禮記類/傳說之屬

禮記質疑四十九卷 （清）郭嵩燾撰 清光緒十六年(1890)思賢講舍刻本 十冊

330000－1741－0007310 善 3/212 子部/雜著類/雜說之屬

南村輟耕錄三十卷 （明）陶宗儀撰 明玉蘭草堂刻萬曆六年(1578)徐球重修本 四冊

330000－1741－0007311 綫 094.48151/2327 類叢部/叢書類/家集之屬

傅氏先世遺書 （清）傅以禮編 清同治至光緒大興傅氏刻本 一冊 存一種

330000－1741－0007312 綫 094.4221/4324：2 類叢部/叢書類/彙編之屬

玉海堂景宋元本叢書 劉世珩編 清光緒至民國貴池劉氏玉海堂影刻本 二冊 存一種

330000－1741－0007313 綫 094.4375/3167/C1 經部/大戴禮記類/傳說之屬

大戴禮注補十三卷附錄一卷 （清）汪照撰 清嘉慶九年(1804)刻本 二冊

330000－1741－0007316 綫 094.383/4410 經部/禮記類/分篇之屬

蔡氏月令二卷 （漢）蔡邕撰 （清）蔡雲輯 清道光四年(1824)王氏刻本 二冊

330000－1741－0007317 綫 094.48177/1032 經部/大戴禮記類/分篇之屬

夏小正戴氏傳訓解四卷考異一卷通論一卷 （清）王寶仁撰 清同治十三年(1874)舊香居刻本 一冊

330000－1741－0007318 綫 094.4375/3167

經部/大戴禮記類/傳說之屬

大戴禮注補十三卷附錄一卷 （清）汪照撰
清嘉慶九年（1804）刻本　三冊

330000－1741－0007319　綫094.48174/4433
類叢部/叢書類/自著之屬

珍埶宦遺書十一種 （清）莊述祖撰　清嘉慶
至道光武進莊氏脊令舫刻本　五冊　存一種

330000－1741－0007321　善3/225　子部/兵
家類/兵法之屬

六韜逸文一卷 （清）孫同元輯　**文韜一卷司
馬法逸文一卷**　清嘉慶蘭陵孫氏刻平津館叢
書本、清勞格抄本、清抄本　清勞格批校並題
記　一冊

330000－1741－0007322　綫094.4221/4324：
2/C1　類叢部/叢書類/彙編之屬

玉海堂景宋元本叢書　劉世珩編　清光緒至
民國貴池劉氏玉海堂影刻本　二冊　存一種

330000－1741－0007323　綫094.48177/2574
類叢部/叢書類/自著之屬

朱氏羣書六種 （清）朱駿聲撰　清光緒八年
（1882）臨嘯閣刻本　一冊　存一種

330000－1741－0007324　綫084.77/7164.1
類叢部/叢書類/輯佚之屬

玉函山房輯佚書五百九十三種附一種 （清）
馬國翰輯　清同治十年（1871）濟南皇華館書
局刻本　八十冊

330000－1741－0007325　綫094.675/8067/＊2
經部/三禮總義類/名物制度之屬

求古錄禮說校勘記三卷 （清）王士駿輯　清
光緒二年（1876）孫熹刻本　一冊

330000－1741－0007329　綫094.48176/1088：1
類叢部/叢書類/自著之屬

王菉友先生著書四種 （清）王筠撰　清咸豐
二年（1852）賀蕙、賀蓉、賀荃刻本　一冊　存
一種

330000－1741－0007330　綫094.675/8067
經部/三禮總義類/名物制度之屬

求古錄禮說十六卷補遺一卷 （清）金鶚撰

清光緒二年（1876）吳縣孫熹刻本　九冊

330000－1741－0007331　綫095.027/2802
經部/春秋總義類/傳說之屬

春秋旁訓辨體合訂四卷 （清）徐立綱撰　清
循陔堂刻本　二冊

330000－1741－0007332　綫095.023/1022
經部/春秋總義類/傳說之屬

春秋例表二十四篇 （清）王代豐撰　清刻本
　一冊

330000－1741－0007333　綫094.48175/4444
經部/大戴禮記類/分篇之屬

夏小正分箋一卷 （清）黃模撰　清嘉慶二十
二年（1817）刻本　清研耘題記並題簽　一冊

330000－1741－0007334　善3/226　史部/紀
傳類/正史之屬

補漢兵志一卷 （宋）錢文子撰　清乾隆三十
四年（1769）般陽書院刻柚堂全集本　清孫詒
讓批校並題記　一冊

330000－1741－0007338　綫086.11/78.10
史部/目錄類/總錄之屬/彙刻

畿輔叢書目錄一卷 （清）王灝編　清末鉛印
本　一冊

330000－1741－0007339　綫095.11579/7244
經部/春秋左傳類/釋例之屬

左傳文法讀本十二卷　劉培極　吳闓生撰
清宣統元年（1909）鉛印本　五冊

330000－1741－0007341　善3/227　子部/兵
家類/兵法之屬

重訂批點類輯練兵諸書十八卷 （明）戚繼光
撰　（明）董承詔輯　（明）陳士鎮批點　**傳畧
一卷** （明）董承詔等譔　明天啓二年（1622）
董承詔刻本　六冊

330000－1741－0007343　綫086.11/78.10
類叢部/叢書類/郡邑之屬

畿輔叢書 （清）王灝編　清光緒五年至十八
年（1879－1892）定州王氏謙德堂刻三十二年
（1906）彙印本（元和郡縣圖志卷十九至二十、
二十三至二十四、三十五至三十六原缺）　四

百冊　缺一卷(申端愍公文集首)

330000－1741－0007344　綫095.12311/
4411i　經部/春秋左傳類/傳說之屬

春秋左傳杜注三十卷首一卷　(清)姚培謙撰
清光緒十九年(1893)浙江書局刻本　十冊

330000－1741－0007347　綫095.11572/4444
經部/春秋左傳類/傳說之屬

**如酉所刻諸名家評點春秋綱目左傳句解彙雋
六卷**　(清)韓菼重訂　清玉山慎言堂炳記刻
本　六冊

330000－1741－0007348　綫095.1272/2634
經部/春秋左傳類/傳說之屬

左傳經世鈔二十三卷　(清)魏禧評點　(清)
彭家屏參訂　清光緒三十四年(1908)鉛印本
六冊

330000－1741－0007350　綫095.12311/
4411.74　經部/春秋左傳類/傳說之屬

春秋左傳杜注三十卷首一卷　(清)姚培謙撰
清光緒九年(1883)江南書局刻本　十冊

330000－1741－0007351　綫095.1231/4411
經部/春秋左傳類/傳說之屬

春秋左傳綱目杜林詳註十四卷首一卷　(晉)
杜預集解　(宋)林堯叟註釋　(明)張歧然輯
清叢經樓刻本　十冊

330000－1741－0007354　綫095.1774/0044
經部/春秋左傳類/傳說之屬

左傳義法舉要一卷　(清)方苞述　(清)王兆
符　(清)程崟傳錄　**方氏左傳評點二卷**
(清)方苞撰　(清)廉泉輯　清光緒十九年
(1893)金匱廉氏刻本　三冊

330000－1741－0007355　善3/218C　集部/
小說類/長篇之屬

雪月梅傳十卷五十回　(清)陳朗撰　(清)董
孟汾評釋　清乾隆四十年(1775)德華堂刻本
十冊

330000－1741－0007356　綫095.1275/4062
經部/春秋左傳類/專著之屬

春秋左氏傳賈服註輯述二十卷　(清)李貽德

撰　清光緒八年(1882)江蘇書局刻本　六冊

330000－1741－0007357　善3/228　子部/兵
家類/兵法之屬

武備志二百四十卷　(明)茅元儀撰　明天啓
元年(1621)茅元儀刻清初蓮溪草堂印本　四
十冊

330000－1741－0007358　善3/214　史部/傳
記類/總傳之屬

先進遺風二卷　(明)耿定向撰　(明)毛在
(明)張濤增輯　清抄本　瓶生跋　二冊

330000－1741－0007359　綫095.1374/3372
經部/春秋左傳類/傳說之屬

左通補釋三十二卷　(清)梁履繩撰　清道光
九年(1829)錢塘汪氏振綺堂刻光緒元年
(1875)補刻本　十冊

330000－1741－0007360　綫095.1778/7124
經部/春秋左傳類/傳說之屬

讀左傳法不分卷　馬貞榆撰　清末刻朱印本
四冊

330000－1741－0007361　綫095.1777/1031
類叢部/叢書類/自著之屬

文章練要三種　(清)王源撰輯　清刻本
五冊

330000－1741－0007362　綫095.1777/8324
經部/春秋左傳類/傳說之屬

左傳札記七卷石經札補遺一卷　(清)錢綺撰
清咸豐七年(1857)錢氏鈍研廬刻本　四冊
缺一卷(補遺)

330000－1741－0007363　善3/229　子部/兵
家類/兵器之屬

**九門鍾譜一卷解法一卷套法一卷三才刀法譜
一卷**　(清)成德撰　清嘉慶二年(1797)張萬
青抄本　四冊

330000－1741－0007365　綫095.1774/0044.1
經部/春秋左傳類/傳說之屬

左傳義法舉要一卷　(清)方苞述　(清)王兆
符　(清)程崟傳錄　**方氏左傳評點二卷**
(清)方苞撰　(清)廉泉輯　清光緒十九年

(1893)金匱廉氏刻本　三冊

330000－1741－0007370　綫095.1799/2706
類叢部/叢書類/彙編之屬

怡蘭堂叢書八種　唐鴻學編　清光緒二十七
年至民國十一年（1901－1922）大關唐氏成都
刻本　一冊　存一種

330000－1741－0007371　善3/216　子部/小
說家類

研北猶存錄一卷　（清）田肇麗撰　（清）盧中
倫補訂　稿本　清田同之題箋　清封銘遠批
清盧仲言題記　清盧中倫跋　二冊

330000－1741－0007372　善3/236　子部/天
文曆算類/曆法之屬

曆象本要一卷　（清）楊文言撰　清抄本
一冊

330000－1741－0007373　綫095.2278/1073
經部/春秋公羊傳類/傳說之屬

公羊箋十一卷　王闓運撰　清光緒十一年
（1885）成都尊經書局刻本　六冊

330000－1741－0007374　綫095.2721/4428.1
經部/叢編

蜚雲閣凌氏叢書六種　（清）凌曙撰　清嘉慶
至道光江都凌氏蜚雲閣刻本　四冊　存一種

330000－1741－0007375　綫095.2776/7233
經部/春秋公羊傳類/傳說之屬

**春秋公羊經何氏釋例十卷公羊春秋何氏解詁
箋一卷發墨守評一卷左氏春秋考證二卷**
（清）劉逢祿撰　清光緒二十三年（1897）廣州
太清樓刻本　四冊

330000－1741－0007376　善3/240　子部/天
文曆算類/算書之屬

九章算術九卷　（三國魏）劉徽注　（唐）李淳
風等注釋　**九章算術音義一卷**　（宋）李籍撰
清乾隆四十二年（1777）福建刻武英殿聚珍
版書本　清孫詒讓批校　四冊

330000－1741－0007377　綫094.2276/4741/
C1　經部/儀禮類/傳說之屬

儀禮正義四十卷　（清）胡培翬撰　（清）楊大

埰補　清咸豐二年（1852）沔陽陸建瀛刻同治
七年（1868）陸光祖補刻本　二十冊

330000－1741－0007380　善3/230A　子部/
醫家類/綜合之屬/通論

嵩厓尊生書十五卷　（明）景日昣撰　清康熙
三十九年（1700）刻本　八冊

330000－1741－0007381　綫095.2721/4428s
經部/春秋總義類/傳說之屬

春秋繁露義證十七卷首一卷攷證一卷　（清）
蘇輿撰　清宣統二年（1910）王先謙長沙刻本
四冊

330000－1741－0007382　善3/240A　類叢
部/叢書類/彙編之屬

武英殿聚珍版書一百三十八種　清乾隆武英
殿木活字印本　三冊　存一種

330000－1741－0007383　善3/235　子部/天
文曆算類/天文之屬

天象玄機八卷　（明）姚廣孝撰　清抄本
四冊

330000－1741－0007384　綫095.2276/2124.
76　經部/春秋公羊傳類/傳說之屬

春秋公羊經傳解詁十二卷　（漢）何休撰
（唐）陸德明音義　**重刊宋紹熙公羊傳注附音
本校記一卷**　（清）魏彥撰　清道光四年
（1824）揚州汪氏問禮堂刻同治二年（1863）印
本　二冊

330000－1741－0007385　綫095.2276/2124
經部/春秋公羊傳類/傳說之屬

春秋公羊經傳解詁十二卷　（漢）何休撰
（唐）陸德明音義　**重刊宋紹熙公羊傳注附音
本校記一卷**　（清）魏彥撰　清道光四年
（1824）揚州汪氏問禮堂刻同治二年（1863）印
本　二冊

330000－1741－0007387　善3/241　子部/天
文曆算類/算書之屬

弧矢算術補一卷周無專鼎銘攷一卷　（清）羅
士琳撰　清抄本　一冊

330000－1741－0007389　綫095.2778/0010

類叢部/叢書類/自著之屬

六譯館叢書七十三種　廖平撰　清光緒至民國刻民國十四年(1925)四川存古書局彙印本　六冊　存一種

330000－1741－0007390　綫095.3231/4430　經部/叢編

十三經讀本　(清)□□編　清同治金陵書局刻本　二冊　存一種

330000－1741－0007391　綫095.3278/8201:1　經部/春秋穀梁傳類/傳說之屬

春秋穀梁經傳補注二十四卷首一卷末一卷　(清)鍾文烝補注　清光緒二年(1876)嘉善鍾氏信美室刻本　八冊

330000－1741－0007392　善3/245　子部/天文曆算類/曆法之屬

重刻曆體略三卷　(明)王英明撰　清順治三年(1646)刻本　二冊

330000－1741－0007395　善3/243A　類叢部/類書類/通類之屬

玉海二百卷辭學指南四卷詩攷一卷詩地理攷六卷漢藝文志攷證十卷通鑑地理通釋十四卷周書王會補注一卷漢制攷四卷踐阼篇集解一卷急就篇補注四卷小學紺珠十卷姓氏急就篇二卷六經天文編二卷周易鄭康成注一卷通鑑答問五卷　(宋)王應麟撰　元至元六年(1340)慶元路儒學刻元明清遞修本　一冊　存二卷(六經天文編一至二)

330000－1741－0007397　善3/245A　子部/天文曆算類/曆法之屬

御纂歷代三元甲子編年一卷御定萬年書一卷　(清)欽天監編　清乾隆刻本　二冊

330000－1741－0007398　綫095.3278/8201　經部/春秋穀梁傳類/傳說之屬

春秋穀梁經傳補注二十四卷首一卷末一卷　(清)鍾文烝補注　清光緒二年(1876)嘉善鍾氏信美室刻本　八冊

330000－1741－0007401　綫095.5572/7579.1　經部/春秋總義類/傳說之屬

春秋世族譜二卷　(清)陳厚耀撰　補一卷　(清)葉蘭撰　清光緒二十五年(1899)兩湖書院正學堂刻本　一冊

330000－1741－0007402　善3/264　子部/術數類/占候之屬

天元玉曆祥異賦八卷　(明)仁宗朱高熾撰　清乾隆至嘉慶彩色抄繪本　二冊

330000－1741－0007403　綫095.677/4441　類叢部/叢書類/自著之屬

儆居遺書十一種　(清)黃式三撰　清同治至光緒刻本　一冊　存一種

330000－1741－0007404　綫095.5578/1042　類叢部/叢書類/自著之屬

王弢園叢書二種　(清)王韜撰　清光緒十五年至十六年(1889－1890)鉛印本　三冊　存一種

330000－1741－0007406　綫095.5576/4713　經部/春秋總義類/傳說之屬

春秋夏正二卷　(清)胡天游撰　清道光十年(1830)胡氏石笥山房木活字印本　一冊

330000－1741－0007407　綫095.5572/7579　經部/春秋總義類/傳說之屬

增訂春秋世族源流圖考六卷　(清)陳厚耀撰　(清)常茂徠增訂　春秋女譜一卷　(清)常茂徠撰　清道光三十年(1850)夷門常氏怡古堂刻本　四冊

330000－1741－0007408　綫082.5/2694　類叢部/叢書類/彙編之屬

藝海珠塵一百六十四種　(清)吳省蘭輯　清嘉慶南匯吳氏聽彝堂刻本　六十四冊

330000－1741－0007409　綫095.5576/4713:2　經部/春秋總義類/傳說之屬

春秋夏正二卷　(清)胡天游撰　清道光十年(1830)胡氏石笥山房木活字印本　一冊

330000－1741－0007411　綫095.576/4742　經部/春秋總義類/傳說之屬

春秋比二卷　(清)郝懿行撰　清光緒十六年(1890)怡敬齋刻本　二冊

330000－1741－0007413　綫 095.5577/3001
經部/春秋總義類/傳說之屬
春秋朔閏日食攷二卷　（清）宋慶雲撰　清光
緒七年(1881)刻本　一冊

330000－1741－0007414　綫 095.674/2746
經部/春秋總義類/傳說之屬
春秋集古傳注二十六卷首一卷　（清）鄧坦撰
清光緒二年(1876)淮南書局刻本　四冊

330000－1741－0007415　綫 095.5577/3001/
C1　經部/春秋總義類/傳說之屬
春秋朔閏日食攷二卷　（清）宋慶雲撰　清光
緒七年(1881)刻本　二冊

330000－1741－0007416　綫 095.672/1059
經部/叢編
御纂七經五種　（清）李光地等纂　清同治六
年至九年(1867－1870)浙江書局刻本　二十
冊　存一種

330000－1741－0007417　綫 095.5776/8086
經部/春秋總義類/傳說之屬
春秋求故四卷首一卷　（清）余煌撰　清道光
十年(1830)刻本　一冊

330000－1741－0007418　綫 095.676/4480
經部/春秋總義類/傳說之屬
春秋比事參義十六卷　（清）桂含章輯　清光
緒八年(1882)石埭桂氏務本堂金陵刻本　十
六冊

330000－1741－0007419　善 3/246　子部/天
文曆算類/天文之屬
**渾天壹統星象全圖論一卷附閏月定時成歲之
圖一卷璿璣玉衡圖一卷七政之圖一卷六律六
呂圖一卷**　（清）松濤撰　**中星定時一卷星圖
一卷**　（清）梅文鼎撰　清多色抄本　一冊

330000－1741－0007421　綫 095.677/1106
經部/春秋總義類/傳說之屬
春秋屬辭辨例編六十卷首二卷　（清）張應昌
撰　清同治十二年(1873)江蘇書局刻本　三
十二冊

330000－1741－0007422　綫 096.1/3364　經

部/孝經類/正文之屬
孝經一卷　梁鼎芬補　清光緒十二年(1886)
梁鼎芬惠州刻本　一冊

330000－1741－0007425　綫 096.278/4970
經部/孝經類/傳說之屬
孝經存解四卷首一卷　（清）趙長庚撰　清光
緒十年(1884)刻本　二冊

330000－1741－0007427　綫 096.222/8700
經部/叢編
十三經古注　（明）葛鼒　（明）金蟠校　明崇
禎十二年(1639)金蟠刻清同治八年(1869)浙
江書局、民國浙江公立圖書館重修本　張紹
忠題記並注　一冊　存一種

330000－1741－0007428　善 3/258　子部/術
數類/占候之屬
大唐開元占經一百二十卷目錄二卷　（唐）瞿
曇悉達等撰　清抄本　十八冊

330000－1741－0007429　善 3/246A　子部/
天文曆算類/曆法之屬
歷代長術輯要十卷附古今推步諸術攷二卷
(清)汪曰楨撰　清抄本　四冊

330000－1741－0007430　善 3/265　子部/術
數類/占候之屬
天元玉曆祥異賦一卷　（明）仁宗朱高熾撰
風雨占候賦一卷　（宋）姜尚撰　（三國蜀）諸
葛亮輯　**八陣圖一卷**　清乾隆至嘉慶抄本
一冊

330000－1741－0007431　綫 096.178/2643
子部/藝術類/書畫之屬/法帖
吳大澂篆文孝經不分卷　（清）吳大澂書　清
光緒影印本　一冊

330000－1741－0007432　善 3/248　子部/天
文曆算類/算書之屬
測量法義一卷　（意大利）利瑪竇譯　（明）徐
光啟筆述　**測量異同一卷**　（明）徐光啟撰
清抄本　一冊

330000－1741－0007433　綫 097.11/2643
子部/藝術類/書畫之屬/書法書品

論語二卷　（清）吳大澂書　清光緒十一年(1885)上海同文書局石印本　二冊

330000－1741－0007436　善3/256　子部/術數類/數學之屬

揚子太玄經十卷　（漢）揚雄撰　說玄一卷（宋）司馬光述　明天啓六年(1626)武林書坊趙世楷刻本　六冊

330000－1741－0007438　綫097.1224/21601　經部/叢編

重刊宋本十三經注疏四百十六卷　附十三經注疏校勘記四百十六卷　（清）阮元撰　（清）盧宣旬摘錄　十三經注疏校勘記識語四卷（清）汪文臺撰　清同治十三年(1874)湖南書局刻本　三冊　存二十卷(論語註疏解經一至二十)

330000－1741－0007439　綫096.2414/1023　類叢部/叢書類/彙編之屬

古逸叢書二十六種　（清）黎庶昌編　清光緒八年至十年(1882－1884)黎庶昌日本東京使署影刻本(玉燭寶典卷九原缺)　一冊　存一種

330000－1741－0007440　善3/259　子部/術數類/占候之屬

乙巳占十卷　題(唐)李淳風撰　清抄本　清孫詒讓校並跋　一冊　存三卷(一至三)

330000－1741－0007441　綫097.1277/4441　類叢部/叢書類/自著之屬

儆居遺書十一種　（清）黃式三撰　清同治至光緒刻本　十冊　存一種

330000－1741－0007442　綫096.222/8700i　經部/孝經類/傳說之屬

孝經鄭氏注一卷　（漢）鄭玄注　（清）嚴可均輯　清光緒二十九年(1903)大關唐氏刻本　一冊

330000－1741－0007443　善3/266　子部/術數類/占候之屬

天元玉曆祥異賦不分卷　（明）仁宗朱高熾撰　清光緒二十八年(1902)武清李崇德彩色抄繪本　十冊

330000－1741－0007444　綫097.1275/7520　經部/四書類/論語之屬/傳說

論語古訓十卷附一卷　（清）陳鱣撰　清光緒九年(1883)浙江書局刻本　二冊

330000－1741－0007445　綫097.1275/7520　C1　經部/四書類/論語之屬/傳說

論語古訓十卷附一卷　（清）陳鱣撰　清光緒九年(1883)浙江書局刻本　二冊

330000－1741－0007446　綫097.1275/7520　C2　經部/四書類/論語之屬/傳說

論語古訓十卷附一卷　（清）陳鱣撰　清光緒九年(1883)浙江書局刻本　二冊

330000－1741－0007447　善3/267　子部/術數類/占候之屬

天元玉曆祥異圖說□□卷附占風不分卷　明彩色抄繪本　十二冊

330000－1741－0007448　綫082.5/3127　類叢部/叢書類/彙編之屬

讀畫齋叢書四十六種　（清）顧修編　清刻本(錦里耆舊傳卷一至四原缺)　六十四冊

330000－1741－0007449　綫097.1224/2160.1　類叢部/叢書類/彙編之屬

玉海堂景宋元本叢書　劉世珩編　清光緒至民國貴池劉氏玉海堂影刻本　二冊　存一種

330000－1741－0007451　善3/268　經部/易類/傳說之屬

象數論六卷　（清）黃宗羲撰　清康熙汪瑞齡西麓堂新安刻本　一冊

330000－1741－0007452　綫097.1277/4441/C1　類叢部/叢書類/自著之屬

儆居遺書十一種　（清）黃式三撰　清同治至光緒刻本　十冊　存一種

330000－1741－0007453　善3/260　子部/術數類/占候之屬

乙巳占十卷　題(唐)李淳風撰　明抄本　四冊

330000－1741－0007454　綫097.1252/2540、綫補1/75　經部/四書類/總義之屬/傳說

四書集註十九卷　（宋）朱熹撰　清光緒南京李光明莊刻本　八冊　存十六卷（論語一至十、大學一、中庸一、孟子三至六）

330000－1741－0007455　善4/308　子部/儒家類/儒學之屬/性理

讀書錄十一卷續錄十二卷　（明）薛瑄撰　清乾隆十一年(1746)刻本　八冊

330000－1741－0007456　綫097.1252/4022　經部/四書類/總義之屬/傳說

四書集編　（宋）真德秀撰　（清）翁錫書增訂批點　清同治七年(1868)福浦西山祠刻本　二冊　存一種

330000－1741－0007459　綫097.1376/3434　類叢部/叢書類/自著之屬

沈西雍先生遺著五種　（清）沈濤撰　清道光刻本　一冊　存一種

330000－1741－0007460　綫097.1276/3224　經部/四書類/論語之屬/傳說

論語古注集箋十卷論語考一卷附一卷　（清）潘維城撰　清光緒七年(1881)江蘇書局刻本　六冊

330000－1741－0007461　善3/269　經部/易類/易占之屬

易林釋文二卷　（清）丁晏撰　清光緒十六年(1890)廣雅書局刻廣雅書局叢書本　清孫詒讓批校　一冊

330000－1741－0007462　善3/269A　經部/書類/分篇之屬

洪範圖說四卷附繇辭一卷　（清）舒俊鯤撰　清乾隆三十七年(1772)淑浦舒氏刻光緒元年(1875)增刻本　二冊

330000－1741－0007463　善3/270　子部/術數類/陰陽五行之屬

類編曆法通書大全三十卷　（元）宋魯珍通書（元）何士泰曆法（明）熊宗立類編　明刻本　十六冊

330000－1741－0007464　綫097.1276/7234　經部/四書類/論語之屬/傳說

論語正義二十四卷　（清）劉寶楠撰　（清）劉恭冕述　清同治五年(1866)刻本　六冊

330000－1741－0007465　綫097.1377/7277　經部/四書類/論語之屬/傳說

論語補註三卷　（清）劉開撰　清同治七年(1868)桐城劉氏刻本　一冊

330000－1741－0007466　綫097.1378/3224　經部/四書類/論語之屬/傳說

朱子論語集注訓詁攷二卷　（清）潘衍桐輯　清光緒十七年(1891)浙江書局刻本　一冊

330000－1741－0007468　善3/057　子部/儒家類/儒學之屬/性理

讀書錄十一卷續錄十二卷　（明）薛瑄撰　清乾隆十一年(1746)刻本　八冊

330000－1741－0007469　綫082.4/7123　類叢部/叢書類/彙編之屬

龍威秘書十集　（清）馬俊良編　清乾隆五十九年至嘉慶元年(1794－1796)浙江石門馬氏大酉山房刻本（雲仙雜記一卷配抄本）　八十冊

330000－1741－0007471　善4/119　集部/別集類/宋別集

徂徠石先生全集二十卷　（宋）石介撰　附錄一卷　清康熙五十六年(1717)燕山石鍵刻錫慶堂印本　四冊

330000－1741－0007473　綫097.4252/2540　經部/四書類/總義之屬/傳說

四書集註十九卷　（宋）朱熹撰　清光緒十八年(1892)浙江書局刻本　一冊　存一卷（中庸集註）

330000－1741－0007474　善3/282A　子部/藝術類/書畫之屬/總論

江邨銷夏錄三卷　（清）高士奇撰　清康熙三十二年(1693)刻博文堂印本　三冊

330000－1741－0007482　綫097.5/2540a　經部/四書類/總義之屬/傳說

四書體註合講十九卷　（清）翁復編　清光緒
四明茹古書局鉛印本　六冊

330000－1741－0007484　善 4/120　集部/別
集類/宋別集

宋端明殿學士蔡忠惠公文集三十六卷首一卷
　（宋）蔡襄撰　宋蔡忠惠公別紀補遺二卷
（明）徐燉編　（明）宋珏增補　清雍正十二年
至乾隆五年（1734－1740）蔡仕舢、蔡廷魁遜
敏齋刻本　十二冊　缺三卷（首、別紀補遺一
至二）

330000－1741－0007486　綫 097.5252/2540
經部/四書類/總義之屬/傳說

四書集註十九卷　（宋）朱熹撰　清光緒二十
年（1894）金陵書局刻本　六冊

330000－1741－0007489　善 3/284B　子部/
藝術類/書畫之屬/法帖

淳化祕閣法帖考正十卷附二卷　（清）王澍撰
　清秋水藕花居刻本　八冊

330000－1741－0007490　綫 082.6/0012　類
叢部/叢書類/彙編之屬

續知不足齋叢書（續鮑叢書）十七種　（清）高
承勳編　清渤海高氏刻本　十六冊

330000－1741－0007491　善 4/125　集部/別
集類/宋別集

趙清獻公文集十卷附錄一卷　（宋）趙抃撰
明嘉靖四十一年（1562）汪旦刻本　四冊　缺
一卷（附錄）

330000－1741－0007492　綫 097.5252/2540.3
經部/四書類/總義之屬/傳說

四書集註十九卷　（宋）朱熹撰　清光緒三年
（1877）永康胡氏退補齋刻本　六冊

330000－1741－0007494　綫 097.5252/2540a
經部/四書類/總義之屬/傳說

璜川吳氏四書學四種　（清）吳志忠輯　清光
緒七年（1881）淮南書局刻本　六冊　存一種

330000－1741－0007496　綫 097.5376/4722
經部/四書類/總義之屬/傳說

四書拾義五卷續一卷　（清）胡紹勳撰　清道

光十四年（1834）續溪胡氏吟經樓刻本　四冊
缺一卷（續）

330000－1741－0007498　善 4/124　集部/別
集類/宋別集

趙清獻公文集十卷附錄一卷　（宋）趙抃撰
明嘉靖四十一年（1562）汪旦刻本　八冊

330000－1741－0007499　善 3/280　類叢部/
叢書類/彙編之屬

津逮祕書十五集一百四十種　（明）毛晉編
明崇禎虞山毛氏汲古閣刻本　三冊　存一種

330000－1741－0007501　綫 082.6/4411　類
叢部/叢書類/彙編之屬

士禮居黃氏叢書十九種附四種　（清）黃丕烈
編　清光緒十三年（1887）上海蜚英館據黃氏
刻本影印本　二十八冊

330000－1741－0007506　善 3/284A　子部/
藝術類/書畫之屬/法帖

淳化帖釋文十卷　（清）羅森　（清）孫際昌訂
　清康熙八年（1669）刻本　六冊

330000－1741－0007507　綫 097.5277/7231
類叢部/叢書類/自著之屬

槐軒全集二十一種附九種　（清）劉沅撰　清
咸豐至民國刻彙印本　十冊　存一種

330000－1741－0007508　善 4/128　集部/別
集類/宋別集

洛陽九老祖龍學文集十六卷　（宋）祖無擇撰
　源流始末一卷　清抄本　四冊

330000－1741－0007509　善 3/272　子部/術
數類/相宅相墓之屬

新刻石函平砂玉尺經全書六卷　題（元）劉秉
忠撰　（明）劉基解　新刊地理五經四書解義
郭朴葬經一卷　題（晉）郭朴撰　明遺經堂刻
本　六冊

330000－1741－0007511　綫 098.08172/2449
經部/叢編

通志堂經解一百四十種　（清）納蘭成德輯
清康熙十九年（1680）納蘭成德刻乾隆五十年
（1785）補修本　五百八十七冊　缺十六卷

（春秋年表、龍學孫公春秋經解一至十五）

330000－1741－0007512　綫121.081/3235
子部/叢編

二十二子（二十二子彙函）　（清）浙江書局編
　　清光緒元年至三年（1875－1877）浙江書局
　　刻民國浙江圖書館重修本　八十冊　缺十九
　　卷（列子五至八，山海經一至二、六至十八）

330000－1741－0007513　綫082.5/4042　類
叢部/叢書類/郡邑之屬

浦城遺書（浦城宋元明儒遺書）十四種　（清）
梁章鉅　（清）祝昌泰編　清嘉慶十六年至十
九年（1811－1814）浦城祝氏留香室刻道光十
四年（1834）彙印本　二十八冊　存八種

330000－1741－0007514　善3/281　子部/藝
術類/書畫之屬/書法書品

書小史十卷　（宋）陳思撰　清顧沅藝海樓抄
本　二冊

330000－1741－0007515　善3/271　子部/術
數類/陰陽五行之屬

太乙統宗寶鑑二十四卷　（元）曉山老人撰
清抄本　十冊

330000－1741－0007516　綫097.5276/2640
經部/四書類/總義之屬/傳說

**四書釋文十九卷四書字辨一卷疑字辨一卷句
辨一卷**　（宋）朱熹撰　（清）王廣言增補　清
道光二年（1822）諸城王氏家塾刻本　六冊

330000－1741－0007517　善3/273、善3/274
子部/術數類/相宅相墓之屬

地理源本宗書四卷成書四卷　（清）曹家甲撰
稿本　四冊

330000－1741－0007518　善3/288A　子部/
藝術類/音樂之屬/樂譜

五知齋琴譜八卷　（清）徐祺撰　（清）周魯封
輯　清乾隆十一年（1746）懷德堂刻本　六冊

330000－1741－0007521　綫097.5372/1053
類叢部/叢書類/自著之屬

船山遺書六十三種　（清）王夫之撰　清同治
四年（1865）湘鄉曾國荃金陵刻光緒十三年

（1887）船山書院補刻本　九冊　存一種

330000－1741－0007522　善3/292B　子部/
藝術類/篆刻之屬/印論

篆刻鍼度八卷　（清）陳克恕述　清抄本　三
冊　存六卷（一至六）

330000－1741－0007523　善4/122　集部/別
集類/宋別集

司馬溫公文集八十二卷　（宋）司馬光撰　明
崇禎元年（1628）吳時亮等刻清康熙四十七年
（1708）蔣起龍等重修本　四十八冊

330000－1741－0007524　綫097.5376/1202
經部/四書類/總義之屬/傳說

四書說苑十一卷首一卷補遺一卷續遺一卷
（清）孫應科撰　清道光四年（1824）高郵孫氏
刻二十八年（1848）補刻本　四冊

330000－1741－0007525　綫097.5574/3130
經部/四書類/論語之屬/專著

鄉黨圖考十卷　（清）江永撰　清嘉慶二十一
年（1816）吳郡山淵堂刻本　四冊

330000－1741－0007526　綫097.5375/2644
經部/四書類/總義之屬/傳說

璜川吳氏四書學三種　（清）吳志忠輯　清嘉
慶十六年（1811）刻本　一冊

330000－1741－0007527　綫082.6/4411：2
類叢部/叢書類/彙編之屬

士禮居黃氏叢書十九種附四種　（清）黃丕烈
編　清光緒十三年（1887）上海蜚英館據黃氏
刻本影印本　三十冊

330000－1741－0007528　綫097.5576/4491
經部/四書類/總義之屬/傳說

四書圖考十三卷　（清）杜炳撰　清光緒十三
年（1887）鴻文書局石印本　四冊

330000－1741－0007529　綫097.5081/7727
經部/四書類/總義之屬

四書古註羣義彙解九種九十四卷　清光緒十
六年（1890）上海珍藝書局鉛印本　十二冊

330000－1741－0007530　善3/281A　子部/

藝術類/書畫之屬/書法書品

墨池編二十卷 （宋）朱長文撰 清雍正十一年(1733)吳郡朱氏刻乾隆後印本 六冊

330000－1741－0007531 綫 097.5376/7745
經部/四書類/總義之屬/傳說

四書典故辨正二十卷附錄一卷 （清）周柄中撰 清光緒十二年(1886)善化許氏刻本 六冊

330000－1741－0007532 綫 097.5472/7741＊2
經部/四書類/總義之屬/傳說

四書釋地補一卷續補一卷又續補一卷三續補一卷 （清）閻若璩撰 （清）樊廷枚校補 清嘉慶二十一年(1816)梅陽海涵堂刻本 六冊

330000－1741－0007533 綫 097.57/7540
類叢部/叢書類/自著之屬

陳一齋全集五種 （清）陳梓撰 清嘉慶二十年至二十一年(1815－1816)胡敬義堂刻本 一冊 存一種

330000－1741－0007534 綫 098.08874/4447
經部/群經總義類/傳說之屬

味經齋遺書十二種 （清）莊存與撰 清光緒八年(1882)陽湖莊氏刻本 六冊 存八種

330000－1741－0007535 綫 097.5472/7741＊3
經部/四書類/總義之屬/傳說

四書釋地補一卷續補一卷又續補一卷三續補一卷 （清）閻若璩撰 （清）樊廷枚校補 清嘉慶二十一年(1816)梅陽海涵堂刻本 一冊 存一卷(四書釋地又續補)

330000－1741－0007536 綫 098.08176/2645
經部/叢編

璜川吳氏經學叢書十四種 （清）吳志忠等輯 清道光十年(1830)璜川吳氏寶仁堂刻本 四十一冊 缺九卷(有竹石軒經句說十六至二十四)

330000－1741－0007537 綫 097.4371/8646
經部/四書類/總義之屬/傳說

四書薀益解 （清）釋智旭撰 清刻本 一冊 存一種

330000－1741－0007538 綫 097.57/9048
經部/四書類/總義之屬

四書緯四卷 （清）常增撰 清道光十六年(1836)沈氏刻本 八冊

330000－1741－0007539 綫 098.02/4022
經部/群經總義類/傳說之屬

欽定七經綱領不分卷附奏定學堂章程摘錄不分卷 （清）學部圖書館編 清宣統元年(1909)學部圖書局鉛印本 一冊

330000－1741－0007540 綫 098.08875/2641
類叢部/叢書類/彙編之屬

廣雅書局叢書一百五十九種 徐紹棨編 清光緒廣雅書局刻民國九年(1920)番禺徐紹棨彙編重印本 二冊 存一種

330000－1741－0007542 綫 098.2081/8700
經部/群經總義類/傳說之屬

通德遺書所見錄七十二卷 （漢）鄭玄撰 （清）孔廣林輯 清光緒十六年(1890)山東書局刻本 四冊

330000－1741－0007543 善 3/273A 子部/術數類/相宅相墓之屬

地理末學二卷首一卷 （清）紀大奎撰 稿本 二冊

330000－1741－0007544 善 3/282 子部/藝術類/書畫之屬/題跋

書畫題跋記十二卷續十二卷 （明）郁逢慶輯 清抄本 十二冊

330000－1741－0007545 善 4/130 集部/別集類/宋別集

宋邵康節先生伊川擊壤集十卷集外詩一卷 （宋）邵雍撰 明萬曆三十四年(1606)吳元維刻本 三冊 存六卷(一至六)

330000－1741－0007546 綫 098.08874/4447
類叢部/叢書類/自著之屬

珍埶宧遺書六種 （清）莊述祖撰 清光緒刻彙印本 二冊 存一種

330000－1741－0007547 綫 098.01178/3479
類叢部/叢書類/自著之屬

六譯館叢書七十三種　廖平撰　清光緒至民
國刻民國十四年(1925)四川存古書局彙印本
　一冊　存一種

330000 - 1741 - 0007548　綫 098.1021/7731
史部/目録類/專録之屬

皇清經解敬修堂編目十六卷　(清)陶治元編
清光緒十二年(1886)石印本　四冊

330000 - 1741 - 0007549　綫 098.0478/4419
經部/群經總義類/傳說之屬

經學提要十五卷　(清)蔡孔炘撰　清道光七
年(1827)刻本　六冊

330000 - 1741 - 0007550　綫 098.08872/1142
經部/小學類

澤存堂五種　(清)張士俊輯　清光緒十四年
(1888)上海蜚英館石印本　八冊

330000 - 1741 - 0007552　綫 098.375/1013
類叢部/叢書類/家集之屬

高郵王氏著書五種　(清)王念孫　(清)王引
之撰　清嘉慶至道光王氏刻本　二十四冊
存一種

330000 - 1741 - 0007553　善 3/284　子部/藝
術類/書畫之屬/書法書品

古今書最不分卷　(清)石渠臨　清嘉慶十九
年(1814)石渠朱墨寫本　六冊

330000 - 1741 - 0007554　善 4/131　集部/別
集類/宋別集

節孝先生文集三十卷事實一卷附載一卷節孝
先生語一卷　(宋)徐積撰　清康熙六十年
(1721)王邦采刻本　十冊

330000 - 1741 - 0007555　善 3/286　子部/藝
術類/音樂之屬/琴學

重修正文對音捷要真傳琴譜大全十卷　(明)
楊表正撰　明萬曆十三年(1585)金陵富春堂
刻本　五冊

330000 - 1741 - 0007556　綫 098.275/1041
類叢部/叢書類/自著之屬

達涇就正編四種　(清)王朝榘輯　清嘉慶五
年至八年(1800 - 1803)寧州學署刻本　四冊

存一種

330000 - 1741 - 0007557　綫 098.08178/
8208.1　經部/叢編

古經解彙函十六種附小學彙函十四種續附十
種　(清)鍾謙鈞等輯　清光緒十四年(1888)
上海蜚英館石印本　二十冊

330000 - 1741 - 0007560　綫 098.575/2630
經部/群經總義類/圖說之屬

經義圖說八卷　(清)吳寶謨輯　清嘉慶二十
四年(1819)江都陳逢衡裹露軒刻本　十六冊

330000 - 1741 - 0007561　綫 098.375/1013.2
經部/群經總義類/傳說之屬

經義述聞三十二卷　(清)王引之撰　清道光
七年(1827)京師西江米巷壽藤書屋刻本　十
六冊

330000 - 1741 - 0007562　綫 098.3/4211　經
部/群經總義類/文字音義之屬

十三經集字摹本不分卷分畫便查一卷韻有經
無各字摘録一卷　(清)彭玉雯撰　清道光二
十九年(1849)江右彭氏刻本　八冊

330000 - 1741 - 0007563　綫 098.6/2510　類
叢部/叢書類/彙編之屬

廣雅書局叢書一百五十九種　徐紹棨編　清
光緒廣雅書局刻民國九年(1920)番禺徐紹棨
彙編重印本　一冊　存一種

330000 - 1741 - 0007564　綫 097.1224/2160C
類叢部/叢書類/彙編之屬

玉海堂景宋元本叢書　劉世珩編　清光緒至
民國貴池劉氏玉海堂影刻本　二冊　存一種

330000 - 1741 - 0007565　綫 098.277/4453
類叢部/叢書類/自著之屬

竹柏山房十五種附刻八種　(清)林春溥撰
清嘉慶至咸豐竹柏山房刻本　四冊　存一種

330000 - 1741 - 0007566　綫 098.675/2651
經部/群經總義類/文字音義之屬

羣經字攷十卷　(清)吳東發撰　清嘉慶十一
年(1806)吳本履刻本　三冊

330000－1741－0007567　善4/132　集部/別
集類/宋別集
節孝先生文集三十卷事實一卷附載一卷節孝
先生語一卷　（宋）徐積撰　清康熙六十年
（1721）王邦采刻本　六冊

330000－1741－0007568　綫121.24/5522
史部/傳記類/總傳之屬/儒林
孔子門人考一卷補遺一卷存疑一卷正誤一卷
　（清）費崇朱撰　清光緒二十二年（1896）長
洲江氏刻本　一冊　缺一卷（正誤）

330000－1741－0007569　綫098.6415/1123、
綫098.6417/0000　類叢部/叢書類/彙編
之屬
後知不足齋叢書四十七種　（清）鮑廷爵編
清同治至光緒常熟鮑氏刻本　四冊　存二種

330000－1741－0007570　善3/292A　子部/
藝術類/篆刻之屬/印論
印典八卷　（清）朱象賢輯　清康熙六十一年
（1722）吳縣朱氏就閒堂刻乾隆重修本　二冊

330000－1741－0007573　綫098.674/2504
經部/群經總義類/傳說之屬
十三經札記　（清）朱亦棟撰　清光緒四年
（1878）武林竹簡齋刻本　十二冊

330000－1741－0007574　善3/291　子部/藝
術類/書畫之屬/書法書品
大瓢偶筆八卷　（清）楊賓撰　清抄本　一冊

330000－1741－0007577　綫098.08176/
7110s　類叢部/叢書類/自著之屬
蛾術堂集十四種　（清）沈豫撰　清道光蕭山
沈氏漢讀齋刻本　一冊

330000－1741－0007579　綫098.675/7543、
綫098.776/7543：2　類叢部/叢書類/家集
之屬
侯官陳氏遺書二十種　（清）陳壽祺　（清）陳
喬樅撰　清嘉慶至同治三山陳氏家刻光緒八
年（1882）彙印本　五冊　存二種

330000－1741－0007580　綫098.676/8043：2
類叢部/叢書類/自著之屬

春在堂全書（德清俞蔭甫所著書）三十六種
（清）俞樾撰　清同治至光緒刻光緒末彙印本
　十冊　存一種

330000－1741－0007581　綫098.678/4435
經部/群經總義類/傳說之屬
經窺十六卷　（清）蔡啟盛撰　清光緒十七年
（1891）諸暨蔡氏刻本　四冊

330000－1741－0007582　綫098.08178/8208
　經部/叢編
古經解彙函十六種附小學彙函十四種　（清）
鍾謙鈞等輯　清同治十二年（1873）粵東書局
刻本　六十八冊

330000－1741－0007583　綫098.677/2641
經部/書類/傳說之屬
讀書隨筆四卷　（清）吳大廷撰　清同治十二
年（1873）刻本　二冊

330000－1741－0007584　綫099.1276/4742
　經部/小學類/訓詁之屬/爾雅
爾雅郭注義疏二十卷　（清）郝懿行撰　清光
緒十三年（1887）湖北官書處刻本　屈燨題記
　八冊

330000－1741－0007585　善4/133　集部/別
集類/宋別集
歐陽文忠公全集一百五十三卷附錄五卷
（宋）歐陽修撰　**廬陵歐陽文忠公[修]年譜一**
卷　（宋）胡柯編　明刻本　二冊　存五卷
（附錄一至五）

330000－1741－0007586　綫098.08176/
7110c　史部/目錄類/專錄之屬
皇清經解檢目八卷通用表一卷　（清）蔡啟盛
編　清光緒十二年（1886）武林刻本　二冊

330000－1741－0007587　綫098.677/6638
類叢部/叢書類/自著之屬
單氏全書（單徵君全集、奉萱草堂全集）七種
　（清）單爲鏓撰　清同治六年（1867）刻本
四冊　存一種

330000－1741－0007588　綫098.678/4446
經部/群經總義類/文字音義之屬

十三經集字音釋四卷照畫檢字一卷　（清）黃
蕙田撰　清同治九年（1870）蔣存誠刻本
四冊

330000－1741－0007589　綫098.676/8043
類叢部/叢書類/自著之屬

春在堂全書（德清俞蔭甫所著書）三十六種
（清）俞樾撰　清同治至光緒刻光緒末彙印本
十二冊　存一種

330000－1741－0007590　綫098.776/1024
類叢部/叢書類/彙編之屬

功順堂叢書十八種　（清）潘祖蔭編　清光緒
吳縣潘氏刻本（周人經說卷五至八原缺）　四
冊　存一種

330000－1741－0007591　綫098.08176/7110
經部/叢編

皇清經解一千四百八卷首一卷　（清）阮元輯
清道光九年（1829）廣東學海堂刻咸豐十一
年（1861）補刻本　三百六十冊

330000－1741－0007592　綫098.778/4427
經部/群經總義類/傳說之屬

經訓比義三卷　（清）黃以周撰　清光緒二十
二年（1896）南菁講舍刻本　三冊

330000－1741－0007594　善4/134　集部/別
集類/宋別集

歐陽文忠公全集一百五十三卷附錄六卷
（宋）歐陽修撰　廬陵歐陽文忠公[修]年譜一
卷　（宋）胡柯編　明正德七年（1512）劉喬刻
嘉靖十六年（1537）季本、詹治重修三十九年
（1560）何遷遞修本　四十冊

330000－1741－0007595　綫098.757/8717
類叢部/叢書類/彙編之屬

海源閣叢書六種續刊一種　（清）楊以增編
清咸豐二年至五年（1852－1855）聊城楊氏海
源閣刻本　二冊　存一種

330000－1741－0007598　綫098.9/1247：2
經部/讖緯類/總義之屬

古微書三十六卷　（明）孫瑴輯　清光緒二十
一年（1895）上海鴻文書局石印本　四冊

330000－1741－0007600　善3/300　子部/兵
家類/兵器之屬

神器譜一卷續一卷或問一卷防虜車銃議一卷
車銃圖一卷倭情屯田議一卷中國朝鮮日本形
勢圖畧一卷　（明）趙士楨撰　明萬曆刻本
二冊　存二卷（神器譜、續）

330000－1741－0007601　綫099.081/1026
經部/群經總義類/石經之屬

石經彙函四十五卷　王秉恩輯　清光緒十六
年（1890）四川尊經書局刻本　十六冊

330000－1741－0007602　綫098.08881/8840
經部/叢編

讀書堂叢刻四種　簡朝亮撰　清光緒至民國
刻本　二十八冊　存二種

330000－1741－0007603　綫099.1276/4742：2
經部/小學類/訓詁之屬/爾雅

爾雅郭注義疏二十卷　（清）郝懿行撰　清光
緒十年（1884）榮縣黃氏蜀南閣刻本　十冊

330000－1741－0007604　綫098.778/4427
C1　經部/群經總義類/傳說之屬

經訓比義三卷　（清）黃以周撰　清光緒二十
二年（1896）南菁講舍刻本　三冊

330000－1741－0007606　綫099.125/1760
經部/小學類/訓詁之屬/爾雅

爾雅疏十卷　（宋）邢昺等撰　清光緒四年
（1878）吳興陸氏十萬卷樓刻本　二冊

330000－1741－0007607　綫098.778/4433
經部/群經總義類/傳說之屬

經學不厭精五卷遺編二卷　（德國）花之安撰
清光緒二十二年至二十四年（1896－1898）
上海美華書館鉛印本、二十九年（1903）德國
傳福音總會鉛印本　六冊　存二卷（經學不
厭精一至二）

330000－1741－0007608　綫099.1274/4399
經部/小學類/訓詁之屬/爾雅

爾雅郭註補正九卷　（清）戴鏊撰　清光緒十
一年（1885）海陽韓光甸刻本　六冊

330000－1741－0007609　善3/301　子部/工

藝類/日用器物之屬/器具

遠西奇器圖說錄最三卷 （瑞士）鄧玉函口授
（明）王徵譯繪　**新製諸器圖說一卷**　（明）
王徵撰　清抄本　一冊　存一卷（遠西奇器
圖說錄最一）

330000－1741－0007610　善 4/135A　集部/
別集類/宋別集

安陽集五十卷 （宋）韓琦撰　**忠獻韓魏王別**
錄三卷　（宋）王巖叟撰　**忠獻韓魏王遺事一**
卷　（宋）強至撰　**忠獻韓魏王家傳十卷**
（明）郭璞校　**附錄一卷**　清乾隆四年（1739）
陳錫輅刻三十五年（1770）黃邦寧重修本
十冊

330000－1741－0007611　綫 099.1276/7210
類叢部/叢書類/彙編之屬

功順堂叢書十八種 （清）潘祖蔭編　清光緒
吳縣潘氏刻本（周人經說卷五至八原缺）　一
冊　存一種

330000－1741－0007612　綫 099.1274/7748
經部/小學類/訓詁之屬/爾雅

爾雅註疏旁訓四卷 （清）周樽輯　**附錄釋名**
四卷　（漢）劉熙撰　清嘉慶五年（1800）刻本
二冊

330000－1741－0007613　綫 099.1275/6616
類叢部/叢書類/郡邑之屬

湖州叢書十二種 （清）陸心源編　清光緒湖
城義塾刻本　四冊　存一種

330000－1741－0007614　綫 099.1374/7750
類叢部/叢書類/彙編之屬

觀古堂彙刻書 葉德輝編　清光緒至民國長
沙葉氏刻本　二冊　存一種

330000－1741－0007615　綫 099.1531/0712.4
經部/小學類/訓詁之屬/爾雅

爾雅音圖三卷 （晉）郭璞注　（清）姚之麟摹
圖　清光緒十年（1884）上海同文書局石印本
二冊

330000－1741－0007616　綫 099.1674/1226
經部/小學類/訓詁之屬/爾雅

爾雅直音二卷 （清）孫侃撰　清同治九年
（1870）京江文成堂刻本　一冊

330000－1741－0007617　綫 099.1276/4742：1
類叢部/叢書類/自著之屬

郝氏遺書三十三種 （清）郝懿行撰　清嘉慶
至光緒刻彙印本　八冊　存一種

330000－1741－0007618　綫 098.77/8324
經部/叢編

經苑二十五種 （清）錢儀吉輯　清道光至咸
豐大梁書院刻同治七年（1868）王儒行等印本
八十冊

330000－1741－0007619　綫 099.123/0712
經部/小學類/訓詁之屬/爾雅

爾雅三卷 （晉）郭璞注　清嘉慶二十五年
（1820）長洲程氏瀞意軒刻本　三冊

330000－1741－0007620　綫 098.9/1247　經
部/讖緯類/總義之屬

古微書三十六卷 （明）孫瑴輯　清光緒二十
一年（1895）上海鴻文書局石印本　四冊

330000－1741－0007621　綫 099.1378/3224
經部/小學類/訓詁之屬/爾雅

爾雅正郭三卷 （清）潘衍桐撰　清光緒十七
年（1891）刻本　一冊

330000－1741－0007622　綫 099.1378/3224/
C1　經部/小學類/訓詁之屬/爾雅

爾雅正郭三卷 （清）潘衍桐撰　清光緒十七
年（1891）刻本　一冊

330000－1741－0007623　綫 099.1775/4010
經部/小學類/訓詁之屬/爾雅

讀雅筆記三卷 （清）李霨撰　清嘉慶九年
（1804）賜錦堂刻本　一冊

330000－1741－0007624　綫 099.9775/4428
經部/群經總義類/石經之屬/通考

歷代石經略二卷 （清）桂馥撰　清光緒九年
（1883）海豐吳氏陳州郡齋刻本　二冊

330000－1741－0007625　綫 099.9775/1262
類叢部/叢書類/彙編之屬

新斠平津館叢書十集三十四種　（清）孫星衍編　清光緒十年至十一年（1884－1885）吳縣朱氏槐廬家塾刻十五年至十七年（1889－1891）補刻本　一冊　存一種

330000－1741－0007626　善3/303A　子部/工藝類/文房四寶之屬/叢錄

文房肆攷圖說八卷　（清）唐秉鈞撰　（清）康愷繪　清乾隆嘉定唐秉鈞竹暎山莊刻本　四冊

330000－1741－0007627　綫099.1531/0712:3　經部/小學類/訓詁之屬/爾雅

爾雅音圖三卷　（晉）郭璞注　（清）姚之麟摹圖　清光緒十年（1884）上海點石齋石印本　二冊

330000－1741－0007628　綫099.1276/4742:3　經部/小學類/訓詁之屬/爾雅

爾雅郭注義疏二十卷　（清）郝懿行撰　清光緒十三年（1887）湖北官書處刻本　八冊

330000－1741－0007629　綫099.9775/6614　類叢部/叢書類/自著之屬

四錄堂類集五種　（清）嚴可均撰　清嘉慶至道光刻本　四冊　存一種

330000－1741－0007630　綫099.9775/6614:2　類叢部/叢書類/自著之屬

四錄堂類集五種　（清）嚴可均撰　清嘉慶至道光刻本　二冊　存一種

330000－1741－0007631　綫099.9775/4428/C1　經部/群經總義類/石經之屬/通考

歷代石經略二卷　（清）桂馥撰　清光緒九年（1883）海豐吳氏陳州郡齋刻本　二冊

330000－1741－0007633　善3/289　子部/藝術類/音樂之屬/琴學

琴鬮一卷　（清）黃文玉撰　清道光二十二年（1842）稿本　一冊

330000－1741－0007634　綫099.9782/2624:2　經部/群經總義類/石經之屬/通考

歷代石經略二卷　（清）桂馥撰　清光緒九年（1883）海豐吳氏陳州郡齋刻本　二冊

330000－1741－0007635　善4/135A/C1　集部/別集類/宋別集

安陽集五十卷　（宋）韓琦撰　忠獻韓魏王別錄三卷　（宋）王巖叟撰　忠獻韓魏王遺事一卷　（宋）強至撰　忠獻韓魏王家傳十卷（明）郭璞校　附錄一卷　清乾隆四年（1739）陳錫輅刻三十五年（1770）黃邦寧重修本　十冊

330000－1741－0007637　綫099.1531/0712　經部/小學類/訓詁之屬/爾雅

爾雅音圖三卷　（晉）郭璞注　（清）姚之麟摹圖　清光緒十二年（1886）上海點石齋石印本　四冊

330000－1741－0007639　綫099.9776/7229　經部/群經總義類/石經之屬

漢魏石經攷三卷　（清）劉傳瑩撰　清光緒十二年（1886）沌城黃氏試館刻本　一冊

330000－1741－0007641　善3/285　子部/藝術類/遊藝之屬/博戲

漢官儀三卷　（宋）劉攽撰　清影宋抄本　一冊

330000－1741－0007642　綫120.78/8043　類叢部/叢書類/自著之屬

春在堂全書（德清俞蔭甫所著書）三十六種（清）俞樾撰　清同治至光緒刻光緒末彙印本　六冊　存一種

330000－1741－0007644　綫121.081/1017　子部/叢編

十子全書　（清）王子興編　清嘉慶九年（1804）姑蘇王氏聚文堂刻本　四十二冊

330000－1741－0007656　善3/306　子部/宗教類/佛教之屬

破邪論二卷　（唐）釋法琳撰　清抄本　一冊

330000－1741－0007658　綫098.08176/7110w1:2　經部/叢編

皇清經解續編一千四百三十卷　王先謙輯清光緒十四年（1888）南菁書院刻本（尚書古文疏證卷三原缺）　三百二十冊

330000－1741－0007659　善 4/137　集部/別集類/宋別集

南豐先生元豐類藁五十一卷　（宋）曾鞏撰
明嘉靖王忬刻本　十二冊

330000－1741－0007660　綫 121.23175/1243
類叢部/叢書類/彙編之屬

式訓堂叢書四十一種　（清）章壽康編　清光緒會稽章氏刻本　二冊　存一種

330000－1741－0007661　善 3/310　類叢部/類書類/通類之屬

藝文類聚一百卷　（唐）歐陽詢輯　明嘉靖六年至七年（1527－1528）胡纘宗、陸采刻本
二十四冊

330000－1741－0007666　綫 121.24/1127
子部/叢編

意林逸子　（清）黃以周輯　清光緒刻本
二冊

330000－1741－0007667　綫 121.23175/1262
子部/叢編

二十二子(二十二子彙函)　（清）浙江書局編
清光緒元年至三年（1875－1877）浙江書局刻本　四冊　存一種

330000－1741－0007669　綫 121.27174/0440
子部/叢編

二十二子(二十二子彙函)　（清）浙江書局編
清光緒元年至三年（1875－1877）浙江書局刻本　六冊　存一種

330000－1741－0007675　綫 121.27178/1020.4　子部/儒家類/儒家之屬

荀子二十卷　（唐）楊倞注　**荀子攷證二十卷**
（清）王念孫等撰　**荀子攷證一卷**　王先謙撰　清末民國初刻本　八冊

330000－1741－0007677　綫 121.31131/1071.1　子部/叢編

二十二子(二十二子彙函)　（清）浙江書局編
清光緒元年至三年（1875－1877）浙江書局刻本　一冊　存一種

330000－1741－0007679　綫 121.31166/2004

子部/道家類

老子翼八卷首一卷　（明）焦竑撰　清光緒二十一年（1895）漸西村舍刻本　四冊

330000－1741－0007680　綫 082.5/7550　類叢部/叢書類/彙編之屬

湖海樓叢書十二種　（清）陳春編　清嘉慶蕭山陳氏湖海樓刻二十四年（1819）彙印本　六十四冊

330000－1741－0007682　綫 121.31174/2631
類叢部/叢書類/彙編之屬

漸西村舍彙刊(漸西村舍叢刻)四十四種
（清）袁昶編　清光緒十六年至二十四年（1890－1898）桐廬袁氏刻本（黃帝內經太素卷一、四、七、十六、十八、二十至二十一原缺）
二冊　存一種

330000－1741－0007684　綫 121.23175/1262：2
子部/叢編

二十二子(二十二子彙函)　（清）浙江書局編
清光緒元年至三年（1875－1877）浙江書局刻本　四冊　存一種

330000－1741－0007685　綫 121.31131/1071.1/C1　子部/叢編

二十二子(二十二子彙函)　（清）浙江書局編
清光緒元年至三年（1875－1877）浙江書局刻二十七年（1901）重修本　一冊　存一種

330000－1741－0007686　善 3/274A　子部/術數類/數學之屬

皇極經世書八卷首一卷　（清）王植輯　清乾隆二十一年（1756）刻本　八冊

330000－1741－0007691　綫 121.3316/2435
子部/道家類

莊子內篇註四卷　（明）釋德清撰　清光緒十四年（1888）金陵刻經處刻本　二冊

330000－1741－0007693　綫 121.31131/1017
類叢部/叢書類/彙編之屬

武英殿聚珍版書一百四十八種　清光緒二十五年（1899）廣雅書局刻本　一冊　存一種

330000－1741－0007695　綫 121.27178/

1020.2：7　類叢部／叢書類／彙編之屬

思賢書局刊書十九種　（清）思賢書局編　清光緒至宣統思賢書局刻本　六冊　存一種

330000－1741－0007696　善3/305　子部／宗教類／佛教之屬

禪宗永嘉集二卷　（唐）釋玄覺撰　（宋）釋鎮澄注　明萬曆二十年(1592)釋常紳募刻本　清孫詒讓校　二冊

330000－1741－0007697　善3/308　子部／宗教類／佛教之屬

諸佛世尊如來菩薩尊者神僧名經不分卷　（明）成祖朱棣撰　明永樂內府刻本　一冊

330000－1741－0007699　綫121.33172/1053　類叢部／叢書類／自著之屬

船山遺書六十三種　（清）王夫之撰　清同治四年(1865)湘鄉曾國荃金陵刻光緒十三年(1887)船山書院補刻本　五冊　存三種

330000－1741－0007700　綫121.321415/2121　子部／叢編

二十二子（二十二子彙函）　（清）浙江書局編　清光緒元年至三年(1875－1877)浙江書局刻本　二冊　存一種

330000－1741－0007702　綫121.33172/1053：1　類叢部／叢書類／自著之屬

船山遺書六十三種　（清）王夫之撰　清同治四年(1865)湘鄉曾國荃金陵刻光緒十三年(1887)船山書院補刻本　五冊　存三種

330000－1741－0007703　綫082.5/7550.1　類叢部／叢書類／彙編之屬

湖海樓叢書十二種　（清）陳春編　清嘉慶蕭山陳氏湖海樓刻光緒八年(1882)印本　三十二冊

330000－1741－0007704　綫121.33177/7235　子部／道家類

莊子約解四卷　（清）劉鴻典撰　清同治五年(1866)威邑呂仙巖玉成堂刻本　李德潛題記　四冊

330000－1741－0007706　綫121.33179/1020

類叢部／叢書類／彙編之屬

思賢書局刊書十九種　（清）思賢書局編　清光緒至宣統思賢書局刻本　四冊　存一種

330000－1741－0007708　綫121.321415/2121：2　類叢部／叢書類／彙編之屬

石研齋校刻書七種　（清）秦恩復編　清嘉慶至道光秦氏石研齋刻本　二冊　存一種

330000－1741－0007709　善3/311　類叢部／類書類／通類之屬

藝文類聚一百卷　（唐）歐陽詢輯　明嘉靖六年至七年(1527－1528)胡纘宗、陸采刻本　二十冊

330000－1741－0007712　綫121.33179/1020/C1、綫補3/363　類叢部／叢書類／彙編之屬

思賢書局刊書十九種　（清）思賢書局編　清光緒至宣統思賢書局刻本　三冊　存一種

330000－1741－0007713　綫121.33132/0727　子部／叢編

二十二子（二十二子彙函）　（清）浙江書局編　清光緒元年至三年(1875－1877)浙江書局刻本　四冊　存一種

330000－1741－0007717　綫121.33178/0704　子部／道家類

莊子集釋十卷　（清）郭慶藩撰　清光緒二十年(1894)思賢講舍刻本　八冊

330000－1741－0007721　善3/288　子部／藝術類／音樂之屬／樂譜

德音堂琴譜十卷　（清）汪天榮輯　清康熙三十年(1691)刻本　四冊

330000－1741－0007722　綫121.33183/4418　子部／道家類

莊子因六卷　（清）林雲銘撰　清光緒六年(1880)白雲精舍刻本　四冊

330000－1741－0007724　綫121.27178/1020.3　子部／儒家類／儒家之屬

荀子集解二十卷首一卷　（唐）楊倞注　王先謙集解　清光緒十七年(1891)長沙王氏思賢

講舍刻本　六冊

330000－1741－0007729　綫121.33274/4217
　類叢部/叢書類/自著之屬

惜抱軒遺書三種　（清）姚鼐撰　清光緒五年
(1879)桐城徐宗亮刻本　二冊　存一種

330000－1741－0007730　綫121.361151/
6731　子部/叢編

十子全書　（清）王子興編　清嘉慶九年
(1804)姑蘇王氏聚文堂刻本　一冊　存一種

330000－1741－0007732　綫098.08176/
7110.1　經部/叢編

皇清經解一千四百八卷首一卷　（清）阮元輯
清道光九年(1829)廣東學海堂刻咸豐十一
年(1861)補刻本　三百六十冊

330000－1741－0007733　善3/357　類叢部/
類書類/專類之屬

麗句集六卷　（明）許之吉輯　明天啓刻本
二冊

330000－1741－0007734　綫121.41174/1150
子部/墨家類

墨子經說解二卷　（清）張惠言撰　清宣統元
年(1909)國學保存會據手稿本影印本　一冊

330000－1741－0007735　綫121.41178/1200
子部/墨家類

墨子閒詁十五卷目錄一卷附錄一卷後語二卷
（清）孫詒讓撰　清宣統二年(1910)瑞安孫
氏刻本　八冊

330000－1741－0007736　綫121.41174/6017
子部/叢編

二十二子(二十二子彙函)　（清）浙江書局編
清光緒元年至三年(1875－1877)浙江書局
刻本　四冊　存一種

330000－1741－0007738　綫082.5/4491　經
部/叢編

省吾堂五種　（清）蔣光弼輯　清乾隆常熟蔣
氏省吾堂刻彙印本　十二冊

330000－1741－0007746　善3/356　類叢部/

類書類/通類之屬

詞林海錯十六卷　（明）夏樹芳輯　明萬曆四
十六年(1618)刻本　十七冊

330000－1741－0007749　善3/355　類叢部/
類書類/專類之屬

廣博物志五十卷　（明）董斯張輯　明萬曆高
暉堂刻本　二十八冊

330000－1741－0007751　綫121.41178/1200：2
子部/墨家類

墨子閒詁十五卷目錄一卷附錄一卷後語二卷
（清）孫詒讓撰　清宣統二年(1910)瑞安孫
氏刻本　八冊

330000－1741－0007755　綫121.61141/3002
子部/叢編

二十二子(二十二子彙函)　（清）浙江書局編
清光緒元年至三年(1875－1877)浙江書局
刻本　六冊　存一種

330000－1741－0007756　綫121.41178/1200：3
子部/墨家類

墨子閒詁十五卷目錄一卷附錄一卷後語二卷
（清）孫詒讓撰　清宣統二年(1910)瑞安孫
氏刻本　八冊

330000－1741－0007758　綫121.67178/1029
子部/法家類

韓非子集解二十卷首一卷　（清）王先慎撰
清光緒二十二年(1896)刻本　六冊

330000－1741－0007759　綫082.6/1134　類
叢部/叢書類/輯佚之屬

二酉堂叢書(張氏叢書)二十一種　（清）張澍
輯　清刻本　十冊

330000－1741－0007760　綫121.61141/
3002/C1　子部/叢編

二十二子(二十二子彙函)　（清）浙江書局編
清光緒元年至三年(1875－1877)浙江書局
刻本　六冊　存一種

330000－1741－0007762　綫121.41178/1200：5
子部/墨家類

墨子閒詁十五卷目錄一卷附錄一卷後語二卷

（清）孫詒讓撰　清宣統二年（1910）瑞安孫氏刻本　八冊

330000－1741－0007763　綫121.61175/3479
　類叢部/叢書類/彙編之屬

積學齋叢書二十種　徐乃昌編　清光緒南陵徐乃昌刻本　二冊　存一種

330000－1741－0007766　綫121.61175/3479：2
　類叢部/叢書類/彙編之屬

積學齋叢書二十種　徐乃昌編　清光緒南陵徐乃昌刻本　二冊　存一種

330000－1741－0007769　綫082.6/1134：2
　類叢部/叢書類/輯佚之屬

二酉堂叢書（張氏叢書）二十一種　（清）張澍輯　清道光元年（1821）張氏二酉堂刻本　十二冊

330000－1741－0007770　綫121.41879/1068：2
　子部/墨家類

墨商三卷補遺一卷　王景羲撰　清宣統二年（1910）刻本　二冊

330000－1741－0007771　綫121.41178/1200：6
　子部/墨家類

墨子閒詁十五卷目錄一卷附錄一卷後語二卷　（清）孫詒讓撰　清宣統二年（1910）瑞安孫氏刻本　八冊

330000－1741－0007773　綫121.627/6646
　子部/叢編

二十二子（二十二子彙函）　（清）浙江書局編　清光緒元年至三年（1875－1877）浙江書局刻本　一冊　存一種

330000－1741－0007774　善3/354　子部/叢編

新選古今類腋十八卷　（明）陳世寶等輯　明萬曆九年（1581）刻本　十二冊

330000－1741－0007775　善3/290　子部/藝術類/音樂之屬/琴學

望山堂琴學存書二卷　（清）林鶚撰　清同治十年（1871）孫鏘鳴抄本　清孫鏘鳴校並跋　一冊

330000－1741－0007776　綫121.61576/1024：2
　子部/法家類

管子地員篇注四卷　（清）王紹蘭撰　清光緒十七年（1891）蕭山胡爒菜寄虹山館刻本　四冊

330000－1741－0007777　綫098.08176/7110w＊2　經部/叢編

皇清經解續編一千四百三十卷　王先謙輯　清光緒十四年（1888）南菁書院刻本（尚書古文疏證卷三原缺）　三百二十冊

330000－1741－0007778　綫121.41879/1068
　子部/墨家類

墨商三卷補遺一卷　王景羲撰　清宣統二年（1910）刻本　一冊

330000－1741－0007779　綫121.671/4411
　子部/叢編

二十二子（二十二子彙函）　（清）浙江書局編　清光緒元年至三年（1875－1877）浙江書局刻本　六冊　存一種

330000－1741－0007780　綫121.627/6646：2
　子部/叢編

二十二子（二十二子彙函）　（清）浙江書局編　清光緒元年至三年（1875－1877）浙江書局刻本　一冊　存一種

330000－1741－0007782　綫082.6/1712　類叢部/叢書類/自著之屬

五經歲徧齋校書三種　（清）翟云升輯　清道光東萊翟氏刻本　八冊

330000－1741－0007783　綫121.41178/1200：7
　子部/墨家類

墨子閒詁十五卷目錄一卷附錄一卷後語二卷　（清）孫詒讓撰　清宣統二年（1910）瑞安孫氏刻本　八冊

330000－1741－0007784　善3/287　子部/藝術類/音樂之屬/琴譜

徽言祕旨不分卷　（清）尹曄輯　清順治九年（1652）聽月樓刻本　一冊

330000－1741－0007785　綫121.7187/1747

類叢部/叢書類/自著之屬

起聖齋叢書　尹桐陽撰　清光緒至民國鉛印本　一冊　存一種

330000－1741－0007787　綫121.41178/1200：8
子部/墨家類

墨子閒詁十五卷目錄一卷附錄一卷後語二卷（清）孫詒讓撰　清宣統二年(1910)瑞安孫氏刻本　八冊

330000－1741－0007788　綫121.61576/1024
子部/法家類

管子地員篇注四卷（清）王紹蘭撰　清光緒十七年(1891)蕭山胡燏棻寄虹山館刻本四冊

330000－1741－0007789　善3/359　類叢部/類書類/通類之屬

省軒考古類編十二卷（清）柴紹炳撰　（清）姚廷謙評　清雍正四年(1726)鐵嶺高氏雲間刻本　四冊

330000－1741－0007791　綫121.67178/1029：3
子部/法家類

韓非子集解二十卷首一卷（清）王先慎撰
清光緒二十二年(1896)刻本　六冊

330000－1741－0007793　綫082.6/3131g
類叢部/叢書類/自著之屬

振綺堂遺書五種（清）汪遠孫撰　清道光刻民國十一年(1922)錢塘汪氏彙印本　六冊
存一種

330000－1741－0007794　善3/360　集部/楚辭類

楚騷綺語六卷（明）張之象撰　明刻本
四冊

330000－1741－0007795　綫121.87122/0002.1　子部/叢編

二十二子(二十二子彙函)（清）浙江書局編
　清光緒元年至三年(1875－1877)浙江書局刻本　六冊　存一種

330000－1741－0007796　綫121.82275/3124.1　子部/叢編

二十二子(二十二子彙函)（清）浙江書局編
　清光緒元年至三年(1875－1877)浙江書局刻本　一冊　存一種

330000－1741－0007797　善3/362E　經部/小學類/文字之屬/字書/訓蒙

新刻增訂釋義經書便用通考雜字二卷（清）徐三省輯　（清）戴啟達增訂　**重訂增補釋義經書四民便用雜字通考全書外卷一卷**（清）戴啟達訂補　清乾隆刻本　一冊

330000－1741－0007800　綫082.6/3131g/C1
類叢部/叢書類/自著之屬

振綺堂遺書五種（清）汪遠孫撰　清道光刻民國十一年(1922)錢塘汪氏彙印本　六冊
存二種

330000－1741－0007801　綫122.12/1003.1
子部/叢編

二十二子(二十二子彙函)（清）浙江書局編
　清光緒元年至三年(1875－1877)浙江書局刻本　二冊　存一種

330000－1741－0007802　綫122.6/4101　類叢部/叢書類/彙編之屬

問經堂叢書八種（清）孫馮翼編　清嘉慶二年至七年(1797－1802)承德孫氏刻本　一冊

330000－1741－0007803　綫122.9/2848　類叢部/叢書類/彙編之屬

小萬卷樓叢書十七種（清）錢培名輯　清光緒四年(1878)金山錢氏刻本　二冊　存一種

330000－1741－0007804　善3/361　集部/總集類/選集之屬/斷代

唐詩金粉十卷（清）沈炳震輯　清乾隆刻本
四冊

330000－1741－0007805　善3/362B　類叢部/類書類/專類之屬

事類異名六卷（明）許樂善撰　清乾隆三十二年(1767)承裕堂刻本　四冊

330000－1741－0007808　綫122.2122/0894
類叢部/叢書類/自著之屬

觀古堂所著書十六種　葉德輝撰　清光緒長

沙葉氏刻本　一冊　存二種

330000－1741－0007809　綫122.12178/1053
　　子部/叢編

二十二子(二十二子彙函)　(清)浙江書局編
　　清光緒元年至三年(1875－1877)浙江書局
刻本　二冊　存一種

330000－1741－0007810　綫122.12/1003.1：2
　　子部/叢編

二十二子(二十二子彙函)　(清)浙江書局編
　　清光緒元年至三年(1875－1877)浙江書局
刻本　二冊　存一種

330000－1741－0007811　綫121.82275/
3124.1/C1　子部/叢編

二十二子(二十二子彙函)　(清)浙江書局編
　　清光緒元年至三年(1875－1877)浙江書局
刻本　一冊　存一種

330000－1741－0007812　善3/362D　類叢
部/類書類/專類之屬

喻林一葉二十四卷　(清)王蘇輯　清乾隆五
十九年(1794)桑寄生齋刻本　八冊

330000－1741－0007817　綫122.121/1003.
78　子部/儒家類/儒學之屬/經濟

賈子次詁十六卷　(清)王耕心撰　清光緒二
十九年(1903)正定王氏刻本　二冊

330000－1741－0007821　綫122.121/1003.
78：1　子部/儒家類/儒學之屬/經濟

賈子次詁十六卷　(清)王耕心撰　清光緒二
十九年(1903)正定王氏刻本　二冊

330000－1741－0007822　善3/318　類叢部/
類書類/通類之屬

初學記三十卷　(唐)徐堅等輯　明萬曆十五
年(1587)徐守銘寧壽堂刻本　十六冊　缺一
卷(七)

330000－1741－0007823　綫122.121/1003.
78：2　子部/儒家類/儒學之屬/經濟

賈子次詁十六卷　(清)王耕心撰　清光緒二
十九年(1903)正定王氏刻本　二冊

330000－1741－0007825　綫121.82275/3124
　　子部/雜家類

尸子二卷　(清)汪繼培輯　清光緒二十一年
(1895)善化楊汝康刻本　二冊

330000－1741－0007826　綫098.08176/
7110.2　經部/叢編

皇清經解一百九十卷首一卷正訛記一卷
(清)阮元輯　清光緒十一年(1885)上海點石
齋石印本　二十四冊

330000－1741－0007827　綫122.2174/4434.1
　　子部/叢編

二十二子(二十二子彙函)　(清)浙江書局編
　　清光緒元年至三年(1875－1877)浙江書局
刻本　六冊　存一種

330000－1741－0007831　綫121.71353/2681
　　類叢部/叢書類/彙編之屬

石研齋校刻書七種　(清)秦恩復編　清嘉慶
至道光秦氏石研齋刻本　一冊　存一種

330000－1741－0007834　綫122.2178/7701
　　子部/雜著類/雜說之屬

淮南許注異同詁四卷補遺一卷續補一卷
(清)陶方琦撰　清光緒七年至十年(1881－
1884)刻漢孳室箸書本　三冊

330000－1741－0007838　善3/316　類叢部/
類書類/通類之屬

北堂書鈔一百六十卷　(唐)虞世南輯　清嘉
慶十九年至光緒二十年(1814－1894)孫氏遜
學齋影宋抄本　清孫詒讓批校　二十冊

330000－1741－0007840　綫122.2178/7701/
C1　子部/雜著類/雜說之屬

淮南許注異同詁四卷補遺一卷續補一卷
(清)陶方琦撰　清光緒七年至十年(1881－
1884)刻漢孳室箸書本　鄭文焯觀款　二冊
　　存四卷(淮南許注異同詁一至四)

330000－1741－0007842　綫122.5179/3193
　　子部/儒家類/儒學之屬/經濟

法言疏證十三卷校補一卷　汪榮寶撰　清宣
統三年(1911)汪氏金薤琳琅齋鉛印本　四冊

330000－1741－0007843　綫 122.5/5640　子部/儒家類/儒學之屬/經濟

揚子法言十三卷音義一卷　（漢）揚雄撰（晉）李軌注　清同治十一年(1872)維揚倪文林刻本　四冊

330000－1741－0007849　綫 122.5179/3193/C1　子部/儒家類/儒學之屬/經濟

法言疏證十三卷校補一卷　汪榮寶撰　清宣統三年(1911)汪氏金蘬琳琅齋鉛印本　四冊

330000－1741－0007850　綫 122.3/4130　子部/儒家類/儒學之屬/經濟

鹽鐵論十卷　（漢）桓寬撰　**校勘小識一卷**王先謙撰　清光緒十七年(1891)思賢講舍刻本　二冊

330000－1741－0007851　綫 122.8/1088.1子部/儒家類/儒學之屬/經濟

潛夫論十卷　（漢）王符撰　（清）汪繼培箋清光緒十七年(1891)思賢講舍刻本　四冊

330000－1741－0007852　綫 122.8/1088：1類叢部/叢書類/彙編之屬

湖海樓叢書十二種　（清）陳春編　清嘉慶蕭山陳氏湖海樓刻二十四年(1819)彙印本　四冊　存一種

330000－1741－0007853　綫 122.5/5640.1子部/叢編

二十二子（二十二子彙函）　（清）浙江書局編　清光緒元年至三年(1875－1877)浙江書局刻本　一冊　存一種

330000－1741－0007855　綫 098.08176/7110w2　經部/叢編

皇清經解續編二百九卷　王先謙輯　清光緒十五年(1889)上海蜚英館石印本（尚書古文疏證卷三原缺）　三十二冊

330000－1741－0007862　綫 122.5/5640.1：1子部/儒家類/儒學之屬/經濟

揚子法言十三卷音義一卷　（漢）揚雄撰（晉）李軌注　清同治十一年(1872)維揚倪文林刻本　一冊

330000－1741－0007863　綫 123.3/2300.1類叢部/叢書類/彙編之屬

清風室叢刊二十種　（清）錢保塘編　清同治十年至民國二十五年(1871－1936)海寧錢氏清風室刻本　一冊　存二種

330000－1741－0007864　綫 123.11/7217類叢部/叢書類/彙編之屬

守山閣叢書一百十二種　（清）錢熙祚編　清光緒十五年(1889)上海鴻文書局據道光二十四年(1844)金山錢氏重編增刻墨海金壺本影印本　一冊　存一種

330000－1741－0007865　善 3/315　類叢部/類書類/通類之屬

北堂書鈔一百六十卷　（唐）虞世南撰　（明）陳禹謨補注　明萬曆二十八年(1600)陳禹謨刻本　二十冊

330000－1741－0007867　善 3/312　類叢部/類書類/通類之屬

藝文類聚一百卷　（唐）歐陽詢輯　明刻本三十二冊

330000－1741－0007868　綫 123.3/2300　類叢部/叢書類/家集之屬

傅氏家書　（清）傅以禮編　清光緒傅氏演慎齋刻本　二冊　存一種

330000－1741－0007869　綫 125.5272/0080子部/儒家類/儒學之屬/蒙學

小學纂註六卷　（清）高愈撰　**文公朱夫子[熹]年譜一卷**　題（宋）李方子撰　清同治十一年(1872)浙江書局刻本　二冊

330000－1741－0007870　綫 125.14172/1143類叢部/叢書類/自著之屬

船山遺書六十三種　（清）王夫之撰　清同治四年(1865)湘鄉曾國荃金陵刻光緒十三年(1887)船山書院補刻本　四冊　存一種

330000－1741－0007871　綫 123.911/7137子部/儒家類/儒學之屬/經濟

中說十卷　題（隋）王通撰　（宋）阮逸注　清光緒十六年(1890)貴陽陳氏影宋刻本　二冊

301

330000－1741－0007873　善 3/362C　類叢部/類書類/通類之屬

讀書紀數略五十四卷　(清)宮夢仁輯　清康熙四十六年至四十七年(1707－1708)維揚宮夢仁刻本　十六冊

330000－1741－0007874　綫 122.5/5640.1：2　子部/儒家類/儒學之屬/經濟

揚子法言十三卷音義一卷　(漢)揚雄撰　(晉)李軌注　清同治十一年(1872)維揚倪文林刻本　一冊

330000－1741－0007877　善 3/313　類叢部/類書類/通類之屬

藝文類聚一百卷　(唐)歐陽詢輯　明萬曆十五年(1587)秣陵王元貞刻本　三十二冊

330000－1741－0007879　綫 123.42/4434　類叢部/叢書類/彙編之屬

新斠平津館叢書十集三十四種　(清)孫星衍編　清光緒十年至十一年(1884－1885)吳縣朱氏槐廬家塾刻十五年至十七年(1889－1891)補刻本　六冊　存三種

330000－1741－0007881　綫 125.5272/0080/C1　子部/儒家類/儒學之屬/蒙學

小學纂註六卷　(清)高愈撰　**文公朱夫子[熹]年譜一卷**　題(宋)李方子撰　清同治十一年(1872)浙江書局刻本　二冊

330000－1741－0007882　綫 123.3/2300：1　類叢部/叢書類/彙編之屬

武英殿聚珍版書一百四十八種　清光緒二十五年(1899)廣雅書局刻本　一冊　存二種

330000－1741－0007883　綫 125.5274/3130　子部/儒家類/儒學之屬/性理

近思錄集注十四卷　(清)江永撰　清光緒二十五年(1899)浙江官書局刻本　四冊

330000－1741－0007884　綫 123.911/7137：1　子部/叢編

二十二子(二十二子彙函)　(清)浙江書局編　清光緒元年至三年(1875－1877)浙江書局刻本　二冊　存一種

330000－1741－0007885　綫 125.7/4022　子部/儒家類/儒學之屬/經濟

大學衍義四十三卷　(宋)真德秀撰　清同治十三年(1874)金陵書局刻本　八冊

330000－1741－0007887　綫 125.5/2720　子部/儒家類/儒學之屬/性理

朱子語類一百四十卷　(宋)朱熹撰　(宋)黎靖德輯　清同治十一年(1872)應元書院刻本　四十八冊

330000－1741－0007888　善 3/325　類叢部/類書類/通類之屬

事物紀原二十卷目錄二卷　(宋)高承輯　(明)陳華批點　(明)趙弼校　明刻本　三冊

330000－1741－0007889　綫 125.7/7544　子部/儒家類/儒學之屬/性理

潛室陳先生木鍾集十一卷　(宋)陳埴撰　清同治六年(1867)東甌郡齋刻本　四冊

330000－1741－0007891　綫 125.5274/3130：2　子部/儒家類/儒學之屬/性理

近思錄集注十四卷考訂朱子世家一卷　(清)江永撰　**校勘記一卷**　(清)王炳撰　清光緒二十七年(1901)上海文瑞樓石印本　四冊

330000－1741－0007894　綫 125.12088/7707　類叢部/叢書類/彙編之屬

洪氏唐石經館叢書十九種　(清)洪汝奎編　清光緒涇縣洪氏公善堂刻並彙印六安涂氏求我齋等刻本　四冊　存一種

330000－1741－0007896　綫 125.525/4410　子部/儒家類/儒學之屬/性理

慈溪黃氏日鈔分類九十七卷古今紀要十九卷　(宋)黃震撰　清末耕餘樓刻本(卷八十一、八十九、九十二原缺)　三十二冊

330000－1741－0007897　善 3/320　類叢部/類書類/通類之屬

唐宋白孔六帖一百卷目錄二卷　(唐)白居易輯　(宋)孔傳輯　明嘉靖刻本　五十冊

330000－1741－0007898　綫 125.29516/0432　子部/儒家類/儒學之屬

上蔡謝先生語錄三卷考證一卷 （宋）謝良佐撰 （宋）朱熹輯 清同治三年（1864）上蔡學署刻本 一冊

330000－1741－0007899 綫 125.7/4022.1 子部/儒家類/儒學之屬/經濟

大學衍義四十三卷 （宋）真德秀撰 清同治十一年（1872）浙江書局刻本 十冊

330000－1741－0007901 綫 127.2/4307 子部/儒家類/儒學之屬/性理

顏氏學記十卷 （清）戴望撰 清光緒二十年（1894）刻本 四冊

330000－1741－0007902 綫 126.4081/1032 集部/別集類/明別集

王文成公全書三十八卷 （明）王守仁撰 清宣統元年（1909）上海集成圖書公司鉛印本 十二冊

330000－1741－0007903 綫 127.1/0011 子部/雜著類/雜說之屬

潛書四卷 （清）唐甄撰 西蜀唐圃亭先生[甄]行畧一卷 （清）王聞遠撰 清光緒九年（1883）中江李氏刻 四冊

330000－1741－0007907 綫 127.2/4307：1 子部/儒家類/儒學之屬/性理

顏氏學記十卷 （清）戴望撰 清光緒二十年（1894）刻本 四冊

330000－1741－0007909 綫 127.2/4710 子部/儒家類/儒學之屬/經濟

繹志十九卷 （清）胡承諾撰 清同治十一年（1872）浙江書局刻本 八冊

330000－1741－0007910 綫 127.1/0011：2 子部/雜著類/雜說之屬

潛書四卷 （清）唐甄撰 西蜀唐圃亭先生[甄]行畧一卷 （清）王聞遠撰 清光緒九年（1883）中江李氏刻 四冊

330000－1741－0007914 綫 127.43/4310a 集部/別集類/清別集

戴東原集十二卷 （清）戴震撰 戴東原先生[震]年譜一卷覆校札記一卷 （清）段玉裁撰

清宣統二年（1910）渭南嚴氏孝義家塾成都刻本 四冊

330000－1741－0007915 綫 127.6/0054a 子部/儒家類/儒學之屬/性理

漢學商兌三卷 （清）方東樹撰 清光緒二十六年（1900）浙江書局刻本 四冊

330000－1741－0007917 綫 127.5/0480 子部/儒家類/儒學之屬

有諸己齋格言叢書十八種 （清）閻敬銘輯 清光緒十四年（1888）山西解州書院刻本 一冊 存一種

330000－1741－0007918 綫 127.6/0054a/C1 子部/儒家類/儒學之屬/性理

漢學商兌三卷 （清）方東樹撰 清光緒二十六年（1900）浙江書局刻本 四冊

330000－1741－0007919 綫 127.1/7442 ＊2 子部/儒家類/儒學之屬/性理

思辨錄輯要前集二十二卷後集十三卷 （清）陸世儀撰 清光緒三年（1877）江蘇書局刻本 四冊 存十三卷（後集一至十三）

330000－1741－0007920 綫 127.6/0054 類叢部/叢書類/自著之屬

儀衛軒全集四種 （清）方東樹撰 清同治方宗誠刻本 一冊 存一種

330000－1741－0007921 綫 127.2/4710：2 子部/儒家類/儒學之屬/經濟

繹志十九卷 （清）胡承諾撰 清同治十一年（1872）浙江書局刻本 八冊

330000－1741－0007922 綫 127.6/0054l 類叢部/叢書類/自著之屬

方植之全集十四種 （清）方東樹撰 清光緒刻本 三冊 存一種

330000－1741－0007923 綫 127.6/0054.1 類叢部/叢書類/自著之屬

方植之全集十四種 （清）方東樹撰 清光緒刻本 二冊 存一種

330000－1741－0007924 綫 127.6/0054a.2

類叢部/叢書類/彙編之屬

望三益齋叢書十八種 （清）吳棠編 清咸豐至光緒吳氏望三益齋刻本 四冊 存一種

330000－1741－0007925 善 3/319 類叢部/類書類/通類之屬

唐宋白孔六帖一百卷目録二卷 （唐）白居易輯 （宋）孔傳輯 明嘉靖刻本 二十四冊

330000－1741－0007926 綫 127.6/7244 類叢部/叢書類/自著之屬

養晦堂集五種 （清）劉蓉撰 清光緒三年（1877）、十一年（1885）思賢講舍刻本 一冊 存一種

330000－1741－0007927 綫 127.6/3677 子部/雜著類/雜說之屬

浮邱子十二卷 （清）湯鵬撰 （清）湯倓昭等輯 清同治四年（1865）湘陰李黼堂刻本 四冊

330000－1741－0007928 綫 127.7/1126 類叢部/叢書類/自著之屬

多伽羅香館叢書 張采田撰 清光緒至民國刻本暨木活字印本 一冊 存一種

330000－1741－0007929 綫 127.6/6022 類叢部/叢書類/自著之屬

函樓全集九種 （清）易佩紳撰 清光緒易氏刻本 一冊 存一種

330000－1741－0007931 綫 127.6/0054a＊2 子部/儒家類/儒學之屬

漢學商兌刊誤補義不分卷 （清）方東樹撰 清刻本 一冊

330000－1741－0007935 綫 127/3144 史部/傳記類/總傳之屬

國朝漢學師承記八卷國朝經師經義目録一卷 國朝宋學淵源記二卷附記一卷 （清）江藩撰 清光緒九年（1883）山西書局刻本 四冊

330000－1741－0007940 綫 127/3144.1 史部/傳記類/總傳之屬/儒林

國朝漢學師承記八卷國朝經師經義目録一卷 國朝宋學淵源記二卷附記一卷 （清）江藩撰

清光緒二十二年（1896）成都志古堂刻本 四冊

330000－1741－0007943 善 3/326 類叢部/叢書類/彙編之屬

格致叢書□□種 （明）胡文煥編 明萬曆虎林胡氏文會堂刻本 六冊 存一種

330000－1741－0007946 綫 144.53/2644 新學/雜著

名學三卷首一卷 （英國）穆勒約翰撰 嚴復翻譯 清光緒三十一年（1905）金粟齋刻本 八冊

330000－1741－0007948 綫 190.81/7530 子部/儒家類/儒學之屬/禮教

五種遺規十七卷 （清）陳弘謀輯並撰 清光緒二十一年（1895）浙江書局刻本 九冊 缺一卷（養正遺規補編）

330000－1741－0007949 善 3/323 類叢部/類書類/通類之屬

事類賦三十卷 （宋）吳淑撰並注 明刻本 十二冊

330000－1741－0007950 綫 127/3144.2 史部/傳記類/總傳之屬/儒林

國朝漢學師承記八卷國朝宋學淵源記二卷附記一卷國朝經師經義目録一卷 （清）江藩撰 清刻本 四冊

330000－1741－0007952 綫 176/0027 新學/理學/理學

初等心理學不分卷 （日本）廣島秀太郎撰 （清）田吳炤譯 清光緒二十八年（1902）刻移山堂叢書本 艾華題記 一冊

330000－1741－0007954 綫 190.81/7530.1 子部/儒家類/儒學之屬/禮教

五種遺規輯要 （清）陳弘謀輯並撰 （清）楊恩澍等輯 清同治九年（1870）龍山書院刻光緒二十年（1894）會稽徐氏補刻本 六冊

330000－1741－0007957 綫 192.1/0143 子部/儒家類/儒學之屬/性理

時敏學堂修身科講義一卷 （清）龍志澤撰

清光緒二十八年（1902）時敏書局鉛印本
一冊

330000－1741－0007958　綫192.15/4421
類叢部/叢書類/彙編之屬

津河廣仁堂叢書八十四種　（清）□□編　清
光緒津河廣仁堂刻本　二冊　存一種

330000－1741－0007963　善3/328　類叢部/
類書類/通類之屬

錦繡萬花谷四十卷後集四十卷續集四十卷
明嘉靖十四年(1535)徽藩崇古書院刻本　二
十冊

330000－1741－0007964　綫192.3/1144　集
部/別集類/清別集

篤素堂文集四卷　（清）張英撰　清上海文瑞
樓石印本　一冊

330000－1741－0007966　綫192.8/3308　子
部/雜著類/雜纂之屬

古格言十二卷　（清）梁章鉅輯　清順德龍裕
光刻本　二冊

330000－1741－0007969　善3/334　史部/傳
記類/總傳之屬/姓名

小字錄一卷　（宋）陳思輯　**小字錄補六卷**
（明）沈弘正輯　明萬曆四十七年(1619)沈弘
正暢閣刻本　八冊

330000－1741－0007970　綫192/3216　子
部/儒家類/儒學之屬

正學編八卷　（清）潘世恩輯　（清）潘曾瑋疏
解　清同治六年(1867)刻本　四冊

330000－1741－0007971　善3/329　類叢部/
類書類/通類之屬

**錦繡萬花谷前集四十卷後集四十卷續集四十
卷**　明刻本　三十六冊

330000－1741－0007972　綫192.1/6073　類
叢部/叢書類/彙編之屬

國粹叢書四十九種　（清）國學保存會編　清
光緒至宣統鉛印本暨石印本　二冊　存一種

330000－1741－0007973　綫192.9/4243　類

叢部/叢書類/家集之屬

長洲彭氏家集九種　（清）彭祖賢編　清同治
至光緒刻本　一冊　存一種

330000－1741－0007974　綫191.92/1058
集部/曲類/散曲之屬

快樂銘一卷快樂原一卷　（清）石成金撰　**快
樂印一卷**　（清）石成金篆　清刻本　二冊

330000－1741－0007975　綫192.9/5015　子
部/宗教類/道教之屬/戒律

惠迪書六卷　（清）大原氏輯　清光緒十年
(1884)刻本　二冊

330000－1741－0007976　綫192.9/7116　子
部/儒家類/儒學之屬/禮教

筆諫八卷首一卷末編一卷百孝圖一卷　（清）
馬萬選輯　清光緒八年至九年(1882－1883)
京口一得軒刻本　十冊

330000－1741－0007977　綫192.91/4044
子部/儒家類/儒學之屬/禮教/家訓

了凡四訓一卷　（明）袁黃撰　清光緒七年
(1881)刻本　一冊

330000－1741－0007979　綫192.91/5045
子部/宗教類/道教之屬

感應篇引經箋注（感應篇引經牋注）一卷
（清）惠棟撰　清同治十一年(1872)德清袁氏
刻光緒二十八年(1902)歸安石氏補刻本
二冊

330000－1741－0007980　綫193.364/0135
子部/叢編

子書百家　（清）崇文書局編　清光緒元年
(1875)湖北崇文書局刻本　一冊　存一種

330000－1741－0007982　綫192.91/3347
子部/小說家類/雜事之屬

**勸戒近錄初二三編合鈔十六卷四編摘鈔一卷
五錄六卷六錄六卷七錄六卷八錄六卷九錄六
卷十錄六卷**　（清）梁恭辰撰　清光緒六年
(1880)許閒山館刻民國四年(1915)紹城龍山
誠一社重印本　十六冊

330000－1741－0007985　善3/341　類叢部/

類書類/專類之屬

新增說文韻府羣玉二十卷 （元）陰時夫輯
（元）陰中夫注　清康熙五十五年（1716）文盛
堂、天德堂刻本　十冊

330000－1741－0007988　綫 193.364/0135a
子部/儒家類/儒學之屬/禮教/家訓

顏氏家訓七卷 （北齊）顏之推撰　**攷證一卷**
（宋）沈揆撰　清咸豐七年（1857）成都志古
堂刻本　一冊

330000－1741－0007989　善 3/327　類叢部/
類書類/通類之屬

海錄碎事二十二卷 （宋）葉廷珪輯　明萬曆
二十七年（1599）劉鳳刻本　三十二冊

330000－1741－0007990　善 3/335　類叢部/
類書類/通類之屬

**群書考索前集六十六卷後集六十五卷續集五
十六卷別集二十五卷** （宋）章如愚輯　明正
德三年至十三年（1508－1518）劉洪慎獨書齋
刻十六年（1521）重修本　六十四冊

330000－1741－0007992　綫 193.78/1082
子部/儒家類/儒學之屬/禮教/女範

聶氏重編家政學二卷 曾紀芬編　清光緒三
十年（1904）浙江官書局刻本　二冊

330000－1741－0007995　綫 193.66/3614
類叢部/叢書類/彙編之屬

當歸草堂叢書八種 （清）丁丙編　清同治二
年至五年（1863－1866）錢塘丁氏刻本　一冊
　存一種

330000－1741－0007996　善 3/340　類叢部/
類書類/專類之屬

新增說文韻府羣玉二十卷 （元）陰時夫輯
（元）陰中夫注　明萬曆十八年（1590）王元貞
刻本　二十冊

330000－1741－0008001　綫 220.7/3716　子
部/宗教類/佛教之屬

**賢首五教儀開蒙增註五卷引論名義一卷附華
嚴經品會大義一卷** （清）釋通理撰　清宣統
元年（1909）揚州藏經院刻本　五冊

330000－1741－0008002　綫 222.92/2834
子部/宗教類/佛教之屬

弘明集十四卷 （南朝梁）釋僧祐輯　清光緒
二十二年（1896）金陵刻經處刻本　四冊

330000－1741－0008003　綫 222.17/3010
子部/宗教類/佛教之屬

佛本行經七卷 （南朝宋）釋寶雲譯　清宣統
三年（1911）江北磚橋刻經處刻本　二冊

330000－1741－0008004　綫 219/4044　子
部/宗教類/其他宗教之屬/基督教

理窟九卷 （清）李杕撰　清光緒十二年
（1886）上海慈母堂鉛印本　四冊

330000－1741－0008007　綫 229.3/8030　類
叢部/叢書類/彙編之屬

玉海堂景宋元本叢書 劉世珩編　清光緒至
民國貴池劉氏玉海堂影刻本　十二冊　存
一種

330000－1741－0008012　綫 229.3/8030/C1
類叢部/叢書類/彙編之屬

玉海堂景宋元本叢書 劉世珩編　清光緒至
民國貴池劉氏玉海堂影刻本　十二冊　存
一種

330000－1741－0008014　善 3/342　類叢部/
類書類/通類之屬

萬卷精華□□卷 清抄本　一冊　存一卷
（五十八）

330000－1741－0008015　綫 311.57/2542.1
子部/天文曆算類/算書之屬

新編算學啓蒙三卷總括一卷 （元）朱世傑撰
望海島術一卷　算學啓蒙識誤一卷 （清）
羅士琳撰　清道光十九年（1839）惟揚羅士琳
刻本　三冊

330000－1741－0008018　善 3/343　類叢部/
類書類/通類之屬

修辭指南二十卷 （明）浦南金輯　明萬曆六
年（1578）刻本　八冊

330000－1741－0008021　綫 229.8/8621　史
部/傳記類/總傳之屬/釋道

居士傳五十六卷　（清）彭紹升撰　清光緒刻本　四冊

330000－1741－0008023　綫231.081/1027　子部/道家類

道經五種　（清）李明徹輯　清純陽觀白雲山房刻本　二冊

330000－1741－0008024　綫235.1/2627　子部/宗教類/道教之屬

道書二十三種　（清）劉一明撰　清光緒三年至六年（1877－1880）上海翼化堂刻本　一冊　存一種

330000－1741－0008026　綫221/2129　子部/宗教類/佛教之屬/大藏

頻伽精舍校刊大藏經　釋宗仰等輯　清宣統元年至民國二年（1909－1913）迦陵羅詩氏頻伽精舍上海鉛印本　四百十四冊

330000－1741－0008027　綫230.88/7416a　子部/宗教類/道教之屬

方壺外史二卷附錄一卷　（明）陸西星撰　清光緒七年（1881）集益堂刻本　一冊

330000－1741－0008028　綫290.1/2141　子部/術數類/數學之屬

皇極經世易知八卷首一卷　（清）何夢瑤撰　清光緒十三年（1887）校經山房刻本　八冊

330000－1741－0008030　善3/339　類叢部/類書類/通類之屬

玉海二百卷辭學指南四卷詩攷一卷詩地理攷六卷漢藝文志攷證十卷通鑑地理通釋十四卷周書王會補注一卷漢制攷四卷踐阼篇集解一卷急就篇補注四卷小學紺珠十卷姓氏急就篇二卷六經天文編二卷周易鄭康成注一卷通鑑答問五卷　（宋）王應麟撰　明初南京國子監刻明清遞修本　六十冊　存二百四卷（玉海一至二百、辭學指南一至四）

330000－1741－0008031　綫235.1/2435　子部/宗教類/道教之屬

古本周易參同契集註二卷補遺一卷附錄一卷圖說一卷　（清）仇兆鰲輯　清刻本　四冊

330000－1741－0008033　綫290.1/4423　子部/術數類/數學之屬

皇極經世書傳八卷　（明）黃畿撰　清嘉慶十五年（1810）純淵堂刻民國六年（1917）補刻本　八冊

330000－1741－0008034　綫231/4437　子部/叢編

二十二子（二十二子彙函）　（清）浙江書局編　清光緒元年至三年（1875－1877）浙江書局刻本　二冊　存一種

330000－1741－0008035　綫231.088/7216　子部/宗教類/道教之屬

道書二十三種　（清）劉一明撰　清光緒三年至六年（1877－1880）上海翼化堂刻本　十六冊　存十一種

330000－1741－0008036　綫290.1/5640.1　子部/術數類/數學之屬

太玄集注四卷　（宋）司馬光　（宋）許翰撰　（清）孫澍增補　清道光十一年（1831）鵝溪孫氏青棠書屋刻本　四冊

330000－1741－0008037　綫290.1/4434.1　子部/術數類/數學之屬

蔡子洪範皇極名數九卷首二卷　（清）張兆鹿註釋　清光緒二十三年（1897）刻本　十冊

330000－1741－0008038　綫292.1/1060　類叢部/叢書類/彙編之屬

廣雅書局叢書一百五十九種　徐紹棨編　清光緒廣雅書局刻民國九年（1920）番禺徐紹棨彙編重印本　二冊　存一種

330000－1741－0008040　綫290.1/5640　子部/術數類/數學之屬

集注太玄十卷　（宋）司馬光撰　清嘉慶三年（1798）陶氏五柳居刻本　四冊

330000－1741－0008041　綫290.1/4434　子部/術數類/數學之屬

蔡子洪範皇極名數九卷首二卷　（清）張兆鹿註釋　清光緒二十三年（1897）刻民國十三年（1924）益雅書局補刻本　十冊

330000 – 1741 – 0008042　綫291.4/4440　子部/術數類/陰陽五行之屬

五行大義五卷　（隋）蕭吉撰　清嘉慶九年（1804）德清許氏刻本　一冊

330000 – 1741 – 0008045　綫292.1081/7120　類叢部/叢書類/自著之屬

淡園全集四種（馬徵麐四種）　（清）馬徵麐撰　清光緒十五年（1889）金陵清涼山半日讀書齋刻本　一冊　存二種

330000 – 1741 – 0008046　綫296.2/4222　子部/雜家類

質神錄一卷續錄一卷　（清）彭紹升撰　清光緒十三年（1887）刻本　一冊　缺一卷（續錄）

330000 – 1741 – 0008049　善4/396　集部/別集類/明別集

自知堂集二十四卷　（明）蔡汝楠撰　明嘉靖三十七年（1558）刻四十三年（1564）衡陽朱炳如印本　十六冊

330000 – 1741 – 0008050　綫292.2/1346　類叢部/叢書類/彙編之屬

嘯園叢書五十七種　（清）葛元煦編　清光緒二年至七年（1876 – 1881）仁和葛氏刻本　一冊　存一種

330000 – 1741 – 0008051　綫307.8/1022　子部/雜著類/雜考之屬

格致古微五卷表一卷　（清）王仁俊撰　清光緒二十二年（1896）吳縣王氏籀鄦詖刻本　四冊

330000 – 1741 – 0008053　綫310.88/4444　子部/天文曆算類/算書之屬

金匱華氏行素軒算學全書十六種　（清）華蘅芳撰　清光緒袖海山房石印本　十一冊　存九種

330000 – 1741 – 0008054　綫308/2813　新學/叢編

格致叢書一百十種　（清）徐建寅編　清光緒二十七年（1901）譯書公學石印本　三十二冊

330000 – 1741 – 0008055　綫290.1/1700　子部/術數類/數學之屬

皇極經世六十卷前編一卷觀物外篇二卷觀物外篇補遺一卷觀物篇解一卷皇極經世總圖一卷康節先生漁樵問答一卷　（宋）邵雍撰　清咸豐元年（1851）洛陽安樂窩刻光緒十九年（1893）邵毓嵩增刻本　十六冊

330000 – 1741 – 0008056　綫311.7/4444　子部/天文曆算類/算書之屬

行素軒算稿五種　（清）華蘅芳撰　清光緒八年至十一年（1882 – 1885）梁谿華氏刻本　四冊　存一種

330000 – 1741 – 0008057　善3/349　史部/傳記類/總傳之屬/姓名

古今萬姓統譜一百四十卷歷代帝王姓系統譜六卷氏族博攷十四卷　（明）凌迪知輯　明萬曆凌迪知刻清初汲古閣重修本　三十二冊

330000 – 1741 – 0008058　綫311.13/4034　子部/天文曆算類/算書之屬

九章算術細草圖說九卷海島算經細草圖說一卷　（三國魏）劉徽注　（唐）李淳風等注釋　（清）李潢細草　（清）沈欽裴補草　清光緒二十二年（1896）上海文淵山房石印本　四冊

330000 – 1741 – 0008060　綫311.7/4444/C1　子部/天文曆算類/算書之屬

學算筆談十二卷　（清）華蘅芳撰　清光緒十一年（1885）金匱華氏刻行素軒算稿本　張祿度題簽並題記　四冊

330000 – 1741 – 0008062　綫310.8/4802　子部/天文曆算類/算書之屬

梅氏叢書輯要六十二卷首一卷　（清）梅文鼎撰　（清）梅穀成重編　清光緒石印本　六冊

330000 – 1741 – 0008063　綫310.8/1015　子部/天文曆算類/算書之屬

白芙堂算學叢書　（清）丁取忠輯　清光緒十七年（1891）上海鴻文書局石印本　八冊

330000 – 1741 – 0008064　綫311.41/1043　子部/天文曆算類/算書之屬

緝古算經攷注二卷　（唐）王孝通撰並注

（清）李潢考注　清刻本　二冊

330000－1741－0008065　綫311.57/4033b
子部/天文曆算類/算書之屬

白芙堂算學叢書　（清）丁取忠輯　清同治至光緒長沙古荷花池精舍刻本　二冊　存一種

330000－1741－0008066　綫311.6/2642　子部/天文曆算類/算書之屬

算學十書　（清）賈步緯輯　清同治至光緒江南機器製造總局刻本暨鉛印本　四冊　存一種

330000－1741－0008068　綫311.57/2542　子部/天文曆算類/算書之屬

白芙堂算學叢書　（清）丁取忠輯　清同治至光緒長沙古荷花池精舍刻本　三冊　存一種

330000－1741－0008069　綫311.7/0038　子部/天文曆算類/算書之屬

算學課藝四卷　（清）席淦　（清）貴榮編　清光緒六年(1880)同文館鉛印本　四冊

330000－1741－0008070　善3/350　史部/傳記類/總傳之屬/姓名

古今萬姓統譜一百四十卷歷代帝王姓系統譜六卷氏族博攷十四卷　（明）凌迪知輯　明萬曆凌迪知刻清初汲古閣重修本　四十冊

330000－1741－0008071　綫311.7/7781　子部/天文曆算類/算書之屬

九數通考十一卷首一卷末一卷　（清）屈曾發撰　清乾隆三十七年(1772)豫簪堂刻同治十一年(1872)屈承幹補刻本　六冊

330000－1741－0008072　綫310.88/4802　子部/天文曆算類/算書之屬

梅氏叢書輯要六十二卷首一卷　（清）梅文鼎撰　（清）梅瑴成重編　清乾隆二十六年(1761)梅氏承學堂刻本　十六冊

330000－1741－0008073　綫311.7/3144.78　子部/天文曆算類/算書之屬

衡齋算學遺書合刻十六卷　（清）汪萊撰　清光緒十八年(1892)汪廷棟聞梅舊塾刻本　二冊

330000－1741－0008074　綫311.7/9913　子部/天文曆算類/算書之屬

矩齋籌算六種附一種　勞乃宣撰　清光緒十二年至二十六年(1886－1900)桐鄉勞氏刻朱墨套印本　六冊　存一種

330000－1741－0008075　綫311.7/3144.77、綫311.7/3144.78.1　子部/天文曆算類/算書之屬

衡齋算學遺書合刻十六卷　（清）汪萊撰　清咸豐四年(1854)夏燮鄱陽縣署刻本　二冊

330000－1741－0008076　綫313/4717　子部/天文曆算類/算書之屬

元代合參三卷附元代釋號一卷　（清）胡豫（清）沈光烈撰　清光緒二十七年(1901)紹興墨潤堂石印本　一冊

330000－1741－0008077　綫313.1/4940　新學/算學/代數

代數備旨不分卷總答一卷　（美國）狄考文選譯　（清）鄒立文　（清）生福維筆述　清光緒三十年(1904)上海美華書館鉛印本　一冊

330000－1741－0008078　綫312.1/2411　新學/算學/數學

數學啟蒙四卷　（英國）偉烈亞力撰　清光緒二十四年(1898)上海六先書局鉛印本　四冊

330000－1741－0008079　綫082.6/4457　類叢部/叢書類/彙編之屬

三長物齋叢書二十五種　（清）黃本驥編　清道光二十二年至二十八年(1842－1848)湘陰蔣瓈刻本　六十冊

330000－1741－0008080　綫311.57/4033　子部/天文曆算類/算書之屬

白芙堂算學叢書　（清）丁取忠輯　清同治至光緒長沙古荷花池精舍刻本　三冊　存一種

330000－1741－0008081　綫313.1/4940a　新學/算學/代數

代數備旨不分卷總答一卷　（美國）狄考文選譯　（清）鄒立文　（清）生福維筆述　清光緒二十六年(1900)上海美華書館鉛印本　一冊

330000 – 1741 – 0008082　綫 310.8/1015a
子部/天文曆算類/算書之屬

白芙堂算學叢書　（清）丁取忠輯　清同治至光緒長沙古荷花池精舍刻本　三十二冊

330000 – 1741 – 0008083　綫 317/6034　新學/算學/曲綫

八線備旨四卷學總習問一卷　（美國）羅密士撰　（美國）潘慎文選譯　清光緒二十四年（1898）上海美華書館鉛印本　一冊

330000 – 1741 – 0008084　綫 310.8/4802.2
子部/天文曆算類/算書之屬

梅氏叢書輯要六十二卷首一卷　（清）梅文鼎撰　（清）梅瑴成重編　清光緒二年（1876）刻本　二十冊

330000 – 1741 – 0008085　綫 316/4940　新學/算學/代數

形學備旨十卷開端一卷　（美國）狄考文選譯　（清）鄒立文筆述　清光緒二十八年（1902）上海美華書館鉛印本　二冊

330000 – 1741 – 0008087　綫 314.1/4461　新學/算學/微積

微積溯源八卷　（英國）華里司輯　（英國）傅蘭雅口譯　（清）華蘅芳筆述　清末刻本　五冊　存七卷（一至七）

330000 – 1741 – 0008089　綫 308/2347　新學/格致總

格致彙編不分卷　（英國）傅蘭雅輯　清光緒二年至十八年（1876－1892）上海格致書室鉛印本　二十八冊

330000 – 1741 – 0008091　綫 320.1/6034　新學/天學

星學發軔十六卷　（美國）羅密士撰　（英國）駱三畏譯　（清）熙璋等錄　**星學發軔引說二卷**　（英國）駱三畏撰　清光緒二十年（1894）同文館鉛印本　十八冊

330000 – 1741 – 0008092　綫 327.3/4088　子部/天文曆算類/算書之屬

李氏遺書十一種　（清）李銳撰　清道光三年

（1823）儀徵阮元刻本　一冊　存一種

330000 – 1741 – 0008096　綫 327.392/7878
子部/雜著類/雜纂之屬

庚戌年官商快覽不分卷　清宣統二年（1910）上海書業公所石印本　一冊

330000 – 1741 – 0008099　綫 310.8/1743　子部/天文曆算類/算書之屬

中西算學叢書初編二十二種　（清）求敏齋主人輯　清光緒二十二年（1896）上海鴻寶齋石印本　四十冊

330000 – 1741 – 0008100　綫 327.32/7535
類叢部/叢書類/彙編之屬

廣雅書局叢書一百五十九種　徐紹棨編　清光緒廣雅書局刻民國九年（1920）番禺徐紹棨彙編重印本　一冊　存一種

330000 – 1741 – 0008102　綫 311.7/3507　子部/天文曆算類/算書之屬

御製數理精蘊上編五卷下編四十卷表八卷　（清）聖祖玄燁撰　清光緒八年（1882）江寧藩署刻本　四十冊

330000 – 1741 – 0008104　綫 327.392/7878：2
子部/雜著類

辛亥年官商快覽不分卷　清宣統三年（1911）上海書業公所石印本　一冊

330000 – 1741 – 0008106　綫 327/1716　類叢部/叢書類/郡邑之屬

畿輔叢書　（清）王灝編　清光緒五年至十八年（1879－1892）定州王氏謙德堂刻三十二年（1906）彙印本（元和郡縣圖志卷十九至二十、二十三至二十四、三十五至三十六原缺）　十冊　存一種

330000 – 1741 – 0008107　綫 362/4412　新學/理學/理學

天演論二卷　（英國）赫胥黎撰　嚴復譯　清光緒二十四年（1898）鉛印本　一冊

330000 – 1741 – 0008108　綫 327.3088/1087
類叢部/叢書類/彙編之屬

木犀軒叢書二十七種　李盛鐸編　清光緒德

化李氏木犀軒刻本　四冊　存一種

330000－1741－0008109　善4/139　集部/別集類/宋別集

南豐先生元豐類藁五十一卷　（宋）曾鞏撰
明萬曆二十五年（1597）查溪曾敏才、曾敏行等刻本　十二冊

330000－1741－0008110　綫327.392/7878：2/C1　子部/雜著類

辛亥年官商快覽不分卷　清宣統三年（1911）上海書業公所石印本　一冊

330000－1741－0008112　綫362/4412.1　新學/理學/理學

天演論二卷　（英國）赫胥黎撰　嚴復譯　清光緒二十七年（1901）富文書局石印本　一冊

330000－1741－0008114　綫330/8020　新學/格致總

博物新編初集一卷二集一卷三集一卷　（英國）合信氏撰　清咸豐五年（1855）江蘇上海墨海書館刻本　一冊

330000－1741－0008115　綫362/4412.1：2　新學/理學/理學

天演論二卷　（英國）赫胥黎撰　嚴復譯　清光緒二十七年（1901）富文書局石印本　一冊

330000－1741－0008116　綫375.9/2643　子部/農家農學類/園藝之屬/總志

植物名實圖考三十八卷長編二十二卷　（清）吳其濬撰　清道光二十八年（1848）陸應穀刻民國八年（1919）山西官書局遞修本　六十冊

330000－1741－0008119　綫380.25/4010　子部/農家農學類/鳥獸蟲之屬

蠕範八卷　（清）李元撰　清刻同治十三年（1874）傳經堂補刻渾齋著訂各書本　四冊

330000－1741－0008120　綫082.6/2832　類叢部/叢書類/彙編之屬

春暉堂叢書十二種　（清）徐渭仁編　清道光至咸豐上海徐渭仁刻同治九年至十年（1870－1871）徐允臨補刻彙印本　十一冊　存九種

330000－1741－0008121　綫310.88/4444　子部/天文曆算類/算書之屬

測海山房中西算學叢刻初編　（清）測海山房主人輯　清光緒二十二年（1896）上海璣衡堂石印本　一冊　存一種

330000－1741－0008124　善4/140　集部/總集類/彙編之屬

唐宋八大家文鈔　（明）茅坤編　明萬曆七年（1579）茅一桂刻本　四冊　存十卷（宋大家曾文定公文抄一至十）

330000－1741－0008126　綫413.32/81.00　類叢部/叢書類/自著之屬

新訂六譯館叢書八十九種　廖平撰　清光緒至民國刻民國十年（1921）四川存古書局彙印本　二冊　存一種

330000－1741－0008127　綫413.11/37.80　子部/叢編

二十二子（二十二子彙函）　（清）浙江書局編　清光緒元年至三年（1875－1877）浙江書局刻本　十冊　存一種

330000－1741－0008129　綫082.6/3131　類叢部/叢書類/彙編之屬

賜硯堂叢書新編四十種　（清）顧沅編　清道光十年（1830）長洲顧氏刻本　十二冊

330000－1741－0008132　善3/324　類叢部/類書類/通類之屬

冊府元龜一千卷目錄十卷　（宋）王欽若等輯　明崇禎十五年（1642）福建建陽黃國琦刻清康熙十一年（1672）黃九錫重修本　三百二冊

330000－1741－0008133　善3/337　類叢部/類書類/通類之屬

古今合璧事類備要前集六十九卷後集八十一卷續集五十六卷　（宋）謝維新輯　**古今合璧事類備要別集九十四卷外集六十六卷**　（宋）虞載輯　明嘉靖三十一年至三十五年（1552－1556）三衢夏相刻本（後集卷七十二至七十三、七十六至七十八，續集卷一至二，外集卷三十三至三十八、四十二配抄本）　一百六十冊

330000－1741－0008135　綫414.1/4061　子部/醫家類/本草之屬/歷代綜合本草

本草綱目五十二卷首一卷圖三卷奇經八脈攷一卷瀕湖脈學一卷脈訣攷證一卷　（明)李時珍撰　**本草萬方鍼線八卷藥品總目一卷**(清)蔡烈先輯　**本草綱目拾遺十卷首一卷**(清)趙學敏輯　清光緒十一年(1885)張紹棠味古齋刻本　四十冊

330000－1741－0008136　綫430/1751　類叢部/叢書類/彙編之屬

漸西村舍彙刊(漸西村舍刻)四十四種(清)袁昶編　清光緒十六年至二十四年(1890－1898)桐廬袁氏刻本(黃帝內經太素卷一、四、七、十六、十八、二十至二十一原缺)　二冊　存二種

330000－1741－0008137　綫430.13/1064　類叢部/叢書類/彙編之屬

漸西村舍彙刊(漸西村舍叢刻)四十四種(清)袁昶編　清光緒十六年至二十四年(1890－1898)桐廬袁氏刻本(黃帝內經太素卷一、四、七、十六、十八、二十至二十一原缺)　四冊　存一種

330000－1741－0008140　綫573.171/2277　史部/政書類/通制之屬

欽定大清會典圖二百七十卷首一卷　（清)昆岡等撰　清光緒二十五年(1899)京師官書局石印本　七十四冊

330000－1741－0008141　綫434.86/1183　子部/農家農學類/農藝之屬

士那補釋一卷　（清)張義澍撰　清光緒十八年(1892)金陵刻本　一冊

330000－1741－0008142　綫430/1031　子部/農家農學類/總論之屬

農書二十二卷　（元)王禎撰　清末石印本　二冊

330000－1741－0008143　綫430.13/1064.1　子部/叢編

子書百家　（清)崇文書局編　清光緒元年(1875)湖北崇文書局刻本　四冊　存一種

330000－1741－0008144　綫414.6/67.79　子部/醫家類/綜合之屬/通論

醫貫六卷　（明)趙獻可撰　（明)呂留良評　清同治六年(1867)文英堂刻三多齋印本　四冊

330000－1741－0008145　綫608/0075　史部/叢編

史學叢書四十三種　（清)□□輯　清光緒二十八年(1902)上海煥文書局點石齋石印本　三十二冊

330000－1741－0008146　綫430.4/2893　子部/農家農學類/總論之屬

農政全書六十卷　（明)徐光啓撰　清同治十三年(1874)山東書局刻本　二十冊

330000－1741－0008147　綫573.071/4672　子部/儒家類/儒學之屬/經濟

皇朝經世文編一百二十卷姓名總目二卷(清)賀長齡輯　清光緒十七年(1891)邵州經綸書局刻本　八十冊

330000－1741－0008148　綫608/1083　史部/地理類

小方壺齋輿地叢鈔十二帙補編十二帙再補編十二帙　（清)王錫祺輯　清光緒十七年(1891)、二十年(1894)、二十三年(1897)上海著易堂鉛印本　八十四冊

330000－1741－0008149　綫430.4/2893.1　子部/農家農學類/總論之屬

農政全書六十卷　（明)徐光啓撰　清道光十七年(1837)貴州刻本　二十四冊

330000－1741－0008150　綫432.1/4433　子部/農家農學類/總論之屬

欽定授時通考七十八卷　（清)鄂爾泰等撰　清同治江西書局刻本　二十四冊

330000－1741－0008151　善3/351　類叢部/類書類/通類之屬

唐類函二百卷目錄二卷　（明)俞安期輯　明萬曆三十一年(1603)東吳俞安期刻本　六十四冊

330000 – 1741 – 0008152　綫 438.2/7742　新學/農政/蠶務

論養蠶新法一卷　（法國）巴士德撰　（法國）拔維晏譯述　清光緒二十八年（1902）浙江官書局刻本　一冊

330000 – 1741 – 0008153　綫 435.4/7555　子部/農家農學類/園藝之屬/花卉

秘傳花鏡六卷圖一卷　（清）陳淏子撰　清刻本　二冊

330000 – 1741 – 0008155　綫 438.2/2113　子部/農家農學類/蠶桑之屬

蠶桑合編一卷圖說一卷　（清）何石安　（清）魏源輯　清道光二十四年（1844）文東川刻本　一冊

330000 – 1741 – 0008157　綫 438.6/4846　子部/農家農學類/蠶桑之屬

柞蠶雜誌一卷　增韞撰　清光緒三十二年（1906）浙江官書局刻本　一冊

330000 – 1741 – 0008158　綫 443.632/4059　史部/地理類/水利之屬

海寧念汛大口門二限三限石塘圖說一卷　(清)李輔燿撰　（清）袁鎮嵩繪圖　清光緒七年（1881）刻本　一冊

330000 – 1741 – 0008159　善 3/352　類叢部/類書類/專類之屬

五車韻瑞一百六十卷洪武正韻一卷　（明）凌稚隆輯　明金閶葉瑤池刻本　二十四冊

330000 – 1741 – 0008160　綫 443.68913235/7416　史部/地理類/水利之屬

重修淮郡文渠志一卷　（清）陸元鼎撰　清光緒三十年（1904）善後局刻本　一冊

330000 – 1741 – 0008161　綫 573.071/4672＊1　子部/儒家類/儒學之屬/經濟

皇朝經世文續編一百二十卷　（清）管窺居士輯　清光緒十四年（1888）邵州經綸書局刻本　四十冊

330000 – 1741 – 0008162　綫 082.7/2831　類叢部/叢書類/家集之屬

學壽堂叢書十二種　徐紹楨編　清咸豐至光緒番禺徐氏梧州刻本　二十六冊

330000 – 1741 – 0008163　綫 443.68921/6686.52　史部/政書類

吳中水利書一卷　（宋）單鍔撰　清光緒二十六年（1900）弅山鐸署刻本　一冊

330000 – 1741 – 0008165　綫 435.4/1021　子部/農家農學類/園藝之屬/總志

二如亭群芳譜四十二卷　（明）王象晉撰　清刻本　四冊　存十一卷（花譜首、花譜一至二，天譜三，歲譜首、歲譜一至四，果譜三至四）

330000 – 1741 – 0008166　綫 443.85/1311　史部/地理類/水利之屬

海塘新志六卷續海塘新志四卷　（清）琅玕撰　清道光刻本　八冊

330000 – 1741 – 0008167　善 3/353　類叢部/類書類/通類之屬

山堂肆考二百四十卷　（明）彭大翼撰　（明）張幼學編　明萬曆二十三年（1595）刻本　八十冊

330000 – 1741 – 0008168　綫 443.85/4001　史部/地理類/水利之屬

江蘇海塘新志八卷首一卷　（清）李慶雲撰　清光緒十六年（1890）刻本　四冊

330000 – 1741 – 0008169　綫 443.85/7121　史部/地理類/水利之屬

海塘新志六卷　（清）琅玕撰　清道光刻本　四冊

330000 – 1741 – 0008170　綫 443.68911/4462　類叢部/叢書類/自著之屬

林文忠公遺集四種　（清）林則徐撰　清光緒三山林氏刻本　一冊　存一種

330000 – 1741 – 0008171　綫 610.1081/17.20　史部/紀傳類/正史之屬

十七史　（明）毛晉編　清古吳書業刻本　五十八冊　存四種

330000－1741－0008172　綫 437.8/0744　類叢部/叢書類/自著之屬

郭氏叢刻十三種　（清）郭柏蒼撰　清光緒刻本　三冊　存一種

330000－1741－0008173　綫 443.68911/3286　史部/地理類/水利之屬

畿輔水利初案一卷二案一卷三案一卷四案一卷補一卷附錄一卷　（清）潘錫恩輯　清道光三年（1823）刻本　六冊

330000－1741－0008174　綫 438.1/2140　子部/農家農學類/蠶桑之屬

蠶桑萃編十五卷首一卷　（清）衛杰撰　清光緒二十六年（1900）浙江書局刻本　八冊

330000－1741－0008175　綫 082.6/4620　類叢部/叢書類/彙編之屬

受經堂彙稾五種　（清）楊紹文編　清道光三年（1823）刻本　四冊

330000－1741－0008178　善 3/358　類叢部/類書類/通類之屬

潛確居類書一百二十卷　（明）陳仁錫輯　明崇禎十五年（1642）陳智錫繼志堂刻本　三十四冊

330000－1741－0008180　綫 505/3670　新學/報章

湘學新報不分卷　（清）湘督學使署編　清光緒二十三年（1897）刻本　二十冊

330000－1741－0008181　綫 082.6/4690　類叢部/叢書類/彙編之屬

連筠簃叢書十二種　（清）楊尚文編　清道光二十七年至二十九年（1847－1849）靈石楊氏刻本（羣書治要卷四、十三、二十原缺）　三十六冊

330000－1741－0008182　綫 520/1063　新學/格致總

西學考略二卷　（美國）丁韙良撰　（清）貴榮（清）時雨化譯　清光緒九年（1883）同文館鉛印本　二冊

330000－1741－0008184　善 4/134A　集部/

別集類/宋別集

歐陽文忠公全集一百五十三卷附錄五卷　（宋）歐陽修撰　廬陵歐陽文忠公[修]年譜一卷　（宋）胡柯編　清乾隆十一年（1746）歐陽安世孝思堂刻本　二十四冊

330000－1741－0008185　綫 082.7/3133　類叢部/叢書類/彙編之屬

藝苑捃華四十八種　（清）顧之逵編　清同治七年（1868）刻本　二十四冊

330000－1741－0008186　綫 520.92/2257　新學/學校

畿輔學堂案牘一卷　（清）畿輔學堂編　清光緒刻本　一冊

330000－1741－0008187　綫 520.81/6051　新學/報章

教育世界六十八卷　（清）教育世界社編　清光緒二十七年至二十九年（1901－1903）刻本暨石印本　十冊　缺九卷（五至十三）

330000－1741－0008188　綫 522.89/23.1　新學/學校

浙江初級師範學堂現行章程一卷　（清）浙江初級師範學堂編　清宣統元年（1909）鉛印本　一冊

330000－1741－0008189　綫 443.85/2633/＊2　史部/地理類/水利之屬

海塘新志六卷續海塘新志四卷　（清）琅玕撰　清道光刻本　四冊　存四卷（續海塘新志一至四）

330000－1741－0008190　善 4/167　集部/別集類/宋別集

慶湖遺老詩集九卷詩集拾遺一卷後集補遺一卷　（宋）賀鑄撰　清抄本　二冊

330000－1741－0008191　綫 520.931/2744　史部/政書類

日遊彙編四卷　繆荃孫輯　清光緒二十九年（1903）高等學堂刻本　一冊

330000－1741－0008192　綫 525.9921/5045　史部/地理類/專志之屬/書院

314

東林書院志二十二卷 （清）高廷珍等撰 清光緒七年（1881）刻本 八冊

330000－1741－0008193 綫 443.85/1311：2 史部/地理類/水利之屬

海塘新志六卷 （清）琅玕撰 清道光刻本 四冊

330000－1741－0008195 綫 610.1081/24.26/＊2－24 史部/紀傳類/正史之屬

武英殿本二十四史附考證 清同治八年（1869）嶺南葄古堂刻本 八百二十二冊 存二十三種

330000－1741－0008196 綫 521.9/2603 類叢部/叢書類/彙編之屬

當歸草堂叢書八種 （清）丁丙編 清同治二年至五年（1863－1866）錢塘丁氏刻本 一冊 存一種

330000－1741－0008197 善 4/168 集部/別集類/宋別集

浮沚集九卷 （宋）周行己撰 清乾隆四十四年（1779）武英殿木活字印武英殿聚珍版書本 清孫衣言批校並跋 清孫詒讓批校 三冊

330000－1741－0008198 綫 521.9/2603.1 子部/儒家類/儒學之屬/勸學

程氏家塾讀書分年日程三卷綱領一卷 （元）程端禮撰 清同治十年（1871）山東尚志堂刻光緒二十九年（1903）印本 以叔題記 一冊

330000－1741－0008200 善 4/169 集部/別集類/宋別集

劉給諫文集五卷 （宋）劉安上撰 清抄本 二冊

330000－1741－0008202 綫 525.9921/5045：1 史部/地理類/專志之屬/書院

東林書院志二十二卷 （清）高廷珍等撰 清光緒七年（1881）刻本 八冊

330000－1741－0008203 綫 082.7/3136 類叢部/叢書類/彙編之屬

小石山房叢書三十八種 （清）顧湘編 清道光刻同治十三年（1874）虞山顧氏補刻本 十六冊

330000－1741－0008204 綫 527.91/0471 史部/政書類/儀制之屬/專志/科舉校規

奏定初等小學完全簡易科章程一卷 清末刻本 一冊

330000－1741－0008205 綫 525.9924/2603 史部/地理類/專志之屬/書院

白鹿書院志十九卷 （清）毛德琦原訂 （清）周兆蘭重修 清康熙五十七年（1718）刻乾隆六十年（1795）至民國四年（1915）遞修本 八冊

330000－1741－0008207 善 4/173 集部/別集類/宋別集

劉左史集四卷 （宋）劉安節撰 清抄本 清孫詒讓批校 二冊

330000－1741－0008208 綫 526.12/1117 史部/政書類/儀制之屬/專志/科舉校規

欽定學堂章程不分卷 （清）張百熙等編 清光緒三十二年（1906）上海會文社鉛印本 一冊

330000－1741－0008209 綫 525.9912/4027 史部/地理類/專志之屬/書院

士鄉書院志不分卷續定不分卷 （清）尹繼美輯 清同治十一年（1872）刻本 一冊

330000－1741－0008211 綫 527.91/1032 新學/學校

兩江師範學堂開辦優級現行章程十章 （清）兩江師範學堂編 清末金陵明通印刷社鉛印本 一冊

330000－1741－0008213 綫 082.7/4712 類叢部/叢書類/彙編之屬

琳琅秘室叢書三十種 （清）胡珽編 清光緒十四年（1888）會稽董氏取斯家塾木活字印本 三十二冊

330000－1741－0008215 善 4/174 集部/別集類/宋別集

唐先生文集二十卷附文錄一卷 （宋）唐庚撰 清抄本 四冊

330000－1741－0008217　善4/170　集部/別集類/宋別集

劉給諫文集五卷　（宋）劉安上撰　清抄本　清孫衣言批校　一冊

330000－1741－0008219　綫532/78.44　經部/三禮總義類/通論之屬

禮書通故五十卷　（清）黃以周撰　清光緒十九年(1893)黃氏試館刻本　三十二冊

330000－1741－0008221　綫539.9223/4430　經部/小學類/訓詁之屬/方言

越諺三卷越諺賸語二卷　（清）范寅輯　清光緒八年(1882)谷應山房刻本　三冊

330000－1741－0008224　善4/175　集部/別集類/宋別集

龜山先生全集四十二卷　（宋）楊時撰　明刻本　八冊

330000－1741－0008225　綫540/4233　新學/議論/通論

羣學肄言不分卷　（英國）斯賓塞爾造論　嚴復翻譯　清光緒二十九年(1903)上海文明編譯書局刻本　六冊

330000－1741－0008227　善4/175B　集部/別集類/宋別集

斜川集六卷附錄二卷　（宋）蘇過撰　（清）周永年輯　**斜川集訂誤一卷**　（清）吳長元撰　清乾隆五十三年(1788)武進趙懷玉亦有生齋刻本　清夏璸題記　四冊

330000－1741－0008228　綫526.12/1117a＊2　史部/政書類/儀制之屬/專志/科舉校規

奏定學堂章程不分卷　（清）張百熙等編　清光緒湖北學務處刻本　一冊　存優級師範學堂章程、初級師範學堂章程、實業教員講習所章程、高等農工商實業學堂章程、中等農工商實業學堂章程、初等農工商實業學堂章程、實業補習普通學堂章程、藝徒學堂章程

330000－1741－0008229　綫539.9223/4430/C1　經部/小學類/訓詁之屬/方言

越諺三卷越諺賸語二卷　（清）范寅輯　清光

緒八年(1882)谷應山房刻本　三冊

330000－1741－0008230　善4/176A　集部/別集類/宋別集

莊簡集十八卷　（宋）李光撰　清金粟堂抄本　二冊　存七卷(一至七)

330000－1741－0008232　綫539.12/4403　類叢部/叢書類/彙編之屬

曼陀羅華閣叢書十六種　（清）杜文瀾編　清咸豐至光緒秀水杜氏刻光緒十八年(1892)上海掃葉山房修補印本　二十冊　存一種

330000－1741－0008234　綫526.12/1117a　史部/政書類/儀制之屬/專志/科舉校規

奏定學堂章程不分卷　（清）張百熙等編　清光緒鉛印本　五冊

330000－1741－0008235　善4/176　集部/別集類/宋別集

橫塘集二十卷　（宋）許景衡撰　清光緒孫氏述舊齋抄本　清孫衣言校並題記　清孫詒讓校　六冊

330000－1741－0008237　綫520.927/4477　子部/雜著類/雜纂之屬

翼教叢編六卷附一卷　蘇輿輯　清刻本　三冊

330000－1741－0008238　善4/175A　集部/別集類/宋別集

楊龜山先生集四十二卷首一卷末一卷　（宋）楊時撰　清康熙四十六年(1707)延平楊繩祖刻本(卷末原缺)　十冊

330000－1741－0008239　綫532/78.44：2　經部/三禮總義類/通論之屬

禮書通故五十卷　（清）黃以周撰　清光緒十九年(1893)黃氏試館刻本　三十二冊

330000－1741－0008243　善4/177　集部/別集類/宋別集

忠惠集十卷附錄一卷　（宋）翟汝文撰　清抄本　四冊

330000－1741－0008244　綫525.9913101/

彝山書院志一卷　（清）史致康輯　清道光刻本　二冊

330000－1741－0008245　綫 539.92/0000
經部/小學類/訓詁之屬/方言

里語徵實三卷續編一卷　（清）唐訓方撰　清同治十二年（1873）唐訓方觀稼書樓刻本　四冊

330000－1741－0008246　綫 552.20951/4742
類叢部/叢書類/彙編之屬

廣雅書局叢書一百五十九種　徐紹棨編　清光緒廣雅書局刻民國九年（1920）番禺徐紹棨彙編重印本　一冊　存二種

330000－1741－0008247　綫 082.8/0040　類叢部/叢書類/彙編之屬

式訓堂叢書四十一種　（清）章壽康編　清光緒會稽章氏刻本　三十二冊　存二十八種

330000－1741－0008248　綫 526.12/1117a：2
史部/政書類/儀制之屬/專志/科舉校規

奏定學堂章程不分卷　（清）張百熙等編　清光緒鉛印本　五冊

330000－1741－0008250　綫 532/78.44：3
經部/三禮總義類/通論之屬

禮書通故五十卷　（清）黃以周撰　清光緒十九年（1893）黃氏試館刻本　三十二冊

330000－1741－0008255　綫 555.4223/1044
史部/政書類/公牘檔冊之屬

奏辦浙江工藝傳習所試辦章程一卷附通守規則一卷　（清）聶緝槼撰　清光緒三十一年（1905）杭州編譯書局鉛印本　一冊

330000－1741－0008257　綫 557.457/4497
史部/政書類/邦計之屬/漕運

江北運程四十卷首一卷末一卷　（清）董恂撰　清同治六年（1867）刻本　三十六冊　缺一卷（首）

330000－1741－0008260　善 4/189　集部/別集類/宋別集

五峰胡先生文集五卷　（宋）胡宏撰　清抄本

清孫詒讓校　二冊　存三卷（一至三）

330000－1741－0008261　綫 557.37561/0211
史部/地理類/雜志之屬

新疆省道里表一卷　（清）□□編　清光緒十六年（1890）湖南刻本　一冊

330000－1741－0008265　善 4/178　集部/別集類/宋別集

松隱文集四十卷　（宋）曹勛撰　清康熙四十三年（1704）呂無隱、呂無盡等抄本　清呂無郿校並跋　清孫詒讓題識　四冊　缺十四卷（一至七、十四、三十至三十五）

330000－1741－0008266　綫 557.09223/3033a　史部/地理類/雜志之屬

浙江全省輿圖並水陸道里記不分卷　（清）宗源瀚等纂　清光緒二十年（1894）石印本　二十冊

330000－1741－0008268　綫 567.29/23　史部/政書類

浙省田賦各項開支原委不分卷　清抄本　一冊

330000－1741－0008269　綫 557.2591/7507
史部/政書類/邦計之屬

軌政紀要五卷　（清）陳毅輯　清光緒三十三年（1907）郵傳部圖書通譯局鉛印本　二冊

330000－1741－0008270　善 4/190　集部/別集類/宋別集

重刊橫浦先生文集二十卷　（宋）張九成撰　無垢先生橫浦心傳錄三卷橫浦日新一卷（宋）于恕編　重刊橫浦先生家傳一卷　（宋）張榕撰　重刊施先生孟子發題一卷　（宋）施德操撰　明萬曆四十三年（1615）方士騏刻本　八冊

330000－1741－0008272　綫 567.4/0030　史部/政書類/邦計之屬/鹽法

淮北票鹽志略十五卷　（清）童濂編　清同治七年（1868）刻本　六冊

330000－1741－0008273　善 4/179　集部/別集類/宋別集

石林居士建康集八卷　（宋）葉夢得撰　清抄本　一冊

330000－1741－0008276　綫567.4/0835　史部/政書類/邦計之屬/鹽法

淮北票鹽續略十二卷　（清）許寶書編　清同治九年(1870)刻本　四冊

330000－1741－0008277　綫082.8/0123　類叢部/叢書類/彙編之屬

半厂叢書初編十種　（清）譚獻編　清同治至光緒仁和譚氏刻本　二十冊　存九種

330000－1741－0008279　綫571.27/2237　新學/雜著/叢編

帝國叢書五種　（清）出洋學生編輯所編　清光緒二十八年(1902)上海商務印書館鉛印本　一冊　存一種

330000－1741－0008283　綫082.77/4454　類叢部/叢書類/彙編之屬

玉雨堂叢書第一集十種　（清）韓泰華編　清咸豐仁和韓氏刻本　十二冊

330000－1741－0008284　綫570.71/2780　新學/政治法律/政治

十九世紀列國政治文編十四卷　（清）邵義輯　清光緒二十九年(1903)教育世界社鉛印本　十二冊

330000－1741－0008286　綫567.4/4032　史部/政書類/邦計之屬/鹽法

淮鹺備要十卷附行鹽疆界圖一卷　（清）李澄輯　清道光三年(1823)刻本　四冊

330000－1741－0008287　綫567.4/7283　史部/政書類/邦計之屬/鹽法

淮北票鹽志餘初編一卷續編一卷議挽北鹽罪言一卷續一卷再續一卷　（清）劉鉽撰　清光緒二十六年至三十年(1900－1904)木活字印本　五冊　存四卷(淮北票鹽志餘初編、續編,議挽北鹽罪言、再續)

330000－1741－0008290　綫082.8/0123：2　類叢部/叢書類/彙編之屬

半厂叢書初編十種　（清）譚獻編　清同治至光緒仁和譚氏刻本　十八冊　存八種

330000－1741－0008293　綫570.71/1035　子部/儒家類/儒學之屬

皇朝蓄艾文編八十卷　（清）于寶軒輯　清光緒二十九年(1903)上海官書局鉛印本　三十六冊

330000－1741－0008294　綫082.8/0721　類叢部/叢書類/彙編之屬

金峨山館叢書(望三益齋叢書)十一種　（清）郭傳璞編　清光緒八年至十六年(1882－1890)鄞縣郭氏刻二十年(1894)鎮海邵氏彙印本　十冊

330000－1741－0008295　綫567.4/7110　史部/政書類/邦計之屬/鹽法

兩廣鹽法志三十五卷首一卷　（清）伍長華等纂修　清道光十六年(1836)刻本　十六冊

330000－1741－0008297　善4/134B　集部/別集類/宋別集

歐陽文忠公全集一百五十三卷附錄五卷　（宋）歐陽修撰　廬陵歐陽文忠公[修]年譜一卷　（宋）胡柯編　清乾隆五十七年(1792)惇敘堂刻本　三十二冊

330000－1741－0008298　綫568.87/2133　新學/商務/稅則

咸豐戊午通商稅則一卷　清宣統二年(1910)駐滬海關造冊處鉛印本　一冊

330000－1741－0008299　善4/180　集部/別集類/宋別集

簡齋詩集十五卷　（宋）陳與義撰　清康熙娛暉堂抄本　四冊

330000－1741－0008300　綫557.09223/3033a/C1　史部/地理類/雜志之屬

浙江全省輿圖並水陸道里記不分卷　（清）宗源瀚等纂　清光緒二十年(1894)石印本　十七冊

330000－1741－0008301　綫570.71/3334　集部/別集類

新輯志士文錄初編二十四卷　梁啓超等撰

清光緒二十七年(1901)上海中西譯書會石印本　四冊

330000－1741－0008303　綫567.4/7110/＊2
史部/政書類/邦計之屬/鹽法

兩浙鹽法續纂備考十二卷　(清)楊昌濬等纂修　清同治十三年(1874)刻本　十二冊

330000－1741－0008305　綫572.42/1117
史部/叢編

入幕須知五種　(清)張廷驤輯　清光緒十八年(1892)浙江書局刻本　六冊

330000－1741－0008306　綫572/7508　類叢部/叢書類/彙編之屬

兩湖書院課程三種　(清)兩湖書院編　清光緒二十四年至二十六年(1898－1900)兩湖書院刻本　一冊　存一種

330000－1741－0008307　綫082.8/0848　類叢部/叢書類/彙編之屬

榆園叢刻十五種附一種　(清)許增編　清同治至光緒刻民國九年(1920)補刻本　十六冊

330000－1741－0008308　綫082.8/1010　類叢部/叢書類/彙編之屬

丁氏八千卷樓叢刻二十種　(清)丁丙編　清同治至光緒杭州丁丙八千卷樓刻本　二十冊

330000－1741－0008309　善4/141　集部/別集類/宋別集

曾文昭公集四卷　(清)曾肇撰　清康熙六十一年(1722)曾儼等刻本　四冊

330000－1741－0008310　綫572.7/2648　史部/政書類/律令之屬/刑制

明刑管見錄一卷　(清)穆翰撰　清光緒三十年(1904)浙江官書局刻本　一冊

330000－1741－0008311　善4/181　集部/別集類/宋別集

簡齋詩鈔不分卷　(宋)陳與義撰　清初抄本　一冊

330000－1741－0008312　善4/181　集部/別集類/宋別集

盱江集鈔一卷　(宋)李覯撰　清抄本　一冊

330000－1741－0008314　綫573.07/2612
史部/叢編

練青軒類稿　(清)沈儷崑編　清光緒二十七年(1901)刻本　二冊　存一種

330000－1741－0008315　綫567.4/7110a
史部/政書類/邦計之屬/鹽法

欽定重修兩浙鹽法志三十卷首一卷　(清)馮培　(清)潘庭筠等纂修　**兩浙鹽法續纂備考十二卷**　(清)楊昌濬等纂修　清同治十三年(1874)刻本　三十六冊

330000－1741－0008316　綫573.07/1022
子部/儒家類/儒學之屬

正學篇三卷　(清)王仁俊撰　清光緒三十四年(1908)存古學堂鉛印本　一冊

330000－1741－0008317　綫573.07/1053
子部/儒家類/儒學之屬/經濟

噩夢一卷　(清)王夫之撰　清末石印本　宗素題簽　一冊

330000－1741－0008321　綫573.07/3334
集部/別集類

新輯志士文錄初編二十四卷　梁啓超等撰　清光緒二十七年(1901)上海中西譯書會石印本　四冊

330000－1741－0008322　綫573.07/7570
史部/職官類/官箴之屬

牧令芻言一卷　(清)陳際唐撰　清光緒三十二年(1906)鉛印本　一冊

330000－1741－0008323　綫573.07/3610
子部/雜著類/雜說之屬

危言四卷　湯震(湯壽潛)撰　清光緒十六年(1890)上海刻本　二冊

330000－1741－0008325　綫082.8/1020:1
類叢部/叢書類/彙編之屬

王益吾所刻書十種　王先謙編　清光緒九年至十年(1883－1884)長沙王氏刻本　屈燨題記　六冊　存五種

330000－1741－0008326　綫 573.07/3610.1
子部/雜著類/雜說之屬

危言四卷　湯震（湯壽潛）撰　清光緒二十一年（1895）石印本　四冊

330000－1741－0008327　綫 573.071/4672＊2
子部/儒家類/儒學之屬/經濟

皇朝經世文新編二十一卷首一卷　麥仲華輯　清光緒二十七年（1901）上海書局石印本　八冊

330000－1741－0008329　綫 573.071/7497
集部/總集類/選集之屬/斷代

切問齋文鈔三十卷　（清）陸燿輯　清道光四年（1824）崇陽楊國楨刻本　十冊

330000－1741－0008330　綫 573.07/8740
子部/雜著類/雜說之屬

盛世危言六卷續編四卷　鄭觀應撰　清光緒二十二年（1896）上海書局石印本　五冊

330000－1741－0008334　綫 082.8/1020：1/C1　類叢部/叢書類/彙編之屬

王益吾所刻書十種　王先謙編　清光緒九年至十年（1883－1884）長沙王氏刻本　七冊存五種

330000－1741－0008335　綫 082.8/1028　類叢部/叢書類/彙編之屬

莪園叢書十二種　（清）平步青編　清同治至光緒山陰平氏安越堂刻本　九冊

330000－1741－0008337　綫 573.1/3643　史部/政書類

三通考輯要　湯壽潛輯　清光緒二十五年（1899）圖書集成局鉛印本　三十冊

330000－1741－0008339　綫 573.07/8740：1
子部/雜著類/雜說之屬

盛世危言十四卷　鄭觀應撰　清光緒二十一年（1895）鉛印本　八冊

330000－1741－0008340　綫 573.071/4672＊3
子部/儒家類/儒學之屬/經濟

皇朝經世文新編續集二十一卷　（清）甘韓輯　清光緒二十八年（1902）商絳雪齋書局石印

本　十二冊

330000－1741－0008343　綫 573.1/7107.2
史部/政書類/通制之屬

文獻通考紀要二卷　□□纂　**附錄一卷**（清）鄒淩沅輯　清光緒二十四年（1898）鉛印述廬叢書本　蔭盦題簽　一冊

330000－1741－0008345　綫 573.1/1299　史部/政書類/律令之屬/律例

古今法制表十六卷　（清）孫榮編　清光緒三十二年（1906）四川瀘州學正署刻本　九冊缺二卷（三至四）

330000－1741－0008346　綫 082.8/1049　類叢部/叢書類/彙編之屬

天壤閣叢書二十種　（清）王祖源　（清）王懿榮編　清同治至光緒福山王氏刻彙印本　二十冊

330000－1741－0008348　綫 573.19/3416
史部/雜史類/斷代之屬

經畧洪承疇奏對筆記二卷　（清）洪承疇撰　清光緒十六年（1890）刻本　一冊

330000－1741－0008349　綫 573.102/1036
史部/政書類

三通序三卷　（清）蔣德鈞錄　清光緒十四年（1888）湘鄉蔣氏龍安郡署刻求實齋叢書本　清楊臨題記　三冊

330000－1741－0008350　綫 573.1/6609　史部/政書類/通制之屬

文獻通考詳節二十四卷　（元）馬貴與（馬端臨）撰　（清）嚴虞惇錄　清光緒五年（1879）八杉齋鉛印本　馬敘倫題記　十二冊

330000－1741－0008351　綫 573.1/4451　史部/政書類/通制之屬

二十四史九通政典類要合編三百二十卷（清）黃書霖輯　清光緒二十八年（1902）約雅堂石印本　六十冊

330000－1741－0008352　綫 573.332/0944
史部/政書類/儀制之屬/專志/科舉校規

欽定科場條例六十卷首一卷　（清）耆英等修

（清）麟桂等纂　續增科場條例不分卷（清道光十七年至同治元年）　清同治六年（1867）江甯藩署木活字印本　二十六冊

330000－1741－0008353　綫573.42/6045
史部/職官類/官箴之屬

實政錄七卷　（明）呂坤撰　清同治十一年（1872）浙江書局刻本　六冊

330000－1741－0008354　綫573.42/4033
子部/儒家類/儒學之屬/經濟

袁易齋先生圖民錄四卷　（清）袁守定撰　清同治十二年（1873）湘鄉楊昌濬刻本　二冊

330000－1741－0008355　綫573.41023/3013
類叢部/叢書類/彙編之屬

廣雅書局叢書一百五十九種　徐紹棨編　清光緒廣雅書局刻民國九年（1920）番禺徐紹棨彙編重印本　二十四冊　存一種

330000－1741－0008357　綫573.42/6045：1
史部/職官類/官箴之屬

實政錄七卷　（明）呂坤撰　清同治七年（1868）湖北崇文書局刻本　四冊

330000－1741－0008358　綫082.8/1134　類叢部/叢書類/彙編之屬

暢園叢書甲函六種　（清）張邁編　清光緒二十年（1894）始豐張氏四明刻本　四冊

330000－1741－0008359　綫573.1/4424　史部/政書類

九通　（清）□□輯　清光緒八年至二十二年（1882－1896）浙江書局刻本　五十冊　存一種

330000－1741－0008362　綫573.42/0818
史部/政書類

宦海指南五種　（清）許乃普輯　清光緒十六年（1890）四川臬署刻本　二冊　存二種

330000－1741－0008363　綫573.53/0007
史部/政書類/律令之屬/律例

欽定增修六部處分則例五十二卷　（清）文孚等修　（清）清平等纂　清光緒二年（1876）刻本　二十二冊

330000－1741－0008365　綫573.49/2700
史部/政書類/儀制之屬/專志/諡法

皇朝諡法考五卷續編一卷補編一卷　（清）鮑康輯　清光緒三年（1877）永康胡氏退補齋刻本　二冊

330000－1741－0008367　綫589.91/2528
史部/政書類/律令之屬/律例

大清律例三十九卷大清律纂修條例不分卷督捕則例二卷三流道里表不分卷律例館校正洗冤錄四卷檢骨格一卷大清律例總類不分卷　（清）唐紹祖等纂修　清道光二十五年（1845）刻同治九年（1870）增修本　三十四冊

330000－1741－0008368　綫082.8/1035　類叢部/叢書類/彙編之屬

月河精舍叢鈔五種　（清）丁寶書編　清光緒四年至十二年（1878－1886）苕溪丁氏刻本　七冊　存四種

330000－1741－0008369　綫573.42/7221
史部/職官類/官箴之屬

牧令全書二十三卷　（清）丁日昌輯　清同治七年（1868）江蘇書局刻本　一冊　存六卷（劉簾舫先生吏治三書一至六）

330000－1741－0008370　綫573.42/4033.1
子部/儒家類/儒學之屬

圖民錄四卷　（清）袁守定撰　清道光十九年（1839）新種竹軒刻本　二冊

330000－1741－0008371　綫573.49/3523
史部/傳記類

御製李文忠碑祭文一卷　（清）德宗載湉撰　清光緒石印本　一冊

330000－1741－0008373　綫573.42/0043
史部/職官類/官箴之屬

平平言四卷　（清）方大湜撰　清光緒十八年（1892）資州官廨刻本　四冊

330000－1741－0008377　綫082.8/2205　類叢部/叢書類/彙編之屬

正覺樓叢刻（正覺樓叢書）二十九種　（清）崇文書局編　清光緒崇文書局刻本　三十六冊

330000 – 1741 – 0008379　綫 573.52/1073　史部/政書類/律令之屬/律例

大清法規大全正編一百七十一卷續編一百六十二卷　清光緒二十七年至宣統三年(1901－1911)北京政學社石印本　六十六冊　缺一卷(續編交通部首)

330000 – 1741 – 0008380　綫 082.8/2544　類叢部/叢書類/彙編之屬

挹秀山房叢書十一種　(清)朱克敬編　清同治至光緒刻光緒二十年(1894)朱氏重刻彙印本　十六冊

330000 – 1741 – 0008382　綫 573.53/3507　史部/政書類/律令之屬/律例

欽定禮部則例二百二卷　(清)特登額等修　(清)長秀等纂　清道光二十四年(1844)刻本　二十四冊

330000 – 1741 – 0008385　善 4/142　集部/別集類/宋別集

新刻臨川王介甫先生詩文集一百卷目錄二卷　(宋)王安石撰　明萬曆四十年(1612)王鳳翔金陵光啟堂刻本　三十二冊

330000 – 1741 – 0008386　綫 573.535/2684　史部/政書類/律令之屬/律例

欽定總管內務府現行則例四卷　(清)裕誠等修　(清)文璧等纂　清咸豐刻本　四冊

330000 – 1741 – 0008387　綫 573.9407/2846　史部/政書類/通制之屬

東三省政略十二卷　徐世昌編　清宣統三年(1911)鉛印本　四十冊

330000 – 1741 – 0008388　善 4/190C　集部/別集類/宋別集

橫浦先生文集二十卷　(宋)張九成撰　**無垢先生橫浦心傳錄三卷橫浦日新一卷**　(宋)于恕編　**橫浦先生家傳一卷**　(宋)張榕撰　**施先生孟子發題一卷**　(宋)施德操撰　明萬曆四十二年(1614)吳惟明刻本　八冊

330000 – 1741 – 0008389　綫 574/4338　史部/地理類/外紀之屬

列國政要一百三十二卷首一卷譯名對照表一卷　(清)戴鴻慈　(清)端方輯　清光緒三十三年(1907)上海商務印書館石印本　三十二冊

330000 – 1741 – 0008390　綫 610.23/1779.57　史部/編年類/通代之屬

資治通鑑二百九十四卷　(宋)司馬光撰　(元)胡三省音注　**通鑑釋文辯誤十二卷**　(元)胡三省撰　清同治十年(1871)湖北崇文書局刻本　清陳豪批並題記　一百四冊　缺一卷(七十八)

330000 – 1741 – 0008391　善 4/143　集部/別集類/宋別集

新刻臨川王介甫先生詩文集一百卷目錄二卷　(宋)王安石撰　明萬曆四十年(1612)王鳳翔金陵光啟堂刻本　八冊

330000 – 1741 – 0008393　綫 578.285/78.50　類叢部/叢書類/彙編之屬

申報館叢書正集五十七種附錄三種續集一百四十二種　(清)尊聞閣主編　蔡爾康編續集　清同治至光緒上海申報館鉛印本　五冊　存一種

330000 – 1741 – 0008396　綫 082.8/2341　類叢部/叢書類/彙編之屬

玲瓏山館叢書(益雅堂全集)六十九種　(清)文選樓輯　清光緒十五年(1889)文選樓刻本　五十二冊

330000 – 1741 – 0008397　綫 082.8/2509　類叢部/叢書類/彙編之屬

槐廬叢書四十六種　(清)朱記榮編　清光緒三年至十五年(1877－1889)吳縣朱氏槐廬家塾刻本　八十冊

330000 – 1741 – 0008398　善 4/184　集部/別集類/宋別集

屏山先生文集二十卷　(宋)劉子翬撰　清初刻本　八冊

330000 – 1741 – 0008400　綫 610.23/1779 * 2　史部/編年類/斷代之屬

續資治通鑑長編五百二十卷目錄二卷　（宋）
李燾撰　清光緒七年（1881）浙江書局刻本
一百二十冊

330000－1741－0008402　綫578.285/78.50/
C1　類叢部/叢書類/彙編之屬

申報館叢書正集五十七種附錄三種續集一百
四十二種　（清）尊聞閣主編　蔡爾康編續集
　清同治至光緒上海申報館鉛印本　五冊
存一種

330000－1741－0008404　綫573.752/4032
史部/政書類/通制之屬

建炎以來朝野雜記甲集二十卷乙集二十卷
（宋）李心傳撰　清光緒十九年（1893）井研蕭
氏刻本　八冊

330000－1741－0008405　綫576.015/4437
新學/政治法律

政學叢書　清光緒上海商務印書館鉛印本
一冊　存一種

330000－1741－0008413　善4/144　集部/別
集類/宋別集

臨川先生文集一百卷目錄二卷　（宋）王安石
撰　明刻本　三十二冊

330000－1741－0008414　善4/185　集部/別
集類/宋別集

沈忠敏公龜谿集十二卷　（宋）沈與求撰　明
萬曆二十八年（1600）金陵沈子木刻本　六冊

330000－1741－0008416　綫578.23/2612
史部/政書類/邦計之屬/貿易

各國通商條約十六卷　（清）浙江通商洋務總
局編　清光緒二十八年（1902）浙江官書局刻
本　十冊

330000－1741－0008417　綫577.6/2142　史
部/政書類/邦計之屬

東三省移民開墾意見書一卷　熊希齡撰　清
宣統鉛印本　一冊

330000－1741－0008420　善4/182　集部/別
集類/宋別集

苕溪集五十五卷　（宋）劉一止撰　清抄本

六冊

330000－1741－0008424　綫579.3/4486　史
部/政書類/邦交之屬

國際公法志一卷　蔡鍔編譯　清光緒二十九
年（1903）上海廣智書局鉛印本　一冊

330000－1741－0008427　綫580.952/8063
新學/政治法律/律例

美國治法要略三卷　（美國）林樂知譯　（清）
范禕述　美國治法要略附錄一卷　（美國）林
樂知譯　（清）任保羅述　清光緒二十九年
（1903）上海商務印書館鉛印本　一冊

330000－1741－0008428　綫582.032/23.1
新學/學校

浙江官立法政學堂章程一卷　（清）浙江官立
法政學堂編　清宣統二年（1910）鉛印本
一冊

330000－1741－0008429　善4/145　集部/別
集類/宋別集

王荊文公詩五十卷補遺一卷　（宋）王安石撰
　（宋）李壁箋注　清乾隆五年至六年（1740－
1741）武原張宗松清綺齋刻本　清孫衣言校並
題記　八冊

330000－1741－0008432　綫585.5/1114　子
部/雜著類/雜說之屬

問心齋學治雜錄二卷續錄四卷　（清）張聯桂
撰　清光緒十一年（1885）刻本　二冊　存二
卷（雜錄一至二）

330000－1741－0008433　綫585.023/8092
史部/政書類/律令之屬/律例

律表三十八卷首一卷洗冤錄表四卷檢骨圖格
一卷　（清）曾恒德編　清刻本　五冊　缺五
卷（洗冤錄表一至四、檢骨圖格）

330000－1741－0008434　綫585.09351/4742
　類叢部/叢書類/彙編之屬

廣雅書局叢書一百五十九種　徐紹棨編　清
光緒廣雅書局刻民國九年（1920）番禺徐紹棨
彙編重印本　一冊　存二種

330000－1741－0008435　綫082.8/2744　類

叢部/叢書類/彙編之屬

雲自在龕叢書十九種　繆荃孫輯　清光緒江陰繆氏刻本　二十六冊

330000－1741－0008437　善4/195　集部/別集類/宋別集

艾軒先生文集十卷　（宋）林光朝撰　清抄本　一冊　存三卷（一至三）

330000－1741－0008438　善4/145A　集部/別集類/宋別集

王荊文公詩五十卷補遺一卷　（宋）王安石撰　（宋）李壁箋注　清乾隆五年至六年（1740－1741）武原張宗松清綺齋刻本　四冊

330000－1741－0008439　善4/183　集部/別集類/宋別集

宋陳少陽先生文集十卷　（宋）陳東撰　明天啓五年（1625）賀懋忠刻本　四冊

330000－1741－0008440　善4/145A/C1　集部/別集類/宋別集

王荊文公詩五十卷補遺一卷　（宋）王安石撰　（宋）李壁箋注　清乾隆五年至六年（1740－1741）武原張宗松清綺齋刻本　八冊

330000－1741－0008441　綫589.91/4454　類叢部/叢書類/自著之屬

桐華閣叢書六種　（清）杜貴墀撰　清光緒二十年至三十三年（1894－1907）刻本　一冊　存一種

330000－1741－0008443　善4/194　集部/別集類/宋別集

艾軒先生文集十卷　（宋）林光朝撰　清抄本　二冊

330000－1741－0008444　綫589.91/1723　史部/政書類/律令之屬/律例

讀法圖存四卷　（清）邵繩清編　清道光十六年（1836）刻本　四冊

330000－1741－0008445　綫082.8/2816　類叢部/叢書類/彙編之屬

鄦齋叢書二十種　徐乃昌編　清光緒二十六年（1900）南陵徐氏刻本　二十冊

330000－1741－0008446　善4/187　集部/別集類/宋別集

和靖尹先生文集十卷　（宋）尹焞撰　和靖尹先生祠附錄一卷　清刻本　四冊

330000－1741－0008448　善4/146　集部/別集類/宋別集

廣陵先生文集四十二卷　（宋）王令撰　明抄本　八冊

330000－1741－0008449　綫586.65/3080　史部/政書類/律令之屬/法驗

洗冤錄補註全纂六卷　（清）王又槐輯　（清）李觀瀾補輯　（清）阮其新補註　洗冤錄集証二卷　（清）郎錦騏纂輯　清上洋寶善堂刻本　一冊

330000－1741－0008451　綫589.91/78.77　史部/政書類/律令之屬/律例

大清律例增修統纂集成四十卷督捕則例附纂二卷　（清）姚潤輯　（清）陶駿　（清）陶念霖增輯　清光緒十六年（1890）浙省聚文堂刻本　二十四冊

330000－1741－0008453　綫082.8/2826　類叢部/叢書類/彙編之屬

會稽徐氏鑄學齋叢書十三種　徐維則編　清咸豐至光緒會稽徐氏刻光緒二十六年（1900）彙印本　六冊　存四種

330000－1741－0008454　綫592/1066　史部/傳記類/總傳之屬/通代

百將圖傳二卷　（清）丁日昌編　清同治八年（1869）江蘇書局刻本　二冊

330000－1741－0008455　綫610.231/1779.6：2　史部/編年類/通代之屬

資治通鑑補正二百九十四卷首一卷　（明）嚴衍撰　清光緒二十八年（1902）上海益智書局石印本　四十八冊

330000－1741－0008456　善4/202　集部/別集類/宋別集

梅溪先生廷試策一卷奏議四卷文集二十卷後集二十九卷　（宋）王十朋撰　附錄宋龍圖閣

學士王公[十朋]墓志銘一卷　（宋）汪應辰撰
明正統五年（1440）劉謙、何瀷刻天順六年
（1462）重修本　二十冊

330000－1741－0008457　綫 590/5043　子
部/兵家類/兵法之屬
浠澼百金方十四卷首一卷　（清）袁宮桂編
清乾隆五十三年（1788）榕城嘉魚堂刻本
十冊

330000－1741－0008458　善 4/149　集部/別
集類/宋別集
東坡先生全集七十五卷　（宋）蘇軾撰　東坡
先生[蘇軾]年譜一卷　（宋）王宗稷編　明萬
曆三十四年（1606）吳興茅維刻本　四十冊

330000－1741－0008459　善 4/197　集部/別
集類/宋別集
平園續稿六卷　（宋）周必大撰　清抄本
二冊

330000－1741－0008461　綫 592/1262　子
部/兵家類/兵法之屬
孫子十家註十三卷　（漢）曹操等撰　孫子敘
錄一卷　（清）畢以珣撰　孫子十家註遺說一
卷　（宋）鄭友賢撰　清嘉慶二年（1797）兗州
觀察署刻本　六冊

330000－1741－0008465　綫 082.8/2848　類
叢部/叢書類/彙編之屬
邵武徐氏叢書初刻十四種　（清）徐榦編　清
光緒邵武徐氏刻本　二十冊

330000－1741－0008466　綫 610.231/1779.6
史部/編年類/通代之屬
資治通鑑補正二百九十四卷首一卷　（明）嚴
衍撰　清光緒二十八年（1902）上海益智書局
石印本　四十八冊

330000－1741－0008468　綫 592/4427　子
部/兵家類/兵法之屬
軍禮司馬瀎攷徵二卷　（清）黃以周撰　清光
緒十八年（1892）黃氏試館刻本　一冊

330000－1741－0008470　善 4/197A　集部/
別集類/宋別集

誠齋文集四十二卷首一卷末一卷楊文節公詩集
四十二卷誠齋文節先生錦繡策二卷　（宋）楊
萬里撰　清乾隆五十九年至六十年（1794－
1795）帶經軒刻本　十一冊　存四十二卷（楊
文節公詩集一至四十二）

330000－1741－0008471　綫 610.2378/4719
史部/編年類/通代之屬
校刊資治通鑑全書八種　（清）胡元常輯　清
光緒十四年至十七年（1888－1891）長沙楊氏
刻本　一百二十冊

330000－1741－0008473　善 4/203　集部/別
集類/宋別集
梅溪先生廷試策一卷奏議四卷文集二十卷後
集二十九卷　（宋）王十朋撰　附錄宋龍圖閣
學士王公[十朋]墓志銘一卷　（宋）汪應辰撰
明正統五年（1440）劉謙、何瀷刻天順六年
（1462）重修本　清沈周模批點並跋　十四冊
缺一卷（附錄）

330000－1741－0008475　綫 592/5515　類叢
部/叢書類/自著之屬
箋經室叢書三種　曹元忠撰輯　清光緒十九
年至二十七年（1893－1901）曹氏箋經室刻本
一冊　存一種

330000－1741－0008477　綫 592/1262.1　子
部/叢編
二十二子（二十二子彙函）　（清）浙江書局編
清光緒元年至三年（1875－1877）浙江書局
刻本　六冊　存一種

330000－1741－0008478　綫 592/5329　子
部/兵家類/兵法之屬
紀效新書十八卷首一卷　（明）戚繼光撰　清
京都琉璃廠刻本　六冊

330000－1741－0008479　善 4/188　集部/別
集類/宋別集
胡澹菴先生文集六卷　（宋）胡銓撰　清抄本
一冊

330000－1741－0008481　綫 595.5/2060　類
叢部/叢書類/彙編之屬

海山仙館叢書五十六種　（清）潘仕成編　清道光二十五年至咸豐元年(1845－1851)番禺潘氏刻光緒十一年(1885)增刻彙印本　一冊　存一種

330000－1741－0008482　綫610.2474/2319　史部/編年類/通代之屬

御批歷代通鑑輯覽一百二十卷　（清）傅恒等撰　清同治十年(1871)浙江書局刻朱墨套印本　四十八冊

330000－1741－0008484　綫082.8/2849　類叢部/叢書類/彙編之屬

觀自得齋叢書二十三種別集六種　（清）徐士愷編　清光緒十二年至二十年(1886－1894)石埭徐氏刻本　二十二冊　存二十三種

330000－1741－0008486　綫595.99/3186　子部/藝術類/遊藝之屬/投壺

射書四卷首一卷　（明）顧煜撰　清光緒十四年(1888)貽經書屋刻本　四冊

330000－1741－0008487　綫592.8/7430　新學/兵制/陸軍

第一期第二班馬隊野外演習實施記事彙錄不分卷　（清）陸軍部陸軍速成學堂編　清宣統二年(1910)陸軍部陸軍速成學堂鉛印本　一冊

330000－1741－0008488　綫599.4/6049　史部/地理類/防務之屬/海防

洋防輯要二十四卷　（清）嚴如熤撰　清道光刻本　十二冊

330000－1741－0008489　善4/201　集部/別集類/宋別集

止齋先生奧論八卷　（宋）陳傅良撰　明刻本　清孫衣言校　四冊

330000－1741－0008492　綫599.4/7714　史部/政書類/軍政之屬/邊政

籌海初集四卷　（清）關天培輯　清道光十六年(1836)刻本　四冊

330000－1741－0008494　善4/199　集部/別集類/宋別集

止齋先生文集五十二卷附錄一卷　（宋）陳傅良撰　明正德元年(1506)莆田林長繁刻本　一冊　存五卷(一至五)

330000－1741－0008495　綫602/0014　類叢部/叢書類/彙編之屬

文選樓叢書三十三種　（清）萩林山房編　清嘉慶至道光阮元刻道光二十二年(1842)阮亨彙印本　四冊　存二種

330000－1741－0008496　綫610.2474/2391.3　史部/編年類/通代之屬

御批歷代通鑑輯覽一百二十卷　（清）傅恒等撰　清光緒二十五年(1899)新化三味堂刻本　六十四冊

330000－1741－0008497　綫599.5/22　史部/地理類/防務之屬/江防

皖江汛防全圖一卷　清同治至光緒刻本　一冊

330000－1741－0008498　綫597.1/0006　史部/政書類/軍政之屬/兵制

北洋海軍章程十四卷　（清）奕譞等撰　清光緒十四年(1888)天津石印書局石印本　二冊

330000－1741－0008499　綫602/0014/C1　類叢部/叢書類/彙編之屬

文選樓叢書三十三種　（清）萩林山房編　清嘉慶至道光阮元刻道光二十二年(1842)阮亨彙印本　四冊　存二種

330000－1741－0008500　綫610.2474/2319.3　史部/編年類/通代之屬

御批歷代通鑑輯覽一百二十卷綱鑑總評一卷　（清）傅恒等撰　讀史論略一卷　（清）杜詔撰　歷代帝王年表一卷　（清）萬健庵編錄　清同治十年(1871)潯陽萬氏芋粟園刻本　六十二冊

330000－1741－0008501　綫602/0014：1　類叢部/叢書類/彙編之屬

文選樓叢書三十三種　（清）萩林山房編　清嘉慶至道光阮元刻道光二十二年(1842)阮亨彙印本　三冊　存一種

330000－1741－0008502　綫601.1/1126/＊1
類叢部/叢書類/自著之屬

多伽羅香館叢書　張采田撰　清光緒至民國
刻本暨木活字印本　二冊　存一種

330000－1741－0008503　善4/191A　集部/
別集類/宋別集

莆陽知稼翁文集十一卷詞一卷　（宋）黃公度
撰　清抄本　二冊

330000－1741－0008504　綫082.8/3164　類
叢部/叢書類/彙編之屬

荔牆叢刻十三種　（清）汪曰楨編　清同治至
光緒烏程汪氏刻本　二十冊

330000－1741－0008506　綫602/0014A　史
部/史表類/通代之屬

中外紀年通表六卷　（清）著易堂輯　清光緒
二十三年(1897)上海著易堂石印本　四冊

330000－1741－0008507　善4/193　集部/別
集類/宋別集

竹洲文集十卷附錄一卷　（宋）吳儆撰　明萬
曆吳繼良刻本　二冊

330000－1741－0008508　綫610.2474/2319.2
史部/編年類/通代之屬

御批歷代通鑑輯覽一百二十卷　（清）傅恒等
撰　清光緒三十一年(1905)上海商務印書館
石印本　二十四冊

330000－1741－0008511　綫601.75/0073
史部/史評類/史學之屬

文史通義八卷校讎通義三卷　（清）章學誠撰
清光緒二十五年(1899)新化三昧堂刻本
八冊

330000－1741－0008512　綫602/1024　史
部/史表類/通代之屬

歷代帝王年表一卷　（清）王維鋆撰　清光緒
十一年(1885)刻本　一冊

330000－1741－0008514　綫610.2474/2391.1
史部/編年類/通代之屬

御批歷代通鑑輯覽一百二十卷　（清）傅恒等
撰　清光緒九年(1883)同文書局石印本　十

六冊

330000－1741－0008516　綫610.2474/2391
史部/編年類/通代之屬

御批歷代通鑑輯覽一百二十卷　（清）傅恒等
撰　清同治十年(1871)浙江書局刻朱墨套印
本　四十八冊

330000－1741－0008518　綫602/4420　史
部/政書類/儀制之屬/專志/紀元

紀元通攷十二卷　（清）葉維庚撰　清同治十
一年(1872)刻本　四冊

330000－1741－0008519　綫602/4033　史
部/政書類/儀制之屬/專志/紀元

紀元編三卷末一卷　（清）李兆洛撰　（清）六
乘如輯　清道光十一年(1831)武進李兆洛蕙
學齋刻本　三冊

330000－1741－0008520　綫082.8/3234　類
叢部/叢書類/彙編之屬

滂喜齋叢書五十種　（清）潘祖蔭編　清同治
至光緒吳縣潘氏京師刻本　三十二冊

330000－1741－0008521　綫610.24/2624.2
史部/編年類/通代之屬

尺木堂綱鑑易知錄九十二卷　（清）周之炯等
輯　**御撰資治通鑑綱目三編二十卷**　（清）張
廷玉等撰　清光緒八年(1882)古吳席氏掃葉
山房刻本　四十八冊

330000－1741－0008522　善4/203A　集部/
別集類/宋別集

宋王忠文公文集五十卷目錄四卷　（宋）王十
朋撰　（清）唐傳鉎重編　**梅溪王忠文公[十
朋]年譜一卷**　（清）徐炯文編　清雍正六年
(1728)唐傳鉎刻鴈就堂印本　十冊

330000－1741－0008523　善4/208　類叢部/
叢書類/自著之屬

陸放翁全集六種　（宋）陸游撰　明末海虞毛
氏汲古閣刻清初毛扆增刻彙印本　四十八冊
缺一種

330000－1741－0008525　善4/204　集部/別
集類/宋別集

涉齋集十八卷　（宋）許及之撰　清同治七年(1868)孫氏抄本　清孫衣言校並跋　二冊

330000－1741－0008526　綫602.199/2611
類叢部/叢書類/郡邑之屬

貴池先哲遺書(唐石簃叢書、唐石簃彙刻貴池先哲遺書)十七種附刻一種續刊一種附一種　劉世珩編　清光緒二十四年至民國九年(1898－1920)貴池劉氏唐石簃刻民國十五年(1926)續刻彙印本　一冊　存一種

330000－1741－0008527　綫602/4447　史部/政書類/儀制之屬/專志/紀元

歷代紀元彙考五卷　（清）萬斯同撰　（清）萬經補　清鮑氏知不足齋刻本　馬敘倫題記　一冊

330000－1741－0008528　善4/203B　集部/別集類/宋別集

蒙隱集二卷　（宋）陳棣撰　清抄本　一冊

330000－1741－0008529　善4/209　集部/別集類/宋別集

水心文集二十九卷　（宋）葉適撰　清乾隆二十年(1755)溫州府學刻本　清孫衣言批校　十五冊

330000－1741－0008530　善4/205　集部/別集類/宋別集

象山先生全集三十六卷　（宋）陸九淵撰　附錄少湖徐先生學則辯一卷　（明）徐階撰　明嘉靖四十年(1561)何遷刻明張孟嘗、陳玉客重修本　十冊

330000－1741－0008533　善4/212　集部/別集類/宋別集

水心先生別集十六卷　（宋）葉適撰　清抄本　清孫詒讓校　八冊

330000－1741－0008535　善4/206　集部/別集類/宋別集

象山先生全集三十六卷　（宋）陸九淵撰　附錄少湖徐先生學則辯一卷　（明）徐階撰　明嘉靖四十年(1561)何遷刻本　十六冊

330000－1741－0008536　善4/210　集部/別

集類/宋別集

水心文集二十九卷　（宋）葉適撰　清乾隆二十年(1755)溫州府學刻本　清孫衣言校　十三冊　缺一卷(十八)

330000－1741－0008537　善4/215　集部/別集類/宋別集

江湖長翁文集四十卷　（宋）陳造撰　明萬曆四十六年(1618)仁和李之藻刻本　十冊

330000－1741－0008538　善4/213　集部/別集類/宋別集

水心先生別集十六卷　（宋）葉適撰　清龔顯曾抄本　清許祖涼　清龔顯曾跋　四冊

330000－1741－0008539　善4/214　集部/別集類

葉水心文集校注不分卷　（宋）葉適撰　（清）孫衣言校注　稿本　一冊

330000－1741－0008540　善4/207　集部/總集類/彙編之屬

詩詞雜俎十二種　（明）毛晉輯　明天啓至崇禎海虞毛氏汲古閣刻本　一冊　存一種

330000－1741－0008541　善4/211　集部/別集類/宋別集

水心文集二十九卷　（宋）葉適撰　清乾隆二十年(1755)溫州府學刻本　清孫衣言校　十冊　存二十卷(一至十二、十六至二十一、二十四至二十五)

330000－1741－0008542　綫608/2848　史部/叢編

大興徐氏三種　（清）徐松撰　清道光刻本　三冊　存二種

330000－1741－0008543　綫609.2/2.24　史部/地理類/輿圖之屬/郡縣

江西全省輿圖不分卷　（清）朱兆麟校　清光緒二十二年(1896)石印本　朱重光　王祖蘊題記　十四冊

330000－1741－0008544　綫609.2/7120　史部/地理類/總志之屬/通代

歷代地理沿革圖一卷　（清）六嚴繪　（清）馬

徵麟增輯　清同治十年（1871）金陵刻本
一冊

330000－1741－0008546　綫602.22/2100
史部/史表類/斷代之屬

後漢書年表十卷附錄一卷　（宋）熊方撰　清
乾隆四十七年（1782）歙县鮑氏刻本　二冊

330000－1741－0008547　善4/208A　集部/
別集類/宋別集

慈湖先生遺書抄六卷　（宋）楊簡撰　（明）楊
世思輯　明萬曆潘汝禎刻本　二冊

330000－1741－0008548　綫方002　類叢部/
叢書類/彙編之屬

古逸叢書二十六種　（清）黎庶昌編　清光緒
八年至十年（1882－1884）黎庶昌日本東京使
署影刻本（玉燭寶典卷九原缺）　四十九冊

330000－1741－0008549　綫609.2/33.77
史部/地理類/輿圖之屬/郡縣

廣東圖二十三卷　清同治五年（1866）刻本
三冊

330000－1741－0008550　善4/216B　集部/
別集類/宋別集

范香溪先生文集二十二卷　（宋）范浚撰　**范
蒙齋先生遺文一卷**　（宋）范端臣撰　**范楊溪
先生遺文一卷**　（宋）范端杲撰　清乾隆七年
（1742）范文煥刻本　四冊

330000－1741－0008551　善4/150　集部/別
集類/宋別集

東坡先生詩集註三十二卷　（宋）蘇軾撰
(宋)王十朋集注　明萬曆吳興茅維刻明末王
永積重修本　二十四冊

330000－1741－0008552　善4/216　集部/總
集類/選集之屬/斷代

宋四家文集　（清）張伯行編　清康熙四十八
年至五十年（1709－1711）儀封張伯行正誼堂
刻本　二冊　存一種

330000－1741－0008553　綫609.2/7120：2
史部/地理類/總志之屬/通代

歷代地理沿革圖一卷　（清）六嚴繪　（清）馬

徵麟增輯　清同治十年（1871）金陵刻本
一冊

330000－1741－0008554　善4/216A　集部/
別集類/宋別集

**宋李忠定公奏議選十五卷文集選二十九卷首
四卷目錄二卷**　（宋）李綱撰　（明）左光先等
選　明崇禎十二年（1639）李氏刻清康熙四十
四年（1705）李榮芳、乾隆二十七年（1762）徐
時作遞修本　十六冊

330000－1741－0008555　綫609.2/7542　類
叢部/叢書類/彙編之屬

廣雅書局叢書一百五十九種　徐紹棨編　清
光緒廣雅書局刻民國九年（1920）番禺徐紹棨
彙編重印本　二十四冊　存一種

330000－1741－0008557　善4/217　集部/別
集類/宋別集

**平菴悔稿一卷丙辰悔稿一卷悔稿後編一卷詩
稿補遺一卷**　（宋）項安世撰　清乾隆四十五
年至四十六年（1780－1781）吳長元抄本
六冊

330000－1741－0008558　善4/219　集部/別
集類/宋別集

西巖集一卷　（宋）翁卷撰　清抄本　一冊

330000－1741－0008559　綫610.023/4444
史部/史表類/通代之屬

歷代帝王年表一卷紀元同異攷略一卷　黃大
華撰　清光緒二十六年（1900）夢紅豆邨刻本
一冊

330000－1741－0008560　善4/225　集部/別
集類/宋別集

方是閒居士小稿二卷　（宋）劉學箕撰　清抄
本　一冊

330000－1741－0008561　綫610.1107/4467
史部/史抄類

史記菁華錄六卷　（清）姚祖恩輯　清光緒二
十二年（1896）上海書局石印本　六冊

330000－1741－0008562　綫610.1107/4467：2
史部/史抄類

史記菁華錄六卷 （清）姚祖恩輯　清光緒二十二年（1896）上海書局石印本　五冊　缺一卷（三）

330000－1741－0008564　善4/221　集部/別集類/宋別集

宋陳同甫文集一卷 （宋）陳亮撰　明崇禎刻本　一冊

330000－1741－0008565　善4/151　集部/別集類/宋別集

蘇東坡詩集注三十二卷失編一卷 （宋）蘇軾撰　（宋）呂祖謙編　（宋）王十朋集注　**東坡先生[蘇軾]年譜一卷** （宋）王宗謖編　清康熙三十七年（1698）朱從延文蔚堂刻本　十冊

330000－1741－0008566　善4/227　集部/別集類/宋別集

箕窗集十卷 （宋）陳耆卿撰　清抄本　二冊

330000－1741－0008567　綫610.11/1773.77.1　史部/紀傳類/正史之屬

史記一百三十卷 （漢）司馬遷撰　（南朝宋）裴駰集解　（唐）司馬貞索隱　（唐）張守節正義　清同治九年（1870）崇文書局刻本　二十四冊

330000－1741－0008568　善4/224　集部/別集類/宋別集

海瓊玉蟾先生文集六卷續集二卷 （宋）葛長庚撰　（明）朱權重輯　明萬曆新安劉懋賢等刻本　十冊　存五卷（一至五）

330000－1741－0008569　綫610.1083/3312　史部/紀傳類/正史之屬

史記志疑三十六卷 （清）梁玉繩撰　**補遺一卷** （清）梁學昌輯　清光緒十四年（1888）餘姚朱氏刻本　十二冊

330000－1741－0008570　綫610.11081/2333　史部/史評類/史論之屬

史漢發明彙鈔五卷 （清）傅澤鴻撰　清光緒十八年（1892）刻本　一冊

330000－1741－0008571　善4/223　集部/別集類/宋別集

龍洲道人詩集十五卷 （宋）劉過撰　清抄本　四冊

330000－1741－0008572　善4/226　集部/別集類/宋別集

秋聲集六卷 （宋）衛宗武撰　清抄本　四冊

330000－1741－0008573　善4/218　集部/別集類/宋別集

漫塘文集三十六卷附錄一卷 （宋）劉宰撰　明萬曆三十二年（1604）范崙等刻本　六冊

330000－1741－0008575　綫610.1081/21.13　史部/紀傳類/正史之屬

欽定二十四史 清光緒三十一年（1905）上海久敬齋石印本　三十二冊　存四種

330000－1741－0008576　綫610.1166/1773　史部/紀傳類/正史之屬

史記一百三十卷 （漢）司馬遷撰　（明）歸有光評點　**方望溪平點史記四卷** （清）方苞撰　清光緒二年至四年（1876－1878）武昌張氏刻本　二十冊

330000－1741－0008578　綫方004－綫方017　經部/叢編

重栞宋本十三經注疏四百十六卷　附十三經注疏校勘記四百十六卷 （清）阮元撰　（清）盧宣旬摘錄　**十三經注疏校勘記識語四卷**（清）汪文臺撰　清嘉慶二十年（1815）南昌府學刻道光六年（1826）盱江朱華臨重校同治十二年（1873）江西書局重修本（十三經注疏校勘記識語爲清光緒三年刻本）　一百八十一冊

330000－1741－0008579　善4/228　集部/別集類/宋別集

宋寶章閣直學士忠惠鐵庵方公文選六卷（宋）方大琮撰　（明）李時成選　明萬曆八年（1580）李時成刻本　四冊

330000－1741－0008580　善4/244A　集部/別集類/宋別集

白石詩集一卷詞集一卷諸家評論一卷 （宋）姜夔撰　清雍正五年（1727）歙縣洪正治刻本

一冊

330000－1741－0008581　善 4/230　集部/別集類/宋別集

秋崖先生小藁四十五卷詩集三十八卷　（宋）方岳撰　明嘉靖五年(1526)祁門方氏刻本　十二冊　缺三十八卷(詩集一至三十八)

330000－1741－0008582　善 4/236　集部/別集類/宋別集

學詩初藁一卷　（宋）王同祖撰　清抄本　一冊

330000－1741－0008583　綫 610.11083/4424　類叢部/叢書類/自著之屬

脩本堂叢書十種　（清）林伯桐撰　清道光刻同治五年(1866)補刻彙印本　一冊　存一種

330000－1741－0008586　善 4/244B　集部/別集類/宋別集

姜白石集九卷　（宋）姜夔撰　**附錄諸賢酬贈詩一卷**　清鮑氏知不足齋刻本　二冊

330000－1741－0008587　善 4/229　集部/別集類/宋別集

臞軒集十六卷　（宋）王邁撰　清抄本　三冊

330000－1741－0008590　善 4/238　集部/別集類/宋別集

方蛟峰先生文集六卷外集一卷　（宋）方逢辰撰　**宋方山房先生文集一卷**　（宋）方逢振撰　清順治十五年(1658)刻本　三冊

330000－1741－0008592　善 4/241　類叢部/叢書類/彙編之屬

正誼堂叢書五十五種　（清）張伯行編　清康熙至雍正正誼堂刻本　劉徽題識　二冊　存一種

330000－1741－0008594　綫 082.8/3234a　類叢部/叢書類/彙編之屬

功順堂叢書十八種　（清）潘祖蔭編　清光緒吳縣潘氏刻本(周人經說卷五至八原缺)　二十四冊

330000－1741－0008599　善 4/245　集部/詞類/別集之屬

夢窗甲藁一卷乙藁一卷丙藁一卷丁藁一卷補遺一卷續補遺一卷　（宋）吳文英撰　清咸豐十一年(1861)杜文瀾曼陀羅華閣刻曼陀羅華閣叢書本　清孫詒讓批校並題記　二冊

330000－1741－0008601　善 4/232　集部/別集類/宋別集

蒙川先生遺藁四卷　（宋）劉黻撰　清抄本　清孫詒讓校　二冊

330000－1741－0008602　綫 610.11083/7294　史部/紀傳類/正史之屬

史記校勘札記一百三十卷補史記校勘札記一卷　（清）劉光蕡撰　清光緒二十年(1894)陝甘味經刊書處刻本　六冊

330000－1741－0008603　善 4/239　集部/別集類/宋別集

霽山先生集五卷首一卷拾遺一卷　（宋）林景熙撰　（元）章祖程注　清孫氏述舊齋抄本　清孫詒讓　清孫鏘鳴校　二冊

330000－1741－0008604　善 4/233　集部/別集類/宋別集

蒙川遺稿四卷　（宋）劉黻撰　清抄本　二冊

330000－1741－0008606　善 4/240　集部/別集類/宋別集

九華詩集一卷　（宋）陳巖撰　清抄本　一冊

330000－1741－0008607　善 4/245Z　集部/詞類/別集之屬

夢窗甲稿一卷乙稿一卷丙稿一卷丁稿一卷補遺一卷　（宋）吳文英撰　**校勘夢窗詞劄記一卷**　（清）王鵬運撰　清光緒二十五年(1899)臨桂王鵬運四印齋刻本　清鄭文焯批校、題記並跋　二冊

330000－1741－0008608　善 4/234　集部/別集類/宋別集

蒙川遺稿四卷　（宋）劉黻撰　**劉蒙川公[黻]年譜一卷**　（清）林大椿撰　清咸豐七年(1857)劉永沛等木活字印本　清孫詒讓校並跋　二冊

330000－1741－0008610　綫 610.1166/1057
　類叢部/叢書類/彙編之屬

望三益齋叢書十八種　（清）吳棠編　清咸豐
至光緒吳氏望三益齋刻本　四冊　存一種

330000－1741－0008611　綫 610.21/2800
子部/叢編

二十二子(二十二子彙函)　（清）浙江書局編
　清光緒元年至三年(1875－1877)浙江書局
刻本　四冊　存一種

330000－1741－0008614　善 4/249　集部/詞
類/別集之屬

無絃琴譜二卷　（元）仇遠撰　清道光九年
(1829)梁谿孫氏刻本　祝廷錫校　一冊

330000－1741－0008615　善 4/243　集部/詞
類/別集之屬

珠玉詞一卷　（宋）晏殊撰　**小山詞一卷**
（宋）晏幾道撰　明抄本　一冊

330000－1741－0008616　綫 082.8/3031　類
叢部/叢書類/彙編之屬

懺花盦叢書三十種　（清）宋澤元編　清光緒
山陰宋氏刻十三年(1887)彙印本　六十冊

330000－1741－0008617　綫 610.21/4742/C1
　類叢部/叢書類/自著之屬

郝氏遺書三十三種　（清）郝懿行撰　清嘉慶
至光緒刻彙印本　二冊　存一種

330000－1741－0008618　綫 610.21/4742
類叢部/叢書類/自著之屬

郝氏遺書三十三種　（清）郝懿行撰　清嘉慶
至光緒刻彙印本　四冊　存一種

330000－1741－0008619　綫 610.2/7222　史
部/編年類/通代之屬

御批歷代通鑑輯覽一百二十卷　（清）傅恒等
撰　清光緒二十八年(1902)上海寶善書局石
印本　二十冊

330000－1741－0008620　綫 610.2/6030　史
部/編年類/通代之屬

大事記十二卷通釋三卷解題十二卷　（宋）呂
祖謙撰　清刻本　十二冊

330000－1741－0008621　善 4/250　集部/別
集類/金別集

莊靖先生遺集十卷　（金）李俊民撰　清顧氏
藝海樓抄本　三冊

330000－1741－0008622　綫 610.21/7504
史部/編年類/通代之屬

竹書紀年二卷　（清）陳詩集註　清嘉慶六年
(1801)蘄州陳氏刻本　二冊

330000－1741－0008623　善 4/246　集部/詞
類/別集之屬

澗泉詩餘一卷　（宋）韓淲撰　**撫掌詞一卷**
（宋）歐良輯　清抄本　一冊

330000－1741－0008625　綫 610.2307/7246
　史部/編年類/通代之屬

資治通鑑外紀十卷目錄五卷　（宋）劉恕撰
清吳氏璜川書塾刻本　八冊

330000－1741－0008626　善 4/247　集部/詞
類/別集之屬

草窗詞二卷補二卷　（宋）周密撰　清咸豐十
一年(1861)秀水杜氏刻曼陀羅華閣叢書本
清孫衣言校並跋　一冊

330000－1741－0008627　綫 610.21/7532
類叢部/叢書類/家集之屬

江都陳氏叢書七種　（清）陳本禮　（清）陳逢
衡撰　清嘉慶至道光刻本　二十四冊　存
一種

330000－1741－0008628　善 4/251　集部/別
集類/金別集

遺山先生文集四十卷　（金）元好問撰　**遺山
先生文集附錄一卷**　（明）儲罐輯　清康熙四
十六年(1707)無錫華希閔劍光閣刻本　清汪
昉跋　六冊

330000－1741－0008631　綫 610.2307/7246：2
　史部/編年類

資治通鑑彙刻　清同治至光緒江蘇書局刻本
　十冊　存一種

330000－1741－0008632　綫 610.23083/1114
　史部/編年類

資治通鑑彙刻　清同治至光緒江蘇書局刻本
　一冊　存一種

330000－1741－0008633　綫610.23083/2674
史部/編年類/通代之屬

資治通鑑地理今釋十六卷　（清）吳熙載撰
清光緒八年(1882)江蘇書局刻本　三冊

330000－1741－0008634　綫610.23081/2199
史部/史評類/史論之屬

通鑑論三卷附稽古錄論一卷　（宋）司馬光撰
　（清）伍耀光輯　清光緒二十八年(1902)宏
道堂刻本　二冊

330000－1741－0008637　綫610.24083/0051
史部/編年類/通代之屬

讀通鑑綱目劄記二十卷　（清）章邦元撰　清
光緒十六年至十八年(1890－1892)銅陵章氏
刻本　五冊　存十二卷(一至十二)

330000－1741－0008638　綫610.24/2624
史部/編年類/通代之屬

尺木堂綱鑑易知錄九十二卷明鑑易知錄十五
卷　（清）吳乘權　（清）周之炯　（清）周之
燦輯　清光緒二十六年(1900)上海圖書集成
印書局鉛印本　七冊　缺十五卷(明鑑易知
錄一至十五)

330000－1741－0008640　綫610.24083/4034
史部/編年類/通代之屬

讀通鑑綱目條記二十卷首一卷　（清）李述來
撰　清嘉慶刻本　六冊

330000－1741－0008641　綫方049　子部/儒
家類/儒學之屬/勸學

輶軒語六卷　（清）張之洞撰　清光緒二年
(1876)退補齋刻本　一冊

330000－1741－0008642　善4/152　集部/別
集類/宋別集

施註蘇詩四十二卷總目二卷　（宋）蘇軾撰
（宋）施元之　（宋）顧禧注　（清）宋至等刪
補　蘇詩續補遺二卷　（清）馮景補註　王註
正譌一卷　（清）邵長蘅撰　東坡先生[蘇軾]
年譜一卷　（宋）王宗稷編　清康熙刻本　十

三冊　缺四卷(五至八)

330000－1741－0008643　綫方051、綫方052
經部/詩類/傳說之屬

陳氏毛詩五種　（清）陳奐撰　清道光至咸豐
吳門南園陳氏掃葉山莊刻本　二冊　存四種

330000－1741－0008645　善4/251A　集部/
別集類/金別集

元遺山詩集八卷　（金）元好問撰　清乾隆四
十三年(1778)南昌萬廷蘭刻本　二冊

330000－1741－0008646　綫方021　類叢部/
叢書類/家集之屬

高郵王氏著書五種　（清）王念孫　（清）王引
之撰　清嘉慶至道光王氏刻本　二十四冊
存二種

330000－1741－0008647　綫610.26/1099
史部/編年類/斷代之屬

明通鑑九十卷前編四卷附編六卷首一卷
(清)夏燮撰　清光緒二十九年(1903)上海點
石齋書局石印本　十六冊

330000－1741－0008649　綫方083　集部/總
集類/選集之屬/通代

古文辭類纂七十五卷附錄一卷　（清）姚鼐輯
　古文辭類纂校勘記一卷　（清）李承淵撰
清光緒二十七年(1901)滁州李氏求要堂刻本
　十二冊

330000－1741－0008650　善4/274　集部/別
集類/元別集

師山先生文集八卷遺文五卷附錄一卷　（元）
鄭玉撰　濟美錄四卷　（明）鄭燭輯　明嘉靖
十四年(1535)鄭氏家塾刻清道光二十三年
(1843)善道堂修補印本　八冊　缺四卷(濟
美錄一至四)

330000－1741－0008651　善4/251C　集部/
別集類/元別集

魯齋遺書十四卷　（元）許衡撰　（明）江學詩
等輯　明萬曆二十四年(1596)怡愉、江學詩
刻清雍正增刻本　四冊

330000－1741－0008652　綫方083　集部/總

集類/選集之屬/通代

續古文辭類纂二十八卷 （清）黎庶昌輯　清光緒二十一年（1895）金陵狀元閣刻本　十二冊

330000－1741－0008653　善4/152A　集部/別集類/宋別集

施註蘇詩四十二卷總目二卷 （宋）蘇軾撰（宋）施元之　（宋）顧禧注　（清）宋犖等刪補　蘇詩續補遺二卷　（清）馮景補註　**王註正譌一卷** （清）邵長蘅撰　**東坡先生[蘇軾]年譜一卷** （宋）王宗稷編　清康熙三十八年（1699）宋犖緯蕭草堂刻後印本　八冊

330000－1741－0008654　善4/152D　集部/別集類/宋別集

施註蘇詩四十二卷總目二卷 （宋）蘇軾撰（宋）施元之　（宋）顧禧注　（清）宋犖等刪補　蘇詩續補遺二卷　（清）馮景補註　**王註正譌一卷** （清）邵長蘅撰　**東坡先生[蘇軾]年譜一卷** （宋）王宗稷編　清康熙三十八年（1699）宋犖刻本　清沈周模批並題記　十冊

330000－1741－0008655　善4/254　集部/別集類/元別集

桂隱詩集四卷文集四卷附錄一卷 （元）劉詵撰　清抄本　四冊

330000－1741－0008658　綫方003　集部/總集類/彙編之屬

漢魏六朝一百三家集（漢魏六朝百三名家集） （明）張溥編　明婁東張氏刻本　四十冊　存六十種

330000－1741－0008659　綫方094　集部/總集類/彙編之屬

唐四家詩 （清）汪立名編　清康熙三十四年（1695）汪立名刻本　一冊　存一種

330000－1741－0008660　綫方026　經部/詩類/傳說之屬

陳氏毛詩五種 （清）陳奐撰　清光緒九年（1883）徐氏刻本　十冊　存一種

330000－1741－0008661　綫方097　類叢部/

叢書類/彙編之屬

榆園叢刻十五種附一種 （清）許增編　清同治至光緒刻本　一冊　存一種

330000－1741－0008663　綫方025　經部/群經總義類/傳說之屬

經義述聞三十二卷 （清）王引之撰　清道光七年（1827）京師西江米巷壽藤書屋刻本　十六冊　缺十一卷（十一至二十一）

330000－1741－0008664　善4/252　集部/別集類/元別集

野趣有聲畫二卷 （元）楊公遠撰　（清）楊表正輯　清抄本　一冊

330000－1741－0008665　善4/256　集部/別集類/元別集

靜修先生丁亥集五卷樵庵詞一卷遺文六卷遺詩六卷詩文拾遺七卷續集三卷 （元）劉因撰　**靜修劉先生文集附錄二卷** （元）賈彝編　明弘治十八年（1505）崔晊刻本　十二冊

330000－1741－0008666　綫方089　經部/小學類/文字之屬/說文/傳說

說文解字斠詮十四卷 （清）錢坫撰　清光緒九年（1883）淮南書局刻本　六冊

330000－1741－0008667　善4/253　集部/別集類/元別集

剡源戴先生文集三十卷 （元）戴表元撰（明）周儀輯編　明萬曆九年（1581）戴洵刻本　五冊

330000－1741－0008668　善4/267　集部/別集類/元別集

俟庵李先生文集三十卷附錄一卷 （元）李存撰　清抄本　三冊　存三十卷（文集一至三十）

330000－1741－0008672　綫方100　經部/群經總義類/文字音義之屬

經典釋文三十卷 （唐）陸德明撰　**經典釋文攷證三十卷** （清）盧文弨撰　清同治十年（1871）粵秀山文瀾閣刻本　十五冊

330000－1741－0008673　善4/260　集部/別集類/元別集

梅花字字香前集一卷後集一卷　（元）郭豫亨撰　清抄本　一冊

330000－1741－0008674　綫082.8/4036　類叢部/叢書類/彙編之屬

漸西村舍彙刊（漸西村舍叢刻）四十四種　（清）袁昶編　清光緒十六年至二十四年（1890－1898）桐廬袁氏刻本（黃帝內經太素卷一、四、七、十六、十八、二十至二十一原缺）　七十五冊

330000－1741－0008676　善4/259　集部/別集類/元別集

申齋劉先生文集十五卷　（元）劉岳申撰（元）蕭洵輯　清抄本　四冊

330000－1741－0008678　善4/261　集部/別集類/元別集

文忠集六卷　（元）王結撰　清抄本　一冊

330000－1741－0008679　善4/269　集部/別集類/元別集

圭齋盧先生集（圭峰集）二卷　（元）盧琦撰　明萬曆三十七年（1609）金陵莊毓慶刻本　二冊

330000－1741－0008680　善4/264　集部/別集類/元別集

揭文安公集六卷　（元）揭傒斯撰　清韻綠山房抄本　清趙彥偁校並題記　一冊

330000－1741－0008681　綫方078　集部/總集類/選集之屬/斷代

唐人萬首絕句選七卷　（清）王士禛輯　清永康胡氏退補齋刻本　一冊　存三卷（一至三）

330000－1741－0008682　善4/153　集部/別集類/宋別集

欒城集五十卷後集二十四卷三集十卷應詔集十二卷　（宋）蘇轍撰　明萬曆王執禮、顧天敘刻清夢軒印本　十二冊

330000－1741－0008684　善4/262　集部/別集類/元別集

馬石田文集十五卷　（元）馬祖常撰　**附錄一卷**　（元）虞集等撰　清抄本　四冊

330000－1741－0008685　善4/270　集部/別集類/元別集

圭齋盧先生集（圭峰集）二卷　（元）盧琦撰　清抄本　一冊

330000－1741－0008686　善4/265　集部/別集類/元別集

存復齋文集六卷　（元）朱德潤撰　清抄本　二冊

330000－1741－0008687　綫方057　類叢部/類書類/專類之屬

子史精華一百六十卷　（清）吳士玉　（清）吳襄等輯　清光緒十五年（1889）上海蜚英館石印本　八冊

330000－1741－0008689　善4/271　集部/別集類/元別集

李五峰文集不分卷　（元）李孝光撰　清辨志書塾抄本　清孫衣言　清孫詒讓批校　一冊

330000－1741－0008690　綫方088　經部/小學類/訓詁之屬/群雅

廣雅疏證十卷　（清）王念孫撰　**博雅音十卷**（隋）曹憲撰　清光緒五年（1879）淮南書局刻本　八冊

330000－1741－0008691　綫方027　集部/別集類/清別集

定盦文集三卷續集四卷文集補編四卷文拾遺一卷文集補續錄一卷古今體詩二卷己亥雜詩一卷詞選一卷詞錄一卷附錄定盦時文兩篇一卷龔孝珙手抄詞一卷　（清）龔自珍撰　**定盦先生[龔自珍]年譜一卷**　吳昌綬編　清宣統二年（1910）上海國學扶輪社鉛印本　七冊

330000－1741－0008692　善4/272　集部/別集類/元別集

五峯集十卷　（元）李孝光撰　清同治九年（1870）孫鏘鳴抄本　清孫鏘鳴批校並跋　一冊

330000－1741－0008693　綫方050　類叢部/叢書類/彙編之屬

慎始基齋叢書十一種　盧靖編　清光緒沔陽

盧氏刻民國十二年（1923）彙印本　一冊　存
一種

330000－1741－0008697　綫方034　集部/總
集類/選集之屬/通代

國文讀本二編不分卷　胡遠濬　徐經編輯
清宣統安徽高等學堂鉛印本　時喬題簽
二冊

330000－1741－0008698　綫方067　集部/總
集類/選集之屬/通代

歷朝名媛詩詞十二卷　（清）陸昶輯　清乾隆
三十八年（1773）吳門陸昶紅樹樓刻本　四冊

330000－1741－0008700　善4/295　集部/別
集類/明別集

高季迪先生大全集十八卷　（明）高啟撰　清
康熙許氏竹素園刻本　八冊

330000－1741－0008701　綫方039　集部/詩
文評類/文評之屬

國文學四卷　姚永樸編　清宣統二年（1910）
京師法政學堂鉛印本　一冊

330000－1741－0008702　善4/276　集部/總
集類/彙編之屬

元人集十種　（明）毛晉編　明崇禎十一年
（1638）海虞毛氏汲古閣刻本　四冊　存一種

330000－1741－0008703　綫方095　集部/總
集類/選集之屬/通代

五七言今體詩鈔十八卷　（清）姚鼐輯　清同
治五年（1866）金陵書局刻本　二冊

330000－1741－0008704　綫方086　類叢部/
叢書類/彙編之屬

**宋劉須溪先生較書（合刻宋劉須溪點校書）九
種附一種**　（宋）劉辰翁評　（明）楊人駒編
明天啓四年（1624）楊人駒刻本　六冊　存
一種

330000－1741－0008705　綫082.8/4058　類
叢部/叢書類/彙編之屬

木犀軒叢書二十七種　李盛鐸編　清光緒德
化李氏木犀軒刻本　四十八冊

330000－1741－0008706　善4/273　集部/別
集類/元別集

師山先生文集八卷遺文五卷附錄一卷　（元）
鄭玉撰　**濟美錄四卷**　（明）鄭燡輯　明嘉靖
十四年（1535）刻遞修本　五冊

330000－1741－0008707　善4/277　集部/別
集類/元別集

雲松巢集三卷　（元）朱希晦撰　清同治五年
（1866）孫氏抄本　清孫衣言校並跋　一冊

330000－1741－0008709　善4/274A　集部/
別集類/元別集

友石山人遺稿一卷附錄一卷　（元）王翰撰

方叔淵遺稿一卷附錄一卷　（元）方瀾撰　清
抄本　一冊

330000－1741－0008711　善4/278　集部/別
集類/元別集

東山趙先生文集九卷詩集二卷　（元）趙汸撰
清辨志書塾抄本　四冊

330000－1741－0008713　綫方032　經部/群
經總義類/傳說之屬

十三經述要六卷　姚永樸撰　清末安徽高等
學堂鉛印本　二冊

330000－1741－0008714　綫方030　類叢部/
叢書類/彙編之屬

慎始基齋叢書十一種　盧靖編　清光緒沔陽
盧氏刻民國十二年（1923）彙印本　二冊　存
一種

330000－1741－0008715　綫方046　集部/詞
類/總集之屬

花間集十卷　（五代）趙崇祚輯　清末京都炳
文齋刻本　一冊

330000－1741－0008716　綫方040　集部/別
集類/清別集

甘泉鄉人稿二十四卷　（清）錢泰吉撰　**皇清
敕授修職郎誥封朝議大夫顯考警石府君[錢
泰吉]年譜一卷**　（清）錢應溥編　**邠農偶吟
稿一卷**　（清）錢炳森撰　清同治七年（1868）
杜文瀾、十一年（1872）錢應溥刻本　孝徹題

記 一冊 存三卷(七至九)

330000－1741－0008720 綫方038 類叢部/
叢書類/自著之屬

師伏堂叢書十五種 （清）皮錫瑞撰 清光緒
十九年至三十三年(1893－1907)善化皮氏刻
本 一冊 存一種

330000－1741－0008721 綫方047 集部/詞
類/別集之屬

白石道人歌曲六卷歌詞別集一卷 （宋）姜夔
撰 清宣統二年(1910)沈曾植石印本 一冊

330000－1741－0008722 綫方059 經部/小
學類/文字之屬/字書/字典

**康熙字典十二集三十六卷總目一卷等韻一卷
檢字一卷辨似一卷備考一卷補遺一卷** （清）
張玉書等纂修 清宣統元年(1909)上海集成
圖書公司石印本 六冊

330000－1741－0008725 綫方069 集部/詩
文評類/詩評之屬

**昭昧詹言十卷續八卷續錄二卷坿錄一卷陶詩
坿考一卷** （清）方東樹撰 清宣統元年
(1909)安徽官紙印刷局鉛印本 時喬過錄吳
山甫批 四冊

330000－1741－0008727 綫方090 集部/詩
文評類/文評之屬

文心雕龍十卷 （南朝梁）劉勰撰 （清）黃叔
琳注 （清）紀昀評 清道光十三年(1833)盧
坤兩廣節署刻朱墨套印本 四冊

330000－1741－0008728 善4/279 集部/別
集類/元別集

栖碧先生黃楊集三卷補遺一卷 （元）華幼武
撰 附錄一卷 （明）俞貞木等撰 明萬曆四
十六年(1618)華氏刻本 二冊

330000－1741－0008729 綫方019 集部/別
集類/宋別集

宛陵先生文集六十卷 （宋）梅堯臣撰 清宣
統二年(1910)上海據清康熙徐惇復白華書屋
刻本影印本 方守彝誌 貴居士記 十冊

330000－1741－0008730 綫082.8/4064 類

叢部/叢書類/彙編之屬

集虛草堂叢書甲集九種 李國松編 清光緒
三十年至三十二年(1904－1906)合肥李氏刻
本 二十四冊

330000－1741－0008731 善4/280 集部/別
集類/元別集

倪雲林先生詩集六卷附錄一卷 （元）倪瓚撰
（明）蹇曦編 明萬曆十九年(1591)倪珵刻
本 六冊

330000－1741－0008732 善4/295A 集部/
別集類/明別集

高季迪先生大全集十八卷 （明）高啟撰 清
康熙許氏竹素園刻酉山堂印本 十二冊

330000－1741－0008735 綫082.8/4036 史
部/詔令奏議類/奏議之屬

袁太常戊戌條陳一卷 （清）袁昶撰 清光緒
二十八年(1902)平原村舍鉛印本 一冊

330000－1741－0008737 綫082.8/4036 集
部/別集類/清別集

袁忠節公遺詩三卷 （清）袁昶撰 清宣統元
年(1909)上海時中書局等鉛印本 一冊

330000－1741－0008738 綫方084 集部/總
集類/選集之屬/通代

八代詩選二十卷 王闓運撰 清光緒十六年
(1890)江蘇書局刻本 八冊

330000－1741－0008739 綫082.8/4416 類
叢部/叢書類/彙編之屬

嘯園叢書五十七種 （清）葛元煦編 清光緒
二年至七年(1876－1881)仁和葛氏刻本 三
十六冊

330000－1741－0008741 綫方018 史部/紀
傳類/正史之屬

二十四史 清同治至光緒五省官書局據汲古
閣本等合刻光緒五年(1879)湖北書局彙印本
十七冊 存二種

330000－1741－0008742 綫方068 集部/詞
類/詞話之屬

白雨齋詞話八卷詞存一卷詩鈔一卷 （清）陳

廷焯撰　清光緒二十年（1894）海寧許正詩等刻本　清半□老人題記　四冊

330000－1741－0008743　善4/280A　集部/別集類/元別集

清閟閣全集十二卷　（元）倪瓚撰　（清）曹培廉校　清康熙五十二年（1713）曹培廉城書室刻本　四冊

330000－1741－0008744　善4/281　集部/別集類/元別集

谷響集三卷　（元）釋善住撰　清抄本　三冊

330000－1741－0008745　綫方085　集部/總集類/選集之屬/通代

文選六十卷　（南朝梁）蕭統輯　（唐）李善注　（清）何焯評　清羊城翰墨園刻朱墨套印本　十六冊

330000－1741－0008746　綫方093　集部/別集類/唐五代別集

溫飛卿詩集七卷別集一卷集外詩一卷附錄諸家詩評一卷　（唐）溫庭筠撰　（明）曾益注　（清）顧予咸補注　（清）顧嗣立續注　清刻本　二冊

330000－1741－0008747　善4/288　集部/別集類/明別集

陶學士先生文集二十卷　（明）陶安撰　（明）張祐校編　**陶學士先生事蹟一卷**　（明）費宏輯　明弘治十三年（1500）嘉興項經刻遞修本　六冊

330000－1741－0008748　綫方098　子部/道家類

南華真經十卷　（晉）郭象註　（唐）陸德明音義　清嘉慶九年（1804）姑蘇王氏聚文堂刻十子全書　方孝嶽題記　三冊

330000－1741－0008749　綫方082　集部/別集類/唐五代別集

杜詩鏡銓二十卷附諸家論杜一卷　（清）楊倫撰　**讀書堂杜工部文集註解二卷**　（清）張溍撰　**杜工部[甫]年譜一卷**　（清）朱鶴齡撰　清同治十一年（1872）望三益齋刻本　十冊

330000－1741－0008752　善4/275A　集部/別集類/元別集

九靈山房集三十卷首一卷補編二卷　（元）戴良撰　**戴九靈先生[良]年譜一卷**　（清）戴殿江　（清）戴殿泗編　清乾隆三十六年（1771）浦江戴氏傳經書屋刻本　八冊

330000－1741－0008754　綫方077　集部/總集類/選集之屬/通代

古唐詩合解十二卷古詩四卷　（清）王堯衢註　清末上海廣益書局石印本　一冊　存六卷（七至十二）

330000－1741－0008756　綫082.8/4474　類叢部/叢書類/彙編之屬

鐵華館叢書六種　（清）蔣鳳藻編　清光緒九年至十年（1883－1884）長洲蔣氏影刻本　屈承杖題記　六冊

330000－1741－0008757　綫方091　史部/紀傳類/正史之屬

二十四史附考證　清光緒十八年（1892）武林竹簡齋石印本　八冊　存一種

330000－1741－0008759　善4/275　集部/別集類/元別集

聞過齋集八卷　（元）吳海撰　（明）王偁編　清抄本　二冊

330000－1741－0008760　綫方056　類叢部/叢書類/彙編之屬

埽葉山房叢鈔二十六種　（清）席威編　清同治至光緒刻光緒九年（1883）彙印本　二十四冊　存一種

330000－1741－0008762　善4/290　集部/別集類/明別集

西隱文藁十卷附錄一卷　（明）宋訥撰　明萬曆六年（1578）河南滑縣劉師魯刻本　四冊

330000－1741－0008763　綫方087　類叢部/叢書類/家集之屬

江都汪氏叢書七種　（清）汪喜孫編　清道光汪喜孫刻後印本　二冊　存一種

330000－1741－0008765　綫082.8/6042　類

叢部/叢書類/彙編之屬

國朝名人著述叢編十三種 清光緒五年
(1879)上海淞隱閣鉛印本 六冊

330000－1741－0008767 綫082.8/4474：1
類叢部/叢書類/彙編之屬

鐵華館叢書六種 (清)蔣鳳藻編 清光緒九
年至十年(1883－1884)長洲蔣氏影刻本
十冊

330000－1741－0008768 綫082.8/4474：2
類叢部/叢書類/彙編之屬

鐵華館叢書六種 (清)蔣鳳藻編 清光緒九
年至十年(1883－1884)長洲蔣氏影刻本
十冊

330000－1741－0008769 綫082.8/4930 類
叢部/叢書類/彙編之屬

仰視千七百二十九鶴齋叢書四十種 (清)趙
之謙編 清光緒會稽趙氏刻本 二十四冊
存三十一種

330000－1741－0008770 綫082.8/4782 類
叢部/叢書類/彙編之屬

刻鵠齋叢書十六種 (清)胡念修編 清光緒
二十三年至二十七年(1897－1901)刻鵠齋刻
本 七冊 存二種

330000－1741－0008771 綫082.8/4493 新
學/雜著/叢編

科學叢書第一集八種 樊炳清編 清光緒二
十七年(1901)教育世界出版所石印本 十冊

330000－1741－0008772 善4/309 集部/別
集類/明別集

**徐文長評于節闇奏疏四卷文集一卷詩集三卷
評于忠肅二卷補遺一卷** (明)于謙撰 (明)
徐渭評 明刻本 四冊 缺一卷(評于忠肅
一)

330000－1741－0008773 綫082.8/4241 類
叢部/叢書類/彙編之屬

咫進齋叢書三十七種 (清)姚覲元編 清光
緒九年(1883)歸安姚氏刻本 二十四冊

330000－1741－0008774 綫082.8/4241：1

類叢部/叢書類/彙編之屬

咫進齋叢書三十七種 (清)姚覲元編 清光
緒九年(1883)歸安姚氏刻本 二十冊

330000－1741－0008775 善4/152Z 集部/
別集類/宋別集

蘇詩選評箋釋六卷 (宋)蘇軾撰 (清)汪師
韓箋釋 清光緒十二年(1886)錢塘汪氏長沙
刻叢睦汪氏遺書本 汪辟疆批跋 三冊

330000－1741－0008776 綫補5/033：2 類
叢部/叢書類/彙編之屬

知不足齋叢書一百九十五種 (清)鮑廷博編
(清)鮑志祖續編 清乾隆三十七年至道光
三年(1772－1823)長塘鮑氏刻彙印本 二十
冊 存九種

330000－1741－0008778 綫補4/068 集部/
別集類/清別集

**遜學齋文鈔十二卷首一卷末一卷續鈔五卷詩
鈔十卷續鈔五卷** (清)孫衣言撰 清同治三
年(1864)、十二年(1873)刻光緒增刻本
十冊

330000－1741－0008779 綫補5/037 經部/
叢編

皇清經解一千四百卷首一卷 (清)阮元輯
清道光九年(1829)廣東學海堂刻本 二百八
十六冊 缺一百二十卷(四書釋地、續、又續、
三續,孟子生卒年月考,潛邱劄記一至二,毛
詩故訓傳六至三十,詩經小學一至四,周禮漢
讀考一至六,儀禮漢讀考,說文解字注一至
六,經韻樓集一至六,廣雅疏證一至十,讀書
雜志一至二,大戴禮記補注一至六,周禮校勘
記六至九,孝經校勘記一至三、釋文校勘記,
爾雅校勘記,孟子正義四至二十一,爾雅義疏
一至二十)

330000－1741－0008780 善4/154 集部/別
集類/宋別集

**豫章黃先生文集三十卷外集十四卷別集二十
卷簡尺二卷詞一卷** (宋)黃庭堅撰 **伐檀集
二卷** (宋)黃庶撰 **山谷先生[黃庭堅]年譜
三十卷** (宋)黃㽦撰 明弘治十八年(1505)

葉天爵刻嘉靖六年(1527)喬遷、余載仕重修隆慶二年(1568)遞修本 十四冊

330000－1741－0008781 善4/311 集部/別集類/明別集

盤谷集五卷 (明)劉薦撰 清光緒九年(1883)劉鳳儀抄本 清劉鳳儀識 一冊

330000－1741－0008782 善4/303 集部/總集類/氏族之屬

近山詩集一卷 (明)李文撰 **耕逸稿一卷** (明)李璀撰 **呼鶴山人吟稿一卷** (明)李恭撰 清乾隆八年(1743)李蒸抄本 清李蒸跋 一冊

330000－1741－0008784 善4/275B 集部/別集類/元別集

九靈山房集三十卷首一卷補編二卷 (元)戴良撰 **戴九靈先生[良]年譜一卷** (清)戴殿江 (清)戴殿泗編 清乾隆三十六年(1771)浦江戴氏傳經書屋刻本 八冊

330000－1741－0008786 綫082.8/4782 子部/儒家類/儒學之屬

董子二卷 (漢)董仲舒撰 (清)譚獻校 清宣統二年(1910)山陰胡氏刻鵠齋刻本 二冊

330000－1741－0008788 善4/281B 集部/別集類/元別集

郝文忠公陵川文集三十九卷 (元)郝經撰 (清)王鏐編 **附錄一卷 郝文忠公[經]年譜一卷** (清)王鏐編 清乾隆三年(1738)高都王鏐刻嘉慶三年(1798)高都張大紱印本 十冊 缺一卷(郝文忠公年譜)

330000－1741－0008789 善4/304 集部/別集類/明別集

朱楓林集十卷 (明)朱升撰 明萬曆四十四年(1616)歙邑朱氏刻本 六冊

330000－1741－0008790 善4/313 集部/別集類/明別集

畏菴集十卷附錄一卷 (明)周旋撰 明成化十九年(1483)劉遜永嘉刻本(卷七至十、附錄配抄本) 三冊

330000－1741－0008791 綫補5/046 類叢部/叢書類/彙編之屬

咫進齋叢書三十七種 (清)姚覲元編 清光緒九年(1883)歸安姚氏刻本 六冊 存三種

330000－1741－0008793 綫補5/048 類叢部/叢書類/彙編之屬

抱經堂叢書七種 朱遂翔編 清刻民國杭州朱氏抱經堂補刻印本 二冊 存一種

330000－1741－0008794 綫補4/073 類叢部/叢書類/彙編之屬

粟香室叢書五十九種 金武祥編 清光緒至民國江陰金氏刻本 十四冊 存二十五種

330000－1741－0008796 善4/285 集部/別集類/明別集

新刊宋學士全集三十三卷 附錄補遺一卷 (明)宋濂撰 (明)韓叔陽輯 明嘉靖三十年(1551)韓叔陽等刻崇禎、清順治遞修本 戀書子題記並過錄楊維楨序等文 十二冊

330000－1741－0008797 綫補5/051 類叢部/叢書類/彙編之屬

隨庵徐氏叢書十種續編十種 徐乃昌編 清光緒至民國南陵徐氏刻本 二十四冊

330000－1741－0008798 綫補5/050、綫補3/497、綫補2/087 類叢部/叢書類/郡邑之屬

紹興先正遺書十五種 (清)徐友蘭輯 清光緒會稽徐氏鑄學齋刻本 四十冊

330000－1741－0008799 善4/305 集部/別集類/明別集

朱楓林集十卷 (明)朱升撰 明萬曆四十四年(1616)歙邑朱氏刻本 二冊

330000－1741－0008800 綫補5/053：2 類叢部/叢書類/彙編之屬

聚學軒叢書六十種 劉世珩編 清光緒貴池劉氏刻本 一冊 存一種

330000－1741－0008801 善4/315 集部/別集類/明別集

商文毅公集十一卷 (明)商輅撰 明隆慶六

年（1572）鄭應齡刻本　四冊

330000－1741－0008802　善4/158　集部/別集類/宋別集

后山詩注（后山詩）十二卷　（宋）陳師道撰（宋）任淵注　清乾隆四十二年（1777）福建刻道光至同治遞修光緒二十一年（1895）增刻武英殿聚珍版書本　清孫衣言批跋　六冊

330000－1741－0008804　綫補5/040　經部/叢編

皇清經解續編二百九卷　王先謙輯　清光緒十五年（1889）上海蜚英館石印本（尚書古文疏證卷三原缺）　三十二冊

330000－1741－0008805　類叢部/叢書類/郡邑之屬

武林掌故叢編一百八十七種　（清）丁丙編清光緒三年至二十六年（1877－1900）錢塘丁氏嘉惠堂刻本（乾道臨安志卷四至十五、南宋館閣錄卷一原缺）　一冊　存一種

330000－1741－0008806　善4/316　集部/別集類/明別集

商文毅公集十卷　（明）商輅撰　（明）劉體元輯　明萬曆三十年（1602）劉體元刻本　四冊

330000－1741－0008807　善4/159　集部/總集類/選集之屬/斷代

蘇門六君子文粹七十卷　（宋）陳亮輯　明崇禎六年（1633）新安胡仲修武林刻本　二冊存二十二卷（宛丘先生文粹一至二十二）

330000－1741－0008808　善4/306　集部/別集類/明別集

南齋先生魏文靖公摘藁十卷　（明）魏驥撰（明）魏完編　（明）洪鐘校　附錄一卷　明弘治十一年（1498）洪鐘刻清康熙八年（1669）王餘高重修本　十冊　缺一卷（附錄）

330000－1741－0008809　綫補5/056　史部/金石類

學古齋金石叢書四集十二種　（清）葛元煦輯清光緒崇川葛氏學古齋刻本　十六冊

330000－1741－0008810　綫補4/004　集部/

別集類/清別集

翠螺閣詩藁四卷詞藁一卷　（清）凌祉媛撰

舞鏡集一卷　（清）丁丙撰　清咸豐四年（1854）丁氏延慶堂刻本　一冊　存四卷（翠螺閣詩藁一至四）

330000－1741－0008811　善4/161　集部/別集類/宋別集

淮海集四十卷後集六卷長短句三卷　（宋）秦觀撰　明萬曆四十六年（1618）仁和李之藻刻本　十冊

330000－1741－0008812　善4/293　集部/別集類/明別集

白石山房逸藁二卷附錄一卷　（明）張丁撰清抄本　一冊

330000－1741－0008814　綫補5/053　類叢部/叢書類/彙編之屬

聚學軒叢書六十種　劉世珩編　清光緒貴池劉氏刻本　四冊　存一種

330000－1741－0008815　善4/294　集部/明別集

林登州遺集二十三卷　（明）林弼撰　附錄一卷　清康熙四十五年（1706）閩漳林興刻本六冊

330000－1741－0008817　綫補5/038　經部/叢編

皇清經解一百九十卷首一卷正訛記一卷（清）阮元輯　清光緒十七年（1891）上洋鴻寶齋石印本　二十四冊

330000－1741－0008819　善4/296A　集部/總集類/彙編之屬

文瑞樓彙刻書　（清）金檀編　清康熙、雍正桐鄉金氏文瑞樓刻本　二十冊　存一種

330000－1741－0008820　善4/297　集部/總集類/彙編之屬

明初四家詩　（明）陳邦瞻編　明萬曆三十七年（1609）汪汝淳刻本　四冊　存一種

330000－1741－0008821　綫補5/041　經部/叢編

皇清經解續編一千四百三十卷　王先謙輯
清光緒十四年(1888)南菁書院刻本(尚書古
文疏證卷三原缺)　十七冊　存八十九卷(公
羊禮疏一至十一、公羊問答一至二、公羊義疏
一至七十六)

330000－1741－0008822　綫補 2/064、綫補
4/046　類叢部/叢書類/自著之屬

安吳四種　(清)包世臣撰　清同治十一年
(1872)湖北包誠注經堂刻光緒十四年(1888)
重印本　十六冊

330000－1741－0008823　善 4/162　集部/別
集類/宋別集

淮海集四十卷後集六卷長短句三卷　(宋)秦
觀撰　明萬曆四十六年(1618)仁和李之藻刻
本　六冊

330000－1741－0008827　綫補 4/009　集部/
總集類/選集之屬/斷代

八家四六文註八卷首一卷　(清)吳鼒輯
(清)許貞幹注　清光緒十七年(1891)味青齋
刻本　二冊

330000－1741－0008828　綫補 4/008　集部/
別集類/漢魏六朝別集

庾子山集十六卷總釋一卷　(北周)庾信撰
(清)倪璠注　庾子山[信]年譜一卷　(清)
倪璠撰　清光緒二十年(1894)儒雅堂刻本
六冊　存七卷(一至六、年譜)

330000－1741－0008829　綫補 5/039　經部/
叢編

皇清經解一千四百八卷首一卷　(清)阮元輯
清道光九年(1829)廣東學海堂刻咸豐十一
年(1861)補刻本　七冊　存二十三卷(春秋
公羊通義一至十二、春秋公羊通義敘一、春秋
公羊經何氏釋例一至十)

330000－1741－0008830　善 4/160　集部/別
集類/宋別集

淮海集四十卷後集六卷長短句三卷　(宋)秦
觀撰　明刻本　十二冊

330000－1741－0008831　善 4/298　集部/別

集類/明別集

重刻徐幼文北郭集六卷　(明)徐賁撰　明萬
曆三十七年(1609)汪汝淳刻明初四家詩本
(四庫底本)　清孫溶等校　四冊

330000－1741－0008832　綫補 4/006、綫補
4/124　類叢部/叢書類/自著之屬

柏堂遺書(方柏堂全集)八種附一種　(清)方
宗誠撰　清光緒元年至十二年(1875－1886)
桐城方氏刻本　二十二冊　存二種

330000－1741－0008833　綫補 5/039：2　經
部/叢編

皇清經解一千四百八卷首一卷　(清)阮元輯
清道光九年(1829)廣東學海堂刻咸豐十一
年(1861)補刻本　三冊　存十三卷(劉氏遺
書、述學一至二、經義知新記、大戴禮記正誤、
曾子注釋一至四、周易校勘記一至四)

330000－1741－0008834　綫補 4/007　類叢
部/叢書類/自著之屬

嘉定錢氏潛研堂全書二十一種　(清)錢大昕
撰　清光緒十年(1884)長沙龍氏家塾刻本
十九冊　存一種

330000－1741－0008835　綫補 835/8064　集
部/總集類/選集之屬/通代

經史百家雜鈔二十六卷　(清)曾國藩輯　清
光緒三十二年(1906)商務印書館鉛印本　十
二冊

330000－1741－0008836　綫 082.8/7269　類
叢部/叢書類/彙編之屬

藏修堂叢書三十六種　(清)劉晚榮編　清光
緒十六年(1890)新會劉氏藏修書屋刻本　三
十四冊　缺一卷(昭代名人尺牘小傳十六)

330000－1741－0008837　綫補 4/010　集部/
別集類/明別集

王陽明先生全集十六卷目錄二卷　(明)王守
仁撰　(清)王貽樂編　(清)陶澂評　清道光
六年(1826)柳庭芳刻本　十四冊　缺五卷
(陽明先生年譜下、陽明先生論學書四至五、
陽明先生文集目錄一至二)

330000－1741－0008838　善4/163　集部/別集類/宋別集

吳郡樂圃朱先生餘藁十卷補遺一卷　（宋）朱長文撰　**集外附編一卷**　清抄本　一冊

330000－1741－0008839　善4/300　集部/別集類/明別集

春草齋詩集五卷文集六卷　（明）烏斯道撰　**附名公讚春草集歌詠一卷**　（明）烏獻明輯　明崇禎二年(1629)泰和蕭基刻本　四冊

330000－1741－0008840　善4/317　集部/別集類/明別集

楊文懿公文集二十六卷　（明）楊守陳撰　明萬曆十六年(1588)楊德政福建刻本　二十四冊

330000－1741－0008841　善4/164　集部/別集類/宋別集

吳郡樂圃朱先生餘藁十卷補遺一卷　（宋）朱長文撰　**附錄一卷**　清抄本　清李文藻批並跋　三冊

330000－1741－0008842　善4/331　集部/別集類/明別集

震澤先生集三十六卷　（明）王鏊撰　明嘉靖刻萬曆鶴來堂印本　六冊

330000－1741－0008844　綫補4/047　集部/別集類/清別集

曝書亭集八十卷附錄一卷　（清）朱彝尊撰　**笛漁小稾十卷**　（清）朱昆田撰　清刻本　十六冊

330000－1741－0008846　善4/165　集部/別集類/宋別集

姑溪居士文集五十卷後集二十卷附錄一卷　（宋）李之儀撰　清抄本　六冊　缺一卷（後集二十）

330000－1741－0008848　綫補4/011　集部/詞類/詞譜之屬

詞律二十卷　（清）萬樹撰　**詞律拾遺八卷**　（清）徐本立撰　**詞律補遺一卷**　（清）杜文瀾撰　清同治十二年(1873)、光緒二年(1876)

吳下刻本　十六冊

330000－1741－0008849　善4/301　集部/別集類/明別集

解學士先生集三十一卷　（明）解縉撰　明天順元年(1457)黃諫刻本　六冊

330000－1741－0008850　綫補4/045　集部/別集類/宋別集

蘇文忠公詩合註五十卷首一卷　（宋）蘇軾撰　（清）馮應榴輯　清刻本　十六冊

330000－1741－0008851　綫082.8/8013　類叢部/叢書類/彙編之屬

粟香室叢書五十九種　金武祥編　清光緒至民國江陰金氏刻本　四十三冊　存四十五種

330000－1741－0008852　善2/115　史部/編年類/通代之屬

新刊四明先生高明大字續資治通鑑節要二十卷　（明）劉剡輯　（明）蔡亨嘉校正　明嘉靖三十七年(1558)南陽葉氏翠軒刻本　二十冊

330000－1741－0008853　善4/318　集部/別集類/明別集

黎陽王襄敏公集四卷　（明）王越撰　**太傅王襄敏公[越]年譜一卷**　（明）王昭雍等編　明萬曆十三年(1585)赫瀛、王鳳竹等刻本　十二冊　缺一卷（年譜）

330000－1741－0008854　善4/332　集部/別集類/明別集

王文恪公集三十六卷　（明）王鏊撰　**鵑音一卷白社詩草一卷**　（明）王禹聲撰　**名公筆記一卷**　明萬曆震澤王氏三槐堂刻本　八冊

330000－1741－0008855　善4/323　集部/別集類/明別集

一峰先生文集十四卷　（明）羅倫撰　明嘉靖二十八年(1549)臨桂張言刻本　六冊

330000－1741－0008857　綫補4/012　集部/別集類/宋別集

宋王忠文公文集五十卷目錄四卷　（宋）王十朋撰　（清）唐傳鉎重編　**梅溪王忠文公[十朋]年譜一卷**　（清）徐炯文編　清光緒二年

(1876)溫州梅溪書院刻本　十六冊

330000－1741－0008858　綫補4/015　集部/別集類/唐五代別集
李義山詩集三卷　(唐)李商隱撰　(清)朱鶴齡箋注　(清)沈厚塽輯評　**李義山詩譜一卷附錄諸家詩評一卷**　清同治九年(1870)廣州倅署刻三色套印本　四冊

330000－1741－0008859　善4/326　集部/別集類/明別集
楓山章先生文集九卷　(明)章懋撰　(明)章沛輯　明嘉靖九年(1530)張大綸刻章翰重修本　八冊

330000－1741－0008860　善4/335　集部/別集類/明別集
見素集二十八卷奏議七卷素翁續集十二卷　(明)林俊撰　**宸翰錄三卷清朝特典五卷編年紀略一卷卹錄紀事一卷雲莊公畫像贊一卷**　(明)林達編　**自考集七卷**　(明)林達撰　明萬曆十三年(1585)林及祖、林大黼刻增修後印本　二十冊　缺二卷(自考集三、六)

330000－1741－0008862　善2/120　史部/編年類/通代之屬
資治通鑑節要續編三十卷　(明)張光啓撰　明正德九年(1514)司禮監刻本　二十冊

330000－1741－0008863　善4/319　集部/別集類/明別集
石田先生詩鈔八卷文鈔一卷　(明)沈周撰　(明)瞿式耜輯　**事畧一卷**　(清)錢謙益輯　明崇禎十七年(1644)瞿氏耕石齋刻本　清趙彥修跋　四冊　存八卷(詩鈔一至八)

330000－1741－0008864　綫補4/020　經部/四書類
小題拾芥編初集不分卷二集不分卷　(清)吳鍾駿輯　清同治四年(1865)萃經樓刻本　四冊

330000－1741－0008865　綫補4/027、綫補4/251　集部/別集類/清別集
漁洋山人精華錄訓纂十卷目錄二卷自撰年譜二卷補十卷　(清)王士禛撰　(清)惠棟注補　**金氏精華錄箋註辯訛一卷**　(清)惠棟撰　清光緒十七年(1891)會稽徐氏述史樓刻本　二十冊

330000－1741－0008866　善4/328　集部/別集類/明別集
未軒公文集十二卷　(明)黃仲昭撰　**附錄一卷**　(明)楊廉輯　明嘉靖三十四年(1555)莆田黃希白刻本　八冊

330000－1741－0008868　善4/329　集部/別集類/明別集
定山先生集十卷　(明)莊昶撰　**附錄一卷**　清康熙四十一年(1702)莊清佐刻乾隆印本　十六冊

330000－1741－0008869　善2/136、善2/140　史部/編年類/斷代之屬
兩漢紀六十卷　(宋)王銍輯　明嘉靖二十七年(1548)吳郡黃姬水刻本(前漢紀卷一至三、後漢紀卷二十五至三十配抄本)　十冊

330000－1741－0008870　綫補4/016　集部/總集類/選集之屬/通代
文選六十卷　(南朝梁)蕭統輯　(唐)李善注　**考異十卷**　(清)胡克家撰　清同治八年(1869)湖北崇文書局刻本　十二冊　存三十四卷(文選一至三十二、考異一至二)

330000－1741－0008871　善4/321　集部/別集類/明別集
穀庵集選十卷　(明)姚綬撰　明嘉靖三十七年(1558)姚堦刻姚氏世刻本　清陳其榮跋　二冊

330000－1741－0008873　善2/177　史部/雜史類/斷代之屬
國語二十一卷　(三國吳)韋昭注　明嘉靖七年(1528)金李澤遠堂刻本　十冊

330000－1741－0008874　綫082.8/8342　類叢部/叢書類/彙編之屬
小萬卷樓叢書十七種　(清)錢培名輯　清光緒四年(1878)金山錢氏刻本　二十冊

330000－1741－0008875　善4/336　集部/別集類/明別集

文肅公圭峯羅先生文集三十七卷附錄一卷
（明）羅玘撰　明崇禎七年（1634）盱江羅氏代文堂刻本　二十冊

330000－1741－0008876　善4/322　集部/別集類/明別集

思玄集十六卷　（明）桑悅撰　（明）徐威注附刻一卷　明萬曆四十四年（1616）海虞翁憲祥刻本　五冊

330000－1741－0008877　綫補4/022、綫補4/023、綫補4/119、綫補4/120、綫補4/122、綫補4/279、綫補4/280　類叢部/叢書類/郡邑之屬

武林掌故叢編一百八十七種　（清）丁丙編清光緒三年至二十六年（1877－1900）錢塘丁氏嘉惠堂刻本（乾道臨安志卷四至十五、南宋館閣錄卷一原缺）　孫山題簽　九冊　存十六種

330000－1741－0008878　綫補4/026、綫補3/445　集部/總集類/選集之屬/斷代

國朝駢體正宗十二卷　（清）曾燠輯　清光緒十三年（1887）上海蜚英館石印本　十二冊

330000－1741－0008879　善2/169　史部/史抄類

歷代志畧四卷　（明）唐琚輯　明嘉靖十二年（1533）黃時刻本　四冊

330000－1741－0008883　善4/337　集部/別集類/明別集

敬齋集三卷　（明）胡居仁撰　明刻本　四冊

330000－1741－0008884　善4/340　集部/別集類/明別集

渼陂續集三卷　（明）王九思撰　明嘉靖二十四年（1545）翁萬達刻明清遞修本　三冊

330000－1741－0008885　善4/346　集部/別集類/明別集

何文定公文集十一卷　（明）何瑭撰　**何文定公[瑭]傳一卷**　（明）張鹵撰　明萬曆四年

（1576）賈待問等刻本　四冊

330000－1741－0008888　綫082.9/1020　類叢部/叢書類/彙編之屬

南菁書院叢書四十一種　王先謙　繆荃孫編清光緒十四年（1888）江陰南菁書院刻本四十冊

330000－1741－0008890　綫補4/051　集部/總集類/選集之屬/通代

漁洋山人古詩選三十二卷　（清）王士禛選清同治五年（1866）金陵書局刻本　九冊　缺四卷（一至四）

330000－1741－0008891　綫補4/052　類叢部/叢書類/彙編之屬

平津館叢書六集三十五種　（清）孫星衍編清嘉慶蘭陵孫氏刻本　八冊　存一種

330000－1741－0008892　善2/192　史部/雜史類/斷代之屬

貞觀政要十卷　（唐）吳兢撰　（元）戈直集論明成化十二年（1476）崇府刻本　五冊　缺一卷（二）

330000－1741－0008893　綫補4/031、綫補812.78/184　類叢部/叢書類/自著之屬

曾文正公全集十六種　（清）曾國藩撰　清光緒十四年（1888）上海鴻文書局鉛印本　三十六冊　存十四種

330000－1741－0008895　綫補4/028　集部/總集類/選集之屬/斷代

元詩選癸集十卷　（清）顧嗣立輯　（清）席世臣補輯　清嘉慶三年（1798）南沙席氏刻光緒十四年（1888）補刻本　十六冊

330000－1741－0008896　綫補4/060　子部/雜著類/雜說之屬

退菴隨筆二十二卷退菴自訂年譜一卷　（清）梁章鉅撰　清道光十七年（1837）刻同治十一年（1872）梁恭辰重修本　七冊　缺四卷（退菴隨筆一至三、退菴自訂年譜）

330000－1741－0008897　綫補4/049　類叢部/叢書類/自著之屬

授堂遺書七種附錄二卷 （清）武億撰 清道光二十三年（1843）偃師武氏刻本 十一冊 存五種

330000－1741－0008898 綫082.9/1730 類叢部/叢書類/彙編之屬
風雨樓叢書二十三種 鄧實編 清宣統順德鄧氏鉛印本 五十四冊

330000－1741－0008899 善4/351 集部/別集類/明別集
何大復先生集三十八卷 （明）何景明撰 附錄一卷 明萬曆五年（1577）陳堂、胡秉性刻本 八冊

330000－1741－0008900 善2/221 史部/雜史類/斷代之屬
越絕書十五卷 （漢）袁康撰 明刻本 清孫詒讓批校 二冊

330000－1741－0008901 綫補4/035 集部/別集類/宋別集
晦庵先生朱文公文集一百卷續集十一卷別集十卷目錄二卷 （宋）朱熹撰 清同治十二年（1873）六安涂氏求我齋刻本 四十冊

330000－1741－0008903 綫補4/033、綫補4/224、綫補3/524 子部/雜著類/雜考之屬
援鶉堂筆記五十卷 （清）姚範撰 援鶉堂筆記栞誤一卷栞誤補遺一卷 （清）方東樹撰 清道光十五年（1835）姚氏刻本 十六冊

330000－1741－0008904 綫補4/034 集部/總集類/選集之屬/通代
文選六十卷 （南朝梁）蕭統輯 （唐）李善注 （清）何焯評 清光緒元年（1875）成都尊經書院刻民國三十一年（1942）程天放補刻本 十冊

330000－1741－0008905 善2/254 史部/詔令奏議類/奏議之屬
秦漢書疏十八卷 明嘉靖三十七年（1558）吳國倫刻本 十四冊

330000－1741－0008906 綫補4/059 集部/總集類/選集之屬/通代

駢體文鈔三十一卷 （清）李兆洛輯 清光緒八年（1882）上海刻本 五冊

330000－1741－0008909 綫補4/036 集部/別集類/宋別集
施註蘇詩四十二卷總目二卷 （宋）蘇軾撰 （宋）施元之 （宋）顧禧注 （清）宋至等刪補 蘇詩續補遺二卷 （清）馮景補註 王註正譌一卷 （清）邵長蘅撰 東坡先生[蘇軾]年譜一卷 （宋）王宗稷編 清康熙三十八年（1699）商丘宋犖宛委堂刻本 十冊

330000－1741－0008910 綫補4/058 集部/總集類/選集之屬/通代
駢體文鈔三十一卷 （清）李兆洛輯 清道光元年（1821）合河康氏家塾刻同治六年（1867）婁江徐氏補刻本 八冊

330000－1741－0008911 綫補4/264 集部/總集類/選集之屬/通代
駢體文鈔三十一卷 （清）李兆洛輯 清道光元年（1821）合河康氏家塾刻同治六年（1867）婁江徐氏補刻本 八冊

330000－1741－0008912 善4/347 集部/別集類/明別集
內臺集四卷 （明）王廷相撰 明嘉靖十五年（1536）司馬泰等刻本 四冊

330000－1741－0008913 綫補4/043 子部/雜著類/雜說之屬
鶴林玉露十六卷補遺一卷 （宋）羅大經撰 清光緒二十五年（1899）泰和蕭氏刻本 蕭天奇題記 四冊

330000－1741－0008915 善2/255 史部/詔令奏議類/奏議之屬
兩漢書疏十六卷 （明）周珫輯 明弘治十四年（1501）刻本 三冊 存八卷（東漢書疏一至八）

330000－1741－0008916 善4/352 集部/別集類/明別集
何大復先生詩集十二卷 （明）何景明撰 （清）金鎮輯並評 清康熙五年（1666）修永堂

刻本　六冊

330000－1741－0008917　綫補4/042　集部/別集類/清別集

吳詩集覽二十卷補註二十卷吳詩談藪二卷拾遺一卷　（清）吳偉業撰　（清）靳榮藩注並輯　清乾隆刻本　七冊　存十四卷（吳詩集覽一至七、補註一至七）

330000－1741－0008918　善4/343　集部/總集類/氏族之屬

玉峯雍里顧氏六世詩文集十二種　（清）顧登編　清雍正十年（1732）崑山顧氏桂雲堂刻本　八冊　存一種

330000－1741－0008919　綫補4/034：2　集部/總集類/選集之屬/通代

文選六十卷　（南朝梁）蕭統輯　（唐）李善注　**考異十卷**　（清）胡克家撰　清同治八年（1869）湖北崇文書局刻本　十三冊　缺三十二卷（文選一至三十二）

330000－1741－0008920　綫補4/076　集部/別集類/宋別集

蘇文忠公詩編註集成四十六卷集成總案四十五卷諸家雜綴酌存一卷蘇海識餘四卷牋詩圖一卷　（宋）蘇軾撰　（清）王文誥輯注　清光緒十四年（1888）浙江書局刻本　二十四冊

330000－1741－0008921　善2/272　史部/傳記類/總傳之屬/通代

歷代君鑒五十卷　（明）景帝朱祁鈺撰　明景泰四年（1453）內府刻本　十冊

330000－1741－0008922　善4/344　集部/別集類/明別集

袁中郎先生批評唐伯虎彙集四卷　（明）唐寅撰　（明）袁宏道評　**唐六如先生畫譜三卷**　（明）唐寅輯　**袁中郎先生批評唐伯虎紀事一卷　袁中郎先生批評唐伯虎傳贊一卷**　（明）王世貞撰　**袁中郎先生批評唐伯虎外集一卷**　（明）祝允明撰　明萬曆刻本　二冊　缺三卷（唐六如先生畫譜一至三）

330000－1741－0008923　綫補4/040　集部/別集類/清別集

吳詩集覽二十卷補註二十卷吳詩談藪二卷拾遺一卷　（清）吳偉業撰　（清）靳榮藩注並輯　清乾隆刻本　十六冊

330000－1741－0008924　善4/342　集部/別集類/明別集

邊華泉集八卷邊華泉集稿六卷　（明）邊貢撰　明嘉靖刻清嘉慶李肇慶補刻本　六冊　存八卷（邊華泉集一至八）

330000－1741－0008926　綫082.9/28161　類叢部/叢書類/彙編之屬

隨庵徐氏叢書十種續編十種　徐乃昌編　清光緒至民國南陵徐氏刻本　二十四冊

330000－1741－0008927　綫補4/041　類叢部/叢書類/郡邑之屬

常州先哲遺書七十二種　盛宣懷編　清光緒二十一年至三十三年（1895－1907）武進盛氏思惠齋刻宣統彙印本　一冊　存一種

330000－1741－0008928　善2/274　史部/傳記類/總傳之屬/通代

漢唐三傳　（明）黃魯曾輯　明嘉靖吳郡黃氏刻本　二冊　存一種

330000－1741－0008930　綫補4/077、綫補4/204　集部/總集類/郡邑之屬

國朝金陵詩徵四十八卷　（清）朱緒曾編　清光緒十三年（1887）德清俞樾刻本　十九冊　缺十卷（五至六、十八至二十三、四十五至四十六）

330000－1741－0008931　善4/341　集部/別集類/明別集

浮湘藁四卷山中集四卷憑几集五卷續集二卷息園存藁十四卷又九卷緩慟集一卷國寶新編一卷近言一卷　（明）顧璘撰　明嘉靖吳郡沈氏繁露堂刻本　十八冊　存二十二卷（浮湘藁一至四、山中集一至四、息園存藁一至十四）

330000－1741－0008933　善2/307　史部/傳記類/別傳之屬/年譜

歷代名人年譜不分卷　（清）吳榮光撰　稿本
　姜亮夫題記　三冊

330000－1741－0008934　綫082.9/2816　類
叢部/叢書類/彙編之屬

懷幽雜俎十二種　徐乃昌編　清光緒至宣統
南陵徐氏刻本　八冊

330000－1741－0008937　綫補4/077：2　集
部/總集類/郡邑之屬

國朝金陵詩徵四十八卷　（清）朱緒曾編　續
金陵詩徵六卷首一卷　（清）朱紹亭等輯　清
光緒十三年（1887）德清俞樾刻本、清光緒二
十年（1894）刻本　六冊　存十一卷（國朝金
陵詩徵四至五、二十四至二十五、四十六至四
十八；續金陵詩徵首，一、三至四）

330000－1741－0008939　綫補4/056　集部/
別集類/唐五代別集

韓昌黎詩集編年箋注十二卷　（唐）韓愈撰
（清）方世舉考訂　（清）盧見曾刪定　清乾隆
二十三年（1758）德州盧見曾雅雨堂刻本　十
二冊

330000－1741－0008942　善4/358　集部/別
集類/明別集

張文定公觀光樓集十卷紆玉樓集十卷靡悔軒
集十二卷環碧堂集十八卷養心亭集八卷四友
亭集二十卷　（明）張邦奇撰　明刻本　二十
六冊　缺三十二卷（紆玉樓集一至十、環碧堂
集十七至十八、四友亭集一至二十）

330000－1741－0008943　綫082.9/6072＊3
類叢部/叢書類/彙編之屬

國粹叢書四十九種　（清）國學保存會編　清
光緒至宣統鉛印本暨石印本　三冊　存三種

330000－1741－0008945　綫補4/080　集部/
總集類/選集之屬/斷代

明詩綜一百卷　（清）朱彝尊輯　（清）汪森等
評　清康熙刻乾隆印本　二十八冊　缺十二
卷（四至九、十六至十七、八十一至八十四）

330000－1741－0008946　綫補4/078　集部/
別集類/清別集

百美新詠一卷集詠一卷圖傳一卷　（清）顏希
源撰　清嘉慶十年（1805）集腋軒刻本　二冊
缺一卷（百美新詠）

330000－1741－0008949　綫082.9/2816a
類叢部/叢書類/彙編之屬

積學齋叢書二十種　徐乃昌編　清光緒南陵
徐乃昌刻本　二十冊

330000－1741－0008950　綫補4/078：1　集
部/別集類/清別集

百美新詠一卷集詠一卷圖傳一卷　（清）顏希
源撰　清嘉慶十年（1805）集腋軒刻本　一冊
存一卷（圖傳）

330000－1741－0008951　綫補4/077：1　集
部/總集類/郡邑之屬

續金陵詩徵六卷首一卷　（清）朱紹亭等輯
清光緒二十年（1894）刻本　一冊　存一卷
（三）

330000－1741－0008952　善4/361　集部/別
集類/明別集

涇野先生文集三十六卷　（明）呂柟撰　（明）
李楨編　明萬曆二十年（1592）李楨刻本　二
十冊

330000－1741－0008953　善4/339　集部/別
集類/明別集

空同先生集六十三卷　（明）李夢陽撰　明嘉
靖刻本　二十冊

330000－1741－0008954　善2/279　史部/傳
記類/總傳之屬/仕宦

殿閣詞林記二十二卷　（明）廖道南撰　明嘉
靖刻本　二十冊

330000－1741－0008956　綫補4/078：2　集
部/別集類/清別集

百美新詠一卷集詠一卷圖傳一卷　（清）顏希
源撰　清嘉慶十年（1805）集腋軒刻本　一冊
缺一卷（圖傳）

330000－1741－0008957　綫補4/063　集部/
總集類/選集之屬/通代

文苑英華選六十卷　（清）宮夢仁輯　清康熙

四十一年至四十三年(1702－1704)光明正大之堂刻本　十六冊

330000－1741－0008958　善2/335　史部/地理類/總志之屬/斷代

新編方輿勝覽七十卷　(宋)祝穆編　元刻本三十二冊

330000－1741－0008959　綫補4/062　類叢部/叢書類/自著之屬

潛園總集十七種　(清)陸心源撰　清同治至光緒刻本　二十冊　存一種

330000－1741－0008960　綫補4/065　集部/總集類/氏族之屬

寧都三魏全集八十三卷　(清)林時益編　清道光二十五年(1845)寧都謝庭綏綏園書塾刻本　三十冊　存六種

330000－1741－0008961　善4/345　集部/別集類/明別集

康對山先生集四十六卷　(明)康海撰　明萬曆十年(1582)潘允哲刻本　二十八冊

330000－1741－0008962　綫補4/078：3　集部/別集類/清別集

百美新詠一卷集詠一卷圖傳一卷　(清)顏希源撰　清嘉慶十年(1805)集腋軒刻本　一冊　存一卷(圖傳)

330000－1741－0008964　綫補4/034：1　集部/總集類/選集之屬/通代

文選六十卷　(南朝梁)蕭統輯　(唐)李善注　**考異十卷**　(清)胡克家撰　清同治八年(1869)湖北崇文書局刻本　三冊　存八卷(考異三至十)

330000－1741－0008965　善4/352A　集部/別集類/明別集

燕泉何先生遺藁十卷　(明)何孟春撰　(明)何仲方輯　清乾隆二十四年(1759)世讀軒刻本　四冊

330000－1741－0008966　綫補4/078：4　集部/別集類/清別集

百美新詠一卷集詠一卷圖傳一卷　(清)顏希源撰　清嘉慶十年(1805)集腋軒刻本　一冊　存一卷(圖傳)

330000－1741－0008967　善2/371　史部/地理類/方志之屬/郡縣志

[嘉靖]寧波府志四十二卷　(明)周希哲(明)曾鏜修　(明)張時徹等纂　明嘉靖三十九年(1560)刻本(卷十二至十四配抄本)　三十二冊

330000－1741－0008969　善4/362　集部/別集類/明別集

鳥鼠山人小集十六卷後集二卷擬漢樂府八卷附錄二卷可泉擬涯翁擬古樂府二卷　(明)胡纘宗撰　明嘉靖刻本　二十

330000－1741－0008970　善4/352A/C1　集部/別集類/明別集

燕泉何先生遺藁十卷　(明)何孟春撰　(明)何仲方輯　清乾隆二十四年(1759)世讀軒刻本　四冊

330000－1741－0008971　善4/354　集部/別集類/明別集

洹詞十二卷　(明)崔銑撰　明嘉靖二十八年(1549)趙府味經堂刻清乾隆三十六年(1771)彰德黃邦寧重修本　六冊

330000－1741－0008972　綫補4/078：5　集部/別集類/清別集

百美新詠一卷集詠一卷圖傳一卷　(清)顏希源撰　清嘉慶十年(1805)集腋軒刻本　二冊

330000－1741－0008973　綫補4/067　集部/別集類/清別集

曝書亭集八十卷附錄一卷　(清)朱彝尊撰　**笛漁小藁十卷**　(清)朱昆田撰　清光緒十五年(1889)會稽陶氏寒梅館刻本　二十四冊

330000－1741－0008974　綫補4/066、綫補4/165　集部/別集類/宋別集

黃詩全集五十八卷　(宋)黃庭堅撰　清乾隆五十四年(1789)南康謝氏樹經堂刻本　二十冊　缺一卷(山谷詩別集補一)

330000－1741－0008975　善2/405　史部/地

理類/山川之屬/山志

鴈山志稿二十五卷 （清）李象坤輯 稿本
四冊 存十一卷（一至十一）

330000－1741－0008976 善2/413 史部/地
理類/山川之屬/水志

震澤編八卷 （明）蔡昇撰 （明）王鏊修 明
弘治十八年（1505）林世遠刻本 四冊

330000－1741－0008977 綫補4/077：3 集
部/總集類/郡邑之屬

續金陵詩徵六卷首一卷 （清）朱紹亭等輯
清光緒二十年（1894）刻本 一冊 存一卷
（四）

330000－1741－0008978 綫補4/078：6 集
部/別集類/清別集

百美新詠一卷集詠一卷圖傳一卷 （清）顏希
源撰 清嘉慶十年（1805）集腋軒刻本 一冊
存一卷（圖傳）

330000－1741－0008979 善4/363 集部/別
集類/明別集

升菴先生文集八十一卷目錄四卷 （明）楊慎
撰 （明）楊有仁輯 明萬曆二十九年（1601）
王藩臣、蕭如松秣陵刻本 十六冊

330000－1741－0008980 善4/364 集部/別
集類/明別集

升菴先生文集八十一卷目錄四卷 （明）楊慎
撰 （明）楊有仁輯 明萬曆二十九年（1601）
王藩臣、蕭如松秣陵刻本 二十四冊

330000－1741－0008982 綫補4/081 集部/
總集類/選集之屬/斷代

**元詩選初集一百十四卷二集一百三卷三集一
百三卷首一卷** （清）顧嗣立輯 清康熙長洲
顧嗣立秀野草堂刻本 三十二冊 缺一百四
卷（初集乙集六卷、丙集三卷、丁集四卷、戊集
十二卷、己集二卷、壬集十卷，二集甲集十卷、
丙集八卷、庚集一卷、辛集六卷，三集甲集十
六卷、乙集一卷、丙集八卷、己集十二卷、庚集
五卷）

330000－1741－0008984 綫補4/078：7 集

部/別集類/清別集

百美新詠一卷集詠一卷圖傳一卷 （清）顏希
源撰 清嘉慶十年（1805）集腋軒刻本 一冊
存一卷（百美新詠）

330000－1741－0008985 善4/366 集部/別
集類/明別集

薛考功集十卷附錄一卷 （明）薛蕙撰 明刻
本 四冊 缺一卷（附錄）

330000－1741－0008986 綫補4/078：8 集
部/別集類/清別集

百美新詠一卷集詠一卷圖傳一卷 （清）顏希
源撰 清嘉慶十年（1805）集腋軒刻本 一冊
存一卷（百美新詠）

330000－1741－0008988 善4/381 集部/別
集類/明別集

世經堂集二十六卷 （明）徐階撰 明萬曆徐
氏刻本 二十四冊

330000－1741－0008989 善4/369 集部/別
集類/明別集

梓溪文鈔外集十卷內集八卷 （明）舒芬撰
（明）舒琛 （明）舒璟輯 清刻本 十六冊

330000－1741－0008990 善2/515 史部/史
抄類

十七史詳節二百七十三卷 （宋）呂祖謙輯
明嘉靖四十五年至隆慶四年（1566－1570）陝
西布政司刻本 一百二十冊

330000－1741－0008991 綫補4/061 集部/
總集類/郡邑之屬

**湖南文徵一百九十卷首一卷目錄六卷姓氏傳
四卷** （清）羅汝懷輯 清同治十年（1871）刻
本 九十八冊 缺五卷（首、元明文五十三至
五十四、姓氏傳一至二）

330000－1741－0008992 綫補4/065：1 集
部/總集類/氏族之屬

寧都三魏全集八十三卷 （清）林時益編 清
康熙易堂刻本 十六冊 存一種

330000－1741－0008993 綫補4/128 集部/
詩文評類/詩評之屬

韻語陽秋二十卷 （宋）葛立方撰 清光緒二十二年(1896)武進盛氏思惠齋刻朱印本 一冊 存十卷(十一至二十)

330000－1741－0008994 綫補4/127 集部/別集類/清別集

韞山堂時文（管緘若時文）初集一卷續集二卷三集一卷 （清）管世銘撰 清慶雲樓刻本 四冊

330000－1741－0008995 綫補4/106 集部/別集類/元別集

白雲集三卷附錄題贈一卷 （元）釋英撰 清末當歸草堂刻朱印本 一冊

330000－1741－0008999 綫補4/108 類叢部/叢書類/彙編之屬

春暉堂叢書十二種 （清）徐渭仁編 清道光至咸豐上海徐渭仁刻同治九年至十年(1870－1871)徐允臨補刻彙印本 一冊 存六種

330000－1741－0009000 善4/373 集部/別集類/明別集

夏桂洲先生文集十八卷 （明）夏言撰 （明）林日瑞編 夏桂洲先生[言]年譜一卷 （明）林日瑞編 明崇禎十一年(1638)吳一璘刻清康熙五十八年(1719)吳橋重修本 十六冊

330000－1741－0009002 綫補4/114 集部/別集類/清別集

樓邨詩集二十五卷 （清）王式丹撰 清雍正四年(1726)王懋訥刻本 三冊 缺七卷(罨澤集六至七、補過齋集一至二、忍冬齋一至三)

330000－1741－0009003 綫補4/113、綫補3/341 集部/別集類/宋別集

鐔津文集十九卷首一卷 （宋）釋契嵩撰 清光緒二十八年(1902)揚州藏經院刻本 四冊

330000－1741－0009004 善4/372 集部/別集類/明別集

夢澤集十七卷 （明）王廷陳撰 明嘉靖四十一年(1562)黃岡王廷瞻刻明清重修本 四冊

330000－1741－0009005 綫補4/061：2 集部/總集類/郡邑之屬

湖南文徵一百九十卷首一卷目錄六卷姓氏傳四卷 （清）羅汝懷輯 清同治十年(1871)刻本 一冊 存二卷(國朝文三十二至三十三)

330000－1741－0009006 綫補4/061：1 集部/總集類/郡邑之屬

湖南文徵一百九十卷首一卷目錄六卷姓氏傳四卷 （清）羅汝懷輯 清同治十年(1871)刻本 八冊 存十五卷(國朝文三至四、十、二十二至二十三、二十六至二十七、六十四至六十五、七十四至七十五、八十至八十一、一百十三至一百十四)

330000－1741－0009007 綫補4/129 集部/別集類/清別集

遙懷堂全集三十八卷 （清）袁翼撰 清光緒十三年至十四年(1887－1888)袁鎮嵩刻本 十二冊

330000－1741－0009008 綫補4/125 類叢部/叢書類/自著之屬

授堂遺書七種附錄二卷 （清）武億撰 清道光二十三年(1843)偃師武氏刻本 二冊 存一種

330000－1741－0009009 善4/383 集部/別集類/明別集

蘇門集八卷 （明）高叔嗣撰 明嘉靖四十二年(1563)張正位刻本 四冊

330000－1741－0009010 善4/374 集部/別集類/明別集

小山類藁選二十卷 （明）張岳撰 張襄惠公輯略一卷 明萬曆十五年(1587)吳文華刻清遞修本 六冊

330000－1741－0009011 綫補4/116、綫補4/175 集部/總集類/選集之屬/斷代

南宋羣賢小集七十四種 （宋）陳起編 （清）顧修重輯 清嘉慶六年(1801)石門顧氏讀畫齋刻本 二冊 存十種

330000－1741－0009012 綫補4/061：3 集部/總集類/郡邑之屬

湖南文徵一百九十卷首一卷目錄六卷姓氏傳四卷 (清)羅汝懷輯 清同治十年(1871)刻本 二册 存四卷(國朝文四十二至四十三、七十四至七十五)

330000－1741－0009015 善 4/376 集部/別集類/明別集
張龍湖先生文集十五卷詩餘一卷 (明)張治撰 (清)彭思眷編 **張文毅公傳一卷** (清)雷禮撰 清雍正四年(1726)彭思眷刻墨香閣印本 八册 缺一卷(詩餘)

330000－1741－0009016 善 4/386 集部/別集類/明別集
藍侍御集十卷 (明)藍田撰 明萬曆十五年(1587)藍思紹刻本 五册

330000－1741－0009017 綫補 4/137、綫補 4/139 類叢部/叢書類/郡邑之屬
永嘉叢書十三種 (清)孫衣言編 清同治至光緒瑞安孫氏詒善祠塾刻本 十五册 存二種

330000－1741－0009018 綫補 4/061:4 集部/總集類/郡邑之屬
湖南文徵一百九十卷首一卷目錄六卷姓氏傳四卷 (清)羅汝懷輯 清同治十年(1871)刻本 一册 存二卷(國朝文三十至三十一)

330000－1741－0009019 善 4/377 集部/別集類/明別集
太師張文忠公集十九卷 (明)張孚敬撰 明萬曆四十三年(1615)張汝綱、張汝紀等刻本 八册 缺八卷(奏疏一至八)

330000－1741－0009020 善 4/385 集部/別集類/明別集
芝園集三十六卷 (明)張時徹撰 明嘉靖刻本 十四册 存三十卷(一至三十)

330000－1741－0009021 綫補 4/131 類叢部/叢書類/郡邑之屬
常州先哲遺書七十二種 盛宣懷編 清光緒二十一年至三十三年(1895－1907)武進盛氏思惠齋刻宣統彙印本 一册 存一種

330000－1741－0009023 綫補 4/136:2 集部/小說類/短篇之屬
拍案驚奇□□卷 (明)凌濛初撰 清刻本 蔣鳴峧批並題記 一册 存二卷(十至十一)

330000－1741－0009024 綫補 4/218、綫補 4/138 集部/別集類/清別集
白田草堂存稿二十四卷 (清)王懋竑撰 **先考王公府君[懋竑]行狀一卷** (清)王箴聽等撰 **崇祀鄉賢錄一卷** 清乾隆十七年(1752)刻本 五册 缺一卷(崇祀鄉賢錄)

330000－1741－0009025 善 4/394 集部/別集類/明別集
五嶽山人集三十八卷 (明)黄省曾撰 明嘉靖吴郡黄氏刻萬曆二十四年(1596)董漢儒補刻本 二十册

330000－1741－0009026 善 4/388 集部/別集類/明別集
遵巖先生文集二十五卷 (明)王慎中撰 明隆慶五年(1571)嚴鎡刻本 二十册

330000－1741－0009027 綫補 4/121 集部/別集類/清別集
水雲集一卷附錄三卷 (宋)汪元量撰 清光緒二十三年(1897)錢塘丁氏嘉惠堂刻印本 一册

330000－1741－0009028 善 4/390 集部/別集類/明別集
念菴羅先生集十三卷 (明)羅洪先撰 明嘉靖四十三年(1564)甄津刻本 六册

330000－1741－0009029 善 4/391 集部/別集類/清別集
荊川文集十八卷 (明)唐順之撰 (清)唐執玉勘校 清康熙五十一年(1712)武進唐執玉刻本 二十册

330000－1741－0009030 善 4/393C 集部/別集類/明別集
甌東私録六卷 (明)項喬撰 明嘉靖三十一年(1552)刻本 四册

330000－1741－0009031 綫補 4/130 集部/

別集類/清別集

曝書亭集八十卷附錄一卷 （清）朱彝尊撰

笛漁小稾十卷 （清）朱昆田撰　清光緒十五年（1889）會稽陶氏寒梅館刻本　一冊　存十卷（笛漁小稾一至十）

330000－1741－0009033　善 4/397　集部/別集類/明別集

趙文肅公文集二十三卷 （明）趙貞吉撰　明萬曆十三年（1585）巴渝趙德仲福建刻本　二十冊

330000－1741－0009034　綫補 4/132　集部/別集類/清別集

養默山房詩錄九卷 （清）謝元淮撰　清道光十九年（1839）謝氏知足之足齋刻本　三冊　存三卷（一至三）

330000－1741－0009035　綫補 4/136　集部/小說類/短篇之屬

拍案驚奇三十六卷 （明）凌濛初撰　清萬元樓刻本　二冊　存六卷（一至三、二十二至二十四）

330000－1741－0009036　綫補 4/134、綫補 4/153、綫補 4/201、綫補 4/202　類叢部/叢書類/郡邑之屬

常州先哲遺書七十二種 盛宣懷編　清光緒二十一年至三十三年（1895－1907）武進盛氏思惠齋刻宣統彙印本　八冊　存四種

330000－1741－0009037　綫補 4/133　類叢部/叢書類/彙編之屬

邵武徐氏叢書二集八種 （清）徐榦編　清光緒邵武徐氏刻本　一冊　存一種

330000－1741－0009038　綫補 4/136：1　集部/小說類/短篇之屬

拍案驚奇□□卷 （明）凌濛初撰　清刻本　一冊　存三卷（二十二至二十四）

330000－1741－0009039　綫補 4/142　集部/別集類/清別集

小謨觴館文注四卷續注二卷 （清）彭兆蓀撰（清）孫元培　（清）孫長熙注　清光緒二十

年（1894）木活字印本　三冊

330000－1741－0009042　綫補 4/143　集部/別集類/清別集

研六室文鈔十卷補遺一卷 （清）胡培翬撰　**戶部主事胡先生[培翬]墓誌銘一卷** （清）汪士鐸撰　**族兄竹邨先生[培翬]事狀一卷** （清）胡培系撰　清光緒四年（1878）胡培系世澤樓刻本　四冊　存十卷（研六室文鈔一至十）

330000－1741－0009044　綫補 4/145　集部/別集類/唐五代別集

杜工部集二十卷附錄一卷年譜一卷唱酬題詠附錄一卷諸家詩話一卷 （唐）杜甫撰　（清）錢謙益箋註　清宣統三年（1911）時中書局石印本　七冊　缺四卷（杜工部集十七至二十）

330000－1741－0009045　善 4/408　集部/別集類/明別集

萬文恭公摘集十二卷外集一卷 （明）萬士和撰　明萬曆二十年（1592）宜興萬春素履齋刻清康熙可師堂印本　六冊　缺一卷（外集）

330000－1741－0009046　善 4/392　集部/別集類/明別集

甌東錄十卷 （明）項喬撰　清孫氏玉海樓抄本　清孫衣言批校並題記　清孫詒讓批十冊

330000－1741－0009047　綫補 4/144　集部/別集類/唐五代別集

杜工部集二十卷附錄一卷年譜一卷唱酬題詠附錄一卷諸家詩話一卷 （唐）杜甫撰　（清）錢謙益箋註　清宣統三年（1911）時中書局石印本　八冊

330000－1741－0009048　綫 082.9/3142　新學/雜著/叢編

江南製造局叢刊（江南製造局譯書） （清）江南製造局編　清光緒江南製造局刻本暨鉛印本　三十八冊　存七種

330000－1741－0009049　善 4/409　集部/別集類/明別集

敬所王先生文集三十卷 （明）王宗沐撰　明

萬曆元年至二年(1573－1574)豫章劉良弼刻本　三十二冊

330000－1741－0009050　綫補4/147　集部/總集類/選集之屬/通代

文選六十卷　(南朝梁)蕭統輯　(唐)李善注　(清)何焯評　清乾隆三十七年(1772)葉氏海錄軒刻朱墨套印本　十二冊

330000－1741－0009051　善4/393　集部/別集類/明別集

甌東私錄十卷　(明)項喬撰　明嘉靖三十年(1551)刻本　五冊　存五卷(一至二、五至七)

330000－1741－0009052　綫補4/146　集部/別集類/清別集

述學內篇三卷補遺一卷外篇一卷別錄一卷附錄一卷校勘記一卷　(清)汪中撰　(清)汪喜孫編　清同治八年(1869)揚州書局刻本　三冊

330000－1741－0009054　綫補4/155　類叢部/叢書類/彙編之屬

粵雅堂叢書一百八十五種　(清)伍崇曜編　清道光二十九年至光緒十一年(1849－1885)南海伍氏刻彙印本　一冊　存一種

330000－1741－0009064　善4/410　集部/別集類/明別集

劉子威集三十二卷續集二十卷　(明)劉鳳撰　明萬曆刻本　二十四冊　存三十二卷(劉子威集一至三十二)

330000－1741－0009066　善4/395　集部/別集類/明別集

海石先生文集二十八卷目錄二卷　(明)錢薇撰　(明)嚴從簡輯　**侍御公奏疏一卷遺詩一卷**　(明)錢嘉徵撰　明萬曆四十一年至四十二年(1613－1614)海鹽錢氏刻清錢燖等增修本　十冊

330000－1741－0009067　善4/407　集部/別集類/明別集

茅鹿門先生文集三十六卷　(明)茅坤撰　明

萬曆刻本　三十二冊

330000－1741－0009069　綫補4/159　集部/別集類/元別集

歐陽文公圭齋集十五卷首一卷附錄一卷　(元)歐陽玄撰　清道光十四年(1834)棣馀山房刻本　五冊　缺五卷(首、一至四)

330000－1741－0009070　善4/399　集部/別集類/明別集

靳兩城先生集二十卷　(明)靳學顏撰　明萬曆十七年(1589)東魯靳雷刻本　清吳以誠批　八冊

330000－1741－0009072　善4/406　集部/別集類/明別集

白華樓藏稿十一卷續稿十五卷吟稿十卷　(明)茅坤撰　(明)姚翼輯　明萬曆刻本　十六冊

330000－1741－0009074　善4/400　集部/別集類/明別集

王氏存笥稿二十卷　(明)王維楨撰　明嘉靖三十六年(1557)鄭本立關中刻　十二冊

330000－1741－0009076　綫082.9/3330　類叢部/叢書類/彙編之屬

南菁札記十四種　(清)溥良編　清光緒二十年(1894)江陰使署刻本　六冊

330000－1741－0009078　善4/402　集部/別集類/明別集

槐野先生存笥稿三十八卷附錄一卷　(明)王維楨撰　明萬曆三十四年(1606)黃陞、王九敘刻本　十二冊

330000－1741－0009079　善4/403　集部/別集類/明別集

樗菴王先生集七卷　(明)王燁撰　明萬曆元年(1573)刻本　六冊

330000－1741－0009080　綫補4/151　類叢部/叢書類/郡邑之屬

常州先哲遺書七十二種　盛宣懷編　清光緒二十一年至三十三年(1895－1907)武進盛氏思惠齋刻宣統彙印本　一冊　存一種

330000－1741－0009082　善 4/405　集部/別集類/明別集

二谷山人詩集十卷　(明)侯一元撰　明嘉靖刻本　四冊

330000－1741－0009084　綫 082.9/3434　類叢部/叢書類/彙編之屬

枕碧樓叢書十二種　沈家本編　清宣統元年至民國二年(1909－1913)歸安沈氏刻本　十六冊

330000－1741－0009085　善 4/401　集部/別集類/明別集

王槐野先生存笥稿二十卷續集九卷　(明)王維楨撰　明萬曆七年(1579)徐學禮等刻本　八冊　缺九卷(續集一至九)

330000－1741－0009086　善 4/414　集部/別集類/明別集

新刻張太岳先生詩文集四十七卷　(明)張居正撰　明萬曆四十年(1612)繡谷唐國達刻本　十六冊

330000－1741－0009087　善 4/415　集部/別集類/明別集

楊忠愍手蹟不分卷　(明)楊繼盛撰　清抄本　二冊

330000－1741－0009088　善 4/417　集部/別集類/明別集

弇州山人續稿二百七卷目錄十卷附十一卷　(明)王世貞撰　明刻本(卷一百六十二配抄本)　四十二冊　缺十二卷(二百七、附一至十一)

330000－1741－0009090　綫補 4/162、綫補 4/230　集部/別集類/元別集

重刻吳淵穎集十二卷　(元)吳萊撰　(明)宋濂編　(清)查遴輯　**附錄一卷**　清康熙四十九年(1710)浦江吳氏豹文堂刻雍正元年(1723)重修本　四冊　存七卷(一至五、九至十)

330000－1741－0009091　善 4/415A　集部/別集類/明別集

楊忠愍公全集四卷　(明)楊繼盛撰　清康熙三十七年(1698)古吳三樂齋刻本　四冊

330000－1741－0009094　綫補 4/166　子部/雜著類/雜說之屬

戒菴老人漫筆八卷　(明)李詡撰　清光緒二十二年(1896)武進盛氏思惠齋刻朱印本　一冊　存二卷(五至六)

330000－1741－0009095　綫 082.9/3436　類叢部/叢書類/彙編之屬

晨風閣叢書二十二種　沈宗畸編　清宣統元年(1909)番禺沈氏刻本　十六冊

330000－1741－0009096　善 4/416　集部/別集類/明別集

周叔夜先生集十一卷　(明)周思兼撰　明萬曆十年(1582)華亭周氏刻本　八冊

330000－1741－0009097　綫補 4/176　集部/別集類/明別集

滄螺集六卷補遺一卷附錄一卷　(明)孫作撰　清光緒二十二年(1896)武進盛氏思惠齋刻朱印本　一冊

330000－1741－0009102　善 2/516　史部/史抄類

兩漢博聞十二卷　(宋)楊侃輯　明嘉靖三十七年(1558)黃魯曾刻本　十二冊

330000－1741－0009105　善 4/417C　集部/別集類/明別集

弇州山人四部稿一百七十四卷目錄十二卷　(明)王世貞撰　明萬曆五年(1577)吳郡王氏世經堂刻本　三十二冊

330000－1741－0009106　綫補 4/180、綫補 4/181　子部/藝術類/遊藝之屬/聯語

楹聯叢話十二卷續話四卷　(清)梁章鉅輯　清道光二十年至二十三年(1840－1843)梁章鉅桂林署齋刻本　五冊　缺三卷(十至十二)

330000－1741－0009107　善 4/422　集部/別集類/明別集

甀甀洞藁五十四卷目錄二卷續稿詩部十二卷文部十五卷目錄二卷　(明)吳國倫撰　明萬

曆刻本　三十二冊

330000－1741－0009108　善 4/413A　集部/
別集類/明別集

盱江羅近溪先生全集十卷鄉約一卷　（明）羅
汝芳撰　**語要一卷**　（明）陶望齡輯　**孝仁訓
一卷**　（明）楊起元輯　明萬曆四十六年
(1618)劉一焜刻本　五冊　缺一卷(語要)

330000－1741－0009109　善 4/419　集部/別
集類/明別集

李文定公貽安堂集十卷附錄一卷　（明）李春
芳撰　明萬曆十七年(1589)李戴刻本　清許
嘉猷批並題記　八冊

330000－1741－0009112　善 4/440　集部/別
集類/明別集

松石齋集文三十卷詩六卷　（明）趙用賢撰
明萬曆四十六年(1618)海虞趙綺美等刻本
二十四冊　存三十卷(文一至三十)

330000－1741－0009113　綫補 4/253　集部/
別集類/清別集

胡文忠公遺集十卷首一卷　（清）胡林翼撰
(清)閻敬銘　（清）𡏡雲官　（清）盛康輯
清同治五年(1866)刻本　六冊　缺三卷(一、
九至十)

330000－1741－0009114　綫補 4/183　集部/
別集類/清別集

鮚埼亭集外編五十卷　（清）全祖望撰　（清）
董秉純編　（清）蔣學鏞審訂　（清）汪繼培重
編　清嘉慶十六年(1811)刻本　一冊　存四
卷(十七至二十)

330000－1741－0009115　善 4/417B　集部/
別集類/明別集

讀書後八卷　（明）王世貞撰　清乾隆二十七
年(1762)天隨堂刻本　四冊

330000－1741－0009116　善 4/427　集部/別
集類/明別集

王文肅公文集五十五卷　（明）王錫爵撰　明
刻本　二十三冊

330000－1741－0009117　綫補 4/256　集部/

別集類/清別集

錢南園先生遺集五卷　（清）錢灃撰　清末刻
本　一冊　存二卷(四至五)

330000－1741－0009119　善 2/517　史部/史
抄類

漢雋十卷　（宋）林鉞輯　明嘉靖十一年
(1532)郟鼎刻本　八冊

330000－1741－0009120　善 4/418　集部/別
集類/明別集

太函集一百二十卷目錄六卷　（明）汪道昆撰
明萬曆刻本　四十冊

330000－1741－0009121　綫補 4/257　集部/
別集類/明別集

金忠潔公文集二卷附一卷　（明）金鉉撰　清
光緒二十二年(1896)武進盛氏思惠齋刻朱印
本　一冊

330000－1741－0009123　綫補 4/255　集部/
別集類/清別集

銅鼓書堂遺槀三十二卷　（清）查禮撰　（清）
查淳輯　清乾隆五十七年(1792)查淳刻本
二冊　存十三卷(一至五、九至十六)

330000－1741－0009124　善 2/532　史部/史
抄類

歐陽文忠公五代史抄二十卷　（明）茅坤輯並
評　明刻朱墨套印本(卷十三至十六配抄本)
十冊

330000－1741－0009126　綫補 4/187　類叢
部/叢書類/家集之屬

長洲彭氏家集九種　（清）彭祖賢編　清同治
至光緒刻本　二冊　存一種

330000－1741－0009128　綫補 4/188　集部/
別集類/漢魏六朝別集

蔡中郎集十卷末一卷外紀一卷外集四卷
(漢)蔡邕撰　清光緒十六年(1890)番禺陶氏
愛廬刻本　四冊

330000－1741－0009129　綫補 4/252　集部/
別集類/清別集

補學軒文集續刻散體四卷續刻駢體二卷

（清）鄭獻甫撰　清同治十一年(1872)況逢春
桂林刻本　一冊　存一卷(續刻散體一)

330000－1741－0009130　綫補 4/258　類叢
部/叢書類/彙編之屬
**西京清麓叢書正編三十二種續編二十七種外
編二十四種**　（清）賀瑞麟編　清同治至民國
刻本　一冊　存一種

330000－1741－0009131　綫 082.9/3142　史
部/政書類/邦計之屬
江南製造局記十卷首一卷附一卷　（清）魏允
恭編　清光緒三十一年(1905)上海文寶書局
石印本　十冊

330000－1741－0009134　善 2/545　史部/史
評類/史論之屬
史通二十卷　（唐)劉知幾撰　明嘉靖十四年
(1535)陸深刻本　四冊

330000－1741－0009135　綫補 4/254：1　集
部/別集類/清別集
**八指頭陀詩集十卷補遺一卷述一卷詞一卷雜
文一卷**　（清）釋敬安撰　清光緒十四年
(1888)義寧陳三立刻二十四年(1898)湘潭葉
德輝續刻本　一冊　存六卷(八指頭陀詩集
一至六)

330000－1741－0009136　善 4/435　集部/別
集類/明別集
徐文長文集三十卷補遺一卷　（明)徐渭撰
（明)袁宏道評點　明刻本　六冊

330000－1741－0009137　善 4/428　集部/別
集類/明別集
王文肅公文草十四卷　（明)王錫爵撰　明萬
曆四十三年(1615)王時敏刻本　八冊

330000－1741－0009138　善 4/420　集部/別
集類/明別集
海忠介公文集十卷　（明)海瑞撰　明末曾櫻
刻本　二冊

330000－1741－0009139　善 4/421　集部/別
集類/明別集
蘭汀存藁八卷附錄一卷　（明)梁有譽撰　清

康熙二十四年(1685)梁氏詒燕堂刻本　二冊
存五卷(一至五)

330000－1741－0009140　善 4/426　集部/別
集類/明別集
**王奉常集詩十五卷目錄三卷文五十四卷目錄
二卷**　（明)王世懋撰　明萬曆十九年(1591)
吳郡王氏刻本　十五冊　存五十六卷(文一
至五十四、目錄一至二)

330000－1741－0009141　綫補 4/189、綫
101142　類叢部/叢書類/彙編之屬
知不足齋叢書一百九十五種　（清)鮑廷博編
（清)鮑志祖續編　清乾隆三十七年至道光
三年(1772－1823)長塘鮑氏刻本　三冊　存
一種

330000－1741－0009142　綫補 4/197　集部/
別集類/唐五代別集
杜詩分類全集五卷　（唐)杜甫撰　（明)傅振
商輯　（清)張縉彥等輯定　清順治十六年
(1659)還讀齋刻本　三冊　存二卷(三、五)

330000－1741－0009144　善 4/442　集部/別
集類/明別集
孫宗伯集十卷　（明)孫繼皋撰　明萬曆會稽
陳一教、劉毅刻本　十六冊

330000－1741－0009145　善 4/423　集部/別
集類/明別集
海隅集二十二卷　（明)徐學謨撰　明萬曆六
年(1578)方九功刻本　八冊

330000－1741－0009146　善 4/435　集部/別
集類/明別集
徐文長逸稿二十四卷自著畸譜一卷　（明)徐
渭撰　（明)張汝霖　（明)王思任評選
（明)張維城較輯　明天啓三年(1623)張維城
刻本　四冊

330000－1741－0009147　善 4/425　集部/別
集類/明別集
李卓吾先生遺書二卷　（明)李贄撰　**李氏遺
書附錄一卷**　明萬曆四十年(1612)陳大來刻
本　三冊

357

330000－1741－0009148　善 3/001　子部/儒家類/儒學之屬

孔氏家語十卷　（三國魏）王肅注　明崇禎毛氏汲古閣刻本　清孫詒讓批並跋　二冊

330000－1741－0009149　善 4/424　集部/別集類/明別集

宗子相先生集二十五卷　（明）宗臣撰　明常郡葉氏天華閣刻本　十六冊

330000－1741－0009152　綫補 4/205　集部/總集類/選集之屬/通代

古文辭類纂七十四卷　（清）姚鼐輯　**續古文辭類纂三十四卷**　王先謙輯　清光緒十八年（1892）吳縣朱記榮上海刻席氏掃葉山房印本　十二冊　缺三十四卷（續古文辭類纂一至三十四）

330000－1741－0009153　善 4/437　集部/別集類/明別集

海嶽山房存稿詩部五卷文十五卷別稿五卷附錄一卷　（明）郭造卿撰　明萬曆三十五年至四十一年（1607－1613）新安吳勉學師古齋刻本　十六冊　缺五卷（別稿一至五）

330000－1741－0009154　綫補 4/196　集部/別集類/唐五代別集

杜詩會稡二十四卷　（唐）杜甫撰　（清）張遠箋　清康熙刻本　一冊　存二卷（二十一至二十二）

330000－1741－0009155　綫補 4/192　類叢部/叢書類/郡邑之屬

三怡堂叢書二十種　張鳳臺編　清光緒三十二年至民國十二年（1906－1923）河南官書局刻本　一冊　存一種

330000－1741－0009156　善 3/047　子部/儒家類/儒學之屬/經濟

文公先生經世大訓十六卷　（明）余祐輯　明嘉靖元年（1522）河南按察司刻本　六冊

330000－1741－0009157　善 4/436　集部/別集類/明別集

徐文長三集二十九卷四聲猿一卷　（明）徐渭撰　明萬曆二十八年（1600）商濬刻四十七年（1619）印本　十八冊　缺三卷（二至三、四聲猿）

330000－1741－0009158　善 4/429　集部/別集類/明別集

許文穆公集六卷　（明）許國撰　（明）葉向高　（明）方從哲纂輯　**明故光祿大夫柱國少傅兼太子太師吏部尚書建極殿大學士贈太保諡文穆穎陽許公[國]墓誌銘**　（明）王家屏撰　明萬曆許立言、許立禮刻許氏後印本　六冊

330000－1741－0009159　善 4/438　類叢部/叢書類/自著之屬

王百穀集二十一種　（明）王穉登撰　明萬曆四十七年（1619）葉應祖刻本　八冊　存九種

330000－1741－0009161　善 3/054　子部/儒家類/儒學之屬/性理

性理大全書七十卷　（明）胡廣等撰　明永樂十三年（1415）內府刻本　四十冊

330000－1741－0009162　綫補 4/198　集部/別集類/唐五代別集

杜詩鏡銓二十卷附諸家論杜一卷　（清）楊倫撰　**讀書堂杜工部文集註解二卷**　（清）張溍撰　**杜工部[甫]年譜一卷**　（清）朱鶴齡撰　清同治十一年（1872）望三益齋刻本　十二冊

330000－1741－0009163　善 4/431　集部/別集類/明別集

四溟山人全集二十四卷　（明）謝榛撰　（明）蘇璜　（明）陳養才校　明萬曆二十四年（1596）趙府冰玉堂刻本　十六冊

330000－1741－0009164　善 4/439　集部/別集類/明別集

新輯文潔鄧先生佚稿八卷　（明）鄧以讚撰　明萬曆三十一年（1603）鄧以詰、萬尚烈刻本　四冊

330000－1741－0009166　善 4/430　集部/別集類/明別集

歸先生文集三十二卷附錄一卷　（明）歸有光撰　明萬曆四年（1576）書林翁良瑜雨金堂刻

本 十二冊

330000－1741－0009167　綫補 4/200　集部/別集類/明別集

從野堂存稿八卷補遺一卷附錄一卷　（明）繆昌期撰　**文貞公[繆昌期]年譜一卷**　（清）繆之鎔編　清光緒二十一年（1895）武進盛氏思惠齋刻朱印本　四冊

330000－1741－0009168　善 4/441　集部/別集類/明別集

來恩堂草八卷　（明）姚舜牧撰　清光緒姚氏思進齋抄本　三冊

330000－1741－0009169　綫補 4/177、綫補 4/266、綫補 3/430、綫補 1/097　子部/儒家類/儒家之屬

二程全書六十七卷　（宋）程顥　（宋）程頤撰　清康熙呂氏寶誥堂刻本　五冊　缺十二卷（伊川文集一至八、伊川易傳一至四）

330000－1741－0009170　綫補 4/212　集部/別集類/明別集

王文成公全集十六卷目錄二卷　（明）王守仁撰　清道光六年（1826）湖南湘潭土文德刻本　一冊　存三卷（年譜上、目錄一至二）

330000－1741－0009171　綫補 4/209　新學/報章

國粹學報不分卷　（清）國學保存會編　清末鉛印本　一冊

330000－1741－0009174　善 4/443　集部/別集類/明別集

趙忠毅公集二十四卷　（明）趙南星撰　明崇禎十一年（1638）吳橋范景文、雲陽姜大受刻本　十六冊

330000－1741－0009175　善 4/432　集部/別集類/明別集

仲蔚先生集二十四卷　（明）俞允文撰　**附錄一卷**　明萬曆十年（1582）休寧程善定刻本　八冊

330000－1741－0009176　綫補 4/211　集部/總集類/彙編之屬

永康詩錄十七卷補遺一卷　（清）陳鳳巢編纂　清咸豐元年（1851）陳氏雨香山房刻本　四冊　缺五卷（一至二、七至九）

330000－1741－0009177　綫補 4/210　集部/別集類/明別集

王陽明先生全集十六卷目錄二卷　（明）王守仁撰　（清）王貽樂編　（清）陶澍評　清道光六年（1826）柳庭芳等刻本　三冊　存二卷（四至五）

330000－1741－0009178　綫補 4/213　類叢部/叢書類/彙編之屬

邵武徐氏叢書初刻十四種　（清）徐榦編　清光緒邵武徐氏刻本　一冊　存二種

330000－1741－0009179　善 4/433　集部/別集類/明別集

蟻蟓集五卷　（明）盧柟撰　明萬曆三十年（1602）長清張其忠刻清乾隆十五年（1750）劉晫補修本　五冊

330000－1741－0009181　綫補 4/216　類叢部/叢書類/彙編之屬

小萬卷樓叢書十七種　（清）錢培名輯　清光緒四年（1878）金山錢氏刻本　一冊　存一種

330000－1741－0009182　綫補 4/215　類叢部/叢書類/彙編之屬

望三益齋叢書十八種　（清）吳棠編　清咸豐至光緒吳氏望三益齋刻本　一冊　存一種

330000－1741－0009183　善 4/445　集部/別集類/明別集

快雪堂集六十四卷　（明）馮夢禎撰　明萬曆四十四年（1616）黃汝亨、朱之蕃等刻本　三十二冊

330000－1741－0009184　綫補 4/214、綫補 4/298　集部/別集類/清別集

嘉樹山房集二十卷外集二卷續集二卷　（清）張士元撰　清嘉慶二十四年（1819）震澤張氏刻道光六年（1826）續刻同治十一年（1872）補修光緒四年（1878）印本　十二冊

330000－1741－0009185　善 4/434　集部/別

集類/明別集

徐文長文集三十卷補遺一卷 （明）徐渭撰
（明）袁宏道評點　明刻本　十二冊

330000－1741－0009186　綫補4/211：1　集
部/總集類/彙編之屬

永康詩錄十七卷補遺一卷 （清）陳鳳巢編纂
清咸豐元年（1851）陳氏雨香山房刻本　一
冊　存三卷（十三至十五）

330000－1741－0009187　綫086.23/77.47
類叢部/叢書類/郡邑之屬

金華叢書六十八種 （清）胡鳳丹編　清同治
七年至光緒八年（1868－1882）永康胡氏退補
齋刻民國補刻本　二百七十五冊

330000－1741－0009189　綫補4/217　類叢
部/叢書類/自著之屬

張皋文箋易詮全集十六種 （清）張惠言撰
清嘉慶八年至道光十年（1803－1830）刻本
一冊　存二種

330000－1741－0009190　綫補4/221　集部/
總集類/課藝之屬

春明詩課彙選八卷 （清）陳研薌原選　（清）
胡俊章　（清）胡多祺增輯　**春明詩課彙選補
遺一卷** （清）李潤均增輯　清光緒七年
（1881）刻本　四冊

330000－1741－0009193　善4/447　集部/別
集類/明別集

宗伯集八十一卷 （明）馮琦撰　明萬曆刻本
四十冊

330000－1741－0009194　善4/444　集部/別
集類/明別集

郊居遺稿十卷 （明）沈懋學撰　明萬曆三十
三年（1605）何喬遠刻本　九冊

330000－1741－0009195　善4/453　集部/別
集類/明別集

玉茗堂全集四十六卷 （明）湯顯祖撰　明天
啓刻本　四冊　存六卷（尺牘一至六）

330000－1741－0009196　綫補4/228　集部/
總集類/郡邑之屬

硤川詩續鈔十六卷詞續鈔一卷 （清）許仁沐
蔣學堅輯　清光緒二十一年（1895）雙山講
舍刻本　二冊　缺十一卷（一至十一）

330000－1741－0009197　善3/173　子部/雜
著類/雜說之屬

蘭舫筆記一卷 （清）常輝撰　清乾隆三十四
年（1769）稿本　一冊

330000－1741－0009198　綫補4/222　集部/
詩文評類/詩評之屬

對牀夜語五卷 （宋）范晞文撰　清光緒二十
三年（1897）錢塘丁氏八千卷樓刻朱印本
二冊

330000－1741－0009199　綫補4/223　集部/
別集類/宋別集

伊川擊壤集二十卷 （宋）邵雍撰　明末文靖
書院刻本　一冊　存十卷（一至十）

330000－1741－0009200　善4/454　集部/別
集類/明別集

容臺文集九卷詩集四卷別集四卷 （明）董其
昌撰　（明）董庭輯　明崇禎三年（1630）華亭
董庭刻本　六冊

330000－1741－0009201　善4/450　集部/別
集類/明別集

**蒼霞草二十卷蒼霞草詩八卷蒼霞續草二十二
卷蒼霞餘草十四卷綸扉奏草三十卷續綸扉奏
草十四卷後綸扉尺牘十卷** （明）葉向高撰
明萬曆至崇禎福清葉氏遞刻本　四冊　存八
卷（蒼霞草詩一至八）

330000－1741－0009202　善4/446　集部/別
集類/明別集

馮用韞先生北海集四十六卷 （明）馮琦撰
明萬曆林有麟刻本　十冊

330000－1741－0009203　綫補4/229　集部/
總集類/郡邑之屬

硤川詩鈔二十卷首一卷詞鈔一卷 （清）曹宗
載輯　清光緒十八年（1892）雙山講舍刻本
三冊　存十七卷（五至二十、詞鈔）

330000－1741－0009204　善3/237　子部/天

文曆算類/天文之屬

乾象坤圖格鏡十八卷 （清）王宏翰撰　清康熙三十年(1691)稿本　六冊

330000－1741－0009205　善4/460　集部/別集類/明別集

雪濤閣集十四卷 （明）江盈科撰　明萬曆二十八年(1600)西楚江氏刻本　十四冊

330000－1741－0009206　綫補4/225　類叢部/叢書類/自著之屬

竹柏山房十五種附刻八種 （清）林春溥撰　清嘉慶至咸豐竹柏山房刻本　四冊　存一種

330000－1741－0009207　綫補4/227　集部/總集類/郡邑之屬

硤川詩鈔二十卷首一卷詞鈔一卷 （清）曹宗載輯　清光緒十八年(1892)雙山講舍刻本　二冊　存七卷(四至七、十九至二十,詞鈔)

330000－1741－0009208　善4/451　集部/別集類/明別集

蒼霞草十二卷 （明）葉向高撰　清抄本　二十四冊

330000－1741－0009209　綫補4/232　史部/地理類/雜志之屬

繪圖上海雜記八卷 （清）吳友如繪　（清）藜牀臥讀生（管斯駿）撰　清光緒三十一年(1905)上海文寶書局石印本　一冊　存三卷(六至八)

330000－1741－0009210　善4/452　集部/別集類/明別集

鄒大史文集八卷 （明）鄒德溥撰　明刻清安成紹恩堂印本　六冊

330000－1741－0009211　綫補4/226　集部/總集類/郡邑之屬

潮州耆舊集三十七卷 （清）馮奉初編　清道光二十九年(1849)李氏愛吾鼎齋刻本　八冊　缺十八卷(薛御史中離集一至三、林殿撰東莆集一至二、翁襄敏東涯集三至四、蕭御史同野集二、王別駕半憨集、饒副使三溪集、薛孝廉拯菴文集、陳侍郎玉簡山堂集、林提學井丹集三至四、林尚書城南書莊集一至二、郭忠節宛在堂集一至二)

330000－1741－0009212　綫補4/235　類叢部/叢書類/彙編之屬

申報館叢書正集五十七種附錄三種續集一百四十二種 （清）尊聞閣主編　蔡爾康編續集　清同治至光緒申報館鉛印本　十一冊　存一種

330000－1741－0009213　綫補4/233、綫補4/240　集部/別集類/清別集

犢山文稿不分卷 （清）周鎬撰　清同治三年(1864)寶珍齋刻本　四冊

330000－1741－0009215　善3/110　史部/政書類/律令之屬/治獄

疑獄集十卷 （五代）和凝　（五代）和㠓撰　（明）張景增輯　明嘉靖十四年(1535)李崧祥刻本　六冊

330000－1741－0009216　善4/454B　集部/別集類/明別集

容臺文集九卷詩集四卷別集四卷 （明）董其昌撰　（明）董庭輯　明崇禎三年(1630)華亭董庭刻本　八冊　缺九卷(容臺文集一至九)

330000－1741－0009218　綫補4/234、綫補4/241　集部/總集類

增註七家詩七卷 （清）王廷紹等撰　（清）張熙宇輯評　（清）王植桂輯註　清光緒十八年(1892)上海圖書集成印書局鉛印本　四冊

330000－1741－0009219　綫補4/231　集部/別集類/元別集

牆東類稾二十卷補遺一卷 （元）陸文圭撰
牆東類稾校勘記一卷 金武祥校勘　清光緒二十二年(1896)武進盛氏思惠齋刻印本　四冊　缺八卷(三至六、十一至十三,校勘記)

330000－1741－0009220　善4/455　集部/別集類/明別集

白蘇齋類集二十二卷 （明）袁宗道撰　明萬曆三衢書林舒承溪刻本　八冊

330000－1741－0009222　善3/317　類叢部/

類書類/通類之屬

初學記三十卷 （唐）徐堅等輯 明嘉靖十年
(1531)安國桂坡館刻本 十冊

330000－1741－0009223 綫補4/238 集部/
別集類/清別集

北山詩存一卷 （清）林廣運訂述 含山語錄
一卷 （清）林廣運輯 清同治九年(1870)福
建漳郡育嬰官局誠社刻本 一冊

330000－1741－0009224 善4/458 集部/別
集類/明別集

錦帆集四卷去吳七牘一卷 （明）袁宏道撰
明萬曆三十七年(1609)勾吳袁叔度書種堂刻
本 四冊

330000－1741－0009225 善4/449 集部/別
集類/明別集

劉大司成文集十六卷 （明）劉應秋撰 （明）
湯顯祖選 明萬曆吉水劉同升刻本 十二冊

330000－1741－0009226 善4/448 集部/別
集類/明別集

鄒子願學集八卷首一卷 （明）鄒元標撰
（明）周汝登等編 明萬曆四十七年(1619)郭
一鶚、龍遇奇刻本 清莫友芝題記 五冊
缺一卷(首)

330000－1741－0009227 綫補4/223：1 集
部/別集類/宋別集

宋邵康節先生伊川擊壤集十卷三世名賢一卷
（宋）邵雍撰 （明）吳泰注 清康熙八年
(1669)邵泰定、邵養貞刻本 一冊 存二卷
(五至六)

330000－1741－0009228 善4/459 集部/別
集類/明別集

覆瓿集十二卷 （明）徐榛撰 明萬曆刻本
六冊

330000－1741－0009231 善4/470 集部/別
集類/明別集

藏密齋集二十五卷 （明）魏大中撰 明崇禎
刻本 六冊

330000－1741－0009232 綫補4/245 集部/

詩文評類/制藝之屬

海粟樓詩階六卷 （清）郭恩第輯 清光緒刻
本 四冊

330000－1741－0009233 善4/463 集部/別
集類/明別集

嬾真草堂集詩二十卷文三十卷 （明）顧起元
撰 明萬曆四十六年(1618)刻本 四十八冊

330000－1741－0009234 善3/324A 類叢
部/類書類/通類之屬

冊府元龜一千卷目錄十卷 （宋）王欽若等輯
明崇禎十五年(1642)匡山黃國琦刻清康熙
十一年(1672)黃九錫重修乾隆十九年(1754)
寧都丁序賢遞修本 二百冊

330000－1741－0009235 綫085/1013 新
學/雜著/叢編

西政叢書三十二種 梁啓超編 清光緒二十
三年(1897)上海慎記書莊石印本 三十二冊

330000－1741－0009236 綫補4/248 集部/
別集類/清別集

悲盦居士文存一卷詩賸一卷 （清）趙之謙撰
清光緒十六年(1890)刻本 一冊 缺一卷
(詩賸)

330000－1741－0009238 綫補4/242 集部/
總集類/選集之屬/斷代

本朝試賦新硎五卷首一卷補編一卷失編一卷
（清）陸貽穀等輯 清乾隆芥子園刻本 三
冊 存四卷(首,一至二、五)

330000－1741－0009239 善4/461 集部/別
集類/明別集

睡庵稿文集二十五卷詩集十一卷 （明）湯賓
尹撰 明萬曆三十八年至三十九年(1610－
1611)王士烺刻本 六冊 存二十五卷(文集
一至二十五)

330000－1741－0009240 善4/466 集部/別
集類/明別集

叢青軒集六卷 （明）許獬撰 明崇禎十三年
(1640)許鏞刻本 三冊 存五卷(一至五)

330000－1741－0009243 綫補3/484、綫補

4/260　子部/雜著類/雜考之屬

癸巳類稿十五卷　（清）俞正爕撰　清光緒五年(1879)會稽章氏刻本　十冊

330000－1741－0009244　善3/255　子部/術數類/數學之屬

太玄經十卷　（漢）揚雄撰　（晉）范望解贊

説玄一卷　（唐）王涯撰　**釋文一卷**　明嘉靖孫沐萬玉堂刻本　四冊

330000－1741－0009246　善4/467　集部/別集類/明別集

王惺所先生文集十卷　（明）王以悟撰　（明）張而訥輯　明天啓三年(1623)洛陽王氏刻本　六冊

330000－1741－0009249　善3/336　類叢部/類書類/通類之屬

群書考索前集六十六卷後集六十五卷續集五十六卷別集二十五卷　（宋）章如愚輯　明正德三年至十三年(1508－1518)劉洪慎獨書齋刻十六年(1521)重修本（別集卷一至七配抄本）　四十二冊　缺一卷（前集二十）

330000－1741－0009250　善4/468　集部/別集類/明別集

問山亭主人遺詩正集一卷續集一卷齊音一卷　（明）王象春撰　（清）王士驥　（清）王士禎輯　清康熙三十六硯居抄本　一冊

330000－1741－0009253　綫補4/265　類叢部/叢書類/彙編之屬

邵武徐氏叢書二集八種　（清）徐榦編　清光緒邵武徐氏刻本　一冊　存一種

330000－1741－0009255　善4/469　集部/別集類/明別集

鹿忠節公集二十一卷　（明）鹿善繼撰　清刻本　六冊

330000－1741－0009257　綫補4/268　類叢部/叢書類/自著之屬

授堂遺書七種附錄二卷　（清）武億撰　清道光二十三年(1843)偃師武氏刻本　四冊　存二種

330000－1741－0009258　綫補4/273、綫補4/274、綫補4/276、綫補4/275、綫補4/269　類叢部/叢書類/郡邑之屬

常州先哲遺書七十二種　盛宣懷編　清光緒二十一年至二十三年(1895－1897)武進盛氏思惠齋刻宣統彙印本　十一冊　存五種

330000－1741－0009259　綫補4/270　類叢部/叢書類/自著之屬

授堂遺書七種附錄二卷　（清）武億撰　清道光二十三年(1843)偃師武氏刻本　三冊　存一種

330000－1741－0009260　綫補4/261　子部/雜著類/雜考之屬

癸巳類稿十五卷　（清）俞正爕撰　清光緒五年(1879)會稽章氏刻本　一冊　存七卷（九至十五）

330000－1741－0009261　善4/462　集部/別集類/明別集

睡庵稿文集二十五卷詩集十一卷　（明）湯賓尹撰　明萬曆三十八年至三十九年(1610－1611)王士烺刻本　八冊　存二十五卷（文集一至二十五）

330000－1741－0009262　綫補3/494　子部/儒家類/儒學之屬

健餘先生講習錄二卷首一卷　（清）尹會一撰　清刻本　一冊　缺一卷（健餘先生講習錄二）

330000－1741－0009263　綫補4/271　類叢部/叢書類/自著之屬

緣督廬遺書六種　葉昌熾撰　清末至民國初遞刻蘇州文學山房印本　一冊　存一種

330000－1741－0009264　綫補4/267　類叢部/叢書類/彙編之屬

武英殿聚珍版書五十三種　清同治十三年(1874)江西書局刻本　四冊　存一種

330000－1741－0009267　綫補121.081/3235：1　子部/叢編

二十二子（二十二子彙函）　（清）浙江書局編

清光緒元年至三年(1875－1877)浙江書局刻本 八冊 存二種

330000－1741－0009268 善4/496 集部/別集類/清別集

牧齋初學集一百十卷目錄二卷 （清）錢謙益撰 明崇禎十六年(1643)海虞瞿式耜刻本 二十四冊

330000－1741－0009272 綫086.23/78.10w 類叢部/叢書類/彙編之屬

武林往哲遺箸五十二種後編十種 （清）丁丙編 清光緒二十年至二十六年(1894－1900)錢塘丁氏嘉惠堂刻本（錢塘韋先生文集卷一至二原缺） 九十六冊

330000－1741－0009276 善4/499 集部/別集類/明別集

石臼前集九卷後集七卷 （明）邢昉撰 清康熙刻本 六冊

330000－1741－0009277 綫補4/290 集部/別集類/清別集

伏敔堂詩錄十五卷續錄四卷首一卷附錄一卷 （清）江湜撰 清同治元年至五年(1862－1866)長洲江氏刻本 四冊

330000－1741－0009278 綫補4/288 集部/別集類/清別集

養默山房詩藁□□卷 （清）謝元淮撰 清刻本 一冊 存八卷(十一至十八)

330000－1741－0009279 善4/464 集部/別集類/明別集

緱山先生集二十七卷 （明）王衡撰 明萬曆太倉王氏刻本 十冊

330000－1741－0009280 綫補4/278 類叢部/叢書類/彙編之屬

函海一百五十二種 （清）李調元編 清乾隆綿州李氏萬卷樓刻嘉慶十四年(1809)李鼎元、道光五年(1825)李朝夒重校補刻本 一冊 存二種

330000－1741－0009282 善4/471 集部/別集類/明別集

藏密齋集二十四卷 （明）魏大中撰 明崇禎魏學濂刻清嘉慶二十三年(1818)魏行淏重修本 十冊

330000－1741－0009283 善4/498A 集部/別集類/清別集

投筆集二卷 （清）錢謙益撰 清抄本 一冊

330000－1741－0009286 綫補4/283 集部/別集類/唐五代別集

杜工部集二十卷首一卷 （唐）杜甫撰 （明）王世貞等評 （清）盧坤輯評 清光緒二年(1876)粵東翰墨園六色套印本 十冊

330000－1741－0009288 綫補3/016 子部/宗教類/佛教之屬

護法論一卷 （宋）張商英撰 **附錄一卷** 清嘉慶二年(1797)刻本 一冊

330000－1741－0009292 綫補4/296 子部/藝術類/遊藝之屬/聯語

巧對錄八卷 （清）梁章鉅撰 清道光二十二年(1842)刻本 二冊

330000－1741－0009294 善4/465 集部/別集類/明別集

許鍾斗文集五卷 （明）許獬撰 明萬曆四十年(1612)秀水洪夢錫等刻本 二冊

330000－1741－0009296 善4/472 集部/別集類/明別集

西林全集二十卷目錄二卷 （明）安紹芳撰 明萬曆四十七年(1619)刻墨顛齋印本 八冊

330000－1741－0009298 綫補4/300 類叢部/叢書類/自著之屬

授堂遺書七種附錄二卷 （清）武億撰 清道光二十三年(1843)偃師武氏刻本 十六冊

330000－1741－0009299 善4/474 集部/別集類/明別集

謝耳伯先生初集十六卷全集八卷 （明）謝兆申撰 （明）謝元輯 明崇禎綏安謝氏玉樹軒刻本 十冊

330000－1741－0009300 善4/473 集部/別

集類/明別集

三易集二十卷 （明）唐時升撰 明崇禎謝三賓刻清西園梅花書屋印嘉定四先生集本 六冊

330000－1741－0009301 綫補 122.2122/7230 子部/叢編

子書百家 （清）崇文書局編 清光緒元年（1875）湖北崇文書局刻本 四冊 存一種

330000－1741－0009303 善 4/481 集/別集類/明別集

眉公先生晚香堂小品二十四卷 （明）陳繼儒撰 明崇禎武林湯大節簡綠居刻本 十二冊

330000－1741－0009306 善 4/494 集/別集類/明別集

正氣錄一卷 （朝鮮）高敬命撰 （朝鮮）高由厚編 明萬曆朴承宗刻本 一冊

330000－1741－0009309 善 4/475 集部/別集類/明別集

酉陽山人編蓬集十卷後集十五卷 （明）唐汝詢撰 明萬曆刻清乾隆二十四年（1759）唐元素重修本 九冊

330000－1741－0009312 綫補 4/301 集部/總集類/郡邑之屬

國朝杭郡詩輯三十二卷姓氏韻編一卷 （清）吳顥撰 （清）吳振棫重編 國朝杭郡詩續輯四十六卷姓氏韻編一卷 （清）吳振棫編 清刻本 三十九冊 缺一卷（國朝杭郡詩續輯四十六）

330000－1741－0009313 綫 086.23100/78.10.1 類叢部/叢書類/郡邑之屬

武林掌故叢編一百八十七種 （清）丁丙編 清光緒三年至二十六年（1877－1900）錢塘丁氏嘉惠堂刻本（乾道臨安志卷四至十五、南宋館閣錄卷一原缺） 一百八十九冊 缺十五種

330000－1741－0009314 善 4/480 類叢部/叢書類/自著之屬

眉公十種藏書 （明）陳繼儒撰 （明）章台鼎

訂 明崇禎九年（1636）章台鼎醉綠居刻本 八冊 存一種

330000－1741－0009315 善 4/476 集部/總集類/氏族之屬

畢氏祭文鈔不分卷 （明）畢自耘等撰 明萬曆四十八年（1620）畢氏抄本 二冊

330000－1741－0009316 善 4/478 集部/別集類/明別集

鴻寶應本十七卷 （明）倪元璐撰 明崇禎刻清順治十四年（1657）會稽唐九經補刻本 四冊

330000－1741－0009320 善 4/477 集部/別集類/明別集

九籥集四十七卷 （明）宋楙澄撰 明萬曆刻本 四冊 存十四卷（詩一至四、文一至十）

330000－1741－0009322 綫補 3/047 子部/宗教類/佛教之屬/諸宗

天台四教儀集註十卷 （元）釋蒙潤撰 清同治七年（1868）杭州昭慶慧空經房刻本 五冊

330000－1741－0009323 善 4/490 集部/別集類/明別集

奇零草不分卷 （明）張煌言撰 清抄本 張釜批校並題記 六冊

330000－1741－0009324 善 4/479 集部/別集類/明別集

陳眉公集十七卷 （明）陳繼儒撰 明萬曆四十三年（1615）史辰伯刻本 五冊

330000－1741－0009328 善 4/482 類叢部/叢書類/自著之屬

眉公十種藏書 （明）陳繼儒著 （明）章台鼎訂 明崇禎九年（1636）章台鼎醉綠居刻本 四冊 存一種

330000－1741－0009331 善 4/483 集部/別集類/明別集

寶蘂栖詩不分卷 （明）王醇撰 清抄本 一冊

330000－1741－0009333 綫補 3/001、綫補

3/214　子部/宗教類/佛教之屬/論疏

大乘起信論疏解彙集八種　清光緒十一年至
民國十五年（1885－1926）金陵刻經處刻本
二冊　存二種

330000－1741－0009334　綫補 802.211/
2880.4　類叢部/叢書類/彙編之屬

平津館叢書八集三十九種　（清）孫星衍編
清嘉慶蘭陵孫氏刻本　四冊　存一種

330000－1741－0009336　善 4/484　集部/別
集類/明別集

汲古堂集二十八卷　（明）何白撰　明萬曆刻
本　八冊

330000－1741－0009338　善 4/487　集部/別
集類/明別集

霜鏡集十七卷　（明）陸寶撰　明崇禎刻本
五冊

330000－1741－0009339　綫補 3/004　子部/
宗教類/佛教之屬/論

發菩提心論二卷　（印度）天親菩薩造　（後
秦）釋鳩摩羅什譯　清光緒十四年（1888）江
北刻經處刻本　一冊

330000－1741－0009341　善 4/485　集部/別
集類/明別集

汲古堂續集不分卷　（明）何白撰　清抄本
五冊

330000－1741－0009342　綫補 3/004：1　子
部/宗教類/佛教之屬/論

發菩提心論二卷　（印度）天親菩薩造　（後
秦）釋鳩摩羅什譯　清光緒十四年（1888）江
北刻經處刻本　一冊

330000－1741－0009344　善 4/491　集部/別
集類/清別集

牧雲和尚嬾齋別集十四卷　（清）釋通門撰
清順治十四年（1657）毛氏汲古閣刻本　六冊

330000－1741－0009345　善 4/489　集部/別
集類/明別集

駢枝別集二十卷　（明）黃道周撰　明末大來
堂刻本　四冊

330000－1741－0009348　善 4/500　集部/別
集類/清別集

姑山遺集三十卷　（清）沈壽民撰　清康熙有
本堂刻本　六冊

330000－1741－0009350　綫補 3/010　史部/
傳記類/總傳之屬/釋道

比丘尼傳四卷　（南朝梁）釋寶唱撰　清光緒
十一年（1885）金陵刻經處刻本　一冊

330000－1741－0009351　善 4/488　集部/別
集類/明別集

駢枝別集二十卷　（明）黃道周撰　明末大來
堂刻本　四冊

330000－1741－0009353　善 4/495　集部/別
集類/清別集

亭林先生集外詩四卷　（清）顧炎武撰　（清）
孫詒讓輯　**亭林詩集校文一卷**　（清）孫詒讓
撰　稿本　清孫詒讓跋　一冊

330000－1741－0009356　綫補 3/014　子部/
宗教類/佛教之屬

無隱禪師略錄一卷　（清）釋□燾撰　（清）普
願居士集校　清光緒十六年（1890）金陵刻經
處刻本　一冊

330000－1741－0009357　綫補 3/021　子部/
宗教類/佛教之屬/經

地藏菩薩本願經三卷　（唐）釋實叉難陀譯
清光緒三十年（1904）金陵刻經處刻本　一冊

330000－1741－0009358　綫補 3/13　子部/
宗教類/佛教之屬/諸宗

三論玄義二卷　（隋）釋吉藏撰　清光緒二十
五年（1899）金陵刻經處刻本　一冊

330000－1741－0009361　綫補 3/029　子部/
宗教類/佛教之屬/論

唯識二十論一卷　（天竺）世親菩薩造　（唐）
釋玄奘譯　**唯識二十論述記四卷**　（唐）釋窺
基撰　清宣統二年（1910）江西刻經處刻本
二冊

330000－1741－0009362　善 4/493A　集部/
曲類/散曲之屬

秋水菴花影集五卷　（明）施紹莘撰　清乾隆十七年（1752）博古堂刻本　四冊

330000－1741－0009365　綫補3/027　子部/宗教類/佛教之屬/論疏

大乘起信論疏解彙集八種　清光緒十一年至民國十五年（1885－1926）金陵刻經處刻本　一冊　存一種

330000－1741－0009366　善4/501　集部/別集類/清別集

吳詩補註二十卷吳詩談藪二卷拾遺一卷　（清）吳偉業撰　（清）靳榮藩注並輯　清容與室抄本　四冊

330000－1741－0009367　善4/492　集部/別集類/明別集

吳元定重訂楊升菴夫人樂府四卷　（明）黃峨撰　清初抄本　一冊

330000－1741－0009369　綫補3/028　子部/宗教類/佛教之屬

唐大薦福寺故寺主翻經大德法藏和尚傳一卷　（新羅）崔致遠撰　清光緒二十三年（1897）金陵刻經處刻本　一冊

330000－1741－0009372　綫補3/026　子部/宗教類/佛教之屬/經

佛說長阿含經二十二卷　（後秦）釋佛陀耶舍（後秦）釋竺佛念譯　清光緒十三年（1887）姑蘇刻經處刻本　六冊

330000－1741－0009374　綫補3/030、綫補3/357　史部/目錄類/專錄之屬

閱藏知津四十四卷總目四卷　（清）釋智旭輯　清光緒十八年（1892）金陵刻經處刻本　六冊　存二十九卷（一至二十五、總目一至四）

330000－1741－0009381　善4/493　集部/戲劇類/傳奇之屬

牡丹亭還魂記二卷　（明）湯顯祖撰　明末刻清懷德堂印本　六冊

330000－1741－0009383　綫補3/034　子部/宗教類/佛教之屬/經疏

金剛般若波羅蜜經宗通九卷　（後秦）釋鳩摩羅什譯　（明）曾鳳儀宗通　清光緒十一年（1885）金陵刻經處刻本　二冊

330000－1741－0009385　善4/502　集部/別集類/清別集

侯朝宗文選六卷　（清）侯方域撰　（清）陳維崧選　清康熙刻四大家文選本　清佚名批並過錄清徐作肅等評　四冊

330000－1741－0009388　綫補3/038、綫補3/165　子部/宗教類/佛教之屬/經

雜阿含經五十卷　（南朝宋）釋求那跋陀羅譯　清光緒十年至十四年（1884－1888）常熟刻經處刻本　十二冊

330000－1741－0009389　綫補3/041　史部/傳記類/別傳之屬/事狀

大慈恩寺三藏法師傳十卷　（唐）釋慧立撰　（唐）釋彥悰箋　清宣統元年（1909）常州天寧寺刻本　三冊

330000－1741－0009390　綫補3/036　子部/宗教類/道教之屬

道書二十三種　（清）劉一明撰　清光緒三年至六年（1877－1880）上海翼化堂刻本　一冊　存二種

330000－1741－0009391　善4/492A　集部/別集類/明別集

陶菴詩集八卷陶菴文集七卷吾師錄一卷　（明）黃淳耀撰　清康熙十五年（1676）張懿寶刻本　四冊　缺四卷（文集一至三、吾師錄）

330000－1741－0009393　善4/503　集部/別集類/清別集

小方壺存槀十八卷　（清）汪森撰　清康熙四十六年（1707）刻本　二冊

330000－1741－0009394　綫補3/040　子部/宗教類/佛教之屬/諸宗

相宗八要直解八卷　（清）釋智旭撰　清同治九年（1870）金陵刻經處刻本　二冊

330000－1741－0009400　綫補3/042　子部/宗教類/佛教之屬/論

顯揚聖教論二十卷　（天竺）無著菩薩造

（唐）釋玄奘譯　清宣統元年（1909）揚州藏經院刻本　四冊

330000－1741－0009412　善4/505A　集部/別集類/清別集

有懷堂詩藁六卷文藁二十二卷　（清）韓菼撰　清康熙四十二年（1703）韓氏有懷堂刻本　六冊

330000－1741－0009413　綫補3/051　子部/宗教類/佛教之屬

弘明集十四卷　（南朝梁）釋僧祐輯　清光緒二十二年（1896）金陵刻經處刻本　四冊

330000－1741－0009415　綫補3/051：1　子部/宗教類/佛教之屬

弘明集十四卷　（南朝梁）釋僧祐輯　清光緒二十二年（1896）金陵刻經處刻本　四冊

330000－1741－0009417　綫083/6073　類叢部/叢書類/彙編之屬

國學叢刊　國學叢刊社編　清宣統三年（1911）石印本　二冊　存十三種

330000－1741－0009418　善4/505A/C1　集部/別集類/清別集

有懷堂詩藁六卷文藁二十二卷　（清）韓菼撰　清康熙四十二年（1703）韓氏有懷堂刻本　五冊

330000－1741－0009419　綫補3/054　子部/宗教類/佛教之屬

大乘起信論一卷　（天竺）馬鳴菩薩造　（南朝陳）釋真諦譯　清光緒三十年（1904）武昌廬陵黃氏刻本　一冊

330000－1741－0009421　綫補3/055　子部/宗教類/佛教之屬/論

阿毘達磨俱舍論三十卷　（天竺）世親菩薩造　（唐）釋玄奘譯　清宣統三年（1911）常州天寧寺刻本　六冊

330000－1741－0009423　綫補3/060　子部/宗教類/佛教之屬/諸宗

大乘止觀法門釋要六卷　（清）釋智旭撰　清光緒二十二年（1896）揚州藏經禪院刻本

二冊

330000－1741－0009430　綫補3/062　子部/宗教類/佛教之屬/諸宗

淨土三經　清同治七年（1868）刻本　一冊

330000－1741－0009431　綫補3/064、綫補3/323　子部/宗教類/佛教之屬/經疏

大方廣佛華嚴經疏鈔會本二百二十卷　（唐）釋實叉難陀譯　（唐）釋澄觀撰　清光緒九年（1883）常昭刻經處刻本　六十冊

330000－1741－0009432　綫補3/066　子部/宗教類/佛教之屬/諸宗

高峰大師語錄一卷　（元）釋原妙撰　清光緒十五年（1889）金陵刻經處刻本　一冊

330000－1741－0009434　綫補3/068　子部/宗教類/佛教之屬/總錄

省庵法師語錄二卷　（清）釋實賢撰　（清）彭紹升重訂　**西方發願文註一卷**　（明）釋袾宏撰　**東海若解一卷**　（唐）柳宗元撰　清同治七年（1868）刻本　一冊

330000－1741－0009435　善4/502B　類叢部/叢書類/自著之屬

清吟堂全集十四種　（清）高士奇撰　清康熙刻彙印本　四冊　存一種

330000－1741－0009436　善4/503A　集部/別集類/清別集

堯峰文鈔五十卷　（清）汪琬撰　（清）林佶編　清康熙三十二年（1693）林佶刻本　八冊

330000－1741－0009439　善4/501B　集部/別集類/清別集

傅徵君霜紅龕詩鈔九卷附錄一卷　（清）傅山撰　清乾隆三十二年（1767）河東劉贊仰止軒刻本　二冊

330000－1741－0009440　綫補3/072　子部/宗教類/佛教之屬/論

菩提資糧論六卷　（天竺）龍樹菩薩造　（天竺）釋自在釋　（隋）釋達摩笈多譯　清宣統三年（1911）常州天寧寺刻本　一冊

330000－1741－0009441　善 4/501A　集部/
別集類/清別集

陋軒詩六卷　（清）吳嘉紀撰　清康熙十八年
(1679)方鴻達刻本　三冊

330000－1741－0009442　善 4/501C　集部/
別集類/清別集

我詩集六卷　（清）傅眉撰　清乾隆十二年
(1747)張思孝生生堂刻本　一冊

330000－1741－0009444　綫補 3/075　子部/
宗教類/佛教之屬/諸宗

摩訶止觀輔行傳弘決四十卷　（唐）釋湛然撰
清光緒許靈虛刻本　六冊　存十二卷(一
至二、九至十、十七至二十四)

330000－1741－0009447　善 4/501D　集部/
別集類/清別集

栖雲閣詩十六卷　（清）高珩撰　清乾隆三年
(1738)高肇豐刻本　四冊

330000－1741－0009448　綫補 3/077　子部/
宗教類/佛教之屬/經疏

佛說阿彌陀經要解一卷　（後秦）釋鳩摩羅什
譯　（明）釋智旭解　清光緒十一年(1885)金
陵刻經處刻本　一冊

330000－1741－0009450　善 4/502G/C1　集
部/別集類/清別集

**漁洋山人精華錄訓纂十卷目錄二卷自撰年譜
二卷**　（清）王士禛撰　（清）惠棟注補　**金氏
精華錄箋註辯訛一卷**　（清）惠棟撰　清乾隆
惠氏紅豆齋刻本　十二冊

330000－1741－0009451　善 4/486　集部/別
集類/明別集

絡緯吟十二卷　（明）徐媛撰　明萬曆四十一
年(1613)吳郡范允臨刻本　二冊

330000－1741－0009452　善 4/502F　集部/
別集類/清別集

吳徵君蓮洋詩鈔不分卷　（清）吳雯撰　（清）
蘇爾詁　（清）劉贊選　清乾隆三十二年
(1767)止軒刻本　四冊

330000－1741－0009454　善 4/502C　集部/

別集類/清別集

改亭集二十二卷　（清）計東撰　清乾隆十三
年(1748)計璸讀書樂園刻本　四冊　存六卷
(詩集一至六)

330000－1741－0009455　綫補 3/078　子部/
宗教類/佛教之屬/諸宗

淨土四經五卷　清同治至光緒金陵刻經處刻
本　一冊

330000－1741－0009461　善 4/502D　類叢
部/叢書類/自著之屬

清吟堂全集十四種　（清）高士奇撰　清康熙
刻彙印本　二冊　存一種

330000－1741－0009462　善 4/502G　集部/
別集類/清別集

**漁洋山人精華錄訓纂十卷目錄二卷自撰年譜
二卷**　（清）王士禛撰　（清）惠棟注補　**金氏
精華錄箋註辯訛一卷**　（清）惠棟撰　清乾隆
惠氏紅豆齋刻本　十二冊　缺一卷(金氏精
華錄箋註辯訛)

330000－1741－0009468　綫補 3/087　子部/
宗教類/佛教之屬/經疏

**般若心經五家註五種五卷附紫柏老人心經說
一卷**　金陵刻經處輯　清同治至民國金陵刻
經處、長沙刻經處刻金陵刻經處印本　一冊

330000－1741－0009471　善 4/505Z　集部/
別集類/清別集

**漁洋山人精華錄箋注十二卷補一卷年譜一卷
附錄一卷**　（清）王士禛撰　（清）金榮箋注
（清）徐淮纂輯　清康熙五十一年(1712)鳳翥
堂刻乾隆二年(1737)印本　清沈豫過錄沈德
潛批語並題識　三冊

330000－1741－0009472　善 4/505C　集部/
別集類/清別集

安序堂文鈔三十卷　（清）毛際可撰　（清）林
雲銘　（清）嚴允肇評　清康熙刻本　十二冊

330000－1741－0009474　善 3/338　類叢部/
類書類/通類之屬

玉海二百卷辭學指南四卷詩攷一卷詩地理攷

六卷漢藝文志攷證十卷通鑑地理通釋十四卷漢制攷四卷踐阼篇集解一卷周易鄭康成注一卷姓氏急就篇二卷急就篇補注四卷周書王會補注一卷小學紺珠十卷六經天文編二卷通鑑答問五卷　（宋）王應麟撰　元後至元六年（1340）慶元路儒學刻本　四十冊　缺二百四卷（玉海一至二百、辭學指南一至四）

330000－1741－0009475　綫補3/088　子部/宗教類/佛教之屬/總錄

省庵法師語錄二卷　（清）釋實賢撰　（清）彭紹升重訂　西方發願文註一卷　（明）釋袾宏撰　東海若解一卷　（唐）柳宗元撰　清同治七年（1868）刻本　一冊

330000－1741－0009477　綫補3/097　子部/宗教類/佛教之屬/論疏

大乘法界無差別論疏二卷　（唐）釋法藏撰　清光緒二十一年（1895）金陵刻經處刻本　一冊

330000－1741－0009478　善4/506　集部/別集類/清別集

潛虛先生文集十四卷　（清）戴名世撰　年譜一卷　清抄本　二冊　存三卷（潛虛先生文集一至二、年譜）

330000－1741－0009479　善4/505G　集部/別集類/清別集

容齋千首詩八卷　（清）李天馥撰　（清）毛奇齡等選　清康熙三十六年（1697）刻本　二冊

330000－1741－0009480　善4/512　集部/別集類/清別集

松泉詩集二十六卷文集二十二卷　（清）汪由敦撰　（清）汪承霈編　清乾隆四十三年（1778）趙翼刻本　二十四冊

330000－1741－0009481　善4/508　集部/別集類/清別集

稗畦集四卷　（清）洪昇撰　清抄本　二冊

330000－1741－0009482　綫補3/098　子部/宗教類/佛教之屬/諸宗

性相通說一卷　（明）釋德清撰　清同治十二

年（1873）金陵刻經處刻本　一冊

330000－1741－0009484　善4/510　集部/別集類/清別集

二十四泉草堂集十二卷　（清）王苹撰　清抄本　六冊

330000－1741－0009485　綫補3/093　子部/宗教類/佛教之屬

佛爾雅八卷　（清）周春撰　清光緒八年（1882）許靈虛刻本　一冊

330000－1741－0009486　善4/513　集部/別集類/清別集

學福齋集二十卷詩集三十七卷首一卷　（清）沈大成撰　清乾隆三十九年（1774）刻本　二十冊

330000－1741－0009487　綫補3/099　子部/宗教類/佛教之屬/經疏

大方廣圓覺修多羅了義經直解二卷　（唐）釋佛陀多羅譯　（明）釋德清解　清同治六年（1867）慈谿張梅刻本　二冊

330000－1741－0009488　綫083/7535　類叢部/叢書類/彙編之屬

房山山房叢書十一種　陳洙編　清宣統至民國江浦陳氏刻民國九年（1920）彙印本　八冊　缺一種

330000－1741－0009491　綫補3/101　子部/宗教類/佛教之屬/諸宗

徑中徑又徑四卷　（清）張師誠輯　清光緒二十九年（1903）揚州藏經院刻本　二冊

330000－1741－0009492　善4/510A　集部/別集類/清別集

白田草堂存稿二十四卷　（清）王懋竑撰　先考王公府君[懋竑]行狀一卷　（清）王箴聽等撰　崇祀鄉賢錄一卷　清乾隆刻本　六冊

330000－1741－0009493　善4/006　集部/楚辭類

楚辭集註八卷辯證二卷後語六卷　（宋）朱熹撰　反離騷一卷　（漢）揚雄撰　明嘉靖十四年（1535）袁裘刻本　八冊

330000－1741－0009494　善4/505B　集部/
別集類/清別集

遂初堂詩集十六卷文集二十卷別集四卷
（清）潘耒撰　清康熙四十九年（1710）刻本
十二冊

330000－1741－0009495　善4/510B　集部/
別集類/清別集

香屑集十八卷首一卷末一卷　（清）黃之雋撰
（清）陳邦直注　清雍正十二年（1734）陳邦
直刻遂初園印本　四冊

330000－1741－0009498　綫補3/103　子部/
宗教類/佛教之屬/論

唐玄奘法師八識規矩母頌一卷　（唐）釋玄奘
撰頌　（清）釋性起論釋　（清）釋善漳等錄
清光緒三年（1877）刻本　一冊

330000－1741－0009499　善4/510A/C1　集
部/別集類/清別集

白田草堂存稿二十四卷　（清）王懋竑撰　**先
考王公府君[懋竑]行狀一卷**　（清）王箴聽等
撰　**崇祀鄉賢錄一卷**　清乾隆刻本　六冊

330000－1741－0009500　善4/507　集部/別
集類/清別集

潛虛先生文集十四卷　（清）戴名世撰　**年譜
一卷**　清抄本　六冊

330000－1741－0009501　善4/510D　集部/
別集類/清別集

小蘭陔詩集八卷　（清）謝道承撰　清乾隆三
十八年（1773）謝生翹刻本　二冊

330000－1741－0009502　善4/507B　集部/
別集類/清別集

邵子湘全集三十卷　（清）邵長蘅撰　清康熙
三十二年至三十八年（1693－1699）宋犖青門
艸堂刻光緒二十二年（1896）合江李超瓊印本
十二冊

330000－1741－0009503　善4/505D　集部/
別集類/清別集

**飴山詩集二十卷文集十二卷附錄一卷聲調譜
三卷談龍錄一卷禮俗權衡二卷**　（清）趙執信

撰　清乾隆十七年至三十九年（1752－1774）
因園刻彙印本　十冊

330000－1741－0009507　善4/509　集部/別
集類/清別集

渠亭山人半部彙四種　（清）張貞撰　清康熙
刻本　四冊　存一種

330000－1741－0009508　善4/511　集部/別
集類/清別集

冬心先生集四卷續集一卷　（清）金農撰　清
戴熙抄本　清魏謙升題簽　清戴熙題記
二冊

330000－1741－0009509　綫補3/108　子部/
宗教類/佛教之屬/諸宗

永嘉真覺大師證道歌一卷　（唐）釋玄覺撰
（元）釋永盛註頌　（元）釋德弘編　清光緒三
十四年（1908）金陵刻經處刻本　一冊

330000－1741－0009515　綫補3/112　子部/
宗教類/佛教之屬

佛教初學課本一卷註一卷　（清）楊文會撰
清光緒三十二年（1906）金陵刻經處刻本
一冊

330000－1741－0009516　善4/514　集部/別
集類/清別集

西塞雜著二卷　（清）徐聚倫撰　清乾隆四年
（1739）徐育臨刻本　一冊

330000－1741－0009517　善4/511A　集部/
別集類/清別集

鄭板橋家書一卷　（清）鄭燮撰　**附錄一卷**
清抄本　一冊

330000－1741－0009518　綫083/1182a　類
叢部/叢書類/彙編之屬

擇是居叢書初集十九種　張鈞衡編　清光緒
至民國刻民國十五年（1926）吳興張氏彙印本
五十六冊

330000－1741－0009519　善4/509C　類叢
部/叢書類/自著之屬

八紘譯史（陸雲士雜著）八種附一種　（清）陸
次雲撰　清康熙刻本　五冊　存二種

330000 – 1741 – 0009520　綫補 3/114　子部/
宗教類/佛教之屬/經疏

大佛頂首楞嚴經疏解蒙鈔六十卷首一卷
(清)錢謙益撰　清光緒十五年(1889)蘇州瑪
瑙經房刻本　二十冊

330000 – 1741 – 0009522　綫補 3/115　子部/
宗教類/佛教之屬/諸宗

龍舒淨土文十卷　(宋)王日休撰　**龍舒淨土
文首一卷**　(明)釋袾宏等撰　**龍舒淨土文末
一卷**　(宋)劉章等撰　清咸豐十一年(1861)
宗鏡堂刻本　一冊

330000 – 1741 – 0009524　善 4/512A　集部/
別集類/清別集

樊榭山房集十卷續集十卷文集八卷　(清)厲
鶚撰　清乾隆四年(1739)刻十六年(1751)續
刻本、四十三年(1778)汪沅刻本　八冊

330000 – 1741 – 0009525　善 4/509D　類叢
部/叢書類/自著之屬

果堂全集三種附二種　(清)沈彤撰　清乾隆
吳江沈氏果堂刻本(果堂集卷十二配抄本)
六冊　存一種

330000 – 1741 – 0009526　綫補 3/121、綫補
3/251、綫補 3/312　子部/宗教類/佛教之屬/
諸宗

淨土古佚十書　金陵刻經處編　清光緒十九
年至民國四年(1893 – 1915)金陵刻經處刻本
十二冊

330000 – 1741 – 0009528　善 4/514B　集部/
別集類/清別集

善卷堂四六十卷　(清)陸繁弨撰　(清)吳自
高編注　清乾隆三十五年(1770)陳明善亦園
刻本　四冊

330000 – 1741 – 0009529　善 4/512C　集部/
別集類/清別集

紫竹山房詩集十二卷文集二十卷　(清)陳兆
崙撰　[陳星齋]年譜一卷　(清)陳玉繩撰
清乾隆陳桂生刻本　四冊　存二十卷(文集
一至二十)

330000 – 1741 – 0009530　綫 3/120　子部/宗
教類/佛教之屬/經疏

大方廣圓覺修多羅了義經略疏二卷　(唐)釋
宗密撰　清光緒三十年(1904)揚州藏經院刻
本　二冊

330000 – 1741 – 0009531　善 4/512B　集部/
別集類/清別集

道古堂文集四十八卷詩集二十六卷　(清)杭
世駿撰　清乾隆四十年至四十一年(1775 –
1776)刻本　十二冊

330000 – 1741 – 0009532　善 4/502A　集部/
別集類/清別集

安雅堂全集七種　(清)宋琬撰　清順治至乾
隆刻本　十冊　存四種

330000 – 1741 – 0009533　善 4/514C　集部/
別集類/清別集

陳檢討四六二十卷　(清)陳維崧撰　(清)程
師恭注　清乾隆三十五年(1770)武進陳明善
亦園刻本　六冊

330000 – 1741 – 0009535　善 4/512E　集部/
別集類/清別集

賜書堂文稿六卷詩稿四卷　(清)翁照撰　清
乾隆十六年(1751)刻本　四冊

330000 – 1741 – 0009537　善 4/001　集部/楚
辭類

楚騷五卷　(戰國)屈原等撰　**附錄一卷**
(漢)司馬遷撰　明正德十五年(1520)熊宇刻
本　四冊

330000 – 1741 – 0009539　善 4/515　集部/別
集類/清別集

集虛齋學古文十二卷附離騷經解畧一卷
(清)方楘如撰　清乾隆十九年(1754)佩古堂
刻本　四冊

330000 – 1741 – 0009541　善 4/514A　集部/
別集類/清別集

存研樓文集十六卷　(清)儲大文撰　(清)張
耀先等輯　清乾隆九年(1744)吳煒、洪肇楙
等刻本　八冊

330000－1741－0009542　善 4/515A　集部/
別集類/清別集

質園詩集三十二卷　（清）商盤撰　清乾隆刻
本　清程銘題記　八冊

330000－1741－0009545　善 4/518F　集部/
別集類/清別集

妙明書屋遺集三卷　（清）金焜撰　清乾隆十
九年（1754）刻本　一冊

330000－1741－0009546　善 4/515B　集部/
別集類/清別集

陶人心語五卷續選十二卷可姬小傳一卷
（清）唐英撰　清乾隆古柏堂刻本　十二冊

330000－1741－0009547　善 4/518E　集部/
別集類/清別集

翼堂詩集二卷　（清）邱迥撰　清乾隆十四年
（1749）刻本　三冊

330000－1741－0009548　善 4/518B　集部/
別集類/清別集

銅鼓書堂遺槀三十二卷　（清）查禮撰　（清）
查淳輯　清乾隆五十七年（1792）查淳刻本
八冊

330000－1741－0009549　綫補 3/126　子部/
宗教類/佛教之屬

一切經音義二十五卷　（唐）釋玄應撰　補訂
新譯大方廣佛華嚴經音義二卷　（唐）釋慧苑
撰　華嚴經音義敘錄一卷　（清）臧庸輯　刻
華嚴經音義校勘記一卷　（清）曹籀撰　清同
治八年（1869）武林張氏寶晉齋刻本　四冊

330000－1741－0009553　善 4/518A　集部/
別集類/清別集

爽籟山房集二卷　（清）程之章撰　清乾隆二
十四年（1759）程之章刻本　二冊

330000－1741－0009554　善 4/518D　集部/
別集類/清別集

白菼詩集十六卷附一卷　（清）張開東撰
（清）杜光德選　清乾隆五十四年（1789）張兆
騫棗存園刻本　十冊　存十五卷（一至十五）

330000－1741－0009555　善 4/519　集部/別

集類/清別集

樹經堂詠史詩集注八卷　（清）謝啟昆撰
（清）沈蘭徵輯注　清宣統三年（1911）聯唫草
閣抄本　八冊

330000－1741－0009556　善 4/519A　集部/
別集類/清別集

船山詩草二十卷　（清）張問陶撰　清抄本
八冊

330000－1741－0009557　善 4/520　集部/別
集類/清別集

沈氏詩詞稿一卷　（清）沈淞撰　稿本　一冊

330000－1741－0009559　善 3/348　類叢部/
類書類/通類之屬

三餘別集不分卷　（明）游日章撰　明嘉靖四
十一年（1562）刻本　一冊

330000－1741－0009560　善 4/512D　集部/
別集類/清別集

綠蘿山莊文集二十四卷　（清）胡浚撰　清乾
隆二十一年（1756）刻本　十二冊

330000－1741－0009561　綫補 3/127　子部/
宗教類/佛教之屬/諸宗

修習止觀坐禪法要二卷六妙法門一卷　（隋）
釋智顗撰　清光緒十八年（1892）、二十九年
（1903）金陵刻經處刻本　一冊

330000－1741－0009562　善 4/517　集部/別
集類/清別集

墨汀文錄不分卷附錄一卷　（清）徐廷槐撰
清抄本　四冊

330000－1741－0009565　善 4/516　集部/別
集類/清別集

詩瓢八卷　（清）書誠撰　（清）書達輯　清抄
本　二冊

330000－1741－0009568　善 4/518　集部/別
集類/清別集

墨汀文補鈔不分卷　（清）徐廷槐撰　清抄本
一冊

330000－1741－0009569　綫補 3/125、綫補

3/209　子部/宗教類/佛教之屬/經疏

金剛經彙纂輯要二卷　（清）孫念劬彙纂（清）徐澤醇輯要　清道光二十七年（1847）會文齋鄭姓刻字鋪刻本　二冊

330000－1741－0009572　綫補3/193　子部/宗教類/佛教之屬/經疏

般若心經五家註五種五卷附紫柏老人心經說一卷　金陵刻經處輯　清同治至民國金陵刻經處、長沙刻經處刻金陵刻經處印本　一冊

330000－1741－0009580　善4/539　史部/史評類/詠史之屬

皇清咏史樂府前集十一卷後集一卷　（清）曾文玉輯　稿本　十二冊

330000－1741－0009582　善4/540　集部/別集類/清別集

朱又笂先生遺文不分卷　（清）朱啟勳撰　稿本　二冊

330000－1741－0009588　善4/530　集部/別集類/清別集

邵位西遺詩一卷　（清）邵懿辰撰　清同治七年（1868）孫衣言抄本　清孫衣言批並題識　一冊

330000－1741－0009589　善4/541　集部/別集類/清別集

蕭敬孚未刊稿不分卷　（清）蕭穆撰　清抄本　二冊

330000－1741－0009593　善4/531　集部/別集類/清別集

邵位西遺詩一卷　（清）邵懿辰撰　清末玉海樓抄本　一冊

330000－1741－0009600　綫補3/150　子部/宗教類/佛教之屬/諸宗

相宗八要解八種　（明）釋明昱撰　清光緒二十八年（1902）金陵刻經處刻本　三冊

330000－1741－0009607　綫補3/160　子部/宗教類/佛教之屬/經

佛說無量清淨平等覺經三卷　（漢）釋支婁迦讖譯　清同治十年（1871）金陵刻經處刻本一冊

330000－1741－0009612　綫補3/166　子部/宗教類/佛教之屬/論疏

因明入正理論疏八卷　（唐）釋窺基撰　清光緒二十二年（1896）金陵刻經處刻本　二冊

330000－1741－0009613　善4/541A　集部/別集類/清別集

履橋詩鈔一卷　（清）沈培和撰　稿本　一冊

330000－1741－0009614　綫補3/169　子部/宗教類/佛教之屬/經疏

菩薩戒本經一卷　（晉）釋曇無讖譯　**菩薩戒本經箋要一卷**　（清）釋智旭撰　清同治九年至光緒六年（1870－1880）金陵刻經處刻本一冊

330000－1741－0009615　綫補3/167　子部/宗教類/佛教之屬/經疏

梵網經菩薩戒本疏十卷　（唐）釋法藏撰　清光緒二十五年（1899）金陵刻經處刻本　二冊

330000－1741－0009618　善4/543　集部/別集類/清別集

蘋華詞一卷　（清）朱鏡清撰　清末朱鏡清稿本　一冊

330000－1741－0009622　善4/543A　集部/別集類/清別集

雨亭夫子詩餘一卷　（清）汪仁溥撰　清抄本　一冊

330000－1741－0009625　綫補3/175　子部/宗教類/佛教之屬/論疏

唯識隨疏翼二卷　（清）錢伊菴撰　清道光十七年至二十一年（1837－1841）吳氏鋤經堂刻本　二冊

330000－1741－0009626　綫補3/173　子部/宗教類/佛教之屬/諸宗

佛果圜悟禪師碧岩集十卷　（宋）釋克勤撰　清光緒二年（1876）釋開慧刻本　五冊

330000－1741－0009627　善4/544　集部/戲劇類/傳奇之屬

桃花扇傳奇二卷四十齣續一齣 （清）孔尚任
撰 清康熙四十七年（1708）西園刻本 八冊

330000－1741－0009630 善 4/518C 集部/
別集類/清別集

歸愚詩鈔二十卷文鈔十二卷 （清）沈德潛撰
清乾隆刻本 八冊

330000－1741－0009634 善 4/523 集部/別
集類/清別集

野航詩艸一卷 （清）戴熙撰 稿本 清魏謙
升題識並批點 清雨乃批 清稚韋 高學泩
題識 一冊

330000－1741－0009635 綫補 3/185 子部/
宗教類/佛教之屬/論

阿毘達磨法蘊足論十卷 （天竺）大目乾連尊
者造 （唐）釋玄奘譯 清宣統二年（1910）常
州天寧寺刻本 四冊

330000－1741－0009639 善 4/532 集部/別
集類/清別集

勞崇光與岑毓英尺牘一卷 （清）勞崇光撰
清末抄本 一冊

330000－1741－0009643 善 4/524 集部/別
集類/清別集

冬熙室小集一卷 （清）戴熙撰 稿本 一冊

330000－1741－0009644 善 4/525 集部/別
集類/清別集

鹿牀小稿一卷 （清）戴熙撰 稿本 清魏謙
升批並題記 一冊

330000－1741－0009651 善 4/521 集部/別
集類/清別集

瑞芺軒詩鈔二卷詞稿一卷 （清）許乃穀撰
清抄本 二冊

330000－1741－0009652 善 4/534 史部/地
理類/遊記之屬/紀勝

蘿菴遊賞小志一卷白華絳跗閣詩一卷 （清）
李慈銘撰 清同治二年（1863）秋泉氏抄本
清秋泉氏題記 一冊

330000－1741－0009653 綫補 3/191 子部/

宗教類/佛教之屬

大方廣圓覺修多羅了義經二卷 （唐）釋佛陀
多羅譯 金剛般若波羅密經一卷 （後秦）釋
鳩摩羅什譯 入法界體性經一卷 （隋）釋闍
那崛多譯 無量義經一卷 （南朝齊）釋曇摩
伽陀耶舍譯 清刻本 一冊

330000－1741－0009656 綫補 3/195 子部/
宗教類/佛教之屬/諸宗

徹悟禪師語錄二卷 （清）釋際醒說 （清）釋
了亮輯 清光緒十六年（1890）揚州藏經院刻
本 一冊

330000－1741－0009657 善 4/534A 集部/
別集類/清別集

李蓴客文稿不分卷 （清）李慈銘撰 清抄本
一冊

330000－1741－0009658 善 4/534B 集部/
別集類/清別集

溪上玉樓叢稿一卷 （清）李煊撰 清同治至
光緒小碧瀾堂主抄本 一冊

330000－1741－0009659 綫補 3/196 子部/
宗教類/佛教之屬/諸宗

蓮宗輯要二卷 （清）釋達淨輯 徹悟禪師遺
稿一卷 （清）釋了梅 （清）釋了亮輯 清光
緒十二年（1886）瑪瑙經房刻本 一冊 缺一
卷（徹悟禪師遺稿）

330000－1741－0009661 善 4/526 集部/別
集類/清別集

戊戌集一卷訪粵集二卷 （清）戴熙撰 稿本
清陳唐甫批 一冊

330000－1741－0009663 善 4/545 集部/戲
劇類/傳奇之屬

寒香亭傳奇四卷四十齣 （清）李凱撰 （清）
范梧評 清嘉慶二年（1797）懷古堂刻本
四冊

330000－1741－0009664 善 4/527 集部/別
集類/清別集

衍石先生未刻稿一卷 （清）錢儀吉撰 清抄
本 清楊象濟跋 一冊

330000－1741－0009665　善 4/548A　集部/
曲類/曲韻曲譜曲律之屬

納書楹曲譜全集二十二卷　（清）葉堂撰　清
乾隆五十七年至五十九年（1792－1794）納書
楹刻本　二冊　存二卷（外集一至二）

330000－1741－0009666　善 4/553　集部/總
集類/選集之屬/通代

新刊文選考註前集十五卷後集十四卷　（南
朝梁）蕭統輯　（唐）李善等注　清康熙二十
七年（1688）張緝宗贈言堂刻本　二十四冊

330000－1741－0009668　綫補 3/200　子部/
宗教類/佛教之屬/諸宗

永嘉禪宗集註二卷　（明）釋傳燈重編並註
清同治十年（1871）刻本　一冊

330000－1741－0009669　綫補 3/239　子部/
宗教類/佛教之屬/論

阿毘曇八犍度論三十卷　（天竺）迦旃延子尊
者造　（晉）釋僧伽提婆　（後秦）釋竺佛念譯
清宣統三年（1911）常州天寧寺刻本　六冊

330000－1741－0009670　善 4/021　集部/別
集類/漢魏六朝別集

曹子建集十卷　（三國魏）曹植撰　（明）李夢
陽　（明）王世貞等評　明天啓元年（1621）凌
性德刻朱墨套印本　六冊

330000－1741－0009671　善 4/555　集部/總
集類/選集之屬/通代

玉臺新詠十卷　（南朝陳）徐陵輯　明崇禎六
年（1633）吳郡趙均刻本　二冊

330000－1741－0009672　善 4/528　集部/別
集類/清別集

錦潭詩草一卷　（清）慎元持撰　**繡餘吟一卷**
（清）陳寶珠撰　清抄本　一冊

330000－1741－0009673　綫 083/4901a　類
叢部/叢書類/彙編之屬

峭帆樓叢書十八種　趙詒琛編　清宣統三年
至民國八年（1911－1919）新陽趙氏刻本　二
十冊

330000－1741－0009674　善 4/529　集部/別

集類/清別集

雲坡詩鈔一卷　（清）費鈞撰　清咸豐六年
（1856）怡田抄本　清怡田題識　一冊

330000－1741－0009675　綫補 3/204　子部/
宗教類/佛教之屬/諸宗

天台四教儀集註十卷　（元）釋蒙潤撰　清光
緒三十四年（1908）揚州藏經院刻本　四冊

330000－1741－0009677　綫補 3/211　子部/
宗教類/佛教之屬/諸宗

徑中徑又徑徵義三卷首一卷　（清）張師誠輯
（清）徐槐廷注　清光緒二十五年（1899）蘇
城詠霓社刻本　景澄題記　一冊

330000－1741－0009678　善 4/548　集部/曲
類/曲韻曲譜曲律之屬

酒酣耳熱不分卷　清三十六峯草堂抄本　曉
山題籤並題記　鄭騫題籤並題記　四冊

330000－1741－0009680　善 4/550　集部/總
集類/選集之屬/通代

六家文選六十卷　（南朝梁）蕭統輯　（唐）李
善等注　明嘉靖十三年至二十八年（1534－
1549）吳郡袁褧嘉趣堂刻本　三十冊

330000－1741－0009683　綫補 3/206　子部/
宗教類/佛教之屬/律

法海觀瀾五卷　（清）釋智旭輯　清光緒二十
三年（1897）揚州藏經禪院刻本　二冊

330000－1741－0009684　善 4/042　集部/別
集類/唐五代別集

唐駱先生集八卷附錄一卷　（唐）駱賓王撰
（明）王衡等評釋　明凌毓枏刻朱墨套印本
八冊

330000－1741－0009686　綫補 3/208、綫補
3/273　子部/宗教類/佛教之屬/經疏

**大佛頂如來密因修證了義諸菩薩萬行首楞嚴
經通議十卷補遺一卷首楞嚴經懸鏡一卷首楞
嚴經通議提綱略科一卷**　（明）釋德清撰　清
光緒二十年（1894）金陵刻經處刻本　六冊

330000－1741－0009689　綫 086.2310/78.10
類叢部/叢書類/郡邑之屬

武林掌故叢編一百八十七種　（清）丁丙編
清光緒三年至二十六年（1877－1900）錢塘丁
氏嘉惠堂刻本（乾道臨安志卷四至十五、南宋
館閣錄卷一原缺）　二百五冊　缺五種

330000－1741－0009690　綫補3/220　子部/
宗教類/佛教之屬/經疏

佛說四十二章經解一卷佛遺教經解一卷八大
人覺經略解一卷　（清）釋智旭撰　清光緒十
一年（1885）金陵刻經處刻本　一冊

330000－1741－0009692　綫補3/221　子部/
宗教類/佛教之屬/經疏

金剛經解義二卷心經解義一卷　（清）徐槐廷
撰　清咸豐八年（1858）正文堂刻本　一冊

330000－1741－0009693　綫補3/222　子部/
宗教類/佛教之屬/經疏

般若波羅蜜多心經註解一卷　（唐）釋玄奘譯
（明）釋宗泐　（明）釋如玘注　金剛般若波
羅蜜經註解一卷　（後秦）釋鳩摩羅什譯
（明）釋宗泐　（明）釋如玘注　清光緒二年
（1876）長沙刻經處刻本　一冊

330000－1741－0009695　善4/547　集部/戲
劇類/傳奇之屬

旗亭記二卷三十六齣　（清）金兆燕撰　清乾
隆二十四年（1759）刻本　二冊

330000－1741－0009698　善4/046A　集部/
別集類/唐五代別集

類箋唐王右丞詩集十卷文集四卷集外編一卷
　（唐）王維撰　（明）顧起經輯　唐王右丞
[維]年譜一卷　（明）顧起經撰　唐諸家同詠
集一卷贈題集一卷歷朝諸家評王右丞詩畫鈔
一卷　（明）顧起經輯　明嘉靖三十五年
（1556）無錫顧氏奇字齋刻本　十冊

330000－1741－0009699　善4/553A　集部/
總集類/選集之屬/通代

重訂文選集評十五卷首一卷末一卷　（清）于
光華輯　清乾隆四十三年（1778）錫山啟秀堂
刻本　十六冊

330000－1741－0009700　綫補3/225　子部/

宗教類/佛教之屬/經疏

入楞伽心玄義一卷　（唐）釋法藏撰　清光緒
十八年（1892）金陵刻經處刻本　一冊

330000－1741－0009702　綫補3/228　子部/
宗教類/佛教之屬/經疏

圓覺經析義疏四卷　（唐）釋佛陀多羅譯
（清）釋通理疏　清光緒三十三年（1907）揚州
藏經院刻本　一冊　存一卷（一）

330000－1741－0009703　善4/536　集部/別
集類/清別集

醉吟草一卷止軒序跋一卷　（清）王繼香撰
稿本　三冊

330000－1741－0009704　綫補3/229　子部/
宗教類/佛教之屬/經疏

圓覺經略疏之鈔二十五卷　（唐）釋宗密撰
清宣統三年（1911）揚州藏經院刻本　一冊
存五卷（一至五）

330000－1741－0009706　綫補3/233　子部/
宗教類/佛教之屬/論

靈峰藕益大師宗論十卷首一卷　（清）釋智旭
撰　（清）釋成時輯　清光緒元年（1875）江北
刻經處刻本　十冊

330000－1741－0009707　綫補3/232　史部/
目錄類/專錄之屬

大清重刻龍藏彙記一卷　清同治九年（1870）
金陵刻經處刻本　一冊

330000－1741－0009708　綫補3/216　子部/
宗教類/佛教之屬

大乘起信論一卷　（天竺）馬鳴菩薩造　（南
朝陳）釋真諦譯　清光緒二十四年（1898）金
陵刻經處刻本　一冊

330000－1741－0009709　善4/537　集部/別
集類/清別集

坐看雲起樓詩集六卷　（清）許國年撰　稿本
二冊

330000－1741－0009710　善4/545B　集部/
戲劇類/傳奇之屬

石榴記傳奇四卷三十二齣　（清）黃振撰　清

乾隆三十七年(1772)如皋黃氏柴灣村舍刻本　四冊

330000－1741－0009711　綫補3/234　子部/宗教類/佛教之屬/論疏

成唯識論觀心法要十卷　(清)釋智旭撰　清光緒二十六年(1900)揚州藏經院刻本　一冊　存一卷(一)

330000－1741－0009712　善4/538　集部/別集類/清別集

雙清閣袖中詩本二卷擁翠詞稿一卷寄鷗館梅花百詠一卷　(清)朱福清撰　清光緒十九年(1893)稿本　一冊

330000－1741－0009713　綫補3/217　子部/宗教類/佛教之屬

大乘起信論一卷　(天竺)馬鳴菩薩造　(南朝陳)釋真諦譯　清光緒三十年(1904)武昌盧陵黃氏刻本　一冊

330000－1741－0009714　綫補3/235　子部/宗教類/佛教之屬

辯偽錄六卷　(元)釋祥邁撰　清光緒三十三年(1907)揚州藏經院刻本　一冊　存三卷(一至三)

330000－1741－0009717　善4/547A　集部/戲劇類/傳奇之屬

花木蘭傳奇十六齣　陳栩撰　清光緒三十二年(1906)許仲瑚抄本　許仲瑚題詞並記二冊

330000－1741－0009719　綫補3/238、綫補3/248　子部/宗教類/佛教之屬/論

十二門論宗致義記四卷　(唐)釋法藏撰　清宣統三年(1911)江西刻經處刻本　二冊

330000－1741－0009721　善4/547B　集部/戲劇類/傳奇之屬

孟蘭夢傳奇一卷　(清)嚴保庸撰　清光緒二十九年(1903)嚴良輔抄本　一冊

330000－1741－0009722　善4/549　集部/總集類/選集之屬/通代

六家文選六十卷　(南朝梁)蕭統輯　(唐)李善等注　明嘉靖十三年至二十八年(1534－1549)吳郡袁褧嘉趣堂刻本　三十二冊

330000－1741－0009723　綫補3/240　子部/宗教類/佛教之屬/諸宗

天慧徹禪師語錄二卷　(清)釋實徹撰　(清)釋際聖輯　清光緒三十二年(1906)刻本　一冊　存一卷(天慧徹禪師語錄下)

330000－1741－0009724　善4/561　集部/總集類/選集之屬/通代

瀛奎律髓四十九卷　(元)方回輯　清康熙五十年至五十一年(1711－1712)吳寶芝黃葉邨莊刻本　十六冊

330000－1741－0009725　綫補3/242　子部/宗教類/佛教之屬/經疏

維摩詰所說經註八卷　(後秦)釋鳩摩羅什譯　(後秦)釋僧肇注　清光緒十三年(1887)金陵刻經處刻本　二冊

330000－1741－0009727　善4/551　集部/總集類/選集之屬/通代

文選六十卷　(南朝梁)蕭統輯　(唐)李善注　清乾隆二十七年(1762)雲林楊氏儒纓堂刻本　十六冊

330000－1741－0009729　善4/556　集部/總集類/選集之屬/通代

玉臺新詠十卷　(南朝陳)徐陵輯　清康熙五十三年(1714)上黨馮鰲刻本　四冊

330000－1741－0009730　綫補3/243　子部/宗教類/佛教之屬/論

般若燈論十五卷　(天竺)龍樹菩薩造偈(天竺)釋分別明菩薩釋論　(唐)釋波羅頗蜜多羅譯　清光緒二十四年(1898)金陵刻經處刻本　三冊

330000－1741－0009732　善4/054　集部/別集類/唐五代別集

杜工部全集六十六卷目錄六卷　(唐)杜甫撰　(明)劉世教輯　**杜工部[甫]年譜一卷**(宋)黃鶴撰　明萬曆四十年(1612)刻合刻分體李杜全集本　清呂留良批　清呂葆中跋

十六冊

330000－1741－0009733　善4/559　集部/總集類/選集之屬/通代
樂府詩集一百卷目錄二卷　（宋）郭茂倩輯
明崇禎虞山毛氏汲古閣刻清康熙毛扆重訂本
十二冊

330000－1741－0009734　善4/552　集部/總集類/選集之屬/通代
文選十二卷　（南朝梁）蕭統輯　（明）張鳳翼
纂註　明萬曆刻本　十二冊

330000－1741－0009735　綫補3/255　子部/宗教類/佛教之屬/諸宗
相宗八要解八種　（明）釋明昱撰　清光緒二
十八年(1902)金陵刻經處刻本　三冊

330000－1741－0009736　善4/557　集部/總集類/選集之屬/通代
玉臺新詠十卷　（南朝陳）徐陵輯　清康熙五
十三年(1714)馮鼇硯豐齋刻乾隆二十六年
(1761)華綺保元堂印本　六冊

330000－1741－0009739　善4/563　集部/總集類/選集之屬/通代
詩紀一百五十六卷目錄三十六卷　（明）馮惟
訥輯　明萬曆吳琯、謝陞、陸弼、俞策刻本
四十冊

330000－1741－0009740　綫補3/246　子部/宗教類/佛教之屬/經疏
大方廣佛華嚴經疏鈔懸談二十八卷首一卷
（唐）釋澄觀撰　清光緒三十三年(1907)金陵
刻經處刻本　八冊

330000－1741－0009741　善4/560　集部/總集類/選集之屬/通代
樂府詩集一百卷目錄二卷　（宋）郭茂倩輯
明崇禎虞山毛氏汲古閣刻清康熙毛扆重訂本
十六冊

330000－1741－0009742　善4/053　集部/總集類/彙編之屬
李杜詩選十一卷　（明）張含編　（明）楊慎等
評　明刻朱墨套印本　二冊　存五卷(李詩

選一至五)

330000－1741－0009743　綫補3/247　子部/宗教類/佛教之屬/經疏
大佛頂首楞嚴經正脈疏四十卷首一卷　（明）
釋真鑑撰　清光緒二十二年(1896)金陵刻經
處刻本　十四冊

330000－1741－0009744　綫補3/249　史部/傳記類/別傳之屬/事狀
大慈恩寺三藏法師傳十卷　（唐）釋慧立撰
（唐）釋彥悰箋　清宣統元年(1909)常州天寧
寺刻本　三冊

330000－1741－0009746　綫補3/253　子部/宗教類/佛教之屬/諸宗
龍池幻有禪師語錄十卷　（明）釋正傳撰
（明）釋圓悟等輯　清宣統二年(1910)常州天
寧寺刻本　四冊

330000－1741－0009750　綫補3/254　子部/宗教類/佛教之屬/諸宗
恒贊如禪師語錄十卷　（清）釋達如說　（清）
釋悟潔等編　（清）釋沼蘭錄　清宣統二年
(1910)常州天寧寺刻經處刻本　四冊

330000－1741－0009751　綫083/4440　類叢部/叢書類/輯佚之屬
黃氏逸書考(漢學堂叢書)二百七十三種
（清）黃奭輯　清道光甘泉黃氏刻民國十四年
(1925)王鑒修補印本(通俗文一卷、勸學篇一
卷、古今字詁一卷、字指一卷、文字集畧一卷、
篆文一卷、篆要一卷、文字指歸一卷、字畧一
卷、字統一卷、桂苑珠叢一卷、新字林一卷、字
書一卷配複印本)　一百冊

330000－1741－0009752　善4/047　集部/總集類/彙編之屬
盛唐四名家集　（明）凌濛初　輯　明吳興凌濛
初刻朱墨套印本　二冊　存一種

330000－1741－0009754　善4/565　集部/總集類/選集之屬/通代
漢魏詩紀二十卷　（明）馮惟訥輯　**談藝錄一
卷**　（明）徐禎卿撰　明嘉靖三十八年(1559)

徐禎卿刻本　六冊

330000－1741－0009755　綫補3/257　子部/
叢編

釋氏十三經註疏　清同治至光緒三十四年
(1908)金陵刻經處刻本　五冊

330000－1741－0009758　綫補3/262　子部/
宗教類/佛教之屬/諸宗

高峰大師語錄一卷　(元)釋原妙撰　清光緒
十五年(1889)金陵刻經處刻本　一冊

330000－1741－0009759　善4/568　集部/總
集類/選集之屬/通代

**姑蘇新刻彤管遺編前集四卷後集十卷續集三
卷附集一卷別集二卷**　(明)酈琥輯　明隆慶
元年(1567)酈琥刻本　十二冊

330000－1741－0009760　綫補3/356、綫補
3/260　子部/宗教類/佛教之屬/總錄

雲棲法彙二十九種　清光緒十八年至二十五
年(1892－1899)金陵刻經處刻本　三十四冊

330000－1741－0009761　善4/074　集部/總
集類/彙編之屬

韓柳文一百卷　(明)游居敬編　明嘉靖十六
年(1537)南平游居敬刻本　十二冊　存五十
二卷(韓文一至四十、外集一至十、遺集、集
傳)

330000－1741－0009764　綫補3/264　子部/
宗教類/佛教之屬/諸宗

教觀綱宗釋義紀三卷　(清)釋智旭撰　(清)
釋果仁紀　**始終心要一卷**　(唐)釋湛然撰
(宋)釋從義注　**三千有門頌畧解一卷**　(宋)
陳瓘撰頌　(明)釋真覺解　清光緒二十七年
(1901)龍城鄧在達刻本　三冊

330000－1741－0009765　綫補3/265　新學/
工藝/雜藝

鑄金論畧六卷圖一卷　(英國)司布勒村撰
(英國)傅蘭雅口譯　(清)汪振聲筆述　清光
緒二十八年(1902)江南製造局刻本　一冊
存一卷(鑄金論畧二)

330000－1741－0009766　善4/077　集部/別

集類/唐五代別集

昌黎先生集四十卷外集十卷遺文一卷　(唐)
韓愈撰　(宋)廖瑩中校正　**朱子校昌黎先生
集傳一卷**　(宋)朱熹撰　明東吳徐氏東雅堂
刻本　十六冊

330000－1741－0009771　綫補3/269　子部/
宗教類/佛教之屬/諸宗

靈峰蕅益大師選定淨土十要十卷　(清)釋智
旭輯　(清)釋成時評點節略　清光緒二十年
(1894)揚州廣陵藏經禪院刻本　四冊

330000－1741－0009774　綫補3/272　子部/
宗教類/佛教之屬/經

楞伽阿跋多羅寶經會譯四卷　(南朝宋)釋求
那跋陀羅初譯　(北魏)釋菩提留支再譯
(唐)釋實叉難陀後譯　(明)釋員珂會合　清
光緒三十四年(1908)金陵刻經處刻本　二冊
存二卷(一至二)

330000－1741－0009775　綫補3/276　子部/
宗教類/佛教之屬/經

增壹阿含經五十卷首一卷　(晉)釋曇摩難提
譯　清光緒十二年(1886)江北刻經處刻本
十二冊

330000－1741－0009778　綫補3/275　子部/
宗教類/佛教之屬/經疏

大方廣圓覺經大疏十六卷首一卷　(唐)釋宗
密撰　清宣統元年(1909)金陵刻經處刻本
四冊

330000－1741－0009780　綫補3/278　子部/
宗教類/佛教之屬/經

妙法蓮華經七卷　(後秦)釋鳩摩羅什譯　清
刻本　三冊

330000－1741－0009781　善4/082　集部/別
集類/唐五代別集

河東先生集四十五卷外集二卷龍城錄二卷
(唐)柳宗元撰　(唐)劉禹錫編　(宋)廖瑩
中校正　**河東先生集附錄二卷傳一卷**　明嘉
靖東吳郭雲鵬濟美堂刻本　二十冊

330000－1741－0009782　綫補3/281　子部/

宗教類/佛教之屬/論疏

唯識開蒙問答二卷 （元）釋雲峰撰 清宣統
三年(1911)揚州藏經禪院刻本 二冊

330000－1741－0009783 綫補3/282 子部/
宗教類/佛教之屬/總錄

翻譯名義集二十卷 （宋）釋法雲編 清光緒
四年(1878)金陵刻經處刻本 六冊

330000－1741－0009784 善4/570A 集部/
總集類/選集之屬/通代

本事詩十二卷 （清）徐釚輯 清乾隆二十二
年(1757)桐鄉汪肯堂半松書屋刻本 二冊

330000－1741－0009785 綫補3/280 子部/
宗教類/佛教之屬

五大部直音二卷附諸般經懺直音一卷 清光
緒元年(1875)杭州瑪瑙經房刻本 二冊

330000－1741－0009786 善4/561/C1 集
部/總集類/選集之屬/通代

瀛奎律髓四十九卷 （元）方回輯 清康熙五
十年至五十一年(1711－1712)吳寶芝黃葉邨
莊刻本 十冊

330000－1741－0009788 善4/564 集部/總
集類/選集之屬/通代

詩紀一百五十六卷目錄三十六卷 （明）馮惟
訥輯 明萬曆吳琯、謝陞、陸弼、俞策刻本
四十冊

330000－1741－0009789 綫補3/280：1 子
部/宗教類/佛教之屬

五大部直音二卷附諸般經懺直音一卷 清光
緒元年(1875)杭州瑪瑙經房刻本 二冊

330000－1741－0009790 綫補3/283 子部/
宗教類/佛教之屬/論

十住毗婆沙論十五卷 （後秦）釋鳩摩羅什譯
清光緒二十一年(1895)江北刻經處刻本
三冊

330000－1741－0009791 善4/570A/C1 集
部/總集類/選集之屬/通代

本事詩十二卷 （清）徐釚輯 清乾隆二十二
年(1757)桐鄉汪肯堂半松書屋刻本 四冊

330000－1741－0009792 綫補3/280：2 子
部/宗教類/佛教之屬

五大部直音二卷附諸般經懺直音一卷 清同
治十二年(1873)浙江昭慶寺慧空經房刻本
二冊

330000－1741－0009793 綫補3/284 子部/
宗教類/佛教之屬/諸宗

異方便淨土傳燈歸元鏡三祖實錄二卷 （清）
釋智達撰 清初刻本 一冊 存一卷(一)

330000－1741－0009794 善4/562 集部/總
集類/選集之屬/通代

漢魏詩乘二十卷吳詩一卷總錄一卷 （明）梅
鼎祚輯 明萬曆十一年(1583)劉文顯、徐家
慶等刻本 四冊

330000－1741－0009795 善4/088 集部/別
集類/唐五代別集

孟東野詩集十卷 （唐）孟郊撰 **孟東野詩集
聯句一卷** 明嘉靖三十五年(1556)武康秦禾
刻本 六冊

330000－1741－0009797 綫補3/280：3 子
部/宗教類/佛教之屬

五大部直音二卷附諸般經懺直音一卷 清同
治十二年(1873)浙江昭慶寺慧空經房刻本
二冊

330000－1741－0009798 綫補3/287 子部/
宗教類/佛教之屬/諸宗

法界安立圖三卷 （明）釋仁潮輯 清慧空經
房刻本 二冊

330000－1741－0009799 綫084.78/4067
經部/叢編

鄭氏佚書二十三種 （漢）鄭玄撰 （清）袁鈞
輯 清光緒十四年(1888)浙江書局刻本
十冊

330000－1741－0009803 善4/092 集部/別
集類/唐五代別集

李長吉昌谷集句解定本四卷 （唐）李賀撰
（清）姚佺箋 （清）丘象隨等辯註 清初丘象
隨西軒刻梅邨書屋印本 清何焯批並跋

四冊

330000－1741－0009804　綫補3/242：1　子部/宗教類/佛教之屬/經疏

維摩詰所說經註八卷　（後秦）釋鳩摩羅什譯　（後秦）釋僧肇注　清光緒十三年（1887）金陵刻經處刻本　二冊

330000－1741－0009805　善4/566　集部/總集類/選集之屬/通代

詩宿二十八卷詩人考世二卷　（明）劉一相輯　明萬曆三十六年（1608）刻本　二十四冊

330000－1741－0009808　善4/569　集部/總集類/選集之屬/通代

阮亭選古詩三十二卷　（清）王士禛輯　清康熙天藜閣刻本　五冊

330000－1741－0009810　綫084.76/4434：1　類叢部/叢書類/輯佚之屬

十種古逸書三十卷　（清）茆泮林輯　清道光十四年（1834）梅瑞軒刻二十二年（1842）重印本　六冊

330000－1741－0009812　善4/570　集部/總集類/選集之屬/通代

古詩箋三十二卷　（清）王士禛輯　（清）聞人倓箋　清乾隆三十一年（1766）芷蘭堂刻文萃堂印本　清孫衣言題記並過錄翁方綱及姚鼐、陳蘭祥批語　十四冊　缺二卷（七言詩歌行鈔八至九）

330000－1741－0009814　善4/572　集部/總集類/選集之屬/通代

采菽堂古詩選三十八卷補遺四卷　（清）陳祚明輯　清康熙四十五年至四十八年（1706－1709）翁嵩年刻乾隆十三年（1748）屈以伸印本　十二冊

330000－1741－0009816　綫補3/295　子部/宗教類/佛教之屬/經

大方廣佛華嚴經八十卷　（唐）釋實叉難陀譯　**華嚴大經處會品目卷帙總要之圖一卷**　**復菴和尚華嚴綸貫一卷**　（宋）釋復菴撰　**華嚴普賢行願懺儀一卷**　（晉）釋淨源編集　入不

思議解脫境界普賢行願品一卷　（唐）釋般若譯　清同治七年（1868）杭城昭慶寺慧空經房刻本　二十七冊　缺三卷（大方廣佛華嚴經七十九至八十、入不思議解脫境界普賢行願品）

330000－1741－0009817　綫補3/292　子部/宗教類/佛教之屬/論疏

大乘起信論疏筆削記會閱十卷首一卷　（唐）釋法藏述疏　（唐）釋宗密錄註　（宋）釋子璿修記　（清）釋續法會編　（清）戴京曾閱定　**法界宗五祖略記一卷**　（清）釋續法輯　清光緒十五年（1889）刻本　迦持題記　十冊

330000－1741－0009819　善4/572/C1　集部/總集類/選集之屬/通代

采菽堂古詩選三十八卷補遺四卷　（清）陳祚明輯　清康熙四十五年至四十八年（1706－1709）翁嵩年刻乾隆十三年（1748）屈以伸印本　二冊　存四卷（補遺一至四）

330000－1741－0009822　善2/430　史部/政書類/通制之屬

文獻通考三百四十八卷　（元）馬端臨撰　明正德十一年至十四年（1516－1519）劉氏慎獨書齋刻本　二百冊

330000－1741－0009823　善4/588　集部/總集類/選集之屬/斷代

唐會元精選批點唐宋名賢策論文粹八卷　（明）唐順之輯　明嘉靖二十八年（1549）書林桐源胡氏刻本　十二冊

330000－1741－0009826　善4/578A　集部/總集類/選集之屬/通代

文苑英華選六十卷　（清）宮夢仁輯　清思敬堂刻本　三十冊

330000－1741－0009827　綫補3/310　子部/宗教類/佛教之屬

增集人天眼目二卷　（宋）釋智昭撰　（清）釋仁岠增輯　清光緒七年（1881）長沙刻經處刻本　二冊

330000－1741－0009828　善4/590　集部/總

四年（1596）汪元湛等刻本　一冊　存三卷
（子集一至三）

330000－1741－0009854　善4/593　集部/總
集類/選集之屬/通代

不多集二十二卷　（明）吳士奇輯　明萬曆四
十年（1612）刻本　二十冊

330000－1741－0009859　綫補3/340　子部/
宗教類/佛教之屬/論疏

成唯識論述記六十卷　（唐）釋窺基撰　清光
緒二十七年（1901）金陵刻經處刻本　二十冊

330000－1741－0009860　綫857.2353/2260
類叢部/叢書類/彙編之屬

隨盦徐氏叢書十種續編十種　徐乃昌編　清
光緒至民國南陵徐氏刻本　一冊　存一種

330000－1741－0009863　善4/573　集部/總
集類

四朝詩別裁摘錄　（清）程卓之輯　清道光程
卓之抄本　清程卓之題識　十冊　存二種

330000－1741－0009867　綫補3/342　子部/
宗教類/道教之屬

仙佛合宗語錄不分卷　（明）伍守陽撰　（明）
伍守虛註　汪東亭輯　**仙佛合宗語錄丹道九
篇不分卷**　汪東亭輯　清宣統上海千頃堂書
局石印本　四冊

330000－1741－0009868　善4/593A、善4/
611B　類叢部/叢書類/自著之屬

高梅亭讀書叢鈔十一種　（清）高塏集評　清
乾隆五十三年至五十四年（1788－1789）廣郡
永邑培元堂楊氏刻本　十六冊　存二種

330000－1741－0009869　善4/594　集部/總
集類/選集之屬/通代

辭賦標義十八卷　（明）俞王言輯　明萬曆二
十九年（1601）休寧金氏渾樸居刻本　六冊

330000－1741－0009871　善4/595　集部/總
集類/選集之屬/通代

刪補古今文致十卷　（明）劉士鱗輯　（明）王
宇增補　明天啓刻本　十冊

330000－1741－0009872　善4/600B　集部/
總集類/選集之屬/通代

律賦衡裁六卷　（清）周嘉猷　（清）周鈐輯
（清）湯聘評　（清）蔣鳴珂註釋　清乾隆二十
五年（1760）石渠閣刻本　四冊

330000－1741－0009873　善4/581　集部/總
集類/選集之屬/通代

西山先生真文忠公文章正宗二十六卷　（宋）
真德秀輯　（明）唐順之批點　明劉志千歸仁
齋刻本　十四冊　存十四卷（一至十四）

330000－1741－0009874　綫補3/348　子部/
宗教類/佛教之屬/經

坐禪三昧法門經二卷　（印度）僧伽羅刹造
（後秦）釋鳩摩羅什譯　清光緒刻本　一冊

330000－1741－0009875　善4/598　集部/總
集類/選集之屬/通代

漢魏別解十六卷　（明）黃澍　（明）葉紹泰輯
並評　明崇禎十一年（1638）香谷山房刻本
八冊

330000－1741－0009876　善4/602A　集部/
總集類/選集之屬/通代

古文眉詮七十九卷首一卷　（清）浦起龍輯
清乾隆九年（1744）蘇州三吳書院刻本　二十
四冊

330000－1741－0009877　善4/596　集部/總
集類/選集之屬/通代

名世文宗二十卷外集四卷　（明）胡時化輯
（明）郭子章參輯　明萬曆五年（1577）馮叔吉
願聞堂刻本（卷一配明萬曆七年李充實刻本）
三十二冊

330000－1741－0009884　善4/600A　集部/
總集類/選集之屬/通代

歷朝賦楷八卷首一卷　（清）王修玉輯　清康
熙二十五年（1686）王修玉天鑑樓刻本　八冊

330000－1741－0009885　善4/602　集部/總
集類/選集之屬/通代

古文辭類纂七十四卷　（清）姚鼐輯　清道光
元年（1821）合河康氏家塾刻本　清孫衣言批

跋並過錄清龍啟瑞臨清梅曾亮批點 十二冊

330000－1741－0009887 善4/616 集部/總集類/選集之屬/斷代

新刻李袁二先生精選唐詩訓解七卷 （明）李攀龍輯 （明）袁宏道校 明萬曆四十六年(1618)余應孔居仁堂刻本 八冊

330000－1741－0009889 綫補3/354 子部/儒家類/儒學之屬/禮教

聖諭廣訓直解一卷 （清）世宗胤禛撰 （清）□□直解 清末刻本 一冊

330000－1741－0009891 綫補3/360 類叢部/叢書類/家集之屬

長洲彭氏家集九種 （清）彭祖賢編 清同治至光緒刻本 一冊 存一種

330000－1741－0009893 善4/599 集部/總集類/選集之屬/通代

古文品外錄二十四卷 （明）陳繼儒輯並評 明刻本 八冊

330000－1741－0009895 綫補3/361、綫補3/422、綫補3/508、綫補3/511、綫補3/500、綫補3/499、綫補3/496、綫補2/83、綫補2/269、綫補2/270、綫補2/271、綫補2/272 新學/雜著/叢編

江南製造局叢刊(江南製造局譯書) （清）江南製造局編 清光緒江南製造局刻本暨鉛印本 二十八冊 存九種

330000－1741－0009896 善4/614B 集部/總集類/選集之屬/斷代

東嵒草堂評訂唐詩鼓吹十卷 （金）元好問輯 （元）郝天挺注 （明）廖文炳解 （清）朱三錫評 清康熙刻本 五冊

330000－1741－0009897 善4/601 集部/總集類/選集之屬/通代

文選二卷 明刻本 二冊

330000－1741－0009899 綫補3/353 子部/宗教類/道教之屬/方法

真詮二卷 （明）桑喬撰 清康熙四十九年(1710)彭定求刻本 一冊

330000－1741－0009902 善4/603 集部/總集類/選集之屬/斷代

詞致錄十六卷 （明）李天麟輯 明萬曆十五年(1587)古燕李氏刻本 十六冊

330000－1741－0009905 綫補3/368 史部/金石類/總志之屬/題跋

清儀閣題跋不分卷 （清）張廷濟撰 清光緒十七年(1891)丁立誠刻本 四冊

330000－1741－0009906 善4/611A 集部/總集類/選集之屬/通代

回文類聚四卷首一卷 （宋）桑世昌輯 **織錦回文圖一卷回文類聚續編十卷首一卷** （清）朱象賢輯並繪 清抄本 二冊 存八卷(織錦回文圖、回文類聚續編一至七)

330000－1741－0009907 善4/600 集部/總集類/選集之屬/通代

賦苑八卷 （明）李鴻輯 明萬曆刻本 清董士錫批校並題記 十五冊 缺一卷(四)

330000－1741－0009909 善4/614A 集部/總集類/選集之屬/斷代

王荊公唐百家詩選二十卷 （宋）王安石輯 清康熙四十三年(1704)宋犖、丘迴刻四十七年(1708)緯蕭草堂印本 四冊

330000－1741－0009910 綫補3/372 新學/雜著/叢編

富強叢書正集七十七種續集一百二十一種 （清）袁俊德編 清光緒二十五年(1899)、二十七年(1901)小倉山房石印本 一冊 存一卷(礮乘新法圖)

330000－1741－0009911 綫補3/365 子部/叢編

二十二子(二十二子彙函) （清）浙江書局編 清光緒元年至三年(1875－1877)浙江書局刻本 六冊 存一種

330000－1741－0009914 綫補3/374 集部/小說類/長篇之屬

新刻批評繡像後西遊記四十回 （清）天花才子評點 清金閶書業堂刻本 六冊 存二十

三回(一至十七、三十至三十五)

330000－1741－0009916　善4/609　集部/總集類/選集之屬/通代

古今振雅雲箋十卷 （明）徐渭輯　明末刻本　十冊

330000－1741－0009917　善4/604　集部/總集類/選集之屬/斷代

車書樓彙輯各名公四六爭奇八卷 （明）許以忠輯　明萬曆四十八年(1620)刻本　十冊

330000－1741－0009918　綫補5/022、綫補1/039　子部/雜著類/雜考之屬

存古學堂叢刻不分卷 王仁俊撰　清光緒三十三年(1907)、三十四年(1908)存古學堂鉛印本暨木活字印本　四冊

330000－1741－0009919　綫補3/370　子部/天文曆算類/天文之屬

躔離引蒙不分卷 （清）賈步緯撰　清光緒十八年(1892)江南製造局刻本暨鉛印本　一冊

330000－1741－0009920　善4/606　集部/總集類/選集之屬/通代

駢體文鈔三十一卷 （清）李兆洛輯　清光緒八年(1882)上海刻本　八冊

330000－1741－0009921　綫補3/378　類叢部/叢書類/彙編之屬

望三益齋叢書十八種 （清）吳棠編　清咸豐至光緒吳氏望三益齋刻本　二冊　存一種

330000－1741－0009922　綫補3/381　史部/地理類/山川之屬/山志

京口三山志 （清）□□輯　清同治至光緒刻本　二冊　存一種

330000－1741－0009923　綫補3/380　經部/小學類/訓詁之屬/方言

越諺三卷越諺賸語二卷 （清）范寅輯　清光緒八年(1882)谷應山房刻本　董顯題簽　三冊

330000－1741－0009924　綫補3/379　類叢部/類書類/專類之屬

格致鏡原一百卷 （清）陳元龍撰　清康熙五十六年(1717)陳元龍刻雍正十三年(1735)印本　八冊　存三十卷(一至三十)

330000－1741－0009926　綫補3/383　子部/儒家類/儒家之屬

荀子二十卷校勘補遺一卷 （唐）楊倞注（清）盧文弨　（清）謝墉輯校並補遺　清乾隆五十一年(1786)嘉善謝墉安雅堂刻本　四冊

330000－1741－0009927　綫補3/382　新學/算學/三角八綫

三角數理十二卷 （英國）海麻士輯　（英國）傅蘭雅口譯　（清）華蘅芳筆述　（清）曹撝亭繪圖　清光緒江南製造總局刻本　五冊　存十卷(三至十二)

330000－1741－0009928　善4/610　集部/總集類/尺牘之屬

翰海十二卷 （明）沈佳胤輯　明崇禎刻本　十冊

330000－1741－0009931　善4/607　集部/總集類/選集之屬/通代

駢體文鈔三十一卷 （清）李兆洛輯　清道光元年(1821)合河康氏家塾刻同治六年(1867)婁江徐氏補刻本　清徐心農過錄清莊士敏校　十二冊

330000－1741－0009932　善4/605　集部/總集類/選集之屬/通代

四六法海十二卷 （明）王志堅輯　明天啓七年(1627)張我城刻清乾隆二十三年(1758)王鶚槐蔭堂重修載德堂印本　十二冊

330000－1741－0009933　善4/608　集部/總集類

駢體文林初目一卷 （清）譚獻撰　清光緒十六年(1890)譚獻抄本　一冊

330000－1741－0009934　善4/614　集部/總集類/選集之屬/斷代

才調集十卷 （五代）韋縠輯　清康熙四十三年(1704)汪氏垂雲堂刻本　清許復淳題記並過錄清馮舒、清馮班、清馮武批　十冊

330000－1741－0009935　善 4/605A　集部/
總集類/郡邑之屬

容城三賢文集　（清）張斐然　（清）楊菡編
清康熙十八年（1679）刻本（容城忠愍楊先生
文集卷三至四、容城鍾元孫先生文集卷三至
四補配抄本）　十四冊

330000－1741－0009936　善 4/617A　集部/
總集類/彙編之屬

初唐四傑集　（清）項家達編　清乾隆四十六
年（1781）星渚項氏刻本　六冊

330000－1741－0009937　綫補 3/392　子部/
儒家類/儒學之屬/性理

漢學商兌三卷　（清）方東樹撰　清光緒二十
六年（1900）浙江書局刻本　四冊

330000－1741－0009938　綫補 3/391　史部/
雜史類/斷代之屬

養吉齋叢錄二十六卷餘錄十卷　（清）吳振棫
撰　清光緒二十二年（1896）刻本　六冊　存
二十六卷（養吉齋叢錄一至二十六）

330000－1741－0009939　善 4/618　集部/總
集類/選集之屬/斷代

唐詩紀一百七十卷目錄三十四卷　（明）黃德
水　（明）吳琯等輯　明萬曆十三年（1585）吳
琯刻方天眷重修本　十六冊

330000－1741－0009940　綫補 3/387　類叢
部/叢書類/彙編之屬

靈鶼閣叢書五十六種　（清）江標編　清光緒
元和江氏湖南使院刻本　八冊　存一種

330000－1741－0009941　綫補 3/389　子部/
雜著類/雜考之屬

十駕齋養新錄二十卷餘錄三卷　（清）錢大昕
撰　**錢辛楣先生[大昕]年譜一卷**　（清）錢大
昕編　（清）錢慶曾校注　**竹汀居士[錢大昕]
年譜續編一卷**　（清）錢慶曾撰　清光緒二年
（1876）浙江書局刻本　二冊

330000－1741－0009942　綫補 3/390　史部/
金石類/璽印之屬/通考

封泥攷略十卷　（清）吳式芬　（清）陳介祺藏

並輯　清光緒三十年（1904）石印本　十冊

330000－1741－0009943　綫補 3/501、綫補
3/373、綫補 3/377、綫補 3/371、綫補 3/509
新學/雜著/叢編

江南製造局叢刊（江南製造局譯書）　（清）江
南製造局編　清光緒江南製造局刻本暨鉛印
本　十冊　存五種

330000－1741－0009945　善 4/624B　集部/
總集類/選集之屬/斷代

御定全唐詩錄一百卷詩人年表一卷　（清）徐
倬等輯　清康熙四十五年（1706）揚州詩局刻
本　二十三冊　缺四卷（八十六至八十九）

330000－1741－0009946　善 4/613A　集部/
詞類/總集之屬

詞綜三十六卷　（清）朱彝尊輯　（清）汪森增
輯　清康熙十七年（1678）汪氏裘杼樓刻三十
年（1691）增刻乾隆九年（1744）汪氏碧梧書屋
重修本　八冊

330000－1741－0009948　綫補 3/393　子部/
法家類

管子二十四卷　（唐）房玄齡注　清光緒五年
（1879）影宋刻本　四冊

330000－1741－0009949　綫補 3/398　經部/
周禮類/傳說之屬

九旗古義述一卷　（清）孫詒讓撰　清光緒二
十八年（1902）瑞安孫氏刻本　一冊

330000－1741－0009950　綫補 3/396　子部/
雜著類/雜考之屬

格致古微五卷表一卷　（清）王仁俊撰　清光
緒二十二年（1896）吳縣王氏籀鄦誃刻本
四冊

330000－1741－0009951　善 4/612　集部/詞
類/類編之屬

詞苑英華八種　（明）毛晉編　明末毛氏汲古
閣刻清印本　清湘蘭批校並題記　六冊　存
二種

330000－1741－0009952　綫補 3/492、綫補
3/394、綫補 1/98　類叢部/叢書類/彙編之屬

平津館叢書八集三十九種 （清）孫星衍編 清嘉慶蘭陵孫氏刻本　十一冊　存十種

330000－1741－0009953　綫補 3/388　子部/雜著類/雜考之屬

癸巳類稿十五卷 （清）俞正燮撰　清道光十三年（1833）王藻求日益齋刻本　八冊

330000－1741－0009956　善 4/622　集部/總集類/選集之屬/斷代

中晚唐詩叩彈集十二卷續集三卷 （清）杜詔 （清）杜庭珠輯　清刻本　七冊

330000－1741－0009957　善 4/619　集部/總集類/選集之屬/斷代

唐詩所四十七卷 （明）臧懋循輯　明萬曆刻本　四十冊

330000－1741－0009958　綫補 3/404　史部/傳記類/別傳之屬

張文襄公大事記一卷 清宣統元年（1909）石印本　一冊

330000－1741－0009960　善 4/613　集部/曲類/散曲之屬

白雪齋選訂樂府吳騷合編四卷 （明）張楚叔 （明）張旭初輯　**衡曲塵譚一卷** （明）張楚叔撰　**魏良輔曲律一卷** （明）魏良輔撰　明崇禎十年（1637）張師齡刻本　十二冊

330000－1741－0009962　綫補 3/409　類叢部/叢書類/彙編之屬

勵志齋叢書 （清）陸錫熊 （清）紀昀等編 清刻本　三冊　存二種

330000－1741－0009963　綫補 3/405　類叢部/叢書類/彙編之屬

碧琳琅館叢書四十四種 （清）方功惠編　清光緒巴陵方氏廣東刻宣統元年（1909）印本 一冊　存一種

330000－1741－0009965　善 4/621　集部/總集類/選集之屬/通代

詩歸五十一卷 （明）鍾惺 （明）譚元春輯 明萬曆刻本　六冊　存一種

330000－1741－0009966　綫補 3/412　類叢部/叢書類/郡邑之屬

湖北叢書三十種 （清）趙尚輔編　清光緒十七年（1891）三餘草堂刻本　八冊　存一種

330000－1741－0009967　善 4/622A/C1　集部/總集類/選集之屬/斷代

中晚唐詩叩彈集十二卷續集三卷 （清）杜詔 （清）杜庭珠輯　清康熙四十三年（1704）采山亭刻本　五冊

330000－1741－0009968　善 4/625　集部/總集類/選集之屬/斷代

唐賢三昧集三卷 （清）王士禛輯　清康熙刻本　三冊

330000－1741－0009969　綫補 3/413、綫補 2/162　史部/金石類/石之屬/通考

匋齋臧石記四十四卷首一卷臧甎記二卷 （清）端方輯　清宣統元年（1909）上海商務印書館石印本　十二冊

330000－1741－0009970　善 4/621A　集部/總集類/選集之屬/通代

刪訂唐詩解二十四卷 （明）唐汝詢輯 （清）吳昌祺評　清康熙四十年（1701）誦懿堂刻本　六冊

330000－1741－0009971　綫補 3/417　類叢部/叢書類/自著之屬

楊仁山居士遺著十三種 （清）楊文會撰　清光緒至民國金陵刻經處刻本　十冊　存一種

330000－1741－0009972　綫補 3/414　類叢部/叢書類/自著之屬

甌北全集八種 （清）趙翼撰　清乾隆至嘉慶湛貽堂刻本　十二冊　存一種

330000－1741－0009973　善 4/626B　集部/總集類/選集之屬/斷代

唐三體詩六卷 （宋）周弼輯 （清）高士奇補注 **續唐三體詩八卷** （清）高士奇輯　清康熙高士奇朗潤堂刻本　八冊

330000－1741－0009975　善 4/623A　集部/總集類/選集之屬/斷代

唐人萬首絕句選七卷 （清）王士禛輯 清抄
本 一冊 存四卷（一至四）

330000－1741－0009976 綫086.22/89.72
類叢部/叢書類/郡邑之屬

貴池先哲遺書（唐石簃叢書、唐石簃彙刻貴池
先哲遺書）十七種附刻一種續刊一種附一種
劉世珩編 清光緒二十四年至民國九年
（1898－1920）貴池劉氏唐石簃刻民國十五年
（1926）續刻彙印本 六十四冊

330000－1741－0009977 善4/629 集部/總
集類/郡邑之屬

永嘉四靈詩□□卷 清抄本 清孫詒讓跋
一冊 存四卷（一至四）

330000－1741－0009978 綫補3/398：1 經
部/周禮類/傳說之屬

九旗古義述一卷 （清）孫詒讓撰 清光緒二
十八年（1902）瑞安孫氏刻本 一冊

330000－1741－0009979 善4/627/C1 集
部/總集類/選集之屬/斷代

重訂唐詩別裁集二十卷 （清）沈德潛輯 清
乾隆二十八年（1763）教忠堂刻本 五冊

330000－1741－0009980 善4/626A 集部/
總集類/選集之屬/斷代

山滿樓箋註唐詩七言律六卷 （清）趙臣瑗輯
清山滿樓刻本 六冊

330000－1741－0009981 善4/620 集部/總
集類/選集之屬/斷代

唐詩三集合編七十四卷首一卷 （明）沈子來
輯 明天啓四年（1624）吳興沈氏寧遠山房刻
本 十六冊

330000－1741－0009984 綫補3/398：2 經
部/周禮類/傳說之屬

九旗古義述一卷 （清）孫詒讓撰 清光緒二
十八年（1902）瑞安孫氏刻本 一冊

330000－1741－0009985 綫補2/287 史部/
地理類/方志之屬/郡縣志

［康熙］盧州府志四十七卷 （清）張純修修
（清）顧梁汾纂 清康熙三十五年（1696）刻本

六冊 存二十五卷（八至二十五、三十七至
四十三）

330000－1741－0009986 綫補3/416 集部/
詩文評類/詩評之屬

對牀夜語五卷 （宋）范晞文撰 清光緒二十
三年（1897）錢塘丁氏八千卷樓刻朱印本
一冊

330000－1741－0009987 綫補3/418 類叢
部/叢書類/自著之屬

竹柏山房十五種附刻八種 （清）林春溥撰
清嘉慶至咸豐竹柏山房刻本 一冊 存二種

330000－1741－0009988 綫補3/398：3 經
部/周禮類/傳說之屬

九旗古義述一卷 （清）孫詒讓撰 清光緒二
十八年（1902）瑞安孫氏刻本 一冊

330000－1741－0009989 綫補3/419 子部/
叢編

二十二子（二十二子彙函） （清）浙江書局編
清光緒元年至三年（1875－1877）浙江書局
刻本 一冊 存一種

330000－1741－0009991 綫補3/423 子部/
雜著類/雜纂之屬

玉芝堂談薈三十六卷 （明）徐應秋輯 明崇
禎刻清康熙四十二年（1703）、乾隆三十八年
（1773）遞修本 二十七冊 缺十五卷（十四
至二十、二十九至三十六）

330000－1741－0009994 綫補3/426 子部/
天文曆算類/算書之屬

九數通考十一卷首一卷末一卷 （清）屈曾發
撰 清乾隆三十七年（1772）豫簪堂刻同治十
一年（1872）屈承幹補刻本 六冊

330000－1741－0009995 綫補3/420 子部/
墨家類

墨子閒詁十五卷目錄一卷附錄一卷後語二卷
（清）孫詒讓撰 清宣統二年（1910）瑞安孫
氏刻本 八冊

330000－1741－0009996 綫補3/427 史部/
傳記類/總傳之屬/儒林

孔子門人考一卷補遺一卷存疑一卷正誤一卷
（清）費崇朱撰　清光緒二十二年（1896）長
洲江氏刻本　一冊

330000－1741－0009997　綫086.25/4995
類叢部/叢書類/郡邑之屬

湖北叢書三十種　（清）趙尚輔編　清光緒十
七年（1891）三餘草堂刻本　一百冊

330000－1741－0009998　善4/639　集部/總
集類/選集之屬/斷代

明詩別裁集十二卷　（清）沈德潛　（清）周準
輯　清乾隆四年（1739）刻本　三冊

330000－1741－0010000　綫補3/429　類叢
部/叢書類/彙編之屬

式訓堂叢書四十一種　（清）章壽康編　清光
緒會稽章氏刻本　一冊　存一種

330000－1741－0010001　善4/639A　集部/
總集類/選集之屬/斷代

欽定國朝詩別裁集三十二卷　（清）沈德潛纂
評　清乾隆二十六年（1761）刻本　十冊

330000－1741－0010003　綫補3/431　類叢
部/叢書類/彙編之屬

平津館叢書六集三十五種　（清）孫星衍編
清嘉慶蘭陵孫氏刻本　一冊　存一種

330000－1741－0010004　綫086.25/4995：1
類叢部/叢書類/郡邑之屬

湖北叢書三十種　（清）趙尚輔編　清光緒十
七年（1891）三餘草堂刻本　一百冊

330000－1741－0010005　綫補3/398：4　經
部/周禮類/傳說之屬

九旗古義述一卷　（清）孫詒讓撰　清光緒二
十八年（1902）瑞安孫氏刻本　一冊

330000－1741－0010007　綫補3/398：5　經
部/周禮類/傳說之屬

九旗古義述一卷　（清）孫詒讓撰　清光緒二
十八年（1902）瑞安孫氏刻本　一冊

330000－1741－0010008　善4/639A/C1　集
部/總集類/選集之屬/斷代

欽定國朝詩別裁集三十二卷　（清）沈德潛纂
評　清乾隆二十六年（1761）刻本　十二冊

330000－1741－0010009　綫補3/398：6　經
部/周禮類/傳說之屬

九旗古義述一卷　（清）孫詒讓撰　清光緒二
十八年（1902）瑞安孫氏刻本　一冊

330000－1741－0010010　綫086.25/4995：2
類叢部/叢書類/郡邑之屬

湖北叢書三十種　（清）趙尚輔編　清光緒十
七年（1891）三餘草堂刻本　一百冊

330000－1741－0010012　綫補3/437　類叢
部/叢書類/彙編之屬

觀古堂彙刻書　葉德輝編　清光緒至民國長
沙葉氏刻本　一冊　存四種

330000－1741－0010013　綫補3/436　集部/
總集類/氏族之屬

海鹽張氏涉園叢刻七種　張元濟輯　清宣統
三年（1911）海鹽張氏鉛印本　三冊　存一種

330000－1741－0010014　綫補3/438　類叢
部/叢書類/彙編之屬

靈鶼閣叢書五十六種　（清）江標編　清光緒
元和江氏湖南使院刻本　一冊　存二種

330000－1741－0010015　善4/627　集部/總
集類/選集之屬/斷代

重訂唐詩別裁集二十卷　（清）沈德潛輯　清
乾隆二十八年（1763）教忠堂刻本　佚名過錄
清朱琰批跋　十二冊

330000－1741－0010016　善4/626　集部/總
集類/選集之屬/斷代

唐七律選四卷　（清）王錫等輯　（清）毛奇齡
訂　清學者堂刻本　二冊

330000－1741－0010018　善4/639B　集部/
總集類/選集之屬/斷代

感舊集十六卷　（清）王士禛輯　（清）盧見曾
補傳　清乾隆十七年（1752）德州盧氏刻本
二十四冊

330000－1741－0010020　善4/626/C1　集

部/總集類/選集之屬/斷代

唐七律選四卷 （清）王錫等輯 （清）毛奇齡
訂 清康熙刻本 一冊

330000－1741－0010021 綫補3/439 子部/
法家類

韓非子集解二十卷首一卷 （清）王先慎撰
清光緒二十二年(1896)刻本 六冊

330000－1741－0010022 綫補3/374：1 集
部/小說類/長篇之屬

後西遊記四十回 （清）天花才子評點 清刻
本 一冊 存三回(三十五至三十七)

330000－1741－0010023 綫補3/441 子部/
儒家類/儒學之屬/經濟

中說十卷 題(隋)王通撰 （宋）阮逸注 清
光緒十六年(1890)貴陽陳氏影宋刻本 一冊
存五卷(一至五)

330000－1741－0010024 善4/624 集部/總
集類/選集之屬/斷代

全唐詩九百卷目錄十二卷 （清）曹寅 （清）
彭定求等輯 清康熙四十四年至四十六年
(1705－1707)揚州詩局刻本 一百二十冊

330000－1741－0010026 善4/638 集部/總
集類/選集之屬/斷代

**列朝詩集乾集二卷甲集前編十一卷甲集二十
二卷乙集八卷丙集十六卷丁集十六卷閏集六
卷** （清）錢謙益輯 清順治九年(1652)毛氏
汲古閣刻本 三十二冊

330000－1741－0010028 綫補3/440 子部/
叢編

二十二子(二十二子彙函) （清）浙江書局編
清光緒元年至三年(1875－1877)浙江書局
刻本 四冊 存一種

330000－1741－0010029 綫補3/374：2 集
部/小說類/長篇之屬

後西遊記四十回 （清）天花才子評點 清刻
本 一冊 存五回(十四至十八)

330000－1741－0010030 綫補3/398：7 經
部/周禮類/傳說之屬

九旗古義述一卷 （清）孫詒讓撰 清光緒二
十八年(1902)瑞安孫氏刻本 一冊

330000－1741－0010031 綫補3/444 類叢
部/叢書類/彙編之屬

粵雅堂叢書一百八十五種 （清）伍崇曜編
清道光二十九年至光緒十一年(1849－1885)
南海伍氏刻彙印本 三冊 存一種

330000－1741－0010032 善4/627A 集部/
總集類/選集之屬/斷代

唐體餘編四卷 （清）毛張健編 清抄本
一冊

330000－1741－0010034 善4/627B 集部/
總集類/選集之屬/斷代

網師園唐詩箋十八卷 （清）宋宗元輯 清乾
隆三十二年(1767)尚絅堂刻本 十冊

330000－1741－0010037 綫補3/454 類叢
部/叢書類/彙編之屬

**申報館叢書正集五十七種附錄三種續集一百
四十二種** （清）尊聞閣主編 蔡爾康編續集
清同治至光緒申報館鉛印本 一冊 存
一種

330000－1741－0010038 綫補3/398：8 經
部/周禮類/傳說之屬

九旗古義述一卷 （清）孫詒讓撰 清光緒二
十八年(1902)瑞安孫氏刻本 一冊

330000－1741－0010039 善4/630 集部/總
集類/彙編之屬

詩詞雜俎十二種 （明）毛晉輯 明天啓至崇
禎海虞毛氏汲古閣刻本 一冊 存一種

330000－1741－0010042 善4/639C 集部/
總集類/選集之屬/斷代

國朝詩別裁集三十六卷 （清）沈德潛輯並評
清乾隆二十四年(1759)刻本 十二冊

330000－1741－0010043 綫補3/398：9 經
部/周禮類/傳說之屬

九旗古義述一卷 （清）孫詒讓撰 清光緒二
十八年(1902)瑞安孫氏刻本 一冊

330000－1741－0010044　綫補 3/452、綫補 3/463、綫補 3/453、綫補 856.678/4412　類叢部/叢書類/自著之屬

曾文正公四種　（清）曾國藩撰　清光緒三十一年至三十二年(1905－1906)上海商務印書館鉛印本　六冊　存十五卷(家書三至十、大事記一至四、家訓一至二、曾文正公榮哀錄)

330000－1741－0010045　善 4/643　集部/總集類/選集之屬/斷代

西漢文鑑二十一卷東漢文鑑二十卷　（宋）陳鑒輯　明刻本　八冊

330000－1741－0010046　善 4/640　類叢部/叢書類/彙編之屬

滂喜齋叢書五十種　（清）潘祖蔭編　清同治至光緒吳縣潘氏京師刻本　二冊　存一種

330000－1741－0010047　綫補 3/462　史部/目錄類/總錄之屬/私撰

書目答問五卷別錄一卷國朝著述諸家姓名略一卷　（清）張之洞撰　清光緒四年(1878)四明味海閣刻本　四冊

330000－1741－0010049　綫補 3/398：10　經部/周禮類/傳說之屬

九旗古義述一卷　（清）孫詒讓撰　清光緒二十八年(1902)瑞安孫氏刻本　一冊

330000－1741－0010050　綫補 3/458　子部/雜著類/雜考之屬

無邪堂答問五卷　（清）朱一新撰　清光緒二十二年(1896)上海鴻寶齋石印本　五冊

330000－1741－0010051　綫補 3/398：11　經部/周禮類/傳說之屬

九旗古義述一卷　（清）孫詒讓撰　清光緒二十八年(1902)瑞安孫氏刻本　一冊

330000－1741－0010052　善 4/644　集部/總集類

西漢文苑十卷　（明）申用嘉輯　明萬曆二十八年(1600)寶綸堂刻本　六冊

330000－1741－0010053　綫補 3/398：12　經部/周禮類/傳說之屬

九旗古義述一卷　（清）孫詒讓撰　清光緒二十八年(1902)瑞安孫氏刻本　一冊

330000－1741－0010054　綫補 3/449　類叢部/類書類/專類之屬

佩文韻府一百六卷　（清）張玉書　（清）蔡升元等輯　**韻府拾遺一百六卷**　（清）汪灝（清）何焯等輯　清光緒二十一年(1895)上海點石齋石印本　六冊　存三十三卷(佩文韻府一至六、十至二十、六十九至八十一、一百至一百二)

330000－1741－0010055　善 4/641　集部/總集類/選集之屬/斷代

國朝閨秀香咳集十卷附錄一卷　（清）許夔臣輯　清嘉慶九年(1804)稿本　姜亮夫題記四冊

330000－1741－0010057　綫補 3/460　類叢部/叢書類/彙編之屬

融經館叢書十一種　（清）徐友蘭編　清光緒六年至十一年(1880－1885)會稽徐氏八杉齋刻本　□懋盦題記　四冊　存一種

330000－1741－0010058　綫補 3/398：13　經部/周禮類/傳說之屬

九旗古義述一卷　（清）孫詒讓撰　清光緒二十八年(1902)瑞安孫氏刻本　一冊

330000－1741－0010059　綫補 3/459　子部/雜著類/雜考之屬

東塾讀書記十五卷　（清）陳澧撰　清光緒二十四年(1898)上海江左書林刻本　四冊

330000－1741－0010060　綫補 3/468　子部/醫家類/方書之屬/單方驗方

驗方新編二十四卷　（清）鮑相璈輯　清光緒刻本　十冊　存十三卷(九至十、十二至十六、十八至二十三)

330000－1741－0010061　綫補 3/466　子部/醫家類/綜合之屬/合刻、合抄

景岳全書六十四卷　（明）張介賓撰　清刻本　八冊　存二十二卷(二十六至四十七)

330000－1741－0010062　綫補 3/398：14　經

部/周禮類/傳說之屬

九旗古義述一卷 (清)孫詒讓撰 清光緒二十八年(1902)瑞安孫氏刻本 一冊

330000－1741－0010063 綫補3/470 子部/小說家類/異聞之屬

坐花誌果八卷 (清)汪道鼎撰 清光緒八年(1882)越州徐氏刻本 一冊 存四卷(一至四)

330000－1741－0010064 綫補3/472 子部/叢編

子書二十五種 (清)鴻文書局編 清育文書局石印本 六冊 存十三種

330000－1741－0010066 綫補3/469 集部/總集類/彙編之屬

小題指南初集不分卷二集不分卷三集不分卷 (清)吳次歐輯 清同治元年(1862)二希堂刻本 六冊

330000－1741－0010067 綫補3/398:15 經部/周禮類/傳說之屬

九旗古義述一卷 (清)孫詒讓撰 清光緒二十八年(1902)瑞安孫氏刻本 一冊

330000－1741－0010069 善4/646 集部/總集類/選集之屬/通代

文紀十四種 (明)梅鼎祚輯 明崇禎刻本 十冊 存一種

330000－1741－0010070 綫補3/398:16 經部/周禮類/傳說之屬

九旗古義述一卷 (清)孫詒讓撰 清光緒二十八年(1902)瑞安孫氏刻本 一冊

330000－1741－0010071 綫補3/398:17 經部/周禮類/傳說之屬

九旗古義述一卷 (清)孫詒讓撰 清光緒二十八年(1902)瑞安孫氏刻本 一冊

330000－1741－0010072 善4/632 集部/總集類/選集之屬/斷代

中州集十卷首一卷中州樂府一卷 (金)元好問輯 明末海虞毛氏汲古閣刻本 李梅題記 十冊

330000－1741－0010073 善4/651 集部/總集類/選集之屬/斷代

新雕宋朝文鑑一百五十卷目錄三卷 (宋)呂祖謙輯 明天順八年(1464)嚴州府刻弘治十七年(1504)胡韶重修嘉靖五年(1526)王文、聶淳保遞修本 四十冊 缺三卷(目錄一至三)

330000－1741－0010074 綫補3/398:18 經部/周禮類/傳說之屬

九旗古義述一卷 (清)孫詒讓撰 清光緒二十八年(1902)瑞安孫氏刻本 一冊

330000－1741－0010075 綫補3/398:19 經部/周禮類/傳說之屬

九旗古義述一卷 (清)孫詒讓撰 清光緒二十八年(1902)瑞安孫氏刻本 一冊

330000－1741－0010078 善4/656 集部/總集類/選集之屬/斷代

皇明文衡一百卷目錄二卷 (明)程敏政輯 明嘉靖八年(1529)宗文堂刻本 十六冊

330000－1741－0010079 綫補3/398:20 經部/周禮類/傳說之屬

九旗古義述一卷 (清)孫詒讓撰 清光緒二十八年(1902)瑞安孫氏刻本 一冊

330000－1741－0010080 綫補3/477 集部/小說類/短篇之屬

聊齋志異十六卷 (清)蒲松齡撰 (清)王士禛評 清大文堂刻本 八冊 存八卷(一至八)

330000－1741－0010081 綫補3/398:21 經部/周禮類/傳說之屬

九旗古義述一卷 (清)孫詒讓撰 清光緒二十八年(1902)瑞安孫氏刻本 一冊

330000－1741－0010082 綫補3/398:22 經部/周禮類/傳說之屬

九旗古義述一卷 (清)孫詒讓撰 清光緒二十八年(1902)瑞安孫氏刻本 一冊

330000－1741－0010084 善4/633 集部/總集類/選集之屬/斷代

中州集十卷首一卷中州樂府一卷　（金）元好
問輯　明末海虞毛氏汲古閣刻本　十一冊

330000－1741－0010087　綫補3/482　類叢
部/叢書類/彙編之屬

武英殿聚珍版書一百四十八種　清乾隆四十
二年（1777）福建刻道光至同治遞修光緒二十
一年（1895）增刻本　五冊　存一種

330000－1741－0010088　善4/657　集部/總
集類/尺牘之屬

國朝七名公尺牘八卷　（明）屠隆輯　明萬曆
三十一年（1603）新安項伯達文斐堂刻本　十
六冊

330000－1741－0010090　綫補3/479、綫補
3/480、綫補3/481　類叢部/叢書類/郡邑
之屬

江陰叢書三十二種　金武祥編　清光緒至宣
統江陰金氏粟香室嶺南刻本　十二冊　存
一種

330000－1741－0010091　善4/647　集部/總
集類/選集之屬/斷代

重校正唐文粹一百卷　（宋）姚鉉輯　明嘉靖
三年（1524）姑蘇徐焴刻本　二十冊

330000－1741－0010094　綫補3/488　子部/
叢編

二十二子（二十二子彙函）　（清）浙江書局編
　清光緒元年至三年（1875－1877）浙江書局
刻本　二冊　存一種

330000－1741－0010095　綫補3/544　類叢
部/叢書類/自著之屬

曾文正公全集十六種　（清）曾國藩撰　清光
緒十四年（1888）上海鴻文書局鉛印本　十二
冊　存五種

330000－1741－0010096　綫補3/491　類叢
部/叢書類/自著之屬

二思堂叢書六種　（清）梁章鉅撰　清同治十
二年至光緒元年（1873－1875）福州梁氏刻本
　二冊　存一種

330000－1741－0010097　善4/652　集部/總

集類/選集之屬/通代

新刊群公五先生手簡六卷　（明）徐傅增輯
清抄本　一冊

330000－1741－0010098　綫補3/483　類叢
部/叢書類/自著之屬

春在堂全書（德清俞蔭甫所著書）三十六種
（清）俞樾撰　清同治至光緒刻光緒末彙印本
　五冊　存二種

330000－1741－0010101　善4/649　集部/總
集類/選集之屬/斷代

唐文薈鈔十八卷續鈔八卷　（清）吳鍾駿輯
清道光稿本　丁福保　姜亮夫題記　清何紹
基題辭並校　十一冊　缺二卷（十五至十六）

330000－1741－0010103　綫補5/001　類叢
部/叢書類/彙編之屬

半厂叢書初編十種　（清）譚獻編　清同治至
光緒仁和譚氏刻本　二十冊

330000－1741－0010105　善4/654　集部/總
集類/選集之屬/斷代

元文類七十卷目錄三卷　（元）蘇天爵輯　明
嘉靖十六年（1537）晉藩虛益堂刻遞修本　二
十冊

330000－1741－0010106　善4/634　集部/總
集類/彙編之屬

詩詞雜俎十二種　（明）毛晉輯　明天啓至崇
禎海虞毛氏汲古閣刻本　一冊　存一種

330000－1741－0010109　綫補3/493　史部/
雜史類/斷代之屬

國語國策合註　（三國吳）韋昭註　（宋）鮑彪
註　清聚盛堂刻本　一冊　存五卷（國語一
至五）

330000－1741－0010111　善4/655　集部/總
集類/選集之屬/斷代

忠義集七卷　（元）趙景良輯　明末海虞毛氏
汲古閣刻本　清康綸鈞題記　一冊

330000－1741－0010112　善4/635　集部/總
集類/選集之屬/斷代

皇元風雅前集六卷後集六卷　（元）傅習

（元）孫吾存輯　　（元）虞集校選　元刻本
六冊

330000－1741－0010113　　綫補3/498　類叢
部/叢書類/彙編之屬

武英殿聚珍版書一百三十八種　清乾隆武英
殿木活字印本　一冊　存一種

330000－1741－0010115　　綫補3/503　子部/
雜著類/雜考之屬

東塾讀書記二十五卷　（清）陳澧撰　清光緒
刻本（卷十三至十四、十七至二十、二十二至
二十五原缺）　齊兆昌批並題記　四冊　缺
二卷（十六、二十一）

330000－1741－0010116　　綫補3/503：1　子
部/雜著類/雜考之屬

東塾讀書記二十五卷　（清）陳澧撰　清光緒
刻本（卷十四、十七至二十、二十二至二十五
原缺）　一冊　存一卷（十三）

330000－1741－0010117　　綫補3/505　子部/
墨家類

墨商三卷補遺一卷　王景羲撰　清宣統二年
（1910）刻本　二冊

330000－1741－0010119　　綫補3/512　子部/
儒家類/儒家之屬

荀子集解二十卷首一卷　（唐）楊倞注　王先
謙集解　清光緒十七年（1891）長沙王氏思賢
講舍刻本　六冊

330000－1741－0010120　　善4/648　集部/總
集類/選集之屬/斷代

唐文粹一百卷　（宋）姚鉉輯　明嘉靖八年
（1529）晉府養德書院刻本（卷四十一至四十
五、九十一至九十五補配明嘉靖三年徐焴刻
本）　四十冊

330000－1741－0010121　　綫補3/489　子部/
叢編

二十二子（二十二子彙函）　（清）浙江書局編
　清光緒元年至三年（1875－1877）浙江書局
刻本　一冊　存一種

330000－1741－0010122　　善4/642　集部/總

集類/題詠之屬

蕉陰問字圖題詞一卷　（清）許震蕃輯　清同
治十年（1871）許震蕃抄本　清汪人驥題簽
清許震蕃題記　一冊

330000－1741－0010124　　綫補3/506　子部/
宗教類/其他宗教之屬/基督教

教務紀略四卷首一卷　（清）李剛己輯　（清）
魏家驊等修訂　附錄新約節存一卷　周馥輯
　清光緒三十一年（1905）南洋官報局刻本
五冊

330000－1741－0010125　　綫補3/503：2　子
部/雜著類/雜考之屬

東塾讀書記二十五卷　（清）陳澧撰　清光緒
刻本（卷十三至十四、十七至二十、二十二至
二十五原缺）　一冊

330000－1741－0010126　　善4/645　集部/總
集類/選集之屬/斷代

西漢文二十卷東漢文二十卷　（明）張采輯
明崇禎金閶委宛齋刻本　十冊　存十卷（東
漢文一至十）

330000－1741－0010127　　綫補3/514　類叢
部/叢書類/彙編之屬

思賢書局刊書十九種　（清）思賢書局編　清
光緒至宣統思賢書局刻本　二冊　存一種

330000－1741－0010130　　善4/650　集部/總
集類/選集之屬/斷代

宋文鑑一百五十卷目錄三卷　（宋）呂祖謙輯
　明嘉靖八年（1529）晉藩養德書院刻本（卷
六十五至七十二、八十至八十八、九十七至一
百五、一百十三至一百二十、一百三十六至一
百四十三配抄本）　三十二冊

330000－1741－0010131　　綫補3/507　經部/
叢編

蜚雲閣凌氏叢書六種　（清）凌曙撰　清嘉慶
至道光江都凌氏蜚雲閣刻本　二冊　存一種

330000－1741－0010133　　善4/659　集部/詞
類/總集之屬

絕妙好詞七卷　（宋）周密輯　清康熙二十四

年(1685)柯煜刻三十七年(1698)高士奇清吟堂補刻小瓶廬印本　馬敘倫題記　四冊

330000－1741－0010135　善 4/648A　集部/總集類/選集之屬/斷代

高氏三宴詩集三卷　（唐）高正臣輯　**香山九老詩一卷**　（唐）白居易輯　清抄本　一冊

330000－1741－0010136　綫補 3/518　集部/別集類/明別集

王文成公全集十六卷目錄二卷　（明）王守仁撰　清道光六年(1826)湖南湘潭王文德刻本　一冊　存三卷(年譜上、目錄一至二)

330000－1741－0010137　綫補 3/517、綫補 1/081　子部/雜著類/雜考之屬

讀書雜志八十二卷餘編二卷　（清）王念孫撰　清同治九年(1870)金陵書局刻本　十二冊　存四十一卷(漢書雜志八至十六,管子雜志十二卷,晏子春秋雜志二卷,墨子雜志六卷,荀子雜志八卷,補遺一卷,淮南內篇雜志一至三)

330000－1741－0010140　綫補 3/521　類叢部/叢書類/自著之屬

千一齋全書　程先甲撰　清光緒至民國江寧程氏千一齋刻本　一冊　存一種

330000－1741－0010141　綫補 3/520　子部/宗教類/佛教之屬

一夢漫言二卷　（清）釋獨體撰　清光緒五年(1879)華山律堂刻本　一冊

330000－1741－0010142　善 4/666　集部/總集類/郡邑之屬

慎江文徵六十一卷　（清）周天錫輯　清同治八年(1869)孫詒讓述舊齋抄本　清孫詒讓題記　十二冊

330000－1741－0010143　綫補 3/519　子部/醫家類/婦科之屬/產科

產科不分卷圖一卷　（英國）蜜爾纂　（清）舒高第口譯　（清）鄭昌棪筆述　清江南機器製造總局鉛印本　一冊　存產科第一至八十葉

330000－1741－0010144　善 4/663A　集部/

總集類/郡邑之屬

越風三十卷　（清）商盤輯　清乾隆三十七年(1772)王大治刻嘉慶十六年(1811)徐氏重修本　十冊

330000－1741－0010145　綫補 3/380：1　經部/小學類/訓詁之屬/方言

越諺三卷越諺賸語二卷　（清）范寅輯　清光緒八年(1882)谷應山房刻本　一冊

330000－1741－0010149　善 4/667　集部/總集類/題詠之屬

西湖麗句一卷　清抄本　二冊

330000－1741－0010150　善 4/661　集部/總集類/郡邑之屬

玉山名勝集二卷　（元）顧瑛輯　清乾隆彭氏知聖道齋抄本　二冊

330000－1741－0010152　綫補 2/185、綫補 3/547　史部/傳記類/總傳之屬/歷代

歷代名賢齒譜九卷歷代名媛齒譜三卷　（清）易宗涒輯　清雍正三年(1725)賜書堂刻乾隆六十年(1795)補刻本　十二冊

330000－1741－0010153　綫補 3/557　史部/目錄類/總錄之屬/彙刻

彙刻書目二十卷　（清）顧修輯　（清）朱學勤補　清光緒十二年至十五年(1886－1889)上海福瀛書局刻本　十九冊　缺一卷(三)

330000－1741－0010154　善 4/662　集部/總集類/郡邑之屬

玉山名勝外集一卷　（元）顧瑛輯　清抄本　一冊

330000－1741－0010155　善 4/668　集部/總集類/氏族之屬

義谿世稿十二卷　（明）李堅輯　（明）丁瑞春續輯　明萬曆三年(1575)刻本　八冊

330000－1741－0010157　綫補 3/386　子部/叢編

二十二子(二十二子彙函)　（清）浙江書局編　清光緒元年至三年(1875－1877)浙江書局刻本　一冊　存一種

330000－1741－0010158　綫補 5/005　類叢部/叢書類/彙編之屬

海山仙館叢書五十六種　（清）潘仕成編　清道光二十五年至咸豐元年(1845－1851)番禺潘氏刻光緒十一年(1885)增刻彙印本　六冊　存一種

330000－1741－0010160　綫補 3/386：1　子部/叢編

二十二子(二十二子彙函)　（清）浙江書局編　清光緒元年至三年(1875－1877)浙江書局刻本　一冊　存一種

330000－1741－0010162　綫補 3/550　子部/雜著類/雜考之屬

日知錄集釋三十二卷刊誤二卷續刊誤二卷　黃汝成譔　清同治八年(1869)廣州述古堂刻本　四冊

330000－1741－0010163　綫補 1/011、綫補 3/552　子部/儒家類/儒學之屬/性理

淵鑒齋御纂朱子全書六十六卷　（宋）朱熹撰　（清）李光地等輯　清刻本　二十四冊

330000－1741－0010164　綫補 3/551　子部/儒家類/儒學之屬/性理

淵鑒齋御纂朱子全書六十六卷　（宋）朱熹撰　（清）李光地等輯　清康熙五十三年(1714)武英殿刻本　三十六冊

330000－1741－0010165　綫補 2/080　史部/地理類/方志之屬/郡縣志

[光緒]諸暨縣志六十一卷　陳遹聲修　（清）蔣鴻藻纂　清宣統二年(1910)刻本　退齋老人題記　十八冊

330000－1741－0010166　綫補 2/084　類叢部/叢書類/彙編之屬

螺樹山房叢書五種　（清）龍裕光編　清光緒順德龍氏刻本　四冊　存一種

330000－1741－0010167　善 4/664　集部/總集類/郡邑之屬

全蜀秇文志六十四卷　（明）楊慎輯　**補續全蜀秇文志五十六卷**　（明）杜應芳　（明）胡承

詔輯　明萬曆刻本　四十冊

330000－1741－0010168　綫補 2/082　史部/傳記類/總傳之屬/郡邑

有明於越三不朽名賢圖贊一卷　（清）張岱撰　清光緒十四年(1888)山陰陳錦刻本　一冊

330000－1741－0010169　綫補 2/085　史部/地理類/雜志之屬

六朝事迹編類十四卷　（宋）張敦頤撰　清光緒十三年(1887)李濱寶章閣刻本　二冊

330000－1741－0010170　綫補 5/006、綫補 1/048、綫補 802.24/4480　經部/小學類/文字之屬/說文

許學叢書十四種　張炳翔輯　清光緒長洲張炳翔儀鄦廬刻本　二十四冊

330000－1741－0010171　綫補 2/081　史部/地理類/方志之屬/郡縣志

[光緒]餘姚縣志二十七卷首一卷末一卷　（清）周炳麟修　（清）邵友濂　（清）孫德祖纂　清光緒二十五年(1899)刻本　十六冊

330000－1741－0010172　善 4/660　集部/詞類/總集之屬

絕妙好詞箋七卷　（宋）周密輯　（清）查爲仁　（清）厲鶚箋　清乾隆十五年(1750)宛平查氏澹宜書屋刻本　清沈棠臣批　四冊

330000－1741－0010173　綫補 2/086　史部/傳記類/別傳之屬/年譜

朱子[熹]年譜四卷考異四卷　（清）王懋竑撰　**朱子論學切要語二卷**　（清）王懋竑輯　清乾隆十七年(1752)寶應王氏白田草堂刻清末浙江書局補刻本　四冊

330000－1741－0010174　善 4/670　集部/詩文評類/文評之屬

楊升菴先生批點文心雕龍十卷　（南朝梁）劉勰撰　（明）楊慎批點　（明）梅慶生音注　明萬曆三十七年(1609)梅慶生刻天啓二年(1622)金陵陳長卿聚錦堂重修本　四冊

330000－1741－0010175　善 4/671　集部/詩文評類/文評之屬

楊升菴先生批點文心雕龍十卷 （南朝梁）劉
勰撰 （明）楊慎批點 （明）梅慶生音注 清
康熙三十四年(1695)抱青閣刻本 葉德輝題
記 二冊

330000－1741－0010176 善4/657A 集部/
總集類/選集之屬/斷代
禁林集八卷 （清）杭世駿輯 清乾隆二十三
年(1758)刻本 四冊

330000－1741－0010177 善4/640A 集部/
總集類/選集之屬/斷代
國朝六家詩鈔八卷 （清）劉執玉選編 清乾
隆三十二年(1767)劉執玉詁燕樓刻本 八冊

330000－1741－0010178 綫補2/089 史部/
金石類/石之屬/通考
語石十卷 葉昌熾撰 清宣統元年(1909)刻
本 四冊

330000－1741－0010179 綫補2/088 子部/
儒家類/儒學之屬
漢儒通義七卷 （清）陳澧輯 清咸豐八年
(1858)番禺陳氏刻番禺陳氏東塾叢書本 屈
燨題記 二冊

330000－1741－0010180 善4/657B 集部/
總集類/選集之屬/斷代
明文鈔六編 （清）高嵣輯 清乾隆五十一年
(1786)刻本 十六冊

330000－1741－0010181 善4/660A 集部/
詞類/總集之屬
昭代詞選三十八卷 （清）蔣重光輯 清乾隆
三十二年(1767)洞簫樓刻本 十六冊

330000－1741－0010182 綫補2/091 史部/
雜史類/斷代之屬
國語二十一卷 （三國吳）韋昭注 校刊明道
本韋氏解國語札記一卷 （清）黃丕烈撰 國
語明道本攷異四卷 （清）汪遠孫撰 清同治
八年(1869)湖北崇文書局刻本 五冊

330000－1741－0010184 善4/672 集部/詩
文評類/文評之屬
文心雕龍十卷 （南朝梁）劉勰撰 （清）黃叔

琳輯注 清乾隆六年(1741)黃氏養素堂刻本
清孫詒讓跋 二冊

330000－1741－0010186 善4/673 集部/詩
文評類/文評之屬
文心雕龍十卷 （南朝梁）劉勰撰 （清）黃叔
琳輯注 清乾隆六年(1741)黃氏養素堂刻本
屈燨批 二冊

330000－1741－0010187 善4/675A 集部/
詩文評類/詩評之屬
柳亭詩話三十卷 （清）宋長白撰 清康熙天
茁園刻本 十六冊

330000－1741－0010188 善4/673B 集部/
詩文評類/文評之屬
文心雕龍十卷 （南朝梁）劉勰撰 （清）黃叔
琳輯注 清乾隆六年(1741)黃氏養素堂刻本
四冊

330000－1741－0010189 綫補2/098、綫補
2/102 史部/地理類/方志之屬/郡縣志
[道光]武進陽湖縣合志三十六卷首一卷
（清）孫琬 （清）王德茂修 （清）李兆洛
（清）周儀暐纂 [光緒]武陽志餘十二卷首一
卷 （清）莊毓鋐 （清）陸鼎翰纂修 武陽團
練紀實二卷 （清）莊毓鋐輯 （清）薛紹元纂
清光緒十二年(1886)、十四年(1888)木活
字印本 三十冊 存三十七卷(武進陽湖縣
合志首、一至三十六)

330000－1741－0010190 綫補2/093、綫補
2/094、綫補2/246、綫補2/250 類叢部/叢書
類/彙編之屬
槐廬叢書四十六種 （清）朱記榮編 清光緒
三年至十五年(1877－1889)吳縣朱氏槐廬家
塾刻本 七冊 存五種

330000－1741－0010192 綫補2/092 史部/
傳記類/總傳之屬/斷代
文獻徵存錄十卷 （清）錢林輯 （清）王藻編
清咸豐八年(1858)有嘉樹軒刻本 十冊

330000－1741－0010194 善4/660Z 集部/
詞類/總集之屬

汪硯山集詞彙一卷 （清）汪鋆等撰 （清）吳丙湘輯 稿本 一冊

330000－1741－0010195 綫補2/095 類叢部/叢書類/彙編之屬

新斠平津館叢書十集三十四種 （清）孫星衍輯 清光緒十一年(1885)吳縣朱氏槐廬家塾刻本 六冊 存一種

330000－1741－0010198 綫補2/096 史部/地理類/方志之屬/郡縣志

[光緒]青田縣志十八卷首一卷 （清）雷銑修 （清）王棻纂 清光緒元年至二年(1875－1876)刻本 十三冊

330000－1741－0010200 綫補2/100 史部/地理類/方志之屬/郡縣志

[嘉慶]黎里志十六卷首一卷 （清）徐達源纂輯 清嘉慶十年(1805)吳江徐氏孚遠堂刻本 四冊

330000－1741－0010201 綫補2/101 史部/地理類/方志之屬/郡縣志

[光緒]黎里續志十六卷首一卷 （清）蔡丙圻纂 清光緒二十五年(1899)禊湖書院刻本 六冊

330000－1741－0010202 綫補2/104 史部/紀事本末類/通代之屬

繹史一百六十卷世系圖一卷年表一卷 （清）馬驌撰 清光緒三十年(1904)浙江書局刻本 五十冊

330000－1741－0010205 善4/674 集部/詩文評類/詩評之屬

詩人玉屑二十卷 （宋）魏慶之輯 明處順堂刻清初印本 四冊

330000－1741－0010206 綫補2/112 史部/史抄類

史記菁華錄六卷 （清）姚祖恩輯 清道光四年(1824)吳興姚氏扶荔山房刻朱墨套印本 六冊

330000－1741－0010209 善4/678 集部/詩文評類/詩評之屬

詩藪內編六卷外編六卷雜編六卷續編二卷 （明）胡應麟撰 明萬曆刻本 周善培題識 三冊

330000－1741－0010211 善4/668A 集部/總集類/氏族之屬

三蘇先生文粹七十卷 （宋）蘇洵等撰 明刻本 八冊

330000－1741－0010212 綫補2/114 類叢部/叢書類/彙編之屬

鐵琴銅劍樓叢書十三種 瞿啟甲編 清光緒至民國刻本暨影印本 十冊 存一種

330000－1741－0010214 善4/665 集部/總集類/郡邑之屬

宣城右集二十八卷 （明）湯賓尹輯 明天啓六年(1626)刻本 十二冊

330000－1741－0010215 綫補2/119、綫788.941/4241.1 史部/傳記類/總傳之屬/技藝

歷代畫史彙傳七十二卷首一卷總目三卷附錄二卷 （清）彭蘊璨輯 清光緒五年(1879)京都善成堂書鋪刻本 二十四冊

330000－1741－0010216 綫補2/115 子部/宗教類/佛教之屬/諸宗

指月錄三十二卷 （明）瞿汝稷輯 清同治十一年(1872)杭州昭慶寺慧空經房刻本 十冊

330000－1741－0010217 善4/678D 集部/詩文評類/詩評之屬

詩藪內編六卷外編六卷雜編六卷續編二卷 （明）胡應麟撰 清抄本 四冊 缺六卷(外編一至六)

330000－1741－0010218 善4/681 集部/詞類/詞譜之屬

詞譜四十卷 （清）王奕清等撰 清康熙五十四年(1715)內府刻朱墨套印本 三十九冊 缺一卷(三十八)

330000－1741－0010221 綫補2/122 史部/地理類/方志之屬/郡縣志

吳地記一卷 （唐）陸廣微撰 吳地記後集一

卷 （宋）□□輯 清同治十二年（1873）江蘇書局刻本 一冊

330000－1741－0010225 善4/678C 集部/詩文評類/詩評之屬

宋詩紀事一百卷 （清）厲鶚 （清）馬曰琯輯 清乾隆十一年（1746）厲氏樊榭山房刻本 二十四冊

330000－1741－0010227 綫補2/123 類叢部/叢書類/郡邑之屬

武林掌故叢編一百八十七種 （清）丁丙編 清光緒三年至二十六年（1877－1900）錢塘丁氏嘉惠堂刻本（乾道臨安志卷四至十五、南宋館閣錄卷一原缺） 四冊 存一種

330000－1741－0010229 善4/675B 類叢部/叢書類/自著之屬

周松靄先生遺書八種 （清）周春撰 清乾隆至嘉慶刻本 一冊 存二種

330000－1741－0010231 善4/680 集部/別集類/清別集

雅趣藏書不分卷 （清）錢書撰 清康熙四十二年（1703）崇文堂刻朱墨套印本 四冊

330000－1741－0010232 綫補2/126 史部/地理類

李氏五種合刊 （清）李兆洛撰 清光緒十四年（1888）掃葉山房刻本 十二冊

330000－1741－0010233 綫補5/015 類叢部/叢書類/輯佚之屬

二酉堂叢書（張氏叢書）二十一種 （清）張澍輯 清刻本 十冊 缺一種

330000－1741－0010234 善4/676 集部/詩文評類

新刻官板舉業巵言五卷首一卷 （明）武之望撰 （明）陸翀之輯 明萬曆二十七年（1599）繡谷周氏萬卷樓刻本 二冊 缺一卷（五）

330000－1741－0010235 綫補5/011 類叢部/叢書類/彙編之屬

漸學廬叢書第一集十五種 （清）胡祥鑅編 清光緒元和胡氏石印本 一冊 存三種

330000－1741－0010236 善4/683 集部/曲類/曲韻曲譜曲律之屬

一笠菴北詞廣正譜十八卷附南戲北詞正謬一卷 （明）徐廣卿撰 （清）鈕少雅樂句 （清）李玉更定 清康熙青蓮書屋刻文靖書院印本（卷十二至十三、十五原缺） 十冊

330000－1741－0010237 善4/678A 集部/詩文評類/詩評之屬

漁洋詩話三卷 （清）王士禛撰 清雍正三年（1725）刻本 一冊

330000－1741－0010239 綫補2/130 史部/傳記類/總傳之屬/郡邑

浙江忠義錄十卷表八卷又一卷續編二卷續表九卷 （清）浙江采訪忠義總局編 清同治六年（1867）浙江采訪忠義總局刻光緒元年（1875）續刻本 八冊 存十六卷（一至十、表一至六）

330000－1741－0010240 善4/682 集部/詞類/類編之屬

詞苑英華八種 （明）毛晉編 明末毛氏汲古閣刻本 四冊 存二種

330000－1741－0010241 綫補2/127 史部/金石類/郡邑之屬

兩浙金石志十八卷 （清）阮元撰 **兩浙金石志補遺一卷** （清）阮福撰 清光緒十六年（1890）浙江書局刻本 十二冊

330000－1741－0010242 綫補2/131 史部/目錄類/總錄之屬/史志

補晉書經籍志四卷 吳士鑑撰 清光緒二十一年（1895）刻本 一冊

330000－1741－0010243 善4/684 集部/曲類/曲韻曲譜曲律之屬

審音鑑古錄不分卷六十六折 清道光十四年（1834）東鄉王繼善刻本 十六冊

330000－1741－0010245 善4/677 集部/詩文評類/類編之屬

木石居精校八朝偶雋七卷 （明）蔣一葵撰 明木石居刻本 一冊

330000－1741－0010247　綫補 2/132　類叢部/叢書類/自著之屬

番禺陳氏東塾叢書初函四種附一種　（清）陳澧撰　清咸豐至光緒刻本　二冊　存二種

330000－1741－0010248　善 4/685A　集部/詞類/詞譜之屬

詞律二十卷　（清）萬樹撰　清康熙二十六年（1687）萬氏堆絮園刻掃葉山房印本　十二冊

330000－1741－0010250　綫補 2/128　史部/政書類/律令之屬/律例

欽定增修六部處分則例五十二卷　（清）文孚等修　（清）清平等纂　清同治十二年（1873）刻本　二十一冊　缺九卷（三十一至三十九）

330000－1741－0010251　綫補 2/129　史部/傳記類/總傳之屬/郡邑

浙江忠義錄十卷表八卷又一卷續編二卷續表九卷　（清）浙江采訪忠義總局編　清同治六年（1867）浙江采訪忠義總局刻光緒元年（1875）續刻本　三冊　存八卷（三至十）

330000－1741－0010252　善 4/690A　集部/曲類/曲藝之屬

道情一卷　（清）徐大椿撰　清抄本　一冊

330000－1741－0010253　善 4/678B　類叢部/叢書類/自著之屬

杭大宗七種叢書　（清）杭世駿撰　清乾隆杭賓仁羊城刻本　一冊　存一種

330000－1741－0010254　綫補 2/136　史部/金石類/金之屬/圖像

攀古廎彝器款識二卷　（清）潘祖蔭撰　清同治十一年（1872）京師潘氏滂喜齋刻本　二冊

330000－1741－0010255　綫補 5/016　類叢部/叢書類/彙編之屬

士禮居黃氏叢書十九種附四種　（清）黃丕烈編　清光緒十三年（1887）上海蜚英館據黃氏刻本影印本　三十二冊

330000－1741－0010256　善 4/695A　集部/曲類

醉華館閒情怡自編一卷　（清）探猍外史錄

清末抄本　一冊

330000－1741－0010257　善 4/636　集部/總集類/選集之屬/斷代

皇明風雅四十卷詩人名氏一卷　（明）徐泰輯　明嘉靖十二年（1533）張沂刻本　八冊

330000－1741－0010258　綫補 2/137　史部/叢編

大興徐氏三種　（清）徐松撰　清道光刻本　二冊　存一種

330000－1741－0010259　善 4/700A　集部/小說類/長篇之屬

新刻增刪二度梅奇說□□卷　（清）惜陰堂主人撰　（清）繡虎堂主人評　清抄本　五冊　存五卷（一至五）

330000－1741－0010261　善 4/123　集部/別集類/宋別集

趙清獻公文集十卷附錄一卷　（宋）趙抃撰　明嘉靖四十一年（1562）汪旦刻本　六冊

330000－1741－0010262　綫補 2/141　類叢部/叢書類/彙編之屬

咫進齋叢書三十七種　（清）姚覲元編　清光緒九年（1883）歸安姚氏刻本　一冊　存一種

330000－1741－0010264　綫補 2/135　新學/雜著/叢編

江南製造局叢刊（江南製造局譯書）　（清）江南製造局編　清光緒江南製造局刻本暨鉛印本　一冊　存一種

330000－1741－0010265　綫補 2/139　史部/地理類/雜志之屬

浙江全省輿圖並水陸道里記不分卷　（清）宗源瀚等纂　清光緒二十年（1894）石印本　一冊

330000－1741－0010267　綫補 2/138　類叢部/叢書類/家集之屬

傅氏先世遺書　（清）傅以禮編　清同治至光緒大興傅氏刻本　一冊　存一種

330000－1741－0010268　綫補 5/017　類叢

部/叢書類/彙編之屬

功順堂叢書十八種 （清）潘祖蔭編　清光緒吳縣潘氏刻本（周人經說卷五至八原缺）　二十四冊

330000－1741－0010272　綫補2/149　史部/編年類/斷代之屬

十一朝東華約錄二百三十二卷 （清）王祖顯輯　清光緒二十八年（1902）石印本　二十四冊

330000－1741－0010274　善4/637　集部/總集類/選集之屬/斷代

皇明詩選十三卷 （明）陳子龍等輯　明崇禎刻清初蔣復貞重修印本　邵裴子題記　五冊

330000－1741－0010275　善4/117　集部/別集類/宋別集

武溪集二十一卷 （宋）余靖撰　明嘉靖四十五年（1566）劉穩刻本　十冊

330000－1741－0010276　綫補2/156　子部/藝術類/書畫之屬/書法書品

書小史十卷 （宋）陳思撰　清光緒二十二年（1896）杭州丁丙八千卷樓刻朱印本　二冊

330000－1741－0010277　善4/121　集部/別集類/宋別集

司馬文正公集略三十一卷詩集七卷 （宋）司馬光撰　明嘉靖十八年（1539）俞文峰刻本　二十冊

330000－1741－0010278　綫補5/018　類叢部/叢書類/彙編之屬

平津館叢書八集三十九種 （清）孫星衍編　清嘉慶蘭陵孫氏刻本　一冊　存一種

330000－1741－0010279　綫補2/153　子部/儒家類/儒學之屬/禮教

五種遺規十七卷 （清）陳弘謀輯並撰　清宣統三年（1911）上海商務印書館鉛印本　二冊　存二種

330000－1741－0010280　善4/126　集部/別集類/明別集

直講李先生文集三十七卷外集三卷門人錄一

卷　（宋）李覯撰　**直講李先生[覯]年譜一卷**　（宋）陳次公編　明正德十三年（1518）孫甫刻本　六冊

330000－1741－0010284　善4/147　集部/別集類/宋別集

蘇文忠公全集一百十一卷 （宋）蘇軾撰　**東坡先生[蘇軾]年譜一卷** （宋）王宗稷撰　明嘉靖十三年（1534）江西布政司刻本　七十二冊　缺四卷（奏議十四至十五、外制中下）

330000－1741－0010285　綫補2/160　史部/史評類/詠史之屬

鑑綱詠略八卷讀史論略補一卷附甲子攷一卷　（清）張應鼎撰　（清）柯龍章注　清同治十二年（1873）歸安張氏南昌刻本　六冊　存六卷（三至八）

330000－1741－0010288　綫補2/164　史部/傳記類/別傳之屬/年譜

孔子編年五卷 （宋）胡仔編　清同治九年（1870）胡湛刻本　二冊

330000－1741－0010289　綫補5/019、綫補2/165、綫補2/199　類叢部/叢書類/自著之屬

竹柏山房十五種附刻八種 （清）林春溥撰　清嘉慶至咸豐竹柏山房刻本　十九冊　存四種

330000－1741－0010290　善4/192　集部/別集類/宋別集

竹洲文集二十卷附錄一卷 （宋）吳儆撰　明弘治六年（1493）吳雷亨刻藍印本　四冊

330000－1741－0010291　綫補2/161　史部/雜史類/斷代之屬

養吉齋叢錄二十六卷餘錄十卷 （清）吳振棫撰　清光緒二十二年（1896）刻本　八冊

330000－1741－0010292　善4/135　集部/別集類/宋別集

歐陽先生文粹二十卷 （宋）歐陽修撰　（宋）陳亮輯　**歐陽先生遺粹十卷** （明）郭雲鵬輯　明嘉靖二十六年（1547）吳會郭雲鵬寶善堂

刻本 六册

330000－1741－0010293 綫補2/166 子部/
叢編

二十二子(二十二子彙函) (清)浙江書局編
清光緒元年至三年(1875－1877)浙江書局
刻本 四册 存一種

330000－1741－0010295 善4/186 集部/別
集類/宋別集

孫尚書內簡尺牘編註十卷 (宋)孫覿撰
(宋)李祖堯註 明嘉靖三十六年(1557)雲間
顧名儒刻本 渠夢翔題記 六册

330000－1741－0010296 善4/136 集部/別
集類/宋別集

南豐先生元豐類藁五十卷 (宋)曾鞏撰 **續**
附南豐先生[曾鞏]行狀碑誌哀挽一卷 明成
化六年(1470)南豐縣學刻遞修本 清孫衣言
校並題記 八册

330000－1741－0010298 善4/191 集部/別
集類/宋別集

莆陽知稼翁文集十一卷詞一卷 (宋)黃公度
撰 明嘉靖黃廷用刻本 三册

330000－1741－0010301 綫補2/169 史部/
紀傳類/正史之屬

漢書地理志校注二卷識語一卷 (清)王紹蘭
撰 清光緒二十二年(1896)蕭山陳氏遺經樓
刻本 二册

330000－1741－0010302 綫補2/170 史部/
紀傳類/正史之屬

漢書地理志校注二卷識語一卷 (清)王紹蘭
撰 清光緒二十二年(1896)蕭山陳氏遺經樓
刻本 二册

330000－1741－0010304 善4/138 集部/別
集類/宋別集

南豐先生元豐類藁五十卷 (宋)曾鞏撰 **續**
附南豐先生[曾鞏]行狀碑誌哀挽一卷 明嘉
靖四十一年(1562)黃希憲刻本 八册

330000－1741－0010305 善4/156 集部/別
集類/宋別集

後山先生集三十卷 (宋)陳師道撰 明弘治
十二年(1499)馬暾刻本 四册

330000－1741－0010306 善4/157 集部/別
集類/宋別集

后山詩註十二卷 (宋)陳師道撰 (宋)任淵
注 明嘉靖十年(1531)荊州遼藩朱寵瀼梅南
書屋刻本 六册

330000－1741－0010309 綫補2/178 類叢
部/叢書類/郡邑之屬

常州先哲遺書七十二種 盛宣懷編 清光緒
二十一年至三十三年(1895－1907)武進盛氏
思惠齋刻宣統彙印本 一册 存一種

330000－1741－0010310 綫補2/179 史部/
紀事本末類/通代之屬

繹史一百六十卷世系圖一卷年表一卷 (清)
馬驌撰 清刻本 一册 存七卷(六十九至
七十五)

330000－1741－0010311 綫補2/181、綫補
1/040 類叢部/叢書類/自著之屬

章氏遺書二種 (清)章學誠撰 清道光十二
年至十三年(1832－1833)會稽章華紱刻浙江
書局、民國浙江圖書館補刻本 五册

330000－1741－0010313 善4/155 集部/別
集類/宋別集

豫章黃先生文集三十卷外集十四卷別集二十
卷簡尺二卷詞一卷 (宋)黃庭堅撰 **伐檀集**
二卷 (宋)黃庶撰 **山谷先生[黃庭堅]年譜**
三十卷 (宋)黃㽦撰 明弘治十八年(1505)
葉天爵刻嘉靖六年(1527)喬遷、余載仕重修
本 二十四册 缺三十五卷(外集一至十四、
別集一至二十、詞)

330000－1741－0010314 綫補2/186 史部/
紀傳類/別史之屬

晉記六十八卷首一卷 (清)郭倫撰 清乾隆
五十一年(1786)有斐堂刻本 六册 存三十
九卷(三十至六十八)

330000－1741－0010315 善4/166 集部/別
集類/宋別集

道鄉先生鄒忠公文集四十卷續集一卷　（宋）
鄒浩撰　明正德七年（1512）鄒翎刻本　六冊

330000－1741－0010316　善4/237　集部/別
集類/宋別集

蛟峰集七卷　（宋）方逢辰撰　山房先生遺文
一卷　（宋）方逢振撰　蛟峰外集三卷山房先
生外集一卷　（明）方中輯　明天順七年
（1463）方中刻弘治、嘉靖遞修本　二冊

330000－1741－0010317　綫補2/184　類叢
部/叢書類/彙編之屬

增訂漢魏叢書八十六種　（清）王謨編　清乾
隆五十六年（1791）金谿王氏刻本　一冊　存
一種

330000－1741－0010318　綫補2/190　史部/
地理類/山川之屬/水志

水經注四十卷首一卷　（北魏）酈道元撰　王
先謙校　水經注附錄二卷　（清）趙一清輯
清光緒十八年（1892）思賢講舍刻本　十八冊

330000－1741－0010319　綫補2/180　經部/
小學類/文字之屬/說文/專著

六書精蘊六卷　（明）魏校撰　六書精蘊音釋
舉要一卷　（明）徐官撰　明嘉靖十九年
（1540）魏希明刻本　一冊　存一卷（六書精
蘊一）

330000－1741－0010321　善4/220　集部/別
集類/宋別集

程端明公洺水集二十六卷首一卷　（宋）程珌
撰　明嘉靖三十五年（1556）程元晒刻本（卷
十八至二十六配清抄本）　六冊

330000－1741－0010322　善4/231　集部/別
集類/宋別集

秋崖先生小藁四十五卷詩集三十八卷　（宋）
方岳撰　明嘉靖五年（1526）祁門方氏刻本
十冊

330000－1741－0010324　善4/222　集部/別
集類/宋別集

龍洲道人集十卷　（宋）劉過撰　清乾隆十八
年（1753）鮑氏知不足齋抄本　清鮑廷博校並

跋　羅振常跋　二冊

330000－1741－0010325　善4/200　集部/別
集類/宋別集

止齋先生文集二十八卷　（宋）陳傅良撰　明
嘉靖十年（1531）安正堂刻本　清孫詒讓批校
並題記　十冊

330000－1741－0010326　綫補2/193　史部/
傳記類/總傳之屬/儒林

宋元學案一百卷首一卷攷畧一卷　（清）黃宗
羲撰　（清）全祖望修定　（清）王梓材
（清）馮雲濠校並考　清光緒五年（1879）長沙
寄廬刻本　二十冊　缺五十卷（五十一至一
百）

330000－1741－0010327　綫補2/188　史部/
政書類/通制之屬

通志二十略五十二卷　（宋）鄭樵撰　清浙江
書局刻浙江圖書館補刻本　三十二冊

330000－1741－0010330　善4/196　集部/別
集類/宋別集

晦菴文抄六卷續集四卷　（宋）朱熹撰　（明）
吳訥　（明）崔銑輯　明嘉靖十九年（1540）張
光祖刻本　八冊

330000－1741－0010331　善4/198　集部/別
集類/宋別集

止齋先生文集五十二卷附錄一卷　（宋）陳傅
良撰　明正德元年（1506）莆田林長繁刻本
清錢桂森題記　八冊

330000－1741－0010332　善4/235　集部/別
集類/宋別集

新刊重訂疊山謝先生文集二卷　（宋）謝枋得
撰　明嘉靖三十四年（1555）林光祖刻本
二冊

330000－1741－0010333　善4/244　集部/別
集類/宋別集

白石道人歌曲六卷歌詞別集一卷　（宋）姜夔
撰　清乾隆二年（1737）厲鶚小玲瓏山館抄本
清厲鶚　袁克文　羅振常跋　一冊

330000－1741－0010334　綫補2/192　史部/

編年類

資治通鑑彙刻 清同治至光緒江蘇書局刻本
五十冊 存一種

330000－1741－0010335 善4/248 集部/詞
類/別集之屬

蘋洲漁笛譜二卷集外詞一卷 （宋）周密撰
清乾隆四年（1739）揚州江昱抄本 清江昱批
校並跋 二冊

330000－1741－0010336 綫補2/196 史部/
紀傳類/正史之屬

二十四史 清同治至光緒五省官書局據汲古
閣本等合刻光緒五年（1879）湖北書局彙印本
四十八冊 存一種

330000－1741－0010337 善4/255 集部/別
集類/元別集

**靜修先生丁亥集五卷樵庵詞一卷遺文六卷遺
詩六卷詩文拾遺七卷續集三卷** （元）劉因撰
靜修劉先生文集附錄二卷 （元）賈彝編
明弘治十八年（1505）崔崟刻本 四冊

330000－1741－0010339 綫補2/191 史部/
地理類/山川之屬/水志

水經注四十卷首一卷 （北魏）酈道元撰 王
先謙校 **水經注附錄二卷** （清）趙一清輯
清光緒十八年（1892）思賢講舍刻本 十四冊
缺八卷（首、一至七）

330000－1741－0010340 綫補5/027 類叢
部/叢書類/彙編之屬

觀古堂彙刻書十九種 葉德輝編 清光緒二
十一年至民國元年（1895－1912）長沙葉氏刻
民國八年（1919）重編印本 十二冊

330000－1741－0010341 綫補2/189 史部/
政書類/通制之屬

通志二十略五十二卷 （宋）鄭樵撰 清光緒
二十二年（1896）浙江書局刻本 三十二冊

330000－1741－0010342 善4/282 集部/別
集類/明別集

高皇帝御製文集二十卷 （明）太祖朱元璋撰
明嘉靖十四年（1535）徐九臯、王惟賢江都

刻本 十一冊

330000－1741－0010343 善4/266 集部/別
集類/元別集

圭齋文集十六卷 （元）歐陽玄撰 （明）歐陽
銘 （明）歐陽鏞編 明成化七年（1471）劉釪
刻本 四冊

330000－1741－0010344 綫補2/197 史部/
史抄類

新舊唐書合鈔二百六十卷首一卷 （清）沈炳
震輯 **唐書宰相世系表訂譌十二卷** （清）沈
炳震撰 **唐書合鈔補正六卷** （清）丁子復撰
清嘉慶海昌查氏刻同治十年（1871）武林吳
氏清來堂補刻本 七十九冊 缺二卷（首、
一）

330000－1741－0010345 善4/258 集部/別
集類/元別集

周此山先生詩集四卷 （元）周權撰 清乾隆
鮑氏知不足齋抄本 清張煜跋 清鮑士恭校
並跋 二冊

330000－1741－0010346 善4/268 集部/別
集類/元別集

青陽先生文集六卷 （元）余闕撰 明正德十
五年（1520）胡汝登刻本 四冊

330000－1741－0010347 善4/257 集部/別
集類/元別集

周此山詩集四卷 （元）周權撰 明抄本
四冊

330000－1741－0010348 綫補2/198 史部/
編年類/通代之屬

御批歷代通鑑輯覽一百二十卷 （清）傅恒等
撰 清同治十年（1871）浙江書局刻朱墨套印
本 四十八冊

330000－1741－0010349 綫補2/201 史部/
紀傳類/正史之屬

遼史拾遺二十四卷 （清）厲鶚撰 **遼史紀年
表一卷西遼紀年表一卷** （清）汪遠孫撰 清
道光元年至二年（1821－1822）錢塘汪氏振綺
堂刻本 二冊 存九卷（遼史拾遺十六至二

十四)

330000 - 1741 - 0010350　綫補 3/555　類叢部/類書類/專類之屬

佩文韻府一百六卷　(清)張玉書　(清)蔡升元等輯　**韻府拾遺一百六卷**　(清)汪灝(清)何焯等輯　清康熙至雍正刻本　九十八冊　存一百六卷(佩文韻府一至一百六)

330000 - 1741 - 0010351　善 4/263　集部/別集類/元別集

范德機詩集七卷　(元)范梈撰　明山陰祁氏澹生堂抄本　二冊

330000 - 1741 - 0010352　綫補 2/200　史部/紀傳類/正史之屬

遼史拾遺補五卷　(清)楊復吉撰　清光緒三年(1877)江蘇書局刻本　二冊

330000 - 1741 - 0010353　綫補 2/202　類叢部/叢書類/彙編之屬

學津討原一百七十三種　(清)張海鵬編　清嘉慶十年(1805)虞山張氏照曠閣刻本　八冊　存一種

330000 - 1741 - 0010354　綫補 2/159　類叢部/叢書類/自著之屬

呂子遺書四種　(明)呂坤撰　清道光七年(1827)栗毓美開封府署刻本　六冊　存一種

330000 - 1741 - 0010361　善 4/283　集部/別集類/明別集

宋學士文集七十五卷　(明)宋濂撰　明正德九年(1514)張綸刻本　三十六冊

330000 - 1741 - 0010363　綫補 2/205　史部/紀傳類/正史之屬

漢書補注一百卷首一卷　王先謙撰　清光緒二十六年(1900)長沙王氏虛受堂刻本　三十二冊

330000 - 1741 - 0010366　善 4/284　集部/別集類/明別集

新刊宋學士全集三十三卷　(明)宋濂撰　**附錄補遺一卷**　(明)韓叔陽輯　明嘉靖三十年(1551)高淳韓叔陽刻本　十八冊

330000 - 1741 - 0010368　綫補 3/556　類叢部/類書類/通類之屬

玉海二百卷辭學指南四卷詩攷一卷詩地理攷六卷漢藝文志攷證十卷通鑑地理通釋十四卷周書王會補注一卷漢制攷四卷踐阼篇集解一卷急就篇補注四卷小學紺珠十卷姓氏急就篇二卷六經天文編二卷周易鄭康成注一卷通鑑答問五卷　(宋)王應麟撰　**校補玉海瑣記二卷王深寧先生[應麟]年譜一卷**　(清)張大昌撰　清光緒九年至十六年(1883 - 1890)浙江書局刻民國浙江圖書館補刻本　二十四冊

330000 - 1741 - 0010372　綫補 2/217　子部/藝術類/書畫之屬/法帖

御刻三希堂石渠寶笈法帖不分卷　(清)梁詩正等輯　清末影印本　十四冊　存十四冊(九至十六、二十五至三十)

330000 - 1741 - 0010373　綫補 2/226　子部/叢編

二十二子(二十二子彙函)　(清)浙江書局編　清光緒元年至三年(1875 - 1877)浙江書局刻本　四冊　存一種

330000 - 1741 - 0010374　善 4/286　集部/別集類/明別集

太師誠意伯劉文成公集二十卷目錄一卷　(明)劉基撰　(明)何鏜編　明隆慶六年(1572)謝廷傑、陳烈括蒼刻本　二十冊

330000 - 1741 - 0010375　綫補 2/224　史部/史評類/考訂之屬

廿二史劄記三十六卷補遺一卷　(清)趙翼撰　清光緒二十五年(1899)湖南書局刻本　洪孝翁題記　十二冊

330000 - 1741 - 0010376　綫補 2/228　史部/紀傳類/正史之屬

漢書疏證三十六卷後漢書疏證三十卷　(清)沈欽韓撰　清光緒二十六年(1900)浙江官書局刻本　三冊　存六卷(後漢書疏證一至六)

330000 - 1741 - 0010377　善 4/287　集部/別集類/明別集

陶學士先生文集二十卷　(明)陶安撰　(明)

張祐校編　**陶學士先生事蹟一卷**　（明）費宏輯　明弘治十三年（1500）項經刻本　十二冊

330000－1741－0010378　綫補 2/230　類叢部/叢書類/自著之屬

二思堂叢書六種　（清）梁章鉅撰　清同治十二年至光緒元年（1873－1875）福州梁氏刻本　二冊　存一種

330000－1741－0010381　綫補 602/0821、綫補 5/025　類叢部/叢書類/彙編之屬

碧琳琅館叢書四十四種　（清）方功惠編　清光緒巴陵方氏廣東刻宣統元年（1909）印本　七冊　存四種

330000－1741－0010382　綫補 2/225　集部/別集類/明別集

王陽明先生全集十六卷目錄二卷　（明）王守仁撰　（清）王貽樂編　（清）陶濬評　清道光六年（1826）柳庭芳等刻本　十四冊　缺四卷（陽明先生論學三、陽明先生詩賦，目錄一至二）

330000－1741－0010384　綫補 2/229　類叢部/叢書類/郡邑之屬

武林掌故叢編一百八十七種　（清）丁丙編　清光緒三年至二十六年（1877－1900）錢塘丁氏嘉惠堂刻本（乾道臨安志卷四至十五、南宋館閣錄卷一原缺）　四冊　存一種

330000－1741－0010386　善 4/292　集部/別集類/明別集

蘇平仲文集十六卷　（明）蘇伯衡撰　明正統七年（1442）黎諒刻本　八冊

330000－1741－0010387　善 4/289　集部/別集類/明別集

朱一齋先生文集前十卷後五卷廣遊文集一卷　（明）朱善撰　明成化二十二年（1486）朱維鑑刻本　四冊

330000－1741－0010390　善 4/310　集部/別集類/明別集

東里文集二十五卷　（明）楊士奇撰　明刻本　六冊

330000－1741－0010391　綫補 2/236　史部/目錄類/總錄之屬/私撰

書目答問五卷別錄一卷國朝著述諸家姓名略一卷　（清）張之洞撰　清光緒八年（1882）安徽鉛印本　澹然居士題簽　四冊

330000－1741－0010393　善 4/296　集部/別集類/明別集

缶鳴集十二卷　（明）高啟撰　（明）周立重編　明嘉靖刻本　清需尊題記　八冊

330000－1741－0010400　綫補 2/227　史部/地理類/專志之屬/祠墓

吳山伍公廟志六卷首一卷附一卷　（清）金文淳等纂輯　清光緒二年（1876）刻本　一冊

330000－1741－0010401　綫補 2/240　類叢部/叢書類/郡邑之屬

武林掌故叢編一百八十七種　（清）丁丙編　清光緒三年至二十六年（1877－1900）錢塘丁氏嘉惠堂刻本（乾道臨安志卷四至十五、南宋館閣錄卷一原缺）　二冊　存一種

330000－1741－0010402　善 4/320　集部/別集類/明別集

謝文莊公集六卷　（明）謝一夔撰　（明）謝廷傑輯　明嘉靖四十一年（1562）謝廷傑刻本　四冊

330000－1741－0010403　綫補 2/243　類叢部/叢書類/郡邑之屬

武林掌故叢編一百八十七種　（清）丁丙編　清光緒三年至二十六年（1877－1900）錢塘丁氏嘉惠堂刻本（乾道臨安志卷四至十五、南宋館閣錄卷一原缺）　二冊　存一種

330000－1741－0010405　綫補 2/247　類叢部/叢書類/自著之屬

宛鄰書屋叢書十三種　（清）張琦撰　清道光陽湖張氏宛鄰書屋刻本　二冊　存一種

330000－1741－0010406　綫補 2/245　史部/地理類/方志之屬/郡縣志

[乾隆]杞縣志二十四卷　（清）周璣修　（清）朱璿纂　清乾隆五十三年（1788）刻本

一冊　存三卷（十至十二）

330000－1741－0010407　綫補2/248　史部/
傳記類/總傳之屬/釋道

高僧傳四集九十三卷　（清）楊文會輯　清光
緒十年至十八年（1884－1892）金陵刻經處、
江北刻經處刻本　二冊　存六卷（四集一至
六）

330000－1741－0010408　綫補2/249　史部/
地理類

金陵瑣志五種　陳作霖撰　清光緒江寧陳氏
可園刻本　一冊　存二種

330000－1741－0010409　綫補2/366　史部/
政書類/儀制之屬/專志

歷朝帝皇紀一卷　清末巖南小築山房刻本
一冊

330000－1741－0010410　善4/291　集部/別
集類/明別集

王忠文公文集二十四卷　（明）王禕撰　（明）
劉傑輯　明嘉靖元年（1522）刻本　十六冊

330000－1741－0010411　善4/299　集部/別
集類/明別集

三山翰林院典籍高漫士木天清氣詩集不分卷
　（明）高棅撰　明怡顏堂抄本　四冊

330000－1741－0010412　綫補2/253　史部/
傳記類/總傳之屬/儒林

儒林宗派十六卷　（清）萬斯同撰　清宣統三
年（1911）浙江圖書館刻民國十七年（1928）印
本　二冊

330000－1741－0010413　綫補2/255　史部/
地理類/方志之屬/郡縣志

[道光]重修儀徵縣志五十卷首一卷　（清）王
檢心修　（清）劉文淇　（清）張安保纂　清光
緒十六年（1890）刻本　十六冊

330000－1741－0010414　綫補2/252　類叢
部/叢書類/郡邑之屬

武林掌故叢編一百八十七種　（清）丁丙編
清光緒三年至二十六年（1877－1900）錢塘丁
氏嘉惠堂刻本（乾道臨安志卷四至十五、南宋

館閣錄卷一原缺）　三冊　存一種

330000－1741－0010415　善4/302　集部/別
集類/明別集

遜志齋集三十卷拾遺十卷附錄一卷　（明）方
孝孺撰　（明）謝鐸　（明）黃孔昭輯　明成化
十六年（1480）郭紳刻本　十冊　缺一卷（附
錄）

330000－1741－0010417　綫補2/258　史部/
目錄類/總錄之屬/私撰

**書目答問五卷別錄一卷國朝著述諸家姓名略
一卷**　（清）張之洞撰　清末鉛印本　二冊

330000－1741－0010419　綫補2/260　史部/
目錄類/總錄之屬/官修

欽定四庫全書簡明目錄二十卷　（清）紀昀等
撰　清光緒十四年（1888）暢懷書屋鉛印本
四冊

330000－1741－0010420　綫補2/261　史部/
目錄類/總錄之屬/官修

欽定四庫全書簡明目錄二十卷　（清）紀昀等
撰　清光緒十四年（1888）上海漱六山莊石印
本　四冊

330000－1741－0010421　綫補2/259　史部/
目錄類/總錄之屬/私撰

**書目答問五卷別錄一卷國朝著述諸家姓名略
一卷**　（清）張之洞撰　清末鉛印本　二冊

330000－1741－0010422　綫補5/033　類叢
部/叢書類/彙編之屬

知不足齋叢書一百九十五種　（清）鮑廷博編
（清）鮑志祖續編　清乾隆三十七年至道光
三年（1772－1823）長塘鮑氏刻彙印本　六冊
存一種二十三卷

330000－1741－0010424　善4/368　集部/別
集類/明別集

嵩渚文集一百卷目錄二卷　（明）李濂撰　明
嘉靖刻本　二十冊

330000－1741－0010425　綫補2/263　類叢
部/叢書類/彙編之屬

漸西村舍彙刊（漸西村舍叢刻）四十四種

（清）袁昶編　清光緒十六年至二十四年（1890－1898）桐廬袁氏刻本（黃帝內經太素卷一、四、七、十六、十八、二十至二十一原缺）　八冊　存一種

330000－1741－0010426　綫補2/265　史部/地理類/總志之屬/通代
天下郡國利病書一百二十卷　（清）顧炎武撰　清光緒二十六年（1900）廣雅書局刻本　五十二冊

330000－1741－0010427　善4/325　集部/別集類/明別集
楓山章先生文集九卷　（明）章懋撰　（明）章沛輯　明嘉靖九年（1530）張大綸刻本　八冊

330000－1741－0010428　綫補2/256　史部/地理類
小方壺齋輿地叢鈔補編十二帙再補編十二帙　（清）王錫祺輯　清光緒二十年（1894）、二十三年（1897）上海著易堂鉛印本　二十冊

330000－1741－0010430　善4/327　集部/別集類/明別集
楓山章先生文集四卷實紀一卷　（明）章懋撰　明嘉靖二十一年（1542）虞守愚刻本　四冊　缺一卷（實紀）

330000－1741－0010431　善4/356　集部/別集類/明別集
儼山文集一百卷目錄二卷外集四十卷續集十卷　（明）陸深撰　（明）黃標校編　明嘉靖二十五年至三十年（1546－1551）雲間陸楫刻本　二十冊　缺五十卷（外集一至四十、續集一至十）

330000－1741－0010433　綫補5/023　類叢部/叢書類/彙編之屬
武英殿聚珍版書三十九種　清乾隆浙江刻本　一百二十一冊　存三十八種

330000－1741－0010434　善4/355　集部/別集類/明別集
鈐山詩選七卷　（明）嚴嵩撰　（明）孫偉評點　（明）楊慎批選　明嘉靖刻本　四冊

330000－1741－0010435　善4/370　集部/別集類/明別集
崔東洲集二十卷續集十一卷　（明）崔桐撰　明嘉靖二十九年（1550）曹金刻三十四年（1555）周希哲續刻本　十六冊

330000－1741－0010436　綫補802.3/0077.8　經部/小學類/文字之屬/字書/字典
康熙字典十二集三十六卷總目一卷檢字一卷辨似一卷等韻一卷補遺一卷備考一卷　（清）張玉書等纂修　清末上海鴻寶書局石印本　六冊

330000－1741－0010437　善4/330　集部/別集類/明別集
匏翁家藏集七十七卷補遺一卷　（明）吳寬撰　明正德三年（1508）長洲吳奭刻本　十冊

330000－1741－0010439　綫補2/257　史部/目錄類/總錄之屬/官修
欽定四庫全書簡明目錄二十卷　（清）紀昀等撰　清乾隆刻本　十二冊

330000－1741－0010440　綫補2/268　類叢部/叢書類/家集之屬
江都陳氏叢書七種　（清）陳本禮　（清）陳逢衡撰　清嘉慶至道光刻本　二十冊　存一種

330000－1741－0010441　善4/349　集部/別集類/明別集
何氏集二十六卷　（明）何景明撰　明嘉靖吳郡沈氏野竹齋刻本　十二冊

330000－1741－0010442　善4/338　集部/別集類/明別集
祝氏集畧三十卷　（明）祝允明撰　明嘉靖三十六年（1557）張景賢蘇州刻本　十六冊

330000－1741－0010445　善4/350　集部/別集類/明別集
何仲默集十卷　（明）何景明撰　明嘉靖費楘等刻本　四冊

330000－1741－0010446　綫補802.3/0077.2：5　經部/小學類/文字之屬/字書/字典
康熙字典十二集三十六卷總目一卷檢字一卷

辨似一卷等韻一卷補遺一卷備考一卷　（清）張玉書等纂修　清末上海商務印書館石印本　六冊

330000－1741－0010447　綫補2/113　史部/目錄類/總錄之屬/官修

欽定四庫全書總目二百卷首一卷　（清）紀昀等撰　清同治七年（1868）廣東書局刻本　一百二十冊

330000－1741－0010448　綫補2/275　經部/群經總義類/石經之屬

石經彙函四十五卷　王秉恩輯　清光緒十六年（1890）四川尊經書局刻本　十冊

330000－1741－0010449　綫補2/277　史部/政書類/通制之屬

文獻通考二十四卷首一卷　（元）馬端臨撰　清光緒十一年（1885）上海點石齋石印本　二十冊

330000－1741－0010450　善4/333　集部/別集類/明別集

馬東田漫稿六卷　（明）馬中錫撰　（明）孫緒評　明嘉靖十七年（1538）文三畏刻本　八冊

330000－1741－0010451　綫補2/117　史部/目錄類/總錄之屬/官修

欽定四庫全書總目二百卷首一卷　（清）紀昀等撰　清同治七年（1868）廣東書局刻本　一百冊

330000－1741－0010452　綫補2/279　史部/地理類/方志之屬/郡縣志

［道光］寶慶府志一百四十三卷首二卷末三卷　（清）黃宅中等修　（清）鄧顯鶴等纂　清道光二十九年（1849）刻本　五十八冊

330000－1741－0010453　綫補2/276　史部/地理類/輿圖之屬/全國

歷代輿地沿革險要圖一卷　楊守敬　饒敦秩撰　熊會貞繪　清光緒三十二年（1906）楊氏觀海堂刻朱墨套印歷代輿地圖本　賀昌羣題記　二冊

330000－1741－0010454　善4/334　集部/別

集類/明別集

鬱洲遺稿十卷　（明）梁儲撰　明回天閣刻本　四冊

330000－1741－0010456　善4/357　集部/別集類/明別集

莊渠先生遺書十六卷　（明）魏校撰　明嘉靖四十年（1561）王道行刻本　十冊

330000－1741－0010457　綫補2/254　史部/傳記類/總傳之屬/斷代

國朝耆獻類徵初編七百二十卷　（清）李桓輯　清光緒十年至十六年（1884－1890）湘陰李氏刻本（首之二十九至三十、一百十三至一百十七、一百二十至一百二十一、一百二十三、一百三十至一百三十二原缺）　二百九十四冊

330000－1741－0010458　綫補2/280　史部/地理類/山川之屬/山志

京口三山志　（清）□□輯　清同治至光緒刻本　八冊　存一種

330000－1741－0010459　善4/348　集部/別集類/明別集

水南集十七卷　（明）陳霆撰　明嘉靖四十三年（1564）陳翀刻本　十二冊

330000－1741－0010461　綫補3/448　類叢部/類書類/專類之屬

佩文韻府一百六卷　（清）張玉書　（清）蔡升元等輯　韻府拾遺一百六卷　（清）汪灝（清）何焯等輯　清光緒十三年（1887）上海點石齋石印本　六十冊

330000－1741－0010462　善4/359　集部/別集類/明別集

張文定公文選三十九卷　（明）張邦奇撰　明嘉靖二十九年（1550）張時徹刻本　七冊

330000－1741－0010463　善4/353　集部/別集類/明別集

崔氏洹詞十七卷附錄四卷　（明）崔銑撰　明嘉靖三十三年（1554）周鎬等刻本　十冊

330000－1741－0010464　綫補2/281、綫補

2/317　史部/地理類/山川之屬/山志

京口三山志　（清）□□輯　清同治至光緒刻本　十冊　存二種

330000－1741－0010466　善4/375　集部/別集類/明別集

龍湖先生文集十四卷　（明）張治撰　明嘉靖刻本　四冊　存十一卷（三至十三）

330000－1741－0010467　綫補2/282　史部/地理類/方志之屬/郡縣志

光緒蘭谿縣志八卷首一卷附補遺一卷　（清）秦簧　（清）邵秉經修　（清）唐壬森纂　清光緒十三年至十五年（1887－1889）刻十七年（1891）增刻本　十冊　缺一卷（補遺）

330000－1741－0010468　綫補5/030　類叢部/叢書類/彙編之屬

昭代叢書合刻十集五百六十種附一種　（清）張潮　（清）張漸編　（清）楊復吉　（清）沈楙惪續編　清道光吳江沈氏世楷堂刻本　十七冊　存癸集四十五種

330000－1741－0010470　綫補2/288　史部/地理類/方志之屬/郡縣志

[光緒]宣平縣志二十卷首一卷　（清）皮樹棠修　（清）祝鳳梧纂　清光緒四年（1878）刻本　一冊　存十九卷（二至二十）

330000－1741－0010471　善4/360　集部/別集類/明別集

周恭肅公集十六卷附錄一卷　（明）周用撰　明嘉靖二十八年（1549）周國南川上草堂刻本　六冊

330000－1741－0010472　綫補2/291　史部/地理類/方志之屬/郡縣志

[光緒]寧羌州志五卷　（清）馬毓華修　（清）鄭書香　（清）曹良模纂　清光緒十四年（1888）刻本　五冊

330000－1741－0010473　善4/367　集部/別集類/明別集

薛西原集二卷　（明）薛蕙撰　明嘉靖十四年（1535）李宗樞刻本　於士襄批並題識　四冊

330000－1741－0010474　綫補2/290　史部/地理類/方志之屬/郡縣志

[嘉慶]靈石縣志十二卷　（清）王志瀜修　（清）黃憲臣纂　清嘉慶二十二年（1817）刻本　六冊

330000－1741－0010475　綫補2/264　史部/編年類/斷代之屬

續資治通鑑長編五百二十卷目錄二卷　（宋）李燾撰　清光緒七年（1881）浙江書局刻本　一百十冊　缺四十一卷（四十七至八十七）

330000－1741－0010476　善4/365　集部/別集類/明別集

張南湖先生詩集四卷　（明）張綎撰　附錄南湖墓志銘一卷　（明）顧□撰　明嘉靖三十二年（1553）高郵張守中刻本　二冊　缺二卷（三至四）

330000－1741－0010477　綫補2/292　史部/地理類/方志之屬/郡縣志

[乾隆]海寧州志十六卷首一卷　（清）戰效曾修　（清）高瀛洲纂　清乾隆四十一年（1776）刻本　四冊　存七卷（四至五、八、十一至十四）

330000－1741－0010479　綫補5/030：1　類叢部/叢書類/彙編之屬

昭代叢書合刻十集五百六十種附一種　（清）張潮　（清）張漸編　（清）楊復吉　（清）沈楙惪續編　清道光吳江沈氏世楷堂刻本　一冊　存一種

330000－1741－0010480　善4/371　集部/別集類/明別集

夢澤集十七卷　（明）王廷陳撰　明嘉靖四十一年（1562）黃岡王廷瞻刻本　四冊

330000－1741－0010481　綫補5/030：2　類叢部/叢書類/彙編之屬

昭代叢書合刻十集五百六十種附一種　（清）張潮　（清）張漸編　（清）楊復吉　（清）沈楙惪續編　清道光吳江沈氏世楷堂刻本　一冊　存一種

330000－1741－0010482　綫補2/293　史部/
地理類/方志之屬/郡縣志

[同治]江山縣志十二卷首一卷末一卷　（清）
王彬　（清）孫晉梓修　（清）朱寶慈等纂　清
同治十二年(1873)文溪書院刻本　八冊

330000－1741－0010485　綫補2/273　新學/
兵制/船艦

外國師船圖表十六卷　（清）許景澄等編　清
光緒十一年(1885)嘉興石印本　一冊　存二
卷(一至二)

330000－1741－0010490　善4/384　集部/別
集類/明別集

芝園定集五十一卷別集十卷外集二十四卷
（明）張時徹撰　芝園定集諸家評一卷　（明）
楊慎等撰　明嘉靖刻本　三十二冊　存五十
二卷(一至五十一、諸家評)

330000－1741－0010491　善4/663　集部/總
集類/郡邑之屬

太倉文略四卷　（明）陸之裘輯　明嘉靖二十
二年(1543)王夢祥刻本　四冊

330000－1741－0010492　善4/546　集部/戲
劇類/傳奇之屬

勸善金科十本二十卷首一卷　（清）張照等撰
　清乾隆內府五色抄本　十冊

330000－1741－0010493　綫補2/303、綫補
2/304　類叢部/叢書類/自著之屬

五經歲徧齋校書三種　（清）翟云升輯　清道
光東萊翟氏刻本　二冊　存二種

330000－1741－0010494　綫補2/301　類叢
部/叢書類/彙編之屬

蟫隱廬叢書十八種　羅振常編　清宣統二年
至民國二十五年(1910－1936)上虞羅氏謄寫
暨鉛印本民國三十三年(1944)吳興周延年彙
印本　一冊　存一種

330000－1741－0010495　綫補2/305　史部/
傳記類/總傳之屬

滇粹不分卷　呂志伊　李根源輯　清宣統元
年(1909)鉛印本　一冊

330000－1741－0010496　綫補2/306　史部/
傳記類/總傳之屬/郡邑

金華耆舊補二十八卷　（清）樓上層輯　（清）
徐啓豐編　清道光十一年(1831)刻十四年
(1834)璧映堂印本　七冊　缺三卷(十九至
二十一)

330000－1741－0010497　綫086.21/78.04
史部/地理類

望炊樓叢書　（清）謝家福輯　清光緒吳縣謝
氏刻民國十三年(1924)蘇州文學山房彙印本
　四冊　存四種

330000－1741－0010498　綫補2/302　類叢
部/叢書類/自著之屬

竹柏山房十五種附刻八種　（清）林春溥撰
清嘉慶至咸豐竹柏山房刻本　五冊　存一種

330000－1741－0010499　善4/675　集部/詩
文評類/詩評之屬

南溪筆錄羣賢詩話前集一卷後集一卷續集一
卷　（明）王恕撰　明正德五年(1510)程啟充
三原刻本　三冊

330000－1741－0010500　綫補2/296　史部/
目録類/專録之屬

經義考三百卷　（清）朱彝尊撰　經義考總目
二卷　（清）盧見曾編　清光緒二十三年
(1897)浙江書局刻本(卷二百八十六、二百九
十九至三百原缺)　五十冊

330000－1741－0010502　綫補2/307　史部/
傳記類/總傳之屬/郡邑

金華耆舊補二十八卷　（清）樓上層輯　（清）
徐啓豐編　清道光十一年(1831)刻本　二冊
存五卷(二十二至二十三、二十六至二十
八)

330000－1741－0010504　善4/382　集部/別
集類/明別集

歐陽南野先生文集三十卷　（明）歐陽德撰
明嘉靖三十七年(1558)梁汝魁陜西刻本　二
十冊

330000－1741－0010505　綫補2/313、綫補

2/314、綫補 2/315　史部/目録類/總録之屬/私撰

開有益齋讀書志六卷續志一卷金石文字記一卷　（清）朱緒曾撰　清光緒六年（1880）金陵翁氏茹古閣刻本　六冊

330000－1741－0010506　綫補 2/308　史部/傳記類/總傳之屬/郡邑

金華耆舊補二十八卷　（清）樓上層輯　（清）徐啓豐編　清道光十一年（1831）刻本　四冊　存十六卷（一至八、十六至十八、二十二至二十三、二十六至二十八）

330000－1741－0010508　綫 086.21/78.23　類叢部/叢書類/郡邑之屬

國朝金陵叢書十三種　（清）傅春官編　清光緒二十三年至二十七年（1897－1901）江寧傅氏晦齋刻本　八冊

330000－1741－0010509　綫補 2/316　史部/紀事本末類/斷代之屬

左傳紀事本末五十三卷　（清）高士奇撰　清康熙刻本　一冊　存六卷（四十四至四十九）

330000－1741－0010510　綫補 2/311　新學/報章

西國近事彙編□□卷　（美國）金楷理　（美國）林樂知口譯　（清）姚棻　（清）蔡錫齡筆述　（清）鍾天緯等編輯　清同治至光緒上海機器製造局刻本暨鉛印本　四冊　存四卷（同治癸酉四、光緒壬午一、光緒癸未二、光緒戊子二）

330000－1741－0010511　綫補 2/319　史部/地理類/遊記之屬/紀行

湟中行紀一卷　（清）闞普通武撰　清光緒三十年（1904）刻豹隱山房叢集本　一冊

330000－1741－0010512　善 4/554　集部/總集類/選集之屬/通代

選詩補註八卷　（元）劉履撰　**選詩補遺二卷續編四卷**　（元）劉履輯　明嘉靖三十一年（1552）顧存仁養吾堂刻本　十二冊

330000－1741－0010514　善 5/007　類叢部/

叢書類/彙編之屬

文瀾閣四庫全書　（清）永瑢　（清）紀昀等纂修　清乾隆内府寫本　三冊　存三種

330000－1741－0010515　綫 086.21/78.77　類叢部/叢書類/郡邑之屬

京口掌故叢編初集七種　（清）陶駿保編　清光緒三十四年（1908）丹徒陶氏刻本　二冊

330000－1741－0010516　綫補 2/320　類叢部/叢書類/彙編之屬

墨海金壺一百十五種　（清）張海鵬編　清嘉慶十三年至十六年（1808－1811）海虞張海鵬刻二十二年（1817）彙印本　二冊　存一種

330000－1741－0010519　善 4/653　集部/總集類/選集之屬/斷代

國朝文類七十卷目録三卷　（元）蘇天爵輯　元至元至至正西湖書院刻明修本　二十冊

330000－1741－0010524　綫補 2/333　史部/傳記類/總傳之屬/仕宦

中興名臣事略八卷　朱孔彰撰　清光緒二十五年（1899）上海圖書集成印書局鉛印本　一冊

330000－1741－0010525　善 4/558　集部/總集類/選集之屬/通代

樂府詩集一百卷目録二卷　（宋）郭茂倩輯　元至正元年（1341）集慶路儒學刻明遞修本　十六冊　缺十二卷（一至十、目録一至二）

330000－1741－0010526　綫補 2/331　類叢部/叢書類/彙編之屬

士禮居叢書二十種　（清）黃丕烈編　清嘉慶至道光黃氏士禮居刻本　三冊　存一種

330000－1741－0010527　綫補 2/327　類叢部/叢書類/彙編之屬

士禮居黃氏叢書十九種附四種　（清）黃丕烈編　清光緒十三年（1887）上海蜚英館據黃氏刻本影印本　二冊　存一種

330000－1741－0010529　善 4/583　集部/總集類/選集之屬/通代

真文忠公續文章正宗二十卷　（宋）真德秀輯

明嘉靖二十一年(1542)晉藩刻本　清張廷
濟跋　二十冊

330000－1741－0010531　綫補2/339　史部/
雜史類/斷代之屬

皇朝紀略一卷　(清)何琪輯　清光緒二十七
年(1901)上海普通學書室鉛印本　一冊

330000－1741－0010533　善4/579　集部/總
集類/選集之屬/通代

古文苑二十一卷　(宋)章樵注　明成化十八
年(1482)建陽張世用刻本　六冊

330000－1741－0010535　綫補2/338　史部/
傳記類/總傳之屬/斷代

國朝先正事略六十卷　(清)李元度撰　清光
緒二十五年(1899)上海圖書集成印書局鉛印
本　四冊

330000－1741－0010537　綫補2/322　史部/
地理類/雜志之屬

東三省輿地圖說一卷附錄一卷　(清)曹廷杰
撰　清光緒鉛印本　一冊　缺東三省輿地圖
說第一至三十七葉

330000－1741－0010538　綫補2/340　新學/
史志/別國史

支那通史七卷　(日本)那珂通世編　清光緒
二十五年(1899)上海東文學社石印本　五冊
存四卷(一至四)

330000－1741－0010542　善4/404　集部/別
集類/明別集

二谷山人集二十四卷緱山侯氏譜二卷　(明)
侯一元撰　明嘉靖刻本　十冊

330000－1741－0010548　綫補2/334　史部/
政書類/邦計之屬

**新增籌餉事例條款不分卷籌餉事例一卷增修
現行常例一卷新章大八成一卷新章程一卷鄭
工新例一卷**　清末刻本　一冊　存一卷(增
修現行常例)

330000－1741－0010561　善4/597　集部/總
集類/選集之屬/通代

古文提奇五卷總論序一卷　(明)顏茂猷輯

明崇禎刻朱墨套印本　十冊

330000－1741－0010564　善4/587　集部/總
集類/選集之屬/通代

古文類選十六卷　(明)王三省輯　明嘉靖十
五年(1536)相州清慎堂刻本　十冊

330000－1741－0010567　善5/044　集部/總
集類/彙編之屬

李杜全集八十四卷　(明)鮑松編　明正德八
年(1513)鮑松刻本　明新樂王朱載璽跋　清
丁耀亢跋並批校　二十冊

330000－1741－0010570　綫補1/021　經部/
叢編

十三經注疏三百三十四卷　(明)□□輯　明
崇禎元年至十二年(1628－1639)古虞毛氏汲
古閣刻本　一百二十九冊　缺二十三卷(禮
記註疏一至四、九至二十七)

330000－1741－0010572　善4/567　集部/總
集類/選集之屬/通代

古樂苑不分卷　(明)韓錫輯　明天啓五年
(1625)稿本　姜亮夫題記　四冊

330000－1741－0010579　綫補1/035　經部/
叢編

孔叢伯說經五稿附一種　(清)孔廣林撰　清
光緒十六年(1890)山東書局刻本　七冊

330000－1741－0010580　善4/387　集部/別
集類/明別集

袁永之集二十卷　(明)袁袠撰　明嘉靖二十
六年(1547)姑蘇袁尊尼刻本　六冊

330000－1741－0010582　綫補2/368　史部/
地理類/山川之屬/水志

峽江救生船志一卷圖攷一卷　(清)程以輔等
編　**行川必要一卷**　(清)羅縉紳輯　清光緒
三年至五年(1877－1879)水師新副中營刻本
一冊　存一卷(行川必要)

330000－1741－0010583　善4/623　集部/總
集類/選集之屬/斷代

唐詩絕句類選四卷總評一卷人物一卷　(明)
敖英　(明)凌雲輯　(明)敖英等評　明凌雲

刻三色套印本　八冊

330000－1741－0010584　綫補2/369　史部/詔令奏議類/奏議之屬

註陸宣公奏議十五卷制誥十卷別集一卷表一卷　（唐）陸贄撰　（宋）郎曄注　**陸宣公[贄]年譜輯略一卷附一卷**　（清）江榕撰　清光緒十一年（1885）淮南書局刻朱印本　一冊　存六卷（註陸宣公奏議十至十五）

330000－1741－0010587　善4/389　集部/別集類/明別集

念菴羅先生集十三卷　（明）羅洪先撰　明嘉靖四十二年（1563）劉玠撫州刻本　八冊

330000－1741－0010589　善4/615　集部/總集類

唐音十卷　（元）楊士弘輯　明刻重修藍印本　八冊

330000－1741－0010591　綫補2/370　類叢部/叢書類/彙編之屬

說郛一百二十号一千二百八十種　（元）陶宗儀輯　明末刻清順治三年（1646）兩浙督學周南李際期宛委山堂印本　一冊　存二種

330000－1741－0010593　善4/398　集部/別集類/明別集

璉川詩集八卷　（明）施峻撰　明嘉靖三十八年（1559）刻本　四冊

330000－1741－0010595　類叢部/叢書類/彙編之屬

隨盦徐氏叢書十種續編十種　徐乃昌編　清光緒至民國南陵徐氏刻本　二冊　存一種

330000－1741－0010596　綫補2/372　史部/目錄類/總錄之屬/私撰

書目答問五卷別錄一卷國朝著述諸家姓名略一卷四川省城尊經書院記一卷輶軒語一卷　（清）張之洞撰　清光緒刻本　一冊　存二卷（書目答問一至二）

330000－1741－0010597　善1/090　經部/大戴禮記類/傳說之屬

大戴禮記補注十三卷序錄一卷　（清）孔廣森

撰　清同治十三年（1874）淮南書局刻本　清孫詒讓校跋並過錄丁杰、嚴元照、趙鉞等諸家校語　四冊

330000－1741－0010599　綫補2/375　史部/金石類/玉之屬/圖像

古玉圖攷不分卷　（清）吳大澂撰　清光緒十五年（1889）上海同文書局石印本　二冊

330000－1741－0010600　善4/379　集部/別集類/明別集

練溪集四卷　（明）凌震撰　明嘉靖三十年（1551）凌約言刻本　二冊

330000－1741－0010601　善4/081　集部/總集類/彙編之屬

元白長慶集一百四十一卷　（明）馬元調編　明萬曆松江馬元調魚樂軒刻本　十四冊　存七十四卷（白氏長慶集一至七十一、目錄一至二、附錄）

330000－1741－0010602　善2/015　史部/紀傳類/正史之屬

班馬異同三十五卷　（宋）倪思撰　（宋）劉辰翁評　明嘉靖十六年（1537）李元陽刻本　四冊

330000－1741－0010604　綫補1/028、綫補1/066　類叢部/叢書類/彙編之屬

嶺海樓叢書□□種　清嘉慶十五年（1810）刻本　八冊　存一種

330000－1741－0010605　綫補1/071　經部/小學類/文字之屬/說文/專著

六書類纂八卷附讀篆臆存雜說一卷　（清）吳錦章撰　清刻本　二冊　缺二卷（六書類纂一至二）

330000－1741－0010606　綫補1/030、綫補1/031、綫補1/032、綫補1/164　類叢部/叢書類/自著之屬

竹柏山房十五種附刻八種　（清）林春溥撰　清嘉慶至咸豐竹柏山房刻本　七冊　存五種

330000－1741－0010610　綫補1/029　類叢部/叢書類/自著之屬

竹柏山房十五種附刻八種　（清）林春溥撰
清嘉慶至咸豐竹柏山房刻本　八冊　存一種
十八卷

330000－1741－0010611　善4/589　集部/總
集類/選集之屬/通代
文則四卷　（明）張雲路編　明嘉靖三十四年
(1555)刻本　四冊

330000－1741－0010612　綫補1/024　經部/
小學類/音韻之屬/韻書
詩韻合璧五卷　（清）湯祥瑟輯　詩腋不分卷
　詞林典腋不分卷　詩腋補編不分卷　賦彙
錄要不分卷　分韻文選題解擇要不分卷　虛
字韻藪一卷　（清）潘維城輯　清光緒四年
(1878)上海淞隱閣鉛印本　陸煦琳題記
五冊

330000－1741－0010613　綫補1/025　經部/
小學類/文字之屬/字書/字典
康熙字典十二集三十六卷總目一卷檢字一卷
辨似一卷等韻一卷備考一卷補遺一卷　（清）
張玉書等纂修　清光緒二十年(1894)上海點
石齋石印本　六冊

330000－1741－0010616　綫補1/033、綫補
1/068　經部/春秋公羊傳類/傳說之屬
公羊箋十一卷　王闓運撰　清光緒十一年
(1885)成都尊經書局刻本　六冊

330000－1741－0010619　善3/096　子部/法
家類
管子二十四卷　（唐）房玄齡注　明末刻本
十二冊

330000－1741－0010621　綫補1/038　經部/
群經總義類/文字音義之屬
經籍籑詁一百六卷附補遺首一卷　（清）阮
元撰　清光緒十四年(1888)上海鴻寶齋石
印本　十一冊　存六十八卷（首，一至十四、
二十至三十六、四十六至六十四、九十至一
百六）

330000－1741－0010622　善3/159　子部/雜
家類

籀廎述林十卷　（清）孫詒讓撰　稿本　清劉
恭冕題記　清孫詒讓校改　清孫延釗校
四冊

330000－1741－0010625　綫補1/055　經部/
小學類/文字之屬/說文
說文解字注十五卷附六書音均表五卷　（清）
段玉裁注　說文部目分韻一卷　（清）陳煥編
　說文解字注匡謬八卷　（清）徐承慶撰　說
文解字通檢十四卷首一卷末一卷　（清）黎永
椿編　清光緒十四年(1888)上海蜚英館石印
本　六冊　存二十一卷（說文解字注一至十
五、六書音均表一至五、說文部目分韻）

330000－1741－0010630　善3/247　子部/天
文曆算類/曆法之屬
六曆甄微五卷　（清）孫詒讓撰　稿本　三冊
缺一卷（五）

330000－1741－0010631　綫補1/037　經部/
小學類/文字之屬/說文
說文解字注十五卷附六書音均表五卷　（清）
段玉裁注　說文部目分韻一卷　（清）陳煥編
　清光緒十二年(1886)上海點石齋石印本
八冊

330000－1741－0010632　綫補1/036　經部/
小學類/文字之屬/字書/字典
康熙字典十二集三十六卷總目一卷檢字一卷
辨似一卷等韻一卷補遺一卷備考一卷　（清）
張玉書等纂修　清道光七年(1827)刻本　四
十冊

330000－1741－0010636　綫補1/043　經部/
小學類/訓詁之屬/爾雅
爾雅正郭三卷　（清）潘衍桐撰　清光緒十七
年(1891)刻本　一冊

330000－1741－0010638　綫補1/045　類叢
部/叢書類/郡邑之屬
常州先哲遺書七十二種　盛宣懷編　清光緒
二十一年至二十三年(1895－1897)武進盛氏
思惠齋刻宣統彙印本　一冊　存二種

330000－1741－0010639　綫086.33/76.21

類叢部/叢書類/郡邑之屬

嶺南遺書五十九種 （清）伍元薇（崇曜）編
清道光十一年至同治二年（1831－1863）南海
伍氏粵雅堂文字歡娛室刻光緒三十三年
（1907）彙印本　八十冊

330000－1741－0010641　善3/158　子部/雜
家類

籀廎述林不分卷 （清）孫詒讓撰　稿本
三冊

330000－1741－0010642　綫補1/042　經部/
叢編

十三經注疏 清同治十年（1871）湖南省城尊
經閣刻本　一冊　存二卷（爾雅音義一至二）

330000－1741－0010643　綫補1/058　類叢
部/叢書類/彙編之屬

大亭山館叢書十三種 （清）楊葆彝編　清光
緒陽湖楊氏刻本　一冊　存一種

330000－1741－0010645　綫補5/058　集部/
詞類/類編之屬

詞學叢書六種 （清）秦恩復編　清嘉慶至道
光江都秦恩復享帚精舍刻本　一冊　存一種

330000－1741－0010647　綫補1/027　經部/
小學類/文字之屬/說文

說文解字注十五卷附六書音均表五卷 （清）
段玉裁撰　**說文部目分韵一卷** （清）陳煥編
　說文提要一卷 （清）陳建侯撰　**說文通檢**
十四卷首一卷末一卷 （清）黎永椿編　清末
兩宜軒石印本　八冊

330000－1741－0010648　善1/221　經部/小
學類/音韻之屬/韻書

廣韻姓氏刊誤二卷 （清）孫詒讓撰　稿本
一冊

330000－1741－0010649　綫086.23/76.26
集部/總集類/郡邑之屬

浙西六家詩鈔六卷 （清）吳應和　（清）馬洵
等選　清道光七年（1827）紫微山館刻本
二冊

330000－1741－0010650　綫補1/060　類叢

部/叢書類/自著之屬

番禺陳氏東塾叢書初函四種附一種 （清）陳
澧撰　清咸豐至光緒刻本　三冊　存一種

330000－1741－0010651　綫補1/056　經部/
群經總義類/文字音義之屬

經典釋文三十卷 （唐）陸德明撰　**經典釋文**
攷證三十卷 （清）盧文弨撰　清刻本　二冊
　存二十二卷（經典釋文攷證九至三十）

330000－1741－0010654　綫補1/059　類叢
部/叢書類/自著之屬

師伏堂叢書十五種 （清）皮錫瑞撰　清光緒
十九年至三十三年（1893－1907）善化皮氏刻
本　六冊　存一種

330000－1741－0010655　綫補1/061　子部/
叢編

二十二子（二十二子彙函） （清）浙江書局編
　清光緒元年至三年（1875－1877）浙江書局
刻本　二冊　存一種

330000－1741－0010656　綫補1/067、綫補
1/004　類叢部/叢書類/自著之屬

張皋文箋易詮全集十六種 （清）張惠言撰
清嘉慶八年至道光十年（1803－1830）刻本
十三冊　存十二種

330000－1741－0010658　善2/455　史部/目
錄類/總錄之屬/私撰

漢晉經籍錄目不分卷 （清）孫詒讓撰　稿本
一冊

330000－1741－0010660　綫補1/064　類叢
部/叢書類/彙編之屬

望三益齋叢書十八種 （清）吳棠編　清咸豐
至光緒吳氏望三益齋刻本　八冊　存一種

330000－1741－0010661　綫補1/083　經部/
叢編

御纂七經五種 （清）李光地等纂　清康熙至
乾隆內府刻本　七十四冊　存一種

330000－1741－0010662　善2/458　史部/目
錄類/總錄之屬

四部別錄四卷 （清）孫詒讓撰　稿本　二冊

存二卷（經部、史部）

330000－1741－0010663　綫補1/070　經部/
四書類/總義之屬/傳說

新訂四書補註備旨十卷　（明）鄧林撰　（清）
杜定基增訂　清刻本　一冊　存一卷（十）

330000－1741－0010664　綫086.26/78　類
叢部/叢書類/彙編之屬

抱秀山房叢書十一種　（清）朱克敬編　清同
治至光緒刻光緒十年（1884）抱秀山房湘南彙
印本　一冊　存一種

330000－1741－0010665　綫補1/116　經部/
群經總義類/傳說之屬

經心書院經藝不分卷　（清）劉恭冕輯　清光
緒二年（1876）刻本　四冊

330000－1741－0010667　綫補1/072　類叢
部/叢書類/自著之屬

授堂遺書七種附錄二卷　（清）武億撰　清道
光二十三年（1843）偃師武氏刻本　一冊　存
一種

330000－1741－0010668　綫補1/069　類叢
部/叢書類/自著之屬

新訂六譯館叢書八十九種　廖平撰　清光緒
至民國刻民國十年（1921）四川存古書局彙印
本　二冊　存二種

330000－1741－0010670　善2/505　史部/金
石類/石之屬/目錄

漢石記目錄一卷　（清）孫詒讓撰　稿本
一冊

330000－1741－0010671　善1/015　經部/易
類/易占之屬

周易乾鑿度殷術一卷　（清）孫詒讓撰　稿本
周湜題簽　一冊

330000－1741－0010672　綫089.72/1053
類叢部/叢書類/自著之屬

船山遺書六十三種　（清）王夫之撰　清同治
四年（1865）湘鄉曾國荃金陵刻光緒十三年
（1887）船山書院補刻本　一百二冊

330000－1741－0010673　綫補1/074　新學/
報章

時務報不分卷　（清）時務報館編　清光緒二
十三年（1897）上海時務報館石印本　一冊

330000－1741－0010674　善1/191　經部/小
學類/文字之屬/字書/古文

古籀餘論一卷　（清）孫詒讓撰　稿本　二冊

330000－1741－0010675　善2/504　史部/金
石類/金之屬/文字

商周彝器釋文一卷　（清）孫詒讓撰　稿本
一冊

330000－1741－0010676　善1/220　經部/小
學類/音韻之屬/韻書

廣韻姓氏刊誤不分卷　（清）孫詒讓撰　稿本
一冊

330000－1741－0010677　綫補1/076　經部/
叢編

皇清經解一千四百八卷首一卷　（清）阮元輯
清道光九年（1829）廣東學海堂刻咸豐十一
年（1861）補刻本　一冊　存四卷（公羊春秋
何氏解詁箋、發墨守評、穀梁癈疾申何一至
二）

330000－1741－0010678　善2/503　史部/金
石類/金之屬/文字

商周金識拾遺三卷　（清）孫詒讓撰　稿本
清劉恭冕跋　一冊

330000－1741－0010679　善1/193　經部/小
學類

契文舉例二卷　（清）孫詒讓撰　稿本　二冊

330000－1741－0010680　綫補1/079　類叢
部/叢書類/彙編之屬

南菁書院叢書四十一種　王先謙　繆荃孫編
清光緒十四年（1888）江陰南菁書院刻本
一冊　存一種

330000－1741－0010682　綫782.963/7794
史部/傳記類

周文襄公[忱]年譜一卷附錄一卷　（明）周仁
俊等編　（清）陸鼎翰校補　清光緒十五年

（1889）木活字印本　二冊

330000－1741－0010684　綫補1/080　類叢部/叢書類/自著之屬

石遺室叢書十九種　陳衍撰　清光緒至民國刻本　一冊　存一種

330000－1741－0010685　綫補1/125　經部/小學類

澤存堂五種　（清）張士俊輯　清光緒十四年（1888）上海蜚英館石印本　八冊

330000－1741－0010686　善1/145　經部/群經總義類/傳說之屬

經迻節本不分卷　（清）孫詒讓撰　稿本　一冊

330000－1741－0010690　善1/069　經部/周禮類/傳說之屬

輯周禮馬融鄭玄敘一卷附山海經錯簡一卷商子境內篇一卷唐代碑志目一卷　（清）孫詒讓輯　稿本　一冊

330000－1741－0010691　善1/192　經部/小學類/文字之屬/字書/古文

古籀拾遺三卷　（清）孫詒讓撰　稿本　二冊

330000－1741－0010693　綫補1/086　經部/春秋左傳類/專著之屬

春秋左氏傳賈服註輯述二十卷　（清）李貽德撰　清光緒八年（1882）江蘇書局刻本　六冊

330000－1741－0010695　善2/506　史部/金石類/陶之屬

溫州古甓記不分卷　（清）孫詒讓撰　稿本　一冊

330000－1741－0010696　綫089.72/1243　類叢部/叢書類/自著之屬

孫夏峯全集十二種附一種　（清）孫奇逢撰　清康熙刻道光至光緒遞刻重印本　九十三冊

330000－1741－0010697　綫086.23214/78.28∶1　類叢部/叢書類/郡邑之屬

紹興先正遺書十五種　（清）徐友蘭輯　清光緒會稽徐氏鑄學齋刻本　陶鎔跋　四十

八冊

330000－1741－0010699　綫補1/073　新學/報章

國粹學報不分卷　（清）國學保存會編　清末鉛印本　十冊

330000－1741－0010701　綫補1/078　子部/儒家類/儒學之屬/性理

漢學商兌三卷　（清）方東樹撰　清光緒二十六年（1900）浙江書局刻本　四冊

330000－1741－0010703　綫補1/101　經部/小學類/訓詁之屬/爾雅

爾雅正郭三卷　（清）潘衍桐撰　清光緒十七年（1891）刻本　一冊

330000－1741－0010705　綫補1/085　類叢部/叢書類/彙編之屬

小萬卷樓叢書十七種　（清）錢培名輯　清光緒四年（1878）金山錢氏刻本　二冊　存一種

330000－1741－0010706　綫補1/102　經部/小學類/訓詁之屬/方言

輶軒使者絕代語釋別國方言十三卷首一卷（漢）揚雄撰　（晉）郭璞注　**續方言二卷**（清）杭世駿撰　**續方言補一卷**　（清）程際盛撰　清光緒十七年（1891）長沙思賢講舍刻本　三冊

330000－1741－0010707　綫補2/053、綫補2/052、綫補2/054、綫補1/093　類叢部/類書類/通類之屬

玉海二百卷辭學指南四卷詩攷一卷詩地理攷六卷漢藝文志攷證十卷通鑑地理通釋十四卷周書王會補注一卷漢制攷四卷踐阼篇集解一卷急就篇補注四卷小學紺珠十卷姓氏急就篇二卷六經天文編二卷周易鄭康成注一卷通鑑答問五卷　（宋）王應麟撰　**校補玉海瑣記二卷王深寧先生[應麟]年譜一卷**　（清）張大昌撰　清光緒九年至十六年（1883－1890）浙江書局刻本　八冊　存三十卷（漢藝文志攷證一至十、通鑑地理通釋一至十四、急就篇補注一至四、姓氏急就篇一至二）

330000－1741－0010708　綫補1/099　集部/
總集類/課藝之屬

目耕齋初集不分卷二集不分卷三集不分卷
（清）徐楷評註　（清）沈叔眉選刊　清光緒十
九年(1893)寶善堂刻本　二冊

330000－1741－0010709　綫補1/096　類叢
部/叢書類/彙編之屬

金峨山館叢書（望三益齋叢書）十一種　（清）
郭傳璞編　清光緒八年至十六年(1882－
1890)鄞縣郭氏刻二十年(1894)鎮海邵氏彙
印本　一冊　存三種

330000－1741－0010710　善4/502E　集部/
別集類/清別集

帶經堂集九十二卷　（清）王士禛撰　（清）程
哲編　清康熙四十九年至五十一年(1710－
1712)程哲七略書堂刻乾隆十二年(1747)黃
晟重修本　三十冊

330000－1741－0010711　善4/478A　集部/
別集類/清別集

**倪文貞公文集二十卷首一卷詩集二卷奏疏十
二卷講編四卷**　（明）倪元璐撰　（清）倪會鼎
訂正　（清）倪安世輯　清乾隆三十六年至三
十七年(1771－1772)倪安世刻四十二年
(1777)續刻印本　五冊　存三十三卷(首、文
集一至二十,奏疏一至十二)

330000－1741－0010712　綫補1/087　經部/
春秋穀梁傳類/傳說之屬

春秋穀梁經傳補注二十四卷首一卷末一卷
（清）鍾文烝補注　清光緒二年(1876)嘉善鍾
氏信美室刻本　八冊

330000－1741－0010715　綫補1/105　類叢
部/叢書類/自著之屬

竹柏山房十五種附刻八種　（清）林春溥撰
清嘉慶至咸豐竹柏山房刻本　二冊　存一種

330000－1741－0010716　善4/510C　集部/
別集類/清別集

匠門書屋文集三十卷　（清）張大受撰　清雍
正七年(1729)顧詒祿刻本　十冊

330000－1741－0010717　善4/509A　集部/
別集類/清別集

曝書亭集八十卷附錄一卷　（清）朱彝尊撰
笛漁小槀十卷　（清）朱昆田撰　清康熙五十
三年(1714)朱稻孫刻乾隆重修本　十冊

330000－1741－0010719　善4/503B　類叢
部/叢書類/自著之屬

聰山集四種附二種　（清）申涵光撰　清康熙
刻彙印本　三冊　存三種

330000－1741－0010721　綫補1/103　經部/
易類/傳說之屬

**周易本義四卷圖說一卷新增圖說一卷卦歌一
卷**　（宋）朱熹撰　清光緒十九年(1893)浙江
書局刻本　二冊

330000－1741－0010722　綫補1/106　類叢
部/叢書類/自著之屬

王菉友先生著書四種　（清）王筠撰　清咸豐
二年(1852)賀蕙、賀蓉、賀荃刻本　一冊　存
二種

330000－1741－0010723　善4/139A　類叢
部/叢書類/彙編之屬

武英殿聚珍版書一百三十八種　清乾隆武英
殿木活字印本　十冊　存一種

330000－1741－0010724　善4/495A　集部/
別集類/清別集

**南雷文案十卷外卷一卷吾悔集四卷撰杖集一
卷南雷詩曆三卷子劉子[宗周]行狀二卷**
（清）黃宗羲撰　清康熙刻本　四冊

330000－1741－0010725　綫089.72/4094
類叢部/叢書類/自著之屬

榕村全書三十二種附十種　（清）李光地撰
清道光九年(1829)安溪李維迪刻光緒二十二
年(1896)重修本　一百二十冊

330000－1741－0010727　綫補1/108　經部/
書類/傳說之屬

尚書古文證疑四卷　（清）孫喬年撰　清嘉慶
十五年(1810)孫全寀、孫全嚴天心閣刻本
二冊

330000－1741－0010730　綫補1/113　經部/四書類/總義之屬/傳說

四書義不分卷　（清）曠園居士輯　清光緒二十四年(1898)蘭雪堂刻本　一冊

330000－1741－0010731　綫補1/100　類叢部/叢書類/自著之屬

悔廬全集六種附一種　（清）張崇蘭撰　清光緒二十三年(1897)刻本　三冊　存一種

330000－1741－0010732　綫補1/107　類叢部/叢書類/彙編之屬

文選樓叢書三十三種　（清）萩林山房編　清嘉慶至道光阮元刻道光二十二年(1842)阮亨彙印本　二冊　存一種

330000－1741－0010738　綫補1/120　經部/小學類/音韻之屬/韻書

攷正增廣詩韻全璧五卷　（清）湯祥瑟輯（清）奕詢增編　**虛字韻藪一卷**　（清）潘維城輯　**初學檢韻袖珍十二集十二卷**　（清）姚文登輯　清光緒二十年(1894)四明暢懷書屋石印本　六冊

330000－1741－0010740　綫補1/123、綫補1/054　集部/總集類/課藝之屬

小題文藪不分卷　（清）沈荷汀輯　清光緒九年(1883)上海點石齋石印本　六冊

330000－1741－0010743　綫補1/119　經部/小學類/音韻之屬/韻書

攷正增廣詩韻集成五卷　（清）余照原輯（清）陳受頤攷增　**詞林典腋一卷**　清光緒十四年(1888)四明茹古書局鉛印本　二冊

330000－1741－0010744　綫補1/089　經部/春秋左傳類/傳說之屬

左通補釋三十二卷　（清）梁履繩撰　清道光九年(1829)錢塘汪氏振綺堂刻光緒元年(1875)補刻本　十二冊

330000－1741－0010745　綫補1/112：2　類叢部/叢書類/自著之屬

經微室著書　（清）孫詒讓撰　清光緒瑞安孫氏刻本　二冊　存一種

330000－1741－0010746　綫補1/136（9）經部/小學類/文字之屬/說文/傳說

說文解字句讀三十卷　（清）王筠撰　清光緒八年(1882)四川尊經書院刻本　十六冊

330000－1741－0010749　綫補1/122　經部/小學類/文字之屬/字書/字典

康熙字典十二集三十六卷總目一卷檢字一卷辨似一卷等韻一卷補遺一卷備考一卷　（清）張玉書等纂修　清末上海同文書局石印本　二冊　存十二卷（十六至二十一、三十三至三十六,補遺,備考）

330000－1741－0010750　綫補1/109　類叢部/叢書類/自著之屬

潛園總集十七種　（清）陸心源撰　清同治至光緒刻本　十五冊　存一種

330000－1741－0010751　綫補1/143　類叢部/叢書類/彙編之屬

益雅堂叢書十八種　（清）傅世珣編　清光緒九年(1883)文選樓刻本　一冊　存二種

330000－1741－0010752　善4/578　集部/總集類/選集之屬/通代

文苑英華律賦選四卷　（清）錢陸燦輯　清康熙二十五年(1686)吹藜閣銅活字印本　眉菴批並題記　八冊

330000－1741－0010753　綫089.72/4041　集部/別集類/清別集

河濱遺書抄六卷詩選十卷文選十卷　（清）李楷撰　（清）李元春輯選　清嘉慶十六年(1811)朝邑謝蘭佩華原書院刻本　二十一冊

330000－1741－0010754　綫補1/124　經部/叢編

篆文六經四書十種　（清）張照校　清光緒九年(1883)上海同文書局石印本　四冊　存三種

330000－1741－0010755　綫補1/146（1）-（11）經部/叢編

十一經音訓　（清）楊國楨等編　清道光十年至十一年(1830－1831)大梁書院刻本　二十

六册

330000－1741－0010756　綫補1/144　經部/小學類/文字之屬/說文

說文通檢十四卷首一卷末一卷　（清）黎永椿撰　清光緒十四年(1888)上海蜚英館石印本　一冊

330000－1741－0010757　綫615.2/2425　子部/醫家類/兒科之屬/痘疹

方書慈航普渡□□卷　（清）龍山老人帥師桂撰　清抄本　一冊　存一卷(二十)

330000－1741－0010758　綫補2/151　史部/地理類/方志之屬/郡縣志

[道光]廉州府志二十六卷首一卷　（清）張堉春修　（清）陳治昌等纂　清道光十三年(1833)刻本　二十冊

330000－1741－0010759　綫補1/111、綫補1/110　類叢部/叢書類/自著之屬

鍾山別業叢書　（清）陳澧撰　清番禺陳氏刻本　四冊　存二種十五卷

330000－1741－0010762　綫補1/145　經部/小學類/文字之屬/說文

說文解字注十五卷附六書音均表五卷　（清）段玉裁注　**說文部目分韻一卷**　（清）陳煥編　**說文解字通檢十四卷首一卷末一卷**　（清）黎永椿編　**說文解字注匡謬八卷**　（清）徐承慶撰　清光緒三十四年(1908)上海文盛書局石印本　八冊

330000－1741－0010763　善4/577　集部/總集類/選集之屬/通代

文苑英華一千卷　（宋）李昉等輯　明隆慶元年(1567)胡維新、戚繼光刻本(卷一至十、九百二十一葉一至十二配抄本)　二百冊

330000－1741－0010764　綫補1/130　類叢部/叢書類/自著之屬

耐安類稿五種　（清）陳偉撰　清光緒二十二年(1896)梅叔瀚等刻本　一冊　存三種

330000－1741－0010766　綫補1/142　經部/小學類/文字之屬/說文

說文解字注十五卷附六書音均表五卷　（清）段玉裁注　**說文部目分韻一卷**　（清）陳煥編　清光緒十二年(1886)上海點石齋石印本　八冊

330000－1741－0010768　綫089.74/3124　類叢部/叢書類/自著之屬

汪雙池先生叢書二十種附浙刻雙池遺書十二種　（清）汪紱撰　清道光至光緒刻光緒二十三年(1897)長安趙舒翹等彙印本　一百五十六冊　缺六卷(戊笈談兵補校錄、四翼附編一至四、奇門遁甲啟悟)

330000－1741－0010769　綫補1/132　類叢部/叢書類/彙編之屬

崇文書局彙刻書三十一種　（清）崇文書局編　清光緒元年至三年(1875－1877)湖北崇文書局刻本　一冊　存一種

330000－1741－0010770　綫補1/112　類叢部/叢書類/自著之屬

經微室著書　（清）孫詒讓撰　清光緒瑞安孫氏刻本　二冊　存一種

330000－1741－0010771　綫補1/129　經部/小學類/訓詁之屬/字詁

字說一卷　（清）吳大澂撰　清光緒十九年(1893)長沙思賢講舍刻本　一冊

330000－1741－0010772　綫補1/131　類叢部/叢書類/自著之屬

六譯館叢書七十三種　廖平撰　清光緒至民國刻民國十四年(1925)四川存古書局彙印本　一冊　存一種

330000－1741－0010774　綫補1/135　史部/目錄類/專錄之屬

小學考五十卷　（清）謝啟昆撰　清光緒十四年(1888)浙江書局刻本　二十冊

330000－1741－0010775　綫補1/133　類叢部/叢書類/自著之屬

五經歲徧齋校書三種　（清）翟云升輯　清道光東萊翟氏刻本　八冊　存一種

330000－1741－0010776　綫補1/152　類叢

422

部/類書類/通類之屬
御定駢字類編二百四十卷 (清)吳士玉
(清)沈宗敬等輯 清光緒十三年(1887)上海
同文書局石印本 四十八冊

330000－1741－0010777 綫補1/151 經部/
小學類/文字之屬/字書/字體
復古編二卷 (宋)張有撰 **復古編校正一卷**
(清)葛鳴陽撰 **復古編附錄一卷** (清)葛
鳴陽輯 **曾樂軒稿一卷** (宋)張維撰 **安陸
集一卷** (宋)張先撰 清光緒八年(1882)淮
南書局刻本 三冊

330000－1741－0010778 綫補1/134 類叢
部/叢書類/自著之屬
觀象廬叢書十八種 (清)呂調陽撰 清光緒
十四年(1888)葉長高刻本 八冊 存一種

330000－1741－0010779 綫補1/016、綫補
1/017、綫補1/147(5)、綫補1/019、綫補1/
015、綫補1/020、綫補1/014、綫補1/018、綫補
1/013、綫補1/147(1)、綫補1/147(2)、綫
補1/147(3)、綫補1/147(4)、綫補1/147(6)、綫
補1/147(7) 經部/叢編
重刊宋本十三經注疏四百十六卷 附十三經
注疏校勘記四百十六卷 (清)阮元撰 (清)
盧宣旬摘錄 **十三經注疏校勘記識語四卷**
(清)汪文臺撰 清同治十三年(1874)湖南書
局刻本 一百五十六冊 缺九十卷(論語注
疏解經一至二十,儀禮注疏十八至五十、儀禮
注疏校勘記十八至五十,校勘記識語一至四)

330000－1741－0010780 綫補1/138 經部/
小學類/文字之屬/說文
**說文通訓定聲十八卷分部檢韻一卷說雅一卷
古今韻準一卷** (清)朱駿聲撰 (清)朱鏡蓉
參訂 **皇清敕授文林郎國子監博士衛揀選知
縣揚州府學教授允倩府君[朱駿聲]行述一卷**
朱孔彰撰 清道光二十九年(1849)刻同治
九年(1870)朱孔彰臨嘯閣補刻本 二冊 存
一卷(分部檢韻)

330000－1741－0010781 綫補1/150 經部/
叢編

御纂七經五種 (清)李光地等纂 清同治六
年至九年(1867－1870)浙江書局刻本 二十
四冊 存一種

330000－1741－0010782 綫補1/139 經部/
小學類/文字之屬/說文
**說文通訓定聲十八卷分部檢韻一卷說雅一卷
古今韻準一卷** (清)朱駿聲撰 (清)朱鏡蓉
參訂 **皇清敕授文林郎國子監博士衛揀選知
縣揚州府學教授允倩府君[朱駿聲]行述一卷**
朱孔彰撰 清道光二十九年(1849)刻同治
九年(1870)朱孔彰臨嘯閣補刻本 六冊 存
六卷(說文通訓定聲一至六)

330000－1741－0010783 綫補1/148 經部/
三禮總義類/通禮雜禮之屬
五禮通考二百六十二卷首四卷總目二卷
(清)秦蕙田撰 清乾隆金匱秦氏味經窩刻本
四十六冊 存一百三十六卷(十六至十八、
一百三十至二百六十二)

330000－1741－0010784 綫089.75/3193
類叢部/叢書類/自著之屬
汪龍莊先生遺書四種 (清)汪輝祖撰 清同
治十年(1871)刻本 六冊

330000－1741－0010785 綫補1/155 經部/
叢編
宋本十三經注疏四百十六卷 附十三經注疏
校勘記四百十六卷 (清)阮元撰 (清)盧宣
旬摘錄 **十三經注疏校勘記識語四卷** (清)
汪文臺撰 清光緒十三年(1887)上海脈望仙
館石印本 二十五冊 存十二種

330000－1741－0010786 綫補1/141 經部/
小學類/文字之屬/說文
**說文通訓定聲十八卷分部檢韻一卷說雅一卷
古今韻準一卷** (清)朱駿聲撰 (清)朱鏡蓉
參訂 **皇清敕授文林郎國子監博士衛揀選知
縣揚州府學教授允倩府君[朱駿聲]行述一卷**
朱孔彰撰 清光緒十三年(1887)上海積山
書局石印本 八冊

330000－1741－0010787 綫089.75/3404
類叢部/叢書類/自著之屬

洪北江全集二十一種 （清）洪亮吉撰 清光緒三年至五年(1877－1879)洪用懃授經堂刻十五年(1889)湖北官書處印本 八十四冊

330000－1741－0010789 綫補1/153（1）經部/群經總義類/文字音義之屬

經籍籑詁一百六卷附補遺首一卷 （清）阮元撰 清嘉慶十七年(1812)揚州阮元琅嬛仙館刻本 六十四冊

330000－1741－0010790 綫補1/140 經部/小學類/文字之屬/說文

說文通訓定聲十八卷分部檢韻一卷說雅一卷古今韻準一卷 （清）朱駿聲撰 （清）朱鏡蓉參訂 皇清敕授文林郎國子監博士銜揀選知縣揚州府學教授允倩府君[朱駿聲]行述一卷 朱孔彰撰 清道光二十九年(1849)刻同治九年(1870)朱孔彰臨嘯閣補刻本 十一冊 缺六卷(說文通訓定聲一至六)

330000－1741－0010793 綫補1/156 經部/三禮總義類/通論之屬

禮書通故五十卷 （清）黃以周撰 清光緒十九年(1893)黃氏試館刻本 三十二冊

330000－1741－0010794 綫615.1/8022 子部/醫家類/類編之屬

曾氏醫書四種 （清）曾鼎撰 清嘉慶十九年(1814)忠恕堂刻本 一冊 存一種

330000－1741－0010795 綫補1/159（1）經部/周禮類/傳說之屬

周禮正義八十六卷 （清）孫詒讓撰 清光緒三十一年(1905)鉛印本 二十冊

330000－1741－0010796 綫補1/159（2）經部/周禮類/傳說之屬

周禮正義八十六卷 （清）孫詒讓撰 清光緒三十一年(1905)鉛印本 二十冊

330000－1741－0010797 綫補1/159（3）經部/周禮類/傳說之屬

周禮正義八十六卷 （清）孫詒讓撰 清光緒三十一年(1905)鉛印本 二十四冊

330000－1741－0010798 綫089.75/4048

類叢部/叢書類/自著之屬

隨園三十種 （清）袁枚撰 清同治刻本 八十冊

330000－1741－0010799 綫補1/154 經部/叢編

宋本十三經注疏四百十六卷 附十三經注疏校勘記四百十六卷 （清）阮元撰 （清）盧宣旬摘錄 十三經注疏校勘記識語四卷 （清）汪文臺撰 清光緒十三年(1887)上海脈望仙館石印本 一冊 存一種

330000－1741－0010803 綫615.2/2524 子部/醫家類/兒科之屬/痘疹

痘麻定論四卷 （清）朱純嘏輯 （清）徐安瀾增補 清光緒九年(1883)刻本 二冊

330000－1741－0010804 綫614.4/3140 子部/醫家類/婦科之屬/產科

產科心法二卷 （清）汪喆撰 清同治八年(1869)刻本 一冊

330000－1741－0010805 綫補1/162 經部/三禮總義類/圖說之屬

新定三禮圖二十卷 （宋）聶崇義集註 清末上海同文書局石印本 三冊 缺五卷(十一至十五)

330000－1741－0010806 綫補1/163 經部/禮記類/傳說之屬

禮記集說十卷 （元）陳澔撰 清掃葉仁記刻本 六冊 缺四卷(五至八)

330000－1741－0010807 綫615.2/1115 子部/醫家類/兒科之屬/痘疹

痘科慈航一卷附治痢奇方妙論一卷 （□）張子本刪輯 清抄本 一冊

330000－1741－0010808 綫089.78/8043 類叢部/叢書類/自著之屬

春在堂全書(德清俞蔭甫所著書)三十六種 （清）俞樾撰 清同治至光緒刻光緒末彙印本 一百六十冊

330000－1741－0010809 綫補2/002、綫補2/003、綫補2/004、綫補2/005、綫補2/006、綫

補2/008　史部/紀傳類/正史之屬

二十四史附考證　清光緒二十九年（1903）五洲同文局影印本　一百六十四冊　存六種

330000－1741－0010810　綫補1/157（1）經部/詩類/傳說之屬

詩經集傳八卷　（宋）朱熹撰　清光緒十九年（1893）浙江書局刻本　四冊

330000－1741－0010811　綫補1/165　類叢部/叢書類/自著之屬

釀齋訓蒙雜編五種　（清）鮑東里撰　清光緒二十八年（1902）雲南官書局刻本　一冊　存一種

330000－1741－0010812　綫補1/168　經部/禮記類/傳說之屬

禮記二十卷　（漢）鄭玄注　**撫本禮記鄭注考異二卷**　（清）張敦仁撰　清同治九年（1870）湖北崇文書局刻本　八冊

330000－1741－0010813　特1/002　經部/易類/傳說之屬

周易舊疏考正一卷　（清）劉毓崧撰　清抄本　一冊

330000－1741－0010814　綫補1/153（2）經部/群經總義類/文字音義之屬

經籍籑詁一百六卷附補遺首一卷　（清）阮元譔集　**新輯經籍籑詁檢韻一卷**　清光緒上海漱六山莊石印本　十二冊

330000－1741－0010816　綫補1/157（2）經部/書類/傳說之屬

書經集傳六卷　（宋）蔡沈撰　清光緒十九年（1893）浙江書局刻本　四冊

330000－1741－0010818　綫614.4/2500　類叢部/叢書類/彙編之屬

十萬卷樓叢書五十一種　（清）陸心源編　清光緒歸安陸氏刻本　四冊　存一種

330000－1741－0010819　綫補1/157（4）經部/易類/傳說之屬

周易本義四卷圖說一卷新增圖說一卷卦歌一卷　（宋）朱熹撰　清光緒十九年（1893）浙江書局刻本　二冊

330000－1741－0010820　綫補1/166　經部/書類/傳說之屬

書經集傳六卷　（宋）蔡沈撰　清光緒十九年（1893）浙江書局刻本　四冊

330000－1741－0010821　綫613/7531　子部/醫家類/類編之屬

徐氏十三種醫書　（清）徐大椿撰　清光緒十九年（1893）上海圖書集成印書局鉛印本　四冊　存一種

330000－1741－0010822　綫補2/040　史部/紀傳類/正史之屬

二十四史附考證　清光緒十四年（1888）上海圖書集成印書局鉛印本　八冊　存一種

330000－1741－0010824　綫補1/153（3）經部/群經總義類/文字音義之屬

經籍籑詁五卷首一卷　（清）阮元撰　清光緒九年（1883）上海點石齋石印本　五冊

330000－1741－0010825　綫補1/157（3）經部/禮記類/傳說之屬

禮記集說十卷　（元）陳澔撰　清光緒十九年（1893）浙江書局刻本　十冊

330000－1741－0010827　綫補1/167　經部/小學類/訓詁之屬/爾雅

爾雅三卷　（晉）郭璞注　（唐）陸德明音義　清嘉慶二十二年（1817）順德張青選清芬閣刻本　三冊

330000－1741－0010829　綫613.7/1458　子部/醫家類/眼科之屬

眼科總論一卷　清抄本　一冊

330000－1741－0010830　綫補2/041　史部/紀傳類/正史之屬

二十四史附考證　清光緒二十八年（1902）竢實齋石印本　八冊　存一種

330000－1741－0010832　綫補2/047　史部/地理類/山川之屬/山志

爛柯山志十三卷補錄一卷　（清）鄭永禧輯

清光緒三十三年（1907）不其山館刻本　二冊
　存五卷（一至四、十一）

330000－1741－0010833　綫補2/010、綫補
2/011、綫補2/012、綫補2/013、綫補2/015、綫
補2/007、綫補2/009、綫補2/014　史部/紀傳
類/正史之屬

二十四史附考證　清光緒十年（1884）上海同
文書局影印本　三百六十四冊　存八種

330000－1741－0010835　綫補1/153（4）
經部/群經總義類/文字音義之屬

經籍籑詁一百六卷附補遺首一卷　（清）阮元
撰　清嘉慶十七年（1812）揚州阮元琅嬛仙館
刻同治十二年（1873）淮南書局補刻本　八冊

330000－1741－0010837　綫611.3/7747　子
部/醫家類

南坡居士歐陽輯瑞評註二卷　（明）夢覺道人
撰　清上海大成書局石印本　二冊

330000－1741－0010841　綫補2/051　史部/
傳記類/總傳之屬/姓名

史姓韻編六十四卷　（清）汪輝祖輯　清光緒
十年（1884）慈溪馮氏耕餘樓鉛印本　十六冊

330000－1741－0010843　綫835.4/4404.1
集部/總集類/選集之屬/斷代

欽定全唐文一千卷目錄三卷　（清）董誥等輯
　清光緒二十七年（1901）廣雅書局刻本　二
百冊

330000－1741－0010845　綫補2/042、綫補
2/043、綫補2/044　史部/紀傳類/正史之屬

二十四史附考證　清光緒十八年（1892）武林
竹簡齋石印本　二十三冊　存三種

330000－1741－0010846　綫補2/055　史部/
地理類/方志之屬/郡縣志

［光緒］富陽縣志二十四卷首一卷　（清）汪文
炳等修　（清）蔣敬時等纂　清光緒三十二年
（1906）刻本　十六冊

330000－1741－0010847　綫補2/049　史部/
政書類/儀制之屬/典禮

南巡盛典一百二十卷　（清）高晉等纂修　清

光緒八年（1882）上海點石齋石印本　四冊
　存六十五卷（一至六十五）

330000－1741－0010849　綫補1/165：1　類
叢部/叢書類/自著之屬

釀齋訓蒙雜編五種　（清）鮑東里撰　清光緒
二十八年（1902）雲南官書局刻本　一冊　存
一種

330000－1741－0010851　綫613.7/1458－1
子部/醫家類/眼科之屬

眼科時方不分卷　清抄本　一冊

330000－1741－0010852　綫補2/056　類叢
部/叢書類/彙編之屬

式訓堂叢書四十一種　（清）章壽康編　清光
緒會稽章氏刻本　一冊　存一種

330000－1741－0010855　綫補2/061　史部/
紀傳類/別史之屬

函史上編八十一卷下編二十一卷　（明）鄧元
錫撰　明崇禎七年（1634）鄧應瑞刻本　三十
冊　缺五十五卷（上編十八至五十一、下編一
至二十一）

330000－1741－0010856　綫補835.1/6614
集部/總集類/選集之屬/通代

全上古三代秦漢三國六朝文七百四十一卷
（清）嚴可均輯　清光緒十三年至十九年
（1887－1893）黃岡王氏廣州廣雅書局刻本
一百冊

330000－1741－0010858　綫補2/050　史部/
政書類/儀制之屬/典禮

南巡盛典一百二十卷　（清）高晉等纂修　清
光緒八年（1882）上海點石齋石印本　三冊
存四十三卷（三十四至六十五、九十四至一百
四）

330000－1741－0010860　綫612/1458　子
部/醫家類/内科之屬

脾胃論三卷　（金）李杲撰　清抄本　三冊

330000－1741－0010861　綫613.1/1032　子
部/醫家類/外科之屬/外科方

外科症治全生前集三卷後集三卷　（清）王維

德撰　清刻本　一冊

330000－1741－0010862　綫補2/063　史部/地理類/輿圖之屬

歷代輿地圖四十五種　楊守敬撰　熊會貞等繪　清光緒三十二年至宣統三年(1906－1911)楊氏觀海堂刻朱墨套印本　三十四冊

330000－1741－0010863　綫612.3/1044　子部/醫家類/溫病之屬

溫熱經緯五卷　(清)王士雄撰　清光緒二十二年(1896)上海圖書集成局鉛印本　三冊

330000－1741－0010864　綫補835.1/6614.2　集部/總集類/選集之屬/通代

全上古三代秦漢三國六朝文七百四十一卷　(清)嚴可均輯　清光緒十三年至十九年(1887－1893)黃岡王氏廣州刻二十年(1894)武昌印本　一百冊

330000－1741－0010865　綫補2/065　類叢部/叢書類/自著之屬

安吳四種　(清)包世臣撰　清咸豐元年(1851)刻本　十六冊

330000－1741－0010866　綫補2/017－綫補2/025、綫補2/027、綫補2/026、綫補2/028、綫補2/029、綫補2/033、綫補2/032、綫補2/031、綫補2/030、綫補2/035、綫補2/034、綫補2/036－綫補2/039　史部/紀傳類/正史之屬

二十四史附考證　清光緒三十四年(1908)上海集成圖書公司鉛印本　四百冊　缺二卷(宋史一百五至一百六)

330000－1741－0010868　綫612.2/4764　子部/醫家類/傷寒金匱之屬/傷寒論

傷寒雜病論十六卷　(清)胡嗣超輯注　清道光二十七年(1847)海隱書屋刻本　四冊

330000－1741－0010869　綫補5/042、綫補2/068、綫補2/069　類叢部/叢書類/自著之屬

船山遺書六十三種　(清)王夫之撰　清同治四年(1865)湘鄉曾國荃金陵刻光緒十三年(1887)船山書院補刻本　六十三冊　存五十

二種

330000－1741－0010870　綫補2/066　史部/地理類/方志之屬/郡縣志

[道光]東陽縣志二十八卷首一卷　(清)党金衡纂修　清道光八年(1828)刻本　十五冊

330000－1741－0010871　綫612.2/4111　子部/醫家類/傷寒金匱之屬/傷寒論

傷寒來蘇集　(清)柯琴撰　清上海文瑞樓石印本　心觀子題簽　二冊　存二種

330000－1741－0010872　綫612.2/0036　子部/醫家類/傷寒金匱之屬/傷寒論

傷寒總病論六卷　(宋)龐安時撰　**重雕宋刻**
傷寒總病論札記一卷　(清)黃丕烈撰　清末上海千頃堂書局影印本　四冊

330000－1741－0010874　綫補2/070、綫補2/071　史部/傳記類/別傳之屬/事狀

鄂國金佗稡編二十八卷續編三十卷　(宋)岳珂編　清光緒九年(1883)浙江書局刻本　十二冊

330000－1741－0010875　綫613.5/7423　子部/醫家類/外科之屬

正體類要二卷　(明)薛己撰　清末抄本　二冊

330000－1741－0010876　綫613.8/1118　類叢部/叢書類/自著之屬

多伽羅香館叢書　張采田撰　清光緒至民國刻本暨木活字印本　一冊　存一種

330000－1741－0010879　綫613.8/7727　子部/醫家類/喉科口齒之屬/通論

咽喉脈證通論一卷　(宋)釋□□撰　清咸豐四年(1854)漢陽葉志詵兩廣督署刻本　一冊

330000－1741－0010883　綫611.2/1022－0　子部/醫家類/診法之屬/脈經脈訣

脈經真本十卷首一卷　(晉)王叔和撰　清咸豐六年至七年(1856－1857)涇陽張柯刻本　六冊

330000－1741－0010884　綫611.2/4410　子

部/醫家類/醫經之屬/內經

醫經原旨六卷 (清)薛雪撰 清寧郡簡香齋刻本 六冊

330000 – 1741 – 0010885 綫補 851.3472/5530 集部/總集類/選集之屬/斷代

全唐詩九百卷目錄十二卷 (清)曹寅等輯 清光緒元年(1875)撫州饒玉成雙峰書屋刻本(曹唐一、來鵠一、李山甫一、李咸用一至三、胡曾一配抄本) 一百十九冊 缺八卷(四百八十至四百八十七)

330000 – 1741 – 0010886 綫 612.3/1022 子部/醫家類/溫病之屬/其他溫疫病證

時病論八卷 (清)雷豐撰 清光緒二十四年(1898)上海著易堂刻本 四冊

330000 – 1741 – 0010887 綫 611.2/4412 子部/醫家類/醫經之屬/難經

難經懸解二卷 (清)黃元御撰 清抄本 二冊

330000 – 1741 – 0010888 綫 612.2/0700、綫612.2/8373 子部/醫家類/類編之屬

武昌醫學館叢書八種 (清)柯逢時編 清光緒三十年至民國元年(1904 – 1912)武昌醫學館刻本 十冊 存二種

330000 – 1741 – 0010891 綫補 2/074 史部/地理類/方志之屬/郡縣志

[同治]廣信府志十二卷首一卷 (清)蔣繼洙修 (清)李樹藩等纂 清同治十二年(1873)刻本 三十冊

330000 – 1741 – 0010892 綫 611.2/7144 子部/醫家類/醫經之屬/內經

黃帝內經素問註證發微九卷靈樞註證發微九卷補遺一卷 (明)馬蒔撰 清光緒五年(1879)刻本 八冊 缺七卷(黃帝內經素問註證發微一至七)

330000 – 1741 – 0010893 綫補 016.098/2528.78：3 史部/目錄類/專錄之屬

經義考三百卷 (清)朱彝尊撰 **經義考總目二卷** (清)盧見曾編 清光緒二十三年

(1897)浙江書局刻本(卷二百八十六、二百九十九至三百原缺) 五十冊

330000 – 1741 – 0010896 綫 611.3/2210 – 1 子部/醫家類/醫理之屬/病源病機

重刊巢氏諸病源候總論五十卷 (隋)巢元方等撰 清光緒元年(1875)湖北崇文書局刻十二年(1886)湖北官書處印本 八冊

330000 – 1741 – 0010898 綫 612.3/0044 子部/醫家類/類編之屬

醫門棒喝二種 (清)章楠撰 清同治六年(1867)聚文堂刻本 十四冊

330000 – 1741 – 0010899 綫補 2/067 類叢部/類書類/通類之屬

唐類函二百卷目錄二卷 (明)俞安期輯 明萬曆三十一年(1603)東吳俞安期刻清康熙重修本 十五冊 存四十二卷(三至九、十三至二十一、二十四至二十五、二十九至四十六、五十六至五十八、六十二至六十四)

330000 – 1741 – 0010902 綫補 2/079 史部/地理類/方志之屬/郡縣志

[光緒]吉安府志五十三卷首一卷 (清)定祥 (清)特克紳布修 (清)劉繹 (清)周立瀛纂 清光緒二年(1876)刻本 四十冊

330000 – 1741 – 0010904 綫 612.3/8024 子部/醫家類/溫病之屬/瘟疫

疫證集說四卷補遺一卷 余德壎輯 清宣統三年(1911)素盦鉛印本 四冊

330000 – 1741 – 0010905 綫補 043.72/0077.78：5 類叢部/類書類/專類之屬

佩文韻府一百六卷 (清)張玉書 (清)蔡升元等輯 **韻府拾遺一百六卷** (清)汪灝 (清)何焯等輯 清光緒十二年(1886)上海同文書局石印本 六十冊

330000 – 1741 – 0010908 綫 612.2/5035 – 4 子部/醫家類/傷寒金匱之屬/傷寒論

傷寒第一書四卷附餘二卷 (清)車宗輅輯 清光緒十一年(1885)浙紹奎照樓刻本 六冊

330000 – 1741 – 0010911 綫補 2/001 史部

紀傳類/正史之屬

二十四史附考證 清光緒二十九年(1903)五
洲同文局影印本 三十二冊 存一種

330000－1741－0010913 綫612.2/4102 子
部/醫家類/傷寒金匱之屬/傷寒論

余註傷寒論翼四卷 (清)柯琴撰 (清)余景
和注 (清)能靜居士評 清光緒十九年
(1893)會稽孫思恭刻本 四冊

330000－1741－0010916 綫612.3/4612 子
部/醫家類/傷寒金匱之屬/傷寒論

寒溫條辨七卷溫病壞證一卷附撥正散一卷
(清)楊璿撰 清光緒二十三年(1897)湖南書
局刻本 四冊 缺一卷(撥正散)

330000－1741－0010917 綫610.4/2844 子
部/醫家類/類編之屬

醫罶六書三十二卷 (清)徐大椿撰 清光緒
二十九年(1903)上海趙翰香居鉛印本 十
八冊

330000－1741－0010918 綫611.3/7732 子
部/醫家類/類編之屬

醫學六種 (清)屠道和撰 清同治二年
(1863)湖北育德堂刻本 二冊 存一種

330000－1741－0010919 綫611.3/8022 子
部/醫家類/綜合之屬/通論

醫宗備要三卷 (清)曾鼎撰 清同治八年
(1869)楚北崇文書局刻本 一冊

330000－1741－0010920 綫612.2/5381 子
部/醫家類/傷寒金匱之屬/傷寒論

注解傷寒論十卷圖解運氣圖一卷 (漢)張機
撰 (晉)王叔和輯 (金)成無己注 **傷寒明
理論四卷** (金)成無己撰 清同治九年
(1870)常郡雙白燕堂陸氏刻本 四冊

330000－1741－0010921 綫612.2/4412－2、
綫611/4412 子部/醫家類/類編之屬

黃氏醫書八種 (清)黃元御撰 清同治五年
(1866)刻本 八冊 存三種

330000－1741－0010922 綫610.4/3485－1
子部/醫家類/類編之屬

沈氏尊生書五種 (清)沈金鰲撰輯 清同治
十三年(1874)湖北崇文書局刻本 六冊 存
一種

330000－1741－0010923 綫612.3/6060 子
部/醫家類/溫病之屬/瘟疫

瘟疫條辨摘要不分卷 (清)呂田輯 清抄本
一冊

330000－1741－0010924 綫611.3/1458 子
部/醫家類/綜合之屬/通論

醫學心傳一卷 清抄本 一冊

330000－1741－0010926 綫612.2/4111－2
子部/醫家類/傷寒金匱之屬/傷寒論

傷寒柯氏三種全集 (清)柯琴撰 清光緒二
十六年(1900)刻本 八冊

330000－1741－0010929 綫847.8/2341 集
部/別集類/清別集

潛莊文鈔六卷 (清)卜起元撰 清光緒五年
(1879)武進卜氏甬江刻本 一冊

330000－1741－0010930 綫857.47/2701
集部/小說類/短篇之屬

繪圖湘軍平逆傳四卷八回 (清)醴泉居士撰
清光緒二十五年(1899)上海書局石印本
四冊

330000－1741－0010931 綫補2/072 類叢
部/叢書類/自著之屬

竹柏山房十五種附刻八種 (清)林春溥撰
清嘉慶至咸豐竹柏山房刻本 二冊 存一種

330000－1741－0010932 綫851.3472/1043
集部/總集類/選集之屬/斷代

唐賢三昧集三卷 (清)王士禛輯 清光緒九
年(1883)廣州翰墨園刻朱墨套印本 三冊

330000－1741－0010933 綫683.23425/
7142.74 史部/地理類/山川之屬/山志

廣雁蕩山誌二十八卷首一卷末一卷 (清)曾
唯輯 清乾隆五十五年(1790)曾唯依綠園刻
嘉慶十三年(1808)增刻同治重修本 八冊

330000－1741－0010935 綫補043.72/0077.

佩文韻府一百六卷　（清）張玉書　（清）蔡升元等輯　韻府拾遺一百六卷　（清）汪灝（清）何焯等輯　清光緒十三年（1887）上海點石齋石印本　六十冊

330000－1741－0010936　綫補1/002　經部/小學類/訓詁之屬/群雅

駢雅訓纂十六卷首一卷　（明）朱謀瑋撰（清）魏茂林訓纂　清光緒二十年（1894）上海積山書局石印本　八冊

330000－1741－0010938　綫補1/001　經部/叢編

仿宋刻阮本十三經注疏四百十六卷　附十三經注疏校勘記四百十六卷　（清）阮元撰（清）盧宣旬摘録　十三經注疏校勘記識語四卷　（清）汪文臺撰　清光緒三十年（1904）上海同文升記石印本　三十一冊　缺十八卷（孟子注疏解經校勘記一至十四、十三經注疏校勘記識語一至四）

330000－1741－0010941　綫613.1/0028　子部/醫家類/外科之屬/通論

瘍科臨證心得集三卷方彙三卷補遺一卷家用膏丹丸散方一卷　（清）高秉鈞撰輯　景岳新方歌不分卷　（清）吳辰燦等撰　清光緒三十二年（1906）上海文瑞樓石印本　三冊　缺景岳新方歌

330000－1741－0010943　特4/020　集部/別集類/元別集

楚國文憲公雪樓程先生文集三十卷附録一卷　（元）程鉅夫撰　（元）程大本輯　楚國文憲公雪樓程先生［鉅夫］年譜一卷　（元）程世京編　清宣統二年（1910）陶氏涉園刻本　十冊

330000－1741－0010944　綫802.44/1027　經部/小學類/音韻之屬/韻書

音韻輯要二十一卷　（清）王鵕撰　清乾隆四十九年（1784）崑山載德堂刻本　四冊　存二十卷（一至二十）

330000－1741－0010946　綫補1/002：1　經部/小學類/訓詁之屬/群雅

駢雅訓纂十六卷首一卷　（明）朱謀瑋撰（清）魏茂林訓纂　清光緒二十年（1894）上海積山書局石印本　八冊

330000－1741－0010948　綫122.2122/0002　子部/叢編

十子全書　（清）王子興編　清嘉慶九年（1804）姑蘇王氏聚文堂刻本　四冊　存一種

330000－1741－0010949　綫857.47/4433　集部/小說類/長篇之屬

嶺南逸史二十八回　（清）黃巖撰　（清）醉園狂客評　清刻本　十四冊

330000－1741－0010950　綫857.47/2736　集部/小說類/長篇之屬

飛跎全傳四卷三十二回　（清）鄒必顯撰　清嘉慶刻本　四冊

330000－1741－0010951　綫122.2174/4434　子部/雜著類/雜說之屬

淮南子二十一卷　（漢）劉安撰　（漢）高誘注　清嘉慶九年（1804）姑蘇王氏聚文堂刻十子全書本　卑牧居士批並題記　六冊

330000－1741－0010953　綫851.474/2564　集部/別集類/清別集

畬經堂詩集六卷續集四卷　（清）朱景英撰　清乾隆刻本　四冊

330000－1741－0010954　綫補1/006　經部/禮記類/傳說之屬

禮記集說十卷　（元）陳澔撰　清光緒十九年（1893）浙江書局刻本　十冊

330000－1741－0010963　綫補857.152/7797　類叢部/叢書類/彙編之屬

知不足齋叢書一百九十五種　（清）鮑廷博編（清）鮑志祖續編　清乾隆三十七年至道光三年（1772－1823）長塘鮑氏刻彙印本　四冊　存一種

330000－1741－0010964　綫補1/005　經部/小學類/文字之屬/字書/字體

隸辨八卷　（清）顧藹吉撰　清刻本　十六冊

330000－1741－0010966　綫614.4/2696　子部/醫家類/婦科之屬/產科

胎產新書三種二十卷　清光緒十二年(1886)漢口成媱堂刻本　四冊

330000－1741－0010968　綫補1/022　類叢部/類書類/專類之屬

佩文韻府一百六卷　(清)張玉書　(清)蔡升元等輯　**韻府拾遺一百六卷**　(清)汪灝(清)何焯等輯　清光緒二十四年(1898)上海點石齋石印本　二十四冊

330000－1741－0010969　綫615.3/3722　子部/醫家類/兒科之屬/痘疹

麻疹全書四卷　(元)滑壽撰　清光緒三十一年(1905)湯鼎焜刻本　四冊

330000－1741－0010972　綫補1/010　經部/群經總義類/傳說之屬

經義述聞三十二卷　(清)王引之撰　清道光七年(1827)京師西江米巷壽藤書屋刻本　三十二冊

330000－1741－0010974　特5/020　史部/地理類/方志之屬/郡縣志

宋元四明六志　(清)徐時棟輯　清咸豐四年(1854)甬上徐氏煙嶼樓刻本([大德]昌國州圖志首一卷末一卷、[延祐]四明志卷九至十一原缺)　四十冊

330000－1741－0010975　綫611/3824　新學/醫學

儒門醫學三卷附一卷　(英國)海得蘭撰(英國)傅蘭雅口譯　(清)趙元益筆述　清光緒江南製造總局刻本　四冊

330000－1741－0010980　特4/006　集部/別集類/唐五代別集

杜詩鏡銓二十卷附諸家論杜一卷　(清)楊倫撰　**讀書堂杜工部文集註解二卷**　(清)張溍撰　**杜工部[甫]年譜一卷**　(清)朱鶴齡撰　清同治十一年(1872)望三益齋刻本　十一冊　缺二卷(杜詩鏡銓五至六)

330000－1741－0010981　特4/003　類叢部/

叢書類/彙編之屬

海源閣叢書六種續刊一種　(清)楊以增編　清咸豐二年至五年(1852－1855)聊城楊氏海源閣刻本　八冊　存一種

330000－1741－0010984　特4/007　集部/別集類/唐五代別集

昌黎先生詩增注証訛十一卷　(唐)韓愈撰(清)黃鉞增注証訛　**昌黎先生[韓愈]年譜一卷**　(清)黃鉞編　清道光二十八年(1848)黃中民刻咸豐七年(1857)四明鮑氏二客軒印本　八冊

330000－1741－0010990　特4/016　集部/別集類/宋別集

秋崖先生小藁三十八卷　(宋)方岳撰　清康熙木活字印本　六冊

330000－1741－0010993　特4/011　集部/別集類/宋別集

蘇文忠公詩編註集成四十六卷集成總案四十五卷諸家雜綴酌存一卷蘇海識餘四卷賤詩圖一卷　(宋)蘇軾撰　(清)王文誥輯注　清嘉慶二十四年(1819)武林王氏韻山堂刻道光補刻本　十六冊　缺四十五卷(蘇文忠公詩編註集成一至四、集成總案五至四十五)

330000－1741－0010994　特4/053　集部/總集類/選集之屬/通代

文選六十卷　(南朝梁)蕭統輯　(唐)李善注清乾隆三十七年(1772)葉氏海錄軒刻朱墨套印本　十二冊

330000－1741－0010997　綫612.5/3503　子部/醫家類/溫病之屬/瘟疫

霍亂審證舉要一卷　(清)連文沖撰　清光緒二十五年(1899)刻本　一冊

330000－1741－0010998　綫616.1/0744　子部/醫家類/類編之屬

圖註本草醫方合編　(清)汪昂編　清光緒十年(1884)刻本　吳明輝題記　二冊

330000－1741－0011001　特4/032　集部/別集類/清別集

我詩集十一卷　（清）傅眉撰　（清）劉霈補輯
　清咸豐四年(1854)壽陽王行恕刻本　二冊

330000－1741－0011005　綫782.102/6033
史部/傳記類/總傳之屬/歷代

歷代名賢齒譜九卷歷代名媛齒譜三卷　（清）
易宗涒輯　清雍正三年(1725)賜書堂刻乾隆
六十年(1795)補刻本　二十冊

330000－1741－0011007　特4/025　集部/別
集類/明別集

震川先生集三十卷別集十卷附錄一卷補編一
卷　（明）歸有光撰　（清）歸莊校勘　（清）
錢謙益選定　（清）歸玠編輯　清康熙十年至
十四年(1671－1675)常熟歸氏刻乾隆四十八
年(1783)歸景灝等重修本　八冊　缺十三卷
(一至六、十一至十六,補編)

330000－1741－0011008　綫612.3/1044－1
類叢部/叢書類/彙編之屬

荔牆叢刻十三種　（清）汪曰楨編　清同治至
光緒烏程汪氏刻本　四冊　存一種

330000－1741－0011009　綫615.4/7794　子
部/醫家類/兒科之屬/痘疹

引痘略一卷　（清）邱熺撰　增補引痘圖說一
卷　（清）黃安敏撰　清光緒二十年(1894)江
西書局刻本　一冊

330000－1741－0011010　綫612.3/4310　子
部/醫家類/溫病之屬/瘟疫

瘟疫明辨四卷末一卷　（清）鄭奠一撰　清嘉
慶二十二年(1817)晉祁書業堂刻本　二冊

330000－1741－0011012　特5/003　類叢部/
叢書類/彙編之屬

古逸叢書二十六種　（清）黎庶昌編　清光緒
八年至十年(1882－1884)黎庶昌日本東京使
署影刻本(玉燭寶典卷九原缺)　四十九冊

330000－1741－0011013　綫610.11021/1772
史部/紀傳類/正史之屬

史記索隱三十卷　（唐）司馬貞撰　明末毛氏
汲古閣刻本　六冊

330000－1741－0011014　綫612.2/3133　子

部/醫家類/傷寒金匱之屬/傷寒論

張仲景傷寒雜病論合編一卷　（清）汪宗沂撰
　清光緒十四年(1888)刻本　一冊

330000－1741－0011015　綫615/8317－1
類叢部/叢書類/彙編之屬

武英殿聚珍版書一百四十八種　清乾隆四十
二年(1777)福建刻道光至同治遞修光緒二十
一年(1895)增刻本　一冊　存一種

330000－1741－0011016　特4/040　集部/別
集類/清別集

遜學齋文鈔十二卷首一卷末一卷續鈔五卷詩
鈔十卷續鈔五卷　（清）孫衣言撰　清同治三
年(1864)、十二年（1873）刻光緒增刻本
十冊

330000－1741－0011017　綫621.79/1020
類叢部/叢書類/彙編之屬

王益吾所刻書十種　王先謙編　清光緒九年
至十年(1883－1884)長沙王氏刻本　一冊
存一種

330000－1741－0011018　綫612.2/2834　子
部/醫家類/傷寒金匱之屬/傷寒論

內科傷寒論講義三卷　（漢）張仲景原文
（清）徐定超輯　清光緒三十二年(1906)刻本
　二冊

330000－1741－0011019　綫626.904/8356
史部/雜史類

甲申傳信錄十卷　（明）錢𧧷撰　清雍正抄本
　二冊

330000－1741－0011020　綫851.4416/4046a
集部/別集類/唐五代別集

李長吉集四卷外卷一卷　（唐）李賀撰　（明）
黃淳耀評點　（清）黎簡批點　清光緒十八年
(1892)葉衍蘭羊城刻朱墨套印本　一冊

330000－1741－0011023　綫682.88/8014
史部/地理類/水利之屬

太湖備考十六卷首一卷　（清）金友理撰　湖
程紀略一卷　（清）吳曾撰　太湖備考續編四
卷　（清）鄭言紹撰　清乾隆十五年(1750)藝

蘭圃刻光緒二十九年(1903)憩園續刻本　十二冊

330000 - 1741 - 0011024　綫612.2/4412 - 1
子部/醫家類/類編之屬

黃氏醫書八種　(清)黃元御撰　清刻本　四冊　存三種

330000 - 1741 - 0011025　綫622.2/0417　史部/紀傳類/正史之屬

七家後漢書　(清)汪文臺輯　清光緒八年(1882)太平崔國榜等刻本　六冊

330000 - 1741 - 0011027　特4/026　集部/別集類/明別集

新刻張太岳先生詩文集四十六卷　(明)張居正撰　**太師張文忠公[居正]行實一卷**　清嘉慶江陵鄧氏刻本　十六冊

330000 - 1741 - 0011030　特5/003：1　類叢部/叢書類/彙編之屬

古逸叢書二十六種　(清)黎庶昌編　清光緒八年至十年(1882 - 1884)黎庶昌日本東京使署影刻本(玉燭寶典卷九原缺)　二十一冊　存十種

330000 - 1741 - 0011035　綫615/1183　子部/醫家類/兒科之屬/通論

慈幼新書十二卷首一卷　(明)張介賓撰　(清)程雲鵬輯　清嘉慶十一年(1806)玉詔堂刻本　四冊

330000 - 1741 - 0011038　綫088/3111　類叢部/叢書類/家集之屬

叢睦汪氏遺書十九種　(清)汪篪編　清光緒十二年(1886)錢唐汪氏長沙刻本　三十二冊

330000 - 1741 - 0011041　綫615.3/2545　子部/醫家類/兒科之屬/痘疹

麻症集成四卷　(清)朱載揚撰　清宣統元年(1909)紹興公報社鉛印本　一冊

330000 - 1741 - 0011043　特5/053A　集部/總集類/選集之屬/通代

文選六十卷　(南朝梁)蕭統輯　(唐)李善注　清乾隆二十七年(1762)雲林楊氏儒纓堂刻本　八冊

330000 - 1741 - 0011046　綫851.3174/3423.1　集部/總集類/選集之屬/通代

古詩源十四卷　(清)沈德潛輯　清光緒刻本　四冊

330000 - 1741 - 0011048　特4/039　集部/別集類/清別集

曾滌生與胡潤之尺牘十二通　(清)曾國藩撰　稿本　一冊

330000 - 1741 - 0011049　綫088/1024　類叢部/叢書類/家集之屬

富陽夏氏叢刻七種　夏震武　夏鼎武撰　清光緒至民國刻民國九年(1920)彙印本　四冊

330000 - 1741 - 0011052　綫616/0033　子部/醫家類/類編之屬

中西匯通醫書五種　(清)唐宗海撰　清光緒三十四年(1908)上海千頃堂書局石印本　一冊　存一種

330000　1741 - 0011054　綫613.7/1263 - 3　子部/醫家類/眼科之屬

銀海精微四卷　題(唐)孫思邈撰　清金閶書業堂刻本　二冊

330000 - 1741 - 0011057　特5/002　類叢部/叢書類/彙編之屬

經訓堂叢書二十一種　(清)畢沅編　清乾隆至嘉慶鎮洋畢氏刻本　四十八冊

330000 - 1741 - 0011058　特4/064　集部/總集類/郡邑之屬

江西詩徵九十四卷附刻一卷補遺一卷　(清)曾燠輯　清嘉慶九年(1804)南城曾氏賞雨茅屋刻本　四十八冊

330000 - 1741 - 0011060　綫615.2/8022　子部/醫家類/兒科之屬/痘疹

增補秘傳痘疹玉髓金鏡錄真本四卷圖像一卷　(明)翁仲仁撰　(清)陸道元補遺　(清)陸道光參補　清道光二十年(1840)掃葉山房刻本　一冊

330000－1741－0011063　特4/057　集部/總集類/彙編之屬

唐詩百名家全集　（清）席啓寓輯　清康熙四十一年(1702)洞庭席氏琴川書屋刻本　六冊　存十一種

330000－1741－0011067　特4/056　集部/總集類/選集之屬/通代

歷代文歸一百六卷　（明）鍾惺輯並評　明崇禎刻本　八冊　存十六卷(左傳文歸一至十、國語文歸一至六)

330000－1741－0011069　特5/015.3　經部/周禮類/傳說之屬

周禮政要二卷　（清）孫詒讓撰　清光緒二十八年(1902)瑞安普通學堂刻本　二冊

330000－1741－0011073　特4/059　集部/總集類/選集之屬/斷代

明詩去浮四卷　（清）施何牧輯　清抄本　四冊

330000－1741－0011074　特5/015.4、特5/015.5、特5/015.7、特5/015.8、特5/015.10、特5/015.11、特5/015.18　類叢部/叢書類/自著之屬

瑞安孫氏遺書　（清）孫詒讓撰　清光緒至民國廣明書社刻本、石印本、鉛印本　王煥鑣孫延釗題記　十九冊　存七種

330000－1741－0011077　綫844.17/7772　集部/別集類/唐五代別集

唐歐陽先生文集八卷附錄一卷　（唐）歐陽詹撰　（明）徐焴輯　清道光十年(1830)刻光緒二十二年(1896)補刻本　四冊

330000－1741－0011079　綫847.6/7277.1　集部/別集類/清別集

劉孟塗集四十四卷　（清）劉開撰　清道光六年(1826)姚氏檗山草堂刻本　八冊

330000－1741－0011080　特4/068　集部/別集類/唐五代別集

杜詩瑣證二卷　（清）史炳撰　清抄本　二冊

330000－1741－0011081　特5/005　類叢部/

叢書類/彙編之屬

雙楳景闇叢書十六種　葉德輝編　清光緒至宣統長沙葉氏郎園刻本　四冊　存十一種

330000－1741－0011085　綫086.23401/78　類叢部/叢書類/郡邑之屬

永嘉叢書十五種　（清）孫衣言編　清同治至光緒瑞安孫氏詒善祠塾刻光緒武昌書局彙印本　六十二冊　存十一種

330000－1741－0011086　特5/015.19　史部/傳記類/科舉錄之屬/歷科鄉試錄

[同治丁卯科並補行甲子科]浙江鄉試硃卷不分卷　（清）□□撰　清末刻本　一冊

330000－1741－0011087　善2/521A　史部/史抄類

歷代史纂左編一百四十二卷　（明）唐順之撰　明嘉靖四十年(1561)胡宗憲刻本　三十一冊　存六十八卷(一至五、二十六至三十、三十四至五十、五十六至六十、六十三至六十四、九十三至九十八、一百四至一百五、一百八至一百九、一百十四至一百二十一、一百二十三至一百二十九、一百三十二至一百四十)

330000－1741－0011088　特5/12　類叢部/叢書類/自著之屬

景紫堂全書十一種　（清）夏炘撰　清咸豐至同治刻同治元年(1862)王光甲等彙印本　二十一冊　存九種

330000－1741－0011089　特5/016　經部/叢編

孔叢伯說經五稿附一種　（清）孔廣林撰　**通德遺書所見錄七十二卷**　（漢）鄭玄撰　（清）孔廣林輯　清嘉慶抄本　十一冊

330000－1741－0011090　特5/013　類叢部/叢書類/自著之屬

成氏遺書二十七種　（清）成孺(蓉鏡)撰　清末抄本　四冊　存七種

330000－1741－0011091　綫615.2/4422　子部/醫家類/兒科之屬/痘疹

痘疹專門二卷　（清）董維嶽撰　清道光十三

年(1833)晉介書業德記刻本　二冊

330000－1741－0011093　綫612.2/7752　子部/醫家類/傷寒金匱之屬/傷寒論

傷寒論三註十六卷　（清）周揚俊輯　清光緒十三年(1887)味經堂刻本　八冊

330000－1741－0011094　特5/022　類叢部/叢書類/家集之屬

董氏遺書四種　（清）董若洵編　清咸豐至同治刻彙印本　三冊

330000－1741－0011095　特5/017　經部/叢編

許學叢刻九種　（清）許頌鼎　（清）許淮祥輯　清光緒十三年(1887)海寧許氏古均閣刻本　四冊

330000－1741－0011097　特5/014　類叢部/叢書類/自著之屬

杜蓮衙雜著　（清）杜聯撰　稿本　二十四冊

330000－1741－0011098　特5/024　類叢部/叢書類/彙編之屬

誦芬室叢刊二十二種　董康編　清光緒三十四年至民國十四年(1908－1925)武進董氏刻本　八冊　存一種

330000－1741－0011099　特5/023　集部/總集類/選集之屬/斷代

七子詩選十四卷　（清）沈德潛選　清乾隆刻本　四冊

330000－1741－0011103　特5/015.16　史部/政書類/公牘檔冊之屬

溫處學務分處暫定學堂管理法一卷　（清）溫處學務分處撰　清光緒三十二年(1906)時中書局鉛印本　一冊

330000－1741－0011104　特5/018　經部/小學類/音韻之屬/韻書

江氏音學十書七種附一種　（清）江有誥撰　清嘉慶至道光刻本　四冊

330000－1741－0011105　綫088/4480　類叢部/叢書類/家集之屬

琴川黃氏三集　（清）黃廷鑑輯　清道光二十年(1840)黃氏刻二十一年(1841)張承霖等續刻本　八冊

330000－1741－0011106　綫088/1010w3　類叢部/叢書類/家集之屬

王氏四種　（清）王念孫　（清）王引之撰　清光緒二十一年(1895)上海鴻文書局石印本　十四冊

330000－1741－0011107　綫088/0022　類叢部/叢書類/家集之屬

桐城方氏七代遺書二十種　（清）方昌翰輯　清光緒十四年(1888)刻本　十冊

330000－1741－0011110　特5/015.15　史部/政書類/儀制之屬/專志/科舉校規

算學書院章程一卷學規一卷　（清）黃紹第等撰　清光緒刻本　一冊

330000－1741－0011111　特5/015.14　史部/政書類/儀制之屬/專志/科舉校規

詒善祠塾課約一卷　（清）孫詒讓撰　清光緒刻本　一冊

330000－1741－0011115　特5/015.13　史部/目錄類/通論之屬/藏書約

徵訪溫州遺書約一卷逐學齋收藏鄉先哲遺書目錄一卷　（清）孫詒讓撰　清光緒瑞安孫氏刻本　孫延釗題記　一冊　存一卷（徵訪溫州遺書約）

330000－1741－0011116　綫617.3/0042　子部/醫家類/婦科之屬

萃芳集九卷　（清）高斗魁撰　**羅田萬密齋家藏婦人秘科三卷**　（明）萬全撰　**竹林寺女科秘方世寶一卷**　（清）竹林寺僧撰　清石竹齋抄本　六冊

330000－1741－0011117　綫088/0821　類叢部/叢書類/家集之屬

安吉施氏遺著五種　（清）戴翊清　（清）朱廷鑾編　清光緒十七年(1891)刻本　二冊

330000－1741－0011118　綫088/1010w1　集部/總集類/氏族之屬

繡水王氏家藏集　（清）王相輯　清道光至光緒繡水王氏刻本　十二冊

330000－1741－0011119　特5/015.17　史部/政書類/公牘檔冊之屬

溫處學務分處暫用章程一卷　（清）孫詒讓撰　清光緒石印本　一冊

330000－1741－0011120　綫612.5/1044、綫617.4/1044－1　子部/醫家類/類編之屬

潛齋醫書三種　（清）王士雄撰　清咸豐元年（1851）吟香書屋刻本　四冊

330000－1741－0011124　綫補835.9/7511　集部/總集類/選集之屬/通代

文儷十八卷　（明）陳翼飛輯　明萬曆三十八年（1610）刻本　十七冊　缺一卷（十六）

330000－1741－0011125　綫612.3/4310－0　子部/醫家類/溫病之屬/瘟疫

廣瘟疫論四卷末一卷　（清）戴天章撰　清光緒三十二年（1906）漢川劉氏果育軒鉛印本　一冊

330000－1741－0011130　綫088/4410　類叢部/叢書類/家集之屬

董氏叢書十六種　（清）董金鑑編　清光緒三十二年（1906）會稽董氏取斯家塾刻本　十二冊

330000－1741－0011131　綫612.2/7235－2　子部/醫家類/傷寒金匱之屬/傷寒論

劉河間傷寒六書附二種　（金）劉完素等撰　清宣統元年（1909）上海千頃堂書局石印本　四冊　缺一種

330000－1741－0011133　綫612.3/2649－2　子部/醫家類/溫病之屬/瘟疫

瘟疫論補註二卷　（明）吳有性撰　（清）鄭重光補註　清光緒六年（1880）掃葉山房刻本　二冊

330000－1741－0011134　綫088/1010.1　集部/總集類/氏族之屬

高郵王氏家集十九卷　（清）王安國等撰　清咸豐七年（1857）王恩沛、王恩泰刻民國十八年（1929）補刻本　四冊　存十五卷（王光祿遺文集一至六、王文肅公遺文、王文簡公遺集一至八）

330000－1741－0011135　綫088/0742　類叢部/叢書類/家集之屬

莆田郭氏遺書五種　（清）郭尚先　（清）郭篯齡撰　清同治刻本　五冊

330000－1741－0011136　綫612.5/4204　子部/醫家類/溫病之屬/瘟疫

霍亂新論一卷　（清）姚訓恭撰　清光緒二十八年（1902）姚訓恭刻本　一冊

330000－1741－0011137　綫612.2/5324　子部/醫家類/傷寒金匱之屬/傷寒論

傷寒補天石二卷續二卷　（明）戈維城撰　清刻本　四冊

330000－1741－0011138　綫612.3/3133　子部/醫家類/傷寒金匱之屬/傷寒論

張仲景傷寒雜病論合編一卷　（清）汪宗沂撰　清光緒十四年（1888）刻本　一冊

330000－1741－0011139　綫612.3/0834　子部/醫家類/溫病之屬/瘟疫

溫症痳疹辨證一卷　（清）許汝楫撰　清光緒十四年（1888）刻本　一冊

330000－1741－0011143　綫089.523/7438　類叢部/叢書類/自著之屬

陸放翁全集六種　（宋）陸游撰　清光緒五年（1879）益陽丁氏養雲書屋刻本　四十六冊

330000－1741－0011144　綫612.2/4020　子部/醫家類/傷寒金匱之屬/傷寒論

訂正仲景傷寒論釋義不分卷　（清）李續文撰　清宣統元年（1909）上海文瑞樓刻本　六冊

330000－1741－0011145　綫088/7529.1　類叢部/叢書類/自著之屬

陳氏袌露軒叢書四種　（清）陳本禮撰　清嘉慶陳氏袌露軒刻本　二冊　存一種

330000－1741－0011146　綫612.4/0175　子部/醫家類/内科之屬/其他内科病證

重刻痰火點雪四卷　（明）龔居中撰　清嘉慶九年（1804）星聚樓刻本　四冊

330000－1741－0011149　綫615.3/0411　子部/醫家類/兒科之屬/痘疹

麻科活人全書四卷　（清）謝玉瓊輯　**產寶一卷**　（清）倪枝維撰　（清）許楗訂正　清光緒二十五年（1899）安福劉楡生知不足齋刻本　四冊

330000－1741－0011150　綫088.276/1024　類叢部/叢書類/彙編之屬

功順堂叢書十八種　（清）潘祖蔭編　清光緒吳縣潘氏刻本（周人經說卷五至八原缺）　一冊　存一種

330000－1741－0011152　綫612.2/4412　子部/醫家類/類編之屬

黃氏醫書八種　（清）黃元御撰　清同治五年（1866）刻本　二冊　存一種

330000－1741－0011154　綫088/7529.3、綫088/7529.4　類叢部/叢書類/自著之屬

陳氏裛露軒叢書四種　（清）陳本禮撰　清嘉慶陳氏裛露軒刻本　八冊

330000－1741－0011155　綫614.4/1161　子部/醫家類/婦科之屬/產科

產孕集二卷　（清）張曜孫撰　**產孕集補遺一卷**　（清）包誠纂輯　清同治七年（1868）蘊璞齋刻本　一冊

330000－1741－0011156　綫613.7/3186　子部/醫家類/眼科之屬

銀海指南四卷　（清）顧錫撰　清嘉慶十五年（1810）松江文萃堂刻本　八冊

330000－1741－0011157　綫612.2/5034　子部/醫家類/傷寒金匱之屬/傷寒論

傷寒大白四卷　（清）秦之楨撰　清光緒十年（1884）還讀樓刻本　四冊

330000－1741－0011158　綫089.66/1032　集部/別集類/明別集

王文成公全書三十八卷　（明）王守仁撰　清光緒浙江書局刻本　二十四冊

330000－1741－0011159　綫089.523/0000　集部/別集類/宋別集

稼軒集鈔存四卷首一卷末一卷詞四卷補遺一卷　（宋）辛棄疾撰　（清）辛啟泰編　清嘉慶十六年（1811）萬載辛氏清修學館刻本　六冊

330000－1741－0011161　綫089.523/7500.1　集部/別集類/宋別集

龍川文集三十卷首一卷　（宋）陳亮撰　清光緒二十七年（1901）義烏陳玉梁崇本堂刻本　六冊

330000－1741－0011162　綫089.516/4442　類叢部/叢書類/自著之屬

先少保公石林遺書十三種　（宋）葉夢得撰　清光緒三十年至宣統三年（1904－1911）葉氏觀古堂刻本　十二冊

330000－1741－0011163　綫612.5/8024－1　子部/醫家類/方書之屬

鼠疫抉微四卷　（清）余德壎輯　清宣統二年（1910）滬瀆素盒鉛印本　一冊

330000－1741－0011164　綫089.66/2749　集部/別集類/明別集

震川大全集三十卷別集十卷餘集八卷補集八卷　（明）歸有光撰　清宣統二年（1910）上海國學扶輪社石印本　十二冊

330000－1741－0011165　綫088/7529.2　類叢部/叢書類/家集之屬

江都陳氏叢書七種　（清）陳本禮　（清）陳逢衡撰　清嘉慶至道光刻本　八冊　存一種

330000－1741－0011166　綫612.3/5040　子部/醫家類/溫病之屬/其他溫疫病證

溫病指南二卷　（清）婁杰輯　（清）蕭惠清訂　清光緒二十九年（1903）聽虛館刻本　一冊

330000－1741－0011167　綫089.66/1032/C1　集部/別集類/明別集

王文成公全書三十八卷　（明）王守仁撰　清光緒浙江書局刻民國十七年（1928）浙江圖書館補刻本　二十四冊

330000－1741－0011169　綫089.65/4457

集部/别集類/明别集
懷麓堂詩稿二十卷文稿三十卷詩後稿十卷文後稿三十卷雜記十卷 （明）李東陽撰 **年譜一卷** （清）朱景英編 **明李文正公[東陽]年譜七卷** （清）法式善輯 （清）唐仲冕增補 清嘉慶八年(1803)茶陵李氏刻龍下學易堂印本 二十二册

330000-1741-0011170 綫089.577/4624
集部/别集類/元别集
鐵崖詩集三種首一卷 （元）楊維禎撰 （清）樓卜瀍註 清乾隆三十九年(1774)聯桂堂刻光緒十四年(1888)諸暨樓氏崇德堂補刻本 六册

330000-1741-0011173 綫089.72/3603
類叢部/叢書類/自著之屬
湯文正公全集七種 （清）湯斌撰 清同治九年(1870)蘇廷魁等刻本 三十二册

330000-1741-0011174 綫089.63/4413
集部/别集類/明别集
文清公薛先生文集二十四卷讀書錄十一卷讀書續錄十二卷行實錄五卷年譜一卷從政名言一卷理學粹言一卷公策問一卷 （明）薛瑄撰 （明）張鼎編 清乾隆三十年(1765)刻本 十三册

330000-1741-0011175 綫613.4/1180 子部/醫家類/外科之屬/癰疽、疔瘡
刺疔捷法一卷 （清）張鏡撰 **考正穴法一卷** （清）王鋆輯 清光緒五年(1879)王鋆刻本 一册

330000-1741-0011176 綫089.67/3135
類叢部/叢書類/自著之屬
顧端文公遺書十五種附一種 （明）顧憲成撰 清光緒三年(1877)涇里顧氏宗祠刻本(證性編卷七至八原缺) 十册 存十一種

330000-1741-0011181 綫089.72/3603:1
類叢部/叢書類/自著之屬
湯文正公全集七種 （清）湯斌撰 清同治九年(1870)蘇廷魁等刻本 十六册 存四種

330000-1741-0011182 綫090.876/7110:4
經部/叢編
宋本十三經注疏四百十六卷 附十三經注疏校勘記四百十六卷 （清）阮元撰 （清）盧宣旬摘録 **十三經注疏校勘記識語四卷** （清）汪文臺撰 清光緒十三年(1887)上海脈望仙館石印本 三十二册

330000-1741-0011183 綫089.69/4439
集部/别集類/明别集
陶菴集二十二卷首一卷末一卷 （明）黄淳燿撰 清光緒五年至七年(1879-1881)童式穀、宋道南刻本 八册

330000-1741-0011184 綫089.69/7237
集部/别集類/明别集
劉子全書四十卷首一卷 （明）劉宗周撰 （清）董瑒編 清道光四年至十五年(1824-1835)蕭山王宗炎等刻本 十六册

330000-1741-0011185 綫617.3/1224 子部/醫家類/方書之屬/單方驗方
新刊良朋彙集五卷補遺一卷 （清）孫偉輯 清光緒九年(1883)埽葉山房刻本 六册

330000-1741-0011186 綫089.72/1112.1
集部/别集類/清别集
蒿菴集三卷 （清）張爾岐撰 **附録一卷** 清乾隆三十八年(1773)胡德琳刻本 一册

330000-1741-0011187 綫000243 新學/雜著/叢編
江南製造局叢刊(江南製造局譯書) （清）江南製造局編 清光緒江南製造局刻本暨鉛印本 三册 存一種

330000-1741-0011188 綫089.72/1112
集部/别集類/清别集
蒿菴集三卷拾遺一卷閒話二卷 （清）張爾岐撰 **附録一卷** 清光緒十五年(1889)山東書院刻本 三册

330000-1741-0011191 綫089.63/5502
類叢部/叢書類/自著之屬
曹月川先生遺書十種 （明）曹端撰 清道光

十二年(1832)刻本　十冊　存九種

330000－1741－0011192　綫617.3/3305　子部/醫家類/方書之屬

不知醫必要四卷　(清)梁廉夫撰　清光緒七年(1881)刻本　四冊

330000－1741－0011193　綫617.3/4430　子部/醫家類/方書之屬

壽世新編不分卷　(清)萬潛齋輯　清光緒十八年(1892)道合山房刻本　三冊

330000－1741－0011194　綫614.4/7721　子部/醫家類/婦科之屬/產科

胎產心法三卷　(清)閻純璽撰　清同治四年(1865)敬敷堂刻本　六冊

330000－1741－0011195　綫617.3/4009　子部/醫家類/方書之屬/單方驗方

仙拈集四卷　(清)李文炳輯　清嘉慶十五年(1810)晉介書業德記刻本　四冊

330000－1741－0011196　綫617.3/4794　子部/醫家類/方書之屬/成方藥目

胡慶餘堂丸散膏丹全集不分卷續增一卷　(清)胡光墉編　清光緒三年(1877)胡慶餘堂雪記刻本　一冊

330000－1741－0011197　綫089.523/7500　類叢部/叢書類/郡邑之屬

金華文萃　(清)胡鳳丹編　清同治永康胡氏退補齋刻本　八冊　存一種

330000－1741－0011198　綫089.72/1144　集部/別集類/清別集

篤素堂文集四卷　(清)張英撰　**澄懷園語四卷**　(清)張廷玉撰　清同治十年(1871)張紹文刻本　二冊

330000－1741－0011200　綫614.1/8022　子部/醫家類/類編之屬

曾氏醫書四種　(清)曾鼎撰　清嘉慶十九年(1814)忠恕堂刻本　四冊　存一種

330000－1741－0011201　綫089.69/7237＊2　集部/別集類/明別集

劉子全書遺編二十四卷首一卷　(明)劉宗周撰　(清)沈復粲輯　清道光三十年(1850)刻光緒十八年(1892)重修本　六冊

330000－1741－0011202　綫090.876/7110.3　經部/叢編

宋本十三經注疏四百十六卷　**附十三經注疏校勘記四百十六卷**　(清)阮元撰　(清)盧宣旬摘録　**十三經注疏校勘記識語四卷**　(清)汪文臺撰　清光緒十三年(1887)上海脈望仙館石印本　三十二冊

330000－1741－0011203　綫617.3/2624　子部/醫家類/推拿按摩外治之屬

理瀹駢文不分卷略言一卷續增略言三卷附膏藥方一卷銅人十二經絡明堂之圖一卷二十一膏一卷治心病方一卷存濟堂藥局修合施送方并加藥法一卷　(清)吳師機撰　清光緒五年(1879)王賓等刻七年(1881)王宗壽上海普育堂增刻十二年(1886)揚州存濟堂補刻本　四冊

330000－1741　0011204　綫089.72/2322.1　類叢部/叢書類/自著之屬

傅山遺書(王註傅青主集)　(清)傅山撰　(清)王晉榮輯　清光緒三十三年(1907)平遙王氏刻本　四冊　存三種

330000－1741－0011205　綫617.3/0760　類叢部/叢書類/彙編之屬

平津館叢書八集三十八種　(清)孫星衍編　清嘉慶蘭陵孫氏刻本　二冊　存二種

330000－1741－0011206　綫089.72/4327　類叢部/叢書類/自著之屬

西堂全集二種附一種　(清)尤侗撰　清刻本　二十四冊

330000－1741－0011207　綫617.3/4978　子部/醫家類/方書之屬/單方驗方

串雅內編四卷　(清)趙學敏輯　清光緒十四年(1888)榆園刻本　三冊

330000－1741－0011208　綫090.876/7110.3：3　經部/叢編

宋本十三經注疏四百十六卷　附十三經注疏校勘記四百十六卷　（清）阮元撰　（清）盧宣旬摘録　十三經注疏校勘記識語四卷　（清）汪文臺撰　清光緒十三年（1887）上海脈望仙館石印本　三十二冊

330000－1741－0011209　綫089.72/4094：1
類叢部/叢書類/自著之屬

榕村全書三十二種附十種　（清）李光地撰
清道光九年（1829）安溪李維迪刻本　五冊

330000－1741－0011210　綫610.3/2624　子部/醫家類/類編之屬

豫醫雙璧二種　（清）吳重憙編　清宣統元年（1909）梁園節署鉛印本　八冊

330000－1741－0011212　綫089.72/3191
類叢部/叢書類/自著之屬

顧亭林先生遺書十種補遺十一種　（清）顧炎武撰　清蓬瀛閣刻吳縣朱記榮增刻光緒三十二年（1906）彙印本　七冊　存七種

330000－1741－0011213　綫610.2/3244　子部/醫家類/類編之屬

韓園醫學六種　（清）潘霨編　清光緒九年至十年（1883－1884）江西書局刻本　十二冊

330000－1741－0011215　綫090.876/7110.3
經部/叢編

重栞宋本十三經注疏四百十六卷　附十三經注疏校勘記四百十六卷　（清）阮元撰　（清）盧宣旬摘録　清嘉慶二十年（1815）南昌府學刻道光六年（1826）盱江朱華臨重校印本　一百九十六冊

330000－1741－0011216　綫089.72/4327a
類叢部/叢書類/自著之屬

西堂全集二種附一種　（清）尤侗撰　清善成堂刻本　二十四冊

330000－1741－0011217　綫610.2/1042　子部/醫家類/類編之屬

當歸草堂醫學叢書初編十種　（清）丁丙編
清光緒四年（1878）錢塘丁氏當歸草堂刻本
十二冊

330000－1741－0011221　綫617.3/4414　子部/醫家類/綜合之屬/通論

醫宗說約六卷　（清）蔣示吉撰　清光緒十四年（1888）上海江左書林昌記刻本　六冊

330000－1741－0011222　綫617.3/4423－1
類叢部/叢書類/彙編之屬

平津館叢書八集三十九種　（清）孫星衍編
清嘉慶蘭陵孫氏刻本　一冊　存一種

330000－1741－0011224　綫617.3/4412　子部/醫家類/内科之屬/虛勞

十藥神書一卷　（元）葛乾孫撰　清光緒五年（1879）潘氏敏德堂刻本　一冊

330000－1741－0011225　綫617.3/4921－1
子部/醫家類/綜合之屬/通論

醫貫六卷　（明）趙獻可撰　（明）呂留良評
清同治六年（1867）文英堂刻本　四冊

330000－1741－0011227　綫617.3/6860　子部/醫家類/類編之屬

喻氏醫書三種　（清）喻昌撰　清上海廣益書局石印本　六冊

330000－1741－0011228　綫617.3/6036　子部/醫家類/類編之屬

中西醫萃三卷　（清）羅定昌撰　清光緒上海千頃堂書局石印本　四冊

330000－1741－0011230　綫617.4/1044　子部/醫家類/類編之屬

潛齋醫書五種　（清）王士雄撰　清光緒二十二年（1896）上海圖書集成局鉛印本　三冊
存二種

330000－1741－0011234　綫611/1032－1
子部/醫家類/醫理之屬/綜合

醫林改錯二卷　（清）王清任撰　清星沙經濟堂刻本　一冊

330000－1741－0011235　綫089.74/2613
類叢部/叢書類/郡邑之屬

金陵叢刻十五種　（清）傅春官輯　清光緒二十三年至三十一年（1897－1905）江寧傅氏晦齋刻本　四冊　存一種

330000－1741－0011236　綫089.73/4421
類叢部/叢書類/自著之屬

鹿洲全集八種　（清）藍鼎元撰　清雍正十年
(1732)刻光緒六年(1880)藍佐修補刻本　二
十四冊

330000－1741－0011237　綫089.74/2128
類叢部/叢書類/自著之屬

古三疾齋三種附一種　（清）何綸錦撰　清嘉
慶刻本　八冊

330000－1741－0011238　綫617.4/2688　子
部/醫家類/醫案之屬

臨證醫案筆記六卷　（清）吳簴撰　清道光十
六年(1836)樹滋堂刻本　六冊

330000－1741－0011239　綫089.74/2800
類叢部/叢書類/自著之屬

徐位山先生六種　（清）徐文靖撰　清光緒二
年(1876)刻本　二十四冊

330000－1741－0011240　綫089.74/1204：1
　類叢部/叢書類/自著之屬

㫋軒孔氏所著書七種　（清）孔廣森撰　清乾
隆至嘉慶刻嘉慶二十二年(1817)曲阜孔氏儀
鄭堂彙印本　十冊

330000－1741－0011241　綫089.74/0044
類叢部/叢書類/自著之屬

抗希堂十六種（抗希堂全集）　（清）方苞撰
清康熙至嘉慶刻彙印本　十八冊　存九種

330000－1741－0011242　綫617.3/5524　子
部/醫家類/綜合之屬/通論

醫醇賸義四卷醫方論四卷　（清）費伯雄撰
清光緒三年(1877)刻本　六冊

330000－1741－0011243　綫090.876/7110.1
　經部/叢編

**重栞宋本十三經注疏四百十六卷　附十三經
注疏校勘記四百十六卷**　（清）阮元撰　（清）
盧宣旬摘録　清嘉慶二十年(1815)南昌府學
刻道光六年(1826)盱江朱華臨重校印本　一
百八十冊

330000－1741－0011244　綫089.72/3603a

類叢部/叢書類/自著之屬

湯文正公遺書　（清）湯斌撰　清乾隆至道光
七年(1827)刻彙印本　十冊　存八種

330000－1741－0011246　綫089.74/4047
類叢部/叢書類/自著之屬

杭大宗七種叢書　（清）杭世駿撰　清乾隆杭
賓仁羊城刻本　八冊

330000－1741－0011247　綫089.74/1320
類叢部/叢書類/自著之屬

授堂遺書七種附録二卷　（清）武億撰　清道
光二十三年(1843)偃師武氏刻本　十六冊

330000－1741－0011250　綫089.74/4402
經部/叢編

茹氏經學十二種二十二卷　（清）茹敦和撰
清乾隆刻本　十冊

330000－1741－0011251　綫617.3/1458　子
部/醫家類/方書之屬/單方驗方

絳囊撮要五卷續刻五卷　（清）雲川道人輯
清道光十五年(1835)惜心書屋刻本　一冊

330000－1741－0011252　綫089.75/4917
類叢部/叢書類/自著之屬

甌北全集七種　（清）趙翼撰　清光緒二年至
三年(1876－1877)滇南唐氏刻本　三十七冊

330000－1741－0011253　綫617.3/2682　子
部/醫家類/綜合之屬/通論

醫學心悟五卷附外科十法一卷　（清）程國彭
撰　清光緒二十年(1894)上海圖書集成印書
局石印本　三冊

330000－1741－0011255　綫617.3/7415　子
部/醫家類/方書之屬/單方驗方

經驗良方三卷附良方一卷　（清）陸成本撰
清咸豐七年(1857)刻本　四冊

330000－1741－0011257　綫090.876/7110.2
　經部/叢編

**重栞宋本十三經注疏四百十六卷　附十三經
注疏校勘記四百十六卷**　（清）阮元撰　（清）
盧宣旬摘録　清嘉慶二十年(1815)南昌府學
刻道光六年(1826)盱江朱華臨重校印本　一

百六十冊

330000－1741－0011258　綫617.3/7543　子部/醫家類/内科之屬/其他内科病證

琅嬛青囊要四卷　（清）陳太初輯　清嘉慶八年(1803)抱蘭軒木活字印本　四冊

330000－1741－0011261　綫089.74/8799　集部/別集類/清別集

板橋集六卷　（清）鄭燮撰　清清暉書屋刻本　四冊

330000－1741－0011263　綫089.74/4047：1　類叢部/叢書類/自著之屬

杭大宗七種叢書　（清）杭世駿撰　清乾隆杭賓仁羊城刻本　二冊　存二種

330000－1741－0011264　綫618.1/1091－1　類叢部/叢書類/彙編之屬

玉海堂景宋元本叢書　劉世珩編　清光緒至民國貴池劉氏玉海堂影刻本　二冊　存一種

330000－1741－0011265　綫617.3/1011　子部/醫家類/方書之屬/單方驗方

絳雪園古方選註不分卷附得宜本草一卷　（清）王子接輯　清掃葉山房刻本　四冊

330000－1741－0011266　綫617.4/2631　子部/醫家類/醫案之屬

續名醫類案三十六卷　（清）魏之琇撰　清光緒十一年(1885)信述堂刻本　三十六冊

330000－1741－0011268　綫089.75/1041　集部/別集類/清別集

淵雅堂全集五十六卷　（清）王芑孫撰　**波餘遺藁一卷首一卷附錄二卷**　（清）王翼孫撰　**寫韻軒小藁二卷**　（清）曹貞秀撰　清嘉慶八年至二十五年(1803－1820)刻本　十冊　存三十卷(編年詩藁一至二十,詩外集一至二,瑤想詞,編年詩續藁,首、波餘遺藁、附錄一至二,寫韻軒小藁一至二)

330000－1741－0011269　綫089.74/4626　類叢部/叢書類/自著之屬

楊氏全書八種三十六卷　（清）楊名時撰　清乾隆五十九年(1794)江陰葉廷甲水心草堂刻

本　十冊

330000－1741－0011271　綫089.75/4217　類叢部/叢書類/自著之屬

惜抱軒全集十種　（清）姚鼐撰　清嘉慶至道光刻本　十六冊

330000－1741－0011272　綫089.75/8002　類叢部/叢書類/自著之屬

蘇齋叢書十八種　（清）翁方綱撰　清乾隆至嘉慶刻彙印本　四冊　存三種

330000－1741－0011273　綫089.75/2022　類叢部/叢書類/自著之屬

焦氏叢書九種附一種　（清）焦循撰　清嘉慶至道光江都焦氏雕菰樓刻本　二十冊

330000－1741－0011275　綫089.75/4433　類叢部/叢書類/自著之屬

珍埶宧遺書十一種　（清）莊述祖撰　清嘉慶至道光武進莊氏脊令舫刻本　十二冊

330000－1741－0011277　綫089.74/4047：2　類叢部/叢書類/自著之屬

杭大宗七種叢書　（清）杭世駿撰　清乾隆杭賓仁羊城刻本　一冊　缺二種

330000－1741－0011278　綫617.3/0172　子部/醫家類/方書之屬/歷代方書

增訂醫方易簡十卷　（清）龔自璋　（清）黃統輯　清光緒九年(1883)揚州刻本　十冊

330000－1741－0011279　綫089.75/7225　類叢部/叢書類/彙編之屬

廣雅書局叢書一百五十九種　徐紹榮編　清光緒廣雅書局刻民國九年(1920)番禺徐紹榮彙編重印本　二冊　存一種

330000－1741－0011281　綫610.4/2844－4　子部/醫家類/類編之屬

徐靈胎醫書六種　（清）徐大椿撰　清半松書屋刻本　十冊

330000－1741－0011282　綫089.75/4217：1　類叢部/叢書類/自著之屬

惜抱軒遺書三種　（清）姚鼐撰　清光緒五年

（1879）桐城徐宗亮刻本　　四冊

330000－1741－0011283　　綫090.876/7110
經部/叢編

**重栞宋本十三經注疏四百十六卷　附十三經
注疏校勘記四百十六卷** 　（清）阮元撰　（清）
盧宣旬摘録　清嘉慶二十年（1815）南昌府學
刻道光六年（1826）盱江朱華臨重校印本　一
百五十七冊

330000－1741－0011285　　綫617.3/7220　子
部/醫家類/綜合之屬/通論

醫學集成四卷 　（清）劉仕廉撰　清同治十二
年（1873）刻本　　四冊

330000－1741－0011286　　綫617.4/4445　子
部/醫家類/醫案之屬

葉氏醫案存真三卷 　（清）葉桂撰　（清）葉萬
青輯　**馬氏醫案并附祁案王案一卷**　（清）馬
儆等撰　清光緒十二年（1886）抱芳閣刻本
四冊

330000－1741－0011287　　綫089.75/7780
類叢部/叢書類/自著之屬

犢山類藁五種 　（清）周鎬撰　清嘉慶二十二
年（1817）啟秀堂刻本　　四冊

330000－1741－0011288　　綫089.76/1127
類叢部/叢書類/自著之屬

張南山全集十二種 　（清）張維屏撰　清道光
至咸豐刻本　　四十冊

330000－1741－0011289　　綫089.75/7225/C1
類叢部/叢書類/彙編之屬

廣雅書局叢書一百五十九種 　徐紹棨編　清
光緒廣雅書局刻民國九年（1920）番禺徐紹棨
彙編重印本　　二冊　存一種

330000－1741－0011290　　綫617.3/7220/C1
子部/醫家類/綜合之屬/通論

醫學集成四卷 　（清）劉仕廉撰　清刻本
四冊

330000－1741－0011291　　綫089.75/7225.1
類叢部/叢書類/自著之屬

劉端臨先生遺書八種 　（清）劉台拱撰　清道

光十四年（1834）揚州阮恩海刻光緒印本
四冊

330000－1741－0011293　　綫089.76/3466
經部/叢編

蜚雲閣凌氏叢書六種 　（清）凌曙撰　清嘉慶
至道光江都凌氏蜚雲閣刻本　　十四冊　缺
一種

330000－1741－0011296　　綫089.76/0070
類叢部/叢書類/自著之屬

章氏遺書二種 　（清）章學誠撰　清道光十二
年至十三年（1832－1833）會稽章華紱刻浙江
書局補刻本　　五冊

330000－1741－0011299　　綫617.5/0833　子
部/醫家類/綜合之屬/通論

東醫寶鑑二十四卷目録二卷 　（朝鮮）許浚撰
清道光十一年（1831）富春堂刻本　　二十五
冊　缺三卷（外形篇一至三）

330000－1741－0011300　　綫089.76/4234
類叢部/叢書類/自著之屬

小謨觴館全集三種 　（清）彭兆蓀撰　（清）孫
元培　（清）孫長熙注　清光緒鎮洋繆朝荃刻
三十二年（1906）彙印本　　二十冊

330000－1741－0011301　　綫617.4/2684　子
部/醫家類/醫案之屬

三家醫案合刻附二種 　（清）吳金壽編　清道
光十一年（1831）吳氏貯春僊館刻本　　四冊

330000－1741－0011302　　綫089.76/0070：2
類叢部/叢書類/自著之屬

章氏遺書二種 　（清）章學誠撰　清道光十二
年至十三年（1832－1833）會稽章華紱刻浙江
書局、民國浙江圖書館補刻本　　五冊

330000－1741－0011303　　綫619.2/1014－7
史部/政書類/律令之屬/法驗

補註洗冤録集證四卷附刊檢骨圖格一卷
（清）王又槐輯　（清）李觀瀾補輯　（清）阮
其新補注　（清）童濂刪　**作吏要言一卷**
（清）葉鎮撰　（清）朱椿增　清刻三色套印本
陳河清題簽並題記　　二冊

330000－1741－0011304 綫617.4/4444－2
子部/醫家類/醫案之屬

臨證指南醫案十卷種福堂公選溫熱論醫案四卷 （清）葉桂撰 （清）徐大椿評 清光緒十年(1884)掃葉山房刻朱墨套印本 六冊 存六卷（臨證指南醫案一至六）

330000－1741－0011309 綫089.76/3466/C1
經部/叢編

蚳雲閣凌氏叢書六種 （清）凌曙撰 清嘉慶至道光江都凌氏蚳雲閣刻本 八冊

330000－1741－0011310 綫089.76/7543
類叢部/叢書類/自著之屬

三山陳氏家刻左海全集十種 （清）陳壽祺撰 清嘉慶至道光刻本 三十六冊

330000－1741－0011313 綫089.76/0070：2/C1 類叢部/叢書類/自著之屬

章氏遺書二種 （清）章學誠撰 清道光十二年至十三年(1832－1833)會稽章華紱刻浙江書局、民國浙江圖書館補刻本 五冊

330000－1741－0011314 綫089.76/7734
集部/別集類/清別集

陶文毅公全集六十四卷首一卷末一卷 （清）陶澍撰 清道光二十年(1840)淮北士民刻本 二十四冊

330000－1741－0011316 綫089.77/1060
類叢部/叢書類/自著之屬

頤志齋叢書二十二種 （清）丁晏撰 清道光至同治山陽丁氏六藝堂刻同治元年(1862)彙印本 二十

330000－1741－0011317 綫089.76/6614
類叢部/叢書類/自著之屬

四錄堂類集五種 （清）嚴可均撰 清嘉慶至道光刻本 三冊 存一種

330000－1741－0011319 綫089.77/2574.1
類叢部/叢書類/自著之屬

朱氏羣書六種 （清）朱駿聲撰 清光緒八年(1882)臨嘯閣刻本 五冊

330000－1741－0011320 綫089.75/8346

類叢部/叢書類/家集之屬

嘉定錢氏著述五種 （清）錢大昭 （清）錢東垣撰 清道光嘉定錢氏得自怡齋刻本 二冊

330000－1741－0011322 綫089.77/1088：1
類叢部/叢書類/自著之屬

王菉友先生著書四種 （清）王筠撰 清咸豐二年(1852)賀薏、賀蓉、賀荃刻本 二冊

330000－1741－0011323 綫089.77/2747
類叢部/叢書類/自著之屬

安吳四種 （清）包世臣撰 清同治十一年(1872)湖北包誠注經堂刻光緒十四年(1888)重印本 十六冊

330000－1741－0011325 綫089.77/1088
類叢部/叢書類/自著之屬

王菉友著述九種 （清）王筠撰 清道光至咸豐刻本 八冊

330000－1741－0011326 綫089.76/7734
史部/地理類/遊記之屬/紀行

蜀輶日記四卷 （清）陶澍撰 清道光五年(1825)刻本 二冊

330000－1741－0011327 綫618.1/1137 子部/醫家類/針灸之屬/針法灸法

備急灸法不分卷 （宋）張渙撰 （宋）李耆年輯 清光緒十六年(1890)十瓣同心蘭室刻本 一冊

330000－1741－0011328 綫089.77/2736
類叢部/叢書類/自著之屬

鄒叔子遺書六種附二種 （清）鄒漢勛撰 清光緒八年(1882)鄒代鈞刻本 十二冊

330000－1741－0011330 綫089.77/3107
類叢部/叢書類/自著之屬

平湖顧氏遺書五種 （清）顧廣譽撰 清光緒三年(1877)顧鴻昇刻本 十四冊

330000－1741－0011331 綫089.77/4299
類叢部/叢書類/自著之屬

中復堂全集九種附一種 （清）姚瑩撰 清同治六年(1867)姚濬昌安福縣署刻本 二十八冊

330000－1741－0011335　綫089.77/2574
類叢部/叢書類/自著之屬

朱氏羣書六種　(清)朱駿聲撰　清光緒八年
(1882)臨嘯閣刻本　二冊　存三種

330000－1741－0011344　綫089.76/0054
類叢部/叢書類/自著之屬

儀衛軒全集四種　(清)方東樹撰　清同治方
宗誠刻本　十冊

330000－1741－0011346　綫089.77/4441
類叢部/叢書類/自著之屬

微居遺書十一種　(清)黃式三撰　清同治至
光緒刻本　二十二冊　存六種

330000－1741－0011347　綫089.77/6034
類叢部/叢書類/自著之屬

羅忠節公遺集八種　(清)羅澤南撰　清咸豐
至同治刻本　八冊　缺一種

330000－1741－0011350　綫089.77/2724
類叢部/叢書類/自著之屬

鄒徵君遺書六種附二種　(清)鄒伯奇撰　清
同治十二年(1873)鄒達泉拾芥園刻本　五冊

330000－1741－0011351　綫089.77/4299A
集部/別集類/清別集

大梅山館集四種　(清)姚燮撰　清道光十三
年至咸豐六年(1833－1856)大梅山館刻本
八冊　缺一種

330000－1741－0011352　綫618.2/1283　子
部/醫家類/類編之屬

述古齋幼科新書　(清)張振鋆編　清光緒十
五年(1889)邗上張氏刻本　六冊

330000－1741－0011354　綫089.78/0031
類叢部/叢書類/自著之屬

毋不敬齋全書十七種附一種　(清)方潛撰
清光緒十五年(1889)方剛中、方敦吉濟南刻
二十年(1894)重校續印本　八冊　存三種

330000－1741－0011355　綫617.5/1111　子
部/醫家類/方書之屬/單方驗方

同壽錄四卷尾一卷　(清)曹□撰　(清)項天
瑞輯　清道光二十八年(1848)雲間張鴻東城

司署刻同治八年(1869)明善內務府印本
四冊

330000－1741－0011356　綫089.77/2630/C1
　類叢部/叢書類/自著之屬

有恆心齋集六種附一種　(清)程鴻詔撰　清
同治刻本　六冊　存二種

330000－1741－0011359　綫089.77/2630
類叢部/叢書類/自著之屬

有恆心齋集六種附一種　(清)程鴻詔撰　清
同治刻本　十二冊　存五種

330000－1741－0011363　綫089.78/0038
類叢部/叢書類/自著之屬

高陶堂遺集四種　(清)高心夔撰　清光緒八
年(1882)平湖朱氏經注經齋刻本　一冊

330000－1741－0011364　綫089.78/0046
類叢部/叢書類/自著之屬

今白華堂集六種附一種　(清)童槐撰　清同
治刻本　八冊　缺三種

330000－1741－0011366　綫089.78/4081：1
　類叢部/叢書類/自著之屬

師伏堂叢書十五種　(清)皮錫瑞撰　清光緒
十九年至三十三年(1893－1907)善化皮氏刻
本　十冊　存八種

330000－1741－0011367　綫617.5/3403　子
部/醫家類/方書之屬/單方驗方

洪氏集驗方五卷　(宋)洪遵輯　清末上海千
頃堂書局影印本　二冊

330000－1741－0011368　綫089.78/4435
類叢部/叢書類/自著之屬

庸盦全集六種　(清)薛福成撰　清光緒二十
三年(1897)上海醉六堂石印本　十二冊

330000－1741－0011370　綫617.4/3114　子
部/醫家類/醫案之屬

名醫類案十二卷附錄一卷　(明)江瓘輯　清
同治十年(1871)藏脩堂刻本　十二冊

330000－1741－0011372　綫617.5/1088　子
部/醫家類/類編之屬

醫學切要全集六種附一種 （清）王文選撰
清道光二十七年（1847）刻本 六冊

330000－1741－0011373 綫 089.78/4461
類叢部/叢書類/自著之屬

蔣侑石遺書三種 （清）蔣日豫撰 清光緒三
年（1877）蓮池書局刻本 五冊

330000－1741－0011374 綫 089.78/0442
類叢部/叢書類/自著之屬

歸查叢刻七種 （清）謝希傅撰 清光緒二十
四年（1898）東山草堂鉛印本 四冊

330000－1741－0011375 綫 089.78/1012
類叢部/叢書類/自著之屬

紫薇花館集七種 （清）王廷鼎撰 清光緒十
七年（1891）刻本 十冊

330000－1741－0011376 綫 617.4/3114/C1
子部/醫家類/醫案之屬

名醫類案十二卷附錄一卷 （明）江瓘輯 清
同治十年（1871）藏脩堂刻本 六冊 存七卷
（一至六、附錄）

330000－1741－0011379 綫 089.78/4081
類叢部/叢書類/自著之屬

師伏堂叢書十五種 （清）皮錫瑞撰 清光緒
十九年至三十三年（1893－1907）善化皮氏刻
本 十四冊 存九種

330000－1741－0011382 綫 089.78/1101
類叢部/叢書類/自著之屬

覆瓿集十三種附一種 （清）張文虎撰 清同
治至光緒刻本 八冊 存三種

330000－1741－0011385 綫 633.4/7555 子
部/農家農學類/園藝之屬/花卉

秘傳花鏡六卷圖一卷 （清）陳淏子撰 清康
熙金閶書業堂刻本 六冊

330000－1741－0011386 綫 089.78/2688
類叢部/叢書類/自著之屬

魏稼孫先生全集三種 （清）魏錫曾撰 清光
緒九年（1883）羊城刻本 十冊

330000－1741－0011387 綫 617.6/1045 子

部/醫家類/方書之屬/單方驗方

葆元錄一卷 （清）蕭然居士輯 清同治十一
年（1872）刻本 一冊

330000－1741－0011389 綫 617.5/0410 子
部/醫家類/方書之屬/單方驗方

良方集腋二卷 （清）謝元慶輯 清同治二年
（1863）留耕堂刻本 二冊

330000－1741－0011390 綫 618.1/8028 子
部/醫家類/針灸之屬/針法灸法

鍼灸擇日編集一卷 （明）金循義 （明）金義
孫輯 清光緒十六年（1890）上杭羅氏十瓣同
心蘭室刻本 一冊

330000－1741－0011392 綫 618.1/8028/C1
子部/醫家類/針灸之屬/針法灸法

鍼灸擇日編集一卷 （明）金循義 （明）金義
孫輯 清光緒十六年（1890）上杭羅氏十瓣同
心蘭室刻本 一冊

330000－1741－0011393 善 617.5/0041 子
部/醫家類/醫話醫論之屬

吳醫彙講十一卷 （清）唐大烈輯 清乾隆末
刻嘉慶十九年（1814）唐慶耆印本 四冊

330000－1741－0011395 綫 617.5/3123 類
叢部/叢書類/彙編之屬

汪雙池先生叢書二十種附浙刻雙池遺書十二
種 （清）汪紱撰 清道光至光緒刻光緒二十
三年（1897）長安趙舒翹等彙印本 十冊 存
一種

330000－1741－0011396 綫 617.3/2623 子
部/醫家類/類編之屬

瓶花書屋醫書五種 （清）包松溪等編 清道
光二十五年至二十七年（1845－1847）瓶花書
屋刻本 六冊 存一種

330000－1741－0011397 綫 617.3/1117 子
部/醫家類/方書之屬/歷代方書

孫真人千金方衍義三十卷 （唐）孫思邈撰
（清）張璐衍義 清光緒五年（1879）步月山房
刻本 三十二冊

330000－1741－0011398 綫 617.6/4060 子

部/醫家類/綜合之屬/通論

藥言隨筆三卷 （清）李曰謙撰 清光緒二十五年（1899）蒙古岳樑鉛印本 一冊

330000－1741－0011399 綫617.3/0033 子部/醫家類/綜合之屬/通論

醫學一見能一卷 唐宗海撰 清光緒十六年（1890）刻本 一冊

330000－1741－0011403 綫089.78/2610 集部/別集類/清別集

攜雪堂文集四卷 （清）吳可讀撰 （清）郭嵐 （清）李崇洸輯 （清）楊慶生箋注 清光緒二十六年（1900）浙江書局刻本 四冊

330000－1741－0011404 綫089.78/2510 類叢部/叢書類/自著之屬

拙盦叢稿五種 （清）朱一新撰 清光緒二十二年（1896）順德龍氏葆真堂刻本 五冊 存三種

330000－1741－0011406 綫089.78/4480 類叢部/叢書類/自著之屬

海嶽軒叢刻九種 杜俞撰 清光緒三十三年（1907）蘇省刷印總局鉛印本 八冊

330000－1741－0011407 綫補5/022：2、綫補1/039：2 子部/雜著類/雜考之屬

存古學堂叢刻不分卷 王仁俊撰 清光緒三十三年（1907）、三十四年（1908）存古學堂鉛印本暨木活字印本 一冊

330000－1741－0011408 綫089.78/2844 類叢部/叢書類/自著之屬

志學齋集七種 （清）徐壽基撰 清光緒武進徐氏刻本 十四冊

330000－1741－0011409 綫089.78/7524 類叢部/叢書類/自著之屬

耐安類稿五種 （清）陳偉撰 清光緒二十二年（1896）梅叔瀚等刻本 五冊 缺一卷（誨爾錄一）

330000－1741－0011410 綫089.78/7535 類叢部/叢書類/自著之屬

番禺陳氏東塾叢書初函四種附一種 （清）陳

澧撰 清咸豐至光緒刻本 八冊

330000－1741－0011413 綫補830.78/4310 類叢部/叢書類/彙編之屬

微波榭叢書十一種 （清）孔繼涵編 清孔氏刻彙印本 一冊 存一種

330000－1741－0011414 綫089.78/2844：1 類叢部/叢書類/自著之屬

志學齋集七種 （清）徐壽基撰 清光緒武進徐氏刻本 六冊 存六種

330000－1741－0011415 綫089.78/3015 類叢部/叢書類/自著之屬

宗月鋤先生遺著八種 （清）宗廷輔撰 清光緒刻民國六年（1917）徐兆瑋重印本 四冊

330000－1741－0011416 綫089.78/7535：2 類叢部/叢書類/自著之屬

番禺陳氏東塾叢書初函四種附一種 （清）陳澧撰 清咸豐至光緒刻本 九冊

330000－1741－0011417 綫089.78/4944 類叢部/叢書類/自著之屬

郁鄰山房集五種 （清）趙樹吉撰 清光緒七年至十一年（1881－1885）汗青簃刻本 六冊

330000－1741－0011418 綫089.78/2688.1 類叢部/叢書類/自著之屬

魏稼孫先生全集三種 （清）魏錫曾撰 清光緒九年（1883）羊城刻本 十四冊

330000－1741－0011419 綫089.78/4741 類叢部/叢書類/自著之屬

玉津閣叢書甲集十二種乙集十二種 （清）胡薇元撰 清光緒至民國刻本 十二冊 存甲集十二種

330000－1741－0011420 綫089.79/3474 類叢部/叢書類/自著之屬

萬物炊累室類稿四種十八卷 沈同芳撰 清宣統三年（1911）上海中國圖書公司鉛印本 五冊

330000－1741－0011421 綫089.78/2844：3 類叢部/叢書類/自著之屬

志學齋集七種　（清）徐壽基撰　清光緒武進徐氏刻本　十二冊

330000 - 1741 - 0011422　綫 617.3/1011 - 4 子部/醫家類/方書之屬/單方驗方

絳雪園古方選註不分卷附得宜本草一卷 （清）王子接輯　清掃葉山房刻本　四冊

330000 - 1741 - 0011423　綫 089.78/4427 類叢部/叢書類/自著之屬

儆季襍箸五種附二種　（清）黃以周撰　清光緒二十年至二十一年（1894 - 1895）江蘇南菁講舍刻本　十冊

330000 - 1741 - 0011424　綫 089.78/7274 * 2 類叢部/叢書類/自著之屬

古桐書屋續刻三種　（清）劉熙載撰　清光緒十三年（1887）刻本　一冊

330000 - 1741 - 0011425　綫 089.78/7274 類叢部/叢書類/自著之屬

古桐書屋六種　（清）劉熙載撰　清同治至光緒刻本　十冊

330000 - 1741 - 0011427　綫 089.78/3149 類叢部/叢書類/自著之屬

武陵山人遺書十種續刊二種　（清）顧觀光撰　清光緒九年（1883）獨山莫祥芝上海刻高桂等續刻民國四年（1915）金山高煌修補彙印本　十二冊

330000 - 1741 - 0011428　綫補 830/4080 集部/總集類/選集之屬/通代

六臣註文選六十卷　（南朝梁）蕭統輯　（唐）李善等注　明刻本　一冊　存二卷（四十六至四十七）

330000 - 1741 - 0011429　綫 089.78/8048 類叢部/叢書類/自著之屬

潛廬全集五種附一種　金蓉鏡撰　清光緒三十四年（1908）、宣統二年（1910）刻本　四冊

330000 - 1741 - 0011430　綫 089.78/8082 集部/別集類/清別集

劬書室遺集十六卷理學庸言二卷　（清）金錫齡撰　清光緒二十一年（1895）刻本　六冊

330000 - 1741 - 0011432　綫 617.3/1242 子部/醫家類/方書之屬/單方驗方

應驗簡便良方二卷　（清）孫克任輯　清同治八年（1869）梅花閣刻本　二冊

330000 - 1741 - 0011433　綫補 435.4/7560 子部/農家農學類/園藝之屬/花卉

海棠譜三卷　（宋）陳思撰　清光緒錢塘丁氏竹書堂刻朱印本　一冊

330000 - 1741 - 0011434　綫 617.3/1171 子部/醫家類/醫話醫論之屬

醫學辨正四卷　（清）張學醇撰　清光緒二十二年（1896）紹興裘氏刻民國九年（1920）紹興醫藥學報社印本　四冊

330000 - 1741 - 0011435　綫 089.78/7703 類叢部/叢書類/自著之屬

山門新語五種　（清）周贇撰　清光緒三十三年（1907）刻本　四冊

330000 - 1741 - 0011436　綫 617.5/8309 子部/醫家類/類編之屬

普濟良方　（清）祝寶森編　清光緒二十四年（1898）金陵刻本　一冊

330000 - 1741 - 0011437　綫 089.79/6871 類叢部/叢書類/彙編之屬

崧岱山館叢鈔　清宣統三年（1911）鉛印本六冊　存一種

330000 - 1741 - 0011438　綫 089.79/7289 類叢部/叢書類/自著之屬

劉楚金遺稿三種　劉鑫耀撰　清光緒三十二年至宣統三年（1906 - 1911）長沙刻本　二冊

330000 - 1741 - 0011439　綫 090.852/7211 經部/叢編

仿宋相臺五經九十六卷附考證　清光緒二年（1876）江南書局刻本　三十二冊

330000 - 1741 - 0011440　綫 617.3/1458 - 2 子部/醫家類/方書之屬/歷代方書

醫方不分卷　清抄本　一冊

330000 - 1741 - 0011442　綫補 830/4300　集

部/總集類/選集之屬/通代

文選注考異一卷　（宋）尤袤撰　清光緒二十二年(1896)武進盛氏思惠齋刻朱印本　一冊

330000 – 1741 – 0011443　綫 618.4/5154　子部/醫家類/診法之屬/其他診法

軒轅碑記醫學祝由十三科二卷　清末西蜀空青洞天刻朱墨套印本　二冊

330000 – 1741 – 0011444　綫 090.8/1021　經部/群經總義類

五經　清光緒五年(1879)雲南書局刻本　四十五冊

330000 – 1741 – 0011446　綫 089.8/7521　類叢部/叢書類/自著之屬

石遺室叢書十九種　陳衍撰　清光緒至民國刻本　九冊　存五種

330000 – 1741 – 0011448　綫補 802.4/3466　類叢部/叢書類/彙編之屬

咫進齋叢書三十七種　（清）姚覲元編　清光緒九年(1883)歸安姚氏刻本　一冊

330000 – 1741 – 0011449　綫 089.78/4427　子部/兵家類/兵法之屬

軍禮司馬灋攷徵二卷　（清）黃以周撰　清光緒十八年(1892)黃氏試館刻本　一冊

330000 – 1741 – 0011450　綫 617.5/4435　子部/醫家類/內科之屬

醫畧十三卷醫畧論列方一卷關格考一卷人迎辨一卷　（清）蔣寶素撰　清道光二十八年(1848)鎮江蔣氏快志堂刻本　二冊

330000 – 1741 – 0011452　綫 089.81/1044　類叢部/叢書類/自著之屬

陶廬叢刻二十種第二集十種　王樹枏撰　清光緒至民國新城王氏刻本　十四冊　存七種

330000 – 1741 – 0011454　綫 617.5/1041　子部/醫家類/方書之屬/歷代方書

唐王燾先生外臺祕要方四十卷　（唐）王燾撰　清光緒二十四年(1898)上海圖書集成印書局鉛印本　十六冊

330000 – 1741 – 0011455　善 3/284D　子部/藝術類/書畫之屬/畫譜

芥子園畫傳二集八卷首一卷　（清）王槩等輯　清乾隆四十七年(1782)金閶書業堂刻彩色套印本　四冊

330000 – 1741 – 0011457　綫 089.78/4427：2　類叢部/叢書類/自著之屬

儆季襍箸五種附二種　（清）黃以周撰　清光緒二十年至二十一年(1894－1895)江蘇南菁講舍刻本　十冊

330000 – 1741 – 0011458　綫 617.4/3114－1　子部/醫家類/醫案之屬

名醫類案十二卷　（明）江瓘輯　清光緒十一年(1885)信述堂刻本　十二冊

330000 – 1741 – 0011460　綫 617.3/4423－4　子部/醫家類/綜合之屬/通論

黃氏醫緒八卷附救傷集成一卷解毒集成一卷　（清）黃皖撰　清光緒三十年(1904)經鏗家塾存幾堂刻本　十冊

330000 – 1741 – 0011464　綫 619.4/1046　子部/醫家類/醫話醫論之屬

王氏醫存十七卷　（清）王燕昌撰　清同治十三年(1874)皖城黃竹友齋刻本　三冊　缺五卷(九至十三)

330000 – 1741 – 0011466　綫 617.3/7716　子部/醫家類/綜合之屬/通論

證治理會十卷　（明）周丕顯輯　清抄本　十冊

330000 – 1741 – 0011467　綫 617.3/4444　子部/醫家類/綜合之屬

景岳全書發揮四卷　（清）葉桂撰　清光緒五年(1879)吳氏醉六堂刻本　四冊

330000 – 1741 – 0011472　綫 610/6033　子部/醫家類/溫病之屬/瘟疫

醫寄伏陰論二卷　（清）田宗漢撰　清光緒十四年(1888)漢川田氏刻本　四冊　存一卷(一)

330000 – 1741 – 0011475　綫 618.1/4200　子

部/醫家類/針灸之屬/針法灸法

灸法集驗一卷 （清）姚襄撰 清宣統元年(1909)杭州中合印書公司鉛印本 一冊

330000－1741－0011485 綫089.81/0010 類叢部/叢書類/自著之屬

新訂六譯館叢書 廖平撰 清光緒至民國刻民國二十三年(1934)四川存古書局彙印本 六十二冊 存八十八種

330000－1741－0011493 綫612.2/2621 子部/醫家類/傷寒金匱之屬/傷寒論

傷寒指掌四卷 （清）吳貞撰 清嘉慶十二年(1807)刻本 四冊

330000－1741－0011496 綫617.4/4444 子部/醫家類/醫案之屬

臨證指南醫案十卷種福堂公選溫熱論四卷 （清）葉桂撰 （清）徐大椿評 清光緒二十二年(1896)寶善書局石印本 六冊

330000－1741－0011514 綫617.5/0423 子部/醫家類/類編之屬

桃隖謝氏彙刻方書 （清）謝家福編 清光緒二十一年(1895)蘇州謝氏望炊樓刻本 九冊

330000－1741－0011519 綫610.4/4014 子部/醫家類/綜合之屬/通論

素仙簡要四卷 （清）奎瑛撰 清道光二十四年(1844)明道堂刻本 二冊

330000－1741－0011523 綫617.5/7540 子部/醫家類/方書之屬/單方驗方

回生集二卷續集二卷 （清）陳杰輯 清嘉慶十六年(1811)刻本 四冊

330000－1741－0011526 綫617.3/8748 子部/醫家類/綜合之屬/通論

醫理真傳四卷醫法圓通四卷 （清）鄭壽全撰 清光緒十七年(1891)宏道堂刻本 五冊 缺三卷(醫法圓通二至四)

330000－1741－0011527 綫補852.3578/3141 集部/詞類/類編之屬

宋元名家詞十五種 （清）江標編 清光緒二十一年(1895)湖南思賢書局刻本 三冊 存

十種

330000－1741－0011531 綫612.2/7784 子部/醫家類/傷寒金匱之屬/傷寒論

陶節菴傷寒全生集四卷 （明）陶華撰 清嘉慶十五年(1810)葉氏眉壽堂刻本 一冊

330000－1741－0011532 綫612.2/7235 子部/醫家類/傷寒金匱之屬/傷寒論

劉河間傷寒三書二十卷 （金）劉完素撰 清宣統元年(1909)上海千頃堂書局石印本 四冊

330000－1741－0011533 綫617/2043 子部/醫家類/方書之屬/單方驗方

濟世經驗彙編 （清）毛世洪輯 清光緒三年(1877)蕭山聚奎齋刻本 一冊

330000－1741－0011535 綫617.3/3160 子部/醫家類/類編之屬

本草醫方合編二種 （清）汪昂編 清道光二十五年(1845)瓶花書屋刻本 四冊 存一種

330000－1741－0011541 綫611.3/4343 子部/醫家類/診法之屬/脈經脈訣

脈訣刊誤集解二卷 （元）戴起宗撰 （明）汪機輯 **附錄一卷** （明）汪機輯 清光緒二十年(1894)上海圖書集成印書局鉛印本 一冊 缺一卷(附錄)

330000－1741－0011545 綫618.1/1091 類叢部/叢書類/彙編之屬

玉海堂景宋元本叢書 劉世珩編 清光緒至民國貴池劉氏玉海堂影刻本 二冊 存一種

330000－1741－0011547 綫610.4/7442 子部/醫家類/類編之屬

世補齋醫書六種後集四種 （清）陸懋修撰輯 清光緒十年(1884)刻十二年(1886)山左書局印、宣統二年(1910)陸潤庠刻本 十六冊 缺二卷(女科二至三)

330000－1741－0011550 綫000088－2 類叢部/叢書類/彙編之屬

榕園叢書六十二種續刻三種 （清）張丙炎編 （清）張允青重編 清同治真州張氏廣東刻

民國二年(1913)重修印本　十冊　存一種

330000－1741－0011554　綫 612.3/2610－1
子部/醫家類/溫病之屬/其他溫疫病證

問心堂溫病條辨六卷首一卷　(清)吳瑭撰
清嘉慶十八年(1813)問心堂刻本　六冊

330000－1741－0011556　綫補 845.16/1247
類叢部/叢書類/郡邑之屬

常州先哲遺書七十二種　盛宣懷編　清光緒
二十一年至三十三年(1895－1907)武進盛氏
思惠齋刻宣統彙印本　三冊　存一種

330000－1741－0011558　綫 617.3/8314　子
部/醫家類/綜合之屬/通論

醫畧四卷　(清)錢一桂撰　清嘉慶二十三年
(1818)慎餘堂刻本　三冊

330000－1741－0011559　善 617.3/6062　子
部/醫家類/綜合之屬/通論

羅氏會約醫鏡二十卷　(清)羅國綱輯　清乾
隆五十四年(1789)大成堂刻本　六冊　存七
卷(十四至二十)

330000－1741－0011560　綫 090/4081a　類
叢部/叢書類/自著之屬

師伏堂叢書十五種　(清)皮錫瑞撰　清光緒
十九年至三十三年(1893－1907)善化皮氏刻
本　一冊　存一種

330000－1741－0011562　綫 617.3/4739　子
部/醫家類/方書之屬/歷代方書

衛生易簡方十二卷附錄一卷　(明)胡濙撰
清未達齋抄本　四冊

330000－1741－0011563　綫 611.2/1022－1
子部/醫家類/診法之屬/脈經脈訣

王叔和脈經十卷　(晉)王叔和撰　**附錄一卷**
(明)汪機輯　清光緒二十年(1894)上海圖
書集成印書局鉛印本　三冊

330000－1741－0011567　綫 000028　經部/
易類/傳說之屬

**周易指三十八卷易例一卷周易圖五卷易斷辭
一卷周易上下經一卷**　(清)端木國瑚撰　清
道光刻本　十四冊　缺三卷(十八至二十)

330000－1741－0011568　綫 090/0010　經
部/叢編

四益館經學叢書　廖平撰　清光緒十二年
(1886)成都刻本　一冊　存一種

330000－1741－0011573　綫 097.5467/4400
經部/四書類/總義之屬/傳說

增補四書精繡圖像人物備考十二卷圖一卷
(明)薛應旂撰　(明)陳仁錫增訂　清乾隆豫
章致和堂刻本　五冊

330000－1741－0011578　綫 610.4/3485　子
部/醫家類/類編之屬

沈氏尊生書五種　(清)沈金鰲撰輯　清同治
十三年(1874)湖北崇文書局刻本　二十冊
缺十五卷(雜病源流犀燭十六至三十)

330000－1741－0011580　綫 941.2/2699　子
部/藝術類/書畫之屬

辛丑銷夏記五卷　(清)吳榮光撰　清道光刻
本　五冊

330000－1741－0011581　綫補 830.52/4001
集部/總集類/彙編之屬

南宋羣賢小集七十四種　(宋)陳起編　(清)
顧修重輯　清嘉慶六年(1801)石門顧氏讀畫
齋刻本　一冊　存一種

330000－1741－0011584　綫 097.5476/3243
經部/四書類/總義之屬/傳說

四書人物備備考十七卷　(清)潘克溥撰　清
道光二十一年(1841)務本堂刻本　八冊

330000－1741－0011586　綫 610.4/3485/C1
子部/醫家類/類編之屬

沈氏尊生書五種　(清)沈金鰲撰輯　清同治
十三年(1874)湖北崇文書局刻本　八冊　存
二種

330000－1741－0011589　綫 847.2/7481.7
集部/別集類/清別集

善卷堂四六十卷　(清)陸繁弨撰　(清)吳自
高注　清乾隆九年(1744)鑒茲堂刻本　四冊

330000－1741－0011591　綫 612.2/7783　子
部/醫家類/傷寒金匱之屬/傷寒論

傷寒舌鑑一卷 （清）張登輯　**醫方摘要一卷**
清抄本　一冊

330000－1741－0011592　綫 000031　集部/
戲劇類/傳奇之屬

玉獅堂傳奇十種 （清）陳烺撰　清光緒十一
年(1885)武林刻十七年(1891)徐光瑩增刻本
八冊　存八種

330000－1741－0011593　綫 612.2/7543　子
部/醫家類/傷寒金匱之屬/傷寒論

傷寒辨證四卷 （清）陳堯道撰　清嘉慶十一
年(1806)勞樹棠刻本　四冊

330000－1741－0011595　綫 611.2/0044　子
部/醫家類/醫經之屬/內經

黃帝內經素問九卷 （清）高世栻注　清光緒
十三年(1887)浙江書局刻本　八冊

330000－1741－0011596　綫 611.2/1141－1
子部/醫家類/醫經之屬/內經

黃帝內經素問集注九卷 （清）張志聰撰　清
光緒十六年(1890)浙江書局刻本　六冊

330000－1741－0011599　綫 000026　類叢
部/類書類/專類之屬

巾經纂二十卷 （清）宋宗元撰　清光緒十六
年(1890)刻本　五冊

330000－1741－0011603　綫 000029　集部/
別集類/明別集

楊忠愍公集五卷首一卷末一卷 （明）楊繼盛
撰　清同治十一年(1872)刻本　三冊

330000－1741－0011607　綫 000034　類叢
部/叢書類/彙編之屬

湖海樓叢書十二種 （清）陳春編　清嘉慶蕭
山陳氏湖海樓刻二十四年(1819)彙印本　三
冊　存一種

330000－1741－0011608　綫 000030　史部/
史抄類

綱目四鑑錄十六卷 （清）尹會一輯　**綱目四
鑑錄續編十六卷** （清）尹嘉銓輯　清乾隆刻
本　四冊　缺十六卷(續編一至十六)

330000－1741－0011609　綫 000035　史部/
史抄類

讀史鏡古編三十二卷 （清）潘世恩輯　清同
治十三年(1874)冶城飛霞閣刻本　五冊　缺
五卷(二十二至二十六)

330000－1741－0011611　綫 610.4/4978　子
部/醫家類/類編之屬

仲景全書五種 （漢）張機等撰　清光緒二十
年(1894)成都鄧氏崇文齋刻本　八冊

330000－1741－0011613　綫 000038　子部/
工藝類/文房四寶之屬/硯

寶硯堂硯辨一卷 （清）何傳瑤撰　（清）黃培
芳繪圖　清道光十九年(1839)刻本　一冊

330000－1741－0011614　綫 000024　類叢
部/叢書類/彙編之屬

求實齋叢書十五種 （清）蔣德鈞編　清光緒
湘鄉蔣氏龍安郡署刻本　一冊　存一種

330000－1741－0011616　綫 000042　經部/
易類/傳說之屬

易解經傳證五卷首一卷 （清）張步騫注　清
同治十年(1871)刻本　五冊

330000－1741－0011618　綫 000044　子部/
雜著類/雜考之屬

日知錄集釋三十二卷刊誤二卷續刊誤二卷
黃汝成譔　清同治八年(1869)廣州述古堂刻
本　十五冊　缺一卷(日知錄集釋一)

330000－1741－0011619　綫 000040　類叢
部/叢書類/家集之屬

羅卷彙編(樂山堂全集)十種 （清）曾興仁編
清道光十四年至二十二年(1834－1842)善
化曾氏刻本　四冊　存三種

330000－1741－0011623　綫 000036　集部/
別集類/清別集

弗過軒詩鈔不分卷 （清）楊雍建撰　清康熙
刻本　二冊

330000－1741－0011624　綫 000046　史部/
紀傳類/正史之屬

校漢書八表八卷 （清）夏燮撰　清光緒十六

年(1890)夏誠槙江城公所刻本　六冊

330000－1741－0011625　綫000050　集部/別集類/清別集

伏敔堂詩錄十五卷續錄四卷首一卷附錄一卷（清）江湜撰　清同治元年至五年(1862－1866)長洲江氏刻本　四冊

330000－1741－0011626　綫000045　類叢部/叢書類/家集之屬

如皋冒氏叢書三十四種附二種　冒廣生輯清光緒至民國如皋冒氏刻本　一冊　存一種

330000－1741－0011627　綫000051　子部/雜著類/雜考之屬

東塾讀書記二十五卷　（清）陳澧撰　清光緒刻本（卷十四、十七至二十、二十二至二十五原缺）　六冊

330000－1741－0011628　綫611.2/1141－14　子部/醫家類/醫經之屬/内經

靈樞經九卷　（清）張志聰撰　清光緒十六年(1890)浙江書局刻本　八冊

330000－1741－0011629　綫611.2/1141－14/C1　子部/醫家類/醫經之屬/内經

靈樞經九卷　（清）張志聰撰　清光緒十六年(1890)浙江書局刻本　八冊

330000－1741－0011631　綫補835/8644　類叢部/叢書類/自著之屬

曾文正公全集十六種　（清）曾國藩撰　清同治至光緒傳忠書局刻本　二冊　存一種

330000－1741－0011633　綫000049　集部/別集類/清別集

瑞芍軒詩鈔四卷詞稿一卷　（清）許乃穀撰清同治七年(1868)許道身刻本　四冊

330000－1741－0011634　綫補846.8/0230類叢部/叢書類/郡邑之屬

常州先哲遺書七十二種　盛宣懷編　清光緒二十一年至三十三年(1895－1907)武進盛氏思惠齋刻宣統彙印本　四冊　存一種

330000－1741－0011635　綫000052、綫

000053　類叢部/叢書類/自著之屬

焦氏叢書九種附一種　（清）焦循撰　清嘉慶至道光江都焦氏雕菰樓刻本　三冊　存一種

330000－1741－0011636　綫612.2/1141　子部/醫家類/傷寒金匱之屬/傷寒論

傷寒論六卷附傷寒論本義一卷　（漢）張機撰（清）張志聰注　（清）高世栻纂集　清同治九年(1870)刻本　六冊

330000－1741－0011637　綫611.2/1141－2　子部/醫家類/醫經之屬/内經

黃帝内經素問靈樞合編十八卷　（清）張志聰撰　清光緒二十九年(1903)善成堂刻本　八冊　存九卷(黃帝内經素問集注一至九)

330000－1741－0011640　綫000055　類叢部/叢書類/自著之屬

鄭氏四種　（清）鄭曉如撰　清同治八年(1869)廣州華文堂刻本　四冊　存一種

330000－1741－0011642　綫000047　類叢部/叢書類/自著之屬

煙嶼樓集四種　（清）徐時棟撰　清同治至光緒刻彙印本　八冊　存一種

330000－1741－0011645　綫000058　史部/傳記類/別傳之屬/事狀

德聚堂壽言不分卷　（清）嚴沆輯　清刻本五冊

330000－1741－0011651　綫000061　史部/地理類/雜志之屬

御製盛京賦一卷　（清）高宗弘曆撰　清乾隆刻朱墨套印本　一冊

330000－1741－0011656　綫000060　集部/別集類/清別集

望溪先生文集十八卷集外文十卷集外文補遺二卷　（清）方苞撰　方望溪先生[苞]年譜一卷附錄一卷　（清）蘇惇元輯　清咸豐元年(1851)戴鈞衡刻二年(1852)增刻本　十冊

330000－1741－0011658　綫000073　史部/編年類/斷代之屬

建炎以來繫年要錄二百卷　（宋）李心傳撰

清光緒五年至八年(1879 - 1882)仁壽蕭氏刻本 四十二冊 存一百四十五卷(一至二十五、二十九至一百五、一百九至一百三十八、一百四十九至一百六十一)

330000 - 1741 - 0011659 綫000062 集部/別集類/清別集

東塾集六卷申范一卷 (清)陳澧撰 清光緒十八年(1892)廣東菊坡精舍刻本 四冊

330000 - 1741 - 0011660 綫000063 類叢部/叢書類/彙編之屬

武英殿聚珍版書一百三十八種 清乾隆武英殿木活字印本 十冊 存一種

330000 - 1741 - 0011663 綫000066、綫000067 集部/總集類/課藝之屬

格致書院課藝不分卷 (清)王韜編 清光緒弢園鉛印本 二冊 存丙戌年、丁亥年

330000 - 1741 - 0011665 綫000064 史部/史表類/通代之屬

御定歷代紀事年表一百卷歷代三元甲子編年一卷 (清)龔士炯撰 (清)王之樞等續撰 清康熙五十四年(1715)刻本 一百冊 缺一卷(歷代三元甲子編年)

330000 - 1741 - 0011667 綫000069 類叢部/叢書類/彙編之屬

新陽趙氏叢刊十四種 (清)趙元益編 清光緒十一年至二十八年(1885 - 1902)新陽趙氏刻本 二冊 存一種

330000 - 1741 - 0011668 綫000074 類叢部/叢書類/彙編之屬

晨風閣叢書二十二種 沈宗畸編 清宣統元年(1909)番禺沈氏刻本 一冊 存一種

330000 - 1741 - 0011669 綫000077 史部/傳記類/別傳之屬/年譜

雷塘庵主[阮元]弟子記八卷 (清)張鑑撰 (清)阮常生等續 清道光二十一年(1841)甘泉羅士琳刻咸豐儀徵阮氏琅嬛仙館補刻本 四冊

330000 - 1741 - 0011670 綫000072 史部/

地理類/總志之屬/通代

天下郡國利病書一百二十卷 (清)顧炎武撰 清光緒二十五年(1899)上海二林齋石印本 二十七冊 缺六卷(六十九至七十四)

330000 - 1741 - 0011674 綫000076 集部/小說類/長篇之屬

四大奇書第一種十九卷一百二十回首一卷 (明)羅本撰 (清)毛宗崗評 清光緒十四年(1888)上洋埽葉山房刻本 十九冊 缺一卷(六)

330000 - 1741 - 0011675 綫000081 集部/戲劇類/傳奇之屬

擬進呈楊忠愍蚺蛇膽表忠記二卷三十六齣 (清)丁耀亢撰 清同治十一年(1872)崇文書局刻本 二冊

330000 - 1741 - 0011677 綫000070 史部/政書類/公牘檔冊之屬

合肥李勤恪公政書十卷首一卷 (清)李瀚章撰 李經畬等編 清光緒合肥李氏石印本 十冊

330000 - 1741 - 0011681 綫000088 類叢部/叢書類/彙編之屬

榕園叢書六十二種續刻三種 (清)張丙炎編 (清)張允青重編 清同治真州張氏廣東刻民國二年(1913)重修印本 十冊 存一種

330000 - 1741 - 0011684 綫000090 史部/政書類/邦交之屬

許竹篔先生出使函稿十四卷 (清)許景澄撰 清末鉛印本 四冊

330000 - 1741 - 0011685 綫000086 史部/政書類/邦計之屬/荒政

重建豐濟倉圖案不分卷 (清)許佐廷輯 清光緒八年(1882)清江豐濟倉刻十一年(1885)增刻本 一冊 存第一至一百上葉

330000 - 1741 - 0011686 綫000107 史部/政書類

九通通二百四十八卷首一卷 (清)劉可毅輯 清光緒二十八年(1902)武進劉氏石印本

五十八冊　缺八卷(二百六至二百九、二百三十九至二百四十二)

330000－1741－0011687　綫000087　集部/總集類/選集之屬/斷代

花團錦簇樓詩輯十卷　蔡爾康輯　清光緒上海字林滬報館鉛印本　四冊　存八卷(一至八)

330000－1741－0011688　綫000091　子部/叢編

桐城吳先生點勘諸子七種　(清)吳汝綸評點　清宣統二年(1910)衍星社鉛印本　二冊　存一種

330000－1741－0011689　綫000093　集部/別集類/清別集

漁洋山人精華錄訓纂十卷目錄二卷自撰年譜二卷補十卷　(清)王士禛撰　(清)惠棟注補　**金氏精華錄箋註辯訛一卷**　(清)惠棟撰　清光緒十七年(1891)會稽徐氏述史樓刻本　十四冊

330000－1741－0011690　綫000095　經部/四書類/總義之屬/傳說

四書朱子本義匯參四十三卷首四卷　(清)王步青輯　清乾隆十年(1745)敦復堂刻本　三十一冊　缺一卷(孟子集註本義匯參五)

330000－1741－0011691　綫000092　新學/算學/數學

數學啟蒙二卷附對數表一卷　(英國)偉烈亞力撰　清末石印本　一冊　缺一卷(數學啟蒙一)

330000－1741－0011692　綫000089　類叢部/叢書類/彙編之屬

功順堂叢書十八種　(清)潘祖蔭編　清光緒吳縣潘氏刻本(周人經說卷五至八原缺)　一冊　存一種

330000－1741－0011693　綫000094　集部/總集類/郡邑之屬

容城三賢文集　(清)張斐然　(清)楊莔編　清光緒二十四年(1898)臨安俞廷獻刻本　陶

鐘(陶在東)記　十二冊

330000－1741－0011694　綫611.2/2412　子部/醫家類/醫理之屬/綜合

中藏經八卷附華佗內照法一卷　題(漢)華佗撰　清光緒六年(1880)上虞徐氏蘭蘭山房刻本　二冊

330000－1741－0011695　綫000098　子部/雜著類/雜說之屬

野獲編三十卷補遺四卷　(明)沈德符撰　(清)錢枋輯　清道光七年(1827)錢塘姚氏羊城扶荔山房刻同治八年(1869)補刻本　十九冊　缺一卷(野獲編一)

330000－1741－0011696　綫000097　史部/雜史類/斷代之屬

養吉齋叢錄二十六卷餘錄十卷　(清)吳振棫撰　清光緒二十二年(1896)刻本　八冊

330000－1741－0011697　綫000099　子部/叢編

二十二子(二十二子彙函)　(清)浙江書局編　清光緒元年至三年(1875－1877)浙江書局刻本　六冊　存一種

330000－1741－0011698　善611.1/1183－2　子部/醫家類/醫經之屬/內經

類經三十二卷　(明)張介賓類注　**類經圖翼十一卷附翼四卷**　(明)張介賓撰　明刻本　二冊　存四卷(類經圖翼三、六至八)

330000－1741－0011700　綫000101　類叢部/叢書類/彙編之屬

望三益齋叢書十八種　(清)吳棠編　清咸豐至光緒吳氏望三益齋刻本　六冊　存一種

330000－1741－0011701　綫000103　史部/傳記類/總傳之屬/仕宦

宋名臣言行錄前集十卷後集十四卷續集八卷別集二十六卷外集十七卷　(宋)□□輯　清同治七年(1868)臨川桂氏刻本　十二冊

330000－1741－0011704　綫000102　類叢部/叢書類/自著之屬

龍莊遺書四種　(清)汪輝祖撰　清光緒江蘇

書局刻本　六冊

330000 - 1741 - 0011706　綫000105　集部/別集類/清別集

養一齋集二十六卷首一卷劄記九卷詞三卷詩話十卷李杜詩話三卷四書文不分卷試帖一卷　(清)潘德輿撰　清道光至同治刻本　三冊　存十卷(詩話四至十、李杜詩話一至三)

330000 - 1741 - 0011707　綫000096　史部/紀事本末類/斷代之屬

欽定平定教匪紀畧四十二卷首一卷　(清)托津等撰　清嘉慶武英殿刻本　四十四冊

330000 - 1741 - 0011709　綫000104　史部/傳記類/總傳之屬/仕宦

宋名臣言行錄前集十卷後集十四卷續集八卷別集二十六卷外集十七卷　(宋)□□輯　清同治七年(1868)臨川桂氏刻本　十六冊　缺二十五卷(五朝名臣言行錄前集九至十,三朝名臣言行錄一至二,四朝名臣言行錄一至七、十三至二十六)

330000 - 1741 - 0011710　綫000112　集部/別集類/清別集

近水樓遺稿一卷　(清)忻恕撰　附詩一卷　(清)忻肇寅撰　清宣統二年(1910)木活字印本　一冊

330000 - 1741 - 0011711　綫補083/1262　類叢部/叢書類/彙編之屬

平津館叢書八集三十九種　(清)孫星衍編　清嘉慶蘭陵孫氏刻本　一冊　存一種

330000 - 1741 - 0011713　綫000118　類叢部/叢書類/郡邑之屬

武林往哲遺箸五十二種後編十種　(清)丁丙編　清光緒二十年至二十六年(1894 - 1900)錢塘丁氏嘉惠堂刻本(錢塘韋先生文集卷一至二原缺)　五冊　存一種

330000 - 1741 - 0011715　綫000108　集部/總集類/選集之屬/通代

古文辭類纂七十四卷　(清)姚鼐輯　清道光元年(1821)合河康氏家塾刻本　十二冊

330000 - 1741 - 0011716　綫611.2/1022 - 2　子部/醫家類/診法之屬/脈經脈訣

脈經十卷　題(晉)王叔和撰　清光緒十九年(1893)宜都楊守敬景蘇園影宋刻本　四冊

330000 - 1741 - 0011717　綫612.2/0036 - 2　子部/醫家類/類編之屬

武昌醫學館叢書八種　(清)柯逢時編　清光緒三十年至民國元年(1904 - 1912)武昌醫學館刻本　二冊　存一種

330000 - 1741 - 0011718　綫000143　集部/別集類/清別集

錢牧齋全集　(清)錢謙益撰　(清)錢曾箋註　清宣統二年(1910)鄨漢齋石印本　四十冊

330000 - 1741 - 0011719　綫612.2/1043　子部/醫家類/傷寒金匱之屬/傷寒論

傷寒撮要四卷　(清)王夢祖輯　清道光十九年(1839)刻本　四冊

330000 - 1741 - 0011720　綫611.2/4437　子部/醫家類/醫經之屬

素問運氣圖說不分卷　(清)薛福辰撰　清同治九年(1870)抄本　一冊

330000 - 1741 - 0011723　綫000115　經部/群經總義類/傳說之屬

古經解鈎沉三十卷　(清)余蕭客撰　清乾隆六十年(1795)刻道光二十年(1840)丹徒魯慶恩補刻本　六冊

330000 - 1741 - 0011724　綫000116　史部/史評類/詠史之屬

增定二十一史韻四卷首一卷末一卷續編四卷　(明)趙南星撰　(清)仲弘道續　清康熙刻本　四冊　存五卷(首、增定二十一史韻一至四)

330000 - 1741 - 0011725　善610.1/4042　子部/醫家類/綜合之屬/通論

醫學入門七卷首一卷　(明)李梴撰　明刻本　八冊

330000 - 1741 - 0011727　綫000120　類叢部/叢書類/自著之屬

南野堂全集三種 （清）吳文溥撰 清乾隆至嘉慶刻本 四冊 存一種

330000－1741－0011728　綫000122　集部/別集類/清別集

蕉影齋詩集四卷補遺一卷 （清）謝照撰 （清）謝維藩 （清）謝鉽編 清光緒二年(1876)謝榮埭刻本 四冊

330000－1741－0011729　綫000137　子部/藝術類/書畫之屬

清河書畫舫十二卷鑒古百一詩一卷 （明）張丑造 清乾隆二十七年至二十八年(1762－1763)仁和吳長元池北草堂刻本 十二冊

330000－1741－0011732　綫000109　集部/總集類/選集之屬/通代

古文辭類纂七十四卷 （清）姚鼐輯 清同治八年(1869)江蘇書局刻本 十二冊

330000－1741－0011734　綫000125　子部/小說家類/異聞之屬

新齊諧二十二卷 （清）袁枚撰 清乾隆五十三年(1788)隨園刻本 十二冊

330000－1741－0011739　綫000123　集部/總集類/選集之屬/斷代

同人集十二卷 （清）冒襄輯 清咸豐九年(1859)冒溶木活字印本 四冊 存四卷(五至八)

330000－1741－0011742　綫000133　集部/別集類/清別集

退宜堂詩集六卷 （清）孫埈撰 清光緒十五年(1889)刻本 二冊

330000－1741－0011743　綫000132　集部/別集類/清別集

湘綺樓全集三十卷 王闓運撰 清光緒三十三年(1907)墨莊劉氏長沙刻本 三冊 存五卷(湘綺樓箋啟二至六)

330000－1741－0011745　綫000134　集部/別集類/清別集

如如老人灰餘詩草十卷 （清）鳳瑞撰 清末鉛印本 二冊

330000－1741－0011748　綫000135　集部/別集類/清別集

水流雲在館集唐詩鈔八卷詞鈔一卷 （清）周天麟撰 清光緒二十五年(1899)刻本 三冊

330000－1741－0011750　綫000110　集部/總集類/選集之屬/通代

古文辭類纂七十五卷附錄一卷 （清）姚鼐輯 古文辭類纂校勘記一卷 （清）李承淵撰 清光緒二十七年(1901)滁州李氏求要堂刻本 四冊 缺四十七卷(一至四十六、附錄)

330000－1741－0011751　綫000140　經部/詩類/三家詩之屬

詩古微上編三卷中編十卷下編二卷首一卷 （清）魏源譔 清光緒十一年(1885)飛清閣楊守敬黃岡學署刻十三年(1887)梁溪浦氏印本 八冊

330000－1741－0011752　綫000136　集部/別集類/漢魏六朝別集

諸葛丞相集四卷附錄一卷 （三國蜀）諸葛亮撰 （清）朱璘輯 清康熙三十七年(1698)古虞朱氏萬卷堂刻本 四冊 缺一卷(附錄)

330000－1741－0011755　綫000159　集部/總集類/選集之屬/通代

涵芬樓古今文鈔一百卷 吳曾祺輯 清宣統三年(1911)上海商務印書館鉛印本 八十一冊 存八十一卷(三至四、六至二十五、二十七、三十、三十二至三十三、三十八至四十四、四十六、四十九至八十一、八十五、八十七至九十七、九十九至一百)

330000－1741－0011757　綫補839.23218/4777　集部/總集類/郡邑之屬

金華詩錄六十卷外集六卷別集四卷書後一卷 （清）黃彬 （清）朱琰輯 清光緒九年至十一年(1883－1885)永康胡鳳丹退補齋刻朱印本 一冊 存五卷(金華詩錄八至十二)

330000－1741－0011758　綫000146　史部/史抄類

廿一史約編八卷首一卷 （清）鄭元慶述 清魚計亭刻本 八冊

330000－1741－0011759 綫000145 集部/
總集類/選集之屬/斷代

**欽定熙朝雅頌集一百六卷首集二十六卷餘集
二卷** （清）鐵保等輯 清嘉慶九年（1804）刻
本 二十四冊

330000－1741－0011760 綫611.1/2100 子
部/醫家類/類編之屬

壽芝醫畧 （清）王廷俊撰輯 清同治六年
（1867）浙江翰墨齋刻本 四冊

330000－1741－0011761 綫000149 經部/
叢編

**重栞宋本十三經注疏四百十六卷 附十三經
注疏校勘記四百十六卷** （清）阮元撰 （清）
盧宣旬摘録 十三經注疏校勘記識語四卷
（清）汪文臺撰 清光緒十八年（1892）湖南寶
慶務本書局刻本 十七冊 存一種

330000－1741－0011762 綫000144 集部/
別集類/清別集

牧齋全集一百六十五卷 （清）錢謙益撰
（清）錢曾箋注 清宣統二年（1910）邃漢齋鉛
印本 四十冊

330000－1741－0011763 綫000147 集部/
別集類/清別集

棣懷堂隨筆十一卷首一卷末一卷 （清）李象
鶤撰 雙圕氏同館賦鈔一卷詩鈔一卷周夢巖
同館賦鈔一卷詩鈔一卷 （清）周作楫撰 清
同治十三年（1874）李氏刻本 八冊

330000－1741－0011765 綫補839.23310/
1147 集部/總集類/郡邑之屬

金華文徵二十卷 （明）阮元聲 （明）高倬選
評 （明）楊德周 （明）戴應鰲輯 明崇禎五
年（1632）刻本 一冊 存一卷（七）

330000－1741－0011768 綫612.2/2703 子
部/醫家類/傷寒金匱之屬/傷寒論

傷寒審症表一卷 （清）包誠輯 清同治十年
（1871）湖北崇文書局刻本 一冊

330000－1741－0011772 綫000150 類叢
部/叢書類/自著之屬

王菉友著述九種 （清）王筠撰 清道光至咸
豐刻本 五冊 存四種

330000－1741－0011773 綫611.1/0263 子
部/醫家類

元彙醫鏡五卷 （清）敲蹻道人撰 清宣統二
年（1910）刻本 四冊

330000－1741－0011774 綫000154 類叢
部/叢書類/自著之屬

厚庵鄧夫子遺書十九種 （清）鄧逢光撰 清
道光二十七年（1847）刻本 三十六冊

330000－1741－0011775 綫000152 集部/
別集類/清別集

嘯古堂文集八卷 （清）蔣敦復撰 清同治七
年（1868）應寶時上海道署刻本 四冊

330000－1741－0011777 綫612.2/2574 子
部/醫家類/傷寒金匱之屬/傷寒論

活人書二十卷 （宋）朱肱撰 清光緒二十三
年（1897）儒林堂刻本 八冊

330000－1741－0011778 綫000153 子部/
工藝類/日用器物之屬/器具

湖船録一卷 （清）厲鶚撰 清道光二十七年
（1847）錢塘汪氏振綺堂刻本 一冊

330000－1741－0011780 綫611.2/7144－1
子部/醫家類/醫經之屬/内經

**黃帝内經素問註證發微九卷靈樞註證發微九
卷補遺一卷** （明）馬蒔撰 清嘉慶十年
（1805）古歙鮑氏慎餘堂刻本 十冊 存八卷
（素問註證發微一至八）

330000－1741－0011781 綫612.2/1044 類
叢部/叢書類/彙編之屬

十萬卷樓叢書五十一種 （清）陸心源編 清
光緒歸安陸氏刻本 一冊 存一種

330000－1741－0011782 綫補839.23218/
1147 集部/總集類/郡邑之屬

金華詩粹十二卷 （明）阮元聲 （明）戴應鰲
輯 明崇禎刻本 一冊 存二卷（三至四）

330000－1741－0011785 綫000160 類叢

部/類書類/專類之屬

事物異名錄四十卷 （清）厲荃輯 （清）關槐
增輯 清乾隆五十三年（1788）粵東刻本
八冊

330000－1741－0011788 綫612.2/2600 子
部/醫家類/傷寒金匱之屬/傷寒論

傷寒論後條辨十五卷 （清）程應旄撰 清美
錦堂刻本 八冊

330000－1741－0011790 綫610.4/7583 子
部/醫家類/類書之屬

陳修園醫書廿一種 （清）陳念祖等撰 清光
緒十八年（1892）上海圖書集成印書局鉛印本
二十冊

330000－1741－0011791 綫000161 子部/
雜著類/雜考之屬

義門讀書記五十八卷 （清）何焯撰 （清）蔣
維鈞輯 清乾隆三十四年（1769）蔣維鈞刻光
緒六年（1880）苕溪吳氏重修本 十二冊

330000－1741－0011792 綫000162 史部/
地理類/方志之屬/郡縣志

乾道臨安志十五卷 （宋）周淙纂 清光緒二
十年（1894）孫氏壽松堂刻本 一冊 存三卷
（一至三）

330000－1741－0011796 綫000173 類叢
部/叢書類/彙編之屬

武英殿聚珍版書一百三十八種 清乾隆武英
殿木活字印本 八冊 存一種

330000－1741－0011797 綫000165 經部/
叢編

萬充宗先生經學五書 （清）萬斯大著 清乾
隆二十四年至二十六年（1759－1761）辨志堂
刻本 五冊 存四種

330000－1741－0011798 綫000174 史部/
傳記類/總傳之屬/技藝

疇人傳四十六卷 （清）阮元撰 **疇人傳續六
卷** （清）羅士琳撰 **疇人傳三編七卷** （清）
諸可寶纂 **近代疇人著述記一卷** （清）華世
芳撰 清光緒二十二年（1896）上海璣衡堂石

印測海山房中西算學叢刻初編本 章用題記
六冊

330000－1741－0011803 綫000169 集部/
別集類/清別集

補松廬詩錄六卷 吳慶坻撰 清宣統三年
（1911）湖南學務公所鉛印本 二冊

330000－1741－0011804 綫000176 集部/
別集類/清別集

吳侍讀全集二十三卷 （清）吳慈鶴撰 清嘉
慶十五年至道光七年（1810－1827）刻本 十
六冊

330000－1741－0011805 綫000175 集部/
別集類/清別集

測海集六卷 （清）彭紹升撰 清同治四年
（1865）長洲彭恩高等刻本 二冊

330000－1741－0011807 綫000166 子部/
宗教類/佛教之屬/經疏

金剛經五十三家註解四卷 （後秦）釋鳩摩羅
什譯 （明）成祖朱棣集注 清同治九年
（1870）明臺經房刻本 一冊 存一卷（一）

330000－1741－0011808 綫000178 子部/
藝術類/遊藝之屬/博戲

漢官儀三卷 （宋）劉攽撰 清道光四年
（1824）歙縣鮑氏影宋刻本 一冊

330000－1741－0011811 綫000179 集部/
別集類/唐五代別集

**白香山詩長慶集二十卷後集十七卷別集一卷
補遺二卷** （唐）白居易撰 （清）汪立名編訂
白香山[居易]年譜舊本一卷 （宋）陳振孫
撰 **白香山[居易]年譜一卷** （清）汪立名撰
清康熙四十一年至四十二年（1702－1703）
汪立名一隅草堂刻本 六冊

330000－1741－0011814 綫000181 集部/
別集類/清別集

蘭綺堂詩鈔十七卷 （清）王鼎撰 清嘉慶八
年（1803）古訓堂刻本 四冊

330000－1741－0011815 綫000177 集部/
總集類/彙編之屬

陳太僕批選八家文抄九卷 （清）陳兆崙編
清光緒二十六年（1900）天津文美齋石印本
六冊

330000 – 1741 – 0011817　綫 000198、綫
000199　集部/總集類/氏族之屬
三蘇全集四種 （清）弓翊清等編　清道光七
年至十二年（1827 – 1832）眉州三蘇祠刻本
三十冊　存二種

330000 – 1741 – 0011818　綫 000184　集部/
別集類/清別集
道貴堂類稿十二種 （清）徐倬撰　清康熙刻
本　八冊　存十種

330000 – 1741 – 0011824　綫 000183　集部/
別集類/清別集
頻羅庵遺集十六卷 （清）梁同書撰　清嘉慶
二十二年（1817）仁和陸貞一杭州刻本　十
二冊

330000 – 1741 – 0011829　綫 000210　史部/
政書類/律令之屬
秋審實緩比較彙案十六卷條欵五卷 　（清）
□□輯　清末抄本　二十五冊

330000 – 1741 – 0011830　綫 000192　史部/
政書類/邦計之屬/荒政
長元吳豐備義倉全案八卷首一卷末一卷
（清）潘遵祁輯　清光緒三年（1877）刻本
十冊

330000 – 1741 – 0011831　綫 610.4/7583 – 2
子部/醫家類/類編之屬
陳修園醫書四十八種 （清）陳念祖等撰　清
光緒三十二年（1906）吳閶醫學書會石印本
二十一冊

330000 – 1741 – 0011833　綫 000207　經部/
詩類/傳說之屬
**詩集傳音釋二十卷詩圖一卷詩傳綱領一卷詩序
辨說一卷** 　（宋）朱熹集傳　（元）許謙音釋
（元）羅復纂輯　**校刻詩集傳音釋札記一卷**
（清）蔣光煦撰　清咸豐五年至七年（1855 –
1857）海昌蔣氏衍芬草堂刻本　六冊

330000 – 1741 – 0011834　綫 000193　集部/
別集類/明別集
青螺公遺書合編三十五卷首一卷 （明）郭子
章撰　（清）郭子仁輯　**垂楊館集十一卷**
（明）郭孔建撰　**經傳正誤一卷** （明）郭孔太
撰　清光緒八年（1882）冠朝三樂堂刻本　十
二冊　存三十六卷（青螺公遺書合編首、一至
三十五）

330000 – 1741 – 0011835　綫 000194　史部/
政書類/儀制之屬/典禮
文廟祀典考五十卷首一卷 （清）龐鍾璐輯
清光緒四年（1878）常熟龐氏刻本　六冊

330000 – 1741 – 0011836　綫 000195　集部/
戲劇類/總集之屬/選集
藏園九種曲 （清）蔣士銓撰　清乾隆漁古堂
刻本　十六冊

330000 – 1741 – 0011838　綫 610.4/3311　子
部/醫家類/綜合之屬/通論
醫學答問四卷 （清）梁玉瑜傳　（清）陶保廉
錄　清光緒二十三年（1897）任振基刻本
四冊

330000 – 1741 – 0011839　綫 000190　經部/
春秋左傳類/傳說之屬
春秋左傳綱目杜林詳註十四卷首一卷 　（晉）
杜預集解　（宋）林堯叟註釋　（明）張歧然輯
清緯文堂刻本　十冊

330000 – 1741 – 0011840　綫 000206　史部/
目錄類/總錄之屬/地方
常郡八邑藝文志十二卷 （清）盧文弨輯
（清）莊翊昆校補　清光緒十六年（1890）刻本
十六冊

330000 – 1741 – 0011842　綫 000452　史部/
傳記類/別傳之屬/事狀
止菴哀輓錄不分卷 　清宣統二年（1910）鉛印
本　一冊

330000 – 1741 – 0011843　綫補 839.23310/
1029　集部/總集類/郡邑之屬
金華文畧二十卷 （清）王崇炳輯　清康熙四

十八年(1709)蘭谿唐岯菴刻乾隆七年(1742)
金華夏氏補刻本　三冊　存三卷(六、十七、
二十)

330000－1741－0011844　綫000208　集部/
別集類

飲冰室文集十六卷補遺二卷　梁啓超撰　清
光緒二十九年(1903)上海廣智書局鉛印本
十七冊　缺一卷(十六)

330000－1741－0011845　綫補839.23310/
1029/C1　集部/總集類/郡邑之屬

金華文畧二十卷　(清)王崇炳輯　清康熙四
十八年(1709)蘭谿唐岯菴刻乾隆七年(1742)
金華夏氏補刻本　三冊　存四卷(四、十、十
九至二十)

330000－1741－0011847　綫000209　類叢
部/叢書類/郡邑之屬

畿輔叢書　(清)王灝編　清光緒五年至十八
年(1879－1892)定州王氏謙德堂刻三十二年
(1906)彙印本(元和郡縣圖志卷十九至二十、
二十三至二十四、三十五至三十六原缺)　四
冊　存一種

330000－1741－0011848　綫補839.23310/
1029/C2　集部/總集類/郡邑之屬

金華文畧二十卷　(清)王崇炳輯　清康熙四
十八年(1709)蘭谿唐岯菴刻乾隆七年(1742)
金華夏氏補刻本　三冊　存五卷(一、十一至
十二、十七至十八)

330000－1741－0011849　綫000201　類叢
部/叢書類/彙編之屬

榆園叢刻十五種附一種　(清)許增編　清同
治至光緒刻本　二冊　存二種

330000－1741－0011850　綫000200　類叢
部/叢書類/自著之屬

陽明先生集要四種　(明)王守仁撰　(明)施
邦曜編　清光緒五年(1879)貴州扶風山陽明
祠刻本　十二冊

330000－1741－0011851　綫補839.23310/
1029/C3　集部/總集類/郡邑之屬

金華文畧二十卷　(清)王崇炳輯　清康熙四
十八年(1709)蘭谿唐岯菴刻乾隆七年(1742)
金華夏氏補刻本　二冊　存三卷(六、十九至
二十)

330000－1741－0011853　綫610.4/1112－1
子部/醫家類/綜合之屬/通論

儒門事親十五卷　(金)張從正撰　清宣統二
年(1910)寧波汲綆齋書局石印本　六冊

330000－1741－0011855　綫000213　史部/
傳記類/總傳之屬

碧血錄五卷　(清)莊仲方撰　(清)夏鸞翔繪
圖　清光緒八年(1882)上海同文書局石印本
五冊

330000－1741－0011857　綫補839.23310/
1029/C4　集部/總集類/郡邑之屬

金華文畧二十卷　(清)王崇炳輯　清康熙四
十八年(1709)蘭谿唐岯菴刻乾隆七年(1742)
金華夏氏補刻本　二冊　存四卷(十七至二
十)

330000－1741－0011859　綫補839.23310/
1029/C5　集部/總集類/郡邑之屬

金華文畧二十卷　(清)王崇炳輯　清康熙四
十八年(1709)蘭谿唐岯菴刻乾隆七年(1742)
金華夏氏補刻本　一冊　存二卷(十七至十
八)

330000－1741－0011861　綫補839.23310/
1029/C6　集部/總集類/郡邑之屬

金華文畧二十卷　(清)王崇炳輯　清康熙四
十八年(1709)蘭谿唐岯菴刻乾隆七年(1742)
金華夏氏補刻本　一冊　存二卷(十七至十
八)

330000－1741－0011863　綫617/2845　子
部/醫家類/傷寒金匱之屬/金匱要略

張仲景金匱要畧論註二十四卷　(清)徐彬撰
清光緒五年(1879)掃葉山房刻本　六冊

330000－1741－0011864　綫000221　集部/
總集類/郡邑之屬

蜀秀集九卷　(清)譚宗浚輯　清光緒五年

（1879）成都試院刻本　八冊

330000－1741－0011865　綫000215　類叢部/叢書類/自著之屬

半巖廬所箸書九種　（清）邵懿辰撰　清宣統三年至民國二十年（1911－1931）仁和邵氏家祠刻本　一冊　存一種

330000－1741－0011866　綫610.4/2844－2　子部/醫家類/類編之屬

徐氏醫書八種　（清）徐大椿撰　清光緒四年（1878）掃葉山房刻二十三年（1897）江左書林昌記印本　十二冊

330000－1741－0011868　綫000203　子部/叢編

二十二子（二十二子彙函）　（清）浙江書局編　清光緒元年至三年（1875－1877）浙江書局刻本　三冊　存一種

330000－1741－0011871　綫610.4/1117－1　子部/醫家類/類編之屬

張氏醫書七種　（清）張璐等撰　清光緒三十三年（1907）上海書局石印本　心觀道子題簽　八冊

330000－1741－0011872　綫611.2/4628　類叢部/叢書類/彙編之屬

漸西村舍彙刊（漸西村舍叢刻）四十四種　（清）袁昶編　清光緒十六年至二十四年（1890－1898）桐廬袁氏刻本（黃帝內經太素卷一、四、七、十六、十八、二十至二十一原缺）六冊　存二種

330000－1741－0011873　綫610.4/2634－1　子部/醫家類/醫話醫論之屬

醫學求是一卷二集二卷醫案一卷　（清）吳達撰　清光緒六年至十一年（1880－1885）刻本　四冊

330000－1741－0011874　綫617.3/1263－3　子部/醫家類/方書之屬/單方驗方

孫真人海上方一卷　（唐）孫思邈撰　清道光二年（1822）陸成本刻本　一冊

330000－1741－0011878　綫617.3/0060　子

部/醫家類/類編之屬

六種新編　（清）文晟編　清同治四年（1865）萍鄉文星瑞文延慶堂刻本　二冊　存二種

330000－1741－0011880　綫617.2/4412　子部/醫家類/傷寒金匱之屬/金匱要略

金匱懸解二十二卷　（清）黃元御撰　清刻本　四冊

330000－1741－0011881　綫617.2/4393　子部/醫家類/傷寒金匱之屬/金匱要略

金匱心典三卷　（清）尤怡撰　清光緒二十七年（1901）上海醉六堂石印本　三冊

330000－1741－0011882　綫616.1/1125　子部/醫家類/本草之屬/本草雜著

本草便讀四卷　（清）張秉成輯　清末上海千頃堂書局石印本　二冊

330000－1741－0011883　綫616.1/11255/C1　子部/醫家類/本草之屬/本草雜著

本草便讀四卷　（清）張秉成輯　清末上海千頃堂書局石印本　一冊

330000－1741－0011884　綫616.1/0731　子部/醫家類/本草之屬/神農本草經

本草三家合註六卷　（清）郭汝聰撰　**神農本草經百種錄一卷**　（清）徐大椿撰　清宣統元年（1909）鏡清書屋刻本　四冊

330000－1741－0011885　綫616.1/4061　子部/醫家類/本草之屬/歷代綜合本草

本草綱目五十二卷圖三卷瀕湖脈學一卷奇經八脈攷一卷脈訣考證一卷　（明）李時珍撰　**本草萬方鍼線八卷藥品總目一卷**　（清）蔡烈先輯　**本草綱目拾遺十卷正誤一卷**　（清）趙學敏輯　清光緒二十年（1894）上海圖書集成印書局鉛印本（卷十六配石印本）　二十四冊　缺一卷（十五）

330000－1741－0011886　綫616.1/4061/C1　子部/醫家類/本草之屬/歷代綜合本草

本草綱目五十二卷圖三卷瀕湖脈學一卷奇經八脈攷一卷脈訣攷證一卷　（明）李時珍撰　**本草萬方鍼線八卷藥品總目一卷**　（清）蔡烈

先輯　**本草綱目拾遺十卷正誤一卷**　（清）趙學敏輯　清光緒二十年（1894）上海圖書集成印書局鉛印本　十二冊　缺四十五卷（本草綱目二十七至五十二,本草萬方鍼線一至八,本草綱目拾遺一至十、正誤）

330000－1741－0011889　綫613.8/1133　子部/醫家類/喉科口齒之屬/通論

喉科指掌六卷　（清）張宗良撰　清抄本　一冊

330000－1741－0011891　綫614.1/7237　子部/醫家類/婦科之屬

秘傳內府經驗女科不分卷　（清）劉登賢撰　清嘉慶五年（1800）刻本　二冊

330000－1741－0011892　綫615.2/2510　子部/醫家類/兒科之屬/痘疹

摘星樓治痘全書十八卷　（明）朱一麟撰　清道光六年（1826）耕樂堂刻本　八冊

330000－1741－0011893　綫616.4/6039　子部/醫家類/本草之屬/本草藥性

太醫院增補青囊藥性賦直解二卷增補醫方捷徑二卷　（明）太醫院編　（明）羅必煒訂　清同治十三年（1874）刻本　一冊

330000－1741－0011894　綫616.1/3440　子部/醫家類/本草之屬/食療本草

食物本草會纂十二卷圖一卷　（清）沈李龍輯　清道光元年（1821）蕭山裕文堂刻本　四冊

330000－1741－0011895　綫615/0099　子部/醫家類/兒科之屬/痘疹

活幼心法大全八卷末一卷　（明）聶尚恒撰　清同治八年（1869）刻本　一冊

330000－1741－0011897　綫616.1/2734　子部/醫家類/本草之屬/神農本草經

本經疏證十二卷續疏六卷本經序疏要八卷　（清）鄒澍撰　清道光二十九年（1849）常州長年醫局刻本　十二冊

330000－1741－0011898　綫616.4/4412　子部/醫家類/類編之屬

黃氏醫書八種　（清）黃元御撰　清刻本　一冊　存一種

330000－1741－0011899　綫610.2/1029　子部/醫家類/類編之屬

六科準繩六種　（明）王肯堂撰　清末上海鴻寶齋書局石印本　四十二冊

330000－1741－0011903　綫615.1/1022　類叢部/叢書類/郡邑之屬

貴池先哲遺書（唐石簃叢書、唐石簃彙刻貴池先哲遺書）十七種附刻一種續刊一種附一種　劉世珩編　清光緒二十四年至民國九年（1898－1920）貴池劉氏唐石簃刻民國十五年（1926）續刻彙印本　二冊　存一種

330000－1741－0011904　綫610.1/6053　子部/醫家類/綜合之屬/通論

古今名醫彙粹八卷　（清）羅美輯　清道光三年（1823）刻本　孔幼山題簽　四冊

330000－1741－0011905　綫616.1/0092　子部/醫家類/類編之屬

武昌醫學館叢書八種　（清）柯逢時編　清光緒三十年至民國元年（1904－1912）武昌醫學館刻本　十六冊　存一種

330000－1741－0011907　綫619.4/6699　子部/醫家類/綜合之屬/通論

醫燈集焰二卷　（清）嚴燮撰　清光緒七年（1881）潘煦刻本　一冊

330000－1741－0011908　綫619.1/5031　子部/醫家類/類編之屬

增纂壽世編二卷　（清）青浦諸君子輯　（清）顧奉璋　（清）朱煥彩增纂　（清）福順編　清道光十七年（1837）刻本　四冊

330000－1741－0011909　善616.3/1458　子部/雜著類/雜纂之屬

葡萄譜一卷附鎗藥法一卷經驗選擇藥酒方一卷　清抄本　一冊

330000－1741－0011911　綫616.4/7707　子部/醫家類/類編之屬

醫學六種　（清）屠道和撰　清同治二年（1863）湖北育德堂刻本　一冊　存二種

330000－1741－0011912　綫 000226　史部/
詔令奏議類/奏議之屬

曾文正公奏議十卷首一卷末一卷補編四卷
（清）曾國藩撰　（清）薛福成編　清同治十三
年(1874)上海醉六堂刻本　十二冊

330000－1741－0011914　綫 619.1/4440　子
部/醫家類/養生之屬

衛生要訣四卷　（清）范在文撰　清嘉慶七年
(1802)安懷堂刻本　四冊

330000－1741－0011915　綫 000224　新學/
史志/戰記

**中東戰紀本末八卷首一卷末一卷續編四卷首
一卷末一卷三編四卷**　（美國）林樂知撰並譯
　蔡爾康輯　**文學興國策二卷**　（美國）林樂
知譯　清光緒二十二年(1896)、二十三年
(1897)、二十六年(1900)上海廣學會鉛印本
　十五冊　缺二卷(文學興國策一至二)

330000－1741－0011916　綫 000225　史部/
政書類/律令之屬/律例

**大清律例彙輯便覽四十卷督捕則例二卷五軍
道里表一卷三流道里表一卷**　清同治十一年
(1872)湖北讞局刻本　十八冊　存二十三卷
(一至十、二十三至三十五)

330000－1741－0011917　綫 000220　集部/
別集類/清別集

道古堂文集四十八卷詩集二十六卷　（清）杭
世駿撰　清乾隆四十年至四十一年(1775－
1776)刻本　十六冊

330000－1741－0011918　綫 000230　子部/
雜著類/雜考之屬

校訂困學紀聞集證二十卷　（宋）王應麟撰
（清）閻若璩等箋　（清）屠繼序較補　（清）
萬希槐集證　清嘉慶十八年(1813)掃葉山房
刻本　十冊　缺四卷(十三至十六)

330000－1741－0011919　綫 000223　集部/
別集類/宋別集

朱子集一百四卷目錄二卷　（宋）朱熹撰　清
咸豐十年至同治元年(1860－1862)浙江紫霞
洲祠堂刻本　三十八冊　缺五卷(一至四、目

錄一)

330000－1741－0011921　綫 614.1/2322　子
部/醫家類/婦科之屬

女科二卷產後編二卷男科二卷　（清）傅山撰
　清同治八年(1869)湖北崇文書局刻本、清
光緒十三年(1887)湖北官書處刻本　四冊

330000－1741－0011922　綫 000227　集部/
別集類/宋別集

宋邵康節先生伊川擊壤集十卷　（宋）邵雍撰
　清道光二十年(1840)刻本　六冊

330000－1741－0011923　綫補 839.23218/
4777/C1　集部/總集類/郡邑之屬

金華詩錄六十卷外集六卷別集四卷書後一卷
　（清）黃彬　（清）朱琰輯　清光緒九年至十
一年(1883－1885)永康胡鳳丹退補齋刻朱印
本　一冊　存四卷(金華詩錄三十八至四十
一)

330000－1741－0011924　綫補 839.23218/
4777：1/C1　集部/總集類/郡邑之屬

金華詩錄六十卷外集六卷別集四卷書後一卷
　（清）黃彬　（清）朱琰輯　清光緒九年至十
一年(1883－1885)永康胡鳳丹退補齋刻本
三冊　存十三卷(金華詩錄十三至十六、二十
一至二十五、三十至三十三)

330000－1741－0011925　綫 614.1/2322－1
子部/醫家類/養生之屬

正色戒期一卷　清咸豐九年(1859)刻本
一冊

330000－1741－0011926　綫 000232　子部/
宗教類/佛教之屬/諸宗

百丈叢林清規證義記九卷首一卷　（唐）釋懷
海撰　（清）釋儀潤證義　**地輿名目一卷**
（清）釋儀潤輯　清同治十年(1871)刻本　五
冊　缺一卷(六)

330000－1741－0011927　綫 615.2/3003　子
部/醫家類/兒科之屬/痘疹

攝生堂痘疹正宗不分卷附論一卷　（清）宋麟
祥撰　清道光五年(1825)崇錦堂刻本　四冊

330000 – 1741 – 0011928　綫補 839.23218/
4777：1/C2　集部/總集類/郡邑之屬

金華詩錄六十卷外集六卷別集四卷書後一卷
（清）黃彬　（清）朱琰輯　清光緒九年至十
一年(1883 – 1885)永康胡鳳丹退補齋刻本
許承鼎題記　四冊　存十六卷（金華詩錄一
至二、三十九至四十四,外集一至四,別集一
至四）

330000 – 1741 – 0011929　綫 000204　子部/
小說家類/異聞之屬

山海經十八卷附古今本篇目考一卷　（晉）郭
璞傳　（清）畢沅校正　清光緒二十三年
(1897)文瑞樓鉛印本　一冊

330000 – 1741 – 0011930　綫 000231　子部/
宗教類/佛教之屬/總錄

釋氏稽古略四卷　（元）釋覺岸撰　**釋鑑稽古
略續集三卷**　（明）釋幻輪撰　清光緒十二年
(1886)釋清道刻本　五冊

330000 – 1741 – 0011931　綫 615.3/1111 – 8
子部/醫家類/兒科之屬/痘疹

麻症秘傳六卷　（清）張石頑　（清）俞中和撰
（清）黃大霖輯　清光緒十五年(1889)灣沚
鎮愛蓮書屋刻本　二冊

330000 – 1741 – 0011932　綫 000234、綫
000362　史部/編年類/通代之屬

大文堂綱鑑易知錄九十二卷　（清）吳乘權
（清）周之炯　（清）周之燦輯　**御撰資治通鑑
綱目三編二十卷**　（清）張廷玉等撰　清學庫
山房刻本　四十七冊　缺三卷（大文堂綱鑑
易知錄二十至二十二）

330000 – 1741 – 0011934　綫 616.1/2623　子
部/醫家類/類編之屬

瓶花書屋醫書五種　（清）包松溪等編　清道
光二十五年至二十七年(1845 – 1847)瓶花書
屋刻本　四冊　存一種

330000 – 1741 – 0011935　綫 000233　史部/
叢編

南唐書合刻四十九卷　（清）蔣國祥　（清）蔣
國祚校　清同治十三年(1874)盱南蔡學蘇三

餘書屋補刻本　六冊

330000 – 1741 – 0011936　綫 616/7248 – 1
子部/醫家類/本草之屬/歷代綜合本草

本草述三十二卷首一卷　（清）劉若金撰　清
嘉慶十五年(1810)武進薛鎬還讀山房刻光緒
二年(1876)姑蘇來青閣印本　二十冊

330000 – 1741 – 0011943　綫補 839.23218/
4777：2　集部/總集類/郡邑之屬

金華詩錄六十卷外集六卷別集四卷書後一卷
（清）黃彬　（清）朱琰輯　清乾隆三十八年
(1773)金華府學刻本　五冊　存十八卷（金
華詩錄一、九至十六、二十一至二十四、五十
六至六十）

330000 – 1741 – 0011944　綫 000235　子部/
雜著類/雜考之屬

吳門銷夏記三卷　（清）江瀚撰　清光緒二十
一年(1895)刻本　一冊

330000 – 1741 – 0011948　綫 616/7248 – 1/C1
子部/醫家類/本草之屬/歷代綜合本草

本草述三十二卷首一卷　（清）劉若金撰　清
嘉慶十五年(1810)武進薛氏還讀山房刻本
十冊　存二十二卷（十一至三十二）

330000 – 1741 – 0011949　綫 619.4/1160　子
部/醫家類/綜合之屬/通論

醫說十卷　（宋）張杲撰　**續醫說十卷**　（清）
俞弁撰　清宣統三年(1911)上海文明書局鉛
印本　六冊

330000 – 1741 – 0011950　綫 610/1012　子
部/醫家類/類編之屬

醫林指月十二種　（清）王琦編　清光緒二十
二年(1896)上海圖書集成印書局鉛印本
四冊

330000 – 1741 – 0011951　綫 613.1/1032　子
部/醫家類/類編之屬

瓶花書屋醫書五種　（清）包松溪等編　清道
光二十五年至二十七年(1845 – 1847)瓶花書
屋刻本　四冊　存一種

330000 – 1741 – 0011952　綫 000236　類叢

部/叢書類/自著之屬

顧端文公遺書十五種附一種 （明）顧憲成撰
清光緒三年(1877)涇里顧氏宗祠刻本（證
性編卷七至八原缺） 十三冊 存十三種

330000－1741－0011953 綫 610/2627 子
部/醫家類/類編之屬

古今醫統正脈全書四十四種 （明）王肯堂編
清江陰朱文震刻光緒三十三年(1907)京師
醫局補刻民國十二年(1923)中醫學社重修印
本 八十冊 缺一卷(丹溪心法附錄)

330000－1741－0011954 綫補 839.23218/
4777：1 集部/總集類/郡邑之屬

金華詩錄六十卷外集六卷別集四卷書後一卷
（清）黃彬 （清）朱琰輯 清光緒九年至十
一年(1883－1885)永康胡鳳丹退補齋刻本
七冊 存二十七卷(金華詩錄一至二、二十一
至二十五、四十二至四十五、五十三至六十,
外集一至三,別集一至四,書後)

330000－1741－0011955 綫 611.3/8022－1
子部/醫家類/類編之屬

曾氏醫書四種 （清）曾鼎撰 清嘉慶十九年
(1814)忠恕堂刻本 一冊 存一種

330000－1741－0011957 綫 000248 集部/
別集類/清別集

顧亭林先生詩箋注十七卷首一卷 （清）顧炎
武撰 （清）徐嘉箋注 **顧詩箋注校補一卷**
(清)李詳等撰 清光緒二十三年(1897)徐氏
味靜齋刻二十七年(1901)印本 六冊

330000－1741－0011958 綫 000249 子部/
宗教類/佛教之屬/經疏

**大佛頂如來密因修證了義諸菩薩萬行首楞嚴
經貫珠集十卷** （明）釋戒潤撰 清常州天寧
寺刻本 陶在東題記 五冊

330000－1741－0011959 綫 613.4/3784 子
部/醫家類/外科之屬/癰疽、疔瘡

增訂治疔彙要三卷近診醫案一卷 （清）過鑄
撰 清光緒二十四年(1898)武林刻本 五冊

330000－1741－0011960 綫 000243 子部/

天文曆算類/算書之屬

行素軒算稿五種 （清）華蘅芳撰 清光緒八
年(1882)梁谿華氏刻本(學算筆談卷七至十
二原缺) 劉操南題記 六冊 存六種

330000－1741－0011961 綫 000250 史部/
編年類

資治通鑑彙刻 （清）夏燮編輯 清同治十二
年(1873)宜黃官廨刻本 四十八冊 存一種

330000－1741－0011962 綫 000252 史部/
編年類/通代之屬

御批歷代通鑑輯覽一百二十卷 （清）傅恒等
撰 清光緒二十五年(1899)新化三味堂刻本
六十二冊 缺五卷(一至五)

330000－1741－0011963 綫 000257 集部/
別集類/唐五代別集

**李衛公文集二十卷別集十卷外集四卷補遺一
卷** （唐）李德裕撰 清光緒十六年(1890)常
慊慊齋刻本 八冊

330000－1741－0011964 綫 000251 史部/
編年類

資治通鑑彙刻 清同治至光緒江蘇書局刻本
六冊 存一種

330000－1741－0011965 綫 615.2/4043 子
部/醫家類/兒科之屬/痘疹

天花精言六卷 （清）袁句 （清）吳燁撰 清
嘉慶萱茂堂刻本 二冊

330000－1741－0011966 綫補 839.23218/
4777：2/C1 集部/總集類/郡邑之屬

金華詩錄六十卷外集六卷別集四卷書後一卷
（清）黃彬 （清）朱琰輯 清乾隆三十八年
(1773)金華府學刻本 四冊 存十七卷(金
華詩錄十一至十五、五十五至六十,外集一至
六)

330000－1741－0011967 綫 000260 子部/
小說家類/瑣語之屬

聽雨軒雜紀一卷續紀一卷餘紀一卷贅紀一卷
（清）清涼道人(徐承烈)撰 清嘉慶十一年
(1806)研雲樓刻本 三冊 缺一卷(聽雨軒

雜紀)

330000－1741－0011969　綫000259　子部/
法家類

韓非子集解二十卷首一卷　（清）王先慎撰
清光緒上海埽葉山房石印本　六冊

330000－1741－0011970　綫000253　史部/
編年類/通代之屬

兩朝御批通鑑輯覽一百二十卷　（清）傅恒等
撰　清宣統元年（1909）上海公記書局石印本
二十一冊　存一百三卷（一至四十五、五十
一至一百八）

330000－1741－0011971　綫615.3/0411/C1
子部/醫家類/兒科之屬/痘疹

麻科活人全書四卷　（清）謝玉瓊輯　**產寶一
卷**　（清）倪枝維撰　（清）許楗訂正　清光緒
二十五年（1899）安福劉榆生知不足齋刻本
四冊

330000－1741－0011972　綫補839.23218/
4777：2/C2　集部/總集類/郡邑之屬

金華詩錄六十卷外集六卷別集四卷書後一卷
（清）黃彬　（清）朱琰輯　清乾隆二十八年
（1773）金華府學刻本　三冊　存八卷（金華
詩錄一、二十五至二十八、四十九至五十一）

330000－1741－0011973　綫000261　集部/
別集類/明別集

新喻梁石門先生集十卷首一卷末一卷　（明）
梁寅撰　清光緒十五年（1889）射洪鍾體志刻
本　六冊

330000－1741－0011974　綫612.3/1027　子
部/醫家類/溫病之屬/痧症

痧症全書三卷　（清）王凱輯　清光緒四年
（1878）慈幼堂刻本　一冊

330000－1741－0011975　綫612.3/1027－1
子部/醫家類/溫病之屬/痧症

痧症全書三卷　（清）王凱輯　清道光五年
（1825）刻本　三冊

330000－1741－0011976　綫000254　史部/
目錄類/總錄之屬/官修

欽定四庫全書簡明目錄二十卷　（清）紀昀等
撰　清乾隆刻本　八冊

330000－1741－0011977　綫619.4/7423　子
部/醫家類/醫話醫論之屬

冷廬醫話五卷　（清）陸以湉撰　清光緒二十
三年（1897）烏程龐元澂刻本　四冊

330000－1741－0011978　綫000256　史部/
詔令奏議類/詔令之屬

硃批諭旨不分卷　（清）鄂爾泰等輯　清光緒
十三年（1887）上海點石齋石印本　六十冊

330000－1741－0011979　綫000263　子部/
雜著類/雜說之屬

淮南許注異同詁四卷補遺一卷續補一卷
（清）陶方琦撰　清光緒七年至十年（1881－
1884）刻漢孳室箸書本　一冊　存一卷（補
遺）

330000－1741－0011980　綫610.2/2601　子
部/醫家類/綜合之屬/通論

御纂醫宗金鑑九十卷首一卷　（清）吳謙等撰
清光緒二十八年（1902）上海醉六堂石印本
十八冊　缺五卷（首、四十一至四十四）

330000－1741－0011981　綫619.4/1458　子
部/醫家類/綜合之屬/合刻、合抄

便覽偶鈔不分卷　清抄本　一冊

330000－1741－0011982　綫補839.23218/
4777：2/C3　集部/總集類/郡邑之屬

金華詩錄六十卷外集六卷別集四卷書後一卷
（清）黃彬　（清）朱琰輯　清乾隆三十八年
（1773）金華府學刻本　七冊　存二十五卷
（金華詩錄一至三、十六至二十九、四十八至
五十五）

330000－1741－0011983　綫000264　史部/
史評類/考訂之屬

廿二史劄記三十六卷補遺一卷　（清）趙翼撰
清光緒二十五年（1899）漢文書局刻本　十
六冊

330000－1741－0011984　綫000255　史部/
詔令奏議類/詔令之屬

硃批諭旨不分卷 （清）鄂爾泰等輯 清刻朱墨套印本 一百六冊

330000 - 1741 - 0011986 綫000262 類叢部/叢書類/自著之屬

抗希堂十六種（抗希堂全集） （清）方苞撰 清光緒二十四年（1898）娜嬛閣刻本 七十三冊 缺十一卷（周官析疑一至三,周官辨,禮記析疑一至三,儀禮析疑七、九至十、十三）

330000 - 1741 - 0011990 綫616.1/1141 子部/醫家類/本草之屬/神農本草經

本草崇原集說三卷附本草經讀一卷 （清）張志聰撰 （清）高世栻訂 （清）仲學輅集說 清宣統二年（1910）錢塘仲氏刻本 四冊

330000 - 1741 - 0011992 綫616.1/3034 子部/醫家類/類編之屬

武昌醫學館叢書八種 （清）柯逢時編 清光緒三十年至民國元年（1904 - 1912）武昌醫學館刻本 二冊 存一種

330000 - 1741 - 0011993 綫000266 集部/總集類/選集之屬/通代

梁昭明文選二十四卷音釋一卷 （南朝梁）蕭統輯 （明）張鳳翼纂注 明天啓六年（1626）錢塘盧之頤刻本 二十三冊 缺七卷（五至七、九至十二）

330000 - 1741 - 0011995 綫619.4/2813 子部/醫家類/醫案之屬

鐵如意軒醫書四種 （清）徐延祚撰 清光緒二十二年（1896）奉天徐氏鐵如意軒刻本 一冊

330000 - 1741 - 0011998 綫619.4/4906 子部/醫家類/醫話醫論之屬

存存齋醫話藁二卷 （清）趙彥暉撰 清光緒七年（1881）刻本 二冊

330000 - 1741 - 0012000 綫616.1/4061/C2 子部/醫家類/本草之屬/歷代綜合本草

本草綱目五十二卷圖三卷瀕湖脈學一卷奇經八脈攷一卷脈訣攷證一卷 （明）李時珍撰 本草萬方鍼線八卷藥品總目一卷 （清）蔡烈

先輯 本草綱目拾遺十卷正誤一卷 （清）趙學敏輯 清光緒二十年（1894）上海圖書集成印書局鉛印本 十二冊 缺三十卷（本草綱目一至二十六、圖一至三、藥品總目）

330000 - 1741 - 0012002 綫616.1/7732 子部/醫家類/本草之屬/歷代綜合本草

本草匯纂十卷 （清）屠道和撰 清光緒二十九年（1903）思賢書局刻本 四冊

330000 - 1741 - 0012003 綫616/3160 - 1 子部/醫家類/類編之屬

瓶花書屋醫書五種 （清）包松溪等編 清道光二十五年至二十七年（1845 - 1847）瓶花書屋刻本 二冊 存一種

330000 - 1741 - 0012005 綫000279 類叢部/叢書類/自著之屬

潛園總集十七種 （清）陸心源撰 清同治至光緒刻本 十冊 存一種

330000 - 1741 - 0012008 綫000274 集部/詞類/別集之屬

雨屋深鐙詞一卷續稾一卷 汪兆鏞撰 清宣統三年（1911）、民國十七年（1928）鉛印本 一冊

330000 - 1741 - 0012009 綫補839.23218/4777：2/C4 集部/總集類/郡邑之屬

金華詩錄六十卷外集六卷別集四卷書後一卷 （清）黃彬 （清）朱琰輯 清乾隆三十八年（1773）金華府學刻本 七冊 存二十三卷（金華詩錄十一至十三、二十四至三十、三十二至三十四、四十一至五十）

330000 - 1741 - 0012011 綫000278 集部/總集類/選集之屬/斷代

苔岑集初刊 （清）蔣棨渭撰 清道光三十年（1850）吳縣蔣氏味清堂刻本 六冊

330000 - 1741 - 0012014 綫000289 集部/別集類/宋別集

王臨川全集一百卷目錄二卷 （宋）王安石撰 清光緒九年（1883）溧陽繆氏小岥山館刻本 十六冊

330000 – 1741 – 0012017　綫 000283　集部/別集類/清別集

姚鏡塘先生全集十卷　（清）姚學塽撰　清道光七年（1827）竹素齋刻本　民國袁嘉穀題記　二冊　存六卷（竹素齋古今體詩稿一至三、竹素齋古文遺稿一至三）

330000 – 1741 – 0012020　綫 000276　子部/叢編

二十二子（二十二子彙函）　（清）浙江書局編　清光緒元年至三年（1875 – 1877）浙江書局刻本　一冊　存一種

330000 – 1741 – 0012021　綫 000332、綫 000288　類叢部/叢書類/彙編之屬

武英殿聚珍版書一百三十八種　清乾隆武英殿木活字印本　十六冊　存二種

330000 – 1741 – 0012024　綫 000293　史部/史評類/史論之屬

新刊陳眉公先生精選古今人物論三十六卷　（明）陳繼儒輯　明萬曆刻本　三十冊

330000 – 1741 – 0012031　綫補 839.23218/4777：2/C5　集部/總集類/郡邑之屬

金華詩錄六十卷外集六卷別集四卷書後一卷　（清）黃彬　（清）朱琰輯　清乾隆三十八年（1773）金華府學刻本　二冊　存七卷（金華詩錄十七至十九、四十五至四十八）

330000 – 1741 – 0012032　綫 000449　史部/目錄類/總錄之屬/官修

欽定四庫全書附存目錄十卷　（清）胡虔輯　清抄本　四冊

330000 – 1741 – 0012034　綫 000297　史部/地理類/雜志之屬

帝京景物畧八卷　（明）劉侗　（明）于奕正撰　明崇禎刻本　十五冊

330000 – 1741 – 0012037　綫 000300　史部/史評類/考訂之屬

廿二史攷異一百卷　（清）錢大昕撰　清光緒八年（1882）長沙龍氏家塾刻嘉定錢氏潛研堂全書本　濩叜題記　二十冊

330000 – 1741 – 0012038　綫 000303　類叢部/叢書類/自著之屬

任氏遺書八種　（清）任啟運撰　清光緒十四年（1888）荊溪任氏家塾刻本　二冊　存一種

330000 – 1741 – 0012042　綫 000298、綫 000299　類叢部/叢書類/彙編之屬

對雨樓叢書五種　繆荃孫編　清光緒江陰繆氏影刻本　二冊　存二種

330000 – 1741 – 0012045　綫 000291　史部/金石類/總志之屬

退菴金石書畫跋二十卷　（清）梁章鉅撰　清道光二十五年（1845）刻本　清石心批　二十冊

330000 – 1741 – 0012048　綫 000309、綫 000854　史部/傳記類/別傳之屬/事狀

曾相六十壽文二卷附壽詩一卷　（清）李鴻章等撰　清光緒二年（1876）上海醉六堂刻本　二冊

330000 – 1741 – 0012050　綫 000328　史部/雜史類/斷代之屬

皇朝掌故彙編內編六十卷首一卷外編四十卷首一卷　張壽鏞等輯　清光緒二十八年（1902）求實書社鉛印本　六十冊

330000 – 1741 – 0012052　綫 000312　史部/傳記類/別傳之屬

紹先集不分卷　張敬效輯　清光緒二十九年（1903）湘南刻本　二冊

330000 – 1741 – 0012053　綫 000308　類叢部/叢書類/自著之屬

啖蔗軒全集四種附二種　（清）方士淦撰　清同治十一年（1872）兩淮運署刻本　四冊

330000 – 1741 – 0012054　綫 000316、綫 000315、綫 001055　類叢部/叢書類/自著之屬

鄒徵君遺書六種附二種　（清）鄒伯奇撰　清同治十二年（1873）鄒達泉拾芥園刻本　四冊　存七種

330000 – 1741 – 0012057　綫 000322　史部/

政書類/邦交之屬

保和會譯章一卷 （清）總理各國事務衙門輯
清光緒鉛印本　一冊

330000－1741－0012061　綫補839.23218/
4777：2/C6　集部/總集類/郡邑之屬

金華詩錄六十卷外集六卷別集四卷書後一卷
（清）黃彬（清）朱琰輯　清乾隆三十八年
（1773）金華府學刻本　二冊　存十三卷（金
華詩錄五十九至六十、外集一至六、別集一至
四、書後）

330000－1741－0012067　綫補839.23218/
4777：2/C9　集部/總集類/郡邑之屬

金華詩錄六十卷外集六卷別集四卷書後一卷
（清）黃彬（清）朱琰輯　清乾隆三十八年
（1773）金華府學刻本　一冊　存二卷（金華
詩錄一至二）

330000－1741－0012070　綫000331　子部/
雜著類/雜說之屬

浮邱子十二卷（清）湯鵬撰（清）湯倓昭等
輯　清同治四年（1865）湘陰李黼堂刻本
八冊

330000－1741－0012071　綫000328－2　史
部/雜史類/斷代之屬

**皇朝掌故彙編內編六十卷首一卷外編四十卷
首一卷**　張壽鏞等輯　清光緒二十八年
（1902）求實書社鉛印本　九冊　存十四卷
（外編六至十七、二十二至二十三）

330000－1741－0012072　綫補839.23218/
4777：2/C7　集部/總集類/郡邑之屬

金華詩錄六十卷外集六卷別集四卷書後一卷
（清）黃彬（清）朱琰輯　清乾隆三十八年
（1773）金華府學刻本　二冊　存七卷（金華
詩錄一至二、二十五至二十九）

330000－1741－0012073　綫000327、綫
000660　史部/傳記類/總傳之屬

鶴徵錄八卷首一卷（清）李集輯（清）李富
孫（清）李遇孫續輯　**鶴徵後錄十二卷首一
卷**（清）李富孫輯　清嘉慶漾葭老屋刻同治
十一年（1872）補刻本　七冊　缺三卷（鶴徵

後錄六至八）

330000－1741－0012075　綫000329　集部/
別集類/明別集

湛甘泉先生文集三十二卷（明）湛若水撰
清康熙二十年（1681）刻本　十冊

330000－1741－0012076　綫000317　類叢
部/叢書類

玉海樓叢書　清光緒刻本　一冊　存一種

330000－1741－0012077　綫000330　集部/
別集類/清別集

焚餘草（杏本堂詩古文學製）二卷歸而詠一卷
（清）陳之綱撰　清嘉慶十三年（1808）李澐
刻嘉慶二十年（1815）增刻本　二冊

330000－1741－0012078　綫補839.23218/
4777：2/C8　集部/總集類/郡邑之屬

金華詩錄六十卷外集六卷別集四卷書後一卷
（清）黃彬（清）朱琰輯　清乾隆三十八年
（1773）金華府學刻本　二冊　存十卷（金華
詩錄四十四至四十七、五十九至六十,外集一
至四）

330000－1741－0012081　綫補839.23218/
4777/C3　集部/總集類/郡邑之屬

金華詩錄六十卷外集六卷別集四卷書後一卷
（清）黃彬（清）朱琰輯　清光緒九年至十
一年（1883－1885）永康胡鳳丹退補齋刻本
一冊　存三卷（金華詩錄四至五、四十）

330000－1741－0012084　綫000359　史部/
詔令奏議類/奏議之屬

**明大司馬盧公奏議十卷文集一卷詩集一卷首
一卷**（明）盧象昇撰　清光緒元年（1875）會
稽施惠刻本　八冊

330000－1741－0012085　綫000342　子部/
叢編

子書二十八種彙函（清）文瑞樓編　清光緒
二十二年至三十四年（1896－1908）鉛印本
三冊　存一種

330000－1741－0012086　綫補839.23218/
4777：2/C10　集部/總集類/郡邑之屬

金華詩錄六十卷外集六卷別集四卷書後一卷
　（清）黃彬　（清）朱琰輯　清乾隆三十八年
（1773）金華府學刻本　二冊　存八卷（金華
詩錄十一至十四、四十三至四十六）

330000－1741－0012090　綫000350　經部/
群經總義類/圖說之屬
六經圖二十四卷　（清）鄭之僑編　清乾隆九
年（1744）潮陽鄭之僑述堂刻本　十二冊

330000－1741－0012092　綫000343　經部/
春秋總義類/傳說之屬
公羊穀梁春秋合編附註疏纂十二卷　（明）朱
泰禎撰　清經綸堂刻本　六冊

330000－1741－0012093　綫000347　史部/
地理類/遊記之屬/紀行
李傅相歷聘歐美記二卷　（美國）林樂知譯
蔡爾康輯　清光緒二十五年（1899）上海廣學
會譯著圖書集成局鉛印本　二冊

330000－1741－0012094　綫補839.23218/
4777：2/C11　集部/總集類/郡邑之屬
金華詩錄六十卷外集六卷別集四卷書後一卷
　（清）黃彬　（清）朱琰輯　清乾隆三十八年
（1773）金華府學刻本　二冊　存七卷（金華
詩錄十九至二十二、四十八至五十）

330000－1741－0012096　綫000336　集部/
別集類/元別集
雁門集十四卷附卷一卷　（元）薩都剌撰
（明）薩琦編　雁門集倡和錄一卷別錄一卷
（清）薩龍光輯　清嘉慶十二年（1807）薩龍光
刻本　八冊　缺一卷（別錄）

330000－1741－0012098　綫補839.23218/
4777：2/C12　集部/總集類/郡邑之屬
金華詩錄六十卷外集六卷別集四卷書後一卷
　（清）黃彬　（清）朱琰輯　清乾隆三十八年
（1773）金華府學刻本　一冊　存四卷（金華
詩錄五十四至五十七）

330000－1741－0012103　綫補839.23218/
4777：2/C13　集部/總集類/郡邑之屬
金華詩錄六十卷外集六卷別集四卷書後一卷

　（清）黃彬　（清）朱琰輯　清乾隆三十八年
（1773）金華府學刻本　一冊　存二卷（金華
詩錄一至二）

330000－1741－0012107　綫000357　集部/
別集類/清別集
印心石屋詩鈔初集四卷二集三卷　（清）陶澍
撰　清嘉慶二十一年（1816）刻本　六冊

330000－1741－0012109　綫000402　集部/
總集類/選集之屬/斷代
全唐詩九百卷目錄十二卷　（清）曹寅等輯
清康熙四十四年至四十六年（1705－1707）揚
州詩局刻乾隆重修本（卷十七樂府雜曲配抄
本）　一百冊　缺一百三十四卷（全唐詩一至
九、二百十六至二百五十、二百六十八至三百
四十五,目錄一至十二）

330000－1741－0012112　綫000363　史部/
詔令奏議類/奏議之屬
同治中興京外奏議約編八卷　（清）陳弢輯
清光緒刻本　六冊　存六卷（二至七）

330000－1741－0012114　綫000364　類叢
部/叢書類/郡邑之屬
學海堂叢刻十二種　（清）□□編　清光緒三
年（1877）、十二年（1886）刻本　二冊　存
一種

330000－1741－0012115　綫000360　集部/
別集類/清別集
楚粵吟二卷　（清）劉伊撰　（清）劉喻義
（清）龐洵選　清乾隆四十二年（1777）澹竹山
房刻本　二冊

330000－1741－0012116　綫000366　集部/
別集類/清別集
昚三子半農齋集八卷　（清）蔣中和撰　清康
熙二十年（1681）蔣中和刻本　八冊

330000－1741－0012118　綫000367　史部/
金石類/郡邑之屬/文字
海東金石苑四卷　（清）劉喜海撰　清光緒七
年（1881）張德容二銘草堂刻本　陶在東題記
　四冊

330000 – 1741 – 0012119　綫 616.1/4061 – 2
子部/醫家類/本草之屬/歷代綜合本草

**本草綱目五十二卷首一卷圖三卷奇經八脈攷
一卷瀕湖脈學一卷脈訣攷證一卷**　（明）李時
珍撰　**本草萬方鍼線八卷藥品總目一卷**
（清）蔡烈先輯　**本草綱目拾遺十卷首一卷**
（清）趙學敏輯　清光緒十一年（1885）張紹棠
味古齋刻本　三十八冊　缺七卷（本草綱目
首、一至二、圖二至三，瀕湖脈學，脈訣攷證）

330000 – 1741 – 0012121　綫 000400、綫
000401　集部/總集類/選集之屬/通代

全上古三代秦漢三國六朝文七百四十一卷
（清）嚴可均輯　清光緒十三年至十九年
（1887–1893）黃岡王氏廣州刻二十年（1894）
武昌印本　二十七冊　存一百九十六卷（全
晉文一至一百六十七、全隋文一至二十九）

330000 – 1741 – 0012122　綫 000371　集部/
詩文評類/詩評之屬

小匏庵詩話十卷　（清）吳仰賢輯　清光緒八
年（1882）刻本　李慶雲題記　二冊

330000 – 1741 – 0012123　綫 000373　集部/
別集類/清別集

尊聞居士集八卷尊聞居士遺稿一卷　（清）羅
有高撰　（清）彭紹升編　清光緒七年（1881）
寧都韓聰甫瑞金刻本　四冊

330000 – 1741 – 0012125　綫 000370　史部/
目錄類/書志之屬/提要

日本書目志十五卷　康有為輯　清光緒上海
大同譯書局石印本　二冊　存三卷（十一至
十三）

330000 – 1741 – 0012127　綫 000378　集部/
別集類/清別集

**尺雲軒詩集四卷秋窗疊韻詩一卷文集二卷續
編一卷尺牘一卷**　（清）朱實發撰　清道光十
四年（1834）朱穀昌刻本　三冊　缺二卷（尺
雲軒詩集三至四）

330000 – 1741 – 0012128　綫 000374　集部/
別集類/明別集

吳康齋先生集十二卷首一卷　（明）吳與弼撰

清道光十五年（1835）崇仁縣署刻本　十
二冊

330000 – 1741 – 0012130　綫 000388　集部/
別集類/清別集

松陵唱和鈔四卷　（清）周允中等撰　清乾隆
刻本　四冊

330000 – 1741 – 0012132　綫 000384　史部/
政書類/儀制之屬/專志/紀元

紀元編三卷末一卷　（清）李兆洛撰　（清）六
乘如輯　清道光十一年（1831）武進李兆洛輦
學齋刻本　二冊

330000 – 1741 – 0012133　綫 615.2/7572　子
部/醫家類/兒科之屬/痘疹

陳氏痘書一卷　（清）陳奇生撰　清抄本
一冊

330000 – 1741 – 0012135　綫 000382　集部/
別集類/宋別集

武溪集二十卷首一卷　（宋）余靖撰　清康熙
韶州府刻本　四冊

330000 – 1741 – 0012137　綫 000377　集部/
別集類/清別集

尚志堂詩草四卷　（清）馮應圖撰　**小綠筠堂
詩存一卷**　（清）張燕緒撰　清光緒十六年
（1890）馮壯圖刻二十年（1894）增刻本　一冊

330000 – 1741 – 0012138　綫 000393　集部/
別集類/清別集

御製全史詩六十四卷首二卷　（清）仁宗顒琰
撰　（清）張師誠註　清嘉慶刻本　二十四冊
存五十卷（首一至二、一至四十八）

330000 – 1741 – 0012139　綫 617.3/3160 – 1
子部/醫家類/方書之屬/歷代方書

**醫方集解六卷增訂本草備要不分卷醫方湯頭
歌括一卷經絡歌訣一卷續增日食菜物一卷**
（清）汪昂撰　清令德堂刻本　一冊　存四卷
（醫方集解六、醫方湯頭歌括、經絡歌訣、續增
日食菜物）

330000 – 1741 – 0012142　綫 000387　集部/
總集類/選集之屬/通代

本事詩十二卷 （清）徐釚輯　清乾隆二十二年（1757）桐鄉汪肯堂半松書屋刻本　六冊

330000－1741－0012143　綫000385、綫000296　子部/藝術類/書畫之屬/畫譜

任渭長四種 （清）任熊繪　清咸豐蕭山王氏養龢堂刻光緒三年（1877）張牧九補刻重訂本　六冊　存二種

330000－1741－0012145　綫000390　類叢部/叢書類/彙編之屬

榆園叢刻十五種附一種 （清）許增編　清同治至光緒刻本　一冊　存一種

330000－1741－0012147　綫000397、綫000398、綫000399　類叢部/叢書類/彙編之屬

籑喜廬叢書五種 （清）傅雲龍編　清光緒十五年（1889）德清傅氏日本東京刻本　七冊　存三種

330000－1741－0012151　綫000403　集部/別集類/漢魏六朝別集

陶淵明文集十卷 （晉）陶潛撰　清光緒十四年（1888）會稽陶濬宣稷山樓影宋刻本　二冊

330000－1741－0012155　綫000407　史部/傳記類/總傳之屬/通代

歷代都江堰功小傳二卷 王人文等輯　清宣統三年（1911）成都刻本　一冊

330000－1741－0012156　綫000411　史部/地理類/雜志之屬

浙江全省輿圖並水陸道里記不分卷 （清）宗源瀚等纂　清光緒二十年（1894）石印本　二十冊

330000－1741－0012157　綫615.1/8049　子部/醫家類/類編之屬

武昌醫學館叢書八種 （清）柯逢時編　清光緒三十年至民國元年（1904－1912）武昌醫學館刻本　四冊　存一種

330000－1741－0012158　綫000406　類叢部/叢書類/自著之屬

紀慎齋先生全集十二種續集七種 （清）紀大

奎撰　清嘉慶十三年至咸豐二年（1808－1852）刻本　一冊　存二卷（周易參同契集韻後下、後末）

330000－1741－0012160　綫000395　集部/總集類/彙編之屬

邱海二公合集 清嘉慶二十年（1815）刻本　七冊　存一種

330000－1741－0012161　綫000413　集部/別集類/明別集

明張文忠公全集四十六卷附錄二卷 （明）張居正撰　清光緒二十七年（1901）紅藤碧樹山館刻本　十六冊

330000－1741－0012162　綫000409　史部/政書類/律令之屬/律例

大清律例彙纂大成四十卷督捕則例二卷三流道里表一卷五軍道里表一卷秋審實緩比較彙案一卷部頒新增一卷 （清）刑部輯　清光緒二十九年（1903）石印本　七冊　存十一卷（大清律例彙纂大成一至九、三十三至三十四）

330000－1741－0012163　綫000412　集部/別集類/清別集

丁辛老屋集二十卷 （清）王又曾撰　清乾隆四十一年（1776）刻本　八冊

330000－1741－0012165　綫000396　類叢部/叢書類/彙編之屬

古逸叢書二十六種 （清）黎庶昌編　清光緒八年至十年（1882－1884）黎庶昌日本東京使署影刻本（玉燭寶典卷九原缺）　七冊　存一種

330000－1741－0012166　綫000417　史部/史評類/考訂之屬

十七史商榷一百卷 （清）王鳴盛撰　清光緒六年（1880）太原王氏刻本　二十四冊

330000－1741－0012167　綫000418　集部/別集類/清別集

蘭韻堂詩集十二卷文集五卷御覽集六卷經進文稿二卷西清筆記二卷 （清）沈初撰　蘭韻

堂詩續集一卷文續集一卷 （清）沈初撰
（清）沈春畹 （清）沈遠亭輯 清乾隆五十九
年（1794）、嘉慶二十五年（1820）刻本 十冊
缺二卷（西清筆記一至二）

330000－1741－0012168 綫000415 類叢
部/叢書類/彙編之屬
天壤閣叢書二十種 （清）王祖源 （清）王懿
榮編 清同治至光緒福山王氏刻彙印本 二
冊 存一種

330000－1741－0012169 綫000410 史部/
政書類/律令之屬/律例
大清律例增修統纂集成四十卷督捕則例附纂
二卷 （清）陶潤輯 （清）陶駿 （清）陶念
霖增輯 清光緒二十九年（1903）上海文淵山
房鉛印本 四冊

330000－1741－0012170 綫000440、綫
000441 史部/傳記類/總傳之屬/仕宦
滿洲名臣傳四十八卷漢名臣傳三十二卷
（清）國史館撰 清京都琉璃廠榮錦書坊刻本
五十一冊 缺二十九卷（滿洲名臣傳二至
三、五至六、十一至十三、十六、二十六、四十
一至四十二、四十四,漢名臣傳一至七、十、十
二、十五至十六、十八、二十至二十一、二十五
至二十六、三十一）

330000－1741－0012172 綫000416 史部/
傳記類/總傳之屬/人表
疑年錄四卷 （清）錢大昕編 續疑年錄四卷
（清）吳修編 清嘉慶二十三年（1818）刻本
一冊 存四卷（續疑年錄一至四）

330000－1741－0012173 善611.3/1145 子
部/醫家類/診法之屬/脈經脈訣
家傳太素脉秘訣二卷 （明）張太素撰 （明）
劉伯詳注 明末抄本 清樂山氏跋 二冊

330000－1741－0012175 綫000442 史部/
傳記類/總傳之屬/通代
校正尚友錄統編二十四卷 （清）潘遵祁輯
清光緒二十九年（1903）通文書局石印本 五
冊 存七卷（一至二、十、十三、十六、二十三
至二十四）

330000－1741－0012179 綫000420 史部/
傳記類/總傳之屬/仕宦
廉吏傳十四卷蠹附一卷 （宋）費樞撰 （明）
黃汝亨增補 明萬曆刻本 十二冊 缺四卷
（魏、吳、蜀、晉）

330000－1741－0012181 綫000424 史部/
詔令奏議類/奏議之屬
變法奏議叢鈔不分卷 （清）欣賞齋主人編
清光緒二十七年（1901）上海書局石印本
一冊

330000－1741－0012182 綫000443 類叢
部/類書類/通類之屬
仰止子詳考古今名家潤色詩林正宗十二卷韻
林正宗六卷 （明）余象斗輯 清同治九年
（1870）寶翰堂刻本 十冊

330000－1741－0012184 綫616.1/4665 子
部/醫家類/本草之屬/歷代綜合本草
本草述鈎元三十二卷 （清）劉若金撰 （清）
楊時泰輯 清道光二十二年（1842）毘陵涵雅
堂刻本 十冊

330000－1741－0012199 綫000436 類叢
部/叢書類/自著之屬
悔餘菴集三種 （清）何栻撰 清同治四年
（1865）鳩江戎幄刻本 一冊 存一種

330000－1741－0012203 綫000434 史部/
政書類/律令之屬/治獄
疑獄集十卷 （五代）和凝 （五代）和㠓撰
（明）張景增輯 附錄疑獄三十則一卷 （清）
金鳳清增輯 清咸豐元年（1851）桐鄉金氏刻
本 二冊

330000－1741－0012208 綫000618 史部/
詔令奏議類/奏議之屬
左恪靖伯奏稿三十八卷 （清）左宗棠撰 清
同治七年（1868）刻本 三十七冊 缺一卷
（六）

330000－1741－0012211 綫000455 類叢
部/類書類/專類之屬
王先生十七史蒙求十六卷 （宋）王令撰 清

道光二十八年(1848)文奎堂刻本　二册

330000 – 1741 – 0012217　綫 000619　史部/
地理類/外紀之屬

日本國志四十卷首一卷　(清)黄遵憲輯　清
光緒二十四年(1898)浙江書局刻本　十册

330000 – 1741 – 0012219　綫 000474　史部/
傳記類/別傳之屬/事狀

顯考藍洲府君[陳豪]事略一卷　(清)陳漢第
　(清)陳敬第撰　清末刻本　一册

330000 – 1741 – 0012221　綫 000623　集部/
總集類/選集之屬/通代

古文析義十六卷　(清)林雲銘輯注　清經元
堂刻本　十三册　缺一卷(六)

330000 – 1741 – 0012222　善 610.4/1183　子
部/醫家類/綜合之屬/合刻、合抄

景岳全書六十四卷　(明)張介賓撰　清康熙
五十年(1711)賈棠刻本　二十四册

330000 – 1741 – 0012224　綫 000614　經部/
周禮類/傳說之屬

周禮六卷　(漢)鄭玄注　(唐)陸德明音義
清嘉慶十一年(1806)張青選清芬閣刻本　四
册　缺二卷(三至四)

330000 – 1741 – 0012227　綫 000621　集部/
總集類/選集之屬/通代

古文四象四卷　(清)曾國藩輯　清光緒三十
四年(1908)趙氏京師鉛印本　三册　缺一卷
(四)

330000 – 1741 – 0012228　綫 000620　類叢
部/叢書類/自著之屬

鄭氏四種　(清)鄭曉如撰　清同治八年
(1869)廣州華文堂刻本　八册　存一種

330000 – 1741 – 0012229　綫 000617　經部/
禮記類/傳說之屬

禮記集說十卷　(元)陳澔撰　清刻本　九册
存九卷(二至十)

330000 – 1741 – 0012231　綫 616.4/4412 – 1
子部/醫家類/類編之屬

黄氏醫書八種　(清)黄元御撰　清同治五年
(1866)刻本　二册　存一種

330000 – 1741 – 0012232　綫 000622　類叢
部/叢書類/彙編之屬

武英殿聚珍版書五十三種　清同治十三年
(1874)江西書局刻本　二册　存一種

330000 – 1741 – 0012233　綫 000651　集部/
總集類/選集之屬/通代

駢體文鈔三十一卷　(清)李兆洛輯　清道光
元年(1821)合河康氏家塾刻同治六年(1867)
婁江徐氏補刻本　六册

330000 – 1741 – 0012234　綫 000626　集部/
別集類/清別集

東望望閣詩鈔十八卷滕琴館詞鈔一卷　(清)
查奕照撰　清道光二十四年(1844)刻本
六册

330000 – 1741 – 0012237　綫 000652　集部/
總集類/選集之屬/通代

駢體文鈔三十一卷　(清)李兆洛輯　清道光
元年(1821)合河康氏家塾刻同治六年(1867)
婁江徐氏補刻光緒三十四年(1908)蘇州振新
書社印本　八册

330000 – 1741 – 0012239　綫 000629　類叢
部/叢書類/自著之屬

緣督廬遺書六種　葉昌熾撰　清末至民國初
遞刻本　四册　存一種

330000 – 1741 – 0012240　綫 000631　經部/
小學類/訓詁之屬/爾雅

爾雅註疏十一卷　(晉)郭璞注　(宋)邢昺疏
清光緒八年(1882)崇德書院刻本　四册

330000 – 1741 – 0012241　綫 000628　類叢
部/叢書類/家集之屬

丹徒戴氏叢刻七種　(清)戴肇辰編　清同治
至光緒刻本　十册　存一種

330000 – 1741 – 0012242　綫 000632　集部/
詩文評類

騷壇八畧二卷　(清)王楷蘇撰　清嘉慶二年
(1797)釣鰲山房刻本　一册

330000－1741－0012245　綫000635　集部/
別集類/清別集

紉香草堂詩集十卷試帖一卷　（清）李廷榮撰
清道光十五年(1835)刻咸豐三年(1853)增
刻本　四冊　存十卷(一至十)

330000－1741－0012246　綫000636　子部/
儒家類/儒學之屬

孔氏家語十卷　（三國魏）王肅注　清光緒上
海同文書局石印本　四冊

330000－1741－0012247　綫000638　集部/
別集類/清別集

萬山草堂詩集六卷　李登雲撰　清光緒三十
三年(1907)武林刻本　二冊

330000－1741－0012248　綫000639　集部/
別集類/清別集

賁凌霄樹詩集六卷　（清）陳烱撰　**草草書屋
賸藁一卷**　（清）陳朴撰　清光緒十一年
(1885)刻本　四冊

330000－1741－0012249　綫000641　子部/
儒家類/儒學之屬/性理

御纂性理精義十二卷　（清）李光地等纂修
清行恕堂刻本　六冊

330000－1741－0012250　綫000630　集部/
總集類/選集之屬/通代

文選六十卷　（南朝梁）蕭統輯　（唐）李善注
　文選考異十卷　（清）胡克家撰　清末上海
著易堂石印本　二冊

330000－1741－0012251　綫000637　集部/
別集類/清別集

寄簃文存八卷二編二卷　沈家本撰　清宣統
元年(1909)、三年(1911)修訂法律館鉛印本
二冊　缺四卷(五至八)

330000－1741－0012252　綫000645　集部/
別集類/唐五代別集

樊南文集詳註八卷　（唐）李商隱撰　（清）馮
浩注　清乾隆四十五年(1780)馮氏德聚堂刻
同治七年(1868)桐鄉馮寶圻重修本　四冊

330000－1741－0012254　綫000640　經部/

四書類/總義之屬/傳說

四書偶談內外編二卷　（清）戚學標撰　清嘉
慶刻本　二冊

330000－1741－0012255　綫000642　集部/
別集類/清別集

**定盦文集三卷續集四卷文集補九卷文集補編
四卷**　（清）龔自珍撰　清光緒二十三年
(1897)萬本書堂刻本　六冊

330000－1741－0012257　綫000637－2　集
部/別集類/清別集

寄簃文存八卷二編二卷　沈家本撰　清宣統
元年(1909)、三年(1911)修訂法律館鉛印本
二冊　缺四卷(五至八)

330000－1741－0012259　綫000643　類叢
部/叢書類/自著之屬

顧端文公遺書十五種附一種　（明）顧憲成撰
清光緒三年(1877)涇里顧氏宗祠刻本（證
性編卷七至八原缺）　一冊　存一種

330000－1741－0012261　綫000663　集部/
別集類/清別集

崇百藥齋文集二十卷續集四卷三集十二卷
（清）陸繼輅撰　**五真閣吟藁一卷**　（清）錢惠
尊撰　清光緒四年(1878)陸祐勤等興國州署
刻本　十二冊

330000－1741－0012265　綫000676　史部/
傳記類/總傳之屬/家乘

**[江蘇無錫]勾吳華氏本書五十四卷前一卷後
一卷**　（清）華渚纂修　清光緒三十一年
(1905)存裕堂義莊木活字印本　八冊　缺五
卷(四十五、五十至五十一、五十三至五十四)

330000－1741－0012266　綫000655　類叢
部/叢書類/彙編之屬

天壤閣叢書二十種　（清）王祖源　（清）王懿
榮編　清同治至光緒福山王氏刻彙印本　二
冊　存一種

330000－1741－0012267　綫000657　類叢
部/叢書類/郡邑之屬

武林往哲遺箸五十二種後編十種　（清）丁丙

編　清光緒二十年至二十六年（1894－1900）錢塘丁氏嘉惠堂刻本（錢塘章先生文集卷一至二原缺）　六冊　存一種

330000－1741－0012269　綫000661　經部/四書類/論語之屬/傳說

論語補註三卷　（清）劉開撰　清同治七年（1868）桐城劉氏刻本　一冊

330000－1741－0012273　綫000667　經部/四書類/總義之屬/傳說

四書或問三十九卷　（宋）朱熹撰　**四書或問考異一卷**　（清）劉啟發等撰　清同治十二年（1873）霍山劉氏五忠堂刻本　六冊

330000－1741－0012274　綫000662　史部/史抄類

漢雋十卷　（宋）林鉞輯　清道光十年（1830）南城胡氏刻本　四冊

330000－1741－0012278　綫000680　史部/政書類/邦計之屬/漕運

鄂省丁漕指掌十卷　（清）牟嗣龍等纂　清光緒元年（1875）湖北藩署刻四年（1878）增刻本　朱重光　王祖蘊題記　十冊

330000－1741－0012279　綫000671　類叢部/叢書類/自著之屬

燕禧堂五種　（清）任大椿輯撰　清乾隆刻本　六冊

330000－1741－0012280　綫000659　集部/總集類/選集之屬/斷代

宋十五家詩選　（清）陳訏編　清康熙三十二年（1693）刻本　一冊　存三種

330000－1741－0012282　綫000673　經部/周禮類/傳說之屬

周禮精華六卷　（清）陳龍標輯　清嘉慶十六年（1811）甯郡簡香齋刻本　六冊

330000－1741－0012286　綫000674　經部/小學類/音韻之屬/韻書

五方元音二卷　（清）樊騰鳳撰　（清）年希堯增補　清光緒十年（1884）文興堂刻本　四冊

330000－1741－0012287　綫000644　集部/別集類/清別集

江南春雜體文三卷　（清）江壁撰　清同治江西三古堂刻本　一冊

330000－1741－0012288　綫000686　史部/政書類/邦交之屬

西疆交涉志要六卷　鍾鏞撰　清宣統三年（1911）鉛印本　二冊

330000　－1741－0012289　綫000684、綫000685　子部/雜著類/雜說之屬

浪跡叢談十一卷浪跡續談八卷　（清）梁章鉅撰　清刻本　七冊　缺三卷（浪跡叢談一至三）

330000－1741－0012291　綫000683　子部/雜著類/雜說之屬

歸田瑣記八卷　（清）梁章鉅撰　清道光二十五年（1845）北東園刻本　四冊

330000－1741－0012292　綫000687　類叢部/叢書類/彙編之屬

求實齋叢書十五種　（清）蔣德鈞編　清光緒湘鄉蔣氏龍安郡署刻本　一冊　存三種

330000－1741－0012293　綫000689　集部/別集類/明別集

徐文靖公謙齋文錄四卷　（明）徐溥撰　明刻清重修本　四冊

330000－1741－0012294　綫000699　集部/別集類/清別集

積石文稿十八卷詩存四卷繪餘編一卷　（清）張履撰　**南池唱和詩存一卷**　（清）張履（清）張海珊撰　清光緒二十年（1894）刻本　七冊　缺一卷（繪餘編）

330000－1741－0012295　綫000691　史部/政書類/律令之屬/判牘

樊山判牘四卷　樊增祥撰　清宣統法政學社石印本　四冊

330000－1741－0012296　綫000690　集部/別集類/清別集

述學內篇三卷補遺一卷外篇一卷別錄一卷附

錄一卷校勘記一卷 （清）汪中撰 （清）汪喜孫編 清同治八年（1869）揚州書局刻本 二冊

330000－1741－0012299 綫000700 集部/總集類/選集之屬/斷代
兩漢策要十二卷 （宋）陶叔獻輯 清乾隆五十六年（1791）如皋張朝樂刻本（卷三原缺） 八冊

330000－1741－0012301 綫000697 史部/時令類
月令精鈔二卷 （清）鄭泰 （清）吳振纂輯 清康熙三十五年（1696）刻本 二冊

330000－1741－0012302 綫000698 集部/別集類/清別集
劫餘存稿一卷 （清）吳受藻撰 （清）吳積鑑編 劫餘存稿一卷 （清）王鼎詩撰 （清）朱世篁編 清同治七年（1868）錢唐汪氏振綺堂刻本 一冊

330000－1741－0012304 綫000706 集部/別集類/宋別集
蘇文忠公詩合註五十卷首一卷 （宋）蘇軾撰 （清）馮應榴輯 清乾隆五十八年（1793）桐鄉馮氏踵息齋刻同治九年（1870）增修本 二十四冊

330000－1741－0012306 綫000702、綫000701、綫000767 類叢部/叢書類/彙編之屬
榆園叢刻十五種附一種 （清）許增編 清同治至光緒刻本 三冊 存四種

330000－1741－0012308 綫000704 經部/易類/傳說之屬
周易本義辯證五卷 （清）惠棟撰 清乾隆常熟蔣氏省吾堂刻省吾堂四種本 清陶方琦題記 二冊

330000－1741－0012309 綫000707 類叢部/叢書類/自著之屬
甌北全集八種 （清）趙翼撰 清乾隆至嘉慶湛貽堂刻本 十二冊 存一種

330000－1741－0012310 綫000711 經部/四書類/論語之屬/傳說
論語後案二十卷 （清）黃式三撰 清道光二十四年（1844）魯岐峯木活字印本 四冊

330000－1741－0012311 綫000742 史部/紀事本末類/通代之屬
繹史一百六十卷世系圖一卷年表一卷 （清）馬驌撰 清光緒三十年（1904）浙江書局刻本 五十冊

330000－1741－0012313 綫000705 類叢部/叢書類/彙編之屬
函海一百五十二種 （清）李調元編 清乾隆綿州李氏萬卷樓刻嘉慶十四年（1809）李鼎元、道光五年（1825）李朝夔重校補刻本 四冊 存一種

330000－1741－0012315 綫000714 類叢部/叢書類/自著之屬
一經廬叢書五種 （清）姚配中撰 清道光一經廬木活字印本 一冊 存一種

330000－1741－0012317 綫000715 集部/別集類/明別集
宋文憲公全集八十卷 （明）宋濂撰 年譜二卷附錄一卷 （清）朱興悌 （清）戴殿江纂 孫鏘增輯 潛溪錄六卷首一卷 丁立中編輯 孫鏘增補 清宣統三年至民國五年（1911－1916）四明孫氏成都刻本 二十八冊

330000－1741－0012318 綫000742－2 史部/紀事本末類/通代之屬
繹史一百六十卷世系圖一卷年表一卷 （清）馬驌撰 清光緒三十年（1904）浙江書局刻本 五十冊

330000－1741－0012320 綫000695 集部/別集類/清別集
梅氏詩略十二卷 （清）梅清輯 清康熙三十年（1691）刻本 四冊

330000－1741－0012321 綫000713 類叢部/叢書類/自著之屬
春融堂集三種 （清）王昶撰 清嘉慶青浦王

氏塾南書舍刻本　四冊　存一種

330000－1741－0012325　綫000743　子部/
儒家類/儒學之屬/經濟

**皇朝經世文編一百二十卷姓名總目二卷生存
姓名一卷**　（清）賀長齡輯　清道光七年
(1827)刻本　朱重光　王祖蘊題記　六十六
冊　缺二十四卷(八十九至一百十二)

330000－1741－0012326　綫000723　子部/
工藝類/文房四寶之屬/硯

端溪硯史三卷　（清）吳蘭修撰　清咸豐九年
(1859)古歙葉硯農刻本　二冊

330000－1741－0012327　綫000696　集部/
別集類/宋別集

蘇長公表啟五卷　（宋）蘇軾撰　（明）李卓吾
等評　明萬曆凌濛初刻朱墨套印本　六冊

330000－1741－0012330　綫000726　子部/
雜著類/雜說之屬

溪山講授二卷　（清）戚學標撰　清道光二年
(1822)刻本　一冊

330000－1741－0012335　綫000732　經部/
禮記類/傳說之屬

禮經校釋二十二卷　曹元弼撰　清光緒十八
年(1892)刻本　十二冊

330000－1741－0012336　綫000724　集部/
總集類/課藝之屬

經正書院小課四卷　（清）徐幹輯　清光緒七
年(1881)刻本　四冊

330000－1741－0012338　綫000719　子部/
叢編

二十二子(二十二子彙函)　（清）浙江書局編
　清光緒元年至三年(1875－1877)浙江書局
刻本　四冊　存一種

330000－1741－0012339　綫000744　子部/
儒家類/儒學之屬/經濟

皇朝經世文編一百二十卷姓名總目三卷
（清）賀長齡輯　清光緒十二年(1886)思補樓
石印本　三十八冊　缺四十三卷(四十一至
六十、九十至九十四、一百三至一百二十)

330000－1741－0012342　綫000736　類叢
部/叢書類/自著之屬

春在堂全書(德清俞蔭甫所著書)三十六種
（清）俞樾撰　清同治至光緒刻光緒末彙印本
　九冊　存一種

330000－1741－0012344　綫000749　史部/
政書類/通制之屬

政藝叢書甲辰全書十六種　鄧實編　清光緒
三十年(1904)政藝通報館鉛印本　十九冊
存十五種

330000－1741－0012345　綫000740　集部/
別集類/清別集

心字香館詩鈔十卷文鈔甲集二卷　（清）黃仲
畬撰　清同治六年(1867)沭陽官舍刻本　十
冊　缺二卷(一、十)

330000－1741－0012346　綫000745　子部/
儒家類/儒學之屬/經濟

皇朝經世文編一百二十卷姓名總目二卷
（清）賀長齡輯　清光緒十三年(1887)上海點
石齋石印本　十二冊

330000－1741－0012349　綫000750　史部/
政書類/通制之屬

政藝叢書乙巳全書十五種　鄧實編　清光緒
三十一年(1905)政藝通報館鉛印本　十八冊
　缺三卷(內政通紀四至六)

330000－1741－0012350　綫000741　類叢
部/類書類/通類之屬

北堂書鈔一百六十卷首一卷　（唐）虞世南撰
　（清）孔廣陶校注　清光緒十四年(1888)南
海孔氏三十有三萬卷堂刻本　十八冊　缺十
一卷(一百五十至一百六十)

330000－1741－0012354　綫000754　子部/
雜著類/雜說之屬

鴻苞節錄十卷　（明）屠隆撰　（清）屠繼烈輯
　清咸豐七年(1857)章丘保硯齋刻本　十冊

330000－1741－0012355　綫000757　經部/
周禮類/傳說之屬

周禮正義八十六卷　（清）孫詒讓撰　清光緒

三十一年(1905)鉛印本　十二冊

330000－1741－0012356　綫000751　類叢
部/叢書類/自著之屬

舊雨艸堂叢書　(清)陳康祺撰　清光緒刻本
十二冊　存三種

330000－1741－0012357　綫000746　集部/
別集類/清別集

靈巖山人詩集三十四卷　(清)畢沅撰　清乾
隆五十五年(1790)刻本　二十冊

330000－1741－0012358　綫000756　集部/
總集類/選集之屬/斷代

文粹一百卷　(宋)姚鉉輯　**文粹補遺二十六
卷**　(清)郭麐輯　清光緒十六年(1890)杭州
許氏榆園刻本　二十冊

330000－1741－0012359　綫000753　史部/
紀傳類/別史之屬

東都事略一百三十卷　(宋)王偁撰　清光緒
九年(1883)淮南書局刻朱印本　八冊

330000－1741－0012360　綫000758　集部/
總集類/彙編之屬

國朝文錄四十種　(清)李祖陶編　清道光十
九年(1839)瑞州府鳳儀書院刻本　二十六冊
存三十四種

330000－1741－0012361　綫000755　集部/
總集類/選集之屬/通代

文選旁證四十六卷　(清)梁章鉅撰　清光緒
八年(1882)吳下刻本　十二冊

330000－1741－0012363　綫000762　史部/
史評類/史論之屬

史通通釋二十卷附錄一卷　(清)浦起龍撰
清光緒二十五年(1899)上海通時書局石印本
八冊

330000－1741－0012364　綫000759　集部/
別集類/清別集

東洲艸堂詩鈔三十卷詩餘一卷文鈔二十卷
(清)何紹基撰　**眠琴閣遺文一卷遺詩二卷**
(清)何慶涵撰　**浣月樓遺詩二卷**　(清)李楣
撰　**附刻一卷**　(清)何維棣撰　清同治六年

(1867)長沙無園刻光緒增刻本　劉子傑跋
五冊　存二十卷(文鈔一至二十)

330000－1741－0012366　綫000765　史部/
政書類/通制之屬

東漢會要四十卷　(宋)徐天麟撰　清光緒十
年(1884)江蘇書局刻本　八冊

330000－1741－0012369　綫000769　史部/
傳記類/總傳之屬

千古奇聞八卷　(清)李漁撰　清康熙十八年
(1679)刻本　八冊

330000－1741－0012370　綫000755－2　集
部/總集類/選集之屬/通代

文選旁證四十六卷　(清)梁章鉅撰　清光緒
八年(1882)吳下刻本　十二冊

330000－1741－0012371　綫000760　史部/
史評類/史論之屬

史通通釋二十卷附錄一卷　(清)浦起龍撰
清光緒翰墨園刻本　二冊

330000－1741－0012372　綫000770　類叢
部/叢書類/彙編之屬

十萬卷樓叢書五十一種　(清)陸心源編　清
光緒歸安陸氏刻本　十二冊　存一種

330000－1741－0012375　綫000772、綫
000773　集部/別集類/清別集

海峰文集八卷詩集十一卷　(清)劉大櫆撰
清同治十三年(1874)桐城劉繼邠邱刻本
八冊

330000－1741－0012376　綫000761　史部/
史評類/史論之屬

史通通釋二十卷附錄一卷　(清)浦起龍撰
清光緒十一年(1885)刻本　八冊　缺二卷
(十七至十八)

330000－1741－0012377　綫000776　集部/
別集類/清別集

合訂端園詩草七卷　(清)錢照撰　清道光刻
本　一冊

330000－1741－0012378　綫000766　集部/

別集類/清別集

顧雙溪集九卷 （清）顧奎光撰　清光緒二十一年(1895)木活字印本　二冊

330000－1741－0012379　綫000853　新學/算學/曲綫

八線拾級二卷答案一卷 （美國）溫德鄂輯（清）劉光照譯　清光緒三十年(1904)上海廣學會鉛印本　一冊

330000－1741－0012380　綫000785　史部/詔令奏議類/奏議之屬

駱文忠公奏議湘中稿十六卷續刻四川奏議十一卷附錄三卷 （清）駱秉章撰　清同治花縣駱氏刻光緒增刻本　二十冊　存二十一卷（駱文忠公奏議湘中稿一至十六、續刻四川奏議一至五）

330000－1741－0012381　綫000778　集部/別集類/清別集

建陵山房詩鈔十卷 （清）王詡撰　清光緒十三年(1887)王詡刻本　四冊

330000－1741－0012384　綫000779　子部/宗教類/其他宗教之屬/伊斯蘭教

天方性理圖傳五卷首一卷 （清）劉智撰　清同治敬畏堂刻本　六冊

330000－1741－0012386　綫000790　集部/別集類/清別集

曝書亭集八十卷附錄一卷 （清）朱彝尊撰　**笛漁小稾十卷** （清）朱昆田撰　清光緒十五年(1889)會稽陶氏寒梅館刻本　十六冊

330000－1741－0012387　綫000782　史部/政書類/儀制之屬/專志/科舉校規

奏定學堂章程不分卷 （清）張百熙等編　清光緒學校司排印局鉛印本　五冊

330000－1741－0012388　綫000783　史部/傳記類/總傳之屬/儒林

理學宗傳二十六卷 （清）孫奇逢撰　（清）魏一鼇等編　清光緒六年(1880)浙江書局刻本　十二冊

330000－1741－0012389　綫000771　類叢

部/叢書類/彙編之屬

十萬卷樓叢書五十一種 （清）陸心源編　清光緒歸安陸氏刻本　六冊　存一種

330000－1741－0012391　綫000787　類叢部/叢書類/彙編之屬

趙氏藏書十六種 （清）趙承恩編　清同治至光緒金谿趙氏紅杏山房補刻重印本　十六冊　存一種

330000－1741－0012393　綫000786　類叢部/叢書類/自著之屬

左文襄公全集七種附二種首一卷 （清）左宗棠撰　清光緒刻本　九冊　存一種

330000－1741－0012394　綫000794　類叢部/叢書類/彙編之屬

武英殿聚珍版書一百四十八種　清乾隆四十二年(1777)福建刻道光至同治遞修光緒二十一年(1895)增刻本　一冊　存一種

330000－1741－0012395　綫000789　集部/別集類/清別集

梅村詩集箋注十八卷 （清）吳偉業撰　（清）吳翌鳳箋注　清嘉慶十九年(1814)嚴榮滄浪吟榭刻本　八冊　存七卷(一至七)

330000－1741－0012396　綫000809　集部/總集類/選集之屬/通代

類纂古文雲蒸六卷 （清）燕毅輯　清光緒三年(1877)南州亦政書齋刻本　六冊

330000－1741－0012399　綫000001　史部/紀傳類/正史之屬

二十四史附考證　清光緒十四年(1888)上海圖書集成印書局鉛印本　三百二十六冊　存二十一種

330000－1741－0012403　綫000801　類叢部/類書類/通類之屬

淵鑑類函四百五十卷目錄四卷 （清）張英（清）王士禎等纂　清康熙清吟堂刻雍正印本　一百三十六冊　缺十二卷(一至三、一百三十五至一百三十七、三百十六至三百十七,目錄一至四)

330000－1741－0012405　綫000784　史部/詔令奏議類/奏議之屬

明臣奏議十二卷首一卷　（清）孫桐生輯　清光緒十七年(1891)四影閣刻本　十冊　缺二卷(九、十一)

330000－1741－0012406　綫000802　類叢部/類書類/專類之屬

佩文韻府一百六卷　（清）張玉書　（清）蔡升元等輯　**韻府拾遺一百六卷**　（清）汪灝（清）何焯等輯　清光緒十七年(1891)上海同文書局石印本　五十五冊　缺三十九卷(佩文韻府三十五至三十六、八十三至八十四、九十七至九十八,拾遺七十四至一百六)

330000－1741－0012407　綫000803　集部/詞類/詞譜之屬

詞律拾遺八卷　（清）徐本立撰　清同治十二年(1873)吳下刻本　四冊

330000－1741－0012408　綫000802（2）　類叢部/類書類/專類之屬

佩文韻府一百六卷　（清）張玉書　（清）蔡升元等輯　**韻府拾遺一百六卷**　（清）汪灝（清）何焯等輯　清光緒十七年(1891)上海同文書局石印本　十一冊　缺二十六卷(佩文韻府二十二至二十五、七十一至九十二)

330000－1741－0012412　綫000002　史部/紀傳類/正史之屬

二十四史附考證　清光緒二十八年(1902)史學會社石印本　九十八冊　缺二十七卷(南史五十四至八十)

330000－1741－0012416　綫000810　史部/地理類/外紀之屬

英軺日記十二卷　載振撰　清光緒二十九年(1903)上海文明編譯書局鉛印本　四冊

330000－1741－0012417　綫000804　子部/天文曆算類/算書之屬

學算筆談十二卷　（清）華蘅芳撰　清光緒二十三年(1897)味經刊書處刻行素軒算稿本仁木氏題簽　六冊

330000－1741－0012418　綫000813　史部/傳記類/總傳之屬/斷代

國朝先正事略六十卷　（清）李元度撰　清光緒二十五年(1899)上海圖書集成印書局鉛印本　八冊

330000－1741－0012420　綫000814　史部/傳記類/總傳之屬/仕宦

中興名臣事略八卷　朱孔彰撰　清光緒二十五年(1899)上海圖書集成印書局鉛印本　三冊　缺二卷(七至八)

330000－1741－0012421　綫000816　集部/總集類/選集之屬/斷代

八家四六文註八卷首一卷　（清）吳鼒輯（清）許貞幹注　清光緒十七年(1891)味青齋刻本　十六冊

330000－1741－0012422　綫000818　類叢部/類書類/通類之屬

玉海二百卷辭學指南四卷詩攷一卷詩地理攷六卷漢藝文志攷證十卷通鑑地理通釋十四卷周書王會補注一卷漢制攷四卷踐阼篇集解一卷急就篇補注四卷小學紺珠十卷姓氏急就篇二卷六經天文編二卷周易鄭康成注一卷通鑑答問五卷　（宋）王應麟撰　元刻明清遞修本　三十七冊　存一百二十三卷(玉海二至一百二十四)

330000－1741－0012424　綫000819　子部/雜著類/雜說之屬

風雅遺聞四卷　（清）戚學標撰　清乾隆刻本二冊

330000－1741－0012426　綫000003　史部/紀傳類/正史之屬

二十四史附考證　清光緒十年(1884)上海同文書局影印本　四百五十二冊　存二十一種

330000－1741－0012427　綫000815　集部/小說類/短篇之屬

聊齋志異十六卷　（清）蒲松齡撰　（清）王士禎評　清乾隆三十一年(1766)趙起杲清柯亭刻本　六冊　存六卷(七至十、十五至十六)

330000－1741－0012428　綫000821　新學/議論/通論

富國真理二卷　（英國）嘉托瑪撰　（英國）山雅谷譯　清光緒二十五年(1899)上海圖書集成局鉛印本　二冊

330000－1741－0012432　綫000823　子部/天文曆算類/算書之屬

則古昔齋算學十三種　（清）李善蘭撰　**圓錐曲線說三卷**　（英國）又約瑟口譯　（清）李善蘭筆述　清同治六年(1867)海寧李善蘭金陵刻本　章用題記　六冊　存十二種

330000－1741－0012434　綫000829　集部/總集類/選集之屬/通代

樂府詩集一百卷目錄二卷　（宋）郭茂倩輯　明崇禎虞山毛氏汲古閣刻清初重訂本　三十冊　缺十八卷(二十三至四十)

330000－1741－0012435　綫000825、綫000826　類叢部/叢書類/自著之屬

聊園叢書　（清）王增祺撰　清光緒刻本　十八冊　存五種

330000－1741－0012436　綫000838　子部/叢編

十子全書　（清）王子興編　清嘉慶九年(1804)姑蘇王氏聚文堂刻本　三十二冊

330000－1741－0012438　綫000833　經部/四書類/總義之屬/傳說

四書釋地補一卷續補一卷又續補一卷三續補一卷　（清）閻若璩撰　（清）樊廷枚校補　清嘉慶二十一年(1816)敬藝堂刻本　六冊

330000－1741－0012439　綫000868　集部/別集類/清別集

潛東先生文集十四卷　（明）張鹵撰　清乾隆七年(1742)張氏孝思堂刻本　八冊

330000－1741－0012440　綫000836　集部/別集類/唐五代別集

玉谿生詩箋註三卷首一卷樊南文集箋註八卷首一卷　（唐）李商隱撰　（清）馮浩編訂　清乾隆四十五年(1780)德聚堂刻嘉慶元年(1796)增刻本　八冊

330000－1741－0012441　綫000831　子部/雜著類/雜纂之屬

宋稗類鈔八卷　（清）潘永因輯　清乾隆刻本　八冊

330000－1741－0012442　綫000824　新學/商務/商學

原富八卷　（英國）斯密亞丹撰　嚴復譯　清末清芬書屋刻本　八冊

330000－1741－0012444　綫000857　集部/別集類/唐五代別集

羅昭諫集八卷　（唐）羅隱撰　清同治六年(1867)方坦刻克讓堂印本　一冊

330000－1741－0012445　綫000837　集部/別集類/宋別集

蘇文忠公詩集五十卷目錄二卷　（宋）蘇軾撰　（清）紀昀評點　清道光十四年(1834)兩廣節署刻朱墨套印本　十二冊

330000－1741－0012446　綫000004　史部/紀傳類/正史之屬

二十四史附考證　清光緒三十四年(1908)上海圖書集成印書局鉛印本　二百五十五冊　存二千二十四卷(史記十五至二十六;前漢書一至十四、十六至十七、二十至五十七上、六十五至七十一、七十八至九十七上、九十八至一百;後漢書一至四十九、五十四至六十七、七十七至一百二十;三國志十四至二十二;晉書一至十九、二十七至六十、七十一至八十七、九十六至一百三十三;北史一至一百;南史一至二十二、三十至八十;魏書一至五十八、六十一至七十五、八十五至一百六中;北齊書一至五十;周書一至二十七、四十至四十八;宋書一至三十三、三十八至六十八、七十九至九十;南齊書一至十四、二十三至三十三、三十六至四十七;梁書二十一至四十五;陳書一至十八;隋書一至六、十七至二十四、七十六至八十五;舊唐書十九下至二十二、三十四至四十、四十四至四十六、五十三至五十八、六十二至七十、八十九至九十七、一百四

十三至一百五十二；唐書一至四十三、五十三至六十五、七十下至七十二上、七十三至一百六、一百十八至一百八十七、二百八至二百二十五，釋音一至二十五；舊五代史一至四十六、六十一至八十八、一百十三至一百五十，目錄一至二；五代史十五至七十四；宋史一百五至一百二十五、一百七十一至一百七十五、一百九十三至一百九十八、二百十至二百十四、二百二十七至二百三十七、二百四十六至二百四十八、二百五十至二百七十二、二百八十二至二百九十五、二百九十八至三百四、三百十四至四百五、四百七至四百八、四百二十三至四百二十七、四百五十七至四百九十六；遼史一至一百十六；金史一至十、十二至二十四、三十三至五十八；元史八至十六、二十七至八十二、八十九至一百二十三、一百五十三至一百六十二、一百八十至一百九十；明史一至三十一、四十三至六十二、九十一至一百十二、一百二十五至一百四十四、一百四十九至一百七十九、一百八十二至一百九十二、二百八至二百二十四、二百二十七至二百五十三、二百八十九至二百九十七、三百六至三百十八、三百二十六至三百三十二，目錄一至四）

330000－1741－0012447　綫000835　類叢部/叢書類/彙編之屬

玉海堂景宋元本叢書　劉世珩編　清光緒至民國貴池劉氏玉海堂影刻本　四冊　存一種

330000－1741－0012448　綫000840　史部/政書類/邦計之屬/貿易

通商約章類纂三十五卷首一卷　（清）張開運等編　清光緒二十四年（1898）北洋石印官書局石印本　二十冊

330000－1741－0012450　綫000843　集部/詩文評類

塞愚詩話二卷　張翼廷撰　清宣統二年（1910）鉛印本　一冊　存一卷（一）

330000－1741－0012451　綫000840－2　史部/政書類/邦計之屬/貿易

通商約章類纂三十五卷首一卷　（清）張開運等編　清光緒二十四年（1898）北洋石印官書局石印本　六冊　存十卷（首，一至五、二十八至二十九、三十四至三十五）

330000－1741－0012452　綫000832　子部/雜著類/雜纂之屬

宋稗類鈔八卷　（清）潘永因輯　清乾隆刻本　十冊

330000－1741－0012453　綫000842、綫000560　經部/四書類/總義之屬/傳說

四書集註二十一卷　（宋）朱熹撰　清刻本　五冊　存十九卷（論語一至十、序說，孟子一至七、序說）

330000－1741－0012455　綫000849、綫000882　集部/別集類/清別集

悲盦居士文存一卷詩賸一卷　（清）趙之謙撰　清光緒十六年（1890）刻本　二冊

330000－1741－0012457　綫000847　子部/叢編

子書百家　（清）崇文書局編　清光緒元年（1875）湖北崇文書局刻本　二冊　存一種

330000－1741－0012458　綫000844　史部/政書類/邦計之屬

理財攷鏡十卷　孫德全撰　清宣統二年（1910）鉛印本　四冊

330000－1741－0012459　綫000845　經部/書類/傳說之屬

書經集傳六卷　（宋）蔡沈撰　清光緒十二年（1886）湖北官書處刻本　一冊　存一卷（一）

330000－1741－0012462　善610/2627－1　子部/醫家類/類編之屬

古今醫統正脈全書四十四種　（明）王肯堂編　明萬曆二十九年（1601）新安吳勉學刻清涵遠齋印本　九十九冊　缺二卷（重廣補註黃帝內經素問遺篇、新編金匱要畧方論下）

330000－1741－0012463　綫000855　經部/叢編

經苑二十五種　（清）錢儀吉輯　清道光至咸豐大梁書院刻同治七年（1868）王儒行等印本　五冊　存一種

330000－1741－0012464　綫000852　經部/
小學類/音韻之屬/古今韻說

**漢學諧聲二十四卷說文補考一卷說文又考一
卷**　(清)戚學標撰　清嘉慶九年(1804)涉縣
官署刻本　一冊　存二卷(漢學諧聲一至二)

330000－1741－0012466　綫000860、綫
000581、綫000582　類叢部/叢書類/自著
之屬

戚鶴泉所著書十一種　(清)戚學標撰　清乾
隆至嘉慶刻本　八冊　存三種

330000－1741－0012467　善610.4/1214－2
子部/醫家類/綜合之屬/通論

赤水玄珠三十卷醫案五卷醫旨緒餘二卷
(明)孫一奎撰　明萬曆二十四年(1596)孫泰
來、孫朋來刻清康熙吳氏重修本　三十一冊

330000－1741－0012470　綫000863　史部/
編年類/通代之屬

竹書紀年二卷　題(南朝梁)沈約注　(清)張
宗泰校補　清道光二十五年(1845)甘泉張先
甲刻本　二冊

330000－1741－0012472　綫000872　集部/
詞類/詞譜之屬

詞律二十卷　(清)萬樹撰　清康熙二十六年
(1687)萬氏堆絮園刻保滋堂印本　陶鏞記
二十二冊

330000－1741－0012474　綫000866　集部/
詞類/別集之屬

心安隱室詩集九卷詞集四卷　(清)詹肇堂撰
清光緒十年(1884)成德堂刻本　四冊

330000－1741－0012475　綫000867　類叢
部/叢書類/自著之屬

拙盦叢稿五種　(清)朱一新撰　清光緒二十
二年(1896)順德龍氏葆真堂刻本　四冊　存
一種

330000－1741－0012476　綫000858　經部/
小學類/音韻之屬/韻書

增廣詩韻全璧五卷　(清)湯祥瑟輯　(清)奕
詢增編　**初學檢韻袖珍一卷**　(清)姚文登輯

虛字韻藪一卷　(清)潘維城輯　清光緒十
七年(1891)上海錦章圖書局石印本　六冊

330000－1741－0012481　綫000873　集部/
詞類/詞譜之屬

詞律二十卷　(清)萬樹撰　清刻本　十五冊
存十五卷(六至二十)

330000－1741－0012482　綫000876　子部/
農家農學類/園藝之屬

東籬中正一卷　(清)許兆熊撰　清光緒七年
(1881)許玉璪刻本　一冊

330000－1741－0012484　綫000005、綫
000006　史部/紀傳類/正史之屬

二十四史附考證　清光緒十四年(1888)上海
鴻文書局石印本　二十冊　存二種

330000－1741－0012486　綫000869　史部/
政書類/通制之屬

欽定大清會典一百卷　(清)張廷玉等纂修
清光緒十九年(1893)上海圖書集成印書局鉛
印本　二冊

330000－1741－0012487　綫000881　集部/
別集類/清別集

于湖小集六卷附金陵稧事詩一卷　(清)袁昶
編　清光緒二十年(1894)刻漸西村舍彙刊本
陶在東題記　二冊　缺二卷(三至四)

330000－1741－0012488　綫000007、綫
000008、綫000009　史部/紀傳類/正史之屬

四史　清光緒二十九年(1903)上海點石齋石
印本　十七冊　存三種

330000－1741－0012489　綫000858－2　經
部/小學類/音韻之屬/韻書

增廣詩韻全璧五卷　(清)湯祥瑟輯　(清)奕
詢增編　**初學檢韻袖珍一卷**　(清)姚文登輯
虛字韻藪一卷　(清)潘維城輯　清光緒
十七年(1891)上海錦章圖書局石印本　三冊
缺四卷(三至五、虛字韻藪)

330000－1741－0012491　綫000870　史部/
雜史類/斷代之屬

中西紀事二十四卷首一卷　(清)夏燮撰　清

末鉛印本　六冊

330000－1741－0012492　善 610.4/1112　子部/醫家類/類編之屬

古今醫統正脈全書四十四種　（明）王肯堂編　明萬曆二十九年(1601)新安吳勉學刻清初旭映齋重修本　八冊　存一種

330000－1741－0012493　綫 000888　類叢部/叢書類/自著之屬

左文襄公全集七種附二種首一卷　（清）左宗棠撰　清光緒刻本　七十六冊　存五種

330000－1741－0012495　綫 612.3/2649　子部/醫家類/溫病之屬/瘟疫

瘟疫論二卷補遺一卷　（明）吳有性撰　清抄本　四冊

330000－1741－0012496　善 610.4/1112/C1　子部/醫家類/類編之屬

古今醫統正脈全書四十四種　（明）王肯堂編　明萬曆二十九年(1601)新安吳勉學刻清初旭映齋重修本　八冊　存一種

330000－1741－0012497　善 610.4/1112/C2　子部/醫家類/類編之屬

古今醫統正脈全書四十四種　（明）王肯堂編　明萬曆二十九年(1601)新安吳勉學刻本　四冊　存一種

330000－1741－0012499　綫 000010、綫 000011　史部/紀傳類/正史之屬

二十四史附考證　清乾隆武英殿刻本　三十五冊　存二種

330000－1741－0012500　善 611.2/2626　子部/醫家類/醫經之屬/內經

黃帝內經素問二十四卷　（明）吳崐注　明萬曆刻本　八冊

330000－1741－0012502　善 611.3/2210　子部/醫家類/醫理之屬/病源病機

重刊巢氏諸病源候總論五十卷　（隋）巢元方等撰　明方東雲聚奎堂刻本　六冊

330000－1741－0012505　綫 000891　集部/

別集類/清別集

曾文正公雜著四卷　（清）曾國藩撰　（清）李瀚章輯　清同治十三年(1874)傳忠書局刻本　四冊

330000－1741－0012508　善 612.2/0044　子部/醫家類/傷寒金匱之屬/傷寒論

傷寒論條辨八卷本草鈔一卷或問一卷痙書一卷痙書或問一卷　（明）方有執撰　清康熙五十八年(1719)浩然樓刻本　六冊　缺一卷（痙書或問）

330000－1741－0012511　善 612.2/1187　子部/醫家類/傷寒金匱之屬/傷寒論

傷寒論直解六卷附傷寒附餘一卷　（清）張錫駒注　清康熙五十一年(1712)刻本　四冊

330000－1741－0012512　善 611.3/5066　子部/醫家類/內科之屬

症因脉治四卷論一卷　（明）秦昌遇撰　（清）秦之楨輯　清康熙四十七年(1708)攸寧堂刻乾隆十八年(1753)博古堂印本　八冊

330000－1741－0012513　善 612.2/2600－1　子部/醫家類/傷寒金匱之屬/傷寒論

傷寒論後條辨十五卷　（清）程應旄撰　清乾隆九年(1744)文明閣刻本　十冊

330000－1741－0012514　綫 000894　集部/別集類/清別集

越縵堂集十卷　（清）李慈銘撰　清光緒十六年(1890)王繼香刻本　二冊

330000－1741－0012515　綫 000892　集部/別集類/清別集

曾文正公雜著四卷　（清）曾國藩撰　（清）李瀚章輯　清光緒四年(1878)上海醉六堂刻本　三冊　缺一卷（一）

330000－1741－0012516　綫 000016　經部/叢編

皇清經解一千四百八卷首一卷　（清）阮元輯　清道光九年(1829)廣東學海堂刻咸豐十一年(1861)補刻本　三百四十七冊　缺五十二卷（周禮校勘記一至十二、釋文校勘記一至

二,儀禮校勘記一至十七、釋文校勘記,禮記校勘記五十四至六十三、釋文校勘記一至四,燕寢考二至三,研六室雜著,春秋異文箋一至三)

330000－1741－0012517　善612.2/2647　子部/醫家類/傷寒金匱之屬/傷寒論

傷寒論本義十八卷首一卷末一卷　（清）魏荔彤撰　清乾隆綠蔭堂刻本　八冊

330000－1741－0012518　綫000879　史部/政書類/軍政之屬/兵制

欽定中樞政考八旗三十二卷綠營四十卷（清）明亮等修　（清）納蘇泰等纂　**欽定中樞政考續纂四卷**（清）景善等纂　清道光五年（1825）、十二年（1832）武英殿刻本　四十四冊　缺三十二卷（十二至二十,綠營一至十一、二十一至三十二）

330000－1741－0012521　綫000895　類叢部/叢書類/彙編之屬

晨風閣叢書二十二種　沈宗畸編　清宣統元年（1909）番禺沈氏刻本　十二冊　存十八種

330000－1741－0012524　綫000894－2　集部/別集類/清別集

越縵堂集十卷　（清）李慈銘撰　清光緒十六年（1890）王繼香刻本　陶鏞題記　一冊　存五卷（一至五）

330000－1741－0012525　綫000893　集部/別集類/清別集

曾文正公文鈔四卷附刻一卷　（清）曾國藩撰　清同治十二年（1873）上海醉六堂刻本　四冊

330000－1741－0012532　綫000905　集部/總集類/選集之屬/通代

玉臺新詠十卷　（南朝陳）徐陵輯　清康熙四十六年（1707）古吳孟氏刻本　六冊

330000－1741－0012533　綫000909　子部/雜著類/雜說之屬

容齋隨筆十六卷續筆十六卷三筆十六卷四筆十六卷五筆十卷　（宋）洪邁撰　清乾隆五十

九年（1794）掃葉山房刻本　清梅春題記　八冊　缺八卷（容齋隨筆九至十六）

330000－1741－0012534　綫000910　史部/政書類/軍政之屬/邊政

籌海初集四卷　（清）關天培輯　清道光十六年（1836）刻本　八冊

330000－1741－0012535　善612.2/2623　子部/醫家類/類編之屬

吳氏醫學述　（清）吳儀洛撰　清乾隆三十一年（1766）硤川利濟堂刻本　十冊　存一種

330000－1741－0012536　綫000911　類叢部/叢書類/彙編之屬

天壤閣叢書二十種　（清）王祖源　（清）王懿榮編　清同治至光緒福山王氏刻彙印本　六冊　存一種

330000－1741－0012537　綫000927　史部/詔令奏議類/詔令之屬

上諭內閣一百五十九卷　（清）允祿等輯（清）弘晝等續輯　清雍正九年（1731）內府刻乾隆六年（1741）增修本　三十二冊

330000－1741－0012538　綫000914　集部/別集類/清別集

星湖詩集十六卷　（清）曹龍樹撰　清嘉慶七松園刻本　六冊

330000－1741－0012540　綫000901　集部/別集類/清別集

讀畫齋百疊蘇韻別集四卷附刻一卷　（清）顧修撰　清嘉慶刻本　二冊　缺一卷（附刻）

330000－1741－0012541　綫000913　子部/雜家類

常談四卷　（清）劉玉書撰　清光緒二十五年（1899）豫章鰈廳刻本　十二冊

330000－1741－0012544　綫000890　類叢部/叢書類/自著之屬

曾文正公全集十六種　（清）曾國藩撰　清同治至光緒傳忠書局刻本　五冊　存一種

330000－1741－0012549　綫000912　集部/

別集類/清別集

玉磬山房詩集八卷文集二卷 （清）劉大觀撰
清嘉慶刻本 九冊

330000－1741－0012552 綫000915 史部/
傳記類/總傳之屬/列女

新刊古列女傳七卷續一卷 （漢）劉向編撰
（晉）顧凱之繪 清刻本 三冊 缺二卷（一
至二）

330000－1741－0012554 善612.3/7410 子
部/醫家類/溫病之屬/瘟疫

溫證羊毛論不分卷附備用諸方不分卷 （清）
隨霖撰 清乾隆六十年（1795）刻本 二冊

330000－1741－0012557 綫000017 經部/
叢編

皇清經解續編一千四百三十卷 王先謙輯
清光緒十四年（1888）南菁書院刻本（尚書古
文疏證卷三原缺） 二百九十八冊 缺七十
七卷（儀禮正義二十一至四十、禘祫問答、春
秋左傳賈服注輯述一至二十、喪禮經傳約、穀
梁補注二十一至二十四、玉佩考、鄭君駁正三
禮考、春秋名字解詁補義、論語鄭義、續論語
駢枝、羣經平議二十六至三十五、古書疑義舉
例一至三、禮說略一至三、漢挈室文鈔一至
二、昏禮重別論對駁義一至二、隸經賸義、毛
詩譜、駁春秋名字解詁、經述一至三）

330000－1741－0012561 善610.2/1021 子
部/醫家類/綜合之屬/通論

新刻聶久吾先生醫學彙函十三卷首一卷
（明）聶尚恒撰 明末帶月樓刻本 十二冊

330000－1741－0012562 綫000921 集部/
詞類/詞韻之屬

榕園詞韻一卷發凡一卷 （清）吳寧撰 清乾
隆四十九年（1784）冬青山館刻本 二冊

330000－1741－0012567 綫000930 子部/
雜著類/雜纂之屬

讀書樂趣八卷 （清）伍涵芬撰 清嘉慶十六
年（1811）華日堂刻本 三冊 缺二卷（五至
六）

330000－1741－0012568 善612.2/8707 子
部/醫家類/傷寒金匱之屬/傷寒論

再重訂傷寒集註十卷附錄十卷 （清）舒詔撰
清乾隆三十五年（1770）刻本 六冊

330000－1741－0012570 善612.2/2646 子
部/醫家類/傷寒金匱之屬/傷寒論

校刻傷寒圖歌活人指掌五卷 （元）吳恕撰
明末致和堂刻本 四冊

330000－1741－0012571 綫000937 史部/
史表類/通代之屬

中外紀年通表六卷 （清）著易堂輯 清光緒
二十三年（1897）上海著易堂石印本 八冊

330000－1741－0012573 綫000939 史部/
政書類/邦交之屬

中外約章纂新十卷 清光緒三十年（1904）上
海時中書局鉛印本 十冊

330000－1741－0012575 綫000934 經部/
小學類/文字之屬/字書/字典

**康熙字典十二集三十六卷總目一卷檢字一卷
辨似一卷等韻一卷備考一卷補遺一卷** （清）
張玉書等纂修 清光緒十三年（1887）上海點
石齋石印本 六冊

330000－1741－0012576 綫000940 新學/
史志/別國史

東洋史要二卷 （日本）桑元隲藏撰 樊炳清
譯 清光緒二十五年（1899）東文學社石印本
三冊

330000－1741－0012577 綫000928 類叢
部/叢書類/彙編之屬

武英殿聚珍版書一百三十八種 清乾隆武英
殿木活字印本 八冊 存一種

330000－1741－0012579 善611.2/4084 子
部/醫家類/醫經之屬/內經

內經知要二卷 （明）李中梓輯並注 清乾隆
二十九年（1764）河東薛雪埽葉莊刻本 二冊

330000－1741－0012583 綫000952、綫
001057 子部/宗教類/道教之屬

覺世正宗十一種 覺世正宗續纂一卷 清末

抄本　五冊　缺五種

330000－1741－0012584　綫000938　新學/史志/戰記

普法戰紀二十卷　（清）張宗良口譯　（清）王韜撰輯　清光緒二十一年（1895）弢園王氏刻本　十冊

330000－1741－0012585　綫000946　史部/傳記類/總傳之屬/姓名

史姓韻編六十四卷　（清）汪輝祖輯　清光緒十年（1884）石印本　一冊　缺三十一卷（一至三十一）

330000－1741－0012586　綫000017－2　經部/叢編

皇清經解續編一千四百三十卷　王先謙輯　清光緒十四年（1888）南菁書院刻本（尚書古文疏證卷三原缺）　三百十九冊　缺四卷（魯詩遺說攷十七至二十）

330000－1741－0012587　綫612.3/0743　子部/醫家類/溫病之屬/痧症

痧脹玉衡書三卷後卷一卷　（清）郭志邃撰　清東書業刻本　四冊

330000－1741－0012588　綫000950　史部/地理類/山川之屬/山志

委羽山志六卷　（明）胡昌賢撰　**委羽山志續志六卷首一卷**　（清）王維翰撰　清同治九年（1870）委羽石室刻本　一冊　存六卷（委羽山志一至六）

330000－1741－0012589　綫000947　集部/總集類/課藝之屬

京華同人詩課二卷　（清）徐榦編輯　清光緒五年（1879）杭州刻本　一冊　存一卷（二）

330000－1741－0012591　綫000953　子部/天文曆算類/算書之屬

數學精詳十一卷首一卷末一卷　（清）屈曾發輯　清光緒三十一年（1905）中西書局鉛印本　五冊

330000－1741－0012592　善615.2/5088　子部/醫家類/兒科之屬/痘疹

痘科大全三卷附錄一卷　（清）史錫範撰　清康熙四十六年（1707）尺木堂刻本　六冊

330000－1741－0012593　綫000948　集部/總集類/郡邑之屬

東皐詩存四十八卷詩餘四卷　（清）汪之珩輯　清乾隆三十一年（1766）文園刻本　二冊　存四卷（詩餘一至四）

330000－1741－0012600　綫000976　類叢部/叢書類/彙編之屬

增訂漢魏叢書八十六種　（清）王謨編　清宣統三年（1911）上海大通書局石印本　二十六冊　存七十二種

330000－1741－0012603　善616.1/4061－3　子部/醫家類/本草之屬/歷代綜合本草

本草綱目五十二卷圖三卷瀕湖脉學一卷脉訣攷證一卷奇經八脉攷一卷　（明）李時珍撰　**本草萬方鍼線八卷藥品總目一卷**　（清）蔡烈先輯　清乾隆四十九年（1784）金閶書業堂刻本　四十冊　缺一卷（脉訣攷證）

330000－1741－0012608　綫000018　經部/叢編

皇清經解一千四百八卷首一卷　（清）阮元輯　清道光九年（1829）廣東學海堂刻咸豐十一年（1861）補刻本　三百二十二冊　缺一百六十六卷（音論、易音一至三、詩本音一至三、經義雜記一至四、解春集一至二、尚書地理今釋、易說一至六、禮說一至十四、春秋說一至十五、白田草堂存稿、周禮疑義舉要一至七、深衣考誤、春秋地理考實一至四、羣經補義一至五、鄉黨圖考一至十、儀禮章句一至十七、觀象授時一至十四、經史問答一至七、質疑、尚書注疏考證、禮記注疏考證、春秋左傳注疏考證一至二、春秋公羊傳注疏考證、春秋穀梁傳注疏考證、周官祿田考一至三、古文尚書考一至二、春秋左傳補註一至六、九經古義一至十六、春秋正辭一至五、鍾山札記、龍城札記、尚書集注音疏一、易通釋九至十一、國朝石經攷異、漢石經攷異、唐石經考異、蜀石經攷異、北宋石經攷異、三家詩異文疏證二）

330000－1741－0012610　綫 616/4050　子部/醫家類/本草之屬/歷代綜合本草

本草原始十二卷　(明)李中立撰　清四美堂刻本　八冊

330000－1741－0012614　綫 000983、綫000984　集部/總集類/選集之屬/通代

全上古三代秦漢三國六朝文七百四十一卷　(清)嚴可均輯　清光緒刻本　五冊　存三十四卷(全北齊文一至十、全後周文一至二十四)

330000－1741－0012615　善 616.1/0724　子部/醫家類/本草之屬/歷代綜合本草

本草彙十八卷補遺一卷　(清)郭佩蘭撰　清康熙五年(1666)吳門郭氏梅花嶼刻本　十冊

330000－1741－0012616　綫 000957　類叢部/叢書類/彙編之屬

玉海堂景宋元本叢書　劉世珩編　清光緒至民國貴池劉氏玉海堂影刻本　二冊　存一種

330000－1741－0012619　綫 000992　集部/總集類/選集之屬/斷代

句餘嗣響不分卷　(清)李梅輯　清宣統二年(1910)天門山館木活字印本　一冊

330000－1741－0012620　綫 000973　類叢部/叢書類/彙編之屬

文林綺繡五種　(明)凌迪知編　清光緒十一年(1885)融經館刻本　九冊　存四種

330000－1741－0012621　綫 000993　集部/總集類/郡邑之屬

羅陽詩始四卷　(清)董旂輯　清同治五年(1866)羅陽書院刻本　二冊

330000－1741－0012622　綫 000988　集部/別集類/唐五代別集

王貞白詩一卷補遺一卷　(唐)王貞白撰　**附錄一卷**　(清)邵啟賢輯　清宣統元年(1909)餘姚邵氏刻本　一冊

330000－1741－0012623　綫 615.2/2547　子部/醫家類/兒科之屬/痘疹

經驗痘疹不求人方論一卷　(明)朱棟隆撰

清刻本　一冊

330000－1741－0012624　綫 000995　史部/地理類/山川之屬/山志

南海普陀山志十五卷首一卷　(清)陳璿等輯　清康熙刻本　一冊　存三卷(十三至十五)

330000－1741－0012625　綫 000994　集部/詞類/詞韻之屬

詞林正韻三卷發凡一卷　(清)戈載撰　清同治十二年(1873)刻本　培卿題簽　二冊

330000－1741－0012626　綫 000998　史部/職官類/官制之屬

樞垣記畧十六卷　(清)梁章鉅撰　清道光刻本　二冊　存八卷(一至八)

330000－1741－0012628　綫 000975　史部/叢編

史學叢書四十三種　(清)□□輯　清光緒二十八年(1902)上海文瀾書局石印本　三十二冊

330000－1741－0012629　善 614.1/1330　子部/醫家類/婦科之屬

濟陰綱目五卷　(明)武之望撰　明萬曆四十八年(1620)刻本　十冊

330000－1741－0012630　綫 000985、綫000986、綫000987　集部/別集類/清別集

聞妙香室制義不分卷試帖詩三卷五言長排詩一卷詩鈔八卷　(清)李宗昉撰　清刻本　五冊　缺一卷(詩鈔八)

330000－1741－0012632　綫 000999　子部/叢編

桐城吳先生點勘諸子七種　(清)吳汝綸評點　清宣統二年(1910)衍星社鉛印本　一冊　存一種

330000－1741－0012633　綫 000990　類叢部/叢書類/自著之屬

番禺陳氏東塾叢書初函四種附一種　(清)陳澧撰　清咸豐至光緒刻本　二冊　存一種

330000－1741－0012634　綫 001001　子部/

叢編

二十二子(二十二子彙函) （清）浙江書局編
清光緒元年至三年(1875－1877)浙江書局
刻本　一冊　存一種

330000－1741－0012635　綫001000　集部/
總集類/選集之屬/通代
述舊三卷 （清）李福祚輯　清咸豐七年
(1857)刻本　六冊

330000－1741－0012636　綫001002　類叢
部/類書類/通類之屬
事類統編九十三卷首一卷 （清）林意誠輯
清道光十九年(1839)柏溪林氏味經堂刻本
四十四冊　缺七卷(一至四、十九、三十七至
三十八)

330000－1741－0012637　綫001004　集部/
曲類/彈詞之屬
繡像何必西廂三十七卷三十七回 題心鐵道
人撰　清嘉慶五年(1800)五桂堂刻本　十
二冊

330000－1741－0012638　綫001008　類叢
部/類書類/專類之屬
壹是紀始二十二卷補遺一卷 （清）魏崧撰
清光緒十七年(1891)京都隆福寺聚珍堂刻本
十二冊

330000－1741－0012639　綫001005　史部/
政書類/軍政之屬/邊政
朔方備乘六十八卷首十二卷 （清）何秋濤撰
清光緒石印本　八冊

330000－1741－0012640　綫000019　經部/
叢編
皇清經解一千四百八卷首一卷 （清）阮元輯
清道光九年(1829)廣東學海堂刻咸豐十一
年(1861)補刻本　陶鏞題記　三百四十冊
缺六十八卷(首,左傳杜解補正一至三,音論,
易音一至三,詩本音一至十,日知錄一至二,
四書釋地、續、又續、三續,孟子生卒年月考,
潛邱劄記一至二,禹貢錐指一至二十、例畧
圖,學禮質疑一至二,學春秋隨筆一至十,毛
詩稽古編六十至六十七)

330000－1741－0012641　綫001011　經部/
小學類/音韻之屬/韻書
詩韻合璧五卷 （清）湯祥瑟輯　詩腋不分卷
詞林典腋不分卷　詩腋補編不分卷　賦彙
錄要不分卷　分韻文選題解擇要不分卷　虛
字韻藪一卷　（清）潘維城輯　清光緒十一年
(1885)善成堂刻本　五冊　缺一卷(虛字韻
藪)

330000－1741－0012642　綫001006　經部/
四書類/總義之屬/傳說
四書典林三十卷四書古人典林十二卷 （清）
江永輯　清刻本　八冊　存二十五卷(四書
典林九至十四、十八至三十,四書古人典林一
至二、七至十)

330000－1741－0012643　綫001015　集部/
別集類/清別集
范忠貞公文集五卷首一卷 （清）范承謨撰
清康熙四十七年(1708)刻本　四冊

330000－1741－0012644　綫001003　類叢
部/類書類/通類之屬
增補事類統編九十三卷首一卷 （清）黃葆真
輯　清光緒三年(1877)羣玉書屋刻本　四十
四冊　缺十卷(二十一至二十三、三十四至三
十六、四十七至四十八、七十七至七十八)

330000－1741－0012645　綫001009　類叢
部/叢書類/彙編之屬
勵志齋叢書 （清）張介祉編　清汀州張氏勵
志齋刻本　十二冊　存一種

330000－1741－0012646　綫001018　類叢
部/叢書類/彙編之屬
廣雅書局叢書一百五十九種 徐紹棨編　清
光緒廣雅書局刻民國九年(1920)番禺徐紹棨
彙編重印本　六冊　存一種

330000－1741－0012647　綫001016　子部/
儒家類/儒學之屬/禮教
蕺山先生人譜一卷人譜類記二卷 （明）劉宗
周撰　清光緒六年(1880)刻本　二冊

330000－1741－0012648　綫001003－2　類

叢部/類書類/通類之屬

增補事類統編九十三卷首一卷 （清）黃葆真
輯 清道光二十六年(1846)丹陽黃葆真粵東
敦好堂刻本 二冊 存四卷(一至四)

330000－1741－0012649 綫001020 子部/
雜著類/雜考之屬

癸巳存稿十五卷 （清）俞正燮撰 清光緒十
年(1884)李宗煝武林刻本 一冊

330000－1741－0012651 綫613.7/7543 子
部/醫家類/眼科之屬

眼科各方一卷 清存德堂刻本 一冊

330000－1741－0012653 綫001005－2 史
部/政書類/軍政之屬/邊政

朔方備乘六十八卷首十二卷 （清）何秋濤撰
清光緒石印本 八冊

330000－1741－0012654 綫001017 史部/
政書類/通制之屬

續修大清會典四卷 （清）托津等撰 清同治
十一年(1872)湖北崇文書局刻本 四冊

330000－1741－0012655 綫001010 子部/
雜著類/雜說之屬

隨園隨筆十二卷 （清）袁枚撰 清嘉慶十年
(1805)刻本 十冊

330000－1741－0012656 綫001031 類叢
部/叢書類/彙編之屬

唐人說薈□□種 （清）陳世熙編 清同治八
年(1869)刻本 十冊 存七十三種

330000－1741－0012657 綫001029 類叢
部/叢書類/自著之屬

春草堂集(春草堂叢書)十三種 （清）謝堃撰
清道光二十年(1840)曲邑奎文齋刻二十五
年(1845)印本 二十三冊 缺二種二卷(繡
帕記二、恩怨錄一卷)

330000－1741－0012658 善617.4/4417 子
部/醫家類/類編之屬

薛氏醫按二十四種 （明）吳琯編 明刻聚錦
堂印本 四十八冊

492

330000－1741－0012661 綫001036 子部/
雜著類/雜纂之屬

兩般秋雨盦隨筆八卷 （清）梁紹壬撰 清咸
豐同文堂刻本 八冊

330000－1741－0012662 綫001032 集部/
總集類/彙編之屬

國初十大家詩鈔 （清）王相編 清道光十年
(1830)秀水王氏信芳閣木活字印本 二十三
冊 缺四卷(弱水詩一至四)

330000－1741－0012663 綫001038 史部/
傳記類/總傳之屬/通代

人壽金鑑二十二卷 （清）程得齡輯 清光緒
元年(1875)湖北崇文書局刻本 六冊

330000－1741－0012665 綫001039 經部/
易類/圖說之屬

圖書疑問十九卷首一卷 （清）杜峯撰 清道
光五年(1825)刻本 四冊

330000－1741－0012666 綫001043 子部/
法家類

韓非子集解二十卷首一卷 （清）王先慎撰
清光緒二十二年(1896)刻本 六冊

330000－1741－0012667 綫001013 類叢
部/叢書類/彙編之屬

融經館叢書十一種 （清）徐友蘭編 清光緒
六年至十一年(1880－1885)會稽徐氏八杉齋
刻本 八冊 存一種

330000－1741－0012668 綫000020 經部/
叢編

皇清經解續編一千四百三十卷 王先謙輯
清光緒十四年(1888)南菁書院刻本(尚書古
文疏證卷三原缺) 陶鏞題記 三百十四冊
缺二十八卷(禮記鄭讀攷一至三,公羊義疏
四十六至六十、六十五至六十九,春秋日南至
譜,何休注訓論語述,禮記天算釋,先聖生卒
年月日考一至二)

330000－1741－0012669 善617.3/0000 子
部/醫家類/方書之屬/歷代方書

丹溪心法附餘二十四卷首一卷 （明）方廣輯

明葉覲刻崇禎八年(1635)彭塢重修本 十二冊

330000－1741－0012670　善613.1/7548　子部/醫家類/外科之屬/癰疽、疔瘡

洞天奧旨十六卷圖一卷 （清）陳士鐸撰 （清）陶式玉評　清乾隆五十五年(1790)陳鳳輝大雅堂刻本　六冊

330000－1741－0012671　綫500003　新學/史志/諸國史

萬國通史不分卷 （日本）天野爲之撰　吳啓孫譯　清光緒三十年(1904)上海文明書局鉛印本　二冊

330000－1741－0012672　善613/7526　子部/醫家類/類編之屬

薛氏醫書十六種 （明）薛己編　明崇禎元年(1628)朱明刻本　三冊　存一種

330000－1741－0012673　綫001044　集部/別集類/清別集

劉海峰稿不分卷 （清）劉大櫆撰　清光緒元年(1875)桐城劉繼邢邱刻本　三冊

330000－1741－0012674　綫001040　子部/小說家類/瑣語之屬

觚賸八卷續編四卷 （清）鈕琇輯　清康熙臨野堂刻雍正後印本　六冊

330000－1741－0012675　綫001052　經部/群經總義類/文字音義之屬

經籍籑詁一百六卷附補遺首一卷 （清）阮元撰　清嘉慶十七年(1812)揚州阮元琅嬛僊館刻本　七十八冊

330000－1741－0012676　綫001045　類叢部/叢書類/自著之屬

紀慎齋先生全集十二種續集七種 （清）紀大奎撰　清嘉慶十三年至咸豐二年(1808－1852)刻本　一冊　存三卷(雙桂堂稿續編七至九)

330000－1741－0012677　綫001014　類叢部/叢書類/自著之屬

湯文正公全集七種 （清）湯斌撰　清同治九年(1870)蘇廷魁等刻本　八冊　存一種

330000－1741－0012678　綫001035　子部/小說家類/雜事之屬

蕉軒摭錄十二卷 （清）俞夢蕉撰　清道光元年(1821)刻本　十二冊

330000－1741－0012679　綫001051　史部/史抄類

諸史提要十五卷 （宋）錢端禮撰 （清）張英補　清康熙五十二年(1713)內府刻本　十五冊

330000－1741－0012681　善616.1/4432　子部/醫家類/本草之屬/歷代綜合本草

本草求真九卷主治二卷脈理求真三卷 （清）黃宮繡撰　清乾隆三十九年(1774)文奎堂綠圖齋刻本　十冊　缺一卷(脈理求真二)

330000－1741－0012683　綫001042　史部/史評類/史論之屬

欽定古今儲貳金鑑六卷首一卷 （清）高宗弘曆等撰　清乾隆刻本　四冊

330000－1741－0012684　善613/0175　子部/醫家類/外科之屬

新鐫外科活人定本四卷 （明）龔居中撰　清順治十八年(1661)天德堂刻本　四冊

330000－1741－0012687　綫001053　史部/目錄類/總錄之屬/官修

欽定四庫全書總目二百卷首一卷 （清）紀昀等撰　清嘉慶刻本　四十九冊　存一百五卷(一至一百五)

330000－1741－0012688　善612.3/4310－1　子部/醫家類/溫病之屬/瘟疫

廣瘟疫論四卷末一卷 （清）戴天章撰　清乾隆五十一年(1786)琉璃廠雕藻齋刻本　二冊

330000－1741－0012689　綫001054　集部/總集類/彙編之屬

漢魏六朝名家集初刻四十種 丁福保編　清宣統三年(1911)無錫丁氏鉛印本　十二冊　存十六種

330000－1741－0012690　綫001049　類叢部/叢書類/郡邑之屬

酌古準今十五種　清道光至光緒刻本　十二冊　存九種

330000－1741－0012691　綫001056　集部/別集類/清別集

懷州集一卷　（清）劉大觀撰　清嘉慶刻本　一冊　缺第一至十葉

330000－1741－0012692　綫000021　類叢部/叢書類/彙編之屬

武英殿聚珍版書一百四十八種　清光緒二十五年(1899)廣雅書局刻本　七百九十五冊　缺二種

330000－1741－0012693　綫001106　子部/法家類

韓非子集解二十卷首一卷　（清）王先慎撰　清光緒二十二年(1896)刻本　六冊

330000－1741－0012695　綫001062　集部/總集類/選集之屬/通代

賦學正鵠集釋六卷　（清）李元度輯　清刻本　一冊　存二卷(三至四)

330000－1741－0012696　綫001061　集部/總集類/彙編之屬

七家詩選註釋七卷　（清）張熙宇評選　（清）張昶注　清刻朱墨套印本　一冊　存二卷(六至七)

330000－1741－0012697　綫001107　子部/天文曆算類/算書之屬

中西算學大成後編十卷首一卷　（清）陳杰撰　清光緒二十三年(1897)石印本　十冊

330000－1741－0012699　綫001050　經部/四書類/總義之屬/傳說

四書考二十八卷考異四卷　（明）陳仁錫撰　清康熙五十七年(1718)刻本　十八冊

330000－1741－0012700　綫001067、綫001069、綫001073、綫001071、綫001076、綫001065、綫001066、綫001077、綫001068、綫001070、綫001074、綫001080　子部/叢編

子書二十三種　（清）浙江書局編　清光緒二十三年(1897)上海圖書集成局鉛印本　二十六冊　存十八種

330000－1741－0012701　綫001108　子部/天文曆算類/算書之屬

比例滙通四卷　（清）羅士琳撰　清光緒十一年(1885)上海書局石印本　四冊

330000－1741－0012702　綫001073－2　子部/叢編

子書二十三種　（清）浙江書局編　清光緒二十三年(1897)上海圖書集成局鉛印本　三冊　存一種

330000－1741－0012705　綫001088　集部/小說類/長篇之屬

前七國孫龐演義四卷二十回　**新編批評繡像後七國樂田演義四卷十八回**　（清）徐震撰　清宣統元年(1909)上海文元書莊石印本　一冊

330000－1741－0012710　綫001063　集部/別集類/清別集

如不及齋制藝不分卷　（清）吳鴻恩撰　清光緒刻本　□□純齋氏題簽　二冊

330000－1741－0012719　綫614.1/7243　子部/醫家類/婦科之屬

秘錄濟陰全生集三卷附錄一卷　（清）劉起運撰　清古崤馬會遠抄本　四冊

330000－1741－0012721　善617.5/2802　子部/醫家類/綜合之屬

玉機微義五十卷　（明）徐用誠輯　（明）劉純續輯　清康熙四十二年(1703)沈廷驪、張延綏刻本　二十冊

330000－1741－0012723　善614.4/7149　子部/醫家類/婦科之屬/產科

產鑑三卷　（明）王化貞撰　清康熙四十五年(1706)馬志光刻本　三冊

330000－1741－0012726　善617.3/1202　子部/醫家類/醫案之屬

丹臺玉案六卷　（明）孫文胤撰　清順治十七

年(1660)學餘堂刻本　十二冊

330000－1741－0012727　善614.4/4068　子部/醫家類/婦科之屬/產科

蘭閣秘方二卷　（明）丁鳳撰　明丁明登刻本　二冊

330000－1741－0012729　綫00106　子部/兵家類/兵法之屬

孫子十家註十三卷　（漢）曹操等撰　**孫子敘錄一卷**　（清）畢以珣撰　**孫子十家註遺說一卷**　（宋）鄭友賢撰　清光緒二十三年(1897)文瑞樓鉛印本　二冊

330000－1741－0012734　善615/8317　子部/醫家類/類編之屬

起秀堂刊醫書兩種　（清）陳世傑編　清康熙五十八年(1719)刻本　三冊

330000－1741－0012735　綫001064－2　子部/兵家類/兵法之屬

孫子十家註十三卷　（漢）曹操等撰　**孫子敘錄一卷**　（清）畢以珣撰　**孫子十家註遺說一卷**　（宋）鄭友賢撰　清光緒二十三年(1897)文瑞樓鉛印本　三冊

330000－1741－0012741　綫300002　類叢部/類書類/專類之屬

佩文韻府一百六卷　（清）張玉書　（清）蔡升元等輯　**韻府拾遺一百六卷**　（清）汪灝（清）何焯等輯　清光緒十三年(1887)上海點石齋石印本　四十九冊　缺二十四卷(佩文韻府十四至十五、三十一至三十六、五十一至五十九、六十五至六十六、九十五至九十九)

330000－1741－0012744　綫300001　類叢部/類書類/通類之屬

御定駢字類編二百四十卷　（清）吳士玉（清）沈宗敬等輯　清光緒十三年(1887)上海同文書局石印本　二十冊　存九十四卷(一至六、三十六至四十六、七十八至八十七、一百二十四至一百五十三、二百四至二百四十)

330000－1741－0012746　綫100480　新學/

交涉/交涉

中俄界記二卷中俄交界全圖十六幅　（清）鄒代鈞撰　（清）曾寅增圖　清宣統三年(1911)湖北武昌亞新地學社鉛印本　二冊　存二卷(中俄界記一至二)

330000－1741－0012747　綫300007　史部/地理類/外紀之屬

地球韻言四卷　（清）張士瀛撰　清光緒二十四年(1898)鄂垣務急書館刻本　朱天寬題記　二冊

330000－1741－0012749　綫300004　史部/地理類

李氏五種合刊　（清）李兆洛撰　清末刻本　一冊　存一種

330000－1741－0012750　綫300008　史部/地理類/總志之屬/斷代

元豐九域志十卷　（宋）王存等纂修　清光緒八年(1882)金陵書局刻本　三冊　存八卷(一至八)

330000－1741－0012752　綫500001　史部/地理類/方志之屬/郡縣志

乾道臨安志十五卷　（宋）周淙纂　清光緒二十年(1894)孫氏壽松堂刻本　一冊　存三卷(一至三)

330000－1741－0012753　綫400001　史部/政書類/律令之屬/律例

大清律例刑案彙纂集成四十卷督捕則例附纂二卷　（清）姚潤輯　（清）胡璋增輯　清咸豐元年(1851)刻本　二十四冊

330000－1741－0012754　綫614.1/1458　子部/醫家類/婦科之屬

東山婦人科不分卷附諸症驗方不分卷　清道光九年(1829)濟南木活字印本　二冊

330000－1741－0012755　綫400007　經部/叢編

九經補注八種　（清）姜兆錫撰　清雍正至乾隆寅清樓刻本　八冊　存一種

330000－1741－0012756　善613.2/3037　子

部/醫家類/外科之屬/癰疽、疔瘡

瘡瘍經驗全書十三卷 （宋）竇默撰 （明）竇夢麟增輯 清康熙五十六年（1717）陳廷桂浩然樓刻本 八冊

330000－1741－0012757 善 611.2/1032 子部/醫家類/類編之屬

古今醫統正脈全書四十四種 （明）王肯堂編 明萬曆二十九年（1601）新安吳勉學刻本 四冊 存一種

330000－1741－0012762 綫 000023 史部/政書類/通制之屬

二十四史九通政典類要合編三百二十卷 （清）黃書霖輯 清光緒二十八年（1902）約雅堂石印本 六十冊

330000－1741－0012763 綫 100270、綫 100417、綫 100779 類叢部/叢書類/彙編之屬

廣雅書局叢書一百五十九種 徐紹棨編 清光緒廣雅書局刻民國九年（1920）番禺徐紹棨彙編重印本 九冊 存四種

330000－1741－0012765 綫 400002 史部/政書類/律令之屬/律例

大清律例增修統纂集成四十卷督捕則例附纂二卷 （清）陶潤輯 （清）陶駿 （清）陶念霖增輯 清宣統元年（1909）上海文淵山房鉛印本 二十三冊

330000－1741－0012766 綫 100269 類叢部/叢書類/彙編之屬

廣雅書局叢書一百五十九種 徐紹棨編 清光緒廣雅書局刻民國九年（1920）番禺徐紹棨彙編重印本 一冊 存一種

330000－1741－0012767 綫 100271 史部/地理類/方志之屬/郡縣志

[光緒]鄒縣鄉土志一卷 （清）胡煒纂 清光緒三十三年（1907）山東國文報館石印本 一冊

330000－1741－0012769 善 611.1/1183－1 子部/醫家類/醫經之屬/内經

類經三十二卷 （明）張介賓類注 **類經圖翼十一卷附翼四卷** （明）張介賓撰 明刻本 一冊 存四卷（附翼一至四）

330000－1741－0012770 善 611.1/1183－3 子部/醫家類/醫經之屬/内經

類經三十二卷 （明）張介賓類注 **類經圖翼十一卷附翼四卷** （明）張介賓撰 明天啓四年（1624）會稽張介賓刻本 六冊 存十二卷（類經圖翼四至十一、附翼一至四）

330000－1741－0012771 綫 100275 史部/政書類/邦計之屬

商辦浙江全省鐵路有限公司暫定章程一卷 清光緒鉛印本 一冊

330000－1741－0012776 綫 100001－綫 100020、綫 100022、綫 100023、綫 100025、綫 100046 史部/紀傳類/正史之屬

二十四史附考證 清光緒二十九年（1903）五洲同文局影印本 七百一十一冊

330000－1741－0012777 綫 612.3/7240－1 子部/醫家類/溫病之屬/瘟疫

松峯說疫六卷 （清）劉奎撰 清刻本 四冊

330000－1741－0012782 綫 100286 史部/目錄類/總錄之屬/官修

浙江藏書樓甲編書目不分卷乙編書目不分卷 楊復編 清光緒三十三年（1907）鉛印本 三冊

330000－1741－0012784 善 613/4417 子部/醫家類/類編之屬

薛氏醫書十六種 （明）薛己編 明崇禎元年（1628）朱明刻本 四冊 存一種

330000－1741－0012785 綫 611.2/1022－4 子部/醫家類/診法之屬/脈經脈訣

脈經十卷 題（晉）王叔和撰 清道光二十九年（1849）廖積性刻本 八冊

330000－1741－0012786 綫 100276 史部/政書類/軍政之屬

浙軍政府財政部公債票總經理處通告應募文簡章彙刊一卷 清宣統三年（1911）鉛印本

一冊

330000－1741－0012787　善615.3/6045　類叢部/叢書類/自著之屬

呂新吾全集二十二種　（明）呂坤撰　明萬曆刻清同治至光緒修補印本　二冊　存一種

330000－1741－0012788　綫100280　史部/地理類/方志之屬/郡縣志

[嘉定]剡錄十卷　（宋）史安之修　（宋）高似孫纂　清同治九年（1870）刻本　二冊

330000－1741－0012789　善612.2/6860　子部/醫家類/類編之屬

喻氏醫書三種　（清）喻昌撰　清乾隆三十年（1765）嵩秀堂刻本　六冊　存一種

330000－1741－0012790　綫615.2/2524－1　子部/醫家類/兒科之屬/痘疹

痘疹定論四卷　（清）朱純嘏輯　清咸豐元年（1851）文英堂刻聚英堂印本　四冊

330000－1741－0012792　善612.3/2106　子部/醫家類/溫病之屬/瘟疫

傳症彙編二十卷　（清）熊立品輯　清乾隆四十二年（1777）熊立品刻本　六冊

330000－1741－0012794　綫500002　新學/交涉/公法

萬法精理五卷　（法國）孟德斯鳩撰　張相文譯　清光緒二十九年（1903）上海文明書局鉛印本　四冊　缺一卷（五）

330000－1741－0012795　綫100294　史部/地理類/山川之屬/水志

峽江救生船志一卷圖攷一卷　（清）程以輔等編　**行川必要一卷**　（清）羅繼紳輯　清光緒三年至五年（1877－1879）水師新副中營刻本　一冊　存一卷（行川必要）

330000－1741－0012800　綫100298　新學/游記

柬埔治以北探路記十五卷　（法國）晃西士加尼撰　清光緒二十五年（1899）味經刊書處刻本　十冊

330000－1741－0012801　善616.1/2740　子部/醫家類/本草之屬/神農本草經

神農本草經疏三十卷　（明）繆希雍撰　明天啟五年（1625）毛晉綠君亭刻本（卷五配抄本）　朱亦林批　八冊

330000－1741－0012803　綫100295、綫100296　類叢部/叢書類/輯佚之屬

十種古逸書三十卷　（清）茆泮林輯　清道光十四年（1834）梅瑞軒刻本　二冊　存六種

330000－1741－0012807　善617.3/4054　子部/醫家類/綜合之屬/通論

映雪堂詳校醫宗必讀十卷　（明）李中梓撰　清乾隆五十八年（1793）刻本　篠隱題記並批校　五冊

330000－1741－0012808　綫100021　史部/紀傳類/正史之屬

二十四史附考證　清光緒十年（1884）上海同文書局影印本　十一冊　存一種

330000－1741－0012811　綫100024、綫100026、綫100028－綫100041、綫100755、綫100756、綫100757　史部/紀傳類/正史之屬

二十四史附考證　清光緒二十八年（1902）竢實齋石印本　一百三十八冊　存十八種

330000－1741－0012812　綫100302　史部/地理類/遊記之屬/紀行

滇軺紀程一卷荷戈紀程一卷　（清）林則徐撰　清光緒刻本　一冊

330000－1741－0012814　綫617.3/1171－1　子部/醫家類/方書之屬/單方驗方

張卿子經驗方不分卷　（清）張遂辰輯　清粵東富文齋刻本　二冊

330000－1741－0012822　綫100043、綫100044、綫100045、綫100112　史部/紀傳類/正史之屬

二十四史附考證　清光緒十四年（1888）上海圖書集成印書局鉛印本　六十冊　存四種

330000－1741－0012823　綫100319　類叢部/叢書類/彙編之屬

惜陰軒叢書三十四種續編一種　（清）李錫齡
編　清光緒十四年（1888）長沙惜陰書局刻本
二冊　存一種

330000－1741－0012825　綫100324　類叢
部/叢書類/彙編之屬

湖海樓叢書十二種　（清）陳春編　清嘉慶蕭
山陳氏湖海樓刻二十四年（1819）彙印本　一
冊　存一種

330000－1741－0012829　綫100334　史部/
編年類/斷代之屬

[光緒朝]東華續錄二百二十卷　朱壽朋編
清宣統元年（1909）上海集成圖書公司鉛印本
六十四冊

330000－1741－0012835　綫100335　類叢
部/叢書類/彙編之屬

粵雅堂叢書一百八十五種　（清）伍崇曜編
清道光二十九年至光緒十一年（1849－1885）
南海伍氏刻彙印本　二冊　存一種

330000－1741－0012837　綫100329　類叢
部/叢書類/彙編之屬

守山閣叢書一百十二種　（清）錢熙祚編　清
道光二十四年（1844）金山錢氏重編增刻墨海
金壺本　一冊　存一種

330000－1741－0012838　綫100336　類叢
部/叢書類/郡邑之屬

京口掌故叢編初集七種　（清）陶駿保編　清
光緒三十四年（1908）丹徒陶氏刻本　一冊
存一種

330000－1741－0012840　綫100338　集部/
小說類/長篇之屬

新鐫玉茗堂批點按鑑參補出像南宋志傳十卷
五十回北宋志傳十卷五十回　（明）研石山樵
訂正　清咸豐四年（1854）文選樓刻本　八冊
缺四卷（南宋志傳九至十、北宋志傳一至
二）

330000－1741－0012844　綫100342　類叢
部/叢書類/彙編之屬

南菁札記十四種　（清）溥良編　清光緒二十

年（1894）江陰使署刻本　一冊　存一種

330000－1741－0012850　綫100346　經部/
周禮類/傳說之屬

周禮政要二卷　（清）孫詒讓撰　清光緒二十
八年（1902）瑞安普通學堂刻本　二冊

330000－1741－0012851　綫100345、綫
100344　史部/地理類/專志之屬/祠墓

東陵日記一卷西陵日記一卷　（清）潘祖蔭撰
清光緒刻本　二冊

330000－1741－0012853　綫100351　史部/
地理類

望炊樓叢書　（清）謝家福輯　清光緒吳縣謝
氏刻民國十三年（1924）蘇州文學山房彙印本
一冊　存一種

330000－1741－0012854　綫100355　類叢
部/叢書類/彙編之屬

觀自得齋叢書二十三種別集六種　（清）徐士
愷編　清光緒十三年至二十年（1887－1894）
石埭徐氏刻本　一冊　存一種

330000－1741－0012855　綫100791、綫
100352、綫100353、綫100792、綫100818、綫
100819、綫100820　類叢部/叢書類/彙編
之屬

知不足齋叢書一百九十五種　（清）鮑廷博編
（清）鮑志祖續編　清乾隆三十七年至道光
三年（1772－1823）長塘鮑氏刻彙印本　十九
冊　存六種

330000－1741－0012857　綫100354　類叢
部/叢書類/自著之屬

西堂全集四種附一種　（清）尤侗撰　清康熙
刻乾隆印本　一冊　存一種

330000－1741－0012858　綫100359　類叢
部/叢書類/彙編之屬

月河精舍叢鈔五種　（清）丁寶書編　清光緒
四年至十二年（1878－1886）苕溪丁氏刻本
一冊　存一種

330000－1741－0012861　綫100340　子部/
小說家類/雜事之屬

竹葉亭雜記八卷　（清）姚元之撰　清光緒十九年（1893）桐城姚氏刻本　二冊

330000－1741－0012864　綫100360　類叢部/叢書類/自著之屬

柏堂遺書（方柏堂全集）八種附一種　（清）方宗誠撰　清光緒元年至十二年（1875－1886）桐城方氏刻本　一冊　存一種

330000－1741－0012867　綫100381、綫100358、綫100764、綫100747　史部/傳記類

豫章先賢九家年譜　（清）楊希閔撰　清光緒四年（1878）刻本　七冊　存四種

330000－1741－0012868　綫100379、綫100380　類叢部/叢書類/郡邑之屬

武林掌故叢編一百八十七種　（清）丁丙編清光緒三年至二十六年（1877－1900）錢塘丁氏嘉惠堂刻本（乾道臨安志卷四至十五、南宋館閣錄卷一原缺）　二冊　存一種

330000－1741－0012870　綫614.1/8844　子部/醫家類/婦科之屬

竹林女科證治四卷　（清）竹林寺僧撰　清光緒十七年（1891）皖江節署刻本　七冊

330000－1741－0012872　綫100055　史部/史抄類

新舊唐書合鈔二百六十卷首一卷　（清）沈炳震輯　唐書宰相世系表訂譌十二卷　（清）沈炳震撰　唐書合鈔補正六卷　（清）丁子復撰　清嘉慶海昌查氏刻同治十年（1871）武林吳氏清來堂補刻本　七十六冊　缺六十九卷（一至三、一百四十二至一百七十八、二百十四至二百四十二）

330000－1741－0012873　綫100366　史部/地理類

望炊樓叢書　（清）謝家福輯　清光緒吳縣謝氏刻民國十三年（1924）蘇州文學山房彙印本　一冊　存一種

330000－1741－0012874　綫100383　史部/傳記類/別傳之屬/年譜

廣元遺山［好問］年譜二卷　（清）李光廷編

清同治五年（1866）番禺李氏刻本　二冊

330000－1741－0012875　綫100384　類叢部/叢書類/郡邑之屬

武林掌故叢編一百八十七種　（清）丁丙編清光緒三年至二十六年（1877－1900）錢塘丁氏嘉惠堂刻本（乾道臨安志卷四至十五、南宋館閣錄卷一原缺）　一冊　存一種

330000－1741－0012876　善617.3/4246　子部/醫家類/方書之屬/單方驗方

奇效丹方八卷　（清）姚學瑛輯　清乾隆四十七年（1782）節愛堂刻本　二冊

330000－1741－0012877　綫100389　史部/編年類/斷代之屬

十朝東華錄五百二十五卷同治朝東華續錄一百卷　王先謙　潘頤福撰　清光緒二十五年（1899）石印本　四十八冊　缺一百卷（同治朝東華續錄一至一百）

330000－1741－0012878　綫100385　類叢部/叢書類/彙編之屬

十萬卷樓叢書五十一種　（清）陸心源編　清光緒歸安陸氏刻本　四冊　存一種

330000－1741－0012879　綫610.4/4320　子部/醫家類/類編之屬

士材三書　（明）李中梓等撰　（清）尤乘編清崇文堂刻本　四冊

330000－1741－0012881　綫100390　史部/地理類/方志之屬/郡縣志

［同治］湘鄉縣志二十三卷首一卷末一卷（清）齊德五等修　（清）黃楷盛纂　清同治十三年（1874）刻本　二十四冊

330000－1741－0012882　綫100395、綫100396　子部/叢編

唐開元小說六種　葉德輝編　清宣統三年（1911）長沙葉氏觀古堂刻本　二冊

330000－1741－0012885　綫100394　類叢部/叢書類/彙編之屬

武英殿聚珍版書一百四十八種　清光緒二十五年（1899）廣雅書局刻本　六冊　存一種

330000 – 1741 – 0012888　綫 100401　史部/
紀傳類/正史之屬

五代史記纂誤續補六卷　（清）吳光耀撰　清
光緒十四年(1888)江夏吳氏刻本　五冊　缺
一卷(六)

330000 – 1741 – 0012892　綫 100398、綫
100817　類叢部/叢書類/彙編之屬

隨盦徐氏叢書十種續編十種　徐乃昌編　清
光緒至民國南陵徐氏刻本　二冊　存二種

330000 – 1741 – 0012894　綫 100407、綫
100878　類叢部/叢書類/自著之屬

觀古堂所著書十六種　葉德輝撰　清光緒長
沙葉氏刻本　二冊　存二種

330000 – 1741 – 0012895　綫 100051　史部/
紀傳類/正史之屬

遼史拾遺二十四卷　（清）厲鶚撰　清光緒元
年(1875)江蘇書局刻本　八冊

330000 – 1741 – 0012897　綫 100399、綫
100470、綫 100548　類叢部/叢書類/彙編
之屬

函海一百五十一種　（清）李調元編　清乾隆
綿州李氏萬卷樓刻嘉慶十四年(1809)李鼎元
重校印本　三冊　存三種

330000 – 1741 – 0012898　綫 100409　史部/
紀傳類/正史之屬

三國志證聞三卷　（清）錢儀吉撰　清光緒十
一年(1885)江蘇書局刻本　二冊

330000 – 1741 – 0012899　綫 100050　史部/
紀傳類/正史之屬

遼史拾遺補五卷　（清）楊復吉撰　清光緒三
年(1877)江蘇書局刻本　二冊

330000 – 1741 – 0012900　綫 100408　類叢
部/叢書類/自著之屬

郝氏遺書三十三種　（清）郝懿行撰　清嘉慶
至光緒刻彙印本　一冊

330000 – 1741 – 0012901　綫 100410　集部/
別集類/清別集

申范一卷　（清）陳澧撰　清同治六年(1867)
刻本　一冊

330000 – 1741 – 0012902　綫 100439　集部/
總集類/選集之屬/斷代

金文最一百二十卷首一卷　（清）張金吾輯
清光緒八年至九年(1882 – 1883)伍氏粵雅堂
刻本　二十四冊

330000 – 1741 – 0012903　綫 100052、綫
100053　類叢部/叢書類/彙編之屬

廣雅書局叢書一百五十九種　徐紹棨編　清
光緒廣雅書局刻民國九年(1920)番禺徐紹棨
彙編重印本　三冊　存二種

330000 – 1741 – 0012904　綫 100411　子部/
儒家類/儒學之屬/經濟

鹽鐵論十卷　（漢）桓寬撰　**校勘小識一卷**
王先謙撰　清光緒十七年(1891)思賢講舍刻
本　一冊　存十卷(一至十)

330000 – 1741 – 0012905　綫 100412　類叢
部/叢書類/彙編之屬

聚學軒叢書六十種　劉世珩編　清光緒貴池
劉氏刻本　一冊　存一種

330000 – 1741 – 0012907　綫 100393　類叢
部/叢書類/彙編之屬

武英殿聚珍版書一百四十八種　清光緒二十
五年(1899)廣雅書局刻本　二十八冊　存
一種

330000 – 1741 – 0012908　綫 615.2/5515　子
部/醫家類/兒科之屬/痘疹

救偏瑣言十卷備用良方一卷　（清）費啟泰撰
清文盛堂刻本　一冊

330000 – 1741 – 0012909　綫 100049　史部/
紀傳類/正史之屬

金史詳校十卷首一卷附史論五答一卷　（清）
施國祁撰　清光緒六年(1880)會稽章氏刻本
十冊

330000 – 1741 – 0012910　綫 100414　史部/
目錄類/專錄之屬

宋遺民類集序例總目一卷　（清）黃允中撰
清宣統二年(1910)京師京華印書局鉛印本

子獻題記　一冊

330000－1741－0012911　綫100413　史部/紀傳類/正史之屬

漢書西域傳補注二卷　(清)徐松撰　清光緒六年(1880)會稽章氏刻式訓堂叢書本　王煥鑣題記　二冊

330000－1741－0012912　綫100438、綫100481、綫100482、綫100483、綫100484、綫100485、綫100486、綫100487、綫100841－100845　集部/總集類/選集之屬/通代

全上古三代秦漢三國六朝文七百四十一卷　(清)嚴可均輯　清光緒十三年至十九年(1887－1893)黃岡王氏廣州刻二十年(1894)武昌印本　一百冊

330000－1741－0012914　綫100405　史部/地理類/專志之屬/祠墓

忠武祠墓志七卷首一卷末一卷　(清)李復心編　清同治五年至六年(1866－1867)山陰莫增奎沔署刻本　四冊

330000－1741－0012917　綫100415　類叢部/叢書類/彙編之屬

武英殿聚珍版書五十三種　清同治十三年(1874)江西書局刻本　一冊　存二種

330000－1741－0012918　綫100422、綫100538　類叢部/叢書類/彙編之屬

南菁書院叢書四十一種　王先謙　繆荃孫編　清光緒十四年(1888)江陰南菁書院刻本　九冊　存五種

330000－1741－0012919　綫100441　集部/總集類/選集之屬/斷代

宋文鑑一百五十卷目錄三卷　(宋)呂祖謙輯　清光緒十二年(1886)江蘇書局刻本　二十四冊

330000－1741－0012921　綫100444　集部/別集類/清別集

養知書屋遺集五十五卷　(清)郭嵩燾撰　王先謙編　清光緒十八年(1892)養知書屋刻本　十二冊　存十二卷(郭侍郎奏疏一至十二)

330000－1741－0012923　綫613.7/4938　子部/醫家類/眼科之屬

秘傳眼科龍木醫書總論十卷附葆光道人秘傳眼科一卷　(明)葆光道人撰　清書業堂刻本　四冊

330000－1741－0012925　善614.1/2633　子部/醫家類/婦科之屬

女科切要八卷　(清)吳道源撰　清乾隆三十八年(1773)吳道源刻本　二冊

330000－1741－0012928　綫100453　類叢部/叢書類/自著之屬

峒嶁叢書九種　(清)曠敏本撰　清乾隆刻彙印本　一冊　存一種

330000－1741－0012931　善613.7/2722　子部/醫家類/類編之屬

薛氏醫書十六種　(明)薛己編　明崇禎元年(1628)朱明刻本　四冊　存一種

330000－1741－0012933　綫100446　類叢部/叢書類/郡邑之屬

嶺南遺書五十九種　(清)伍元薇(崇曜)編　清道光十一年至同治二年(1831－1863)南海伍氏粵雅堂文字歡娛室刻光緒三十三年(1907)彙印本　一冊　存一種

330000－1741－0012934　綫100455　類叢部/叢書類/自著之屬

石林遺書十三種　(宋)葉夢得撰　清光緒至宣統長沙葉氏觀古堂刻本　二冊　存一種

330000－1741－0012937　綫100457、綫100458　集部/別集類/宋別集

慈湖先生遺書二十卷首一卷　(宋)楊簡撰

慈湖先生遺書補編一卷　(清)馮可鏞輯　**慈湖先生[楊簡]年譜二卷**　(清)馮可鏞(清)葉意深編　清光緒慈谿馮氏毋自欺齋刻民國十九年(1930)寧波林氏大酉山房印本　二冊　缺十七卷(四至二十)

330000－1741－0012938　綫100463　史部/地理類/山川之屬/山志

京口三山志　(清)□□輯　清同治至光緒刻

本 十冊 存二種

330000－1741－0012939 綫100461 類叢部/叢書類/彙編之屬

邵武徐氏叢書二集八種 （清）徐幹編 清光緒邵武徐氏刻本 一冊 存一種

330000－1741－0012940 綫100460 類叢部/叢書類/彙編之屬

陳刻二種 （清）陳世修輯 清光緒元年至二年（1875－1876）陳氏庸閒齋刻民國九年（1920）重修本 二冊 存一種

330000－1741－0012942 綫100447、綫100602 類叢部/叢書類/彙編之屬

滂喜齋叢書五十種 （清）潘祖蔭編 清同治至光緒吳縣潘氏京師刻本 二冊 存二種

330000－1741－0012944 綫100448 類叢部/叢書類/郡邑之屬

常州先哲遺書七十二種 盛宣懷編 清光緒二十一年至二十三年（1895－1897）武進盛氏思惠齋刻宣統彙印本 一冊 存三種

330000－1741－0012945 綫100469 類叢部/叢書類/彙編之屬

廣雅書局叢書一百五十九種 徐紹棨編 清光緒廣雅書局刻民國九年（1920）番禺徐紹棨彙編重印本 二冊 存一種

330000－1741－0012946 綫100466 史部/傳記類/別傳之屬/年譜

孔孟編年三種 （清）狄子奇輯 清光緒十三年（1887）浙江書局刻本 四冊 存二種

330000－1741－0012947 綫100472 類叢部/叢書類/彙編之屬

知不足齋叢書一百九十五種 （清）鮑廷博編 （清）鮑志祖續編 清乾隆三十七年至道光三年（1772－1823）長塘鮑氏刻彙印本 三冊 存一種

330000－1741－0012955 綫100478 類叢部/叢書類/自著之屬

求益齋全集五種 （清）強汝詢撰 清光緒二十四年（1898）江蘇書局刻本 一冊 存二種

330000－1741－0012957 綫100604 集部/別集類/清別集

東海更言不分卷附廈門泉州雜詠一卷 （清）忠滿撰 清光緒刻本 一冊 缺一卷（廈門泉州雜詠）

330000－1741－0012959 綫100450、綫100451 類叢部/叢書類/彙編之屬

知不足齋叢書一百九十五種 （清）鮑廷博編 （清）鮑志祖續編 清乾隆三十七年至道光三年（1772－1823）長塘鮑氏刻彙印本 三冊 存二種

330000－1741－0012960 綫100493 子部/宗教類/其他宗教之屬/基督教

教務紀略四卷首一卷 （清）李剛己輯 （清）魏家驊等修訂 清光緒三十年（1904）山東印書局鉛印本 四冊

330000－1741－0012961 綫100490 類叢部/叢書類/彙編之屬

海山仙館叢書五十六種 （清）潘仕成編 清道光二十五年至咸豐元年（1845－1851）番禺潘氏刻光緒十一年（1885）增刻彙印本 五冊 存一種

330000－1741－0012962 綫100501 類叢部/叢書類/自著之屬

養雲山莊遺稿三種 （清）劉瑞芬撰 清光緒十九年至二十二年（1893－1896）劉世瑋刻本 一冊 存一種

330000－1741－0012964 綫100503 經部/春秋左傳類/傳說之屬

春秋左氏傳賈服註輯述二十卷 （清）李貽德撰 清同治五年（1866）餘姚朱蘭金陵書局刻本 二冊 存七卷（一至七）

330000－1741－0012965 綫100502 經部/春秋左傳類/傳說之屬

春秋左傳補註六卷 （清）惠棟撰 清乾隆三十七年（1772）順德胡亦常刻三十八年（1773）張錦芳續刻本 二冊

330000－1741－0012966 綫100493：2 子

部/宗教類/其他宗教之屬/基督教

教務紀略四卷首一卷 （清）李剛己輯 （清）魏家驊等修訂 **附錄新約節存一卷** 周馥輯 清光緒三十一年(1905)南洋官報局刻本 四冊

330000 – 1741 – 0012967　綫 100507、綫 100506、綫 100876　類叢部/叢書類/自著之屬

顧端文公遺書十五種附一種 （明）顧憲成撰 清光緒三年(1877)涇里顧氏宗祠刻本(證性編卷七至八原缺)　三冊　存四種

330000 – 1741 – 0012976　綫 100530　史部/傳記類/總傳之屬/儒林

闕里文獻考一百卷首一卷末一卷 （清）孔繼汾撰　清乾隆二十七年(1762)孔昭煥刻本 八冊

330000 – 1741 – 0012977　綫 100511　集部/別集類/宋別集

王荊公文集注八卷 （宋）王安石撰 （清）沈欽韓注　清刻本　八冊

330000 – 1741 – 0012984　綫 100522　類叢部/叢書類/自著之屬

抗希堂十六種(抗希堂全集) （清）方苞撰 清康熙至嘉慶刻彙印本　一冊　存一種

330000 – 1741 – 0012985　綫 100496　類叢部/叢書類/彙編之屬

惜陰軒叢書三十四種續編一種 （清）李錫齡編　清光緒刻本　四冊　存一種

330000 – 1741 – 0012988　綫 100529　經部/小學類/文字之屬/說文/專著

許氏說文解字雙聲疊韻譜一卷 （清）鄧廷楨撰　清光緒九年(1883)上海同文書局石印本 一冊

330000 – 1741 – 0012990　綫 100531　類叢部/叢書類/彙編之屬

龍威秘書十集 （清）馬俊良編　清乾隆五十九年至嘉慶元年(1794 – 1796)浙江石門馬氏大西山房刻本　一冊　存三種

330000 – 1741 – 0012992　綫 100532　類叢部/叢書類/彙編之屬

知不足齋叢書一百九十五種 （清）鮑廷博編 （清）鮑志祖續編　清乾隆三十七年至道光三年(1772 – 1823)長塘鮑氏刻彙印本　二冊　存一種

330000 – 1741 – 0012993　綫 100500、綫 100499、綫 100497、綫 100498　經部/叢編

古經解彙函十六種附小學彙函十四種 （清）鍾謙鈞等輯　清同治十二年(1873)粵東書局刻本　十三冊　存四種

330000 – 1741 – 0012995　綫 100536　類叢部/叢書類/彙編之屬

隨盦徐氏叢書十種續編十種 徐乃昌編　清光緒至民國南陵徐氏刻本　一冊　存一種

330000 – 1741 – 0012996　綫 100537　類叢部/叢書類/自著之屬

惜抱軒集七種 （清）姚鼐撰　清嘉慶刻本 一冊　存一種

330000 – 1741 – 0012998　綫 100539　史部/金石類/錢幣之屬/文字

古泉叢話三卷又一卷 （清）戴熙撰　清同治十一年(1872)潘氏滂喜齋刻本　二冊

330000 – 1741 – 0012999　綫 100541　集部/別集類/清別集

謝梅莊先生遺集八卷西北域記一卷 （清）謝濟世撰　（清）趙炳麟輯　清光緒三十四年(1908)趙炳麟鉛印本　二冊

330000 – 1741 – 0013000　綫 100542　史部/地理類/遊記之屬

伯利探路記一卷 曹廷杰撰　清光緒二十四年(1898)志古堂刻本　一冊

330000 – 1741 – 0013001　綫 100545　類叢部/叢書類/自著之屬

顧端文公遺書十五種附一種 （明）顧憲成撰 清光緒三年(1877)涇里顧氏宗祠刻本(證性編卷七至八原缺)　一冊　存三種

330000 – 1741 – 0013002　綫 100554　史部/

詔令奏議類/奏議之屬

石林奏議十五卷 （宋）葉夢得撰 清光緒十一年(1885)吳興陸氏皕宋樓影宋刻本 四冊

330000－1741－0013003 綫100550 類叢部/叢書類/自著之屬

養晦堂集五種 （清）劉蓉撰 清光緒三年(1877)、十一年(1885)思賢講舍刻本 一冊 存一種

330000－1741－0013006 綫100583、綫100597、綫100549 類叢部/叢書類/郡邑之屬

台州叢書(名山堂叢書)九種 （清）宋世犖編 清嘉慶至道光臨海宋氏刻本 三冊 存一種

330000－1741－0013009 綫100557 史部/政書類/公牘檔冊之屬

案事編一卷 （清）沈祖燕撰 清光緒三十四年(1908)刻本 一冊

330000－1741－0013010 綫100561 類叢部/叢書類/彙編之屬

通學齋叢書五十三種 （清）鄒凌沅編 清光緒二十五年(1899)通學齋鉛印本 一冊 存一種

330000－1741－0013011 綫100558、綫100559 類叢部/叢書類/彙編之屬

風雨樓叢書二十三種 鄧實編 清宣統順德鄧氏鉛印本 二冊 存一種

330000－1741－0013012 綫100654、綫100544 史部/地理類/方志之屬/郡縣志

[乾隆]紹興府志八十卷首一卷 （清）李亨特修 （清）平恕 （清）徐嵩纂 清乾隆五十七年(1792)刻本 四十一冊 存七十二卷(二、四至五、九至十、十四至八十)

330000－1741－0013014 綫100564 類叢部/叢書類/自著之屬

代耕堂全集六種附存三種 （清）李嘉績撰 清光緒刻本 一冊 存一種三卷(榆塞紀行錄一至三)

330000－1741－0013015 綫100553 新學/史志/別國史

重訂法國志略二十四卷 （清）王韜撰 清光緒十六年(1890)淞隱廬鉛印本 二冊 存十卷(一至十)

330000－1741－0013017 綫100565 史部/政書類/公牘檔冊之屬

諮議局章程及選舉章程解釋彙鈔不分卷 （清）憲政編查館撰 清光緒三十四年(1908)鉛印本 劉雋生題記 一冊

330000－1741－0013021 綫100574 子部/宗教類/佛教之屬/論疏

大乘起信論疏解彙集八種 清光緒十一年至民國十五年(1885－1926)金陵刻經處刻本 一冊 存一種

330000－1741－0013025 綫100568 史部/雜史類

信豐守城記事錄一卷 （清）吳秉衡撰 清刻本 一冊

330000－1741－0013029 綫100567 類叢部/叢書類/彙編之屬

存齋雜纂 （清）陸心源撰 清光緒吳興陸氏十萬卷樓刻本 二冊 存一種六卷(千甓亭磚錄一至六)

330000－1741－0013031 綫100578 史部/政書類/邦計之屬/地政

蒙墾陳訴供狀一卷 貽穀等撰 清光緒三十四年(1908)鉛印本 一冊

330000－1741－0013033 綫100584 類叢部/叢書類/自著之屬

滇南四種 姚文棟撰 清光緒刻本 二冊 存一種

330000－1741－0013037 綫101065、綫101052、綫100585 類叢部/叢書類/彙編之屬

湖海樓叢書十二種 （清）陳春編 清嘉慶蕭山陳氏湖海樓刻二十四年(1819)彙印本 六冊 存三種

330000 – 1741 – 0013039　綫 100595　史部/傳記類/日記之屬

虎口日記一卷（清咸豐十一年九月二十九日至十二月十九日）　（清）魯叔容撰　清光緒二十二年（1896）福州刻本　一冊

330000 – 1741 – 0013040　綫 100596　史部/傳記類/日記之屬

東微紀行不分卷（清光緒二十四年至二十五年）　（清）李樹棠撰　清光緒鉛印本　一冊

330000 – 1741 – 0013042　綫 100598　子部/雜著類/雜說之屬

恩福堂筆記二卷　（清）英和撰　清道光刻本　一冊

330000 – 1741 – 0013043　綫 100593、綫 100811　史部/政書類/律令之屬/刑制

審看擬式四卷首一卷　（清）剛毅輯　附審看論略十則一卷　（清）葛士達輯　清光緒十五年（1889）江蘇書局刻本　二冊

330000 – 1741 – 0013044　綫 100586　史部/政書類/邦計之屬/地政

蒙墾續供一卷　貽穀撰　清宣統元年（1909）鉛印本　一冊

330000 – 1741 – 0013046　綫 100594　類叢部/叢書類/彙編之屬

振綺堂叢書□□種　清汪氏振綺堂刻本　一冊　存一種

330000 – 1741 – 0013050　綫 100605　史部/傳記類/別傳之屬/事狀

辛酉記一卷　（清）張光烈撰　清光緒十六年（1890）吳中刻本　一冊

330000 – 1741 – 0013056　綫 100607　類叢部/叢書類/彙編之屬

王益吾所刻書十種　王先謙編　清光緒九年至十年（1883 – 1884）長沙王氏刻本　一冊　存一種

330000 – 1741 – 0013057　綫 100609　類叢部/叢書類/自著之屬

滇南四種　姚文棟撰　清光緒刻本　二冊

存一種

330000 – 1741 – 0013060　綫 100612　類叢部/叢書類/彙編之屬

申報館叢書正集五十七種附錄三種續集一百四十二種　（清）尊聞閣主編　蔡爾康編續集　清同治至光緒上海申報館鉛印本　一冊　存一種

330000 – 1741 – 0013061　綫 100614　史部/政書類/律令之屬/刑制

刑部奏辦罪犯習藝所章程摺一卷　清光緒三十一年（1905）刻本　一冊

330000 – 1741 – 0013062　綫 100615　類叢部/叢書類/彙編之屬

靈鶼閣叢書五十六種　（清）江標編　清光緒元和江氏湖南使院刻本　一冊　存一種

330000 – 1741 – 0013064　綫 100617　史部/政書類/邦計之屬

度支部清理財政處檔案一卷　清宣統鉛印本　一冊

330000 – 1741 – 0013066　綫 100618　類叢部/叢書類/彙編之屬

函海一百五十九種　（清）李調元編　清光緒七年至八年（1881 – 1882）廣漢鍾登甲樂道齋刻本　一冊　存五種

330000 – 1741 – 0013068　綫 100621　史部/金石類/石之屬/文字

關特勤碑釋文一卷　（清）盛昱撰　清光緒日照丁麐年栘林館刻本　一冊

330000 – 1741 – 0013069　綫 100622　類叢部/叢書類/自著之屬

萬物炊累室類稿四種十八卷　沈同芳撰　清宣統三年（1911）上海中國圖書公司鉛印本　一冊　存三卷（刻鵠集一至三）

330000 – 1741 – 0013070　綫 100623　類叢部/叢書類/家集之屬

洪氏晦木齋叢書二十種　（清）洪汝奎編　清同治八年至宣統元年（1869 – 1909）刻本　一冊　存一種

330000 – 1741 – 0013075　綫 100632　史部/地理類/方志之屬/郡縣志

[同治]湖州府志九十六卷首一卷　（清）宗源瀚等修　（清）周學濬等纂　清同治十一年至十三年（1872－1874）愛山書院刻本　三十九冊　缺三卷（九十一至九十三）

330000 – 1741 – 0013078　綫 100633　史部/地理類/方志之屬/郡縣志

[康熙]金華府志三十卷　（清）張薀修（清）沈麟趾等纂　清康熙二十二年（1683）刻本（卷十九配抄本）　十冊　缺六卷（一至六）

330000 – 1741 – 0013080　綫 100634　史部/地理類/方志之屬/郡縣志

[雍正]寧波府志三十六卷首一卷　（清）曹秉仁等修　（清）萬經等纂　清道光二十六年（1846）刻本　十六冊

330000 – 1741 – 0013083　綫 100640、綫100716　史部/地理類/方志之屬/郡縣志

咸淳臨安志一百卷　（宋）潛說友纂　校栞咸淳臨安志札記三卷　（清）黃士珣撰　清道光十年（1830）錢塘汪氏振綺堂刻同治六年（1867）補刻本（卷九十、九十八至一百原缺）　十三冊　存五十六卷（三至二十三、三十至六十一，校栞咸淳臨安志札記一至三）

330000 – 1741 – 0013084　綫 100638　史部/地理類/方志之屬/郡縣志

[乾隆]溫州府志三十卷首一卷　（清）李琬修（清）齊召南　（清）汪沆纂　清乾隆二十七年（1762）刻同治五年（1866）修版印本　二十冊

330000 – 1741 – 0013085　綫 100643　史部/地理類/方志之屬/郡縣志

[光緒]永嘉縣志三十八卷首一卷　（清）張寶琳修　（清）王棻　（清）孫詒讓纂　清光緒八年（1882）溫州維新書局刻民國二十四年（1935）劉景晨補刻本　三十一冊

330000 – 1741 – 0013087　綫 100662、綫100644　史部/地理類/方志之屬/郡縣志

[光緒]富陽縣志二十四卷首一卷　（清）汪文炳等修　（清）蔣敬時等纂　清光緒三十二年（1906）刻本　十六冊

330000 – 1741 – 0013088　綫 100765　類叢部/叢書類/郡邑之屬

武林掌故叢編一百八十七種　（清）丁丙編清光緒三年至二十六年（1877－1900）錢塘丁氏嘉惠堂刻本（乾道臨安志卷四至十五、南宋館閣錄卷一原缺）　一百八十四冊　缺十九種

330000 – 1741 – 0013089　綫 100646　史部/地理類/方志之屬/郡縣志

[同治]江山縣志十二卷首一卷末一卷　（清）王彬　（清）孫晉梓修　（清）朱寶慈等纂　清同治十二年（1873）文溪書院刻本　八冊

330000 – 1741 – 0013093　綫 100649　類叢部/叢書類/郡邑之屬

武林掌故叢編一百八十七種　（清）丁丙編清光緒三年至二十六年（1877－1900）錢塘丁氏嘉惠堂刻本（乾道臨安志卷四至十五、南宋館閣錄卷一原缺）　二冊　存一種

330000 – 1741 – 0013096　綫 100639　史部/地理類/方志之屬/郡縣志

咸淳臨安志一百卷　（宋）潛說友纂　校栞咸淳臨安志札記三卷　（清）黃士珣撰　清道光十年（1830）錢塘汪氏振綺堂刻同治六年（1867）補刻光緒十七年（1891）重修本（卷九十、九十八至一百原缺）　二十二冊　缺七卷（八十一至八十七）

330000 – 1741 – 0013099　綫 100647　史部/地理類/山川之屬/山志

明州阿育王山志十卷　（明）郭子章撰　明州阿育王山續志六卷　（清）釋畹荃撰　明萬曆刻清乾隆續刻本　一冊

330000 – 1741 – 0013100　綫 100657　史部/地理類/山川之屬/山志

天台山方外志三十卷　（明）釋傳燈撰　清光緒二十年（1894）佛隴真覺寺刻本　八冊

330000 – 1741 – 0013103　綫 100658　史部/

地理類/專志之屬/祠墓

吳山伍公廟志六卷首一卷附一卷 （清）金文淳等纂輯 清光緒二年（1876）刻本 二冊

330000－1741－0013105 綫100666 史部/地理類/方志之屬/郡縣志

[光緒]嘉興府志八十八卷首二卷 （清）許瑤光修 （清）吳仰賢等纂 清光緒三年至四年（1877－1878）嘉興鴛湖書院刻本 四十六冊 缺五卷（首一至二、十八至二十）

330000－1741－0013108 綫100668 史部/地理類/山川之屬/山志

爛柯山志十三卷補錄一卷 （清）鄭永禧輯 清光緒三十三年（1907）不其山館刻本 四冊

330000－1741－0013109 綫100663 史部/地理類/方志之屬/郡縣志

光緒分水縣志十卷首一卷末一卷 （清）陳常鏵 （清）馮圻修 （清）臧承宣纂 清光緒三十二年（1906）刻民國三十年（1941）印本 六冊

330000－1741－0013110 綫100667 史部/地理類/方志之屬/郡縣志

[同治]景甯縣志十四卷首一卷末一卷 （清）周杰修 （清）嚴用光 （清）葉篤貞等纂 清同治十一年至十二年（1872－1873）刻本 八冊

330000－1741－0013114 綫100676 史部/地理類/方志之屬/郡縣志

[光緒]餘姚縣志二十七卷首一卷末一卷 （清）周炳麟修 （清）邵友濂 （清）孫德祖纂 清光緒二十五年（1899）刻本 十八冊

330000－1741－0013115 綫100661 史部/政書類/軍政之屬/兵制

浙江全省警務處成績書規則甲二十三卷 清宣統元年（1909）浙江全省警務處鉛印本 一冊

330000－1741－0013116 綫100777 類叢部/叢書類/彙編之屬

廣雅書局叢書一百五十九種 徐紹棨編 清光緒廣雅書局刻民國九年（1920）番禺徐紹棨彙編重印本 四十八冊 存一種

330000－1741－0013117 綫100741 集部/別集類/清別集

浮山後集□□卷 （清）方以智撰 清康熙此藏軒刻本 一冊 存五卷（七至十一）

330000－1741－0013119 綫100677 史部/地理類/方志之屬/郡縣志

[光緒]鎮海縣志四十卷 （清）于萬川修 （清）俞樾等纂 清光緒五年（1879）鯤池書院刻本 十六冊

330000－1741－0013122 綫100847 史部/傳記類/總傳之屬/姓名

歷代名賢列女氏姓譜一百五十七卷 （清）蕭智漢輯 清嘉慶二十年（1815）刻本 一百十六冊 缺六卷（七至八、八十二、九十四至九十五、一百三）

330000－1741－0013123 綫100685 史部/地理類/方志之屬/郡縣志

[光緒]海鹽縣志二十二卷首一卷末一卷 （清）王彬修 （清）徐用儀纂 清光緒三年（1877）蔚文書院刻本 十五冊 缺二卷（九至十）

330000－1741－0013124 綫100680 史部/地理類/防務之屬/海防

防海紀略二卷 （清）王之春編 清光緒六年（1880）上洋文藝齋刻本 二冊

330000－1741－0013125 善615/8317/C1 子部/醫家類/類編之屬

起秀堂刊醫書兩種 （清）陳世傑編 清康熙五十八年（1719）刻本 三冊

330000－1741－0013126 綫100681 類叢部/叢書類/彙編之屬

知不足齋叢書一百九十五種 （清）鮑廷博編 （清）鮑志祖續編 清乾隆三十七年至道光三年（1772－1823）長塘鮑氏刻彙印本 一冊 存二種

330000－1741－0013127 綫100626 類叢

部/叢書類/自著之屬

得一齋雜著四種 （清）黃楳材撰　清光緒刻本　一冊　存一種

330000 – 1741 – 0013128　綫 100682　類叢部/叢書類/家集之屬

富陽夏氏叢刻七種　夏震武　夏鼎武撰　清光緒至民國刻民國九年（1920）彙印本　四冊

330000 – 1741 – 0013129　善 611/8016　子部/醫家類/綜合之屬/通論

醫原圖說二卷　（清）金理撰　清乾隆二十三年（1758）刻本　二冊

330000 – 1741 – 0013132　綫 100684　新學/議論/論政

公民必讀初編一卷　孟昭常撰　清光緒三十三年（1907）預備立憲公會鉛印本　一冊

330000 – 1741 – 0013133　綫 100694　史部/地理類/方志之屬/郡縣志

[同治]麗水縣志十五卷　（清）彭潤章等纂修　清同治十三年（1874）刻本　七冊　缺一卷（一）

330000 – 1741 – 0013134　綫 101017　類叢部/類書類/通類之屬

玉海二百卷辭學指南四卷詩攷一卷詩地理攷六卷漢藝文志攷證十卷通鑑地理通釋十四卷周書王會補注一卷漢制攷四卷踐阼篇集解一卷急就篇補注四卷小學紺珠十卷姓氏急就篇二卷六經天文編二卷周易鄭康成注一卷通鑑答問五卷　（宋）王應麟撰　清嘉慶十一年（1806）和合康基田江寧藩署刻本　一百冊

330000 – 1741 – 0013136　綫 100686　類叢部/叢書類/彙編之屬

振綺堂叢書初集十種二集十二種　（清）□□輯　清光緒二十年（1894）、宣統二年（1910）泉唐汪氏刻本暨鉛印本　一冊　存初集一種

330000 – 1741 – 0013138　綫 100648　史部/地理類/方志之屬/郡縣志

[光緒]定海廳志三十卷首一卷　（清）史致馴修　（清）黃以周等纂　清光緒十一年（1885）

黃樹藩刻二十八年（1902）補刻民國三年（1914）印本　十冊

330000 – 1741 – 0013139　綫 100695　類叢部/叢書類/彙編之屬

廣雅書局叢書一百五十九種　徐紹榮編　清光緒廣雅書局刻民國九年（1920）番禺徐紹榮彙編重印本　二冊　存一種

330000 – 1741 – 0013140　綫 100699　史部/地理類/雜志之屬

啓東錄六卷　（清）林壽圖撰　清光緒五年（1879）閩縣林壽圖歐齋刻本　二冊

330000 – 1741 – 0013141　善 617.1/2626　子部/醫家類/方書之屬/單方驗方

醫方考六卷脉語二卷　（明）吳崑撰　明萬曆友益齋刻本　清戴鼎新批校題跋並圈點　六冊

330000 – 1741 – 0013143　綫 100697　類叢部/叢書類/彙編之屬

思賢書局刊書十九種　（清）思賢書局編　清光緒至宣統思賢書局刻本　四冊　存一種

330000 – 1741 – 0013144　綫 100691　子部/工藝類/日用器物之屬/陶瓷

景德鎮陶錄十卷　（清）藍浦撰　（清）鄭廷桂補輯　清同治九年（1870）昌南鄭氏刻本四冊

330000 – 1741 – 0013145　綫 100733　史部/編年類

明通鑑九十卷首一卷前編四卷坿編六卷目錄二十卷　（清）夏燮撰　清同治十二年（1873）宜黃官廨刻本　忍叟過錄清李慈銘越縵堂日記辛巳三月廿九日一則並題記　四十八冊

330000 – 1741 – 0013147　綫 101029　集部/總集類/郡邑之屬

湖南文徵一百九十卷首一卷目錄六卷姓氏傳四卷　（清）羅汝懷輯　清同治十年（1871）刻本　一百冊

330000 – 1741 – 0013150　綫 100705　史部/地理類/遊記之屬/紀行

東遊日記一卷（清光緒二十五年六月初二日至十一月十一日）　（清）沈翊清撰　清光緒二十六年（1900）福州刻本　一冊

330000－1741－0013151　綫100704　史部/政書類/邦計之屬

商部奏定新章七種　（清）商部纂　清光緒石印本　一冊

330000－1741－0013152　綫100706　類叢部/叢書類/彙編之屬

知不足齋叢書一百九十五種　（清）鮑廷博編　（清）鮑志祖續編　清乾隆三十七年至道光三年（1772－1823）長塘鮑氏刻彙印本　二冊　存一種

330000－1741－0013153　綫100693、綫100717　史部/金石類/郡邑之屬

栝蒼金石志十二卷續志四卷　（清）李遇孫輯　（清）鄒柏森校補　清同治十三年（1874）浙江處州府署刻本　八冊

330000－1741－0013159　綫200034　類叢部/叢書類/輯佚之屬

十種古逸書三十卷　（清）茆泮林輯　清道光十四年（1834）梅瑞軒刻二十二年（1842）重印本　六冊

330000－1741－0013163　綫100721　類叢部/叢書類/輯佚之屬

十種古逸書三十卷　（清）茆泮林輯　清道光十四年（1834）梅瑞軒刻本　一冊　存二種

330000－1741－0013165　綫100714　史部/地理類/方志之屬/郡縣志

咸淳臨安志一百卷　（宋）潛說友纂　校栞咸淳臨安志札記三卷　（清）黃士珣撰　清道光十年（1830）錢塘汪氏振綺堂刻同治六年（1867）補刻光緒十七年（1891）重修本（卷九十、九十八至一百原缺）　四冊　存十七卷（六十二至六十五、八十四至八十九、九十一至九十七）

330000－1741－0013169　綫100732、綫100731　史部/傳記類/總傳之屬

鶴徵錄八卷首一卷　（清）李集輯　（清）李富孫　（清）李遇孫續輯　鶴徵後錄十二卷首一卷　（清）李富孫輯　清嘉慶漾葭老屋刻同治十一年（1872）補刻本　八冊

330000－1741－0013170　綫200036　類叢部/叢書類/郡邑之屬

紹興先正遺書十五種　（清）徐友蘭輯　清光緒會稽徐氏鑄學齋刻本　四十八冊

330000－1741－0013172　綫100735　史部/地理類

問影樓輿地叢書第一集十五種　胡思敬編　清光緒三十四年（1908）新昌胡氏京師鉛印本　九冊　存十四種

330000－1741－0013175　綫100713　史部/地理類/方志之屬/郡縣志

咸淳臨安志一百卷　（宋）潛說友纂　校栞咸淳臨安志札記三卷　（清）黃士珣撰　清道光十年（1830）錢塘汪氏振綺堂刻本（卷九十、九十八至一百原缺）　五冊　存二十一卷（二十四全二十九、六十六至七十四、七十八至八十三）

330000－1741－0013176　綫100740　類叢部/叢書類/彙編之屬

仰視千七百二十九鶴齋叢書四十種　（清）趙之謙編　清光緒會稽趙氏刻本　一冊　存三種

330000－1741－0013177　綫100748　史部/雜史類/斷代之屬

戡定新疆記八卷　魏光燾撰　清光緒二十五年（1899）鉛印本　四冊

330000－1741－0013183　綫100718　子部/儒家類/儒學之屬/經濟

易言一卷　鄭觀應撰　清光緒上海淞隱閣鉛印本　一冊

330000－1741－0013184　綫100727　集部/別集類/清別集

定盦文集三卷續集四卷續錄一卷古今體詩二卷己亥雜詩一卷詞選四卷詞錄一卷　（清）龔

509

自珍撰　清同治七年(1868)吳煦刻本　道南題簽　一冊　缺七卷(定盦文集一至三、續集一至四)

330000－1741－0013185　綫100753、綫100770　類叢部/叢書類/彙編之屬
藕香零拾三十九種　繆荃孫編　清光緒二十二年至宣統二年(1896－1910)刻本　二十九冊　存三十三種

330000－1741－0013187　綫100758　新學/史志/別國史
日本維新三十年史十二編附錄一卷　(日本)博文館輯　(清)上海廣智書局譯　清光緒二十九年(1903)上海廣智書局鉛印本　六冊

330000－1741－0013190　綫100722、綫100723　類叢部/叢書類/彙編之屬
振綺堂叢書初集十種二集十二種　(清)□□輯　清光緒二十年(1894)、宣統二年(1910)泉唐汪氏刻本暨鉛印本　六冊　存初集六種

330000－1741－0013194　綫100749　史部/紀事本末類/斷代之屬
遼史紀事本末四十卷首一卷金史紀事本末五十二卷首一卷　(清)李有棠撰　清光緒十九年(1893)同文書局石印本　十冊

330000－1741－0013195　綫100897　史部/政書類/律令之屬/律例
欽定回疆則例八卷　(清)賽尚阿等修　(清)肇麟等纂　清光緒三十四年(1908)鉛印本　三冊

330000－1741－0013199　綫200038　類叢部/叢書類/自著之屬
半巖廬所箸書九種　(清)邵懿辰撰　清宣統三年至民國二十年(1911－1931)仁和邵氏家祠刻本　十二冊　缺一卷(禮經通論下)

330000－1741－0013200　綫100754　史部/紀傳類/正史之屬
四史　清光緒二十八年(1902)竢實齋石印本　十六冊　存二種

330000－1741－0013202　綫100771　類叢部/叢書類/彙編之屬

讀畫齋叢書四十六種　(清)顧修編　清嘉慶四年至十六年(1799－1811)桐川顧氏刻本(錦里耆舊傳卷一至四原缺)　二冊　存一種

330000－1741－0013203　綫100772　集部/總集類/選集之屬/斷代
宋四家文集　(清)張伯行編　清康熙四十八年至五十年(1709－1711)儀封張伯行正誼堂刻道光二十六年(1846)古歙洪錫謙重修宋四家文集本　一冊　存一種

330000－1741－0013204　綫100778　史部/雜史類/斷代之屬
晉畧六十五卷序目一卷　(清)周濟撰　清光緒二年(1876)味雋齋刻本　十冊

330000－1741－0013205　綫100780　史部/紀傳類/正史之屬
舊唐書二百卷　(五代)劉昫撰　舊唐書逸文十二卷　(清)岑建功輯　舊唐書校勘記六十六卷　(清)羅士琳等校勘　清道光二十三年至二十六年(1843－1846)懼盈齋刻同治十一年(1872)定遠方氏補刻本　二十三冊　存五十二卷(舊唐書校勘記一至二十六、四十一至六十六)

330000－1741－0013206　綫100786　史部/雜史類/斷代之屬
三河創業記五卷　(清)范壽金撰　清光緒三十三年(1907)石印本　二冊

330000－1741－0013207　綫200037　類叢部/叢書類/郡邑之屬
台州叢書(名山堂叢書)九種　(清)宋世犖編　清嘉慶至道光臨海宋氏刻本　二十冊　存七種

330000－1741－0013211　綫100787　史部/政書類/軍政之屬/邊政
朔方備乘六十八卷首十二卷　(清)何秋濤撰　清光緒石印本　六冊　缺二十二卷(四十一至六十二)

330000－1741－0013213　綫100783　新學

雜著/叢編

儲英館叢刻 清光緒二十二年(1896)兩湖張氏刻本 二冊 存一種

330000 – 1741 – 0013215 綫 100781 類叢部/叢書類/彙編之屬

武英殿聚珍版書一百四十八種 清乾隆四十二年(1777)福建刻道光至同治遞修光緒二十一年(1895)增刻本 六冊 存一種

330000 – 1741 – 0013216 綫 100782、綫 100837 類叢部/叢書類/彙編之屬

正覺樓叢刻(正覺樓叢書)二十九種 (清)崇文書局編 清光緒崇文書局刻本 二冊 存二種

330000 – 1741 – 0013218 綫 100774 史部/紀傳類/正史之屬

十七史 (明)毛晉編 清韓江書局刻本 一冊 存一種

330000 – 1741 – 0013220 綫 100790 史部/史抄類

新舊唐書合鈔二百六十卷首一卷 (清)沈炳震輯 **唐書宰相世系表訂譌十二卷** (清)沈炳震撰 **唐書合鈔補正六卷** (清)丁子復撰 清嘉慶海昌查氏刻本 十九冊 存六十六卷(一百四十二至一百七十八、二百十四至二百四十二)

330000 – 1741 – 0013221 綫 100796 類叢部/叢書類/彙編之屬

知不足齋叢書一百九十五種 (清)鮑廷博編 (清)鮑志祖續編 清乾隆三十七年至道光三年(1772 – 1823)長塘鮑氏刻彙印本 二冊 存一種

330000 – 1741 – 0013222 綫 100793 史部/紀傳類/別史之屬

西魏書二十四卷附錄一卷 (清)謝啟昆撰 清光緒九年(1883)刻本 六冊

330000 – 1741 – 0013223 綫 100917 史部/政書類

廣東瓊州漢黎輿情營伍練兵稿鈔四卷 (清)

鮑燦撰 清光緒二十一年(1895)刻本 一冊

330000 – 1741 – 0013224 綫 100799 史部/紀傳類/正史之屬

漢書補注一百卷首一卷 王先謙撰 清光緒二十六年(1900)長沙王氏虛受堂刻本 三十二冊

330000 – 1741 – 0013225 綫 200039 類叢部/叢書類/自著之屬

亭林先生遺書彙輯二十三種附錄三種 (清)顧炎武撰 (清)席威 (清)朱記榮編 清光緒十一年至三十二年(1885 – 1906)朱氏槐廬家塾刻本 二十四冊

330000 – 1741 – 0013226 善 619.1/1057 子部/醫家類/養生之屬

泰定養生主論十六卷 (元)王珪撰 明正德刻本 四冊

330000 – 1741 – 0013227 綫 100800 子部/小說家類/異聞之屬

夷堅志十集二十卷 (宋)洪邁撰 清乾隆四十三年(1778)周棨耕煙草堂刻本 二十冊

330000 – 1741 – 0013228 綫 100804 類叢部/叢書類/彙編之屬

靈鶼閣叢書五十六種 (清)江標編 清光緒元和江氏湖南使院刻本 二冊 存一種

330000 – 1741 – 0013231 綫 100806 子部/宗教類/其他宗教之屬/基督教

福音講臺不分卷 (美國)杜步西撰 清光緒三十四年(1908)上海美華書館鉛印本 一冊

330000 – 1741 – 0013232 綫 100802 史部/地理類

皇朝藩屬輿地叢書六集二十八種 (清)浦□編 清光緒二十九年(1903)金匱浦氏靜寄東軒石印本 (元史譯文證補卷七至八、十三、十六至十七、十九至二十一、二十五、二十八原缺) 四十三冊 缺三種

330000 – 1741 – 0013233 綫 100794 史部/雜史類/斷代之屬

小腆紀傳六十五卷 (清)徐鼒撰 **小腆紀傳**

補遺六卷 （清）徐承禮撰　清光緒十三年至十四年（1887－1888）六合徐氏金陵刻本　十八冊

330000－1741－0013234　綫100805　史部/地理類/外紀之屬

日本國志四十卷首一卷 （清）黃遵憲輯　清光緒二十四年（1898）浙江書局刻本　十冊

330000－1741－0013235　綫617.5/3482　子部/醫家類/綜合之屬/通論

增補醫方一盤珠全集十卷首一卷 （清）洪金鼎撰　清寶華樓刻本　四冊　缺一卷（五）

330000－1741－0013236　綫100803、綫100834　史部/史評類/考訂之屬

攷史拾遺十卷 （清）錢大昕撰　清嘉慶十二年（1807）嘉興李廣芸稻香吟館刻本　四冊

330000－1741－0013237　綫200042　類叢部/叢書類/自著之屬

竹柏山房十五種附刻八種 （清）林春溥撰　清嘉慶至咸豐竹柏山房刻本　二十冊　存十五種

330000－1741－0013240　綫100801　史部/傳記類/別傳之屬/年譜

戚少保[繼光]年譜耆編十二卷首一卷 （明）戚祚國彙纂　（明）戚昌國集錄　清道光二十七年（1847）王氏刻光緒四年（1878）仙遊戚氏崇勳祠補刻本　十二冊

330000－1741－0013241　綫100809　子部/宗教類/其他宗教之屬/基督教

約翰聖經釋解二十一章 （英國）合信氏（英國）慕德氏注　**使徒行傳註釋二十八章** （美國）倪維思注　清光緒十五年（1889）上海福音堂、十二年（1886）上海美華書館鉛印本　一冊

330000－1741－0013242　綫100871　史部/政書類

同文館題名錄不分卷　清光緒二十四年（1898）刻本　一冊

330000－1741－0013243　綫100815　新學/

地學/地理學

琉球地理小志一卷補遺一卷說畧一卷　姚文棟譯　清光緒九年（1883）刻本　一冊

330000－1741－0013244　綫100807　史部/傳記類/別傳之屬/年譜

皇清誥授光祿大夫太子少保兵部尚書都察院右都御史湖廣總督顯考文節府君[吳文鎔]年譜一卷 （清）吳養原編　清咸豐至同治刻本　一冊

330000－1741－0013245　綫200043　類叢部/叢書類/自著之屬

蕙風叢書七種附一種　況周頤撰　清光緒刻民國十四年（1925）上海中國書店彙印本　十二冊

330000－1741－0013246　綫100821　類叢部/叢書類/彙編之屬

知不足齋叢書一百九十五種 （清）鮑廷博編（清）鮑志祖續編　清乾隆三十七年至道光三年（1772－1823）長塘鮑氏刻彙印本　一冊　存二種

330000－1741－0013248　綫100812　子部/宗教類/其他宗教之屬/基督教

經題直講三卷 （清）朱寶森撰　清光緒三十三年（1907）上海中國聖教書會鉛印本　一冊

330000－1741－0013249　善619.4/4416　子部/醫家類/醫話醫論之屬

折肱漫錄六卷 （明）黃承昊撰　清刻本　二冊

330000－1741－0013252　綫100840　史部/紀事本末類/斷代之屬

三朝北盟會編二百五十卷首一卷 （宋）徐夢莘撰　**三朝北盟會編校勘記二卷補遺一卷** （清）袁祖安等撰　清光緒三年至五年（1877－1879）如皋袁祖安越東鉛印本　四十冊

330000－1741－0013254　善617.5/6053　子部/醫家類/方書之屬/單方驗方

名醫方論四卷 （清）羅美　（清）柯琴輯並評　清康熙十四年（1675）古懷堂刻本　四冊

330000－1741－0013255　綫100822　經部/
春秋左傳類/傳說之屬

左傳事緯十二卷左傳字釋一卷　（清）馬驌撰
清光緒四年（1878）吳縣潘氏敏德堂刻本
十二冊

330000－1741－0013257　善618.1/1001、善
618.1/1070　子部/醫家類/類編之屬

平陽府所刻醫書六種　明正德十年（1515）山
西平陽府刻本　二冊　存二種

330000－1741－0013258　綫100829　類叢
部/叢書類/彙編之屬

觀自得齋叢書二十三種別集六種　（清）徐士
愷編　清光緒十三年至二十年（1887－1894）
石埭徐氏刻本　一冊　存別集三種

330000－1741－0013261　綫100832　類叢
部/叢書類/彙編之屬

漸西村舍彙刊（漸西村舍叢刻）四十四種
（清）袁昶編　清光緒十六年至二十四年
（1890－1898）桐廬袁氏刻本（黃帝內經太素
卷一、四、七、十六、十八、二十至二十一原缺）
　一冊　存一種

330000－1741－0013262　綫100814　經部/
春秋左傳類/傳說之屬

春秋左傳杜注三十卷首一卷　（清）姚培謙撰
清光緒十九年（1893）浙江書局刻本　十冊

330000－1741－0013263　綫100833　史部/
地理類/雜志之屬

增訂南詔野史二卷　（明）楊慎輯　（清）胡蔚
訂正　清光緒六年（1880）雲南書局刻本
二冊

330000－1741－0013264　善618.1/4077　子
部/醫家類/針灸之屬/通論

銅人徐氏鍼灸合刻二種　（明）太醫院參訂
清刻本　一冊

330000－1741－0013265　綫100835　類叢
部/叢書類/彙編之屬

廣雅書局叢書一百五十九種　徐紹榮編　清
光緒廣雅書局刻民國九年（1920）番禺徐紹榮

彙編重印本　一冊　存一種

330000－1741－0013266　綫100859　類叢
部/叢書類/彙編之屬

懷幽雜俎十二種　徐乃昌編　清光緒至宣統
南陵徐氏刻本　一冊　存一種

330000－1741－0013268　綫100849　子部/
天文曆算類/天文之屬

圜天圖說三卷續編二卷首一卷　（清）李明徹
撰　清嘉慶二十四年（1819）松梅軒刻道光元
年（1821）增刻本　二冊　存二卷（圜天圖說
二至三）

330000－1741－0013269　綫100851　子部/
天文曆算類/算書之屬

求正弦法一卷　（清）陳方墀撰　清光緒十五
年（1889）刻本　一冊

330000－1741－0013270　善617.3/6011　子
部/醫家類/方書之屬/歷代方書

衛生寶鑑二十四卷補遺一卷　（元）羅天益撰
清文德堂刻本　十冊

330000－1741－0013271　綫100850　類叢
部/叢書類/自著之屬

敝帚齋遺書四種　（清）徐鼒撰　清咸豐十一
年（1861）刻本　三冊　存一種

330000－1741－0013274　綫100852　類叢
部/叢書類/家集之屬

富陽夏氏叢刻七種　夏震武　夏鼎武撰　清
光緒至民國刻民國九年（1920）彙印本　一冊
存一種

330000－1741－0013275　綫100846　經部/
春秋左傳類/傳說之屬

春秋左傳補註六卷　（清）惠棟撰　清乾隆三
十七年（1772）順德胡亦常刻三十八年（1773）
張錦芳續刻本　四冊

330000－1741－0013277　綫100862　類叢
部/叢書類/郡邑之屬

常州先哲遺書七十二種　盛宣懷編　清光緒
二十一年至三十三年（1895－1907）武進盛氏
思惠齋刻宣統彙印本　四冊　存一種

330000－1741－0013279　綫100855　集部/楚辭類

離騷經訂註一卷　（明）趙南星撰　**屈原傳一卷**　（漢）司馬遷撰　明萬曆四十一年（1613）高邑趙南星刻清初趙悅學重修本　一冊

330000－1741－0013280　綫100858　類叢部/叢書類/郡邑之屬

武林往哲遺箸五十二種後編十種　（清）丁丙編　清光緒二十年至二十六年（1894－1900）錢塘丁氏嘉惠堂刻本（錢塘韋先生文集卷一至二原缺）　一冊　存二種

330000－1741－0013282　綫100856　類叢部/叢書類/自著之屬

抗希堂十六種（抗希堂全集）　（清）方苞撰　清康熙至嘉慶刻彙印本　一冊　存一種

330000－1741－0013285　綫100872　史部/政書類

上諭條例不分卷　清道光江蘇布政使司衙門刻本　六冊

330000－1741－0013287　綫100866　集部/總集類/郡邑之屬

會稽掇英總集二十卷　（宋）孔延之輯　**校正會稽掇英總集札記一卷**　（清）杜丙杰撰　清道光元年（1821）山陰杜氏浣花宗塾刻本　四冊

330000－1741－0013289　善617.3/4423　子部/醫家類/綜合之屬

華先生中藏經八卷　題（漢）華佗撰　明萬曆二十九年（1601）吳勉學刻五車樓印本　四冊

330000－1741－0013294　綫100883　子部/宗教類/佛教之屬

辯偽錄六卷　（元）釋祥邁撰　清光緒三十三年（1907）揚州藏經院刻本　二冊

330000－1741－0013296　綫100877　類叢部/叢書類/彙編之屬

崇文書局彙刻書三十一種　（清）崇文書局編　清光緒元年至三年（1875－1877）湖北崇文書局刻本　二冊　存一種

330000－1741－0013297　善617.3/4453－3　類叢部/叢書類/彙編之屬

武英殿聚珍版書一百四十八種　清乾隆四十二年（1777）福建刻道光至同治遞修光緒二十一年（1895）增刻本　二冊　存一種

330000－1741－0013298　綫101054、綫100882、綫101014、綫101119　類叢部/叢書類/彙編之屬

滂喜齋叢書五十種　（清）潘祖蔭編　清同治至光緒吳縣潘氏京師刻本　四冊　存四種

330000－1741－0013301　綫100881　類叢部/叢書類/郡邑之屬

嶺南遺書五十九種　（清）伍元薇（崇曜）編　清道光十一年至同治二年（1831－1863）南海伍氏粵雅堂文字歡娛室刻光緒三十三年（1907）彙印本　一冊　存一種

330000－1741－0013304　善617.3/4921　子部/醫家類/綜合之屬/通論

醫貫六卷　（明）趙獻可撰　（明）呂留良評　清康熙天蓋樓刻本　六冊

330000－1741－0013308　綫100889　史部/傳記類/科舉錄之屬

嘉善入泮題名錄二卷　（清）程兼善輯　清光緒三年（1877）嘉善林氏本立堂刻本　二冊

330000－1741－0013309　善617.3/7548　子部/醫家類/綜合之屬/通論

石室秘錄六卷　（清）陳士鐸撰　清雍正八年（1730）宛平馬弘儒萱永堂刻本　六冊

330000－1741－0013312　綫100898、綫100899、綫100900、綫100901、綫100902　新學/議論/論政

新政真詮六卷　何啟　胡禮垣撰　清光緒二十七年（1901）格致新報館鉛印本　五冊　缺一卷（一）

330000－1741－0013314　綫100870　類叢部/類書類/專類之屬

坊表錄十六卷　（清）蘇宗經輯　清光緒十六年（1890）鬱林蘇氏刻本　一冊　存六卷（一

至六）

330000－1741－0013315　善617.3/2740　子部/醫家類/綜合之屬/通論

先醒齋筆記十四卷炮炙大法一卷用藥凡例一卷　（明）繆希雍撰　（明）丁元薦輯　明崇禎十五年(1642)海虞李枝刻本　六冊

330000－1741－0013317　綫100907　類叢部/叢書類/彙編之屬

漸學廬叢書第一集十五種　（清）胡祥鑅編　清光緒元和胡氏石印本　一冊　存四種

330000－1741－0013319　綫617.3/2862　子部/醫家類/方書之屬/歷代方書

風眩方一卷　（南朝齊）徐嗣伯撰　清刻本　一冊

330000－1741－0013321　善617.3/7211　子部/醫家類/内科之屬

證治百問四卷　（清）劉默撰　清康熙十二年(1673)頤志堂刻本　二冊　存二卷(一至二)

330000－1741－0013322　綫100910、綫100911、綫100972　子部/宗教類/佛教之屬/總錄

釋氏稽古略四卷　（元）釋覺岸撰　**釋鑑稽古略續集三卷**　（明）釋幻輪撰　清光緒十二年(1886)釋清道刻本　五冊

330000－1741－0013324　善617.3/0117　子部/醫家類/綜合之屬/通論

新鍥雲林神彀四卷　（明）龔廷賢輯　明末古林清畏堂刻本　四冊

330000－1741－0013327　綫100912　集部/別集類/宋別集

黃詩全集五十八卷　（宋）黃庭堅撰　清光緒刻本　二冊　存十四卷(重刻山谷先生年譜一至十四)

330000－1741－0013329　善617.3/7235　子部/醫家類/傷寒金匱之屬/傷寒論

劉河間傷寒三書二十卷　（金）劉完素撰　明萬曆吳諫金陵刻本　三冊　存三卷(素問病機氣宜保命集一至三)

330000－1741－0013331　綫100915　史部/史表類/斷代之屬

前漢匈奴表三卷附錄一卷　（清）沈惟賢撰　清光緒十九年(1893)刻本　二冊

330000－1741－0013332　綫100919、綫101043　類叢部/叢書類/郡邑之屬

常州先哲遺書七十二種　盛宣懷編　清光緒二十一年至二十三年(1895－1897)武進盛氏思惠齋刻宣統彙印本　五冊　存二種

330000－1741－0013335　綫100950　類叢部/類書類/通類之屬

淵鑑類函四百五十卷目錄四卷　（清）張英（清）王士禎等纂　清康熙刻本　四冊　存十二卷(十二至二十三)

330000－1741－0013337　善617.3/6860－1　子部/醫家類/綜合之屬/通論

醫門法律六卷　（清）喻昌撰　清乾隆二十八年(1763)刻本　八冊

330000－1741－0013338　綫100922　類叢部/叢書類/彙編之屬

借月山房彙鈔十六集一百三十四種　（清）張海鵬編　清嘉慶十一年至十七年(1806－1812)虞山張氏刻增修本　一冊　存一種

330000－1741－0013341　綫100918　集部/別集類/宋別集

乖崖先生文集十二卷附錄一卷　（宋）張詠撰　清光緒八年(1882)獨山莫祥芝刻本　二冊

330000－1741－0013342　綫100939、綫100940　類叢部/叢書類/彙編之屬

讀畫齋叢書四十六種　（清）顧修編　清嘉慶四年至十六年(1799－1811)桐川顧氏刻本（錦里耆舊傳卷一至四原缺）　四冊　存三種

330000－1741－0013344　綫100930　類叢部/叢書類/彙編之屬

觀古堂彙刻書十九種　葉德輝編　清光緒二十一年至民國元年(1895－1912)長沙葉氏刻民國八年(1919)重編印本　二冊　存一種

330000－1741－0013346　綫100941　類叢

部/叢書類/自著之屬

竹柏山房十五種附刻八種 （清）林春溥撰
清嘉慶至咸豐竹柏山房刻本　一冊　存二種

330000－1741－0013347　綫100931　類叢
部/叢書類/彙編之屬

青照堂叢書八十五種 （清）李元春編　清道
光十五年（1835）朝邑劉際清等刻本　一冊
存一種

330000－1741－0013348　綫100924　子部/
農家農學類/總論之屬

豳風廣義三卷 （清）楊屾撰　清光緒八年
（1882）濟南刻本　一冊　存一卷（一）

330000－1741－0013351　綫100933　類叢
部/叢書類/彙編之屬

聚學軒叢書六十種　劉世珩編　清光緒貴池
劉氏刻本　一冊　存一種

330000－1741－0013352　綫101038　子部/
小說家類/異聞之屬

秋海棠傳奇三齣　洪炳文撰　清宣統三年
（1911）瑞安務本書局石印本　一冊

330000－1741－0013355　綫100830　類叢
部/叢書類/彙編之屬

正覺樓叢刻（正覺樓叢書）二十九種　（清）崇
文書局編　清光緒崇文書局刻本　二冊　存
一種

330000－1741－0013358　綫100936　類叢
部/叢書類/彙編之屬

振綺堂叢書初集十種二集十二種　（清）□□
輯　清光緒二十年（1894）、宣統二年（1910）
泉唐汪氏刻本暨鉛印本　一冊　存初集一種

330000－1741－0013359　綫100946　類叢
部/叢書類/自著之屬

大鶴山房全書十種　鄭文焯撰　清光緒至民
國刻民國九年（1920）蘇州交通圖書館彙印本
一冊　存一種

330000－1741－0013360　綫100945　史部/
傳記類/總傳之屬

滇粹不分卷　呂志伊　李根源輯　清宣統元

年（1909）鉛印本　一冊　存第五十二至九十
四葉

330000－1741－0013364　綫100956　子部/
儒家類/儒學之屬/蒙學

龍文鞭影二卷　（明）蕭良有纂輯　（清）楊臣
諍增訂　（清）來集之音註　清光緒十七年
（1891）紹興奎照樓刻本　一冊

330000－1741－0013365　綫100957　集部/
別集類/明別集

蕩南集四卷　（明）朱諫撰　**蕩南李詩註摭遺
一卷**　（明）朱諫注　清同治十三年（1874）樂
邑瑤川朱熙廷刻本　一冊　缺三卷（蕩南集
一至三）

330000－1741－0013367　綫100961　集部/
別集類/清別集

劫火紀焚一卷　（清）何鏞（何桂笙）撰　清光
緒十一年（1885）上海萃珍齋木活字印本
一冊

330000－1741－0013368　綫100960　史部/
政書類/軍政之屬

借箸籌防論略一卷附礮概淺說一卷　（德國）
來春石泰撰　沈敦和譯　清光緒二十一年
（1895）金陵刻本　一冊

330000－1741－0013369　綫101146、綫
100962　史部/紀事本末類/斷代之屬

前蒙古紀事本末二卷後蒙古紀事本末二卷
（清）韓善徵輯　清光緒三十一年（1905）上海
春記石印本　二冊　缺一卷（後蒙古紀事本
末二）

330000－1741－0013371　綫100968　史部/
傳記類/總傳之屬/文苑

西湖三祠名賢考畧三卷首一卷　戴啓文撰
清光緒三十年（1904）丹徒戴啓文刻本　二冊

330000－1741－0013373　綫100969　史部/
地理類/外紀之屬

海客日譚六卷首一卷　（清）王芝撰　清光緒
二年（1876）石城王氏紅杏山房刻本　四冊

330000－1741－0013375　綫100966　子部/

宗教類/其他宗教之屬/基督教

新生命一卷 （南非）慕安德烈撰 （美國）海敦譯 清光緒三十四年（1908）中國聖教書會鉛印本 一冊

330000－1741－0013376 綫100974、綫100973 類叢部/叢書類/彙編之屬

廣雅書局叢書一百五十九種 徐紹棨編 清光緒廣雅書局刻民國九年（1920）番禺徐紹棨彙編重印本 三冊 存二種

330000－1741－0013378 綫100971 子部/天文曆算類/算書之屬

矩齋籌算六種附一種 勞乃宣撰 清光緒十二年至二十六年（1886－1900）桐鄉勞氏刻朱墨套印本 二冊 存一種

330000－1741－0013379 綫100978 集部/別集類/清別集

劫火紀焚一卷 （清）何鏞（何桂笙）撰 清光緒十一年（1885）上海萃珍齋木活字印本 一冊

330000－1741－0013381 綫100986 類叢部/叢書類/自著之屬

抗希堂十六種（抗希堂全集） （清）方苞撰 清康熙至嘉慶刻彙印本 四冊 存一種

330000－1741－0013382 綫100967 史部/地理類/遊記之屬/紀行

東游日記一卷（清光緒十九年五月初四日至七月初六日） （清）黃慶澄撰 清光緒二十年（1894）刻本 一冊

330000－1741－0013383 綫100976、綫100975 子部/醫家類/類編之屬

中西匯通醫書五種 （清）唐宗海撰 清光緒上海千頃堂書局石印本 二冊 存二種

330000－1741－0013384 綫100987 類叢部/叢書類/彙編之屬

海山仙館叢書五十六種 （清）潘仕成編 清道光二十五年至咸豐元年（1845－1851）番禺潘氏刻光緒十一年（1885）增刻彙印本 四冊 存一種

330000－1741－0013387 綫100990 史部/紀傳類/正史之屬

二十四史附考證 清光緒二十八年（1902）竢實齋石印本 三冊 存一種

330000－1741－0013388 綫100993 子部/宗教類/佛教之屬/總錄

三國佛教畧史三卷 （日本）島地墨雷 （日本）生田得能撰 （清）釋聽雲 （清）釋海秋譯 清宣統三年（1911）京師龍泉孤兒院石印本 一冊

330000－1741－0013393 綫100991 史部/紀事本末類

歷朝紀事本末七種 （清）陳如升 （清）朱記榮輯 清光緒二十一年（1895）上海積山書局石印本 四冊 存一種

330000－1741－0013394 綫100989、綫100994、綫100995 類叢部/叢書類/自著之屬

顧端文公遺書十五種附一種 （明）顧憲成撰 清光緒三年（1877）涇里顧氏宗祠刻本（證性編卷七至八原缺） 六冊 存六種

330000－1741－0013395 綫100984 類叢部/叢書類/郡邑之屬

浦城遺書（浦城宋元明儒遺書）十四種 （清）梁章鉅 （清）祝昌泰編 清嘉慶十六年至十九年（1811－1814）浦城祝氏留香室刻道光十四年（1834）彙印本 四冊 存一種

330000－1741－0013396 綫100980 類叢部/叢書類/彙編之屬

武英殿聚珍版書一百四十八種 清乾隆四十二年（1777）福建刻道光至同治遞修光緒二十一年（1895）增刻本 二冊 存一種

330000－1741－0013397 綫100998 類叢部/叢書類/自著之屬

王湘綺先生全集二十六種 王闓運撰 清光緒至民國刻民國十二年（1923）長沙王氏彙印本 一冊 存一種

330000－1741－0013400 綫100999 新學/

報章

中西聞見錄第二號不分卷 （美國）丁韙良等輯 清同治十一年(1872)刻本 一冊

330000－1741－0013401 綫101001 史部/傳記類/日記之屬

奉使朝鮮日記一卷(清光緒十六年) （清）崇禮撰 清光緒十九年(1893)鉛印本 一冊

330000－1741－0013403 綫101004 子部/雜著類/雜考之屬

康熙幾暇格物編二卷 （清）聖祖玄燁撰 （清）盛昱錄 清光緒石印本 一冊 存一卷（上）

330000－1741－0013405 綫101003、綫101009 類叢部/叢書類/輯佚之屬

十種古逸書三十卷 （清）茆泮林輯 清道光十四年(1834)梅瑞軒刻本 二冊 存一種

330000－1741－0013406 綫101008 類叢部/叢書類/自著之屬

奧簃朝鮮三種 （清）周家祿撰 清光緒二十五年(1899)吳保初刻本 一冊

330000－1741－0013407 綫101007 子部/宗教類/其他宗教之屬/基督教

重刻畸人十篇二卷 （意大利）利瑪竇撰 清同治二年(1863)刻本 一冊 存一卷（二）

330000－1741－0013408 綫101005 史部/地理類

游記彙刊八種附八種 （清）□□輯 清光緒二十三年(1897)湖南新學書局刻本 一冊 存一種

330000－1741－0013409 綫200017 類叢部/叢書類/彙編之屬

古香齋袖珍十種 清同治至光緒南海孔氏刻本 一百五十九冊 存一種

330000－1741－0013410 綫101010 類叢部/叢書類/彙編之屬

借月山房彙鈔十六集一百三十四種 （清）張海鵬編 清嘉慶十一年至十七年(1806－1812)虞山張氏刻增修本 一冊 存一種

330000－1741－0013414 綫101016 類叢部/叢書類/彙編之屬

觀自得齋叢書二十三種別集六種 （清）徐士愷編 清光緒十三年至二十年(1887－1894)石埭徐氏刻本 二十三冊 存二十三種別集三種

330000－1741－0013415 綫101015 史部/紀傳類/別史之屬

建康實錄二十卷 （唐）許嵩撰 清光緒二十八年(1902)江寧甘氏桑泊草堂刻本 六冊

330000－1741－0013417 綫101024 集部/別集類/清別集

胡文忠公遺集八十六卷首一卷 （清）胡林翼撰 （清）鄭敦謹 （清）曾國荃輯 （清）胡鳳丹重編 清光緒元年(1875)湖北崇文書局刻本 三十二冊

330000－1741－0013418 綫200022 類叢部/類書類/專類之屬

佩文韻府一百六卷 （清）張玉書 （清）蔡升元等輯 **韻府拾遺一百六卷** （清）汪灝 （清）何焯等輯 清光緒十二年(1886)上海同文書局石印本 六十冊

330000－1741－0013419 綫101021 類叢部/叢書類/彙編之屬

函海一百五十一種 （清）李調元編 清乾隆綿州李氏萬卷堂刻嘉慶十四年(1809)李鼎元重校印本 四冊 存一種

330000－1741－0013422 綫100948 經部/春秋左傳類/傳說之屬

東萊博議四卷 （宋）呂祖謙撰 **增補虛字註釋一卷** （清）馮泰松點定 清刻本 一冊 缺二卷（東萊博議一至二）

330000－1741－0013423 綫101027 類叢部/叢書類/彙編之屬

昭代叢書合刻十集五百六十種附一種 （清）張潮 （清）張漸編 （清）楊復吉 （清）沈楙惪續編 清道光吳江沈氏世楷堂刻本 十二冊 存甲集四十八種乙集四十種

330000－1741－0013425　綫101028　類叢部/叢書類/彙編之屬

廣雅書局叢書一百五十九種　徐紹棨編　清光緒廣雅書局刻民國九年(1920)番禺徐紹棨彙編重印本　七冊　存一種

330000－1741－0013426　綫101020　史部/紀事本末類/通代之屬

繹史一百六十卷世系圖一卷年表一卷　(清)馬驌撰　清康熙刻本　四十二冊　存一百五十六卷(六至一百六十、年表)

330000－1741－0013427　綫101035　經部/春秋左傳類/傳說之屬

左通補釋三十二卷　(清)梁履繩撰　清道光九年(1829)錢塘汪氏振綺堂刻光緒元年(1875)補刻本　十冊

330000－1741－0013428　綫101023　史部/地理類/總志之屬/通代

讀史方輿紀要一百三十卷方輿全國總說五卷　(清)顧祖禹撰　清光緒二十七年(1901)上海圖書集成印書局鉛印本暨石印本　十四冊　存六十卷(讀史方輿紀要三十至七十四、七十九至八十八、九十五至九十九)

330000－1741－0013429　綫001022　史部/編年類/斷代之屬

明史三百三十二卷目錄四卷　(清)張廷玉等撰　清光緒三年(1877)崇文書局刻本　陶鏞題記　八十冊

330000－1741－0013430　綫101030　史部/地理類/方志之屬/郡縣志

[同治]南昌縣志三十六卷首一卷末一卷　(清)陳紀麟　(清)汪世澤修　(清)劉于潯　(清)曾作舟纂　清同治九年(1870)刻本　三十四冊

330000－1741－0013431　綫101032　類叢部/叢書類/彙編之屬

正覺樓叢刻(正覺樓叢書)二十九種　(清)崇文書局編　清光緒崇文書局刻本　二冊　存一種

330000－1741－0013432　綫101034　類叢部/叢書類/彙編之屬

心矩齋叢書十一種　(清)蔣鳳藻編　清光緒長洲蔣氏刻本　四冊　存一種

330000－1741－0013433　綫101033　類叢部/叢書類/彙編之屬

知不足齋叢書一百九十五種　(清)鮑廷博編　(清)鮑志祖續編　清乾隆三十七年至道光三年(1772－1823)長塘鮑氏刻彙印本　三冊　存一種

330000－1741－0013436　綫101022　史部/地理類/總志之屬/通代

讀史方輿紀要一百三十卷方輿全國總說五卷　(清)顧祖禹撰　清光緒二十七年(1901)上海圖書集成印書局鉛印本暨石印本　二冊　存十卷(讀史方輿紀要十至十五、四十二至四十五)

330000－1741－0013437　綫101044　類叢部/叢書類/彙編之屬

武英殿聚珍版書五十三種　清同治十三年(1874)江西書局刻本　一冊　存一種

330000－1741－0013439　綫101019　史部/紀事本末類

歷朝紀事本末七種　(清)陳如升　(清)朱記榮輯　清光緒二十四年(1898)上海文瀾書局石印本　三十一冊　存五種

330000－1741－0013440　綫101039　史部/地理類/專志之屬/祠墓

吳山伍公廟志六卷首一卷附一卷　(清)金文淳等纂輯　清光緒二年(1876)刻本　二冊

330000－1741－0013441　綫101047　類叢部/叢書類/彙編之屬

知服齋叢書二十九種　(清)龍鳳鑣編　清光緒順德龍氏刻本　二冊　存一種

330000－1741－0013443　綫101048、綫101045　類叢部/叢書類/郡邑之屬

永嘉叢書十五種　(清)孫衣言編　清同治至光緒瑞安孫氏詒善祠塾刻光緒武昌書局彙印

本　二冊　存二種

330000－1741－0013446　綫101055　史部/
地理類/雜志之屬

河套圖考一卷　（清）楊江撰　清咸豐七年
（1857）關中書院監院官署刻本　一冊

330000－1741－0013448　綫101063　類叢
部/叢書類/自著之屬

養雲山莊遺稿三種　（清）劉瑞芬撰　清光緒
十九年至二十二年（1893－1896）劉世珩刻本
三冊　存一種

330000－1741－0013449　綫101046　類叢
部/叢書類/郡邑之屬

常州先哲遺書七十二種　盛宣懷編　清光緒
二十一年至三十三年（1895－1907）武進盛氏
思惠齋刻朱印本　一冊　存一種

330000－1741－0013450　綫001024　經部/
叢編

十三經注疏附考證　（清）□□輯　清同治十
年（1871）廣東書局刻本　一百五十八冊　缺
四卷（春秋左傳注疏一至四）

330000－1741－0013452　綫101064　類叢
部/叢書類/郡邑之屬

嶺南遺書五十九種　（清）伍元薇（崇曜）編
清道光十一年至同治二年（1831－1863）南海伍
氏粵雅堂文字歡娛室刻光緒三十三年（1907）
彙印本　四冊　存一種

330000－1741－0013454　綫101056　史部/
政書類/邦計之屬

兩浙宦游紀畧四種　（清）戴槃撰　清同治七
年（1868）刻本　一冊　存一種

330000－1741－0013457　綫101060　史部/
目錄類/專錄之屬

皇清經解檢目八卷通用表一卷　（清）蔡啟盛
編　清光緒十二年（1886）武林刻本　二冊

330000－1741－0013459　綫101058　經部/
叢編

皇清經解一千四百八卷首一卷　（清）阮元輯
清道光九年（1829）廣東學海堂刻咸豐十一

年（1861）補刻本　一冊　存四卷（左氏春秋
考證一至二、論語述何一至二）

330000－1741－0013460　綫101059　類叢
部/叢書類/彙編之屬

崇文書局彙刻書三十一種　（清）崇文書局編
清光緒元年至三年（1875－1877）湖北崇文
書局刻本　二冊　存一種

330000－1741－0013461　綫001025　經部/
叢編

宋本十三經注疏四百十六卷　**附十三經注疏
校勘記四百十六卷**　（清）阮元撰　（清）盧宣
旬摘錄　十三經注疏校勘記識語四卷　（清）
汪文臺撰　清光緒十三年（1887）上海脈望仙
館石印本　三十二冊

330000－1741－0013463　綫101069　集部/
別集類/清別集

虛受堂文集十六卷　王先謙撰　清宣統二年
（1910）上海國學書社石印本　六冊

330000－1741－0013467　綫101073　類叢
部/叢書類/自著之屬

正誼堂全集八種　（清）董沛撰　清同治至光
緒刻本　三冊　存一種

330000－1741－0013469　綫001025－2　經
部/叢編

宋本十三經注疏四百十六卷　**附十三經注疏
校勘記四百十六卷**　（清）阮元撰　（清）盧宣
旬摘錄　十三經注疏校勘記識語四卷　（清）
汪文臺撰　清光緒十三年（1887）上海脈望仙
館石印本　十六冊　存五種

330000－1741－0013470　綫101074　史部/
目錄類/總錄之屬/私撰

**書目答問五卷別錄一卷國朝著述諸家姓名略
一卷四川省城尊經書院記一卷輶軒語一卷**
（清）張之洞撰　清光緒刻本　一冊　缺二卷
（四川省城尊經書院記、輶軒語）

330000－1741－0013472　綫101066　類叢
部/叢書類/自著之屬

曾文正公全集十六種　（清）曾國藩撰　清同

治至光緒傳忠書局刻本　三冊　存一種

330000－1741－0013474　綫001025－3　經部/叢編

宋本十三經注疏四百十六卷　附十三經注疏校勘記四百十六卷　(清)阮元撰　(清)盧宣旬摘錄　**十三經注疏校勘記識語四卷**　(清)汪文臺撰　清光緒十三年(1887)上海脈望仙館石印本　十八冊　存十種

330000－1741－0013475　綫101074－2　史部/目錄類/總錄之屬/私撰

書目答問五卷別錄一卷國朝著述諸家姓名略一卷　(清)張之洞撰　清光緒刻本　二冊

330000－1741－0013477　綫001025－4　經部/叢編

宋本十三經注疏四百十六卷　附十三經注疏校勘記四百十六卷　(清)阮元撰　(清)盧宣旬摘錄　**十三經注疏校勘記識語四卷**　(清)汪文臺撰　清光緒十三年(1887)上海脈望仙館石印本　十三冊　存八種

330000－1741－0013480　綫101018　類叢部/類書類/通類之屬

玉海二百卷辭學指南四卷詩攷一卷詩地理攷六卷漢藝文志攷證十卷通鑑地理通釋十四卷周書王會補注一卷漢制攷四卷踐阼篇集解一卷急就篇補注四卷小學紺珠十卷姓氏急就篇二卷六經天文編二卷周易鄭康成注一卷通鑑答問五卷　(宋)王應麟撰　**校補玉海瑣記二卷王深寧先生[應麟]年譜一卷**　(清)張大昌撰　清光緒九年至十六年(1883－1890)浙江書局刻本　一冊　存二卷(校補玉海瑣記一至二)

330000－1741－0013482　綫101076　類叢部/叢書類/彙編之屬

槐廬叢書四十六種　(清)朱記榮編　清光緒三年至十五年(1877－1889)吳縣朱氏槐廬家塾刻本　二冊　存一種

330000－1741－0013483　綫101089　類叢部/叢書類/自著之屬

師伏堂叢書十五種　(清)皮錫瑞撰　清光緒十九年至三十三年(1893－1907)善化皮氏刻

本　二冊　存一種

330000－1741－0013484　綫101088　類叢部/叢書類/郡邑之屬

常州先哲遺書七十二種　盛宣懷編　清光緒二十一年至三十三年(1895－1907)武進盛氏思惠齋刻宣統彙印本　二冊　存一種

330000－1741－0013485　綫101092　史部/地理類/專志之屬/祠墓

西湖林公祠墓誌一卷　(清)程鍾瑞輯　清同治八年(1869)刻本　一冊

330000－1741－0013487　綫001026　經部/叢編

宋本十三經注疏併經典釋文校勘記　(清)阮元撰　清嘉慶二十一年(1816)揚州阮氏文選樓刻本　四十三冊　存十一種

330000－1741－0013489　綫101086　集部/別集類/清別集

春酒堂文集一卷　(清)周容撰　清宣統二年(1910)上海國學扶輪社鉛印本　一冊

330000－1741－0013491　綫101096　類叢部/叢書類/彙編之屬

風雨樓叢書二十三種　鄧實編　清宣統順德鄧氏鉛印本　一冊　存一種

330000－1741－0013494　綫001027　經部/叢編

重栞宋本十三經注疏四百十六卷　附十三經注疏校勘記四百十六卷　(清)阮元撰　(清)盧宣旬摘錄　**十三經注疏校勘記識語四卷**　(清)汪文臺撰　清嘉慶二十年(1815)南昌府學刻道光六年(1826)盱江朱華臨重校同治十二年(1873)江西書局重修本(十三經注疏校勘記識語爲清光緒三年刻本)　二冊　存四卷(十三經注疏校勘記識語一至四)

330000－1741－0013495　綫101091　類叢部/叢書類/自著之屬

亭林先生遺書彙輯二十三種附錄三種　(清)顧炎武撰　(清)席威　(清)朱記榮編　清光緒十一年至三十二年(1885－1906)朱氏槐廬

家塾刻本　二冊　存一種

330000－1741－0013499　綫101095　新學/
史志/別國史

朝鮮近世史二卷　（日本）林泰輔編　清光緒
二十九年(1903)鴻寶書局石印五洲歷編譯時
務叢書本　二冊

330000－1741－0013500　綫101090　史部/
雜史類

**福寧紀事二卷首一卷福寧從政紀畧一卷泉州
從政紀畧二卷**　（清）程榮春撰　清同治五年
(1866)吟雨樓刻本　一冊　存一卷(泉州從
政紀畧二)

330000－1741－0013501　綫101103　類叢
部/叢書類/彙編之屬

觀古堂彙刻書　葉德輝編　清光緒至民國長
沙葉氏刻本　一冊　存二種

330000－1741－0013502　綫001028　類叢
部/叢書類/自著之屬

焦氏叢書九種附一種　（清）焦循撰　清嘉慶
至道光江都焦氏雕菰樓刻本　三十五冊　缺
三種

330000－1741－0013508　綫101104　史部/
地理類/總志之屬/通代

天下郡國利病書一百二十卷　（清）顧炎武撰
清光緒上海慎記書莊石印本　三冊　存十
六卷(一百五至一百二十)

330000－1741－0013509　綫101111　集部/
別集類/清別集

鐵瓶詩鈔九卷雜存二卷　（清）張岳齡撰　清
光緒刻本　二冊　缺六卷(鐵瓶詩鈔六至九、
雜存一至二)

330000－1741－0013513　綫101116　類叢
部/叢書類/自著之屬

新訂六譯館叢書八十九種　廖平撰　清光緒
至民國刻民國十年(1921)四川存古書局彙印
本　一冊　存一種

330000－1741－0013514　綫101121　經部/
群經總義類/傳說之屬

十三經札記　（清）朱亦棟撰　清光緒四年
(1878)武林竹簡齋刻本　一冊　存三種

330000－1741－0013515　綫101117　類叢
部/叢書類/自著之屬

蘇齋叢書十八種　（清）翁方綱撰　清乾隆至
嘉慶刻彙印本　一冊　存一種

330000－1741－0013516　綫101118　經部/
春秋左傳類/傳說之屬

左傳通釋十二卷　（清）李惇撰　清道光九年
(1829)李培紫刻本(卷五至十、十二原缺)
二冊

330000－1741－0013517　綫101122　類叢
部/叢書類/自著之屬

焦氏遺書十種附一種　（清）焦循撰　清嘉慶
至道光江都焦氏雕菰樓刻光緒二年(1876)衡
陽魏氏補刻本　一冊　存一種

330000－1741－0013518　綫101120　類叢
部/叢書類/自著之屬

鐵研齋叢書五種　桑宣撰　清光緒宛平桑氏
鐵研齋刻本　一冊　存一種

330000－1741－0013519　綫101106　類叢
部/叢書類/郡邑之屬

武林往哲遺箸五十二種後編十種　（清）丁丙
編　清光緒二十年至二十六年(1894－1900)
錢塘丁氏嘉惠堂刻本(錢塘韋先生文集卷一
至二原缺)　一冊　存一種

330000－1741－0013521　綫101132　集部/
總集類/選集之屬/斷代

南宋文範七十卷外編四卷作者考二卷　（清）
莊仲方輯　清光緒十四年(1888)江蘇書局刻
本　九冊　存四十三卷(南宋文範四至四十
六)

330000－1741－0013523　綫101126　類叢
部/叢書類/彙編之屬

功順堂叢書十八種　（清）潘祖蔭編　清光緒
吳縣潘氏刻本(周人經說卷五至八原缺)　一
冊　存一種

330000－1741－0013525　綫101129　新學/

游記

中亞洲俄屬遊記二卷　（英國）蘭士德撰　（清）莫鎮藩譯　清光緒二十年(1894)鉛印本　二冊

330000－1741－0013528　綫101133　史部/地理類/山川之屬/山志

泰山小史一卷　（明）蕭協中撰　清乾隆五十四年(1789)刻本　一冊

330000－1741－0013531　綫101130　史部/政書類/公牘檔冊之屬

分軍報不分卷　清刻本　一冊　存第三十一至六十葉

330000－1741－0013532　綫101136　史部/傳記類/總傳之屬/仕宦

楚疆三文忠傳三卷　（清）李元度撰　**籌洋三策一卷**　（清）金安清撰　**平捻紀畧一卷**　（清）李鶴年撰　清同治刻本　一冊

330000－1741－0013533　綫101139　類叢部/叢書類/自著之屬

滇南四種　姚義棟撰　清光緒刻本　二冊　存一種

330000－1741－0013534　綫101135　集部/別集類/清別集

養知書屋遺集五十五卷　（清）郭嵩燾撰　王先謙編　清光緒十八年(1892)養知書屋刻本　三冊　存十二卷（詩集一至十二）

330000－1741－0013536　綫101138　史部/雜史類

偵探記二卷　姚文棟撰　清光緒刻本　一冊

330000－1741－0013538　綫101149　類叢部/叢書類/輯佚之屬

十種古逸書三十卷　（清）茆泮林輯　清道光十四年(1834)梅瑞軒刻二十二年(1842)重印本　一冊　存一種

330000－1741－0013542　綫101157　類叢部/叢書類/自著之屬

舊雨艸堂叢書　（清）陳康祺撰　清光緒刻本　六冊　存一種

330000－1741－0013543　綫101102　集部/別集類/清別集

戀叟詩鈔四卷補遺四卷　（清）紀映鍾撰　清光緒刻本　一冊　存四卷（補遺一至四）

330000－1741－0013544　綫001034　類叢部/叢書類/輯佚之屬

玉函山房輯佚書五百九十三種附一種　（清）馬國翰輯　清光緒十八年(1892)思賢書局刻本　一百二十冊

330000－1741－0013546　綫101150　史部/史表類/斷代之屬

雲南諮議局調查各屬礦產一覽表一卷　清宣統二年(1910)鉛印本　一冊

330000－1741－0013548　綫101152　類叢部/叢書類/郡邑之屬

畿輔叢書　（清）王灝編　清光緒五年至十八年(1879－1892)定州王氏謙德堂刻三十二年(1906)彙印本（元和郡縣圖志卷十九至二十、二十三至二十四、三十五至三十六原缺）　二冊　存一種

330000－1741－0013549　綫101134　類叢部/叢書類/自著之屬

甌北全集八種　（清）趙翼撰　清乾隆至嘉慶湛貽堂刻本　二冊　存一種

330000－1741－0013550　綫101153　史部/地理類/輿圖之屬/道里

雲南騰永龍順思普沿邊圖一卷附緬甸圖一卷　（清）吳其楨撰　清末石印本　一冊

330000－1741－0013552　綫101154　史部/傳記類/別傳之屬/事狀

羅壯節公表忠錄二卷首一卷末一卷　（清）羅少村輯　清光緒元年(1875)宿松羅氏刻本　一冊

330000－1741－0013553　綫200005　史部/目錄類/書志之屬/提要

經籍訪古志六卷補遺一卷　（日本）澁江全善（日本）森立之撰　清光緒十一年(1885)六合徐承祖日本鉛印本　八冊

330000 – 1741 – 0013554　綫 200007　史部/
目録類/總録之屬/史志

八史經籍志十種三十卷　（日本）□□輯　清
光緒八年至九年（1882 – 1883）鎮海張壽榮刻
本　十六冊

330000 – 1741 – 0013555　綫 200013　史部/
目録類/總録之屬/私撰

天一閣書目四卷補遺一卷　（清）阮元　（清）
范邦甸等編　**附碑目一卷續增一卷**　（清）錢
大昕編　（清）范懋敏續編　清嘉慶十三年
（1808）揚州阮元文選樓刻本　十冊　存五卷
（天一閣書目一至四、補遺）

330000 – 1741 – 0013556　綫 200004　史部/
目録類/通論之屬/掌故瑣記

藏書紀事詩七卷　葉昌熾撰　清宣統二年
（1910）長洲葉昌熾刻本　六冊

330000 – 1741 – 0013558　綫 101155　史部/
地理類/水利之屬

上虞塘工紀畧二卷續一卷三續一卷　（清）連
仲愚撰　清光緒四年（1878）古虞連氏敬睦堂
刻本　一冊

330000 – 1741 – 0013559　綫 200018　類叢
部/類書類/專類之屬

子史精華一百六十卷　（清）吳士玉　（清）吳
襄等輯　清宣統元年（1909）上海集成圖書公
司石印本　八冊

330000 – 1741 – 0013560　綫 200016　類叢
部/類書類/專類之屬

新增說文韻府羣玉二十卷　（元）陰時夫輯
（元）陰中夫注　清大文堂刻本　十冊

330000 – 1741 – 0013562　綫 200014　類叢
部/類書類/通類之屬

欽定古今圖書集成一萬卷目録三十二卷
（清）蔣廷錫　（清）陳夢雷等輯　清光緒十年
（1884）上海圖書集成書局鉛印本　八冊　存
三十二卷（目録一至三十二）

330000 – 1741 – 0013563　綫 200019　類叢
部/類書類/通類之屬

增補事類統編九十三卷首一卷　（清）黃葆真
輯　清道光二十六年（1846）文選樓刻本　四
十冊

330000 – 1741 – 0013564　綫 200015　子部/
叢編

二十二子（二十二子彙函）　（清）浙江書局編
清光緒元年至三年（1875 – 1877）浙江書局
刻本　八十三冊

330000 – 1741 – 0013565　綫 101156　史部/
傳記類/別傳之屬/年譜

**皇清誥授資政大夫振威將軍兵部侍郎督察院
右副都御史安徽巡撫兼提督銜顯考蔚亭府君
[蔣文慶]行狀一卷附神道碑一卷**　（清）蔣常
紱等撰　清光緒刻本　一冊

330000 – 1741 – 0013567　綫 200025　子部/
雜著類/雜說之屬

白虎通疏證十二卷　（清）陳立撰　清光緒元
年（1875）淮南書局刻本　四冊

330000 – 1741 – 0013568　綫 200027　子部/
雜著類/雜說之屬

定香亭筆談四卷　（清）阮元撰　清光緒二十
五年（1899）浙江書局刻本　四冊

330000 – 1741 – 0013570　綫 200024　集部/
總集類/課藝之屬

試帖詩十卷類目一卷韻目五卷　（清）鄧雲航
編　清光緒十五年（1889）上洋袖海山房書局
石印本　十二冊

330000 – 1741 – 0013573　綫 200046　經部/
書類/傳說之屬

尚書攷辨四卷　（清）宋鑒撰　清嘉慶四年
（1799）刻本　一冊

330000 – 1741 – 0013574　綫 200056　史部/
政書類/通制之屬

二十四史九通政典類要合編三百二十卷
（清）黃書霖輯　清光緒二十八年（1902）約雅
堂石印本　六十冊

330000 – 1741 – 0013576　綫 200058　史部/
編年類/通代之屬

御批歷代通鑑輯覽一百二十卷 （清）傅恒等撰 清光緒二十九年（1903）通文書局石印本 三十二冊

330000－1741－0013580 綫200060 史部/紀傳類/正史之屬

漢書補注一百卷首一卷 王先謙撰 清光緒二十六年（1900）長沙王氏虛受堂刻本 三十冊 缺三卷（二十二至二十四）

330000－1741－0013581 綫200065 子部/小說家類/異聞之屬

山海經十八卷圖五卷 （晉）郭璞傳 （清）畢沅校正 清光緒十四年（1888）掃葉山房刻朱墨套印本 五冊

330000－1741－0013582 綫200064 史部/紀事本末類/斷代之屬

聖武記十四卷 （清）魏源撰 清光緒二十五年（1899）正記書局石印本 六冊

330000－1741－0013585 綫200070 史部/地理類/外紀之屬

海國圖志一百卷首一卷 （清）魏源撰 **海國圖志續集二十五卷** （英國）麥高爾等撰 （美國）林樂知 （清）瞿昂來譯 （英國）傅蘭雅口譯 （清）徐建寅筆述 **海國圖志續集首一卷** （朝鮮）鄧鏗撰 清光緒二十一年（1895）上海積山書局石印本 十六冊

330000－1741－0013586 綫200071 史部/傳記類/總傳之屬/斷代

昭代名人尺牘小傳二十四卷 （清）吳修撰 清道光六年（1826）刻本 二冊

330000－1741－0013587 綫200067 史部/地理類/山川之屬/水志

水經注釋四十卷首一卷附錄二卷水經注箋刊誤十二卷 （清）趙一清撰 清光緒六年（1880）蛟川張氏華雨樓刻本 二十冊

330000－1741－0013588 綫200069 史部/地理類/專志之屬/寺觀

洛陽伽藍記五卷 （北魏）楊衒之撰 清光緒二年（1876）洛陽西華禪院刻本 一冊

330000－1741－0013590 綫200089 史部/金石類/總志之屬

九鐘精舍金石跋尾甲編一卷乙編一卷 吳士鑑撰 清宣統二年（1910）刻本 一冊 存一卷（甲編）

330000－1741－0013595 綫200082 史部/金石類/總志之屬/文字

張叔未解元所藏金石文字不分卷 （清）張廷濟考釋 （清）嚴荄輯 清光緒十年（1884）四會嚴氏鶴緣齋石印本 二冊

330000－1741－0013598 綫200104 史部/金石類/金之屬/文字

奇觚室吉金文述二十卷首一卷 劉心源撰 清光緒二十八年（1902）石印本 十冊

330000－1741－0013599 綫200108 史部/金石類/錢幣之屬/圖像

古今錢略三十二卷首一卷末一卷 （清）倪模撰 清光緒五年（1879）望江倪氏兩疆勉齋刻本 十六冊

330000－1741－0013608 綫200112 史部/金石類/金之屬/圖像

攀古廎彝器款識二卷 （清）潘祖蔭撰 清同治十一年（1872）京師潘氏滂喜齋刻本 二冊

330000－1741－0013609 綫200058－2 史部/編年類/通代之屬

御批歷代通鑑輯覽一百二十卷 （清）傅恒等撰 清末石印本 一冊 存五卷（五十三至五十七）

330000－1741－0013611 綫補782.952/2540.3 史部/傳記類/別傳之屬/年譜

朱子[熹]年譜四卷考異四卷 （清）王懋竑撰 **朱子論學切要語二卷** （清）王懋竑輯 清乾隆十七年（1752）寶應王氏白田草堂刻清末浙江書局補刻本 四冊

330000－1741－0013614 綫200120 類叢部/叢書類/家集之屬

洪氏晦木齋叢書二十種 （清）洪汝奎編 清同治八年至宣統元年（1869－1909）刻本 八

冊 存二種

330000－1741－0013615　綫200121　史部/
金石類/玉之屬/圖像

宋淳熙敕編古玉圖譜一百卷　（宋）龍大淵等
編　清乾隆四十四年（1779）歙縣江春康山草
堂刻本　二十四冊

330000－1741－0013616　綫補851.4516/
4453　集部/別集類/宋別集

蘇文忠公詩合註五十卷首一卷目錄一卷
（宋）蘇軾撰　（清）馮應榴輯　清乾隆六十年
（1795）桐鄉馮氏踵息齋刻本　七冊　存十八
卷（二十至二十七、三十四至四十三）

330000－1741－0013620　綫200146　經部/
小學類/文字之屬/說文

許學叢書十四種　張炳翔輯　清光緒長洲張
炳翔儀郿廬刻本　二十四冊

330000－1741－0013622　綫200135　史部/
金石類/郡邑之屬

益都金石記四卷　（清）段松苓撰　清光緒九
年（1883）益都丁氏刻本　四冊

330000－1741－0013624　綫200129　子部/
藝術類/書畫之屬/畫錄

虛齋名畫錄十六卷　龐元濟輯　清宣統元年
（1909）烏程龐氏申江刻本　十六冊

330000－1741－0013626　綫200149　經部/
小學類/文字之屬/說文/傳說

說文段注訂補十四卷　（清）王紹蘭撰　清光
緒十四年（1888）胡燏棻刻本　十六冊

330000－1741－0013630　綫補847.8/0813
集部/別集類/清別集

養雲山館試帖四卷　（清）許球撰　（清）王榮
絨注　清光緒五年（1879）刻本　三冊　缺一
卷（二）

330000－1741－0013635　綫200141　史部/
金石類/郡邑之屬/文字

粵西金石略十五卷　（清）謝啟昆撰　清嘉慶
六年（1801）銅鼓亭刻本　二冊

330000－1741－0013638　綫200144　經部/
小學類/訓詁之屬/群雅

駢雅訓籑十六卷首一卷　（明）朱謀㙔撰
（清）魏茂林訓籑　清光緒七年（1881）成都瀹
雅齋刻本　八冊

330000－1741－0013641　綫補832.1274/
4240　集部/楚辭類

楚辭節註六卷　（清）姚培謙撰　**楚辭叶音一
卷**　（清）劉維謙撰　清乾隆五十七年（1792）
博斯堂刻本　一冊

330000－1741－0013642　綫200139　史部/
金石類/郡邑之屬

江寧金石記八卷待訪目二卷　（清）嚴觀撰
清嘉慶九年（1804）賜書堂刻本　六冊

330000－1741－0013646　綫200145　經部/
群經總義類/文字音義之屬

經籍籑詁五卷首一卷　（清）阮元撰　清光緒
九年（1883）上海點石齋石印本　五冊

330000－1741－0013648　綫200163　經部/
小學類/文字之屬/說文/專著

說文古籀補十四卷附錄一卷　（清）吳大澂撰
　清光緒二十四年（1898）刻本　二冊

330000－1741－0013654　綫200169　經部/
小學類/文字之屬/字書/字體

隸辨八卷　（清）顧藹吉撰　清乾隆八年（1743）
天都黃晟刻本　八冊

330000－1741－0013655　綫200167、綫
200178　經部/小學類/文字之屬/字書/字典

大廣益會玉篇三十卷　（南朝梁）顧野王撰
（唐）孫強增字　（宋）陳彭年等重修　**大宋重
修廣韻五卷**　（宋）陳彭年等重修　**廣韻校刊
札記一卷玉篇校刊札記一卷**　（清）鄧顯鶴撰
　清道光三十年（1850）新化鄧顯鶴東山精舍
刻本　八冊

330000－1741－0013656　綫200170　子部/
藝術類/書畫之屬/法帖

草字彙十二卷　（清）石梁輯　清道光五年
（1825）刻本　六冊

330000－1741－0013657　綫200171　經部/
小學類/文字之屬/字書/字典

**康熙字典十二集三十六卷總目一卷檢字一卷
辨似一卷等韻一卷補遺一卷備考一卷**　（清）
張玉書等纂修　清光緒九年(1883)上海同文
書局石印本　六冊

330000－1741－0013658　綫200175　經部/
小學類

姚刻三韻(姚氏叢刻)三種　（清）姚覲元輯
清光緒二年(1876)歸安姚覲元川東官舍刻本
十冊　存一種

330000－1741－0013660　綫200176　經部/
小學類

姚刻三韻(姚氏叢刻)三種　（清）姚覲元輯
清光緒二年(1876)歸安姚覲元川東官舍刻本
五冊　存一種

330000－1741－0013661　綫200183　經部/
小學類/音韻之屬/等韻

李氏音鑑六卷首一卷　（清）李汝珍撰　清光
緒十四年(1888)掃葉山房刻本　四冊

330000－1741－0013662　綫200181　經部/
小學類/音韻之屬/韻書

音韻輯要二十一卷　（清）王鶤撰　清乾隆四
十九年(1784)崑山咸德堂刻本　六冊

330000－1741－0013663　綫200186　經部/
小學類/訓詁之屬/方言

輶軒使者絕代語釋別國方言十三卷首一卷
(漢)揚雄撰　(晉)郭璞注　**續方言二卷**
(清)杭世駿撰　**續方言補一卷**　(清)程際盛
撰　清光緒十七年(1891)長沙思賢講舍刻本
三冊

330000－1741－0013664　綫200185　類叢
部/叢書類/自著之屬

遼雅堂全集九種　（清）姚文田撰　清嘉慶至
光緒歸安姚氏刻本　六冊　存一種

330000－1741－0013667　綫補856.17/2683
集部/總集類/尺牘之屬

歷代名人小簡二卷　吳曾祺輯　清宣統二年

(1910)上海商務印書局鉛印本　二冊

330000－1741－0013670　綫200194　集部/
詩文評類/詩評之屬

詩人玉屑二十卷　（宋）魏慶之輯　清古松堂
刻本　八冊

330000－1741－0013672　綫200199　集部/
總集類/彙編之屬

漢魏六朝一百三家集(漢魏六朝百三名家集)
（明）張溥編　清光緒十八年(1892)善化章
經濟堂刻本　九十五冊　存九十七種

330000－1741－0013676　綫補835.7/2641
集部/詩文評類/制藝之屬

八銘堂塾鈔初集不分卷二集不分卷　（清）吳
懋政編次　清道光至咸豐文會堂刻本　八冊

330000－1741－0013677　綫200204　類叢
部/叢書類/自著之屬

船山遺書六十三種　（清）王夫之撰　清同治
四年(1865)湘鄉曾國荃金陵刻光緒十三年
(1887)船山書院補刻本　四冊　存一種

330000－1741－0013680　綫200215　集部/
別集類/漢魏六朝別集

曹集銓評十卷　（三國魏）曹植撰　（清）丁晏
銓評　**曹集逸文一卷**　（清）丁晏輯　**魏陳思
王[曹植]年譜一卷附錄一卷**　（清）丁晏撰
清同治十一年(1872)金陵書局刻本　二冊

330000－1741－0013681　綫補835.7/5314
集部/詩文評類/制藝之屬

增訂初學起講秘訣不分卷　（清）盛元均輯
清光緒五年(1879)江曲書社刻本　一冊

330000－1741－0013682　綫補857.081/2822
子部/宗教類/道教之屬/雜著

慈航普渡冊不分卷　清光緒六年(1880)處州
郡城刻本　一冊

330000－1741－0013685　綫200206　類叢
部/叢書類/自著之屬

陳氏裵露軒叢書四種　（清）陳本禮撰　清嘉
慶陳氏裵露軒刻本　四冊　存一種

330000－1741－0013687　綫 200211　集部/
總集類/選集之屬/斷代

國朝駢體正宗十二卷　（清）曾燠輯　清光緒
十三年（1887）上海蜚英館石印本　六冊

330000－1741－0013688　綫補 095.12311/
4444　經部/春秋左傳類/傳說之屬

評點春秋綱目左傳句解彙雋六卷　（清）韓菼
重訂　清宣統元年（1909）上海廣益書局等石
印本　六冊

330000－1741－0013690　綫 200220　集部/
別集類/清別集

有正味齋駢體文二十四卷首一卷　（清）吳錫
麒撰　（清）王廣業箋　（清）葉聯芬注　清光
緒十五年（1889）上海蜚英館石印本　四冊

330000－1741－0013691　綫補 096.278/6023
經部/孝經類/傳說之屬

孝經問業合參輯註大全三卷　（明）呂維祺輯
註　清康熙二十九年（1690）尊聞堂刻本
一冊

330000－1741－0013692　綫 200221　集部/
別集類/清別集

古微堂內集三卷外集七卷　（清）魏源撰　清
光緒四年（1878）揚州淮南書局刻本　四冊

330000－1741－0013695　綫補 083/4074　經
部/孝經類/正文之屬

孝經正文一卷　（唐）玄宗李隆基御製　清刻
本　一冊

330000－1741－0013697　綫 200285　集部/
小說類/長篇之屬

繪圖新史奇觀八卷二十二回　（清）蓬蒿子撰
清光緒二十年（1894）上海書局石印本
一冊

330000－1741－0013702　綫補 652.781/4327
史部/政書類/邦計之屬

兩浙宦游紀畧四種　（清）戴槃撰　清同治七
年（1868）刻本　一冊　存一種

330000－1741－0013704　綫補 835.99/7548
集部/總集類/選集之屬/通代

330000－1741－0013706　綫補 096.225/2233
經部/孝經類/傳說之屬

孝經集註一卷弟子職集註一卷　（清）任兆麟
撰　清杭城文光堂刻本　一冊

330000－1741－0013711　綫 200297　集部/
曲類/彈詞之屬

新刻秘本雲中落繡鞋九卷九回　清末上海文
元書莊石印本　一冊

330000－1741－0013716　綫 200289　集部/
曲類/彈詞之屬

繡像繪圖雙珠球十二卷四十九回　（清）黃子
貞撰　清光緒二十五年（1899）文元書莊石印
本　二冊

330000－1741－0013717　綫 200301　集部/
曲類/彈詞之屬

繪真記四卷四十回　（清）邀月樓主人撰　清
光緒二十一年（1895）上海書局石印本　一冊
存二卷（三至四）

330000－1741－0013718　綫 200304　集部/
曲類/彈詞之屬

繡像玉夔龍全傳六卷五十七回　清光緒十九
年（1893）石印本　二冊

330000－1741－0013720　綫補 097/8028　經
部/四書類/總義之屬/傳說

學源堂四書體註合講十九卷圖說一卷　（清）
翁復編　清雍正漁古山房刻本　六冊

330000－1741－0013722　綫 200307　集部/
曲類/彈詞之屬

新鐫繪圖描金鳳八卷四十六回　（清）馬如飛
譜調　清光緒三十二年（1906）上洋海左書局
石印本　二冊

330000－1741－0013728　綫 200341　集部/
總集類/選集之屬/通代

古文辭類纂七十五卷附錄一卷　（清）姚鼐輯
古文辭類纂校勘記一卷　（清）李承淵撰

清光緒二十七年（1901）滁州李氏求要堂刻本
十二冊　缺一卷（校勘記）

330000－1741－0013729　綫200306　集部/
曲類/彈詞之屬

繪圖十八國說唱鼓詞四卷二十六回　清末上
海錦章圖書局石印本　一冊

330000－1741－0013730　綫200310　子部/
小說家類/異聞之屬

拍案驚異十八卷　（清）程世爵撰　清光緒三
十二年（1906）上海書局石印本　一冊

330000－1741－0013732　綫200341－2　集
部/總集類/選集之屬/通代

續古文辭類纂二十八卷　（清）黎庶昌輯　清
光緒十六年（1890）金陵書局刻本　十二冊

330000－1741－0013734　綫補652.4161/
7444w.2　史部/詔令奏議類/奏議之屬

唐陸宣公奏議讀本四卷首一卷　（唐）陸贄撰
（清）汪銘謙輯　（清）馬傳庚評點　清同治
四年（1865）刻本　四冊

330000－1741－0013735　綫200315　集部/
總集類/選集之屬/斷代

夢筆生花初編八卷二編八卷三編八卷四編八
卷　（清）繆艮輯　清光緒三十三年（1907）上
海書局石印本　二冊

330000－1741－0013736　綫200314　集部/
小說類/短篇之屬

燕山外史註釋八卷　（清）陳球撰　（清）若駿
子輯注　清光緒三十三年（1907）上海書局石
印本　一冊

330000－1741－0013738　綫200316　集部/
小說類/長篇之屬

聖朝鼎盛萬年清八集七十六回　清光緒石印
本　二冊

330000－1741－0013749　綫200348　集部/
總集類/選集之屬/通代

涵芬樓古今文鈔一百卷文體芻言一卷　吳曾
祺輯　清宣統二年（1910）上海商務印書館鉛
印本　一百冊

330000－1741－0013752　綫200353　集部/
別集類/唐五代別集

杜工部集二十卷附錄一卷年譜一卷唱酬題詠
附錄一卷諸家詩話一卷　（唐）杜甫撰　（清）
錢謙益箋註　清宣統三年（1911）時中書局石
印本　八冊

330000－1741－0013760　綫補802.81/7247
經部/小學類/文字之屬/字書/訓蒙

澄衷蒙學堂字課圖說四卷檢字一卷類字一卷
（清）劉樹屏撰　（清）吳子城繪圖　清光緒
三十二年（1906）澄衷蒙學堂石印本　八冊

330000－1741－0013761　綫補414.092/6860
子部/醫家類/綜合之屬/通論

東醫寶鑑二十四卷目錄二卷　（朝鮮）許浚撰
清道光十一年（1831）富春堂刻本　二十
四冊

330000－1741－0013764　綫補192.8/8027
子部/雜著類/雜纂之屬

格言聯璧一卷　（清）金纓輯　清刻本　一冊

330000－1741－0013767　綫200368　類叢
部/叢書類/自著之屬

古愚老人消夏錄十七種　（清）汪汲撰輯　清
乾隆至嘉慶古愚山房刻本　六冊　存八種

330000－1741－0013768　綫補229/1062　子
部/宗教類/佛教之屬/諸宗

龍舒淨土文十卷　（宋）王日休撰　**龍舒淨土**
文首一卷　（明）釋袾宏等撰　**龍舒淨土文末**
一卷　（宋）劉章等撰　清光緒九年（1883）金
陵刻經處刻本　一冊

330000－1741－0013770　綫補848/1133　子
部/儒家類/儒學之屬/勸學

勸學篇二卷　（清）張之洞撰　清光緒二十四
年（1898）浙江刻本　一冊

330000－1741－0013775　綫200379　類叢
部/叢書類/彙編之屬

蟫隱廬叢書十八種　羅振常編　清宣統二年
至民國二十五年（1910－1936）上虞羅氏謄寫
暨鉛印本民國三十三年（1944）吳興周延年彙

印本　一冊　存一種

330000－1741－0013783　綫200389　集部/
總集類/選集之屬/斷代

明四子詩集　嚴嶽蓮編　清光緒三十三年
(1907)渭南嚴氏刻本　四冊　存一種

330000－1741－0013785　綫200388　集部/
詞類/別集之屬

山中白雲詞八卷　(宋)張炎撰　清康熙龔氏
玉玲瓏閣刻乾隆元年(1736)寶書堂印本
一冊

330000－1741－0013786　綫補 413.081/
7583.2　子部/醫家類/類編之屬

南雅堂醫書全集　(清)陳念祖撰　清南雅堂
刻本　二十五冊　存五種

330000－1741－0013788　綫200394　集部/
總集類/選集之屬/斷代

唐人萬首絕句選七卷　(清)王士禎輯　清康
熙洪氏松花書屋刻同治九年(1870)修補本
二冊

330000－1741－0013789　綫200395　集部/
詞類/類編之屬

宋元名家詞十五種　(清)江標編　清光緒二
十一年(1895)湖南思賢書局刻本　四冊

330000－1741－0013790　綫200397　集部/
總集類/選集之屬/通代

樂府正義十五卷首一卷　(清)朱乾撰　清乾
隆五十四年(1789)秬香堂刻本　十二冊

330000－1741－0013792　綫200391　集部/
總集類/選集之屬/斷代

明詩綜一百卷　(清)朱彝尊輯　(清)汪森等
評　清康熙刻乾隆印本　三十二冊

330000－1741－0013793　綫200396　集部/
詞類/總集之屬

宋七家詞選七卷　(清)戈載編　清光緒十一
年(1885)曼陀羅華閣刻本　四冊

330000－1741－0013795　綫000536　集部/
別集類/清別集

浣玉軒集四卷　(清)夏敬渠撰　(清)夏子沐
輯　清光緒十六年(1890)夏子沐刻民國二十
五年(1936)謝鼎鎔重修本　二冊

330000－1741－0013796　綫200402　子部/
雜著類/雜說之屬

退菴隨筆二十卷　(清)梁章鉅撰　清道光十
六年(1836)安陸李廷錫陝西刻本　六冊

330000－1741－0013798　綫200400　集部/
詞類/類編之屬

四印齋所刻詞三十一種　(清)王鵬運編　清
光緒臨桂王氏家塾四印齋刻本　十六冊　存
二十種

330000－1741－0013799　綫200409　集部/
詞類/總集之屬

詞選二卷　(清)張惠言輯　**附錄一卷**　(清)
鄭善長輯　**續詞選二卷**　(清)董毅輯　**茗柯
詞一卷**　(清)張惠言撰　**立山詞一卷**　(清)
張琦撰　清光緒四年(1878)武進張晉德刻本
二冊

330000－1741－0013802　綫補 415/1029　子
部/醫家類/類編之屬

古今醫統正脈全書四十四種　(明)王肯堂編
清二酉堂刻本　十冊　存四種

330000－1741－0013803　綫200408　集部/
詞類/詞話之屬

詞辨二卷　(清)周濟輯　**介存齋論詞雜著一
卷**　(清)周濟撰　清光緒四年(1878)刻本
一冊

330000－1741－0013809　綫200410　子部/
雜著類/雜說之屬

分甘餘話四卷　(清)王士禎撰　清康熙四十
九年(1710)黃又刻本　二冊

330000－1741－0013813　綫200443　史部/
金石類/郡邑之屬/圖像

寰宇貞石圖六卷　楊守敬輯　清末影印本
六冊

330000－1741－0013815　綫200435　類叢
部/類書類/通類之屬

小知錄十二卷　（清）陸鳳藻輯　清同治十二年(1873)淮南書局刻本　四冊

330000－1741－0013816　綫200434　類叢部/叢書類/郡邑之屬

酌古準今十五種　清道光至光緒刻本　二冊　存二種

330000－1741－0013817　綫補414.6/2741.2　子部/醫家類/方書之屬/單方驗方

驗方新編十六卷　（清）鮑相璈輯　清光緒四年(1878)紹城近文齋刻本　八冊

330000－1741－0013820　綫補415/2844　子部/醫家類/類編之屬

徐洄谿先生十三種　（清）徐大椿撰　清光緒二十二年(1896)珍藝書局石印本　十二冊

330000－1741－0013823　綫200437　集部/總集類/尺牘之屬

歷代名人書札二卷　吳增祺輯　清宣統元年(1909)上海商務印書館鉛印本　二冊

330000－1741－0013825　綫000544　經部/易類/傳說之屬

讀易初稿八卷　（清）丁敘忠撰　清同治二年(1863)白芙堂木活字印本　八冊

330000－1741－0013826　綫200456　史部/金石類/總志之屬

金石荊一卷　（清）馮承輝撰　清嘉慶二十三年(1818)金陵馮承輝刻本　一冊

330000－1741－0013827　綫200458　史部/金石類/金之屬/文字

筠清館金石文字五卷　（清）吳榮光撰　清道光二十二年(1842)南海吳榮光筠清館刻本　五冊

330000－1741－0013828　綫200462　史部/金石類/總志之屬

金石存十五卷　（清）吳玉搢撰　清嘉慶二十四年(1819)山陽李氏聞妙香室刻本　四冊

330000－1741－0013830　綫200439　集部/總集類/尺牘之屬

歷代名人小簡二卷　吳增祺輯　清宣統元年(1909)上海商務印書館鉛印本　二冊

330000－1741－0013832　綫補413.081/7583.3　子部/醫家類/類編之屬

南雅堂醫書全集　（清）陳念祖撰　清大文堂刻本　七冊　存五種

330000－1741－0013834　綫200439－1　集部/總集類/尺牘之屬

歷代名人小簡二卷　吳增祺輯　清宣統元年(1909)上海商務印書館鉛印本　二冊

330000－1741－0013835　綫200460　子部/叢編

二十二子(二十二子彙函)　（清）浙江書局編　清光緒元年至三年(1875－1877)浙江書局刻民國浙江圖書館重修本　八十二冊　缺五卷(呂氏春秋十至十四)

330000－1741－0013839　綫200439－2　集部/總集類/尺牘之屬

歷代名人小簡二卷　吳增祺輯　清宣統元年(1909)上海商務印書館鉛印本　二冊

330000－1741－0013840　綫200468　史部/地理類/專志之屬/古跡

續山東考古錄三十二卷首一卷　（清）葉圭綬撰　清咸豐元年(1851)葉氏蝸角尖廬濟南刻本　六冊

330000－1741－0013846　綫200469　類叢部/叢書類/彙編之屬

經訓堂叢書二十一種　（清）畢沅編　清乾隆至嘉慶鎮洋畢氏刻本　一冊　存一種

330000－1741－0013847　綫200471　經部/小學類/訓詁之屬/方言

輶軒使者絕代語釋別國方言十三卷首一卷　（漢）揚雄撰　（晉）郭璞注　續方言二卷　（清）杭世駿撰　續方言補一卷　（清）程際盛撰　清光緒十七年(1891)長沙思賢講舍刻本　三冊

330000－1741－0013849　綫200478　史部/傳記類/總傳之屬/斷代

碑傳集一百六十卷首二卷末二卷　（清）錢儀吉輯　清光緒十九年（1893）江蘇書局刻本六十冊

330000－1741－0013850　綫200472　子部/藝術類/書畫之屬/法帖

御刻三希堂石渠寶笈法帖釋文十六卷　（清）梁詩正等輯　清光緒二十三年（1897）上海鴻寶齋石印本　六冊

330000－1741－0013851　綫200479　史部/傳記類/總傳之屬/斷代

續碑傳集八十六卷首二卷　繆荃孫纂　清宣統二年（1910）江楚編譯書局刻本　二十四冊

330000－1741－0013852　綫200483　類叢部/叢書類/自著之屬

遼雅堂全集九種　（清）姚文田撰　清嘉慶至光緒歸安姚氏刻民國蘇州振新書社印本　六冊　存一種

330000－1741－0013854　綫200475　史部/政書類/通制之屬

六通訂誤六卷　席裕福編　清光緒上海圖書集成局鉛印本　二冊

330000－1741－0013856　綫200485　經部/小學類/音韻之屬/韻書

音韻闡微十八卷韻譜一卷　（清）李光地等撰　清光緒七年（1881）淮南書局刻本　五冊

330000－1741－0013857　綫200487　經部/小學類

雷刻四種　（清）雷浚輯　清同治至光緒吳縣雷氏刻光緒十年（1884）彙印本　六冊

330000－1741－0013862　綫200492　類叢部/類書類/專類之屬

韻海大全不分卷　（清）仁壽室主人輯　清光緒十三年（1887）上海積山書局石印本　六冊

330000－1741－0013864　綫200502　類叢部/叢書類/彙編之屬

咫進齋叢書三十七種　（清）姚覲元編　清光緒九年（1883）歸安姚氏刻本　一冊　存三種

330000－1741－0013866　綫200486　經部/小學類/文字之屬/字書/字體

隸辨八卷　（清）顧藹吉撰　清同治十二年（1873）漁古山房刻本　八冊

330000－1741－0013867　綫200493　集部/總集類/尺牘之屬

國朝名人書札二卷　吳曾祺輯　清宣統元年（1909）上海商務印書館鉛印本　四冊

330000－1741－0013868　綫200481　經部/小學類/文字之屬/說文

說文通訓定聲十八卷分部檢韻一卷說雅一卷古今韻準一卷　（清）朱駿聲撰　清道光二十九年（1849）刻同治九年（1870）朱孔彰臨嘯閣補刻本　二十六冊　缺一卷（說雅）

330000－1741－0013869　綫200482　經部/小學類/文字之屬/說文

說文通訓定聲十八卷分部檢韻一卷說雅一卷古今韻準一卷　（清）朱駿聲撰　（清）朱鏡蓉參訂　皇清敕授文林郎國子監博士銜揀選知縣揚州府學教授允倩府君〔朱駿聲〕行述一卷　朱孔彰撰　清道光二十九年（1849）刻同治九年（1870）朱孔彰臨嘯閣補刻本　二十七冊　缺一卷（說雅）

330000－1741－0013875　綫補414.092/4431　子部/醫家類/綜合之屬/通論

醫書匯參輯成二十四卷　（清）蔡宗玉輯　清嘉慶十二年（1807）蔡氏次知齋刻本　二十四冊

330000－1741－0013876　綫200501　類叢部/叢書類/自著之屬

顨軒孔氏所著書七種　（清）孔廣森撰　清乾隆至嘉慶刻嘉慶二十二年（1817）曲阜孔氏儀鄭堂彙印本　十冊

330000－1741－0013877　綫200505　子部/藝術類/書畫之屬/法帖

戲鴻堂法書十六卷　（明）董其昌輯　清宣統二年（1910）上海新學會社影印本　八冊　存八卷（一至八）

330000－1741－0013880　綫200504　類叢部/叢書類/彙編之屬

思賢書局刊書十九種　（清）思賢書局編　清光緒至宣統思賢書局刻本　十六冊　存一種

330000－1741－0013885　綫補802.81/3115　子部/儒家類/儒學之屬/蒙學

初學啟悟集二卷　（清）汪承忠評選　（清）黃梅峰詮解　清刻本　一冊　存一卷（二）

330000－1741－0013892　綫200514　史部/政書類

九通　（清）□□輯　清光緒二十七年（1901）上海圖書集成局鉛印本　二百九十二冊

330000－1741－0013893　綫補802.81/2622　子部/儒家類/儒學之屬/蒙學

寄傲山房塾課新增幼學故事瓊林四卷首一卷　（明）程登吉撰　（清）鄒聖脈增補　清刻本　一冊　缺二卷（三至四）

330000－1741－0013894　綫200515　史部/史評類/史論之屬

論海四種　（清）蔡和鏘輯　清光緒二十八年（1902）石印本　三十二冊

330000－1741－0013895　綫788.8517/8704.1　史部/傳記類/總傳之屬/文苑

本朝名家詩鈔小傳四卷　（清）鄭方坤撰　清乾隆五十九年（1794）石門馬氏大酉山房刻龍威祕書本　李保陽題記　一冊　存一卷（四）

330000－1741－0013896　綫補098.01/4442　經部/叢編

三經精華　（清）薛嘉穎撰　清光緒二年（1876）浙寧簡香齋刻本　十二冊

330000－1741－0013897　綫573.071/4443　子部/儒家類/儒學之屬/經濟

皇朝經世文續編一百二十卷　（清）葛士濬輯　清末鉛印本　李保陽題記　二冊　存九卷（六十八至七十一、九十三至九十七）

330000－1741－0013901　綫782.171/7548　史部/傳記類/總傳之屬/斷代

敏求軒述記十六卷　（清）陳世箴輯　清道光二十八年（1848）刻本　李保陽題記　一冊　存二卷（九至十）

330000－1741－0013902　綫200605　史部/紀傳類/正史之屬

五代史記七十四卷　（宋）歐陽脩撰　（宋）徐無黨注　（清）彭元瑞增注　（清）劉鳳誥排次　清道光八年（1828）萍鄉劉氏雲牲書屋刻本　三十八冊　缺五卷（二、二十九至三十、五十三至五十四）

330000－1741－0013903　綫610/4340　史部/史評類/史論之屬

繪圖中國白話史不分卷　（清）戴克敦　（清）錢宗翰編　清光緒三十一年（1905）上海彪蒙書室石印本　一冊

330000－1741－0013905　綫040.78/7562　史部/政書類

分類時務通纂三百卷　（清）陳昌紳輯　清光緒二十八年（1902）上海文瀾書局石印本　李保陽題記　一冊　存四卷（二百八十四至二百八十七）

330000－1741－0013906　綫624.101/7267.2　史部/紀傳類/正史之屬

二十四史附考證　清光緒石印本　一冊　存一種

330000－1741－0013908　綫848.4/3334.2　集部/別集類

飲冰室文集十六卷補遺二卷　梁啓超撰　清末上海廣智書局鉛印本　李保陽題記　三冊　存三卷（三、六、十一）

330000－1741－0013909　綫200602　經部/春秋左傳類/傳說之屬

左記十二卷　（明）章大吉撰　（明）章爲之注　明崇禎刻本　四冊　缺一卷（七）

330000－1741－0013910　綫192.2/3831　子部/道家類

八字覺原一卷　（清）滄洲子注　清呂青雲堂刻本　李保陽題記　一冊

330000－1741－0013911　綫237/4423　子部

部/道家類

慶祝表式不分卷　清末刻本　李保陽題記
一冊

330000－1741－0013913　綫補 856.282/0043
集部/詩文評類/文法之屬/函牘格式

寫信必讀十卷　（清）唐芸洲撰　清石印本
一冊　存一卷（九）

330000－1741－0013914　綫 200603　集部/
戲劇類/傳奇之屬

鏡香園毛聲山評第七才子書十二卷首一卷
（元）高明撰　（清）毛綸　（清）毛宗崗評
清刻本　六冊　存十卷（三至十二）

330000－1741－0013915　綫 200604　集部/
別集類/宋別集

蘇詩選二卷　（宋）蘇軾撰　（清）萬廷蘭選
清乾隆四十二年（1777）南昌萬廷蘭刻本
二冊

330000－1741－0013918　綫 200607　經部/
叢編

皇清經解一千四百二十一卷　（清）阮元輯
清光緒十三年（1887）上海書局石印本　二冊
存二十一卷（春秋公羊通義一至十二、敘，
禮經釋例一至二、八至十三）

330000－1741－0013919　綫 000493　類叢
部/叢書類/彙編之屬

新斠平津館叢書十集三十四種　（清）孫星衍
編　清光緒十年至十一年（1884－1885）吳縣
朱氏槐廬家塾刻十五年至十七年（1889－
1891）補刻本　四十二冊　存三十二種

330000－1741－0013920　綫 200609　集部/
楚辭類

屈子章句七卷　（戰國）屈原撰　（清）劉夢鵬
訂　清乾隆五十四年（1789）刻本　二冊

330000－1741－0013922　綫補 094.32577/
3144　經部/禮記類/傳說之屬

禮記節本十卷　（清）汪基撰　清宣統元年
（1909）上海會文學社石印本　六冊

330000－1741－0013923　綫 200611　類叢

部/叢書類/自著之屬

鄭子尹遺書五種　（清）鄭珍撰　清咸豐至同
治刻本　三冊　存二種

330000－1741－0013924　綫 200610　類叢
部/叢書類/自著之屬

朱氏羣書六種　（清）朱駿聲撰　清光緒八年
（1882）臨嘯閣刻本　一冊　存一種

330000－1741－0013925　綫 200612　集部/
戲劇類/傳奇之屬

洞庭緣傳奇一卷十六齣　（清）陸繼輅填詞
清光緒六年（1880）鴛湖刻本　一冊　存八齣
（一至八）

330000－1741－0013926　綫 200614　類叢
部/叢書類/彙編之屬

蟫隱廬叢書十八種　羅振常編　清宣統二年
至民國二十五年（1910－1936）上虞羅氏謄寫
暨鉛印本民國三十三年（1944）吳興周延年彙
印本　一冊　存一種

330000－1741－0013927　綫 200613　類叢
部/叢書類/自著之屬

甌北全集八種　（清）趙翼撰　清乾隆至嘉慶
湛貽堂刻本　一冊　存一種

330000－1741－0013928　綫 200608　史部/
紀傳類/正史之屬

二十四史附考證　清光緒十年（1884）上海同
文書局影印本　一冊　存一種

330000－1741－0013929　綫 000494　經部/
叢編

古經解彙函十六種附小學彙函十四種　（清）
鍾謙鈞等輯　清同治十二年（1873）粵東書局
刻本　二十八冊　存十三種

330000－1741－0013930　綫 200616　史部/
地理類/山川之屬/水志

水經注四十卷補遺一卷附錄二卷　（北魏）酈
道元撰　（清）全祖望校　清光緒十四年
（1888）薛福成寧波崇實書院刻本　一冊　存
二卷（水經注一至二）

330000－1741－0013931　綫 200615　子部/

叢編

二十二子(二十二子彙函) （清）浙江書局編
清光緒元年至三年(1875－1877)浙江書局
刻本　一冊　存一種

330000－1741－0013932　綫000496　類叢
部/叢書類/彙編之屬

校經山房叢書二十七種 （清）朱記榮編　清
光緒三十年(1904)孫谿朱氏槐廬家塾重編印
式訓堂叢書本　陶在東題記　三十二冊

330000－1741－0013936　綫200606　集部/
詩文評類/詩評之屬

而菴說唐詩二十二卷首一卷 （清）徐增撰
清康熙九誥堂刻本　四冊

330000－1741－0013938　綫000509、綫
000508、綫000510　史部/政書類

九通 （清）□□輯　清光緒二十七年(1901)
上海圖書集成局鉛印　六十冊　存三種

330000－1741－0013939　綫補414.1/3160
子部/醫家類/本草之屬/歷代綜合本草

增訂本草備要四卷 （清）汪昂輯　清光緒七
年(1881)掃葉山房刻本　一冊

330000－1741－0013940　綫000500　類叢
部/叢書類/郡邑之屬

金華叢書六十八種 （清）胡鳳丹編　清同治
七年至光緒八年(1868－1882)永康胡氏退補
齋刻民國補刻本　十冊　存一種

330000－1741－0013941　綫補414.092/4414
子部/醫家類/綜合之屬/通論

醫宗說約四卷 （清）蔣示吉撰　清文奎堂刻
本　一冊

330000－1741－0013944　綫000506、綫
000507、綫000502、綫000503、綫000508、綫
000504、綫000505　史部/政書類

九通 （清）□□輯　清光緒二十八年(1902)
上海鴻寶書局石印本　一百五十六冊　存
六種

330000－1741－0013945　綫672.7/75　史
部/地理類/方志之屬/通志

[嘉慶]四川通志二百四卷首二十二卷 （清）
常明等修 （清）楊芳燦等纂　清嘉慶二十一
年(1816)刻本　一百六十二冊

330000－1741－0013946　綫672.2/78.34/C1
史部/地理類/方志之屬/通志

[光緒]重修安徽通志三百五十卷補遺十卷
（清）吳坤修等修 （清）何紹基等纂　清光緒
四年(1878)刻本　一百二十冊

330000－1741－0013948　綫補097.5676/
3130　經部/四書類/總義之屬/傳說

四書典林三十卷四書古人典林十二卷 （清）
江永輯　清同治十二年(1873)古董一經室刻
本　八冊

330000－1741－0013950　綫補097.5376/
1027　經部/四書類/總義之屬/傳說

四書論二卷 （清）王伊撰　清光緒二十四年
(1898)上海文瑞樓石印本　四冊

330000－1741－0013952　綫補097.5376/
2527　經部/四書類/總義之屬/傳說

四書新義不分卷　清光緒二十八年(1902)上
海書局石印本　四冊

330000－1741－0013953　綫000516　集部/
詞類/類編之屬

彊邨所刻詞甲編七種乙編二十六種　朱祖謀
編　清宣統至民國歸安朱氏刻本(夢窗詞集
小箋一卷原缺)　十六冊

330000－1741－0013954　綫補097.5376/
4147　經部/四書類/總義之屬/傳說

四書五經義二卷 （清）栢薌氏輯　清光緒二
十七年(1901)上海餘記書局石印本　一冊

330000－1741－0013955　綫000523　類叢
部/叢書類/郡邑之屬

武林掌故叢編一百八十七種 （清）丁丙編
清光緒三年至二十六年(1877－1900)錢塘丁
氏嘉惠堂刻本(乾道臨安志卷四至十五、南宋
館閣錄卷一原缺)　一百二十七冊　存九十
一種

330000－1741－0013956　綫000518　子部/

天文曆算類/算書之屬

白芙堂算學叢書 （清）丁取忠輯　清同治至光緒長沙古荷花池精舍刻本　錢寶琮批　八冊　存八種

330000－1741－0013958　綫補 097.5376/2383　史部/傳記類/科舉錄之屬

光緒己丑恩科直省闈墨不分卷附[光緒十六年]庚寅恩科會墨不分卷 （清）傅鍾麟評選　清光緒十六年(1890)上海鴻文書局石印本　一冊　存光緒己丑恩科直省闈墨第一至六十葉

330000－1741－0013959　綫補 573.1/2527　史部/政書類/儀制之屬/典禮

增廣婚喪帖式彙選不分卷　清石印本　一冊

330000－1741－0013960　綫 000519　類叢部/叢書類/自著之屬

弢園著述□□種 （清）王韜撰　清光緒十五年至十九年(1889－1893)鉛印本　十四冊　存五種

330000－1741－0013962　綫 000521　類叢部/叢書類/彙編之屬

懷豳雜俎十二種　徐乃昌編　清光緒至宣統南陵徐氏刻本　八冊

330000－1741－0013963　綫補 610.8/7423　史部/史評類/史論之屬

兩朝評鑑彙錄十二卷 （清）陸紹源纂　清光緒二十八年(1902)通志學社石印本　八冊

330000－1741－0013965　綫 000522　子部/天文曆算類/算書之屬

古今算學叢書第三輯 （清）劉鐸輯　清光緒二十四年(1898)上海算學書局石印本　二十三冊　存二十八種

330000－1741－0013966　綫 000525、綫 000528　史部/編年類/斷代之屬

東華錄天命朝四卷天聰朝十一卷崇德朝八卷順治朝三十六卷康熙朝一百十卷雍正朝二十六卷東華續錄乾隆朝一百二十卷嘉慶朝五十卷道光朝六十卷咸豐朝六十九卷同治朝一百

卷　王先謙　潘頤福編　清光緒十八年(1892)上海圖書集成印書局鉛印本　七十九冊　缺一百十二卷(道光朝四十九至六十、同治朝一至一百)

330000－1741－0013967　綫 000526　史部/編年類/斷代之屬

東華錄天命朝四卷天聰朝十一卷崇德朝八卷順治朝三十六卷康熙朝一百十卷雍正朝二十六卷東華續錄乾隆朝一百二十卷嘉慶朝五十卷道光朝六十卷咸豐朝六十九卷同治朝一百卷　王先謙　潘頤福編　清光緒十三年(1887)京都擷華書局鉛印本　一百五十冊　缺一百七十八卷(雍正朝一至九、咸豐朝一至六十九、同治朝一至一百)

330000－1741－0013968　綫 000530　集部/別集類/清別集

蘭言詩鈔四卷 （清）李瑞輯　清抄本　四冊

330000－1741－0013969　綫 000527　史部/編年類/斷代之屬

東華錄天命朝一卷天聰朝崇德朝三卷順治朝七卷康熙朝二十一卷雍正朝十三卷東華續錄乾隆朝四十八卷嘉慶朝十四卷道光朝十三卷　王先謙編　清末鉛印本　六十冊

330000－1741－0013970　綫 000533　類叢部/叢書類/自著之屬

儆居遺書十一種 （清）黃式三撰　清同治至光緒刻本　四冊　存一種

330000－1741－0013971　綫 000534　類叢部/叢書類/彙編之屬

月河精舍叢鈔五種 （清）丁寶書編　清光緒四年至十二年(1878－1886)苕溪丁氏刻本　五冊　存一種

330000－1741－0013972　綫 000532　集部/總集類/選集之屬/通代

古小賦鈔二卷 （清）郟掄才 （清）蔣承志選　清嘉慶十七年(1812)姑蘇刻本　二冊

330000－1741－0013973　綫 000529　史部/編年類/斷代之屬

東華錄天命朝四卷天聰朝十一卷崇德朝八卷順治朝三十六卷康熙朝一百十卷雍正朝二十六卷東華續錄乾隆朝一百二十卷嘉慶朝五十卷道光朝六十卷咸豐朝六十九卷同治朝一百卷　王先謙　潘頤福編　清宣統三年(1911)存古齋鉛印本　一百二十四冊

330000－1741－0013974　綫補082/4022　新學/學校

日本學校述略一卷　姚錫光撰　日本各校紀略一卷附存一卷　(清)張大鏞撰　日本陸軍大學校論略一卷　(日本)東條英教口述　(日本)川島浪速譯　日本學校源流一卷　(美國)路義思撰　(美國)衛理譯　(清)范熙庸筆述　清末石印本　四冊

330000－1741－0013975　綫000531　集部/總集類/選集之屬/通代

四六法海十二卷　(明)王志堅輯　明天啓七年(1627)張我城刻載德堂印本　十三冊

330000－1741－0013976　綫000535　集部/別集類/清別集

南浦嫻鈔四卷　(清)韓綏之撰　清乾隆五十七年(1792)緘齋木活字印本　三冊

330000－1741－0013978　綫000537　史部/政書類/通制之屬

石渠餘紀六卷　(清)王慶雲撰　清光緒十四年(1888)寧鄉黃氏刻本　六冊

330000－1741－0013979　綫000538　史部/政書類/通制之屬

石渠餘紀六卷　(清)王慶雲撰　清光緒十四年(1888)寧鄉黃氏刻本　六冊

330000－1741－0013981　綫000554　類叢部/叢書類/自著之屬

鄒叔子遺書六種附二種　(清)鄒漢勛撰　清光緒八年(1882)鄒代鈞刻本　十四冊

330000－1741－0013982　綫000540　集部/別集類/清別集

文貞公集十二卷　(清)張玉書撰　清乾隆五十七年(1792)松蔭堂刻本　七冊　缺一卷

(六)

330000－1741－0013983　綫000541　集部/別集類/清別集

文貞公集十二卷首一卷　(清)張玉書撰　張文貞公[玉書]年譜一卷　(清)丁傳靖編　清光緒二十七年(1901)木活字印本　九冊　缺四卷(二、四、七,年譜)

330000－1741－0013984　綫000555　集部/別集類/宋別集

陸象山先生文集三十六卷附校勘畧一卷　(宋)陸九淵撰　(清)李紱評點　少湖徐先生學則辯一卷　(明)徐階撰　陸梭山公家制一卷　(宋)陸九韶撰　清同治十年(1871)大儒家廟刻光緒七年(1881)陸氏素位堂增刻本　八冊

330000－1741－0013985　綫000542　類叢部/叢書類/自著之屬

半巖廬所箸書九種　(清)邵懿辰撰　清宣統三年至民國二十年(1911－1931)仁和邵氏家祠刻本　一冊　存一種

330000－1741－0013986　綫000542－2　類叢部/叢書類/自著之屬

半巖廬所箸書九種　(清)邵懿辰撰　清宣統三年至民國二十年(1911－1931)仁和邵氏家祠刻本　一冊　存一種

330000－1741－0013987　綫000520　類叢部/叢書類/自著之屬

弢園叢書□□種　(清)王韜編　清光緒鉛印本　二冊　存一種

330000－1741－0013988　綫000556　經部/群經總義類/傳說之屬

七經精義　(清)黃淦撰　清嘉慶七年至十二年(1802－1807)尊德堂刻本　十四冊

330000－1741－0013989　綫000545　類叢部/類書類/專類之屬

蒙求補宋十六卷　(清)劉鳳墀輯　(清)劉壽峒　(清)劉壽恆纂註　清光緒十九年(1893)觳清齋刻本　六冊

至一百三十九、二百二十二至二百二十七、二百四十五至二百五十、二百六十一至二百七十二、三百七至三百十四、三百二十九至三百五十四,儀禮典二十三至二十八、四十六至五十七、七十至七十九、八十五至一百二十一、一百六十四至一百六十七、一百八十七至二百九十九、三百五至三百二十一,樂律典一至四十二、四十九至五十四、六十七至九十二、一百六至一百二十、一百二十九至一百三十六,戎政典十八至二十二、七十四至九十、九十七至一百二十六,祥刑典三十三至三十七、四十七至五十一、九十一至一百十一、一百四十六至一百五十二;目錄二十八至三十二)

330000 – 1741 – 0013995　綫000548　子部/叢編

桐城吳先生點勘諸子七種　（清）吳汝綸評點　清宣統二年（1910）衍星社鉛印本　一冊　存一種

330000 – 1741 – 0013996　綫000547　史部/地理類/外紀之屬

曾惠敏公使西日記二卷　（清）曾紀澤撰　清光緒二十三年（1897）成都志古堂刻本　一冊

330000 – 1741 – 0013997　綫000552　新學/史志/政記

九九新論二卷　（美國）林樂知撰　蔡爾康述纂　清光緒二十六年（1900）上海廣學會譯著圖書集成局鉛印本　二冊

330000 – 1741 – 0014000　綫000550　類叢部/叢書類/家集之屬

長洲彭氏家集九種　（清）彭祖賢編　清同治至光緒刻本　六冊　存一種

330000 – 1741 – 0014001　綫000558　子部/天文曆算類/天文之屬

管窺輯要八十卷　（清）黃鼎撰　清刻本　十九冊　存五十三卷（二十四至五十七、六十二至八十）

330000 – 1741 – 0014004　善2/559A　史部/史評類/史論之屬

志遠齋史話六卷　（清）楊以貞撰　清光緒十

八年（1892）鴻遠書屋抄本　一冊

330000 – 1741 – 0014009　綫000568　史部/史評類/史論之屬

史通削繁四卷　（清）紀昀撰　清道光十三年（1833）涿州盧坤兩廣節署刻朱墨套印本　八冊

330000 – 1741 – 0014011　綫000565　經部/儀禮類/傳說之屬

儀禮章句十七卷　（清）吳廷華撰　清刻本　二冊　存五卷（七至十一）

330000 – 1741 – 0014013　綫000566　集部/別集類/清別集

海六詩鈔四卷　（清）鍾駕鰲撰　清嘉慶刻本　二冊

330000 – 1741 – 0014014　綫000569　史部/史評類/史論之屬

史通削繁四卷　（清）紀昀撰　清道光十三年（1833）涿州盧坤兩廣節署刻朱墨套印本　四冊

330000 – 1741 – 0014015　綫000570　史部/傳記類/總傳之屬/通代

東林列傳二十四卷末二卷　（清）陳鼎撰　清康熙五十年（1711）刻本　八冊　缺九卷（四至十二）

330000 – 1741 – 0014019　善4/511B　集部/別集類/清別集

今有堂詩集四卷後集六卷茗柯詞一卷　（清）程夢星撰　清乾隆十二年（1747）刻本　四冊　存四卷（山心集、琴語集、就簡集、茗柯詞）

330000 – 1741 – 0014020　綫000571　類叢部/叢書類/自著之屬

武陵山人遺書十種續刊二種　（清）顧觀光撰　清光緒九年（1883）獨山莫祥芝上海刻本　六冊　缺續刊二種

330000 – 1741 – 0014022　綫000594　史部/政書類/公牘檔冊之屬

北洋公牘類纂二十五卷　（清）甘厚慈輯　清光緒三十三年（1907）京城益森公司鉛印本

二十冊

330000－1741－0014024　綫000572　子部/雜著類/雜考之屬

癸巳類稿十五卷　（清）俞正燮撰　清道光十三年（1833）王藻求日益齋刻本　四冊

330000－1741－0014027　綫000593　類叢部/叢書類/自著之屬

林文忠公遺集四種　（清）林則徐撰　清光緒三山林氏刻本　十冊　存一種

330000－1741－0014028　綫000574　類叢部/叢書類/彙編之屬

漸西村舍彙刊（漸西村舍叢刻）四十四種（清）袁昶編　清光緒十六年至二十四年（1890－1898）桐廬袁氏刻本（黃帝內經太素卷一、四、七、十六、十八、二十至二十一原缺）　二冊　存二種

330000－1741－0014029　綫000514－2　類叢部/類書類/通類之屬

欽定古今圖書集成一萬卷目錄三十二卷（清）蔣廷錫　（清）陳夢雷等輯　清光緒十年（1884）上海圖書集成書局鉛印本　三十七冊　存二百三十二卷（坤輿典一百九至一百十九，職方典六百五十一至六百七十一、一千五百三十一至一千五百三十八，山川典二百七十六至二百八十三，藝術典七百四十四至七百四十八、七百五十五至七百五十九、七百七十三至七百七十九、七百八十六至七百九十一、八百五至八百十一，食貨典六十四至八十二、八十九至九十四、一百六至一百十一、一百五十五至一百七十九，考功典一百十七至一百六十八、一百七十至一百八十、二百十八至二百二十三、二百二十四至二百五十二）

330000－1741－0014030　綫000576　集部/總集類/郡邑之屬

竹里詩萃十六卷　（清）李道悠編　清光緒二十一年（1895）蔣十詠廬刻本　四冊

330000－1741－0014032　綫000577　集部/別集類/清別集

北征詩草一卷　陶鏞撰　清光緒陶園刻本

一冊

330000－1741－0014033　綫000591　史部/史抄類

兩漢韻珠十卷　（清）吳章澧編　清光緒十八年（1892）吳氏刻本　十冊

330000－1741－0014035　綫000580　類叢部/叢書類/彙編之屬

聚學軒叢書六十種　劉世珩編　清光緒貴池劉氏刻本　四冊　存一種

330000－1741－0014036　綫000592　史部/雜史類/外紀之屬

皇朝藩部要略十八卷　（清）祁韻士纂　（清）毛嶽生編　**皇朝藩部世系表四卷**　（清）祁韻士纂　（清）宋景昌增輯　清道光二十六年（1846）筠淥山房刻本　八冊

330000－1741－0014037　綫000578　集部/別集類/清別集

蓮西詩存二卷　（清）釋寶筏撰　清光緒十九年（1893）刻本　二冊

330000－1741－0014038　綫000583　經部/四書類/總義之屬/傳說

四書讀本十九卷　（宋）朱熹撰　清同治七年（1868）東越經畬堂刻本　六冊

330000－1741－0014040　綫000584　集部/別集類/明別集

藍山詩集六卷藍澗詩集六卷　（明）藍仁（明）藍智撰　清咸豐刻光緒十四年（1888）重修本　六冊

330000－1741－0014043　綫補610.2474/2391　史部/編年類/通代之屬

御批歷代通鑑輯覽一百二十卷　（清）傅恒等撰　清光緒二十五年（1899）美華賓記石印本　二十冊

330000－1741－0014045　綫000613　集部/別集類/清別集

胡文忠公遺集八十六卷首一卷　（清）胡林翼撰　（清）鄭敦謹　（清）曾國荃輯　清同治六年（1867）黃鶴樓刻本　三十二冊

330000－1741－0014046　綫000587　集部/
總集類/選集之屬/通代

三味堂古文觀止十二卷　（清）吳乘權　（清）
吳大職輯　清光緒二十二年(1896)紹興墨潤
堂刻四明茹古齋書局重校印本　六冊

330000－1741－0014049　善5/039A　集部/
總集類/彙編之屬

漢魏六朝一百三家集(漢魏六朝百三名家集)
（明）張溥編　明婁東張氏刻本　七十四冊
缺一種

330000－1741－0014050　綫000595　集部/
別集類/明別集

熊襄愍公尺牘四卷　（明）熊廷弼撰　清光緒
二十一年至二十二年(1895－1896)京師刻本
四冊

330000－1741－0014051　綫補413.081/7583
子部/醫家類/類編之屬

陳修園先生晚餘三書　（清）陳念祖撰　清咸
豐九年(1859)三山林氏刻本　五冊

330000－1741－0014053　綫000589　新學/
格致總

泰西事物叢考八卷　（比利時）赫師慎譯　清
光緒二十九年(1903)鴻寶齋石印本　八冊

330000－1741－0014058　綫000609　史部/
傳記類/別傳之屬

求闕齋弟子記三十二卷　（清）王定安撰　清
光緒二年(1876)都門刻本　十六冊

330000－1741－0014060　綫000609－2　史
部/傳記類/別傳之屬

求闕齋弟子記三十二卷　（清）王定安撰　清
光緒二年(1876)都門刻本　十五冊　缺二卷
(一至二)

330000－1741－0014061　綫000597　集部/
別集類/清別集

**亦有生齋集文二十卷詩三十二卷樂府二卷詞
五卷**　（清）趙懷玉撰　清嘉慶至道光元年
(1821)刻本　四冊　存十一卷(文一至十一)

330000－1741－0014063　綫000599　經部/

小學類/訓詁之屬/爾雅

爾雅郭註補正九卷　（清）戴鋆撰　清光緒十
一年(1885)海陽韓光蕭刻本　二冊　存六卷
(一至六)

330000－1741－0014065　綫補414.1/4978
子部/醫家類/類編之屬

利濟十二種　（清）趙學敏輯　清同治十年
(1871)錢塘張應昌吉心堂刻本　十冊　存
一種

330000－1741－0014066　綫000601　經部/
叢編

仿宋相臺五經九十六卷附考證　清乾隆四十
八年(1783)武英殿刻本　五冊　存九卷(春
秋經傳集解一至四、七至十,春秋名號歸一圖
下)

330000－1741－0014067　綫000600　史部/
紀事本末類/斷代之屬

三朝北盟會編二百五十卷附校勘記　（宋）徐
夢莘撰　（清）許涵度校勘　清光緒三十四年
(1908)清苑許涵度刻本　四十

330000－1741－0014068　綫000602　類叢
部/叢書類/自著之屬

柏堂遺書(方柏堂全集)八種附一種　（清）方
宗誠撰　清光緒元年至十二年(1875－1886)
桐城方氏刻本　十五冊　存一種

330000－1741－0014069　綫000603　子部/
叢編

二十二子(二十二子彙函)　（清）浙江書局編
清光緒元年至三年(1875－1877)浙江書局
刻本　六冊　存一種

330000－1741－0014071　綫000606　新學/
雜著/叢編

西學啓蒙十六種　（英國）赫德編　（英國）艾
約瑟譯　清光緒十二年(1886)總稅務司署刻
本　十五冊　存十五種

330000－1741－0014073　綫補835.7/4010
集部/總集類/課藝之屬

塾課小題正鵠初集不分卷二集二卷三集三卷

（清）李元度輯　**訓蒙草詳註一卷**　（清）路德撰　（清）李元度注　清光緒六年（1880）會稽徐氏八杉齋刻本　六冊

330000－1741－0014074　綫000605　史部/政書類/儀制之屬/典禮

南巡盛典一百二十卷　（清）高晉等纂修　清光緒八年（1882）上海點石齋石印本　七冊　缺九卷（八十五至九十三）

330000－1741－0014075　綫000611　新學/算學/代數

代數備旨不分卷總答一卷　（美國）狄考文選譯　（清）鄒立文　（清）生福維筆述　清光緒鉛印本　四冊

330000－1741－0014076　綫000612　新學/算學/代數

代數備旨不分卷總答一卷　（美國）狄考文選譯　（清）鄒立文　（清）生福維筆述　清光緒二十六年（1900）上海美華書館鉛印本　一冊

330000－1741－0014077　特1/005　經部/書類/傳說之屬

寫定尚書不分卷　（清）吳汝綸寫　清光緒十八年（1892）桐城吳氏家塾石印本　一冊

330000－1741－0014082　特1/007　經部/書類/傳說之屬

欽定書經圖說五十卷繪圖五百七十幅　（清）孫家鼐等撰　（清）詹秀林　（清）詹步魁繪圖　清光緒三十一年（1905）石印本　十六冊

330000－1741－0014084　綫補802.81/2622　子部/儒家類/儒學之屬/蒙學

育正堂重訂幼學須知句解四卷　（清）程登吉撰　清光緒二年（1876）上洋大魁楨記刻本　王鳳儀題記　四冊

330000－1741－0014085　綫387.754/261　子部/農家農學類/鳥獸蟲之屬

功蟲錄二卷　（清）秦偶僧撰　清光緒十八年（1892）木活字印本　二冊

330000－1741－0014087　特1/007：2　經部/書類/傳說之屬

欽定書經圖說五十卷繪圖五百七十幅　（清）孫家鼐等撰　（清）詹秀林　（清）詹步魁繪圖　清光緒三十一年（1905）石印本　十六冊

330000－1741－0014088　綫補414.1/7583　子部/醫家類/本草之屬/歷代綜合本草

吳氏醫學述　（清）吳儀洛撰　清善成堂刻本　王以琛題記　二冊　存一種

330000－1741－0014091　綫補414.092/7583.1　子部/醫家類/綜合之屬/通論

南雅堂醫書全集　（清）陳念祖撰　清刻本　九冊　存二種

330000－1741－0014093　特5/031　類叢部/叢書類/自著之屬

觀象廬叢書十八種　（清）呂調陽撰　清光緒十四年（1888）葉長高刻本　三十五冊　存十一種

330000－1741－0014095　綫610.13/8740　史部/政書類/通制之屬

通志略五十二卷　（宋）鄭樵撰　明嘉靖二十九年（1550）陳宗夔等刻本　十四冊

330000－1741－0014096　特2/003　史部/紀傳類/正史之屬

唐書二百二十五卷　（宋）歐陽修　（宋）宋祁等撰　**釋音二十五卷**　（宋）董衝撰　元大德九年（1305）建康路儒學刻明成化、弘治、嘉靖南京國子監遞修本　二冊　存五卷（唐書二百六至二百十）

330000－1741－0014097　特5/032　類叢部/叢書類/彙編之屬

平津館叢書八集三十九種　（清）孫星衍編　清嘉慶蘭陵孫氏刻本　六十冊　缺一卷（製大黃丸方）

330000－1741－0014099　綫911.025/2560　類叢部/叢書類/彙編之屬

御製律曆淵源三種　（清）允祿　（清）允祉等纂修　清雍正內府刻乾隆增刻本　五冊　存一種

330000－1741－0014100　特2/039　史部/地

理類/方志之屬/郡縣志

[嘉慶]嘉興府志八十卷首三卷 （清）伊湯安修 （清）馮應榴 （清）沈啓震纂 清嘉慶六年(1801)刻本（内封至卷首一配抄本） 四十册

330000－1741－0014103 綫補 414.1/4061
子部/醫家類/本草之屬/歷代綜合本草

本草綱目五十二卷圖三卷瀕湖脉學一卷脉訣攷證一卷奇經八脉攷一卷 （明）李時珍撰
本草萬方鍼線八卷藥品總目一卷 （清）蔡烈先輯 清同治十二年(1873)壽亭書屋刻本 五十二册

330000－1741－0014104 綫補 414.9/3184
子部/醫家類/醫案之屬

吳門治驗錄四卷 （清）顧金壽撰 清光緒十二年(1886)揚州文富堂刻本 四册

330000－1741－0014105 特 2/052 史部/目錄類/專錄之屬

經義考三百卷 （清）朱彝尊撰 經義考總目二卷 （清）盧見曾編 清康熙秀水朱氏曝書亭刻乾隆十九年至二十年(1754－1755)德州盧見曾續刻四十二年(1777)汪汝瑮重印本（卷二百八十六、二百九十九至三百原缺） 四十八册

330000－1741－0014106 綫補 414.5/7794
子部/醫家類/兒科之屬/痘疹

引痘略一卷 （清）邱熺撰 清同治八年(1869)吳縣石方洛刻本 一册

330000－1741－0014107 特 1/022 經部/小學類/文字之屬/說文/專著

說文古籀補十四卷附錄一卷 （清）吳大澂撰 清光緒二十四年(1898)刻本 □□迦宧題記 二册

330000－1741－0014109 特 1/016 經部/群經總義類/傳說之屬

羣經識小五卷附錄二卷補遺一卷 （清）李惇撰 清道光六年(1826)高郵李培紫安愚堂刻本 六册

330000－1741－0014110 綫補 414.092/7583：1
子部/醫家類/類編之屬

韓園醫學六種 （清）潘霨編 清光緒吳縣潘氏敏德堂刻本 四册 存一種

330000－1741－0014111 特 2/060 史部/金石類/總志之屬/圖像

三古圖 （清）黃晟輯 明萬曆二十八年至三十一年(1600－1603)吳萬化刻清乾隆十八年(1753)天都黃晟亦政堂重修本 二十册

330000－1741－0014113 特 1/031 經部/小學類/音韻之屬/古今韻說

古韻發明不分卷附切字肆考不分卷 （清）張畊撰 清道光六年(1826)滕陽張畊芸心堂刻本 七册

330000－1741－0014115 綫補 413.4/3480
子部/醫家類/診法之屬/脈經脈訣

刪註脈訣規正二卷 （清）沈鏡刪註 清小酉山房刻本 一册

330000－1741－0014116 特 1/028 經部/小學類/文字之屬/字書/字體

六書篆要四卷 清抄本 二册

330000－1741－0014117 特 2/045 史部/地理類/總志之屬/斷代

方輿類纂二十八卷首一卷 （清）顧祖禹撰 （清）溫汝能輯 清嘉慶十三年(1808)文會堂刻本 二十四册

330000－1741－0014119 特 2/007 史部/雜史類

宋遼金元別史（四朝別史）五種 （清）席世臣輯 清乾隆至嘉慶南沙席氏掃葉山房刻本 二册 存一種

330000－1741－0014121 特 2/038 史部/地理類/方志之屬/郡縣志

[天啓]吳興備志三十二卷 （明）董斯張纂 清末孔氏嶽雪樓影抄本 十册

330000－1741－0014124 特 2/040 史部/地理類/方志之屬/郡縣志

[光緒]永康縣志十六卷首一卷 （清）李汝為

543

（清）郭文魁修　（清）潘樹棠等纂　清光緒
十八年(1892)刻本　十二冊

330000－1741－0014126　特4/043A　史部/
紀傳類

沈梓文集一卷　（清）沈梓撰　稿本、抄本暨
清刻本　董巽觀跋　一冊

330000－1741－0014128　特2/030　新學/政
治法律/刑法

七殺不分卷　清抄本　一冊

330000－1741－0014129　特2/046　史部/政
書類/軍政之屬/邊政

苗防備覽二十二卷　（清）嚴如熤撰　清道光
二十三年(1843)紹義堂刻本　八冊

330000－1741－0014130　特2/058　史部/目
錄類/書志之屬/提要

經籍訪古志六卷補遺一卷　（日本）澀江全善
（日本）森立之撰　清光緒十一年(1885)六
合徐承祖日本鉛印本　八冊

330000－1741－0014131　特2/031　史部/政
書類/律令之屬/律例

粵東省例不分卷　清抄本　一冊

330000－1741－0014133　特2/032　史部/政
書類/公牘檔冊之屬

吳江縣壹都正扇伍啚不分卷　（清）□□撰
清抄本　四冊

330000－1741－0014134　特2/033　史部/政
書類/邦計之屬/營田

浙江各縣田地山蕩科則清冊不分卷　清抄本
一冊

330000－1741－0014136　特2/034　史部/地
理類/方志之屬/郡縣志

[康熙]靈壽縣志十卷末一卷　（清）陸隴其修
（清）傅維欅纂　清康熙二十五年(1686)刻
本　四冊

330000－1741－0014137　特2/035　史部/地
理類/方志之屬/郡縣志

[萬曆]恩縣志六卷　（明）孫居相修　（明）

雷金聲纂　明萬曆二十六年(1598)刻清乾隆
重修本　三冊

330000－1741－0014138　特2/048　類叢部/
叢書類/自著之屬

滇南四種　姚文棟撰　清光緒刻本　一冊
存一卷（雲南勘界籌邊記一）

330000－1741－0014140　特2/061　史部/金
石類/金之屬

鐘鼎款識一卷　（宋）王厚之輯　清光緒十八
年(1892)影印本　一冊

330000－1741－0014141　特2/036　史部/地
理類/方志之屬

[乾道]四明圖經十二卷　（宋）張津等纂　清
抄本　清□芬批　清□圭批並題記　二冊

330000－1741－0014142　特2/044　史部/地
理類/山川之屬/水志

章水經流考一卷　（清）李崇禮撰　清抄本
一冊

330000－1741－0014143　特2/063　史部/金
石類/金之屬/文字

攈古錄金文三卷　（清）吳式芬撰　清光緒二
十一年(1895)吳重憙刻本　九冊

330000－1741－0014144　特2/064　史部/金
石類/金之屬/圖像

恒軒所見所藏吉金錄不分卷　（清）吳大澂輯
清光緒十一年(1885)吳大澂刻本　二冊

330000－1741－0014145　特2/041　史部/地
理類/方志之屬/郡縣志

[順治]胙城縣志四卷　（清）劉純德修
（清）郭金鼎纂　清順治十六年(1659)刻本
二冊

330000－1741－0014151　綫088/2641　集
部/總集類/氏族之屬

寧都三魏全集八十三卷　（清）林時益編　清
康熙易堂刻本　十二冊　存三種

330000－1741－0014154　綫補415/2613　子
部/醫家類/類編之屬

薛氏醫按二十四種　（明）吳琯編　清末至民國初上海朱氏煥文書局石印本　二十四冊

330000－1741－0014157　綫補 414.3/1024　子部/醫家類/溫病之屬/瘟疫

慈航集二卷首一卷　（清）王勳撰　清光緒十六年(1890)廣百宋齋鉛印本　王以琛題記　二冊

330000－1741－0014162　綫補 414.5/1022　子部/醫家類/兒科之屬/通論

幼科鐵鏡六卷　（清）夏鼎撰　清光緒二十三年(1897)刻本　王鳳儀題記　一冊

330000－1741－0014164　綫補 416/1200　新學/醫學/内科

西醫内科全書十六卷　（清）孔慶高譯　清光緒八年(1882)羊城博濟醫局刻本　王以琛題記　六冊

330000－1741－0014168　特 2/087　史部/金石類/總志之屬

金石萃編一百六十卷　（清）王昶撰　清嘉慶十年(1805)青浦王氏經訓堂刻同治十年(1871)嘉善錢寶傳補刻本　清孫詒讓批校　八十冊

330000－1741－0014178　綫補 414.092/2608　子部/醫家類/綜合之屬/通論

御纂醫宗金鑑九十卷首一卷　（清）吳謙等撰　清光緒十八年(1892)上海圖書集成印書局鉛印本　二十四冊

330000－1741－0014184　特 2/088　史部/地理類/方志之屬/郡縣志

[嘉慶]重刊江寧府志五十六卷附校勘記一卷　（清）呂燕昭修　（清）姚鼐纂　[光緒]續纂江甯府志十五卷首一卷勘誤一卷　（清）蔣啟勳　（清）趙佑宸修　（清）汪士鐸等纂　清光緒六年(1880)刻本　王君復題記並跋　一冊　存三卷(重刊江寧府志五十二至五十三、續纂江寧府志九)

330000－1741－0014188　綫補 097.5376/7740　經部/四書類/總義之屬/傳說

四書襯十九卷　（清）駱培撰　清泰和堂刻本　王在忠題記　五冊

330000－1741－0014204　特 2/086　史部/金石類/石之屬/目錄

輿地碑記目四卷　（宋）王象之撰　清抄本　一冊

330000－1741－0014210　綫補 614.1/2322－3　子部/醫家類/綜合之屬/合刻、合抄

傅青主男科二卷女科二卷產後編二卷　（清）傅山撰　清光緒二十五年(1899)上海圖書集成印書局鉛印本　王鳳儀題記　一冊

330000－1741－0014215　綫補 413.081/6860　子部/醫家類/類編之屬

喻氏醫書三種　（清）喻昌撰　清光緒二十六年(1900)上海校經山房石印本　六冊　存十六卷(醫門法律一至六、首、尚論篇一至四、後篇一至四,寓意草)

330000－1741－0014224　特 2/042　史部/地理類/方志之屬/通志

西藏誌不分卷　（清）□□纂　藏程紀畧一卷　（清）焦應旂撰　清抄本　二冊

330000－1741－0014225　特 2/024　史部/詔令奏議類/奏議之屬

歷官表奏十六卷　（明）嚴嵩撰　清嘉慶十七年(1812)雨化錦江刻本　八冊

330000－1741－0014226　特 2/047　史部/雜史類/斷代之屬

道光撫遠紀畧不分卷　（清）黃恩彤撰　清抄本　一冊

330000－1741－0014228　綫補 414.7/8844　子部/醫家類/婦科之屬

竹林女科證治四卷　（清）竹林寺僧撰　清光緒九年(1883)當塗黃氏刻本　四冊

330000－1741－0014229　綫補 414.9/4444.3　子部/醫家類/醫案之屬

臨證指南醫案十卷　（清）葉桂撰　（清）徐大椿評　清光緒九年(1883)杭省娜嬛儷館刻浙甯三味堂義記石印本　十冊

330000－1741－0014233　綫補 414.092/2664
子部/醫家類/綜合之屬/通論

醫學心悟五卷附外科十法一卷　(清)程國彭
撰　清光緒二十年(1894)上海圖書集成印書
局石印本　王以琛題記　一冊

330000－1741－0014237　綫補 414.6/3160
子部/醫家類/方書之屬/單方驗方

醫方湯頭歌訣一卷經絡歌訣一卷　(清)汪昂
撰　清刻本　王鳳儀題記　一冊

330000－1741－0014239　特 3/028　集部/小
說類/長篇之屬

皋鶴堂批評第一奇書金瓶梅一百回　(明)蘭
陵笑笑生撰　(清)張竹坡評　清皷花書屋刻
本　二十四冊

330000－1741－0014240　綫補 415/3131　子
部/醫家類/類編之屬

馮氏錦囊秘錄三種　(清)馮兆張編　清嘉慶
二十三年(1818)大文堂刻本　八冊　存一種

330000－1741－0014242　特 3/034　子部/術
數類/占卜之屬

銀河棹一卷　(明)張松源編　清抄本　一冊

330000－1741－0014243　特 3/023　子部/雜
著類/雜說之屬

簡園日札不分卷　清抄本　一冊

330000－1741－0014247　綫補 414.33/2610
子部/醫家類/溫病之屬/其他溫疫病證

溫病條辨六卷首一卷　(清)吳瑭撰　清道光
十五年(1835)鶴皋葉氏刻本　四冊

330000－1741－0014249　特 2/010　史部/紀
事本末類/斷代之屬

皇清開國方畧三十二卷首一卷　(清)阿桂等
輯　**皇清開國方畧書成聯句一卷**　(清)余正
煥輯　清抄本　十二冊

330000－1741－0014251　特 2/008　史部/雜
史類/斷代之屬

三朝野紀七卷　(清)李遜之輯　清愛日精廬
刻本　王德森批　六冊　缺二卷(五至六)

330000－1741－0014252　特 3/032　集部/小
說類/長篇之屬

結水滸全傳七十卷七十回末一卷　(清)俞萬
春撰　(清)范辛來　(清)邵祖恩評　清同治
十年(1871)玉屏山館刻本　賀揚靈題記　二
十冊

330000－1741－0014253　特 2/009　史部/雜
史類

啟禎兩朝剝復錄三卷　(明)吳應箕撰　清愛
日精廬木活字印本　六冊

330000－1741－0014257　特 2/002　史部/紀
傳類/正史之屬

十七史　(明)毛晉編　明崇禎元年至十七年
(1628－1644)毛氏汲古閣刻本　一冊　存
一種

330000－1741－0014264　特 3/019　類叢部/
叢書類/郡邑之屬

紹興先正遺書十五種　(清)徐友蘭編　清光
緒會稽徐氏鑄學齋刻本　二冊　存一種

330000－1741－0014265　特 1/011　經部/儀
禮類

儀禮義疏摘鈔不分卷　(漢)鄭玄注　(唐)賈
公彥疏　清抄本　四冊

330000－1741－0014268　特 3/055　類叢部/
叢書類/彙編之屬

誦芬室叢刊二十二種　董康輯　清光緒三十
四年至民國十四年(1908－1925)武進董氏刻
本　八冊　存一種

330000－1741－0014269　特 3/027　集部/小
說類/短篇之屬

拍案驚奇三十六卷　(明)凌濛初撰　清萬元
樓刻本　七冊　缺六卷(十九、二十四至二十
八)

330000－1741－0014271　特 3/031　集部/小
說類/長篇之屬

說呼全傳十二卷四十回　清道光十二年
(1832)金閶書業堂刻本　四冊

330000－1741－0014273　綫 100058　史部/

編年類/斷代之屬

續資治通鑑長編五百二十卷目錄二卷 （宋）李燾撰　清光緒七年(1881)浙江書局刻本　一百二十冊

330000－1741－0014274　特1/013　經部/禮記類/傳說之屬

禮記訓義擇言八卷 （清）江永撰　清乾隆五十七年(1792)刻本　二冊

330000－1741－0014276　綫100057　類叢部/叢書類/彙編之屬

廣雅書局叢書一百五十九種 徐紹棨編　清光緒廣雅書局刻民國九年(1920)番禺徐紹棨彙編重印本　十八冊　存一種

330000－1741－0014277　特3/035　子部/兵家類/兵法之屬

虎鈐經二十卷 （宋）許洞撰　明抄本　一冊　存十卷(十一至二十)

330000－1741－0014278　綫100059、綫100088　史部/編年類/斷代之屬

續資治通鑑長編五百二十卷目錄二卷 （宋）李燾撰　清光緒七年(1881)浙江書局刻本　一百八冊　缺五十一卷(二百八至二百二十九、三百九十二至四百三、四百二十一至四百二十五、四百八十九至四百九十六、五百十七至五百二十)

330000－1741－0014283　綫100085　類叢部/叢書類/彙編之屬

龍威秘書十集 （清）馬俊良編　清乾隆五十九年至嘉慶元年(1794－1796)浙江石門馬氏大酉山房刻本　二冊　存一種

330000－1741－0014284　善2/344　史部/地理類/方志之屬/郡縣志

[萬曆]華陰縣志九卷 （明）王九疇修（明）張毓翰纂　明萬曆四十二年(1614)刻清康熙四十二年(1703)增補重印本　四冊

330000－1741－0014285　善4/580　集部/總集類/選集之屬/通代

古文苑九卷 清光緒五年(1879)宏達堂刻本

清孫衣言　清孫詒讓批校　一冊

330000－1741－0014286　綫100087　史部/編年類

御批資治通鑑綱目全書一百九卷 清光緒二年至三年(1876－1877)刻本　七十四冊

330000－1741－0014287　綫100086　史部/地理類/方志之屬/通志

[道光]欽定新疆識畧十二卷首一卷 （清）松筠修　（清）黎松等纂　清光緒二十年(1894)上海積山書局石印本　八冊　缺二卷(十一至十二)

330000－1741－0014293　綫100109　子部/雜著類/雜說之屬

野獲編三十卷補遺四卷 （明）沈德符撰（清）錢枋輯　清道光七年(1827)錢塘姚氏羊城扶荔山房刻本　四冊　存四卷(補遺一至四)

330000－1741－0014294　綫100095　史部/目錄類/書志之屬/提要

經籍訪古志六卷補遺一卷 （日本）澀江全善（日本）森立之撰　清光緒十一年(1885)六合徐承祖日本鉛印本　八冊

330000－1741－0014297　綫100084　史部/地理類

望炊樓叢書 （清）謝家福輯　清光緒吳縣謝氏刻民國十三年(1924)蘇州文學山房彙印本　一冊　存一種

330000－1741－0014311　綫100140　類叢部/叢書類/彙編之屬

知不足齋叢書一百九十五種 （清）鮑廷博編（清）鮑志祖續編　清乾隆三十七年至道光三年(1772－1823)長塘鮑氏刻彙印本　四冊　存一種

330000－1741－0014313　綫000492　類叢部/叢書類/彙編之屬

昭代叢書合刻十集五百六十種附一種 （清）張潮（清）張漸編　（清）楊復吉　（清）沈楙惪續編　清道光吳江沈氏世楷堂刻光緒二

年(1876)印本　一百四十九册　存四百九十二種

330000－1741－0014322　綫671.45/639　史部/地理類/方志之屬/郡縣志
[嘉慶]介休縣志十四卷　（清）徐品山（清）陸元鏸修　（清）熊兆占等纂　清嘉慶二十四年(1819)刻本　八册

330000－1741－0014323　綫673.25/266　史部/地理類/方志之屬/郡縣志
[正德]重刊武功縣志四卷首一卷　（明）康海撰次　（清）孫景烈評註　清光緒二十年(1894)海昌許頌鼎刻本　一册

330000－1741－0014333　綫674.5/36、綫674.5/624　類叢部/叢書類/自著之屬
郭氏叢刻十三種　（清）郭柏蒼撰　清光緒刻本　五册　存二種

330000－1741－0014335　綫674.56/515　史部/地理類/山川之屬/山志
武夷山志二十四卷首一卷　（清）董天工撰清道光二十七年(1847)五夫尺木軒刻同治十一年(1872)校補本　八册

330000－1741－0014338　綫674.64/43.2史部/地理類/方志之屬/郡縣志
[乾隆]溫州府志三十卷首一卷　（清）李琬修（清）齊召南　（清）汪沆纂　清乾隆二十七年(1762)刻同治五年(1866)修版印本　十六册

330000－1741－0014339　綫674.64/72　史部/地理類/方志之屬/郡縣志
[雍正]寧波府志三十六卷首一卷　（清）曹秉仁等修　（清）萬經等纂　清道光二十六年(1846)慈谿沈琛其介祉堂刻本　十六册

330000－1741－0014340　綫100267　史部/政書類/通制之屬
皇朝續文獻通考三百二十卷　劉錦藻撰　清宣統二年(1910)鉛印本　八十八册

330000－1741－0014342　綫674.64/299　史部/地理類/方志之屬/郡縣志

[嘉定]赤城志四十卷　（宋）黃𤫉（宋）齊碩修　（宋）陳耆卿纂　清嘉慶二十三年(1818)臨海宋氏刻台州叢書本　仲勛批六册

330000－1741－0014344　綫674.64/475　史部/地理類/方志之屬/郡縣志
[光緒]處州府志三十卷首一卷末一卷　（清）潘紹詒修　（清）周榮椿纂　清光緒三年(1877)刻本　五十六册

330000－1741－0014345　綫674.64/459　史部/地理類/方志之屬/郡縣志
咸淳臨安志一百卷　（宋）潛說友纂　校採咸淳臨安志札記三卷　（清）黃士珣撰　清道光十年(1830)錢塘汪氏振綺堂刻同治六年(1867)補刻本（卷九十、九十八至一百原缺）二十四册

330000－1741－0014354　綫674.64/558　史部/地理類/雜志之屬
吳興合璧四卷首一卷　（清）陳文煜撰　清光緒五年(1879)歸安張宗煥玉照山房刻本一册

330000－1741－0014356　綫674.64/567.2類叢部/叢書類/彙編之屬
漸西村舍彙刊（漸西村舍叢刻）四十四種（清）袁昶編　清光緒十六年至二十四年(1890－1898)桐廬袁氏刻本（黃帝內經太素卷一、四、七、十六、十八、二十至二十一原缺）一册　存一種

330000－1741－0014358　綫674.64/567　史部/地理類/方志之屬/郡縣志
[光緒]嚴州府志三十八卷首一卷　（清）吳士進原本　（清）吳世榮續修　（清）鄒伯森（清）馬斯臧等續纂　清光緒八年至九年(1882－1883)刻十六年(1890)鶴山增刻二十三年(1897)賀良樾再增刻本　二十八册

330000－1741－0014359　綫674.65/8　史部/地理類/方志之屬/郡縣志
[同治]江山縣志十二卷首一卷末一卷　（清）王彬　（清）孫晉梓修　（清）朱寶慈等纂　清

同治十二年（1873）文溪書院刻本　筱村題記並題簽　八冊

330000－1741－0014360　綫補414.5/8022　子部/醫家類/兒科之屬/痘疹

增補秘傳痘疹玉髓金鏡錄真本四卷圖像一卷　（明）翁仲仁撰　（明）陸道元補遺　（明）陸道光參補　清末石印本　王鳳儀題記　二冊

330000－1741－0014361　綫674.64/908　史部/地理類/方志之屬/郡縣志

[乾隆]紹興府志八十卷首一卷　（清）李亨特修　（清）平恕　（清）徐嵩纂　清乾隆五十七年（1792）刻本（卷三十八配抄本）　六十冊

330000－1741－0014362　綫補856.7/4031　集部/別集類/清別集

來鴻瑨小題文不分卷　（清）來鴻瑨撰　清光緒十年（1884）積慶堂刻本　二冊

330000－1741－0014363　綫補836/2141　子部/雜著類/雜說之屬

古今四大家策論十卷　（宋）何去非等撰　（清）南浦子編　清光緒二十七年（1901）紹興會文堂石印本　六冊

330000－1741－0014364　綫補610.81/1024　史部/史評類/史論之屬

史翼三十六卷　（清）王紹翰輯　清光緒二十九年（1903）支那新書局石印本　八冊

330000－1741－0014365　綫補414.50/7521　子部/醫家類/兒科之屬/通論

鼎鍥幼幼集成六卷　（清）陳復正輯　清文林堂刻本　王以琛題記並批　一冊

330000－1741－0014366　綫補413.081/1044　子部/醫家類/類編之屬

潛齋醫書五種　（清）王士雄撰　清光緒三十年（1904）石印本　王鳳儀題記　一冊

330000－1741－0014367　綫補851.475/7403、綫補851.475/2146　類叢部/叢書類/自著之屬

隨園三十種　（清）袁枚撰　清刻本　王以琛

題記　二冊　存二種

330000－1741－0014368　綫674.64/569、綫674.64/569.6、綫674.64/569.5、綫674.65/585、綫674.64/569.4、綫674.64/569.3、綫674.64/569.2　史部/地理類/方志之屬/郡縣志

宋元四明六志　（清）徐時棟輯　清咸豐四年（1854）甬上徐氏煙嶼樓刻光緒五年（1879）印本（[大德]昌國州圖志首一卷末一卷、[延祐]四明志卷九至十一原缺）　四十冊

330000－1741－0014369　綫674.65/36.2　史部/地理類/方志之屬/郡縣志

嘉靖海寧縣志九卷首一卷附錄一卷　（明）蔡完修　（明）董穀纂　清光緒二十四年（1898）許仁沐刻本　頡賓氏題簽　二冊

330000－1741－0014371　綫補585.5/7801　史部/政書類/律令之屬/治獄

新刻平治館評釋蕭曹致君術六卷首一卷　（明）臥龍子編　清刻本　一冊　存三卷（四至六）

330000－1741－0014373　綫674.65/36.3　史部/地理類/方志之屬/郡縣志

[光緒]海鹽縣志二十二卷首一卷末一卷　（清）王彬修　（清）徐用儀纂　清光緒三年（1877）蔚文書院刻本　十六冊

330000－1741－0014374　綫補856.1/7716　集部/總集類/尺牘之屬

精選分類古今名人尺牘十三卷　（清）學不足齋主人編　清光緒三十四年（1908）博文學社石印本　王鳳儀題記　四冊

330000－1741－0014375　綫674.65/38　史部/地理類/方志之屬/郡縣志

[光緒]淳安縣志十六卷首一卷　（清）劉世寧原本　（清）李詩續修　（清）陳中元　（清）竺士彥續纂　清光緒十年（1884）刻本　八冊

330000－1741－0014377　綫補802.221/7537　子部/儒家類/儒學之屬/蒙學

小學集注六卷　（明）陳選撰　清光緒二十五

年(1899)上海書局石印本　四冊

330000 – 1741 – 0014379　綫 674.65/72　史部/地理類/方志之屬/郡縣志

光緒寧海縣志二十四卷首一卷　（清）王瑞成（清）程雲驥修　（清）張濬等纂　清光緒二十八年(1902)刻民國四年(1915)重印本　十二冊

330000 – 1741 – 0014380　綫補 856.4/2832　集部/總集類/尺牘之屬

新尺牘句解前編二卷後編二卷　徐秋初編清宣統三年(1911)上海新學會社鉛印本四冊

330000 – 1741 – 0014381　綫 674.65/66　史部/地理類/方志之屬/郡縣志

[光緒]宣平縣志二十卷首一卷　（清）皮樹棠修　（清）祝鳳梧纂　清光緒四年(1878)刻本八冊

330000 – 1741 – 0014382　綫 674.65/98　史部/地理類/方志之屬/郡縣志

[光緒]諸暨縣志六十一卷　陳遹聲修　（清）蔣鴻藻纂　清宣統二年(1910)刻本　十八冊

330000 – 1741 – 0014383　綫補 097.5372/2527　經部/四書類/總義之屬/傳說

四書義經正篇二卷首一卷　（清）三魚書屋輯清光緒二十七年(1901)石印本　四冊

330000 – 1741 – 0014384　綫補 414.092/4054　子部/醫家類/綜合之屬/通論

醫宗必讀五卷首一卷　（明）李中梓撰　清大成堂刻本　王以琛題記　一冊

330000 – 1741 – 0014385　綫 674.65/73　史部/地理類/方志之屬/郡縣志

[光緒]富陽縣志二十四卷首一卷　（清）汪文炳等修　（清）蔣敬時等纂　清光緒三十二年(1906)刻本　十六冊

330000 – 1741 – 0014386　綫補 075.78/2527　集部/總集類/課藝之屬

大題文府不分卷　清光緒十五年(1889)上海石印本　二十冊

330000 – 1741 – 0014390　綫 674.65/150　史部/地理類/方志之屬/郡縣志

[光緒]龍泉縣志十二卷首一卷　（清）顧國詔修　（清）張世垿纂　清光緒四年(1878)刻本六冊

330000 – 1741 – 0014391　綫補 856.178/7267　集部/總集類/尺牘之屬

尺牘採新二卷　（清）隱巖居士輯　清光緒十二年(1886)蘇州簡玉山房刻本　二冊

330000 – 1741 – 0014393　綫補 043.71/7204　類叢部/類書類/專類之屬

詩學含英十四卷　（清）劉文蔚輯　清乾隆六十年(1795)文淵堂刻本　王以珍題記　二冊

330000 – 1741 – 0014394　綫 674.65/185　史部/地理類/方志之屬/郡縣志

[嘉定]剡錄十卷　（宋）史安之修　（宋）高似孫纂　清道光八年(1828)李式圃刻本二冊

330000 – 1741 – 0014395　綫補 075.78/8324　集部/總集類/課藝之屬

江南學堂課藝內編一卷外編一卷　（清）錢德培輯　清光緒二十七年(1901)從新學社鉛印本　二冊

330000 – 1741 – 0014396　綫補 835.1/4054　集部/總集類/選集之屬/通代

古文筆法八卷首一卷　（清）李扶九輯　（清）黃麟注　清光緒三十二年(1906)上海通時書局石印本　一冊

330000 – 1741 – 0014397　綫 674.65/225　史部/地理類/方志之屬/郡縣志

[光緒]平湖縣志二十五卷首一卷末一卷（清）彭潤章等修　（清）葉廉鍔等纂　**平湖殉難錄一卷**　（清）彭潤章輯　清光緒十二年(1886)刻本　十三冊

330000 – 1741 – 0014398　綫 674.65/219　史部/地理類/方志之屬/郡縣志

[光緒]永嘉縣志三十八卷首一卷　（清）張寶琳修　（清）王棻　（清）孫詒讓纂　清光緒八

年(1882)溫州維新書局刻本　三十二冊　存一卷(十八)

330000－1741－0014400　綫674.65/227　史部/地理類/方志之屬/郡縣志

[同治]雲和縣志十六卷首一卷　(清)伍承吉修　(清)涂冠續修　(清)王士鈖纂　清咸豐七年至同治三年(1857－1864)刻本　六冊

330000－1741－0014401　綫674.65/219.2　史部/地理類/方志之屬/郡縣志

[光緒]永康縣志十六卷首一卷　(清)李汝爲　(清)郭文翹修　(清)潘樹棠等纂　清光緒十八年(1892)刻本　十二冊

330000－1741－0014402　綫674.65/309　史部/地理類/方志之屬/郡縣志

[光緒]重修嘉善縣志三十六卷首一卷　(清)江峯青修　(清)顧福仁纂　清光緒二十年(1894)刻本　十六冊

330000－1741－0014403　綫補802.297/7776　經部/小學類/文字之屬/字書/訓蒙

千字文釋義一卷　(南朝梁)周興嗣編　(清)汪嘯尹輯　(清)孫謙益注　清刻本　一冊

330000－1741－0014404　綫674.65/248　史部/地理類/方志之屬/郡縣志

[光緒]玉環廳志十四卷首一卷　(清)杜冠英　(清)胥壽榮修　(清)呂鴻燾纂　清光緒六年(1880)刻本　八冊

330000－1741－0014405　綫674.65/332　史部/地理類/方志之屬/郡縣志

[咸豐]鄞縣志三十二卷首一卷　(清)張銑修　(清)周道遵纂　清咸豐五年至六年(1855－1856)刻本　十六冊

330000－1741－0014406　綫補802.297/3161　經部/小學類/文字之屬/字書/訓蒙

千字文釋義一卷　(南朝梁)周興嗣編　(清)汪嘯尹輯　(清)孫謙益注　清松盛堂刻本　王鳳儀題記　一冊

330000－1741－0014407　綫補802.821/8003　集部/總集類/選集之屬/通代

古文釋義新編八卷　(清)余誠輯　清松盛堂刻本　王以琛題記　四冊

330000－1741－0014409　綫674.65/251　史部/地理類/方志之屬/郡縣志

[嘉慶]瑞安縣志十卷首一卷　(清)張德標修　(清)王殿金　(清)黃徵乂纂　清嘉慶十三年至十四年(1808－1809)刻本　郭彌題記　八冊

330000－1741－0014410　綫補672.35/4230　史部/地理類/方志之屬/郡縣志

[同治]麗水縣志十五卷　(清)彭潤章等纂修　清同治十三年(1874)刻本　八冊

330000－1741－0014411　綫補844.16/4731　集部/別集類/唐五代別集

河東先生文集六卷　(唐)柳宗元撰　清宣統二年(1910)上海會文堂書局石印本　六冊

330000－1741－0014412　綫補573.071/4037　史部/政書類/通制之屬

資治新書十四卷首一卷二集二十卷　(清)李漁輯　清光緒二十年(1894)上海圖書集成印書局鉛印本　十二冊

330000－1741－0014413　綫674.65/259　史部/地理類/方志之屬/郡縣志

[光緒]奉化縣志四十卷首一卷　(清)李前泮修　張美翊等纂　清光緒三十四年(1908)刻本　十二冊

330000－1741－0014416　綫補835.97/6040　集部/總集類/選集之屬/斷代

八家四六文註八卷首一卷　(清)吳鼒輯　(清)許貞幹注　八家四六文補註一卷　陳衍撰　清光緒十八年(1892)上海圖書集成印書局鉛印本　八冊

330000－1741－0014418　綫674.65/262　史部/地理類/方志之屬/郡縣志

[同治]泰順分疆錄十二卷首一卷　(清)林鶚纂　(清)林用霖續纂　清光緒五年(1879)林氏望山堂刻本　六冊

330000－1741－0014419　綫674.65/339.2

史部/地理類/方志之屬/郡縣志

[光緒]黃巖縣志四十卷首一卷附黃巖集三十二卷首一卷 （清）陳寶善 （清）孫憙修 （清）王棻纂 （清）陳鍾英 （清）鄭錫滜續修 （清）王詠霓續纂 黃巖志校議二卷 （清）王棻撰 清光緒三年（1877）刻六年（1880）校補刻本 十六冊 存四十二卷（首、黃巖縣志一至四十,黃巖志校議一）

330000－1741－0014423 綫 674.65/364 史部/地理類/方志之屬/郡縣志

[光緒]松陽縣志十二卷首一卷 （清）支恒椿修 （清）丁鳳章等纂 清光緒元年（1875）刻本 四冊 缺三卷（八至十）

330000－1741－0014426 綫 674.65/332.4 史部/地理類/方志之屬/郡縣志

[同治]鄞縣志七十五卷圖一卷 （清）戴枚修 （清）張恕 （清）董沛等纂 清光緒三年（1877）刻四年（1878）增刻本 三十四冊

330000－1741－0014427 綫補 857.08178/7513 集部/小說類/短篇之屬

燕山外史註釋八卷 （清）陳球撰 （清）若駿子輯注 清光緒三十三年（1907）上海書局石印本 王鳳儀題簽 一冊

330000－1741－0014429 綫補 191.1/1058 子部/雜家類

重刻添補傳家寶俚言新本初集八卷二集八卷三集八卷四集八卷 （清）石成金撰 清刻本 三十二冊

330000－1741－0014430 綫 674.65/374 史部/地理類/方志之屬/郡縣志

光緒桐鄉縣志二十四卷首四卷 （清）嚴辰輯 楊園淵源錄四卷 （清）沈曰富輯 清光緒十三年（1887）蘇州陶漱藝齋刻本（卷七配抄本） 二十四冊

330000－1741－0014431 綫補 097.5/7740 經部/四書類/總義之屬/傳說

四書襯十九卷 （清）駱培撰 清刻本 王在忠題記 一冊 存二卷（孟子六至七）

330000－1741－0014433 綫補 856.6/2230 子部/儒家類/儒學之屬/禮教

治事文編二卷 湯壽潛輯 清光緒二十四年（1898）鉛印本 王以琛題記 一冊

330000－1741－0014435 綫 674.65/459.2 史部/地理類/方志之屬/郡縣志

[宣統]臨安縣志八卷首一卷末一卷 （清）彭循堯修 （清）董運昌 （清）周鼎編輯 清宣統二年（1910）木活字印本 六冊

330000－1741－0014436 綫補 851.37/1173 集部/總集類/彙編之屬

批點增註七家詩選七卷 （清）張熙宇輯訂 清光緒六年（1880）掃葉山房刻本 民國王鳳儀題簽 四冊

330000－1741－0014437 綫 674.65/483 史部/地理類/方志之屬/郡縣志

[光緒]上虞縣志校續五十卷首一卷末一卷 （清）儲家藻修 （清）徐致靖纂 清光緒二十四年至二十五年（1898－1899）刻本 二十冊

330000－1741－0014438 綫補 856.275/4048 集部/別集類/清別集

音註小倉山房尺牘八卷補遺一卷 （清）袁枚撰 （清）胡光斗箋釋 清咸豐九年（1859）青藜室刻本 王鳳儀題簽 三冊 缺二卷（三至四）

330000－1741－0014439 綫 674.65/483.2 史部/地理類/方志之屬/郡縣志

[光緒]上虞縣志四十八卷首一卷末一卷附錄一卷 （清）唐煦春修 （清）朱士黻纂 清光緒十七年（1891）刻本 二十冊

330000－1741－0014442 綫補 575.2/8033 史部/政書類/邦計之屬/荒政

得一錄十六卷 （清）余治輯 清同治刻本 一冊 存一卷（二）

330000－1741－0014443 綫 674.65/547 史部/地理類/方志之屬/郡縣志

光緒蘭谿縣志八卷首一卷附補遺一卷 （清）秦簧 （清）邵秉經修 （清）唐壬森纂 清光

緒十三年至十五年（1887－1889）刻十七年（1891）增刻本　十册

330000－1741－0014447　綫補 802.6172/2847　經部/小學類/文字之屬

虛字會通法初編不分卷　（清）徐超撰　清光緒上海羣學社鉛印本　王以琛題記　二册　存第一至四十六葉

330000－1741－0014449　綫補 802.81/3214　經部/小學類/文字之屬/字書/訓蒙

養蒙針度五卷　（清）潘子聲撰　清刻本　一册　存三卷（三至五）

330000－1741－0014450　綫補 802.6172/0826　經部/小學類/訓詁之屬/字詁

繪圖速通虛字法續編八卷　施崇恩編　清光緒三十一年（1905）上海彪蒙書室石印本　六册

330000－1741－0014452　綫 674.65/572.3　史部/地理類/方志之屬/郡縣志

［同治］嵊縣志二十六卷首一卷末一卷　（清）嚴思忠　（清）陳仲麟修　（清）蔡以瑺等纂　清同治九年（1870）刻本　十二册

330000－1741－0014453　綫 674.65/592　史部/地理類/方志之屬/郡縣志

［同治］景甯縣志十四卷首一卷末一卷　（清）周杰修　（清）嚴用光　（清）葉篤貞纂　清同治十一年至十二年（1872－1873）刻本　八册

330000－1741－0014455　綫補 856.6/8247　經部/四書類/總義之屬/傳說

道生堂小題制藝初集不分卷二集不分卷三集不分卷　（清）鍾聲撰　清同治八年（1869）刻本　八册

330000－1741－0014457　綫 674.65/634　史部/地理類/方志之屬/郡縣志

光緒分水縣志十卷首一卷末一卷　（清）陳常鏵　（清）馮圻修　（清）臧承宣纂　清光緒三十二年（1906）刻民國三十年（1941）印本　六册

330000－1741－0014461　綫 674.65/657.3

史部/地理類/方志之屬/郡縣志

［光緒］鎮海縣志四十卷　（清）于萬川修　（清）俞樾等纂　清光緒五年（1879）鯤池書院刻本　十六册

330000－1741－0014464　674.65/664.2　史部/地理類/方志之屬/郡縣志

［光緒］餘姚縣志二十七卷首一卷末一卷　（清）周炳麟修　（清）邵友濂　（清）孫德祖纂　清光緒二十五年（1899）刻本　十六册

330000－1741－0014465　綫 674.65/771　史部/地理類/方志之屬/郡縣志

［光緒］烏程縣志三十六卷　（清）郭式昌等修　（清）周學濬　（清）汪曰楨纂　清光緒六年至七年（1880－1881）刻本（卷四配抄本）　三十册

330000－1741－0014468　綫 674.65/909　史部/地理類/方志之屬/郡縣志

［光緒］縉雲縣志十六卷首一卷末一卷　（清）何乃容　（清）葛華修　（清）潘樹棠纂　清光緒二年至七年（1876－1881）刻本　十二册

330000－1741－0014471　綫 674.65/918　史部/地理類/方志之屬/郡縣志

［道光］樂清縣志十六卷首一卷　（清）劉榮玠修　（清）鮑作雨　（清）張振夔纂　清道光十四年（1834）刻本　十四册

330000－1741－0014473　綫 674.66/283　史部/地理類/方志之屬/郡縣志

［咸豐］南潯鎮志四十卷首一卷　（清）汪曰楨纂　清咸豐九年至同治二年（1859－1863）刻本　十册

330000－1741－0014475　綫 674.66/307　史部/地理類/方志之屬/郡縣志

［光緒］唐棲志二十卷　（清）王同纂　清光緒十五年至十六年（1889－1890）刻本　八册

330000－1741－0014482　綫 676.3/633　史部/地理類/雜志之屬

黔書二卷　（清）田雯撰　清嘉慶十三年（1808）黔藩署刻本　二册

330000－1741－0014484　綫682/595　史部/地理類/山川之屬/水志

水道提綱二十八卷　（清）齊召南編錄　清光緒四年（1878）津門徐士鑾霞城精舍刻本　八冊

330000－1741－0014489　綫682.46/36、綫682.46/36.2　史部/地理類/水利之屬

海塘新志六卷續志四卷　（清）琅玕等撰　清道光刻本　八冊

330000－1741－0014491　綫682.46/26　史部/地理類/水利之屬

皂李湖水利事實不分卷　（明）羅朋撰　（清）曹雲慶輯　清康熙刻重修本　二冊

330000－1741－0014493　綫682.46/346　史部/地理類/山川之屬/水志

杜白二湖全書一卷　（清）王相能輯　清嘉慶十年（1805）王相能刻本　二冊

330000－1741－0014495　綫682.46/404.1　史部/地理類/山川之屬/水志

西湖志纂十五卷首一卷末一卷　（清）沈德潛（清）傅王露輯　（清）梁詩正合纂　清乾隆二十年（1755）賜經堂刻二十七年（1762）增刻本　五冊

330000－1741－0014499　綫682.46/404.2　類叢部/叢書類/郡邑之屬

武林掌故叢編一百八十七種　（清）丁丙編　清光緒三年至二十六年（1877－1900）錢塘丁氏嘉惠堂刻本（乾道臨安志卷四至十五、南宋館閣錄卷一原缺）　八冊　存一種

330000－1741－0014500　綫682.46/404　史部/地理類/山川之屬/水志

西湖志四十八卷　（清）李衛　（清）程元章修　（清）傅王露纂　清光緒四年（1878）浙江書局刻本　二十冊

330000－1741－0014505　綫682.88/449　史部/地理類/山川之屬/水志

太湖備考十六卷首一卷　（清）金友理撰　**湖程紀略一卷**　（清）吳曾撰　清乾隆十五年

（1750）藝蘭圃刻本　八冊

330000－1741－0014508　綫071.75/260　史部/時令類

月令粹編二十四卷圖說一卷　（清）秦嘉謨撰　清嘉慶十七年（1812）江都秦嘉謨琳琅仙館刻本　八冊

330000－1741－0014511　綫683.46/177.2　史部/地理類/山川之屬/山志

重修南海普陀山志二十卷首一卷　（清）秦耀曾輯　清道光十二年（1832）刻民國四年（1915）趙希伊補刻南海普陀山佛經流通處印本　四冊

330000－1741－0014512　綫000490　類叢部/叢書類/彙編之屬

粵雅堂叢書一百八十五種　（清）伍崇曜編　清道光二十九年至光緒十一年（1849－1885）南海伍氏刻彙印本　一百八十四冊　存九十種

330000－1741－0014517　綫684.68/759　史部/地理類/專志之屬/祠墓

岳廟志略十卷首一卷　（清）馮培輯　清光緒五年（1879）浙江書局刻本　四冊

330000－1741－0014520　綫000491　類叢部/叢書類/彙編之屬

粵雅堂叢書續集四十八種　（清）伍崇曜編　清咸豐至光緒南海伍氏刻本　九十六冊

330000－1741－0014522　綫070.67/864　集部/別集類/清別集

楊園先生全集五十四卷　（清）張履祥撰（清）姚璉　（清）陳敬璋輯　（清）萬斛泉編次　**張楊園先生[履祥]年譜一卷**　（清）蘇惇元編　清同治十年（1871）江蘇書局刻本　十六冊　缺一卷（三十）

330000－1741－0014523　善3/370　子部/宗教類/佛教之屬/大藏

徑山藏　明萬曆十七年（1589）至清嘉慶五臺、嘉興、徑山等地刻本　二千八十一冊　存一千一百五十種

330000－1741－0014524　　善 3/370/C1　　子部/宗教類/佛教之屬/大藏

徑山藏　明萬曆十七年(1589)至清嘉慶五臺、嘉興、徑山等地刻本(賢劫經十卷配抄本)　一百六十冊　存八十五種

330000－1741－0014525　　綫 430/399　　子部/農家農學類/總論之屬

重訂增補陶朱公致富全書四卷　題(明)陳繼儒輯　(清)石巖逸叟增補　清光緒杭城聚文堂刻本　二冊

330000－1741－0014527　　綫 430/240　　子部/農家農學類/總論之屬

農務實業新編二卷　(清)王上達撰　清宣統二年(1910)浙杭萬春農務局刻本　二冊

330000－1741－0014528　　綫 434.11/348　　類叢部/叢書類/自著之屬

榕園全集六種　(清)李彥章撰　清道光刻本　二冊　存一種

330000－1741－0014529　　綫 434/730　　子部/農家農學類/總論之屬

撫郡農產攷畧二卷　何剛德　黃維翰撰　**種田雜說一卷**　(清)江召棠撰　清光緒三十三年(1907)蘇省刷印局鉛印本　二冊

330000－1741－0014530　　綫 438/14.02　　子部/農家農學類/蠶桑之屬

蠶桑輯要三卷　(清)沈秉成撰　清同治十年(1871)常鎮通海道署刻光緒三年(1877)印本　一冊

330000－1741－0014531　　綫 438/14.4　　子部/農家農學類/蠶桑之屬

廣蠶桑說輯補二卷　(清)沈練撰　(清)仲學輅補　清光緒三年(1877)宗源瀚刻本　一冊

330000－1741－0014532　　善 3/370/C2　　子部/宗教類/佛教之屬/大藏

徑山藏　明萬曆十七年(1589)至清嘉慶五臺、嘉興、徑山等地刻本　四冊　存六種

330000－1741－0014534　　綫 438/241　　子部/農家農學類/蠶桑之屬

蠶桑圖說八卷　(清)王世熙輯　清光緒二十一年(1895)太倉蠶桑局刻本　一冊

330000－1741－0014535　　綫 438/338　　子部/農家農學類/蠶桑之屬

蠶桑簡明輯說一卷補遺一卷　(清)黃世本撰　清光緒十四年(1888)浙江書局刻本　一冊

330000－1741－0014536　　善 3/370/C3　　子部/宗教類/佛教之屬/大藏

徑山藏　明萬曆十七年(1589)至清嘉慶五臺、嘉興、徑山等地刻本　二十六冊　存十四種

330000－1741－0014537　　善 3/370/C4　　子部/宗教類/佛教之屬/大藏

徑山藏　明萬曆十七年(1589)至清嘉慶五臺、嘉興、徑山等地刻本　六冊　存三種

330000－1741－0014538　　綫 430/746　　子部/農家農學類/總論之屬

農雅六卷　(清)倪倬撰　清嘉慶十八年(1813)刻本　三冊　缺二卷(二至三)

330000－1741－0014539　　綫 438/561　　子部/農家農學類/蠶桑之屬

蠶桑捷效書不分卷　(清)吳烜撰　清同治九年(1870)刻本　一冊

330000－1741－0014540　　綫 430/406/C1　　類叢部/叢書類/彙編之屬

漸西村舍彙刊(漸西村舍叢刻)四十四種　(清)袁昶編　清光緒十六年至二十四年(1890－1898)桐廬袁氏刻本(黃帝內經太素卷一、四、七、十六、十八、二十至二十一原缺)　四冊　存一種

330000－1741－0014541　　綫 430/406、綫 430/880　　類叢部/叢書類/彙編之屬

漸西村舍彙刊(漸西村舍叢刻)四十四種　(清)袁昶編　清光緒十六年至二十四年(1890－1898)桐廬袁氏刻本(黃帝內經太素卷一、四、七、十六、十八、二十至二十一原缺)　六冊　存三種

330000－1741－0014543　　綫 430/880/C1

類叢部/叢書類/彙編之屬

漸西村舍彙刊（漸西村舍叢刻）四十四種
（清）袁昶編　清光緒十六年至二十四年
（1890－1898）桐廬袁氏刻本（黃帝内經太素
卷一、四、七、十六、十八、二十至二十一原缺）
　二冊　存二種

330000－1741－0014545　綫438/726　子部/
農家農學類/蠶桑之屬

蠶桑摘要一卷附圖說一卷　（清）任蘭生輯
清光緒十九年（1893）刻本　一冊

330000－1741－0014546　綫430/779.2　子
部/農家農學類/總論之屬

農政全書六十卷　（明）徐光啓撰　清道光十
七年（1837）貴州刻本　□□雷□題記　十
二冊

330000－1741－0014547　綫438.022/43　子
部/農家農學類/蠶桑之屬

蠶桑問答一卷　（清）溫忠翰輯　清光緒東甌
郭博古齋刻本　一冊

330000－1741－0014548　綫430.25/245　子
部/農家農學類/園藝之屬/總志

二如亭群芳譜四十二卷　（明）王象晉撰　清
刻本　八冊

330000－1741－0014549　綫430/779.22　子
部/農家農學類/總論之屬

農政全書六十卷　（明）徐光啓撰　清道光二
十三年（1843）王壽康曙海樓刻本　二十冊

330000－1741－0014550　綫430.25/400.3
子部/農家農學類/園藝之屬/總志

佩文齋廣羣芳譜一百卷目錄二卷　（清）汪灝
等撰　清康熙刻本　二十冊　存四十三卷
（二十二至二十三、二十八至四十七、五十一
至六十五、九十五至九十六、九十九至一百、
目錄一至二）

330000－1741－0014551　綫430/861　子部/
農家農學類/總論之屬

三農紀十卷　（清）張宗法撰　清桂林堂刻本
　六冊

330000－1741－0014552　綫438.022/933
子部/農家農學類/蠶桑之屬

蠶桑答問二卷　（清）朱祖榮輯　**蠶桑答問續
編一卷**　（清）蔣斧重編　清光緒二十七年
（1901）廣德陳諤刻本　一冊

330000－1741－0014554　綫438.3/518　子
部/農家農學類/蠶桑之屬

育蠶要旨一卷　（清）董開榮撰　（清）張亦賢
　（清）王良玉輯　清同治十一年（1872）金陵
桑棉局刻本　一冊

330000－1741－0014555　綫434.61/614.5
子部/農家農學類/農藝之屬/作物種植

棉業圖說八卷首一卷　（清）農工商部編輯
清宣統三年（1911）京師農工商部印刷科鉛印
本　二冊

330000－1741－0014556　善3/370/C5　子
部/宗教類/佛教之屬/大藏

徑山藏　明萬曆十七年（1589）至清嘉慶五
臺、嘉興、徑山等地刻本　二十二冊　存六種

330000－1741－0014557　綫438/586　子部/
農家農學類/蠶桑之屬

蠶桑寶濟六卷　（清）易星撰　清光緒十七年
（1891）廣西桂垣書局刻本　二冊

330000－1741－0014558　綫430.88/864　子
部/農家農學類/總論之屬

農學叢刻　（清）農學會輯　清光緒二十三年
（1897）農學會鉛印本　四冊

330000－1741－0014559　綫438.2/619　新
學/農政/蠶務

最新養蠶學八卷　（日本）針塚長太郎撰
（日本）野浦齋譯　清光緒三十年（1904）浙江
官書局鉛印本　一冊

330000－1741－0014560　綫438.3/580　子
部/農家農學類/蠶桑之屬

蠶學叢刊　（清）杭州蠶學館譯　清光緒上海
務農會石印本　四冊　存四種

330000－1741－0014561　綫438.2/868　子
部/農家農學類/蠶桑之屬

泰西育蠶新法不分卷 張坤德譯 清光緒二十四年(1898)強齋石印本 一冊

330000－1741－0014565 綫438.2/206 子部/農家農學類/蠶桑之屬

飼蠶淺說一卷 清光緒二十七年(1901)福州試辦蠶桑公學刻本 一冊

330000－1741－0014566 綫438/606 子部/農家農學類/蠶桑之屬

蠶桑備要一卷 盛宣懷撰 清光緒二年(1876)思補樓木活字印本 一冊

330000－1741－0014567 綫438/784 子部/農家農學類/蠶桑之屬

蠶桑萃編十五卷首一卷 (清)衛杰撰 清光緒二十五年(1899)刻本 八冊

330000－1741－0014568 綫438/784.1 子部/農家農學類/蠶桑之屬

蠶桑萃編十五卷首一卷 (清)衛杰撰 清光緒二十六年(1900)浙江書局刻本 八冊

330000－1741－0014569 綫438.606/C1 子部/農家農學類/蠶桑之屬

蠶桑備要一卷 盛宣懷撰 清光緒二年(1876)思補樓木活字印本 一冊

330000－1741－0014571 綫802.3/863.02 經部/小學類/文字之屬/字書/字典

康熙字典十二集三十六卷總目一卷檢字一卷辨似一卷等韻一卷備考一卷補遺一卷 (清)張玉書等纂修 清光緒二十年(1894)上海點石齋石印本 □□楊志燦題記 六冊

330000－1741－0014572 善3/370A、善3/370B、善3/370J、善3/370K 子部/宗教類/佛教之屬

大方廣圓覺修多羅了義經集要一卷 (唐)釋佛陀多羅譯 (明)釋智朗集註 **維摩詰所說經六卷** (後秦)釋鳩摩羅什譯 (後秦)釋僧肇註 **楞伽阿跋多羅寶經四卷** (南朝宋)釋求那跋陀羅譯 (宋)釋正受集註 **大佛頂首楞嚴經會解十卷** (唐)釋般刺密帝 (唐)釋彌伽釋迦譯 (唐)房融筆文 (元)釋惟則會

解 明嘉靖戚繼光刻本 十三冊

330000－1741－0014573 綫430/602 新學/農政/農務

農學初級一卷 (英國)旦爾恒理撰 (英國)秀耀春口譯 (清)范熙庸筆述 清光緒二十四年(1898)上海製造局刻本 一冊

330000－1741－0014574 綫438.6/519 子部/農家農學類/蠶桑之屬

柞蠶彙誌一卷 (清)董元亮撰 清宣統二年(1910)浙江官紙局刻本 一冊

330000－1741－0014575 綫550.184/421 新學/商務/商學

原富八卷 (英國)斯密亞丹撰 嚴復譯 清末清芬書屋刻本 八冊

330000－1741－0014576 綫438.6/778 子部/農家農學類/蠶桑之屬

安徽勸辦柞蠶案不分卷 (清)安徽勸業道署編 清宣統二年(1910)安徽勸業道署鉛印本 一冊

330000－1741－0014577 綫438.2/868/C1 子部/農家農學類/蠶桑之屬

泰西育蠶新法不分卷 張坤德譯 清光緒二十四年(1898)強齋石印本 一冊

330000－1741－0014578 綫554.12/614.3 子部/農家農學類/總論之屬

農事私議二卷附墾荒裕國策一卷 羅振玉撰 清光緒刻本 一冊

330000－1741－0014580 綫438.6/778.2 子部/農家農學類/蠶桑之屬

柞蠶簡法一卷 (清)徐瀾輯 清宣統元年(1909)安徽勸業道署鉛印本 一冊

330000－1741－0014581 綫438.69/180 子部/農家農學類/蠶桑之屬

樗繭譜一卷 (清)鄭珍撰 (清)莫友芝注 清光緒二十四年(1898)西安刻本 一冊

330000－1741－0014582 綫610.23/933、綫610.23/880.21 史部/編年類/通代之屬

資治通鑑二百九十四卷　（宋）司馬光撰
（元）胡三省音注　通鑑釋文辯誤十二卷
（元）胡三省撰　資治通鑑外紀十卷　（宋）劉
恕撰　續資治通鑑二百二十卷　（清）畢沅撰
明紀六十卷　（清）陳鶴撰　清光緒十六年
（1890）上海積山書局石印本　二十四冊　缺
二百九十四卷（資治通鑑一至二百九十四）

330000－1741－0014583　綫610.23/880.2
史部/編年類/通代之屬

資治通鑑二百九十四卷　（宋）司馬光撰
（元）胡三省音注　通鑑釋文辯誤十二卷
（元）胡三省撰　清光緒十四年（1888）上海積
山書局石印本　二十四冊　存二百九十四卷
（資治通鑑一至二百九十四）

330000－1741－0014584　綫851/529　集部/
別集類/清別集

忠雅堂詩集二十七卷補遺二卷銅絃詞二卷附
南北曲一卷　（清）蔣士銓撰　清舊學山房刻
本　八冊

330000－1741－0014585　綫621.73/346　經
部/春秋左傳類/傳說之屬

春秋左傳五十卷　（晉）杜預　（宋）林堯叟註
釋　（唐）陸德明音義　（明）鍾惺等評　清末
李光明莊刻本　十六冊

330000－1741－0014586　綫851/660　集部/
別集類/清別集

缾水齋詩集十七卷別集二卷詩話一卷附錄一
卷　（清）舒位撰　清光緒十二年（1886）邊保
樞刻十七年（1891）增修本　八冊

330000－1741－0014589　綫831.112/678
經部/詩類/傳說之屬

毛詩故訓傳三十卷　（漢）毛亨傳　（漢）毛萇
撰　（漢）鄭玄箋　鄭氏詩譜一卷　（漢）鄭玄
撰　清道光七年（1827）立本齋刻本　四冊

330000－1741－0014590　綫祚1　史部/編年
類/通代之屬

資治通鑑綱目五十九卷　（宋）朱熹撰　宋刻
本　二冊　存一卷（四十五）

330000－1741－0014592　綫祚2　史部/紀傳
類/正史之屬

史記一百三十卷　（漢）司馬遷撰　（南朝宋）
裴駰集解　（唐）司馬貞索隱　元中統二年
（1261）段子成刻明修本　清楊紹和批校並跋
三十二冊

330000－1741－0014593　綫祚131、綫祚132
史部/地理類/方志之屬/郡縣志

[乾隆]狄道州志十六卷　（清）呼延華國修
（清）吳鎮纂　[宣統]狄道州續志十二卷首一
卷　（清）聯瑛修　（清）李鏡清纂　清宣統元
年（1909）刻本　四冊　存八卷（狄道州志六
至七、十至十一、十四至十六,狄道州續志首）

330000－1741－0014594　綫祚52　史部/編
年類/通代之屬

大文堂綱鑑易知錄九十二卷　（清）吳乘權
（清）周之炯　（清）周之燦輯　御撰資治通鑑
綱目三編二十卷　（清）張廷玉等撰　清學庫
山房刻本　四十二冊　缺二十卷（御撰資治
通鑑綱目三編一至二十）

330000－1741－0014598　綫祚90　集部/總
集類/選集之屬/通代

古文淵鑒六十四卷　（清）徐乾學等輯注　清
康熙內府刻四色套印本　十八冊　存四十八
卷（一至十九、三十六至六十四）

330000－1741－0014599　綫祚56　史部/地
理類/方志之屬/郡縣志

[同治]續纂揚州府志二十四卷　（清）方濬頤
修　（清）晏端書　（清）錢振倫等纂　清同治
十三年（1874）刻本　一冊　存二卷（一至二）

330000－1741－0014602　綫祚21　經部/小
學類/文字之屬/說文

說文通檢十四卷首一卷末一卷　（清）黎永椿
撰　清光緒二年（1876）湖北崇文書局刻本
二冊

330000－1741－0014604　綫祚20　經部/四
書類/總義之屬/傳說

新訂四書補註備旨十卷　（明）鄧林撰　（清）
杜定基增訂　清光緒善成堂刻本　李蔭林題

記 六冊

330000－1741－0014606　綫裝 49　史部/職官類/官箴之屬

牧令全書二十三卷　（清）丁日昌輯　清同治七年(1868)江蘇書局刻本　一冊　存四卷(保甲書輯要一至四)

330000－1741－0014608　綫裝 62　史部/地理類/方志之屬/郡縣志

[道光]敦煌縣志七卷首一卷　（清）蘇履吉修　（清）曾誠纂　清道光十一年(1831)刻本　一冊　存三卷(二至四)

330000－1741－0014617　綫裝 22　經部/小學類/文字之屬/字書/字典

康熙字典十二集三十六卷總目一卷檢字一卷辨似一卷等韻一卷補遺一卷備考一卷　（清）張玉書等纂修　清光緒元年(1875)湖北崇文書局刻本　四十冊

330000－1741－0014621　善 3/370/C6　子部/宗教類/佛教之屬/大藏

徑山藏　明萬曆十七年(1589)至清嘉慶五臺、嘉興、徑山等地刻本　七冊　存二種

330000－1741－0014624　善 3/370C　子部/宗教類/佛教之屬/諸宗

天台四教儀一卷　（高麗）釋諦觀錄　天台四教儀科文一卷　三千有門頌一卷　（宋）陳瓘述　始終心要一卷　（唐）釋湛然述　（宋）釋從義注　明萬曆九年(1581)淨業堂刻本　一冊

330000－1741－0014625　善 3/370C/C1　子部/宗教類/佛教之屬/諸宗

天台四教儀一卷　（高麗）釋諦觀錄　天台四教儀科文一卷　三千有門頌一卷　（宋）陳瓘述　始終心要一卷　（唐）釋湛然述　（宋）釋從義注　明萬曆九年(1581)淨業堂刻本　一冊

330000－1741－0014626　善 3/370E　子部/宗教類/佛教之屬/經疏

大方廣圓覺修多羅了義經略疏二卷　（唐）釋宗密撰　明萬曆二年(1574)徑山傳衣菴刻嘉興東禪寺法雲堂印本　二冊

330000－1741－0014627　善 3/370F　子部/宗教類/佛教之屬/經疏

大方廣圓覺修多羅了義經略疏二卷經略疏科一卷附圭峯定慧禪師遙稟清凉國師書一卷　（唐）釋宗密撰　明萬曆二年(1574)徑山傳衣菴刻嘉興東禪寺法雲堂印本　三冊

330000－1741－0014628　善 3/370P　子部/宗教類/佛教之屬/諸宗

高麗國普照禪師脩心訣一卷真心直說一卷誡初心學人文一卷　（高麗）釋知訥撰　清嘉慶二十五年(1820)紅螺山寺刻本　清延慶道人題　一冊

330000－1741－0014629　善 3/370G　子部/宗教類/佛教之屬/諸宗

淨土指歸集二卷　（明）釋大佑輯　明成化二十二年(1486)刻本　一冊　缺一卷(二)

330000－1741－0014630　善 3/370H　子部/宗教類/佛教之屬

續原教一卷　（明）沈士榮撰　明弘治二年(1489)刻本　一冊

330000－1741－0014631　善 3/370I、善 3/370L　子部/宗教類/佛教之屬/諸宗

大乘止觀法門四卷　（南朝陳）釋慧思撰　大般涅槃經玄義二卷　（隋）釋灌頂撰　明萬曆十年(1582)刻本　二冊

330000－1741－0014632　善 3/370I/C1、善 3/370L/C1　子部/宗教類/佛教之屬/諸宗

大乘止觀法門四卷　（南朝陳）釋慧思撰　大般涅槃經玄義二卷　（隋）釋灌頂撰　明萬曆十年(1582)刻本　二冊

330000－1741－0014633　善 3/370D　子部/宗教類/佛教之屬/經疏

大佛頂首楞嚴經正脉疏十卷科文一卷懸示一卷　（明）釋真鑑撰　清順治六年(1649)山西釋智旨刻本　十二冊

330000－1741－0014634　善 3/370M　子部/

天台三聖詩集一卷 （唐）釋豐干等撰 （唐）釋道翹輯 和天台三聖詩一卷 （明）釋梵琦撰 和天台三聖詩集一卷 （清）釋濟岳（石樹道人）撰 清咸豐三年(1853)刻本 一冊

330000－1741－0014635 善3/370O 子部/雜著類/雜說之屬

菜根譚一卷 （明）洪應明撰 清道光元年(1821)京都秀義齋刻本 一冊

330000－1741－0014636 善3/370N 子部/宗教類/佛教之屬

折疑論集註二卷 （元）釋子成撰 （明）釋師子注 清道光三年(1823)刻本 二冊

330000－1741－0014637 善3/370Q 子部/宗教類/佛教之屬/經疏

圓覺經畧疏之鈔□□卷 （唐）釋宗密撰 明萬曆二年(1574)徑山傳衣庵釋明得刻本 六冊 存六卷(一至六)

330000－1741－0014638 善3/370R 子部/宗教類/佛教之屬

慈心功德錄三卷 （宋）陳竑願撰 （明）包樨芳增定 豬齒曰化佛贊一卷 （宋）晁補之撰 明萬曆十八年(1590)包樨芳刻本 一冊

330000－1741－0014639 善3/370S 子部/宗教類/佛教之屬/論

止觀義例二卷 （唐）釋湛然撰 明萬曆十年(1582)徐球刻本 一冊

330000－1741－0014640 善3/370S/C1 子部/宗教類/佛教之屬/論

止觀義例二卷 （唐）釋湛然撰 明萬曆十年(1582)徐球刻本 一冊

330000－1741－0014641 善3/370T、善3/370X 子部/宗教類/佛教之屬/諸宗

法界安立圖三卷 （明）釋仁潮輯 妙法蓮華經綸貫一卷教觀綱宗一卷教觀釋義一卷 （清）釋智旭撰 清道光四年(1824)刻本 三冊

330000－1741－0014642 善3/370U 子部/

慈悲道場懺法十卷 （南朝梁）武帝蕭衍撰 明萬曆十三年(1585)吳江沈同寅刻本 二冊

330000－1741－0014643 善3/370U/C1 子部/宗教類/佛教之屬

慈悲道場懺法十卷 （南朝梁）武帝蕭衍撰 明萬曆十三年(1585)吳江沈同寅刻本 二冊

330000－1741－0014644 善3/370V 子部/宗教類/佛教之屬/諸宗

禪林寶訓筆說三卷 （清）釋智祥撰 清乾隆十五年(1750)北京潭柘寺刻本 三冊

330000－1741－0014645 善3/370W 子部/宗教類/佛教之屬/經

六度集經八卷 （三國吳）釋康僧會譯 明萬曆十六年(1588)夏日葵刻本 四冊

330000－1741－0014646 善3/370Y 子部/宗教類/佛教之屬

天目中峯本禪師四十八願文一卷 （元）釋明本撰 明夏祖唐刻本 一冊

330000－1741－0014647 善3/370Z 子部/宗教類/佛教之屬

大乘起信論一卷 （天竺）馬鳴菩薩造 （南朝陳）釋真諦譯 明刻本 一冊

330000－1741－0014655 綫791.3/3423 史部/金石類/總志之屬

金石圖不分卷 （清）牛運震集說 （清）褚峻摹圖 清乾隆八年至十年(1743－1745)刻本暨拓本 二冊

330000－1741－0014664 綫851.478/2814a 集部/別集類/清別集

花農雜詩彙五種 （清）徐琪撰 清光緒刻本 一冊

330000－1741－0014669 綫補5/044 類叢部/叢書類/彙編之屬

粵雅堂叢書一百八十五種 （清）伍崇曜編 清道光二十九年至光緒十一年(1849－1885)南海伍氏刻彙印本 六冊 存一種

330000－1741－0014672　綫補5/045　類叢部/叢書類/自著之屬

儆居遺書十一種　（清）黃式三撰　清同治至光緒刻本　十冊　存一種

330000－1741－0014677　綫086.23101/78.10　集部/詞類/類編之屬

西泠詞萃　（清）丁丙編　清光緒錢塘丁氏刻本　二冊

330000－1741－0014681　綫089.66/1032a　類叢部/叢書類/自著之屬

陽明先生集要四種　（明）王守仁撰　（明）施邦曜編　清宣統三年(1911)明明學社鉛印本　四冊

330000－1741－0014682　特4/024　集部/別集類/明別集

重刊校正唐荊川先生文集十二卷　（明）唐順之撰　明嘉靖三十二年(1553)書林葉氏寶山堂刻本　六冊

330000－1741－0014685　綫100423　史部/編年類/斷代之屬

東華錄天命朝四卷天聰朝十一卷崇德朝八卷順治朝三十六卷康熙朝一百十卷雍正朝二十六卷東華續錄乾隆朝一百二十卷嘉慶朝五十卷道光朝六十卷咸豐朝六十九卷同治朝一百卷　王先謙　潘頤福編　清光緒上海圖書集成印書局鉛印本　六十四冊　缺一百六十九卷(咸豐朝一至六十九、同治朝一至一百)

330000－1741－0014686　綫100424　史部/編年類/斷代之屬

[同治]**東華續錄一百卷**　王先謙編　清光緒二十四年(1898)文瀾書局石印本　二十三冊　存九十六卷(五至一百)

330000－1741－0014688　綫100428、綫100429、綫100431、綫100432、綫100433、綫100430　史部/政書類

九通　（清）□□輯　清光緒二十八年(1902)上海鴻寶書局石印本　一百七十八冊　存六種

330000－1741－0014689　綫100435　史部/政書類

九通提要十二卷　（清）柴紹炳纂　清光緒上海泰東時務譯印局鉛印本　二冊　存八卷(一至八)

330000－1741－0014690　綫100434　史部/政書類/通制之屬

正三通目錄十二卷欽定續三通目錄十四卷皇朝三通目錄十四卷　雷君彥編　清光緒二十九年(1903)圖書集成局石印本　十二冊

330000－1741　0014692　綫100427　類叢部/叢書類/彙編之屬

藏修堂叢書三十六種　（清）劉晚榮編　清光緒十六年(1890)新會劉氏藏修書屋刻本　二冊　存一種

330000－1741－0014695　綫097.57/4612　經部/四書類/總義之屬/傳說

四書述要十九卷　（清）楊玉緒撰　清文誠堂刻本　李保陽跋　六冊

書名筆畫字頭索引

七畫

九畫

571

572

十四畫

十五畫

575

十六畫

書名筆畫索引

一畫

二畫

三畫

四畫

五畫

六畫

609

615

620

八畫

九畫

638

649

十一畫

661

十二畫

666

670

675

683

684

688

693

698

十六畫

701

十七畫

十八畫

十九畫

二十畫

二十一畫

二十二畫

二十三畫